D1706181

SCHAUB/NEEF/SCHRADER
ARBEITSRECHTLICHE FORMULARSAMMLUNG

Arbeitsrechtliche Formularsammlung

von

Dr. h. c. Günter Schaub

Vors. Richter am Bundesarbeitsgericht a. D.

Dr. Klaus Neef

Fachanwalt für Arbeitsrecht
Honorarprofessor an der Universität Hannover

Dr. Peter Schrader

Fachanwalt für Arbeitsrecht

8., neubearbeitete Auflage

Verlag C. H. Beck München 2004

Verlag C. H. Beck im Internet:
beck.de

ISBN 3 406 51338 7

© 2004 Verlag C. H. Beck oHG
Wilhelmstraße 9, 80801 München
Satz und Druck: Druckerei C. H. Beck Nördlingen
(Adresse wie Verlag)

Gedruckt auf säurefreiem, alterungsbeständigem Papier
(hergestellt aus chlorfrei gebleichtem Zellstoff)

Vorwort

Die „Arbeitsrechtliche Formularsammlung und Arbeitsgerichtsverfahren" wurde bereits nach der ersten Auflage des Arbeitsrechts-Handbuches von diesem abgetrennt. Seit der siebten Auflage hat es sich als zweckmäßig erwiesen, die Arbeitsrechtliche Formularsammlung und das Arbeitsgerichtsverfahrensrecht auf zwei Bände zu verteilen, um beide Bücher für die entsprechenden Leserkreise weiter auszubauen. Die ersten sieben Auflagen sind von Herrn Dr. h. c. Schaub allein betreut worden. Die Bearbeitung der achten Auflage ist auch von den Herren Prof. Dr. Neef und Dr. Schrader erfolgt. Auch mit deren Eintritt soll die Kontinuität des Arbeitsrechts-Handbuches und des in Vorbereitung befindlichen Handbuches Arbeitsgerichtsverfahren in achter Auflage gewahrt bleiben. Gleichwohl ist die Struktur des Formularbuches geändert worden. In die Fußnoten ist die Rechtsprechung des BAG aufgenommen worden. Darüber hinaus sind Anmerkungen und taktische Hinweise eingearbeitet worden, um die Formulare zu kommentieren und die Auswirkung der Formulierungen zu erläutern.

Alle Formulare sind gründlich überarbeitet und auf den neuesten Stand gebracht worden. Gesetzgebung, Rechtsprechung und Schrifttum sind durchweg bis Ende 2003 berücksichtigt. Darunter fallen das Dritte und das Vierte Gesetz für moderne Dienstleistungen am Arbeitsmarkt vom 23. und 24. 12. 2003 (BGBl. I 2848, 2954). Die formularmäßigen Auswirkungen des Gesetzes zu Reformen am Arbeitsmarkt vom 24. 12. 2003 (BGBl. I 3002) sind eingearbeitet. Auch den übrigen Änderungen z. B. durch das Gesetz zur Änderung der Handwerksordnung, das Gesetz zur Durchführung gemeinschaftsrechtlicher Vorschriften über die grenzüberschreitenden Beweisaufnahmen, mit der die ZPO geändert worden ist, und das Haushaltsbegleitgesetz 2004 ist Rechnung getragen.

Im Individualarbeitsrecht sind vom Abschluss des Arbeitsvertrages bis zur Entlassung Formulare zur Erleichterung der Personalverwaltung, Vertragsmuster und Sonderabreden über im Arbeitsleben vorkommende Haupt- und Nebenpflichten des Arbeitgebers und Arbeitnehmers aufgenommen. Aufgenommen oder fortgeschrieben wurden Vertragsmuster mit besonderen Gruppen von Arbeitnehmern (Rechtsanwälten, Steuerberatern usw.); insbesondere wurden aber auch Muster für Arbeitsverträge mit betrieblichen Beauftragten (Immissionsschutzbeauftragten, Datenschutzbeauftragten) erarbeitet. Neueren Arbeitsorganisationen und technologischen Entwicklungen wurde Rechnung getragen; so finden sich Muster für Verträge über Gruppenarbeit oder Telearbeit. Soweit für einzelne Berufsgruppen nur wenige vertragliche Besonderheiten geschaffen werden müssen, sind diese erarbeitet, im Übrigen wird auf andere Verträge verwiesen. Alle Vertragsmuster mussten überarbeitet werden, um den Anforderungen des Schuldrechtsmodernisierungsgesetzes und der Einführung der Kontrolle nach dem Recht der Allgemeinen Geschäftsbedingungen zu genügen. Im Zusammenhang mit der Beendigung des Arbeitsverhältnisses musste dem erleichterten Kündigungsschutz, der Altersteilzeit und neueren Entwicklungen zu Aufhebungsverträgen Rechnung getragen werden. Vielfach finden sich auch Ergänzungen zu früheren Mustern. Bei allen Individualabreden wurde darauf Wert gelegt, einen billigen Interessenausgleich zwischen Arbeitnehmer und Arbeitgeber darzustellen. Sinn einer Mustersammlung und Dokumentation des Arbeitslebens ist es aber auch, nicht zu verschweigen, wo sich einseitige Interessenstandpunkte finden.

Neben den Formularen zum Individualarbeitsrecht sind solche für den Betriebsrat und die Zusammenarbeit zwischen Arbeitgeber und Betriebsrat aufgenommen. Insoweit finden sich vor allem Muster zum Organisationsrecht des Betriebsrats, zu seiner Wahl, seinen Geschäftsordnungen und Ausschüssen. Schwergewichtig wurden aber Formulare zur Sicherung seiner Mitwirkungs- und Mitbestimmungsrechte erarbeitet und Beispiele für Regelungsabreden und Betriebsvereinbarungen dargestellt. Im Rahmen der personellen Mitwirkungsrechte des Betriebsrats wurden die Muster ergänzt. Vor allem sind aber Betriebsvereinbarungen für betriebliche Probleme aufgenommen wie Mobbing und Ausländerfeindlichkeit. Viele Formulare dienen der Frauenförderung. Zur sozialen Mitbestimmung finden sich jetzt Muster von der Arbeitszeitflexibilisierung bis zum betrieblichen Vorschlagswesen. Für alle Mitbestimmungstatbestände sind Muster entworfen. Auch hier ist der Telearbeit und Leistungsanreizsystemen Rechnung getragen worden. Hierbei wurde vor allem Wert auf Betriebsvereinbarungen zur elektronischen Datenverarbeitung und zur computerunterstützten Arbeit gelegt. In allen Fällen ist neueren Rechtsentwicklungen Rechnung getragen, sei es bei Bildschirmarbeitsplätzen, der Datenverarbeitung, dem Umweltschutz, vorzeitigen Pensionierungsprogrammen, dem Urheberrechtsschutz usw. Die Sozialpläne sind überarbeitet und der Rechtslage nach dem Betriebsverfassungsgesetz und der Insolvenzordnung angepasst. Den Besonderheiten der neuen Bundesländer ist Rechnung getragen. Es wurde versucht, allgemein die Muster zu ergänzen, um Beispiele für die Sozialpolitik in den Betrieben zu geben.

Es schließen sich Muster zum Arbeitsgerichtsverfahren an. Für den Rechtsanwalt und Verbandsvertreter sind Checklisten für das Beratungsgespräch, Anträge, Klagen und Erwiderungen formuliert. Die Muster zum Beschlussverfahren sind ergänzt worden. Aber auch für den Richter der Gerichte für Arbeitssachen sind eine Reihe von Formularen und Beispielen aufgenommen, um zeitraubendes Nachschlagen zu ersparen. Insoweit seien Muster zur Dezernatsarbeit, zum Verfügungs- und Vollstreckungsverfahren, zur Auslandszustellung unter Berücksichtigung des EG-Rechts oder zur Tenorierung bei Versäumnis- und schwierigen Kostenentscheidungen erwähnt. Namentlich bei letzteren ist selten eine langwierige Vorbereitung wegen des Zwanges zur sofortigen Verkündung einer Entscheidung möglich. Muster zur Vorlage an das BVerfG und den EuGH schließen sich an.

Schließlich sind kurze Hinweise zum Gebühren- und Kostenrecht aufgenommen.

Formulare und Erläuterungen sind kein Allheilmittel für die vielfältigen Interessengegensätze. Sie sollen Anregung und Formulierungshilfe für Arbeitgeber, Arbeitnehmer, Betriebsrat, Prozessbevollmächtigte und Gerichte sein. Sie können nicht jede Fallgestaltung vorausnehmen. Vielfach wird es sich empfehlen, für den individuellen Bedarf aus mehreren Mustern ein neues zu bilden.

Den Damen und Herren des Verlages danken wir für stete Hilfsbereitschaft. Seiner Schwester dankt Herr Dr. h. c. Schaub für vielfache Hilfen bei den Korrekturen. Für seine Unterstützung bei der Bearbeitung der Korrekturabzüge und des Stichwortverzeichnisses sind Herr Prof. Dr. Neef und Herr Dr. Schrader Herrn Rechtsanwalt Dr. Jens Schubert zu Dank verpflichtet. Herr Dr. Schrader widmet seinen Beitrag seinem Sohn Jakob. Für Anregungen sind wir stets verbunden.

Schauenburg-Hoof/Hannover, im Januar 2004   *Die Verfasser*

Inhaltsübersicht

Inhaltsverzeichnis

II. Buch. Muster zum Betriebsverfassungsrecht

III. Buch. Muster und Formulare zum Arbeitsgerichtsverfahren

1. Abschnitt. Urteilsverfahren erster Instanz

4. Abschnitt. Ausschließung und Einstellung der Zwangs-
vollstreckung

5. Abschnitt. Mahn- und Vollstreckungsbescheid

6. Abschnitt. Das Beschlussverfahren

Abkürzungsverzeichnis

a. A.	anderer Ansicht
a. a. O.	am angegebenen Ort
ABl.	Amtsblatt
Abs.	Absatz
a. F.	alte Fassung
AFG	Arbeitsförderungsgesetz (aK)
AFRG	Gesetz zur Reform der Arbeitsförderung (Arbeitsförderungs-Reformgesetz)
AGBG	Gesetz über die Allgemeinen Geschäftsbedingungen
AGEuGÜbR	Ausführungsgesetz zum Übereinkommen der Europäischen Wirtschaftsgemeinschaft über die gerichtliche Zuständigkeit und die Vollstreckung gerichtlicher Entscheidungen in Zivil- und Handelssachen
AiB	Arbeitsrecht im Betrieb, Zeitschrift
aK	außer Kraft
Anh.	Anhang
Anm.	Anmerkung
AnwBl.	Anwaltsblatt, Zeitschrift
AP............................	*Bauer/Dörner/Hauck/Matthes/Oetker* (Hrsg.), Arbeitsrechtliche Praxis, Nachschlagewerk des Bundesarbeitsgerichts (Sammlung der Entscheidungen des Bundesarbeitsgerichts, der Landesarbeitsgerichte und Arbeitsgerichte), Loseblatt
ArbErlVO	Verordnung über die Arbeitserlaubnis für nichtdeutsche Arbeitnehmer (Arbeitserlaubnisverordnung)
ArbG	Arbeitsgericht
ArbGG	Arbeitsgerichtsgesetz
AR-Blattei	Arbeitsrechts-Blattei
ArbNErfG	Gesetz über Arbeitnehmererfindungen
ArbPlSchG	Gesetz über den Schutz des Arbeitsplatzes bei Einberufung zum Wehrdienst (Arbeitsplatzschutzgesetz)
ArbRB	Der Arbeits-Rechts-Berater, Zeitschrift
ArbSchG	Arbeitsschutzgesetz
ArbZG	Gesetz zur Vereinheitlichung und Flexibilisierung des Arbeitszeitrechts (Arbeitszeitgesetz)
ASiG	Gesetz über Betriebsärzte, Sicherheitsingenieure und andere Fachkräfte für Arbeitssicherheit
ATG	Altersteilzeitgesetz
Aufl.	Auflage
AWD	Außenwirtschaftsdienst, Zeitschrift
Az.	Aktenzeichen
BA	Bundesagentur für Arbeit
BABl.	Bundesarbeitsblatt, Zeitschrift
BAG	Bundesarbeitsgericht
BAG GS	Großer Senat des BAG

BAnstArb.	Bundesanstalt für Arbeit (siehe jetzt: BA)
BAT	Bundesangestelltentarifvertrag
BAnz.	Bundesanzeiger
BB	Betriebs-Berater, Zeitschrift
BBG	Bundesbeamtengesetz
BBiG	Berufsbildungsgesetz
BDO	Bundesdisziplinarordnung
BDSG	Bundesdatenschutzgesetz
Beil.	Beilage
ber.	bereinigt
BErzGG	Bundeserziehungsgeldgesetz
BeschFG	Beschäftigungsförderungsgesetz
BeschSchG	Gesetz zum Schutz der Beschäftigten vor sexueller Belästigung am Arbeitsplatz (Beschäftigtenschutzgesetz)
BetrAV	Betriebliche Altersversorgung, Zeitschrift
BetrAVG	Gesetz zur Verbesserung der betrieblichen Altersversorgung
BetrR	Betriebsrat, Zeitschrift
BetrVG	Betriebsverfassungsgesetz
BfA	Bundesversicherungsanstalt für Angestellte
BGB	Bürgerliches Gesetzbuch
BGBl.	Bundesgesetzblatt
BGH	Bundesgerichtshof
BGremBG	Gesetz über die Berufung und Entsendung von Frauen und Männern in Gremien im Einflußbereich des Bundes (Bundesgremienbesetzungsgesetz)
BImSchG	Bundesimmissionsschutzgesetz
BMA	Bundesminister(ium) für Arbeit und Sozialordnung (siehe jetzt: BMWA)
BMWA	Bundesminister(ium) für Wirtschaft und Arbeit
BRAGO	Bundesrechtsanwaltsgebührenordnung
BRAO	Bundesrechtsanwaltsordnung
BRat	Bundesrat
BR-Drucks.	Bundesratsdrucksache
BReg.	Bundesregierung
BRRG	Beamtenrechtsrahmengesetz
BSG	Bundessozialgericht
BT	Deutscher Bundestag
BT-Drucks.	Bundestagsdrucksache
BUrlG	Bundesurlaubsgesetz
BVerfG	Bundesverfassungsgericht
BVerwG	Bundesverwaltungsgericht
BZRG	Bundeszentralregistergesetz
CGB	Christlicher Gewerkschaftsbund
ChemG	Gesetz zum Schutz vor gefährlichen Arbeitsstoffen (Chemikaliengesetz)
CR oder CuR	Computer und Recht, Zeitschrift
DAG	Deutsche Angestellten Gewerkschaft
DB	Der Betrieb, Zeitschrift

DEÜV .... Verordnung über die Erfassung und Übermittlung von Daten für die Träger der Sozialversicherung, Datenerfassungs- und Übermittlungs-Verordnung
DGB .... Deutscher Gewerkschaftsbund
DLG I–IV .... Erstes bis Viertes Gesetz für moderne Dienstleistungen am Arbeitsmarkt
DÖD .... Der öffentliche Dienst, Zeitschrift
DRiG .... Deutsches Richtergesetz
DStR .... Das Steuerrecht, Zeitschrift
DVBl. .... Deutsches Verwaltungsblatt, Zeitschrift

EAS .... Europäisches Arbeits- und Sozialrecht, Rechtsvorschriften, Systematische Darstellungen und Entscheidungssammlung
EEK .... Entscheidungssammlung zur Entgeltfortzahlung an Arbeiter und Angestellte bei Krankheit
EFZG .... Entgeltfortzahlungsgesetz
EGInsO .... Einführungsgesetz zur Insolvenzordnung
EGBGB .... Einführungsgesetz zum Bürgerlichen Gesetzbuche
EGMR .... Europäischer Gerichtshof für Menschenrechte
EG .... Europäische Gemeinschaft
EG .... Vertrag zur Gründung der Europäischen Gemeinschaft i. d. F. des Vertrages von Nizza
EhrRiEntschG .... Gesetz über die Entschädigung der ehrenamtlichen Richter
EU .... Europäische Union
EU .... Vertrag über die Europäische Union i. d. F. des Vertrages von Nizza
EuGH .... Europäischer Gerichtshof
EuGÜbK .... Übereinkommen der EuG über die gerichtliche Zuständigkeit und die Vollstreckung gerichtlicher Entscheidungen in Zivil- und Handelssachen
EWG .... Europäische Wirtschaftsgemeinschaft
EZA .... Entscheidungen zum Arbeitsrecht

FFG .... Gesetz zur Förderung von Frauen und der Vereinbarkeit von Familie und Beruf in der Bundesverwaltung und den Gerichten des Bundes (Frauenfördergesetz) (aK)
FN .... Fußnote

GefahrStVO .... Gefahrstoffverordnung
gem. .... gemäß
GerSiG .... Gesetz über technische Arbeitsmittel
GG .... Grundgesetz
ggf. .... gegebenenfalls
GKG .... Gerichtskostengesetz
GmS .... Gemeinsamer Senat
GewO .... Gewerbeordnung
GleiBG .... Gleichberechtigungsgesetz
GRUR .... Gewerblicher Rechtsschutz und Urheberrecht

HAG .... Heimarbeitsgesetz
HandwO .... Handwerksordnung
HGB .... Handelsgesetzbuch
h.M. .... herrschende Meinung
HRG .... Hochschulrahmengesetz
HS .... Halbsatz
HzA .... Handbuch zum Arbeitsrecht

IAA .... Internationales Arbeitsamt
IAO .... Internationale Arbeitsorganisation
i.d.F. .... in der Fassung
i.d.R. .... in der Regel
i.F. .... im Folgenden
IG .... Industriegewerkschaft
IHK .... Industrie- und Handelskammer
InkrG .... Gesetz über die Inkraftsetzung von Rechtsvorschriften
                           der BRD in der ehemaligen DDR
InsO .... Insolvenzordnung
i.S.(d.) .... im Sinne (des/der)
i.S.(v.) .... im Sinne (von)
i.Ü. .... im Übrigen
i.V.m. .... in Verbindung mit

JArbSchG .... Jugendarbeitsschutzgesetz
JGG .... Jugendgerichtsgesetz
JMinBl. .... Justizministerialblatt
JSchÖG .... Gesetz zum Schutz der Jugend in der Öffentlichkeit
JZ .... Juristenzeitung

KAUG .... Konkursausfallgeld
KG .... Kommanditgesellschaft
KHG .... Gesetz zur wirtschaftlichen Sicherung der Krankenhäuser
KO .... Konkursordnung (aK)
kr. .... kritisch
KSchG .... Kündigungsschutzgesetz
KUG .... Kurzarbeitergeld
KVGv .... Kostenverzeichnis für Gerichtsvollzieher

LAG .... Landesarbeitsgericht
LAGE .... Entscheidungen der Landesarbeitsgerichte, Entschei-
                           dungssammlung
LG .... Landgericht
LSG .... Landessozialgericht
LStDVO .... Lohnsteuerdurchführungsverordnung
LStR .... Lohnsteuerrichtlinien
LVA .... Landesversicherungsanstalt

MAVO .... Rahmenordnung für eine Mitarbeitervertretungsordnung
                           in der katholischen Kirche
MinBl. .... Ministerialblatt

MitbestErgG	Gesetz zur Ergänzung des Gesetzes über die Mitbestimmung der Arbeitnehmer in den Aufsichtsräten und Vorständen des Bergbaus und der Eisen und Stahl erzeugenden Industrie
MitbestG 1951	Gesetz über die Mitbestimmung der Arbeitnehmer in den Aufsichtsräten und Vorständen der Unternehmen des Bergbaues und der Eisen und Stahl erzeugenden Industrie
MitbestG 1976	Gesetz über die Mitbestimmung der Arbeitnehmer
m. spät. Änd.	mit späteren Änderungen
MTV	Manteltarifvertrag
MuSchG	Mutterschutzgesetz
MVO	Mitarbeitervertretungsordnung (Evg. Kirche)
m.w.N.	mit weiteren Nachweisen
m.z.N.	mit zahlreichen Nachweisen
NachwG	Gesetz über den Nachweis der für ein Arbeitsverhältnis geltenden wesentlichen Bestimmungen
n.a.v.	nicht amtlich veröffentlicht
n.F.	neue Fassung
NJ	Neue Justiz, Zeitschrift
NJW	Neue Juristische Wochenschrift, Zeitschrift
NJW-CoR	NJW-Computer-Report, Zeitschrift
NJW-RR	NJW-Rechtsprechungs-Report, Zeitschrift
NZA	Neue Zeitschrift für Arbeitsrecht
NZA-RR	NZA-Rechtsprechungs-Report, Zeitschrift
NZS	Neue Zeitschrift für Sozialrecht
ÖTV	Gewerkschaft öffentliche Dienste, Transport und Verkehr
oHG	offene Handelsgesellschaft
OLG	Oberlandesgericht
OVG	Oberverwaltungsgericht
OWiG	Gesetz über Ordnungswidrigkeiten
PatG	Patentgesetz
PersV	Personalvertretung, Zeitschrift
PersVG	Personalvertretungsgesetz
PKH	Prozesskostenhilfe
PrkV	Preisklauselverordnung
PSV	Pensions-Sicherungs-Verein
RdA	Recht der Arbeit, Zeitschrift
RDV	Recht der Datenverarbeitung, Zeitschrift
Rechtspfleger	Der Deutsche Rechtspfleger, Zeitschrift
RefArb.	Gesetz zu Reformen am Arbeitsmarkt
RegEntw.	Regierungsentwurf
RG	Reichsgericht
RN	Randnummer
RPflG	Rechtspflegergesetz
Rs.	Rechtssache
Rspr.	Rechtsprechung
RuW	Recht und Wirtschaft, Zeitschrift

RV .... Rentenversicherung, Zeitschrift
RVO .... Reichsversicherungsordnung

S. .... Seite
SachBezV .... Sachbezugsverordnung
SeemG .... Seemannsgesetz
SozplKonkG .... Gesetz über den Sozialplan im Konkurs
SGB (I bis XII) .... Sozialgesetzbuch, jeweiliges Buch
SGG .... Sozialgerichtsgesetz
SozSich .... Soziale Sicherheit
SprAuG .... Sprecherausschussgesetz
st. Rspr. .... ständige Rechtsprechung
StVG .... Straßenverkehrsgesetz
SVG .... Soldatenversorgungsgesetz

TVG .... Tarifvertragsgesetz

u.Ä. .... und Ähnliches
U. m. A. .... Urschriftlich mit Abschrift
umstr. .... umstritten
UmwG .... Umwandlungsgesetz
UrhG .... Gesetz über Urheberrechte und verwandte Schutzrechte
u. U. .... unter Umständen
UVNG .... Gesetz zur Neuregelung des Rechts der gesetzlichen
                            Unfallversicherung   (Unfallsicherungs-Neuregelungsge-
                            setz)
UWG .... Gesetz gegen den unlauteren Wettbewerb

VBL .... Versorgungsanstalt des Bundes und der Länder
Ver'di .... Vereinigte Dienstleistungsgewerkschaft
VergGr .... Vergütungsgruppe
VerwG .... Verwaltungsgericht
Vfg. .... Verfügung
VGB I .... Unfallverhütungsvorschriften, Allgemeine Vorschriften
VO .... Verordnung
VU .... Versäumnisurteil
VVG .... Versicherungsvertragsgesetz
VwGO .... Verwaltungsgerichtsordnung

WEG .... Wohnungseigentumsgesetz
WiSa. .... Wirtschaft und Statistik, Zeitschrift
WOS .... Wahlordnung Seeschiffahrt
WPM .... Wertpapiermitteilungen, Zeitschrift
WSI .... Mitteilungen des Wirtschafts- und Sozialwissenschaft-
                            lichen Institutes des Deutschen Gewerkschaftsbundes

z. B. .... zum Beispiel
ZDG .... Zivildienstgesetz
ZfA .... Zeitschrift für Arbeitsrecht
z.H. .... zu Händen
ZIP .... Zeitschrift für Wirtschaftsrecht und Insolvenzpraxis

ZPO	Zivilprozessordnung
ZRHO	Rechtshilfeordnung für Zivilsachen
ZRP	Zeitschrift für Rechtspolitik
ZSEG	Gesetz über die Entschädigung von Zeugen und Sachverständigen
ZTR	Zeitschrift für Tarifrecht
ZuSEntschG	Gesetz über die Entschädigung von Zeugen und Sachverständigen
ZVK	Zusatzversorgungskasse für das Baugewerbe
ZwVG	Verwaltungsvollstreckungsgesetz
ZZP	Zeitschrift für Zivilprozess
zzt.	zur Zeit

Literaturverzeichnis

ArbR-Hdb.	*Schaub*, Arbeitsrechts-Handbuch, 10. Aufl., 2002 (zusammen mit *U. Koch* und *R. Linck*)
ArbV-Hdb.	*Schaub*, Arbeitsgerichtsverfahren – Handbuch, 7. Aufl., 2001
Bauer	Arbeitsrechtliche Aufhebungsverträge, 6. Aufl., 1999
Bauer/Lingemann/ Diller/Haußmann	Anwalts-Formularbuch Anwaltsrecht, 2001
Baumbach/Lauterbach/ Albers/Hartmann	Zivilprozessordnung, 62. Aufl., 2002
Beck'sches Formular- buch	*Hoffmann-Becking/Rawert* (Hrsg.), Beck'sches Formular- buch Bürgerliches, Handels- und Wirtschaftsrecht, 8. Aufl., 2003
Beck'sches Prozess- formularbuch	*Locher/Mes* (Hrsg.), Beck'sches Prozessformularbuch, 9. Aufl., 2003
Berg/Heilmann/ Schneider	Formularmappe Betriebsratswahl, 4. Aufl., 2002
Dachrodt/Engelbert	Praktiker-Kommentar zum Betriebsverfassungsrecht, 2002
Däubler/Kittner/Klebe ..	BetrVG mit Wahlordnung, 8. Aufl., 2002
ErfK/*Bearbeiter*	*Dieterich/Hanau/Schaub* (Hrsg.), Erfurter Kommentar zum Arbeitsrecht, 3. Aufl., 2002, 4. Aufl., 2004
Etzel	Betriebsverfassungsrecht. Systematische Darstellung, 8. Aufl., 2002
Fitting	*Fitting/Kaiser/Heither/Engels/Schmidt*, Betriebsverfassungs- gesetz mit Wahlordnung, Handkommentar, 21. Aufl., 2002
Gagel	*Gagel* (Hrsg.), SGB III Arbeitsförderung, Loseblatt- Kommentar, Stand 2002
Germelmann/Matthes/ Prütting/Müller-Glöge ...	Arbeitsgerichtsgesetz, 4. Aufl., 2002
Gerold/Schmidt/ v. Eicken/Madert	Bundesgebührenordnung für Rechtsanwälte. Kommentar, 15. Aufl., 2002
GK-BetrVG/*Bearbeiter*	Gemeinschaftskommentar zum Betriebsverfassungsgesetz, 7. Aufl., 2002
GK-SGB III/*Bearbeiter*	Gemeinschaftskommentar zum SGB III, Loseblatt
Gotthardt	Arbeitsrecht nach der Schuldrechtsreform, 2. Aufl., 2003
Hartmann	Kostengesetze, 32. Aufl., 2002, 33. Aufl., 2003
Hess/Schlochauer/ Worzalla/Glock	Kommentar zum Betriebsverfassungsgesetz, 6. Aufl., 2003
Hess/Weis	Das neue Anfechtungsrecht, 1996
HK-KSchG/*Bearbeiter*..	*Dorndorf/Weller/Hauck*, Heidelberger Kommentar zum Kündigungsschutzgesetz, 4. Aufl., 2001
Hümmerich	Arbeitsrecht, 4. Aufl., 2002

Korinth .... Einstweiliger Rechtsschutz im Arbeitsgerichtsverfahren,
                                   1999 (Berliner Praxiskommentare)
KR/*Bearbeiter* .... Gemeinschaftskommentar zum Kündigungsrecht und zu
                                   sonstigen kündigungsschutzrechtlichen Vorschriften,
                                   6. Aufl., 2002
Küttner......................... *Küttner* (Hrsg.), Personalbuch 2003, 2003
Loewisch/Kaiser .... BetrVG, 2002
MünchArbR/
Bearbeiter .... *Wlotzke/Richardi* (Hrsg.), Münchener Handbuch zum
                                   Arbeitsrecht, 3 Bde., 2. Aufl., 2000, Ergänzungsbd. 2001
Niesel .... SGB III Arbeitsförderung, 2. Aufl., 2001
Palandt/*Bearbeiter* .... Kommentar zum Bürgerlichen Gesetzbuch, 62. Aufl.,
                                   2003
Preis .... Der Arbeitsvertrag – Handbuch der Vertragspraxis und
                                   -gestaltung, 2002
Richardi .... Betriebsverfassungsgesetz mit Wahlordnung, 8. Aufl.,
                                   2002
Römermann/Hartung .... Die Anwaltsstation nach neuem Recht, 2003
Schrader........................ Rechtsfallen in Arbeitsverträgen, 2001
Stege/Weinspach/
Schiefer .... Handkommentar für die betriebliche Praxis, 9. Aufl.,
                                   2002
Stein/Jonas/Bearbeiter ... Kommentar zur ZPO, 21. Aufl., 1993 ff.
Thomas/Putzo .... *Thomas/Putzo/Reichold/Hüßtege*, Zivilprozessordnung,
                                   25. Aufl., 2003
Tschöpe .... Anwaltshandbuch Arbeitsrecht, 3. Aufl., 2003
Weber/Ehrich/
Burmester .... Handbuch der arbeitsrechtlichen Aufhebungsverträge,
                                   3. Aufl., 2002
Weber/Hoß/
Burmester .... Handbuch der Managerverträge, 2001
Zöller .... Zivilprozessordnung, 23. Aufl., 2002

Die Internetadressen ergeben sich aus den Fußnoten.

I. Buch.
Muster zum Individualarbeitsrecht

Formularbücher zum Arbeitsrecht: Beck'sches Formularbuch, Bürgerliches-, Handels- und Wirtschaftsrecht, 8. Aufl., 2003; *Preis,* Der Arbeitsvertrag – Handbuch der Vertragspraxis und -gestaltung, 2002; *Hümmerich,* Arbeitsrecht, 4. Aufl., 2002; *Schrader,* Rechtsfallen in Arbeitsverträgen, 2001.

§ 1. Einstellung des Arbeitnehmers

I. Stellenausschreibung

1. Betriebsinterne Stellenausschreibung[1]

a) Akademischer Beruf

Arbeitsgebiet: 1
Mitarbeit bei der Entwicklung neuer Produkte ..... und deren Testung.
Voraussetzung:
Abgeschlossenes Hochschulstudium. Promotion erwünscht. Mehrjährige erfolgreiche Arbeits- und Berufserfahrung. Hervorragende Fremdsprachenkenntnisse in ..... Gute EDV-Kenntnisse und sicherer Umgang mit dem PC. Bereitschaft zur Teamarbeit.
Ansprechpartner:
Leiter der Entwicklungsabteilung .....

b) Angestellter

Arbeitsgebiet: 2
Kaufmännische Tätigkeit als Exportkaufmann
Voraussetzungen:
Abgeschlossene kaufmännische Ausbildung. Mehrjährige Arbeits- und Berufserfahrung. Hervorragende Fremdsprachenkenntnisse in ..... Auslandserfahrung erwünscht. Gute EDV-Kenntnisse und sicherer Umgang mit dem PC.
Ansprechpartner:
Leiter der Verkaufsabteilung .....

c) Gewerblicher Arbeitnehmer

Arbeitsgebiet: 3
Einsatz in der Produktion als .....

---

[1] Nach § 93 BetrVG kann der Betriebsrat eine interne Stellenausschreibung verlangen (vgl. ArbR-Hdb. § 238 RN 13 ff.). Mit dem Betriebsrat kann eine freiwillige Betriebsvereinbarung vereinbart werden, die den Inhalt der betriebsinternen Stellenausschreibung regelt (vgl. ArbR-Hdb. § 238 RN 14 und das Muster in § 55 RN 16).

Voraussetzung:

Ausbildung und Berufserfahrung als ..... in der Industrie. Einsatz in der Produktion zur Herstellung von ..... als ..... Montagearbeiten für die hergestellten Produkte .....

Ansprechpartner:

Leiter der Produktion .....

d) Freier Mitarbeiter[2]

4 Tätigkeit:

Entwicklung der Software .....

Voraussetzung:

Hervorragende Kenntnisse in der Programmiersprache .....

Dauer:

Abschluss der Entwicklung bis zum ....., freie Zeiteinteilung

Ansprechpartner:

Leiter der EDV-Abteilung

2. Externe Stellenausschreibung

5 *Muster können aus jeder Tageszeitung entnommen werden. Zur zweckmäßigen Gestaltung ArbR-Hdb. §§ 24 ff.*

II. Vorstellungseinladung[3]

1. Vorstellungseinladung mit Kostenübernahme

6 Betrifft Ihre Bewerbung vom .....

Sehr geehrte(r) Frau/Herr .....,

vielen Dank für Ihre Bewerbung vom ..... Wir würden uns freuen, Sie persönlich kennen zu lernen. Als Termin für das Vorstellungsgespräch haben wir den ..... (Datum) um ..... Uhr in ..... bei Frau/Herrn ..... vorgesehen. Sollten Sie verhindert sein, würden wir Sie bitten, mit uns einen anderen Termin zu vereinbaren. Die Ihnen entstehenden Reisekosten erstatten wir mit ..... Cent pro Kilometer oder nach Maßgabe der Kosten eines .....-Klasse-Tickets der Deutschen Bahn. Mit freundlichen Grüßen

2. Vorstellungseinladung ohne Kostenübernahme

7 Sehr geehrte(r) Frau/Herr .....,

vielen Dank für die Übersendung der Bewerbungsunterlagen vom ..... Aufgrund der uns übersandten Unterlagen könnten wir uns vorstellen, dass Sie für die in Aussicht genommene Position in Frage kommen. Wir stellen Ihnen daher anheim,

---

[2] Der Betriebsrat hat das Recht, auch die innerbetriebliche Ausschreibung von Stellen freier Mitarbeiter zu verlangen (vgl. ArbR-Hdb. § 238 RN 13).

[3] Zum Anspruch und Ausschluss von Vorstellungskosten vgl. ArbR-Hdb. § 26 RN 5 ff.; vgl. auch *Sieber/Wagner* NZA 2003, 1312 ff.

sich bei uns vorzustellen. In diesem Fall würden wir Sie bitten, sich mit Frau/
Herrn ..... in Verbindung zu setzen, um einen Termin abzustimmen. Die Ihnen
entstehenden Kosten können wir allerdings nicht übernehmen.

Mit freundlichen Grüßen

III. Formulare zur Einstellung von Arbeitnehmern

1. Einstellungsfragebogen[4, 5]

Ich bewerbe mich um die Einstellung als 8

I. Angaben des Bewerbers zur Person

Name: ....   Vorname: ....

Geburtsname: ....

Wohnort: ....   Straße: .... Nr.: .... Ruf: ....

Geburtstag:[6] ....   Geburtsort: ....

Staatsangehörigkeit: ....

Bei Ausländern:[7] Seit wann befinden Sie sich in Deutschland ....

Aufenthaltserlaubnis gültig bis ....

Arbeitsgenehmigung gültig bis ....

Familienstand: led. verh. gesch. verw. (ggf. seit wann) ....

Name der Kinder: ....

1. ....   geb.: ....

2. ....   geb.: ....

3. ....   geb.: ....

Bei minderjährigem Arbeitnehmer Name und Anschrift der gesetzlichen Vertreter:

....

....

---

[4] Führt der Arbeitgeber einen Personalfragebogen ein, besteht ein Mitwirkungsrecht des Betriebsrats
nach § 94 BetrVG (zu den Einzelheiten vgl. ArbR-Hdb. § 238 RN 23, zu der Zulässigkeit von Fragen
vgl. ArbR-Hdb. § 26 RN 8 ff.); zum berechtigten Informationsinteresse des Arbeitgebers, vgl. *Brors* DB
2003, 1734.

[5] Vgl. zur Zulässigkeit der Erhebung und Verarbeitung der Daten BDSG i. d. F. vom 14. 1. 2003
(BGBl. I 66).

[6] Die Frage nach dem Alter des Arbeitnehmers ist bisher in Rechtsprechung und Literatur unstreitig
zulässig. Allerdings ist der deutsche Gesetzgeber durch die Richtlinie 78/2000/EWG (vgl. zur Richtlinie im Einzelnen *Thüsing* NJW 2003, 3441 ff.) verpflichtet, bis zum Mitte des Jahres 2003 ein arbeitsrechtliches Diskriminierungsverbot wegen der Religion und Weltanschauung, des Alters und der
sexuellen Ausrichtung zu schaffen. Nach Umsetzung der Richtlinie wird die Frage nach dem Alter
regelmäßig unzulässig sein (vgl. *Thüsing/Lambrich* BB 2002, 1146 ff. (1152)).

[7] Diese Frage ist wegen der besonderen Voraussetzungen der Einstellung von Ausländern zulässig.
Zu beachten sind die Bestimmungen des Ausländergesetzes, des Europäischen Gemeinschaftsrechts,
zwischenstaatliche Vereinbarungen und §§ 284 ff. SGB III. Nur Arbeitnehmer mit einer Staatsangehörigkeit der EU oder des europäischen Wirtschaftsraumes bedürfen grundsätzlich keiner Arbeits- und
Aufenthaltsgenehmigung, wobei mit Ausnahmen in besonderen Fällen zu rechnen ist. Alle anderen
Ausländer dürfen nur nach Vorlage der genannten Genehmigungen eingestellt werden. Zuwiderhand-
lungen können mit einer Geldbuße bis zu 250 000,00 € (§ 404 Abs. 2 Nr. 2–5 SGB III) geahndet werden. Durch das – endgültige – Inkrafttreten eines Zuwanderungsgesetzes können sich Modifikationen
ergeben.

Schrader

II. Persönliche Verhältnisse des Bewerbers[8]

1. Sind Sie anerkannter schwerbehinderter Mensch oder einem solchen gleich-gestellt? Ggf. Grad der Behinderung[9] ....

2. Haben Sie einen Bergmannsversorgungsschein? ....

   Falls ja, Nr.: ....

3. Sind Sie sonst arbeitsbehindert?[10] ....

4. Leiden Sie an chronischen Erkrankungen, durch die die Tauglichkeit für die vorgesehene Tätigkeit eingeschränkt ist?[11] ....

5. a) Sind Sie bereit, sich auf Kosten der Firma untersuchen zu lassen? ....
   b) Entbinden Sie den Arzt von der ärztlichen Schweigepflicht? ....

6. Für Jugendliche: Sind Sie, sofern Sie in das Berufsleben eintreten, innerhalb der letzten 14 Monate, sonst innerhalb der letzten 12 Monate ärztlich un-tersucht worden? ....

7. Für weibliche Bewerber: Sind Sie schwanger, ggf. in welchem Monat? ......

8. Bekleiden Sie ein Ehrenamt? ....

III. Ausbildung

1. Schulbildung: .... Abschluss: ....

2. Hochschulstudium: ....

3. Berufsausbildung als: ....

4. Bei welcher Firma? ....

5. Welche Abschlussprüfungen haben Sie abgelegt? ....
   ....

6. Haben Sie Fortbildungsveranstaltungen besucht? ....
   Welche? ....

7. Haben Sie Kenntnisse in Fremdsprachen? ....

8. Sind Sie im Besitz einer Fahrerlaubnis? ....
   Falls ja, welcher? ....

9. Welche besonderen Kenntnisse und Fertigkeiten haben Sie? ....
   ....

---

[8] Die Frage nach der Schwangerschaft ist grundsätzlich unzulässig, und zwar unabhängig davon, ob die Arbeitnehmerin wegen der Schwangerschaft die in Aussicht genommene Tätigkeit ausüben kann (vgl. BAG, Urteil v. 6. 2. 2003 – 2 AZR 621/01 – NZA 2003, 848; zur Rechtsprechungsentwicklung vgl. ArbR-Hdb. § 26 RN 22 ff.). Von der Aufnahme in einen Personalfragebogen sollte daher abgese-hen werden.

[9] Die Frage nach der Schwerbehinderung muss wegen der mit der Schwerbehinderung verbundenen Rechte und Pflichten des Arbeitgebers nach dem SGB IX wahrheitsgemäß beantwortet werden, an-dernfalls kommt eine Anfechtung wegen arglistiger Täuschung in Betracht (so zuletzt BAG, Urteil v. 3. 12. 1998 – 2 AZR 754/97 – AP BGB § 123 Nr. 49; vgl. auch ArbR-Hdb. § 26 RN 24 m. w. N.). Allerdings wird sich auch hier die Frage stellen, ob die Frage mit dem europäischen arbeitsrechtlichen Diskriminierungsverbot (vgl. FN 6) vereinbar ist. Dies dürfte zu verneinen sein (ebenso *Messingschlager* NZA 2003, 301 ff. (305); *Joussen* NJW 2003, 2857 (2861); a. A. *Schaub* NZA 2003, 299 ff. (301)).

[10] Das Fragerecht beschränkt sich auf solche Körperbehinderungen, die erfahrungsgemäß geeignet sind, die Arbeitsfähigkeit für die zu verrichtende Tätigkeit zu beeinträchtigen (vgl. BAG, Urteil v. 7. 6. 1984 – 2 AZR 270/83 – AP BGB § 123 Nr. 26).

[11] Die Frage ist nur zulässig, soweit sie die Einsatzfähigkeit des Bewerbers auf den konkreten Arbeits-platz betrifft (vgl. im Einzelnen ArbR-Hdb. § 26 RN 20).

IV. Nachweis der beruflichen Beschäftigung[12]

1. Beschäftigungsnachweis seit der Ausbildung/der letzten ..... Jahre
2. Sind Sie in ungekündigter/gekündigter Stellung/arbeitslos (seit wann?) .....
3. Waren Sie bereits früher in unserem Unternehmen oder einem unserer Rechtsvorgänger in einem Arbeitsverhältnis beschäftigt?[13]

V. Sozialversicherung

1. In welcher Krankenkasse sind Sie versichert? ....
2. Wollen Sie Mitglied der Betriebskrankenkasse werden? ....

VI. Sonstiges

1. Welches Gehalt wünschen Sie? ....
2. Wie hoch war Ihr letzter Verdienst?[14] ....
3. Ist Ihr Ehegatte berufstätig? ....
4. Sind Sie vorbestraft?[15] ....
   Schwebt gegen Sie ein Ermittlungsverfahren wegen eines im Hinblick auf die Ausübung der vorgesehenen Tätigkeit erheblichen Deliktes?[16] ....
5. a) Liegen Pfändungen vor? ....
   Falls ja, durch wen und in welcher Höhe? ....
   b) Haben Sie Ihre Bezüge verpfändet oder im Voraus abgetreten? ....
6. Haben Sie für das laufende Kalenderjahr bereits bei einem früheren Arbeitgeber Urlaub gehabt? ....
7. Haben Sie den Wehrdienst abgeleistet? ....
   a) Sind Sie wehrpflichtig? ....
   b) Sind Sie als wehrtauglich gemustert? ....
8. Wann können Sie die Arbeit aufnehmen? ....
9. Unterliegen Sie irgendwelchen Wettbewerbsbeschränkungen? ....
   Inhalt des Wettbewerbsverbots? ....
10. Haben Sie gegen Ihren früheren Arbeitgeber einen Anspruch auf Betriebsrente oder eine unverfallbare Versorgungsanwartschaft? ....
11. Sind Sie Mitglied der International Association of Scientologists (IAS), Mitglied vom World of Institute of Scientology Enterprises (WISE) oder Mitglied der Scientology Church?[17] ....

---

[12] Die Frage nach dem beruflichen Werdegang ist zulässig (vgl. ArbR-Hdb. § 26 RN 16). Eine Frage nach der früheren Mitarbeit im früheren Staatssicherheitsdienst ist dann zulässig, wenn der Bewerber im öffentlichen Dienst eingestellt werden soll oder in Bereichen beschäftigt werden muss, in denen ein besonderes Sicherheitsbedürfnis oder besondere Integrität gefordert wird (vgl. ArbR-Hdb. § 26 RN 27 m. w. N.).

[13] Vgl. ArbR-Hdb. § 26 RN 15 a.

[14] Die Zulässigkeit der Frage ist umstritten; das BAG hält sie dann für unzulässig, wenn die bisherige Vergütung für die Stelle keine Aussagekraft hat (BAG, Urteil v. 19. 5. 1983 – 2 AZR 171/81 – AP BGB § 123 Nr. 25).

[15] Die Frage ist nur zulässig, wenn und soweit die zu besetzende Arbeitsstelle oder die zu leistende Arbeit dies erfordert (vgl. ArbR-Hdb. § 26 RN 29).

[16] Die Frage ist zulässig (vgl. BAG, Urteil v. 20. 5. 1999 – 2 AZR 320/98 – AP BGB § 123 Nr. 50; a. A. ArbG Münster, Urteil v. 20. 11. 1992 – 3 Ca 1459/92 – NZA 1993, 461).

[17] Bei der Besetzung einer Vertrauensstellung ist die Frage nach der Zugehörigkeit uneingeschränkt zulässig, die unrichtige Beantwortung führt zur Anfechtung oder Kündigung (vgl. ArbR-Hdb. § 26 RN 25; *Thüsing/Lambrich* BB 2002, 1146 ff. (1152); a. A. ArbG München, Urteil v. 24. 10. 2000 – 21 Ca 13754/99 – NZA-RR 2001, 296). Der deutsche Gesetzgeber ist durch die Richtlinie 78/2000/

Dieser Personalbogen ist Bestandteil des Arbeitsvertrages;[18] unvollständige und unrichtige Angaben berechtigen zur Anfechtung des Arbeitsvertrages oder zur fristlosen Entlassung und verpflichten zum Schadensersatz.[19]

....., den .....

Unterschrift:

....

(Bei Minderjährigen Unterschrift der gesetzlichen Vertreter)

9   Taktischer Hinweis:
Der Bewerber hat das Problem, dass er zulässige Fragen des Arbeitgebers wahrheitsgemäß beantworten muss. Ansonsten besteht die Gefahr der Anfechtung des Arbeitsvertrages mit der Konsequenz, dass dieser – je nachdem, ob das Arbeitsverhältnis noch in Vollzug ist oder nicht – rückwirkend oder für die Zukunft beendet wird.[20] Insoweit besteht ein rechtliches, aber auch ein tatsächliches Problem für den Bewerber:
Beantwortet er eine **zulässige Frage nicht wahrheitsgemäß**, läuft er Gefahr, dass der Arbeitgeber den Arbeitsvertrag anfechten wird. Beantwortet er dagegen eine **unzulässige Frage nicht wahrheitsgemäß**, ist dies zulässig; hier besteht ein „Recht auf Lüge". Allerdings läuft der Arbeitnehmer im Falle einer Lüge Gefahr, dass der Arbeitgeber das Arbeitsverhältnis kündigen wird, insbesondere dann, wenn er in den ersten sechs Monaten des Arbeitsverhältnisses, in denen sich der Arbeitnehmer noch nicht auf den Schutz des Kündigungsschutzgesetzes berufen kann, von der nicht wahrheitsgemäßen Beantwortung der Frage erfährt.

2. Betriebliche Verfügung zur Einstellung eines Arbeitnehmers

10 1. Personalsachbearbeiter: ....

    a) Personalfragebogen überprüft ....

    b) Vorschlag: ....

   2. Vorstellung bei ....

    a) Personalleiter ....

    b) Betriebsrat ....

    c) ärztlichem Dienst ....

   3. Ärztliche Untersuchung ....

    a) Datum ....

    b) Vorschlag ....

   4. Ablehnung ....

   5. Einstellungsvorschlag als: ....

EWG verpflichtet, bis zur Mitte des Jahres 2003 ein arbeitsrechtliches Diskriminierungsverbot wegen der Religion und Weltanschauung, des Alters und der sexuellen Ausrichtung zu schaffen. Danach dürfte die bisher allgemein für zulässig gehaltene Frage nach der Scientology-Mitgliedschaft zweifelhaft werden.

[18] Die dauerhafte Aufbewahrung eines Personalfragebogens eines nicht eingestellten Bewerbers ist unzulässig. Dem Bewerber steht unabhängig von den Schutzvorschriften des BDSG ein Anspruch auf Vernichtung zu (vgl. BAG, Urteil v. 6. 6. 1984 – 5 AZR 286/81 – AP BGB § 611 Persönlichkeitsrecht Nr. 7).

[19] Zu den Rechtsfolgen bei Falschbeantwortung zulässiger Fragen vgl. ArbR-Hdb. § 26 RN 12.

[20] Vgl. *Schrader,* Rechtsfallen in Arbeitsverträgen, 2001, RN 33 ff. m. z. N.

6. Unterrichtung des Betriebsrats[21] ....
ab: .... Fristablauf: ....
  b) Zustimmung erteilt am ....
  c) Betriebsrat verschwiegen ....
  d) Zustimmung verweigert ....
7. Vorläufige personelle Maßnahme ....
  a) Unterrichtung des Arbeitnehmers (§ 100 Abs. 1 Satz 2 BetrVG) am ....
  b) Unterrichtung des Betriebsrates am ....
8. Zustimmungsersetzungsverfahren eingeleitet? ....
9. Vertragsschluss am ....
Absage am ....
Mitteilung an Betriebsrat ....

3. Unterrichtung des Betriebsrats über eine geplante Einstellung[22, 23]

An den Betriebsrat   **11**

z. H. des Betriebsratsvorsitzenden

(evtl. Personalausschuss z. H. seines Vorsitzenden)

Es ist beabsichtigt, den Bewerber *(Name, Vorname, Anschrift, Geburtsdatum, Familienstand)* ....

als ....

in der Abteilung ....

einzustellen. Er war bisher bei ....

beschäftigt. Es bestehen bei ihm folgende Erwerbsbeschränkungen ....

Er soll in die tarifliche Lohngruppe ....

eingestuft werden.

Um den Arbeitsplatz haben sich ferner beworben:[24]

1. ....

2. ....

Die Einstellung kann auf die übrige Belegschaft folgende Auswirkungen haben:

....

....

---

[21] Der Anstellungsvertrag ist auch ohne Benachrichtigung des Betriebsrats wirksam. Der Betriebsrat kann jedoch nach § 101 BetrVG die Beschäftigung verhindern (BAG, Urteil v. 2. 7. 1980 – 5 AZR 1241/79 – AP GG Art. 33 Abs. 2 Nr. 9). Der Arbeitgeber wird alsdann schadensersatzpflichtig. Verweigert der Betriebsrat die Zustimmung muss der Arbeitgeber das Zustimmungsersetzungsverfahren einleiten (vgl. BAG, Urteil v. 26. 1. 1988 – 1 AZR 531/86 – AP BetrVG 1972 § 99 Nr. 50; vgl. ArbR-Hdb. § 241 RN 52 ff.).

[22] Das Formular kann an die Fälle der Ein- und Umgruppierung angepasst werden. Weitere Muster zur Unterrichtung des Betriebsrats vgl. unten § 24.

[23] Einstellung, Eingruppierung und Umgruppierung sind ohne Beteiligung des Betriebsrats wirksam. Sie können aber vom Betriebsrat verhindert werden. Für die Versetzung ist die Beteiligung des Betriebsrats Wirksamkeitsvoraussetzung (vgl. ArbR-Hdb. § 241 RN 52 ff.).

[24] Der Arbeitgeber hat den Betriebsrat bei Einstellungen und Versetzungen Auskunft über die Personen sämtlicher Beteiligter zu geben, also über sämtliche, z. B. auch von der Arbeitsverwaltung vorgeschlagenen Bewerber. Wird die Einstellung durch eine Unternehmensberatungsfirma vorbereitet und diese mit der Vorauswahl betraut, hat der Arbeitgeber den Betriebsrat über die Bewerber zu informieren, die ihm von der Firma benannt werden (vgl. BAG, Beschluss v. 18. 12. 1990 – 1 ABR 15/90 – AP BetrVG 1972 § 99 Nr. 85; vgl. ArbR-Hdb. § 241 RN 28).

Schrader

Eine Abschrift des Personalfragebogens ist beigefügt. Die Bewerbungsunterlagen (Bewerbungsschreiben, Lebenslauf, Zeugnis) im Übrigen sind beigefügt/können im Personalbüro eingesehen werden.[25]

Etwaige Bedenken gegen die Einstellung bitten wir unter Angabe der Gründe binnen Wochenfrist schriftlich darzulegen.

....., den .....

Arbeitgeber

4. Unterrichtung des Betriebsrats von vorläufigen personellen Maßnahmen[26]

12 An den Betriebsrat

z. H. des Betriebsratsvorsitzenden

Die Firma hat den Arbeitnehmer ...., wohnhaft in ....

vorläufig mit Wirkung vom ....

eingestellt und den Arbeitnehmer entsprechend unterrichtet.

eingruppiert nach Tarifgruppe ....

umgruppiert von Tarifgruppe .... nach Tarifgruppe ....

versetzt von .... nach ....

Die beabsichtigte personelle Maßnahme hatten wir dem Betriebsrat am ....

mitgeteilt. Der Betriebsrat hat der personellen Maßnahmen widersprochen.

Die personelle Maßnahme war jedoch aus dringenden Gründen notwendig, weil ....

Sofern der Betriebsrat der vorläufigen Maßnahme widerspricht, bitten wir um unverzügliche Stellungnahme.

....., den .....

Arbeitgeber

5. Einwilligung in eine Eignungsuntersuchung/ärztliche Untersuchung/Verarbeitung personenbezogener Daten

a) Psychologische Eignungsuntersuchung

13 Ich bin mit einer psychologischen Eignungsuntersuchung einverstanden.

b) Grafologische Gutachten

14 Ich bin mit einem grafologischen Gutachten einverstanden.[27]

c) Werks- oder vertrauensärztliche Untersuchung

15 Ich bin mit einer werks- oder vertrauensärztlichen Untersuchung einverstanden. Ich entbinde den untersuchenden Arzt von der ärztlichen Schweigepflicht, soweit Auskünfte erforderlich sind, die Eignung für die Tätigkeit zu beurteilen.

---

[25] Der Arbeitsvertrag gehört nicht zu den vorzulegenden Bewerbungsunterlagen (vgl. BAG, Beschluss v. 18. 10. 1988 – 1 ABR 33/87 – AP BetrVG 1972 § 99 Nr. 57).

[26] Vgl. ArbR-Hdb. § 241 RN 60 ff.

[27] Vgl. BAG, Urteil v. 16. 9. 1982 – 2 AZR 228/80 – AP BGB § 123 Nr. 24.

d) Einwilligung nach § 4 a BDSG

Die Verarbeitung personenbezogener Daten erfolgt nur im Rahmen der Zweck- **16** bestimmung des Arbeitsverhältnisses. Personenbezogene Daten werden nur mit Zustimmung des Betriebsrats an Dritte übermittelt. Unberührt bleibt die Verarbeitung oder Übermittlung, soweit das Unternehmen hierzu kraft Gesetzes verpflichtet ist. Herr/Frau ..... erteilt zu der Verarbeitung seiner personenbezogenen Daten insoweit seine Zustimmung.[28]

....., den .....
Arbeitnehmer

§ 2. Arbeitsverträge für Angestellte

Schrader, Rechtsfallen in Arbeitsverträgen, 2001; *Bauer/Lingemann/Diller/Haußmann,* Anwalts-Formularbuch Arbeitsrecht, 2001; *Preis,* Der Arbeitsvertrag-Handbuch der Vertragspraxis und -gestaltung, 2002; *Hümmerich,* Arbeitsrecht, 4. Aufl., 2002; *Weber/Hoß/Burmester,* Handbuch der Managerverträge, 2001.

I. Vorbemerkung

Formulare zum Arbeitsrecht müssen dem NachwG Rechnung tragen. Darüber hinaus **1** *unterliegen Musterarbeitsverträge der Kontrolle nach §§ 307–309 BGB. Die im Arbeitsrecht geltenden Besonderheiten sind angemessen zu berücksichtigen (§ 310 Abs. 4 Satz 2 BGB).*

1. Arbeitsvertrag und NachwG

*Das NachwG[1] legt in § 2 Abs. 1 Nr. 1–10 fest, welche **Arbeitsvertragsbedingungen*** **2** ***schriftlich fixiert** werden müssen (insbesondere Arbeitsort, Arbeitsentgelt, Arbeitszeit, Kündigungsfristen, die Vereinbarung einer Befristung sowie sonstige anzuwendenden Regelungen wie Tarifverträge etc.). Das Gesetz gilt für alle Arbeitnehmer, also auch für leitende Angestellte.[2] Die Verpflichtung ist spätestens bis einen Monat nach Beginn des Arbeitsverhältnisses (§ 2 Abs. 1 NachwG) zu erfüllen. Die Nachweispflicht gilt nach § 3 Satz 1 NachwG auch für **spätere Änderungen** der wesentlichen Vertragsbedingungen. Eine solche Änderung ist dem Arbeitnehmer schriftlich, spätestens einen Monat nach der Änderung mitzuteilen. Dabei muss Inhalt dieser Mitteilung nicht allein die Tatsache der Änderung sein, sondern auch, worin diese ihrem Inhalt nach besteht.[3] Anstelle einer Niederschrift nach dem NachwG können die Daten in einen Arbeitsvertrag übernommen werden.[4] Der Nachweis der wesentlichen Vertragsbedingungen in elektronischer Form ist ausgeschlossen (§ 2 Abs. 1 Nr. 3 NachwG). Die Regelungen des NachwG begründen kein konstitutives Schriftformerfordernis, d. h. unabhängig von der Schriftform kommt das Arbeitsverhältnis zustande.[5] Jedoch kann der Arbeitgeber sich schadensersatzpflichtig machen, wenn er seiner Verpflichtung zum Nachweis*

---

[28] Nach § 4 Abs. 1 BDSG ist die Einwilligung tunlichst in eine gesonderte Urkunde aufzunehmen und die Einwilligung besonders hervorzuheben.
[1] Vom 20. 7. 1995 (BGBl. I 946).
[2] Vgl. *Schrader,* Rechtsfallen in Arbeitsverträgen, 2001, RN 79 m. w. N.
[3] Vgl. *Birk* NZA 1996, 281 ff. (284).
[4] Vgl. ArbR-Hdb. § 32 RN 39.
[5] Vgl. *Schrader,* Rechtsfallen in Arbeitsverträgen, 2001, RN 89.

der wesentlichen Arbeitsbedingungen nach § 2 Abs. 2 Satz 2 NachwG nicht nachkommt.[6]
*In einem vom BAG entschiedenen Fall hatte der Arbeitgeber keinen Hinweis auf die in seinem Betrieb üblicherweise anwendbaren Tarifverträge erteilt. Tatsächlich fand ein solcher Tarifvertrag betriebsüblicherweise Anwendung, dieser Tarifvertrag enthielt Ausschlussfristen. Gegenüber den geltend gemachten Ansprüchen des Arbeitnehmers konnte der Arbeitgeber sich
trotz Verletzung seiner Pflichten aus dem NachwG, konkret aus der fehlenden Angabe des
anwendbaren Tarifvertrages, auf die in diesem enthaltenen Ausschlussfristen berufen, machte
sich aber nach §§ 286 Abs. 1, 284 Abs. 2 BGB wegen der unterlassenen Aushändigung
einer Niederschrift nach § 2 Abs. 1 NachwG schadensersatzpflichtig.*[7] *Daraus folgt:*

3   *Der Abschluss des Arbeitsvertrages ist zwar grundsätzlich formfrei möglich.*[8] *Kommt der
Arbeitgeber aber seinen Pflichten zur schriftlichen Niederlegung der wesentlichen Vertragsbedingungen nach dem NachwG nicht nach, kann er sich zwar auf die schriftlich nicht niedergelegten Vertragsbedingungen, die auf das Arbeitsverhältnis Anwendung finden, berufen,
läuft aber Gefahr, sich schadensersatzpflichtig zu machen, falls es sich um für den Arbeitnehmer nachteilige Vertragsbedingungen handelt.*

> **Taktischer Hinweis:**
> Vor dem Hintergrund der drohenden Schadensersatzpflicht kann dem Arbeitgeber nur
> empfohlen werden, zukünftig Vertragsbedingungen weitgehend schriftlich festzuhalten,
> sei es in Form eines Nachweises nach dem NachwG oder in Form eines Arbeitsvertrages.
> In ihrer praktischen Auswirkung führt die Schadensersatzpflicht trotz grundsätzlicher
> Formfreiheit für den Abschluss von Arbeitsverträgen zu einem Schriftformerfordernis.[9]

2. Inhaltskontrolle von Arbeitsverträgen

4   *Nach § 310 Abs. 4 Satz 2 BGB findet eine Inhaltskontrolle von allgemeinen Geschäftsbedingungen gem. §§ 305 ff. BGB auch bei Arbeitsverträgen statt. Ausgenommen sind ausdrücklich Tarifverträge und Betriebsvereinbarungen. Die im Arbeitsrecht geltenden Besonderheiten sind angemessen zu berücksichtigen. § 305 Abs. 2, 3 BGB, die die Einbeziehung
von allgemeinen Geschäftsbedingungen in den Vertrag regeln, sind auf Arbeitsverträge nicht
anwendbar (§ 310 Abs. 4 Satz 2 2. HS BGB). Insoweit gelten arbeitsrechtliche Besonderheiten; gemeint ist das NachwG.*[10] *Die Einhaltung des NachwG führt damit aber nicht zur
Wirksamkeitsvoraussetzung für die dort genannten Vertragsbedingungen.*[11]

5   *Allgemeine Geschäftsbedingungen sind für eine Vielzahl von Verträgen vorformulierte
Vertragsbedingungen, die eine Vertragspartei (Verwender) der anderen Vertragspartei bei Abschluss eines Vertrages stellt (§ 305 BGB). Von dieser Definition werden auch* **Musterarbeitsverträge** *erfasst. Diese unterliegen der Kontrolle nach §§ 307–309 BGB. Anwendung
findet zunächst § 305 c BGB. Hiernach werden Überraschungs- und mehrdeutige Klauseln
in vorformulierten Vertragsbedingungen, die nach den Umständen, insbesondere nach dem
äußeren Erscheinungsbild des Verwenders so ungewöhnlich sind, dass der Vertragspartner des
Verwenders mit ihnen nicht zu rechnen braucht, nicht Vertragsbestandteil.* **Zweifel bei der**

---

6 Das ändert allerdings nichts daran, dass derjenige Arbeitnehmer, der im bestehenden Arbeitsverhältnis eine Höhergruppierung geltend macht, die erforderlichen Voraussetzungen darlegen und beweisen
muss (vgl. z. B. LAG Köln, Urteil v. 28. 7. 2000 – 11 Sa 408/00 – ZTR 2001, 80). Das Nachweisgesetz
ändert daher bei der Darlegungs- und Beweislast bei einer Höhergruppierung nichts.
7 Vgl. BAG, Urteil v. 17. 4. 2002 – 5 AZR 89/01 – AP NachwG § 2 Nr. 6.
8 Vgl. ArbR-Hdb. § 32 RN 38; *Schrader*, Rechtsfallen in Arbeitsverträgen, 2001, RN 70.
9 Vgl. *Schrader* NZA 2003, 345 ff. (347).
10 Vgl. BT-Drucks. 14/6857, 54.
11 Vgl. *Gotthardt*, Arbeitsrecht nach der Schuldrechtsreform, 2. Aufl., 2003, RN 223; *Hromadka* NJW
2002, 2523 ff. (2525).

Auslegung der vorformulierten Vertragsbedingungen gehen zu Lasten des Verwenders. Die **Rechtsfolgen** sind in § 306 BGB geregelt. Sind vorformulierte Vertragsbedingungen ganz oder teilweise nicht Vertragsbestandteil geworden oder unwirksam, so bleibt der Vertrag im Übrigen wirksam. Es ist also § 139 BGB, wie nach der Rechtsprechung des BAG, abbedungen.[12] Soweit die Bestimmungen nicht Vertragsbestandteil geworden sind, richtet sich der Inhalt des Vertrages nach den gesetzlichen Vorschriften. Der Vertrag ist unwirksam, wenn das Festhalten an ihm auch unter Berücksichtigung der möglichen Änderungen eine unzumutbare Härte für eine Vertragspartei darstellen würde.

Nach § 307 Abs. 3 Satz 1 BGB unterliegen vorformulierte Vertragsbedingungen nur   6 insoweit der Inhaltskontrolle, wie durch die von **Rechtsvorschriften** abweichenden oder diese ergänzenden Regelungen vereinbart werden. § 310 Abs. 4 Satz 3 BGB ergänzt die Kontrolle insoweit, dass vorformulierte Arbeitsverträge auch an Tarifverträgen, Betriebs- und Dienstvereinbarungen zu messen sind. Bei der Inhaltskontrolle sind **arbeitsrechtliche Besonderheiten** angemessen zu berücksichtigen.[13] In der Begründung der Bundesregierung für die Streichung der zunächst noch vorgesehenen arbeitsrechtlichen Bereichsausnahme, heißt es hierzu, die besonderen Klauselverbote ohne Wertungsmöglichkeiten sollten arbeitsrechtlich nicht zwingend uneingeschränkt zur Anwendung kommen. Vielmehr sollten hier die besonderen Bedürfnisse eines Arbeitsverhältnisses berücksichtigt werden können.[14]

Bestimmungen in vorformulierten Vertragsbedingungen sind unwirksam, wenn sie den   7 Vertragspartner des Verwenders entgegen den Geboten von Treu und Glauben **unangemessen benachteiligen**. Eine unangemessene Benachteiligung kann sich auch daraus ergeben, dass die Bestimmung nicht klar und verständlich ist (§ 307 Abs. 1 BGB). Nicht jede Benachteiligung ist verboten, sondern nur eine unangemessene.[15]

Welche **Bedeutung** §§ 307–309 BGB für einzelne arbeitsvertragliche Regelungen zu-   8 kommt, lässt sich nicht allgemein voraussagen. Rechtsprechung hierzu existiert bislang wenig, in der Literatur werden die Auswirkungen auf einzelne Vertragsklauseln zum Teil sehr kontrovers diskutiert.[16] Der Verwender von vorformulierten Vertragsbedingungen in der **Praxis** wird daher bei der Gestaltung von Arbeitsverträgen eine Risikoeinschätzung vornehmen müssen; eine Sicherheit, ob und welche Klausel sich tatsächlich bei einer arbeitsgerichtlichen Überprüfung als rechtsbeständig erweist, gibt es nicht.

Problematisch sind auch die **Rechtsfolgen** für den Fall, dass sich eine einzelne Klausel als   9 unwirksam erweist. Nach der Rechtsprechung des BGH sind solche Klauseln unwirksam. An ihre Stelle tritt dann das Gesetz. Eine geltungserhaltende Reduktion findet nicht statt. Es sei nicht Aufgabe der Gerichte, für eine den Gegner des Klauselverwenders unangemessenen benachteiligende und deshalb unwirksame Klausel eine Fassung zu finden, die einerseits dem Verwender möglichst günstig, andererseits gerade noch rechtlich zulässig sei. Eine teilweise Aufrechterhaltung einer unwirksamen Klausel im Rahmen einer Inhaltskontrolle, läuft dem Ziel des Gesetzes zuwider, auf einen angemessenen Inhalt der in der Praxis verwendeten oder empfohlenen allgemeinen Geschäftsbedingungen hinzuwirken und den Kunden die Möglichkeit sachgerechter Informationen über die ihnen aus dem vorformulierten Vertrag erwachsenen Rechte und Pflichten zu verschaffen. Sie würde dem Klauselverwender die Möglichkeit eröffnen, bei der Aufstellung seiner Konditionen unbedenklich über die Grenze des

---

12 Vgl. ArbR-Hdb. § 31 RN 7 c.
13 Vgl. zu den Besonderheiten des Arbeitsrechtes aus neuerer Zeit *Birnbaum* NZA 2003, 944 ff.
14 Vgl. BT-Drucks. 14/6857, 54.
15 Vgl. ArbR-Hdb. § 31 RN 7 e.
16 Vgl. *Richardi* NZA 2002, 1057 ff.; *Däubler* NZA 2001, 1329 ff.; *Graf von Westfalen* NJW 2002, 12 ff.; *Reinicke* DB 2002, 583 ff.; *Lingemann* NZA 2002, 181 ff.; *Gotthardt* ZIP 2002, 277 ff.; *Bauer/Kock* DB 2002, 42 ff.; *Annuß* BB 2002, 458 ff.; *Hunold* NZA-RR 2002, 225 ff.; *Thüsing* NZA 2002, 591 ff.; *ders.* BB 2002, 2666 ff.; *Hümmerich* NZA 2003, 753 ff.; *Conein-Eickelmann* DB 2003, 2546 ff.; *Wisskirchen* DB 2003, 2225 ff.

Zulässigen hinauszugehen, ohne mehr befürchten zu müssen, als dass die Benachteiligung seines Geschäftspartners durch das Gericht auf ein gerade noch zulässiges Maß zurückgeführt wird.[17]

10   *Anders das **BAG**: Es nimmt bei Arbeitsvertragsklauseln eine geltungserhaltende Reduktion vor. Dies machen die Beispiele von Rückzahlungsklauseln, aber auch Vertragsstrafen deutlich: Eine zu lange Bindungsdauer*[18] *führt nicht zu einer Unwirksamkeit der Klausel insgesamt, sondern zu einer Rückführung auf „das zulässige Maß".*[19] *Ziel ist die Herbeiführung eines „angemessenen" Vertragsinhalts unter Berücksichtigung des mutmaßlichen Parteiwillens.*[20] *Insoweit steht die Rechtsprechung des BAG im Widerspruch zu der des Bundesgerichtshofes. Wie sich die Rechtsprechung entwickeln wird, bleibt abzuwarten. Zu erwarten ist aber eine Vereinheitlichung der Rechtsprechung des BGH und des BAG. Ein denkbarer Lösungsansatz, der auch den arbeitsrechtlichen Besonderheiten Rechnung tragen würde, könnte sein, die geltungserhaltende Reduktion im Sinne der Rechtsprechung des BAG aufrechtzuerhalten, sich aber hinsichtlich des „angemessenen" Inhalts einer Klausel an der Rechtsprechung des BGH zu orientieren.*[21]

11   *Das bedeutet, dass der Verwender in der Praxis jede einzelne Klausel auf ihre arbeitsrechtliche Wirksamkeit anhand der Inhaltskontrolle nach §§ 305 ff. BGB überprüfen muss. Eine solche Prüfung könnte anhand nachfolgender **Checkliste** vorgenommen werden:*

- **Vorliegen vorformulierter Arbeitsbedingungen** (§§ 305 Abs. 1 Satz 1, 310 Abs. 4 BGB)
- **Einbeziehungskontrolle**
  - Keine Einbeziehung erforderlich nach Maßgabe von § 305 Abs. 2 u. 3 BGB
  - Keine Einbeziehung von Überraschungsklauseln (§ 305 c Abs. 1 BGB)
  - Vorrang der Individualabrede (§ 305 b BGB)
  - Auslegung vor Inhaltskontrolle
    - objektive Auslegungsmethode
  - Unklarheitenregel (§ 305 c Abs. 2 BGB)
  - Transparenzgebot (§ 307 Abs. 1 Satz 2 BGB)
    - Verständlichkeitsgebot
    - Bestimmtheitsgebot
    - Täuschungsverbot
- **Rechtskontrolle**
  - Verstoß gegen Gesetz
  - Gesetzesumgehung (vgl. auch § 306 a BGB)
  - Verstoß gegen guten Sitten
  - Maßregelungsverbot
- **Angemessenheitskontrolle (Inhaltskontrolle)**
  - Klärung inwieweit die Klausel überhaupt der Inhaltskontrolle unterliegt (§ 307 Abs. 3 BGB – keine Kontrolle von z. B. leistungsbestimmenden Klauseln (z. B. Gegenstand der Arbeitsleistung o. ä.)
  - Transparenzkontrolle (§ 307 Abs. 1 Satz 2 BGB) sämtlicher Klauseln
  - Klauseln ohne Wertungsmöglichkeit (§ 309 BGB)
  - Klauseln mit Wertungsmöglichkeit (§ 308 BGB)

---

[17] Vgl. statt aller BGH, Urteil v. 3. 11. 1999 – VIII ZR 269/98 – BGHZ 143, 104.

[18] Vgl. *Annuß* DB 2002, 458 ff. (461).

[19] Vgl. BAG, Urteil v. 15. 5. 1985 – 5 AZR 161/84 – AP BGB § 611 Ausbildungsbeihilfe Nr. 9; BAG, Urteil v. 16. 3. 1994 – 5 AZR 339/92 – AP BGB § 611 Ausbildungsbeihilfe Nr. 18; BAG, Urteil v. 6. 9. 1995 – 5 AZR 241/94 – AP BGB § 611 Ausbildungsbeihilfe Nr. 23.

[20] So ausdrücklich BAG, Urteil v. 6. 9. 1995 – 5 AZR 241/94 – AP BGB § 611 Ausbildungsbeihilfe Nr. 23.

[21] Vgl. *Schrader* NZA 2003, 345 ff. (351).

    o Unangemessene Benachteiligung des Arbeitnehmers entgegen Gebot von Treu und Glauben (§ 307 Abs. 1 Satz 1 BGB) und unter angemessener Berücksichtigung der „im Arbeitrecht geltenden Besonderheiten (§ 310 Abs. 4 Satz 2 BGB), wobei eine unangemessene Benachteiligung im Zweifel anzunehmen ist,
- wenn, eine Bestimmung mit wesentlichen Grundgedanken der gesetzlichen Regelung nicht zu vereinbaren ist (§ 307 Abs. 2 Nr. 1 BGB), oder
- wenn eine Bestimmung mit wesentlichen Grundgedanken der Regelung in einem Tarifvertrag nicht zu vereinbaren ist (§ 307 Abs. 2 Nr. 1 BGB i. V. m. §§ 310 Abs. 4 Satz 3, 307 Abs. 3 BGB), oder
- wenn eine Bestimmung mit wesentlichen Grundgedanken der Regelung in einer Betriebsvereinbarung/Dienstvereinbarung nicht zu vereinbaren ist (§ 307 Abs. 2 Nr. 1 BGB i. V. m. §§ 310 Abs. 4 Satz 3, 307 Abs. 3 BGB)

    o Leitlinien einer Angemessenheitskontrolle
- Art des Arbeitsverhältnisses unter Berücksichtigung der Stellung des Arbeitnehmers
- Erscheinungsbild des Gesamtvertrages
  - Kompensation nachteiliger Vertragsgestaltung durch vorteilhafte Abreden
  - Höhe des Entgelts
  - Entgeltcharakter arbeitsvertraglicher Ansprüche
  - Unzulässige Risikoverlagerung
  - Eingriff in das Synallagma
  - Einseitige Kündigungserschwerung
  - Einseitig bindende Klauseln

- **Rechtsfolgen unwirksamer Klauseln**
  - o Grundsatz der Teilnichtigkeit (§ 306 Abs. 1 u. 3 BGB)
  - o Verbot der geltungserhaltenden Reduktion (nach BGH, a. A. bisher das BAG)
  - o Geltung des dispositiven Gesetzesrechts (§ 306 Abs. 2 BGB), ggf. des einschlägigen Tarifvertrages bzw. der Dienst- bzw. Betriebsvereinbarung (arg. § 310 Abs. 4 Satz 3 BGB)

- **Ausübungskontrolle**
  - o Verbot der unzulässigen Rechtsausübung im Einzelfall (§ 242 BGB)
    - unredlicher Rechtserwerb
    - Verwirkung
    - Pflicht zur alsbaldigen Rückgewähr
    - Verbot widersprüchlichen Verhaltens bei Vertrauenstatbestand
    - Kontrolle einseitiger Bestimmungsrechte nach § 315 BGB

II. Ausführliche Musterverträge mit Angestellten

1. Ausführlicher Arbeitsvertrag

Zwischen   **12**

der Firma[22] .....

und

Herrn/Frau .....

wird nachfolgender Arbeitsvertrag geschlossen:

---

[22] Vgl. § 2 Abs. 1 Satz 2 Nr. 1 NachwG.

Schrader

13 § 1 Beginn des Arbeitsverhältnisses[23]

I. Das Arbeitsverhältnis beginnt am ..... Vor seinem Beginn ist die ordentliche Kündigung ausgeschlossen.

Taktischer Hinweis:

Da ein Arbeitsvertrag grundsätzlich unter Einhaltung der ordentlichen Kündigungsfrist oder auch aus wichtigem Grund vor dem vereinbarten Dienstantritt gekündigt werden kann, wenn die Parteien dies nicht ausdrücklich ausgeschlossen haben oder sich der Ausschluss der Kündigung aus den Umständen zweifelsfrei ergibt,[24] ist es sowohl aus Arbeitnehmer- wie auch aus Arbeitgebersicht zur Sicherung der Beschäftigungsaufnahme sinnvoll, die Kündigung vor Arbeitsantritt auszuschließen. Bedenken gegen einen solchen Kündigungsausschluss vor Arbeitsantritt aus dem Gesichtspunkt der Inhaltskontrolle bestehen nicht.

II. Die ersten sechs Monate des Arbeitsvertrages gelten als Probezeit.[25] Während der Probezeit ist der Arbeitsvertrag beiderseits mit einer Frist von zwei Wochen kündbar.[26]

oder

II. Dieser Vertrag wird auf die Dauer von sechs Monaten vom ..... bis zum ..... zur Probe abgeschlossen und endet am ....., ohne dass es einer Kündigung bedarf, falls nicht vorher die Fortsetzung des Arbeitsverhältnisses vereinbart wird. Innerhalb der Probezeit kann das Arbeitsverhältnis mit einer Frist von einem Monat zum Monatsende gekündigt werden, unbeschadet des Rechts zur fristlosen Kündigung.[27]

Wird das Arbeitsverhältnis nach Befristungsablauf mit Wissen des Arbeitgebers fortgesetzt, entsteht ein unbefristetes Arbeitsverhältnis (§ 15 Abs. 5 TzBfG, § 625 BGB).

Taktischer Hinweis:

Die Vereinbarung eines befristeten Probearbeitsverhältnisses dürfte aus Arbeitgebersicht sinnvoller sein, da das Arbeitsverhältnis mit Fristablauf endet, ohne dass es einer Kündigung bedarf. Dies macht gerade die Schwangerschaft der Arbeitnehmerin innerhalb der ersten sechs Monate des Arbeitsverhältnisses deutlich: Im Falle der Befristung würde das Probearbeitsverhältnis mit Befristungsende[28] enden. Bei einem unbefristeten Arbeitsverhältnis würde es einer Kündigung seitens des Arbeitgebers bedürfen, für die die Zustimmung nach § 9 MuSchG notwendig wäre.[29]

---

[23] Vgl. § 2 Abs. 1 Satz 2 Nr. 2 NachwG.

[24] Vgl. BAG, Urteil v. 13. 6. 1990 – 5 AZR 304/89 – n. a. v.; BAG, Urteil v. 14. 12. 1988 – 5 AZR 10/88 – n. a. v.; BAG, Urteil v. 9. 5. 1985 – 2 AZR 372/84 – AP BGB § 620 Nr. 4; BAG, Urteil v. 2. 11. 1978 – 2 AZR 74/77 – AP BGB § 620 Nr. 3; BAG, Urteil v. 6. 3. 1974 – 4 AZR 72/73 – AP BGB § 620 Nr. 2.

[25] Zur Fristberechung vgl. BAG, Urteil v. 27. 6. 2002 – 2 AZR 382/01 – AP BGB § 620 Probearbeitsverhältnis Nr. 22.

[26] Wird eine kürzere oder keine Probezeit vereinbart, gilt trotzdem während der Ersten sechs Monate kein Kündigungsschutz (§ 1 KSchG). Die Vereinbarung einer Probezeit dient daher nur dazu, bis maximal sechs Monate die kürzere Kündigungsfrist des § 622 Abs. 3 BGB anzuwenden, statt der Mindestkündigungsfrist von vier Wochen zum 15. oder Ende eines Kalendermonats nach § 622 Abs. 1 BGB. Soll die Kündigungsfrist nicht entsprechend verkürzt werden, so ist der Hinweis auf die Probezeit im Vertrag überflüssig.

[27] Die Befristung der Probezeit ist zulässig (ArbR-Hdb. § 40 RN 11). Wird keine Kündigungsmöglichkeit innerhalb des befristeten Probearbeitsverhältnisses vereinbart, wäre eine ordentliche Kündigung nicht möglich (ArbR-Hdb. § 40 RN 16).

[28] Natürlich unter der Voraussetzung, dass die Nichtverlängerung nicht wegen der in der Vertragslaufzeit aufgetretene Schwangerschaft der Arbeitnehmerin erfolgt (ArbG Cottbus, Urteil v. 13. 9. 2000 – 6 Ca 2170/00 – NZA-RR 2000, 626; LAG Düsseldorf, Urteil v. 29. 6. 1992 – 10 Sa 595/92 – LAGE § 611 a BGB Nr. 8; LAG Hamm, Urteil v. 13. 3. 1992 – 18 Sa 1262/91 – LAGE § 620 BGB Nr. 29 u. 30).

[29] Vgl. ArbR-Hdb. § 170 RN 23 ff.

§ 2 Tätigkeit[30]   14

I. Herr/Frau ..... wird eingestellt als .....

Das Arbeitsgebiet umfasst auch nachfolgende Tätigkeiten .....

II. Die Firma behält sich vor, Herrn/Frau ..... eine andere gleichwertige zumutbare Tätigkeit zu übertragen.

oder

II. Die Firma behält sich vor, Herrn/Frau ..... auch an einem anderen Ort eine andere oder zusätzliche, der Vorbildung oder den Fähigkeiten entsprechende zumutbare Tätigkeit zu übertragen.[31]

Taktischer Hinweis:

Der Arbeitgeber wird regelmäßig ein Interesse daran haben, dass das Direktionsrecht[32] möglichst weitgefasst ist, damit er den Arbeitnehmer möglichst umfassend versetzen kann. Dies hat für ihn wiederum kündigungsrechtliche Nachteile: Der Kreis der in die Sozialauswahl einzubeziehenden Arbeitnehmer ist relativ weit. Denn in eine Sozialauswahl sind diejenigen Arbeitnehmer miteinzubeziehen, die einseitig im Wege des Weisungsrechts durch den Arbeitgeber auf einen anderen Arbeitsplatz um- oder versetzt werden können.[33] Umgekehrt gilt dies für den Arbeitnehmer. Ist die von ihm geschul-

---

[30] Vgl. § 2 Abs. 1 Satz 2 Nr. 4 u. 5 NachwG.

[31] Vorbehaltsklauseln, nach denen der Arbeitgeber Tätigkeit und/oder Arbeitsort ändern kann, unterliegen der Inhaltsprüfung nach § 308 Nr. 4 BGB. Grundsätzlich obliegt es dem Arbeitgeber, Ort und Zeit der Arbeitsleistung festzulegen sowie den Inhalt der geschuldeten Tätigkeit kraft seines Direktionsrechts näher zu bestimmen, wenn im Arbeitsvertrag nichts anderweitiges geregelt ist (vgl. BAG, Urteil v. 7. 12. 2000 – 6 AZR 444/99 – AP BGB § 611 Direktionsrecht Nr. 61); vgl. auch LAG Düsseldorf, Urteil v. 30. 8. 2002 – 9 Sa 709/02 – NZA-RR 2003, 407). Die Ausübung des Direktionsrechts im Einzelnen war nach § 315 BGB/§ 106 GewO daraufhin zu überprüfen, ob es billigem Ermessen entsprach. Versetzungs- und Tätigkeitsänderungsklauseln, die sich auf die Übertragung einer anderen zumutbaren Tätigkeit beschränken, sind nach dem bisherigen Meinungsstreit in der Literatur auch unter Berücksichtigung von § 308 Nr. 4 BGB zulässig (vgl. *Annuß* BB 2002, 458 ff. (462); *Reinecke* DB 2002, 583 ff. (585); *Richardi* NZA 2002, 1057 ff. (1063); unklar *Däubler* NZA 2001, 1329 ff. (1336)). Nach früherer Rechtsprechung des BAG umfasste das Direktionsrecht nicht die Befugnis auf Versetzung des Arbeitnehmers auf einen Arbeitsplatz mit einer geringerwertigen Tätigkeit, und zwar auch dann nicht, wenn die bisher gezahlte Vergütung fortgezahlt wurde (vgl. BAG, Urteil v. 14. 7. 1965 – 4 AZR 347/63 – AP BGB § 611 Direktionsrecht Nr. 19; BAG, Urteil v. 30. 8. 1995 – 1 AZR 47/95 – AP BGB § 611 Direktionsrecht Nr. 44; BAG, Urteil v. 24. 4. 1996 – 4 AZR 976/94 – AP BGB § 611 Direktionsrecht Nr. 49). Im Rahmen des Direktionsrechts ließ das BAG aber auch Tätigkeitsänderungen zu, die zu Vergütungsminderung führten (bei Verkäufern Art des Produktes, bei Vertretern Beschneidung der Vertretungsgebiete etc.). Solche Maßnahmen waren im Wege des Direktionsrechts zulässig, soweit das Verhältnis von Leistung und Gegenleistung nicht grundlegend gestört war; eine solche Störung lag regelmäßig dann vor, wenn rund 30% des regelmäßigen Verdienstes betroffen waren (vgl. zuletzt BAG, Urteil v. 7. 8. 2002 – 10 AZR 282/01 – AP BGB § 315 Nr. 81). Solche Maßnahmen im Wege des Direktionsrechts dürften nach wie vor zulässig sein: Nach bisheriger Rechtsprechung des BAG waren sie zulässig und zumutbar, da nicht in den geschützten Kernbereich des Arbeitsverhältnisses eingegriffen wird, wenn § 308 Nr. 4 BGB nur solche arbeitsvertraglichen Klauseln hinsichtlich des einseitigen Leistungsbestimmungsrechts durch den Arbeitgeber für unwirksam erklärt, die für den anderen Vertragsteil unzumutbar sind. Zumutbar in diesem Sinne dürfte das sein, was auch nach bisheriger Rechtsprechung des BAG zulässig war (vgl. *Richardi* NZA 2002, 1057 ff. (1063); *Annuß* BB 2002, 458 ff. (462); unklar *Reinecke* DB 2002, 583 ff. (585); a. A. *Däubler* NZA 2001, 1329 ff. (1336), der „triftige" Gründe verlangt.)

[32] Zu Inhalt und Grenzen vgl. aus neuerer Zeit *Lakies* BB 2003, 364 ff.; *Schulte* ArbRB 2003, 245 ff. (247), der zutreffend darauf verweist, dass wegen eines möglichen Verstoßes gegen § 307 Abs. 1 Satz 2 BGB (Transparenzgebot) die Klausel möglichst konkret zu fassen ist.

[33] Vgl. BAG, Urteil v. 15. 6. 1989 – 2 AZR 580/88 – AP KSchG 1969 § 1 Soziale Auswahl Nr. 18; BAG, Urteil v. 29. 3. 1990 – 2 AZR 369/89 – AP KSchG 1969 § 1 Betriebsbedingte Kündigung Nr. 50.

dete Tätigkeit genau umrissen und umfasst (z.B. durch eine Tätigkeitsbeschreibung o.ä.) und enthält der Arbeitsvertrag keinen Änderungs- oder Versetzungsvorbehalt, kann der Arbeitgeber ihn nicht innerhalb der Grenzen des Direktionsrechts versetzen. Im Falle der betriebsbedingten Kündigung wäre allerdings der Kreis der vergleichbaren Arbeitnehmer sehr viel kleiner, was sich kündigungsrechtlich negativ auf den Arbeitnehmer auswirken kann.[34] Bei der Vertragsgestaltung sind diese Vor- und Nachteile aus Arbeitgeber- und Arbeitnehmersicht jeweils zu bedenken.

15 § 3 Arbeitszeit[35]

I. Die regelmäßige Arbeitszeit beträgt ..... Stunden wöchentlich.[36]

oder

I. Die regelmäßige Arbeitszeit entspricht der für ..... Arbeitnehmer üblichen Arbeitszeit.

II. Beginn und Ende der täglichen Arbeitszeit und der Pausen richten sich nach den betrieblichen Regelungen unter besonderer Berücksichtigung des Betriebes.[37]

III. Herr/Frau ..... ist verpflichtet, Nacht-/Wechselschicht/Sonntagsarbeit/ Mehr- und Überarbeit zu leisten, soweit dies gesetzlich zulässig ist.

IV. Bei Einführung von Kurzarbeit ist Herr/Frau ..... damit einverstanden, dass seine/ihre Arbeitszeit vorübergehend entsprechend verkürzt und für die Dauer der Arbeitszeitverkürzung das Gehalt entsprechend reduziert wird.[38]

16 § 4 Vergütung[39]

I. Herr/Frau ..... erhält für seine/ihre vertragliche Tätigkeit ein monatliches Bruttogehalt von ..... €. Die Vergütung ist jeweils am letzten eines Monats fällig.[40]

---

34 Vgl. BAG, Urteil v. 17. 2. 2000 – 2 AZR 142/99 – AP KSchG 1969 § 1 Soziale Auswahl Nr. 46; BAG, Urteil v. 17. 9. 1998 – 2 AZR 725/97 – AP KSchG 1969 § 1 Soziale Auswahl Nr. 36.

35 Vgl. § 2 Abs. 1 Satz 2 Nr. 7 NachwG.

36 Wird die Dauer der Arbeitszeit festgelegt, kann es Schwierigkeiten bereiten, im Betrieb eine Flexibilisierung der Arbeitszeit (§ 44) durchzuführen. In der Alternative ist daher ein Formulierungsvorschlag gemacht, der auf vergleichbare Arbeitnehmer Bezug nimmt (vgl. BAG, Urteil v. 9. 12. 1987 – 4 AZR 584/87 – AP TVG § 1 Tarifverträge: Stahlindustrie Nr. 1).

37 Zur Lage der Arbeitszeit besteht bei einem kollektiven Tatbestand ein erzwingbares Mitbestimmungsrecht des Betriebsrats nach § 87 Abs. 1 Nr. 2 BetrVG.

38 Zur einseitigen Einführung von Kurzarbeit ist der Arbeitgeber nicht berechtigt. Sie unterliegt der erzwingbaren Mitbestimmung des Betriebsrats nach § 87 Abs. 1 Nr. 3 BetrVG. Besteht kein Betriebsrat oder handelt es sich bei dem Mitarbeiter um einen leitenden Angestellten im Sinne von § 5 Abs. 3 BetrVG, kann vergütungsfreie Kurzarbeit einseitig nur durchgesetzt werden, wenn dies einzelvertraglich entweder aus konkretem Anlass oder bereits im Arbeitsvertrag vereinbart ist (vgl. ArbR-Hdb. § 47 RN 7). Fehlt es an einer vertraglichen Vereinbarung, bedürfte es zur Durchsetzung der Kurzarbeit mit Vergütungsreduzierung der Änderungskündigung (vgl. zur Kurzarbeit im Einzelnen ArbR-Hdb. § 47 RN 1 ff.).

39 Vgl. § 2 Abs. 1 Satz 2 Nr. 6 NachwG.

40 Die Inhaltskontrolle von vorformulierten Entgeltklauseln ist nicht zulässig (vgl. *Ziemann* FA 2002, 312 ff. (314); *Lakies* NZA-RR 2002, 337 ff. (343)). Vollkommen unabhängig davon bleibt die Inhaltskontrolle von Vergütungsvereinbarungen gem. § 134 BGB i. V. m. § 291 StGB (Lohnwucher) und § 138 BGB (Sittenwidrigkeit): Der BGH hat in einem Fall der strafrechtlichen Beurteilung des Lohnwuchers die tatrichterliche Würdigung, ein auffälliges Missverhältnis liege bei einem Lohn vor, der zwei Drittel des Tariflohns betrage, revisionsrechtlich gebilligt (vgl. BGH, Urteil v. 22. 4. 1997 – 1 StR 701/96 – BGHSt 43, 54). Auf einen genauen Wert, wann ein auffälliges Missverhältnis zwischen Leistung und Gegenleistung im Sinne von § 138 BGB vorliegt, hat das BAG sich bisher nicht festgelegt. Es

II. Herr/Frau ..... erhält außerdem eine Provision von ..... €.[41]

III. Die Firma gewährt Herrn/Frau ..... vermögenswirksame Leistungen nach dem 5. Vermögensbildungsgesetz i. d. F. vom 4. 3. 1994 (BGBl. I 406) zul. geänd. 29. 12. 2003 (BGBl. I 3076) in Höhe von monatlich ..... €, sofern Herr/Frau ..... einen entsprechenden Vertrag nachweist.

IV. Es werden folgende Zuschläge zum Gehalt gezahlt für:

1. Nachtarbeit .....

2. Wechselschicht .....

3. Sonn- und Feiertagsarbeit .....

4. Arbeit an Sonnabenden .....

5. Sonstiges .....

V. Die Zahlung der Vergütung erfolgt bargeldlos. Herr/Frau ..... wird innerhalb von 10 Tagen nach Beginn des Arbeitsverhältnisses ein Konto errichten und die Kontonummer mitteilen.[42]

§ 5 Weihnachtsgratifikationen[43]   17

I. Herr/Frau ..... erhält eine Weihnachtsgratifikation in Höhe eines Bruttomonatsgehaltes, die mit der Gehaltsabrechnung für November abzurechnen und auszuzahlen ist.

II. Bei der Weihnachtsgratifikation handelt es sich um eine freiwillige Leistung des Arbeitgebers, die jederzeit widerruflich ist und auf die auch bei wiederholter Gewährung kein Rechtsanspruch besteht.[44]

---

sei aber revisionsrechtlich nicht zu beanstanden, wenn das Berufungsgericht bei der Vereinbarung von 70% des üblichen Gehaltes ein auffälliges Missverhältnis verneint (vgl. BAG, Urteil v. 23. 5. 2001 – 5 AZR 527/99 – EzA BGB § 138 Nr. 29).

[41] Es ist empfehlenswert, die Tatbestände, für die Provisionen gezahlt werden, im Einzelnen festzulegen und zu definieren, um insoweit einen Streit in der Zukunft zu vermeiden.

[42] Vgl. § 87 Abs. 1 Nr. 4 BetrVG (hierzu ArbR-Hdb. § 235 RN 29).

[43] Vgl. § 2 Abs. 1 Satz 2 Nr. 6 NachwG.

[44] Der Freiwilligkeitsvorbehalt hindert das Entstehen einer betrieblichen Übung. Die Zahlung steht im Ermessen des Arbeitgebers. Der Freiwilligkeitsvorbehalt muss allerdings eindeutig gefasst sein. Wird im Arbeitsvertrag eine Weihnachtsgratifikation als freiwillige Leistung bezeichnet, die ohne Anerkennung einer Rechtspflicht gewährt wird, so kann der Arbeitgeber in jedem Jahr erneut eine Entscheidung darüber treffen, ob und unter welchen Voraussetzungen und an welche Arbeitnehmer eine Gratifikation gezahlt werden soll (vgl. im Einzelnen ArbR-Hdb. § 78 RN 32 m. w. N.). Dabei ist zu beachten, dass Stichtagsregelungen, Rückzahlungsklauseln oder Freiwilligkeitsvorbehalte nur bei freiwilligen sozialen Leistungen für den Arbeitgeber möglich sind, also bei solchen, die die Betriebstreue belohnen. Diese Möglichkeit besteht nicht, wenn es sich bei der Gratifikation um ein Entgelt für geleistete Arbeit handelt (vgl. im Einzelnen *Schrader*, Rechtsfallen in Arbeitsverträgen, 2001, RN 1153, ArbR-Hdb. § 78 RN 6). Da die Vereinbarung eines Freiwilligkeitsvorbehaltes nicht automatisch einen Widerrufsvorbehalt bedeutet (vgl. BAG, Urteil v. 23. 10. 2002 – 10 AZR 48/02 – AP BGB § 611 Gratifikation Nr. 243), sollte – wie im Beispiel vorgesehen – der Klarheit halber eindeutig und umfassend formuliert werden. Fraglich ist, ob die Vereinbarung eines Widerrufsvorbehaltes einer Inhaltskontrolle nach § 308 Nr. 4 BGB standhält. Die Stellungnahmen in der Literatur sind insoweit uneinheitlich (vgl. für Zulässigkeit *Annuß* BB 2002, 458 ff. (462); *Lingemann* NZA 2002, 181 ff. (190); für Unzulässigkeit *Däubler* NZA 2001, 1329 ff. (1336); unklar *Gotthardt* ZIP 2002, 277 ff. (288)). Vor dem Hintergrund, dass Freiwilligkeits- und Widerrufsvorbehalte für über die vereinbarte Vergütung hinausgehende Leistungen durch den Arbeitgeber regelmäßig vereinbart werden, damit er die Möglichkeit hat, in jedem Jahr neu über die Gewährung der Leistung, auch unter wirtschaftlichen Gesichtspunkten, zu entscheiden, erscheint eine solche Regelung zumutbar. Es kann insoweit keinen Unterschied machen, ob der Arbeitgeber im Arbeitsvertrag eine Leistung unter Freiwilligkeits- und Widerrufsvorbehalt zusagt oder jährlich neu – ohne vertragliche Regelung – über eine solche Leistung entscheidet und zum Ausdruck bringt, dass er diese Leistung ohne Rechtspflicht erbringt.

Schrader

III. Der Anspruch auf Gratifikation ist ausgeschlossen, wenn das Arbeitsverhältnis im Zeitpunkt der Auszahlung oder bis zum 30.11. von einem der Vertragsteile gekündigt wird oder infolge eines Aufhebungsvertrages endet.[45, 46]

oder I. bis III.

Mit dem Dezembergehalt wird eine Jahressonderzuwendung in Höhe von ..... € gezahlt. Ein Anspruch entsteht nicht, wenn die Arbeitnehmer bis zum ..... (Stichtag) durch Eigenkündigung oder auf Grund außerordentlicher Kündigung des Arbeitgebers ausscheiden. Im Ein- und Austrittsjahr erfolgt die Zahlung zeitanteilig.

IV. Herr/Frau ..... ist verpflichtet, die Gratifikation zurückzuzahlen, wenn er/sie auf Grund eigener Kündigung oder auf Grund außerordentlicher oder verhaltensbedingter Kündigung der Firma aus einem von ihm/ihr zu vertretenden Grund vor dem 31. 3. des auf die Auszahlung folgenden Kalenderjahres ausscheidet.[47] Die Rückzahlungsverpflichtung gilt entsprechend, wenn das Arbeitsverhältnis innerhalb des vorgenannten Zeitraumes durch Aufhebungsvertrag beendet wird und Anlass des Aufhebungsvertrages ein Recht zur außerordentlichen oder verhaltensbedingten Kündigung der Firma oder ein Aufhebungsbegehren des Arbeitnehmers ist.[48]

V. Die Firma ist berechtigt, mit ihrer Rückzahlungsforderung gegen die rückständigen oder nach der Kündigung fällig werdenden Vergütungsansprüche unter Beachtung der Pfändungsschutzbestimmungen aufzurechnen.

oder I. bis V.

I. Der Arbeitnehmer erhält eine Jahressonderzuwendung in Höhe von ..... €.

II. Die Sonderzuwendung wird anteilig um die Zeiten gekürzt, in denen der Arbeitnehmer keine Arbeitsleistung erbracht hat. Die Kürzung erfolgt bei
(1) unentschuldigtem Fernbleiben von der Arbeit;
(2) krankheitsbedingten Fehlzeiten;
(3) Arbeitsunterbrechungen zu Aus- und Fortbildungszwecken.[49]

III. Eine Kürzung erfolgt nicht, wenn der Arbeitgeber auf Grund gesetzlicher oder vertraglicher Verpflichtung zur Freistellung des Arbeitnehmers verpflichtet ist.

IV. Für jeden Kürzungsfall beträgt die Kürzung ..... v.H. der Jahressonderzuwendung/..... €.[50]

---

[45] ArbR-Hdb. § 78 RN 39 ff., 43 ff.; vgl. *Schrader,* Rechtsfallen in Arbeitsverträgen, 2001, RN 1154 f.

[46] Vielfach hat sich die Gewährung eines 13. Gehaltes eingebürgert, das bei unterjähriger Beschäftigung anteilig gezahlt wird; ob eine Gratifikation oder eine fest in das Gehaltsgefüge eingebaute Sonderzuwendung gewollt ist, muss im Wege der Auslegung entschieden werden (ArbR-Hdb. § 78 RN 6; vgl. *Schrader,* Rechtsfallen in Arbeitsverträgen, 2001, RN 1153).

[47] Zur Zulässigkeit vgl. zuletzt BAG, Urteil v. 21. 5. 2003 – 10 AZR 390/02 – NZA 2003, 1032.

[48] Vgl. ArbR-Hdb. § 78 RN 43 ff.; vgl. *Schrader,* Rechtsfallen in Arbeitsverträgen, 2001, RN 1156 u. 1214.

[49] Vgl. ArbR-Hdb. § 79 RN 13 ff.

[50] Zur Berechnung der Kürzungshöhe vgl. ArbR-Hdb. § 79 RN 14 ff.

Taktischer Hinweis:
Der Arbeitnehmer kann, soweit **Leistungen unter einem Freiwilligkeits- oder Widerrufsvorbehalt** erbracht werden, mit diesem letztlich nicht fest rechnen und muss dies einkalkulieren. Für den Arbeitgeber wiederum ist ein Freiwilligkeits- und Widerrufsvorbehalt fast wirtschaftlich notwendig, damit er im Bedarfsfall die Möglichkeit hat, relativ schnell und flexibel auf eine wirtschaftlich problematische Lage seines Unternehmens zu reagieren. Aus Arbeitnehmersicht sollte eher darüber nachgedacht werden, sich auf eine – dann allerdings fixe – Jahresvergütung zu einigen.[51] Letztlich hätte eine solche Regelung aus Arbeitnehmer- und Arbeitgebersicht Vorteile, da ein Streit darüber, ob Stichtagsregelungen, Freiwilligkeitsvorbehalte oder Rückzahlungsklauseln im konkreten Fall überhaupt wirksam vereinbart werden konnten, obsolet wäre, weil es sich nicht um eine freiwillige soziale Leistung, sondern um einen Entgeltbestandteil handeln würde.[52]

§ 6 Besondere Leistungen[53]   18

I. Die Firma gewährt Herrn/Frau ..... folgende ..... Sonderleistungen:

1. .....

2. .....

II. Die Sonderleistungen werden in einem besonderen Vertrag geregelt, der Bestandteil dieses Arbeitsvertrages ist.

§ 7 Über- und Mehrarbeit[54]   19

I. Durch die nach § 4 zu zahlende Bruttovergütung ist eine etwaige Über- oder Mehrarbeit von Herrn/Frau ..... abgegolten.[55]

oder

I. Zur Abgeltung etwaiger Über- oder Mehrarbeit erhält Herr/Frau ..... eine monatliche Pauschale in Höhe von ..... €.[56]

oder

I. Herr/Frau ..... erhält für jede Über- oder Mehrarbeitsstunde die nach § 4 zu zahlende Stundenvergütung[57] zuzüglich eines Zuschlages von 25%.

---

[51] Vgl. *Schrader,* Rechtsfallen in Arbeitsverträgen, 2001, RN 1205, 1237 f.

[52] Vgl. *Schrader,* Rechtsfallen in Arbeitsverträgen, 2001, RN 1237.

[53] Zu Ruhegeldzusagen, Unfallversicherungen usw. vgl. §§ 20 und 21.

[54] Eine direkte Verpflichtung, eine Bestimmung zu Über- und Mehrarbeit in einen Arbeitvertrag mit aufzunehmen, ergibt sich aus dem NachwG originär nicht. Nach Auffassung des EuGH (Urteil v. 8. 2. 2001 – C-350/99 – EuZW 2001, 249) erfolgt aus der zugrundeliegenden Richtlinie die Verpflichtung des Arbeitgebers, den Arbeitnehmer von einer – einem wesentlichen Punkt des Arbeitsvertrages oder des Arbeitsverhältnisses darstellenden – Vereinbarung in Kenntnis zu setzen, wonach der Arbeitnehmer auf bloße Anordnung des Arbeitgebers zur Leistung von Überstunden verpflichtet ist.

[55] In seinem Urteil v. 20. 12. 2001 hat das LAG Köln (Urteil v. 20. 12. 2001 – 6 Sa 965/01 – ArbuR 2002, 193) nicht nur festgestellt, dass eine derartige Klausel in einem vorformulierten Musterarbeitsvertrag als unangemessene Benachteiligung des Arbeitnehmers unwirksam sein kann, nach seiner Überzeugung folgt daraus auch, dass entsprechende Überstunden des hiervon betroffenen Arbeitnehmers auf der Grundlage von § 612 Abs. 2 BGB gesondert vergütet werden müssen. Zur Klarstellung sollte daher eine Klausel eingebaut werden, dass die Vertragschließenden davon ausgehen, dass im Monatsdurchschnitt nicht mehr als ..... Über- oder Mehrarbeitsstunden anfallen oder durch die Vergütung ..... Über- oder Mehrarbeitsstunden abgegolten sind.

[56] Vgl. *Schrader,* Rechtsfallen in Arbeitsverträgen, 2001, RN 1237. Im Falle von Vergütungserhöhungen sollte die Pauschale angepasst werden. Sie ist anzupassen, wenn der Arbeitsvertrag einem Tarifvertrag unterliegt und die Vergütung nicht höher als die Tarifvergütung ist (vgl. ArbR-Hdb. § 69 RN 16).

[57] Berechnung der Stundenvergütung: Gehalt mal 3 Monate geteilt durch 13 Wochen geteilt durch Zahl der Wochenstunden.

II. Sind mehrere Zuschläge zu zahlen (§ 4 Abs. IV), so werden diese nebeneinander gewährt.

oder I. und II.

Ein Anspruch auf Über- oder Mehrarbeitsstundenabgeltung besteht nur, wenn die Über- oder Mehrarbeitsstunden angeordnet oder vereinbart worden sind oder wenn sie aus dringenden betrieblichen Interessen erforderlich waren und der Arbeitnehmer Beginn und Ende der Über-(Mehr-)arbeit spätestens am folgenden Tag der Geschäftsleitung schriftlich anzeigt.

oder I. und II.

Herr/Frau ..... ist verpflichtet, bei Bedarf Mehrarbeit, Nacht-, Sonn- und Feiertagsarbeit sowie Schichtarbeit zu leisten. Ansprüche auf Freizeitausgleich oder Vergütung und etwaige Zuschläge für Mehrarbeit sowie Nacht-, Sonn- und Feiertagsarbeit sowie Schichtarbeit können generell nur entstehen, wenn die Tätigkeit durch den Arbeitgeber angeordnet oder genehmigt ist. Zu Abgeltung etwaiger Mehrarbeit erhält der Arbeitnehmer eine monatliche Pauschale in Höhe von ..... € brutto. Mit dieser Pauschale werden bis zu ..... Überstunden im Monat abgegolten. Darüber hinausgehende angeordnete oder genehmigte Mehrarbeit wird durch Freizeitgewährung ausgeglichen.[58]

Taktischer Hinweis:
Eine **Verpflichtung zur Leistung von Überstunden oder Mehrarbeit** muss bei Voll- und Teilzeitarbeit grundsätzlich einzelvertraglich vereinbart sein, da sie ansonsten nur in außergewöhnlichen Fällen (§ 14 ArbZG) und in Notfällen abverlangt werden können.[59] Um zu vermeiden, dass Arbeitnehmer „im eigenen Interesse" Überstunden oder Mehrarbeit leisten, sollte klar definiert werden, dass es der Anordnung durch den Arbeitgeber bedarf.[60] Unabdingbar ist daher aus Arbeitgebersicht zum einen, eine Verpflichtung zur Ableistung von Überstunden oder Mehrarbeit in den Arbeitsvertrag mit aufzunehmen, zum anderen, dass diese seiner Anordnung bedürfen. Für den Arbeitnehmer wiederum ist es unabdingbar, vertraglich zu definieren, ob und wie viele Überstunden durch die vereinbarte Vergütung mit abgegolten sind bzw. wie die Überstunden vergütet werden. Eine klare Regelung dieser Punkte kann aus der Sicht sowohl des Arbeitnehmers wie auch des Arbeitgebers Streit für die Zukunft vermeiden.[61]

20 § 8 Gehaltsverpfändung oder Abtretung

I. Der/Die Arbeitnehmer(in) darf seine/ihre Vergütungsansprüche weder verpfänden noch abtreten.[62]

oder

---

[58] Vgl. *Gaul/Bonanni* ArbRB 2002, 397 ff. (309).
[59] MünchArbR/*Blomeyer* § 48 RN 29 f. m. w. N.
[60] ArbR-Hdb. § 69 RN 24.
[61] Vgl. *Schrader*, Rechtsfallen in Arbeitsverträgen, 2001, RN 1236.
[62] Abtretungsverbote können sich aus Tarifvertrag, Betriebsvereinbarung oder Einzelarbeitsvertrag ergeben (vgl. ArbR-Hdb. § 87 RN 4 und 5).

I. Der/Die Arbeitnehmer(in) darf seine/ihre Vergütungsansprüche an Dritte nur nach vorheriger schriftlicher Zustimmung der Firma verpfänden oder abtreten.[63]

oder

I. Der/Die Arbeitnehmer(in) hat die Verpfändung oder Abtretung seiner/ihrer Vergütungsansprüche der Firma unverzüglich schriftlich anzuzeigen.

II. Der/Die Arbeitnehmer(in) hat die durch die Pfändung, Verpfändung oder Abtretung erwachsenen Kosten zu tragen. Die zu ersetzenden Kosten sind pauschaliert und betragen je zu berechnender Pfändung, Verpfändung oder Abtretung ..... €/mindestens 1% der gepfändeten Summe. Die Firma ist berechtigt, bei Nachweis der höheren tatsächlichen Kosten diese in Ansatz zu bringen.[64]

Taktischer Hinweis:
Für den Arbeitnehmer ist es unabdingbar, die Abtretung oder Verpfändung von Lohnansprüchen allein aus Finanzierungsgründen vorzunehmen. Der Arbeitnehmer sollte daher zumindest auf eine vertragliche Formulierung mit dem Genehmigungsvorbehalt durch den Arbeitgeber dringen. Für den Arbeitgeber wiederum war in der Vergangenheit ein pauschalierter Schadensersatz von erheblicher Bedeutung, da der tatsächlich entstandene Schaden in der Praxis kaum dargelegt und bewiesen werden konnte. Wegen der Inhaltskontrolle von Arbeitsverträgen wird der pauschalierte Schadensersatz in der Vergangenheit zukünftig problematisch (§ 305 Nr. 5 BGB).

§ 9 Nebenleistungen[65]   21

I. Für Reisen, die im Interesse der Firma notwendig werden, erhält der/die Arbeitnehmer(in) Fahrtkostenerstattung und Spesen nach folgenden Sätzen .....

Taktischer Hinweis:
Es empfiehlt sich, die Staffel zu wählen, die als steuerunschädlich anerkannt wird.

II. Benutzt Herr/Frau ..... einen eigenen PKW, so werden für jeden gefahrenen Kilometer ..... € erstattet.[66]

III. Reisezeiten, die während der normalen Arbeitszeit anfallen, werden nicht gesondert vergütet. Reisezeiten, die außerhalb der normalen Arbeitszeit anfallen, werden bis zu 4 Stunden, Reisezeiten an Sonn- und Feiertagen bis zu 8 Stunden täglich vergütet. Zuschläge werden nicht gezahlt. Hat der Arbeitnehmer während

---

[63] Gegebenenfalls kann sich empfehlen: „Die Firma ist verpflichtet, die Zustimmung zu erteilen, wenn die Verpfändung oder Abtretung erfolgt, um Forderungen gegen den/die Arbeitnehmer(in) aus ..... zu sichern." Die Klausel behindert sonst die Kreditfähigkeit (vgl. *Schrader*, Rechtsfallen in Arbeitsverträgen, 2001, RN 143).

[64] Der pauschalierte Schadensersatz dürfte einer Inhaltskontrolle nach § 309 Nr. 5 BGB nicht standhalten (offengelassen bei *Bengelsdorf* FA 2002, 366 ff. (370)). Er ist nur dann zulässig, wenn dem anderen Vertragsteil nicht ausdrücklich der Nachweis gestattet wird, einen Schaden oder eine Wertminderung sei überhaupt nicht entstanden oder wesentlich niedriger als die Pauschale (§ 309 Nr. 5 b BGB). Von daher gesehen könnte man daran denken, die Klausel um folgenden Satz zu ergänzen:
„Sofern Herr/Frau ..... den Nachweis führt, die zu ersetzenden Kosten seien überhaupt nicht entstanden oder wesentlich niedriger als die Pauschale, ist dieser geringere Betrag maßgebend."

[65] Bestehen im Unternehmen Reisekostenrichtlinien, ist es ausreichend, wenn in dem Arbeitsvertrag auf diese verwiesen wird. Ansonsten bedürfte es zur Klarstellung einer Regelung.

[66] Vgl. die Muster § 23.

der Reisezeit vertraglich vorausgesetzte Arbeit zu leisten, so wird sie wie Über-
oder Mehrarbeit vergütet.

oder

III. Reisezeiten, die der Arbeitnehmer über die regelmäßige Arbeitszeit im Interesse des Arbeitgebers aufwendet, hat der Arbeitgeber als Arbeitszeit bis zu .....
Stunden zu vergüten.[67]

22 § 10 Arbeitsverhinderung[68]

I. Der/Die Arbeitnehmer(in) ist verpflichtet, dem Arbeitgeber jede Dienstverhinderung und ihre voraussichtliche Dauer unverzüglich anzuzeigen. Auf Verlangen sind die Gründe der Dienstverhinderung mitzuteilen. Bei anstehenden Ter-
minsachen hat der Arbeitnehmer auf vordringlich zu erledigende Arbeiten hinzuweisen.

II. Im Falle der Erkrankung ist der/die Arbeitnehmer(in) verpflichtet, vor Ablauf
des 3. Kalendertages nach Beginn der Arbeitsunfähigkeit eine ärztliche Bescheinigung über die Arbeitsunfähigkeit sowie deren voraussichtliche Dauer vorzulegen.
Dauert die Arbeitsunfähigkeit länger als in der Bescheinigung angegeben, so ist
der/die Arbeitnehmer(in) verpflichtet, innerhalb von 3 Tagen eine neue ärztliche
Bescheinigung einzureichen.

> **Taktischer Hinweis:**
> Nach § 5 Abs. 1 Satz 3 EFZG hat der Arbeitgeber die Möglichkeit, **Zeiten der Ar-
> beitsunfähigkeit** unabhängig von deren Dauer generell durch eine vor Ablauf des drit-
> ten Kalendertages nach Beginn der Arbeitsunfähigkeit vorzulegende Bescheinigung
> nachweisen zu lassen. Allerdings besteht insoweit ein Mitbestimmungsrecht des Be-
> triebsrats.[69] Der Arbeitgeber sollte darüber hinaus darüber nachdenken, ob es zweckmä-
> ßig ist, sich die Arbeitsunfähigkeit bereits ab dem ersten oder zweiten der Arbeitsun-
> fähigkeit nachweisen zu lassen. Dies mag zweckmäßig sein, um zu vermeiden, dass Ar-
> beitnehmer in größerem Umfang ohne Nachweis der Arbeit fern bleiben. Andererseits
> muss der Arbeitgeber einkalkulieren, dass der Arbeitnehmer auch nur bei einer geringfü-
> gigen Erkrankung seinen Hausarzt aufsucht, mit dem Risiko, dass dieser eine längere
> Krankschreibung vornehmen könnte.

III. Der/Die Arbeitnehmer(in) ist verpflichtet, dem Arbeitgeber unverzüglich
eine Bescheinigung über die Bewilligung einer Kur oder eines Heilverfahrens vorzulegen und den Zeitpunkt des Kurantritts mitzuteilen. Die Bescheinigung über
die Bewilligung muss Angaben über die voraussichtliche Dauer der Kur enthalten.
Dauert die Kur länger als in der Bescheinigung angegeben, so ist der/die Arbeit-
nehmer(in) verpflichtet, dem Arbeitgeber unverzüglich eine weitere entsprechende
Bescheinigung vorzulegen.

---

[67] Vgl. BAG, Urteil v. 3. 9. 1997 – 5 AZR 428/96 – AP BGB § 611 Dienstreise Nr. 1.
[68] Vgl. ArbR-Hdb. §§ 97, 98; zu Gestaltungsmöglichkeiten im Arbeitsvertrag vgl. auch *Range-Ditz*
ArbRB 2003, 218 ff.
[69] Vgl. BAG, Beschluss v. 25. 1. 2000 – 1 ABR 3/99 – AP BetrVG 1972 § 87 Ordnung des Betriebes
Nr. 34.

§ 11 Entgeltfortzahlung im Krankheitsfalle[70] 23

Ist Herr/Frau ..... infolge auf Krankheit beruhender Arbeitsunfähigkeit an der Arbeitsleistung verhindert, ohne dass ihn/sie ein Verschulden trifft, so erhält er/sie Entgeltfortzahlung für die Dauer von ...../nach den gesetzlichen Bestimmungen/ nach den Bestimmungen des Manteltarifvertrages .....

oder

I. Wird ein Arbeitnehmer durch Arbeitsunfähigkeit infolge Krankheit an seiner Arbeitsleistung verhindert, ohne dass ihn ein Verschulden trifft, so hat er Anspruch auf Entgeltfortzahlung im Krankheitsfall durch den Arbeitgeber für die Zeit der Arbeitsunfähigkeit bis zur Dauer von sechs Wochen.

II. Für den in Abs. 1 bezeichneten Zeitraum ist dem Arbeitnehmer das ihm bei der für ihn maßgebenden regelmäßigen Arbeitszeit zustehende Arbeitsentgelt fortzuzahlen.

III. Zum fortzuzahlenden Arbeitsentgelt gehören nicht das zusätzlich für Überstunden gezahlte Arbeitsentgelt und Leistungen für Aufwendungen des Arbeitnehmers, soweit der Anspruch auf sie im Falle der Arbeitsfähigkeit davon abhängig ist, dass dem Arbeitnehmer entsprechende Aufwendungen tatsächlich entstanden sind, und dem Arbeitnehmer solche Aufwendungen während der Arbeitsunfähigkeit nicht entstehen.[71]

IV. Im Übrigen gelten die für die Entgeltfortzahlung im Krankheitsfall bestehenden gesetzlichen Regelungen in ihrer jeweiligen Fassung.[72]

oder zusätzlich

Nach Ablauf der Frist für die Entgeltfortzahlung erhält der Arbeitnehmer für die Dauer von ..... Monaten einen freiwilligen Zuschuss zum Krankengeld, der sich aus dem Unterschied aus Bruttoentgelt und Krankengeldhöchstsatz der zuständigen Krankenkasse ergibt.

Besteht Tarifbindung, ist der Tarifvorrang zu beachten.

§ 12 Urlaub[73] 24

I. Herr/Frau ..... erhält kalenderjährlich einen Erholungsurlaub von ..... Kalender-/Arbeitstagen. Der Urlaub wird in Abstimmung mit der Firmenleitung festgelegt.

---

[70] Hinsichtlich der Entgeltfortzahlung im Krankheitsfall legt das EFZG Mindestbedingungen fest, von denen einzelvertraglich nicht zu Lasten des Arbeitnehmers abgewichen werden darf (vgl. *Schrader,* Rechtsfallen in Arbeitsverträgen, 2001, RN 503). Von daher gesehen wäre es ausreichend, hinsichtlich der Entgeltfortzahlung im Krankheitsfall auf das EFZG in seiner jeweiligen Fassung zu verweisen (vgl. *Schrader,* Rechtsfallen in Arbeitsverträgen, 2001, RN 504). Zum Nachteil des Arbeitnehmers kann von den Bestimmungen des EFZG nur in Tarifverträgen in den vorgesehenen Fällen (z.B. Berechnung der Entgeltfortzahlung im Krankheitsfall, § 4 Abs. 4 EFZG) abgewichen werden (vgl. im Einzelnen ArbR-Hdb. § 98 RN 116 ff.). Im Falle der Tarifbindung ist der Tarifvorrang zu beachten, so dass es für Arbeitnehmer empfehlenswert ist, sich im Krankheitsfall die Leistungen des Tarifvertrages zu vergegenwärtigen.

[71] Vgl. BAG, Urteil v. 21. 11. 2001 – 5 AZR 296/00 – AP EntgeltFG § 4 Nr. 56.

[72] Zur individuellen Arbeitszeit vgl. BAG, Urteil v. 21. 11. 2001 – 5 AZR 296/00 – AP EntgeltFG § 4 Nr. 56.

[73] Vgl. § 2 Abs. 1 Satz 2 Nr. 8 NachwG; zum Urlaub im Einzelnen vgl. ArbR-Hdb. § 102 A RN 1 ff.

II. Im Übrigen gelten die gesetzlichen/tariflichen Bestimmungen.

III. Bei Urlaubsantritt erhält Herr/Frau ..... ein zusätzliches Urlaubsgeld in Höhe von ..... € je Urlaubstag.[74]

25 § 13 Verschwiegenheitspflicht[75]

I. Herr/Frau ..... verpflichtet sich, über alle Betriebs- und Geschäftsgeheimnisse und ihm/ihr während der Vertragsdauer bekannt gewordenen betrieblichen Vorgänge während der Dauer des Arbeitsverhältnisses Stillschweigen zu bewahren.[76] Nach Beendigung des Arbeitsverhältnisses besteht die Verpflichtung zur Verschwiegenheit hinsichtlich nachfolgender Betriebs- und Geschäftsgeheimnisse fort: .....

Die Verschwiegenheitspflicht erstreckt sich nicht auf solche Kenntnisse, die jedermann zugänglich sind oder deren Weitergabe für die Firma ersichtlich ohne Nachteil ist. Im Zweifelsfall ist Herr/Frau ..... verpflichtet, eine Weisung der Geschäftsleitung einzuholen, ob eine bestimmte Tatsache vertraulich zu behandeln ist.[77]

Taktischer Hinweis:

Vertragliche Vereinbarungen, durch die der Arbeitnehmer verpflichtet wird, nach seinem Ausscheiden Betriebsgeheimnisse weder selbst zu nutzen noch weiterzugeben, sind im Grunde wirksam. Die **Anforderungen an solche Vereinbarungen** sind aber streng. Die Arbeitsvertragsparteien können im Einzelfall vereinbaren, dass der Arbeitnehmer nach Beendigung des Arbeitsverhältnisses ein bestimmtes Betriebs- oder Geschäftsgeheimnis des Arbeitgebers auf Dauer nicht für die eigene berufliche Tätigkeit nutzt.[78] Dies setzt aber voraus, dass ein oder mehrere Betriebs- oder Geschäftsgeheimnisses konkret festgelegt werden.[79] Bezieht sich die Vereinbarung unterschiedslos auf alle Geschäftsvorgänge, wird dem Arbeitnehmer damit jede berufliche Verwertung seiner in diesem Geschäftsbereich erworbenen Kenntnisse verwehrt. Damit wäre die Grenze zum entschädigungslosen und zeitlich auf höchstens zwei Jahre beschränkten Wettbewerbsverbot überschritten.[80] Hierin liegt für den Arbeitgeber eine große Gefahr weitgehender nachvertraglicher Verschwiegenheitsklauseln: Das BAG hat beispielsweise die Verpflichtung eines im Weinhandel tätigen Außendienstmitarbeiters, Kundennamen auch nach Vertragsende in keiner Weise zu verwenden, als Wettbewerbsabrede im Sinne der §§ 74 ff. HGB bewertet, die zu ihrer Verbindlichkeit eine Entschädigungsvereinbarung voraussetzt.[81] Von daher gesehen ist es für den Arbeitgeber unabdingbar, gerade bei der nachvertraglichen Verschwiegenheitspflicht genau zu formulieren, um eine Unwirksamkeit der entsprechenden nachvertraglichen Verpflichtung zu vermeiden.

---

[74] Gewährt der Arbeitgeber in dem Arbeitsvertrag freiwillige soziale Leistungen, sollte er in jedem Fall daran denken, sie mit einem Freiwilligkeits- und Widerrufsvorbehalt (vgl. RN 17) zu verbinden, da ansonsten ein unwiderruflicher Anspruch entstehen kann.

[75] Vgl. im Einzelnen ArbR-Hdb. § 54 RN 1 ff.; vgl. auch *Kurz* WiB 1995, 445; *Schrader,* Rechtsfallen in Arbeitsverträgen, 2001, RN 1280 ff.

[76] Die Verschwiegenheitspflicht während der Dauer des Arbeitsverhältnisses ergibt sich bereits als arbeitsvertragliche Nebenverpflichtung und aus §§ 823 Abs. 1 u. 2, 826 BGB, §§ 17, 1 UwG (vgl. ArbR-Hdb. § 54 RN 1).

[77] Vgl. *Küttner/Kania,* Personalbuch 2002, Verschwiegenheitspflicht RN 17; *Hümmerich,* Arbeitsrecht, 4. Aufl., 2002, § 1 RN 468.

[78] Vgl. BAG, Urteil v. 16. 3. 1982 – 3 AZR 83/79 – AP BGB § 611 Betriebsgeheimnis Nr. 1.

[79] Vgl. BAG, Urteil v. 19. 5. 1998 – 9 AZR 394/97 – AP BGB § 611 Treuepflicht Nr. 11.

[80] Vgl. BAG, Urteil v. 19. 5. 1998 – 9 AZR 394/97 – AP BGB § 611 Treuepflicht Nr. 11.

[81] Vgl. BAG, Urteil v. 15. 12. 1987 – 3 AZR 474/86 – AP BGB § 611 Betriebsgeheimnis Nr. 5; die dagegen eingelegte Verfassungsbeschwerde wurde durch Beschluss des BVerfG vom 10. 10. 1989 (– 1 BvR 663/88 – AP BGB § 611 Betriebsgeheimnis Nr. 5 a) nicht angenommen.

oder

I. Herr/Frau ..... verpflichtet sich, über alle Betriebs- und Geschäftsgeheimnisse und alle sonstigen vertraulichen Angelegenheiten und Vorgänge, die ihm/ihr im Rahmen des Arbeitsverhältnisses bekannt werden, während und auch nach der Beendigung des Arbeitsverhältnisses Stillschweigen zu bewahren. Die Geheimhaltungsverpflichtung bezieht die Betriebs- und Geschäftsgeheimnisse und alle sonstigen vertraulichen Angelegenheiten und Vorgänge anderer Konzernunternehmen ein, die Herrn/Frau ..... im Rahmen des Arbeitsverhältnisses bekannt werden. Der Ausdruck „Betriebs- und/oder Geschäftsgeheimnisse" umfasst dabei alle geschäftlichen, betrieblichen und technischen Kenntnisse, Angelegenheiten, Vorgänge und Informationen, die nur einem beschränkten Personenkreis zugänglich sind und nach dem Willen der Gesellschaft nicht der Allgemeinheit bekannt werden sollen.[82]

Taktischer Hinweis:
Im Zuge der die Anforderungen an Verschwiegenheitsklauseln verschärfenden Rechtsprechung des BAG besteht keine gesicherte Rechtsposition, ob eine solche Klausel einer arbeitsgerichtlichen Überprüfung standhalten wird. Vorzuziehen ist daher aus Arbeitgebersicht die erste Alternative mit der genauen und konkreten Bezeichnung der Geschäfts- und Betriebsgeheimnisse.

II. Die Verschwiegenheitpflicht erstreckt sich auch auf die in diesem Arbeitsvertrag getroffene Vergütungsvereinbarung sowie die Einzelheiten dieses Vertrages.[83]

III. Alle das Unternehmen und seine Interessen berührenden Briefe ohne Rücksicht auf den Adressaten ebenso wie alle sonstigen im Eigentum des Unternehmens stehenden Geschäftsstücke, Zeichnungen, Notizen, Bücher, Muster, Modelle, Werkzeuge, Material usw. sind nach Aufforderung bzw. nach Beendigung des Arbeitsverhältnisses unaufgefordert zurückzugeben. Zurückbehaltungsrechte sind ausgeschlossen.

IV. Die betrieblichen Sicherheitsbestimmungen sind zu beachten, vertraulich und geheimzuhaltende Schriftstücke, Zeichnungen, Modelle usw. sind unter dem vorgeschriebenen Verschluss zu halten.

V. Eine eventuell amtliche Geheimhaltungspflicht bildet einen Teil des Arbeitsvertrages.

§ 14 Wettbewerbsverbot[84, 85]   26

I. Herr/Frau ..... verpflichtet sich, für die Dauer von ..... Jahren nach Beendigung des Arbeitsverhältnisses in der BRD/im Land ..... nicht für ein Konkurrenzunternehmen tätig zu sein, noch unmittelbar oder mittelbar an der Gründung oder im Betrieb eines solchen Unternehmens mitzuwirken.

II. Für die Dauer des Wettbewerbsverbotes zahlt die Firma Herrn/Frau ..... 50% der zuletzt bezogenen vertragsmäßigen Leistungen.

III. Im Übrigen gelten die Vorschriften der §§ 74 ff. HGB.

---

[82] Vgl. *Gaul,* Sonderbeilage zur NZA Heft 3/2000, 51 ff. (62).
[83] Vgl. BAG, Beschluss v. 26. 2. 1987 – 6 ABR 46/84 – AP BetrVG 1972 § 79 Nr. 2; LAG Düsseldorf, Urteil v. 9. 7. 1975 – 6 Sa 185/75 – ArbuR 1976, 185.
[84] Es werden zwei Grundtypen von Wettbewerbsverboten, nämlich ein allgemeines, unternehmensbezogenes oder ein partielles, tätigkeitsbezogenes unterschieden (vgl. weitere Muster § 20).
[85] Vgl. ArbR-Hdb. § 58; zum Abwerbeverbot als Wettbewerbsverbot vgl. *Schloßer* BB 2003, 1382.

> **Taktischer Hinweis:**
> Bei der Gestaltung von Arbeitsverträgen bergen nachvertragliche Wettbewerbsverbote **erhebliche Risiken,** speziell für den Arbeitgeber.[86] Will insbesondere der Arbeitgeber erreichen, dass das Wettbewerbsverbot verbindlich und damit auch für die Zeit nach Beendigung des Arbeitsverhältnisses für den Arbeitnehmer bindend ist, muss er typische Fehler vermeiden. Dazu gehört, dass der Umfang des Wettbewerbsverbotes zu weit gefasst oder die Karenzentschädigung zu gering bemessen ist; beides kann zur Unverbindlichkeit des Wettbewerbsverbotes führen, mit der Folge, dass der Arbeitnehmer sich davon lossagen kann.[87] Es ist daher empfehlenswert, sich weitgehend an den Gesetzestext zu halten. Bei einer Inhaltskontrolle nach §§ 305 ff. BGB begegnen beim nachvertraglichen Wettbewerbsverbot keine Bedenken. Problematisch könnte nur ein drucktechnisch nicht hervorgehobenes Wettbewerbsverbot als überraschende Klausel im Sinne von § 305 c I BGB sein.[88] Um insoweit jegliches Risiko zu vermeiden, sollte eine nachvertragliche Wettbewerbsvereinbarung drucktechnisch hervorgehoben im Arbeitsvertrag vereinbart werden.

27 § 15 Diensterfindungen[89]

I. Für die Behandlung von Diensterfindungen gelten die Vorschriften des Gesetzes über Arbeitnehmererfindungen vom 25. 7. 1957 in der jeweiligen Fassung sowie die hierzu ergangenen Richtlinien für die Vergütung von Arbeitnehmererfindungen im privaten Dienst.[90]

II. Für die Behandlung von Verbesserungsvorschlägen gelten die für den Betrieb abgeschlossenen Betriebsvereinbarungen.

28 § 16 Nebenbeschäftigung[91]

I. Herr/Frau ..... darf eine Nebenbeschäftigung während des Bestandes des Arbeitsverhältnisses nur mit vorheriger schriftlicher Zustimmung[92] der Firma übernehmen.[93]

Der Arbeitgeber hat die Entscheidung über den Antrag des Arbeitnehmers auf Zustimmung zur Nebentätigkeit innerhalb von zwei Wochen nach Eingang des Antrages zu treffen. Wird innerhalb dieser Frist eine Entscheidung nicht gefällt, gilt die Zustimmung als erteilt.[94]

II. Herrn/Frau ..... ist gestattet, Fachvorträge zu halten oder unter eigenem Namen zu veröffentlichen. Die Verpflichtung nach § 13 (Verschwiegenheitspflicht) bleibt unberührt.

---

[86] Zum nachvertraglichen Wettbewerbsverbot bei Aufhebungsverträgen vgl. HK-KSchG/*Neef,* Anh. §§ 9, 10 KSchG, RN 50 ff. m. w. N.

[87] Vgl. im Einzelnen *Schrader,* Rechtsfallen in Arbeitsverträgen, 2001, RN 698 ff. m. z. N.

[88] Vgl. *Bauer/Diller* NJW 2002, 1609 ff. (1613/1614).

[89] Vgl. ArbR-Hdb. § 115.

[90] Richtlinien für die Vergütung von Arbeitnehmererfindungen im privaten Dienst vom 20. 7. 1959 (Beil. zum BAnz. Nr. 156) i. d. F. v. 1. 9. 1983 (BAnz. Nr. 169).

[91] Vgl. ArbR-Hdb. § 43 RN 4 ff.

[92] Vgl. BAG, Urteil v. 11. 12. 2001 – 9 AZR 464/00 – AP BGB § 611 Nebentätigkeit Nr. 8.

[93] Die Zustimmung darf nur aus berechtigtem geschäftlichen Interesse verweigert werden (vgl. ArbR-Hdb. § 43 RN 7). Zu Zulässigkeit, Grenzen und Problemen der Nebentätigkeit vgl. aus neuerer Zeit *Braun* DB 2003, 2282 ff.

[94] Aus Arbeitnehmersicht ist eine solche Fiktion der Zustimmungserklärung bzw. eine Fristenregelung wichtig. Denn der Arbeitnehmer, der eine Nebenbeschäftigung aufnehmen möchte, bedarf innerhalb einer bestimmten Frist Klarheit darüber, ob diese genehmigt wird oder nicht. Diese Regelung dürfte auch einer Inhaltskontrolle nach § 308 Nr. 5 BGB standhalten, nach der fingierte Erklärungen an sich unzulässig sind. Denn eine Frist von zwei Wochen zur Erklärung über die Frage, ob eine Nebentätigkeit genehmigt wird oder nicht, dürfte angemessen sein (vgl. Palandt/*Heinrichs,* BGB, 62. Aufl., § 308 RN 26).

§ 17 Bildungsurlaub und Weiterbildung[95]

29

I. Herr/Frau ..... erhält jährlich bis zu 10 Tage Bildungsurlaub unter Fortzahlung der Bezüge zum Besuch staatlich anerkannter Bildungsveranstaltungen.

II. Der Bildungsurlaub ist unter billiger Berücksichtigung der Interessen der Firma und von Herrn/Frau ..... festzulegen.

III. Der/Die Arbeitnehmer(in) verpflichtet sich, auf Verlangen der Firma an weiterbildenden Seminaren auch außerhalb des Wohn- und Arbeitsortes teilzunehmen.

§ 18 Vertragsstrafe[96]

30

I. Im Falle der schuldhaften Nichtaufnahme oder vertragswidrigen Beendigung der Tätigkeit verpflichtet sich Herr/Frau ..... der Firma eine Vertragsstrafe in Höhe[97] eines Gesamtmonatseinkommens zu zahlen. Das Gesamtmonatseinkommen wird nach dem Durchschnitt der Bezüge der letzten 12 Monate oder, im Falle einer kürzeren Beschäftigungsdauer, nach dem Durchschnittsverdienst während der Beschäftigungszeit oder, sofern die Tätigkeit nicht aufgenommen wurde, der vereinbarten Vergütung errechnet. Die Firma ist berechtigt, einen weitergehenden Schaden geltend zu machen.

II. Handelt Herr/Frau ..... dem Wettbewerbsverbot aus § 14 zuwider, so kann die Firma unbeschadet ihrer sonstigen Rechte, für jeden Fall der Zuwiderhandlung oder im Falle der Eingehung eines Arbeitsverhältnisses für jeden Monat der Be-

---

[95] Der Bildungsurlaub ist schon weitgehend gesetzlich geregelt (vgl. ArbR-Hdb. § 102 RN 143 ff.). Hinsichtlich der Höhe sollte der Arbeitgeber sich an den jeweiligen landesgesetzlichen Regelungen orientieren.

[96] Die Frage, ob Vertragsstrafen (vgl. im Einzelnen *Schrader,* Rechtsfallen in Arbeitsverträgen, 2001, RN 357; ArbR-Hdb. § 60) einer Inhaltskontrolle standhalten, ist in Rechtsprechung und Literatur umstritten. § 309 Nr. 6 BGB ist insoweit eindeutig: Danach sind Vertragsstrafen, die für den Fall der Nichtnahme oder verspäteten Abnahme der Leistung, des Zahlungsverzuges oder für den Fall, dass der andere Vertragsteil sich vom Vertrag löst, versprochen werden, unzulässig. In der Literatur wird streitig diskutiert, ob es sich bei Vertragsstrafenregelungen in Arbeitsverträgen um eine arbeitsrechtliche Besonderheit im Sinne von § 310 Abs. 4 Satz 2 BGB handelt, mit der Folge, dass Vertragsstrafen in Arbeitsverträgen wirksam sind. (vgl. *Reichenbach* NZA 2003, 309 ff.; *Richardi* NZA 2002, 1057 ff. (1064); *Annuß* BB 2002, 458 ff. (463); *Lingemann* NZA 2002, 181 ff. (191); *Gotthardt* ZIP 2002, 277 ff. (283); *Leder/Morgenroth* NZA 2002, 952 ff. (957); *Oberthür* NZA 2003, 462 ff. (465); *Conein-Eikelmann* DB 2003, 2546 (2548); für Unzulässigkeit von Vertragsstrafen *Däubler* NZA 2001, 1329 ff. (1336); *Reinicke* DB 2002, 583 ff. (586); *von Koppenfels* NZA 2002, 598 ff. (602)). Die bisher vorliegenden Entscheidungen der Arbeitsgerichte sind uneinheitlich. Während die ArbGe Duisburg (Urteil v. 14. 8. 2002 – 3 Ca 1676/02 – NZA 2002, 1038) und Freiburg (Urteil v. 16. 1. 2003 – 13 Ca 302/02 – LAGE § 309 BGB 2002 Nr. 2) eine Vertragsstrafe im Arbeitsvertrag für wirksam halten, da dem Klauselverbot die Besonderheiten des Arbeitsrechts entgegenstehen, vertreten das ArbG Bochum (Urteil v. 8. 7. 2002 – 3 Ca 1287/02 – NZA 2002, 978) und ihm folgend das LAG Hamm (Urteil v. 24. 1. 2003 – 10 Sa 1158/02 – NZA 2003, 499) sowie das LAG Baden-Württemberg (Urteil v. 10. 4. 2003 – 11 Sa 17/03 – DB 2003, 2551) genau die gegenteilige Auffassung. Noch anders das ArbG Bremen: Vertragsstrafenregelungen seien zwar inhaltlich nicht zu beanstanden, seien aber, wenn sie nicht unter drucktechnischer Hervorhebung und eigener Überschrift im Arbeitsvertrag aufgenommen seien, als überraschende Klauseln unwirksam (ArbG Bremen, Urteile v. 30. 1. 2003 – 6 Ca 6124/02 – und – 6 Ca 6001/03). Das LAG Düsseldorf (Urteil v. 8. 1. 2003 – 12 Sa 1301/02 – NZA-RR 2003, 382 – nimmt eine einzelfallbezogene Prüfung im Hinblick auf ein berechtigtes Interesse an einer Vertragsstrafenregelung vor. Von daher gesehen besteht keine Rechtssicherheit, ob Vertragsstrafen in formularmäßigen Arbeitsverträgen einer Inhaltskontrolle letztendlich vom Ergebnis standhalten werden oder nicht. Insoweit bleibt die höchstrichterliche Rechtsprechung abzuwarten. Erste Entscheidungen des BAG werden für Anfang März 2004 erwartet. Nach richtiger Ansicht bleibt die Vereinbarung von Vertragsstrafen möglich. Es ist nicht anzunehmen, dass der Gesetzgeber eine unterschiedliche Rechtslage für Auszubildende und Arbeitnehmer schaffen wollte. Nach § 5 BBiG sind aber Vertragsstrafen dort geregelt (vgl. *Schaub* in Beck'sches Prozessformularbuch, 9. Aufl., III. F 2, FN 55; ArbR-Hdb. § 58 RN 4).

[97] Vgl. zu den Rechtsfolgen bei einer überhöhten Vertragsstrafe ArbR-Hdb. § 60 RN 15.

schäftigung eine Vertragsstrafe in Höhe von ..... € verlangen. Unberührt bleibt hiervon die Möglichkeit, einen weitergehenden Schaden geltend zu machen.

31   § 19 Beendigung des Arbeitsverhältnisses[98]

I. Nach Ablauf der Probezeit beträgt die Kündigungsfrist ..... Monate zum Monatsende/Quartal/Halbjahresschluss/Jahresschluss. Jede gesetzliche Verlängerung der Kündigungsfrist zu Gunsten von Herrn/Frau ..... gilt auch zu Gunsten des Arbeitgebers.[99]

> **Taktischer Hinweis:**
> Wenn in einem Arbeitsvertrag **längere als die gesetzlichen Kündigungsfristen** für die ordentliche Kündigung sowohl des Arbeitgebers wie auch des Arbeitnehmers vereinbart werden, kann dies für den Arbeitnehmer nachteilig sein. Einerseits spricht für eine Verlängerung der Kündigungsfristen, dass der Arbeitnehmer eine längere Beschäftigungszeit und damit eine gewisse soziale Absicherung hat, andererseits kann es für den Fall eines beabsichtigten Arbeitgeberwechsels an einer kurzfristigen Verfügbarkeit Probleme geben. Für den Arbeitnehmer wird es daher regelmäßig günstig sein, dass im Verhältnis zu den gesetzlichen verlängerte arbeitsvertragliche Kündigungsfristen nur für die arbeitgeberseitige Kündigung gelten. Darauf wird sich wiederum kaum ein Arbeitgeber einlassen: Verlängerte arbeitsvertragliche Kündigungsfristen haben für den Arbeitgeber den Vorteil, mehr Zeit für die Suche eines Nachfolgers zu haben, letztendlich aber auch, den Arbeitnehmer länger „vom Markt" fernzuhalten.[100]

II. Die Kündigung bedarf der Schriftform.[101] Die Kündigungsfrist beträgt, wenn das Arbeitsverhältnis in dem Betrieb oder Unternehmen

(1) zwei Jahre bestanden hat, einen Monat zum Ende eines Kalendermonats
(2) fünf Jahre bestanden hat, zwei Monate zum Ende eines Kalendermonats
(3) acht Jahre bestanden hat, drei Monate zum Ende eines Kalendermonats
(4) zehn Jahre bestanden hat, vier Monate zum Ende eines Kalendermonats
(5) zwölf Jahre bestanden hat, fünf Monate zum Ende eines Kalendermonats
(6) 15 Jahre bestanden hat, sechs Monate zum Ende eines Kalendermonats
(7) 20 Jahre bestanden hat, sieben Monate zum Ende eines Kalendermonats.

Bei der Berechnung der Beschäftigungsdauer werden Zeiten, die vor der Vollendung des 25. Lebensjahres des Arbeitnehmers liegen, nicht berücksichtigt.

III. Das Arbeitsverhältnis endet, ohne dass es einer Kündigung bedarf, mit Ablauf des Monats, in dem der Arbeitnehmer das 65. Lebensjahr vollendet, sofern er zu diesem Zeitpunkt die Regelaltersrente (§ 35 SGB VI) oder eine gleichwertige andere Altersversorgung beanspruchen kann. Für den Fall, dass diese Voraussetzungen nach Vollendung des 65. Lebensjahres nicht vorliegen sollten, verpflichtet sich der Arbeitnehmer, innerhalb von drei Monaten nach Vollendung des 62. Lebensjahres

---

[98] Vgl. § 2 Abs. 1 Satz 2 Nr. 9 NachwG.

[99] Die vertragliche Vereinbarung einer längeren, als der gesetzlichen Kündigungsfrist ist nicht wegen Verstoßes gegen das Günstigkeitsprinzip des § 4 Abs. 3 TVG unwirksam, wenn und soweit der Tarifvertrag lediglich die Grundkündigungsfrist des § 622 Abs. 1 BGB abändert (vgl. BAG, Urteil v. 29. 8. 2001 – 4 AZR 337/00 – AP TVG § 1 Auslegung Nr. 174). Daher gilt: Findet ein Tarifvertrag Anwendung, kommt es für die Wirksamkeit einzelvertraglich verlängerter Kündigungsfristen darauf an, was hinsichtlich der Kündigungsfristen konkret im Tarifvertrag geregelt ist.

[100] Vgl. im Einzelnen *Schrader*, Rechtsfallen in Arbeitsverträgen, 2001, RN 323 ff.

[101] Die Regelung hat nach der Einfügung des § 623 BGB nur noch deklaratorische Bedeutung. Ihr Zweck für den Arbeitgeber liegt darin, unternehmensintern die Beachtung der Schriftform sicherzustellen. Nach § 623 BGB bedarf die Beendigung von Arbeitsverhältnissen durch Kündigung oder Auflösungsvertrag zu ihrer Wirksamkeit der Schriftform.

Schrader

gegenüber dem Arbeitgeber verbindlich zu erklären, ob das Arbeitsverhältnis gleichwohl zum vorgenannten Zeitpunkt beendet werden soll. Erklärt sich der Arbeitnehmer trotz mindestens zweimaliger weiterer schriftlicher Aufforderung des Arbeitgeber binnen weiterer sechs Monate nicht, gilt dies als Bestätigung der Aufhebungsvereinbarung.[102]

IV. Die Firma ist berechtigt, den Arbeitnehmer bis zur Beendigung des Arbeitsverhältnisses freizustellen. Die Freistellung erfolgt unter Anrechnung der dem Arbeitnehmer eventuell noch zustehenden Urlaubsansprüche sowie eventueller Guthaben auf dem Arbeitszeitkonto. In der Zeit der Freistellung gilt § 615 BGB entsprechend mit der Folge, dass sich der Arbeitnehmer einen in der Zeit der Freistellung durch Verwendung seiner Arbeitskraft erzielten Verdienst auf den Vergütungsanspruch gegenüber dem Arbeitgeber anrechnen lassen muss.[103]

> **Taktischer Hinweis:**
> Die **Vereinbarung einer Freistellung** bietet sowohl für Arbeitnehmer wie auch für Arbeitgeber Vorteile.[104] Zu beachten ist allerdings, dass an sich auch während des Laufes der Kündigungsfrist der allgemeine Beschäftigungsanspruch des Arbeitnehmers besteht.[105] Auch bei einer vertraglich vorbehaltenen Freistellungsregelung ist daher die Freistellung an § 315 Abs. 3 BGB zu messen.[106] Für den Fall der Freistellung ist es für den Arbeitgeber wichtig klarzustellen, dass anderweitiger Verdienst angerechnet wird. Im Falle der Freistellung muss der Arbeitgeber dann aber auch die genaue zeitliche Lage des Urlaubs im Freistellungszeitraum festlegen.[107] Gleiches gilt für den Urlaub: Erfolgt eine Freistellung ohne ausdrückliche Erklärung, dass die Befreiung unter Anrechnung des Resturlaubsanspruches erfolgt, besteht nach Beendigung des Arbeitsverhältnisses ein Urlaubsabgeltungsanspruch.[108] Diesen Problemen kann der Arbeitgeber vorbeugen, wenn er dies entsprechend bereits im Arbeitsvertrag regelt.

V. Im Falle der Beendigung des Arbeitsverhältnisses hat Herr/Frau ..... sämtliche im Eigentum der Firma stehende Gegenstände an sie herauszugeben.

§ 20 Vorschüsse und Darlehen[109]

32

Vorschüsse und Darlehen werden im Falle der Beendigung des Arbeitsverhältnisses wegen des noch offenen Restbetrages ohne Rücksicht auf die bei Hingabe getroffenen Vereinbarungen fällig, es sei denn, die Firma hat das Arbeitsverhältnis aus betriebsbedingten Gründen gekündigt oder Herr/Frau ..... hat aus einem von der Gesellschaft zu vertretenden Grund außerordentlich gekündigt und hierauf hingewiesen.

---

[102] Rechtsprechung und Gesetzeslage zu Altersgrenzenklauseln waren in den letzten Jahren erheblichen Wandlungen unterworfen (vgl. im Einzelnen ArbR-Hdb. § 39 RN 59 ff.; *Schrader,* Rechtsfällen in Arbeitsverträgen, 2001, RN 157 ff.). Die vorgeschlagene Wirkung enthält die Regelung einer fingierten Erklärung seitens des Arbeitnehmers. Diese ist an § 308 Nr. 5 BGB zu messen, dürfte aber einer Inhaltskontrolle standhalten, da die vorgeschlagene Frist von sechs Monaten angemessen sein dürfte.

[103] Vgl. zur Freistellung im Einzelnen *Schrader,* Rechtsfällen in Arbeitsverträgen, 2001, RN 529 ff.

[104] Vgl. im Einzelnen *Schrader,* Rechtsfällen in Arbeitsverträgen, 2001, RN 555 ff.

[105] Vgl. LAG München, Urteil v. 19. 8. 1992 – 5 Ta 185/92 – LAGE § 611 BGB Beschäftigungspflicht Nr. 32; ArbG Leipzig, Urteil v. 8. 8. 1996 – 18 Ga 37/96 – BB 1997, 366.

[106] Vgl. *Schrader,* Rechtsfällen in Arbeitsverträgen, 2001, RN 541.

[107] Vgl. BAG, Urteil v. 19. 3. 2002 – 9 AZR 16/01 – NZA 2002, 1065.

[108] Vgl. BAG, Urteil v. 9. 6. 1998 – 9 AZR 43/97 – AP BUrlG § 7 Nr. 23.

[109] Ratenzahlungsvereinbarungen werden im Falle der Beendigung des Arbeitsverhältnisses nicht gegenstandslos (vgl. ArbR-Hdb. § 70 RN 10 ff.). Die Klausel kann auch nach § 308 Nr. 4 BGB unwirksam sein.

33 § 21 Abtretung[110]

I. Herr/Frau . . . . . tritt seine/ihre Schadensersatzansprüche insoweit ab, als er/sie durch einen Dritten verletzt wird und die Firma Entgeltfortzahlung im Krankheitsfalle leistet.

II. Er/Sie ist verpflichtet, der Firma die zur Erhebung der Ansprüche erforderlichen Auskünfte zu erteilen.

34 § 22 Abstellen von Fahrzeugen

I. Der Arbeitnehmer darf sein Kraftfahrzeug nur auf den dafür vorgesehenen Betriebsparkplätzen abstellen.

II. Das Abstellen von Fahrzeugen auf dem Betriebsgelände ist nicht erlaubt. Stellt der Arbeitnehmer sein Kraftfahrzeug auf dem Betriebsgelände ab, kann der Arbeitgeber dies ohne vorherige Abmahnung entfernen. Eine Haftung des Arbeitgebers für Schäden ist ausgeschlossen.

35 § 23 Einstellungsfragebogen

Die Angaben im Einstellungsfragebogen sind wesentlicher Bestandteil des Arbeitsvertrages. Ihre unrichtige Beantwortung kann zur Anfechtung des Arbeitsvertrages führen.

36 § 24 Erfüllungsort und Gerichtsstand[111]

I. Erfüllungsort ist der Ort, an dem die streitige Verpflichtung zu erfüllen ist. Hat der Arbeitnehmer im Inland keinen Wohnsitz begründet, so ist Erfüllungsort beiderseitig der Hauptsitz der Firma.

II. Gerichtsstand für beide Vertragspartner ist das für den Erfüllungsort zuständige Arbeitsgericht.

37 § 25 Vertragsänderungen[112]

I. Nebenabreden und Änderungen des Vertrages bedürfen zu ihrer Rechtswirksamkeit der Schriftform.

II. Sind einzelne Bestimmungen dieses Vertrages unwirksam, so wird hierdurch die Wirksamkeit des übrigen Vertrages nicht berührt.

---

[110] Nach § 6 EFZG gehen Schadensersatzansprüche bei Dritthaftung kraft Gesetzes über.

[111] Gerichtsstandsvereinbarungen in Arbeitsverträgen sind nur sehr eingeschränkt möglich. Die Zulässigkeit von Gerichtsstandsvereinbarungen ist in § 38 ZPO geregelt. Bei der vorgeschlagenen Formulierung wurde der besondere Gerichtsstand des Erfüllungsortes geregelt (§ 29 ZPO). Nach § 38 Abs. 1 ZPO kann ein unzuständiges Gericht nur dann durch Vereinbarung (z. B. des Erfüllungsortes) das zuständige Gericht werden, wenn die Vertragsparteien Kaufleute, juristische Personen des öffentlichen Rechts oder öffentlich-rechtlichen Sondervermögens sind. Die Regelung wäre daher unwirksam und hätte keine Bedeutung für einen eventuellen Rechtsstreit. Vereinbarungen über den Gerichtsstand können primär relevant werden bei Arbeitsverhältnissen mit Auslandsbezug (vgl. beispielsweise *Schrader*, Rechtsfallen in Arbeitsverträgen, 2001, RN 594). Ansonsten sollte in Arbeitsverträgen eher von Gerichtsstandsvereinbarungen Abstand genommen werden.

[112] Die Vereinbarung eines Schriftformerfordernisses (vgl. dazu im Einzelnen ArbR-Hdb. § 32 RN 57 f.; *Schrader*, Rechtsfallen in Arbeitsverträgen, 2001, RN 839 ff.) ist sowohl für Arbeitgeber und Arbeitnehmer sinnvoll, um Streitigkeiten darüber zu vermeiden, ob und welche abweichende mündliche Vereinbarung die Parteien getroffen haben. Zwar gelten bei einer einfachen Schriftformklausel auch mündliche Absprachen, wenn die Parteien das mündlich Abgesprochene tatsächlich gewollt haben (was in der Praxis problematisch zu beweisen ist), dies gilt jedoch dann nicht, wenn die Parteien eine konstitutive Schriftformklausel, wie im vorliegenden Beispielsfall gewählt haben (vgl. BAG, Urteil v. 27. 3. 1987 – 7 AZR 527/85 – AP BGB § 242 Betriebliche Übung Nr. 29). Eine doppelte Schriftformklausel, nach der Ergänzungen des Arbeitsvertrages der Schriftform bedürfen und eine mündliche Änderung der Schriftformklausel nichtig ist, schließt den Anspruch auf eine Leistung aus einer betrieblichen Übung aus (BAG, Urteil v. 24. 6. 2003 – 9 AZR 302/92 – BB 2003, 2466).

§ 26 Sonstige Verpflichtungen 38

I. Für das Arbeitsverhältnis gelten außer den Bestimmungen dieses Vertrages das Gesetz, die Arbeitsordnung, die Betriebsvereinbarungen über .....

II. Die Parteien sind sich darüber einig, dass mit der Aushändigung dieses Vertrages die Nachweispflichten nach dem NachwG erfüllt sind.

Herr/Frau ..... ist verpflichtet, sämtliche Änderungen seiner/ihrer Anschrift umgehend der Firma mitzuteilen.[113]

§ 27 Verfallfristen[114] 39

Alle Ansprüche, die sich aus dem Arbeitsverhältnis ergeben, sind von den Vertragschließenden binnen einer Frist von sechs Monaten seit ihrer Fälligkeit schriftlich geltend zu machen und im Falle der Ablehnung durch die Gegenpartei binnen einer Frist von zwei Monaten einzuklagen.

Taktischer Hinweis:

Finden sich in Arbeitsverträgen zulässigerweise vereinbarte **Verfallfristen,** muss der Arbeitnehmer diese unbedingt beachten. Macht er Ansprüche nicht innerhalb der gesetzten Frist geltend, verfallen diese, sind also nicht mehr durchsetzbar. Ausschlussfristen können für den anwaltlichen Berater eine hohe Regressfalle darstellen.[115] Der Arbeitgeber, der Verfallfristen in Arbeitsverträgen vereinbart, muss darauf achten, dass die Verfallfristen mit einem besonderen Hinweis und drucktechnischer Hervorhebung und nicht unter falscher oder missverständlicher Überschrift im Arbeitsvertrag geregelt sind, da sie ansonsten als überraschende Klausel nicht Vertragsinhalt werden.[116]

---

[113] Klauseln in Arbeitsverträgen, nach denen der Zugang einer Kündigung binnen einer bestimmten Frist fingiert wird, sind unwirksam, da das Zugangsrisiko in unzulässiger Weise überbürdet wird. Nach § 308 Nr. 5 BGB würde eine solche Klausel einer Inhaltskontrolle nicht standhalten. Statt einer derartigen Klausel ist es eher empfehlenswert, eine Verpflichtung des Arbeitnehmers, seine Anschriftenänderung anzugeben, aufzunehmen. Dadurch soll erreicht werden, dass der Arbeitnehmer für den Fall der Nichtmitteilung einer Adressänderung und Zustellung einer Kündigung an die alte Adresse sich wegen Zugangsvereitelung nicht auf den verspäteten oder nicht erfolgten Zugang soll berufen können (vgl. ArbR-Hdb. § 123 RN 30–33).

[114] Ob Verfallfristen in Arbeitsverträgen einer vertraglichen Inhaltskontrolle nach § 309 Nr. 13 BGB standhalten, ist höchst streitig (vgl. zur Zulässigkeit von Verfallfristen im Einzelnen ArbR-Hdb. § 205 RN 1 ff.). Teilweise werden Verfallfristen in Arbeitsverträgen für unwirksam gehalten, da durch die gerichtliche Geltendmachung in der zweiten Stufe eine über die Schriftform hinausgehende Anzeige verlangt wird, so dass Verfallfristen in Arbeitsverträgen nach § 309 Nr. 13 BGB unwirksam sind (so *Däubler* NZA 2001, 1329 ff. (1336)). Nach richtiger Ansicht bleiben zweistufige Ausschlussfristen in Arbeitsverträgen zulässig. Verfallfristen in Arbeitsverträgen stellen eine arbeitsrechtliche Besonderheit im Sinne von § 310 Abs. 4 Satz 2 BGB dar (vgl. im Einzelnen *Schrader* NZA 2003, 345 ff. (350/351)). Darüber finden sich Verfallfristen in fast jedem Tarifvertrag. Tarifübliche Regelungen, d. h. Regelungen, die über die Branchengrenzen hinweg üblicherweise in Tarifverträgen enthalten sind, sind auch in Arbeitsverträgen als angemessen zu betrachten (vgl. *Hromodka* NJW 2002, 2523 ff. (2528)). An der Wirksamkeit von Verfallfristen in Arbeitsverträgen dürfte sich daher durch die Inhaltskontrolle nichts ändern (vgl. *Lingemann* NZA 2002, 181 ff. (189); *Reinicke* DB 2002, 583 ff. (586); anderer Auffassung *Gotthardt* ZIP 2002, 277 ff. (285); *Eckert/Wallstein,* Das neue Arbeitsvertragsrecht, S. 164; *Annuß* DB 2002, 458 ff. (463); *Däubler* NZA 2001, 1329 ff. (1336)). Insoweit wird die Rechtsprechung abzuwarten bleiben. Einigkeit besteht aber darüber, dass einstufige Ausschlussfristen, die vorsehen, dass Ansprüche binnen einer bestimmten Frist schriftlich geltend zu machen sind, zulässig bleiben, wobei sich nur die Frage der Angemessenheit der Frist stellt. Eine Frist von sechs Monaten dürfte unter Berücksichtigung der Rechtsprechung des BGH bei Handelsvertretern wirksam sein (vgl. ausführlich *Schrader* NZA 2003, 345 ff. (351); vgl. auch *Laskawy* DB 2003, 1325 f. (1328)).

[115] Vgl. *Ganz/Schrader* NZA 1999, 570 ff.

[116] Vgl. BAG, Urteil v. 29. 11. 1995 – 5 AZR 447/94 – AP AGB-Gesetz § 3 Nr. 1.

40 § 28 Vertragsaushändigung

Der Vertrag wird in zwei Ausfertigungen erstellt, von denen jede Partei eine erhalten hat.[117]

....., den .....

Arbeitgeber   Arbeitnehmer

2. Arbeitsvertrag für Angestellte unter Verweisung auf einen Tarifvertrag[118]

41 Zwischen der Firma (Arbeitgeber) .... und Herrn/Frau ...., geb. am .... wohnhaft in .... (Arbeitnehmer) wird folgender Arbeitsvertrag geschlossen:

42 § 1 Inhalt und Beginn des Arbeitsverhältnisses

I. Der Arbeitnehmer tritt ab ..... als ..... auf unbestimmte Zeit in die Dienste des Arbeitgebers. Er hat folgende Arbeiten zu verrichten .....[119]

II. Für das Arbeitsverhältnis gelten die für den Arbeitgeber geltenden Tarifverträge in der jeweils gültigen Fassung, soweit im Folgenden nichts anderes vereinbart ist.[120]

---

[117] Eine von beiden Seiten unterzeichnete Vertragsurkunde wie ein Arbeitsvertrag, hat nach der Rechtsprechung die Vermutung der Vollständigkeit und Richtigkeit (vgl. BAG, Urteil v. 9. 2. 1995 – 2 AZR 389/94 – NZA 1996, 249 ff. (250)). Durch die Unterzeichnung des Vertrages und die Bestätigung des Erhaltes einer Ausfertigung können Arbeitnehmer und Arbeitgeber jeweils den Nachweis führen, dass die jeweils andere Partei eine Vertragsausfertigung erhalten hat. Damit können beide Parteien sich auf den Inhalt des geschlossenen Arbeitsvertrages berufen und die jeweils für sie günstigen Rechtsfolgen herleiten.

[118] Auch bei einem Arbeitsvertrag, der auf einen Tarifvertrag verweist, sind die Bestimmungen des NachwG zu beachten. Bei tariflich geregelten Arbeitsbedingungen genügt der Arbeitgeber allerdings den Pflichten nach dem NachwG, wenn er im Arbeitsvertrag ausdrücklich auf den anwendbaren Tarifvertrag hinweist; einer Wiederholung der Regelung im Tarifvertrag im konkreten Arbeitsvertrag bedarf es nicht (vgl. BAG, Urteil v. 23. 1. 2002 – 4 AZR 56/01 – AP NachwG § 2 Nr. 5; BAG, Urteil v. 17. 4. 2002 – 5 AZR 89/01 – AP NachwG § 2 Nr. 6). Soweit allerdings vom Tarifvertrag abweichende Regelungen getroffen werden, was nur bei tarifungebundenen Arbeitsvertragsparteien zulässig wäre, und die den Katalog des § 2 Abs. 1 Satz 2 Nr. 1–9 NachwG betreffen, müssen diese in dem Arbeitsvertrag gesondert aufgenommen werden. Dies dient zum einen der Vermeidung von Schadensersatzansprüchen (vgl. BAG, Urteil v. 17. 4. 2002 – 5 AZR 89/01 – AP NachwG § 2 Nr. 6), zum anderen aber auch der Vermeidung von Nachteilen in einem arbeitsgerichtlichen Verfahren, da prozeßrechtliche Folge eines Verstoßes gegen die Nachweispflicht eine Umkehr der Darlegungs- und Beweislast ist (vgl. EuGH, Urteil v. 4. 12. 1997 – C-253/96–258/96 – AP EWG-Richtlinie Nr. 91/533 Nr. 3; offengelassen in BAG, Urteil v. 16. 2. 2000 – 4 AZR 62/99 – AP NachwG § 2 Nr. 3 m. w. N.). Insoweit besteht der Vorteil einer – vollständigen – Vertragsurkunde oder einer Dokumentation nachfolgender Vertragsänderungen darin, dass eine von beiden Seiten unterzeichnete Vertragsurkunde wie ein Arbeitsvertrag nach der Rechtsprechung die Vermutung der Vollständigkeit und Richtigkeit für sich hat (vgl. BAG, Urteil v. 9. 2. 1995 – 2 AZR 389/94 – NZA 1996, 249 ff. (250)).

[119] Vgl. oben RN 12.

[120] Die nicht tariflich gebundenen Arbeitsvertragsparteien können auf den gesamten Tarifvertrag, einen Teil eines Tarifvertrages oder einzelne Bestimmungen des Tarifvertrages verweisen. Im Allgemeinen wird auf den gesamten Tarifvertrag verweisen. Insoweit wird unterschiede zwischen statischen und halbdynamischen sowie volldynamischen Verweisungen. Bei einer statischen Verweisung wird nur auf einzelne Bestimmungen eines bestimmten Tarifvertrages verwiesen, bei einer halbdynamischen auf die jeweiligen Bestimmungen des Tarifvertrages eines bestimmten Wirtschaftszweiges und bei einer volldynamischen Verweisung auf die jeweils für den Betrieb geltenden Tarifverträge. Es besteht jedoch die Auslegungsregel, dass die Parteien bei Verweisung auf Tarifrecht im Zweifel diejenige Rechtslage herstellen wollen, die gelten würde, wenn sie tarifgebunden wären (sogenannte Gleichstellungsabrede vgl. BAG, Urteil v. 19. 3. 2003 – 4 AZR 331/02 – AP TVG § 1 Bezugnahme auf Tarifvertrag Nr. 33;

III. Die ersten sechs Monate des Arbeitsverhältnisses gelten als Probezeit, während der das Arbeitsverhältnis mit einer Frist von zwei Wochen gekündigt werden kann.[121]

IV. Der Arbeitgeber behält sich vor, dem Arbeitnehmer eine andere zumutbare Tätigkeit innerhalb des Betriebes/der Betriebsabteilung zuzuweisen, die den Vorkenntnissen und Fähigkeiten des Arbeitnehmers entspricht.[122]

oder

IV. Der Arbeitsvertrag bezieht sich auf eine Tätigkeit in ..... Der Arbeitgeber behält sich vor, dem Arbeitnehmer im Rahmen des Unternehmens auch an einem anderen Ort eine andere oder zusätzliche, der Vorbildung und den Fähigkeiten entsprechende Tätigkeit zu übertragen.[123]

§ 2 Arbeitszeit 43

I. Die Arbeitszeit richtet sich nach den für den Betrieb geltenden tariflichen und betrieblichen Bestimmungen.

II. Der Arbeitnehmer ist verpflichtet, im Rahmen des Gesetzes oder tariflich zulässige Über- oder Mehrarbeit zu leisten.[124]

§ 3 Arbeitsvergütung 44

I. Der Arbeitnehmer erhält eine monatliche Arbeitsvergütung (Bruttogehalt):

a) Gehalt nach Tarifgruppe ..... in Ortsklasse ..... im ..... Beschäftigungs- bzw. Berufsjahr.

b) eine durchschnittliche tarifliche Leistungszulage gemäß § ..... GRTV in Höhe von ..... €.

c) eine außerordentliche Zulage in Höhe von ..... €.

II. Die außerordentliche Zulage ist jederzeit frei widerruflich und kann bei Änderung des Tariflohns oder der Ortsklasse auf die tariflichen Erhöhungen angerechnet werden.[125]

BAG, Urteil v. 20. 2. 2002 – 4 AZR 123/01 – n. a. v.; BAG, Urteil v. 20. 11. 2001 – 1 AZR 12/01 – n. a. v.; BAG, Urteil v. 25. 10. 2000 – 4 AZR 506/99 – n. a. v.; BAG, Urteil v. 30. 8. 2000 – 4 AZR 581/99 – NZA 2001, 510; vgl. ausführlich ArbR-Hdb. § 208 RN 3 ff.; siehe auch *Meyer* NZA 2003, 1126 ff.). Eine Bezugnahmeklausel im Arbeitsvertrag, mit der die Anwendbarkeit oder „Geltung" eines bestimmten, dort benannten Tarifvertrages oder Tarifwerkes vereinbart worden ist, kann über ihren Wortlaut hinaus nur dann als Bezugnahme auf den jeweils für den Betrieb fachlich/betrieblich geltenden Tarifvertrag (so genannte große dynamische Verweisungsklausel) ausgelegt werden, wenn sich dies aus besonderen Umständen ergibt. Der bloße Umstand, dass es sich um eine Gleichstellungsabrede handelt, genügt hierfür nicht (vgl. BAG, Urteil v. 30. 8. 2000 – 4 AZR 581/99 – TVG § 1 Bezugnahme auf den Tarifvertrag Nr. 12). Schließlich wird zwischen konstitutiven und deklaratorischen Verweisungsklauseln unterschieden. Bei konstitutiven Verweisungsklauseln haben die Arbeitsvertragsparteien einen eigenen Regelungswillen. Bei deklaratorischen wollen sie an die fremde Regelung anknüpfen. Welche der beiden Formen gewollt ist, muss im Wege der Auslegung entschieden werden (vgl. ArbR-Hdb. § 208 RN 3 ff.). Die Musterformulierung stellt eine so genannte große dynamische Verweisungsklausel dar. Eine arbeitsvertragliche Bezugnahmeklausel ist zulässig und verstößt nicht gegen die Unklarheitenregel (§ 305 c Abs. 2 i. V. m. § 310 Abs. 4 Satz 2 BGB; vgl. BAG, Urteil v. 19. 3. 2003 – 4 AZR 331/02 – AP TVG § 1 Bezugnahme auf Tarifvertrag Nr. 33).

[121] Gelegentlich wird empfohlen, die Kündigungsfrist während der Probezeit nicht zu regeln, da es zu Kollisionen mit tariflichen Regelungen kommen könne.

[122] Vgl. oben RN 12.

[123] Nach § 2 Abs. 1 Nr. 4 NachwG kann eine Tätigkeit an mehreren Orten vorgesehen werden. Ein Änderungsvorbehalt kann nach §§ 310, 308 Nr. 4 BGB unwirksam sein (vgl. im Einzelnen FN 32).

[124] Vgl. oben RN 15.

[125] Vgl. zur Zulässigkeit der Anerkennung von Tariflohnerhöhungen im Einzelnen ArbR-Hdb. § 204 RN 44 ff.; zur Mitbestimmung des Betriebsrats: BAG GS, Urteil v. 3. 12. 1991 – GS 1/90 – und – GS 2/90 – AP BetrVG 1972 § 87 Lohngestaltung Nr. 51, 52.

III. Die Arbeitsvergütung ist jeweils am Monatsende auszuzahlen.

IV. Abtretungen oder Verpfändungen der Arbeitsvergütung sind (ohne vorherige Zustimmung der Firma) unzulässig.[126]

45 § 4 Besondere Vergütungen

I. Neben dem in § 3 festgelegten Arbeitsentgelt werden noch folgende besonderen Vergütungen gezahlt:

. . . . .

. . . . .

II. Soweit dem Arbeitnehmer eine Sondervergütung (Urlaubs- oder Weihnachtsgratifikation, Prämie, Tantieme usw.) gezahlt wird, erfolgt dies freiwillig und unter dem Vorbehalt jederzeitigen Widerrufs. Auch bei wiederholter Zahlung kann hieraus ein Rechtsanspruch nicht hergeleitet werden. Ist das Arbeitsverhältnis gekündigt oder tritt seine Beendigung aus sonstigen Gründen bis zum Ablauf des auf die Auszahlung folgenden Kalendervierteljahres ein, so entfällt eine Sondervergütung. Bereits gezahlte Leistungen sind, sofern sie 200,00 € übersteigen, zurückzugewähren. Sie können bei der nächsten Gehaltszahlung unter Beachtung der Pfändungsfreigrenzen einbehalten werden.[127]

46 § 5 Urlaub

Der Arbeitnehmer hat Anspruch auf einen jährlichen Erholungsurlaub von sechs Wochen.[128]

47 § 6 Arbeitsfähigkeit

I. Der Arbeitnehmer erklärt, dass er an keiner ansteckenden Krankheit leidet, keine körperlichen oder gesundheitlichen Mängel verschwiegen hat, die der Verrichtung der geschuldeten Arbeitsleistung entgegenstehen und im Zeitpunkt des Abschlusses des Arbeitsvertrages nicht den Bestimmungen des Mutterschutzgesetzes oder des Schutzes schwerbehinderter Menschen nach dem SGB IX oder den Landesgesetzen über den Bergmannsversorgungsschein unterliegt.[129]

II. Der Arbeitnehmer ist verpflichtet, im Falle der Dienstverhinderung den Grund und die voraussichtliche Dauer seiner Verhinderung vorher bzw. unverzüglich mitzuteilen und im Falle der Erkrankung diese bis zum Ablauf des 3. Werktages nach Eintritt der Dienstverhinderung nachzuweisen.

48 § 7 Verschwiegenheitspflicht[130]

Der Arbeitnehmer ist verpflichtet, über alle Betriebs- und Geschäftsgeheimnisse sowie über alle betriebsinternen vertraulichen Angelegenheiten während und nach Beendigung des Arbeitsverhältnisses Stillschweigen zu bewahren.

---

[126] Vgl. oben RN 20.

[127] Vgl. oben RN 17; ArbR-Hdb. § 78 RN 28 ff.

[128] Der gesetzliche Urlaubsanspruch beträgt vier Wochen. Die Klausel wurde so gewählt, weil die meisten Tarifverträge einen sechswöchigen Urlaub vorsehen und eine Gleichstellungsabrede nicht gefährdet werden soll.

[129] Die Frage, die nach der Schwerbehinderteneigenschaft aufgrund europäischer Richtlinien nach Schwangerschaft ist nach neuerer Rspr. unzulässig (vgl. dazu ausführlich oben § 1 RN 8, 9).

[130] Vgl. oben RN 25.

§ 8 Nebentätigkeit[131] 49

I. Der Arbeitnehmer darf nur nach vorheriger Zustimmung des Arbeitgebers eine Nebentätigkeit aufnehmen.

II. Der Arbeitnehmer ist verpflichtet, die Vorbereitung eines eigenen Unternehmens dem Arbeitgeber unverzüglich anzuzeigen.[132]

§ 9 Beendigung des Arbeitsverhältnisses 50

I. Das Arbeitsverhältnis endet mit Ablauf des Monats, in dem der/die Arbeitnehmer(in) das 65. Lebensjahr vollendet.[133]

II. Das Arbeitsverhältnis kann mit einer Frist von vier Wochen zum Fünfzehnten oder zum Ende eines Kalendermonats gekündigt werden. Die Kündigungsfrist beträgt, wenn das Arbeitsverhältnis in dem Betrieb oder Unternehmen

(1) zwei Jahre bestanden hat, einen Monat zum Ende eines Kalendermonats
(2) fünf Jahre bestanden hat, zwei Monate zum Ende eines Kalendermonats
(3) acht Jahre bestanden hat, drei Monate zum Ende eines Kalendermonats
(4) zehn Jahre bestanden hat, vier Monate zum Ende eines Kalendermonats
(5) zwölf Jahre bestanden hat, fünf Monate zum Ende eines Kalendermonats
(6) 15 Jahre bestanden hat, sechs Monate zum Ende eines Kalendermonats
(7) 20 Jahre bestanden hat, sieben Monate zum Ende eines Kalendermonats.

Bei der Berechnung der Beschäftigungsdauer werden Zeiten, die vor Vollendung des 25. Lebensjahres des Arbeitnehmers liegen, nicht berücksichtigt.[134]

§ 10 Gerichtsstand[135] 51

Für Rechtsstreitigkeiten aus dem Arbeitsverhältnis, seiner Beendigung und Abwicklung ist das Arbeitsgericht des jeweiligen Erfüllungsorts der streitigen Verpflichtung in ..... zuständig.

§ 11 Schriftform 52

Änderungen dieses Vertrages bedürfen zu ihrer Wirksamkeit der Schriftform.

§ 12 Personalfragebogen 53

Die Angaben im Personalfragebogen/Einstellungsfragebogen sind Bestandteil des Arbeitsvertrages. Die unwahre Beantwortung der Fragen berechtigt zur Anfechtung oder außerordentlichen Kündigung des Arbeitsvertrages.

---

[131] Vgl. ArbR-Hdb. § 43 RN 4 ff. und oben RN 28.

[132] Ist ein Wettbewerbsverbot vereinbart, kann die Bestimmung das Wettbewerbsverbot zu einem bedingten machen (ArbR-Hdb. § 58 RN 49), da der Schutz von § 75 a HGB berührt wird.

[133] Vgl. oben FN 29 und ArbR-Hdb. § 39 RN 59 ff.

[134] Das Muster gibt die gesetzlichen Kündigungsfristen in § 622 BGB wieder. Wenn ein Verweis auf die jeweiligen gesetzlichen Kündigungsfristen gewollt ist, lässt sich kürzer formulieren: „Für die Kündigung des Arbeitsverhältnisses gelten beiderseits die gesetzlichen Kündigungsfristen." Dies würde allerdings bedeuten, dass der Arbeitnehmer grundsätzlich das Arbeitsverhältnis mit einer Frist von vier Wochen zum 15. oder zum Monatsende beenden kann, unabhängig von seiner Betriebszugehörigkeit. Denn verlängerte gesetzliche Kündigungsfristen greifen nur für die Kündigung durch den Arbeitgeber. Sollen die gesetzlichen Kündigungsfristen beiderseits gelten, müsste daher weiter ergänzt werden: „Soweit für die Kündigung des Arbeitgebers verlängerte gesetzliche Kündigungsfristen greifen, gilt dies auch für die Kündigung durch den Arbeitnehmer." Wird zu den Kündigungsfristen im Übrigen keine Regelung getroffen, würden die entsprechenden Bestimmungen des Tarifvertrages greifen (beiderseitige Tarifgebundenheit unterstellt).

[135] Gerichtsstandsvereinbarungen im Arbeitsrecht sind regelmäßig unzulässig (vgl. oben RN 36).

54 § 13 Anzuwendendes Recht

Für das Arbeitsverhältnis gelten außer den Bestimmungen dieses Vertrages das Gesetz, der Manteltarifvertrag für ..... vom ..... in seiner jeweiligen Fassung sowie die diesen ergänzenden Tarifverträge, die Arbeitsordnung sowie die für den Betrieb geltenden Betriebsvereinbarungen.

55 § 14 Verfallfristen

Alle Ansprüche, die sich aus dem Arbeitsverhältnis ergeben, sind von den Vertragsschließenden binnen einer Frist von sechs Monaten seit ihrer Fälligkeit schriftlich geltend zu machen und im Falle der Ablehnung durch die Gegenpartei binnen einer Frist von zwei Monaten einzuklagen.[136]

56 § 15 Besondere Vereinbarungen

(vgl. z. B. Muster RN 32 oder 40)

....., den .....

Arbeitgeber   Arbeitnehmer

3. Arbeitsvertrag in Form eines Briefes[137]

57 Sehr geehrte(r) Herr/Frau .....,

Unter Bezugnahme auf Ihre Bewerbung vom .... und das mit Ihnen geführte Gespräch vom ..... stellen wir Sie mit Wirkung vom ..... als ..... ein. Zu Ihren Aufgaben gehört .....

Sie erhalten eine monatlich, nachträglich fällig werdende Vergütung in Höhe von ..... € brutto. Ferner zahlt die Firma Ihnen freiwillig und unter dem Vorbehalt eines jederzeitigen Widerrufs jährlich eine Weihnachtsgratifikation in Höhe von ..... €. Steuerkarte und Sozialversicherungsausweis sind bei Dienstantritt vorzulegen.

Für die Zeit vom ..... bis ..... werden Sie zur Probe beschäftigt. Während der Probezeit kann das Arbeitsverhältnis mit einer Frist von zwei Wochen gekündigt werden. Nach Ablauf der Probezeit gelten die in § 622 BGB geregelten Kündigungsfristen. Verlängert sich kraft Gesetzes oder Tarifvertrages die Kündigungsfrist für die Firma, so gilt dies auch für Sie.

---

[136] In der Rechtsprechung und Literatur war über Jahre die Frage streitig, ob der Arbeitgeber sich auf Ausschlussfristen in einem Tarifvertrag berufen kann, wenn er in einem Arbeitsvertrag lediglich auf den Tarifvertrag verweist, ohne die Verfallfristen im Einzelnen zu benennen. Diese Frage ist nunmehr entschieden: Es bedarf keines gesonderten Nachweises einer tariflichen Ausschlussfrist, wenn der fristregelnde Tarifvertrag im Nachweis aufgeführt wird (vgl. BAG, Urteil v. 23. 1. 2002 – 4 AZR 56/01 – AP NachwG § 2 Nr. 5; BAG, Urteil v. 17. 4. 2002 – 5 AZR 89/01 – AP NachwG § 2 Nr. 6). Enthält somit der Tarifvertrag Ausschlussfristen, bedarf es einer separaten Regelung der Ausschlussfrist in dem Arbeitsvertrag nicht mehr. Unter Berücksichtigung der kontrovers diskutierten Frage, ob Ausschlussfristen in Arbeitsverträgen einer Inhaltskontrolle standhalten (vgl. oben RN 39) und der Tatsache, dass nach § 310 Abs. 4 Satz 3 i. V. m. § 307 Abs. 3 BGB eine Inhaltskontrolle von u. a. Betriebsvereinbarungen und Tarifverträgen nicht stattfindet, sollte daher bei Anwendbarkeit eines Tarifvertrages auf eine separate Regelung von Ausschlussfristen in einem Arbeitsvertrag, die die tarifvertragliche Regelung wiederholen oder modifizieren, verzichtet werden.

[137] Auch ein Arbeitsvertrag in Form eines Briefes muss den Bestimmungen des NachwG genügen (vgl. oben RN 2).

Schrader

Die Arbeitszeit beträgt 37,5 Stunden in der Woche. Die Verteilung der Arbeitszeit richtet sich nach den betrieblichen Regelungen. Die Dauer des jährlichen Erholungsurlaubes beträgt ..... Wochen.

Nebenbeschäftigungen sind nur mit ausdrücklicher Genehmigung der Firma zulässig. Artikel in Fachzeitschriften über ein Gebiet unserer Fabrikation sind vor ihrer Veröffentlichung der Firma vorzulegen. Sie sind während und nach Beendigung des Arbeitsverhältnisses verpflichtet, über alle betrieblichen Angelegenheiten Stillschweigen zu bewahren.

Für das Arbeitsverhältnis im Übrigen gelten die für den Betrieb geltenden Tarifverträge in ihrer jeweiligen Fassung. Die Betriebsordnung, die Ihnen bei Dienstantritt ausgehändigt wird/Ihnen bei der Vorstellung ausgehändigt worden ist, ist Bestandteil des Arbeitsvertrages. Spätere Änderungen werden Inhalt des Arbeitsvertrages.

Falls Sie mit vorstehenden Bedingungen einverstanden sind, bitten wir, eine Durchschrift des Schreibens unterschrieben an uns zurückzusenden.
In der Hoffnung auf eine angenehme Zusammenarbeit .....

4. Nachweis nach dem NachwG[138]

Niederschrift über die **wesentlichen Bedingungen des Arbeitsverhältnisses** 58
1. Arbeitgeber
   Name: .....
   Anschrift: .....
2. Arbeitnehmer
   Name: .....
   Anschrift: .....
3. Beginn des Arbeitsverhältnisses: .....
4. (bei Befristung) Vorhersehbare Dauer des Arbeitsverhältnisses: .....
5. Arbeitsort (bestimmter): .....
   (an verschiedenen Orten Beschäftigung möglich): Ja/Nein
6. Beschreibung/Bezeichnung der zu leistenden Tätigkeit: .....
7. Arbeitsentgelt: .....
   Zusammensetzung: .....
   Zuschläge: .....
   Zulagen: .....
   Prämien: .....
   Sonderzahlungen: .....
   Sonstiges Entgelt: .....
   Fälligkeit: .....

8. Arbeitszeit: .....
9. Urlaubsdauer: .....
10. Kündigungsfristen: .....
11. Anzuwenden sind auf das Arbeitsverhältnis: .....
    Tarifvertrag: .....

---

138 Um seine Pflichten aus dem NachwG zu erfüllen, kann der Arbeitgeber dem Arbeitnehmer einen Nachweis entsprechend des NachwG erteilen, aber auch – was die Regel ist – einen Arbeitsvertrag abschließen (vgl. § 4 Satz 2 NachwG).

Betriebsvereinbarung:[139]   .....
Dienstvereinbarung: .....
12. Bei Auslandstätigkeit: .....
    Dauer: .....
    Währung für Entgelt: .....
    Zusatzleistungen: .....
    Rückkehrbedingungen: .....

....., den .....
Arbeitgeber   Arbeitnehmer

5. Änderungs-Arbeitsvertrag und Verweisung auf allgemeine Arbeitsvertragsbedingungen

59 a) Änderungsvertrag zwischen

der ....
                          – nachfolgend „Unternehmen" genannt –
und

Herrn/Frau ....
                          – nachfolgend „Mitarbeiter(in)" genannt –

1. Der/Die Mitarbeiter(in) ist seit dem ..... im Unternehmen als ..... tätig. Seit dem ..... nimmt er/sie die Stellung eines(r) ..... ein.

2. Das Arbeitsverhältnis endet frühestens am ..... Es verlängert sich automatisch um jeweils 2 Jahre, wenn es nicht mit einer Frist von 6 Monaten zum Vertragsende von einem der Vertragspartner schriftlich gekündigt wird. Gilt nach dem Gesetz eine längere Kündigungsfrist, gilt diese.

3. Der/Die Mitarbeiter(in) erhält ab ..... ein monatliches Brutto-Grundgehalt von ..... €, bargeldlos zahlbar jeweils am Monatsende.

4. Der/Die Mitarbeiter(in) erhält ferner eine vom Gewinn abhängige leistungsbezogene Tantieme. Die Höhe wird nach Erstellung der Bilanz durch die Geschäftsleitung festgesetzt.

5. Der Jahresurlaub beträgt zurzeit ..... Arbeitstage.

6. Im Übrigen gelten die diesem Vertrag als Anlage beiliegenden allgemeinen Regelungen, die zugleich Bestandteil dieses Arbeitsvertrages sind.

....., den .....
Unternehmen   Mitarbeiter(in)
Anlage

60 b) Allgemeine Regelungen zum Arbeitsvertrag[140] vom .... zwischen Firma ..... und Herrn/Frau .....

---

[139] Bei sehr vielen Betriebsvereinbarung, z. B. in Konzernen, sollte dem Nachweis eine Aufstellung beigefügt werden. Ist dies wegen des Umfangs nicht praktikabel, muss ein allgemeiner Verweis auf die Betriebsvereinbarungen ausreichen (vgl. *Schäfer,* Das Nachweisgesetz, D RN 136). Der konkrete Inhalt von Betriebsvereinbarungen kann durch Einsichtnahme (§ 77 Abs. 2 Satz 3 BetrVG) erfahren werden. Für Tarifverträge ist die Verpflichtung zur Auslage in § 8 TVG geregelt.

[140] Die in allgemeinen Vertragsbedingungen oder allgemeinen Regelungen zum Arbeitsvertrag getroffenen Bestimmungen sind vom Inhalt her im Wesentlichen mit denen identisch, die sich in einem Arbeitsvertrag finden. Hinsichtlich der bei den einzelnen Klauseln auftretenden Problemen kann daher zur Vermeidung von Wiederholungen auf die Ausführungen oben unter RN 12 ff. verwiesen werden.

Schrader

§ 1 Aufgabenbereich

I. Das Unternehmen behält sich vor, dem/der Mitarbeiter(in) bei gleicher Vergütung eine andere, seiner/ihrer Vorbildung und seinen/ihren Fähigkeiten entsprechende Tätigkeit, auch vertretungsweise an einem anderen Ort zu übertragen.[141]

II. Die Einzelheiten der dem/der Mitarbeiter(in) übertragenen Arbeiten ergeben sich aus der jeweils verbindlichen Stellenbeschreibung.[142]

III. Der/Die Mitarbeiter(in) hat seine/ihre ganze Arbeitskraft und beruflichen Fähigkeiten uneingeschränkt dem Unternehmen zu widmen.

IV. Der/Die Mitarbeiter(in) hat über sein/ihr Aufgabengebiet hinaus auf Verbesserungen technischer, wirtschaftlicher und organisatorischer Art im Unternehmen bedacht zu sein.

§ 2 Erfindungen und Verbesserungsvorschläge 61

Erfindungen und Verbesserungsvorschläge werden im Einzelfall nach dem Nutzen für das Unternehmen vergütet. Die Vorschriften des Gesetzes über Arbeitnehmererfindungen vom 25. 7. 1957 und die hierzu ergangenen Verordnungen und Richtlinien in der jeweils gültigen Fassung gelten als Mindestbedingungen.

§ 3 Geheimhaltungspflicht 62

I. Der/Die Mitarbeiter(in) hat über alle im Rahmen der Tätigkeit zur Kenntnis gelangenden, vertraulichen geschäftlichen Angelegenheiten und Vorgänge, insbesondere über Geschäfts- und Betriebsgeheimnisse, Stillschweigen gegenüber Unbefugten – auch innerhalb des Unternehmens – zu bewahren.

II. Die Geheimhaltungspflicht umfasst auch die Einzelheiten dieses Vertrages; sie bleibt nach dem Ausscheiden aus dem Unternehmen bestehen.[143]

§ 4 Nebenbeschäftigungen 63

I. Entgeltliche oder das Arbeitsverhältnis beeinträchtigende Nebenbeschäftigungen sowie die Mitwirkung in oder die Beteiligung an anderen Unternehmen bedürfen der schriftlichen vorherigen Zustimmung des Unternehmens.

II. Veröffentlichungen und Vorträge, die die Interessen des Unternehmens berühren, bedürfen der Zustimmung des Unternehmens. Die Übernahme und die Ausübung von Ehrenämtern im Interesse des Allgemeinwohls ist gestattet, sofern dadurch die Arbeit für das Unternehmen nicht beeinträchtigt wird.

§ 5 Rückgabeverpflichtung 64

I. Bei Beendigung dieses Vertrages wird der/die Mitarbeiter(in) die übertragenen oder übernommenen geschäftlichen Aufzeichnungen und Unterlagen einschl. eigener Entwürfe unverzüglich an das Unternehmen zurückgeben.

II. Ein Zurückbehaltungsrecht ist ausgeschlossen.

---

[141] Vgl. BAG, Beschluss v. 18. 2. 1986 – 1 ABR 27/84 – AP BetrVG 1972 § 99 Nr. 33.
[142] Vgl. BAG, Beschluss v. 31. 5. 1983 – 1 ABR 6/80 – AP BetrVG 1972 § 95 Nr. 2; BAG, Beschluss v. 10. 4. 1984 – 1 ABR 67/82 – AP BetrVG 1972 § 95 Nr. 4.
[143] Vgl. ArbR-Hdb. § 54 RN 9 ff.

Taktischer Hinweis:

Hinsichtlich der ihm seitens des Arbeitgebers zur Verfügung gestellten Arbeitsmittel ist der Arbeitnehmer nicht Besitzer, sondern Besitzdiener im Sinne von § 855 BGB.[144] Bei Beendigung des Arbeitsverhältnisses besteht ein **Herausgabeanspruch** des Arbeitgebers.[145] Ein **Zurückbehaltungsrecht** nach § 273 BGB wird regelmäßig nicht bestehen.[146] Ein solches Zurückbehaltungsrecht nach § 273 BGB kann aber gegebenenfalls an sonstigen Unterlagen oder Gegenständen bestehen, unter Umständen auch an dem auch zur privaten Nutzung zur Verfügung gestellten Dienstwagen. Von daher gesehen ist es für den Arbeitgeber wichtig, im Vertrag eine Regelung dahingehend zu vereinbaren, dass ein Zurückbehaltungsrecht nicht besteht. Denn das Zurückbehaltungsrecht kann arbeitsvertraglich ausgeschlossen werden.[147] Bedenken gegen eine solche Formulierung aus dem Gesichtspunkt der Inhaltskontrolle von Arbeitsverträgen nach §§ 305 ff. BGB sind nicht ersichtlich.

65   **§ 6 Vertragsdauer**

I. Das Recht zur außerordentlichen Kündigung bleibt unberührt.

II. Dieser Vertrag endet mit Ablauf des Monats, in dem der/die Mitarbeiter(in) die jeweilige gesetzliche Altersgrenze erreicht.[148]

66   **§ 7 Vorzeitige Pensionierung**[149]

I. Das Unternehmen ist berechtigt, den/die Mitarbeiter(in) vorzeitig in den Ruhestand zu versetzen:

a) wenn der/die Mitarbeiter(in) das 60. Lebensjahr vollendet hat, im gegenseitigen Einvernehmen;

b) wenn der/die Mitarbeiter(in) das 63. Lebensjahr vollendet hat, nach pflichtgemäßem Ermessen des Unternehmens.

II. Scheidet der/die Mitarbeiter(in) nach Vollendung des 60. bzw. 63. Lebensjahres aus dem Unternehmen aus, so zahlt das Unternehmen bis zur Erreichung der gesetzlichen Altersgrenze eine Ruhestandsvergütung in Höhe der Differenz zwischen dem zuletzt bezogenen Monatsgehalt und den Rentenbezügen aus der gesetzlichen Sozialversicherung oder vergleichbarer Ersatzversicherungen.

---

[144] Vgl. BAG, Urteil v. 17. 9. 1998 – 8 AZR 175/97 – AP BGB § 611 Mankohaftung Nr. 2.

[145] Vgl. LAG Berlin, Urteil v. 26. 5. 1986 – 9 Sa 24/86 – LAGE § 611 BGB Arbeitnehmerhaftung Nr. 6; vgl. auch *Schrader,* Rechtsfallen in Arbeitsverträgen, 2001, RN 608 f.

[146] Vgl. LAG Düsseldorf, Urteil v. 4. 7. 1975 – 9 Sa 334/75 – DB 1975, 2040.

[147] Vgl. *Schrader,* Rechtsfallen in Arbeitsverträgen, 2001, RN 612.

[148] Vgl. oben RN 21 und ArbR-Hdb. § 39 RN 59 ff.

[149] Die vorzeitige Pensionierung kann nur einvernehmlich oder durch Kündigung erfolgen. Der Arbeitgeber muss den allgemeinen und besonderen Kündigungsschutz einhalten. Insbesondere gilt der Kündigungsschutz zu § 41 Abs. 4 SGB VI (vgl. ArbR-Hdb. § 126). Das einseitig vorbehaltene Recht des Arbeitgebers, den Arbeitnehmer „vorzeitig in den Ruhestand zu schicken", kann daher nicht rechtswirksam arbeitsvertraglich vorbehalten werden und würde darüber hinaus einer Inhaltskontrolle nach § 308 Nr. 4 BGB widersprechen. Danach ist die Vereinbarung eines Rechts des Verwenders unwirksam, die versprochene Leistung zu ändern oder von ihr abzuweichen, wenn nicht die Vereinbarung der Änderung oder Abweichung unter Berücksichtigung der Interessen des Verwenders für den anderen Vertragsteil zumutbar ist. Die Zumutbarkeit dürfte unter Berücksichtigung der Rentenabschläge, unter Umständen aber auch der persönlichen und finanziellen Lebensplanung des Arbeitnehmers nicht gegeben sein.

Schrader

§ 8 Bezüge 67

I. Fehler der Gehaltsabrechnung sind unverzüglich, spätestens jedoch innerhalb von 4 Wochen nach Erhalt geltend zu machen. Die spätere Geltendmachung ist ausgeschlossen.

II. Das Unternehmen wird unter Berücksichtigung der Leistungen des/der Mitarbeiters(in) und seiner wirtschaftlichen Möglichkeiten jährlich die Bezüge überprüfen und neu festsetzen.[150]

III. Mit den Bezügen werden die aus betrieblichen Gründen anfallenden Über- oder Mehrarbeitsstunden abgegolten.

IV. Im Falle der Arbeitsunfähigkeit durch Krankheit oder Unfall erhält der Mitarbeiter das Brutto-Grundgehalt für die Dauer von sechs Wochen/drei Monaten weiterbezahlt.

§ 9 Erholungsurlaub 68

I. Der Jahresurlaub richtet sich nach der allgemeinen Regelung des Unternehmens für Angestellte.

II. Die Urlaubszeit wird im Einvernehmen mit dem Mitarbeiter unter Berücksichtigung der betrieblichen Belange festgelegt.

§ 10 Altersversorgung 69

Das Unternehmen gewährt dem/der Mitarbeiter(in) eine Altersversorgung nach Maßgabe der Betriebsvereinbarung über Ruhegeld in der jeweils gültigen Fassung.

§ 11 Regelungen für den Todesfall 70

Im Falle des Ablebens des/der Mitarbeiter(in) erhalten der unterhaltsberechtigte Ehegatte bzw. die unterhaltsberechtigten Kinder das vertraglich vereinbarte monatliche Brutto-Grundgehalt für die Dauer von 3 Monaten unter Einschluss des Sterbemonats weiter.

§ 12 Abtretung von Schadensersatzansprüchen 71

Der/Die Mitarbeiter(in) tritt die Schadensersatzansprüche für den Fall und insoweit an das Unternehmen ab, wie eine Verletzung durch einen Dritten vorliegt und trotz Arbeitsunfähigkeit die Bezüge ganz oder teilweise vom Unternehmen weitergezahlt werden. Der/Die Mitarbeiter(in) ist verpflichtet, die für die Verfolgung der Schadensersatzansprüche notwendigen Auskünfte zu erteilen.

§ 13 Ausschlussfristen 72

Alle Ansprüche aus dem Arbeitsverhältnis sind von den Vertragspartnern innerhalb von 6 Monaten nach Fälligkeit, im Falle der Beendigung des Arbeitsverhältnisses jedoch innerhalb von 3 Monaten nach der Beendigung schriftlich geltend zu machen, andernfalls sind sie erloschen. Bleibt die Geltendmachung erfolglos, erlö-

---

[150] Diese oder ähnliche Formulierungen erreichen nur, dass die Arbeitsvertragsparteien über eine Gehaltserhöhung verhandeln. Das Ergebnis, insbesondere, ob überhaupt eine Gehaltserhöhung erfolgt, ist offen und hängt von den Verhandlungen ab, die maßgeblich von der Zufriedenheit des Arbeitgebers mit dem Arbeitnehmer beeinflusst werden kann. Aus der Klausel kann daher kein Anspruch auf eine Vergütungserhöhung, sondern nur auf eine Überprüfung der Vergütung hergeleitet werden (vgl. *Schrader*, Rechtsfallen in Arbeitsverträgen, 2001, RN 1171 ff., 1222).

Schrader

schen sie, wenn der Anspruch nicht innerhalb einer Frist von 2 Monaten nach der Ablehnung gerichtlich geltend gemacht wird.

73   § 14 Schlussbestimmung

I. Mündliche Nebenabreden sind nicht getroffen. Änderungen und Ergänzungen dieses Vertrages bedürfen der Schriftform.

II. Im Übrigen gelten die Bestimmungen der Tarifverträge und der Betriebsvereinbarungen in der jeweils gültigen Fassung.

6. Vertragsanpassung nach dem NachwG (§ 4 NachwG)

74   *Nach § 4 NachwG kann ein Arbeitnehmer, dessen Arbeitsverhältnis bei Inkrafttreten des NachwG bereits bestanden hat, auf sein Verlangen eine Niederschrift im Sinne von § 2 NachwG verlangen. Diese ist ihm innerhalb von zwei Monaten auszuhändigen. Für den Fall, dass ein Arbeitnehmer an den Arbeitgeber mit dem Wunsch einer Vertragsanpassung nach § 4 NachwG herantritt, kann der Arbeitgeber einen Nachweis nach dem NachwG erteilen[151] oder aber einen schriftlichen Arbeitsvertrag ausstellen, der den Bedingungen des NachwG entspricht.[152] Einzige Besonderheit: Bei der Dauer der Betriebszugehörigkeit ist die bisherige Zeit des Arbeitsverhältnisses zu berücksichtigen.*

· III. Arbeitsverträge mit außertariflichen und leitenden Angestellten[153]

1. Arbeitsvertrag für einen außertariflichen Angestellten

75   Zwischen der Firma . . . . .

und dem Arbeitnehmer . . . . .

wird folgender, nicht einem Tarifvertrag unterliegender Arbeitsvertrag abgeschlossen.

76   § 1 Beginn und Inhalt des Arbeitsverhältnisses

I. Der Arbeitnehmer wird als außertariflicher Angestellter[154] für nachfolgenden Aufgabenbereich eingestellt: . . . . .

---

[151] Vgl. oben RN 58.

[152] Vgl. oben RN 11 ff.

[153] Zahlreiche Klauseln aus den Mustern § 2 RN 4 ff. finden sich auch bei AT- und leitenden Angestellten. Insoweit kann auf die Anmerkungen § 2 RN 12 ff. hierzu verwiesen werden.

[154] Außertarifliche Angestellte sind solche, die kraft ihrer Tätigkeitsmerkmale oder ihrer Bezahlung nicht mehr unter den persönlichen Geltungsbereich des einschlägigen Tarifvertrages fallen (vgl. BAG, Beschluss v. 18. 9. 1973 – 1 ABR 7/73 – AP BetrVG 1972 § 80 Nr. 3; BAG, Beschluss v. 28. 5. 1974 – 1 ABR 22/73 – AP BetrVG 1972 § 80 Nr. 6). Nicht entscheidend für die Abgrenzung ist, ob eine Tarifbindung im Einzelfall wegen der fehlenden Zugehörigkeit zu vertragsschließenden Gewerkschaften entfällt (vgl. BAG, Beschluss v. 28. 5. 1974 – 1 ABR 22/73 – AP BetrVG 1972 § 80 Nr. 6). Das BAG grenzt darüber hinaus die außertariflichen Angestellten zusätzlich von den leienden Angestellten im Sinne von § 5 Abs. 3 BetrVG ab (vgl. BAG, Beschluss v. 18. 9. 1973 – 1 ABR 7/73 – AP BetrVG 1972 § 80 Nr. 3). Dies geschieht, um die betriebsverfassungsrechtliche Sonderstellung der außertariflichen Angestellten zu betonen. Begrifflich zählen auch leitende Angestellte zu den außertariflichen Angestellten, wenn die persönlichen Voraussetzungen des einschlägigen Tarifvertrages nicht erfüllt werden. Entscheidend ist somit, ob der Angestellte unter den persönlichen Geltungsbereich eines Tarifvertrages fällt oder nicht. Nicht entscheidend ist, ob er trotz vorliegender persönlicher Voraussetzungen eines Tarifvertrages quasi zum außertariflichen Angestellten „befördert" wird. In diesem Fall würde der Arbeitnehmer – unabhängig von den einzelvertraglich vereinbarten Ansprüchen – seine tarifvertraglich garantierten Rechte als Mindestbedingungen behalten und deshalb Tarifangestellter bleiben (vgl. *Küttner/Kania*, Personalbuch 2003, AT-Angestellte RN 3).

II. Der Arbeitnehmer verpflichtet sich, seine ganze Arbeitskraft in den Dienst der Firma zu stellen und bei Erforderlichkeit auch über die betriebsübliche Arbeitszeit hinaus zu arbeiten. Die regelmäßige betriebliche Arbeitszeit beträgt ..... in der Woche.

III. Der Arbeitnehmer ist verpflichtet, auch andere ihm zumutbare, seinen Fähigkeiten entsprechende Aufgaben nach näherer Weisung der Geschäftsleitung zu übernehmen.

IV. Die Firma ist berechtigt, den Arbeitnehmer im Bereich des Landes ...../ der Bundesrepublik zu versetzen.[155]

oder statt III. und IV.

III. Das Unternehmen behält sich vor, dem Arbeitnehmer im Rahmen des Unternehmens auch an einem anderen Ort eine andere oder zusätzliche, der Vorbildung und den Fähigkeiten entsprechende Tätigkeit zu übertragen.

§ 2 Vergütung 77

I. Der Arbeitnehmer erhält eine monatliche Bruttovergütung in Höhe von ..... €.

Im Falle von Tariferhöhungen oder Ermäßigungen erhöht oder ermäßigt sich die Bruttovergütung um den Prozentsatz, wie sich das höchste Tarifgehalt für Angestellte des ..... Tarifvertrages verändert. Im Übrigen bleibt die Veränderung der Vergütung einer besonderen Vereinbarung vorbehalten.

II. Mit der Zahlung der unter Abs. I genannten Vergütung sind Über-, Mehr-, Sonn- und Feiertagsstunden abgegolten.

oder

II. Mit der Zahlung der unter Abs. I genannten Vergütung sind Über-, Mehr-, Sonn- und Feiertagsarbeit, soweit sie ..... Stunden nicht übersteigen, abgegolten.

oder

II. Die Vergütung von Über- oder Mehrarbeitsstunden erfolgt auf Grund konzerneinheitlicher Richtlinien.[156]

III. Die Firma verpflichtet sich, dem Arbeitnehmer ein 13. Gehalt zu zahlen. Dies wird zur Hälfte am ..... und zur zweiten Hälfte am ..... fällig. Besteht das Arbeitsverhältnis nicht während des ganzen Kalenderjahres, so wird das Gehalt anteilig gezahlt, es sei denn, der Arbeitsvertrag ist durch die Firma aus wichtigem Grund gekündigt worden ist.[157]

IV. Der Arbeitnehmer erhält weiter folgende Vergütungen .....

V. Der Arbeitnehmer verpflichtet sich, über seine Bezüge Stillschweigen zu bewahren. Ein Bruch der Verschwiegenheit gilt als eine erhebliche Vertragsverletzung, die zur außerordentlichen Kündigung berechtigt.[158]

---

[155] Auch bei AT-Angestellten kann der Betriebsrat auf Grund seiner Mitbestimmungsrechte eingreifen (vgl. ArbR-Hdb. § 241 RN 1 f.).

[156] Beachte § 87 Abs. 1 Nr. 10 BetrVG.

[157] Ihrer Rechtsnatur nach stellt die Klausel eine Vertragsstrafe dar. Ob diese in Arbeitsverträgen zulässig ist, ist streitig (vgl. oben RN 30; ErfK/*Preis,* §§ 305–310 BGB RN 93 m. z. N.).

[158] Das Recht zur außerordentlichen Kündigung ist einer Vereinbarung entzogen (vgl. ArbR-Hdb. § 125 RN 18; *Schrader,* Rechtsfallen in Arbeitsverträgen, 2001, RN 266 ff.).

78   § 3 Freiwilligkeits- und Widerrufsvorbehalt

Die Zahlung von Gratifikationen, Tantiemen, Prämien oder sonstigen Sonder-vergütungen erfolgt freiwillig und unter dem Vorbehalt des jederzeitigen Widerrufs. Auch durch mehrmalige Zahlungen wird ein Rechtsanspruch für die Zukunft nicht begründet.[159]

79   § 4 Dienstverhinderung

I. Im Falle der Erkrankung ist der Arbeitnehmer verpflichtet, diese unverzüglich mitzuteilen und bis zum Ablauf des dritten Tages durch ein ärztliches Attest nachzuweisen. Auf Verlangen der Firma ist der Arbeitnehmer verpflichtet, sich einem Vertrauensarzt, der von der Firma benannt wird, vorzustellen.[160] Der Arbeitnehmer entbindet den Arzt von der ärztlichen Schweigepflicht, soweit es zur Beurteilung der Arbeitsunfähigkeit notwendig ist.

II. Die Firma verpflichtet sich, nach Ablauf des ..... Beschäftigungsjahres dem Arbeitnehmer im Falle einer Erkrankung, die länger als 6 Wochen dauert, bis zum Ablauf des ..... Monats die Differenz zwischen dem Krankengeld und der letzten Nettovergütung zu zahlen.[161]

80   § 5 Urlaub

Der Jahresurlaub beträgt ..... Werktage/Arbeitstage. Der Urlaub kann auf Verlangen geteilt genommen werden. § 7 Abs. 2 BUrlG bleibt unberührt.

81   § 6 Betriebliche Altersversorgung

I. Der Arbeitnehmer wird in die betriebliche Altersversorgung einbezogen.[162]

oder

I. Der Arbeitnehmer erhält Ruhegeld nach Maßgabe eines besonderen Ruhegeldvertrages.

oder

I. Die Altersversorgung des Arbeitnehmers wird durch Anmeldung zum Essener/Bochumer Verband sichergestellt. Bei der Berechnung des Ruhegeldes werden nachfolgende Vordienstzeiten bei Mitgliedern des Essener/Bochumer Verbandes anerkannt.[163]

---

[159] Ein Freiwilligkeits- und Widerrufsvorbehalt muss ausdrücklich vereinbart sein, der Arbeitgeber sollte ausdrücklich klarstellen, dass er nicht nur freiwillig leisten, sondern auch einen Rechtsanspruch für die Zukunft ausschließen will (vgl. oben RN 17; ErfK/*Preis*, §§ 305–310 BGB RN 56, 70 m. z. N.).

[160] Obwohl sich die Bestimmung vielfach in Verträgen von AT-Angestellten findet, bestehen gegen ihre Rechtswirksamkeit Bedenken. Unberührt bleibt die Untersuchung durch den Medizinischen Dienst der Krankenkassen (vgl. § 275 SGB V).

[161] Die Übernahme der vollen Gehaltszahlung führt zum Ruhen des Anspruches auf Krankengeld (§ 49 SGB V). Es bedarf daher der Überlegung, inwieweit die Fristen zur Gehaltsfortzahlung verlängert werden.

[162] Vgl. im Einzelnen unten § 21 RN 1 ff.

[163] Die Formulierung ist unklar. Sie hat zu einer umfangreichen Rspr. des BAG zur Anrechnung von Vordienstzeiten geführt (ArbR-Hdb. § 81 RN 103 f.). Vordienstzeiten können Bedeutung haben für die Berechnung der Wartezeit, von der der Ruhegeldanspruch abhängt, für die Berechnung der Ruhegeldleistungen und für die Frist, von deren Ablauf die Unverfallbarkeit abhängt. Wird nach Inkrafttreten des BetrAVG undifferenziert die Anrechnung von Vordienstzeiten zugesagt, ist von der Auslegungsregel auszugehen, dass diese auf alle Fristen angerechnet wird (vgl. *Schrader*, Rechtsfallen in Arbeitsverträgen, 2001, RN 191 ff.). Es kann deshalb nur empfohlen werden, Versorgungszusagen und -regelungen und

II. Zugunsten des Arbeitnehmers wird eine Unfallversicherung abgeschlossen. Diese erlischt bei Beendigung des Arbeitsverhältnisses.

§ 7 Hinterbliebenenversorgung   82

Im Falle des Ablebens erhalten die Hinterbliebenen des Arbeitnehmers das letzte monatliche Bruttogehalt (§ 2 Abs. I) für die Dauer von ..... Monaten.

§ 8 Dienst- oder Werkswohnung   83

Sofern die Firma dem Arbeitnehmer für die Dauer des Arbeitsverhältnisses eine besondere Dienst- oder Werkswohnung überlässt, richten sich die Einzelheiten nach einem besonderen Mietvertrag.[164]

§ 9 Dienstreisen   84

Die Kosten von Dienstreisen werden nach den Sätzen der ..... erstattet/werden nach betriebsüblichen Sätzen erstattet.[165]

§ 10 Verschwiegenheitspflicht   85

I. Der Arbeitnehmer ist verpflichtet, über alle ihm während der Vertragsdauer bekannt gewordenen betrieblichen Vorgänge auch nach Beendigung des Arbeitsverhältnisses Stillschweigen zu bewahren. Vertrauliche Unterlagen dürfen nur den Betriebsangehörigen offenbart werden, die sie angehen.

II. Alle Schriftstücke, auch Abschriften und Durchschläge einschließlich seiner Aufzeichnungen, die seine dienstliche Tätigkeit betreffen, hat er als ein ihm anvertrautes Eigentum der Firma sorgfältig aufzubewahren, vor jeder Einsichtnahme Unbefugter zu schützen und auf Verlangen jederzeit – spätestens aber bei Beendigung des Arbeitsverhältnisses – der Firma oder ihrem Beauftragten zu übergeben. Weiter hat er zu versichern, dass er weitere nicht mehr besitzt.[166]

§ 11 Diensterfindungen   86

Erfindungen und technische Verbesserungsvorschläge sind unverzüglich zu melden. Sie werden nach den geltenden gesetzlichen Bestimmungen über Arbeitnehmererfindungen behandelt und gegebenenfalls vergütet.

§ 12 Beendigung des Arbeitsverhältnisses   87

I. Das Arbeitsverhältnis beginnt mit Wirkung vom ..... Es ist auf die Dauer von 6 Monaten befristet.[167] Innerhalb dieser Zeit kann das Arbeitsverhältnis von beiden Seiten mit einer Frist von zwei Wochen gekündigt werden.[168]

---

ihre Voraussetzungen, wie beispielsweise die Anrechnung von Vordienstzeiten, klar, eindeutig und lieber ausführlicher zu fassen, damit das, was tatsächlich gewollt wurde, auch wirklich festgehalten wird, um bei Eintritt des Versorgungsfalles Rechtsstreitigkeiten um die Versorgungszusage zu vermeiden.

[164] Vgl. unten § 26 RN 8 ff.

[165] Vgl. zur Vergütung der Reisezeiten RN 21 und unten § 29 RN 1.

[166] Vgl. auch Muster RN 25, 64; § 31.

[167] Zulässig ist eine Befristung auf 6 Monate. Wird das Ziel der Erprobung nicht erreicht, ist ausnahmsweise eine weitere Befristung zulässig, wenn innerhalb der vereinbarten Fristen eine Beurteilung der Arbeitsleistung nicht möglich ist. Dies gilt z.B. für künstlerische und wissenschaftliche Berufe. Die Höchstdauer beträgt regelmäßig 1 Jahr (vgl. ArbR-Hdb. § 40 RN 13).

[168] Die Kündigungsfrist von 2 Wochen ist nach § 622 Abs. 3 BGB nur bis zur Dauer von 6 Monaten möglich. Wird die Probezeit verlängert, würde die verlängerte einschlägige gesetzliche oder tarifliche Kündigungsfrist greifen.

II. Wird das in Abs. I beschriebene Probearbeitsverhältnis verlängert, so gilt es von seinem Beginn als Dauerarbeitsverhältnis. Die Kündigung des Dauerarbeitsverhältnisses ist für beide Teile bis zum Ablauf des ..... Jahres nach seinem Beginn ausgeschlossen.[169] Danach kann es mit den Fristen von § 622 BGB gekündigt werden.

III. Von den vorstehenden Bestimmungen unberührt bleibt das Recht zur außerordentlichen Kündigung.

IV. Im Falle der Kündigung ist die Firma berechtigt, den Arbeitnehmer für die Dauer der Kündigungsfrist unter Fortzahlung der Bezüge von der Arbeit freizustellen.[170]

88   § 13 Vertragsstrafe

Der Arbeitnehmer verpflichtet sich, eine Vertragsstrafe in Höhe einer Bruttomonatsvergütung (§ 2 Abs. I) zu zahlen, wenn er die Arbeit rechtswidrig nicht aufnimmt oder vertragswidrig das Arbeitsverhältnis vorzeitig beendet. Der Firma bleibt es unbenommen, einen weitergehenden Schadensersatzanspruch geltend zu machen.

89   § 14 Abtretung

Der Arbeitnehmer tritt seine Schadensersatzansprüche gegen Dritte in der Höhe an die Firma ab, in der diese verpflichtet ist, ihm Entgeltfortzahlung im Krankheitsfall zu leisten.

90   § 15 Sonstige Verpflichtungen

I. Die für den Betrieb geltende Arbeitsordnung bildet einen Bestandteil dieses Vertrages.[171] Dasselbe gilt für die übrigen für den Betrieb geltenden Betriebsvereinbarungen.

II. Die für den Betrieb in seiner jeweiligen Fassung geltenden Manteltarifverträge finden ergänzende Anwendung.

91   § 16 Sonstiges

.....[172]

92   § 17 Gerichtsstand und Vertragsänderung

I. Gerichtsstand ist ..... *(vgl. Muster RN 36)*.

II. Vertragsänderungen oder -ergänzungen bedürfen zu ihrer Wirksamkeit der Schriftform.

---

[169] Gerade bei Führungskräften, die abgeworben werden oder die auf eine gewisse Mindestbeschäftigung angewiesen sind oder die vom Arbeitgeber für einen bestimmten Mindestzeitraum benötigt werden, ist es sinnvoll, eine Mindestvertragslaufzeit zu vereinbaren (vgl. *Schrader*, Rechtsfallen in Arbeitsverträgen, 2001, RN 369 ff.).

[170] Vgl. ArbR-Hdb. §§ 95 RN 19 ff., 110, 31 ff. und oben RN 29.

[171] Bei Abschluss des Arbeitsvertrages wird zweckmäßig der Empfang der Arbeitsordnung quittiert, damit der Nachweis des Erhaltes dokumentiert werden kann.

[172] Vielfach finden sich in Arbeitsverträgen mit AT-Angestellten Wettbewerbsverbote (RN 26, § 4 RN 2), Vereinbarungen über Umzugskosten (§ 7 RN 33 und § 26 RN 4 ff.), Dienstwagenverträge (RN 106) und Vereinbarungen über Dienstfahrten mit dem privaten Kraftwagen (§ 7 RN 4 ff.).

§ 18 Vertragsaushändigung   93

(vgl. Muster RN 40)

....., den .....

Arbeitgeber   Arbeitnehmer

2. Leitende Angestellte

a) Arbeitsvertrag für leitende Angestellte[173]

Zwischen der Firma   94

und Herrn/Frau .....

wird folgender Arbeitsvertrag zur Beschäftigung als leitende(r) Angestellte(r) geschlossen.

§ 1 Beginn und Inhalt des Arbeitsverhältnisses   95

I. Herr/Frau ..... wird mit Wirkung vom ..... als ..... angestellt. Der Aufgabenbereich umfasst .....[174]

II. Der Angestellte ist der Geschäftsführung unmittelbar unterstellt.

III. Die Parteien sind sich darüber einig, dass Herr/Frau ..... leitende(r) Angestellte(r) im Sinne von § 5 Abs. 3 BetrVG ist.[175]

§ 2 Vertretungsmacht   96

Herr/Frau ..... erhält nach einer Einarbeitungszeit von ..... Monaten Handlungsvollmacht/Prokura/Generalvollmacht. Die Vollmachterteilung erfolgt durch besondere Urkunde.[176]

---

[173] Die Arbeitsverträge der leitenden Angestellten unterscheiden sich im Allgemeinen nur unwesentlich von dem ausführlichen Arbeitsvertrag (vgl. oben § 2 RN 11 ff.), so dass insoweit auf die dort verwandten Formulierungen zurückgegriffen und auf die dort angesprochenen Probleme verwiesen werden kann. Der Begriff des leitenden Angestellten wurde in den verschiedenen Gesetzen unterschiedlich verwandt. Inzwischen wird weitgehend auf § 5 BetrVG verwiesen (vgl. ArbZG, MitbestG). Der vorliegende Arbeitsvertrag geht von dem Vorstellungsbild des § 5 BetrVG aus. Der Begriff des leitenden Angestellten in § 5 BetrVG ist nicht mit dem des § 14 KSchG identisch, so dass das KSchG Anwendung findet. Vom leitenden Angestellten ist der AT-Angestellte zu unterscheiden. Von einem außertariflichen Angestellten wird dann gesprochen, wenn dieser nicht mehr unter den Geltungsbereich eines Tarifvertrages fällt. Da der leitende Angestellte zu den Arbeitnehmern gehört, soll der Arbeitsvertrag den Vorschriften des NachwG genügen (zum leitenden Angestellten vgl. ausführlich ArbR-Hdb. § 212 RN 15 ff.).

[174] Im Allgemeinen wird als Aufgabengebiet angegeben: Personal und Recht, Rechnungswesen, Verkaufsleiter usw. Die Unterstellung unter die Geschäftsleitung ist sinnvoll, um den Interessengegensatz zu den übrigen Arbeitnehmern und damit die Eigenschaft als leitender Angestellter herauszustellen. Nachteil der Regelung ist andererseits, dass das Unterstellungsverhältnis einseitig durch den Arbeitgeber nicht mehr geändert werden kann, es bedürfte insoweit entweder einer Änderungskündigung oder einer einvernehmlichen Regelung.

[175] Eine solche Klausel findet sich in vielen Verträgen mit Führungskräften. Das Selbstverständnis und die Bezeichnung eines Angestellten als „leitender Angestellter" im Arbeitsvertrag ist jedoch nicht bindend; § 5 Abs. 3 BetrVG ist zwingend (so bereits BAG, Beschluss v. 5. 3. 1974 – 1 ABR 19/73 – AP BetrVG 1972 § 5 Nr. 1). Daher kommt es nicht auf die Bezeichnung eines Angestellten im Arbeitsvertrag, sondern auf das tatsächliche Vorliegen der Merkmale des § 5 Abs. 3 BetrVG an.

[176] Wird die vertraglich vereinbarte Vollmacht nicht erteilt, kann eine außerordentliche Kündigung durch den Arbeitnehmer mit der Folge von Schadensersatzansprüchen des Arbeitgebers nach § 628 BGB gerechtfertigt sein (vgl. BAG, Urteil v. 17. 9. 1970 – 2 AZR 439/69 – AP BGB § 628 Nr. 5).

97 § 3 Vertretung

Herr/Frau ..... verpflichtet sich, seine (ihre) ganze Arbeitskraft im Interesse der Firma einzusetzen und auch im Falle der Erforderlichkeit über die betriebsübliche Arbeitszeit hinaus zu arbeiten. Die betriebsübliche Arbeitszeit beträgt ..... Stunden in der Woche.

98 § 4 Verschwiegenheit

Herr/Frau ..... verpflichtet sich zur Verschwiegenheit über alle betrieblichen Vorgänge innerhalb und außerhalb des Betriebes.[177]

oder

Herr/Frau ..... hat über alle Kenntnisse und Erfahrungen, die er/sie aus Anlass des Anstellungsverhältnisses gewonnen hat und deren Verwertung oder Mitteilung an Dritte, die Interessen des Unternehmens schädigen können, Stillschweigen zu bewahren. Dies gilt auch nach Beendigung des Arbeitsverhältnisses.

99 § 5 Wettbewerbsverbot

(vgl. Muster RN 26 und § 20 RN 2 ff.)

100 § 6 Nebenbeschäftigung

I. Verbot von Nebenbeschäftigungen *(vgl. Muster RN 28).*

oder

I. Herr/Frau ..... ist nicht berechtigt, eine Nebenbeschäftigung auszuüben, soweit hierdurch die beruflichen Leistungen erheblich beeinträchtigt, die Arbeitsgebiete des Unternehmens maßgeblich berührt werden oder betriebliche Einrichtungen des Unternehmens beansprucht oder besondere betriebliche Erfahrungen entwertet werden.

II. Die Mitwirkung oder die Beteiligung an anderen Unternehmen bedürfen der Zustimmung der Firma.

III. Ehrenämter wird der (die) leitende Angestellte nur nach vorheriger Abstimmung mit der Firma übernehmen.

101 § 7 Versetzungsklausel

Herr/Frau ..... verpflichtet sich auch vorübergehend in der ausländischen Niederlassung zu arbeiten.

102 § 8 Umzug

Herr/Frau ..... wird an den Sitz des Unternehmens umziehen .....

Gleiches gilt bei einem Geschäftsführer: Die vertragswidrige Nichtvornahme einer Bestellung des Dienstnehmers zum Geschäftsführer kann ein Auflösungsverschulden des Dienstgebers darstellen (vgl. BAG, Urteil v. 8. 8. 2002 – 8 AZR 574/01 – AP BGB § 628 Nr. 14). Wird die erteilte Prokura vertragswidrig entzogen, kann der Arbeitgeber schadensersatzpflichtig werden oder der Arbeitnehmer außerordentlich kündigen. Der Arbeitnehmer kann aber nicht verlangen, dass ihm die Prokura wieder erteilt wird (vgl. BAG, Urteil v. 26. 8. 1986 – 3 AZR 94/85 – AP HGB § 52 Nr. 1).

[177] Zur Herausgabe von Unterlagen vgl. RN 85.

Schrader

§ 9 Vergütung 103

I. Herr/Frau ..... erhält ein monatlich am Monatsschluss zahlbares Bruttogehalt von ..... €.

II. Lohngleitklausel *(vgl. hierzu Muster RN 77).*

III. Mit der Vergütung sind Mehr-, Sonn- und Feiertagsarbeit abgegolten.[178]

§ 10 Sonderzahlung 104

I. Die Firma gewährt Herrn/Frau ..... ein 13. Monatsgehalt. Dieses wird auf die nach II. zahlbare Tantieme angerechnet.

II. Herr/Frau ..... erhält jährlich eine Umsatzbeteiligung/Tantieme/Bonus/Sondervergütung in Höhe von ..... % des Jahresumsatzes/des am Jahresschluss ausgewiesenen Gewinns. Der Anspruch wird fällig mit der Erstellung der Jahresbilanz oder zu dem Zeitpunkt, an dem die Jahresbilanz bei regelmäßigem Geschäftsgang hätte erstellt sein können. Scheidet Herr/Frau ..... im Laufe des Geschäftsjahres aus, so steht ihm/ihr ein anteiliger Anspruch zu.[179]

III. Anspruch auf Gratifikation *(vgl. RN 17, 77).*

§ 11 Sonstige Vergütungen 105

I. Jahresurlaub *(vgl. Muster RN 24, 80).*

II. Reisekosten *(vgl. Muster RN 84).*

III. Werkswohnung *(vgl. Muster § 26 RN 8 ff.).*

IV. Umzugskosten *(vgl. Muster § 26 RN 4 ff.).*

V. Altersversorgung *(vgl. Muster § 21 RN 1 ff.).*[180]

VI. Vorübergehende Sicherung von Hinterbliebenen *(vgl. Muster RN 79).*

VII. Versicherung zugunsten des Arbeitnehmers
Der Arbeitgeber verpflichtet sich, zugunsten des Arbeitnehmers eine Unfallversicherung in Höhe von 300 000,00 € für den Todesfall und 600 000,00 € für den Invaliditätsfall abzuschließen. Dem Arbeitnehmer steht frei, den Berechtigten für den Fall seines Todes zu bestimmen. Die Prämienzahlungspflicht erlischt in dem

---

[178] Nach § 18 Abs. 1 Nr. 1 ArbZG unterfallen leitende Angestellte nicht dem ArbZG. Die typische Vereinbarung in Arbeitsverträgen leitender Angestellter geht dahin, dass eventuelle Mehrarbeit und Überstunden durch das vereinbarte Gehalt abgegolten seien. Immerhin rund 15% der Verträge für Führungskräfte sollen jedoch weitgehend regeln, dass unter gewissen Voraussetzungen (ausdrückliche Anordnung, Überschreiten einer bestimmten Stundenzahl) auch bei dieser Arbeitnehmergruppe eine Mehrarbeitsvergütung bzw. Überstundenabgeltung, sei es pauschaliert oder durch Einzelabrechnung, möglich sei (vgl. *Preis*, Grundfragen der Vertragsgestaltung im Arbeitsrecht, 63/64 m. w. N.).

[179] Mit leitenden Angestellten werden zum Leistungsanreiz sogenannte Zielvereinbarungen geschlossen. Das Grundprinzip dieser Zielvereinbarung besteht darin, dass mit den leitenden Angestellten eine Sollvorgabe und ein Bezugszeitraum vereinbart wird. Nach Ablauf des Bezugszeitraumes wird das Ist-Ergebnis mit der vereinbarten Soll-Vorgabe verglichen. Wird die Soll-Vorgabe erreicht, erhält der leitende Angestellte eine Sondervergütung; wird sie nicht erreicht, kann die Sondervergütung abgestuft sein (vgl. im Einzelnen Muster § 20 RN 32 ff.).

[180] Leitende Angestellte erhalten regelmäßig eine besondere Versorgungszusage, da bei ihnen die Versorgungslücke größer als bei anderen Angestellten ist. Dies gilt vor allem bei akademisch Gebildeten, die erst spät der Sozialversicherungspflicht unterliegen.

Zeitpunkt, in dem der Arbeitnehmer aus den Diensten des Arbeitgebers ausscheidet. Der Arbeitnehmer ist berechtigt, die Versicherung zu übernehmen. Er hat in diesem Fall den Arbeitgeber von allen Verpflichtungen aus der Versicherung freizustellen.[181]

106 § 12 Dienstwagen

I. Die Firma stellt Herrn/Frau ..... einen Dienstwagen.

II. Der/Die Angestellte ist berechtigt, den Dienstwagen privat zu benutzen. Im Falle des Urlaubs oder der Erkrankung übernimmt der Arbeitnehmer sämtliche Benzin- und Ölkosten.

oder

II. Die näheren Einzelheiten der Benutzung richten sich nach dem Benutzungsvertrag *(vgl. Muster § 23 RN 1ff.).*

Taktischer Hinweis:
Der Dienstwagen ist als Sachbezug wohl bis zum Prokuristen in Großunternehmen üblich. Dienstwagen sind bei der Beendigung von Arbeitsverträgen leitender Angestellter häufig Anlass für (arbeitsrechtliche) Auseinandersetzungen. Dies beginnt bei der Frage der Ausstattung des Dienstwagens und endet damit, wann und unter welchen Voraussetzungen und Bedingungen (z. B. entschädigungslos) der Dienstwagen seitens des Arbeitnehmers zurückzugeben ist.[182] Es kann daher nur empfohlen werden, die Dienstwagennutzung im Einzelnen entweder ausführlich im Arbeitsvertrag oder – was in der Praxis üblicher ist – in einer separaten Kfz-Nutzungsvereinbarung zu regeln.

107 § 13 Beendigung des Arbeitsverhältnisses

I. Das Arbeitsverhältnis ist für die Dauer von ..... abgeschlossen. Es endet spätestens am ....., sofern es nicht zuvor verlängert wird.[183]

oder

---

[181] Es ist streitig, ob Unfallversicherungen zur betrieblichen Altersversorgung i. S. v. § 1 BetrAVG gehören (vgl. *Blomeyer/Otto*, BetrAVG, 2. Aufl., 1997, § 1 RN 243ff.; *Höfer/Reiners/Wüst*, BetrAVG, Art. 82ff.).

[182] Vgl. ausführlich zum Dienstwagen ArbR-Hdb. § 68 RN 6ff.

[183] Da auch leitende Angestellte dem KSchG unterliegen, ist der Abschluss von befristeten Arbeitsverträgen nicht schrankenlos, sondern nur unter den Voraussetzungen des TzBfG möglich. Bei leitenden Angestellten im Sinne von § 14 Abs. 2 KSchG war streitig, ob eine Befristung unabhängig von der Frage des Sachgrundes dann möglich war, wenn in dem Arbeitsvertrag ein finanzieller Ausgleich, also eine Abfindungszahlung, vorgesehen war, der eine Abfindung nach §§ 9, 10 KSchG zumindest gleichwertig war (vgl. BAG, Urteil v. 26. 4. 1979 – 2 AZR 431/77 – AP BGB § 620 Befristeter Arbeitsvertrag Nr. 47). Von diesem Ansatzpunkt aus, war eine Befristung jedenfalls dann als sachgerecht anzuerkennen, wenn der in leitender Position angestellter Arbeitnehmer beim Ausscheiden eine im Sinne von §§ 9, 10 KSchG angemessene Abfindung erhält (vgl. BSG, Urteil v. 15. 12. 1999 – B 11 AL 33/99 R – AP AFG § 128 Nr. 2); denn der durch eine Restriktion des § 620 BGB gewährte Bestandsschutz kann im Ergebnis nicht weiter gehen, als der Schutz bei einer unmittelbaren Anwendung des KSchG (vgl. LAG Düsseldorf, Urteil v. 6. 3. 1980 – 25 Sa 8/80 – EzBAT SR 2 y BAT Führungskräfte Nr. 1). Da aber die Frage, wann ein befristeter Arbeitsvertrages eine vertraglich vorgesehene Abfindung den Anforderungen des §§ 9, 10 KSchG genügt, höchst streitig sein kann, sollte aus Arbeitgebersicht von solchen Vertragsgestaltungen Abstand genommen werden. Darüber hinaus ist fraglich, ob die oben aufgeführte Rechtsprechung nach der Einführung des TzBfG noch haltbar ist, denn leitende Angestellte sind vom Geltungsbereich des TzBfG nicht ausgenommen, so dass eine Befristung der Arbeitsverträge von leitenden Angestellten nur unter den Voraussetzungen des TzBfG möglich ist (vgl. *Schrader*, Rechtsfallen in Arbeitsverträgen, 2001, RN 315ff.; ArbR-Hdb. § 39 RN 18, 49).

I. Das Arbeitsverhältnis kann mit den Fristen aus § 622 BGB gekündigt werden.[184] Eine Kündigung vor Dienstantritt ist ausgeschlossen.

II. Das Arbeitsverhältnis endet spätestens mit Ablauf des Monats, in dem Herr/Frau ..... das 65. Lebensjahr vollendet.[185]

III. Im Falle der Kündigung ist der Arbeitgeber berechtigt, den Arbeitnehmer unter Anrechnung anderweitigen Verdienstes und unter Anrechnung der dem Arbeitnehmer noch zustehenden Resturlaubsansprüche, freizustellen. Der Resturlaub wird zu Beginn der Freistellung gewährt.[186]

§ 14 Vertragsstrafe 108

Herr/Frau ..... verpflichtet sich, eine Vertragsstrafe in Höhe einer Bruttomonatsvergütung (§ 9) zu zahlen, wenn er/sie das Arbeitsverhältnis ohne rechtfertigenden Grund nicht antritt oder vertragswidrig vorzeitig beendet.

§ 15 Anzuwendendes Recht 109

Das Arbeitsverhältnis richtet sich nach den Vorschriften dieses Vertrages und den gesetzlichen Regelungen. Tarifverträge und Betriebsvereinbarungen sind nicht anzuwenden.

§ 16 Sonstiges[187] 110

I. Gerichtsstand ist ..... *(vgl. Muster RN 36).*

II. Änderungen oder Ergänzungen sowie die Aufhebung des Vertrages bedürfen zu ihrer Wirksamkeit der Schriftform.

§ 17 Vertragsaushändigung 111

(vgl. Muster RN 40)

....., den .....

Arbeitnehmer   Arbeitgeber

b) Variante des Anstellungsvertrages für leitende Angestellte

Zwischen der Firma 112

– im Nachfolgenden Arbeitgeber genannt –

und Herrn/Frau .....

– im Nachfolgenden Angestellter genannt[188] –

wird ein Arbeitsvertrag über die Anstellung als leitender Angestellter geschlossen.

---

[184] Weitere Kündigungssicherungsklauseln vgl. RN 31, 87, 137.

[185] Vgl. oben RN 31 und ArbR-Hdb. § 39 RN 59 ff.

[186] Vgl. im Einzelnen RN 31 und FN 103.

[187] Häufig werden für leitende Angestellte Sonderregelungen für Entgeltfortzahlung im Krankheitsfall (vgl. z. B. RN 79), Urlaub (vgl. z. B. § 2 RN 80) oder Diensterfindung (vgl. z. B. RN 27) getroffen. Im Sinne eines Merkpostens sollten diese Positionen bedacht und auch in Arbeitsverträgen leitender Angestellter geregelt werden. Die Voraussetzungen des NachwG müssen erfüllt sein (vgl. FN 173).

[188] Die Arbeitsverträge der leitenden Angestellten unterscheiden sich im Allgemeinen nur unwesentlich von dem ausführlichen Arbeitsvertrag, so dass insoweit auf die dort verwandten Formulierungen zurückgegriffen werden kann. Der Begriff des leitenden Angestellten wird in den verschiedenen Gesetzen unterschiedlich verwandt. Der vorliegende Arbeitsvertrag geht aber von dem Vorstellungsbild des § 5 BetrAVG aus. Insoweit ist der Begriff nicht disponibel. Vom leitenden Angestellten ist der AT-Angestellte zu unterscheiden. Von einem AT-Angestellten wird dann gesprochen, wenn dieser nicht mehr von dem Geltungsbereich eines Tarifvertrages erfasst wird.

Schrader

113 § 1 Aufgabengebiet

I. Der Angestellte übernimmt die Leitung der Hauptabteilung .....[189]

II. Der Angestellte ist der Geschäftsführung unmittelbar unterstellt.

114 § 2 Auslandsbeschäftigung

Der Angestellte übernimmt auch leitende oder geschäftsführende Tätigkeiten in einem Tochterunternehmen. Die Auslandtätigkeit wird ohne Zustimmung des Angestellten die Dauer von drei Jahren nicht überschreiten. Während der Auslandstätigkeit ruht das Arbeitsverhältnis. Für die Auslandstätigkeit wird ein Arbeits- oder Dienstverhältnis mit dem Tochterunternehmen begründet.

115 § 3 Rückkehrklausel

Kommt der Angestellte aus dem Ausland zurück, wird ihm eine Stelle zugesagt, die der bisherigen entspricht. Die Firma wird aber bemüht sein, dem Angestellten eine ranghöhere Stelle zu übertragen.

> **Taktischer Hinweis:**
> Die Reintegration des ins Ausland entsandten Arbeitnehmers in den „Stammbetrieb" ist in der Praxis höchst problematisch. Problematisch sind zum einen die Voraussetzungen, unter denen der leitende Angestellte wieder zurückkehren kann, aber auch die Position, die er im „Stammbetrieb" übernimmt. In der Praxis werden für den Fall der Entsendung separate Entsendungsverträge abgeschlossen, die mehr oder weniger konkret die Einzelheiten der Entsendung regeln *(vgl. Muster § 9 RN 40 ff.)*.

116 § 4 Vergütung[190]

I. Der Angestellte erhält ein monatliches Bruttomonatsgehalt in Höhe von ..... €. Das Gehalt ist jeweils zum Monatsende zahlbar.

II. Daneben erhält der Angestellte ein 13. Gehalt bei Antritt des Jahresurlaubs und ein 14. Gehalt zum 1. 12. eines jeden Jahres.

III. Der Arbeitgeber wird das Gehalt jährlich zum 1. 1. überprüfen und nach billigem Ermessen anpassen und neu festsetzen.

IV. Der Angestellte erhält jährlich einen Bonus. Dieser richtet sich nach dem Geschäftsergebnis und wird von der Geschäftsleitung jährlich nach billigem Ermessen festgesetzt.

V. Mit der Zahlung der vereinbarten Vergütung ist die Ableistung von Über- und Mehrarbeitsstunden abgegolten.

---

[189] Im Allgemeinen wird als Aufgabengebiet angegeben: Personal und Recht, Rechnungswesen, Verkaufsleiter usw. Die Unterstellung unter die Geschäftsleitung ist notwendig, um den Interessengegensatz zu den übrigen Arbeitnehmern herauszustellen.

[190] Ob eine Jahresvergütung vereinbart wird, die in monatlichen Raten fällig wird, oder eine Monatsvergütung, ist mehr eine Geschmacksfrage. Wegen § 64 HGB ist die Form der Monatsvergütung gewählt. Im Allgemeinen wird ein 13. und 14. Gehalt gezahlt und ein Bonus, der jährlich neu festgelegt wird. Die jährliche Überprüfung scheint inzwischen allgemein üblich zu sein. Diese gibt dem Arbeitnehmer aber nur einen Anspruch auf Überprüfung, nicht auf Erhöhung der Vergütung. Zu beobachten ist in der Praxis eine Änderung der Vergütungsstruktur dahingehend, dass ein festes Jahresgehalt vereinbart wird und zusätzlich eine Zielvereinbarung getroffen wird (vgl. Muster § 20 RN 32 ff.).

§ 5 Dienstwagen[191]   **117**

I. Der Arbeitgeber wird dem Arbeitnehmer auch zur privaten Nutzung einen Dienstwagen der Marke ..... des Typs ..... mit der Ausstattung ..... zur Verfügung stellen. Auswahl, Kauf und Finanzierung obliegen dem Arbeitgeber.

oder

I. Der Arbeitgeber wird dem Arbeitnehmer auch zur privaten Nutzung einen Dienstwagen bis zu einem Kaufpreis in Höhe von ..... € zur Verfügung stellen. Den in Aussicht genommenen Pkw wird der Arbeitnehmer dem Arbeitgeber mitteilen, der die Zurverfügungstellung des Dienstwagens sodann veranlassen wird.

> **Taktischer Hinweis:**
> Überraschend häufig kommt es in der Praxis zu Auseinandersetzungen über die Frage der Ausstattung und des Typs des Dienstwagens. Um insoweit jeglichen Streit zu vermeiden, kann in der Praxis nur empfohlen werden, Typ und Ausstattung möglichst konkret zu regeln sowie zu bestimmen, wer die Entscheidung über den konkreten Dienstwagen trifft.

II. Im Krankheitsfall ist der Dienstwagen nach Ablauf des Entgeltfortzahlungszeitraumes ersatzlos an den Arbeitgeber herauszugeben.[192]

III. Der Arbeitgeber kann die Überlassung des Dienstwagens im Falle der Freistellung nach Ausspruch einer Kündigung widerrufen. Mit Ausübung des Widerrufsrechts ist der Dienstwagen an den Arbeitgeber zurückzugeben. Der Arbeitgeber stellt dem Arbeitnehmer bis zur Beendigung des Arbeitsverhältnisses ein anderes, nicht notwendigerweise gleichwertiges Ersatzfahrzeug zur Verfügung, das die Durchführung von Privatfahren gewährleistet. Lehnt der Arbeitnehmer das angebotene Ersatzfahrzeug ab, steht ihm kein Ersatzanspruch zu.

oder

III. Der Arbeitgeber kann die Überlassung des Dienstwagens im Falle der Freistellung nach Ausspruch einer Kündigung widerrufen. Mit Ausübung des Widerrufsrechts ist der Dienstwagen am Sitz des Arbeitgebers an den Arbeitgeber zurückzugeben. Der Arbeitgeber gewährt dem Arbeitnehmer in diesem Fall bis zum Zeit-

---

[191] Vgl. ArbR-Hdb. § 68 RN 6 ff.

[192] Fehlt es im Arbeitsvertrag oder in einem Kfz-Nutzungsüberlassungsvertrag an einer Bestimmung zur Rückgabe des Dienstwagens im Falle der Freistellung oder Krankheit, hat der Arbeitnehmer einen Anspruch auf Zurverfügungstellung des Dienstwagens auch zur privaten Nutzung bis zur Beendigung des Arbeitsverhältnisses. Denn gehören Sachbezüge wie Dienstwagen zum Arbeitsentgelt und sind sie nicht frei widerruflich, sind sie dem Arbeitnehmer bis zur Beendigung des Arbeitsverhältnisses zur Verfügung zu stellen. Dies würde beispielsweise auch für die Zeit eines Beschäftigungsverbotes im Sinne der §§ 3, 1, 4 MuSchG sowie während der Schutzfristen der §§ 3 Abs. 2, 6 Abs. 1 MuSchG gelten (vgl. BAG, Urteil v. 11. 10. 2000 – 5 AZR 240/99 – AP BGB § 611 Sachbezüge Nr. 13). Zulässig ist eine Vereinbarung, dass nach Ablauf des sechswöchigen Entgeltfortzahlungszeitraumes der Arbeitgeber den Dienstwagen entschädigungslos zurückverlangen kann, sofern sich aus den arbeitsvertraglichen Vereinbarungen nichts Abweichendes ergibt (vgl. LAG Köln, Urteil v. 29. 11. 1995 – 2 Sa 843/95 – NZA 1996, 986; LAG Köln, Urteil v. 22. 6. 2001 – 11 (6) Sa 391/01 – NZA-RR 2001, 523). Die Aufnahme einer solchen Bestimmung in den Arbeitsvertrag ist aus Arbeitgebersicht sinnvoll und empfehlenswert, da sich für ihn im Falle längerfristiger Erkrankung eines Arbeitnehmers die Notwendigkeit der Einstellung einer Ersatzkraft geben kann, für die er den Dienstwagen benötigt.

punkt der Beendigung des Arbeitsverhältnisses eine Nutzungsentschädigung in Höhe der Versteuerung des geldwerten Vorteiles.

oder

III. Im Falle der Freistellung nach Ausspruch einer Kündigung ist der Dienstwagen zum Freistellungszeitpunkt am Sitz des Arbeitgebers an den Arbeitgeber zurückzugeben. Ein Anspruch auf Ersatz für eine entgangene Privatnutzung steht dem Arbeitnehmer nicht zu.

Taktischer Hinweis:

Das BAG hat zunächst offengelassen, ob eine **entschädigungslose Rückgabevereinbarung** zulässig ist.[193] Nunmehr kann aber ein entschädigungsloses Rückgabeverlangen im Arbeitsvertrag zulässig sein, wenn der Entzug des Dienstwagens billigem Ermessen entspricht. Dies kann u. a. auch vom Typ des zur Verfügung gestellten Dienstwagens abhängen. Ist es beispielsweise ein „Kombifahrzeug", soll sich daraus ergeben, dass dieses für Transporte für dienstliche Zwecke besonders geeignet ist, was dafür spreche, dass die dienstliche Nutzung im Vordergrund stehe.[194] Aus Arbeitgebersicht macht die Vereinbarung eines entschädigungslosen Rückgabeverlangens Sinn, da der Arbeitgeber im Falle der Freistellung des Arbeitnehmers die Möglichkeit hat, den Wagen anderweitig zu verwerten. In der arbeitsrechtlichen Praxis bestehen häufig Akzeptanzprobleme bei Arbeitgebern, einem freigestellten Arbeitnehmer auch noch einen Dienstwagen zur **privaten Nutzung** zur Verfügung zu stellen. Aus Arbeitnehmersicht sollte bei der Vertragsgestaltung darauf geachtet werden, nach Möglichkeit zu verhandeln, dass eine solche Rückgabeverpflichtung nicht mit aufgenommen wird. Wenn der Arbeitgeber aber auf die Aufnahme einer solchen Formulierung Wert legt, sollte andererseits eine Nutzungsentschädigung vereinbart werden. Fehlt es an einer entsprechenden vertraglichen Regelung, entspricht es nunmehr ständiger Rechtsprechung des BAG, die Nutzungsentschädigung bei abstrakter Schadensberechnung nur in Höhe der steuerlichen Bewertung der privaten Nutzungsmöglichkeit zu gewähren.[195] Den Arbeitsvertragsparteien steht es selbstverständlich frei, eine höhere Nutzungsentschädigung (z. B. nach der ADAC-Tabelle) zu vereinbaren. Ihnen steht es auch frei, eine Ersetzungsbefugnis zu vereinbaren, dies ist letztendlich Verhandlungssache. Die vorgeschlagenen Widerrufsklauseln dürften einer Inhaltskontrolle nach §§ 307, 308 Nr. 4 BGB standhalten: Formularmäßige Widerrufsvorbehalte, die sich unmittelbar auf synallagmatische Pflichten beziehen, haben Bestand, wenn die Vertragsklausel selbst einen konkreten Widerrufsgrund nennt, der vor dem Hintergrund der Wertung des § 2 KSchG bestehen kann.[196] Die Klauseln müssen also so formuliert sein, dass der Arbeitnehmer bei Vertragsschluss erkennen kann, welche Leistungen von der jeweiligen Klausel erfasst sind und unter welchen Voraussetzungen der Widerruf ausgeübt werden soll. Bei einer Freistellung nach ausgesprochener Kündigung ist diese ohne weiteres jederzeit erkennbar.
Unproblematisch ist die Rechtslage bei Beendigung des Arbeitsverhältnisses, wenn dem Arbeitnehmer der Dienstwagen ausschließlich zur **dienstlichen Nutzung** übergeben wurde: Er muss dem Herausgabeverlangen des Arbeitgebers nachkommen. Ansonsten setzt er sich Nutzungsentschädigungs- oder Schadensersatzansprüchen aus.[197]

IV. Benzinkosten für längere Privatfahrten, insbesondere während des Urlaubs, hat der Angestellte selbst zu tragen.

---

[193] Vgl. BAG, Urteil v. 23. 6. 1994 – 8 AZR 537/92 – AP BGB § 249 Nr. 34.
[194] Vgl. BAG, Urteil v. 17. 9. 1998 – 8 AZR 791/96 – n. a. v.
[195] Vgl. BAG, Urteil v. 27. 5. 1999 – 8 AZR 415/98 – AP BGB § 611 Sachbezüge Nr. 12; BAG, Urteil v. 25. 1. 2001 – 8 AZR 412/00 – n. a. v.
[196] Vgl. ErfK/*Preis* §§ 305–310 BGB, RN 60 m. w. N.
[197] Vgl. *Schrader*, Rechtsfallen in Arbeitsverträgen, 2001, RN 417.

Taktischer Hinweis:

Leider wird diese Frage in der arbeitsrechtlichen Praxis häufig in Arbeitsverträgen nicht geregelt und sorgt bei Auseinandersetzungen für Streit. Üblicherweise übernimmt der Arbeitgeber sämtliche Erhaltungs- und Unterhaltungskosten, also auch sämtliche Benzinkosten. Bei längeren Urlaubsfahrten des Arbeitnehmers führt auch dies zu Akzeptanzproblemen. Um Auseinandersetzungen zu vermeiden, sollte die Frage des Umfangs der vom Arbeitgeber zu tragenden Kosten, wie beispielsweise Benzinkosten, möglichst konkret geregelt werden.

V. Der Angestellte hat den geldwerten Vorteil in Höhe von ... % des Listenpreises zu versteuern.[198]

VI. Ein Zurückbehaltungsrecht an dem Dienstfahrzeug kann der Angestellte nicht geltend machen.[199]

§ 6 Arbeitszeit 118

(vgl. Muster RN 15, 19)

§ 7 Vergütungsfortzahlung bei Krankheit und Tod des Angestellten[200] 119

(vgl. Muster RN 22f.)

§ 8 Unfallversicherung 120

Der Arbeitgeber schließt zugunsten des Angestellten eine Unfallversicherung mit einer Deckungssumme von ..... € für den Fall des Todes und von ..... € für den Fall der Invalidität ab. Das Tagesgeld beträgt ab dem zweitem Tag der Arbeitsunfähigkeit infolge eines Arbeitsunfalles ..... €.

§ 9 Betriebliche Altersversorgung 121

Versorgungszusage oder Lebensversicherung *(vgl. Muster RN 105, 69, 81, § 21 RN 1ff.)*

§ 10 Reisekosten 122

Reisekosten und Spesen ersetzt der Arbeitgeber in Höhe der jeweils steuerlich absetzbaren Höchstbeträge.

§ 11 Umzugskosten 123

(vgl. Muster § 7 RN 33, § 26 RN 4ff.)

§ 12 Urlaub 124

Der Angestellte erhält einen Jahresurlaub in Höhe von 6 Wochen. Der Zeitpunkt des Urlaubs wird mit der Geschäftsleitung festgelegt.

---

[198] Vgl. § 6 Abs. 1 Nr. 4 S. 2 EStG; zur Versteuerung vgl. *Haase* NZA 2002, 1199.

[199] Vgl. oben RN 64.

[200] Die §§ 6–16 sind mehr Merkposten als Besonderheiten im Arbeitsvertrag für leitende Angestellte. Hier finden sich häufig individuelle Regelungen, wie beispielsweise verlängerte Kündigungsfristen, Versorgungszusagen, aber auch insbesondere zu Umzugskosten bzw. den anlässlich eines Umzuges vom Arbeitgeber zu übernehmenden Kosten. Die §§ 6–16 geben daher nur einige Stichworte zu denkbaren Regelungen, im Übrigen kann auf die bisher schon ausgeführten Musterformulierungen zurückgegriffen werden.

125 § 13 Neben- und Vortragstätigkeiten, Verschwiegenheitsklauseln

(vgl. Muster RN 25, 28, 48, 49)

126 § 14 Beendigung des Arbeitsverhältnisses

I. Teilweise vorübergehend unkündbar, z. B. für ein bis zwei Jahre.

II. Verlängerte Kündigungsfristen *(vgl. z. B. Muster RN 31 oder 50)*

127 § 15 Schlussbestimmungen

Anzuwendendes Recht, Schriftform-, Abänderungs- und salvatorische Klauseln *(vgl. Muster RN 36ff., 54)*

128 § 16 Vertragsaushändigung

Vertragsaushändigung *(vgl. Muster RN 40)*

....., den .....

Arbeitnehmer   Arbeitgeber

3. Arbeitsvertrag für Betriebsleiter[201]

129 Zwischen
der Firma .....
und
Herrn/Frau .....
wird nachfolgender Vertrag geschlossen:

130 § 1 Beginn und Inhalt des Arbeitsverhältnisses

Die Firma überträgt Herrn/Frau ..... mit Wirkung vom ..... die Betriebsleitung des Betriebes in ..... Diese umfasst die betriebswirtschaftliche, technische und personelle Leitung. Hierzu gehören im Einzelnen:

Im Bereich Technik: Produktion, Montage, Rationalisierung, Produktgestaltung, Produktentwicklung und Planung neuer Fertigungseinrichtungen.

Im Bereich Verwaltung: Einkauf, Lager, Personalplanung und Einstellung, Betriebsabrechnung und der betriebswirtschaftliche Bereich der Buchhaltung.

Die Erfüllung der Aufgaben geschieht aus technischer Sicht in enger Zusammenarbeit mit dem 1. Geschäftsführer ..... in kurzfristiger oder zweiwöchentlicher Abstimmung. Hierbei sind die Produktionsplanung, die Kosten und Entwicklungsausrichtung zu behandeln.

Im Bereich Verwaltung stimmt sich Herr/Frau ..... mit dem 2. Geschäftsführer ..... ab.

Die betriebsübliche Arbeitszeit beträgt ..... Stunden in der Woche. Es wird erwartet, dass Herr/Frau ..... im Rahmen des Erforderlichen arbeitet.

---

[201] Die Formulierungen orientieren sich an den bisherigen Mustern und Klauseln, so dass zu Alternativen und Erläuterungen darauf verwiesen werden kann.

§ 2 Vertretungsmacht 131

Herr/Frau ..... erhält Prokura. Als Gesamtprokura berechtigt diese Vollmacht, die Firma zusammen mit einem Geschäftsführer oder einem anderen Prokuristen rechtsgeschäftlich zu vertreten.

Im Innenverhältnis umfasst die erteilte Bevollmächtigung den übertragenen Aufgabenbereich.

§ 3 Vergütung 132

I. Herr/Frau ..... erhält für seine/ihre Leistung ein monatliches Gehalt in Höhe von ..... €, zahlbar jeweils am Ende eines Monats.

II. Herr/Frau ..... erhält ferner eine Tantieme, die mit zwei Monatsgehältern fest garantiert wird und je zur Hälfte am 30. 6. und 30. 11. zusätzlich zu dem fälligen Monatsgehalt ausgezahlt wird.

III. Eine darüber hinausgehende Erhöhung der Tantieme, die jeweils vom Geschäftsergebnis des abgeschlossenen Geschäftsjahres abhängt, wird zwischen der Geschäftsführung und Herrn/Frau ..... besonders vereinbart.

IV. Im Falle der Erkrankung zahlt die Firma Herrn/Frau ..... die festgelegten Bezüge für die Dauer von 3 Monaten weiter.

§ 4 Aufwendungen 133

Für die Erstattung von Reisekosten und sonstigen Aufwendungen gelten die Richtlinien der Finanzämter, die zum Inhalt des Vertrages gemacht werden.

§ 5 Urlaub 134

Herr/Frau ..... erhält einen Jahresurlaub von 30 Arbeitstagen. Die Urlaubszeit wird im Einvernehmen mit der Geschäftsleitung festgelegt.

§ 6 Geheimhaltung 135

Herr/Frau ..... verpflichtet sich, die ihm/ihr im Rahmen seiner/ihrer Tätigkeit zur Kenntnis gelangten geschäftlichen Angelegenheiten und Vorgänge, auch über die Laufzeit des Vertrages hinaus, geheimzuhalten und nicht anderweitig zu nutzen.[202]

§ 7 Nebentätigkeit 136

Herr/Frau ..... wird seine/ihre ganze Kraft in den Dienst des Unternehmens stellen. Die Übernahme weiterer auf Erwerb gerichteter Tätigkeiten bedarf der ausdrücklichen Zustimmung der Geschäftsleitung.

§ 8 Beendigung des Arbeitsverhältnisses 137

I. Der Vertrag ist bis zum ..... unkündbar. Er verlängert sich um ein weiteres Jahr, wenn er nicht 6 Monate vor Ablauf eines Kalenderjahres gekündigt wird.

II. Die Kündigung ist nur mit Einwilligung der Gesellschafterversammlung/*(bei einer Kommanditgesellschaft)* der Kommanditisten zulässig. Eine ohne Einwilligung ausgesprochene Kündigung ist unwirksam.[203]

---

[202] Vgl. ArbR-Hdb. § 54.
[203] Es ist zulässig, in einem Arbeitsvertrag zu vereinbaren, dass zu einer fristgerechten Kündigung die vorherige Zustimmung der Gesellschafterversammlung erforderlich ist. Eine solche Regelung stellt kei-

138 § 9 Anwendbares Recht

Herr/Frau ..... ist leitende(r) Angestellte i. S. von § 5 BetrVG.
Auf das Arbeitsverhältnis sind das Gesetz und die Vorschriften dieses Vertrages anzuwenden.

139 § 10 Sonstiges

Änderungen und Ergänzungen dieses Vertrages bedürfen zu ihrer Rechtswirksamkeit der schriftlichen Bestätigung.

140 § 11 Vertragsaushändigung

Der Vertrag wird in zwei Ausfertigungen erstellt, von denen jede Partei eine erhalten hat.

....., den .....

Arbeitnehmer   Arbeitgeber

4. Arbeitsvertrag mit Angestellten unter der Geschäftsführerebene[204]

141 Zwischen

der Firma .....

und

Herrn/Frau .....

wird nachfolgender Vertrag geschlossen:

142 § 1 Gegenstand des Vertrages

I. Herr/Frau ..... wird mit Wirkung vom ..... als ..... Direktor eingestellt. Er/Sie wird ermächtigt, die Gesellschaft als Prokurist zu vertreten.

II. Herr/Frau ..... hat die Angelegenheiten der Gesellschaft nach den gesetzlichen Vorschriften, der Satzung der Gesellschaft und dem von den Gesellschaftern (der Geschäftsführung) festgesetzten Haushalts- und Investitionsplan, der festgelegten Gesellschaftspolitik und nach den von den Geschäftsführern erlassenen Anweisungen zu leiten.[205]

---

ne unzulässige Beschränkung der Vertretungsbefugnis des GmbH-Geschäftsführers bzw. des vertretungsberechtigten Organes dar (vgl. BAG, Urteil v. 28. 4. 1994 – 2 AZR 730/93 – AP BGB § 626 Nr. 117; BAG, Urteil v. 20. 10. 1960 – 2 AZR 554/59 – AP HGB § 164 Nr. 1). Gleiches gilt, wenn der Gesellschaftsvertrag einer GmbH vorsieht, dass der Geschäftsführer zur Vornahme aller Geschäfte und Rechtshandlungen, die der Betrieb der Gesellschaft nicht gewöhnlich mit sich bringt, der Zustimmung der Gesellschafterversammlung bedarf. Dies bedeutet, dass in der Regel auch die außerordentliche Kündigung des Arbeitsverhältnisses eines im Innenverhältnis mit umfassenden Befugnissen ausgestatteten Mitgesellschafters und Prokurists zustimmungsbedürftig ist. Auf solch eine gesellschaftsvertragliche Beschränkung der Befugnisse des Geschäftsführers kann sich der Mitgesellschafter und Prokurist im Kündigungsschutzprozess berufen; die fehlende Zustimmung der Gesellschafterversammlung ist gegebenenfalls an sonstige Unwirksamkeitsgründe im Sinne von § 13 Abs. 3 KSchG gebunden (vgl. BAG, Urteil v. 11. 3. 1998 – 2 AZR 287/97 – AP BGB § 626 Nr. 144).

204 Da der leitende Angestellte Arbeitnehmer ist, findet das NachwG Anwendung. Es sollten die beurkundungspflichtigen Regelungen aufgenommen werden (vgl. oben RN 12 ff.).

205 Vgl. BAG, Urteil v. 14. 10. 1970 – 1 AZR 58/70 – AP BGB § 611 Haftung des Arbeitnehmers Nr. 60.

Schrader

III. Herr/Frau ..... verpflichtet sich, über die Lage der Gesellschaft monatlich einen Kurzbericht und halbjährlich einen ausführlichen Bericht unter Berücksichtigung der ihm erteilten Richtlinien zu erstellen.

§ 2 Begrenzung der Vollmachten 143

I. Herr/Frau ..... ist verpflichtet, zu solchen Geschäften und Maßnahmen die Zustimmung des/der Geschäftsführer(s) einzuholen, die wesentlich vom Haushalts- oder Kapitalinvestitionsplan abweichen oder sich außerhalb des Tätigkeitsbereiches der Gesellschaft befinden.

II. Die Zustimmung der Geschäftsführer ist insbesondere einzuholen

1. für Kauf, Verkauf und Belastung von Grundstücken

2. Verkauf von Gegenständen, die zu festen Kapitalanlagen gehören

3. Gründung und Erwerb von Geschäftsunternehmen

4. Abschluss und Beendigung von Arbeitsverträgen mit folgenden Arbeitnehmern .....

5. usw.

Hieran müssen sich die sonstigen arbeitsvertraglichen Regelungen, wie Vergütung, Beendi- 144 *gung des Arbeitsverhältnisses, Dienstverhinderung etc. anschließen. Diese können in der Regel dem Muster des Arbeitsvertrages mit einem leitenden Angestellten entnommen werden, auf die insoweit verwiesen wird.*

§ 3. Dienstverträge für Geschäftsführer und Vorstände

I. Einfacher Dienstvertrag für einen Geschäftsführer

Bauer/Lingemann/Diller/Haußmann-Lingemann, Anwalts-Formularbuch Arbeitsrecht, 2001, S. 52 ff.; *Hümmerich,* Arbeitsrecht, 4. Aufl., 2002, § 1 RN 681 ff.; **zur arbeitsrechtlichen Stellung des Geschäftsführers:** *Holthausen/Steinkraus,* Die janusköpfige Rechtsstellung des GmbH-Geschäftsführers im Arbeitsrecht, NZA-RR 2002, 281 ff.; **zum Urkundsprozess als taktisches Mittel:** *Pesch,* Der Urkundprozess als prozessfaktisches Mittel bei der außerordentlichen Kündigung von Organmitgliedern, NZA 2002, 957 ff.; **zur sozialversicherungsrechtlichen Beurteilung** vgl. die Auffassung der Spitzenverbände der Sozialversicherungsträger, BB 2001, 728; **zur arbeitsrechtlichen Betrachtung von Organmitgliedern:** ArbR-Hdb. § 14 RN 11 ff.; **zu den arbeitsrechtlichen Problemen im Falle der Umwandlung von Arbeitsverträgen in Geschäftsführerverträge:** *Schrader,* Rechtsfallen in Arbeitsverträgen, 2001, RN 936 ff.; *Dollmann,* Die Rückkehr zum ruhenden Arbeitsverhältnis des Geschäftsführers durch § 623 BGB, BB 2003, 1838; *Bauer/Baeck/Lösler,* Schriftform- und Zuständigkeitsprobleme beim Aufstieg eines Angestellten zum Geschäftsführer einer GmbH, ZiP 2003, 1821 ff.

Zwischen 1

der Firma[1] .....

und

Herrn/Frau .....

wird nachfolgender Geschäftsführervertrag geschlossen.

---

[1] Der Abschluss des Dienstvertrages sowie seine Änderung und Kündigung obliegen den für die Bestellung und Abberufung zuständigen Organen, in der GmbH der Gesellschafterversammlung, es sei denn, die Satzung trifft eine abweichende Regelung. Unterliegt die GmbH dem MitbestG (bei in der

2 § 1 Geschäftsführung

I. Herr/Frau ..... wird mit Wirkung vom ..... eingestellt und zum/zur Geschäftsführer(in) der Firma ..... bestellt. Er/Sie führt die Geschäfte nach Maßgabe der Gesetze, dieses Vertrages, des Gesellschaftsvertrages, einer etwaigen Geschäftsordnung für die Geschäftsführung in ihrer jeweils gültigen Fassung sowie den Bestimmungen der Gesellschafter.

Er/Sie bearbeitet bis auf weiteres folgenden Unternehmensbereich:

a) Fertigung mit Produktionsgestaltung und -entwicklung, Kalkulation und Disposition
b) Einkauf und Lager
c) Betriebswirtschaft, Organisation und EDV
d) Personaleinstellungen und -entlassungen für den vorbezeichneten Bereich.

Nicht zum Bereich von Herrn/Frau ..... gehört der Bereich Finanzen für die von ihm/ihr zu bearbeitenden Gebiete.

Die Investitionen geschehen gemäß Investitionsplan bzw. nach Absprache mit ..... persönlich.

II. Herr/Frau ..... bedarf für alle Geschäfte und Maßnahmen, die über den gewöhnlichen Geschäftsbetrieb der Gesellschaft hinausgehen, der ausdrücklichen vorherigen Zustimmung der Gesellschafter. Hierzu zählen insbesondere:

– Veräußerung und Stilllegung des Betriebes der Gesellschaft oder wesentlicher Teile hiervon,
– Errichtung von Zweigniederlassungen,
– Erwerb oder Veräußerung anderer Unternehmen oder Beteiligungen der Gesellschaft,
– Erwerb, Veräußerung und Belastung von Grundstücken und Grundstücksgleichen Rechten sowie die Verpflichtung zur Vornahme derartiger Rechtsgeschäfte,
– Übernahme von Bürgschaften und Garantien sowie Übernahme von Wechselverbindlichkeiten jeder Art,
– Inanspruchnahme oder Gewährung von Krediten oder Sicherheitsleistungen jeglicher Art, die ..... € übersteigen und nicht geschäftsüblich sind,
– Abschluss, Änderung oder Aufhebung von Verträgen, die die Gesellschaft im Einzelnen mit mehr als ..... € belasten,
– Einstellung, Beförderung und Entlassung leitender Angestellter im Sinne von § 5 Abs. 3, Abs. 4 BetrVG,
– Erteilung und Widerruf von Prokuren und Handlungsvollmachten,
– Erteilung von Versorgungszusagen jeder Art.

Regel mehr als 2 000 Arbeitnehmer), ist gem. § 31 Abs. 1 MitbestG der Aufsichtsrat zuständig. Unterliegt die GmbH dem BetrVG 1952 (mehr als 500 Arbeitnehmer) bleibt die Gesellschafterversammlung zuständig. In der GmbH & Co. KG wird der Geschäftsführer durch die Gesellschafterversammlung der Komplementär-GmbH bestellt. Der Anstellungsvertrag kann gleichzeitig mit der Komplementär-GmbH, vertreten durch ihr Gesellschafterversammlung, geschlossen werden. Zulässig, wenn auch in der Praxis seltener, ist der Anstellungsvertrag mit der GmbH & Co. KG. Obwohl der Geschäftsführer dann nicht Organ der KG ist, gilt für ihn nicht das KSchG ohne weiteres (vgl. BAG, Beschluss v. 13. 7. 1995 – 5 AZR 37/94 – AP ArbGG 1979 § 5 Nr. 23). Bei Vertragsstreitigkeiten des Geschäftsführers mit der GmbH & Co. KG (sog. „Hausstreitigkeiten") ist die ordentliche Gerichtsbarkeit zuständig, der Geschäftsführer der Komplementär GmbH einer KG ist beim Arbeitnehmer i.S.v. § 5 Abs. 1 Satz 3 ArbGG (vgl. BAG, Beschluss v. 20. 8. 2003 – 5 AZB 79/02 – BB 2003, 2352). Wichtig ist, bei der Umwandlung eines früheren Arbeitsverhältnisses in einen Geschäftsführerdienstvertrag das frühere Arbeitsverhältnis wegen § 623 BGB aufzuheben (vgl. ausführlich *Schrader*, Rechtsfallen in Arbeitsanträgen, 2001, S. 244/245 RN 969 ff. m. w. N. sowie *Dollmann* BB 2003, 1838).

Schrader

Die Liste der Handlungen, deren Ausführung der vorherigen Zustimmung der Gesellschafter bedarf, kann jederzeit durch Beschluss der Gesellschafterversammlung erweitert oder eingeschränkt werden.[2]

§ 2 Vertretung   3

Herr/Frau ..... erhält Bankvollmacht. Er/Sie vertritt zusammen mit einem weiteren Geschäftsführer oder Prokuristen die GmbH gerichtlich oder außergerichtlich.[3]

§ 3 Vergütung[4]   4

Die Firma verpflichtet sich, Herrn/Frau ..... 14 Monatsgehälter in Höhe von ..... € zu zahlen. Ein zusätzliches (13.) Gehalt ist jeweils am 30. 6. und ein weiteres (14.) am 30. 11. eines jeden Jahres fällig.

Außerdem erhält Herr/Frau ..... eine Gewinnbeteiligung in Höhe von 3% des sich aus der Handelsbilanz der Firma ergebenden Jahresgewinns. Die Gewinnbeteiligung ist binnen eines Monats nach Verabschiedung der Bilanz fällig. Die Gewinnbeteiligung wird mit jährlich ..... € garantiert. Der garantierte Betrag ist in gleichen Teilbeträgen zusammen mit dem Monatsgehalt zur Zahlung fällig.[5]

§ 4 Urlaub[6]   5

Herr/Frau ..... erhält einen jährlichen Urlaub von 30 Arbeitstagen, der im Einvernehmen mit ..... zeitlich festzulegen ist. Der Urlaub verlängert sich nach je ..... Jahren Dienstzeit um je ..... Tage.

§ 5 Dienstverhinderung   6

Im Falle der Erkrankung oder des Todes zahlt die Firma an Herrn/Frau ..... die ..... vorbezeichneten monatlichen Vergütungen auf die Dauer von 3 Monaten an ihn/sie oder seine/ihre Erben.

---

[2] Ohne diese Öffnungsklausel wäre eine Erweiterung der zustimmungspflichtigen Geschäfte in der Satzung zwar wirksam, jedoch ein Verstoß gegen den Anstellungsvertrag mit den möglichen Folgen des § 628 Abs. 2 BGB. Aus Sicht der Gesellschaft ist die Öffnungsklausel daher unabdingbar. Hat der Geschäftsführer die Gesellschafterversammlung zuvor ordnungsgemäß unterrichtet, so befreit ihn deren Zustimmung von der Haftung für die Maßnahme. Die Aufnahme des Kataloges der zustimmungsbedürftigen Geschäfte im Anstellungsvertrag des Geschäftsführers wäre überflüssig, wenn dieser im Einzelnen im Gesellschaftsvertrag geregelt ist. Für diesen Fall enthielte der Dienstvertrag nur den bereits enthaltenen Verweis in dem Muster auf die Satzung der Gesellschaft (den Gesellschaftsvertrag), aus dem sich die entsprechenden Beschränkungen ergeben. Die Handhabung in der Praxis ist unterschiedlich. Wenn aber in dem Dienstvertrag ein Katalog der zustimmungspflichtigen Geschäfte mit aufgenommen wird, ist eine Öffnungsklausel unverzichtbar.

[3] Als Organ obliegt dem Geschäftsführer die Vertretung der Gesellschaft nach außen (§ 35 Abs. 1 GmbHG). Diese ist in der Sache nicht beschränkt. Gem. § 35 Abs. 2 Satz 2 GmbHG vertreten mehrere Geschäftsführer die Gesellschaft gerichtlich und außergerichtlich, jedoch gemeinschaftlich. Die Satzung kann demgegenüber Einzelvertretungsbefugnis vorsehen oder auch die Befugnis zur Vertretung nur mit einem weiteren Geschäftsführer oder Prokuristen. Sie kann diese Bestimmung auch durch bloße Gesellschafterbeschlüsse zulassen. Willenserklärungen, die der Geschäftsführer unter Missachtung dieser Vorschriften abgibt, sind auch nach außen unwirksam. Zum Empfang einer Willenserklärung ist jedoch der Geschäftsführer alleine berechtigt (§ 35 Abs. 2 Satz 3 GmbH).

[4] Die Vergütungsregelung ist in vielen Unternehmen letztlich „Geschmackssache". In der arbeitsrechtlichen Praxis ist es mittlerweile üblich, dass bei Geschäftsführern regelmäßig ein Jahresgehalt vereinbart wird, welche pro rata temporis gezahlt wird. Daneben wird ein erfolgsabhängiger Vergütungsbestandteil gezahlt. Eher unüblich ist die Aufnahme von Klauseln, nach denen die Vergütung nach einem bestimmten Muster steigt (anders noch Aufl. der Vorauflage § 2 RN 150).

[5] Zu weiteren Mustern einer erfolgsabhängigen Vergütung vgl. RN 19 sowie § 20 RN 27 ff.

[6] Die Bestimmungen des BUrlG und somit auch der Mindesturlaub nach § 3 BUrlG finden auf den Geschäftsführer keine Anwendung, da er in der Regel kein Arbeitnehmer ist.

Schrader

7 § 6 Spesen und Kosten

Die Firma verpflichtet sich, Herrn/Frau ..... Spesen und Kosten, die für die Firma aufgebracht werden mussten, entsprechend den Höchstsätzen, die vom Finanzamt anerkannt sind, zu erstatten.

Von den Telefonkosten übernimmt die Firma die Grundgebühr und 30%/60% der Einzelgebühren.

8 § 7 Vertragslaufzeit

Der Vertrag läuft bis zum ..... Er verlängert sich jeweils um 2 Jahre, wenn er nicht unter Einhaltung einer Kündigungsfrist von 1 Jahr durch einen der beiden Vertragspartner schriftlich gekündigt wird.[7]

Taktischer Hinweis:

In Dienstverträgen von Geschäftsführern wird in einigen Fällen aufgenommen, dass ein bestimmter Sachverhalt ein **außerordentliches Kündigungsrecht** darstellen soll.[8] Eine solche Klausel kann beispielsweise lauten, dass ein Bruch der Verschwiegenheit als eine erhebliche Vertragsverletzung gilt, die zur außerordentlichen Kündigung berechtigt, oder das, wiederholtes oder längeres unentschuldigtes Fehlen einen wichtigen Grund zur außerordentlichen Kündigung darstellt. Die Parteien eines Dienstvertrages können das Recht zur außerordentlichen Kündigung vertraglich nicht über das gesetzliche Maß (§ 626 Abs. 1 BGB) hinaus erweitern. Durch eine solche Vereinbarung würden die Vorschriften über die für eine ordentliche Kündigung geltenden zwingenden gesetzlichen Mindestkündigungsfristen umgangen.[9] Nach der Rechtsprechung des BAG kann die Wirksamkeit einer Kündigung nur im Wege einer Einzelfallabwägung und einer abschließenden Interessenabwägung festgestellt werden.[10] Wäre es zulässig, im Dienstvertrag einen bestimmten Kündigungsgrund festzuschreiben, würde dies dazu führen, dass die gerichtliche Überprüfung einer außerordentlichen Kündigung, die grundsätzlich in der Prüfung eines wichtigen Grundes und einer Interessenabwägung besteht, ausgehebelt werden würde, da es bei einer möglichen wirksamen Vereinbarung außerordentlicher Kündigungsgründe auf die abschließende Interessenabwägung in der zweiten Stufe der Rechtsprüfung nicht mehr ankommen würde. Von der Aufnahme solcher Klauseln sollte daher abgesehen werden. Insoweit ist es effizienter, im Arbeitsvertrag konkrete Vertragspflichten sorgfältig und genau zu umschreiben und die damit erfüllte Hinweisfunktion im Fall einer Pflichtverletzung zur Begründung einer außerordentlichen oder ordentlichen Kündigung heranzuziehen.

9 § 8 Versorgungszusage

Die Firma verpflichtet sich, eine Altersversorgung zu folgenden Bedingungen zu gewähren:[11]

a) Falls Herr/Frau ..... wegen voller Erwerbsminderung[12] oder Erreichens des 65./ 60. Lebensjahres aus den Diensten der Firma ausscheidet oder falls der Anstellungsvertrag nach Vollendung des ..... Lebensjahres, ohne dass in seiner/ihrer

---

[7] Der Geschäftsführer ist regelmäßig kein Arbeitnehmer (vgl. *Schrader,* Rechtsfallen in Arbeitsverträgen, 2001, RN 1318 ff. m. z. N.; ArbR-Hdb. § 14 RN 11 ff.). Damit der Geschäftsführer einerseits eine gewisse Absicherung hat, andererseits aber auch unabhängig entscheiden kann, werden mit ihm befristete Verträge (in der Praxis zwischen 3 und 5 Jahren) abgeschlossen.

[8] Vgl. die Zusammenstellung bei *Hümmerich,* Arbeitsrecht, 4. Aufl., 2002, § 1 RN 233 m. w. N.

[9] Vgl. BAG, Urteil v. 22. 11. 1973 – 2 AZR 580/72 – AP BGB § 626 Nr. 67; BAG, Urteil v. 17. 4. 1956 – 2 AZR 340/55 – AP BGB § 626 Nr. 8.

[10] Vgl. BAG, Urteil v. 30. 5. 1978 – 2 AZR 630/76 – AP BGB § 626 Nr. 70; BAG, Urteil v. 22. 11. 1973 – 2 AZR 580/72 – AP BGB § 626 Nr. 67.

[11] Vgl. unten § 21 RN 1 ff.

[12] Zur vollen und teilweisen Erwerbsminderung vgl. *Schrader* in Tschöpe, Anwaltshandbuch Arbeitsrecht, Teil 7 C RN 171 ff.

Person ein wichtiger, von ihm/ihr verschuldeter Grund vorliegt, von der Firma gekündigt wird, ihm/ihr ein Ruhegehalt zu zahlen.[13]

b) Verstirbt Herr/Frau ....., solange er/sie sich noch im Dienst der Firma befindet oder während er/sie Ruhegehalt gemäß Buchst. a) bezieht, so verpflichtet sich die Firma, seiner/ihrem Ehefrau/Ehemann auf Lebenszeit, längstens jedoch bis zu einer etwaigen Wiederverheiratung, eine Witwen-/Witwerrente zu zahlen. Die Firma verpflichtet sich weiter, sofern Herr/Frau ..... und seine/ihr Ehefrau/Ehemann versterben, den ehelichen Kindern, die noch nicht das 21. Lebensjahr vollendet oder sich vor Vollendung des 25. Lebensjahres noch in Berufsausbildung befinden, eine Waisenrente zu zahlen. Den ehelichen Kindern gleichgestellt sind uneheliche Kinder, denen Unterhalt gewährt wird.

c) Das Ruhegehalt beträgt 25% der Gesamtbezüge (einschließlich der Gewinnbeteiligung) und steigt für jedes volle Geschäftsjahr, das Herr/Frau ..... nach Beginn des Vertrages in der Firma ableistet, um 1%, höchstens auf 40%. Das Witwengeld beträgt 50% des Ruhegehaltes, das Waisengeld 10% des Ruhegehaltes, höchstens jedoch für mehrere Waisen 25%.

d) Die Alters- und Hinterbliebenenversorgung werden jeweils am Monatsende ausgezahlt. Die Leistungen der Sozialversicherung werden nicht angerechnet.

§ 9 Diensterfindungen und Verbesserungsvorschläge 10

(vgl. Muster § 2 RN 86)

§ 10 Verschwiegenheitspflicht 11

(vgl. Muster § 2 RN 85, 98)

§ 11 Wettbewerbsverbot 12

(vgl. Muster § 2 RN 26, § 20 RN 2 ff.)[14]
oder

Wettbewerbsverbot für geschäftsführenden Gesellschafter

I. Alle Gesellschafter verpflichten sich, eine mittelbare oder unmittelbare Wettbewerbstätigkeit zur Gesellschaft zu unterlassen und kein Konkurrenzunternehmen mittelbar oder unmittelbar zu unterstützen.

II. Scheidet ein Gesellschafter aus der Gesellschaft aus, so ist ihm für die Dauer von einem Jahr untersagt, Geschäftsbeziehungen zu solchen Personen aufzunehmen, die bei Ausscheiden Kunden der Gesellschaft waren.

III. Handelt ein Gesellschafter der Wettbewerbsverpflichtung zuwider, so verpflichtet er sich für jeden Fall der Zuwiderhandlung eine Vertragsstrafe in Höhe von ..... € zu zahlen. Bei fortgesetzter Zuwiderhandlung gilt je eine Woche der Zuwiderhandlung als eine Zuwiderhandlung. Unberührt bleibt das Recht weitergehende Schadensersatzansprüche geltend zu machen.

---

[13] Wird Ruhegeld bei vorzeitiger Kündigung gewährt, so liegt eine betriebliche Altersversorgung im Allgemeinen vor Erreichen des 63. Lebensjahres nicht vor (vgl. BGH, Urteil v. 16. 3. 1981 – II ZR 222/79 – AP BetrAVG § 7 Nr. 10). Das BAG stellt demgegenüber mehr auf den Zweck der gewährten Leistungen ab (BAG, Urteil v. 24. 6. 1986 – 3 AZR 645/84 – AP BetrAVG § 7 Nr. 33; BAG, Urteil v. 26. 4. 1988 – 3 AZR 411/86 – AP BetrAVG § 7 Nr. 45). Es besteht mithin für diesen Zeitraum keine Insolvenzsicherung.

[14] Der BGH wendet auf GmbH-Geschäftsführer die §§ 74 ff. HGB nicht entsprechend an (vgl. ArbR-Hdb. § 58 RN 7 ff.). Bei geschäftsführenden Gesellschaftern ist eine gesellschaftsrechtliche Bindung zulässig (vgl. *Reinersdorff* WiB 1994, 495; ArbR-Hdb. § 58 RN 21), die sich allerdings eher in der Satzung der GmbH als im Dienstvertrag des geschäftsführenden Gesellschafters findet.

IV. Jedem Gesellschafter und/oder Geschäftsführer kann Befreiung vom Wettbewerbsverbot jeder Art erteilt werden, über Art und Umfang der Befreiung entscheiden die Gesellschafter durch Beschluss.

oder statt I. bis IV.

I. Jedem Gesellschafter ist untersagt, mit der Gesellschaft mittelbar oder unmittelbar in Wettbewerb zu treten. Wettbewerb ist jede

a) entgeltliche oder unentgeltliche Betätigung im derzeitigen und künftigen örtlichen und sachlichen Geschäftsbereich der GmbH auf eigene oder fremde Rechnung;

b) die Beteiligung an einem Unternehmen, das im Geschäftsbereich der GmbH tätig ist oder wird, ausgenommen börsennotierte Unternehmen;

c) die Beratung eines Unternehmens, das im Geschäftsbereich der GmbH tätig ist einschließlich der Übernahme von Aufsichtsratsämtern;

d) jede sonstige entgeltliche oder unentgeltliche Tätigkeit für ein solches Unternehmen für eigene oder fremde Rechnung.

II. Abs. I gilt für folgende Beteiligungen und Betätigungen nicht .....

13　§ 12 Sonstiges

Schriftformklausel *(vgl. Muster § 2 RN 37, 139)*
Versicherung *(vgl. Muster § 2 RN 105)*
Dienstwagen *(vgl. Muster § 2 RN 106, 117; § 23 RN 1ff.)*
Nebenbeschäftigung *(vgl. Muster § 2 RN 28, 100)*
Rückgabeklausel *(vgl. Muster § 2 RN 85)*
usw.[15]

....., den .....

Geschäftsführer　　　　　　　　　　　　　　　　　　Arbeitgeber

II. Qualifizierter Geschäftsführervertrag bei Einschaltung eines Beirats

14　Dienstvertrag zwischen

der .... GmbH ....

vertreten durch den Beirat,[16] dieser vertreten durch seinen Vorsitzenden ....

und

Herrn/Frau ....

15　§ 1 Beginn und Beendigung der Tätigkeit

I. Herr/Frau ..... wird mit Wirkung vom ..... als Geschäftsführer(in)[17] eingestellt.[18] Der Vertrag ist erstmals zum ..... kündbar. Er verlängert sich um jeweils

---

[15] Den Dienstvertrag des Geschäftsführers kann man insoweit um die Bestimmungen, die im Wesentlichen auch für die leitenden Angestellten gelten, modifiziert um die konkreten Bedürfnisse und Ergebnisse der Vertragsverhandlungen sowie die Gepflogenheiten des Unternehmens ergänzen.

[16] Vgl. Den Anstellungsvertrag schließen die Gesellschafter oder diejenigen, die die Satzung dazu bestimmt. Dies kann auch ein Beirat sein.

[17] Die vertragswidrige Nicht-Vornahme einer Bestellung des Dienstnehmers zum Geschäftsführer kann ein Auflösungsverschulden des Dienstgebers darstellen und Schadensersatzansprüche nach § 628 Abs. 2 BGB begründen (vgl. BAG, Urteil v. 8. 8. 2002 – 8 AZR 574/01 – AP BGB § 628 Nr. 14).

[18] Es ist die Bestellung zum Geschäftsführer und der Anstellungsvertrag zu unterscheiden (vgl. im Einzelnen ArbR-Hdb. § 14 RN 12ff.).

zwei Jahre, wenn er nicht bis zum ..... oder zum Ablauf eines der nachfolgenden 2-Jahres-Zeiträume gekündigt wird.

II. Die Kündigung hat mit einer Frist von 6 Monaten zu erfolgen.[19] Sie bedarf der Schriftform. Die Kündigung der Gesellschaft erfolgt durch Beschluss des Beirats/der Gesellschafterversammlung. Die Kündigung durch den/die Geschäftsführer(in) ist gegenüber dem Vorsitzenden des Beirats zu erklären.[20]

III. Die Bestellung zum Geschäftsführer kann unbeschadet von Schadensersatzansprüchen durch Beschluss der Gesellschafterversammlung jeder Zeit widerrufen werden. Der Widerruf gilt als Kündigung des Dienstvertrages zum nächstzulässigen Termin.

IV. Die Gesellschaft ist berechtigt, den Geschäftsführer nach Ausspruch einer Kündigung von seiner Tätigkeit unter Anrechnung auf gegebenenfalls noch gegebene Urlaubsansprüche und unter Anrechnung anderweitigen Erwerbs (§ 615 Satz 2 BGB) freizustellen. Eine etwaige anderweitige Tätigkeit hat der Geschäftsführer der Gesellschaft unverzüglich mitzuteilen.[21]

V. Bei Umwandlung der Gesellschaft in eine offene Handelsgesellschaft oder eine Kommanditgesellschaft erhält der/die Geschäftsführer(in) die Stellung eines Prokuristen.

VI. Das Dienstverhältnis endet am Ende des Monats, in dem der/die Geschäftsführer(in) das ..... Lebensjahr vollendet oder seine/ihre Berufs- oder Erwerbsunfähigkeit durch Rentenbescheid festgestellt wird.

§ 2 Aufgaben und Pflichten 16

I. Herr/Frau ..... ist durch Beschluss der Gesellschafterversammlung vom ..... mit Wirkung vom ..... zum/zur Geschäftsführer(in) bestellt worden. Er/Sie leitet die Gesellschaft gemeinsam mit einem/einer anderen Geschäftsführer(in) oder einem Prokuristen.

II. Herr/Frau ..... führt die Geschäfte der GmbH nach Maßgabe der Gesetze, des Gesellschaftsvertrages sowie der Geschäftsordnung für die Geschäftsführung der Gesellschaft sowie der durch den Beirat erlassenen Weisungen[22] unter Berücksichtigung dieses Vertrages. Herrn/Frau obliegen die Aufgaben, die nach dem vom Beirat festgelegten Geschäftsverteilungsplan zum Geschäftsbereich des/der techn./ kfm./..... Geschäftsführers(in) gehören.

§ 3 Nebentätigkeit und Wettbewerb 17

I. Herr/Frau ..... wird seine/ihre Arbeitskraft ausschließlich für die Gesellschaft einsetzen. Die Übernahme einer entgeltlichen oder unentgeltlichen Nebentätigkeit im beruflichen Bereich, von Ehrenämtern, Aufsichtsrats- oder ähnlichen Mandaten bedarf der vorherigen Zustimmung des Beirats.

II. Herrn/Frau ..... ist untersagt, sich während der Dauer des Anstellungsvertrages an einem Unternehmen zu beteiligen, das mit der Gesellschaft in Konkurrenz

---

[19] Daneben bleibt immer die außerordentliche Kündigung des Dienstvertrages des GmbH-Geschäftsführers möglich, diese kann nicht ausgeschlossen werden (vgl. *Reiserer* BB 2002, 1199 ff. (1200)).

[20] Die Kündigungsfrist richtet sich nach § 622 BGB (BGH, Urteil v. 26. 3. 1984 – II ZR 120/83 – BGHZ 91, 217; BGH, Urteil v. 9. 3. 1987 – II ZR 132/86 – DB 1987, 1084). Dies ist nach der Neufassung von § 622 BGB umstr. Es ist aber wohl h. M. (vgl. ArbR-Hdb. § 14 RN 26).

[21] Vgl. *Reufels* ArbRB 2002, 59 ff. (61).

[22] Der Gesellschaftsvertrag und Anstellungsvertrag müssen übereinstimmen.

steht oder im wesentlichen Umfang Geschäftsbeziehungen mit der Gesellschaft unterhält. Anteilsbesitz, der keinen Einfluss auf die Organe eines entspr. Unternehmens ermöglicht, gilt nicht als Beteiligung.

18 § 4 Diensterfindungen

Macht Herr/Frau ..... während der Dauer des Anstellungsvertrages Erfindungen, so gelten die Vorschriften des Arbeitnehmererfindungsgesetzes in seiner jeweiligen Fassung entsprechend.[23]

19 § 5 Vergütung

I. Herr/Frau ..... erhält als Vergütung für die Tätigkeit:

1. Ein Brutto-Jahresgehalt in Höhe von ..... €, das in 12 gleichen Raten jeweils am Schluss eines jeden Monats nach Einbehaltung der gesetzlichen Abzüge ausgezahlt wird;
2. eine Tantieme in Höhe von ..... € zahlbar jeweils am .....;
3. eine Tantieme, die der Beirat unter Berücksichtigung des wirtschaftlichen Ergebnisses des Geschäftsjahres nach Feststellung des Jahresabschlusses durch die Gesellschafterversammlung festsetzt.

II. Einkünfte aus Dienstverträgen oder Ämtern, die Herr/Frau im Interesse oder im Auftrag der Gesellschaft übernommen hat, werden auf die Bezüge nach Abs. 1 zur Hälfte angerechnet.

III. Herr/Frau ..... erhält im Rahmen der vom Beirat festgelegten Richtlinien

1. eine angemessene Wohnung oder eine angemessene Gegenwertvergütung,
2. einen Dienstwagen zur dienstlichen oder privaten Nutzung.[24]

Die auf die Sachbezüge entfallenden Steuern trägt der/die Geschäftsführer(in).

20 § 6 Erstattung von Aufwendungen

Die Erstattung von Aufwendungen, die Herrn/Frau ..... in Ausübung seiner/ihrer Tätigkeit entstehen, einschl. Reise- und Bewirtungskosten, richtet sich nach den jeweils geltenden internen Richtlinien der Gesellschaft.

21 § 7 Vergütungsfortzahlung bei Krankheit, Unfall oder Tod

I. Wird Herr/Frau ..... durch Arbeitsunfähigkeit infolge Krankheit an seiner/ihrer Dienstleistung verhindert, ohne dass ihn/sie hieran ein Verschulden trifft, so werden die Bezüge nach § 5 für die Zeit der Dienstunfähigkeit bis zur Dauer von ..... Monaten weitergezahlt.[25]

---

[23] Der Geschäftsführer ist kein Arbeitnehmer, so dass das ArbNErfG nicht gilt. Zulässig ist es zu vereinbaren, dass die Verwertung von technischen oder organisatorischen Verbesserungsvorschlägen, die sich unmittelbar oder mittelbar aus den Ausgaben des Geschäftsführers und der Gesellschaft ergeben oder die mit dieser Tätigkeit zusammenhängen, ausschließlich der Gesellschaft zustehen. Zulässig ist es auch zu vereinbaren, dass eine gesonderte Erfindervergütung nicht gezahlt wird. Enthält der Dienstvertrag allerdings keine Regelung, so steht dem Geschäftsführer die übliche Vergütung nach § 612 Abs. 2 BGB zu (vgl. BGH, Urteil v. 24. 10. 1989 – X ZR 58/88 – DB 1990, 676).

[24] Vgl. § 2 RN 105, 114, § 23 RN 1 ff.

[25] Es finden sich häufig Bestimmungen, die eine Anrechnung von Krankengeld vorsehen; dies gilt vor allem, wenn eine Versicherung in der gesetzlichen Krankenversicherung besteht.

Schrader

II. Stirbt Herr/Frau ..... während der Dauer des Dienstvertrages, so erhalten seine/ihr Ehegatte(in) und die gemeinsamen ehelichen Kinder als Gesamtgläubiger die Bezüge nach § 5 für den Sterbemonat und die drei darauf folgenden Monate. Die Bezüge nach § 5 Abs. I Nr. 2–3 werden entsprechend der Dauer der Tätigkeit im Geschäftsjahr berechnet.

III. Herr/Frau ..... wird durch die Gesellschaft im üblichen Rahmen gegen Unfall versichert.

§ 8 Urlaub 22

Herr/Frau ..... erhält im Jahr Urlaub in Höhe von 30 Arbeitstagen, der auch in Teilabschnitten genommen werden kann. Der Urlaub wird im Einvernehmen mit dem Vorsitzenden des Beirats festgelegt.

§ 9 Alters- und Hinterbliebenenversorgung[26] 23

I. Die Gesellschaft schließt auf das Leben von Herrn/Frau ..... eine Lebensversicherung mit einer Versicherungssumme von 500 000,00 € und bei Unfalltod 1 000 000,00 € mit widerruflichem[27] Bezugsrecht ab.[28] Die Versicherungsprämien werden während der Laufzeit des Vertrages von der Gesellschaft gezahlt. Die Prämien werden den steuerpflichtigen Bezügen hinzugerechnet.

II. Bezugsberechtigt aus der Lebensversicherung sind Herr/Frau ..... oder im Falle seines/ihres Todes, die Personen, die er/sie bestimmt hat. Bei Fehlen einer Bestimmung sind bezugsberechtigt die Erben.

III. Die Versicherungssumme ist zahlbar und fällig, wenn Herr/Frau ..... stirbt, berufs- oder erwerbsunfähig wird oder das ..... Lebensjahr vollendet.

IV. Endet der Anstellungsvertrag nach mind. 5-jähriger Laufzeit, so wird die Gesellschaft den Versicherungsvertrag mit allen Rechten und Pflichten auf Herrn/Frau ..... übertragen.

V. Endet der Dienstvertrag vor Ablauf von 5 Jahren, so verliert Herr/Frau ..... die Ansprüche aus dem Versicherungsvertrag. In diesem Fall wird die Gesellschaft die auf die Versicherungsprämien entfallenden Steuern zurückerstatten.

§ 10 Wettbewerbsverbot[29] 24

I. Herr/Frau ..... wird für die Dauer von zwei Jahren nach Beendigung des Dienstvertrages nicht für ein Unternehmen tätig werden, das auf den Arbeitsge-

---

[26] Vielfach werden wegen der Anpassungsverpflichtung nach § 16 BetrAVG zzt. Kapital-Lebensversicherungen abgeschlossen (zu Versorgungszusagen im Einzelnen vgl. § 21 RN 1 ff.)

[27] Zweckmäßig wird die Unwiderruflichkeit des Bezugsrechts vereinbart. Im Falle der Insolvenz des Unternehmens kann der Konkursverwalter das Bezugsrecht widerrufen, um die Deckungssumme in die Konkursmasse zu ziehen. Bei Unwiderruflichkeit ist der Widerruf versicherungsrechtlich unwirksam, so dass die Versicherung beim Geschäftsführer verbleibt (vgl. ArbR-Hdb. § 81 RN 414 f.).

[28] Nach Ablauf von 5 Jahren wird das Bezugsrecht unverfallbar (§ 1 b Abs. 1 BetrAVG). Das ändert versicherungsrechtlich nichts an der Widerruflichkeit. Gegebenenfalls bestehen Schadensersatzansprüche des Geschäftsführers (vgl. ArbR-Hdb. § 81 RN 414).

[29] Für Dienstnehmer werden die Vorschriften der §§ 74 ff. HGB nicht entsprechend angewandt (BGH, Urteil v. 26. 3. 1984 – II ZR 229/83 – ZIP 1984, 954; BSG, Urteil v. 9. 8. 1990 – 11 Rar 119/88 – BSGE 67, 183). Die rechtlich zulässigen entschädigungslosen Wettbewerbsverbote unterliegen aber einer Rechtmäßigkeitskontrolle nach § 138 BGB (BGH, Urteil v. 29. 10. 1980 – II ZR 241/89 – NJW 1991, 699; vgl. ArbR-Hdb. § 58 RN 7 ff.; *Jäger* DStR 1995, 724; zu weiteren Mustern vgl. § 20 RN 2 ff.).

bieten der Gesellschaft tätig ist, sowie auf diesen Arbeitsgebieten keine Geschäfte für eigene oder fremde Rechnung machen und keine Beteiligung an einem Konkurrenzunternehmen unmittelbar oder mittelbar erwerben, die einen Einfluss auf die Geschäftsführung ermöglicht.

II. Für die Dauer des Wettbewerbsverbotes zahlt die Gesellschaft Herrn/Frau ..... eine Entschädigung in Höhe von 75 v. H. der zuletzt bezogenen Vergütung. Auf die Entschädigung werden Einkünfte angerechnet, die Herr/Frau ..... während der Dauer des Wettbewerbsverbots auf Grund einer Tätigkeit bezieht, soweit die Einkünfte die zuletzt bezogene Vergütung um 10 v. H. oder, soweit er/sie zu einer Verlegung des Wohnsitzes gezwungen wird, um 25 v. H. übersteigen.

III. Die Gesellschaft kann vor Beendigung des Dienstvertrages mit einer Frist von einem Jahr auf das Wettbewerbsverbot verzichten.

25　§ 11 Sonstiges

Verschwiegenheitspflicht *(vgl. Muster § 2 RN 85, 98)*
Herausgabe von Aufzeichnungen und Unterlagen *(vgl. Muster § 2 RN 85)*
Salvatorische Klausel bei Unwirksamkeit einzelner Bestimmungen *(vgl. Muster § 2 RN 37)*

26　§ 12 Vertragsänderung

Änderungen oder Ergänzungen dieses Vertrages bedürfen der Schriftform und eines Beschlusses des Beirats.[30]

....., den .....

Geschäftsführer　　　　　　　　　　　　　　　Gesellschaft

III. Dienstvertrag für ein Vorstandsmitglied

ArbR-Hdb. § 14 RN 11 ff.; *Bauer/Lingemann/Diller/Haußmann-Lingemann,* Anwalts-Formularbuch Arbeitsrecht, 2001, S. 66 ff.; *Hümmerich,* Arbeitsrecht, 4. Aufl., 2002, § 1 RN 681 ff.

27 Dienstvertrag

zwischen

der ..... AG, vertreten durch den Aufsichtsrat, dieser vertreten durch seinen Vorsitzenden .....

und

Herr/Frau .....

　　　　　　　　　　　　　　　　　　　– im Folgenden Vorstandsmitglied –

---

[30] Veränderungen oder Ergänzungen des Dienstvertrages der Geschäftsführer ist die Gesellschafterversammlung zuständig, keinesfalls, wie nach früherer Rechtsprechung, der Mitgeschäftsführer (vgl. BGH, Urteil v. 25. 3. 1991 – II ZR 169/90 – ZIP 1991, 580; BGH, Urteil v. 17. 4. 1958 – II ZR 222/56 – NJW 1958, 945). Die Zuständigkeit kann insoweit an den Beirat delegiert werden, was, wenn es gewollt ist, auch entsprechend vertraglich festgehalten werden sollte. Im Übrigen kann der Dienstvertrag eines Geschäftsführers formfrei abgeschlossen werden. Die Schriftform ist jedoch nicht nur üblich, sondern aus Beweissicherungsgründen zu empfehlen (vgl. *Schrader,* Rechtsfallen in Arbeitsverträgen, 2001, RN 94 ff.).

§ 1 Bestellung zum Vorstand   28

I. Herr/Frau ..... wird durch Beschluss des Aufsichtsrats[31] vom ..... mit Wirkung vom ..... zum Mitglied des Vorstandes der ..... AG bestellt (werden). Die Bestellung erfolgt für die Zeit vom ..... bis .....

II. Das Vorstandsmitglied führt die Geschäfte nach Maßgabe der Gesetze, der Satzung der Gesellschaft und (der Geschäftsordnung für den Vorstand).

oder

II. Das Vorstandsmitglied führt die Geschäfte nach Maßgabe der Gesetze und der Satzung der Gesellschaft. Es ist zuständig für ..... den industriellen Bereich[32] (und Sprecher des Vorstandes).

III. Das Vorstandsmitglied wird auf Wunsch des Vorstandes oder des Aufsichtsrats Aufsichtsratsmandate und ähnliche Ämter in Gesellschaften, an denen die ..... AG unmittelbar oder mittelbar beteiligt ist, sowie eine Tätigkeit in Verbänden, denen die AG auf Grund ihrer geschäftlichen Betätigung angehört, oder ein Ehrenamt in Verwaltung und Rechtsprechung übernehmen. Das Vorstandsmitglied ist verpflichtet, die Ämter niederzulegen, wenn der Dienstvertrag endet oder Vorstand und Aufsichtsrat dies wünschen.[33]

§ 2 Vertragsdauer   29

I. Der Dienstvertrag wird für die Zeit vom ..... bis zum ..... abgeschlossen.[34] Über die Verlängerung des Anstellungsvertrages und die Wiederbestellung zum Vorstand soll spätestens sechs Monate vor Ablauf der Amtszeit entschieden werden.[35]

II. Der Dienstvertrag endet, wenn das Vorstandsmitglied während der Laufzeit des Dienstvertrages dauernd arbeitsunfähig wird. Dauernde Arbeitsunfähigkeit ist gegeben, wenn das Vorstandsmitglied aus gesundheitlichen Gründen voraussicht-

---

[31] Für die Bestellung zum Vorstand und den Widerruf der Bestellung ist ausschließlich der Aufsichtsrat zuständig. Auch Abschluss, Änderung und Kündigung des Dienstvertrages des Vorstandsmitglieds obliegen zwingend dem Aufsichtsrat (§ 84 Abs. 1 AktG). Allerdings darf der Aufsichtsrat Entscheidungsbefugnisse auf einen Ausschuss übertragen, der aber mindestens mit drei Mitgliedern besetzt sein muss (vgl. BGH, Urteil v. 23. 10. 1975 – II ZR 90/73 – BGHZ 65, 190). Die Aktiengesellschaft wird im Regelfall gesetzlich vertreten durch den Vorstand (§ 78 AktG). Etwas anderes gilt, wenn das Vorstandsmitglied ein Verfahren gegen die Aktiengesellschaft anstrebt: Vorstandsmitgliedern gegenüber vertritt der Aufsichtsrat die Gesellschaft gerichtlich und außergerichtlich (§ 112 AktG).

[32] Änderungen der Geschäftsverteilung durch den Aufsichtsrat – zuständig ist nach § 107 Abs. 3 Satz 2 AktG der Gesamtaufsichtsrat – auf Grund seiner Erlasskompetenz für die Geschäftsordnung (§ 77 Abs. 2 Satz 1 AktG) oder durch den Gesamtvorstand führen regelmäßig dann zu Konflikten mit einzelnen Vorstandsmitgliedern, wenn ihr Ressort im größeren Umfang geschmälert oder vergrößert wird. Der Grundsatz ist, dass sich der Aufsichtsrat nicht durch eine Regelung der wahrzunehmenden Ressorts im Anstellungsvertrag selbst binden kann. Eine Regelung der wahrzunehmenden Aufgaben im Anstellungsvertrag ist daher nicht zulässig (vgl. Münch.Hdb.GesR IV/*Wiesner*, 2. Aufl., 1999, § 21 RN 16, § 22 RN 16). Ist sie im Einzelfall pflichtwidrig doch erfolgt, kann der Aufsichtsrat trotzdem mit verbindlicher Wirkung für alle Vorstandsmitglieder die Ressortverteilung ändern (str. vgl. Münch.Hdb.GesR IV/*Wiesner*, 2. Aufl., 1999, § 22 RN 16 m. w. N.).

[33] Die Bestimmung, soweit es öffentliche Ehrenämter betrifft, ist unwirksam, da sonst die Unabhängigkeit gefährdet würde.

[34] Die Höchstdauer von 5 Jahren gilt nicht für die Bestellung, sondern auch für den Dienstvertrag (§ 84 Abs. 1 Satz 5 AktG). Statt einer Entscheidungsklausel, wie im Muster vorgesehen, kann auch vereinbart werden, dass sich der Dienstvertrag jeweils für den Zeitraum verlängert, für den der Aufsichtsrat mit Zustimmung des Vorstandes die Wiederbestellung zum Vorstandsmitglied der Gesellschaft beschließt.

[35] Bei Verzögerung erwachsen nur Schadensersatzansprüche.

lich im nächsten (halben) Jahr nicht in der Lage ist, die ihm als Vorstandsmitglied obliegenden Aufgaben zu erfüllen.[36]

> **Taktischer Hinweis:**
>
> Zulässig ist es, die Beendigung des Dienstvertrages, den ein Vorstandsmitglied mit einer Aktiengesellschaft abschließt, an einen Widerruf der Organbestellung (§ 84 Abs. 3 AktG) zu koppeln. Liegt für den Widerruf kein wichtiger Grund im Sinne von § 84 Abs. 3 Satz 1 AktG vor, würde der Dienstvertrag nicht sofort, sondern erst mit Ablauf der Frist des § 622 Abs. 1 BGB enden.[37] Eine solche Vertragsgestaltung ist für die betreffende Aktiengesellschaft eher günstig, da für den Fall des Widerrufs der Bestellung der Dienstvertrag entweder sofort (bei Vorliegen eines wichtigen Grundes im Sinne von § 84 Abs. 3 Satz 1 AktG) oder mit der Frist des § 622 Abs. 1 BGB endet. Es bedarf daher nicht längerer Verhandlungen mit dem Vorstand über die vorzeitige Beendigung des im Regelfall bis zum Befristungsende laufenden Dienstvertrages. Für das Vorstandsmitglied gilt es bei einer solchen Vertragsgestaltung aufzupassen, da er relativ schnell nicht nur die Organstellung verlieren kann, sondern auch sein Dienstvertrag beendet wird. Da der Vorstand kein Arbeitnehmer ist und damit keinen Kündigungsschutz genießt, würde eine solche Vertragsgestaltung für den Vorstand eher nachteilig sein, es fehlt an einer gewissen „sozialen Absicherung", wie sie normalerweise die Befristung eines Dienstvertrages gibt.[38]

30 § 3 Nebentätigkeit und Wettbewerb

I. Das Vorstandsmitglied darf eine anderweitige berufliche entgeltliche oder ehrenamtliche Tätigkeit nur mit Zustimmung des Aufsichtsratsvorsitzenden, die vom Personalausschuss des Aufsichtrats jeder Zeit widerrufen werden kann, übernehmen.[39] Das gilt insbesondere für die Annahme von Aufsichtsratsmandaten sowie sonstige Ämter, durch die die Interessen der ..... AG berührt werden, sowie für Gutachten, Veröffentlichungen und Vorträge.

II. Das Vorstandsmitglied wird sich während der Dauer des Dienstvertrages nicht an einem Unternehmen beteiligen, das mit der ..... AG oder einem mit ihr verbundenen Unternehmen in Wettbewerb steht oder in wesentlichem Umfang in Geschäftsbeziehungen mit der AG oder mit ihr verbundenen Unternehmen steht. Unberührt bleibt die Beteiligung, sofern sie keinen Einfluss auf die Organe des Unternehmens ermöglicht (vgl. § 88 AktG).

31 § 4 Vergütung

I. Das Vorstandsmitglied erhält für seine Tätigkeit

1. eine Jahresvergütung von ..... €;

2. eine Tantieme,[40] die der Aufsichtsrat für das abgelaufene Geschäftsjahr unter Berücksichtigung des Ergebnisses der AG und der Leistungen der Vorstandsmitglieder nach billigem Ermessen festsetzt. Die Tantieme beträgt mindestens ..... €.

---

[36] Der Beendigungstatbestand ist unabhängig vom SGB VI definiert, da insoweit Bedenken bestehen (vgl. § 2 RN 29).

[37] Vgl. BGH, Urteil v. 29. 5. 1989 – II ZR 220/88 – AP BGB § 622 Nr. 26; OLG Düsseldorf, Urteil v. 20. 2. 1992 – 6 U 118/91 – DStR 1992, 1139.

[38] Zum wichtigen Grund im Sinne von § 84 Abs. 3 Satz 1 AktG vgl. *Hüffer*, Aktiengesetz, 5. Aufl., 2002, § 84 RN 23 ff.; Münch.Hdb.GesR IV/*Wiesner*, 2. Aufl., 1999, § 20 RN 37 ff.

[39] Vgl. BGH, Urteil v. 21. 4. 1975 – II ZR 2/73 – WM 1975, 761 (762); BGH, Urteil v. 7. 7. 1993 – VIII ZR 2/92 – WM 1993, 1630; *Jäger* DStR 1995, 724; vgl. auch *Schrader* DB 1994, 2221.

[40] Vgl. zu Einzelheiten der Gewinnbeteiligung § 86 AktG.

oder

2. eine Tantieme von ..... € je ..... % ausgeschütteter Dividende.[41]

II. Die Jahresvergütung nach Abs. I Nr. 1 wird in 12 gleichen Monatsraten am Schluss eines jeden Monats gezahlt. Sie wird längstens gezahlt drei Monate nach dem Zeitpunkt, in dem der Dienstvertrag endet.

III. Die Tantieme wird am Ende des Monats fällig, in dem die ordentliche Hauptversammlung stattfindet. Das gilt auch für den zugesagten Mindestbetrag. Im Falle der Beendigung des Dienstvertrages vor dem Ende des Geschäftsjahres wird die Tantieme zeitanteilig ermittelt und festgesetzt.[42]

§ 5 Urlaub 32

Das Vorstandsmitglied hat in jedem Kalenderjahr Anspruch auf einen Jahresurlaub von 36 Werktagen. Der Urlaub wird im Einvernehmen mit dem Vorstandsvorsitzenden festgelegt.

§ 6 Vergütung im Krankheitsfalle und Untersuchung 33

I. Wird das Vorstandsmitglied durch unverschuldetes Unglück an der Leistung der Dienste verhindert, so behält es seinen Anspruch auf Arbeitsvergütung nach § 4 Abs. I für die Dauer von sechs Monaten, längstens jedoch bis zur Beendigung des Dienstverhältnisses.[43] Das Vorstandsmitglied muss sich auf diese Zahlungen anrechnen lassen, was er/sie von Kassen oder Versicherungen an Krankengeld, Krankentagegeld oder Rente erhält.

II. Das Vorstandsmitglied tritt bereits jetzt etwaige Ansprüche an die Aktiengesellschaft ab, die ihm/ihr gegenüber Dritten wegen der Arbeitsunfähigkeit zustehen. Die Abtretung ist begrenzt auf die Höhe der nach Abs. I geleisteten oder zu leistenden Zahlungen.

III. Das Vorstandsmitglied wird sich jährlich mindestens einmal einer gründlichen ärztlichen Untersuchung unterziehen und den Aufsichtsratsvorsitzenden über das Ergebnis unterrichten.

§ 7 Versicherungen 34

I. Die ..... AG wird das Vorstandsmitglied während des Dienstverhältnisses gegen Unfall versichern. Die Versicherungssumme beträgt für den Todesfall ..... € und für den Invaliditätsfall ..... €.

II. Die ..... AG wird für das Vorstandsmitglied eine Rechtsschutzversicherung mit einer Deckungssumme ..... € je Schadensfall zur Abwehr von Ansprüchen, insbesondere Haftpflichtansprüchen gegen das Vorstandsmitglied und von strafrechtlichen Risiken sowie zur Wahrnehmung rechtlicher Interessen aus diesem Anstellungsvertrag ab.[44]

---

[41] Vgl. BGH, Urteil v. 3. 7. 2000 – II ZR 12/99 – WM 2000, 1700.

[42] Vgl. BGH, Urteil v. 9. 5. 1994 – II ZR 128/93 – WM 1994, 1245; vgl. auch Münch.Hdb.GesR IV/*Wiesner*, 2. Aufl., 1999, § 21 RN 41 m. w. N.

[43] Ohne Regelung besteht nur Anspruch nach § 616 BGB.

[44] Der Abschluss einer Rechtsschutzversicherung ist optional. Der Nachteil der Aktiengesellschaft besteht darin, dass das Vorstandsmitglied auch Rechtsschutz für Verfahren gegen die Aktiengesellschaft selbst hat. Letztendlich dient es aber primär der Absicherung des Vorstandsmitglieds im Außenverhältnis und wird in der Praxis – je nach Größe der Aktiengesellschaft – oft vereinbart.

III. Die ..... AG schließt für das Vorstandsmitglied eine Vermögensschaden-Haftpflichtversicherung („D&O") mit einer Deckungssumme von ..... € je Schadensfall für den Fall ab, dass das Vorstandsmitglied wegen einer Ausübung seiner/ihrer Tätigkeit begangenen Pflichtverletzung von einem Dritten oder der Gesellschaft auf Grund gesetzlicher Haftpflichtbestimmungen privatrechtlichen Inhalts für einen Vermögensschaden in Anspruch genommen wird.[45]

35 § 8 Diensterfindungen[46]

I. Für Erfindungen, die das Vorstandsmitglied während der Dauer des Dienstverhältnisses macht, gilt das Gesetz über Arbeitnehmererfindungen in seiner jeweiligen Fassung entsprechend.

II. Die Verwertung von technischen oder organisatorischen Verbesserungsvorschlägen des Vorstandsmitgliedes steht ohne besondere Vergütung ausschließlich der ..... AG zu.

36 § 9 Dienstwagen

Die ..... AG stellt dem Vorstandsmitglied für die Dauer des Dienstverhältnisses einen seiner Stellung angemessenen Dienstwagen zur dienstlichen und privaten Nutzung zur Verfügung. Das Vorstandsmitglied hat den Wert der privaten Nutzung als Sachbezug zu versteuern.[47]

37 § 10 Ruhegeld[48]

I. Das Vorstandsmitglied hat Anspruch auf Ruhegeld, wenn ein Versorgungsfall eintritt. Versorgungsfall ist
1. das Erreichen des 65. Lebensjahres,
2. die Beendigung des Arbeitsverhältnisses wegen dauernder Arbeitsunfähigkeit (§ 2 Abs. II),
3. die Nichtverlängerung des Dienstvertrages nach Ablauf der Befristung, es sei denn, die Nichtverlängerung erfolgt aus einem vom Vorstandsmitglied zu vertretenden Grund.[49]

II. Das Ruhegeld beträgt für jedes volle Dienstjahr 2% des zuletzt bezogenen Jahresgehalt, höchstens jedoch ..... %.

III. Endet das Dienstverhältnis wegen vorzeitiger Arbeitsunfähigkeit, so wird das Ruhegeld so berechnet, als ob das Vorstandsmitglied eine Dienstzeit bis zur Vollendung des 60. Lebensjahres zurückgelegt hätte. Endet das Dienstverhältnis wegen Nichtverlängerung des Dienstvertrages, so ruht der Ruhegeldanspruch, so-

---

[45] Die Einziehung auch von Ansprüchen der Gesellschaft in den Versicherungsschutz bedarf gesonderter Vereinbarungen mit dem Versicherer, da sie nach den üblichen D&O-Policen als Anspruch zwischen Versichertem und Versicherungsnehmer regelmäßig ausgeschlossen ist. Wegen § 93 Abs. 4 Satz 3 AktG kommt dem Versicherungsschutz hier erhöhte Bedeutung zu.

[46] Vgl. RN 18 und § 2 RN 83.

[47] Vgl. RN 19, § 2 RN 105, 114 sowie § 23 RN 1 ff.

[48] Vgl. zu weiteren Mustern vgl. RN 9, 23 sowie § 21 RN 1 ff.

[49] Der dritte Pensionsfall soll das erhöhte Arbeitsplatzrisiko ausgleichen. Der Insolvenzschutz tritt aber erst mit Erreichen eines Anspruchs auf gesetzliche Altersrente ein. Dies war nach früherer Rechtslage die Vollendung des 63. Lebensjahres, ohne dass weitere Voraussetzungen erfüllt sein mussten (abgesehen von der Wartezeit). Zzt. entspricht dies dem 62. Lebensjahr (§ 36 SGB VI; vgl. BGH, Urteil v. 16. 3. 1981 – II ZR 222/79 – AP BetrAVG § 10 Nr. 7; BGH, Urteil v. 28. 9. 1981 – II ZR 181/80 – AP BetrAVG § 7 Nr. 12).

weit das Ruhegeld zusammen mit den anderen Einkünften die zuletzt erzielten Vorstandsbezüge übersteigt.

IV. Endet das Dienstverhältnis vor Eintritt eines Versorgungsfalles, so behält das Vorstandsmitglied eine Versorgungsanwartschaft, sofern die Voraussetzungen der Unverfallbarkeit nach §§ 17, 1 b BetrAVG eingetreten sind.

V. Das Ruhegehalt wird in 12 gleichen Teilbeträgen jeweils am Monatsende gezahlt, erstmalig für den Monat, für den keine Vergütung mehr gezahlt wird.

VI. Erhöht oder ermäßigt sich der Preisindex für die Lebenshaltungskosten der Vier-Personen-Haushalte von Beamten und Angestellten mit höheren Einkommen (1991 = 100), so wird das Ruhegeld beginnend mit dem Pensionsfall um denselben Prozentsatz erhöht oder ermäßigt. Die Zahlungen werden jeweils zum 1. 1. eines jeden Jahres angepasst. Werden durch die Anpassungen Nach- oder Rückzahlungen erforderlich, so werden sie zinsfrei unverzüglich nach der Bekanntmachung des für die Anpassung maßgeblichen Preisindex geleistet. Die Genehmigung der Wertsicherungsklausel nach § 1 PrkV wird beantragt. Wird sie nicht erteilt, werden die Vertragsparteien eine zulässige Spannungsklausel vereinbaren, die dem wirtschaftlichen Sinn dieser Vereinbarung entspricht. Die Vertragsparteien sind verpflichtet, alle hierzu etwa erforderlichen rechtsgeschäftlichen Erklärungen abzugeben.[50]

VII. Für die Kürzung oder Einstellung der Ruhegeldbezüge gelten die im Arbeitsrecht bestehenden Rechtsgrundsätze entsprechend.

§ 11 Hinterbliebenenversorgung[51]   38

I. Nach dem Tode des Vorstandsmitgliedes erhält sein(e) Witwe(r) einen Anspruch auf Hinterbliebenenversorgung in Höhe von 60% des Ruhegeldes, dass das Vorstandsmitglied bezogen hat oder bezogen hätte, wenn es im Zeitpunkt des Todes ein Ruhegeld wegen vorzeitiger Arbeitsunfähigkeit erhalten hätte. Der Anspruch auf Hinterbliebenenversorgung ist ausgeschlossen, wenn die Ehe erst nach Beendigung des Dienstverhältnisses geschlossen worden ist oder im Falle der Wiederheirat des Hinterbliebenen.

II. Nach dem Tod des Vorstandsmitgliedes erhalten seine Kinder Hinterbliebenenversorgung in Höhe von 10% des Ruhegehaltes, dass das Vorstandsmitglied bei seinem Tode bezog oder bezogen hätte, wenn im Zeitpunkt des Todes der Versorgungsfall der vorzeitigen Arbeitsunfähigkeit eingetreten wäre. Die Hinterbliebenenversorgung für Kinder wird bis zum vollendeten 21. Lebensjahr, darüber hinaus für die weitere Zeit der Schul- und Berufsausbildung, längstens jedoch bis zum 25. Lebensjahr gewährt.

III. Die Hinterbliebenenversorgung für den Ehegatten und die Kinder dürfen zusammen den Betrag des Ruhegeldes nicht übersteigen, auf den das Vorstandsmitglied Anspruch hätte. Übersteigen sie diesen Betrag, werden sie verhältnismäßig gekürzt.

IV. Spätehenklausel *(vgl. § 21 RN 28).*

---

[50] Soweit das BetrAVG für Vorstände gilt (§ 17 BetrAVG), gilt auch § 16 BetrAVG. Im Formular ist die Wertsicherung an die Lebenshaltungskosten gekoppelt. Bleibt nun die vertragliche Regelung hinter den Anforderungen des § 16 BetrAVG zurück, so erhöht sich die Steigerung um den Differenzbetrag.
[51] Vgl. zu weiteren Muster RN 9, 23 sowie § 21 RN 1 ff.

39 **§ 12 Nachvertragliches Wettbewerbsverbot**[52]

(vgl. Muster oben RN 24, § 2 RN 26 sowie § 20 RN 2 ff.)

40 **§ 13 Herausgabeverpflichtungen**

Das Vorstandsmitglied ist verpflichtet, alle Geschäftsunterlagen der ..... AG und der Unternehmen ..... unter Verschluss zu halten. Nach Beendigung des Dienstverhältnisses ist es verpflichtet, die Unterlagen ohne Aufforderung dem Vorstand oder einem Beauftragten des Vorstandes auszuhändigen. Ein Zurückbehaltungsrecht ist ausgeschlossen.

41 **§ 14 Salvatorische Klauseln**[53]

(vgl. Muster § 2 RN 37)

....., den .....

Vorstand   Aktiengesellschaft
                                                           Der Aufsichtsrat

§ 4. Arbeitsverträge für angestellte Vertreter

Hohn, Verträge mit Angestellten im Außendienst, 9. Aufl., 1997; *Hunold,* Arbeitsrecht im Außendienst, 1993.

I. Arbeitsvertrag für einen Verkaufsreisenden

1 Zwischen

der Firma ....

und

dem Arbeitnehmer ....

wird nachfolgender Arbeitsvertrag geschlossen.

2 **§ 1 Beginn und Beendigung des Arbeitsverhältnisses**

I. Der Arbeitnehmer wird mit Wirkung vom ..... als Verkaufsreisender eingestellt. Die ersten 3 Monate gelten als Probezeit. Das Arbeitsverhältnis endet mit Ablauf der Probezeit, sofern es nicht ausdrücklich verlängert wird. Während der Probezeit ist das Arbeitsverhältnis beiderseitig mit einem Monat zum Monatsschluss kündbar.[1]

II. Nach Ablauf der Probezeit kann das Arbeitsverhältnis mit den Fristen aus § 622 BGB/tariflichen Kündigungsfristen gekündigt werden.

III. Das Recht zur fristlosen Kündigung bleibt unberührt.

---

[52] Es ist zu empfehlen, den Schutz der §§ 74 ff. HGB nicht zu unterschreiten (vgl. oben RN 24 sowie § 20 RN 2 ff.). Die Verschwiegenheitspflicht ist in § 93 Abs. 1 Satz 2 AktG geregelt, kann darüber hinaus aber im Dienstvertrag geregelt werden (vgl. Muster § 2 RN 85 und 98).

[53] Zu denken ist auch noch an die Aufnahme weiterer Vertragsklauseln, wie beispielsweise eine Schriftformklausel (vgl. Muster RN 26) oder Aufwendungen/Spesen (vgl. Muster RN 7 und 20).

[1] Ob eine Kündigung vor Beginn des Arbeitsverhältnisses ausgeschlossen wird, ist eine Frage der Zweckmäßigkeit (vgl. § 2 RN 11).

§ 2 Inhalt der Tätigkeit 3

I. Der Arbeitnehmer ist verpflichtet, Kaufverträge über das Warensortiment der Firma zu vermitteln. Das Warensortiment ergibt sich aus einer diesem Vertrag beigefügten Preisliste.

II. Der Tätigkeitsbereich erstreckt sich auf die Postleitzahl-Bezirke ..... mit den Städten und Gemeinden .....

Die diesem Vertrag beigefügte Landkarte mit der Einzeichnung des Bezirks ist Bestandteil des Vertrages.[2]

Der Bearbeitungsbezirk kann aus betriebsbedingten Gründen mit einer Ankündigungsfrist von ..... Monaten zum Monatsende geändert werden, ohne dass der Gesamtvertrag zu kündigen ist.[3]

III. Nachfolgende Firmen sind von der Bearbeitung durch den Arbeitnehmer ausgeschlossen .....

IV. Der Arbeitgeber ist berechtigt, den Arbeitnehmer vorübergehend im Ausland einzusetzen.[4]

V. Die Firma ist berechtigt, aus betrieblichen Gründen oder im Falle der Kündigung des Arbeitsverhältnisses den Arbeitnehmer im Innendienst zu beschäftigen oder im Falle der Kündigung ganz von der Arbeit freizustellen. Im Falle der Versetzung aus dem Außendienst hat der Arbeitnehmer Anspruch auf Fortzahlung der Vergütung, die er im Durchschnitt der letzten drei Monate verdient hat.

§ 3 Durchführung der Tätigkeit 4

I. Der Arbeitnehmer ist verpflichtet, seinen Bezirk intensiv zu bearbeiten, die Kunden und Interessenten regelmäßig zu besuchen, neue Kunden zu werben und sich über ihre Bonität und Kreditwürdigkeit zu versichern. Er hat der Firma über alle Umstände, die für einen Vertragsschluss von Bedeutung sein können, zu berichten.

---

[2] Der Arbeitnehmer hat nur bei besonderer Vereinbarung Anspruch auf Bezirksprovision. Grundsätzlich können daher im Bezirk weitere Personen provisionsunschädlich eingesetzt werden (vgl. ArbR-Hdb. § 76 RN 25 ff.).

[3] Nach bisheriger Rechtsprechung war eine solche arbeitsvertragliche Regelung zulässig. Eine unzulässige Teilkündigung liegt nicht vor (vgl. BAG, Urteil v. 7. 10. 1982 – 2 AZR 455/80 – AP BGB § 620 Teilkündigung Nr. 5). Der Arbeitgeber durfte sich daher in der Vergangenheit die Änderung der Verkaufsgebiete vorbehalten. Ein solcher Widerrufsvorbehalt war zulässig, die Ausübung des vereinbarten Widerrufs musste billigem Ermessen entsprechen. Führte dies zu einer Reduzierung des Provisionseinkommens in Höhe von etwa 20 %, war das billige Ermessen noch gewahrt (vgl. BAG, Urteil v. 7. 10. 1982 – 2 AZR 455/80 – AP BGB § 620 Teilkündigung Nr. 5 m. w. N.). Es ist in der Literatur höchst streitig, ob eine solche Klausel der arbeitsvertraglichen Inhaltskontrolle nach § 308 Nr. 4 BGB standhält. „Zumutbare" Änderungsvorbehalte fallen allerdings nicht unter § 308 Nr. 4 BGB. Überträgt man die bisherige Rechtsprechung des BAG auf diese Fallkonstellation, folgt, dass das BAG auch bisher schon eine Zumutbarkeitsprüfung vorgenommen hat, so dass sich durch die Klauselüberprüfung nach § 308 Nr. 4 BGB an der bisherigen Rechtsprechung des BAG wenig ändern dürfte. Allerdings fordert das Transparenzgebot des § 307 Abs. 1 Satz 2 BGB, dass zumindest klar wird, unter welchen Voraussetzungen ein Widerrufsvorbehalt aufgeübt werden kann. Die Klausel muss also möglichst konkret die Voraussetzungen festlegen, unter denen ein einseitiges Bestimmungsrecht entsteht und unter denen es auszuüben ist (vgl. ErfK/Preis §§ 305–310 BGB, RN 59 m. z. N.). Dem soll versucht werden, in dem vorgeschlagenen Muster durch den Verweis auf „betriebsbedingte Gründe" gerecht zu werden, da insoweit zur Änderung betriebsbedingte Gründe im Sinne von § 1 Abs. 2 KSchG erforderlich sind. Welche Anforderungen an das Transparenzgebot im Einzelnen aufgestellt werden, wird durch die weitere Rechtsprechung entwickelt werden, die abzuwarten bleibt.

[4] Der Arbeitsvertrag muss die in § 2 Abs. 2 NachwG näher umschriebenen Bedingungen enthalten.

Schrader

II. Der Arbeitnehmer ist verpflichtet, Aufträge von Kunden und Interessenten unverzüglich an die Firma weiterzugeben.

III. Alle Kundenaufträge bedürfen zu ihrer Wirksamkeit der Bestätigung durch den Arbeitgeber.

5 § 4 Berichtspflicht

I. Der Arbeitnehmer ist verpflichtet, über jeden Kundenbesuch nach beiliegendem Formblatt zu berichten.

II. Der Arbeitnehmer ist verpflichtet, ein Fahrtenbuch zu führen.

6 § 5 Sonstige Pflichten

Sonstige Pflichten des Arbeitnehmers:

1. Verschwiegenheitspflicht *(vgl. § 2 RN 23)*
2. Wettbewerbsverbot *(vgl. § 2 RN 24; § 20 RN 2ff.)*
3. Verbot einer Nebenbeschäftigung *(vgl. § 2 RN 26)*

7 § 6 Vertriebsunterstützung

I. Die Firma wird dem Arbeitnehmer alle für die Verkaufstätigkeit notwendigen Unterlagen zur Verfügung stellen (§ 86a HGB). Hierzu gehören . . . .

II. Die Unterlagen bleiben Eigentum der Firma und sind auf jederzeitiges Verlangen, das keiner Begründung bedarf, der Firma zurückzugeben.

III. Die Firma verpflichtet sich, den Arbeitnehmer zu unterrichten, wenn sie Kaufverträge über bestimmte Gegenstände in absehbarer Zeit nicht oder nur in vermindertem Umfang abzuschließen gedenkt. Im Übrigen wird sie Ablehnung oder Annahme eines Vertrages dem Arbeitnehmer unverzüglich mitteilen.

8 § 7 Vergütung

I. Der Arbeitnehmer erhält ein Monatsgehalt in Höhe von . . . . . € brutto. Hinzukommt eine freiwillige, jederzeit ganz oder teilweise widerrufliche Zulage.[5] Daneben erhält der Arbeitnehmer eine Provision nach anliegender Provisionsliste.

oder

I. Der Arbeitnehmer erhält eine Provision nach anliegender Provisionsliste. Die Firma zahlt auf die zu erwartende Provision einen monatlichen Vorschuss in Höhe von . . . . . €. Sind die erzielten Provisionen geringer als der gezahlte Provisionsvorschuss, so werden die später fällig werdenden Provisionen erst dann ausgezahlt, wenn der Debetsaldo des Arbeitnehmers ausgeglichen ist.[6]

II. Die in der Provisionsliste genannten Provisionen gelten nur dann, wenn die von der Firma festgesetzten Preise erreicht werden. Bei Großaufträgen oder Aufträgen, die einen Preisnachlass der Firma notwendig machen, werden die Provisionen nach billigem Ermessen von der Firma festgesetzt.

---

[5] Zur Problematik einer Inhaltskontrolle freiwilliger widerruflicher Leistungen im Arbeitsvertrag vgl. § 2 RN 15.

[6] Gelegentlich wird nur der Debetsaldo eines Jahres ausgeglichen.

Schrader

III. Die Provision wird vom Nettoverkaufspreis berechnet. Bei der Provisionsberechnung bleiben unberücksichtigt Preisnachlässe sowie die sonstigen im Rechnungsbetrag ausgewiesenen Nebenkosten, z.B. Steuern, Versicherungsprämien, Frachtkosten usw.

IV. Von der Provisionspflicht ausgeschlossen sind:

1. Verträge mit den in § 2 Abs. III aufgezählten Kunden;

2. Verträge, für die Provision einem bereits ausgeschiedenen Arbeitnehmer zusteht (§§ 87 Abs. 1 Satz 2, 65 HGB);

3. Verträge, die von der Firma 3 Monate nach Beendigung des Arbeitsverhältnisses abgeschlossen werden oder die von der Firma oder dem Dritten erst drei Monate nach Beendigung des Arbeitsverhältnisses ausgeführt werden.[7]

V. Abrechnung und Auszahlung der Provision erfolgt am Schluss des Monats, der der Ausführung des Geschäftes durch den Kunden folgt.

VI. Wegen der Provisionssätze bleibt für beide Teile die monatliche Kündigung zum Monatsschluss vorbehalten. Die Kündigung der Provisionssätze hat auf das übrige Arbeitsverhältnis keinen Einfluss.[8]

Taktischer Hinweis:

Der Arbeitnehmer hat einen allgemeinen **Auskunftsanspruch** hinsichtlich der die Provisionen begründenden Tatsachen. Ein Auskunftsanspruch besteht auch über die Verteilung der in einem Auftragsgebiet des Arbeitnehmers eingegangenen Aufträge, wenn die durch Tatsachen gestützte Besorgnis gerechtfertigt ist, dass der Arbeitgeber den Arbeitnehmer bei der Zuteilung der Aufträge benachteiligt hat.[9] Wie Provisionsregeln im Einzelnen lauten, ist regelmäßig abhängig von den Gepflogenheiten des Unternehmens. Provisionsregelungen sollten aber in jedem Fall möglichst klar und eindeutig gefasst sein, um Streitigkeiten über Entstehen und Höhe des Anspruches zu vermeiden.[10] Insoweit ist eine klare und eindeutige Regelung im Interesse des Arbeitgebers, wie auch des Arbeitnehmers. Wichtig ist für Arbeitnehmer und Arbeitgeber, dass, wenn neben einem Fixgehalt eine Provision gezahlt wird, beide zusammengerechnet nicht unter der tariflichen Vergütung liegen dürfen, wenn ein einschlägiger Tarifvertrag Anwendung findet.[11]

---

§ 8 Delkredere 9

I. Der Arbeitnehmer übernimmt für alle von ihm vermittelten Geschäfte das Delkredere. Er erhält hierfür eine Provision in Höhe von ..... €.

oder

I. Der Arbeitnehmer übernimmt für die von ihm vermittelten Aufträge keine Delkrederehaftung.[12]

---

[7] Der Ausschluss von sogenannten Überhangprovisionen ist nur zulässig, wenn hierfür ein sachlicher Grund besteht (vgl. ArbR-Hdb. § 76 RN 33).

[8] Eine Teilkündigung ist nach h.M. unzulässig (KR/*Rost* § 2 RN 51). Nach dem BAG (Urteil v. 7. 10. 1982 – 2 AZR 455/80 – AP BGB § 620 Teilkündigung Nr. 5) ist der Vorbehalt insoweit unwirksam, wie er sich auf Arbeitsbedingungen bezieht, die im Gegenseitigkeitsverhältnis stehen. Im Allgemeinen werden die Parteien keine Teilkündigung wollen, sondern ein Widerrufsrecht einzelner Arbeitsbedingungen (zur Zulässigkeit vgl. RN 3).

[9] Vgl. BAG, Urteil v. 21. 11. 2000 – 9 AZR 665/99 – AP BGB § 242 Auskunftspflicht Nr. 35.

[10] Vgl. *Schrader*, Rechtsfallen in Arbeitsverträgen, 2001, RN 1177.

[11] Vgl. BAG, Urteil v. 19. 1. 2000 – 4 AZR 814/98 – AP TVG § 1 Tarifverträge: Einzelhandel Nr. 73.

[12] Die Delkrederehaftung ist im Arbeitsrecht unüblich; die Übernahme ist auch rechtlich zweifelhaft.

II. Der Arbeitnehmer ist zum Inkasso berechtigt/nicht berechtigt. Er hat die kassierten Beträge für die Firma in Empfang zu nehmen und von seinem Geld gesondert aufzubewahren und unverzüglich abzuliefern.

III. Der Arbeitnehmer erhält eine Inkassoprovision in Höhe von ..... €.

IV. Dem Arbeitnehmer steht an den kassierten Beträgen ein Zurückbehaltungsrecht nicht zu. Eine Aufrechnung gegen den Abführungsanspruch mit irgendwelchen Ansprüchen des Arbeitnehmers ist ausgeschlossen.

10 § 9 Sonderleistungen

Sonstige Leistungen des Arbeitgebers

1. Überlassen des Kraftfahrzeuges *(vgl. § 23 RN 1ff., § 2 RN 105, 114)*
2. Gratifikationen und ähnliches *(vgl. § 2 RN 15)*

11 § 10 Aufwendungen

I. Die Firma verpflichtet sich,

1. die notwendigen Porto-, Telefon-, E-Mail-, Telefax- und Telegrammkosten sowie die mit der notwendigen Nutzung des Internets verbundenen Kosten zu erstatten;
2. dem Arbeitnehmer Tage- und Übernachtungsgelder nach den Steuerrichtlinien/in betrieblicher Höhe zu zahlen;
3. die Fahrtkosten zu erstatten. Die Benutzung des eigenen Kraftfahrzeugs richtet sich nach dem Kraftfahrzeugbenutzungsvertrag *(vgl. § 23 RN 1ff.)*.

II. Die Firma verpflichtet sich, die Jahresbeiträge bei zwei Kreditkarten-Instituten zu übernehmen.

12 § 11 Dienstverhinderung

I. Ist die Firma zur Vergütungsfortzahlung im Krankheitsfall verpflichtet, so werden für die Dauer von 6 Wochen das Gehalt und die Provision fortgezahlt, die sich aus dem Durchschnitt des letzten Jahres und bei kürzerer Beschäftigungsdauer aus dem Durchschnitt der Beschäftigungsdauer errechnet.

II. Die nach Ablauf von 6 Wochen eingehenden Aufträge sind nicht mehr provisionspflichtig.[13]

III. Der Arbeitnehmer ist verpflichtet, seine Arbeitsunfähigkeit unverzüglich mitzuteilen und bis zum Ablauf des 3. Beschäftigungstages durch ein ärztliches Attest nachzuweisen.

IV. Erlangt der Arbeitnehmer infolge einer Verletzung, die zur Arbeitsunfähigkeit führt, Schadensersatzansprüche gegen Dritte, so tritt er seine Ansprüche in der Höhe an die Firma ab, wie diese Vergütungsfortzahlung im Krankheitsfall leistet.

13 § 12 Gehaltspfändung und Abtretung

I. Abtretung und Verpfändung der Bezüge des Arbeitnehmers sind ausgeschlossen.

---

[13] Zur Frage der Überhangprovision bei Krankheit ist noch nicht entschieden worden. Die Klausel ist nicht unbedenklich.

II. Bei Pfändung der Bezüge des Arbeitnehmers werden für die Bearbeitung jeder Pfändung .....% Bearbeitungskosten einbehalten.[14]

§ 13 Sonstige Vertragsbedingungen 14

Sonstige Vertragsbedingungen können sein:

a) Vertragsstrafe *(vgl. § 2 RN 30)*
b) Unterstellung unter einen Tarifvertrag, anzuwendende Betriebsvereinbarungen *(vgl. § 2 RN 42)*
c) Schriftformklausel *(vgl. § 2 RN 37)*
d) Gerichtsstandsklausel *(vgl. § 2 RN 36)*
e) Vertragsaushändigung *(vgl. § 2 RN 37)*

....., den .....

Arbeitgeber Arbeitnehmer

II. Arbeitsvertrag mit einem langjährig beschäftigten Verkaufsreisenden im Angestelltenverhältnis

Zwischen 15
der Firma ....., gesetzlich vertreten durch .....

– im Folgenden Firma genannt –

und

dem Verkaufsreisenden .....

– im Folgenden Angestellter genannt –

wird folgender Arbeitsvertrag geschlossen:

§ 1 Beginn, Dauer und Kündigung des Arbeitsverhältnisses 16

I. Der Angestellte tritt am ..... für die Dauer von fünf Jahren in die Dienste der Firma. Die Firma ist berechtigt, das Arbeitsverhältnis erstmalig mit einer Frist von 6 Monaten zum ..... zu kündigen. Bei Nichtkündigung verlängert sich das Arbeitsverhältnis jeweils um ein weiteres Jahr und kann jeweils mit einer Frist von 6 Monaten zum Befristungsende gekündigt werden.

II. Die Vorschriften über das Recht zur fristlosen Kündigung bleiben unberührt.

III. Die Kündigung kann nur durch eingeschriebenen Brief erfolgen.[15] Sie hat im Falle der fristlosen Kündigung eine Begründung zu enthalten.

§ 2 Aufgabenbereich 17

I. Die Firma betraut den Angestellten mit der Beratung und Kontaktpflege der Kunden und Interessenten sowie mit der Werbung für das gesamte Warensortiment der Firma, insbesondere aber mit der Werbung für .....

---

[14] Es ist streitig, ob die Vereinbarung eines pauschalen Einbehaltes oder eines pauschalen Schadensersatzes für die Bearbeitung von Pfändungen der arbeitsgerichtlichen Inhaltskontrolle standhält (vgl. im Einzelnen § 2 RN 20).

[15] Für die Kündigung gilt kraft Gesetzes die Schriftform (§ 623 BGB). Vereinbaren die Parteien, dass die Kündigung durch eingeschriebenen Brief erfolgen solle, hat dies im Allgemeinen nur beweissichernde Bedeutung. Die Zustellung der Kündigung kann auch in anderer Form, beispielsweise durch persönliche Übergabe oder Boten, erfolgen (vgl. ArbR-Hdb. § 123 RN 62).

Schrader

II. Der Tätigkeitsbereich des Angestellten erstreckt sich auf das Land . . . . .

III. Die Firma ist jedoch berechtigt, dem Angestellten durch Einzelweisung die Betreuung von Kunden im In- und Ausland zu übertragen.[16]

18　§ 3 Pflichten der Firma

I. Die Firma hat dem Angestellten die zur Ausübung seiner Tätigkeit erforderlichen Informationen und Unterlagen zu übergeben. Sämtliche dem Angestellten übergebenen Unterlagen, z.B. Muster, Kataloge, Preislisten, Rechnungskopien, Zeichnungen und Karten verbleiben im Eigentum der Firma.

II. Die Firma hat dem Angestellten unverzüglich die Annahme eines vermittelten oder etwa ohne Vertretungsmacht abgeschlossenen Geschäfts mitzuteilen. Ausgeführte Geschäfte gelten als angenommen.

III. Die Firma hat den Angestellten darüber zu unterrichten, wenn sie Geschäfte in bestimmten Artikeln voraussichtlich nicht oder nur in erheblich geringerem Umfange abschließen kann oder will. Unterrichtet die Firma den Angestellten, so stehen diesem keine Schadensersatzansprüche zu.

19　§ 4 Pflichten des Angestellten

I. Der Angestellte ist verpflichtet, seinen Wirkungskreis intensiv zu bearbeiten, die Abnehmer und Interessenten regelmäßig zu besuchen und neue Kunden zu werben; er hat sich über deren Bonität zu vergewissern und Hinweise über etwaige Zahlungsschwierigkeiten eines Kunden und sonstige für die Kreditwürdigkeit und die Geschäftsbeziehungen wesentliche, ihm bekannt gewordene Umstände, der Firma unverzüglich mitzuteilen.

II. Der Angestellte hat die Firma von jedem Geschäft, das er vermittelt, unverzüglich zu unterrichten und darüber hinaus wöchentlich über die Ergebnisse der Tätigkeit und die Marktlage mündlich/schriftlich zu berichten.

III. Der Angestellte hat die ihm übertragenen Arbeiten gewissenhaft auszuführen und übernimmt auf Grund der ihm obliegenden Pflicht zur Interessenwahrnehmung und des sich hieraus ergebenden Vertrauensverhältnisses die Pflicht zur Verschwiegenheit. Geschäfts- und Betriebsgeheimnisse, die ihm anvertraut oder durch seine Tätigkeit bekannt geworden sind, dürfen während und nach Beendigung des Arbeitsverhältnisses weder verwertet noch Dritten mitgeteilt werden.

IV. Die in § 3 Abs. I erwähnten Unterlagen sind während der Dauer des Anstellungsvertrages auf Anforderung der Firma und bei Beendigung des Anstellungsvertrages unaufgefordert zurückzugeben.

20　§ 5 Nebenbeschäftigung

I. Der Angestellte ist berechtigt, für nachfolgende Firmen als Provisionsvertreter gleichzeitig tätig zu sein.

1. . . . . .

2. . . . . .

3. . . . . .

---

[16] Beachte § 2 Abs. 2 NachwG.

II. Der Angestellte wird die Nebenbeschäftigung nur insoweit ausüben, wie sie mit den Interessen der Firma in Übereinstimmung steht.

§ 6 Arbeitszeit 21

Die Arbeitszeit des Angestellten beträgt ..... Stunden in der 5-Tage-Woche.

§ 7 Vergütung des Angestellten 22

I. Die Firma zahlt dem Angestellten ein Monatsgehalt von ..... €. Erhöhen oder ermäßigen sich nach dem Inkrafttreten des Vertrages die Grundgehälter der Beamten, so erhöht oder ermäßigt sich das Gehalt jeweils mindestens um die Gehaltssteigerung bzw. Gehaltsminderung eines Beamten in der ..... Dienstaltersstufe der Besoldungsgruppe A .....

II. Der Angestellte hat Anspruch auf Provision für alle während des Vertragsverhältnisses abgeschlossenen Geschäfte, die auf seine Tätigkeit zurückzuführen sind oder mit Dritten abgeschlossen werden, die er als Kunden für Geschäfte der gleichen Art geworben hat. Der Provisionssatz beträgt ..... %.

III. Der Provisionsanspruch ist ausgeschlossen für Geschäfte mit solchen Kunden, die bei Inkrafttreten des Vertrages mit der Firma in ständiger Geschäftsverbindung stehen. Dabei gilt nur dann eine ständige Geschäftsbeziehung als bestehend, wenn der Kunde im letzten halben/vollen Jahr eine Bestellung aufgegeben hat.

IV. Mit vorstehender Vergütung sind etwaige Ansprüche auf Bezahlung von Über- oder Mehrarbeit abgegolten.[17]

§ 8 Berechnung und Fälligkeit der Provision 23

I. Die Provision wird vom Verkaufspreis berechnet. Bei Vertragsabschluss eingeräumte Preisnachlässe (Skonti usw.) mindern den Provisionsanspruch nicht. Die im Brutto-Verkaufspreis enthaltenen, gesondert ausgewiesenen Nebenkosten wie Fracht und Verpackung sind nicht provisionspflichtig.

II. Der Angestellte hat Anspruch auf Provision, sobald und soweit die Firma das Geschäft ausgeführt hat oder, sofern der Dritte vor der Firma leistet, sobald und soweit der Dritte geleistet hat. Im Übrigen gelten die Vorschriften von § 87a Abs. 2, Abs. 3 HGB.

III. Die Firma hat über die Provision, auf die der Angestellte Anspruch hat, monatlich abzurechnen. Der Anspruch auf Provision wird am letzten Tag des Monats fällig, in dem die Firma über den Anspruch abzurechnen hat.

§ 9 Bucheinsicht 24

Der Angestellte ist berechtigt, zur Überprüfung seiner Provisionsansprüche in die Geschäftsbücher Einsicht zu nehmen. Die Firma ist berechtigt, dem Angestellten die Einsicht zu verweigern, wenn sie einem Steuerberater gestattet wird. Die Kosten der Einsichtnahme durch den Steuerberater übernimmt die Firma.

---

[17] Da Verkaufsreisende regelmäßig schlecht zu überwachen sind, wird das Fixum so bemessen, dass damit die Vergütung für Über- und Mehrarbeit pauschal abgegolten wird (vgl. zur Zulässigkeit § 2 RN 15).

25 § 10 Erstattung von Kosten

I. Die Firma gewährt dem Angestellten eine arbeitstägliche Spesenpauschale von ..... €. Übernachtungen werden gesondert mit ..... € vergütet.

II. Durch Bewirtungen oder Einladungen entstehende Kosten werden gegen Beleg abgerechnet.

III. Sofern der Angestellte im Ausland tätig zu werden hat, entfällt die Spesenpauschale. Alsdann sind sämtliche Aufwendungen gegen Beleg abzurechnen.

IV. Der Angestellte wird einen Telefonanschluss unterhalten. Die Firma ersetzt die Telefonkosten. Von der Telefonrechnung sind jedoch vorab ..... € für Privatnutzung in Abzug zu bringen.

V. Der Angestellte stellt für die Ausübung seiner Tätigkeit seinen eigenen Personenkraftwagen zur Verfügung. Für alle im Geschäftsinteresse gefahrenen Kilometer erhält der Angestellte je km ..... €. Die Berechnung des Kilometergeldes erfolgt ab Standort .....

26 § 11 Versicherungen

I. Für den Angestellten wird eine Unfallversicherung abgeschlossen mit einer Mindestversicherungssumme in Höhe von 100 000,00 € für den Todesfall und 200 000,00 € für den Invaliditätsfall sowie einem Tagegeld von 50,00 € ab 8. Tag der ärztlichen Behandlung.

II. Für den von dem Angestellten benutzten Pkw wird eine Insassenunfallversicherung abgeschlossen über mindestens 50 000,00 € für den Todesfall und 100 000,00 € für den Invaliditätsfall.

III. Die Kosten für die nach Abs. I und II abzuschließenden Versicherungen übernimmt die Firma. Werden im Falle des Unfalls Versicherungsleistungen nach Abs. I und Abs. II fällig, so sind die anteiligen Versicherungsleistungen nach Abs. II nicht auf diejenigen nach Abs. I anrechenbar.

IV. Soweit Dritte im Interesse der Firma befördert worden sind, wird im Falle eines Unfalls die Firma den Angestellten von Schadensersatzansprüchen beförderter Dritter freistellen, es sei denn, dass der Angestellte den Unfall grob fahrlässig herbeigeführt hat.

27 § 12 Fortzahlung der Bezüge im Krankheitsfall

I. Im Falle der Erkrankung ist das Einkommen für die Dauer von 6 Wochen fortzuzahlen. Die fortzuzahlende Provision wird aus dem Durchschnittsbetrag der letzten abgerechneten 3 Monate vor der Erkrankung berechnet.[18]

II. Der Angestellte ist verpflichtet, jede Arbeitsverhinderung der Firma unverzüglich anzuzeigen. Bei Krankheit hat der Angestellte der Firma spätestens am 3. Werktag der Erkrankung ein ärztliches Attest zu übersenden.

28 § 13 Urlaub

I. Der Angestellte hat Anspruch auf 30 Arbeitstage Urlaub.

---

[18] Zum zulässigen Zeitraum zur Ermittlung des Durchschnittsverdienstes vgl. *Kunz/Wedde*, EFZG, 2000, § 4 RN 49; *Schmitt*, EFZG, 4. Aufl., 1999, § 4 RN 113 ff.; *Kaiser/Dunkl/Hold/Kleinsorge*, EFZG, 5. Aufl., 2000, § 4 RN 85 ff.; ArbR-Hdb. § 98 RN 111.

II. Der Urlaub kann auf Wunsch geteilt genommen werden. Wird der Urlaub auf Verlangen der Firma teilweise in der Zeit vom 1. 10. bis 31. 3. genommen, so sind 3 Tage Sonderurlaub zu gewähren.

§ 14 Gerichtsstand und Erfüllungsort   29

Gerichtsstand für beide Vertragspartner ist der Erfüllungsort der streitigen Verbindlichkeit. Zuständig ist das Arbeitsgericht .....

§ 15 Schriftform   30

I. Nebenabreden und Änderungen des Vertrages bedürfen zu ihrer Rechtsgültigkeit der Schriftform.

II. Auf das Arbeitsverhältnis sind ergänzend die Tarifverträge ..... und die für den Betrieb geltenden Betriebsvereinbarungen anzuwenden. Die etwaige Ungültigkeit einzelner Vereinbarungen des Vertrages berührt nicht die Wirksamkeit der übrigen Vertragsbestimmungen.

... , den ...

Arbeitgeber   Arbeitnehmer

III. Provisionslisten und Provisionsregelungen

I. Die Provisionssätze belaufen sich   31

1. für Waren ..... auf ..... %
2. für Waren ..... auf ..... %.

Die Provision wird von dem Entgelt berechnet, das der Käufer für die Waren zu leisten hat. Sonderrabatte, die für Barzahlung gewährt werden, sind für die Provisionsberechnung einzubeziehen. Nebenkosten, die gesondert in Rechnung gestellt werden, sind nicht provisionspflichtig.

II. Der Anspruch auf Provision wird fällig, sobald der Vertragspartner des Arbeitgebers das Geschäft ausgeführt hat. Der Provisionsanspruch wird über einen ..... (ein- bis dreimonatigen) Abrechnungszeitraum abgerechnet. Die Abrechnung erfolgt in dem Monat, der dem Fälligkeitsmonat der Provision folgt.

Am Ende eines jeden Monats wird ein Provisionsvorschuss für solche Geschäfte errechnet, die unter Mitwirkung des Arbeitnehmers zustande gekommen sind und vom Arbeitgeber ausgeführt worden sind, die am Monatsletzten des Folgemonats fällig wird. Der Provisionsvorschuss ist angemessen, wenn er die Hälfte der zu erwartenden Provision beträgt.

III. Der Anspruch auf Provision entfällt, wenn der Käufer ganz oder teilweise nicht leistet. Vorweg geleistete Provisionsbeträge werden zurückgerechnet. Ist der Grund der Nichtleistung des Käufers nicht offenkundig, hat der Arbeitgeber glaubhaft zu machen, dass der Käufer nicht leisten wird. Der Nachweis gilt als geführt, wenn eine Auskunftei oder eine Gläubigerschutzorganisation bescheinigt, dass nach ihrem Ermessen eine Zwangsvollstreckung nicht zum Ziele führen wird. In diesen Fällen kann der Arbeitnehmer die Durchführung eines Rechtsstreites nicht verlangen.

IV. Muster einer Verkaufsförderungsmaßnahme[19, 20]

32   1. Der nachfolgende Leistungsplan gilt für alle Mitarbeiter im Verkaufsaußendienst, die den Leistungsplan erhalten haben.

2. Mitarbeiter, die im Laufe des Geschäftsjahres ..... die Vertriebsergebnisse gegenüber dem Vorjahr um mindestens 10 v.H. steigern, mindestens aber einen Umsatz von ..... € erreichen, erhalten einen Leistungsbonus.

3. Die Höhe des Leistungsbonus richtet sich nach der Steigerungsrate (10; 15; 20; 25 v.H.) gegenüber dem Vertriebsergebnis des Vorjahres gemäß anliegender Tabelle.

4. Mitarbeitern, die im Laufe des Geschäftsjahres ..... eintreten, wird ein Vorjahresvertriebsergebnis in Höhe von ..... € zugrundegelegt.

5. Mitarbeiter, die im Geschäftsjahr das Vertriebsergebnis nicht um 10 v.H., aber mindestens um 5 v.H. steigern, erhalten als Leistungsbonus einen Einmalbetrag in Höhe von ..... €.

6. Der Leistungsbonus wird nur ausgezahlt, wenn der Anspruchsberechtigte am Jahresschluss noch im Arbeitsverhältnis steht.[21]

7. Der Leistungsbonus wird am Jahresschluss abgerechnet und ausgezahlt. Mitarbeitern, die während des Geschäftsjahres das Vorjahresendergebnis um 10 v.H. überschritten haben, können eine Teilzahlung auf den zu erwartenden Bonus verlangen.

§ 5. Vertrag mit einem Handelsvertreter

I. Handelsvertretervertrag

1 Zwischen der ..... GmbH,

– nachfolgend Unternehmer –

und

Frau/Herrn .....

– nachfolgend Handelsvertreter –

wird ein Handelsvertretervertrag geschlossen:

2 **§ 1 Stellung des Handelsvertreters[1]**

I. Der Handelsvertreter ist als selbstständiger Unternehmer mit der Alleinvertretung für den Bezirk ..... betraut. Der Unternehmer darf für diesen Bezirk weder

---

[19] Die namentlich in der Versicherungswirtschaft gewährten Boni werden nicht individualvertraglich, sondern im Wege der Gesamtzusage (vgl. ArbR-Hdb. § 31 RN 4, § 81 RN 35) versprochen.

[20] Der Betriebsrat kann wegen der Verteilung innerhalb des Dotierungsrahmens ein Mitbestimmungsrecht haben (§ 87 Abs. 1 Nr. 10 BetrVG; vgl. hierzu BAG, Beschluss v. 8. 12. 1981 – 1 ABR 55/79 – AP BetrVG 1972 § 87 Prämie Nr. 1; BAG, Beschluss v. 10. 7. 1971 – 1 ABR 88/77 – AP BetrVG 1972 § 87 Lohngestaltung Nr. 2; BAG, Beschluss v. 30. 3. 1982 – 1 ABR 55/80 – AP BetrVG 1972 § 87 Lohngestaltung Nr. 10).

[21] Die Klausel findet sich regelmäßig, indes entzieht sie dem Arbeitnehmer trotz Leistungssteigerung die Vergütung. Sie ist daher wegen Kündigungserschwerung oder Rechtsvereitelung (§ 162 BGB) unwirksam (vgl. ArbR-Hdb. § 69 RN 27).

[1] *Abrahamczik* DStR 1996, 184; *Bolle* NJW 2001, 422; *Hoffmann* FA 2001, 69.

weitere Handelsvertreter bestellen noch selbst oder durch Beauftrage zur Werbung von Kunden oder durch Abschluss von Geschäften tätig werden.

oder

I. Dem Handelsvertreter wird der Vertrieb in dem Bezirk ..... übertragen. Der Unternehmer behält sich vor, in dem Bezirk selbst oder durch Beauftragte tätig zu werden und Geschäfte abzuschließen.

II. Eine Änderung des Bezirks bedarf der vorherigen Anhörung des Handelsvertreters.[2]

III. Der Handelsvertreter übernimmt den im Vertragsgebiet vorhandenen Kundenstamm. Der Unternehmer wird dem Handelsvertreter die Kundenkartei übergeben, sobald er sie von dem Vorgänger erhalten hat.

§ 2 Aufgaben des Handelsvertreters   3

I. Dem Handelsvertreter obliegt die Betreuung aller Kunden im Bezirk ..... Die Tätigkeit des Handelsvertreters bezieht sich auf alle vom Unternehmen angebotenen Erzeugnisse und Dienstleistungen. Hiervon sind ausgenommen: .....

II. Der Handelsvertreter hat Kundenschutz für

1. alle Geschäfte mit Kunden, die er neu für das Unternehmen geworben hat,

2. alle Kunden, die in der Kundenkartei seines Vorgängers enthalten sind.

§ 3 Pflichten des Handelsvertreters   4

I. Der Handelsvertreter ist verpflichtet, sich um die Vermittlung von Geschäften zu bemühen. Er hat den Unternehmer von jeder Geschäftsvermittlung unverzüglich durch Übersendung von Kopien des Schriftwechsels zu unterrichten. Auf Verlangen hat der Handelsvertreter anzugeben, aus welchen Gründen die Vermittlungsbemühungen erfolglos geblieben sind.

II. Der Handelsvertreter ist verpflichtet, die Interessen des Unternehmens mit der Sorgfalt eines ordentlichen Kaufmannes wahrzunehmen. Wird ihm außerhalb seines Bezirkes ein Geschäft bekannt, hat er dies dem Unternehmen bekannt zu geben. Hierfür wird die verkehrsübliche Provision gezahlt.

III. Der Handelsvertreter ist verpflichtet,

1. dem Unternehmen über die allgemeine Marktentwicklung zu berichten,

2. über die Verhältnisse der Kunden einschließlich deren Bonität zu berichten,

3. Zweifel an der Bonität eines Kunden unverzüglich mitzuteilen.

IV. Der Handelsvertreter ist berechtigt, Hilfspersonen hinzuziehen. Die Hinzuziehung von Untervertretern ist dem Unternehmen unverzüglich mitzuteilen. Vertragliche Beziehungen zwischen dem Untervertreter und dem Unternehmen bestehen nicht. Hierauf ist in den Verträgen mit den Untervertretern hinzuweisen.

V. Der Handelsvertreter ist verpflichtet, eine Kundenkartei zu führen, diese stets auf dem neuesten Stand zu halten und sie nach Beendigung des Dienstverhältnisses an das Unternehmen herauszugeben.

VI. Der Handelsvertreter ist verpflichtet, Geschäfts- und Betriebsgeheimnisse, die ihm durch die Tätigkeit bekannt geworden sind, geheim zu halten. Dies gilt auch

---

[2] Vgl. BGH, Urteil v. 21. 12. 1983 – VIII ZR 195/82 – NJW 1984, 1182.

nach Beendigung des Dienstverhältnisses. Er darf die Geschäfts- und Betriebsgeheimnisse nicht selbst oder im Interesse eines Dritten verwerten.

VII. Der Handelsvertreter ist (nicht) berechtigt, die Vertretung weiterer Unternehmen zu übernehmen. Die Zustimmung zur Vertretung weiterer Unternehmen darf nur versagt werden, wenn hierfür ein wichtiger Grund besteht. Die Zustimmung bedarf zu ihrer Wirksamkeit der Schriftform.

VIII. Der Handelsvertreter ist verpflichtet, die ihm überlassenen Proben, Musterkollektionen oder andere im Eigentum des Unternehmens stehende Sachen zu versichern.

oder

VIII. Die dem Handelsvertreter überlassenen Proben, Musterkollektionen oder andere im Eigentum des Unternehmens stehende Sachen werden durch das Unternehmen versichert.

5 § 4 Pflichten des Unternehmens

I. Das Unternehmen stellt dem Handelsvertreter Proben, Muster Drucksachen und sonstige Werbemittel in ausreichender Menge kostenfrei zur Verfügung. Diese sind dem Unternehmen auf Verlangen zurückzugeben. Ein Zurückbehaltungsrecht wird ausgeschlossen.

II. Das Unternehmen ist verpflichtet,

1. alle für den Verkauf wichtigen Informationen unverzüglich mitzuteilen;
2. Annahme oder Ablehnung eines Angebotes unverzüglich mitzuteilen. Dasselbe gilt, wenn das Unternehmen voraussichtlich Aufträge nur in begrenztem Umfang annehmen kann;
3. bevorstehende Preisänderungen unverzüglich mitzuteilen.

Das Unternehmen wird den dazu gehörenden Schriftverkehr, insbesondere die erteilten Rechnungen in Kopie vorlegen.

III. Soll das Unternehmen veräußert werden, wird es den Handelsvertreter rechtzeitig und umfassend unterrichten.

6 § 5 Provision des Handelsvertreters

I. Der Handelsvertreter hat Anspruch auf Provision für alle während des Vertragsverhältnisses in dem Bezirk ..... abgeschlossenen Verkaufsgeschäfte in Höhe von ..... %.

oder

I. Der Handelsvertreter hat Anspruch auf Provision für alle während des Vertragsverhältnisses in dem Bezirk ..... abgeschlossenen Verkaufsgeschäfte, die auf seine Tätigkeit zurückzuführen sind, in Höhe von ..... %. Der Handelsvertreter erhält keine Provision für Geschäfte, die er zur Deckung seines persönlichen Bedarfs abschließt.

II. Der Handelsvertreter hat Anspruch auf Provision für Geschäfte, die erst nach Beendigung des Vertragsverhältnisses abgeschlossen werden, wenn

1. er das Geschäft vermittelt oder es eingeleitet und so vorbereitet hat, dass der Abschluss überwiegend auf seine Tätigkeit zurückzuführen ist, und das Geschäft

innerhalb einer angemessenen Frist nach Beendigung des Arbeitsverhältnisses abgeschlossen ist oder

2. vor Beendigung des Vertragsverhältnisses das Angebot eines Dritten über ein nach Abs. I provisionspflichtiges Geschäft dem Handelsvertreter oder dem Unternehmer zugegangen ist. Der Anspruch auf Provision nach Abs. II. S. 1 steht dem nachfolgenden Vertreter zu, wenn wegen besonderer Umstände eine Teilung der Provision der Billigkeit entspricht. In allen übrigen Fällen hat der Handelsvertreter keinen Anspruch auf Provision.

III. Über die genannte Vergütung hinaus, kann der Handelsvertreter Ersatz der im regelmäßigen Geschäftsverkehr erwachsenen Auslagen verlangen.

§ 6 Berechnung und Fälligkeit der Provision 7

I. Die Provision ist von dem Entgelt zu berechnen, das der Dritte oder der Unternehmer zu zahlen hat. Nachlässe bei Barzahlung sind nicht abzuziehen. Dasselbe gilt für Nebenkosten, namentlich für Fracht Verpackung, Zoll, Steuern, es sei denn, dass die Nebenkosten dem Dritten besonders in Rechnung gestellt sind. Entgelte für Montage und ähnliche Nebenleistungen, die im Wesentlichen aus Arbeitsaufwand bestehen, werden (nicht) abgezogen, auch wenn sie nicht besonders in Rechnung gestellt werden. Die Umsatzsteuer, die auf Grund der steuerlichen Vorschriften besonders ausgewiesen ist, gilt nicht als besonders in Rechnung gestellt.

II. Zu der Provision erhält der Handelsvertreter die auf ihn entfallende Umsatzsteuer, wenn er umsatzsteuerpflichtig ist. Dies ist auf Verlangen nachzuweisen.

III. Der Handelsvertreter hat Anspruch auf Provision, sobald und soweit der Unternehmer das Geschäft ausgeführt hat.

oder

III. Der Handelsvertreter hat Anspruch auf einen angemessenen Vorschuss auf seine Provision, sobald und soweit der Unternehmer das Geschäft ausgeführt hat. Der Handelsvertreter hat in jedem Fall Anspruch auf Provision, sobald und soweit der Dritte das Geschäft ausgeführt hat.

IV. Der Handelsvertreter hat auch dann Anspruch auf Provision, wenn das Geschäft anders als abgeschlossen ausgeführt worden ist. Dies gilt dann nicht, wenn und soweit dem Unternehmer das Geschäft unmöglich geworden ist, ohne dass er es zu vertreten hat oder soweit es ihm nicht zumutbar ist.

V. Der Unternehmer hat über die Provision, auf die der Handelsvertreter Anspruch hat monatlich/alle drei Monate abzurechnen.[3] Die Abrechnung hat unverzüglich spätestens bis zum Ende des nächsten Monats zu erfolgen. Der Handelsvertreter ist verpflichtet die Durchschrift der ihm erteilten Abrechnung innerhalb eines Monats zu überprüfen und mit seinem Bestätigungsvermerk oder seinen Einwendungen an den Unternehmer zurückzusenden.

§ 7 Vertragsdauer 8

I. Der Vertrag beginnt mit Wirkung vom ..... und wird für ein Jahr abgeschlossen. Wird der Vertrag innerhalb dieser Zeit nicht mit einer Frist von

---

[3] Zum Buchauszug: BGH, Urteil v. 21. 3. 2001 – VIII ZR 149/99 – NJW 2001, 2333.

einem Monat zum Monatsschluss gekündigt, verlängert er sich auf unbestimmte Zeit.

II. Ist der Vertrag auf unbestimmte Zeit geschlossen, so kann er im ersten Jahr der Vertragsdauer mit einer Frist von einem Monat, im zweiten Jahr mit einer Frist von zwei Monaten und im dritten bis fünften Jahr mit einer Frist von drei Monaten gekündigt werden. Nach einer Vertragsdauer von fünf Jahren kann das Vertragsverhältnis mit einer Frist von sechs Monaten gekündigt werden. Die Kündigung ist nur für den Schluss eines Kalendermonats zulässig, sofern keine abweichende Vereinbarung getroffen ist.

III. Der Vertrag endet mit dem Tod des Handelsvertreters oder mit Ablauf des Kalendervierteljahres, in dem der Handelsvertreter das 65. Lebensjahr vollendet.

IV. Die Kündigung bedarf der Schriftform.

V. Das Recht zur außerordentlichen Kündigung bleibt für beide Teile unberührt.[4]

VI. Der Handelsvertreter ist verpflichtet nach dem Ende des Vertragsverhältnisses, dem Unternehmen alle Unterlagen und sonstige Gegenstände zurückzugeben, die er während des Vertragsverhältnisses erhalten hat. Der Unternehmer hat binnen eines Monats nach Beendigung des Vertragsverhältnisses die Schlussabrechnung vorzunehmen.

9 § 8 Wettbewerbsverbot

I. Der Handelsvertreter hat im Zeitpunkt des Vertragsschlusses keine/nachfolgende Handelsvertretungen: . . . . .

II. Der Handelsvertreter verpflichtet sich, für die Dauer von zwei Jahren nach Beendigung des Vertragsverhältnisses in dem ihm zugewiesenen Bezirk oder Kundenkreis auf dem Geschäftsbereich des Unternehmens jegliche mittelbare und unmittelbare Konkurrenz zu unterlassen. Die Verpflichtung besteht sowohl für eine Tätigkeit im Angestelltenverhältnis als auch eine Tätigkeit in einem Handelsvertreterverhältnis oder als Eigenhändler.

10 § 9 Verjährung

Die Ansprüche aus dem Vertragsverhältnis verjähren in vier Jahren, beginnend mit dem Schluss des Jahres in dem sie fällig geworden sind.

11 § 10 Gerichtsstand

Gerichtsstand für etwaige Streitigkeiten ist der Sitz des Unternehmens. Dieses ist jedoch berechtigt, das Gericht am Sitz des Handelsvertreters anzurufen.

oder

Alle Streitigkeiten aus diesem Vertrag werden nach der Schiedsgerichtsordnung der deutschen Institution für Schiedsgerichtsbarkeit e. V. entschieden. Der ordentliche Rechtsweg ist ausgeschlossen.

---

[4] Zum Erfordernis der Abmahnung: BGH, Urteil v. 16. 12. 1998 – VIII ZR 381/97 – NJW-RR 1999, 539; zum wichtigen Grund: BGH, Urteil v. 16. 2. 2000 – VIII ZR 134/99 – NJW 2000, 1866; BGH, Urteil v. 17. 1. 2001 – VIII ZR 186/99 – NJW-RR 2001, 677; zur Ausschlussfrist: BGH, Urteil v. 26. 5. 1999 – VIII ZR 123/98 – ZIP 1999, 1307.

§ 11 Vertragsänderungen   12

I. Nebenabreden und Vertragsänderungen bedürfen zu ihrer Wirksamkeit der Schriftform.

II. Sind einzelne Bestimmungen dieses Vertrages unwirksam, so wird hierdurch die Wirksamkeit des übrigen Vertrages nicht berührt.

....., den .....

Handelsvertreter   Unternehmen

II. Inkassovereinbarung

I. Der Handelsvertreter ist zum Inkasso berechtigt und auf Verlangen des Unter- 13
nehmens verpflichtet.

II. Der Handelsvertreter ist nur berechtigt Zahlungsziele, Ratenzahlungen und sonstige Zahlungserleichterungen einzuräumen, wenn das Unternehmen zuvor schriftlich eingewilligt hat.

III. Der Handelsvertreter ist verpflichtet, eingezogene Gelder treuhänderisch für das Unternehmen zu verwahren und von seinem Vermögen getrennt zu halten. Das Geld ist auf ein Sonderkonto ..... bei der ..... -Bank einzuzahlen. Ein Zurückbehaltungsrecht an diesen Geldern steht dem Handelsvertreter nicht zu. Eine Aufrechnung gegen den Auszahlungsanspruch ist ausgeschlossen.

IV. Vereinnahmte Gelder sind bis zum 15. des Folgemonats an den Unternehmer zu überweisen.

III. Delkrederehaftung

I. Der Handelsvertreter übernimmt die Haftung für die Erfüllung der Verbind- 14
lichkeiten von Kunden aus Geschäften, die er für den Unternehmer vermittelt oder abschließt (Delkredere).

II. Für die Übernahme des Delkredere erhält der Handelsvertreter eine Provision in Höhe von ..... % der Forderung des Unternehmers aus dem Geschäft.

III. Mit der Provisionsabrechnung erhält der Handelsvertreter ein Verzeichnis der Forderungen für die der Handelsvertreter das Delkredere übernommen hat

IV. Die Delkredervereinbarung kann beiderseitig mit einer Frist von einem Monat zum Monatsende gekündigt werden. Hiervon bleibt der Handelsvertreter-vertrag unberührt.

IV. Internationaler Handelsvertretervertrag

Grundsätzlich kann das Muster des Handelsvertretervertrages RN 1 ff. über- 15
nommen werden, wobei Nachfolgendes eingefügt werden sollte:

Zu § 6

Die Provision ist in der Währung zu zahlen, in der die Zahlung vom Kunden geleistet wird. Zahlt der Kunde nicht in €, dann ist der für den Unternehmer von der Bank bei dem Umtausch festgesetzte Umtauschkurs maßgebend.

Schrader

Zu § 11

Das Handelsvertreterverhältnis untersteht dem Recht der Bundesrepublik Deutschland. Der deutsche Text ist der Originaltext.

§ 6. Arbeitsverträge für Arbeiter[1]

I. Arbeitsvertrag für gewerbliche Arbeitnehmer (ausführlich)

1 Zwischen

der Firma .....

und

dem Arbeitnehmer .....

wird nachfolgender Arbeitsvertrag geschlossen.

2 § 1 Beginn und Inhalt des Arbeitsverhältnisses

Der Arbeitnehmer wird mit Wirkung vom ..... als ..... eingestellt. Er ist nach näherer Anweisung verpflichtet, alle verkehrsüblichen Arbeiten eines ..... zu leisten. In dringenden Fällen kann auch eine Beschäftigung mit anderen Arbeiten erfolgen.[2]

oder

Der Arbeitnehmer wird mit Wirkung vom ..... als ..... eingestellt. Der Arbeitnehmer verpflichtet sich, die Belange der Firma zu wahren und die ihm übertragenen Aufgaben gewissenhaft und nach bestem Können auszuführen, alle ihm zumutbaren Arbeiten zu erledigen, gegebenenfalls auch an auswärtigen Arbeitsplätzen der Firma.

oder

Der Arbeitnehmer wird mit Wirkung vom ..... als ..... eingestellt. Der Firma bleibt vorbehalten, den Arbeitnehmer in sämtlichen Abteilungen der Betriebsstätten mit zumutbaren Arbeiten sowie in Wechselschicht zu beschäftigen, auch wenn dadurch ein Wechsel von Akkord-, Prämien- oder Stundenlohn stattfindet. Mit Zuweisung der neuen Tätigkeit tritt die hierfür geltende Lohnregelung in Kraft.

3 § 2 Beendigung des Arbeitsverhältnisses

I. Das Arbeitsverhältnis ist bis zum Ablauf der Probezeit befristet. Die Probezeit beträgt 3 Monate. Während der Probezeit kann das Arbeitsverhältnis mit einer Frist von zwei Wochen gekündigt werden. Eine Kündigung vor Arbeitsantritt ist ausgeschlossen.

II. Nach Ablauf der Probezeit gelten die Kündigungsfristen des § 622 BGB. Wird die Kündigungsfrist für den Arbeitgeber aus gesetzlichen oder tariflichen Gründen verlängert, so gilt die Verlängerung der Kündigungszeit auch für den Arbeitnehmer.

III. Das Arbeitsverhältnis endet mit Vollendung des 65. Lebensjahres.[3]

---

[1] Bei Bedarf können die Verträge für Arbeiter aus den Mustern der Angestelltenverträge ergänzt werden.
[2] Zu Umfang und Grenzen des Direktionsrechts vgl. ArbR-Hdb. § 45; zur Inhaltskontrolle von Versetzungsklauseln vgl. § 2 RN 14.
[3] Vgl. Muster § 2 RN 31.

§ 3 Vergütung 4

I. Die Arbeitsvergütung ergibt sich aus der diesem Vertrage als Anlage beigefügten Lohnbekanntmachung.

II. Arbeitnehmer, die auf Montage oder sonst außerhalb des Betriebes arbeiten, sind verpflichtet, die geleisteten Stunden vom ..... *(z. B. Bauführer, Kunden usw.)* bescheinigen zu lassen.

III. Die Zahlung von Sondervergütungen (Gratifikationen, Tantiemen, Urlaubsgeld, Prämien usw.) erfolgt freiwillig und ohne Begründung eines Rechtsanspruches für die Zukunft.

IV. Die Arbeitsvergütung wird jeweils am Letzten eines Monats fällig. Die Zahlung erfolgt bargeldlos.[4] Der Arbeitnehmer wird innerhalb von zwei Wochen nach Beginn des Arbeitsverhältnisses ein Konto einrichten und dies dem Arbeitgeber mitteilen.

V. Zahlungen vor Fälligkeit der Arbeitsvergütung sind Vorschüsse, auch wenn für die Rückzahlung Raten vereinbart werden. Bei Beendigung des Arbeitsverhältnisses bestehende Überzahlungen sind zurückzuzahlen.

§ 4 Arbeitszeit 5

I. Die Arbeitszeit beträgt ..... Stunden in der Woche. Die Lage der Arbeitszeit richtet sich nach der Betriebsvereinbarung Arbeitszeit ...../.....

oder

I. Dauer, Beginn und Ende der Arbeitszeit ergeben sich aus dem Tarifvertrag und der Betriebsvereinbarung Arbeitszeit ...../.....

II. Die Arbeitszeit beginnt und endet am Arbeitsplatz. Soweit Arbeitskleidung getragen werden muss, sind die Zeiterfassungsgeräte in Arbeitskleidung zu bedienen.

oder

Jahresarbeitszeitvertrag mit Zeitkorridor[5]

1. Die regelmäßige wöchentliche Arbeitszeit für einzelne Arbeitnehmer oder den ganzen Betrieb kann je nach Auftragslage oder besonderen betrieblichen Erfordernissen im Rahmen der Jahresarbeitszeit schwanken.

---

[4] Die Einführung der bargeldlosen Lohnzahlung ist mitbestimmungspflichtig (§ 87 Abs. 1 Nr. 4 BetrVG).

[5] Namentlich in tarifgebundenen Unternehmen können dem Jahresarbeitszeitvertrag Tarifnormen entgegenstehen. Es bedarf daher insoweit der Überprüfung, ob tarifliche Öffnungsklauseln bestehen. Da die Arbeitszeit zumeist weit unter die gesetzliche Höchstarbeitszeit gesenkt ist, erwachsen nur in Ausnahmefällen arbeitszeitschutzrechtliche Probleme. Bei einem Jahresarbeitszeitvertrag verliert der Arbeitnehmer den Anspruch auf Überstundenprozente. Die regelmäßige wöchentliche Arbeitszeit wird verschoben. Bei Minusstunden muss der Arbeitgeber, bei Plusstunden der Arbeitnehmer einen Kredit einräumen. Wenn die Ausgleichszeiträume zu groß gewählt werden, kann es zu Schwierigkeiten des Arbeitnehmers im Fall der Insolvenz kommen (Ausfallgeld). Die Berechnung der Ausfallstunden sollte geregelt werden. Nach richtiger Auffassung wird die Entgeltfortzahlung sowohl nach dem Referenzprinzip (Urlaub) als auch nach dem Lohnausfallprinzip (Entgeltfortzahlung im Krankheitsfalle) nach der regelmäßigen Arbeitszeit berechnet. Die Abrechnungsklausel ist häufig im tariflichen Bereich umstr. Die Gewerkschaften verlangen, dass der Arbeitgeber die Minusstunden abarbeiten lässt; wenn er dies nicht tut, sollen die Minusstunden ersatzlos entfallen. Es muss insoweit ein angemessener Ausgleich gesucht werden. In jedem Fall ist auf die erzwingbaren Mitbestimmungsrechte des Betriebsrats Bedacht zu nehmen. Die sozialversicherungsrechtliche Absicherung ist durch das Flexigesetz erfolgt (vgl. auch *Preis,* Der Arbeitsvertrag, 2002, II A 90, RN 150 ff.).

2. Die Wochenarbeitszeit kann zwischen 30 und 44 Stunden schwanken. Im Ausgleichszeitraum von 12 Monaten muss ein Durchschnitt von 37 Stunden erreicht werden.

3. Die Arbeitnehmer erhalten entsprechend der regelmäßigen Wochenarbeitszeit ein gleich hohes Arbeitsentgelt.

Auf einem Zeitkonto wird der Zeitkontenstand jedes Mitarbeiters geführt und der monatliche Saldo in der Lohnabrechnung ausgedruckt.

4. Hat der Arbeitnehmer Anspruch auf Entgeltfortzahlung ohne Arbeitsleistung werden ihm 7,4 Stunden Arbeitszeit gutgeschrieben.

5. Am Ende des jährlichen Ausgleichszeitraumes wird das Lohnkonto abgerechnet. Mehrarbeitsstunden, die bis dahin – wegen betrieblicher Erfordernisse – nicht abgebaut sind, werden mit einem Zuschlag von 25 % ausgezahlt. Minderarbeitsstunden werden in den nächsten Abrechnungszeitraum übertragen und nach Ablauf von drei Monaten vom Lohn abgezogen.

> **Alternativ:**
> Die Regelung kann gegebenenfalls um Bestimmungen zu Über- und Mehrarbeit ergänzt werden *(vgl. z. B. Muster § 2 RN 19).*

6   § 5 Gehaltspfändung und Abtretung

I. Die Abtretung und Verpfändung von Lohn- und sonstigen Vergütungsansprüchen ist ausgeschlossen.

II. Für die Bearbeitung einer Lohnpfändung werden ..... €, für jede Überweisung ..... € einbehalten.[6]

oder

II. Für die Bearbeitung einer Lohnpfändung wird dem Arbeitnehmer 1% der Pfandsumme als Bearbeitungskosten in Rechnung gestellt.

7   § 6 Urlaub

Der Erholungsurlaub beträgt ..... Arbeitstage im Jahr.

8   § 7 Nebenbeschäftigung

Während der Dauer des Arbeitsverhältnisses ist jede Nebenbeschäftigung unzulässig, durch die die Arbeitsleistung des Arbeitnehmers beeinträchtigt werden kann oder die Interessen der Firma in sonstiger Weise beeinträchtigt werden können.

oder

Nebentätigkeiten bedürfen der vorherigen Zustimmung des Arbeitgebers.

9   § 8 Kündigungsfristen

Der Arbeitsvertrag kann mit den Fristen des Tarifvertrages ..... gekündigt werden. Diese betragen .....

oder

---

[6] Vgl. zur Zulässigkeit § 2 RN 20.

Der Arbeitsvertrag kann mit den Fristen aus § 622 BGB gekündigt werden. Diese betragen .....

§ 9 Anwendbare Regelungen
10

Für die Arbeitsbedingungen im Übrigen gelten die jeweiligen Tarifverträge, Betriebsvereinbarungen und Arbeitsordnungen, die für den Betrieb maßgeblich sind.[7]

§ 10 Personalblatt
11

Die Angaben im Personalblatt sind Bestandteil des Arbeitsvertrages.

§ 11 Vertragsstrafe
12

(vgl. Muster § 2 RN 30)

§ 12 Vertragsänderung
13

(vgl. Muster § 2 RN 37)

§ 13 Ärztliche Untersuchung
14

(vgl. Muster § 2 RN 79)

§ 14 Sonstiges
15

Der Arbeitnehmer ist verpflichtet, jede Änderung seiner Anschrift gesondert[8] mitzuteilen. Mitteilungen oder sonstige Erklärungen an die letzte Anschrift des Arbeitnehmers gelten mit dem 2. Tage nach ihrer Absendung als zugegangen.[9]

oder auch

Der Arbeitnehmer erklärt sich zur Vermeidung von Diebstählen bereit, sich Leibesvisitationen, Taschen- und Gepäckkontrollen zu unterwerfen.[10]

oder auch

Der Arbeitnehmer verpflichtet sich, dem Arbeitgeber unaufgefordert die jeweilige Anschrift mitzuteilen, wenn er wegen Urlaub, Krankheit oder sonstigen Umständen vorübergehend oder auf Dauer in der bisher dem Arbeitgeber bekannten Anschrift nicht erreichbar ist.

oder auch

Der Arbeitnehmer ist nicht berechtigt, ohne besondere Erlaubnis sein Kraftfahrzeug auf dem Betriebsgelände abzustellen. Wird das Fahrzeug unerlaubt auf dem Betriebsgelände abgestellt, ist der Arbeitgeber berechtigt das Fahrzeug zu entfernen. Eine Haftung des Arbeitgebers ist für jegliche Schäden ausgeschlossen.

---

[7] Wegen der möglichen Flexibilisierung der Arbeitszeit ist diese nur durch Verweisung geregelt (vgl. § 2 RN 41 ff.).

[8] Der Arbeitgeber muss sich eine aus der Arbeitsunfähigkeitsbescheinigung ergebende Anschriftenänderung entgegenhalten lassen (vgl. BAG, Urteil v. 18. 2. 1977 – 2 AZR 770/75 – AP BGB § 130 Nr. 10).

[9] Zugangsfiktionen dürften – jedenfalls soweit es Kündigungen betrifft – einer Inhaltskontrolle nach §§ 305 ff. BGB nicht standhalten (vgl. § 2 RN 38).

[10] Vgl. ArbR-Hdb. § 55 RN 11.

16 § 15 Gerichtsstand

(vgl. Muster § 2 RN 36)

....., den .....

Arbeitgeber   Arbeitnehmer

II. Bekanntmachung der Arbeitsvergütung an Arbeitnehmer

17 Die Arbeitsvergütung besteht aus:

1. Vergütung der Lohngruppe ..... in Höhe von ..... €
2. Tariflicher Zulage
3. Übertariflicher, im Falle der Tariflohnerhöhung jederzeit anrechenbarer Zulage[11]
4. Leistungszulage
5. Sonstigem.

III. Arbeitsvertrag für gewerbliche Arbeitnehmer und Angestellte unter Verweisung auf Tarifverträge usw.

18 Zwischen

der Firma .....

                           – nachfolgend Arbeitgeber genannt –

und

Herrn/Frau .....

                           – nachfolgend Arbeitnehmer genannt –

wird nachfolgender Arbeitsvertrag geschlossen:

1. a) Herr/Frau ..... wird mit Wirkung vom ..... als ..... eingestellt. Ihm/Ihr obliegen folgende Aufgaben .....
   b) Arbeitsort ist ..... Der Arbeitnehmer kann jedoch auch in ..... beschäftigt werden.
2. Für das Arbeitsverhältnis und ggf. Ruhestandsverhältnis gelten die für den Betrieb geltenden Tarifverträge, Betriebsvereinbarungen, Arbeits- und Ruhegeldordnungen in ihrer jeweiligen Fassung, sofern im Einzelfall ausdrücklich nichts anderes vereinbart worden ist. Diese können im Personalbüro/beim Betriebsrat eingesehen werden.
3. Als Arbeitsvergütung wird vereinbart:
   a) Tariflohn der Lohngruppe .....
   b) Tarifliche Zulagen (Erschwerniszulagen usw.) .....
   c) Übertarifliche Zulagen .....
   d) Leistungszulage oder sonstige betriebliche Zulagen .....
   e) Sonstiges .....
4. Die tariflichen Zulagen werden nur für die Dauer der tariflichen Voraussetzungen der Zulage gezahlt. Eine gleichwohl weiter gezahlte Zulage gilt als überta-

---

[11] Zur Mitbestimmungspflicht vgl. BAG GS, Urteil v. 3. 12. 1991 – GS 2/90 – AP BetrVG 1972 § 87 Lohngestaltung Nr. 51; BAG GS, Urteil v. 3. 12. 1991 – GS 1/90 – AP BetrVG 1972 § 87 Lohngestaltung Nr. 52; die Entscheidung des GS hat zu zahlreichen Folgeentscheidungen von Detailfragen geführt.

rifliche Zulage. Die übertarifliche Zulage wird freiwillig, unter dem Vorbehalt des jederzeitigen Widerrufs gezahlt. Sie wird mit etwaigen Tariflohnerhöhungen verrechnet.

5. Dauer, Beginn und Ende der Arbeitszeit richtet sich nach dem Tarifvertrag und der Betriebsvereinbarung Arbeitszeit ...../.....

6. Der Urlaub richtet sich nach dem Tarifvertrag ..... Der Urlaub beträgt ..... Werktage im Kalenderjahr.

7. Vor Beginn des Arbeitsverhältnisses ist die Kündigung ausgeschlossen. Der erste Monat der Beschäftigung gilt als Probezeit.

   Die Kündigung richtet sich nach dem Tarifvertrag vom ..... Die Kündigungsfristen betragen .....

8. Die Ausübung einer Nebentätigkeit[12] bedarf der vorherigen Zustimmung der .....

9. Der Arbeitnehmer erklärt sich bereit, sich auf Verlangen des Arbeitgebers ärztlich untersuchen zu lassen. Die hierdurch anfallenden Kosten trägt der Arbeitgeber.

   Der Arbeitnehmer befreit den untersuchenden Arzt von der ärztlichen Schweigepflicht, soweit das Untersuchungsergebnis Einfluss auf seine Einsatzfähigkeit haben kann.

10. Der Arbeitnehmer ist verpflichtet, jede Änderung seiner Anschrift mitzuteilen.[13]

....., den .....

Arbeitgeber   Arbeitnehmer

IV. Arbeitsvertrag mit einem Arbeiter

Zwischen   19
Herrn/Frau ..... (Arbeitnehmer)
und
der Firma ..... (Arbeitgeber)
wird folgender Arbeitsvertrag geschlossen.

§ 1 Inhalt des Arbeitsverhältnisses   20

I. Der Arbeitnehmer wird als ..... eingestellt.
Ihm obliegen folgende Aufgaben .....

II. Arbeitsort ist ..... Der Arbeitnehmer kann aber auch an folgenden Orten beschäftigt werden.

§ 2 Beginn und Ende des Arbeitsverhältnisses   21

I. Das Arbeitsverhältnis beginnt mit dem ..... Vor Beginn des Arbeitsverhältnisses ist eine Kündigung ausgeschlossen.

II. Die ersten drei Monate des Arbeitsverhältnisses gelten als Probezeit.

---

[12] Vgl. ArbR-Hdb. § 43 RN 4 ff.; vgl. auch § 2 RN 28.
[13] Vgl. § 2 RN 38.

III. Das Arbeitsverhältnis endet mit Ablauf der Probezeit, sofern es nicht zuvor verlängert wird. Während der Probezeit kann das Arbeitsverhältnis mit zweiwöchentlicher Frist gekündigt werden.

oder statt II. und III.

II. Die ersten drei Monate gelten als Probezeit. Während der Probezeit kann das Arbeitsverhältnis mit zweiwöchentlicher Frist gekündigt werden.

IV. (bzw. III.) Die Kündigungsfristen richten sich nach § 622 BGB. Diese betragen .....

22   § 3 Arbeitszeit

I. Die Arbeitszeit beträgt ..... Wochenstunden.

II. Der Arbeitnehmer ist verpflichtet, Mehr- und Überstunden in gesetzlich vorgesehenem Umfang zu leisten.

III. Der Arbeitnehmer ist verpflichtet, Nacht-/Schicht-/Sonntagsarbeit im gesetzlich zulässigen Umfang zu leisten.

23   § 4 Vergütung

I. Der Arbeitnehmer erhält einen Stundenlohn von ..... €.

II. Darüber hinaus erhält er eine Zulage in Höhe von ..... €.

24   § 5 Urlaub

Der Erholungsurlaub beträgt ..... Werktage im Kalenderjahr.

25   § 6 Vertragsstrafe[14]

Tritt der Arbeitnehmer ohne rechtfertigenden Grund die Arbeit nicht an oder löst er vertragswidrig das Arbeitsverhältnis, so verpflichtet er sich, eine Vertragsstrafe in Höhe eines Wochenlohnes an den Arbeitgeber zu zahlen. Hiervon unberührt bleibt die Verpflichtung zum Ersatz eines weitergehenden Schadens.

26   § 7 Anwendbare Bestimmungen

Im Übrigen gelten die Bestimmungen des für den Betrieb geltenden Rahmen-, Lohnrahmen- und Lohntarifvertrages für ..... in seiner jeweils gültigen Fassung. Daneben gelten die für den Betrieb abgeschlossenen Betriebsvereinbarungen.

....., den .....
Arbeitgeber   Arbeitnehmer

§ 7. Arbeitsverträge mit Ärzten

I. Arbeitsvertrag mit einem Chefarzt im kirchlichen Bereich

Allgemein: *Narr,* Arztrecht, Loseblattausgabe; *Rieger,* Lexikon des Arztrechts, 2. Aufl., 2001.

Musterverträge sind insbesondere herausgegeben von dem Verband der leitenden Krankenhausärzte, der Deutschen Krankenhausgesellschaft, dem Deutschen Evangelischen Kran-

---

14 Zur Zulässigkeit vgl. § 2 RN 30.

kenhausverband und dem Caritasverband. Veröffentlicht sind Verträge von *Rieger,* Verträge zwischen Ärzten und Krankenhausträgern, Heidelberger-Musterverträge, Heft 42; Mustervertrag ArztR 1993, 363, 1997, 321; *Münzel,* Chefarzt- und Belegarztvertrag, Beck'sche Mustervertäge, Bd. 23, 2. Aufl., 2001; *Bölke/Robbers,* Die stationäre Krankenhausbehandlung; *Baur,* Chefarztvertrag/Belegarztvertrag – Vertragsmuster, 2002; *Wein/Wagner/Zartmann,* Das Rechtsformularbuch, 14. Aufl., 1998.

1. Grundvertrag

Zwischen   1

der kath. Kirchengemeinde[1] St...... in ..... als Träger des ..... Hospitals in .....
vertreten durch den Kirchenvorstand 1. ..... 2. ..... 3. .....

– im Folgendem Krankenhaus genannt –

und

Herrn/Frau Dr......, geb. am ....., Gebietsarzt für ....., anerkannt seit .....,
wohnhaft in .....

– im Folgenden Arzt genannt –

wird nachfolgender Arbeitsvertrag geschlossen.

§ 1 Gegenstand des Vertrages[2]   2

I. Der Arzt wird mit Wirkung vom ..... als Chefarzt der Abteilung ..... des Krankenhauses eingestellt.[3] Er führt die Dienstbezeichnung leitender Arzt der ..... Abteilung des ..... in .....

II. Die Einstellung erfolgt für die Dauer eines Jahres auf Probe.[4] Nach Ablauf dieser Zeit erlischt das Arbeitsverhältnis, sofern es nicht zuvor verlängert wird.[5, 6]

III. Wird das Arbeitsverhältnis verlängert, so wird es für die Dauer von fünf Jahren abgeschlossen. Während dieser Zeit kann das Arbeitsverhältnis mit einer Frist von einem Jahr zum Schluss des 5. Jahres gekündigt werden. Der Angabe von Gründen bedarf es nicht. Das Recht zur außerordentlichen Kündigung bleibt unberührt (§ 12).

---

[1] Die Krankenhäuser sind häufig rechtlich unselbstständige Einrichtungen der Kirchen. Die Vertretungsregelung findet sich in den einschlägigen Kirchengesetzen. Es wurde eine kath. Gemeinde gewählt, um die Vertretung und die i. d. R. notwendigen Zustimmungen zu zeigen.

[2] Vielfach wird im Arbeitsvertrag auf §§ 6–10, 14, 18, 52, 66–70 BAT verwiesen. Soll der Arzt Anspruch auf Jubiläumszuwendungen haben, wird auch § 39 BAT in Bezug genommen. Im Bereich der Einrichtungen, die dem diakonischen Werk der evangelischen Kirchen in Deutschland angeschlossen sind, wird häufig auf die entsprechenden Arbeitsvertragsrichtlinien (AVR) ganz oder teilweise verwiesen.

[3] Zur Bestellungszusage an Oberarzt vgl. BAG, Urteil v. 2. 9. 1976 – 3 AZR 411/75 – AP BGB § 611 Arzt-Krankenhaus-Vertrag Nr. 2.

[4] Bei dem Muster wurde zunächst ein befristetes Arbeitsverhältnis zur Erprobung vereinbart. Eine solche Befristung zur Erprobung ist nach § 14 Abs. 1 Nr. 5 TzBfG zulässig. In der Regel ist eine Erprobungszeit von sechs Monaten ausreichend und genügend. Nur dann, wenn der Arbeitgeber Eignung und Leistung eines Arbeitnehmers wegen der besonderen Anforderungen des Arbeitsplatzes – im Medienbereich, etwa bei künstlerischer oder wissenschaftlicher Tätigkeit – innerhalb von sechs Monaten nicht genügend beurteilen kann, darf eine längere Probezeit vereinbart werden (vgl. BAG, Urteil v. 15. 3. 1978 – 5 AZR 831/76 – AP BGB § 620 Befristeter Arbeitsvertrag Nr. 45; BAG, Urteil v. 26. 4. 1979 – 2 AZR 431/77 – AP BGB § 620 Befristeter Arbeitsvertrag Nr. 47; BAG, Urteil v. 7. 5. 1980 – 5 AZR 593/78 – AP BGB § 611 Abhängigkeit Nr. 36). Hintergrund ist, dass das KSchG, das nach einer Betriebszugehörigkeit von sechs Monaten eingreift, nicht umgangen werden soll.

[5] Soll die Kündigung während der Probezeit vorbehalten bleiben: „Während der Probezeit ist das Arbeitsverhältnis mit einer Frist von ..... zum Monatsschluss kündbar (§ 622 BGB)."

[6] Der Vertrag kann auch auf unbestimmte Zeit mit vorgeschalteter Probezeit geschlossen werden (vgl. § 2 RN 11).

IV. Nach Ablauf des 5-Jahres-Vertrages geht das Arbeitsverhältnis in ein Arbeitsverhältnis auf unbestimmte Dauer über. Es endet mit dem Ende des Quartals, in dem der Arzt das 65. Lebensjahr vollendet hat oder ihm vom Rentenversicherungsträger oder einem sonstigen Versorgungsträger ein Bescheid über Berufs- oder Erwerbsunfähigkeit zugestellt wird.[7] Das Recht der ordentlichen Kündigung des Vertrages durch das Krankenhaus ist ausgeschlossen.[8] Der Arzt ist berechtigt, das Arbeitsverhältnis mit sechsmonatiger/jährlicher Frist zum Ende des Kalenderjahres zu kündigen.

3   § 2 Pflichten des Arztes[9]

I. Der Arzt verpflichtet sich, die im Krankenhaus aufgenommenen Patienten seines Fachgebietes zu betreuen, am Krankenhaus konsiliarisch tätig zu werden sowie Zeugnisse und Gutachten für das Krankenhaus zu erstellen.

---

[7] Das Anknüpfen an die Berufs- oder Erwerbsunfähigkeit ist zu unbestimmt.

[8] In neueren Verträgen wird die Unkündbarkeit in Anlehnung an § 43 Abs. 3 BAT erst nach einer 15-jährigen Beschäftigungszeit und Vollendung des 40./45. Lebensjahres eingeräumt.

[9] Sofern nicht die Verweisung auf eine Dienstanweisung gewählt wird, werden die Pflichten des Arztes detailliert geregelt, gegliedert nach ärztlicher Versorgung, Durchführung der ärztlichen Versorgung, Verwaltungsaufgaben, Nebenpflichten bei Aus- und Weiterbildung, Mitwirkungspflichten und Mitwirkungsrechte bei personellen Angelegenheiten.

(1) Der Arzt ist für die medizinische Versorgung der Kranken und den geordneten Dienstbetrieb seiner Abteilung verantwortlich. Im Rahmen seiner ärztlichen Tätigkeit bei Diagnostik und Therapie ist er unabhängig und nur an staatliche und kirchliche Rechtsvorschriften gebunden. Im Übrigen unterliegt er den Weisungen des Krankenhausträgers und des ärztlichen Direktors des Krankenhauses. Der Arzt verpflichtet sich, mit dem Krankenhausträger, den übrigen leitenden Ärzten und Belegärzten, dem Leiter der Verwaltung und des pflegerischen Dienstes zusammenzuarbeiten. Soweit dies erforderlich ist, hat er das Recht und die Pflicht, andere Ärzte innerhalb oder außerhalb des Krankenhauses zur Beratung, Untersuchung oder Mitbehandlung hinzuzuziehen.

Alternative zu (1), vor allem im kirchlichen Bereich:

(1) Der Arzt ist in seiner ärztlichen Tätigkeit unabhängig. Er hat dabei die Grundsätze und Lehren der ..... Kirche zu beachten und auch sein außerdienstliches Verhalten danach einzurichten.

Der Arzt untersteht der Dienstaufsicht des Trägers oder des von diesem beauftragten oder satzungsgemäß bestellten Ausschusses sowie des Krankenhausdirektoriums.

Der Arzt ist verpflichtet, mit dem Träger, seinen Beauftragten und allen im Krankenhaus Tätigen zusammenzuarbeiten, damit die Leistungsfähigkeit und das Ansehen des Krankenhauses gewahrt und gefördert werden.

Bei Meinungsverschiedenheiten zwischen dem Arzt und anderen Abteilungs- und Belegärzten entscheidet in ärztlich organisatorischen Fragen der leitende Arzt des Krankenhauses, sonst der Ausschuss oder das Krankenhausdirektorium. Bei Meinungsverschiedenheiten zwischen dem Arzt und dem leitenden Arzt entscheidet das Krankenhausdirektorium; bei solchen zwischen dem Leiter des Geschäfts- und Verwaltungsdienstes oder der leitenden Fachkraft der .....

(2) Der Arzt ist verpflichtet, nach Maßgabe der Aufgabenstellung des Krankenhauses und seiner Abteilung unter Beachtung aller Rechtsvorschriften im Rahmen des jeweils geltenden Pflegekostentarifes

a) alle Kranken seiner Abteilung im Rahmen der Krankenhauspflege ärztlich zu versorgen;

b) Kranke anderer Abteilungen des Krankenhauses oder anderer Krankenhäuser zu untersuchen oder mitzubehandeln sowie die jeweiligen leitenden Ärzte anderer Abteilungen zu beraten, soweit sein Fachgebiet berührt wird. In Belegabteilungen ist er nur auf Verlangen des Belegarztes oder des Krankenhausträgers zur Tätigkeit verpflichtet;

c) stationär und nichtstationär Kranke anderer Krankenhäuser zu untersuchen und zu behandeln, soweit dies durch das andere Krankenhaus in seiner Abteilung veranlasst wird;

d) eingesandte Materialien oder Präparate von stationären Patienten anderer Krankenhäuser zu untersuchen und zu begutachten;

e) Mitarbeiter des Krankenhauses, soweit diese keinen gesetzlichen Anspruch auf Krankenhilfe oder Beihilfe im Krankheitsfall haben, kostenlos zu untersuchen und stationär wie nicht stationär zu behandeln;

f) bei der Erbringung ambulanter ärztlicher Leistungen und ärztlicher Sachleistungen durch das Krankenhaus mitzuwirken;

g) in seiner Abteilung die Leichenschau vorzunehmen und die Todesbescheinigungen auszustellen.

Schrader

II. Der Arzt verpflichtet sich weiter,

1. Schwestern, Pfleger und sonstiges Personal des Krankenhauses, sofern es nicht pflichtversichert ist, auf Wunsch ambulant und stationär unentgeltlich zu behandeln, es sei denn, dass diesen Personen Erstattungsansprüche gegen Dritte zustehen;
2. die Aus- und Weiterbildung der nachgeordneten ärztlichen, pflegerischen und medizinisch-technischen Mitarbeiter zu fördern und auf Verlangen im Ein-

---

h) in Notfällen außerhalb des Durchgangsarztverfahrens und des Unfallheilverfahrens nach den jeweiligen Verträgen zwischen der Kassenärztlichen Bundesvereinigung und den Bundesverbänden der gesetzlichen Krankenversicherung die ambulante Behandlung durchzuführen.

Alternative zu (2)
Der Arzt hat alle Patienten seiner Abteilung nach dem jeweils neuesten Stand der medizinischen Wissenschaft zu untersuchen und zu behandeln sowie sie regelmäßig persönlich zu besuchen. Ihm obliegt die Erstellung von Gutachten bei stationärer Aufnahme, sowie die Untersuchung und Mitbehandlung der Kranken anderer Abteilungen sowie die Beratung der im Krankenhaus tätigen Ärzte, soweit sein Fachgebiet berührt wird.
Der Arzt wirkt mit bei der Erbringung ärztlicher Leistungen, ärztlicher Sachleistungen und physikalisch medizinischer Behandlung durch das Krankenhaus. Dasselbe gilt für ärztliche Leistungen, die dem Krankenhaus auf Grund gesetzlicher Bestimmungen übertragen sind.

(3) Der Arzt ist weiter verpflichtet:
a) auf Verlangen des Krankenhausträgers am Bereitschaftsdienst und an der Rufbereitschaft teilzunehmen.
Alternative zu a)
a) Der Arzt hat die personelle Besetzung des Bereitschaftsdienstes und der Rufbereitschaft seiner Abteilung sicherzustellen. Im erforderlichen Umfang hat er daran teilzunehmen.
b) die notwendigen Visiten, mindestens aber ..... Visiten wöchentlich, in seiner Abteilung selbst durchzuführen.
c) die gegenüber den Kranken bestehenden Aufklärungspflichten unter Beachtung der von der Rechtsprechung erarbeiteten Rechtsgrundsätze zu erfüllen und die nachgeordneten Ärzte über die Belehrungspflichten zu unterrichten und sie zu deren Erfüllung anzuhalten. Der Umfang der Belehrung der Patienten ist in der Krankengeschichte zu verzeichnen.
d) für jeden Patienten eine Krankengeschichte zu führen. Sie ist Eigentum des Krankenhauses. Auf Verlangen des Arztes werden im Falle eines berechtigten Interesses auf seine Kosten − auch nach seinem Ausscheiden − Abschriften, Auszüge und Ablichtungen erstellt und ausgehändigt. Das Gleiche gilt für Röntgenaufnahmen, Eletrokardiogramme und ähnliche Aufzeichnungen. Die Vorschriften des Datenschutzes bleiben unberührt.

(4) Der Arzt ist innerhalb seiner Abteilung verantwortlich
a) für den geordneten Ablauf des Dienstbetriebes;
b) für die Einhaltung der Hausordnung;
c) für die Einhaltung der Grundsätze der Hygiene.
Er hat die ärztliche Anzeige- und Meldepflichten zu erfüllen und die für den ärztlichen Bereich erlassenen Vorschriften einzuhalten und deren Durchführung in seiner Abteilung sicherzustellen. Der Arzt hat in seiner Abteilung nicht belegte Betten anderer Abteilungen bei Bedarf zur zeitweiligen Belegung zu überlassen, soweit dem nicht gesetzliche Vorschriften oder zwingende medizinische Bedenken entgegenstehen.

(5) Dem Arzt obliegen weiter folgende Aufgaben:
a) Die Aus- und Weiterbildung der nachgeordneten ärztlichen, pflegerischen und medizinisch-technischen Mitarbeiter zu fördern und auf Verlangen im Einvernehmen mit dem Krankenhaus in zumutbarer Weise Unterricht an ..... zu erteilen.
b) An der Ausbildung von Studenten der Medizin im Rahmen der Approbationsordnung und der zwischen dem Krankenhausträger und dem Land oder der Universität getroffenen Vereinbarungen mitzuwirken.
c) Den Krankenhausträger in allen ärztlichen Angelegenheiten zu beraten.
d) Auf Verlangen des Krankenhausträgers Personen, die sich beim Krankenhaus bewerben oder die im Krankenhaus tätig sind, zu untersuchen und ärztliche Zeugnisse und Gutachten zu erstellen, insbesondere die vorgeschriebenen regelmäßigen Untersuchungen vorzunehmen.
e) Die Fachkunde in arbeitsmedizinischen Fragen zu erwerben und die Aufgaben nach den Arbeitssicherheitsvorschriften zu übernehmen, sofern ihm dies zumutbar ist.

(6) Der Arzt hat für eine ausreichende, zweckmäßige und wirtschaftliche Verordnungsweise zu sorgen.

Schrader

vernehmen mit dem Krankenhaus in zumutbarer Weise Unterricht zu erteilen;[10]

3. für jeden Kranken eine Krankengeschichte zu fertigen. Die Krankengeschichte geht in das Eigentum des Krankenhauses über;[11]

4. für eine wirtschaftliche Verordnungsweise im Rahmen der ärztlichen Notwendigkeit zu sorgen, auf sparsame Verwendung der zur Verfügung stehenden Mittel zu achten und der Krankenhausverwaltung zur Sicherung der Kostenansprüche vollständige Angaben über die veranlassten Maßnahmen zu machen;

5. auf seinem Fachgebiet auch in anderen Abteilungen Kranke zu untersuchen und mitzubehandeln; in Belegarztabteilungen jedoch nur auf Verlangen des Belegarztes oder der Krankenhausverwaltung;

6. Kranke anderer Krankenhäuser stationär und nichtstationär zu behandeln, sofern die beteiligten Krankenhäuser die Behandlung in der Abteilung vereinbaren;[12]

7. In seiner Abteilung die Leichenschau vorzunehmen und die Todesbescheinigung auszustellen.

III. Krankenhaus und Arzt sind sich darüber einig, dass die Dienstanweisung in ihrer jeweiligen Fassung Bestandteil des Arbeitsvertrages ist. Der Arzt verpflichtet sich, die Dienstanweisung zu beachten.[13]

---

[10] Evtl. kann auch eine Mitwirkung bei der Ausbildung von Studenten aufgenommen werden.

[11] Die Verletzung der Dokumentationspflicht kann mit einer Abmahnung oder Kündigung geahndet werden (vgl. LAG Frankfurt, Urteil v. 18. 7. 1997 – 17/12 Sa 1507/96 – zitiert nach juris). Die ordnungsgemäße Dokumentation ist insbesondere in Arzthaftungsprozessen relevant (vgl. BGH, Urteil v. 24. 1. 1984 – VI ZR 203/82 – NJW 1984, 1403). Es begründet ein Organisationsverschulden des Klinikträgers, wenn ein leitender Arzt die Vornahme verlässlicher Kontrolluntersuchungen und deren Dokumentation nicht sicherstellt.

[12] Erstellt ein Arzt in einer neurologischen Klinik im Rahmen des Betreuungsgesetzes Gutachten, so steht ihm nach dem BAT kein Liquidationsrecht zu (BAG, Urteil v. 20. 2. 1997 – 6 AZR 808/95 – n. a. v.).

[13] In die Dienstanweisungen sind Regelungen über
a) Durchführung der Visiten,
b) Übertragung von Diensten auf nachgeordnete Ärzte,
c) Bereitschaftsdienst und Rufbereitschaft,
d) ärztliche Anzeige und Meldepflichten,
e) Ausstellung von Bescheinigungen und Attesten,
f) Aufklärungs- und Beratungspflichten gegenüber Patienten,
g) Einhaltung der Vorschriften der Hygiene usw.,
h) Einhaltung der Unfallverhütungsvorschriften,
i) Teilnahme am Rettungsdienst (vgl. Rettungsdienstgesetze der Länder) aufzunehmen.
j) Unter Umständen kann es sich auch empfehlen, die Mitwirkung in den personellen Angelegenheiten des Krankenhauses zu regeln, z. B. wie folgt:
I. Die Mitarbeiter für den stationären und ambulanten Dienst stellt nur der Träger ein. Der Arzt hat das Recht, vor Einstellung, Versetzung, Abordnung, Beurlaubung oder Entlassung ärztlicher Mitarbeiter seiner Abteilung Vorschläge zu unterbreiten. Die Einstellung soll im Einvernehmen mit ihm erfolgen. Vor entsprechenden Maßnahmen bei Mitarbeitern im medizinisch-technischen Dienst oder bei Pflegepersonen in herausgehobener Stellung wird der Arzt gehört.
II. Der Arzt hat bei der Diensteinteilung und Übertragung von Aufgaben an ärztliche und nichtärztliche Mitarbeiter deren Ausbildungsstand sowie deren Dienst-, Arbeits- und Ausbildungsverträge zu beachten. Bei Angehörigen geistlicher Orden und Gemeinschaften hat er auf die abgeschlossenen Gestellungsverträge Rücksicht zu nehmen und bei der Diensteinteilung darauf zu achten, dass sie ihren religiösen Verpflichtungen genügen können.
III. Der Arzt ist gegenüber allen Mitarbeitern seiner Abteilung in ärztlichen Angelegenheiten weisungsbefugt. Hiervon unberührt bleibt das Weisungsrecht des Trägers des Krankenhauses und dem von ihm bestellten Krankenhausgremium.
IV. Zeugnisse für die Anerkennung als Gebietsarzt stellt der Arzt aus. Im Übrigen ist der Arzt nicht berechtigt, Zeugnisse zu erteilen. Auf Verlangen des Krankenhauses hat er unter Beachtung der arbeitsrechtlichen Grundsätze fachliche Beurteilungen der Mitarbeiter abzugeben.

IV. Der Arzt verpflichtet sich, die Aufgaben des Betriebsarztes nach dem Gesetz über Betriebsärzte, Sicherheitsingenieure und andere Fachkräfte für Arbeitssicherheit vom 12. 12. 1973 (BGBl. I 1885) zul. geänd. 25. 11. 2003 (BGBl. I 2304) zu übernehmen.

§ 3 Vergütung[14, 15]   **4**

I. Das Krankenhaus verpflichtet sich, dem Arzt eine Vergütung in Anlehnung an Besoldungsgruppe ..... zu zahlen. Das Besoldungsdienstalter wird festgesetzt auf den ..... *(i.d.R. Tag der Approbation).*

oder

I. Das Krankenhaus verpflichtet sich, dem Arzt eine Vergütung entspr. der Vergütungsgruppe ..... BAT der Anlage 1a zum BAT (VKA/TdL) zu zahlen. Hierzu gehört die Grundvergütung nach § 27 BAT, der Ortszuschlag nach § 29 BAT sowie eine Zuwendung und ein Urlaubsgeld entsprechend den tariflichen Regelungen zum BAT in ihrer jeweiligen Fassung.

II. Das Krankenhaus gewährt dem Arzt und seinen Hinterbliebenen Alters- und Hinterbliebenenversorgung in Anlehnung an die beamtenrechtliche Regelung. Hierbei wird die Besoldungsgruppe ..... zugrunde gelegt *(Anrechnung der Sozialversicherungsrente).*

oder

II. Der Arzt bleibt bei der Bundesversicherungsanstalt für Angestellte versichert. Die Zahlung der Beiträge zur Angestelltenversicherung richtet sich nach der gesetzlichen Regelung. Das Krankenhaus übernimmt die Hälfte der Beiträge der vom Arzt bereits unterhaltenen Versicherungen bei der ..... Ärzteversorgung und Zusatzversorgungskasse der .....

oder

II. Der Arzt wird in der gesetzlichen Rentenversicherung versichert. Für die zusätzliche Alters- und Hinterbliebenenversorgung gilt der Tarifvertrag über die be-

---

Hinweis: Der Chefarzt in einem Krankenhaus ist kein leitender Angestellter im Sinne von § 14 Abs. 2 KSchG (vgl. LAG Baden-Württemberg, Urteil v. 13. 2. 1992 – 11 Sa 79/91 – LAGE § 14 KSchG Nr. 2).

[14] Zu unterscheiden sind vor allem Chefarztverträge mit und ohne Liquidationsrecht. Der Vorstand des Deutschen Evangelischen Krankenhausverbandes hat auf Grund eines Beschlusses vom 30. 5. 1975 empfohlen, mit Chefärzten im Gesamtgehalt unter Wegfall des Liquidationsrechts zu vereinbaren. Ober- und Assistenzärzte erhalten grundsätzlich Vergütung nach dem BAT oder Arbeitsvertragsrichtlinien des Caritasverbandes bzw. des Diakonischen Werkes der ev. Kirche. Auch die Musterverträge für Chefärzte der Deutschen Krankenhausgesellschaft empfehlen, das Liquidationsrecht der Chefärzte einzuschränken (vgl. *Besemann*, Neue Muster für Chefarztverträge, Marburger Bund Zeitung, Ausgabe 10/2002).
Ist dem Arzt ein Liquidationsrecht nicht eingeräumt, gliedert sich die Vergütung in eine Basisvergütung und eine nicht versorgungsfähige Zulage: „Der Arzt erhält eine Basisvergütung in Höhe des jeweiligen Gehaltes der Vergütungsgruppe I BAT oder AVR zuzüglich des Ortszuschlages nach Gruppe ....., darüber hinaus erhält der Arzt eine nicht versorgungsfähige Zulage in Höhe von ..... v. H. der Basisvergütung. Mit der nicht versorgungsfähigen Zulage sind Mehr-, Samstags-, Sonntags-, Feiertags-, Nachtarbeit sowie Bereitschaftsdienst und Rufbereitschaft abgegolten."
Üblich sind Zulagen in Höhe von 80 – 150 v. H. der Basisvergütung. Die Höhe richtet sich nach Größe und Bedeutung des Krankenhauses, Qualifikation und Einsatz des Arztes, dem Umfang seiner Nebentätigkeit und der Nebeneinnahmen.
[15] *Jansen* MedR 1986, 49; *ders.* MedR 1993, 51; *Münzel* NJW 1993, 2969; *Junghanns* ArztR 2000/4, 88 ff.; *Rieger* DMW 2000/33, 988 ff.; *ders.* DMW 2000/1/2, 26; *Biemann/Ulsenheimer/Weißauer* MedR 2000, 107.

triebliche Altersversorgung der Beschäftigten des öffentlichen Dienstes (ATV) vom 1. 3. 2002 in der jeweils geltenden Fassung.

oder

II. Das Krankenhaus verpflichtet sich, den Arzt zur Pensionskasse ..... anzumelden. Der Anmeldung wird eine Versorgung nach Gruppe ..... zugrunde gelegt. Krankenhaus und Arzt übernehmen die Beitragszahlung zur Pensionskasse je zur Hälfte.

5 § 4 Liquidationsrecht[16, 17, 18]

I. Der Arzt ist berechtigt, im stationären Bereich für ärztliche Verrichtungen bei den Patienten zu liquidieren, die eine persönliche Behandlung ausdrücklich wünschen und mit dem Krankenhaus vereinbaren. Er kann auch für seine Tätigkeit bei der Mitbehandlung der Patienten anderer Abteilungen liquidieren, wenn der Abteilungsarzt, in dessen Abteilung der Patient liegt, zur Liquidation berechtigt ist.

---

[16] Statt des Liquidationsrechts wird den leitenden Ärzten gelegentlich ein Beteiligungsrecht eingeräumt.

I. Der Arzt wird an den Einnahmen des Krankenhauses beteiligt:

1. aus der gesonderten Berechnung ärztlicher Leistungen durch das Krankenhaus bei denjenigen Kranken, die gesonderte Leistungen gewählt und mit dem Krankenhaus vereinbart haben;

2. aus Honoraren für die Gutachten bei Aufnahme zur Begutachtung, soweit die gesonderte Berechnung einer Vergütung für Gutachten neben dem Pflegesatz nach dem Pflegekostentarif des Krankenhauses zulässig ist.

II. Vor der Beteiligung des Arztes werden aus den Einnahmen die Selbstkosten aus den Gesamtkosten des Krankenhauses nach Maßgabe des Krankenhausfinanzierungsgesetzes und der Bundespflegesatzverordnung in der jeweiligen Fassung und den diese ergänzenden oder ersetzenden Bestimmungen ausgegliedert. Aus den verbleibenden jährlichen Einnahmen erhält der Arzt

1. von den ersten 20 000,00 € ..... €

2. von den darüber hinaus gehenden Beträgen bis 70 000,00 € ..... €

3. von den restlichen Einnahmen ..... €.

III. Die in Abs. I genannten Entgelte richten sich nach der GOÄ in der jeweiligen Fassung.

IV. Mit der Beteiligung sind die Über- und Mehrarbeitsstunden sowie Samstags-, Sonntags-, Feiertags- und Nachtarbeit sowie Bereitschaftsdienst und Rufbereitschaft abgegolten.

In Chefarztverträgen, die vor dem 1. 7. 1972 abgeschlossen wurden, entspricht das Liquidationsrecht häufig nicht § 6 b BPflVO (jetzt § 7 BPflVO). Zum Widerruf oder Kündigung des Liquidationsrechtes vgl. BAG, Urteil v. 11. 1. 1978 – 5 AZR 797/76 – AP BGB § 611 Arzt-Krankenhaus-Vertrag Nr. 4; BAG, Urteil v. 21. 6. 1978 – 4 AZR 787/76 – AP BGB § 611 Arzt-Krankenhaus-Vertrag Nr. 5; BAG, Urteil v. 9. 1. 1980 – 5 AZR 71/78 – AP BGB § 611 Arzt-Krankenhaus-Vertrag Nr. 6; BAG, Urteil v. 9. 1. 1980 – 5 AZR 111/78 – AP BGB § 611 Arzt-Krankenhaus-Vertrag Nr. 7; BAG, Urteil v. 30. 5. 1980 – 7 AZR 215/78 – AP BGB § 611 Arzt-Krankenhaus-Vertrag Nr. 8; BGH, Urteil v. 12. 1. 1982 – VI ZR 237/79 – AP BGB § 611 Arzt-Krankenhaus-Vertrag Nr. 11; BAG, Urteil v. 28. 5. 1997 – 5 AZR 125/96 – AP BGB § 611 Arzt-Krankenhaus-Vertrag Nr. 36; BAG, Urteil v. 8. 5. 2001 – 9 AZR 95/00 – AP BGB § 613 a Nr. 219; zur Änderung der BPflVO vom 21. 8. 1985 vgl. BAG, Urteil v. 25. 2. 1988 – 2 AZR 346/87 – AP BGB § 611 Arzt-Krankenhaus-Vertrag Nr. 18; BAG, Urteil v. 13. 6. 1990 – 2 AZR 608/89 – n. a. v.; zur Abgabeberechnung vgl. BAG, Urteil v. 22. 1. 1997 – 5 AZR 441/95 – AP BGB § 611 Arzt-Krankenhaus-Vertrag Nr. 33.

[17] Aufgrund von Landesgesetzen kann bei Einräumung des Liquidationsrechts die Notwendigkeit bestehen, sämtliche ärztliche Mitarbeiter zu beteiligen. Vgl. Übersicht der bestehenden Rechtsgrundlagen bei *Schlegelberger/Friedrich,* 29. Lieferung, Stand 1. 1. 2002, Das Recht der Gegenwart, 33. Aufl., Stichw. Krankenhaus; vgl. *Lippert* NJW 1980, 1884. In kirchlichen Krankenhäusern sind diese Regelungen teilw. verfassungswidrig: BVerfG, Beschluss v. 25. 3. 1980 – 2 BvR 208/76 – NJW 1980, 1895.

[18] Nach § 120 Abs. 1 SGB V ist das Krankenhaus verpflichtet, die dem Arzt gegenüber der kassenärztlichen Vereinigung zustehende Vergütung abzurechnen. Ob damit auch die vertragsärztliche Tätigkeit mit umfasst wird, ist umstritten. Es wird daher vielfach empfohlen:

„Das Krankenhaus rechnet die dem Arzt zustehende Vergütung aus seiner kassenärztlichen und vertragsärztlichen Tätigkeit ab."

Schrader

II. Das Liquidationsrecht erstreckt sich auch auf stationäre Gutachter- und Beobachtungsfälle.

III. Das Liquidationsrecht ist ausgeschlossen.
1. für die Leistungen der physikalischen Medizin i.S. des Abschnittes E der Gebührenordnung für Ärzte und für Krankenhaussachleistungen nach Teil S des Tarifs der Deutschen Krankenhausgesellschaft;
2. für Leistungen bei Kranken, für die der Krankenhausträger oder die Schwesternschaft ...../das Mutterhaus ..... die Kosten einer stationären oder teilstationären Behandlung zu tragen hat.

IV. Bei der Bemessung des Honorars hat der Arzt die karitative Aufgabenstellung und die Gemeinnützigkeit des Krankenhauses zu berücksichtigen. Sind mehrere Ärzte gegenüber einem Patienten liquidationsberechtigt, sind die Honorarforderungen miteinander abzustimmen.

V. Der Arzt ist verpflichtet, von seinem Brutto-Liquidationserlös Abgaben zur Deckung der Kosten abzuführen, die durch die Inanspruchnahme von Personal und Material des Krankenhauses bei der Ausübung der Tätigkeit entstehen; die Höhe der Abgaben wird in einer gesonderten Vereinbarung geregelt, die jeweils Bestandteil des Vertrages ist.[19]

§ 5 Versicherung   6

I. Das Krankenhaus versichert den Arzt gegen Unfall und Haftpflicht wegen seiner im Dienst des Krankenhauses ausgeübten Tätigkeit. Die Kosten der Versicherung übernimmt das Krankenhaus.[20, 21]

II. Wegen aller übrigen Haftpflichtfälle schließt der Arzt eine weitere Haftpflichtversicherung oder eine Anschlussversicherung auf seine Kosten ab. Der Abschluss der Versicherung ist dem Krankenhaus bis zum Dienstantritt nachzuweisen.

§ 6 Nebentätigkeit   7

I. Der Arzt ist berechtigt und auf Verlangen des Trägers verpflichtet, im Krankenhaus

---

[19] Zu Abführungen zur Kostendeckung vgl. BAG, Urteil v. 25. 2. 1988 – 2 AZR 346/87 – AP BGB § 611 Arzt-Krankenhaus-Vertrag Nr. 18.

[20] Die Haftung des Arztes kann sich aus Vertrag und Delikt ergeben. Eine Haftung besteht (1) bei Behandlungsfehlern, (2) Organisationsmängeln, (3) Verletzung von Aufklärungspflichten (vgl. *Ankermann/Kullmann,* Arzthaftpflicht-Rechtsprechung, Rechtsprechungssammlung, Stand 1996; *Deutsch/Matthies,* Arzthaftungsrecht, 3. Aufl., 1988; *Franzki,* Der Arzthaftungsprozess, 1984; *Geiß,* Arzthaftpflichtrecht, 2. Aufl., 1993; *Laufs,* Arztrecht, 5. Aufl., 1993. *Fahrenhorst* NZA 1991, 544; *Franzki* MedR 1994, 171; *Giesen* MedR 1997, 17; *Groß* VersR 1996, 657; *Laufs* NJW 1996, 2413; *Müller* NJW 1997, 3049; *Steffen/Dressler,* Arzthaftungsrecht: Neue Entwicklungsphasen der BGH-Rechtsprechung, RWS Kommunikationsform, April 2002; *Müller* MedR 2001, 487).

[21] Die Einbeziehung stationär behandelter Patienten der gesetzlichen Krankenversicherung in die gesetzliche Unfallversicherung durch § 2 Abs. 1 Nr. 15 SGB VII bedeutet nicht, dass die Haftung des Krankenhausträgers oder seiner Ärzte für eine Fehlbehandlung ausgeschlossen ist (vgl. BSG, Urteil v. 27. 6. 1978 – 2 RU 20/78 – BSGE 46, 283; BSG, Urteil v. 1. 2. 1979 – 2 RU 85/78 – NJW 1979, 1950; BSG, Urteil v. 12. 5. 1981 – 2 RU 89/79 – Lauterbach UV § 539 Abs. 1 Nr. 17 Buchst. a (Nr. 10 972). Zur Mithaftung des Krankenhausträgers bei gesondert abgerechneten Leistungen vgl. BGH, Urteil v. 18. 6. 1985 – VI ZR 234/83 – NJW 1985, 2198.

1. eine freiberufliche Ambulanzpraxis auszuüben; sie umfasst die Sprechstundenpraxis für Selbstzahler, die kassenärztliche Versorgung (§ 116 SGB V) einschl. der Sprechstunden für Ersatzkassenmitglieder;[22]
2. Zeugnisse und Gutachten zu erstellen, die von anderer Seite als dem Krankenhaus angefordert werden.

II. Durch die Nebentätigkeit darf die ärztliche Versorgung der stationären Kranken nicht beeinträchtigt werden. Dem Arzt ist untersagt, andere Nebentätigkeiten, insbesondere eine Kassenpraxis oder eine freie Praxis außerhalb des Krankenhauses auszuüben.

III. Dem Arzt steht für die Nebentätigkeit das Liquidationsrecht zu. Das Krankenhaus rechnet die Vergütung mit der kassenärztlichen Vereinigung auf der Grundlage der vom Arzt vorzulegenden Unterlagen ab. Der Arzt ist für Vollständigkeit und Richtigkeit der Unterlagen verantwortlich. Er bleibt Gläubiger der Forderung. Das Krankenhaus übernimmt keine Gewähr für die Richtigkeit der Angaben.[23]

8 § 7 Benutzung von Einrichtungen und Personal des Krankenhauses[24]

I. Für die Dauer seines Anstellungsvertrages ist der Arzt berechtigt,
1. die medizinisch-technischen und pflegerischen Einrichtungen des Krankenhauses zu benutzen, soweit das Benutzungsrecht nicht einem anderen Arzt vorbehalten ist;
2. die nachgeordneten Ärzte, das Pflegepersonal und die medizinisch-technischen Hilfskräfte in Anspruch zu nehmen.

II. Dem Arzt ist untersagt, eigene oder nicht vom Krankenhaus bereitgestellte Einrichtungen in oder außerhalb des Hauses zu benutzen, wenn diese im Krankenhaus zur Verfügung stehen oder zur Verfügung gestellt werden können. Eine Ausnahme besteht bei Mitgliedern oder Patienten von Kostenträgern, die über eigene medizinische Einrichtungen verfügen.

9 § 8 Entschädigung für die Benutzung von Einrichtungen und Personal des Krankenhauses

I. Der Arzt ist verpflichtet, die durch die Nebentätigkeit und das Liquidationsrecht dem Krankenhaus entstehenden Kosten[25] (Personal- und Sachkosten) zu er-

---

22 Bei Chirurgen zusätzlich: Die ambulante Behandlung und Beratung schließt die Durchgangsarzttätigkeit ein. Der Arzt hat die Beteiligung an der kassenärztlichen Versorgung nach den Vorschriften dem SGB V und des Ersatzkassenvertrages zu beantragen.

23 Vgl. die Abrechnung nach § 7 RN 5.

24 Es waren im Wesentlichen vier Erstattungssysteme üblich, nämlich
a) nach der Kostenstellenrechnung des Krankenhauses,
b) eine Pauschalierung in v. H.-Sätzen des Liquidationserlöses,
c) eine Pauschalierung auf der Grundlage des Arztkostenabschlages und
d) eine Vergleichsberechnung.

25 In älteren Verträgen finden sich auch Klauseln, dass der Arzt eine Miete für die Sachnutzung zu tragen hat. Die Erstattungspflicht ist jetzt nach § 11 BPflVO notwendig (vgl. BAG, Urteil v. 25. 7. 1990 – 5 AZR 394/89 – AP BGB § 611 Arzt-Krankenhaus-Vertrag Nr. 24). Daher sollte formuliert werden: „Soweit und solange das Krankenhausfinanzierungsgesetz und die BundespflegesatzVO oder diesen Rechtsgrundlagen entsprechende Regelungen eine Erstattungspflicht vorschreiben, gilt die in diesen Vorschriften bestimmte Abgabenhöhe als Kostenerstattung. Die Kostenerstattung beträgt zur Zeit . . . . .“

statten. Die Höhe der Kostenerstattung wird in einer besonderen Vereinbarung geregelt, die in der jeweiligen Fassung Bestandteil des Vertrages ist.

II. Fließen dem Arzt oder dem Krankenhaus Beträge zu, die Sachkosten und ärztliches Honorar enthalten, so werden diese Beträge zwischen dem Arzt und dem Krankenhaus nach den Sätzen ..... des Nebenkostentarifes der Deutschen Krankenhausgesellschaft geteilt. Das Gleiche gilt für die bei der rein ärztlichen Leistung anfallenden besonderen Kosten.

III. Der Entschädigungsvertrag ist mit einer Frist von sechs Monaten zum Jahresschluss kündbar. Über den Abschluss eines Vertrages haben die Parteien in gegenseitigem Vertrauen zu verhandeln. Kommt ein Vertrag vor Ablauf der Kündigungsfrist nicht zustande, so erlischt das Recht des Arztes auf nebenberufliche Tätigkeit.[26]

§ 9 Urlaub und sonstige Freistellung von der Arbeit[27]   10

I. Der Arzt hat Anspruch auf einen Jahresurlaub von ..... Kalendertagen. Der Zeitpunkt des Urlaubsantritts wird im Einvernehmen mit dem Vorstand der ..... festgelegt. Bei der Berechnung des Urlaubsentgelts werden ausschließlich die in § 3 Abs. I genannten Vergütungen zugrunde gelegt.[28]

II. Der Arzt hat Anspruch auf Freistellung von der Arbeit für die Teilnahme an ärztlichen Fortbildungskursen und an Tagungen der Berufsorganisation bis zur Gesamtdauer von ..... Kalendertagen je Kalenderjahr. Während der Dauer der Freistellung werden die in § 9 Abs. I genannten Bezüge weitergezahlt.

III. Die Teilnahme an den Fortbildungsveranstaltungen gilt als Dienstreise. Reisekosten werden nicht gezahlt. Die Freistellung zur Fortbildung wird auf landesgesetzliche Weiterbildungsansprüche angerechnet.

IV. Der Arzt ist verpflichtet, im Falle seiner Dienstverhinderung aus jeglichem Grunde zur Behandlung und Betreuung der nebenberuflich behandelten Patienten einen Vertreter im Einvernehmen mit dem Vorstand zu bestellen. Die Vertretungskosten übernimmt der Arzt. Bestellt der Arzt einen im Krankenhaus angestellten Arzt zum Vertreter, so richtet sich die Verpflichtung der Entschädigung nach § 8.

§ 10 Krankheit   11

I. Wird der Arzt durch Arbeitsunfähigkeit infolge Krankheit an seiner Arbeitsleistung verhindert, ohne dass ihn ein Verschulden trifft, so hat er in sinngemäßer Anwendung von § 9 Abs. I Anspruch auf Fortzahlung der Vergütung bis zur Dauer von drei Monaten.

II. Auf Verlangen des Arztes wird ihm für die Dauer der Gehaltsfortzahlung freie Behandlung und Verpflegung im Krankenhaus ..... gewährt, sofern ihm kein gesetzlicher oder vertraglicher Erstattungsanspruch gegen Dritte zusteht. Erwachsen hieraus steuerliche Verpflichtungen, so werden diese vom Arzt getragen. Wird die

---

[26] Es ist zweifelhaft, ob derartige Klauseln rechtswirksam sind (vgl. bejahend BAG, Urteil v. 14. 11. 1990 – 5 AZR 509/89 – AP BGB § 611 Arzt-Krankenhaus-Vertrag Nr. 25).

[27] Ist nicht auf den BAT verwiesen, sollte geregelt werden, in welchen Fällen der Arzt bei persönlicher Dienstverhinderung (§ 616 BGB) Anspruch auf Vergütungszahlung hat.

[28] Erhält der Arzt eine Basisvergütung und eine Zulage, ist diese nach § 11 BUrlG bei der Berechnung des Urlaubsentgelts zu berücksichtigen.

Behandlung in einem anderen Krankenhaus durchgeführt, so hat der Arzt keinen Erstattungsanspruch wegen der entstehenden finanziellen Aufwendungen.

III. Der Arzt ist verpflichtet, dem Krankenhaus die Arbeitsunfähigkeit und deren voraussichtliche Dauer unverzüglich anzuzeigen und vor Ablauf des 3. Kalendertages nach Beginn der Arbeitsunfähigkeit eine ärztliche Bescheinigung über die Arbeitsunfähigkeit sowie deren voraussichtliche Dauer nachzureichen. Dauert die Erkrankung länger als in der Bescheinigung angegeben, so ist der Arzt verpflichtet, eine neue ärztliche Bescheinigung vorzulegen.

IV. Das Liquidationsrecht nach § 4 sowie nach § 6 bleibt für die Dauer von ..... erhalten.

12 § 11 Dienstreisen

I. Dienstreisen bedürfen der Genehmigung durch den ..... Vorstand. Die Genehmigung ist vor Antritt der Reise einzuholen.

II. Bei Dienstreisen wird dem Arzt wie einem Beamten der Besoldungsgruppe ..... Reisekostenvergütung und Erstattung von Auslagen nach dem Gesetz über die Reisekostenvergütung für die Bundesbeamten, Richter im Bundesdienst und Soldaten in seiner jeweiligen Fassung gezahlt.

13 § 12 Außerordentliche Kündigung

I. Für das Recht zur außerordentlichen Kündigung gilt § 626 BGB. Sie bedarf der Schriftform.

II. Als wichtiger Grund sollen insbesondere angesehen werden,[29]

1. wesentlicher Verstoß gegen vom Arzt übernommene Vertragspflichten;
2. Umstände, die den Fortbestand oder die Entwicklung des Krankenhauses betreffen, z.B. Einstellung, Einschränkung oder Aufhebung des Krankenhausbetriebes;
3. eine länger als 26 Wochen dauernde Arbeitsunfähigkeit des Arztes, wenn nach ärztlichem Urteil eine Wiederherstellung der Arbeitsfähigkeit innerhalb der nächsten 13 Wochen nicht zu erwarten ist;
4. eine wesentliche, gemessen an dem jeweiligen Stand der ärztlichen Wissenschaft eintretende Leistungsminderung des Arztes;
5. Umstände aus der Person des Arztes, die im Widerspruch zu der Tendenz des Krankenhauses stehen.[30]

III. Die Kündigung nach Abs. II Nr. 4, 5 ist nur mit einer Auslauffrist von sechs Monaten zum Quartalsschluss zulässig.

IV. Das Arbeitsverhältnis endet mit Ablauf des Monats, in dem der Arzt das 65. Lebensjahr vollendet oder berufs- oder erwerbsunfähig wird.

---

[29] Die Vereinbarung von außerordentlichen Kündigungsgründen in Anstellungsverträgen ist unwirksam (vgl. § 3 RN 8 sowie ArbR-Hdb. § 125 RN 18).

[30] Alternative: Religiös-sittliche Tatbestände in der Person des Arztes, die wegen des religiösen Charakters des Krankenhauses von besonderem Gewicht sind. Es kann einen wichtigen Grund zur außerordentlichen Kündigung des Anstellungsvertrages eines Chefarztes in einem katholischen Krankenhaus darstellen, wenn dieser mit seinen Behandlungsmethoden (homologe Insemination) gegen tragende Grundsätze des geltenden Kirchenrechts verstößt (vgl. BAG, Urteil v. 7. 10. 1993 – 2 AZR 226/93 – AP BGB § 626 Nr. 114).

§ 13 Entwicklungs- und Anpassungsklausel[31]   14

I. Das Krankenhaus kann nach vorheriger Anhörung des Arztes strukturelle und organisatorische Änderungen im Krankenhaus vornehmen. Es bleibt vorbehalten

1. den Umfang der ..... Abteilung sowie die Aufteilung der Betten zu ändern;

2. bestimmte Leistungen von der Abteilung abzutrennen und anderen Fachabteilungen, Funktionsbereichen oder Instituten zuzuweisen;

3. weitere selbstständige Fachabteilungen auch gleicher Fachrichtung im Krankenhaus einzurichten;

4. weitere Ärzte auch gleicher Fachrichtung als leitende Ärzte oder Belegärzte zuzulassen.

II. Dem Arzt steht bei Maßnahmen nach Abs. I kein Anspruch auf Entschädigung zu, wenn die Einnahmen nach § 4 wenigstens 70 v. H. der durchschnittlichen Vergütung in den letzten 60 Monaten erreichen.

III. Werden durch Gesetze oder Verordnungen des Bundes und der Länder neue Vorschriften im Bereich des Gesundheitswesens, des Krankenhauswesens oder des Sozialleistungswesens erlassen, welche die Rechte und Pflichten eines Vertragspartners oder seine wirtschaftliche Lage wesentlich berühren, so kann jeder Vertragsteil die Anpassung des Vertrages verlangen.

§ 14 Schwangerschaftsabbruch[32]   15

§ 15 Sonstiges   16

I. Formvorschriften, Änderung des Vertrages, Gerichtsstandsklauseln *(vgl. Muster § 2 RN 36ff.)*

II. Der Vertrag wird wirksam mit Zustimmung des erzbischöflichen Vikariats.

....., den .....

Arzt   Krankenhaus

2. Anlage zum Chefarzt-Arbeitsvertrag vom .....

Zwischen   17
der kath. Kirchengemeinde St. ..... in ..... als Träger des ..... Hospitals in .....
vertreten durch den Kirchenvorstand 1. ..... 2. ..... 3. .....

– im Folgenden Krankenhaus genannt –

und

Herrn/Frau Dr. .....

– im Folgenden Arzt genannt –

wird nachfolgende Vereinbarung zu § 4 und § 6 des Arbeitsvertrages geschlossen.

---

[31] BAG, Urteil v. 15. 12. 1976 – 5 AZR 600/75 – AP BGB § 611 Arzt-Krankenhaus-Vertrag Nr. 3; BAG, Urteil v. 9. 1. 1980 – 5 AZR 111/78 – AP BGB § 611 Arzt-Krankenhaus-Vertrag Nr. 7; BAG, Urteil v. 3. 5. 1989 – 5 AZR 310/88 – AP BGB § 611 Arzt-Krankenhaus-Vertrag Nr. 20; BAG, Urteil v. 13. 3. 2003 – GAZR 557/01 – DB 2003, 1960. Vgl. *Münzel,* Die Pflicht zur Anpassung von Chefarztverträgen nach § 11 I 3 BPflV, NJW 1993, 2969.

[32] Bundesärztekammer, Erklärung zum Schwangerschaftsabbruch nach Pränataldiagnostik, MedR 1999, 31; *Belling,* Die Rechtfertigungsproblematik beim Schwangerschaftsabbruch bei dem 2. Fristenlösungsurteil des BVerfG, MedR 1995, 184; *Hoerster,* Ein „verringertes" Lebensrecht zur Legitimation der Fristenregelung, NJW 1997, 773; zur Zulässigkeit von Kündigungen wegen Schwangerschaftsabbruch vgl. ArbR-Hdb. § 125 RN 111.

18 § 1 Nutzungsentgelt bei Ausübung des Liquidationsrechts

I. Der Arzt hat für die Ausübung des Liquidationsrechts ein Nutzungsentgelt und einen Vorteilsausgleich zu zahlen.

II. Aus den Gesamtkosten des Krankenhauses werden nach Maßgabe des Krankenhausfinanzierungsgesetzes und der Bundespflegesatzverordnung in der jeweils geltenden Fassung und der diese ergänzenden oder ersetzenden Bestimmungen die Selbstkosten für die liquidationsberechtigten Leistungen ermittelt. Bei mehreren liquidationsberechtigten Ärzten hat der Arzt anteilig den Betrag zu zahlen, der bei der Aufteilung des Kostenabzuges entsprechend dem prozentualen Verhältnis der Bruttohonorareinnahmen der liquidationsberechtigten Ärzte auf ihn entfällt.

III. Unabhängig von der Kostenerstattung nach Abs. II hat der Arzt dem Krankenhausträger einen Vorteilsausgleich in Höhe von ..... % seiner Bruttohonorareinnahmen nach § 4 des Arbeitsvertrages zu zahlen.

IV. Bruttohonorareinnahmen ist die Summe der tatsächlichen Zahlungseingänge beim Arzt oder sonstigen bevollmächtigten Dritten aus allen Bereichen, in denen dem Arzt das Liquidationsrecht zusteht ohne Abzug der zu entrichtenden Beträge für Nutzungsentgelt, Verwaltungskosten oder Zuwendungen an nachgeordnete Ärzte und Hilfskräfte.

19 § 2 Nutzungsentgelt für die ambulante Tätigkeit

I. Der Arzt hat dem Krankenhaus die durch seine Ambulanztätigkeit entstehenden Kosten für die Inanspruchnahme von Personal, Räumen, Einrichtungen und Material zu erstatten. Zu den Personalkosten gehören neben den Bruttogehaltsbezügen auch der Wert von Sachbezügen sowie der Arbeitgeberanteil zur Sozialversicherung und Zusatzversicherung. Zu den Sachkosten gehören alle Kosten im betriebswirtschaftlichen Sinne einschl. der Kosten für Verbrauchsmaterial.

II. Die Kostenrechnung für den jeweiligen Abrechnungszeitraum erfolgt nach den Anlagen 1, 2 zu diesem Vertrag. Sie sind dessen Bestandteil.

III. Soweit möglich werden die Kosten der Ambulanztätigkeit dieser direkt zugeordnet, sonst nach einem verursachungsgerechten Schlüssel verteilt. Soweit eine Zuordnung nicht möglich ist, erfolgt eine wirklichkeitsnahe Schätzung.

IV. Der Arzt ist verpflichtet, die bei ärztlichen Leistungen anfallenden Verbrauchsmaterialien auf eigene Rechnung zu besorgen und getrennt von den Materialien des Krankenhauses aufzubewahren. Dies gilt auch für den Bürobedarf. Werden Materialien des Krankenhauses entnommen, ist der Arzt verpflichtet, sie zu ersetzen oder mit dem Einstandspreis des Krankenhauses zu erstatten.

V. Der Arzt ist verpflichtet, für die ambulante Tätigkeit dem Krankenhaus einen Vorteilsausgleich in Höhe von ..... % des Bruttoliquidationserlöses aus ambulanter Tätigkeit zu zahlen. Dies gilt unabhängig von der Kostenerstattung. Die Berechnung erfolgt vor Abzug der Kostenerstattung und der Zahlung an nachgeordnete Ärzte.

Schrader

§ 3 Abrechnung 20

I. Das Krankenhaus rechnet die dem Arzt zustehende Vergütung mit der kassen-ärztlichen Vereinigung ab (§ 120 SGB V).[33] Nach Eingang der Vergütung zieht das Krankenhaus die ihm zustehenden Nutzungsentgelte und den Vorteilsausgleich einschl. des Verwaltungsaufwandes ab und leitet die verbleibenden Beträge auf ein vom Arzt benanntes Konto.

II. Soweit das Krankenhaus Abschlagszahlungen vor der Abrechnung erhält, werden entsprechende Abschläge unter Berücksichtigung des dem Krankenhaus zustehenden Nutzungsentgeltes und Vorteilsausgleichs weitergeleitet.

III. Abrechnungszeitraum für die Berechnung des Nutzungsentgeltes und des Vorteilsausgleichs ist das Kalenderjahr. Der Arzt ist verpflichtet, dem Krankenhaus alle sonstigen Einnahmen nachzuweisen. Bis zur Erstellung der Schlussabrechnung sind bis zum 15. eines jeden Monats Abschlagszahlungen in Höhe von $^1/_{12}$ des voraussichtlichen Jahresbetrages zu leisten.

IV. Zu erstattende Verbrauchsmaterialien werden monatlich abgerechnet.

§ 4 Kündigung 21

I. Die Zusatzvereinbarung kann von beiden Vertragsparteien mit einer Frist von drei Monaten zum Jahresende gekündigt werden.

II. Der Vertrag endet, wenn dem Arzt ein Liquidationsrecht oder eine ambulante Tätigkeit nicht mehr zusteht.

Anlage 1 zum Nutzungsvertrag

1. Ambulante Sprechstunden an Wochentagen . . . . .
2. Inanspruchnahme
    a) von Räumen . . . . . Std./Tag
    b) Schreibkräften . . . . . Std./Tag
    c) nachgeordneten Ärzte . . . . . Std./Tag
    usw.

Anlage 2 zum Nutzungsvertrag

Kostenart	Kostenrechnung Gesamtkosten	Anteile Ambulanz
1. ärztl. Dienst	. . . . .	. . . . .
2. Schreibkräfte	. . . . .	. . . . .
usw.		

. . . . ., den . . . . .
Arzt   Krankenhaus

---

[33] Vgl. RN 5.

II. Arbeitsvertrag mit dem Chefarzt einer Universitätsklinik[34]

22　Zwischen

dem Land ....., vertreten durch die Universitätsklinik ....., diese vertreten durch den Vorstand, ...

– nachfolgend Klinik genannt –

und

Herrn/Frau Prof. Dr......

– nachfolgend Chefarzt genannt –

wird folgender Dienstvertrag geschlossen:

23　§ 1 Dienstverhältnis

I. Der Chefarzt wird mit Wirkung vom ..... als Universitätsprofessor der Klinik in ein Amt der Besoldungsgruppe C 4 BBesO eingewiesen. Sollte zu diesem Zeitpunkt in ..... die sog. W-Besoldung eingeführt sein, so wird der Chefarzt in ein Amt der Besoldungsgruppe W 3 mit Grund- und Leistungsbezügen in Höhe der C 4 – Besoldung eingewiesen; die Bezüge werden in dieser Höhe als ruhegehaltfähig erklärt. Der Chefarzt führt die Bezeichnung Universitätsprofessor und ist Mitglied der Klinik.

II. Unmittelbar nach der Einweisung in das o.a. Amt wird der Chefarzt gem. § ..... Hochschulgesetz für die Dauer seiner Tätigkeit an der Klinik ohne Fortzahlung der Bezüge beurlaubt und als Universitätsprofessor für Medizinische Mikrobiologie und Krankenhaushygiene in einem außertariflichen Angestelltenverhältnis beschäftigt; es wird anerkannt, dass diese Tätigkeit öffentlichen Belangen dient. Damit wird dem Chefarzt zugesichert, dass die Zeit der Beurlaubung als ruhegehaltfähige Dienstzeit nach § 6 Abs. 1 Satz 2 Nr. 5 des Beamtenversorgungsgesetzes berücksichtigt wird. Als Folge ist die Anwartschaft auf Versorgung im Sinne des § 5 Abs. 1 Satz 1 Nr. 2 SGB VI bei verminderter Erwerbsfähigkeit und im Alter sowie auf Hinterbliebenenversorgung gewährleistet und die Erfüllung der Gewährleistung gesichert.

III. Zugleich mit der Beurlaubung aus dem Beamtenverhältnis wird der Chefarzt als Direktor der Abteilung Medizinische Mikrobiologie und Krankenhaushygiene im Zentrum Laboratoriumsmedizin der Klinik angestellt.

IV. Das Dienstverhältnis ist bürgerlich-rechtlicher Natur. Der Chefarzt hat das Fach Medizinische Mikrobiologie und Krankenhaushygiene in Forschung, Lehre und Krankenversorgung zu vertreten und weiterzuentwickeln.

V. Im Interesse der Erfüllung seiner Aufgaben verpflichtet sich der Chefarzt seinen Wohnsitz so zu wählen, dass er in der Ausübung seiner Aufgabenerfüllung nicht gehindert ist.

VI. Der Chefarzt ist in seiner ärztlichen Verantwortung für die Behandlung der Patientinnen und Patienten seiner Abteilung im Rahmen des Versorgungsauftrages unabhängig und nur dem Gesetz verpflichtet. Im Übrigen ist er an die Weisungen

---

[34] Als Alternative zum Chefarztvertrag im kirchlichen Bereich sei diesem ein Chefarztvertrag einer Universitätsklinik gegenübergestellt, wie er in der Praxis Verwendung findet. Zur Kommentierung sei zur Vermeidung von Wiederholungen im Übrigen auf die Anmerkungen zum Chefarztvertrag im kirchlichen Bereich verwiesen.

des Vorstandes der Klinik gebunden. Er ist verpflichtet, seine gesamte Arbeitskraft der Führung der Abteilung Medizinische Mikrobiologie und Krankenhaushygiene zu widmen und die Interessen der Klinik in Zusammenarbeit mit dem Vorstand der Klinik zu wahren und zu fördern. Der Vorstand der Klinik wird den Chefarzt vor wichtigen Entscheidungen, die seinen Aufgabenbereich betreffen, hören.

VII. Soweit der Abteilung Ressourcen zugeordnet sind, erfolgt dies widerruflich.

§ 2 Dienstaufgaben 24

I. Dem Chefarzt obliegt die organisatorische Führung und fachliche Leitung seiner Abteilung. Er hat die Abteilung in medizinischer, organisatorischer und struktureller Hinsicht unter Berücksichtigung neuer Anforderungsprofile, des medizinischen und des technologischen Fortschritts weiterzuentwickeln und an der Vorbereitung und Durchführung notwendiger Organisations- und Investitionsmaßnahmen innerhalb der Abteilung und der Klinik mitzuwirken.

II. Dienstaufgaben in Lehre und Forschung:
Der Chefarzt ist verpflichtet, die Lehre in seinem Fach in Abstimmung mit dem Zentrum zu organisieren, durchzuführen und weiterzuentwickeln.

Dabei hat er das im Studiengang Humanmedizin vorgegebene Curriculum zu beachten und bei der Entwicklung neuer Lehrmethoden und Lehrformen mitzuwirken.

Zu den hauptberuflichen Aufgaben gehört es auch, sich an der Ausgestaltung des Studienganges Medizin und an der Studienberatung zu beteiligen, Prüfungen abzunehmen und Aufgaben nach § ..... des ...... Hochschulgesetzes wahrzunehmen.

Auf Verlangen des Vorstandes hat der Chefarzt auch an den Sitzungen der Gremien der Klinik, die nicht Organe der Selbstverwaltung sind, sowie einberufener Besprechungen teilzunehmen und mitzuwirken.

Der Chefarzt ist in der Durchführung der Forschung frei (Art. 5 Abs. 3 GG). Es wird erwartet, dass er sich in seiner Forschung an den Forschungsschwerpunkten der Klinik beteiligt. Das Bestreben der Klinik, Forschung fachübergreifend zu betreiben, Sonderforschungsbereiche einzurichten und weitere Forschungsschwerpunkte aufzubauen, wird er unterstützen. Insbesondere wird er sich um die Einwerbung von Drittmitteln bemühen.

Die für Forschung und Lehre zugewiesenen Ressourcen sollen für diesen Zweck eingesetzt werden, gleichermaßen gilt dies für die für Forschung eingeworbenen Drittmittel im Rahmen des § ..... Hochschulgesetz in der jeweils geltenden Fassung.

III. Dienstaufgaben in der Krankenversorgung:
Der Chefarzt ist für die medizinische Versorgung der Patientinnen und Patienten in seiner Abteilung verantwortlich. Der Chefarzt hat nach Maßgabe der Aufgabenstellung und Zielsetzung der Klinik und seiner Abteilung alle ärztlichen Tätigkeiten auszuüben, soweit sie nicht von dem Chefarzt dem ihm nachgeordneten Personal übertragen sind.

Zu den Dienstaufgaben gehören:
a) die Durchführung der Laboruntersuchungen und die Begutachtung von Materialien oder Präparaten der stationären oder ambulanten Patientinnen und Patienten der Klinik, einschließlich derjenigen Patienten, die eine private Untersuchung und Behandlung durch die Ärztinnen und Ärzte der Klinik wünschen; dies gilt auch für Patientinnen und Patienten, die im Rahmen einer Institutsermächtigung, einer persönlichen Ermächtigung oder eines Durchgangsarzt- bzw.

Schrader

Verletztenartenverfahrens behandelt werden. Im Falle einer eigenen persönlichen Ermächtigung tritt der Chefarzt die ihm zustehenden Vergütungsansprüche gegenüber der Kassenärztlichen Vereinigung oder sonstigen Kostenträgern an die Klinik ab;

b) die Durchführung der Laboruntersuchungen und die Begutachtung der von anderen Ärzten oder Einrichtungen von ihren Patienten eingesandten Materialien oder Präparaten; dies gilt auch für solche Patienten, die bei den anderen Ärzten oder Einrichtungen einer private Untersuchung oder Behandlung vereinbart haben oder auf Grund einer persönlichen Ermächtigung oder eines Durchgangsarzt- bzw. Verletztenartenverfahrens behandelt werden. Im Falle einer eigenen persönlichen Ermächtigung tritt der Chefarzt die ihm zustehenden Vergütungsansprüche gegenüber der Kassenärztlichen Vereinigung oder sonstigen Kostenträgern an die Klinik ab;

c) die Durchführung der Laboruntersuchungen und die Begutachtung von Materialien oder Präparaten in Notfällen, soweit sein Fachgebiet berührt wird;

d) die Beratung von Patientinnen und Patienten oder sonstige Tätigkeiten im Zusammenhang mit den unter a) bis c) genannten Aufgaben;

e) die Beratung der Ärztinnen und Ärzte anderer Abteilungen/Kliniken der Klinik, soweit sein Fachgebiet berührt wird;

f) die konsiliarärztliche Tätigkeit außerhalb der Klinik im Rahmen der vorhandenen Kapazität nach Abstimmung mit dem Vorstand;

g) die Erstellung von Gutachten, die vom Land angefordert wurden, soweit sich dies im Rahmen der Aufgabenstellung der Abteilung hält.

Der Chefarzt hat sicherzustellen, dass im Verhinderungsfall sein/e ständige/r Vertreter/in die wahlärztliche stationäre oder ambulante Leistung zu Privatpatientinnen und -patienten erbringt. Die Abrechnung der Behandlungsfälle der Privatpatientinnen und -patienten sowie der Patientinnen und Patienten im Rahmen einer kassenärztlichen Ermächtigung sowie ggf. für anfallende außervertragliche Leistungen obliegt der Klinik. Diese hat insofern die Infrastruktur bereitzustellen und trägt die Kosten hierfür.

IV. Der Chefarzt hat die personelle Besetzung des Bereitschaftsdienstes und der Rufbereitschaft seiner Abteilung sicherzustellen und in Ausnahmefällen auch an Rufbereitschaftsdiensten selbst teilzunehmen. Seine Teilnahme am Bereitschaftsdienst ist ausgeschlossen.

V. Dem Chefarzt obliegt weiter, sicherzustellen, dass

a) die den Patientinnen und Patienten gegenüber bestehenden Aufklärungspflichten erfüllt werden. Dabei sind die von der Klinik erlassenen Dienstanweisungen sowie die von der Rechtsprechung entwickelten Grundsätze zu beachten und die nachgeordneten Ärztinnen und Ärzte seiner Abteilung über die Aufklärungspflichten zu belehren.

b) Patientinnen und Patienten oder deren gesetzliche Vertreter/innen, die entgegen ärztlichem Rat die Entlassung aus der stationären Versorgung verlangen, darüber belehrt werden, dass das Krankenhaus für die daraus entstehenden Folgen nicht haftet.

Die Belehrungen nach a) und ggf. b) sind in den Krankenunterlagen zu vermerken.

VI. Der Chefarzt hat im Rahmen der vorhandenen Ressourcen und Infrastruktur sicherzustellen, dass den Dokumentationspflichten nachgekommen wird. Die ärztliche Abschlussdokumentation hat direkten Einfluss auf die Erlöse der Klinik. Unzureichende Dokumentation führt zu einem wirtschaftlichen Schaden der Klinik. Fälschliche Angaben in der Dokumentation können insbesondere gem. § 348 StGB strafbar sein. Der Chefarzt hat innerhalb seiner Abteilung für eine Kosten- und Leistungstransparenz, für die erforderliche vollständige Leistungsdokumentation und eine form- und zeitgerechte Aufbereitung der Leistungsdaten zu sorgen.

§ 3 Sonstige Dienstaufgaben   25

I. Der Chefarzt ist für den geordneten Dienstbetrieb und für die allgemeine Hygiene und die Einhaltung der Vorschriften für die Arbeitssicherheit in seiner Abteilung verantwortlich. Er ist dabei an die Weisungen des Vorstandes gebunden. Er hat nach bestem Können die ärztlichen Anordnungen und Maßnahmen zu treffen, zu unterstützen oder – soweit der Vorstand zuständig ist – anzuregen, die einen ordnungsgemäßen Betrieb der Klinik im Allgemeinen und der in seiner Verantwortung stehenden Abteilung im Besonderen gewährleisten. In seinem ärztlichen Aufgabenbereich hat er auch für die Beachtung der Hausordnung zu sorgen.

II. Zu den Aufgaben des Chefarztes gehört es auch, die ärztlichen Anzeige- und Meldepflichten zu erfüllen, die für den ärztlichen Bereich erlassenen Vorschriften, Dienstanweisungen und Anordnungen einzuhalten sowie deren Durchführung im Bereich seiner Abteilung sicherzustellen.

III. Auf Verlangen des Vorstandes der Klinik hat der Chefarzt die Leitung einer Aus- und Weiterbildungsstätte für Fachberufe des Gesundheitswesens der Klinik zu übernehmen.

IV. Er hat in seiner Abteilung Qualitätssicherungsmaßnahmen durchzuführen und an den Qualitätssicherungs- und Qualitätsmanagementmaßnahmen der Klinik mitzuwirken.

V. Der Chefarzt hat im Rahmen seines Fachgebietes den Vorstand der Klinik in allen fachlichen Angelegenheiten zu beraten.

VI. Er hat die in Gesetzen, Verordnungen oder anderen Rechtsnormen, Unfallverhütungsvorschriften, Dienstanweisungen usw. vorgeschriebenen regelmäßigen Untersuchungen der in seiner Abteilung tätigen Personen zu veranlassen und für die erforderliche Dokumentation Sorge zu tragen, soweit es nicht zu den Aufgaben der Betriebsärztin bzw. des Betriebsarztes gehört.

VII. Im Rahmen seines Fachgebietes hat der Chefarzt für die Aus-, Weiter- und Fortbildung der ärztlichen und nichtärztlichen Mitarbeiter/innen seiner Abteilung Sorge zu tragen sowie mit anderen Abteilungen interdisziplinär zusammenzuarbeiten.

VIII. Er hat im Rahmen seiner Möglichkeiten daran mitzuwirken, dass der ärztliche Unterricht seines Fachgebietes an den Aus- und Weiterbildungsstätten für nichtärztliche Berufe des Gesundheitswesens der Klinik erteilt wird.

§ 4 Durchführung der Dienstaufgaben   26

I. Im Rahmen der Erfüllung seiner Dienstaufgaben überträgt der Chefarzt soweit nicht die Art oder die Schwere der Krankheit sein persönliches Tätigwerden erfordern, den Mitarbeitern – entsprechend ihrem beruflichen Bildungsstand, ihren Fähigkeiten und Erfahrungen – bestimmte Tätigkeitsbereiche oder Einzelaufgaben zur selbstständigen Erledigung. Die Gesamtverantwortung des Chefarztes wird hierdurch nicht eingeschränkt. Gegenüber den Mitarbeiterinnen und Mitarbeitern seiner Abteilung besteht Weisungsbefugnis. Die arbeits- bzw. disziplinarrechtlichen Befugnisse des Vorstandes bleiben unberührt.

Schrader

II. Gesondert berechenbare wahlärztliche und außertarifliche Leistungen – auch soweit sie vom Krankenhaus berechnet werden – erbringt der Chefarzt nach Maßgabe der GOÄ und anderer einschlägiger Bestimmungen in der jeweils gültigen Fassung. Für den Fall der persönlichen Verhinderung hat der Chefarzt seine/n Vertreterinnen/Vertreter namentlich zu benennen.

III. Die mit den Dienstaufgaben zusammenhängenden ärztlichen Leistungen sind – soweit möglich – ausschließlich in der Klinik mit deren Geräten und Einrichtungen – sofern diese vorgehalten werden – zu erbringen.

IV. Im Rahmen seiner Dienstaufgaben unterstützt der Chefarzt die Klinik bei der Erfüllung der von dieser vertraglich übernommenen Pflichten. Soweit für die Behandlung von Patientinnen und Patienten eine persönliche Zulassung oder eine Ermächtigung erforderlich ist, hat sich der Chefarzt um die Erteilung oder Aufrechterhaltung der Zulassung oder Ermächtigung zu bemühen.

V. Der Chefarzt hat die Rechte und Pflichten anderer Direktorinnen und Direktoren der Klinik zu beachten. Er hat das Recht und die Pflicht, andere Direktorinnen und Direktoren, – in Ausnahmefällen Ärztinnen, Ärzte und Einrichtungen außerhalb der Klinik, mit denen vertragliche Beziehungen bestehen – zur Beratung, Untersuchungen oder Mitbehandlung beizuziehen, wenn dies erforderlich ist.

VI. Unbeschadet des allgemeinen Weisungsrechts des Vorstandes hat der Chefarzt das Recht, über Aufnahme, Beurlaubung und Entlassung bzw. über Beginn, Unterbrechung und Beendigung der Behandlung der Patientinnen und Patienten innerhalb seiner Abteilung zu entscheiden.

VII. Soweit für allgemeine statistische Zwecke, zur Diagnosestatistik, zur Erstellung der Kosten- und Leistungsrechnung, zur Erhebung seiner Entgelte o. ä. Angaben über die von ihm selbst oder von den nachgeordneten Ärztinnen und Ärzten oder sonstigen Mitarbeitern und Mitarbeiterinnen bewirkten ärztlichen Leistungen oder aus Klinikumssachleistungen benötigt werden, ist der Chefarzt verpflichtet, dem Vorstand gegenüber alle Angaben zu machen.
Er hat insbesondere dem Ressort Wirtschaftsführung und Administration hierzu alle erforderlichen Unterlagen zur Verfügung zu stellen. Die ärztliche Schweigepflicht und die Vorschriften über den Datenschutz bleiben unberührt.

27 § 5 Mitwirkung bei Personalentscheidungen

I. Insbesondere bei der Einstellung, Umsetzung, Versetzung, Abordnung, Beurlaubung oder Kündigung des nachgeordneten Personals seiner Abteilung hat der Chefarzt das Recht, Vorschläge zu unterbreiten; Einstellungen und Kündigungen erfolgen im Einvernehmen mit ihm durch den Vorstand, Umsetzungen, Versetzungen, Abordnungen und Beurlaubungen erfolgen im Benehmen mit dem Chefarzt durch den Vorstand.

II. Der Chefarzt hat in Angelegenheiten der Krankenversorgung das Weisungsrecht gegenüber den Mitarbeiterinnen und Mitarbeitern seiner Abteilung. In Angelegenheiten von Forschung und Lehre sind die insoweit geltenden gesetzlichen und sonstigen Bestimmungen maßgeblich.

III. Die Klinik stellt das für die ordnungsgemäße Aufrechterhaltung des Betriebes der Abteilung erforderliche Personal im Rahmen des Personalbudgets bzw. Stellenplans zur Verfügung.

IV. Bei der Diensteinteilung und bei der Zuweisung von Aufgaben und Tätigkeiten ihm zugeordneter Ärzte/innen, wissenschaftlicher und nichtärztlicher Mitarbeiter/innen hat der Chefarzt den beruflichen Bildungsstand und die fachliche Qualifikation der Mitarbeiter, die Arbeits-, Aus- und Weiterbildungsverträge der Klinik mit den Mitarbeiterinnen und Mitarbeitern zu beachten. Der Chefarzt hat insbesondere über die Aufstellung von Dienst- und Arbeitsplänen dafür Sorge zu tragen, dass die einzel- oder tarifvertraglich vereinbarten bzw. gesetzlich vorgeschriebenen Arbeitszeiten der Ärztinnen und Ärzte und des nichtärztlichen Personals seiner Abteilung im Rahmen des zugewiesenen Personalbudgets bzw. soweit ein Personalbudget nicht zugewiesen ist, der zugewiesenen Stellen, eingehalten werden.

V. Personen, die von der Klinik weder angestellt noch von ihr zu einer beruflichen Bildungsmaßnahme zugelassen sind, dürfen in der Abteilung nur nach vorheriger schriftlicher Zustimmung durch den Vorstand beschäftigt oder aus-, weiter- und fortgebildet werden. Die Tätigkeit von Stipendiatinnen und Stipendiaten und Gastwissenschaftlern/innen ist vorab anzuzeigen.

VI. Zeugnisse für nachgeordnete Ärztinnen und Ärzte, wissenschaftliche Mitarbeiter/innen, für das medizinisch-technische Personal sowie für das Verwaltungspersonal der Abteilung stellt der Chefarzt aus. Sie sind vor ihrer Aushändigung mit dem Personalmanagement abzustimmen. Die personalrechtliche Abwicklung obliegt der Klinik.

Zeugnisse für nachgeordnete Ärztinnen und Ärzte im Rahmen der Gebietsarzt-/Facharztweiterbildung oder Zeugnisse und Bescheinigungen, die sich ausschließlich mit der ärztlich-wissenschaftlichen Qualifikation befassen, stellt der Chefarzt aus. Das Personalmanagement erhält für die Personalakte eine Mehrfertigung der Zeugnisse und der Bescheinigungen.

§ 6 Nebentätigkeiten 28

Die Ausübung der Nebentätigkeiten richtet sich nach § ..... Hochschulgesetz, den anzuwendenden einschlägigen Vorschriften des ..... Beamtengesetzes und den dazu ergangenen Verordnungen, insbesondere nach der Hochschulnebentätigkeitsverordnung vom ..... in der jeweils geltenden Fassung. Über die Genehmigung von Nebentätigkeiten entscheidet der Vorstand auf schriftlichen Antrag. Die dem Chefarzt als Dienstaufgabe obliegenden Aufgaben dürfen nicht als Nebentätigkeit wahrgenommen werden. Die Ausübung einer ärztlichen Tätigkeit außerhalb der Klinik ist nicht im Rahmen einer Nebentätigkeit genehmigungsfähig.

§ 7 Wirtschaftlichkeitsgebot, Budgetverantwortung, Richtlinien 29

I. Der Chefarzt ist zu zweckmäßiger, wirtschaftlicher und sparsamer Behandlung der Patientinnen und Patienten im Rahmen des medizinisch Notwendigen und Möglichen und der Aufgabenstellung des Klinikums und der Abteilung verpflichtet. Der Chefarzt hat für die Erreichung bzw. Einhaltung des vom Vorstand der Klinik im Rahmen der mit ihm vereinbarten jährlichen Zielvorgabe definierten Leistungsrahmens und der damit verbundenen Erträge zu sorgen. In diesem Rahmen ist der Chefarzt für die sparsame und wirtschaftliche Verwendung der zur Verfügung stehenden Mittel auch durch die Mitarbeiterinnen und Mitarbeiter seiner Abteilung und für die Einhaltung des für die Abteilung im Benehmen mit ihm festgelegten Budgets in Forschung, Lehre und Krankenversorgung verantwortlich. Er wirkt an der Festlegung des Leistungsrahmens und der Erstellung des Budgets für die Krankenversorgung seiner Abteilung mit. Seine Budgetverantwortung soll nur Bereiche umfassen, die durch ihn verantwortlich gesteuert werden können. Unterstützend wird er regelmäßig monatlich durch den Vorstand über die Leistungs- und Budgetentwicklung informiert.

II. Vor der Einführung neuer diagnostischer und therapeutischer Untersuchungs- und Behandlungsmethoden oder Maßnahmen, die Mehrkosten verursachen, hat der Chefarzt Einvernehmen mit dem Vorstand der Klinik herbeizuführen. Soweit in akuten Notfällen solche Maßnahmen oder Methoden unabdingbar sind und eine vorherige Abstimmung mit dem Vorstand nicht möglich ist, ist der Vorstand nachträglich von Maßnahmen dieser Art zu unterrichten.

III. Der Chefarzt hat die Richtlinien der Klinik, z. B. der Arzneimittelkommission, sowie der sonstigen eingerichteten Kommissionen zu beachten.

30 **§ 8 Vergütung**

I. Der Chefarzt erhält für die Wahrnehmung der vertraglich übernommenen Aufgaben eine Jahresgrundvergütung. Dabei wird der Chefarzt so gestellt, dass sein Netto-Gehalt den Nettobezügen eines vergleichbaren Beamten in der Besoldungsgruppe C 4, Stufe ....., entspricht. Die Grundvergütung entspricht auch dann der BesGr. C 4 BBesG mit Nettoausgleich zu vergleichbaren Beamten der Besoldungsgruppe C 4, wenn zum Zeitpunkt des Dienstantritts die Besoldungsordnung W in Kraft getreten sein sollte. Die Vergütung ist zahlbar in gleichen Monatsraten nach Abzug der gesetzlichen Abgaben am 15. eines jeden Monats. Besteht das Dienstverhältnis in einem Kalenderjahr weniger als 12 Monate, so verringert sich die Vergütung entsprechend der anteiligen Dienstzeit. Eine Vergütungserhöhung erfolgt in entsprechender Höhe und zum selben Zeitpunkt wie die Erhöhung der Bezüge der nach BesGr. C 4 Bundesbesoldungsordnung besoldeten Beamten des Landes.
Die Basis der Teilnahme an der Besoldungserhöhung ist nicht die Jahresgrundvergütung, sondern ein Betrag in Höhe des C 4-Gehaltes eines vergleichbaren Beamten auf das Kalenderjahr bezogen.

II. Über die Jahresgrundvergütung hinaus erhält der Chefarzt eine leistungs- und erfolgsabhängige Jahresvergütung.
Basis für die Ermittlung der leistungs- und erfolgsabhängigen Jahresvergütung ist die mit dem Chefarzt für das jeweilige Kalenderjahr geschlossene Zielvereinbarung, die in Absprache mit dem Vorstand formuliert wird.
Die leistungs- und erfolgsabhängige Vergütung wird zur Zahlung fällig, sobald für das abgelaufene Geschäftsjahr entweder der Deckungsbeitrag oder die Personal- und Sachkostenbudgets gemäß Zielvereinbarung ermittelt worden sind – spätestens jedoch zwei Monate nach Vorlage der nachprüfbaren Ergebnisse des abgelaufenen Kalenderjahres. Abschlagszahlungen sind möglich.

III. Ist der Chefarzt nicht das gesamte Kalenderjahr beschäftigt gewesen, so wird die leistungs- und erfolgsabhängige Vergütung anteilig für jeden vollen Monat der Beschäftigung ermittelt. Für die anteilige Berechnung sollen dabei für den infragekommenden Zeitraum (anteiliges Kalenderjahr) sowohl die maßgebenden Deckungsbeiträge als auch insbesondere die Liquidationseinnahmen für den Beschäftigungszeitraum möglichst exakt festgestellt und anteilig ermittelt werden.

§ 9 Dienstunfähigkeit 31

I. Eine Dienstunfähigkeit von länger als 3 Arbeitstagen ist dem Vorstand der Klinik unverzüglich nachzuweisen. Dauert die Dienstunfähigkeit länger als 6 Monate kann die Abteilungsleitung unbeschadet der Vertragsrechte des Chefarztes einer kommissarischen Leitung übertragen werden.

II. Im Falle der unverschuldeten Dienstunfähigkeit erhält der Chefarzt die anteilige Jahresgrundvergütung und die anteilige leistungs- und erfolgsabhängige Jahresvergütung bis zur Dauer von 6 Monaten seit Beginn der Krankheit – oder unfallbedingten Dienstunfähigkeit. Vom 7. Monat der unverschuldeten Dienstunfähigkeit an bis zur Feststellung der dauerhaften Dienstunfähigkeit entfällt die anteilige leistungs- und erfolgsabhängige Vergütung; anstelle der Jahresgrundvergütung wird ein Zuschuss zu den Barleistungen der Krankenkasse gezahlt, der zusammen mit diesem Krankengeld die Höhe der Nettobezüge entsprechend § 8 Abs. I erreicht. Auf das Dienstverhältnis findet § 38 (Forderungsübergang bei Dritthaftung) des Bundesangestelltentarifvertrages (BAT) in der jeweils geltenden Fassung Anwendung.

III. Im Todesfall erhält die Ehegattin oder, falls diese bereits verstorben ist, die unterhaltsberechtigten Kinder die anteilige Jahresgrundvergütung und die anteilige leistungs- und erfolgsabhängige Jahresvergütung für die Dauer von 3 Monaten, beginnend mit dem Ablauf des Sterbemonats, weiter. Leistungen aus der gesetzlichen Altersversorgung (z.B. aus der Ärzteversorgung) werden hierauf angerechnet.

§ 10 Urlaub/Dienstreisen 32

I. Der Erholungsurlaub richtet sich nach den für Professorinnen und Professoren im Beamtenverhältnis geltenden Bestimmungen des Landes. Danach hat der Chefarzt seinen Erholungsurlaub unter Hinweis auf die Vertretungsregelung rechtzeitig vor Antritt dem Vorstand anzuzeigen. Bei der Inanspruchnahme von Erholungsurlaub ist die Bindung an die Lehrverpflichtung zu berücksichtigen. Dasselbe gilt für Arbeitsbefreiungen. Sonderurlaub wird nach der Sonderurlaubsverordnung für Beamte in der jeweils geltenden Fassung gewährt.

Urlaub und Arbeitsbefreiungen, die 5 Arbeitstage überschreiten, sind dem Vorstand stets schriftlich unter Angabe der Vertretungsregelung anzuzeigen.

II. Für Dienstreisen gelten die Bestimmungen für Beamte des Landes entsprechend. Auslandsdienstreisen bedürfen der Genehmigung durch den Vorstand.

III. Im Falle von Beurlaubung, der Teilnahme an wissenschaftlichen Kongressen, Dienstreisen, bei Krankheit oder sonstigen dienstlichen Verhinderungen hat der Chefarzt dem Vorstand der Klinik seinen Vertreter zu benennen.

§ 11 Umzugs- und Reisekosten 33

I. Reise- und Umzugskostenvergütungen werden nach Maßgabe der für Beamte des Landes geltenden Bestimmungen gewährt.

II. Die Zusage der Umzugskostenvergütung für den Umzug an einen Wohnort im räumlichen Zusammenhang mit dem Dienstort wird erteilt.

§ 12 Anwendung dienstrechtlicher Bestimmungen 34

I. Der Chefarzt wird in einem Vollzeitdienstverhältnis beschäftigt.

II. Für die Führung der Personalakten gilt § 13 BAT in der jeweils geltenden Fassung.

Schrader

III. Der Chefarzt hat sich so zu verhalten, wie es von Angehörigen des öffentlichen Dienstes erwartet wird. Hinsichtlich der Annahme von Belohnungen und Geschenken werden die für Beamte des Landes geltenden Bestimmungen entsprechend angewandt. Der Chefarzt ist insbesondere über die Strafvorschriften der §§ 331, 332 StGB (Vorteilsnahme und Bestechlichkeit) belehrt worden.

35   § 13 Ärztliche Untersuchung

Der Chefarzt wird sich zu Beginn des Dienstverhältnisses und danach regelmäßig einer gründlichen ärztlichen Untersuchung durch den Betriebsärztlichen Dienst der Klinik unterziehen und dem Vorstand hierüber ein Gesundheitszeugnis vorlegen.

36   § 14 Vertraulichkeit, Geschäfts- und Betriebsgeheimnisse

Der Chefarzt hat über alle im Rahmen der Tätigkeit zur Kenntnis gelangten geschäftlichen und betrieblichen Angelegenheiten, insbesondere Geschäfts- und Betriebsgeheimnisse, Verschwiegenheit zu wahren; das gilt auch für die Zeit nach Beendigung des Dienstverhältnisses. Der Chefarzt verpflichtet sich, alle geschäftlichen Unterlagen und Schriftstücke sowie davon gefertigte Abschriften und Ablichtungen nur für Zwecke der Hochschule zu verwenden und auf Verlangen jederzeit dem Vorstand oder einem Beauftragten des Vorstandes auszuhändigen. Ein Rückbehaltungsrecht an solchen Unterlagen, Schriftstücken, Abschriften und Ablichtungen ist ausgeschlossen. Das Ministerium kann jederzeit Auskunft über einzelne Angelegenheiten verlangen.

Der Chefarzt ist insbesondere über die Strafvorschriften der §§ 133 Abs. 3, 201 Abs. 3, 203 Abs. 2, 4 und 5 und 204, 97b Abs. 2 i.V.m. §§ 94 bis 97 StGB (Verwahrungsbruch, Verletzung der Vertraulichkeit des Wortes, Verletzung von Privatgeheimnissen, Verwertung fremder Geheimnisse, Verletzung des Dienstgeheimnisses, Verrat in irriger Annahme eines illegalen Geheimnisses) belehrt worden.

37   § 15 Diensterfindungen

Etwaige Diensterfindungen werden nach den Bestimmungen des Gesetzes über Arbeitnehmererfindungen in der jeweils gültigen Fassung sowie den hierzu ergangenen Richtlinien für die Vergütung von Arbeitnehmererfindungen im privaten Dienst in ihrer jeweils geltenden Fassung behandelt.

38   § 16 Haftung, Versicherung

§ ..... des Beamtengesetzes gilt entsprechend. Die Klinik hat eine Betriebshaftpflichtversicherung abgeschlossen. Hinsichtlich der Einzelheiten wird auf das Merkblatt hierzu verwiesen.

39   § 17 Änderungs- und Entwicklungsklausel

I. Werden durch Gesetz, Verordnung oder sonstige Rechtsvorschriften des Bundes oder des Landes neue oder geänderte Vorschriften im Bereich des Gesundheitsweisens, des Krankenhauswesens oder des Sozialleistungswesens erlassen, welche die Rechte und Pflichten einer Vertragspartei nicht nur unwesentlich berühren, kann jeder Vertragsteil eine Anpassung des Vertrages an die neue Lage verlangen mit dem Ziel, einen angemessenen Interessenausgleich herbeizuführen. Entsprechendes gilt bei von der Rechtsprechung ausgehenden Änderungen.

Schrader

II. Der Vorstand der Klinik kann grundsätzlich nach Anhörung des Chefarztes strukturelle und organisatorische Änderungen im Krankenhaus vornehmen.

Insbesondere kann der Vorstand der Klinik die Ausführung bestimmter Leistungen aus der Abteilung ganz oder teilweise herausnehmen und anderen Einrichtungen oder Personen zuweisen, den Umfang der Abteilung sowie die Zahl und Aufteilung der Betten in dieser Abteilung ändern, weitere selbstständige Abteilungen oder Einrichtungen auch gleicher Fachrichtung neu einrichten und weitere Ärztinnen oder Ärzte auch der gleichen Fachrichtung in andere Abteilungen als leitende Abteilungsärzte zulassen sowie neue Aufgaben zuweisen. Ferner kann der Vorstand den Umfang oder die Ausstattung der Abteilung ändern, die Abteilung untergliedern, Teile der Abteilung abtrennen oder die Abteilungen ganz oder teilweise schließen.

III. Dem Chefarzt stehen bei Maßnahmen nach Abs. 1 Entschädigungsansprüche daraus nicht zu, wenn hierdurch seine Einnahmen für die Tätigkeit im dienstlichen Aufgabenbereich berechnet nach den durchschnittlichen Einkünften vom Dienstantritt bis zum Wirksamwerden der betreffenden Maßnahmen um nicht mehr als 40% vermindert werden.

§ 18 Vertragsdauer, Kündigung   40

I. Der Vertrag tritt am ..... in Kraft; er wird auf unbestimmte Zeit geschlossen.

II. Das Arbeitsverhältnis kann von beiden Seiten unter Beachtung von § 622 Abs. 5 BGB mit einer Kündigungsfrist von 6 Monaten nur zum Ende des jeweiligen Wintersemesters gekündigt werden. Die Kündigung aus betriebsbedingten Gründen ist ausgeschlossen.

III. Eine Probezeit wird nicht vereinbart. Das Recht zur außerordentlichen Kündigung des Vertrages gem. § 626 BGB aus wichtigem Grund bleibt unberührt.

IV. Die Kündigung bedarf der Schriftform.

V. Der Vertrag endet ohne Kündigung zum Ende des Semesters, in dessen Verlauf der Chefarzt die gesetzliche Altersgrenze erreicht.

§ 19 Sperrfrist   41

Im Hinblick auf die beabsichtigte Verbesserung seiner Arbeitsmöglichkeiten durch Bereitstellung von Mitteln insbesondere für Zwecke der Forschung verpflichtet sich der Chefarzt, mindestens für die Dauer von 4 Jahren, beginnend mit dem Dienstantritt, keine Berufungs- und Arbeitsangebote anderer Hochschulen oder sonstiger Dritter anzunehmen. Bleibeverhandlungen zwischen dem 4. und 5. Jahr der Beschäftigung beginnend mit dem Dienstantritt für die Klinik mit dem Chefarzt nur, wenn ein Ruf vorliegt und die Bleibeverhandlungen im Interesse der Klinik liegen.

Sollten die Mittel wider Erwarten ganz oder zu einem wesentlichen Teil nicht bereitgestellt werden, verkürzt sich die Frist entsprechend. § 18 Abs. II und III dieses Vertrages bleiben unberührt. Für den Fall vorzeitiger Kündigung durch den Chefarzt behält sich die Klinik die Geltendmachung von Schadensersatzansprüchen im Hinblick auf die bereitgestellten Mittel vor.

§ 20 Salvatorische Klausel   42

Sollten einzelne Bestimmungen dieses Vertrages unwirksam sein oder werden, so berührt dies nicht die Gültigkeit der übrigen Bestimmungen. Anstelle der unwirksamen Bestimmungen oder zur Ausfüllung evtl. Lücken dieses Vertrages werden die Parteien eine angemessene Regelung suchen, die den Willen der Vertragsparteien und der Zielsetzung des Vertrages am nächsten kommt.

Hilfsweise gelten die Regelungen des Bürgerlichen Gesetzbuches (BGB).

43 § 21 Schlussbestimmungen

Änderungen, Ergänzungen und Nebenabreden zu diesem Vertrag bedürfen der Schriftform. Sie müssen ausdrücklich als Vertragsänderung bzw. Vertragsergänzungen bezeichnet sein.

....., den .....

Chefarzt   Klinik

III. Vertrag mit anderen Ärzten[34a]

1. Vertrag mit einem Oberarzt

44 Zwischen

der Stadt ....., gesetzlich vertreten durch ....., ...

und

Herrn/Frau Dr. .....

wird nachfolgender Arbeitsvertrag geschlossen.

45 § 1 Tätigkeit und Vergütung

Herr/Frau ....., geb. am ..... wird ab ..... auf unbestimmte Zeit als Oberarzt im Gebiet ..... unter Einreihung in die Vergütungsgruppe ..... der Anlage 1a zum BAT für das Krankenhaus ..... eingestellt.

46 § 2 Anzuwendendes Recht

Für das Arbeitsverhältnis gilt der BAT vom ..... und die Sonderregelung ..... sowie die diese ergänzenden oder ändernden Tarifverträge in ihrer jeweiligen Fassung.

47 § 3 Probezeit

Die Probezeit beträgt .....

48 § 4 Privatärztliche Tätigkeit, Pflichten

I. Herr/Frau Dr. ..... ist nicht berechtigt eine privatärztliche Tätigkeit innerhalb oder außerhalb des Krankenhauses auszuüben.

II. Herr/Frau Dr. ..... ist verpflichtet,

1. Gutachten, gutachterliche Äußerungen und wissenschaftliche Äußerungen, die von Dritten angefordert und vergütet werden, zu erstellen;

2. im Rahmen einer zugelassenen Nebentätigkeit des leitenden Arztes seiner Abteilung ohne gesonderte Vergütung tätig zu werden.

[34a] Zur Problematik des Bereitschaftsdienstes von Krankenhausärzten als Arbeitszeit im Sinne der Richtlinie 93/104/EG vgl. EuGH, Urteil v. 9. 9. 2003 – C-151/02 – Landeshauptstadt Kiel/Norbert Jaeger, BB 2003, 2063.

III. Für eine Tätigkeit nach Abs. II Nr. 1 erhält der Arzt eine zusätzliche Vergütung in Höhe von ..... v.H. der dem Krankenhaus zustehenden Vergütung. Sind mehrere Ärzte an der Erstellung des Gutachtens beteiligt, so wird der Anteil entspr. dem Maße der Beteiligung geteilt. Über die Aufteilung entscheidet der ..... nach billigem Ermessen.

....., den .....

Arzt   Krankenhaus

2. Vertrag mit einem Assistenzarzt

Zwischen   49
der Stadt ....., gesetzlich vertreten durch ....., ...
und
Herrn/Frau Dr. .....
wird nachfolgender Arbeitsvertrag geschlossen.

§ 1 Inhalt   50

I. Der/Die Arzt/Ärztin wird mit Wirkung vom ..... als Assistenzarzt(in) für ..... eingestellt. Das Arbeitsverhältnis ist zum Zwecke der Weiterbildung zum Gebietsarzt für ..... bis zum ..... befristet.[35]

II. Das Arbeitsverhältnis richtet sich im Übrigen nach dem BAT/..... in seiner jeweiligen Fassung.

III. Arbeitsort ist das Krankenhaus .....

§ 2 Pflichten   51

Der/Die Arzt/Ärztin ist verpflichtet, die ihm übertragenen Aufgaben gewissenhaft auszuführen und die ihm von seinem Vorgesetzten erteilten Weisungen zu befolgen.

§ 3 Vergütung   52

I. Der/Die Arzt/Ärztin wird in die Vergütungsgruppe ..... BAT/..... eingruppiert. Die Gehaltszahlung erfolgt bargeldlos jeweils zum 15. eines Monats.

II. Der/Die Arzt/Ärztin unterliegt nicht der Krankenversicherungspflicht. Er/Sie hat sich auf eigene Kosten gegen Krankheit zu versichern. Im Krankheitsfalle erfolgt keine kostenlose Behandlung in den Krankenhäusern des Trägers.

§ 4 Nebentätigkeit   53

Dem/Der Arzt/Ärztin ist weder innerhalb noch außerhalb des Krankenhauses die Ausübung einer Praxis gestattet.

§ 5 Versicherung   54

Der Krankenhausträger wird für die ärztliche Tätigkeit des/der Arztes/Ärztin innerhalb des Krankenhauses eine Haftpflichtversicherung abschließen.

---

[35] Vgl. Gesetz über befristete Arbeitsverträge mit Ärzten in der Weiterbildung vom 15. 5. 1986 (BGBl. I 742) zul. geänd. durch Gesetz vom 16. 2. 2002 (BGBl. I 693).

Schrader

55 **§ 6 Sonstige Abreden**

Mündliche Nebenabreden, Vertragsänderungen *(vgl. Muster § 2 RN 33 ff.).*

....., den .....

Arzt   Krankenhaus

3. Vertrag mit einem Arzt im Praktikum

56 Zwischen

der Stadt ....., gesetzlich vertreten durch ....., ...

und

Herrn/Frau Dr. .....

wird nachfolgender Arbeitsvertrag geschlossen.

57 **§ 1 Beginn der Tätigkeit**

I. Herr/Frau ..... geb. am ..... wird ab ..... bis zum ..... in ..... als Arzt/Ärztin im Praktikum (AiP) angestellt.

II. Die Probezeit beträgt ..... Monate. Sie endet am .....[36]

58 **§ 2 Inhalt**

I. Das Ausbildungsverhältnis richtet sich nach den Bestimmungen des Tarifvertrages zur Regelung der Rechtsverhältnisse der Ärzte/Ärztinnen im Praktikum ..... in seiner jeweils geltenden Fassung.

oder

I. Das Ausbildungsverhältnis richtet sich nach den für Ärzte/Ärztinnen im Praktikum bestehenden berufsrechtlichen Richtlinien.

II. Der/Die Arzt/Ärztin im Praktikum wird die ihm/ihr übertragenen Aufgaben gewissenhaft erfüllen. Er/Sie hat die Weisungen seiner Vorgesetzten zu befolgen.

III. Die Arbeitszeit beträgt ..... Stunden. Der/Die Arzt/Ärztin im Praktikum hat im fortgeschrittenen Ausbildungsstand am Bereitschaftsdienst und an der Rufbereitschaft teilzunehmen.

59 **§ 3 Vergütung**

Herr/Frau ..... erhält ein monatliches Entgelt in Höhe von ..... €/erhält ein Entgelt in Höhe der vom Tarifvertrag festgesetzten Vergütung.[37]

---

[36] Die Tätigkeit als Arzt im Praktikum wird nur in begrenztem Umfang auf spätere Dienstzeiten angerechnet. Höchstbefristung: BAG, Urteil v. 14. 11. 2001 – 7 AZR 576/00 – AP HRG § 57 c Nr. 10; Eingruppierung: BAG, Urteil v. 10. 12. 1997 – 4 AZR 39/96 – AP BGB § 611 Ärzte, Gehaltsansprüche Nr. 61; zur Mitbestimmung bei Einstellung: BVerwG, Urteil v. 20. 3. 1996 – 6 P 7/94 – ZTR 1996, 569.

[37] Es ist nicht zu beanstanden, dass die Vergütung des AiP deutlich geringer ist als die der Assistenzärzte: BAG, Urteil v. 24. 3. 1993 – 4 AZR 265/92 – AP BGB § 242 Gleichbehandlung Nr. 106; BAG, Urteil v. 25. 9. 1996 – 4 AZR 200/95 – AP BAT 1975 §§ 22, 23 Nr. 218; BAG, Urteil v. 6. 8. 1997 – 10 AZR 638/96 – AP BAT §§ 22, 23 Lehrer Nr. 61.

Schrader

§ 4 Sonstige Abreden   60

Mündliche Nebenabreden, Vertragsänderungen *(vgl. Muster § 2 RN 36ff.)*

....., den .....

Arzt   Krankenhaus

4. Vertrag mit einem Betriebsarzt[38]

Zwischen   61

der Firma .....

und

Herrn/Frau .....

wird ein Arbeitsvertrag geschlossen.

§ 1 Gegenstand des Vertrages   62

I. Der/Die Arzt/Ärztin wird ab ..... als Betriebsarzt(ärztin) eingestellt. Er/Sie übernimmt eigenverantwortlich die arbeitsmedizinische Betreuung der Angehörigen des Betriebes ...../des Werkes .....

II. Der/Die Arzt/Ärztin ist unmittelbar dem Leiter des Betriebes/des Werkes unterstellt. In der Ausübung seiner/ihrer arbeitsmedizinischen Tätigkeit ist er/sie weisungsfrei und nur seinem/ihrem ärztlichen Gewissen und den Rechtsvorschriften unterworfen.

§ 2 Stellung von Räumen, Gerät und Personal   63

I. Der Arbeitgeber stellt dem/der Betriebsarzt(ärztin) das für die Tätigkeit erforderliche Personal sowie Räume, Einrichtungen, Geräte und sonstige Hilfsmittel zur Verfügung, soweit sie zur Ausübung der Tätigkeit erforderlich sind (§ 2 Abs. 2 ASiG).

II. Die Einstellung des Hilfspersonals erfolgt im Einvernehmen des/der Betriebsarztes(ärztin). Das bisherige Personal wird weiterbeschäftigt.

III. Die sachlichen Hilfsmittel werden auf Vorschlag des/der Betriebsarztes(ärztin) angeschafft, soweit sie nicht bereits vorhanden sind.

§ 3 Aufgaben   64

I. Dem/Der Arzt/Ärztin werden die im ASiG umschriebenen Aufgaben übertragen.

II. Dem/Der Arzt/Ärztin werden weiter folgende Aufgaben übertragen .....

III. Der/Die Betriebsarzt(ärztin) hat vertrauensvoll mit dem Betriebsrat zusammenzuarbeiten. Er/Sie hat die für seine/ihre Tätigkeit notwendigen Aufzeichnungen anzufertigen. Er/Sie hat sie so aufzubewahren, dass die ärztliche Schweigepflicht gewahrt bleibt. Nach Beendigung des Arbeitsverhältnisses sind die Aufzeichnungen dem Nachfolger zu übergeben.

IV. Der/Die Betriebsarzt(ärztin) unterliegt der ärztlichen Schweigepflicht im Hinblick auf die von ihm/ihr behandelten Personen.

---

[38] Vgl. zu Betriebsärzten im Einzelnen ArbR-Hdb. § 154 RN 40ff.

V. Unabhängig von der ärztlichen Schweigepflicht ist der/die Arzt/Ärztin während und nach Beendigung des Arbeitsverhältnisses verpflichtet, über alle Angelegenheiten des Unternehmens, insbesondere über Betriebs- und Geschäftsgeheimnisse Stillschweigen zu bewahren.

65　§ 4 Arbeitszeit

I. Die Arbeitszeit des/der Arztes/Ärztin richtet sich nach der für den Betrieb bestehenden Betriebsvereinbarung ..... über die Arbeitszeit im Betrieb. Sie ist zzt. von ..... bis ..... festgesetzt.

II. Der/Die Arzt/Ärztin ist verpflichtet, in dringenden Fällen Über- und Mehrarbeit zu leisten.

III. Im Falle einer länger dauernden Verhinderung des/der Betriebsarztes(in) wird im Einvernehmen mit dem/der Arzt/Ärztin ein geeigneter Vertreter bestellt.

66　§ 5 Vergütung

I. Der/Die Arzt/Ärztin erhält eine monatliche Vergütung in Höhe von ..... € brutto. Mit der Vergütung sind anfallende Über- und Mehrarbeitsstunden abgegolten.

II. Der/Die Arzt/Ärztin erhält im Übrigen die gleichen Sonderzuwendungen wie sie AT-Angestellten gewährt werden.

67　§ 6 Arbeitsverhinderung und Gehaltsfortzahlung im Krankheitsfalle[39]

68　§ 7 Urlaub

69　§ 8 Altersversorgung

70　§ 9 Versicherung

I. Der Arbeitgeber versichert den/die Arzt/Ärztin gegen Unfall und Haftpflicht wegen seiner/ihrer als Betriebsarzt/ärztin ausgeübten Tätigkeit. Die Kosten der Versicherung übernimmt der Arbeitgeber.

II. Die Deckungssumme der Haftpflichtversicherung beträgt .....

III. Die Deckungssumme der Unfallversicherung beträgt .....

71　§ 10 Fortbildung

I. Der/Die Arzt/Ärztin verpflichtet sich, sich auf medizinischem und arbeitsmedizinischem Bereich fortzubilden (§ 4 ASiG).

II. Der/Die Arzt/Ärztin wird für erforderliche Fortbildungsveranstaltungen von der Arbeit freigestellt. In dieser Zeit wird die Vergütung weitergezahlt. Findet die Fortbildung außerhalb des Betriebssitzes statt, erhält der/die Arzt/Ärztin Reisekosten nach den betriebsüblichen Regeln.

III. Die Kosten der Fortbildung übernimmt der Arbeitgeber.

---

[39] Für die Regelungsgegenstände in § 6 bis § 8 gelten keine arbeitsrechtlichen Besonderheiten, es kann auf die Muster § 2 RN 12 ff. verwiesen werden.

§ 11 Nebentätigkeit

72

I. Die Aufnahme einer entgeltlichen oder unentgeltlichen Nebentätigkeit bedarf der vorherigen schriftlichen Zustimmung des Arbeitgebers. Dasselbe gilt für Veröffentlichungen und Vorträge, soweit durch sie die Interessen des Arbeitgebers berührt werden können.

II. Der/Die Arzt/Ärztin darf folgende Nebentätigkeiten ausüben[40]

1. ......
2. ......

III. Durch die Ausübung der Nebentätigkeit darf die Tätigkeit als Betriebsarzt nicht beeinträchtigt werden. Die Zustimmung zur Nebentätigkeit kann nur widerrufen werden, wenn die Tätigkeit als Betriebsarzt beeinträchtigt wird oder ein sonstiger wichtiger Grund besteht.

§ 12 Beendigung des Arbeitsvertrages

73

I. Die ersten sechs Monate der Tätigkeit des/der Arztes/Ärztin gelten als Probezeit. Während der Probezeit kann das Arbeitsverhältnis mit einer Frist von einem Monat zum Monatsende gekündigt werden.

II. Nach Ablauf der Probezeit gelten die in § 622 BGB geregelten Kündigungsfristen/gelten die im Tarifvertrag für ..... geregelten Kündigungsfristen.

III. Verlängert sich die Kündigungsfrist auf Grund gesetzlicher Vorschriften für den Arbeitgeber, so gilt dies auch für den/die Arzt/Ärztin.

IV. Das Recht zur außerordentlichen Kündigung bleibt unberührt.

§ 13 Schlussbestimmungen

74

I. Verweisung auf Betriebsvereinbarungen

II. Schriftformklauseln für Vertragsänderung

III. Salvatorische Klauseln

....., den .....

Firma   Arzt

5. Vertrag mit einem Belegarzt

Allgemein: *Franzki*/Hansen, Der Belegarzt – Stellung und Haftung im Verhältnis zum Krankenhausträger, NJW 1990, 737.

Formulare: *Dolinski*, Der Belegarzt, Vertragliche und haftungsrechtliche Probleme – insbesondere am Beispiel des Gynäkologen und Geburtshelfers als Belegarzt, 1996; *Münzel*, Chefarzt- und Belegarztvertrag, 1995; *Rieger*, Verträge zwischen Ärzten und Krankenhausträgern, Heidelberger Musterverträge, Heft 42; *Wagener*, Die Sonderzulassung für Belegärzte gem. § 103 Abs. 7 SGB V, MedR 1998, 410; *Weber/Müller*, Chefarzt- und Belegarztvertrag, 1999; *Baur*, Chefarztvertrag, Belegarzt-Vertragsmuster und Kommentar zur Vertragsgestaltung, 2003; *Mänzel*, Chefarzt- und Belegarztvertrag, 2001; *Itzel/Schwall*, Grundstrukturen der zivilrechtlichen Haftung von Belegarzt, Hebamme und Belegkrankenhaus im Rahmen der Geburtshilfe, MedR 2001, 565.

---

[40] Es kommen in Betracht Untersuchungen nach dem JArbSchG, Vorsorgeuntersuchungen, Gutachten für Sozialversicherungsträger.

Schrader

75 Zwischen ..... als Träger des Krankenhauses .....

– im Folgenden Krankenhausträger –

und

Frau/Herrn Dr. med. ..... geb. am ..... in ....., wohnhaft in .....

– im Folgenden Arzt –

wird ein Belegarztvertrag geschlossen:[41]

76 § 1 Gegenstand des Vertrages

I. Dem Arzt wird mit Wirkung vom ..... gestattet, Patienten seines Fachgebietes im Krankenhaus stationär oder teilstationär zu behandeln.

II. Der Arzt verpflichtet sich, an keinem anderen Krankenhaus tätig zu werden.

77 § 2 Rechtsgrundlagen

I. Der Arzt ist freiberuflich tätig. Er steht zum Krankenhausträger weder in einem Arbeitsverhältnis noch in einem arbeitnehmerähnlichen Verhältnis.

II. Rechtsgrundlagen des Vertrages sind in der Reihenfolge der Benennung

1. der Belegarztvertrag,
2. die das ärztliche Verhalten regelnden Gesetze, Verordnungen und Rechtsgewohnheiten,
3. die für das Krankenhaus geltenden besonderen Rechtsvorschriften,
4. das Gebühren- und Kostenrecht des Krankenhauses und der Ärzte,
5. die allgemeinen Arbeitsanweisungen des Krankenhauses,
6. die Vorschriften des BGB,
7. (in kirchlichen Krankenhäusern) die Vorschriften des Kirchenrechts.

78 § 3 Besondere Pflichten des Arztes

Der Arzt ist verpflichtet,

1. die von ihm in die Abteilung ..... eingewiesenen Patienten nach dem jeweils neuesten Stand der gesicherten wissenschaftlichen Erkenntnisse ärztlich zu versorgen,
2. konsiliarisch bei Patienten in anderen Abteilungen des Krankenhauses tätig zu werden, soweit er von diesen herangezogen wird,
3. seine Tätigkeit im Krankenhaus auf sein Fachgebiet zu beschränken und persönlich auszuüben sowie die alleinige ärztliche Verantwortung für seine Patienten zu übernehmen,
4. für alle stationär behandelten Kranken eine Krankengeschichte zu führen. Sie sind Eigentum des Krankenhauses. Die Auswertung der Krankengeschichte steht bis zur Beendigung des Belegarztverhältnisses dem Arzt zu. Der Arzt kann jedoch auch nach seinem Ausscheiden Abschriften, Auszüge und Ablichtungen

---

[41] Der Belegarztvertrag ist ein nicht unter die Vertragstypen des BGB fallender Kooperationsvertrag zwischen Arzt und Krankenhaus, der Elemente der Leihe und Miete sowie des Dienstverschaffungs- und Gesellschaftsvertrages enthält (vgl. BGH, Urteil v. 28. 2. 1972 – III ZR 212/70 – NJW 1972, 1128; OLG Hamm, Urteil v. 12. 2. 1986 – 11 U 284/84 – NJW 1988, 775; BGH, Urteil v. 26. 2. 1987 – III ZR 164/85 – BGHR BGB § 305 Belegarztvertrag 2; vgl. auch BGH, Urteil v. 25. 5. 1993 – X ZR 79/92 – NJW-RR 1993, 1460).

herstellen lassen, soweit dies zur Weiterbehandlung oder Nachbehandlung notwendig ist oder es aus begründetem wissenschaftlichen Interesse erforderlich und rechtlich zulässig ist,

5. für eine wirtschaftliche Verordnungsweise im Rahmen der ärztlichen Notwendigkeit zu sorgen, auf eine sparsame Verwendung der zur Verfügung stehenden Mittel zu achten und der Krankenhausverwaltung zur Sicherung der Kostenansprüche vollständige Angaben über die veranlassten Maßnahmen zu machen,

6. für die Schulung der Mitarbeiter zu sorgen und, sofern die Krankenhausverwaltung Schulungsveranstaltungen durchführt, in angemessenem Umfang kostenlos Unterricht zu erteilen,

7. unentgeltlich Einstellungs- und Kontrolluntersuchungen der Mitarbeiter durchzuführen, soweit sie in sein Fachgebiet fallen,

8. die Mitarbeiter des Krankenhauses unentgeltlich zu behandeln. Eine Ausnahme besteht dann, wenn diese pflichtversichert sind oder Erstattungsansprüche gegen Dritte haben,

9. die ärztlichen Melde- und Anzeigevorschriften einzuhalten,

10. dem Krankenhausträger die notwendigen Auskünfte zu erteilen, die dieser für die Abrechnung oder statistische Zwecke benötigt. Die ärztliche Schweigepflicht und die Vorschriften über den Datenschutz bleiben unberührt.

§ 4 Zusammenarbeit 79

I. Der Arzt verpflichtet sich, mit dem Krankenhausträger, dem ärztlichen Direktor des Krankenhauses, den leitenden Abteilungsärzten, den übrigen Belegärzten und Ärzten vertrauensvoll zusammenzuarbeiten.

II. Der Arzt erkennt an, dass alle Patienten, die nicht von ihm eingewiesen sind, ein Wahlrecht haben, ob sie durch ihn oder einen anderen Belegarzt behandelt werden wollen.

III. Dem Krankenhaus ist das Recht vorbehalten, jeder Zeit weitere Belegärzte desselben Fachgebietes zuzulassen.

IV. Die Operationszeiten und die Benutzung der sonstigen medizinisch-technischen Einrichtungen wird der Arzt mit den weiteren im Krankenhaus tätigen Ärzten festlegen. Kommt eine Einigung nicht zustande, entscheidet der Krankenhausträger.

V. Bei Meinungsverschiedenheiten zwischen dem Belegarzt und anderen Abteilungs- oder Belegärzten entscheidet der medizinische Direktor des Krankenhauses, ansonsten der Krankenhausträger.

§ 5 Ambulante und stationäre Behandlung 80

I. Dem Arzt ist die ambulante Behandlung von Patienten im Krankenhaus gestattet. Zur Behandlung darf der Arzt nur die Einrichtungen des Krankenhauses und das zur Verfügung gestellte Personal benutzen.

II. Eine Sprechstundenpraxis wird im Krankenhaus nicht durchgeführt.

§ 6 Besondere Pflichten des Krankenhauses 81

I. Für die stationäre Behandlung von Patienten stellt das Krankenhaus dem Arzt Betten zur Verfügung. Über die Zahl der Betten entscheidet das Krankenhaus unter Berücksichtigung der jeweiligen Belegung der Abteilung nach Anhörung des Arztes. Zurzeit umfasst die Belegabteilung . . . . . Betten.

II. Werden die dem Arzt zur Verfügung gestellten Betten zeitweise nicht belegt, kann das Krankenhaus über die nicht belegten Betten nach Rücksprache mit dem Arzt anderweitig verfügen. Werden sie auf Dauer nicht belegt, kann die Zahl der Betten herabgesetzt werden. Benötigt der Arzt vorübergehend mehr Betten, wird sich das Krankenhaus darum bemühen, Betten anderer Abteilungen zur Verfügung zu stellen.

III. Der Belegarzt hat das Recht, für die stationäre und ambulante Tätigkeit im Rahmen dieses Vertrages, die vom Krankenhaus bereitgestellten Einrichtungen und Dienste in Anspruch zu nehmen. Die Benutzung eigener Einrichtungen ist dem Arzt nur mit Zustimmung des Krankenhausträgers gestattet.

82 § 7 Belegung

Über die Aufnahme und Entlassung von Patienten im Rahmen der zur Verfügung gestellten Betten entscheidet der Arzt nach ärztlichem Ermessen im Rahmen der allgemeinen Vertragsbedingungen des Krankenhauses.

83 § 8 Inanspruchnahme von Einrichtungen und Personal des Krankenhauses[42]

I. Das Krankenhaus stellt dem Arzt für seine Tätigkeit die notwendige Standardausrüstung an Einrichtungsgegenständen, Apparaturen und Instrumenten zur Verfügung, soweit dies zumutbar und mit der Zielrichtung des Krankenhauses vereinbar ist. Die Benutzung nicht dem Krankenhaus gehörender Einrichtungen ist untersagt, wenn gleichartige Einrichtungen vorhanden sind.

II. Der Arzt ist weiter berechtigt, die Pflegepersonen und die medizinisch-technischen Hilfskräfte in Anspruch zu nehmen. Ist für die ärztliche Versorgung der Patienten ein nachgeordneter Arzt notwendig, so wird dieser vom Krankenhaus eingestellt. Desgleichen wird eine ärztliche Schreibkraft eingestellt, soweit diese notwendig ist. Dem Arzt steht ein Vorschlagsrecht zu. Der Arzt ist in seinem Bereich gegenüber dem Pflegepersonal und dem medizinisch-technischen Personal fachlich weisungsberechtigt. Das Weisungsrecht des leitenden Arztes bleibt unberührt.

III. Der Arzt ist nur mit Zustimmung des Krankenhauses berechtigt, selbst Personal einzustellen.

IV. Arbeitszeugnisse für das Personal werden nach Einholung einer fachlichen Beurteilung durch den Belegarzt vom Krankenhaus erstellt. Dies gilt nicht für vom Arzt eingestelltes Personal. Zeugnisse im Rahmen der ärztlichen Ausbildung werden durch den Arzt erstellt. Vor Ausfertigung sind sie dem Krankenhaus vorzulegen. Diesem ist eine Kopie für die Personalakten zu überlassen.

V. Über die Ergänzung der Einrichtungen und des Personals entscheidet auf Antrag das Krankenhaus unter Beachtung der therapeutischen Erfolge und der Wirtschaftlichkeit.

---

[42] Das Krankenhaus muss das erforderliche Personal sicherstellen (vgl. OLG Stuttgart, Urteil v. 20. 8. 1992 – 14 U 3/92 – NJW 1993, 2384).

§ 9 Liquidationsrecht   84

I. Der Arzt ist berechtigt, seine ärztlichen Leistungen und ärztlichen Sachleistungen mit den Patienten oder den Kostenträgern selbst abzurechnen. Das Liquidationsrecht steht ihm auch zu, wenn die Dienste unter Aufsicht und Verantwortung des Arztes durch einen anderen Arzt oder ärztliche Hilfskraft erbracht werden, die der Arzt vergütet oder dem Krankenhaus die Kosten erstattet.

II. Die Konsiliartätigkeit in anderen Abteilungen rechnet der Arzt mit den selbst zahlenden Patienten bzw. den Kostenträgern selbst ab.

III. Bei Ausübung des Liquidationsrechts hat der Arzt den wirtschaftlichen Verhältnissen der Patienten und dem karitativen Charakter des Hauses Rechnung zu tragen.

IV. Ein Vergütungsanspruch gegenüber dem Krankenhaus ist ausgeschlossen. Das gilt insbesondere für eine Lehr- oder konsiliarische Tätigkeit des Arztes.

§ 10 Kosten des Krankenhauses   85

I. Das Krankenhaus stellt den Patienten oder den für sie eintretenden Kostenträgern alle übrigen Leistungen in Rechnung. Der Arzt hat dies bei der Erstellung seiner Rechnung zu berücksichtigen.

II. Beschäftigt das Krankenhaus für den Arzt einen nachgeordneten Arzt oder eine Schreibkraft, so hat der Arzt dem Krankenhaus die aufgewandten Gehälter einschließlich eines Kostenzuschlages in Höhe von ..... € zu erstatten.

§ 11 Versicherung[43]   86

I. Der Arzt haftet dem Kranken unmittelbar für die bei der ärztlichen Versorgung eintretenden Schäden. Angestellte des Krankenhauses, die bei der ärztlichen Versorgung mitwirken, sind Erfüllungsgehilfen des Arztes.

II. Der Arzt versichert sich gegen Unfall und Haftpflicht auf eigene Kosten. Die Haftpflichtversicherung muss eine Mindestversicherungssumme für Personenschäden in Höhe von ..... € haben. Der Arzt hat den Abschluss des Versicherungsvertrages bis zur Aufnahme der Tätigkeit im Krankenhaus nachzuweisen.

III. Für Leistungen, die das Krankenhaus erbringt oder abrechnet, haftet das Krankenhaus.

---

[43] Der Träger des Belegkrankenhauses hat weder für Fehler des Belegarztes noch der Beleghebamme einzustehen, da es deren Leistungen nicht schuldet (BGH, Urteil v. 14. 2. 1995 – VI ZR 272/93 – NJW 1995, 1611; OLG Koblenz, Beschluss v. 25. 8. 1989 – 5 W 478/89 – NJW 1990, 1534; OLG Karlsruhe, Urteil v. 16. 5. 2001 – 7 U 46/99 – OLGR Karlsruhe 2002, 99). Der Belegarzt hat aber für Fehler einer freiberuflichen Hebamme einzustehen, während sie die Geburt bei Abwesenheit des Arztes überwacht (BGH, Urteil v. 14. 2. 1995 – VI ZR 272/93 – NJW 1995, 1611). Das Belegkrankenhaus muss im Rahmen seiner Organisationspflicht gegen eine Handhabung einschreiten, durch welche der Belegarzt dem Pflegepersonal des Belegkrankenhauses Aufgaben überlässt, die die pflegerische Kompetenz übersteigen (BGH, Urteil v. 16. 4. 1996 – VI ZR 190/95 – NJW 1996, 2429). Das Belegkrankenhaus hat für Fehler einer bei ihm angestellten Hebamme einzustehen, solange diese nicht wegen einer besonderen ärztlichen Weisungskompetenz oder der Übernahme der Geburtsleitung durch den Belegarzt diesem zugerechnet werden können (BGH, Urteil v. 16. 5. 2000 – VI ZR 321/98 – NJW 2000, 2737).

87 **§ 12 Verhinderung**

I. Ist der Arzt infolge Urlaubs, Krankheit oder sonstiger Gründe verhindert seine Patienten zu versorgen, so stellt er für die Zeit seiner Abwesenheit im Einvernehmen mit dem Krankenhausträger eine Vertretung.

II. Der Urlaub oder die Teilnahme an Fortbildungsveranstaltungen sollen die Dauer von acht Wochen jährlich nicht übersteigen.

III. Beginn und Dauer der Abwesenheit sind dem Krankenhausträger mindestens vier Wochen vorher anzuzeigen. Eine unvorhersehbare Verhinderung, insbesondere Erkrankung ist unverzüglich mitzuteilen.

IV. Vertretungskosten trägt der Arzt.

88 **§ 13 Beendigung des Vertrages**

I. Das Belegarztverhältnis endet mit Ablauf des Quartals, in dem der Arzt das 65. Lebensjahr vollendet.

II. Das Belegarztverhältnis kann innerhalb der ersten sechs Monate mit einer Frist von einem Monat zum Monatsende gekündigt werden. Danach kann es von jeder Partei mit einer Frist von sechs Monaten zum Jahresende gekündigt werden.

III. Unberührt bleibt das Recht zur außerordentlichen Kündigung. Insoweit findet § 626 BGB entsprechende Anwendung.

IV. Die Kündigung bedarf der Schriftform.

89 **§ 14 Entwicklungsklausel**

90 **§ 15 Schlussvorschriften**

....., den ....,

Arzt   Krankenhaus

§ 8. Verträge mit Künstlern[1]

I. Vertrag mit einem Orchesterleiter

1 Zwischen Herrn/Frau .....

                          – im Folgenden Vertragschließender zu 1. –

und

Herrn/Frau .....

                          – im Folgenden Vertragschließender zu 2. –

wird nachfolgender Arbeitsvertrag geschlossen.

2 **§ 1 Vertragsinhalt**

I. Der Vertragschließende zu 1. stellt den Vertragschließenden zu 2. mit Wirkung vom ..... als ..... ein.[2] Arbeitsort ist .....

---

[1] Zum Arbeitsrecht des Künstlers vgl. ArbR-Hdb. § 186 RN 226 ff.
[2] Regelmäßig wurde früher versucht, den Musiker als freien Mitarbeiter des Orchesterleiters einzustellen. Dies unterliegt erheblichen Rechtsbedenken.

Schrader

II. Der Vertragschließende zu 2. verpflichtet sich, im Rahmen des Orchesters für den Hörfunk und das Fernsehen ..... Musikstücke auf Wiedergabevorrichtungen aufzunehmen und bei Livesendungen oder sonstigen öffentlichen Veranstaltungen mitzuwirken.

III. Rechtsbeziehungen zwischen dem Auftraggeber des Vertragschließenden zu 1. und dem Vertragschließenden zu 2. bestehen nicht.[3]

§ 2 Arbeitsleistung

3

I. Der Vertragschließende zu 2. ist zur Arbeitsleistung an ..... Tagen verpflichtet. Dabei entspricht ein Arbeitstag einer Mitwirkungsdauer bis zu ..... Stunden. Er ist ferner zu ..... Tagen Probenarbeit verpflichtet.

II. Die jeweiligen Mitwirkungs- und Probetage werden von dem Vertragschließenden zu 1. unter Berücksichtigung der Anforderungen seines Auftraggebers festgesetzt.

§ 3 Vergütung

4

I. Der Vertragschließende zu 2. erhält für seine Arbeitsleistung eine Vergütung in Höhe von ..... €.

II. Über- und Unterschreitungen der vereinbarten Monatsleistung werden innerhalb der Vertragszeit ausgeglichen. Darüber hinausgehende Mitwirkungstage werden mit ..... der Monatsvergütung honoriert.

III. Die Arbeitsvergütung schließt ein, dass die nach dem Vertrag zu erbringenden Leistungen des Vertragschließenden in Bild- und Tonrundfunksendungen gesendet, auf Wiedergabevorrichtungen aufgenommen und verwertet werden. Dies gilt auch nach Beendigung des Arbeitsverhältnisses.[4] Die in § 1 Abs. II genannten Bild- und Tonrundfunkanstalten sind berechtigt, anderen Rundfunk- und Sendeanstalten zu gestatten, die für sie hergestellte Produktion zu übernehmen und zu senden. Besondere Übernahme- oder Wiederholungsgebühren sind sowohl gegen die Anstalten wie den Vertragschließenden zu 1. ausgeschlossen.

§ 4 Weitere Engagements

5

Der Vertragschließende zu 2. ist berechtigt, neben vorstehender Verpflichtung weitere Engagements einzugehen, sofern nicht die nach diesem Vertrag zu erbringenden Leistungen beeinträchtigt werden.

§ 5 Urlaub

6

Der jährliche Erholungsurlaub beträgt .....

§ 6 Beendigung des Vertrages

7

I. Der Vertrag ist mit den Kündigungsfristen von ..... (§ 622 BGB) ohne Angaben von Gründen[5] kündbar. Als betriebsbedingter Grund zur Kündigung gilt insbesondere das Verlangen einer Sendeanstalt wegen Nachlassens der künstlerischen Leistung.[6]

II. Das Recht zur außerordentlichen Kündigung bleibt unberührt.

---

[3] Vgl. ArbR-Hdb. §§ 184, 185.
[4] Vgl. ArbR-Hdb. § 115 RN 57 ff.
[5] Die Begründungslast nach § 1 Abs. 2 KSchG kann damit nicht ausgeschlossen werden.
[6] Die Formel ist in dieser Allgemeinheit unwirksam; sie findet sich regelmäßig.

Schrader

8 **§ 7 Sonstige Abreden**

Gerichtsstandsklausel *(vgl. § 2 RN 36)*[7]

Auf das Arbeitsverhältnis im Übrigen finden nachfolgende Rechtsvorschriften ..... Anwendung.

....., den .....

Vertragsschließender zu 1.   Vertragsschließender zu 2.

I. Engagementvertrag mit Tänzer(in)[8, 9]

9 Zwischen dem Unternehmen ....., Anschrift ....., vertreten durch .....

– im Folgenden Kontrahent zu 1. –

und

dem/der Künstler(in) (bürgerlicher Name) ....., Künstlername .....,
vertreten durch .....

– im Folgenden Kontrahent zu 2. –

wird (gemäß den Bestimmungen des ..... Tarifvertrages) folgender Engagement-
vertrag geschlossen.

10 1. Der Kontrahent zu 1. engagiert den Kontrahenten zu 2. (die Gruppe) mit der Darbietung ..... bestehend aus ..... Damen ..... Herren ..... Hilfskräften ..... Assistenten ..... Auszubildenden für sein Unternehmen ..... für die Zeit vom ..... bis zum ..... mit täglich ..... Auftritten.

11 2. Der Kontrahent zu 1. verpflichtet sich, an den Kontrahenten zu 2. eine Ta-
gespauschalgage in Höhe von ..... €[10] sowie Reise- und Gepäckkosten in Höhe von ..... € bzw. nach Maßgabe des Tarifvertrages zu zahlen.

12 3. Der Kontrahent zu 2. verpflichtet sich,

a) frühestens 40 Tage, spätestens 30 Tage vor Beginn des Engagements durch eingeschriebenen Brief mitzuteilen, wann er am Engagementort eintrifft, und die genaue Anschrift anzugeben;

b) mit der Mitteilung über das Eintreffen Werbe- und Ausstellungsbilder zu übersenden;

c) bei seinem Eintreffen das erforderliche Musikmaterial für die Orchestermitglie-
der/einwandfreie Tonbänder zur Verfügung zu stellen.

13 4. Der Kontrahent zu 2. erklärt,

a) die Darbietung macht folgende besondere technische Einrichtungen erforderlich .....

b) das Berufsgepäck wiegt ca......

c) die Dauer des einzelnen Auftrittes beträgt ..... Minuten; der Aufbau der Einrichtungen erfordert ..... Minuten;

d) die Aufführung macht im Unternehmen ..... Proben erforderlich. Der Kontrahent zu 2. verpflichtet sich, diese bis zum ..... durchzuführen.

---

[7] Vgl. dazu auch § 101 ArbGG.
[8] Vgl. ArbR-Hdb. § 186 RN 226 ff.
[9] Auch bei Verweisung auf Tarifrecht sind die Verträge zumeist entspr. aufgebaut.
[10] I. d. R. wird klargestellt, ob brutto oder netto gezahlt wird.

Schrader

5. Der Kontrahent zu 2. darf während der Dauer des Engagements keine/ **14** folgende Nebentätigkeit ausüben.

6. Der Kontrahent zu 2. erhält einen Erholungsurlaub von ..... Tagen. **15**

7. Der Kontrahent zu 1. verpflichtet sich, dem Kontrahenten zu 2. eine Ver- **16** tragsstrafe in Höhe einer Monatsgage zu zahlen, wenn er durch schuldhaftes Verhalten die Auflösung des Vertrages herbeiführt oder gegen wesentliche Bestimmungen dieses Vertrages verstößt.

8. Der Kontrahent zu 2. verpflichtet sich, eine Konventionalstrafe in Höhe einer **17** Monatsgage zu zahlen, wenn durch sein schuldhaftes Verhalten die Auflösung des Vertrages herbeigeführt wird oder der Vertrag durch nicht rechtzeitiges Eintreffen, vorzeitiges Verlassen des Engagements, nicht vertragsmäßige Ausführung der Darbietung verletzt wird oder er gegen sonstige wesentliche Vorschriften dieses Vertrages verstößt.

9. Besondere Vereinbarungen. **18**
Unterkunft während der Dauer des Engagements.

10. Anzuwendendes Recht **19**

....., den .....
Kontrahent zu 1.   Kontrahent zu 2.

III. Arbeitsvertrag im Bereich öffentlicher Kultureinrichtungen

Die Arbeitsverträge werden regelmäßig nach dem BAT bzw. Sondertarifverträgen abge- **20** *schlossen.*

§ 9. Arbeitsverträge mit Auslandsbeziehung

Weitere Muster: *Förster/Heidenreich/Heuser,* Auslandsentsendung und Beschäftigung ausländischer Arbeitnehmer, 2002.

I. Arbeitsvertrag mit einem ausländischen Unternehmen

Taktischer Hinweis: **1**
Immer häufiger ist die Situation anzutreffen, dass Arbeitsverträge mit ausländischen Unternehmen und deutschen Arbeitnehmern in englischer Sprache geschlossen werden. Dabei werden die Verträge häufig in einer englischen und einer deutschen Fassung vereinbart. Hierbei ist es sowohl für den Arbeitnehmer wie auch für den Arbeitgeber unabdingbar, darauf zu achten, dass deutsche und englische Fassung identisch sind oder zumindest eine Regelung dahingehend aufgenommen wird, welche Fassung (die deutsche oder englische) relevant sein soll. Nachstehend finden sich zwei Muster eines Arbeitsvertrages, einmal in Englisch und einmal in Deutsch. Diese Muster beziehen sich auf einen Geschäftsführer und differieren absichtlich bei der Frage der Vertragslaufzeit, um deutlich zu machen, welche Probleme entstehen können, wenn beide Fassungen nicht identisch sind. Zwei Lösungsmöglichkeiten bieten sich an:
Entweder beide Fassungen sind identisch oder aber es wird in der englischen und deutschen Fassung festgelegt, welche maßgebend sein soll.

1. Englische Fassung

2   **Managing Director Agreement**

between

..... GmbH, represented be its managing Director .....

– hereinafter „the Company“ –

and

......

– hereinafter „Managing Director“ –

Whereas the Company is a limited liability company formed in Germany for the purpose of engaging in initially in Germany and later in Europe.

Whereas, ... shall become Managing Director, by this agreement (the „Agreement“)

The parties agree as follows:

Managing Director Agreement

3   § 1 Scope of Services

I. The Managing Director shall be appointed as chief managing director („CEO“ Chief Executive Officer).

II. The Managing Director shall represent the Company in accordance with the provisions of the shareholders' agreement and the shareholders' instructions.

III. The Company may appoint additional managing directors. The shareholders are entitled to redistribute from time to time the responsibilities among the managing directors.

IV. The Managing Director shall manage the business of the Company in accordance with applicable laws, the sharholders' agreement, the by-laws of the Company and the instructions of the Shareholders.

V. The Managing Director shall provide his service to the Company at its headquarters, it being understood that the Company's current headquarters shall be established at ..... (Germany).

4   § 2 Salary

I. The Managing Director shall pe paid an annual fixed gross income of 280000,00 €. Payment shall be made in 12 equal monthly installments payable at the 15 day of each month. The minimum increase of the fixed gross income shall be 1% per year.

II. In addition to the fixed gross income in accordance with Section I., the Managing Director shall receive an annual variable bonus of up to 60000,00 € pro rata payable by March 1 of the year after the one for which it is paid. The target for the variable bonus and the bonus for the new year shall be agreed upon no later then 30. April.

III. In addition to the annual gross salary, the Company will provide the Managing Director with an appropriate Company car during the term of this employment. A Mercedes Class E or BMW series 5 or an equivalent car shall be deemed appropriate. Such a car may also be used by the Managing Director for private purposes without restrictions. However, such private use shall be taxable in accordance with the applicable rules of the tax authorities. The Managing Director shall participate in any other employee benefit programs maintained by the Company for similarly situated employees.

IV. Expenses incurred by the Managing Director in connection with the business of the Company shall be reimbursed upon presentation of individual invoices and in accordance with applicable laws.

§ 3 Sideline Activities   5

The Managing Director is hired on a full-time basis. For the performance of sideline business activities of any kind, expert opinions, publications and similar activities relating to the Company's field of operation as well as for the assumption of supervisory board positions, functions in ferderations and similar activities, the Managing Director is obligated to obtain the prior written approval of the Company's shareholders.

§ 4 Confidentiality   6

I. The Managing Company shall be obligated to comply with the confidentiality agreement attached (as annex .....) and incorporated herein by reference and to keep confidential all business matters, especially business secrets. An exception hereof shall only apply for those cases where the transmission of such business secrets is effectuated upon approval of the Company'sharholders or if it is required in due performance of the duties of the Managing Director or if the interest of the Company so requires or if such transmission is required by law.

II. Such obligation shall survive the termination of this Agreement.

III. Documents that refer to the Company shall be kept in a safe and secure manner and shall be returned to the Company (including any copies) upon termination of this Agreement.

IV. Any violation of the agreed upon confidentiality provisions shall entitle the Company to terminate this Agreement without notice.

§ 5 Inventions   7

The Company shall be entitled to use (or, if the Company so desires, to purchase exclusive rights to) any invention made by the Managing Director during the term of this agreement if such invention is related to the duties of the Managing Director or if it is based on experience, preliminary work or other ideas provided by the Company. The Managing Director shall therefore be obligated to inform the Company of all inventions he makes during the term of this Agreement. With respect to details of the foregoing, the rules set forth in the code on employee inventions shall be deemed accepted hereby.

§ 6 Inability to Work   8

I. The Mandanting Director shall be required to give the Company immediate notve of every absence from work, the estimated duration and the reason and shall present a written doctor's certificate for any illness that lasts longer than two days.

II. In case of inability to work because of illness, the Managing Director shall receive his monthly salary according to § 2 I. for up to three months.

9 § 7 Vacation

I. The Managing Director shall be entitled to 30 business days' vacation per year. Business days shall be defined as any day of the week except for Saturdays, Sundays and holidays.

II. The vacation has to be coordinated with and approved by the management of the Company in advance.

10 § 8 Term of the Agreement

I. At the Managing Director's express request this Agreement is entered into for a 5 (five) year term an may be terminated by either party earlier with the notice period provided by law. The employment begins on . . . . .

II. During the notice period or alternatively subsequent to revocation of his appointment as Managing Director, the Company shall be entitled to suspend the Managing Director from his duties.

III. This Agreement shall terminate without notice upon completion of the calendar month of the Managing Director's 65th birthday.

IV. If not otherwise expressly agreed by the parties, a revocations of the Managing Director's position as Managing Director shall also be deemed a termination of the underlying employment agreement.

11 § 9 Exclusion Deadline

I. Any claim arising out of this Agreement must be asserted by the Managing Director in writing within six months after it has become due against the Company. Thereafter all claims will be barred.

II. If any claim asserted by the Managing Director has not theretofore been resolved, the claim must be enforced by court action within two months of asserting the claim against the Company; otherwise, it will be barred.

12 § 10 Miscellaneous

I. This Agreement shall be governed by German law.

II. Amendments to this Agreement shall only become effective upon their execution in writing. This shall also apply to this clause.

III. In case one or more provisions of this Agreement shall be deemed void completely or in part, the parties agree, that the Agreement shall remain valid with the valid clauses, whereas the void parts shall be replaced by provisions which meet the economic intentions of the parties with respect to the void portions.

Place . . . . . Date . . . . .

Company   Managing Director

2. Deutsche Fassung

Geschäftsführervertrag

13

zwischen

der ..... GmbH, vertreten durch den Geschäftsführer .....

– nachfolgend Gesellschaft –

und

Frau/Herrn .....

– nachfolgend Geschäftsführer –

Die Gesellschaft ist eine deutsche Gesellschaft mit beschränkter Haftung, deren Absicht die Schaffung und der Betrieb von ..... in Deutschland und später in Europa ist.

Frau/Herr ..... soll in dieser Gesellschaft Geschäftsführer werden.

Dieses vorausgeschickt wird folgender Geschäftsführervertrag geschlossen:

§ 1 Aufgabenbereich

14

I. Der Geschäftsführer wird ernannt zum Vorsitzenden der Geschäftsführung der Gesellschaft.

II. Der Geschäftsführer vertritt die Gesellschaft nach Maßgabe der Vorschriften des Gesellschaftsvertrages der Gesellschaft und den Bestimmungen der Gesellschafter.

III. Die Gesellschaft ist berechtigt weitere Geschäftsführer zu bestellen. Die Gesellschafter sind berechtigt von Zeit zu Zeit die Geschäftsverteilung unter den Geschäftsführern neu zu ordnen.

IV. Der Geschäftsführer führt die Geschäfte nach Maßgabe der Gesetze, des Gesellschaftsvertrages, der Geschäftsordnung für die Geschäftsführung und der Bestimmungen der Gesellschafter.

V. Der Geschäftsführer ist verpflichtet gegenüber der Gesellschaft am Sitz der Gesellschaft zu erbringen, wobei Einigkeit bezüglich der Parteien besteht, dass der Sitz der ..... in ..... (Deutschland) sein soll.

§ 2 Vergütung

15

I. Der Geschäftsführer erhält ein festes jährliches Bruttogehalt von 280 000,00 €. Die Zahlungen erfolgen monatlich in 12 gleichen Raten zum 15. eines jeden Monats. Die minimale Steigerungsrate des Bruttogehaltes beträgt 1% pro Jahr.

II. Über das feste Bruttogehalt nach Ziffer I. hinaus erhält der Geschäftsführer eine erfolgsabhängige jährliche Tantieme in Höhe von 60 000,00 € (pro rata temporis) zum 1. März des folgenden Jahres, für welches die Tantieme gezahlt wird. Die Beurteilung der Einhaltung der im Businessplan gesteckten Ziele und die Vereinbarung der Ziele für das jeweils laufende Jahr wird spätestens zum 30. April vorgenommen.

III. Zusätzlich zum festen jährlichen Bruttogehalt stellt die Gesellschaft dem Geschäftsführer für den Zeitraum seiner Bestellung als Geschäftsführer ein angemessenes Dienstfahrzeug zur Verfügung. Als angemessen gilt gegenwärtig ein Mercedes der E-Klasse oder ein BMW der Fünfer-Serie oder ein vergleichbares Fahrzeug. Es

Schrader

kann auch für Privatzwecke uneingeschränkt genutzt werden. Die private Nutzung ist vom Geschäftsführer über ein gemäß den Richtlinien der Finanzverwaltung festzusetzenden monatlichen Pauschalbetrag zu versteuern. Der Geschäftsführer erhält auch Sonderleistungen, welche die Gesellschaft für vergleichbare Angestellte vorgesehen hat.

IV. Ausgaben, die der Geschäftsführer in Ausübung seiner Tätigkeit für die Gesellschaft aufwendet, werden ihm bei Vorlage der einzelnen Rechungen entsprechend der geltenden gesetzlichen Regelungen erstattet.

16   § 3 Nebentätigkeit

Der Geschäftsführer ist für eine Vollzeitbeschäftigung eingestellt. Der Geschäftsführer bedarf der vorherigen schriftlichen Zustimmung der Gesellschaft zur Ausführung von geschäftlichen und gewerblichen Nebentätigkeiten jeder Art, zu Gutachten, Vorträgen, Veröffentlichungen und ähnlichen außerdienstlichen Betätigungen, die sich auf das Arbeitsgebiet der Gesellschaft beziehen, wie zur Übernahme von Aufsichtsratsmandaten, zu Funktionen in Verbänden und zu ähnlichen Tätigkeiten.

17   § 4 Geheimhaltung

I. Der Geschäftsführer ist verpflichtet, nach Maßgabe der Geheimhaltungsvereinbarung (Confidentiality Agreement; Anhang .....) geschäftliche Angelegenheiten, insbesondere Geschäfts- und Betriebsgeheimnisse, als auch die Verhaltensregeln der Gesellschaft (Code of Ethics) geheim zu halten. Eine Ausnahme gilt nur für solche Fälle, in denen die Mitteilung an Dritte mit Zustimmung der Gesellschaft erfolgt oder in Ausführung dienstlicher Aufgaben nach pflichtgemäßem Ermessen des Geschäftsführers im Interesse der Gesellschaft notwendig ist.

II. Diese Verpflichtung überdauert auch die Beendigung dieses Vertrages.

III. Schriftstücke, die die Gesellschaft betreffen, sind während der Dauer des Vertrages sorgfältig und unter Berücksichtigung der Geheimhaltungspflicht aufzubewahren.

IV. Jede vorsätzlich oder grob fahrlässige Verletzung dieser Verpflichtung berechtigt die Gesellschaft zur fristlosen Kündigung des Vertrages.

18   § 5 Diensterfindung

Die Gesellschaft ist berechtigt alle Erfindungen, die der Geschäftsführer während der Dauer des Geschäftsführervertrages macht, zu nutzen (oder ausschließliche Rechte daran zu erwerben), sofern die Erfindungen mit der betrieblichen Tätigkeit des Geschäftsführers in Zusammenhang stehen oder maßgeblich auf betrieblichen Erfahrungen, Vorarbeiten oder sonstigen betrieblichen Anregungen beruhen. Der Geschäftsführer ist daher verpflichtet, der Gesellschaft alle Erfindungen, die er während der Geltung des Geschäftsführervertrages macht, unverzüglich anzuzeigen. Im Einzelnen gelten die hiermit vereinbarten Bestimmungen des Gesetzes über Arbeitnehmererfindungen und die dazu ergangenen Verordnungen und Richtlinien.

19   § 6 Dienstverhinderung

I. Der Geschäftsführer ist verpflichtet, jede Dienstverhinderung und deren voraussichtliche Dauer unverzüglich der Gesellschaft mitzuteilen. Sofern die voraussichtliche Dauer einer krankheitsbedingten Abwesenheit zwei Tage überschreitet, ist ein ärztliches Attest vorzulegen.

II. Im Falle der Dienstverhinderung wegen Krankheit erhält der Geschäftsführer sein monatliches Gehalt für die Dauer von bis zu 3 Monaten weiter.

§ 7 Urlaub

20

I. Der Geschäftsführer hat einen Anspruch auf einen Jahresurlaub von 30 Arbeitstagen. Als Arbeitstage gelten alle Tage außer Samstag, Sonntag und gesetzlichen Feiertagen.

II. Die Festlegung des Urlaubs erfolgt durch die Gesellschaft unter Berücksichtigung der Wünsche des Geschäftsführers. Dringende betriebliche Gründe gehen vor.

§ 8 Vertragsdauer

21

I. Dieser Vertrag wird auf eine Dauer von 5 Jahren fest abgeschlossen. Dieser Vertrag verlängert sich um jeweils zwei weitere Jahre, wenn er nicht spätestens sechs Monate vor Ablauf von einer der Vertragsparteien gekündigt wird. Während der Vertragsdauer nach Satz 1 ist eine ordentliche Kündigung dieses Vertrages beiderseits ausgeschlossen. Das Recht zur außerordentlichen Kündigung bleibt hiervon unberührt. Das Beschäftigungsverhältnis beginnt am .....

II. Nach dem Widerruf der Bestellung als Geschäftsführer ist die Gesellschaft berechtigt, den Geschäftsführer von seinen Pflichten freizustellen.

III. Ohne dass es einer Kündigung bedarf, endet der Geschäftsführervertrag spätestens mit Ablauf des Monats, in dem der Geschäftsführer das 65. Lebensjahr vollendet.

IV. Eine Abberufung des Geschäftsführers gilt, sofern nichts anderes ausdrücklich zwischen den Parteien vereinbart wird, als Kündigung des Anstellungsvertrages zwischen der Gesellschaft und dem Geschäftsführer.

§ 9 Ausschlussfristen

22

I. Alle Ansprüche aus dem Vertragsverhältnis gegen die Gesellschaft sind innerhalb einer Frist von 6 Monaten nach Entstehen des Anspruchs schriftlich geltend zu machen. Danach verfallen die Ansprüche.

II. Sind die Ansprüche nicht innerhalb der Frist geltend gemacht, muss der Anspruch innerhalb einer Frist von 2 Monaten nach Geltendmachung gegenüber der Gesellschaft bei Gericht geltend gemacht werden; anderenfalls verfallen die Ansprüche.

§ 10 Schlussbestimmungen

23

I. Dieser Vertrag unterliegt deutschem Recht.

II. Änderungen oder Ergänzungen bedürfen der Schriftform, auf die nur in Schriftform verzichtet werden kann.

III. Sollte eine oder mehrere Bestimmungen dieses Vertrages teilweise oder insgesamt ungültig sein oder werden, so wird die Gültigkeit der übrigen Bestimmungen davon nicht berührt. Die Vertragsparteien sind verpflichtet, die unwirksame

Schrader

Bestimmung durch eine wirksame Bestimmung zu ersetzen, die den mit der unwirksamen Bestimmung angestrebten wirtschaftlichen Erfolg soweit wie möglich
erreicht.

....., den .....

Gesellschaft   Geschäftsführer

II. Arbeitsvertrag für Angestellte ausländischer Tochterunternehmen[1, 2]

Auslandseinsatz: *Gnann,* Arbeitsvertrag bei Auslandsentsendung, 1993 (Beck'sche
Musterverträge); *Marienhagen/Pulte,* Arbeitsverträge bei Auslandseinsatz, 2. Aufl., 1993;
Pohl, Grenzüberschreitender Einsatz von Personal und Führungskräften, NZA 1998, 735;
Gerauer, (Hrsg.), Auslandseinsatz von Arbeitnehmern im Arbeits-, Sozialversicherungs- und
Steuerrecht, 2000; *Falder,* Geschäftsführer bei Auslandsgesellschaften, NZA 2000, 868;
Hümmerich, Arbeitsrecht, 4. Aufl., 2002, § 1 RN 535 ff.; *Bauer/Lingemann/Diller/Haußmann-
Lingemann,* Anwaltsformularbuch Arbeitsrecht, 2001, M 11.1 ff.; zum Arbeitsrecht Deut-
scher, ins Ausland entsandter Arbeitnehmer vgl. ausführlich ArbR-Hdb. § 42 RN 30 ff.
m. z. N; *Thüsing* NZA 2003, 1303.

24 Zwischen

der Firma .....

und

Herrn/Frau .....

– im Folgenden Mitarbeiter genannt –

wird folgender Arbeitsvertrag geschlossen:

25 § 1 Beginn und Dauer des Vertrages

I. Der Mitarbeiter wird nach Vorlage einer Bescheinigung der Tropentauglich-
keit ab ..... für Dienstleistungen in Übersee als ..... in ..... eingestellt.
Der Vertrag beginnt mit Eintreffen im Beschäftigungsland und gilt befristet für
..... Monate. Mit Ablauf der Befristung endet das Arbeitsverhältnis.

II. Die Firma wird bei der Beschaffung der Arbeitserlaubnis und der Aufenthalts-
bewilligung behilflich sein. Wird die Erteilung einer Arbeitserlaubnis oder die Aufenthaltsgenehmigung versagt, so endet das Arbeitsverhältnis mit der Rechtskraft der
Versagung.

26 § 2 Arbeitsbereich und Arbeitszeit

I. Der Mitarbeiter hat folgende Aufgaben: .....

II. Auf Wunsch der Geschäftsleitung hat der Mitarbeiter bei betrieblicher Notwendigkeit auch andere angemessene Aufgaben zu übernehmen, insbesondere als
Urlaubs- und Krankheitsvertretung.

---

[1] Wird der Mitarbeiter nur zur Auslandsgesellschaft entsandt, wird regelmäßig der Arbeitsvertrag zum
entsendenden Unternehmen geschlossen. Vor allem wenn das Mutterunternehmen die Leistungen der
betrieblichen Altersversorgung aufrechterhält oder dem Angestellten ein Rückkehranspruch vorbehalten
sein soll, ist es zweckmäßig, das Arbeitsverhältnis zum Mutterunternehmen zum Ruhen zu bringen (vgl.
BAG, Urteil 6. 8. 1985 – 3 AZR 185/83 – AP BetrAVG § 7 Nr. 24; BAG, Urteil v. 25. 10. 1988 – 3
AZR 64/87 – AP BetrAVG § 7 Nr. 46; LAG Köln, Urteil v. 15. 2. 2001 – 6 Sa 1244/00 – n. a. v.). Es
ist § 2 Abs. 2 NachwG zu beachten.
[2] Der Vertrag ist in Anlehnung an ein Muster, herausgegeben vom Arbeitgeberverband Groß- und
Außenhandel e. V., Hamburg, entworfen.

III. Den Tätigkeitsort innerhalb des Landes bestimmt die Firma; ein Ortswechsel bleibt vorbehalten.

IV. Die Arbeitszeit beträgt .....

§ 3 Allgemeine Pflichten   27

I. Der Mitarbeiter hat seine ganze Arbeitskraft und seine gesamte Arbeitszeit der Firma zu widmen. Er hat ihre Interessen zu wahren und die Weisungen seiner Vorgesetzten zu befolgen.

II. Der Mitarbeiter und seine Familie sind verpflichtet, Gesetze, Kultur und Religion des Gastlandes zu achten. Eine aktive Teilnahme am politischen Leben ist untersagt.

III. Der Mitarbeiter ist verpflichtet, über alle Betriebs- und Geschäftsgeheimnisse sowie über alle betriebsinternen vertraulichen Angelegenheiten während und nach Beendigung des Arbeitsverhältnisses Stillschweigen zu bewahren.

IV. Der Mitarbeiter darf ohne Einwilligung der Firma weder ein Handelsgewerbe betreiben noch für eigene oder fremde Rechnung Geschäfte machen. Im Rahmen seiner Tätigkeit für die Firma darf er von dritter Seite keine Vorteile ausbedingen oder solche annehmen.

§ 4 Vergütung[3]   28

I. Der Mitarbeiter erhält während seiner Tätigkeit im Ausland ein Monatsgehalt in Höhe von ..... € brutto. Das Gehalt wird nachträglich jeweils zum Monatsende am Tätigkeitsort in Landeswährung ausgezahlt.

II. Dem Mitarbeiter werden außerdem während seiner Tätigkeit am Beschäftigungsort gewährt: .....[4]

III. Der Mitarbeiter ist für die Abführung der persönlichen Steuern sowie sonstiger staatlicher oder ähnlicher Abgaben auf das Gehalt bzw. sonstiger Bezüge im Beschäftigungsland verantwortlich. Bei Beendigung der Tätigkeit im Beschäftigungsland hat der Mitarbeiter der Firma eine Bescheinigung hierüber vorzulegen.

§ 5 Tropentauglichkeits-Untersuchung   29

Der Mitarbeiter ist verpflichtet, vor Antritt des Dienstes sich einer Untersuchung auf Tropentauglichkeit zu unterziehen sowie die vorgeschriebenen Pflichtimpfungen durchzuführen. Die hierfür verauslagten Kosten werden von der Firma bis zu einer Höhe von ..... € gegen entsprechende Belege erstattet.

§ 6 Urlaub   30

I. Der Mitarbeiter erhält je Beschäftigungsjahr im Ausland ..... Wochen/Monate Urlaub.

II. Der Urlaub wird nach Abstimmung mit der Firma jährlich im Beschäftigungsland unter Fortzahlung der Bezüge (§ 4) gewährt.

---

[3] Zur steuerrechtlichen Behandlung vgl. ArbR-Hdb. § 42 RN 39 ff.
[4] Z. B. angemessene freie Wohnung, Dienstwagen, Gestellung von Personal, Geldmittel für Repräsentation usw.

Schrader

III. Auf Wunsch des Mitarbeiters wird der 3 Wochen übersteigende Jahresurlaub nach Vertragsende/nach Ablauf von 3 Jahren als Heimaturlaub gewährt.[5]

IV. Endet das Arbeitsverhältnis vor Ablauf des Beschäftigungsjahres, so erhält der Mitarbeiter anteiligen Urlaub.

31 § 7 Aus- und Rückreise

I. Die Firma übernimmt die Kosten der Ausreise und Rückreise für den Mitarbeiter, seine Ehefrau und seine Kinder. Die Firma bestimmt Art, Klasse und Buchung des Beförderungsmittels sowie den Reisetermin.

II. Will der Mitarbeiter nach Beendigung des Arbeitsverhältnisses in ein anderes Land als das Ausreiseland reisen, übernimmt die Firma die Reisekosten bis zur Höhe der Rückreisekosten in das Ausreiseland.

III. Der Anspruch auf freie Rückreise entfällt,

a) bei Vertragsbruch des Mitarbeiters,

b) wenn die Firma den Mitarbeiter aus wichtigem, von ihm verschuldeten Grund kündigt.

IV. Umzugskosten[6]

32 § 8 Krankheit, Unfall, Invalidität

I. Ist der Mitarbeiter infolge auf Krankheit beruhender Arbeitsunfähigkeit an der Arbeitsleistung verhindert, ohne dass ihn hieran ein Verschulden trifft, so erhält er Gehaltsfortzahlung nach § 4 Abs. I für die Dauer von ..... Monaten. Die Gewährung der Zuwendungen nach § 4 Abs. II wird von der Erkrankung nicht berührt.

II. Die Firma schließt für den Mitarbeiter sowie seine Ehefrau und Kinder in seinem Auftrage eine Krankenversicherung nach den Bedingungen eines Privatpatienten bei der .....-Versicherung entsprechend den Tarifen Nr. ..... ab. Die Kosten der Versicherung übernimmt die Firma.

Der Mitarbeiter verauslagt im Krankheitsfall alle Kosten. Die spezifizierten Rechnungen von Ärzten, Krankenhäusern und Apotheken werden über die Firma der Versicherungsgesellschaft eingereicht. Die Firma wird zur Abdeckung der Kosten dem Mitarbeiter angemessene Vorschüsse gewähren.

III. Der gesetzliche Unfallversicherungsschutz im Rahmen der Leistungen der zuständigen Berufsgenossenschaft wird für ..... Monate/Jahre aufrechterhalten.

oder

III. Die Firma schließt zugunsten des Arbeitnehmers eine Unfallversicherung für alle betrieblichen und außerbetrieblichen Unfälle ab. Der Unfallversicherungsschutz beginnt mit der Ausreise und endet mit der Beendigung des Arbeitsverhältnisses, frühestens jedoch mit Abschluss der Rückreise. Die Versicherungssumme beträgt für den Todesfall ..... €, für den Fall der Berufs- oder Erwerbsunfähigkeit ..... € und das Tagegeld für den Fall der durch den Unfall verursachten Arbeitsunfähigkeit ..... €.

---

[5] Es empfiehlt sich, eine Kostenregelung für die Heimreise zu treffen, z. B.: „Der Mitarbeiter und seine Familienangehörigen können einmal jährlich/alle ..... Jahre auf Kosten der Firma eine Heimreise antreten. Die Flugreisekosten werden bis zur Höhe der Kosten für die Businessklasse ersetzt."

[6] Zweckmäßigerweise wird eine Vereinbarung über die Umzugskosten getroffen.

IV. Die Firma wird in der gesetzlichen Rentenversicherung einen Antrag nach § 4 Abs. 1 SGB VI stellen, um eine Versicherungspflicht auf Antrag zu begründen. Soweit die Versicherung in der gesetzlichen Rentenversicherung nicht auf Antrag möglich ist, wird der Mitarbeiter sich freiwillig nach § 7 SGB VI versichern. Die Firma übernimmt die Hälfte der Beiträge, die im Falle einer gesetzlichen Rentenversicherung anfallen.[7]

§ 9 Kündigung aus besonderem Anlass   33

I. Das Arbeitsverhältnis kann von jedem Vertragsteil aus wichtigem Grund ohne Einhaltung einer Kündigungsfrist gekündigt werden, wenn Tatsachen vorliegen, auf Grund derer dem Kündigenden unter Berücksichtigung aller Umstände des Einzelfalles und unter Abwägung der Interessen beider Vertragsteile die Fortsetzung des Arbeitsverhältnisses bis zu seiner vereinbarten Beendigung nicht zugemutet werden kann. Als wichtiger Grund ist insbesondere anzusehen, wenn ein Vertragspartner die ihm durch diesen Vertrag auferlegten Pflichten gröblich verletzt.[8]

II. Ist der Mitarbeiter aus gesundheitlichen oder sonstigen Gründen den Anforderungen seines Aufgabengebietes nicht voll gewachsen, so kann das Arbeitsverhältnis durch die Firma mit einer Frist von 3 Monaten zum Monatsschluss gekündigt werden. Dasselbe Recht steht der Firma zu, wenn politische oder wirtschaftliche Umstände eintreten, die ihr nach vernünftiger kaufmännischer Überlegung eine weitere Geschäftätigkeit im Beschäftigungsland überhaupt, in der bisherigen Form oder im bisherigen Umfang unmöglich oder unzumutbar machen.

III. Das Recht zur Kündigung durch den Mitarbeiter bleibt unberührt.

§ 10 Wettbewerbsverbot   34

(vgl. § 20 RN 2ff., § 2 RN 26)

§ 11 Vertragsänderung   35

(vgl. § 2 RN 37)

§ 12 Hausratsbeschaffung am Ort   36

§ 13 Dienstwagen   37

(vgl. § 2 RN 106, 117, § 23 RN 1ff.)

§ 14 Mietzuschüsse   38

§ 15 Gerichtsstand und anzuwendendes Recht   39

(§ 2 RN 36)

Gerichtsstand ist ..... Im Übrigen gilt für das Arbeitsverhältnis Deutsches Recht.[9]

....., den .....

Arbeitnehmer   Arbeitgeber

---

[7] Zur sozialversicherungsrechtlichen Rechtslage vgl. ArbR-Hdb. § 42 RN 44 ff.
[8] Vgl. zum Problem der vertraglichen Erweiterung des Kündigungsrechts ArbR-Hdb. § 125 RN 18.
[9] Vgl. zum anwendbaren Recht ArbR-Hdb. § 42 RN 37.

Schrader

III. Arbeitsvertrag für einen ins Ausland entsandten Mitarbeiter[10]

40 Zwischen
der Firma .....
und
Herrn/Frau .....

– im Folgenden Mitarbeiter genannt –

wird folgender Arbeitsvertrag geschlossen:

41 § 1 Beginn und Dauer des Vertrages

Der/Die Mitarbeiter(in) wird vom ..... bis ...... zu dem Unternehmen ..... (Auslandsunternehmen) in ..... (Einsatzland) entsandt. Für die Dauer der Auslandstätigkeit bleibt er Mitarbeiter unserer Gesellschaft.[11] Eine Vertragsverlängerung ist in beiderseitigem Einverständnis möglich. Sie ist spätestens 3 Monate vor dem Ende der Vertragslaufzeit zu vereinbaren.

42 § 2 Tätigkeitsbereich

(vgl. RN 26)

43 § 3 Allgemeine Pflichten *(vgl. RN 27)* und Arbeitszeit[12]

44 § 4 Vergütung

I. Der/Die Mitarbeiter(in) erhält ein Gehalt in Höhe von ..... € monatlich. Die Auszahlung des Gehaltes erfolgt nach der betrieblichen Übung der Firma ..... (Landeswährung/€). Die gesetzlichen Abgaben werden einbehalten.

II. Die Firma beteiligt sich in Höhe von 50 v.H. an den Kosten, die dem/der Mitarbeiter(in) durch die Mitgliedschaft in der bei der Tochterfirma eingeführten Krankenversicherung erwachsen. Während der Wartezeit bleibt der/die Mitarbeiter(in) in der Bundesrepublik Deutschland versichert.

III. Zusätzlich erhält der/die Mitarbeiter/in für die Dauer der Tätigkeit gem. § 1 eine Auslandszulage in Höhe von ..... % des Inlandsgehaltes. Diese Auslandszulage gilt alle zusätzlichen Erschwernisse, die mit dem Auslandsaufenthalt verbunden sind, ab.

IV. Die Firma und der/die Mitarbeiter/in werden Verhandlungen über eine Anpassung des Gehaltes für den Fall führen, dass sich der Wechselkurs um mehr als ..... % gegenüber dem Wechselkurs zum Zeitpunkt des Vertragsschlusses ändert.[13]

---

[10] Zur arbeits-, steuer- und sozialversicherungsrechtlichen Situation vgl. ArbR-Hdb. § 42 RN 30 ff.

[11] Es liegt im Wesen des Entsendevertrages, dass gleichzeitig das Anstellungsverhältnis mit dem Stammhaus bestehen bleibt. Im Entsendevertrag sollte dies ausdrücklich festgelegt werden. Die Formulierung dient auch der Klarstellung, dass der Entsendevertrag nicht an die Stelle des Anstellungsvertrages mit dem Stammhaus tritt, sondern diesen nur ergänzt.

[12] Zur Fürsorgepflicht des Arbeitsgebers beim Einsatz von Arbeitnehmern im Ausland vgl. *Schliemann* BB 2001, 1302 ff.

[13] Eine solche Klausel sollte in den Entsendungsvertrag mit aufgenommen werden, wenn die Auszahlung der Vergütung in Landeswährung erfolgt.

V. Das Auslandsgehalt nimmt für die Dauer der Auslandstätigkeit an etwaigen allgemeinen Gehaltsänderungen teil. Leistungen aus der betrieblichen Altersversorgung richten sich nach der Vergütung gem. Abs. I.[14]

VI. Zahlungen werden auf das bisherige Gehaltskonto des/der Mitarbeiter/in geleistet, sofern er/sie nicht mindestens sechs Wochen vor der nächsten fälligen Zahlung ein anderes Konto im Einsatzland mitteilt.[15]

§ 5 Urlaub 45

(vgl. RN 30)

§ 6 Aus- und Heimreise 46

(vgl. RN 31)

§ 7 Versetzung, Abberufung und Kündigung[16] 47

I. Die Firma kann den/die Mitarbeiter(in) auf einen anderen angemessenen Arbeitsplatz im Beschäftigungsland oder in einem anderen Land versetzen, wenn er/sie aus gesundheitlichen oder sonstigen Gründen den Anforderungen seines/ihres Aufgabenbereiches nicht voll gewachsen ist.

II. Das Arbeitsverhältnis kann aus wichtigem Grund gekündigt werden. Als wichtiger Grund soll insbesondere angesehen werden,
1. wenn ein Vertragspartner die ihm auferlegten Pflichten grob verletzt;
2. wenn politische oder wirtschaftliche Umstände eintreten, die der Firma eine weitere Geschäftstätigkeit im überseeischen Gastland überhaupt, in der bisherigen Form oder in bisherigem Umfang wirtschaftlich unzumutbar machen. In diesem Fall ist eine Kündigungsfrist von 3 Monaten zum Monatsschluss einzuhalten.

III. Anstelle einer Kündigung nach Abs. II Nr. 2 kann die Firma den/die Mitarbeiter(in) ohne Einhaltung einer Frist abberufen oder versetzen.

§ 8 Vertragsbruch 48

(vgl. § 2 RN 30)

§ 9 Vertragsänderung 49

(vgl. § 2 RN 37)

---

[14] Eine solche Regelung ist sinnvoll und zweckmäßig, da in der Regel die erhöhte Auslandsvergütung mit den Erschwernissen der Auslandstätigkeit zu tun hat und die Altersversorgung sich nach dem „normalen" regelmäßigen Gehalt bemisst, also ohne die auf Grund der Erschwernisse der Auslandstätigkeit erhöhte Vergütung.

[15] Das Arbeitsverhältnis besteht zum Stammhaus fort. Von dort wird regelmäßig die Vergütung gezahlt. Die Zahlung erfolgt regelmäßig auf ein deutsches Konto, auf das der Mitarbeiter aus dem Ausland Zugriff nimmt. Die Übernahme der entstehenden Kosten sind Verhandlungssache. Sie sind meist in der Auslandszulage enthalten.

[16] Zur eigenmächtigen Rückkehr bei Auslandseinsatz in gefährdeten Gebieten vgl. *Diller/Winzer* DB 2001, 2094 ff.

50 **§ 10 Gerichtsstand und anzuwendendes Recht**

    (vgl. RN 39 sowie § 2 RN 36)

    ....., den .....

Arbeitnehmer   Arbeitgeber

51 **Taktischer Hinweis:**

Häufig werden **Wiedereingliederungsklauseln** vereinbart, die beispielsweise wie folgt formuliert werden:

„Nach Ablauf der Entsendung wird die Firma dem/der Mitarbeiter(in) eine seiner/ihrer bisherigen Position hinsichtlich Funktion, Qualifikation und Vergütung gleichwertige Position anbieten. Eine Wiedereingliederung in die Firma entfällt, wenn der/die Mitarbeiter(in) gegen vertragliche Verpflichtungen verstößt, die eine Kündigung des Arbeitsverhältnisses rechtfertigen. Gleiches gilt für den Fall der Zuwiderhandlung gegen Verpflichtungen aus dem Arbeitsvertrag oder der Entsendungsvereinbarung."

Solche Regelungen ergeben aus Arbeitnehmer-, aber auch aus Arbeitgebersicht wenig Sinn: Wenn die Entsendung endet, besteht ein Beschäftigungsanspruch des Arbeitnehmers gegen das „Stammhaus" bzw. seinem Vertragspartner. Die konkrete Zuweisung der Tätigkeit richtet sich nach den vertraglichen Vereinbarungen und dem Direktionsrecht des Arbeitgebers, bei dem die beiderseitigen Belange angemessen berücksichtigt sein müssen (§ 315 Abs. 3 BGB, § 106 GewO). Letztlich nur für den Fall, dass der Arbeitnehmer direkt einen Arbeitsvertrag mit der ausländischen Gesellschaft abschließt und damit das ursprüngliche Arbeitsverhältnis zum „Stammhaus" endet, ist eine Wiedereingliederungsklausel sinnvoll.

IV. Ergänzung zum Arbeitsvertrag wegen Auslandseinsatz

52 Zwischen

der .....

                             – nachfolgend Arbeitgeber genannt –

und

Frau/Herrn .....

                             – nachfolgend Arbeitnehmer genannt –

wird eine Ergänzung des Arbeitsvertrages vom ..... vereinbart.

53 **Präambel**

Zwischen den Parteien herrscht Einigkeit, dass der Arbeitnehmer vorübergehend als ..... in ..... eingesetzt wird. Zweck des Auslandseinsatzes ist ..... Zur Regelung dieser Tätigkeit vereinbaren die Parteien eine Ergänzung des Arbeitsvertrages vom ..... Dieser Vertrag besteht fort. Der Ergänzungsarbeitsvertrag tritt außer Kraft, wenn der Auslandseinsatz beendet wird.

54 **§ 1 Gegenstand der Auslandstätigkeit**

I. Der Arbeitnehmer wird vom ..... als ..... in ..... tätig werden.

II. Der Arbeitnehmer wird zur Einarbeitung zunächst als ..... arbeiten.

III. Der Arbeitgeber ist berechtigt, die Arbeitsaufgaben innerhalb der unter Abs. I beschriebenen Arbeitsaufgaben zu ändern. Der Arbeitgeber kann den Arbeitnehmer auch an einen anderen Ort oder in einen anderen Betrieb oder ein anderes Unternehmen des Konzerns versetzen.

Schrader

IV. Während des Auslandseinsatzes ist der Arbeitnehmer ..... unterstellt. Die Unterstellung kann jederzeit geändert werden.

§ 2 Pflichten des Arbeitnehmers   55

I. Der Arbeitnehmer ist verpflichtet, seine Arbeitsaufgaben sorgfältig zu erfüllen. Er hat die gesetzlichen Vorschriften, Sitten und Gebräuche des Gastlandes zu beachten. Bei Zweifeln wird er den Arbeitgeber um Auskunft ersuchen, um sein Ansehen nicht zu gefährden.

II. Nach der Rückkehr nach Deutschland gelten wieder die alten Arbeitsbedingungen. Es wird jedoch gewährleistet, dass der Arbeitnehmer mindestens in dem gleichen Umfang befördert wird, wie ein in Deutschland verbliebener Arbeitnehmer. Der Arbeitgeber ist auch berechtigt, den Arbeitnehmer in einem anderen Betrieb oder Unternehmen an einem anderen Ort innerhalb des Konzerns zu beschäftigen.

§ 3 Dauer des Auslandseinsatzes   56

I. Die Dauer des Auslandseinsatzes ist befristet bis zum ..... Er endet, wenn er nicht zuvor verlängert wird.

oder

I. Die Auslandsbeschäftigung erfolgt auf unbestimmte Zeit.

II. Der Arbeitgeber behält sich vor, den Auslandseinsatz aus sachlichen Gründen zu beenden und den Arbeitnehmer wieder in Deutschland zu beschäftigen. Es gelten alsdann wieder die alten Arbeitsbedingungen. Erfolgt die Beendigung aus wichtigem Grund, findet § 2 Abs. II Satz 1 keine Anwendung.

III. Während des Auslandseinsatzes ist das Arbeitsverhältnis mit den Fristen des § 622 BGB kündbar. Verlängert sich die Kündigungsfrist für den Arbeitnehmer gilt dies in gleicher Weise für den Arbeitgeber/Während des Auslandseinsatzes ist die ordentliche Kündigung ausgeschlossen. Das Recht zur außerordentlichen Kündigung bleibt unberührt.

§ 4 Arbeitsvergütung   57

I. Während der Auslandtätigkeit wird das Arbeitsentgelt des Arbeitnehmers auf monatlich ..... € angehoben. Mit dem Gehalt sind etwaige Überstunden, Nachtarbeit, Arbeit an Samstagen, Sonn- und Feiertagen abgegolten.

II. Für die Dauer des Auslandseinsatzes erhält der Arbeitnehmer eine Auslandszulage in Höhe von ..... €. Mit dieser Zulage sind alle Mehraufwendungen, soweit sie nicht in § 11 geregelt sind abgegolten. Die Auslandszulage wird unter Berücksichtigung eines etwaigen Geldwertverlustes jährlich angepasst.

III. Die Arbeitsvergütung ist jeweils am Monatsende fällig. Sie wird bis zum letzten Werktag des Monats unter Berücksichtigung der steuer- und sozialversicherungsrechtlichen Vorschriften auf ein von dem Arbeitnehmer anzugebendes Konto gezahlt. Der Arbeitnehmer kann die Zahlung der Arbeitsvergütung nach Abs. I auf ein Konto in Deutschland verlangen. Die Zahlung erfolgt alsdann in €. Die Kosten einer Zahlung im Gastland trägt der Arbeitgeber.

IV. Der Arbeitgeber übernimmt die Kosten einer jährlichen steuerlichen Beratung des Arbeitnehmers.

Schrader

V. Nach Beendigung des Auslandseinsatzes gelten für die Vergütung die Regelungen des Vertrages vom ..... Der Arbeitgeber ist verpflichtet die Arbeitsvergütung entsprechend der allgemeinen Gehaltsentwicklung anzupassen.

VI. Sollte der Arbeitsvertrag von einer kollektivrechtlichen Vereinbarung erfasst werden, ist der Arbeitgeber berechtigt, die Leistungen nach Abs. I, II auf die kollektivrechtlich zu erbringenden Leistungen anzurechnen.

58 § 5 Firmenwagen

(vgl. Muster § 23 RN 1 ff.)

59 § 6 Betriebliche Altersversorgung

(vgl. Muster § 21 RN 1 ff.)

60 § 7 Arbeitszeit

I. Die individuelle regelmäßige Arbeitszeit beträgt ..... Stunden wöchentlich.

II. Beginn, Ende und Dauer der täglichen Arbeitszeit sowie die Lage der Arbeitszeit richten sich nach den Weisungen des Arbeitgebers, soweit im Ausland keine zwingenden gesetzlichen, tariflichen oder betrieblichen Regelungen bestehen.

III. Der Arbeitnehmer ist verpflichtet, bei Bedarf Überstunden, Nachtarbeit und Arbeit an Samstagen, Sonn- und Feiertagen zu leisten.

61 § 8 Urlaub und Feiertage

I. Der Urlaub richtet sich nach den bestehenden Vereinbarungen und betrieblichen Regelungen in Deutschland.

II. Die Feiertage richten sich nach den Regelungen des ausländischen Arbeitsortes. Unabhängig hiervon wird der Arbeitnehmer an folgenden Tagen unter Fortzahlung der Vergütung von der Arbeit freigestellt: 1. Weihnachtstag, 1. Januar, Karfreitag, Ostersonntag und Ostermontag (Pfingstsonntag).

62 § 9 Entgeltfortzahlung im Krankheitsfall

I. Die Entgeltfortzahlung im Krankheitsfall richtet sich nach dem Entgeltfortzahlungsgesetz und den hierzu im Arbeitsvertrag vom ..... getroffenen Vereinbarungen.

II. Der Arbeitgeber erstattet die Kosten einer privaten Krankenzusatzversicherung und ..... % der durch Versicherungen nicht gedeckten Krankheitskosten, die auch durch eine Kostenerstattung gedeckt wären.

III. Der Arbeitgeber schließt für den Arbeitnehmer eine Rücktransportversicherung ab.

IV. Bei Erkrankungen von mehr als ..... kann der Arbeitgeber eine Untersuchung durch einen Amtsarzt oder Vertrauensarzt verlangen.

V. Kann der Arbeitnehmer auf Grund gesetzlicher Vorschriften von einem Dritten Schadensersatz wegen des Verdienstausfalls verlangen, der ihm durch die Arbeitsunfähigkeit entstanden ist, so geht dieser Anspruch insoweit auf den Arbeitgeber über, als dieser dem Arbeitnehmer nach diesem Gesetz Arbeitsentgelt fortgezahlt und darauf entfallende vom Arbeitgeber zu tragende Beiträge zur Bundesagentur für Arbeit, Arbeitgeberanteile an Beiträgen zur Sozialversicherung und zur Pflegeversicherung sowie zu Einrichtungen der zusätzlichen Alters- und Hinterbliebenenversorgung abgeführt hat.

§ 10 Unfallversicherung 63

(vgl. Muster § 2 RN 105)

§ 11 Aufwendungen und Spesen 64

I. Spesen und sonstige Aufwendungen werden nach den Konzernrichtlinien Auslandseinsatz gezahlt.

oder

I. Individualvereinbarung

II. Der Arbeitnehmer erhält einen Intensivkurs in der ..... Sprache.

III. Der Arbeitgeber erstattet dem Arbeitnehmer die Kosten der Wohnungssuche, des Umzugs und der ersten Anreise des Arbeitnehmers nach ..... bis zu einer Höhe von ..... €. Dasselbe gilt für den Rückumzug nach Deutschland.

IV. Mietkosten

V. Der Arbeitgeber übernimmt die Kosten für jährlich ..... Heimflüge in der ..... Class, Heimflugkosten von Familienmitgliedern. Statt in diesem Abs. geregelter Reisekosten werden Reisekosten im Ausland zum Besuch von Familienmitgliedern bis zur Höhe der Heimflugkosten bezahlt.

VI. Die vorstehenden Reisekosten und sonstigen Aufwendungen werden unter Berücksichtigung der steuerlichen und sozialversicherungsrechtlichen Vorschriften gezahlt.

VII. Der Arbeitnehmer ist zur Rückzahlung der vorstehenden Kosten verpflichtet, wenn das Arbeitsverhältnis aus verhaltensbedingten oder wichtigen Gründen vor Ablauf von drei Jahren endet. Die Rückzahlungsverpflichtung mindert sich jeweils um $1/36$ für jeden vollen Monat, den das Arbeitsverhältnis bestanden hat.

§ 12 Arbeitsergebnisse, Erfindungen, Urheberrechte 65

(vgl. Muster § 2 RN 27)

§ 13 Nebentätigkeit 66

I. Der Arbeitnehmer wird während des Auslandseinsatzes keine Nebentätigkeit ausüben.

II. Ehrenamtliche Tätigkeiten wird der Arbeitnehmer unverzüglich dem Arbeitgeber mitteilen.

§ 14 Verschwiegenheitspflicht 67

(vgl. Muster § 2 RN 25)

§ 15 Nachvertragliches Wettbewerbsverbot 68

(vgl. Muster § 2 RN 26)

Schrader

69 **§ 16 Gerichtsstand**

I. Das Arbeitsverhältnis und seine Beendigung richten sich nach deutschem Recht.

II. Der Gerichtsstand richtet sich nach der EG-Verordnung 2001/44/EG vom 31. 3. 2002 (ABl. EG Nr. L 12 S. 1).

70 **§ 17 Salvatorische Klauseln**

I. Vertragsänderungen *(vgl. Muster § 2 RN 37)*

II. Ausschlussfristen *(vgl. Muster § 2 RN 39)*

III. Teilweise Unwirksamkeit *(vgl. Muster § 2 RN 37)*

....., den .....

Arbeitnehmer　　　　　　　　　　　　　　　　Arbeitgeber

§ 10. Arbeitsverträge mit rechts- und steuerberatenden Berufen

I. Arbeitsvertrag mit einem Steuerberater

1 Zwischen der Steuerberatungsgesellschaft .....

(Arbeitgeber genannt)

und

Herrn/Frau .....

(Arbeitnehmer genannt)

wird ein Arbeitsvertrag (§ 58 StBerG) geschlossen.

2 **§ 1 Beginn des Arbeitsverhältnisses**

I. Der Arbeitnehmer tritt mit Wirkung vom ..... als Steuerberater in die Dienste des Arbeitgebers.

II. Die Probezeit beträgt sechs Monate. Innerhalb der Probezeit kann das Arbeitsverhältnis mit einer Frist von einem Monat zum Monatsende gekündigt werden.

3 **§ 2 Aufgabenbereich**

Die Tätigkeit des Arbeitnehmers umfasst die steuerliche und betriebswirtschaftliche Beratung von Mandanten des Arbeitgebers.

4 **§ 3 Arbeitszeit**

I. Die Arbeitszeit beträgt wöchentlich ..... Stunden. Die Arbeitszeit wird festgelegt von ..... bis .....

II. Über- und Mehrarbeitsstunden sind durch das Monatsgehalt abgegolten.

5 **§ 4 Arbeitsvergütung**

Der Arbeitnehmer erhält für seine Tätigkeit bis zum Ablauf der Probezeit eine Vergütung von ..... €. Danach erhält er eine Vergütung in Höhe von ..... €.

Schrader

§ 5 Sonderzuwendungen   6

Der Arbeitnehmer erhält jährlich eine Sonderzuwendung in Höhe eines Monatsgehaltes. Die Hälfte der Sonderzuwendung wird am 1. 6. und die andere Hälfte am 1. 12. ausgezahlt.

§ 6 Aufwendungen   7

Soweit dem Arbeitnehmer infolge von Dienstreisen Spesenaufwendungen entstehen, werden diese nach den steuerlichen Sätzen erstattet.

§ 7 Urlaub   8

(vgl. Muster § 2 RN 24)

§ 8 Krankheit und Krankheitsnachweisung   9

(vgl. Muster § 2 RN 22f.)

§ 9 Verschwiegenheitspflicht   10

Der Arbeitnehmer ist verpflichtet, über alle persönlichen und geschäftlichen Beziehungen, Einrichtungen und Gepflogenheiten des Arbeitgebers und seiner Mandanten während und nach Beendigung seines Arbeitsverhältnisses Stillschweigen zu bewahren.

§ 10 Nebentätigkeit   11

I. Dem Arbeitnehmer ist eine Nebentätigkeit nicht erlaubt. Ihm ist insbesondere untersagt, die steuerliche und betriebswirtschaftliche Beratung von Mandanten zu übernehmen.

II. Vertragsstrafe bei Verstoß

III. Dem Arbeitnehmer wird jedoch gestattet, als selbstständiger Steuerberater folgende Mandanten weiter zu betreuen:[1]

1......

2......

IV. Die Betreuung und Beratung der in Abs. III genannten Mandanten erfolgt ausschließlich außerhalb der Arbeitszeit. Fallen im Rahmen der Nebentätigkeit unaufschiebbare Arbeiten an, die nicht außerhalb der Arbeitszeit erledigt werden können, kann dem Arbeitnehmer Dienstbefreiung erteilt werden.

§ 11 Mandantenschutzklausel[2]   12

I. Der Mitarbeiter verpflichtet sich, nach dem Ausscheiden aus dem Arbeitsverhältnis für die Dauer von zwei Jahren keine Mandate von solchen Auftraggebern

---

[1] Häufig wird die Beratung bestimmter Mandanten (z. B. Familienangehöriger) gestattet.

[2] Üblich sind auch so genannte Mandantenübernahmeklauseln. Eine Mandantenübernahmeklausel, die es einer Steuerassistentin für die Zeit nach ihrem Ausscheiden zwar erlaubt, Mandanten ihres früheren Arbeitgebers zu übernehmen, sie aber gleichzeitig verpflichtet, einen angemessenen Anteil des Umsatzes mit diesem Mandanten an ihren früheren Arbeitgeber als Entschädigung abzuführen, ist grundsätzlich zulässig; sie darf jedoch einen Bindungszeitraum von zwei Jahren nicht überschreiten. Eine längere Bindung beschränkt die Arbeitnehmerin in unzulässiger Weise in ihrer beruflichen Tätigkeit. Die geltungserhaltende Reduktion einer solchen Klausel auf eine zweijährige Bindung ist nicht möglich (vgl. BAG, Urteil v. 7. 8. 2002 – 10 AZR 586/01 – AP HGB § 75d Nr. 4).

zu übernehmen, die während der letzten drei Jahre vor seinem Ausscheiden zur Klientel des Arbeitgebers gehören.[3]

II. Der Arbeitgeber zahlt dem Mitarbeiter für die Dauer der Sperrzeit eine Karenzentschädigung in Höhe der Hälfte der zuletzt bezogenen vertragsmäßigen Leistungen.

III. Im Übrigen gelten für die Mandantenschutzvereinbarung die §§ 74ff. HGB entsprechend.

IV. Verstößt der Mitarbeiter gegen seine Unterlassungsverpflichtung nach Abs. I, so ist er verpflichtet, für jeden Fall der Zuwiderhandlung eine Vertragsstrafe in Höhe von ..... des Jahreshonorars zu zahlen, das der Arbeitgeber zuletzt von dem Mandanten erhalten hat.[4]

13 **§ 12 Mandatsübertragung**

Erteilt der Arbeitgeber auf Verlangen des Mitarbeiters oder eines Mandanten seine Zustimmung zur Übernahme dieses Mandates, so zahlt der Mitarbeiter als Entgelt für die Übernahme des Mandates an den Arbeitgeber einen Betrag in Höhe des Jahreshonorars, das der Arbeitgeber im Durchschnitt der beiden letzten Jahre erzielt hat. Das Entgelt wird mit Übernahme des Mandats fällig.[5]

14 **§ 13 Sozietätsaussicht**[6]

I. Die Arbeitsvertragsparteien sind sich darüber einig, dass sie nach Ablauf von zwei Jahren über den Eintritt des Arbeitnehmers als Sozius in die Gesellschaft verhandeln und die Eintrittsbedingungen festlegen werden. Der Arbeitnehmer tritt mit Beginn des 3. Beschäftigungsjahres in die Gesellschaft ein.

II. Mandate, die der Arbeitnehmer im Rahmen seiner Nebentätigkeit betreut, sind im Falle seines Eintritts in die Gesellschaft zum gleichen Termin und zu denselben Bedingungen in die Gesellschaft einzubringen. Sie werden bei der Berechnung des Entgelts für den Gesellschaftsanteil berücksichtigt.[7]

---

[3] Zu allgemeinen und besonderen Mandantenschutzklauseln vgl. ArbR-Hdb. § 58 RN 13.

[4] Zur Zulässigkeit der Vertragsstrafe vgl. § 2 RN 30.

[5] Unter Berücksichtigung der nunmehr eingeschränkten Zulässigkeit von Mandantenübernahmeklauseln nach Beendigung des Arbeitsverhältnisses (vgl. BAG, Urteil v. 7. 8. 2002 – 10 AZR 586/01 – AP HGB § 75 d Nr. 4) könnte es in der Zukunft streitig werden, ob sich eine Honorarregelung in der im Muster vorgesehenen Höhe in Zukunft erhalten lässt.

[6] Solche Klauseln, mit denen eine Sozietätsaufnahme in Aussicht gestellt wird, sind üblich. Auf sie kann aber verzichtet werden, da zwar ein Verhandlungsanspruch, aber kein Aufnahmeanspruch besteht. Darüber hinaus sollten sie Vertragsschließenden darüber nachdenken, ob eine solche – relativ unverbindliche – Klausel in einem Arbeitsvertrag überhaupt sinnvoll ist. Denn wenn der Steuerberater nicht als Sozius aufgenommen werden soll, weil er – aus welchen Gründen auch immer – nicht in die Sozietät passt, wird ihm eine solche Klausel in seinem Arbeitsvertrag wenig helfen. Wenn er aber aufgenommen werden soll, wird dies unabhängig von einer solchen vertraglichen Klausel erfolgen, nämlich aus dem Grund, weil der Steuerberater „gehalten" werden soll.

[7] Beim Verkauf einer Steuerberaterpraxis wird zunächst der bereinigte Umsatz der letzten drei Jahre ermittelt. Sondereinkünfte und gekündigte Mandate fallen heraus. Der bereinigte Umsatz wird durch drei geteilt. Der immaterielle Praxiswert liegt zwischen 80% und 150% des ermittelten Jahreswertes ohne MwSt. Für die genaue Bestimmung kommt es auf Kostenstruktur und Art der Klientel an. Hinzu kommt der Inventarzeitwert (*Wehmeier*, Praxisübertragung in wirtschafts- und steuerberatenden Berufen, 1987, S. 17ff.).

§ 14 Dauer des Arbeitsverhältnisses 15

Das Arbeitsverhältnis wird auf unbestimmte Zeit geschlossen. Es kann unter Einhaltung einer Frist von drei Monaten zum Quartalsschluss gekündigt werden. Das Recht zur außerordentlichen Kündigung bleibt unberührt.

§ 15 Standesrecht, salvatorische Klauseln 16

I. Für das Arbeitsverhältnis gelten die Regeln des Standesrechts.

II. Sind einzelne Vertragsbestimmungen dieses Vertrages unwirksam, so wird hierdurch die Wirksamkeit des übrigen Vertrages nicht berührt. Die Vertragslücke ist nach den Regeln des Standesrechts zu schließen.

§ 16 Nebenabreden, Vertragsänderungen und sonstige Verpflichtungen, sonst an- 17 zuwendendes Recht

....., den .....

Arbeitnehmer   Arbeitgeber

II. Arbeitsvertrag mit einem Rechtsanwalt

Wettlaufer, Angestellter oder freier Mitarbeiter?, AnwBl. 1989, 194 mit einem Muster eines Arbeitsvertrages und eines freien Mitarbeitervertrags.

Zwischen   18
den Rechtsanwälten 1. ..... 2. ..... 3. ....., ...

– im Folgenden Sozietät –

und

Herrn/Frau Assessor(in) .....,

– im Folgenden Angestellte(r) –

wird nachfolgender Arbeitsvertrag geschlossen.[8]

§ 1 Anstellung 19

I. Der/Die Angestellte wird am ..... als juristischer Mitarbeiter eingestellt. Die Probezeit beträgt sechs Monate. Während der Probezeit kann das Arbeitsverhältnis mit einer Frist von zwei Wochen (§ 622 Abs. 3 BGB) gekündigt werden.[9]

II. Nach Ablauf der Probezeit wird der/die Angestellte seine/ihre Zulassung zur Rechtsanwaltschaft beantragen.[10]

§ 2 Arbeitszeit[11] 20

I. Die wöchentliche Arbeitszeit beträgt 40 Stunden. Der/Die Angestellte hat die Bürostunden einzuhalten. Diese sind zzt. festgesetzt von Montag bis Freitag von ..... bis .....

---

[8] Sofern der Mitarbeiter noch an einer Dissertation arbeitet, kann auch eine Teilzeitbeschäftigung vereinbart werden.

[9] Eine Tätigkeit als Rechtsanwalt ist sowohl als Arbeitnehmer wie auch auf freiberuflicher Basis unbedenklich möglich. Insbesondere das Standesrecht sowie §§ 3, 6 RechtsberatungsG stehen dem nicht entgegen.

[10] Nur die Zulassung zur Anwaltschaft führt zu spürbarer Entlastung, da der Rechtsanwalt ab diesem Zeitpunkt bestimmte Schriftsätze selbst unterzeichnen kann.

[11] Es gilt das ArbZG.

II. Der/Die Angestellte ist verpflichtet, auf Verlangen Über- und Mehrarbeitsstunden zu leisten. Diese werden nach Möglichkeit durch Arbeitsfreistellung ausgeglichen. Ist dies nicht möglich, erfolgt eine gesonderte Bezahlung.

21 § 3 Aufgabenbereich

I. Der/Die Angestellte hat die ihm/ihr übertragenen Mandate umfassend zu bearbeiten. Ihm/Ihr werden insbesondere Mandate auf folgenden Rechtsgebieten ..... übertragen. Neue Mandate können von dem/der Angestellten nur nach vorheriger Zustimmung der Sozietät übernommen werden.

II. Dem/Der Angestellten kann auch die Anfertigung von Schriftsätzen, Erstellung von Gutachten und Wahrnehmung von Gerichtsterminen in anderen Sachen übertragen werden.

III. Der/Die Angestellte hat an den wöchentlichen Kanzleibesprechungen teilzunehmen. Er/Sie hat auf Verlangen über den Stand der von ihm/ihr bearbeiteten Sachen zu berichten. Bei wichtigen Sachentscheidungen und in Zweifelsfällen ist auf der Kanzleibesprechung zu berichten. In Eilfällen ist Rücksprache mit mindestens einem der Sozietätsmitglieder zu nehmen.[12]

22 § 4 Vergütung

I. Der/Die Angestellte erhält für seine/ihre Tätigkeit ein Gehalt in Höhe von ..... €. Nach Ablauf der Probezeit beträgt das Gehalt ..... €. Jeweils zum Jahresende wird über die Anpassung des Gehaltes verhandelt.

II. Der/Die Angestellte erhält für geleistete Über- und Mehrarbeitsstunden eine Vergütung in Höhe von .... € je Stunde.[13]

III. Der/Die Angestellte erhält weiter
1. eine Weihnachtszuwendung in Höhe von ..... €
2. ein Urlaubsgeld in Höhe von ..... €.

IV. Das Gehalt wird jeweils am Monatsletzten, die Weihnachtszuwendung mit dem Novembergehalt und die Urlaubszuwendung mit dem Junigehalt ausgezahlt. Die Zahlungen erfolgen bargeldlos auf ein angegebenes Konto.

23 § 5 Aufwendungsersatz[14]

I. Der/Die Angestellte erhält für im Auftrag der Sozietät mit dem eigenen PKW gefahrene Kilometer ein Kilometergeld in Höhe von ..... €.

II. Der/Die Angestellte erhält für die Wahrnehmung auswärtiger Gerichtstermine ein Tagegeld/Übernachtungsgeld in Höhe von ..... €, soweit eine Rückkehr zum Dienstort nicht zumutbar ist.

---

[12] Die Sozietät ist in jedem Fall auch nach Zulassung verantwortlich. Andererseits treffen den zugelassenen angestellten Anwalt Standes- und Rechtspflichten (§ 43 BRAO).
[13] Die Bezahlung von Über- und Mehrarbeitsstunden im Anwaltsbereich dürfte nach allgemeiner Erfahrung eher die Ausnahme, denn die Regel sein.
[14] Der Aufwendungsersatz sollte fair und eindeutig geregelt werden.

§ 6 Krankheit[15]   24

I. Ist der/die Angestellte infolge auf Krankheit beruhender Arbeitsunfähigkeit an der Leistung der Dienste verhindert, so behält er/sie seinen/ihren Anspruch auf Gehalt bis zur Dauer von sechs Wochen.

II. Der/Die Angestellte hat der Sozietät die Arbeitsunfähigkeit und deren voraussichtliche Dauer unverzüglich anzuzeigen und vor Ablauf des 3. Kalendertages nach Beginn der Arbeitsunfähigkeit eine ärztliche Bescheinigung über die Arbeitsunfähigkeit sowie deren voraussichtliche Dauer nachzureichen. Dauert die Arbeitsunfähigkeit länger als in der Bescheinigung angegeben, so ist eine neue ärztliche Bescheinigung vorzulegen.

§ 7 Urlaub   25

I. Der/Die Angestellte erhält jährlich einen Erholungsurlaub von ..... Arbeitstagen/Wochentagen/Kalendertagen.

II. Der Urlaubszeitpunkt ist im Einvernehmen mit der Sozietät festzulegen.

§ 8 Nebentätigkeit[16]   26

I. Dem/Der Angestellten ist in den Räumen der Kanzlei eine Nebentätigkeit nicht gestattet. Mit Mandanten, die sich an die Kanzlei wenden, sind Mandatsverträge im Namen der Kanzlei abzuschließen.

II. Dem/Der Angestellten ist (nicht) gestattet, außerhalb der Kanzlei Mandate im eigenen Namen zu übernehmen. Soweit die erforderliche Beratung während der Kanzleistunden durchgeführt werden muss, wird der/die Angestellte nach Wahrung der Interessen der Sozietät von der Arbeit freigestellt. Im Umfang der Freistellung werden die Bezüge gekürzt.

§ 9 Haftpflichtversicherung[17]   27

I. Die Sozietät verpflichtet sich, für den/die Angestellte eine Berufshaftpflichtversicherung für den Fall der Haftung wegen Vermögensschäden abzuschließen.

II. Wird der/die Angestellte zur Rechtsanwaltschaft zugelassen, wird er/sie eine eigene Haftpflichtversicherung abschließen. Die Kosten der Haftpflichtversicherung übernimmt die Sozietät.

III. Die Deckungssumme der Haftpflichtversicherung beträgt ..... €.[18]

---

[15] Vgl. § 2 RN 22 und 23.

[16] Man kann darüber streiten, ob im Falle ernsthafter Sozietätsabsichten ein Nebentätigkeitsverbot zweckmäßig ist oder nicht. Ein Nebentätigkeitsverbot dürfte eher zweckmäßig sein, da der Anwalt seine ganze Arbeitskraft auf die Sozietät konzentrieren kann, in der er tätig ist, so dass auch seitens der Sozien besser – und auch vielleicht schneller – beurteilt werden kann, ob der Anwalt sozietätswürdig ist oder nicht. Zu Umfang und Grenzen eines Nebentätigkeitsverbotes vgl. § 2 RN 28.

[17] Die Haftpflichtversicherung ist notwendig und in § 51 BRAO vorgeschrieben. Die Aufnahme des Assessors in die „Sozietätsversicherung" führt zur Erweiterung des Haftungsrisikos, so dass der Versicherungsvertrag überprüft werden muss. Mit der Zulassung zur Anwaltschaft und Aufnahme in den Briefkopf usw. wird eine Rechtsscheinhaftung des Angestellten im Außenverhältnis eintreten. Die Versicherungsfragen müssen genau geprüft werden.

[18] Die Mindestversicherungssumme beträgt 250 000,00 € für jeden Versicherungsfall (§ 51 Abs. 4 Satz 1 BRAO).

Schrader

IV. In den eigenverantwortlich von dem/der Angestellten bearbeiteten Mandaten trägt der/die Angestellte die Selbstbeteiligung.[19] Wird der/die Angestellte aus Gründen der Rechtsscheinhaftung mit der Sozietät in Anspruch genommen, so wird die Sozietät den/die Angestellte(n) von jeglicher Haftung für die Selbstbeteiligung freistellen.

28 § 10 Sozietätsaufnahme[20]

I. Die Sozietät ist nach Ablauf der Probezeit an einer langfristigen Zusammenarbeit mit dem/der Angestellten interessiert.

II. Die Sozietät wird nach Ablauf von ..... Jahren über einen Antrag des/der Angestellten auf Aufnahme in die Sozietät entscheiden.

29 § 11 Mandantenschutzklausel[21]

30 § 12 Beendigung des Angestelltenverhältnisses

I. Nach Ablauf der Probezeit kann das Arbeitsverhältnis mit den Fristen aus § 622 BGB gekündigt werden. Verlängert sich die Kündigungsfrist für die Sozietät, so verlängert sich die Frist für den/die Angestellten entsprechend.

II. Die Sozietät ist berechtigt, den/die Angestellte(n) während der Kündigungsfrist von der Arbeit freizustellen.

III. Das Recht zur außerordentlichen Kündigung bleibt unberührt.

31 § 13 Salvatorische Klauseln

_(§ 2 RN 36 ff.)_[22]

....., den .....

Sozietät   Angestellter

§ 11. Verträge mit einem Betriebsbeauftragten

I. Der Umweltschutzbeauftragte

Bährle, Die arbeitsrechtliche Stellung des Umweltschutzbeauftragten, UPR 1995, 93; _Becker/Kniep_ Die Beauftragten im betrieblichen Umweltschutz – arbeitsrechtliche Aspekte, NZA 1999, 243; _Schaub,_ Der arbeitsrechtliche Stellung des Betriebsbeauftragten für den Umweltschutz, DB 1993, 481.

---

[19] Die Vereinbarung eines Selbstbehalts von 1% der Mindestversicherungssumme ist zulässig (§ 51 Abs. 5 BRAO).

[20] Optionen kommen in unterschiedlichster Form vor, zur Zweckmäßigkeit vgl. RN 14.

[21] Ob Mandantenschutzklauseln überhaupt zulässig sind, ist umstr. Vgl. oben RN 12 und ArbR-Hdb. § 58 RN 13.

[22] U.U. besteht Regelungsbedarf wegen Berufsunfallversicherung, Altersversorgung, Wohnraumbeschaffung.

Schrader

1. Arbeitsvertrag

Zwischen der Firma   1

– Arbeitgeber genannt –

und

Herrn/Frau .....

– Arbeitnehmer genannt –

wird ein Arbeitsvertrag geschlossen.

§ 1 Gegenstand des Vertrages   2

I. Der/Die Arbeitnehmer(in) tritt ab ..... in die Dienste des Arbeitgebers. Er/Sie übernimmt ab ..... eigenverantwortlich die Aufgaben des Betriebsbeauftragten für Umweltschutz und .....[1, 2]

II. Der/Die Arbeitnehmer(in) ist unmittelbar der Geschäftsleitung unterstellt.[3] Er/Sie hat jederzeit das Recht und die Verpflichtung, seine/ihre Vorschläge oder Bedenken unmittelbar der Geschäftsleitung (dem zuständigen Vertreter der Geschäftsleitung) vorzutragen.

§ 2 Probezeit[4]   3

I. Die ersten sechs Monate der Tätigkeit des/der Arbeitnehmers(in) gelten als Probezeit. Während der Probezeit kann das Arbeitsverhältnis mit einer Frist von einem Monat zum Monatsende gekündigt werden. Hiervon bleibt die Stellung oder Abberufung zum Betriebsbeauftragten für Umweltschutz unberührt.[5] Sie endet jedoch spätestens mit der Beendigung des Arbeitsverhältnisses.

II. Nach Ablauf der Probezeit kann das Arbeitsverhältnis von beiden Vertragsparteien mit den Fristen aus § 622 BGB gekündigt werden.

III. Verlängert sich die Kündigungsfrist auf Grund gesetzlicher Vorschriften für eine der Vertragsparteien, so gilt dies auch für die andere. Das Recht zur außerordentlichen Kündigung bleibt unberührt.

§ 3 Widerruf der Bestellung   4

I. Dem Arbeitgeber bleibt vorbehalten, die Bestellung zum/zur Betriebsbeauftragten jederzeit zu widerrufen.

II. Vom Widerruf bleibt der Arbeitsvertrag unberührt.

---

[1] Vgl. § 55 Abs. 1 BImSchG.
[2] Es ist zulässig, dass zugleich die Funktionen eines Abwasserbeauftragten übertragen werden.
[3] Vgl. § 57 BImSchG.
[4] Wird bei einer genehmigungsbedürftigen Anlage ein Betriebsbeauftragter für Immissionsschutz (§ 53 BImSchG) bestellt, unterliegt dieser einem Benachteiligungsverbot und einem besonderen Kündigungsschutz (§ 58 BImSchG). Dieser nachwirkende Kündigungsschutz entfällt nur dann, wenn er von sich aus sein Amt niederlegt und dies nicht durch ein Verhalten des Arbeitgebers, etwa durch Kritik an seiner Amtsführung oder Behinderung in der Wahrnehmung seiner Amtspflichten, veranlasst worden ist (vgl. BAG, Urteil v. 22. 7. 1992 – 2 AZR 85/92 – AP BImSchG § 58 Nr. 1).
[5] Es ist die Korrespondenz von § 1 und § 2 zu beachten. Entweder sind Begründung des Arbeitsverhältnisses und Bestellung synonym oder die Bestellung erfolgt nach Begründung des Arbeitsverhältnisses.

5 **§ 4 Stellung von Räumen, Gerät und Personal**

I. Der Arbeitgeber stellt dem/der Betriebsbeauftragten das für die Tätigkeit erforderliche Personal sowie Räume, Einrichtungen, Geräte und sonstige Hilfsmittel zur Verfügung, soweit dies zur Erfüllung der in § 55 Abs. 4 BImSchG genannten Aufgaben erforderlich ist.

II. Die Einstellung des Hilfspersonals erfolgt im Einvernehmen mit dem/der Betriebsbeauftragten, soweit es nicht bereits vorhanden ist. Das bisherige Personal wird weiter beschäftigt.

III. Die sachlichen Betriebsmittel werden angeschafft, soweit sie erforderlich sind und nicht bereits vorhanden sind.

6 **§ 5 Zusammenarbeit mit dem Betriebsrat und dem Sprecherausschuss**

I. Der/Die Arbeitnehmer(in) hat vertrauensvoll mit dem Betriebsrat oder dem Sprecherausschuss zusammenzuarbeiten.

II. Die Pflichten des/der Betriebsbeauftragten für den Umweltschutz ..... (vgl. § 54 BImSchG).

7 **§ 6 Aufgaben**

I. Dem/Der Arbeitnehmer(in) werden die im BImSchG beschriebenen Aufgaben übertragen. Ihm können zusätzlich die in ..... beschriebenen Aufgaben übertragen werden.

II. Der/Die Betriebsbeauftragte hat darüber hinaus folgende arbeitsvertragliche Pflichten:[6] .....

III. Dem/Der Arbeitnehmer(in) werden weiter folgende Pflichten übertragen:[7] .....

IV. Der/Die Arbeitnehmer(in) arbeitet in Fragen des betrieblichen Umweltschutzes mit dem Betriebsrat zusammen.[8]

8 **§ 7 Haupt- und Nebenpflichten**

I. Der/Die Arbeitnehmer(in) hat die ihm/ihr übertragenen Arbeitsaufgaben und Pflichten als Betriebsbeauftragte(r) für Umweltschutz und ..... gewissenhaft zu erfüllen.

II. Der/Die Arbeitnehmer(in) hat die ihm/ihr übertragenen Arbeitsaufgaben sorgfältig wahrzunehmen.

III. Der/Die Arbeitnehmer(in) hat den Arbeitgeber und alle in seiner/ihrer Person auftretenden Umstände hinzuweisen, die die Behörden berechtigen können, die Zuverlässigkeit des Betriebsbeauftragten in Frage zu stellen.

---

[6] Gemeint sind sonstige Arbeitsvertragspflichten, z. B. in der Entwicklungsabteilung.
[7] Gedacht ist an die Übertragung als Abwasserbeauftragter.
[8] Nach § 88 Nr. 1 a BetrVG hat der Betriebsrat im Wege der freiwilligen Mitbestimmung eine Zuständigkeit für den betrieblichen Umweltschutz.

§ 8 Arbeitszeit 9

I. Die Arbeitszeit des/der Arbeitnehmers(in) richtet sich nach der für den Betrieb bestehenden Betriebsvereinbarung ..... über die Arbeitszeit im Betrieb. Sie ist zzt. von ..... bis ..... festgesetzt.

II. Der/Die Arbeitnehmer(in) ist verpflichtet, in dringenden Fällen Über- und Mehrarbeit zu leisten.

III. Im Falle einer länger dauernden Verhinderung des Arbeitnehmers/der Arbeitnehmerin als Betriebsbeauftragte(r) wird in seinem/ihrem Einvernehmen ein(e) Vertreter(in) bestellt.

IV. Der Arbeitgeber wird im Rahmen der geschuldeten Arbeitszeit dafür Sorge tragen, dass dem/der Betriebsbeauftragten hinreichende Zeit für Fragen des Umweltschutzes zur Verfügung steht.

§ 9 Verschwiegenheitspflicht 10

I. Der/Die Arbeitnehmer(in) ist während und nach Beendigung des Arbeitsverhältnisses verpflichtet, über alle Angelegenheiten des Unternehmens, insbesondere über Betriebs- und Geschäftsgeheimnisse Stillschweigen zu bewahren.

II. Beanstandet der/die Arbeitnehmer(in) die fehlende Einhaltung von Bestimmungen des Umweltschutzes und ....., so hat er/sie dies der Geschäftsleitung oder dem zuständigen Organ der Geschäftsleitung vorzutragen. Kommt innerhalb eines Monats zwischen der Geschäftsleitung und dem/der Arbeitnehmer(in) eine Einigung nicht zustande, so ist der/die Arbeitnehmer(in) berechtigt, die jeweils zuständigen Behörden einzuschalten. Von der Einschaltung sind der Betriebsrat und der Sprecherausschuss zu informieren. Der/Die Arbeitnehmer(in) ist nicht berechtigt, ohne Zustimmung der Geschäftsleitung Presseerklärungen abzugeben.[9]

III. Im Falle eines Störfalls ist der/die Arbeitnehmer(in) berechtigt, der zuständigen Behörde über alle nach seinem/ihrem Dafürhalten möglichen Störursachen zu berichten. Die Stellungnahme ist vorab der Geschäftsleitung vorzulegen, um eine Gegenäußerung zu ermöglichen. Der/Die Arbeitnehmer(in) ist nicht berechtigt, ohne Zustimmung der Geschäftsleitung Presseerklärungen abzugeben.

§ 10 Fortbildung 11

I. Der/Die Arbeitnehmer(in) verpflichtet sich, sich auf allen Gebieten des Umweltschutzes fortzubilden. Er/Sie ist verpflichtet, die Geschäftsleitung über alle neuen Erkenntnisse des Umweltschutzes zu unterrichten.

II. Der/Die Arbeitnehmer(in) wird für erforderliche Fortbildungsveranstaltungen auf vorherigen Antrag von der Arbeit freigestellt. In dieser Zeit wird die Vergütung weitergezahlt. Findet die Fortbildung außerhalb des Betriebssitzes statt, erhält der/die Arbeitnehmer(in) Reisekosten nach den betriebsüblichen Regelungen.

III. Die Kosten der Fortbildung übernimmt der Arbeitgeber.

---

[9] Der Arbeitnehmer ist in der Regel gehalten, sich erst an den Arbeitgeber zu wenden, bevor er die Öffentlichkeit sucht (vgl. im Einzelnen ArbR-Hdb. § 130 RN 21).

Schrader

12 **§ 11 Nebentätigkeit**

I. Die Aufnahme einer entgeltlichen oder unentgeltlichen Nebentätigkeit bedarf der vorherigen schriftlichen Zustimmung des Arbeitgebers. Dasselbe gilt für Veröffentlichungen und Vorträge, soweit durch sie die Interessen des Arbeitgebers berührt werden können.

II. Ausnahmen . . . . .

III. Pflichten des Arbeitgebers.

13 **§ 12 Vergütung**

I. Der/Die Arbeitnehmer(in) erhält eine monatliche Vergütung in Höhe von . . . . . € brutto. Mit der Vergütung sind anfallende Über- und Mehrarbeitsstunden abgegolten.

II. Der/Die Arbeitnehmer(in) erhält die gleichen Sondervergütungen wie sie AT-Angestellten gewährt werden.

14 **§ 13 Arbeitsverhinderung und Entgeltfortzahlung im Krankheitsfall**

(vgl. Muster § 2 RN 22 und 23)

15 **§ 14 Urlaub**

(vgl. Muster § 2 RN 24)

16 **§ 15 Altersversorgung**

(vgl. Muster § 21 RN 1ff.)

17 **§ 16 Versicherung**

Haftungsrisiko bei fahrlässiger Verletzung der Pflichten des/der Betriebsbeauftragten.

18 **§ 17 Verweisung auf Betriebsvereinbarungen und Tarifverträge oder sonst anzuwendendes Recht**

(vgl. Muster § 2 RN 38 und 54)

19 **§ 18 Schriftformklauseln für Vertragsänderungen**

(vgl. Muster § 2 RN 37)

20 **§ 19 Salvatorische Klauseln**

(vgl. Muster § 2 RN 37)

. . . . ., den . . . . .

Arbeitnehmer   Arbeitgeber

Schrader

2. Muster einer Bestellung zum Immissionsschutzbeauftragten[10]

Herr/Frau ..... wird mit Wirkung vom ..... zum Immissionsschutzbeauftragten **21** für ..... bestellt.

I. Der Immissionsschutzbeauftragte berät den Betreiber und die Betriebsangehörigen in Angelegenheiten, die für den Immissionsschutz bedeutsam sein können. Er ist berechtigt und verpflichtet,

1. auf die Entwicklung und Einführung
   a) umweltfreundlicher Verfahren, einschließlich Verfahren zur Vermeidung oder ordnungsgemäßen und schadlosen Verwertung der beim Betrieb entstehenden Reststoffe oder deren Beseitigung als Abfall sowie zur Nutzung von entstehender Wärme
   b) umweltfreundlicher Erzeugnisse, einschließlich Verfahren zur Wiedergewinnung und Wiederverwertung
   hinzuwirken.
2. bei der Entwicklung und Einführung umweltfreundlicher Verfahren und Erzeugnisse mitzuwirken, insbesondere durch Begutachtung der Verfahren und Erzeugnisse unter dem Gesichtspunkt der Umweltfreundlichkeit.
3. soweit dies nicht Aufgabe des Störfallbeauftragten nach § 58b Abs. 1 Satz 2 Nr. 3 BImSchG ist, die Einhaltung der Vorschriften dieses Gesetzes und der auf Grund dieses Gesetzes erlassenen Rechtsverordnungen und die Erfüllung erteilter Bedingungen und Auflagen zu überwachen, insbesondere durch Kontrolle der Betriebsstätte in regelmäßigen Abständen, Messungen von Emissionen, Mitteilung festgestellter Mängel und Vorschläge über Maßnahmen zur Beseitigung dieser Mängel.
4. die Betriebsangehörigen über die von der Anlage verursachten schädlichen Umwelteinwirkungen aufzuklären sowie über die Einrichtungen und Maßnahmen zu ihrer Verhinderung unter Berücksichtigung der sich aus diesem Gesetz oder Rechtsverordnungen auf Grund dieses Gesetzes ergebenden Pflichten.

II. Der Immissionsschutzbeauftragte erstattet dem Betreiber jährlich einen Bericht über die nach Abs. I Satz 2 Nr. 1 bis 4 getroffenen und beabsichtigten Maßnahmen.

II. Der Datenschutzbeauftragte

1. Arbeitsvertrag mit einem Datenschutzbeauftragten[11]

Bundes-Datenschutzgesetz, deutsch – englisch – französisch, 3. Aufl., 2002 EU-Datenschutzrichtlinie, Textausgabe deutsch, englisch, französisch, spanisch, 2002; *Gola/Jaspers,* Das neue BDSG im Überblick, 2. Aufl., 2002; *Klug,* BDSG – Interpretation, Materialien zur EU. **Aufsätze:** *Breinlinger,* Die Kontrolle des Datenschutzbeauftragten aus Sicht der Aufsichtsbehörde, RDV 1995, 7; *Ehrich,* Der betriebliche Datenschutzbeauftragte, DB 1991, 1981; *ders.,* Ordentliche Kündigung des betrieblichen Datenschutzbeauftragten, CR 1993, 226; *Ostrowicz,* Kündigungsschutz versus Abberufungsschutz als Datenschutzbeauftragten, RDV 1995, 112; *Rudolf,* Aufgaben und Stellung des betrieblichen Datenschutzbeauftragten, NZA 1996, 296; *Tinnefeld,* Datenschutzbeauftragter im Unternehmen, CR 1991, 29; *Wag-*

---

[10] Von der Bestellung ist die zuständige Behörde zu unterrichten (§ 55 BImSchG).
[11] Die Aufgabe als Datenschutzbeauftragter wird als eigenständiger Beruf angesehen.

ner, Betriebsrat und betrieblicher Datenschutzbeauftragter – wer kontrolliert wen?, BB 1993, 1729; *Däubler,* Das neue Bundesdatenschutzgesetz und seine Auswirkungen im Arbeitsrecht, NZA 2001, 874 ff.

22　Zwischen

der Firma . . . . .

– Arbeitgeber genannt –

und

Herrn/Frau . . . . .

– Arbeitnehmer genannt –

wird ein Arbeitsvertrag geschlossen.

23　§ 1 Gegenstand des Vertrages

I. Der/Die Arbeitnehmer(in) tritt ab . . . . . in die Dienste des Arbeitgebers. Er/Sie übernimmt

(1) die Dienste des . . . . .[12]
(2) ab . . . . . verantwortlich die Dienste eines Datenschutzbeauftragten.[13]

II. Der/Die Arbeitnehmer(in) wird unmittelbar der Geschäftsleitung unterstellt. Er/Sie ist bei Anwendung seiner/ihrer Fachkunde auf dem Gebiet des Datenschutzes weisungsfrei.[14] Er/Sie hat jederzeit das Recht und die Verpflichtung, seine/ihre Vorschläge oder Bedenken unmittelbar der Geschäftsleitung (dem zuständigen Vertreter der Geschäftsleitung) vorzutragen.[15]

24　§ 2 Probezeit

(vgl. Muster RN 3)

25　§ 3 Widerruf der Bestellung

I. Dem Arbeitgeber bleibt vorbehalten, die Bestellung zum Beauftragten für den Datenschutz auf Verlangen der Aufsichtsbehörde oder aus wichtigem Grund (§ 626 BGB) zu widerrufen (§ 4 f Abs. 3 Satz 4 BDSG).

II. Vom Widerruf der Bestellung zum Datenschutzbeauftragten bleibt der Arbeitsvertrag unberührt. Die Kündigung regelt sich nach allgemeinen arbeitsvertraglichen Grundsätzen.[16]

---

[12] Dem Datenschutzbeauftragten können namentlich in Kleinbetrieben auch andere Aufgaben übertragen werden. Es bestehen aber gewisse Inkompatibilitäten. So ist es z.B. kaum möglich, den EDV-Leiter zum Datenschutzbeauftragten zu benennen.

[13] Dem Betriebsrat stehen bei der Bestellung keine Mitwirkungsrechte zu. Hiervon zu unterscheiden sind die Mitwirkungsrechte bei der Einstellung nach §§ 99 ff. BetrVG (vgl. ArbR-Hdb. § 241 RN 9).

[14] Der Datenschutzbeauftragte ist zwar weisungsfrei (§ 4 f Abs. 3 Satz 2 BDSG). Er ist aber nach § 4 f Abs. 3 BDSG der Geschäftsleitung unterstellt. Die Unterstellung bringt zum Ausdruck, dass er das personelle Werkzeug der Unternehmensleitung ist, mit dem diese die letztverantwortlich ihr obliegende Aufgabe erfüllt, im Unternehmen die Einhaltung datenschutzrechtlicher Vorschriften sicherzustellen.

[15] Die Mindestrechte und Pflichten ergeben sich auch aus § 4 g BDSG.

[16] Es ist die Bestellung und der Arbeitsvertrag zu unterscheiden. Die Bestellung ist aus öffentlich-rechtlichen Gründen notwendig. Der Arbeitsvertrag ist bürgerlich-rechtlich. Durch die Fusion von zwei Unternehmen endet die Funktion des Datenschutzbeauftragten des eingegliederten Unternehmens nicht automatisch (vgl. ArbG Frankfurt, Urteil v. 5. 9. 2001 – 9 Ca 705/01 – RDV 2001, 290). Zur Kündigung des Datenschutzbeauftragten vgl. LAG Berlin, Urteil v. 27. 10. 1997 – 17 Sa 87/97 – RDV 1998, 73. Zum Weiterbeschäftigungsanspruch vgl. ArbG Erfurt, Urteil v. 13. 12. 1995 – 7 Ga 5/95 – RDV 1996, 39; LAG Erfurt, Urteil v. 15. 4. 1996 – 1 Ta 46/96 – RDV 1996, 195; ArbG Erfurt, Urteil v. 14. 8. 1996 – 7 Ca 565/95 – RDV 1997, 88.

Schrader

§ 4 Stellung von Räumen, Gerät und Personal 26

I. Der Arbeitgeber wird den/die Datenschutzbeauftragte(n) bei der Arbeit unterstützen. Er wird das für die Tätigkeit erforderliche Personal sowie Räume, Einrichtungen, Geräte und sonstige Hilfsmittel zur Verfügung stellen, soweit dies zur Erfüllung der in § 4g BDSG genannten Aufgaben erforderlich ist.

II.–III. Einstellung und Anschaffung von Hilfspersonal und Sachmitteln wie vorstehende Form gem. *Muster RN 5*.

§ 5 Zusammenarbeit mit dem Betriebsrat und Sprecherausschuss 27

(vgl. Muster RN 6)

§ 6 Aufgaben 28

(vgl. Muster RN 7)

§ 7 Haupt- und Nebenpflichten 29

(vgl. Muster RN 8)

§ 8 Arbeitszeit 30

(vgl. Muster RN 9)

§ 9 Verschwiegenheitspflicht 31

I. Der/Die Arbeitnehmer(in) ist während und nach Beendigung des Arbeitsverhältnisses verpflichtet, über alle Angelegenheiten des Unternehmens, insbesondere über Betriebs- und Geschäftsgeheimnisse Stillschweigen zu bewahren.

II. Beanstandet der/die Arbeitnehmer(in) die fehlende Einhaltung von Bestimmungen des Datenschutzes, so hat er/sie dies dem zuständigen Organ der Geschäftsleitung vorzutragen.

III. Kommt eine Einigung mit dem zuständigen Organ der Geschäftsleitung nicht zustande, so kann sich der Datenschutzbeauftragte in Zweifelsfällen an die Aufsichtsbehörde wenden (§ 4g Abs. 1 Satz 2 BDSG).

§ 10 Fortbildung 32

I. Die Beendigung des Arbeitsverhältnisses richtet sich nach allgemeinen arbeitsrechtlichen Grundsätzen. Der/Die Arbeitnehmer(in) wird wegen der Erfüllung seiner/ihrer Aufgaben nicht benachteiligt werden.

II. Die Bestellung zum Datenschutzbeauftragten endet mit der Beendigung des Arbeitsverhältnisses.[17]

§ 11 Anzuwendendes Recht 33

(vgl. Muster § 2 RN 38, 54)

....., den .....

Arbeitnehmer   Arbeitgeber

---

[17] Hierdurch wird der Bestellungsschutz nicht umgangen. Vielmehr ist das Arbeitsverhältnis die Grundlage der Bestellung. Zum Widerspruch des Betriebsrats wegen mangelnder Zuverlässigkeit: vgl. BAG, Beschluss v. 22. 3. 1994 – 1 ABR 51/93 – AP BetrVG 1972 § 99 Versetzung Nr. 4.

Schrader

2. Muster einer Bestellung[18]

34   *Das Bestellungsschreiben kann in Anlehnung an § 4g Abs. 1 BDSG verfasst werden.*

§ 12. Arbeitsvertrag zwischen Ehegatten[1]

Assmann, Ehegattenarbeitsverhältnisse in der Anwaltspraxis, ZAP 1993, 31; *Bilsdorfer,* Die Üblichkeit als Kriterium zur steuerlichen Anerkennung einer Direktversicherung aus einer Pensionszusage eines Ehegattenarbeitsverhältnisses, BB 1996, 2381; *ders.,* Die Rechtsprechung des BFH zum Fremdvergleich bei Ehegattenarbeitsverträgen – ein normsubstituierendes Konglomerat, StuW 1997, 51; *Menken,* Arbeitsrechtliche Probleme des Ehegattenarbeitsverhältnisses, DB 1993, 161; *Seer,* Auswirkungen des BVerfG-Beschlusses vom 12. 3. 1985 auf Ehegattenarbeitsverhältnisse, DB 1987, 713.

1   Zwischen

dem Inhaber der . . . . .

– im Folgenden Unternehmer –

und

seinem Ehegatten . . . . ., geb. am . . . . . wohnhaft . . . . .

wird eine Ehegattenarbeitsverhältnis geschlossen:

2   § 1 Beginn und Art der Beschäftigung

I. Der Ehegatte arbeitet ab . . . . . entgeltlich in dem Unternehmen . . . . . mit.

II. Dem Ehegatten werden nachfolgende Aufgaben übertragen . . . . .

III. Arbeitsort ist . . . . .

3   § 2 Arbeitszeit

I. Die regelmäßige wöchentliche Arbeitszeit beträgt . . . . . Stunden. Beginn, Dauer und Beendigung richten sich nach dem Tarifvertrag . . . . . und den Betriebsvereinbarungen des Betriebes . . . . .

II. Der Ehegatte ist im Rahmen der betrieblichen Notwendigkeiten verpflichtet, Über- und Mehrarbeitsstunden zu leisten.

4   § 3 Arbeitsvergütung

I. Der Ehegatte erhält eine monatliche Vergütung in Höhe von . . . . . €. Die Vergütung ist in Anlehnung an das Entgelt der Vergütungsgruppe . . . . . des Tarifvertrages festgesetzt.

II. Daneben erhält der Ehegatte folgende Leistungen:

1. Zuschläge für Über- und Mehrarbeit

2. Übertarifliche Zulage

---

[18] Die Bestellung und deren Widerruf müssen nach richtiger Ansicht schriftlich erfolgen. Die Bestellung sollte die in § 4g BDSG umschriebenen Verpflichtungen enthalten.
[1] Die steuerliche und sozialversicherungsrechtliche Anerkennung von Ehegattenarbeitsverträgen hat bestimmte Mindestvoraussetzungen (vgl. ArbR-Hdb. § 36 RN 37 ff.). Vgl. auch BFH, Urteil v. 18. 12. 2001 – VIII R 69/98 – BB 2002, 717.

3. Leistungszuschlag

4. Sonderzuwendungen, Urlaubsgeld, Weihnachtsgratifikation.

III. Die Auszahlung erfolgt auf ein Konto über das ausschließlich der Ehegatte verfügungsberechtigt ist.[2]

§ 4 Urlaub   5

Der Ehegatte erhält einen Jahresurlaub in Höhe von ..... Werktagen.

§ 5 Lebensversicherung, Versorgungszusage   6

(vgl. Muster § 2 RN 105, 69, 81, § 21 RN 1 ff.)

§ 6 Beendigung   7

I. Der Arbeitsvertrag ist mit den Fristen aus § 622 BGB ordentlich kündbar.[3]

II. Unberührt bleibt das Recht zur außerordentlichen Kündigung.

§ 7 Anzuwendendes Recht   8

(vgl. Muster § 2 RN 38 und 54)

§ 8 Schlussbestimmungen, Schriftformklauseln, Änderungsklauseln   9

(vgl. Muster § 2 RN 37 ff.)

....., den .....

Ehegatte   Unternehmen

§ 13. Verträge mit freien Mitarbeitern

I. Freie Mitarbeit

1. Grundvertrag[1]

Zwischen   1

           – im Folgenden Auftraggeber genannt –

und

Herrn/Frau ....., geboren am ....., wohnhaft .....

           – im Folgenden freier Mitarbeiter(in) genannt –

wird ein Vertrag über die Tätigkeit als freier Mitarbeiter geschlossen.

---

[2] Nach der Rspr. durfte das Entgelt nicht auf ein gemeinsames Konto überwiesen werden. Das BVerfG hat mit Beschluss v. 19. 12. 1995 entschieden: Die Nichtanerkennung eines Ehegattenarbeitsverhältnisses allein deshalb, weil die Lohnfortzahlung des Arbeitgeberehegatten an den Arbeitnehmerehegatten auf ein Bankkonto erfolgt, über das jeder der beiden Ehegatten allein verfügungsberechtigt ist (sog. Oder-Konto), verletzt den Arbeitgeberehegatten in seinem Grundrecht aus Art. 3 Abs. 2 GG (BVerfG, Beschluss v. 19. 12. 1995 – 2 BvR 1791/92 – NJW 1996, 834; vgl. auch BVerfG, Beschluss v. 7. 11. 1995 – 2 BvR 802/90 – NZA 1996, 470).

[3] Beim Ehegattenarbeitsverhältnis kann die Festsetzung einer niedrigeren Abfindung nicht ohne weiteres mit der bevorstehenden familienrechtlichen Abwicklung der Vermögensverhältnisse gerechtfertigt werden (vgl. LAG Köln, Urteil v. 15. 9. 1994 – 10 Sa 595/94 – NZA 1995, 993).

[1] Zur Abgrenzung freier Mitarbeiter von Arbeitnehmern vgl. ArbR-Hdb. § 8 m. w. N.

Schrader

2 § 1 Vertragsgegenstand

I. Der freie Mitarbeiter wird ab dem ..... als ..... für den Auftraggeber tätig, um .....[2]

II. Die Dienstleistung erbringt der freie Mitarbeiter in der Zeit von 9.00 bis 12.00 Uhr. Je Tag sollen drei Stunden, je Woche ..... Stunden nicht überschritten werden.

III. Der freie Mitarbeiter ist verpflichtet, die Dienstleistung selbst zu erbringen. Im Falle der Erkrankung oder Dienstverhinderung ist die Verhinderung unverzüglich anzugeben. Während der Betriebsferien des Auftraggebers sind von dem freien Mitarbeiter keine Dienste zu erbringen.

3 § 2 Vergütung[3]

I. Für jede geleistete Stunde von 45/60 Minuten erhält der freie Mitarbeiter ein Honorar in Höhe von ..... € zuzüglich gesetzlicher Mehrwertsteuer. Über das Honorar ist eine Rechnung zu erstellen.

II. Die Besteuerung der Bezüge und die Abführung etwaiger Sozialversicherungsbeiträge obliegt dem Mitarbeiter.

III. Dem freien Mitarbeiter werden folgende Nebenkosten erstattet:

1. Fahrtkosten .....

2. Filmmaterial usw. .....

3. .....

4 § 3 Krankheit, Arbeitsverhinderung und Urlaub[4]

I. Dem freien Mitarbeiter steht ein Honoraranspruch nicht zu, wenn er infolge Krankheit oder sonstiger Arbeitsverhinderung an der Leistung der Dienste verhindert ist.

II. Der freie Mitarbeiter hat keinen Anspruch auf Urlaub.

---

[2] Zweckmäßig wird der Vertragsgegenstand angegeben. Freie Mitarbeiterverträge kommen in der Wirtschaft zurzeit in allen Zweigen vor. Das reicht von Regaleinrichter in Supermärkten über Kraftfahrer, die als Subunternehmer tätig werden, bis zu Rechtsanwälten in Anwaltskanzleien und Journalisten als ständige Mitarbeiter von Zeitungen. Für alle Berufsgruppen mögen einzelne Besonderheiten gelten. Je größer die Bindungen, umso größer die Gefahr, dass der Mitarbeiter Arbeitnehmer ist. Vor allem indiziert die Arbeitszeitbindung die persönliche Abhängigkeit. Es macht noch nicht notwendig zum Arbeitnehmer, wenn einem freien Mitarbeiter Termine gesetzt werden. Es macht aber zum Arbeitnehmer, wenn die Terminsetzung so erfolgt, dass die zur Verfügung stehende Zeit gerade ausreicht, den Auftrag zu erfüllen, oder die Freiheit der Arbeitszeitgestaltung unmöglich ist. Freie Mitarbeiter sind befugt, Arbeitseinsätze abzulehnen.

[3] Stunden-, Tages-, Wochen- oder Monatshonorare indizieren eher eine Arbeitnehmereigenschaft als einen freien Mitarbeiter. Es muss in der übrigen Vertragsgestaltung ein Gegengewicht erzeugt werden. Dagegen sprechen die Vergütungen nach der Art der erbrachten Leistung, gesonderte Rechnungsstellung, Erstattung der Umsatzsteuer mehr für eine freie Mitarbeiterstellung. Dies gilt insbesondere in Anwaltskanzleien eher für die Art der Abrechnung.

[4] Freie Mitarbeiter haben keinen Anspruch auf Entgeltfortzahlung im Krankheitsfall, da sie nicht dem Geltungsbereich des EFZG unterliegen (§ 1 EFZG). Dagegen ist der Vergütungsfortzahlungsanspruch bei Arbeitsverhinderung nach § 616 BGB disponibel. Nach §§ 1, 2 BUrlG haben grundsätzlich nur Arbeitnehmer und ihnen Gleichgestellte Anspruch auf Urlaub. Aus Arbeitgebersicht sollte darauf geachtet werden, Ansprüche für Krankheit, Arbeitsverhinderung und Urlaub nach Möglichkeit auszuschließen, um allein den äußerlichen Eindruck eines Arbeitsverhältnisses zu vermeiden.

§ 4 Wettbewerbstätigkeit[5]

5

I. Dem freien Mitarbeiter bleibt es überlassen, auch für andere Auftraggeber tätig zu werden.

II. Durch seine anderweitige Tätigkeit darf jedoch die Tätigkeit für den Auftraggeber nicht beeinträchtigt werden.

§ 5 Vertragsdauer

6

I. Das Mitarbeiterverhältnis endet mit Erreichung des in § 1 umschriebenen Zweckes/endet spätestens mit dem . . . . .

II. Jede Vertragspartei kann das Dienstverhältnis mit den in § 621 BGB genannten Fristen kündigen. Das Recht zur außerordentlichen Kündigung bleibt unberührt.

§ 6 Schlussbestimmungen

7

I. Für das Vertragsverhältnis gelten ergänzend die Bestimmungen für Dienstverträge.

II. Änderungen und Ergänzungen dieses Vertrages bedürfen der Schriftform. Es besteht Einigkeit, dass weitere Abreden nicht getroffen sind.

III. Erfüllungsort und Gerichtsstand . . . . .

. . . . ., den . . . . .
Freier Mitarbeiter   Auftraggeber

2. Vertrag mit einer Schreibkraft

Zwischen . . . . .

8

            – im Folgenden Auftraggeber genannt –
und
Herrn/Frau . . . . ., geboren am . . . . ., wohnhaft . . . . .

           – im Folgenden freier Mitarbeiter(in) genannt –
wird ein Vertrag über die Tätigkeit als freier Mitarbeiter geschlossen.

§ 1 Aufgabe

9

I. Der/Die Mitarbeiter/in wird für das Unternehmen als Schreibkraft tätig. Er/Sie kann Ort und Arbeitszeit frei bestimmen. Er/Sie darf auch für Dritte tätig werden.

II. Dem/Der Mitarbeiter(in) erteilte Schreibaufträge sind innerhalb einer Frist von drei Tagen zu erledigen.

III. Alle erforderlichen Arbeitsmittel (Schreibmaschine, PC, Papier) werden von dem/der Mitarbeiter(in) gestellt.

---

[5] Zum Wettbewerbsverbot für freie Mitarbeiter vgl. ArbR-Hdb. § 57 RN 9, 2 und § 58 RN 18.

10 § 2 Vergütung

I. Der/Die Mitarbeiter(in) erhält für die Verrichtung von Schreibarbeiten ein Stundenhonorar in Höhe von ..... €. Mit dem Honorar sind auch die Auslagen abgegolten.

oder

I. Der/die Mitarbeiterin erhält für die Verrichtung von Schreibarbeiten ein Honorar, das nach der Seitenzahl berechnet wird. Je Seite mit ..... Zeilen zu ..... Anschlägen werden ..... € vergütet.

II. Die Abrechnung der Vergütung erfolgt monatlich.

III. Der/Die Mitarbeiter(in) hat die Vergütung zur Einkommensteuer anzumelden. Eine Versicherung in der gesetzlichen Sozialversicherung erfolgt nicht.

11 § 3 Schweigepflicht

Der/Die Mitarbeiterin verpflichtet sich, über alle Geschäfts- und Betriebsgeheimnisse auch nach ihrem Ausscheiden Stillschweigen zu bewahren.

12 § 4 Kündigung

Das Mitarbeiterverhältnis kann mit einer Frist von ..... zum ..... gekündigt werden (§ 621 BGB).

13 § 5 Vertragsänderungen

Änderungen und Ergänzungen des Vertrages bedürfen zu ihrer Wirksamkeit der Schriftform.

....., den .....

Freier Mitarbeiter   Auftraggeber

3. Rahmenvereinbarung im Bereich der Medien[6]

**14 **Zwischen .....

           – im Folgenden Verlag genannt –

und

Frau/Herrn ..... geb. am .....

         – im Folgenden freie(r) Mitarbeiter(in) –

wird ein Vertrag als freie(r) Mitarbeiter(in) geschlossen:

15 § 1 Vertragsgegenstand[7]

I. Der Verlag beschäftigt die/den freie(n) Mitarbeiter(in) als ..... in ..... Die/der freie Mitarbeiter(in) berichtet über Verfahren vor dem ..... Gericht über Straftaten oder Arbeitsgerichtsverfahren, die von allgemeinem Interesse für die Leser sind/erstellt Fotoreportagen .....

---

[6] Vor allem mit Journalisten werden häufig freie Mitarbeiterverträge geschlossen.
[7] Der Vertragsgegenstand muss genau umschrieben werden. Es können zur Erstellung der Berichte und Reportagen Vertreter herangezogen werden. Es soll damit der Arbeitnehmerstatus vermieden werden.

II. Die/Der freie Mitarbeiter(in) meldet sich bei der Justizpressestelle des Gerichts als freie(r) Mitarbeiter(in) an.

III. Die/Der freie Mitarbeiter(in) wird die Berichterstattungen nach Möglichkeit selbst vornehmen.

§ 2 Umfang der Tätigkeit[8]   16

I. Die/Der freie Mitarbeiter(in) hat der Redaktion wöchentlich/monatlich zwischen ..... und ..... Berichte/Fotoreportagen vorzulegen. Diese sollen ..... Druckzeilen nicht übersteigen, es sei denn, dass im Einzelfall etwas anderes vereinbart wird.

II. Die Beiträge werden in der ..... veröffentlicht. Die Redaktion ist berechtigt, Beiträge zu kürzen oder redaktionell zu ändern.

III. In dringenden Fällen sind die Beiträge per E-Mail zu übermitteln.

§ 3 Vergütung und Spesen[9]   17

I. Das Honorar richtet sich nach dem Tarifvertrag für arbeitnehmerähnliche freie Journalisten in seiner jeweiligen Fassung. Berechnungsmaßstab ist der gedruckte Umfang und die Höhe der Auflage.

II. Die/Der freie Mitarbeiter(in) erhält
1. eine Telefon- und Internetpauschale in Höhe von .....
2. eine Fahrtkostenpauschale .....

III. Die/Der freie Mitarbeiter(in) ist für die Versteuerung und die Abführung von Versicherungsbeiträgen selbst verantwortlich.

§ 4 Wettbewerb   18

Die/Der freie Mitarbeiter(in) ist berechtigt, für andere Verlagshäuser tätig zu sein.

§ 5 Kündigung   19

Der Vertrag kann mit der Frist aus § 621 BGB gekündigt werden.

§ 6 Salvatorische Klauseln   20

....., den .....
Freier Mitarbeiter   Verlag

---

[8] Der Berichtsumfang wird häufig zahlenmäßig festgelegt. Aus urheberrechtlichen Gründen wird der Redaktion ein Veränderungsrecht vorbehalten. Gelegentlich wird die telefonische oder Faxübermittlung vorgeschrieben.
[9] Alternative: Es wird Einzelabrechnung vorgeschrieben. Alsdann muss die Abrechnung geregelt werden: Fahrtkosten und Fernsprech- und Faxkosten werden gegen Vorlage der Belege in jedem Quartal abgerechnet. Die Belege sind bis zum Ablauf der dritten Woche des Folgequartals vorzulegen.

4. Freie Mitarbeit mit werkvertraglichen Elementen[10]

21 Zwischen .....

         – im Folgenden Auftraggeber genannt –

und

Herrn/Frau ....., geboren am ....., wohnhaft .....

         – im Folgenden freier Mitarbeiter genannt –

wird ein Vertrag über die Tätigkeit als freier Mitarbeiter geschlossen.

22   1. Frau/Herr Rechtsanwalt ..... wird ab ..... als freier Mitarbeiter unserer Kanzlei tätig. Durch ein jeweiliges Auftragsschreiben werden die anfallenden Aufgaben vereinbart.

23   2. Der freie Mitarbeiter ist berechtigt, die Annahme einzelner Aufträge abzulehnen. Soll ein Auftrag nicht übernommen werden, so ist die Ablehnung innerhalb einer Frist von fünf Arbeitstagen ab Auftragsübermittlung mitzuteilen.

24   3. Der freie Mitarbeiter führt die Aufträge in eigener Verantwortung durch. Dabei hat er die Interessen der Kanzlei zu wahren. Er unterliegt keinem Weisungs- und Direktionsrecht. Jedoch sind fachliche Vorgaben zu beachten. Zu den Aufgaben zählen insbesondere:

– .....

– .....

Der Einsatz ist auf einen Tag in der Woche mit ..... Zeitstunden konzentriert

25   4. Der freie Mitarbeiter wird standortübergreifend und ausschließlich für unsere Kanzlei tätig.

26   5. Das Honorar beträgt monatlich ..... €. Mit ihm ist die gesamte Tätigkeit nach Ziff. 3 abgegolten. Es wird monatlich nach Einreichung einer Liquidation gezahlt.

27   6. In einzelnen Fällen und nach besonderer Vereinbarung wird der freie Mitarbeiter über den nach Ziff. 3 beschriebenen Zeitrahmen tätig. Die dafür aufgewandte Zeit wird mit einem Stundensatz von ..... € zuzüglich Mehrwertsteuer vergütet.

28   7. Reisekosten

29   8. Verschwiegenheitsklauseln

30   9. Der freie Mitarbeiter verpflichtet sich, bis zwei Jahre nach Beendigung des Vertragsverhältnisses keine Tätigkeit bei Mandanten der Kanzlei auszuüben, die er im Auftrag der Kanzlei betreut hat.

31   10. Kündbarkeit

32   11. Alle sich aus dem Vertragsverhältnis ergebenden steuerlichen Verpflichtungen werden von dem freien Mitarbeiter übernommen.

....., den .....

Freier Mitarbeiter   Auftraggeber

---

[10] Es besteht ein erheblicher Formenreichtum für Verträge mit freien Mitarbeitern. Es bedarf daher der Vertragsanpassung.

II. Beratungsverträge

1. Beratervertrag

Zwischen   33

                      – im Folgenden Unternehmen genannt –

und

Herrn/Frau ....., geboren am ....., wohnhaft .....

                             – im Folgenden Berater genannt –

wird ein Vertrag über die Tätigkeit als freier Mitarbeiter geschlossen.

§ 1 Aufgabe   34

I. Der/Die Mitarbeiter(in) übernimmt die Beratung des Unternehmens auf dem Gebiet ..... Er/Sie ist freiberuflich tätig und bestimmt Arbeitsort und Arbeitszeit selbst. Er/Sie darf Dritte zur Erfüllung der Aufgaben (nicht) hinzuziehen.

II. Der/Die Mitarbeiter(in) wird die ihm/ihr erteilten Aufträge sachgemäß und termingerecht erfüllen. Im Falle der Verzögerung von einzelnen Aufträgen, wird er/sie das Unternehmen unverzüglich unterrichten.

§ 2 Vergütung   35

I. Der/Die Mitarbeiter(in) erhält für die Mitarbeit ein Stundenhonorar in Höhe von ..... €. Mit dem Honorar ist auch die Hinzuziehung dritter Personen abgegolten.

II. Dem/Der Mitarbeiter(in) wird jährlich ein Mindesthonorar in Höhe von ..... € gezahlt, das in monatlichen Raten zu gleichen Teilen fällig wird.

III. Der/Die Mitarbeiter(in) wird das Honorar im Rahmen seiner/ihrer Einkommensteuererklärung angeben. Die Parteien sind sich darüber einig, dass keine Verpflichtung zum Lohnsteuer- und Sozialversicherungsabzug besteht.

§ 3 Aufwandsentschädigung   36

I. Mit dem Honorar sind die Auslagen des Mitarbeiters abgegolten, soweit sich aus dem Folgenden nichts anderes ergibt.

II. Der/Die Mitarbeiter(in) erhält Ersatz zur Erfüllung des Auftrages notwendige Reisen, für Zeitversäumnis, Reisekosten und Aufwand.

III. Der/Die Mitarbeiter(in) erhält zur Entschädigung für Zeitversäumnis
1. bei einer Abwesenheit von mehr als ..... Stunden zum Sitz des Mitarbeiters eine Pauschale in Höhe von ..... €
2. .....

IV. Die Reisekosten werden in tatsächlich angefallener Höhe ersetzt. Bei der Benutzung öffentlicher Verkehrsmittel werden nur Fahrtkosten der ..... Klasse ersetzt. Bei Benutzung des eigenen Pkws werden ..... € je gefahrenen Kilometer ersetzt. Der Mitarbeiter ist verpflichtet, ein Fahrtenbuch zu führen.

Schrader

V. Die Tagesspesen werden pauschaliert in Höhe von ..... € täglich. Die Über-
nachtungsspesen sind pauschaliert auf ..... € je Übernachtung.

37 § 4 Urheberrecht

I. Die Vertragsschließenden sind sich darüber einig, dass urheberrechtlich ge-
schützte Arbeitsergebnisse dem Unternehmen zustehen. Das Unternehmen kann in
jeder Phase der Erstellung die Herausgabe der Arbeitsergebnisse verlangen.

II. Mit der Erledigung des Auftrages geht das ausschließliche Nutzungsrecht ohne urheberrechtliche Begrenzung auf das Unternehmen über.

III. Mit dem Honorar sind auch alle Urheberrechte abgegolten.

38 § 5 Schweigepflichten und Wettbewerbsenthaltungen

39 § 6 Kündigung

40 § 7 Erfüllungsort und Gerichtsstand

41 § 8 Vertragsänderung und salvatorische Klauseln

....., den .....
Berater   Unternehmen

2. Beratungsvertrag eines Rechtsanwalts mit einem Verband; hier Mieterverein[11]

42 Zwischen
dem Mieterverein ..... e. V...... gesetzlich vertreten durch den Vorstand 1. .....
2. .....
und
Rechtsanwalt .....
wird ein Beratungsvertrag geschlossen.

43 § 1 Aufgaben und Pflichten des Rechtsanwalts

I. Der Rechtsanwalt übernimmt im Rahmen seiner freiberuflichen Tätigkeit ab
..... die außergerichtliche Beratung der Mitglieder des Vereins in ihren Miet-
rechtsangelegenheiten.

II. Die Beratung umfasst vorgerichtliche Beratungsgespräche sowie die erforderliche vorgerichtliche oder außergerichtliche Korrespondenz.

III. Der Rechtsanwalt haftet für die Durchführung der Beratung nach den
Grundsätzen des Anwaltsberatungsrechts.

---

[11] Vgl. dazu den Mustervertrag zwischen dem Deutschen Mieterbund und den Spitzenorganisationen
der Bundesrechtsanwaltskammer (zu beziehen beim Deutschen Mieterbund). Dieser Mustervertrag hat
in den letzten Jahren keine Fortführung erfahren, weswegen er zunehmend von spezielleren Einzelver-
trägen verdrängt wird.

§ 2 Durchführung und Vertretung bei der Beratung 44

I. Der Rechtsanwalt steht den Vereinsmitgliedern in seiner Kanzlei/in den Räumen des Mietervereins am ..... zur Verfügung.

II. Ist der Rechtsanwalt infolge Urlaub oder Krankheit verhindert, die Beratung durchzuführen, so hat er einen Vertreter zu stellen. Im Übrigen ist eine Vertretung nur im Einverständnis des Mietvereins zulässig.

§ 3 Honorar 45

I. Der Rechtsanwalt erhält vom Mieterverein ein Pauschalhonorar in Höhe von ..... € monatlich einschl./zuzüglich Mehrwertsteuer. Das Honorar ist auf eine Beratung in ..... Fällen ausgelegt.

II. Der Rechtsanwalt erteilt über seine Honorarforderung monatlich eine Rechnung.

III. Ein Anspruch auf Honorar ist ausgeschlossen, wenn der Rechtsanwalt sich außer in den Fällen des Urlaubs oder der Krankheit oder der vorherigen Zustimmung des Vereins vertreten lässt.

§ 4 Honoraranspruch gegen Vereinsmitglieder 46

I. Die Vertragsschließenden sind sich darüber einig, dass der Rechtsanwalt die Beratung im Auftrage des Vereins zugunsten der Mitglieder durchführt. Ihm stehen Honoraransprüche gegen die Mitglieder nicht zu.

II. Der Rechtsanwalt verpflichtet sich, für die vor- und außergerichtliche Beratung keine Honorarvereinbarungen mit den Vereinsmitgliedern zu schließen.

§ 5 Beendigung des Beratungsvertrages 47

Der Beratungsvertrag kann mit einer Frist von ..... zum Quartalsschluss gekündigt werden.

§ 6 Wahrung des Standesrechts 48

I. Der Verein wird auf die standesrechtlichen Pflichten des Rechtsanwalts Rücksicht nehmen. Dies gilt insbesondere für die Werbung des Vereins.

II. Der Rechtsanwalt wird in Abstimmung mit den Mitgliedern eine Abschrift der von ihm gefertigten Korrespondenz dem Verein vorlegen.

....., den .....

Mietverein   Rechtsanwalt

Schrader

3. Vertrag mit einem Arzt nach § 13 ZSEG[12]

49 Aufgrund § 13 des Gesetzes über die Entschädigung von Zeugen und Sachverständigen i. d. F. vom 1. 10. 1969 (BGBl. I 1756), zul. geänd. 22. 2. 2002 (BGBl. I 981) wird zwischen

dem Landesversorgungsamt ....., vertreten durch den ..... des Landesversorgungsamtes[13]

und

Herrn/Frau Dr. .....

als Gutachter(in) für die Versorgungsverwaltung ..... folgende Vereinbarung getroffen:

50 § 1 Tätigkeit

Herr/Frau Dr. ..... wird für die Versorgungsverwaltung als Außengutachter tätig. Er/Sie ist berechtigt, im Einzelfall die Begutachtung abzulehnen.

51 § 2 Entschädigung

I. Herr/Frau Dr. ..... wird für die Erstellung von Gutachten oder sonstiger medizinischer Leistungen eine Entschädigung nach § 13 ZSEG gezahlt. Die Höhe der Entschädigung richtet sich nach § 5 ZSEG in Verbindung mit der Anlage zu § 5 ZSEG.

II. Die Schreibgebühren sind mit der Entschädigung abgegolten. Portoauslagen werden gesondert erstattet.

52 § 3 Dauer

I. Die Vereinbarung tritt mit Wirkung vom ..... in Kraft.

II. Die Vereinbarung verlängert sich jeweils um ein Jahr, sofern sie nicht drei Monate vor Ablauf des Jahres gekündigt wird.

53 § 4 Vertragsaushändigung

Die Vereinbarung wurde ..... fach ausgefertigt. Jede Partei erhält eine Ausfertigung; zwei Ausfertigungen erhält das Ministerium für Arbeit ....., je eine Ausfertigung die Versorgungsämter in .....

....., den .....

Arzt   Landesversorgungsamt

---

[12] Vielfach ziehen Behörden im freien Mitarbeiterverhältnis Außendienstmitarbeiter heran. Als Muster wurde ein Außengutachter der Versorgungsverwaltung gewählt.
[13] Nach § 13 ZSEG wird der Vertrag zwischen der obersten Landesbehörde oder der zuständigen Stelle vereinbart. Es bedarf also jeweils der Prüfung der Ermächtigung an die obere Landesbehörde.

§ 14. Befristungen

I. Befristete Arbeitsverträge[1]

1. Befristeter Arbeitsvertrag nach dem TzBfG mit Sachgrund[2]

ArbR-Hdb. § 39; *Kliemt*, Das neue Befristungsrecht, NZA 2001, 296 ff.; *Pöltl*, Befristete Arbeitsverträge nach dem Gesetz über Teilzeitarbeit und befristete Arbeitsverträge im Geltungsbereich des BAT, NZA 2001, 582 ff.; *Hromadka*, Befristete und bedingte Arbeitsverhältnisse neu geregelt, BB 2001, 621 ff.; *ders.*, Befristete und bedingte Arbeitsverhältnisse neu geregelt (2. Teil), BB 2001, 674 ff.; *Plander*, Sachgründe für Keltenarbeitsverhältnisse und deren Grenzen nach neuem Recht, ZTR 2001, 499 ff.; *Sowka*, Es lebe die Zweckbefristung – trotz des Teilzeit- und Befristungsgesetzes!, DB 2002, 1158 ff.; *Gaumann*, „Verspätete" Wahrung des Schaftformerfordernisses nach § 14 Abs. 4 TzBfG, FA 2002, 40; *Hunold*, Aktuelle Fragen des Befristungsrechts unter Berücksichtigung von §§ 14, 16 TzBfG, NZA 2002, 255 ff.; *Bauer*, Befristete Arbeitsverträge unter neuen Vorzeichen, BB 2001, 2473 ff.

Zwischen   1

der Firma .....

und

dem/der Arbeitnehmer (in) .....

wird nachfolgender Arbeitsvertrag geschlossen.

§ 1 Einstellung   2

I. Der Arbeitnehmer wird für die Dauer ..... (von ..... bis .....) als ..... eingestellt. Das Arbeitsverhältnis endet nach Ablauf der Frist, ohne dass es einer Kündigung bedarf.[3]

II. Der Arbeitsvertrag wird befristet abgeschlossen, weil .....[4]

III. Der Arbeitnehmer ist zur Leistung aller Arbeiten verpflichtet, die verkehrsüblich von einem ..... verrichtet werden. In dringenden Fällen ist der Arbeitneh-

---

[1] Werden befristete Arbeitsverträge geschlossen, so ist das NachwG zu beachten. Es sind die dort aufgezählten Vertragsbedingungen aufzunehmen.

[2] Nicht nur die Befristung des Arbeitsvertrags insgesamt sondern auch die Befristung einzelner Arbeitsantragsbedingungen bedarf eines Sachgrundes (z. B. Änderung der Arbeitszeit, BAG, Urteil v. 4. 6. 2003 – 7 AZR 406/02 – AP TzBfG § 17 Nr. 1). Gleiches gilt für eine befristete vorläufige Weiterbeschäftigung im Rahmen eines Kündigungsschutzprozesses (LAG Hamm, Urteil v. 16. 1. 2003 – 16 Sa 1126/02 – DB 2003, 1739).

[3] Nach der Rechtsprechung des BAG war eine Befristung bis zur Dauer von sechs Monaten zulässig, da der Arbeitnehmer vor Beginn des Kündigungsschutzes (§ 1 KSchG) eine Wartezeit zurücklegen muss. Zulässig ist es nach dem TzBfG, Arbeitsverhältnisse zur Erprobung (§ 14 Abs. 1 Satz 2 Nr. 5 TzBfG) abzuschließen, wobei die Dauer der Erprobung in der Regel sechs Monate nicht überschreiten darf (vgl. ArbR-Hdb. § 39 RN 51 m. w. N.). Zu beachten ist, dass vielfach Tarifverträge oder Betriebsvereinbarungen den Abschluss von Aushilfsarbeitsverhältnissen nur für eine bestimmte Zeit (z. B. drei Monate) zulassen.

[4] § 14 Abs. 4 TzBfG schreibt für die Wirksamkeit von befristeten Arbeitsverträgen die Schriftform vor. Zwar gilt dies dem Wortlaut nach nur für die Befristungsabrede und nicht den Befristungsgrund (vgl. *Schrader*, Rechtsfallen in Arbeitsverträgen, 2001, RN 295 ff.). Aus Beweissicherungsgründen ist es für den Arbeitgeber aber zweckmäßig, den konkreten Befristungsgrund in den Arbeitsvertrag mit aufzunehmen. Fällt der ursprüngliche Befristungsgrund weg oder wechselt er, kann das Arbeitsverhältnis bei Fortbestand in ein Dauerarbeitsverhältnis übergehen. Es ist daher jeweils Vorsorge zu treffen, dass der Vertrag angepasst oder beendet wird.

Schrader

mer nach näherer Weisung der Betriebsleitung auch zur Leistung anderer zumutbarer Arbeit verpflichtet.

oder

I. Der Arbeitnehmer wird für die Dauer der (Erkrankung, Urlaub des ..... usw.) eingestellt.[5] Er hat folgende Arbeiten ..... zu verrichten.

II. Das Arbeitsverhältnis endet mit Erreichen des Zweckes, frühestens jedoch zwei Wochen nach Zugang der schriftlichen Unterrichtung über den Zeitpunkt der Zweckerreichung, ohne dass es des Ausspruches einer Kündigung bedarf.[6]

3 § 2 Kündigung

I. Während der Dauer der Befristung oder der Zweckbestimmung kann das Arbeitsverhältnis von beiden Seiten mit einer Frist von ..... gekündigt werden.[7]

II. Unberührt bleibt das Recht zur fristlosen Kündigung. Eine fristlose Kündigung gilt für den Fall ihrer Unwirksamkeit zugleich als fristgemäße Kündigung zum nächst zulässigen Termin.[8]

4 § 3 Arbeitsvergütung

I. Der Arbeitnehmer erhält eine Arbeitsvergütung in Höhe von stündlich/wöchentlich/monatlich ..... €.

II. Die Abtretung oder Verpfändung der Arbeitsvergütung ist unzulässig.

5 § 4 Arbeitszeit

Beginn, Dauer und Lage der Arbeitszeit richten sich nach dem Tarifvertrag ..... und der Betriebsvereinbarung .....

6 § 5 Jahresurlaub

Der Jahresurlaub beträgt ..... Werktage im Kalenderjahr.

7 § 6 Nebenbeschäftigung

Während der Dauer des Aushilfsarbeitsverhältnisses ist jede entgeltliche oder unentgeltliche Nebenbeschäftigung, durch die die Arbeitsleistung des Arbeitnehmers beeinträchtigt werden kann, unzulässig.

8 § 7 Vertragsstrafe[9]

Der Arbeitnehmer verpflichtet sich, für den Fall, dass er den Dienst nicht antritt oder das Arbeitsverhältnis unberechtigt vorzeitig beendet, eine Vertragsstrafe in Höhe von ..... € zu zahlen.

---

[5] Die Zweckbefristung ist nach § 15 Abs. 2 TzBfG möglich. In der Praxis wird empfohlen, die Zweckbefristung mit einer Zeitbefristung im Sinne einer Höchstbefristung zu kombinieren (vgl. *Sowka* DB 2002, 1158 ff. (1161)).

[6] Die Formulierung gibt die gesetzliche Regelung des § 15 Abs. 2 TzBfG wieder.

[7] Sollte ein befristetes Arbeitsverhältnis ordentlich gekündigt werden, muss das Kündigungsrecht vorbehalten werden (§ 5 Abs. 3 TzBfG).

[8] Die Vorschrift soll in jedem Fall die Konversion einer Kündigung ermöglichen (§ 140 BGB).

[9] Zur Zulässigkeit der Vertragsstrafe vgl. im Einzelnen § 2 RN 28 m. w. N.

§ 8 Abtretung   9

Der Arbeitnehmer tritt, sofern er durch einen Dritten schuldhaft verletzt wird, seine Schadensersatzansprüche in der Höhe ab, wie er Vergütungsfortzahlung erhält und der Arbeitgeber zur Tragung von Soziallasten (Arbeitnehmer- und Arbeitgeberanteil) verpflichtet ist.

§ 9 Vertragsänderung   10

Änderungen oder Ergänzungen dieses Vertrages, insbesondere eine etwaige Übernahme in ein unbefristetes Arbeitsverhältnis, bedürfen der Schriftform. Mündliche Nebenabreden bestehen nicht.[10]

§ 10 Anzuwendendes Recht   11

Verweisung auf Tarifvertrag und sonstiges anzuwendendes Recht *(vgl. z. B. § 2 RN 109)*

§ 11 Sonstiges   12

z. B. Verfallfristen *(vgl. Muster § 2 RN 39)*

§ 12 Gerichtsstand   13

(vgl. Muster § 2 RN 36)

....., den .....
Arbeitgeber   Arbeitnehmer

2. Befristeter Arbeitsvertrag nach dem TzBfG ohne Sachgrund

Zwischen   14
der Firma .....

                – im Folgenden Arbeitgeber –
und

Frau/Herrn .....

                – im Folgenden Arbeitnehmer –
wird folgender befristeter Arbeitsvertrag nach § 14 Abs. 2 TzBfG geschlossen:[11]

---

[10] Vgl. ArbR-Hdb. § 32 RN 58.

[11] Die befristeten Arbeitsverträge nach dem Beschäftigungsförderungsgesetz waren sozialpolitisch umstritten. Nach § 14 Abs. 2 TzBfG ist die Befristung von Arbeitsverträgen ohne Sachgrund weiter eingeschränkt worden. Die Befristung eines Arbeitsvertrages ist nach § 14 Abs. 2 TzBfG bis zur Dauer von zwei Jahren zulässig. Bis zur Gesamtdauer von zwei Jahren ist auch die höchstens dreimalige Verlängerung eines befristeten Arbeitsvertrages möglich. Es kann mit der Firma ein befristeter Arbeitsvertrag abgeschlossen werden. Das Gesetz lässt in Abweichung zum früheren Recht die wiederholte Befristung zu, um eine größere Flexibilität zu erreichen. Außerdem sollen die Einarbeitungskosten für den Arbeitnehmer eingespart werden. Eine Befristung ist jedoch nicht zulässig, wenn mit demselben Arbeitgeber bereits zuvor ein befristetes oder unbefristetes Arbeitsverhältnis bestanden hat. Durch Tarifvertrag kann die Anzahl der Verlängerungen oder die Höchstdauer der Befristung abweichend geregelt werden. Auf diese Regelungen dürfen auch nicht Tarifgebundene verwiesen werden. Die starke Einschränkung des befristeten Abschlusses von Verträgen folgt aus dem Vorbeschäftigungsverbot (vgl. zur Befristung im Einzelnen ArbR-Hdb. § 39 RN 1 ff. m. w. N.).

15 § 1 Vertragsabschluss

I. Der Arbeitnehmer wird für die Zeit vom ..... bis zum ..... als ..... nach § 14 Abs. 2 TzBfG eingestellt.[12]

II. Das Arbeitsverhältnis endet mit Ablauf der Frist, ohne dass es einer vorherigen Kündigung bedarf.

III. Die ersten drei Monate des Arbeitsverhältnisses gelten als Probezeit. In der Probezeit kann das Arbeitsverhältnis mit einer Frist von ..... zum ..... gekündigt werden.[13]

IV. Der Arbeitnehmer erklärt nach ausdrücklichem Befragen, dass er weder bei dem Arbeitgeber oder seinem Rechtsvorgänger beschäftigt war.[14]

16 § 2 Arbeitsverpflichtung

I. Der Arbeitnehmer ist verpflichtet, alle Arbeiten zu verrichten, die üblicherweise von einem ..... verlangt werden. Der Arbeitgeber darf dem Arbeitnehmer auch andere Arbeiten zuweisen, die seinen Vorkenntnissen entsprechen.

II. Die regelmäßige Arbeitszeit beträgt ..... Die Verteilung der Arbeitszeit richtet sich nach .....

III. Der Arbeitnehmer ist verpflichtet, Über- und Mehrarbeit, Nacht-, Sonn- und Feiertagsarbeit zu leisten.

17 § 3 Arbeitsvergütung[15]

I. Der Arbeitnehmer wird in die Vergütungsgruppe ..... des Vergütungstarifvertrages ..... eingruppiert. Er erhält Arbeitsvergütung in Höhe des jeweiligen Tarifgehaltes.

II. Nebenleistungen

---

[12] Alternative: „Der Arbeitnehmer wird für die Zeit vom ..... bis zum ..... als ..... in ..... nach § 14 Abs. 3 TzBfG eingestellt." Die Befristung ist ohne die zeitliche Begrenzung auf zwei Jahre zulässig, wenn der Arbeitnehmer bei Beginn des befristeten Arbeitsverhältnisses das 58. Lebensjahr (bis zum 31. 12. 2006 das 52. Lebensjahr, § 14 Abs. 3 Satz 4 TzBfG) vollendet hat. In der Gesetzesbegründung wird ausgeführt, dass bei älteren Arbeitnehmern die Schwierigkeiten, einen Arbeitsplatz zu finden, zunehmen; dann sei es aber gerechtfertigt, weitere Erleichterungen zur Befristung zu schaffen. Immerhin sei ein befristeter Arbeitsvertrag besser, als überhaupt keiner. Die Befristung ist nicht zulässig, wenn zu einem vorhergehenden unbefristeten Arbeitsvertrag mit demselben Arbeitgeber ein enger sachlicher Zusammenhang besteht. Ein solcher enger sachlicher Zusammenhang ist insbesondere anzunehmen, wenn zwischen den Arbeitsverträgen ein Zeitraum von weniger als sechs Monaten liegt. In der Vertragsurkunde ist es an sich nicht notwendig, auf den Grund der Befristung (hier: § 14 Abs. 2 TzBfG) hinzuweisen. Entscheidend ist, dass die Voraussetzungen vorliegen (vgl. BAG, Urteil v. 8. 12. 1988 – 2 AZR 308/88 – AP BeschFG 1985 § 1 Nr. 6). Gleichwohl ist die Bezugnahme zu empfehlen. Einer Veranlassung der Parteien, dass die Besetzung auf § 14 TzBfG handelt, bedarf es nicht. Liegen die Voraussetzungen der Norm vor, wäre die Befristung wirksam, unabhängig darum, ob die Befristung § 14 II TzBfG ausdrücklich im Arbeitszeitraum erneuert ist (so für § 1 I BeschFG; BAG, Urteil zum 4. 12. 2002 – 7 AZR 545/01 – EWiR § 1 BeschFG 1996 1/03, 613 (*Schaub*)).

[13] Auch in einem befristeten Arbeitsvertrag lässt sich ein Probearbeitsverhältnis vereinbaren.

[14] Nach dem Verbot der Vorarbeitsbeschäftigung kann selbst nach Jahrzehnten die Befristung unmöglich sein. In der Gesetzesbegründung heißt es deshalb, dass der Arbeitgeber sich durch Befragung schützen könne, weil er alsdann den Arbeitsvertrag anfechten könne (vgl. BT-Drucks. 14/4374, 19). Ob ein solches Anfechtungsrecht durchgreift, ist umstritten (vgl. *Annuß/Thüsing*, Teilzeit- und Befristungsgesetz, § 14 RN 79 m. z. N.). Das Fragerecht ist bei Personalfragebögen zu beachten (vgl. Muster § 1 RN 8).

[15] Gelegentlich wurde versucht, mit Aushilfskräften eine geringere Vergütung im Verhältnis zu sonstigen Arbeitnehmern zu vereinbaren. Dies ist unzulässig (vgl. BAG, Urteil v. 1. 11. 1995 – 5 AZR 84/94 – AP BeschFG 1985 § 2 Nr. 45).

§ 4 Beendigung des Arbeitsverhältnisses[16]

18

I. Das Arbeitsverhältnis kann unabhängig von der Befristung mit einer Frist von ..... zum ..... gekündigt werden.

II. Das Recht zur außerordentlichen Kündigung bleibt unberührt.

III. Der Arbeitgeber darf den Arbeitnehmer während der Kündigungsfrist von der Arbeit freistellen.

§ 5 Jahresurlaub

19

Der Jahresurlaub beträgt ..... Werktage im Kalenderjahr.

§ 6 Anzuwendendes Recht

20

Verweisung auf Tarifvertrag und sonstiges anzuwendendes Recht *(vgl. z. B. Muster § 2 RN 109)*

§ 7 Vertragsänderung

21

Änderungen oder Ergänzungen dieses Vertrages, insbesondere eine etwaige Übernahme in ein unbefristetes Arbeitsverhältnis, bedürfen der Schriftform. Mündliche Nebenabreden bestehen nicht.[17]

§ 8 Gerichtsstand

22

(vgl. Muster § 2 RN 36)

....., den .....
Arbeitgeber   Arbeitnehmer

3. Verlängerung eines befristeten Arbeitsverhältnisses

Hunold, Mehrfachbefristungen heute, NZA 1997, 741; *Pelzner/Scheddler/Widlak,* Das neue TzBfG in der Praxis, 2001.

Zwischen der Firma .....

23

und

Frau/Herrn .....

wird nachfolgender Verlängerungsvertrag geschlossen:

Der Arbeitsvertrag vom ..... war bis zum ..... befristet abgeschlossen. Bis dahin 24 waren die vorgesehenen Arbeiten nicht beendet. Der Arbeitsvertrag wird bis zum

---

[16] Wenn eine Kündigung des Arbeitsverhältnisses nicht ausdrücklich vorbehalten wird, ist es unkündbar für die Dauer der Befristung. Für die vorbehaltene Kündigung gilt der allgemeine und besondere Kündigungsschutz. Will der Arbeitnehmer die Unwirksamkeit der Befristung geltend machen, muss er nach § 17 TzBfG binnen drei Wochen nach Befristungsende Klage erheben.

[17] Eine wirksame Verlängerung nach § 14 Abs. 2 Satz 1 TzBfG ist nach Ansicht des BAG nur gegeben, wenn der Inhalt des Vertrages nicht geändert wird. Andernfalls handelt es sich nach Auffassung des BAG um den Neuabschluss eines Zeitvertrages, der ohne Sachgrund rechtsunwirksam ist, weil der Arbeitnehmer bereits bei demselben Arbeitgeber beschäftigt war (vgl. BAG, Urteil v. 26. 7. 2000 – 7 AZR 51/99 – AP BeschFG 1996 § 1 Nr. 4). Darüber ist für eine wirksame Verlängerungsvereinbarung erforderlich, dass sie vor Ablauf des zu verlängernden Vertrages erfolgt (vgl. BAG, Urteil v. 15. 8. 2001 – 7 AZR 219/00 – NZA 2002, 407).

..... verlängert. Zu diesem Zeitpunkt wird er beendet, ohne dass es einer Kündigung bedarf.

oder

Der auf den ..... befristete Arbeitsvertrag wird bis zum ..... befristet verlängert.

....., den .....
Arbeitgeber   Arbeitnehmer

II. Arbeitsvertrag für kurzfristig beschäftigte Aushilfskräfte[18]

25 Zwischen der Firma .....

– im Folgenden Arbeitgeber –

und

Frau/Herrn ..... geb. am ..... wohnhaft in .....

– im Folgenden Arbeitnehmer –

wird nachfolgender Arbeitsvertrag für kurzfristig beschäftigte Aushilfskräfte geschlossen:

26 § 1 Vertragsdauer und Tätigkeit

I. Der Arbeitnehmer wird für die Zeit vom ..... bis ..... eingestellt.

II. Dem Arbeitnehmer werden folgende Arbeiten übertragen .....

III. Die Befristung beruht auf
– § 14 Abs. 2 TzBfG .....
– einem sachlichen Grund wegen krankheitsbedingter Abwesenheit eines Mitarbeiters/Elternzeit eines Mitarbeiters/Saisonarbeit .....

IV. Der Arbeitnehmer ist verpflichtet, alle ihm übertragenen Arbeiten als .....
zu verrichten und die Weisungen seiner Vorgesetzten zu befolgen.

V. Arbeitsort ist der .....

27 § 2 Vergütung

I. Der Arbeitnehmer erhält eine Vergütung in Höhe von ..... € je Stunde/Tag/Woche/Monat.

II. Die Arbeitsvergütung ist fällig am Ende eines Arbeitstages/einer Woche/eines Monats.

III. Die Arbeitsvertragsparteien sind sich darüber einig, dass
– die Lohnsteuer pauschaliert wird,
– die Lohnsteuer nicht pauschaliert wird.[19]
Die pauschalierte Lohnsteuer trägt der Arbeitnehmer/der Arbeitgeber/beide Teile zu .....

---

[18] Aushilfskräfte werden vielfach als kurzfristig oder geringfügig Beschäftigte eingestellt. Der Arbeitsvertrag muss grundsätzlich auch den Anforderungen von §§ 1, 2 NachwG genügen.
[19] Die Lohnsteuerpauschalierung richtet sich nach § 40 EStG (vgl. dazu LStR Nr. 126).

§ 3 Sozialversicherung[20] 28

I. Der Arbeitnehmer erklärt, dass er in den letzten zwölf Monaten keine kurzfristigen Beschäftigungen übernommen hat

oder

I. Der Arbeitnehmer erklärt, dass er nachfolgende kurzfristige Beschäftigung ausgeübt hat .....

II. Es besteht/besteht keine Sozialversicherungspflicht, weil .....

§ 4 Arbeitszeit 29

Die Arbeitszeit beträgt .....

§ 5 Krankheit und Dienstverhinderung 30

I. Der Arbeitnehmer ist verpflichtet jede Dienstverhinderung unverzüglich anzuzeigen. Im Falle der Erkrankung ist bis zum dritten Tag der Arbeitsunfähigkeit eine ärztliche Bescheinigung vorzulegen.

II. Ein Anspruch auf Entgeltfortzahlung bei Arbeitsunfähigkeit erwächst nur unter den gesetzlichen Voraussetzungen. Die Berechnung der Entgeltfortzahlung erfolgt nach den gesetzlichen Bestimmungen.

III. Die Entgeltfortzahlung bei Arbeitsverhinderung ist ausgeschlossen.

§ 6 Urlaub 31

Ein Anspruch auf Urlaub erwächst nur, soweit er sich aus den gesetzlichen Bestimmungen ergibt.

§ 7 Verschwiegenheitspflicht 32

Der Arbeitnehmer ist – auch nach Beendigung des Arbeitsverhältnisses – über alle betrieblichen Angelegenheiten zur Verschwiegenheit verpflichtet.

§ 8 Beendigung des Arbeitsverhältnisses 33

Das Arbeitsverhältnis endet:
1. mit Ablauf der Befristung ohne Ausspruch einer Kündigung;
2. nach Ablauf der Kündigungsfrist, wenn es ordentlich gekündigt worden ist. Es gilt die gesetzliche Mindestkündigungsfrist für Aushilfsarbeitsverhältnisse nach § 622 BGB;
3. mit Ausspruch einer außerordentlichen Kündigung.

§ 9 Nebenabreden und anzuwendendes Recht 34

....., den .....

Arbeitnehmer   Arbeitgeber

---

[20] Ob das Arbeitsverhältnis geringfügig Beschäftigter sozialversicherungspflichtig ist, ergibt sich aus § 8 SGB IV (zu den Voraussetzungen vgl. *Wiegelmann* BB 2003, 734 ff.).

Schrader

III. Probearbeitsverhältnis

35   *Von einer besonderen Aufnahme eines Probearbeitsvertrages wird abgesehen. Insoweit kann auf die vorhergehenden Muster verwiesen werden. Wegen der Gliederung der Probearbeitsverträge vgl. ArbR-Hdb. § 40.*

IV. Jobrotation[21]

36   Zwischen

der Firma . . . .

und

Herrn/Frau . . . .

wird nachfolgender Vertrag zur Jobrotation vereinbart:

37 § 1 Jobrotation

I. Frau/Herr . . . . . wird vom . . . . . bis zum . . . . . in Vollzeit/Teilzeit mit wöchentlich . . . . . Stunden/in flexibler Arbeitszeit von . . . . . (Verteilung) als . . . . . in . . . . . eingestellt.[22]

II. Die Einstellung erfolgt zur Vertretung eines Arbeitnehmers/in des/der Arbeitnehmers/in . . . . . die sich beruflich weiterbildet.

III. Das Recht zur ordentlichen Kündigung des Arbeitsverhältnisses bleibt vorbehalten.[23]

38 § 2 Anzuwendenden Recht

Das Beschäftigungsverhältnis richtet sich nach den allgemeinen arbeitsrechtlichen Bestimmungen und den gesetzlichen Bestimmungen der §§ 229 ff. SGB III. Ergänzend finden die Vorschriften des . . . . . Tarifvertrages . . . . . sowie der für den Betrieb geltenden Betriebsvereinbarungen Anwendung.

39 § 3 Krankheit und Urlaub

I. Der Beschäftigte erhält Entgeltfortzahlung im Krankheitsfall nach den gesetzlichen Bestimmungen/nach den Vorschriften des . . . . . Tarifvertrages.

II. Der Jahresurlaub beträgt . . . . . Tage.

III. Die Agentur für Arbeit zahlt einen Zuschuss zum Gehalt von Herrn/Frau . . . . .[24]

---

[21] Der Eingliederungsvertrag, der in den §§ 229 ff. SGB III enthalten war, ist mit dem Job-AQTIV-Gesetz durch die Jobrotation ersetzt worden. Die Jobrotation ist in anderen europäischen Ländern ein erprobtes arbeitsmarktpolitisches Instrument. Es ist ein Stellvertretermodell (vgl. im Einzelnen ArbR-Hdb. § 21 RN 23 ff. m. w. N.).

[22] Nach § 229 SGB III können Arbeitgeber, die einem Arbeitnehmer die Teilnahme an einer beruflichen Weiterbildung ermöglichen und dafür einen Arbeitslosen einstellen, einen Zuschuss zum Arbeitsentgelt des Vertreters erhalten. Wird der Arbeitslose von einem Verleiher zur Vertretung eingestellt, kann auch dieser den Zuschuss erhalten. Den Umfang der Förderung richtet sich nach § 230 SGB III.

[23] Die Befristung des Arbeitsvertrages ist ein sachlicher Grund. Soll das Arbeitsverhältnis gekündigt werden, muss das Recht nach § 15 Abs. 3 TzBfG vorbehalten werden.

[24] Die Jobrotation bedeutet nach richtiger Auffassung ein normales Vertretungsarbeitsverhältnis, das auf ausländischen Mustern beruht. Es ist anders als der frühere Eingliederungsvertrag nicht von der Zustimmung des Arbeitsamtes abhängig.

§ 4 Arbeitszeit 40

Die Arbeitszeit beträgt .....

§ 5 Nebenbeschäftigung 41

Während der Dauer des Arbeitsverhältnisses ist weder entgeltliche oder unentgeltliche Nebenbeschäftigung, durch die die Arbeitsleistung des Arbeitnehmers beeinträchtigt werden kann, zulässig.

§ 6 Abtretung 42

Der Arbeitnehmer tritt, sofern dadurch ein dritter Schuldner verletzt wird, seine Schadensersatzansprüche in der Höhe ab, wie er Vergütungsfortzahlung erhält und der Arbeitgeber zur Tragung von Soziallasten (Arbeitnehmer- und Arbeitgeberanteil) verpflichtet ist.

§ 7 Vertragsänderung 43

Jede Änderungen oder Ergänzungen dieses Vertrages, insbesondere eine etwaige Übernahme in ein unbefristetes Arbeitsverhältnis, bedürfen der Schriftform. Mündliche Nebenabreden bestehen nicht.

§ 8 Sonstiges 44

z.B. Verfallfristen *(vgl. Muster § 2 RN 39)*

§ 9 Gerichtsstand 45

(vgl. Muster § 2 RN 36)

....., den .....

Arbeitgeber   Arbeitnehmer

V. Wiedereingliederungsvertrag nach § 74 SGB V[25]

1. Nebenabrede zum Arbeitsvertrag vom .....

Zwischen   46
der Firma .....
und
Herrn/Frau .....
wird nachfolgender Vertrag vereinbart:

    1. Herr/Frau ..... ist infolge Krankheit an der Erfüllung seiner/ihrer arbeitsver- 47
traglichen Pflichten verhindert und arbeitsunfähig.

    2. Herr/Frau ..... wird im Rahmen einer stufenweisen Wiedereingliederung
nach § 74 SGB V vom ..... bis ..... mit einer Arbeitszeit von ..... Stunden[26] wöchentlich/täglich am bisherigen Arbeitsplatz (oder .....) beschäftigt.

    Ein Anspruch auf Vergütung besteht nicht.

---

[25] Zu Wesen und Voraussetzung des Wiedereingliederungsvertrages sowie des Wiedereingliederungsverhältnisses vgl. ausführlich ArbR-Hdb. § 98 RN 18, 138.
[26] Der maximale Umfang der Tätigkeit ergibt sich aus der Bescheinigung des Arztes nach § 74 SGB V.

Schrader

oder[27]

Für die Dauer der Wiedereingliederungsmaßnahme wird eine Vergütung in Höhe von ..... € pro Stunde/Woche/Monat gezahlt.[28]

3. Im Übrigen wird der Arbeitsvertrag vom ..... durch diese Nebenabrede nicht berührt.

....., den .....
Arbeitnehmer   Arbeitgeber[29]

2. Maßnahmen zur stufenweisen Wiedereingliederung in das Erwerbsleben (Wiedereingliederungsplan)[30]

48   Zuletzt ausgeübte Tätigkeit:

                                          _____

                                          Wieviele Std. tgl.: _____

Durch eine stufenweise Wiederaufnahme seiner Tätigkeit kann der o. g. Versicherte schonend wieder in das Erwerbsleben eingegliedert werden. Nach meiner ärztlichen Beurteilung empfehle ich mit Einverständnis des Versicherten und nach dessen Rücksprache mit dem Arbeitgeber folgenden Ablauf für die stufenweise Wiederaufnahme der beruflichen Tätigkeit:

von	bis	Stunden täglich	Art der Tätigkeit (ggf. Einschränkungen)

Zeitpunkt der Wiederherstellung der vollen Arbeitsfähigkeit absehbar?

☐ ja, ggf. wann
☐ zzt. nicht absehbar

Vertragsarztstempel
Unterschrift des Arztes

49 Erklärung des Versicherten
Mit dem vorgeschlagenen Wiedereingliederungsplan bin ich einverstanden. Falls nachteilige gesundheitliche Folgen erwachsen, kann nach Absprache mit dem behandelnden Arzt eine Anpassung der Belastungseinschränkungen vorgenommen oder die Wiedereingliederung abgebrochen werden.

---

[27] Ein Anspruch auf Vergütung besteht nicht, da es sich nicht um ein Arbeitsverhältnis handelt (vgl. ArbR-HdB. § 98 RN 18).
[28] Dieses Arbeitsentgelt wird auf das Krankengeld angerechnet (§ 49 Abs. 1 Nr. 1 SGB V).
[29] Es bedarf zum Abschluss eines Wiedereingliederungsvertrages des beiderseitigen Einvernehmens, da ein Rechtsanspruch auf Abschluss für den Mitarbeiter nicht besteht.
[30] Der Wiedereingliederungsplan enthält den ärztlich bescheinigten Ablauf der Wiedereingliederung. Das Muster gibt das von den Sozialversicherungsträgern verwendete Formular wieder.

Datum	Unterschrift des Versicherten

Erklärung des Arbeitgebers

Mit dem vorgesehenen Wiedereingliederungsplan bin ich einverstanden

☐ ja   ☐ nein
☐ nur unter folgenden Voraussetzungen:

_____

_____

_____

Datum

– Für die Erstellung des ärztlichen Wiedereingliederungsplanes ist die Nr. 77
BMÄ/E-GO berechnungsfähig –

§ 15. Teilzeitarbeitsverträge

I. Teilzeitarbeitsvertrag

Link/Fink, Ende der unternehmerischen Entscheidungsfreiheit?, AuA 2001, 155; *Pulte,*
Vertrag über Teilzeitarbeit, 2. Aufl., 2001; *Schaub,* Beck'sches Formularbuch, Muster F
III 7.

Zwischen der Firma   1

(Arbeitgeber)

und

Herrn/Frau .....

(Arbeitnehmer)

wird ein Teilzeitarbeitsvertrag geschlossen.[1]

---

[1] Der **Begriff des Teilzeitbeschäftigten** ergibt sich aus § 2 TzBfG. Teilzeitbeschäftigt ist ein Arbeitnehmer, dessen regelmäßige Wochenarbeitszeit kürzer ist als die eines vergleichbaren vollzeitbeschäftigten Arbeitnehmers. Ist eine regelmäßige Wochenarbeitszeit nicht vereinbart, ist der Jahresdurchschnitt maßgebend (§ 2 Abs. 1 Satz 2 TzBfG). Vergleichbar ist ein vollzeitbeschäftigter Arbeitnehmer des Betriebes mit derselben Art des Arbeitsverhältnisses und der gleichen oder einer ähnlichen Tätigkeit. Weitere Einzelheiten zur Vergleichbarkeit vgl. ArbR-Hdb. § 44.
Von der Beschäftigung in Teilzeitarbeit ist diejenige in **Anpassung der Arbeitszeit an den Arbeitsanfall** zu unterscheiden. Sie wird gelegentlich bezeichnet als Abrufarbeit, als kapazitätsorientierte variable Arbeitszeit (KAPOVAZ) oder bedarfsabhängige variable Arbeitszeit (BAVAZ). Zwei Grundmuster sind zu unterscheiden: (1) Der Arbeitgeber darf Lage und Dauer der Arbeitszeit des Arbeitnehmers einseitig festlegen. (2) Arbeitgeber und Arbeitnehmer vereinbaren für eine bestimmte Woche, Monat, Jahr den Umfang der zu erbringenden Arbeitsleistung; dem Arbeitgeber ist jedoch vorbehalten, die Arbeitsleistung nach Bedarf abzurufen. Insoweit enthält § 12 TzBfG Schutzbestimmungen zugunsten des Arbeitnehmers. Es gilt mangels anderweitiger Vereinbarung eine wöchentliche Arbeitszeit von mindestens 10 Stunden als vereinbart und der Arbeitnehmer ist nur zur Arbeit verpflichtet, wenn die Lage der Arbeitszeit ihm mindestens vier Tage vorher mitgeteilt worden ist.

Schrader

2 § 1 Beginn des Arbeitsverhältnisses[2]

I. Der Arbeitnehmer wird mit Wirkung vom ..... als Teilzeitarbeitnehmer für die Tätigkeit eines ..... in ..... eingestellt. Die zum Aufgabenbereich gehörenden Tätigkeiten ergeben sich aus der in der Anlage beigefügten Stellenbeschreibung, die Vertragsbestandteil ist.

II. Die ersten drei Monate gelten als Probezeit. Während dieser Zeit können die Arbeitsvertragsparteien das Arbeitsverhältnis mit einer Frist von ..... zum ..... kündigen

3 § 2 Arbeitszeit[3]

I. Die regelmäßige wöchentliche Arbeitszeit beträgt ..... Stunden.

II. Die Verteilung der Arbeitszeit richtet sich nach einer gesondert getroffenen Vereinbarung/nach der Betriebsvereinbarung für Teilzeitbeschäftigte .....

oder

II. Die tägliche Arbeitszeit beginnt um ..... und endet um .....

oder

II. Die tägliche Arbeitszeit kann in der Zeit von ..... bis ..... begonnen und beendet werden (Rahmenzeit). Während der Kernarbeitszeit von ..... bis ..... besteht Anwesenheitspflicht im Betrieb. Der/Die Arbeitnehmer(in) ist verpflichtet, beim Betreten oder Verlassen des Betriebs die Zeiterfassungsgeräte zu bedienen.

---

[2] Der Teilzeitarbeitsvertrag ist ein normaler Arbeitsvertrag, der sich von diesem nur durch die Arbeitszeitbegrenzung unterscheidet. Grundsätzlich können daher dieselben Vereinbarungen wie in einem sonstigen Dauerarbeitsvertrag getroffen werden. Nach § 4 Abs. 1 TzBfG darf ein Arbeitgeber einen teilzeitbeschäftigten Arbeitnehmer nicht wegen der Teilzeitarbeit gegenüber vollzeitbeschäftigten Arbeitnehmern unterschiedlich behandeln, es sei denn, dass sachliche Gründe eine unterschiedliche Behandlung rechtfertigen. Dieser Rechtsgrundsatz wird bereits aus dem allgemeinen Gleichbehandlungsgrundsatz (vgl. ArbR-Hdb. § 112) folgen. Nach § 4 Abs. 1 Satz 2 TzBfG ist einem teilzeitbeschäftigten Arbeitnehmer Arbeitsentgelt oder eine andere teilbare geldwerte Leistung mindestens in dem Umfang zu gewähren, der dem Anteil seiner Arbeitszeit an der Arbeitszeit eines vergleichbaren vollzeitbeschäftigten Arbeitnehmers entspricht. Teilbare geldwerte Leistungen sind pro rata temporis zu erbringen. Ob hiervon aus sachlichen Gründen abgewichen werden kann, ist zweifelhaft, aber zu verneinen, da dies sonst im Gesetz hervorgehoben wird. Unteilbare geldwerte Leistungen sind voll zu erbringen. Dazu gehört etwa ein Dienstwagen oder die Kantinenverpflegung. Dagegen wird der Mietzins für eine Werkswohnung eine teilbare Leistung sein. Ist die Vergütungsvereinbarung wegen Verstoß gegen den Gleichbehandlungsgrundsatz unwirksam, so wird die erwachsene Regelungslücke nach § 612 BGB geschlossen. Wird allgemein nach Tarif vergütet, ist die jeweilige Höhe der tariflichen Vergütung als die übliche Vergütung anzusehen (BAG, Urteil v. 26. 9. 1990 – 5 AZR 112/90 – AP BeschFG 1985 § 2 Nr. 9). Wird dagegen allgemein über den Tariflohn hinaus gezahlt, wird diese Vergütung geschuldet. Ein sachlicher Grund für die unterschiedliche Behandlung ist nicht in der Verkürzung der Arbeitszeit zu sehen. Da 96% aller sozialversicherungspflichtigen Teilzeitbeschäftigten Frauen sind, wird das sich aus § 4 Abs. 1 TzBfG ergebende Benachteiligungsverbot durch die verfassungsrechtliche Gleichberechtigung überlagert, nach der eine Unterscheidung nach biologischen und funktionalen Unterschieden unwirksam ist, es sei denn, dass sie geradezu geboten ist (vgl. zur unmittelbaren, mittelbaren und verdeckten Diskriminierung BAG, Urteil v. 6. 4. 1982 – 3 AZR 134/79 – AP BetrAVG § 1 Gleichbehandlung Nr. 1; EuGH, Urteil von 13. 5. 1986 – 170/84 – AP EWG-Vertrag Art. 119 Nr. 10; BAG, Urteil v. 5. 6. 1984 – 3 AZR 66/83 – AP EWG-Vertrag Art. 119 Nr. 3; BAG, Urteil v. 14. 10. 1986 – 3 AZR 66/83 – AP EWG-Vertrag Art. 119 Nr. 11; *Hanau/Preis* ZfA 1988, 177; *Schaub* NZA 1984, 73). Zulässig ist aber die Teilzeitarbeit lediglich nach dem zeitlichen Anteil der Arbeitsleistungen im Verhältnis zur Vollzeitarbeit zu vergüten (BAG, Urteil v. 25. 10. 1994 – 3 AZR 149/94 – AP BeschFG 1985 § 2 Nr. 40). Dies ist durch das TzBfG ausdrücklich klargestellt.

[3] Die Verteilung der Teilzeitarbeit ist ausgeklammert, da insoweit Mitbestimmungsrechte des Betriebsrats nach § 87 Abs. 1 Nr. 2 BetrVG 1972 eingreifen können (BAG, Beschluss v. 13. 10. 1987 – 1 ABR 1086 – AP BetrVG 1972 § 87 Arbeitszeit Nr. 24).

III. Der Arbeitgeber ist berechtigt, aus dringenden betrieblichen Gründen eine Änderung der Zeiteinteilung vorzunehmen.

IV. Der Arbeitnehmer ist verpflichtet, in dringenden Fällen Über-, Mehr-, Sonntags-, Nacht- und Feiertagsarbeit zu leisten. Arbeitet ein Arbeitnehmer über die für ihn regelmäßige Arbeitszeit hinaus, so erhält er die betriebsüblichen Zuschläge für Überarbeit.[4]

§ 3 Arbeitsverpflichtung 4

I. Der Arbeitnehmer ist verpflichtet, alle Arbeiten zu leisten, die üblicherweise von einem ..... verlangt werden.

II. Der Arbeitgeber darf dem Arbeitnehmer andere Arbeit zuweisen, die seinen Vorkenntnissen und seiner Berufsausbildung entspricht.

§ 4 Arbeitsvergütung 5

I. Der Arbeitnehmer wird in die Vergütungsgruppe ..... des Vergütungstarifvertrages für ..... eingereiht. Er erhält eine Vergütung in Höhe des jeweiligen Tarifgehaltes/Tariflohnes.

II. Die Vergütung ist jeweils am Monatsende fällig. Sie wird auf das Konto des Arbeitnehmers bei der ..... Bank, Kontonummer ..... , Bankleitzahl ..... überwiesen.

III. Angeordnete Überstunden werden mit einem Zuschlag von ..... % vergütet.

oder

III. Mit dem Gehalt sind zehn Überstunden im Monat abgegolten/Überstunden abgegolten, sofern sie einen angemessenen Rahmen nicht übersteigen.

IV. Werden neben der regelmäßigen Vergütung Sondervergütungen gezahlt, so erfolgt die Zahlung ohne Rechtsanspruch für die Zukunft.

§ 5 Urlaub 6

(vgl. Muster § 2 RN 24)

§ 6 Fristen für die Kündigung des Arbeitsverhältnisses 7

(vgl. Muster § 2 RN 31)

§ 7 Tarifverträge und Betriebsvereinbarungen 8

(vgl. Muster § 2 RN 38 oder 54)

---

[4] Seit jeher ist umstritten, ob ein Teilzeitarbeitnehmer verpflichtet ist, über seine subjektive Arbeitszeit hinaus zu arbeiten und ob er Vergütungszuschläge verlangen kann. Insoweit hat weder das BeschFG noch das TzBfG eine Regelung gebracht, so dass sich eine vertragliche Vereinbarung empfiehlt. Der EuGH war im Wege des Vorabentscheidungsverfahrens angerufen, ob der Ausschluss von Zuschlägen eine mittelbare Frauendiskriminierung darstellt. Er hat entschieden, dass ein Teilzeitarbeitnehmer keinen Anspruch auf Zuschläge hat, weil der Lohngleichheitssatz nur die gleiche Arbeitsvergütung für die gleiche Arbeitsquantität erfordert. Unberührt bleiben vertragliche Vereinbarungen (EuGH, Urteil v. 15. 12. 1994 – C 399/92 u. a. – AP BGB § 611 Teilzeit Nr. 7). Diese Rspr. ist vom BAG übernommen worden (BAG, Urteil v. 20. 6. 1995 – 3 AZR 684/93 – AP TVG § 1 Tarifverträge: Chemie Nr. 11).

Schrader

9 § 8 Sonstige Bestimmungen

Nach Bedarf, z. B. Verfallfristen *(vgl. Muster § 2 RN 39)*

10 § 9 Vereinbarung bei Reduzierung der Arbeitszeit[5]

Für den Fall, dass der Arbeitnehmer einen Anspruch auf Reduzierung seiner Arbeitszeit nach dem Gesetz über Teilzeitarbeit und befristete Arbeitsverträge geltend macht, vereinbaren die Parteien folgende Verteilung der Arbeitszeit, vorbehaltlich dessen, dass der Reduzierung der Arbeitszeit keine betrieblichen Gründe entgegenstehen:
– Für den Fall einer Reduzierung der Arbeitszeit um ¼ gelten folgende Arbeitszeiten: .....
– Für den Fall einer Reduzierung der Arbeitszeit um die Hälfte gelten folgende Arbeitszeiten: .....
– Für den Fall einer Reduzierung der Arbeitszeit um ¾ gelten folgende Arbeitszeiten: .....

oder

Die Beschäftigung des Arbeitnehmers setzt eine Vollzeittätigkeit voraus. Die Tätigkeit umfasst folgende Aufgaben: .....
Zur Erledigung dieser Arbeiten ist eine Vollzeittätigkeit unabdingbar. Die Position kann nur als Vollzeitstelle besetzt werden. Hintergrund ist folgender:
– (es folgt eine Aufführung der Gründe, die die Vollzeitbeschäftigung notwendig erscheinen lassen, wie beispielsweise:
  – Aus Servicegründen sind wir darauf angewiesen, dass unseren Kunden den ganzen Tag über ein einheitlicher Ansprechpartner zur Verfügung steht, so dass sich unsere Kunden nicht mit wechselnden Ansprechpartnern, denen jeweils das Problem neu zu erklären ist, beschäftigen müssen.)
  – .....[6]

....., den .....

Arbeitnehmer   Arbeitgeber

---

[5] Ein Anspruch auf Verringerung der Arbeitszeit ist vorgesehen für alle Arbeitnehmer in § 8 TzBfG, in § 15 Abs. 5 BErzGG nach der Geburt eines Kindes, für schwerbehinderte Menschen nach § 81 Abs. 5 SGB IX und begrenzt für ältere Arbeitnehmer. Die Anspruchsvoraussetzungen sind nach allen Gesetzen unterschiedlich. Es muss daher bei jeder Anspruchserhebung geprüft werden, auf Grund welcher Rechtsgrundlage ein Anspruch geltend gemacht wird. Nach § 8 TzBfG kann eine Verringerung und eine anderweitige Verteilung der Arbeitszeit verlangt werden. Der Arbeitnehmer braucht für sein Verlangen keine Formvorschriften einzuhalten, was zu erheblichen Beweisschwierigkeiten führen kann, die aber durch vertragsrechtliche Gestaltungen für den Arbeitgeber nicht zu beheben sind. Abweichende Vereinbarungen zum Nachteil des Arbeitnehmers sind nach § 22 TzBfG ausgeschlossen. Versäumt der Arbeitgeber die Formalien bei der Reduzierung der Arbeitszeit, sind die Rechtsfolgen kaum noch zu korrigieren. Etwas anderes mag bei der Verteilung der Arbeitszeit gelten, weil diese durch das Direktionsrecht überwunden werden kann. Die in diesem Muster genannten Formulierungen versuchen einen Ansatz zu einer vorherigen vertraglichen Vereinbarung für den Fall eines Reduzierungswunsches zu geben. Es ist allerdings offen, ob diese einer arbeitsgerichtlichen Überprüfung standhalten (zweifelnd *Schaub,* Beck'sches Formularbuch, Muster F III. 7 i. Anm. 7).
[6] Vgl. im Einzelnen *Schrader,* Rechtsfallen in Arbeitsverträgen, 2001, RN 904 ff.

II. Job-Sharing-Arbeitsverhältnis[7]

Zwischen der Firma **11**

und

Herrn/Frau . . . . .

wird folgender Arbeitsvertrag nach dem Job-Sharing-System (nach dem System der Arbeitsplatzteilung) geschlossen.

§ 1 Einstellung   **12**

I. Der/Die Arbeitnehmer(in) wird mit Wirkung vom . . . . . als . . . . . im Job-Sharing- System eingestellt (nach dem System der Arbeitsplatzteilung).

II. Der/Die Arbeitnehmer(in) ist verpflichtet, auch andere zumutbare Arbeiten zu übernehmen.[8]

III. Arbeitsort ist . . . . .

§ 2 Besetzungspflicht und Vertretung   **13**

I. Der/Die Arbeitnehmer(in) verpflichtet sich, während der betriebsüblichen Arbeitszeit den zugewiesenen Arbeitsplatz in Abstimmung mit dem/den anderen am gleichen Arbeitsplatz Beschäftigten ständig zu besetzen. Eine gleichzeitige Beschäftigung ist ausgeschlossen.

II. Erbringt ein Teilnehmer an der Arbeitsplatzteilung seine Arbeitsleistung nicht (z.B. wegen Urlaub, Krankheit usw.), so stellt der Arbeitgeber einen Vertreter. Dies gilt dann nicht, wenn die übrigen Teilnehmer an der Arbeitsteilung der Vertretung im Einzelfall zugestimmt haben. Eine Pflicht zur Vertretung besteht auch aus dringenden betrieblichen Gründen und diese im Einzelfall zumutbar ist. Die Teilnehmer an der Arbeitsplatzteilung können die Vertretung im Einzelfall regeln.[9]

§ 3 Abstimmung   **14**

I. Die am gleichen Arbeitsplatz Beschäftigten haben sich über die Aufteilung der Arbeitszeit im Rahmen der betriebsüblichen Arbeitszeit untereinander abzustimmen. Sie haben jeweils für einen Zeitraum von . . . . . einen Arbeitsplan nach Maßgabe von § 2 Abs. I vorzulegen.

---

[7] Job-Sharing bedeutet die Aufteilung einer oder mehrerer Arbeitsplätze auf eine Zahl von Arbeitnehmern, die größer als die Zahl der Arbeitsplätze ist, wobei der Arbeitsplatz ständig besetzt sein muss (§ 13 Abs. 1 TzBfG). Job-Sharing kommt in zwei Formen vor. Der Arbeitsplatz kann zeitlich aufgeteilt werden, wobei die Aufgabenprofile der Arbeitnehmer gleich sind; der Arbeitsplatz kann aber auch funktionell aufgeteilt werden, so dass ein Arbeitnehmer funktional beschränkte Aufgaben übernimmt. Job-Sharing ist eine besondere Art des Teilzeitarbeitsverhältnisses (ArbR-Hdb. § 44). Sozialpolitisch ist der Job-Sharing-Vertrag umstr. (vgl. *Schaub*, Beck'sches Formularbuch, Muster III. F.9.).

[8] Das Direktionsrecht des Arbeitgebers besteht auch im Job-Sharing-Arbeitsverhältnis. Es ist lediglich eingeschränkt wegen der Arbeitszeitverteilung.

[9] Das Job-Sharing Verhältnis war wegen der häufig normierten Vertretungspflichten der Teilnehmer umstritten. Nach § 13 Abs. 1 Satz 2 TzBfG können die Teilnehmer an der Arbeitsplatzteilung grundsätzlich nicht von vornherein verpflichtet werden, sich wechselseitig zu vertreten. Sie können sich lediglich für den Einzelfall verpflichten, sich zu vertreten. Abweichend von diesem Rechtsgrundsatz kann von vornherein eine Vertretungspflicht für die Fälle eines dringenden betrieblichen Erfordernisses vereinbart werden. Aber auch in diesen Fällen besteht keine Vertretungspflicht, wenn dem Teilnehmer am System eine Vertretung unzumutbar ist. Man ist versucht, diese Rechtslage vertraglich zu fixieren, obwohl sie für die Vertragspartner wenig eindeutige Merkdaten enthält.

Schrader

II. Die Abstimmung hat so zu erfolgen, dass jeder Beteiligte im Laufe eines Zeitraumes von ..... (1 bis 3) Monaten seinen vertraglich vereinbarten Zeitanteil erreicht. Die Übertragung von Zeitguthaben oder Zeitschulden in den nächsten Abrechnungszeitraum ist nur bis zu zehn Stunden zulässig. Größere Zeitüberhänge werden nur mit Zustimmung des Arbeitgebers übertragen.

III. Können sich die am Job-Sharing beteiligten Arbeitnehmer über die Verteilung der Arbeitszeit nicht einigen, kann sie der Arbeitgeber verbindlich regeln.[10]

IV. Zeiten, in denen ein Arbeitnehmer den/die anderen am gleichen Arbeitsplatz Beschäftigten vertreten muss, weil diese(r) seine/ihre Pflichten nicht erfüllen oder wegen Urlaub, Krankheit oder aus anderen Gründen zeitweilig nicht erfüllen können, werden auf die vertraglich vereinbarte Arbeitszeit nicht angerechnet.[11]

V. Über- und Mehrarbeit liegt nur vor, wenn die vertraglich vereinbarte Arbeitszeit und die Vertretungsarbeitszeit die tarifliche Wochenarbeitszeit übersteigt.[12]

15 § 4 Arbeitszeit

Die vertragliche Arbeitszeit beträgt ..... Stunden in der Woche.[13]

16 § 5 Vergütung

I. Der Arbeitnehmer erhält eine Vergütung in Höhe von ..... € monatlich. Arbeitszeit, die der Arbeitnehmer auf Grund seiner Verpflichtung nach § 2 Abs. II dieses Vertrages leistet, wird zusätzlich vergütet. Die Vergütung beträgt ..... € je geleisteter Stunde.[14]

II. Die Auszahlung der Vergütung erfolgt am Schluss eines jeden Kalendermonats. Sind Vertretungszeiten abzurechnen, wird am Schluss des Kalendermonats ein angemessener Vorschuss gezahlt. Die Abrechnung und Auszahlung erfolgt bis zum 10. des Folgemonats.

17 § 6 Urlaub

(vgl. Muster § 2 RN 24)

18 § 7 Kündigung

I. Das Arbeitsverhältnis kann mit einer Frist von ..... zum ..... gekündigt werden.[15] Die Kündigungsfrist darf die Kündigungsfrist eines Vollzeitarbeitnehmers nicht unterschreiten. Verlängert sich die Kündigungsfrist auf Grund tariflicher oder

---

[10] Für den Fall, dass sich die einzelnen Job-Sharer nicht einigen, ist ein Rückfall des Direktionsrechts auf den Arbeitgeber vorgesehen.

[11] Die Vereinbarung fand sich früher regelmäßig. Sie ist weitgehend überflüssig, da nur in Ausnahmefällen eine Vertretungspflicht besteht.

[12] Die Vorschrift schließt weitgehend eine Über- und Mehrarbeitsstundenvergütung für Job-Sharer aus.

[13] Aus sozialversicherungsrechtlichen Gründen empfiehlt es sich, eine mehr als eine geringfügige Arbeitsleistung zu vereinbaren, damit im Falle von Arbeitslosigkeit, Kurzarbeit usw. der Job-Sharer auch sozialversicherungsrechtliche Leistungen in Anspruch nehmen kann.

[14] Die Vorschrift über die Auszahlung der Arbeitsvergütung ist vor allem durch sozialversicherungsrechtliche Gründe beeinflusst. Es muss dafür gesorgt werden, dass dem Arbeitnehmer ohne größere Unterbrechung kontinuierlich Vergütung zufließt, damit das Versicherungsverhältnis nicht unterbrochen wird (vgl. § 192 SGB V).

[15] Vgl. dazu § 13 TzBfG.

Schrader

gesetzlicher Vorschriften für den Arbeitgeber, so gelten diese Verlängerungen in gleicher Weise für den Arbeitnehmer.

II. Scheidet ein Arbeitnehmer, der an der Arbeitsplatzteilung beteiligt ist, aus dem System aus, so darf den übrigen Teilnehmern aus diesem Grund nicht gekündigt werden. Unberührt bleibt das Recht zur Erklärung einer Änderungskündigung. Arbeitnehmer und Arbeitgeber werden sich um eine Ersatzkraft bemühen.

III. Die verbleibenden Teilnehmer an der Arbeitsplatzteilung haben ein Vorschlagsrecht für eine Ersatzkraft. Der Arbeitgeber darf diese Vorschläge nur aus wichtigem Grund ablehnen.

§ 8 Anwendbares Recht
19

Für das Arbeitsverhältnis im Übrigen gelten die für den Betrieb geltenden tariflichen Vorschriften und Betriebsvereinbarungen in ihrer jeweiligen Fassung

....., den .....

Arbeitgeber   Arbeitnehmer

III. Vertrag über den gleitenden Übergang in den Ruhestand (§ 42 SGB VI)

(vgl. hierzu § 22 RN 2ff.)
20

IV. Altersteilzeitvertrag nach dem AltersteilzeitG

ArbR-Hdb. § 44 RN 122 ff.; *Schaub*, Beck'sches Formularbuch, Muster III. F. 10.

Zwischen der Firma .....,
21
                                    – im Folgenden Arbeitgeber genannt –

und

Herrn/Frau .....,

                                    – im Folgenden Arbeitnehmer genannt –

wird folgender Teilzeitarbeitsvertrag geschlossen.

§ 1 Beginn der Altersteilzeit
22

I. Der zwischen den Parteien bestehende Arbeitsvertrag wird unter Abänderung und Ergänzung nach Maßgabe der folgenden Arbeitsbedingungen als Altersteilzeitarbeitsverhältnis weitergeführt.

II. Das Teilzeitarbeitsverhältnis beginnt frühestens mit dem 55. Lebensjahr. Die Bundesagentur für Arbeit fördert durch Leistungen nach dem Altersteilzeitgesetz die Teilzeitarbeit älterer Arbeitnehmer, die ihre Arbeitszeit ab Vollendung des 55. Lebensjahres spätestens ab 31. 12. 2009 vermindern und damit die Einstellung eines sonst arbeitslosen Arbeitnehmers ermöglichen.[16]

---

[16] Es besteht eine Wiederbesetzungspflicht. Der freigewordene Arbeitsplatz muss mit einem sonst arbeitslosen Arbeitnehmer besetzt werden. Der Wiederbesetzer muss bei der Agentur für Arbeit arbeitsuchend gemeldet sein. Ausreichend ist die Wiederbesetzung durch einen Auszubildenden nach Maßgabe von § 3 Abs. 1 Nr. 2 b AltersteilzeitG. Dies gilt auch dann, wenn der Arbeitgeber auf Grund eines Tarifvertrages zur Übernahme des Auszubildenden verpflichtet ist. Das Gesetz knüpft an den freigewor-

23 § 2 Tätigkeit

Der Arbeitnehmer übt seine bisherige Tätigkeit im Rahmen der begrenzten Arbeitszeit weiter aus.

oder

Der Arbeitnehmer übt nach Beginn der Altersteilzeit eine Arbeit als ..... aus.[17]

24 § 3 Arbeitszeit[18]

I. Die Arbeitszeit beträgt im Durchschnitt eines Zeitraumes bis zu drei Jahren oder bei Regelung in einem Tarifvertrag auf Grund eines Tarifvertrages in einer Betriebsvereinbarung oder in einer Regelung der Kirchen und der öffentlich-rechtlichen Religionsgesellschaften im Durchschnitt eines Zeitraums von bis zu sechs Jahren die Hälfte der bisherigen wöchentlichen Arbeitszeit, wenn der Arbeitnehmer versicherungspflichtig beschäftigt im Sinne des SGB III ist.

II. Die Arbeitszeit wird wie folgt verteilt: .....

oder statt I. und II. das Blockmodell:

I. Der Arbeitnehmer erbringt vom ..... bis ..... die volle bisherige Arbeitszeit (max. drei Jahre); er wird danach vom ..... bis ..... von der Arbeitsleistung freigestellt.

III. (bzw. II.) Der Arbeitnehmer ist im Bedarfsfall verpflichtet, Mehr- und Überstunden zu leisten. Diese werden durch entsprechende Freizeitgewährung ausgeglichen.

25 § 4 Arbeitsentgelt[19]

I. Der Arbeitnehmer hat Anspruch auf Arbeitsentgelt entsprechend der reduzierten Arbeitszeit. Das Arbeitsentgelt wird fortlaufend auch in den Zeiten gezahlt, in denen der Arbeitnehmer vollständig mit der Arbeit aussetzt.

---

denen Arbeitsplatz an. Unzureichend ist, dass irgendein Arbeitsplatz besetzt wird. Die Bundesagentur für Arbeit räumt eine gewisse Flexibilität ein. Sie ist bereit, betriebsbedingte Änderungen zu akzeptieren, wenn der übergeordnete technische Zusammenhang aufrechterhalten bleibt. Dies ist der Fall, wenn im Zusammenhang der Wiederbesetzung sich der Arbeitsplatz ändert oder der neue Arbeitsplatz im Zusammenhang mit dem frei gewordenen steht oder Arbeitsplätze wegfallen, die zeitgleich an anderer Stelle entstehen. Möglich ist auch eine Umsetzungskette. Der freie Arbeitsplatz wird durch einen Betriebsangehörigen besetzt. Der letzte Arbeitsplatz muss aber nach Umsetzung mit einem Arbeitslosen besetzt werden.

[17] Die Varianten 1 und 2 wurden geschaffen, um den betriebswirtschaftlichen Bedürfnissen Rechnung zu tragen. Die Umsetzung in Altersteilzeit kann eine Anpassung des Arbeitsinhalts erfordern. Es kann dieselbe Arbeit weiterverrichtet werden oder eine andere Arbeit. Sie muss aber nach § 2 Abs. 1 NachwG charakterisiert werden.

[18] Die Arbeitszeit kann verhältnismäßig frei gestaltet werden. Es kann die wöchentliche Arbeitszeit herabgesetzt werden. Es kann nach § 2 Abs. 2 AltersteilzeitG auch ein Blockmodell geschaffen werden. Sofern ein Tarifvertrag oder eine sonstige kollektivrechtliche Vereinbarung dies vorsieht, kann in einem Ausgleichszeitraum von sechs Jahren der Arbeitnehmer drei Jahre arbeiten und drei Jahre ganz aussetzen. Die Versicherungspflicht in § 27 SGB III knüpft an die Geringfügigkeitsgrenze an. Entsprechendes gilt nach § 2 Abs. 2 AltersteilzeitG. Nach Muster § 3 Abs. II ist die Verteilung der Arbeitszeit zu regeln. Der Anspruch auf die Leistungen nach dem AltersteilzeitG ruht, wenn der Arbeitnehmer Mehrarbeit leistet, die den Umfang der Geringfügigkeitsgrenze übersteigt (§ 5 Abs. 4 AltersteilzeitG). Mehrarbeit muss mithin durch Freistellung von der Arbeit ausgeglichen werden.

[19] Setzt der Arbeitnehmer im Blockmodell mit der Arbeit aus, muss die Vergütung entsprechend der verkürzten Arbeitszeit weitergezahlt werden. Leistet der Arbeitnehmer vor, kann er praktisch seinem Arbeitgeber den Lohn kreditieren.

Schrader

II. Die Teilzeitarbeitsvergütung unterliegt dem Lohnsteuerabzug und der Beitragspflicht zur gesetzlichen Sozialversicherung. Die Beiträge werden vom Arbeitgeber einbehalten und an die zuständigen Stellen abgeführt.[20]

§ 5 Altersteilzeitleistungen[21]

26

I. Der Arbeitgeber ist verpflichtet, das Arbeitsentgelt für die Altersteilzeitarbeit um mindestens 20 v. H. dieses Arbeitsentgelts, jedoch auf mindestens 70 v. H. des um die gesetzlichen Abzüge, die bei Arbeitnehmern gewöhnlich anfallen, verminderten Vollzeitarbeitsentgelts aufzustocken.

II. Der Arbeitgeber entrichtet für den Arbeitnehmer Beiträge zur gesetzlichen Rentenversicherung mindestens in Höhe des Beitrags, der auf den Unterschiedsbetrag zwischen 90 v. H. des Vollzeitarbeitsentgelts im Sinne von § 6 Abs. 1 AltersteilzeitG und dem Arbeitsentgelt für die Altersteilzeit entfällt, höchstens jedoch bis zur Beitragsbemessungsgrenze.

III. Die vom Arbeitgeber erbrachten Aufstockungsleistungen sind nach den derzeitigen gesetzlichen Bestimmungen steuerfrei (§ 3 Nr. 28 EStG). Die Steuerfreiheit gilt auch für Beträge, die über die gesetzlich vorgesehenen Aufstockungsleistungen hinaus gehen und vom Arbeitgeber freiwillig gezahlt werden. Nach § 32 b Abs. 1 Nr. 1 g EStG unterliegt die Aufstockung dem Progressionsvorbehalt. Hieraus folgt, dass sie bei der Bestimmung des anzuwendenden Steuersatzes im Rahmen der Jahreseinkommensteuerveranlagung zum Einkommen hinzuzurechnen sind. Der so ermittelte Steuersatz wird beim steuerpflichtigen Einkommen angesetzt. Er wird gesondert auf der Lohnsteuerkarte ausgewiesen. Etwaige Nachforderungen auf Grund des Progressionsvorbehaltes gehen zum Nachteil des Arbeitnehmers.[22]

IV. Der Aufstockungsbetrag und der Zuschuss zur Rentenversicherung sind sozialversicherungsfrei.

§ 6 Krankheit[23]

27

I. Im Falle krankheitsbedingter Arbeitsunfähigkeit leistet der Arbeitgeber Entgeltfortzahlung im Krankheitsfall nach den gesetzlichen oder diesen vorgehenden Bestimmungen. Kein Anspruch besteht, wenn die Krankheit in eine arbeitsfreie Phase fällt, weil der Arbeitnehmer Altersteilzeitentgelt erhält.

---

[20] Die Regelung hat nur deklaratorische Bedeutung.

[21] Der Aufstockungsbetrag richtet sich nach § 3 Abs. 1 AltersteilzeitG. Der BMWA bestimmt die Mindestnettobeträge nach § 3 Abs. 1 Nr. 1 a AltersteilzeitG jeweils für ein Jahr durch RechtsVO. Die Aufstockungsleistungen sind nach § 3 Nr. 28 EStG steuerfrei und nach § 1 ArbeitsentgeltVO nicht sozialabgabenpflichtig. Sie werden dem Arbeitgeber unter den Voraussetzungen von § 4 AltersteilzeitG erstattet. Der Arbeitgeber kann höhere Aufstockungsleistungen erbringen. Diese sind nicht erstattungsfähig. Der Aufstockungsbetrag zur gesetzlichen Rentenversicherung folgt aus § 3 Abs. 1 Nr. 1 b AltersteilzeitG. Die Aufstockungsleistungen sind vom Arbeitgeber allein zu erbringen. Dagegen braucht er keine zusätzlichen Beiträge zur Kranken-, Arbeitslosen- oder Rentenversicherung zu erbringen. Die Aufstockungsleistungen zur Rentenversicherung werden erstattet. Das kann nach § 4 Abs. 2 AltersteilzeitG auch der Fall sein, wenn der Arbeitnehmer versicherungsfrei ist.

[22] Die Frage des Progressionsvorbehaltes ist in der Praxis höchst relevant und hat – da der Problembereich auch in vielen Personalabteilungen nicht bekannt war – zu einer Vielzahl von arbeitsgerichtlichen Verfahren geführt. Das BAG hat nunmehr entschieden, dass ein Anspruch auf Erstattung der wegen des Progressionsvorbehaltes gezahlten Steuern nicht besteht (vgl. BAG, Urteil v. 25. 6. 2002 – 9 AZR 155/01 – AP ATG § 3 Nr. 4).

[23] Der Arbeitgeber hat Entgeltfortzahlung im Krankheitsfall zu zahlen. Den gesetzlichen Vorschriften können tarifliche Regelungen vorgehen. Nach § 10 Abs. 2 AltersteilzeitG kann die Bundesanstalt für Arbeit erstattungspflichtig sein. Dem versucht die Vorschrift Rechnung zu tragen.

II. Bezieht der Arbeitnehmer, für den die Bundesagentur für Arbeit Leistungen nach § 4 AltersteilzeitG erbracht hat, Krankengeld, Versorgungskrankengeld, Verletztengeld oder Übergangsgeld und liegt der Bemessung dieser Leistungen ausschließlich die Altersteilzeit zugrunde, erbringt die Bundesagentur für Arbeit anstelle des Arbeitgebers die Aufstockungsleistungen nach § 3 Abs. 1 AltersteilzeitG in Höhe der Erstattungsleistungen nach § 4 AltersteilzeitG. Erbringt der Arbeitgeber die Leistungen, so tritt der Arbeitnehmer seine Ansprüche in Höhe der erbrachten Leistungen gegen die Bundesagentur für Arbeit ab.

28 § 7 Ruhen und Erlöschen des Anspruchs[24]

I. Der Anspruch auf Altersteilzeitleistungen ruht während der Zeit, in der der Arbeitnehmer neben seiner Altersteilzeit Beschäftigungen oder selbstständige Tätigkeiten ausübt, die die Geringfügigkeitsgrenze des § 8 SGB IV überschreiten oder auf Grund solcher Beschäftigungen eine Lohnersatzleistung erhält. Beschäftigungen oder selbstständige Tätigkeiten bleiben unberücksichtigt, soweit der altersteilzeitarbeitende Arbeitnehmer sie bereits innerhalb der letzten fünf Jahre vor Beginn der Altersteilzeitarbeit ständig ausgeübt hat (§ 5 Abs. 3 AltersteilzeitG).

II. Der Anspruch auf Altersteilzeitleistungen erlischt, wenn er mindestens 150 Tage geruht hat. Mehrere Ruhenszeiträume werden zusammengerechnet (§ 5 Abs. 3 Satz 2 AltersteilzeitG).

III. Im Übrigen gelten die Ruhens- und Erlöschenstatbestände des § 5 AltersteilzeitG.

29 § 8 Verbot der Nebenbeschäftigung[25]

I. Der Arbeitnehmer verpflichtet sich, keine Beschäftigungen oder selbstständige Tätigkeiten auszuüben, die die Geringfügigkeitsgrenze des § 8 SGB IV übersteigen. Unberücksichtigt bleiben Beschäftigungsverbote nach § 7 Abs. I Satz 2 dieses Vertrages.

II. Der Arbeitnehmer ist verpflichtet, dem Arbeitgeber jeden Schaden zu ersetzen, der aus der Verletzung der Vorschriften des AltersteilzeitG erwächst.

30 § 9 Mitwirkungspflichten[26]

I. Der Arbeitnehmer hat Änderungen der ihn betreffenden Verhältnisse, die für die Leistungen, insbesondere die Aufstockungsleistungen erheblich sind, dem Arbeitgeber unverzüglich mitzuteilen.

II. Der Arbeitgeber hat ein Zurückbehaltungsrecht, wenn der Arbeitnehmer seinen Mitwirkungspflichten nicht nachkommt, oder vorsätzlich oder grob fahrlässig seinen Mitwirkungspflichten nicht nachkommt.

III. Unrechtmäßig erlangte Leistungen hat der Arbeitnehmer zu erstatten.

---

[24] Die Vorschrift soll gewährleisten, dass die Erstattungsleistungen auch tatsächlich erbracht werden und nicht durch den Arbeitnehmer durch Missbrauch des Sozialleistungssystems unterlaufen werden können (vgl. § 5 AltersteilzeitG).

[25] Die Verletzung der Vorschriften des AltersteilzeitG kann den Erstattungsanspruch des Arbeitgebers gefährden. Die Vorschrift soll insoweit dem Arbeitnehmer das Risiko überbürden. Die Grundsätze der Haftungsbeschränkung des Arbeitnehmers werden kaum eingreifen. Allerdings kann damit gerechnet werden, dass dem Arbeitgeber Aufklärungspflichten überbürdet werden. Insoweit kann es sich empfehlen, dem Arbeitnehmer Mitteilungspflichten aufzuerlegen: Der Arbeitnehmer ist verpflichtet, bei Aufnahme von Nebentätigkeiten den Arbeitgeber zu unterrichten über solche Umstände, die dem Bezug von Altersteilzeitleistungen entgegenstehen können.

[26] Die Mitwirkungspflichten ergeben sich aus § 11 AltersteilzeitG.

Schrader

§ 10 Beendigung des Altersteilzeitverhältnisses[27] 31

I. Das Altersteilzeitverhältnis endet:

1. mit dem .....

2. mit Ablauf des Kalendermonats, in dem der Arbeitnehmer die Altersteilzeit beendet oder das 65. Lebensjahr vollendet hat.

3. mit Ablauf des Kalendermonats vor dem Kalendermonat, für den der Arbeitnehmer eine Rente wegen Alters oder, wenn er von der Versicherungspflicht in der gesetzlichen Rentenversicherung befreit ist, eine vergleichbare Leistung einer Versicherungs- oder Versorgungseinrichtung oder eines Versicherungsunternehmens beanspruchen kann; dies gilt nicht für Renten, die vor dem für den Versicherten maßgebenden Rentenalter in Anspruch genommen werden können.

4. mit Beginn des Kalendermonats, für den der Arbeitnehmer eine Rente wegen Alters, eine Knappschaftsausgleichsleistung, eine ähnliche Leistung öffentlich rechtlicher Art oder, wenn er von der Versicherungspflicht in der gesetzlichen Rentenversicherung befreit ist, eine vergleichbare Leistung einer Versicherungs- oder Versorgungseinrichtung oder eines Versicherungsunternehmens bezieht.

II. Das Recht zur Kündigung des Altersteilzeitvertrages bleibt unberührt.

§ 11 Auslegung[28] 32

I. Die Auslegung des Vertrages richtet sich nach der jeweiligen Fassung des AltersteilzeitG.

II. Ist eine Vorschrift dieses Vertrages unwirksam oder erbringt die Bundesagentur für Arbeit keine Leistungen, verpflichten sich die Vertragspartner den Vertrag so anzupassen, damit der Zweck des Vertrages erreicht werden kann.

§ 12 Vertragsänderungen[29] 33

I. Soweit keine besonderen Abreden in diesem Vertrag getroffen worden sind, besteht der Arbeitsvertrag vom ..... weiter.

II. Mündliche Nebenabreden bestehen nicht. Änderungen oder Ergänzungen dieses Vertrages bedürfen der Schriftform.

....., den .....

Arbeitgeber   Arbeitnehmer

---

[27] Nach § 8 Abs. 3 AltersteilzeitG ist eine Vereinbarung zwischen Arbeitnehmer und Arbeitgeber über die Altersteilzeit, die die Beendigung des Arbeitsverhältnisses ohne Kündigung zu einem Zeitpunkt vorsieht, in dem der Arbeitnehmer Anspruch auf eine Rente nach Altersteilzeit hat, zulässig. Die Beendigungsgründe sind so ausgestaltet, dass der Arbeitnehmer das Risiko der aus seiner Sphäre stammenden Gründe trägt (§ 5 Abs. 1 AltersteilzeitG). Dagegen kann das Wiederbesetzungsrisiko nicht überbürdet werden (§ 5 Abs. 2 AltersteilzeitG). Die Kündigung des Altersteilzeitvertrages ist zulässig. Dies folgt schon daraus, dass das alte Arbeitsverhältnis fortgesetzt wird. Ist Altersteilzeit nach dem Blockmodell gewählt, ist die Kündigung nach Treu und Glauben ausgeschlossen, wenn der Arbeitnehmer sich in der freien Phase befindet.

[28] Wegen der möglichen Gesetzesänderungen soll die Anpassung des Vertrages erreicht werden.

[29] Es handelt sich um die üblichen salvatorischen Klauseln. Vertragsänderungen müssen schriftlich abgeschlossen werden, da die Bundesagentur für Arbeit am Vertrag beteiligt ist.

Schrader

V. Teilzeitarbeitsvertrag für Journalisten unter Berücksichtigung der Abrufarbeit[30]

34 Zwischen der Firma ....,

– im Folgenden Arbeitgeber genannt –

und

Herrn/Frau ....,

– im Folgenden Arbeitnehmer genannt –

wird folgender Teilzeitarbeitsvertrag geschlossen.

35 § 1 Gegenstand des Vertrages

Der Arbeitnehmer wird mit Wirkung vom .... als .... im Teilzeitarbeitsverhältnis angestellt. Der Arbeitnehmer wird vornehmlich in .... beschäftigt.

36 § 2 Vergütung

I. Der Arbeitgeber garantiert dem Arbeitnehmer eine jährliche Gesamtvergütung in Höhe von .... € brutto. Die Gesamtvergütung wird in 12 gleichen Monatsraten ausgezahlt. Erhöhen oder vermindern sich die Bezüge eines Arbeitnehmers der Gehaltsgruppe .... des Tarifvertrages ...., so erhöht oder vermindert sich die Gesamtvergütung entsprechend.

II. Neben der in Abs. I genannten Vergütung erhält der Arbeitnehmer einen weiteren Teilbetrag in Höhe einer halben Monatsrate am 1. 6. und 1. 12. als zusätzliches Urlaubs- bzw. Weihnachtsgeld.[31]

III. Von der vorgenannten Vergütung werden entsprechend den Vorschriften der jeweiligen Gesetze und Verordnungen Lohnsteuern und Sozialversicherungsbeiträge abgezogen. Der Arbeitnehmer hat nach Maßgabe von § 257 SGB V Anspruch auf den Arbeitgeberzuschuss zur Krankenversicherung.

37 § 3 Arbeitsleistung

I. Der Arbeitnehmer ist dem Arbeitgeber jährlich/monatlich/wöchentlich zu .... Monaten/Wochen/Tagen Arbeitsleistung verpflichtet. Die vom Arbeitnehmer zu erbringenden Leistungen werden vom Arbeitgeber abgerufen.[32] Der Ar-

---

[30] Der Arbeitsvertrag ist in Anlehnung an den beim ZDF üblichen Arbeitsvertrag verfasst. Verträge mit Journalisten bei Tageszeitungen sind i. d. R. nach Mustern der Verbände unter Berücksichtigung des Tarifrechts verfasst. Er muss im Übrigen dem NachwG genügen.

[31] Zur Frage der zeitanteiligen Zahlung vgl. BAG, Urteil v. 8. 11. 1978 – 5 AZR 358/77 – AP BGB § 611 Gratifikation Nr. 100.

Alternative:

„Im Ein- und/oder Austrittsjahr aus dem Arbeitsverhältnis erhält der Arbeitnehmer das Urlaubsgeld entspr. der zeitanteiligen Beschäftigung. Dasselbe gilt für das Weihnachtsgeld."

oder

„Im Ein- und/oder Austrittsjahr entfällt der Anspruch, wenn der Arbeitnehmer sich am Fälligkeitstermin nicht im Arbeitsverhältnis befindet."

[32] Das hier verwandte Muster der Abrufarbeit wird durch § 14 TzBfG geregelt. Nach § 14 TzBfG muss im Falle der Abrufarbeit zugleich eine bestimmte Dauer der Arbeitszeit festgelegt werden. Dies kann eine jährliche, monatliche, wöchentliche Arbeitszeit sein (vgl. statt aller *Lorenz* NZA 1985, 473; *v. Hoyningen-Huene* NJW 1985, 1801, (1804)). Wird insoweit keine Vereinbarung getroffen, so gilt eine wöchentliche Arbeitszeit von 10 Stunden als vereinbart. Hieran wird bei einem stoßweisen Einsatz selten ein Interesse bestehen.

beitnehmer ist zur Arbeitsleistung nur verpflichtet, wenn der Arbeitgeber ihm die Lage der Arbeitszeit jeweils mindestens vier Tage im Voraus mitteilt. Die Einzelleistungen werden mit dem bei dem Arbeitgeber geltenden Honorarrahmen bewertet und die jeweilige Vergütung vereinbart. Bis zum 28. 2. eines jeden Jahres, spätestens jedoch einen Monat nach Beendigung des Arbeitsverhältnisses, erhält der Arbeitnehmer eine Gesamtaufstellung der noch nicht abschließend abgerechneten Leistungen.

II. Übersteigt der Wert der erbrachten Gesamtleistungen die Jahresgesamtvergütung des § 2, so erfolgt eine entsprechende Abgeltung. Übersteigt der Wert der erbrachten Gesamtleistungen in drei aufeinander folgenden Jahren die Jahresgesamtvergütung um ..... (30) v. H., so erfolgt eine entsprechende Anpassung.

III. Ist der Arbeitnehmer aus in seiner Person liegenden Gründen außerstande, seine Leistung zu erbringen, so vermindert sich sein Vergütungsanspruch entsprechend. Die Minderung wird mit zukünftigen Monatsraten verrechnet. Hiervon unberührt bleibt der Anspruch auf Entgeltfortzahlung im Krankheitsfalle und bei Urlaubserteilung.

IV. Erbringt der Arbeitnehmer Leistungen außerhalb des in § 1 genannten Rahmens, so werden diese unabhängig von diesem Vertrag vergütet. Dasselbe gilt für die Mitwirkung des Arbeitnehmers an Auftragsproduktionen des Arbeitgebers.

§ 4 Anderweitige Berufstätigkeit   38

I. Dem Arbeitnehmer ist unbenommen, eine anderweitige berufliche Tätigkeit auszuüben. Er ist jedoch verpflichtet, sie dem Arbeitgeber ohne Nennung des Namens des weiteren Arbeitgebers anzuzeigen. Der Arbeitnehmer darf die weitere berufliche Tätigkeit nur übernehmen, wenn der Arbeitgeber ihm nicht binnen Wochenfrist mitteilt, dass ihn der Arbeitgeber nicht für den gleichen Zeitraum in Anspruch nehmen will.[33]

II. Ist der Arbeitnehmer während der Dauer der anderweitigen beruflichen Tätigkeit nicht in der Lage, für den Arbeitgeber zu arbeiten, so mindert sich der Vergütungsanspruch auf 50 v. H. für jeden Tag der Verhinderung.

III. Die Parteien werden eine Sondervereinbarung treffen, wenn der Arbeitnehmer für eine längere Dauer eine anderweitige Beschäftigung aufnimmt, durch die er an der Arbeitsleistung für den Arbeitgeber gehindert ist.

IV. Die Mitwirkung des Arbeitnehmer in Werbesendungen nachfolgender Fernseh- und Rundfunkanstalten ..... bedarf der Zustimmung des Arbeitgebers.

§ 5 Urlaub   39

I. Der Arbeitnehmer hat Anspruch auf 24 Werktage Erholungsurlaub unter Fortzahlung der regelmäßigen Bezüge. Die urlaubsbedingte Arbeitsverhinderung

---

Nach § 12 TzBfG muss der Abruf dem Arbeitnehmer jeweils vier Tage im Voraus mitgeteilt werden. Andernfalls erwächst für den Arbeitnehmer ein Leistungsverweigerungsrecht.

[33] Die Bestimmung belastet den Arbeitnehmer erheblich, weil er nun schwer eine andere Tätigkeit aufnehmen kann. Sie findet sich häufig. Es scheint rechtlich bedenklich, sich den Vorrang vor einem anderen Arbeitgeber des Teilzeitbeschäftigten zu sichern. Aus der Wertung des Gesetzes, die Abrufarbeit vier Tage im Voraus anzukündigen, wird sich der Rechtsgrundsatz entwickeln lassen, dass der Arbeitnehmer frei ist, eine andere Beschäftigung einzugehen.

wird mit $^1/_{12}$ der Gesamtvergütung auf die zu erbringende Jahres-Gesamtleistung angerechnet.

II. Der Urlaubszeitpunkt wird mit dem Arbeitgeber abgestimmt.

40 § 6 Krankheit

Im Falle der durch Krankheit bedingten Arbeitsunfähigkeit hat der Arbeitnehmer Anspruch auf Fortzahlung der Bezüge für die Dauer von sechs Wochen. Jeder Tag der krankheitsbedingten Verhinderung wird mit $^1/_{250}$ der Gesamtvergütung als erbrachte Leistung angerechnet.

41 § 7 Altersversorgung

Sofern der Arbeitnehmer Mitglied bei der Pensionskasse für freie Mitarbeiter der Deutschen Rundfunkanstalten VVaG ist, übernimmt der Arbeitgeber eine den Beiträgen des Arbeitnehmer entsprechende Beitragspflicht.

42 § 8 Beendigung des Arbeitsverhältnisses

I. Das Teilzeitarbeitsverhältnis ist ordentlich kündbar

a) innerhalb der ersten drei Jahre der Dienstzeit mit sechs Wochen zum Quartalsschluss,
b) innerhalb des 4. und 5. Jahres der Dienstzeit drei Monate zum Quartalsschluss,
c) ab dem 6. Jahr der Dienstzeit sechs Monate zum Quartalsschluss,
d) ab dem 10. Jahr der Dienstzeit sieben Monate zum Quartalsschluss.
Das Recht zur außerordentlichen Kündigung bleibt unberührt.

II. Jede Kündigung bedarf zu ihrer Wirksamkeit der Schriftform.

43 § 9 Anzuwendendes Recht

Für das Arbeitsverhältnis im Übrigen gelten die für den Arbeitgeber in ihrer jeweiligen Fassung geltenden Tarifverträge sowie die allgemeinen Arbeitsvertragsbedingungen für . . . . .

. . . . ., den . . . . .

Arbeitnehmer   Arbeitgeber

§ 16. Aus- und Fortbildungsverträge

I. Vertrag mit einem Praktikanten[1]

1 Zwischen
der Firma . . . . .
und
dem Studenten . . . . . geb. am . . . . . wohnhaft in . . . . .

wird nachfolgender Praktikantenvertrag geschlossen.

---

[1] Vgl. ArbR-Hdb. § 16 RN 13 ff.

§ 1 Beginn   2

Der Student wird in der Zeit vom ..... bis ..... gem. dem Ausbildungsplan der Fachhochschule ..... als Praktikant zum Erwerb von Erfahrungen und Kenntnissen im Fachbereich ..... im Betrieb eingesetzt.

§ 2 Vergütung   3

I. Der Student erhält eine monatlich nachträglich fällig werdende Vergütung in Höhe von ..... €.

II. Der Urlaub beträgt ..... Tage im Jahr.

III. Die tägliche Ausbildungszeit beträgt .....

§ 3 Verschwiegenheit   4

Der Student ist verpflichtet, gegenüber Unbefugten über alle bekannt gewordenen betrieblichen Vorgänge innerhalb und außerhalb des Betriebes Stillschweigen zu bewahren.

§ 4 Ausbildungsverpflichtung Firma   5

Die Firma verpflichtet sich im Rahmen der betrieblichen Möglichkeiten,

1. die nach dem Ausbildungsplan erforderlichen Erfahrungen und Kenntnisse zu vermitteln. Hiervon gelten jedoch folgende Ausnahmen: .....;
2. auf Verlangen des Praktikanten mit der Fachhochschule bzw. deren Beauftragten in allen die Ausbildung betreffenden Fragen zusammenzuarbeiten;
3. die zum Besuch oder Kontakt mit der Fachhochschule notwendige Freizeit zu gewähren;
4. nach Beendigung des Praktikantenverhältnisses einen Tätigkeitsnachweis zu erstellen.

§ 5 Ausbildungsverpflichtung Student   6

Der Student verpflichtet sich,

1. den Ausbildungsplan einzuhalten und die Ausbildung gewissenhaft zu betreiben;
2. die übertragenen Arbeiten gewissenhaft auszuführen und die gegebenen Weisungen zu befolgen;
3. die Betriebsordnung und die Unfallverhütungsvorschriften einzuhalten sowie die betrieblichen Gegenstände sorgfältig zu bewahren und pfleglich zu behandeln;
4. die vorgeschriebenen Tätigkeitsberichte zu fertigen und die tägliche Ausbildungszeit einzuhalten;
5. im Falle der Verhinderung den Betrieb unverzüglich zu benachrichtigen und im Falle der Erkrankung binnen 3 Tagen eine Arbeitsunfähigkeitsbescheinigung vorzulegen.

§ 6 Beendigung   7

I. Das Praktikantenverhältnis beginnt mit Wirkung vom ..... Während des ersten Monats des Einsatzes kann das Praktikantenverhältnis jederzeit mit eintägiger Frist ohne Angabe von Gründen gekündigt werden.

Schrader

II. Das Praktikantenverhältnis endet nach Ablauf der Praktikantenzeit ohne besondere Kündigung.

III. Während der Dauer der Praktikantenzeit kann das Rechtsverhältnis nur vom Studenten gekündigt werden. Die Kündigung bedarf der Schriftform unter Angabe von Kündigungsgründen. Die Kündigungsfrist beträgt 4 Wochen.[2]

IV. Das Recht zur außerordentlichen Kündigung des Praktikantenverhältnisses bleibt für beide Teile unberührt. Die Kündigung hat schriftlich unter Angabe der Gründe zu erfolgen.

8 § 7 Sonstiges

.....

9 § 8 Schriftform

Mündliche Nebenabreden bestehen nicht. Änderungen oder Ergänzungen des Vertrages bedürfen zu ihrer Wirksamkeit der Schriftform.

....., den .....

Student   Arbeitgeber

II. Fortbildungsvertrag[3]

10 Zwischen

der Firma .....

und

dem Arbeitnehmer .....

wird folgender Fortbildungsvertrag geschlossen.

11 § 1 Fortbildungskurs

I. Der Arbeitnehmer nimmt vom ..... bis ..... an einem Fortbildungskursus für ..... teil.

II. Die Parteien sind sich darüber einig, dass die Teilnahme auf Wunsch der Firma/auf eigenen Wunsch des Arbeitnehmers im Interesse seiner beruflichen Fort- und Weiterbildung erfolgt.

12 § 2 Freistellung[4]

I. Die Firma wird den Arbeitnehmer für die Dauer der Fortbildungsveranstaltung ohne Fortzahlung der Bezüge von der Arbeit freistellen.

oder

I. Die Firma wird den Arbeitnehmer unter Fortzahlung der Bezüge von der Arbeit freistellen. Die Vergütung wird entsprechend dem Durchschnittsverdienst der letzten 3 Monate berechnet.

---

[2] Vgl. § 19 BBiG; dazu ArbR-Hdb. § 175.
[3] Vgl. im Einzelnen ArbR-Hdb. § 176 RN 1 ff. Fortbildung ist auch ein Meisterkurs.
[4] Von der Freistellung unberührt bleiben Urlaubsansprüche des Arbeitnehmers (vgl. ArbR-Hdb. § 176 RN 10).

Schrader

oder

I. Die Firma erteilt dem Arbeitnehmer vereinbarungsgemäß für die Dauer der Fortbildungsveranstaltung Erholungsurlaub.[5]

oder

I. Die Firma gewährt dem Arbeitnehmer vereinbarungsgemäß für die Dauer der Fortbildung eine Pauschale in Höhe von ..... €.

II. Die Lehrgangskosten, bestehend aus Unterrichtsgebühr, Übernachtungs- und Tagungskosten sowie der An- und Abreisekosten übernimmt die Firma ganz/zur Hälfte (usw.). Die Erstattung erfolgt nur gegen Beleg.

III. Ein Kostenerstattungsanspruch besteht nicht, soweit die Agentur für Arbeit oder ein sonstiger Sozialversicherungsträger Kosten übernimmt.

§ 3 Rückzahlungsvereinbarung[6]   13

I. Hat die Firma unter Fortzahlung der Bezüge die vollen Lehrgangskosten übernommen, so ist der Arbeitnehmer zur Rückzahlung der Bezüge und der Lehrgangskosten verpflichtet, wenn er das Arbeitsverhältnis kündigt oder wenn es seitens der Firma aus einem wichtigen Grund gekündigt wird. Für je 6 Monate der Beschäftigung nach dem Ende des Lehrgangs werden $^1/_4$ der Rückzahlungsbeträge erlassen.

II. Fällige Rückzahlungsforderungen werden gegen noch ausstehende Restforderungen aufgerechnet.

§ 4 Sonstiges   14

.....

§ 5 Gerichtsstand   15

(vgl. Muster § 2 RN 36)

....., den .....

Firma   Arbeitnehmer

III. Ausbildungsvertrag für Auszubildende bzw. Lehrlinge

Die Kammern oder sonst für die Ausbildung zuständigen öffentlich-rechtlichen Körper- 16 *schaften (vgl. ArbR-Hdb. § 173 RN 18 ff.) geben regelmäßig Musterverträge heraus, die zweckmäßig verwandt werden.*[7]

---

[5] Eine Erteilung von Erholungsurlaub ist nur möglich, wenn die Freistellung auf Wunsch des Arbeitnehmers erfolgt.

[6] Zu Bedenken gegen die Zulässigkeit von Rückzahlungsvereinbarungen vgl. *Preis*, Der Arbeitsvertrag, 2002, II A 120, RN 12 ff. m. w. N.

[7] Die Eintragung in das Berufsausbildungsverzeichnis oder in die Lehrlingsrolle kann nicht von der Verwendung der Musterverträge abhängig gemacht werden.

IV. Vertrag für einen Volontär[8]

17 Zwischen dem Unternehmen .....

– im Folgenden Unternehmen –

und

Frau/Herrn ..... geb. ..... wohnhaft in .....

– im Folgenden Volontärin/Volontär –

wird ein Volontärvertrag geschlossen:

18 **§ 1 Vertragszweck**

I. Das Volontärverhältnis ist ein befristetes Ausbildungsverhältnis. Es endet mit Ablauf der Ausbildungszeit ..... Nach Ablauf der Ausbildungszeit besteht kein Anspruch auf Übernahme in ein Arbeitsverhältnis.

II. Ausbildungszeit ist die Zeit von ..... bis .....

III. Ausbildungsort ist .....

19 **§ 2 Allgemeine Beschreibung der Tätigkeit**

I. Die/Der Volontär(in) erhält die Möglichkeit zur Ausbildung als ..... Sie/Er ist verpflichtet, die Ausbildung zu betreiben und die gebotenen Fort- und Weiterbildungen zu nutzen.

II. Die/Der Volontär(in) ist verpflichtet, die betriebliche Ordnung zu wahren, die erteilten Weisungen zu beachten und sich für die Interessen des Unternehmens einzusetzen.

20 **§ 3 Ausbildungsvergütung[9]**

I. Die/Der Volontär(in) erhält eine monatliche Ausbildungsvergütung in Höhe von ..... €.

II. Die Ausbildungsvergütung wird am Ende des Monats bargeldlos auf ein anzugebendes Konto gezahlt.

21 **§ 4 Ausbildungszeit**

I. Die wöchentliche Ausbildungszeit beträgt ..... Stunden.

II. Beginn und Ende der Ausbildung richten sich nach den betrieblichen Regelungen.

22 **§ 5 Urlaub**

I. Die/Der Volontär(in) erhält einen Jahresurlaub von ..... Tagen.

II. Im Übrigen findet auf den Urlaubsanspruch das Bundesurlaubsgesetz/der Tarifvertrag ..... Anwendung.

---

[8] Vgl. ArbR-Hdb. § 16 RN 7 f. Bei den Medien finden sich häufig tarifliche Musterverträge.

[9] Regelmäßig wird eine Ausbildungsvergütung geschuldet. Wird ein Redaktionsvolontär nicht ausgebildet, sondern als Redakteur eingesetzt, soll er in entsprechender Anwendung von § 612 BGB Anspruch auf die volle Vergütung haben (LAG Thüringen, Urteil v. 6. 6. 1996 – 4 Sa 1083/94 – NZA 1997, 943).

§ 6 Dienstverhinderung 23

I. Die/Der Volontär(in) ist im Falle einer Dienstverhinderung verpflichtet, diese unverzüglich dem Unternehmen mitzuteilen.

II. Im Falle der auf Krankheit beruhenden Arbeitsunfähigkeit ist vom ersten Tage eine ärztliche Arbeitsunfähigkeitsbescheinigung vorzulegen.[10]

§ 7 Verschwiegenheitpflicht 24

(vgl. Muster § 2 RN 25)

§ 8 Beendigung 25

I. Das Volontärverhältnis beginnt mit der Probezeit. Die Probezeit beträgt drei Monate.

II. Während der Probezeit kann das Volontärverhältnis jederzeit ohne Einhaltung einer Kündigungsfrist gekündigt werden.

III. Nach Ablauf der Probezeit gelten beiderseits die Kündigungsfristen des § 622 BGB.

IV. Ein Schadensersatzanspruch wegen vorzeitiger Beendigung des Volontärverhältnisses ist ausgeschlossen.[11]

§ 9 Schlussbestimmungen 26

I. Vertragsänderung, Nebenabreden, Schriftform und salvatorische Klauseln.

II. Anzuwendendes Recht.

....., den .....
Unternehmen   Volontär

V. Ausbildungsvertrag für wissenschaftliche Tätigkeit

Zwischen dem Unternehmen 27
                                    – im Folgenden Unternehmen –
und
dem Auszubildenden Frau/Herrn .....
                                    – im Folgenden Auszubildender –

wird folgender Vertrag geschlossen:

§ 1 Gegenstand des Vertrages 28

Gegenstand des Vertrages ist die wissenschaftliche (technische) und betriebliche, praxisorientierte Ausbildung nach dem dualen Prinzip zum ..... an der Berufsakademie und dem ausbildenden Unternehmen.

---

[10] Es ist zulässig zu vereinbaren, dass die Arbeitsunfähigkeitsbescheinigung bereits am ersten Tag vorgelegt werden muss (BAG, Urteil v. 1. 10. 1997 – 5 AZR 726/96 – AP EntgeltFG § 5 Nr. 5).
[11] In § 19 BBiG ist auf §§ 13 ff. BBiG verwiesen. Der Ausschluss des Schadensersatzspruches ist möglich (§ 19 BBiG).

29 § 2 Ausbildungszeit

I. Die Ausbildungszeit beträgt ..... Jahre.

II. Die Ausbildung beginnt am ..... und endet am ..... mit der Diplomprüfung zum ..... an der Berufsakademie.

30 § 3 Ausbildungsgang

I. Die Ausbildung gliedert sich in zwei Abschnitte:
Der erste Abschnitt umfasst zwei Jahre oder vier Semester. Er enthält die betriebspraktische und theoretische Vorbereitung auf die Zwischenprüfung. Die betriebspraktische Ausbildung richtet sich nach der Ausbildungsordnung für die Ausbildung zum ..... Die theoretische Ausbildung richtet sich nach der Ausbildungsordnung der Berufsakademie .....

II. Nach einer Vereinbarung mit der Industrie- und Handelskammer kann der Auszubildende bei ordnungsgemäßer Teilnahme an allen Ausbildungsmaßnahmen und fristgemäßer Anmeldung an einer Zwischenprüfung teilnehmen.

III. Der Antrag zur Teilnahme an der Zwischenprüfung steht im Ermessen des Auszubildenden. Er muss von dem Auszubildenden gestellt werden. Dem Antrag ist ein Ausbildungsnachweis beizufügen, der vom Ausbildungsbetrieb gegengezeichnet wird.

31 § 4 Zweiter Ausbildungsabschnitt

Der zweite Ausbildungsabschnitt umfasst ein Jahr oder zwei Semester. Er enthält eine vertiefende betriebspraktische Ausbildung und ein Vertiefungsstudium zur Vorbereitung auf die Prüfung. Das Ausbildungsverhältnis endet mit Ablauf der Ausbildungszeit oder bei vorzeitiger Prüfung mit der erfolgreichen Prüfung.

32 § 5 Ausbildungsplan

I. Die betriebliche Ausbildung erfolgt auf der Grundlage eines Ausbildungsplanes, der sich am Ausbildungsplan für ..... orientiert.

II. Folgende Ausbildungsmaßnahmen werden außerhalb des Betriebes durchgeführt:
1. .....
2. .....

33 § 6 Ausbildungskosten

Es empfiehlt sich, den Vertrag nach einem normalen Musterarbeitsvertrag zu ergänzen.

....., den .....
Unternehmen   Auszubildender

§ 17. Arbeitnehmerüberlassungsvertrag[1,2]

Bertram, Die Reform des Arbeitnehmerüberlassungsgesetzes, FA 2003, 200 ff.; *Böhm,* Zeitenwende bei der Zeitarbeit: Start mit Irritationen, NZA 2003, 828 ff.; *Hanau,* Einzelfragen und -antworten zu den beiden ersten Gesetzen für moderne Dienstleistungen am Arbeitsmarkt, ZIP 2003, 1573 ff.; *Bauer/Krets,* Gesetz für moderne Dienstleistungen am Arbeitsmarkt, NJW 2003, 537 ff.; *Gaul/Otto,* Gesetz für moderne Dienstleistungen am Arbeitsmarkt – Änderungen durch den Vermittlungsausschuss, DB 2003, 94; *Lembke,* Die „Hartz-Reform" des Arbeitnehmerüberlassungsgesetz, BB 2003, 98 ff.; *Hümmerich/Holthausen/Welslau,* Arbeitsrechtlich im Ersten Gesetz für moderne Dienstleistungen am Arbeitsmarkt, NZA 2003, 7 ff.; *Wank,* Der Richtlinienvorschlag der EG-Kommission zur Leiharbeit und das „Erste Gesetz für moderne Dienstleistungen am Arbeitsmarkt", NZA 2003, 14 ff.; *Rieble/Klebeck,* Lohngleichheit für Leiharbeit, NZA 2003 23 ff.; *Bauer,* Sachgrundlose Altersbefristung nach den „Hartz-Gesetzen" NZA 2003, 30 ff.; *Grimm/Brock,* Das Gleichbehandlungsgebot nach dem Arbeitnehmerüberlassungsgesetz und die Mitbestimmungsrechte des Betriebsrates der Entleiherbetriebe, DB 2003, 1113 ff.; *Schüren/Behrend,* Arbeitnehmerüberlassung nach der Reform – Risiken der Neuen Freiheit, NZA 2003, 521 ff.; *Thüsing,* Provisionsvereinbarungen bei Arbeitsvermittlung nach Arbeitnehmerüberlassung, DB 2003, 2122 ff.; *Waas,* Das Spannungsverhältnis von Tarifvertrag und Gesetz beim Grundsatz der Entgeltgleichheit im neuen AÜG, BB 2003, 2175 ff.

---

[1] Nach zurzeit geltendem Recht unterliegen die Arbeitsverträge der Leiharbeitnehmer nicht mehr den strengen Vorgaben des § 11 Abs. 1 AÜG a. F. Grundsätzlich sind die Bedingungen des Nachweisgesetzes einzuhalten, wie bei anderen Arbeitsverträgen auch. Geblieben ist die Notwendigkeit der näheren Angabe der Erlaubnis zur Arbeitnehmerüberlassung.

Besonderheiten gelten für die Arbeitsbedingungen, insbesondere die Vergütung (§ 3 Abs. 1 Nr. 3 AÜG). Soweit eine vom Grundsatz der gleichen wesentlichen Arbeitsbedingungen abweichende Regelung in einem Tarifvertrag möglich sind (§ 3 Abs. 1 Nr. 3 AÜG), sind solche Tarifverträge bereits verwendet. Nähere Informationen zu diesen Tarifverträgen finden sich auf der Homepage des Bundesverbandes Zeitarbeit Personal-Dienstleistungen auf Zeit e. V. (BZA) unter www.bza.de.

Der Verleiher ist verpflichtet, dem Leiharbeitnehmer bei Vertragsschluss ein Merkblatt der Erlaubnisbehörde (Bundesagentur für Arbeit) über den wesentlichen Inhalt des AÜG auszuhändigen. Nichtdeutsche Leiharbeitnehmer erhalten das Merkblatt und die Urkunde in ihrer Muttersprache. Die Kosten des Merkblatts trägt der Verleiher (§ 11 Abs. 2 AÜG).

[2] Anfang 1969 wurde der Unternehmensverband für Zeit-Arbeit e. V. (UZA) mit folgender Zielsetzung gegründet, verstärkte soziale Sicherung der Zeitarbeitnehmer, Darstellung der Dienstleistung: Zeitarbeit in der Öffentlichkeit, Herstellung von Kontakten zu internationalen Zeitarbeits-Organisationen. 1972 erfolgte die Gründung des Bundesverbandes Personal-Leasing (BPL). Die Mitglieder des UZA wurden vornehmlich auf den Gebieten Büro und Verwaltung, die des BPL auf dem technischem Bereich tätig. Am 10. 3. 1976 wurden beide Verbände zum Bundesverband Zeitarbeit Dienstleistungen auf Zeit e. V. (BZA), jetzt Bundesverband Zeitarbeit Personal-Dienstleistungen e. V., Prinz-Albrecht-Str. 73, 53113 Bonn, zusammengeschlossen. Eine Selbstdarstellung findet im Internet unter www.bza.de mit zahlreichen rechtlichen Hinweisen. Im Übrigen wird auf die Internetseiten www.mv-zeitarbeit.de und www.ig-zeitarbeit.de verwiesen.

Der BZA hat in der Folgezeit mit der DAG Manteltarifverträge für Angestellte geschlossen. Zzt. gilt der MTV v. 6. 3. 1986 und der Vergütungstarifvertrag vom 2. 3. 1988, gültig ab 1. 4. 1988. Beide sind gekündigt. Wegen des neu in das AÜG aufgenommenen Grundsatzes der gleichen Arbeitsbedingungen von Verleih- und Entleiharbeitnehmern einerseits und andererseits geschaffenen Möglichkeiten davon abweichender Regelungen in Tarifverträgen (§ 3 Abs. 1 Nr. 3 AÜG), ist der (Neu-)Abschluss von Tarifverträgen zu erwarten. Ansonsten wäre – so jedenfalls die allgemeine Ansicht – der Verleih von Arbeitnehmern nicht lukrativ. Die Muster unterstellen den Abschluss eines solchen Tarifvertrag (zum Stand der Tarifabschlüsse und -verhandlungen vgl. *Ankersen* NZA 2003, 421 ff.). Nähere Informationen zu abgeschlossenen Tarifverträgen finden sich auf der Homepage des BZA.

I. Vertrag nach § 11 Abs. 1 AÜG mit besonderen Bestimmungen

1 Zwischen der Firma .....

– im Folgenden Arbeitgeber –

und

Herrn/Frau ..... wohnhaft in ....., geboren am .....

– im Folgenden Arbeitnehmer –

wird nachfolgender Arbeitsvertrag geschlossen.

2 § 1 Erlaubnis[3]

Der Firma ..... wurde am ..... die Erlaubnis zur Arbeitnehmerüberlassung nach § 1 des Gesetzes zur Regelung der gewerbsmäßigen[4] Arbeitnehmerüberlassung (Arbeitnehmerüberlassungsgesetz – AÜG) vom 7. 8. 1972 (BGBl. I 1393) i.d.F. vom 3. 2. 1995 (BGBl. I 158) zul. geänd. 23. 12. 2003 (BGBl. I 2848), ausgestellt von der Bundesagentur für Arbeit, Agentur für Arbeit ....., zuletzt verlängert ..... erteilt.

3 § 2 Gegenstand des Vertrages

I. Der Arbeitnehmer wird als Arbeiter/Angestellter im Berufsbild ..... eingestellt. Er ist verpflichtet, bei Kunden des Arbeitgebers – auch außerhalb seines Sitzes in ..... – tätig zu werden.

II. Für die Tätigkeit des Arbeitnehmers sind folgende besonderen Qualifikationen ..... notwendig. Der Arbeitnehmer hat diese Qualifikationen durch Vorlage der Zeugnisse/Prüfungsbescheinigungen nachgewiesen.

III. Der Arbeitnehmer ist ohne besondere schriftliche Ermächtigung des Arbeitgebers nicht berechtigt, Geld zu befördern oder Inkasso vorzunehmen.

IV. Der Arbeitnehmer ist verpflichtet, seine Aufgaben gewissenhaft zu erfüllen und die Interessen des Arbeitgebers wahrzunehmen. Er ist ferner verpflichtet, sowohl über Geschäftsgeheimnisse des Arbeitgebers wie seiner Kunden Stillschweigen zu bewahren.

V. Da der Arbeitnehmer die Staatsangehörigkeit ..... hat, hat der Arbeitgeber die Aufenthalts- und Arbeitserlaubnis eingesehen. Der Arbeitnehmer wird den Arbeitgeber unverzüglich unterrichten, wenn die Erlaubnisse enden.[5]

4 § 3 Beginn und Dauer des Vertrages

I. Das Arbeitsverhältnis wird auf unbestimmte Zeit ab ..... abgeschlossen.

oder

I. Das Arbeitsverhältnis wird für die Zeit vom ..... bis ..... abgeschlossen. Es ist befristet, weil .....

---

[3] Die Angabe ist nach § 11 Abs. 1 Satz 2 Nr. 2 AÜG vorgeschrieben.

[4] Zur Gewerbsmäßigkeit vgl. ArbR-Hdb. § 120 RN 6 m. w. N.

[5] Ausländische Arbeitnehmer bedürfen zur Arbeitsaufnahme, soweit sie nicht EU-Bürger sind, der Arbeitserlaubnis und eines Einreisesichtvermerkes (vgl. zu den Voraussetzungen und den Rechtsfolgen bei Verstoß im Einzelnen ArbR-Hdb. § 27 RN 9 ff.).

Schrader

II. Das Arbeitsverhältnis ist während der ..... Monate betragenden Probezeit kündbar mit einer Frist[6] von ..... zum .....

III. Nach Ablauf der Probezeit ist das Arbeitsverhältnis kündbar mit einer Frist von ..... zum .....

IV. Abs. II und III gelten entsprechend für das befristete Arbeitsverhältnis.

§ 4 Arbeitszeit 5

I. Die regelmäßige wöchentliche Arbeitszeit beträgt ..... Stunden. Der Arbeitnehmer wird in Tagschicht/Wechselschicht/Nachtschicht eingesetzt.

II. Der Arbeitnehmer ist verpflichtet, im Rahmen des Gesetzes zulässige Über- und Mehrarbeit zu leisten.

§ 5 Arbeitsentgelt und Zahlungsweise 6

I. Der Arbeitnehmer wird in die Vergütungsgruppe ..... des ..... eingereiht.

II. Die Arbeitsvergütung beträgt zzt. monatlich/wöchentlich/stündlich/..... €.

III. Überstunden sind die über die in § 4 festgelegte regelmäßige Arbeitszeit hinaus geleisteten Stunden.[7] Überstunden werden mit $^1/_{173}$ des Monatsgehalts $^1/_{40}$ des Wochenlohnes/dem Stundenlohn von ..... € und einem Zuschlag von 25% je Stunde vergütet. Eine Vergütung der Überstunden erfolgt nur, wenn diese im Einvernehmen mit dem Arbeitgeber geleistet werden.[8]

IV. Der Arbeitnehmer ist verpflichtet, täglich/wöchentlich/monatlich Tätigkeitsnachweise vom Kunden unterzeichnen zu lassen. Die Auszahlung der Arbeitsvergütung erfolgt täglich/wöchentlich/monatlich nach Vorlage der Tätigkeitsnachweise. Bei monatlicher Zahlungsweise werden wöchentlich Abschläge in Höhe von 60 v. H. der wöchentlich verdienten Vergütung gezahlt.

V. Sondervergütungen, insbesondere Weihnachtsgratifikationen werden freiwillig und ohne Rechtsanspruch für die Zukunft gezahlt.

VI. Die Abrechnung erfolgt jeweils am 15. des Folgemonats auf Grund der vom Entleiher auf dem Tätigkeitsnachweis bestätigten Stunden. Die Auszahlung der Vergütung erfolgt bargeldlos. Der Arbeitnehmer verpflichtet sich, dem Arbeitgeber vor Beginn des Arbeitsverhältnisses eine Bankverbindung anzugeben.

VII. Für die Erstattung von Fahrt- und Reisekosten gilt die betriebliche Reisekostenrichtlinie

oder

VII. Fahrt- und Reisekosten werden gegen Nachweis bei betrieblicher Veranlassung nach folgender Regelung erstattet: .....

§ 6 Urlaub 7

I. Der Arbeitnehmer hat in jedem Kalenderjahr Anspruch auf Erholungsurlaub unter Fortzahlung der Bezüge. Der Jahresurlaub beträgt .....

---

[6] Wegen der Dauer der Kündigungsfristen bei Arbeitern und Angestellten vgl. § 622 BGB i. d. F. des Kündigungsfristengesetzes vom 7. 10. 1993 (BGBl. I 1668). Einzelheiten ArbR-Hdb. § 124 RN 48.

[7] Vgl. ArbR-Hdb. § 44 RN 38 ff.

[8] Vgl. ArbR-Hdb. § 69 RN 5 ff. Da der Zeitarbeitgeber regelmäßig die Überstunden nicht ohne weiteres kontrollieren kann, ist diese Regelung üblich. Die Regelung muss an die jeweilige Arbeitszeit angepasst werden. Enthält der Tarifvertrag eine Überstundenregelung, kann die im Muster vorgegebene entfallen.

II. Der Zeitpunkt des Jahresurlaubs wird nach den Wünschen des Arbeitnehmers unter Berücksichtigung der betrieblichen Erfordernisse vom Arbeitgeber festgelegt. Der Urlaub ist auf Verlangen des Arbeitnehmers zusammenhängend zu gewähren. Der Jahresurlaub ist spätestens 3 Monate/6 Wochen vorher anzumelden.

III. Der Anspruch auf den vollen Jahresurlaub kann erstmals nach 6-monatiger ununterbrochener Betriebszugehörigkeit geltend gemacht werden.

8 § 7 Arbeitsverhinderung

I. Im Falle der Arbeitsverhinderung ist der Arbeitnehmer verpflichtet, dem Arbeitgeber unverzüglich Mitteilung zu machen.

II. Ist der Arbeitnehmer infolge Krankheit arbeitsunfähig, so hat er unabhängig von der Mitteilungspflicht nach Abs. I vor Ablauf des 3. Kalendertages nach Beginn der Arbeitsunfähigkeit dem Arbeitgeber eine ärztliche Bescheinigung über die Arbeitsunfähigkeit sowie deren voraussichtliche Dauer einzureichen. Dauert die Arbeitsunfähigkeit länger als in der Bescheinigung angegeben, so ist der Arbeitnehmer verpflichtet, eine neue ärztliche Bescheinigung vorzulegen.

9 § 8 Krankheit, Arbeitsfreistellung

I. Ist der Arbeitnehmer infolge Krankheit an seiner Arbeitsleistung verhindert, ohne dass ihn ein Verschulden trifft, so erhält er Fortzahlung des Arbeitsentgelts nach den gesetzlichen Vorschriften.

II. Der unverschuldeten Erkrankung gleichgestellt wird ein von einem gesetzlichen Sozialversicherungsträger[9] gewährtes Kur- oder Heilverfahren und eine damit im Zusammenhang stehende ärztlich verordnete Schonungszeit sowie ein Fernbleiben von der Arbeit bei ärztlich verordneter Arbeitsaussetzung, z.B. im Falle von ansteckenden Erkrankungen.

10 § 9 Sozialversicherungsausweis[10]

I. Der Arbeitnehmer verpflichtet sich, seinen Sozialversicherungsausweis bei allen Kundeneinsätzen mit sich zu führen. Etwaige Fehlzeiten, die entstehen, weil der Arbeitnehmer den Sozialversicherungsausweis bei behördlichen Kontrollen nicht vorlegen kann, sind eine arbeitsvertragliche Pflichtverletzung und werden nicht vergütet.

II. Während einer Arbeitsunfähigkeit ist der Arbeitnehmer verpflichtet, den Sozialversicherungsausweis zusammen mit seiner Arbeitsunfähigkeitsbescheinigung bei dem Arbeitgeber abzugeben.

III. Solange die Vorlage des Sozialversicherungsausweises nicht erfolgt, kann die Entgeltfortzahlung verweigert werden.

---

[9] Bei Angestellten kann auch dann Anspruch auf Vergütungsfortzahlung während des Heilverfahrens bestehen, wenn es nicht von einem gesetzlichen Sozialversicherungsträger bewilligt worden ist (vgl. ArbR-Hdb. § 99).

[10] Nach § 95 Abs. 1 i.V.m. § 99 Abs. 2 SGB IV hat ein Beschäftigter den Sozialversicherungsausweis bei der Ausübung bestimmter Beschäftigungen (z.B. im Baugewerbe § 99 Abs. 2 SGB IV) mit sich zu führen. Ziel ist die Aufdeckung und Vermeidung illegaler Beschäftigung. Nach § 98 SGB IV hat sich der Arbeitgeber bei Beginn der Beschäftigung den Sozialversicherungsausweis vorlegen zu lassen.

§ 10 Weisungsrecht[11]

11

I. Der Arbeitgeber ist berechtigt, den Arbeitnehmer jederzeit von seinem Einsatzort abzuberufen und für die Dauer des Vertrages im Rahmen der getroffenen Vereinbarungen anderweitig einzusetzen.

II. Solange der Arbeitnehmer bei Kunden des Arbeitgebers eingesetzt ist, unterliegt er dem Weisungsrecht des Kunden im Rahmen des Vertrages. Änderungen von Einsatzdauer, Arbeitszeit sowie Art der Tätigkeit und Vergütung sind jedoch nur bei Vereinbarung zwischen Arbeitnehmer und Arbeitgeber wirksam.

§ 11 Arbeitskampf

12

Arbeitgeber und Arbeitnehmer sind sich darüber einig, dass der Arbeitnehmer nicht bei solchen Kunden eingesetzt wird, die rechtmäßig bestreikt werden.

§ 12 Verweisung auf Tarifrecht

13

Für das Arbeitsverhältnis im Übrigen gelten die Tarifverträge ..... in ihrer jeweils gültigen Fassung und die diesen ergänzenden Tarifverträge.

§ 13 Merkblatt

14

I. Der Arbeitnehmer bestätigt, das Merkblatt für Leiharbeitnehmer der Bundesanstalt für Arbeit in seiner Muttersprache, und zwar der ..... Sprache erhalten zu haben.

II. Der Arbeitnehmer verpflichtet sich, spätestens bei Arbeitsaufnahme seine Lohnsteuerkarte an den Arbeitgeber auszuhändigen.

§ 14 Arbeitsschutz[12]

15

I. Der Arbeitnehmer wird vor Beschäftigungsbeginn vom Arbeitgeber über die Unfallverhütungsvorschriften und arbeitssicherheitstechnischen Anweisungen unterrichtet. Der Arbeitnehmer bestätigt dies in der Dokumentation nach § 6 ArbSchG.

II. Der Arbeitnehmer verpflichtet sich, sich beim ersten Einsatztag bei einem Kunden von dem dafür zuständigen Personal in die maßgeblichen Unfallverhütungsvorschriften einweisen zu lassen. Erfolgt eine Einweisung nicht, ist der Arbeitgeber unverzüglich zu unterrichten.

III. Die Arbeitsschutzkleidung wird dem Arbeitnehmer entweder vom Arbeitgeber oder vom Kunden zur Verfügung gestellt. Der Arbeitnehmer ist verpflichtet, die notwendige Schutzkleidung zu tragen.

IV. Arbeits- und Wegeunfälle sind unverzüglich anzuzeigen, auch wenn sie nicht zur Arbeitsunfähigkeit führen.

---

[11] Dem Entleiher steht das Weisungsrecht zu. Das Bestehen von Weisungsrechten eines Dritten setzt voraus, dass die Vereinbarung zwischen dem Vertragsarbeitgeber und dem Dritten als Arbeitnehmerüberlassung oder als eine sonstige Vertragsform des drittbezogenen Personaleinsatzes angesehen wird (vgl. BAG, Urteil v. 26. 4. 1995 – 7 AZR 850/94 – AP AÜG § 1 Nr. 19). Die Anwendung des AÜG bei freien Mitarbeitern, setzt voraus, dass ihre Tätigkeit im Verhältnis zu den Vertragspartnern die eines Arbeitnehmers ist (vgl. BAG, Urteil v. 9. 11. 1994 – 7 AZR 217/94 – AP AÜG § 1 Nr. 18).

[12] Aus dem ArbSchG ergeben sich Informations- und Dokumentationspflichten. Diese sollen hier zusammengefasst werden. Da sowohl der Arbeitgeber als auch der Verleiher arbeitsschutzrechtlich verantwortlich sind, muss beiden Fallgestaltungen gedacht werden.

16 § 15 Gerichtsstand und Änderungen des Vertrages

I. Gerichtsstand ist für Klagen gegen den Arbeitgeber der Sitz der Firma, gegen den Arbeitnehmer der Wohnsitz des Arbeitnehmers.

II. Nebenabreden und Änderungen des Vertrages bedürfen zu ihrer Rechtswirksamkeit der Schriftform. Sind einzelne Bestimmungen dieses Vertrages unwirksam, so wird hierdurch die Wirksamkeit des übrigen Vertrages nicht berührt.

17 § 16 Zusätzliche Vereinbarungen[13]

. . . . .

. . . . ., den . . . . .

Arbeitnehmer   Arbeitgeber

II. Hinweise für Verleiher und Entleiher

18   *a) Nach § 11 Abs. 2 AÜG ist der Verleiher verpflichtet, dem Leiharbeitnehmer bei Vertragsschluss ein Merkblatt der Bundesagentur für Arbeit über den wesentlichen Inhalt des Arbeitnehmerüberlassungsgesetzes auszuhändigen. Nicht deutsche Leiharbeitnehmer erhalten auf Kosten des Leiharbeitgebers das Merkblatt und die Urkunde über den Vertragsinhalt in ihrer Muttersprache. Das Merkblatt kann von der zuständigen Agentur für Arbeit bezogen werden.*
b) Der Entleiher hat nach § 28a Abs. 4 SGB IV eine Kontrollmeldung für Krankenkasse und Agentur für Arbeit abzugeben.
c) Den Entleiher trifft nach § 42d Abs. 6 EStG eine Ausfallhaftung für die Lohnsteuer.

III. Vertrag zwischen Verleiher und Entleiher[14]

19 Zwischen
der Firma . . . . . in . . . . .

– Verleiher –

und
der Firma . . . . . in . . . . .

– Entleiher –

wird ein Arbeitnehmerüberlassungsvertrag geschlossen.

20 § 1 Erlaubnis[15]

Der Verleiher besitzt eine Erlaubnis zur gewerbsmäßigen Arbeitnehmerüberlassung von Arbeitnehmern gemäß § 1 Abs. 1 des Gesetzes zur Regelung der gewerbsmäßigen Arbeitnehmerüberlassung (AÜG) i.d.F. vom 3. 2. 1995 (BGBl. I

---

[13] In dem Arbeitsvertrag zwischen Verleiher und Arbeitnehmer können noch eine Vielzahl von Sonderregelungen wie Nebenbeschäftigung, Verfallfristen etc. aufgenommen werden. Entsprechende Formulierungen lassen sich den Mustern (vgl. § 2 RN 12 ff.) entnehmen.
[14] Der Vertrag zwischen dem Verleiher und dem Entleiher bedarf der Schriftform (§ 12 Abs. 1 Satz 1 AÜG). Vielfach werden die materiellen Bedingungen statt in einem Vertrag in den AGB aufgenommen und nur die darüber hinausgehenden Sonderpunkte separat vereinbart (vgl. *Schaub*, Beck'sches Formularbuch, 8. Aufl., 2003, Muster III. F. 12 und 13). Am materiellen Inhalt der Vereinbarung ändert sich dadurch i.d.R. nichts.
[15] Die Angabe der Erlaubnis zur Arbeitnehmerüberlassung ist vorgeschrieben (§ 12 Abs. 1 Satz 2 AÜG).

Schrader

158) zul. geänd. 23. 12. 2003 (BGBl. I 2848) ausgestellt von der Bundesagentur für Arbeit am ..... zul. verl. am ..... Er verpflichtet sich, den Entleiher über alle Änderungen der Erlaubnis i.S. von § 2 Abs. 2 AÜG unverzüglich schriftlich zu unterrichten.

§ 2 Überlassung   21

I. Der Verleiher verpflichtet sich, dem Entleiher für die Zeit vom ..... bis ..... zum ..... die in der Anlage zu diesem Vertrag aufgezählten Arbeitnehmer zum Einsatz in dessen Betrieb in ..... zu überlassen.

oder

I. Der Verleiher verpflichtet sich, dem Entleiher Arbeitnehmer in der Zeit vom ..... bis ..... Arbeitnehmer mit den Qualifikationen und für die Tätigkeiten, die in der Anlage zu diesem Vertrag aufgeführt sind, zur Arbeitsleistung zu überlassen.

II. Jeder Seite bleibt überlassen, den Arbeitnehmerüberlassungsvertrag mit einer Frist von ..... zu kündigen.

§ 3 Arbeitsumfang   22

I. Die in der Anlage aufgezählten Arbeitnehmer haben in der Zeit vom ..... bis ..... eine regelmäßige wöchentliche Arbeitszeit von ..... Stunden (tägliche Normalarbeitszeit von ..... Stunden) an den Wochentagen Montag bis Freitag. Die regelmäßige tägliche Arbeitszeit kann zwischen 6.30 Uhr und 20.15 Uhr abgeleistet werden.

II. Der Verleiher kann pro Woche bis zu fünf Überstunden anordnen. Zu darüber hinausgehende Überstunden, zu Arbeitszeiten außerhalb des genannten Zeitkorridors und/oder zu Arbeit in Wechselschicht müssen die Arbeitnehmer nur dann zur Verfügung stehen, wenn und soweit dies in der Anlage ausdrücklich erwähnt ist.

§ 4 Austausch   23

I. Der Entleiher kann am 1. Tage des Arbeitseinsatzes eines Zeitarbeitnehmers bis 15 Uhr verlangen, dass dieser ausgetauscht wird. Kommt der Verleiher diesem Verlangen nicht nach, kann der Entleiher den Vertrag wegen dieses Arbeitnehmers kündigen und Schadensersatz wegen Nichterfüllung verlangen.

II. Der Verleiher kann während des Arbeitseinsatzes Zeitarbeitnehmer ohne Einhaltung einer Frist abberufen, sofern er sie gleichzeitig durch andere, in gleicher Weise geeignete Arbeitnehmer ersetzt. Es sind dabei die in der Anlage dieses Vertrages aufgezählten Angaben zu machen.

§ 5 Vergütung   24

I. Der Entleiher ist verpflichtet, dem Verleiher für jeden Zeitarbeitnehmer die aus der Anlage ersichtliche Vergütung einschl. der gesetzlichen Mehrwertsteuer zu zahlen.

II. Die Vergütung wird monatlich auf Grund der Arbeitsnachweise der eingesetzten Arbeitnehmer für den jeweils zurückliegenden Monat abgerechnet.

III. Die Vergütung wird am 25. des der Arbeitsleistung folgenden Monats gezahlt, wenn die Rechnung zusammen mit den vom Entleiher bestätigten Arbeitsnachweisen spätestens am fünften Arbeitstag diesen Monates bei der Rechnungsprüfung des Werkes des Entleihers vorliegt, welches den Verleiher beauftragt hat. Der Entleiher verpflichtet sich, die Arbeitsnachweise des abzurechnenden Monats dem Verleiher spätestens am ersten Arbeitstag des der Arbeitsleistung folgenden Monats zur Verfügung zu stellen.

IV. Der Verleiher erklärt, tarifgebunden zu sein, so dass eine abweichende Regelung i. S. v. § 3 Abs. 1 Nr. 3 AÜG vorliegt. Sollten Leiharbeitnehmer dennoch Auskunftsansprüche nach § 13 AÜG geltend machen, wird der Verleiher den Entleiher den sich daraus ergebenden Aufwand gegen Nachweis erstatten.[16]

25 § 6 Direktionsrecht

I. Der Entleiher darf den Zeitarbeitnehmer nur mit Arbeiten beschäftigen, die in der Anlage aufgeführt sind.

II. Der Entleiher ist berechtigt, dem Zeitarbeitnehmer wegen der Arbeitsausführung Weisungen zu erteilen und die Arbeitsausführung zu überwachen.[17]

26 § 7 Verschwiegenheitspflicht

Der Verleiher ist verpflichtet, die Zeitarbeitnehmer zur Verschwiegenheit wie gegenüber einem Arbeitgeber zu verpflichten, soweit nicht berechtigte Interessen des Verleihers entgegenstehen.[18]

27 § 8 Schutzpflicht

Der Entleiher ist verpflichtet, die allgemeinen Vorschriften des Arbeitsschutzes gegenüber dem Zeitarbeitnehmer zu erfüllen.

28 § 9 Haftung[19]

I. Der Verleiher steht dafür ein, dass die Arbeitnehmer für die Ausführung der in der Anlage zu diesem Vertrage bezeichneten Arbeiten geeignet sind. Zur Nachprüfung von Zeugnissen oder sonstigen Papieren ist der Verleiher nicht verpflichtet.

---

[16] Die Klausel dient dazu, den Entleiher finanziell schadlos zu stellen, falls Leiharbeitnehmer dem Grundsatz des „equal pay" folgend Auskunftsansprüche nach § 13 AÜG geltend machen. Der Grundsatz des „equal pay" gilt nicht, wenn der Verleiher tarifgebunden ist und die Leiharbeitnehmer nach diesem Tarifvertrag vergütet werden; insoweit sieht § 3 Abs. 1 Nr. 3 AÜG eine vom Grundsatz des „equal pay" abweichende Regelungsmöglichkeit vor. Zur Verfassungsmäßigkeit: *Thüringen* DB 2003, 446 ff.; *Däubler* KJ 2003, 17 ff.; *Rieble/Klebeck* NZA 2003, 23 ff.; *Lembke* BB 2003, 98 ff.; *Grosby/Schmidt/Brocker* NZA 2003, 777 ff.

[17] Die Ausübung des Direktionsrechts ist übertragbar (vgl. ArbR-Hdb. § 45 RN 9 ff.); dies ist notwendig, damit der Entleiher den Arbeitnehmer sachgemäß einsetzen kann.

[18] Schon aus der Art des Arbeitnehmerüberlassungsvertrages werden sich Verschwiegenheitspflichten (Schutzpflichten zugunsten Dritter) ergeben. Zweckmäßig werden diese aber in den Arbeitsvertrag (vgl. Muster RN 3) aufgenommen. Nach § 311 Abs. 3 BGB kann auch ein Schuldverhältnis mit Pflichten nach § 241 Abs. 2 BGB zu Personen bestehen, die nicht selbst Vertragspartei werden sollen. Die Schweigepflicht des Arbeitnehmers (vgl. ArbR-Hdb. § 54) bezieht sich auf Geschäfts- und Betriebsgeheimnisse. Sie kann vertraglich auf alle betrieblichen Angelegenheiten erweitert werden, da andernfalls ein sinnvoller Arbeitseinsatz nicht möglich ist.

[19] Das Muster schließt die Haftung des Verleihers im Wesentlichen aus. Selbstverständlich sind auch andere Formulierungen denkbar, nach der insbesondere der Entleiher von Schadensersatzansprüchen, die der Zeitarbeitnehmer verursacht, durch den Verleiher freigestellt wird. Darüber hinaus kann man darüber nachdenken, Schadensersatzansprüche auf den Umfang eventuell abgeschlossener Versicherungen zu beschränken. Dies wird letztendlich das Ergebnis der Verhandlungen zwischen End- und Verleiher sein.

Schrader

II. Über die Auswahl des Arbeitnehmers hinaus trifft den Verleiher keine Haftung für etwaige von dem Zeitarbeitnehmer ausgeführte Arbeiten.

§ 10 Sonstige Vereinbarungen[19a]   29

I. Sollten eine oder mehrere Bestimmungen dieses Vertrages nichtig sein oder werden oder dem AÜG nicht entsprechen, so sind Verleiher und Entleiher verpflichtet, die nichtige Bestimmung durch eine neue, dem Sinn und Zweck des Vertrages entsprechende Bestimmung schriftlich zu ersetzen. Die übrigen Vertragsteile werden dadurch nicht berührt.

II. Änderungen und Ergänzungen dieses Vertrages bedürfen zu ihrer Wirksamkeit der Schriftform. Diese Formvorschrift kann nur schriftlich abbedungen werden.

§ 11 Erfüllungsort und Gerichtsstand   30

Anlage zum Arbeitnehmerüberlassungsvertrag. Folgende Arbeitnehmer werden überlassen:

1. Name
2. Vorname
3. geboren am
4. Staatsangehörigkeit
5. Tätigkeit
6. Stundensatz
7. Krankenversicherung
8. Rentenversicherung

....., den .....

Verleiher   Entleiher

IV. Drittbezogener Personaleinsatz[20]

1. Werkvertrag[21]

Zwischen   31

der Firma ....., vertreten durch .....,

                                    – nachstehend Unternehmer genannt –

und

der Firma ....., vertreten durch .....

                                    – nachstehend Auftragnehmer genannt –

wird nachfolgender Vertrag geschlossen:

[19a] Zur Regelung von Vermittlungsprovisionen vgl. BGH, Urteil v. 3. 7. 2003 – III ZR 348/02 – DB 2003, 2125.

[20] Gelegentlich lassen sich Arbeitsaufgaben preisgünstiger durch Dritte erledigen. Ein Werkvertrag ist dann möglich, wenn es sich um abtrennbare Arbeitsaufgaben handelt. Das BAG hat einen drittbezogenen Personaleinsatz u. a. zugelassen bei der Tauchgrundierung in einem Eisengusswerk (BAG, Beschluss v. 11. 9. 2001 – 1 ABR 14/01 – n. a. v), Rücksendung von Leergut in einem Automobilwerk (BAG, Beschluss v. 18. 10. 1994 – 1 ABR 9/94 – AP BetrVG 1972 § 99 Nr. 5), Zulieferungen in einem Automobilwerk (BAG, Urteil v. 30. 1. 1991 – 7 AZR 497/89 – AP AÜG § 10 Nr. 8). Schließlich ist denkbar, dass die Verpackung der Produkte einem Dritten überlassen wird.

[21] Die **Abgrenzung von Werkverträgen und Arbeitnehmerüberlassungsverträgen** bereitet häufig Schwierigkeiten. Maßgebend ist die praktische Durchführung des Vertrages (vgl. ArbR.-Hdb.

Schrader

32 § 1 Gegenstand des Vertrags

Gegenstand dieses Vertrags ist die Ausführung von ..... nach Maßgabe der Leistungsbeschreibung.

33 § 2 Vertragsgrundlagen

Maßgebend für die Art und den Umfang der auszuführenden Leistungen und Lieferungen sowie für die Abwicklung sind die folgenden rechtlichen und technischen Vertragsbestandteile in der angegebenen Reihenfolge:

1. Rechtliche Vertragsbestandteile:
   a) das Auftragsschreiben,[22]
   b) die Bestimmungen dieses Vertrages,
   c) der Leistungszeitplan,[23]
   d) der Mietvertrag,[24]
   e) das gesetzliche Werkvertragsrecht des BGB.
2. Technische Vertragsbestandteile:
   a) das Leistungsverzeichnis,
   b) die Allgemeinen Technischen Vorschriften für .....,
   c) Vorschriften der Berufsgenossenschaften und der zuständigen Behörden.

34 § 3 Vergütung

I. Der Vertragspreis beträgt ..... € (ohne Mehrwertsteuer) als Pauschalpreis.

II. Die Vertragspreise sind Festpreise.

III. In den Preisen ist alles enthalten, was zur ordnungsgemäßen, vollständigen und termingerechten Ausführung der Leistungen notwendig ist, sowie alle Kosten, die zur Erfüllung der vertraglichen Verpflichtungen des Auftragnehmers anfallen.

IV. Der Unternehmer leistet Zahlungen jeweils in Höhe von 90% des Wertes der bis zur Fälligkeit ausgeführten Arbeiten.

---

§ 120 RN 13). Für einen **Werkvertrag** sprechen (a) unternehmerische Eigenverantwortlichkeit und Dispositionsmöglichkeit des Werkunternehmers gegenüber Besteller; (b) Vereinbarung und Erstellung eines qualitativ individualisierbaren und dem Werkunternehmer zurechenbaren Werksergebnisses; (c) ausschließliches Weisungsrecht des Werkunternehmers gegenüber den Arbeitnehmern im Betrieb des Bestellers und Erfüllung seiner Aufgaben aus dem Werkvertrag; (d) Tragung des Unternehmerrisikos, insbesondere der Gewährleistung; (e) herstellungsbezogene Vergütungsregelung. Dagegen spricht für **Arbeitnehmerüberlassung** (a) Planung und Organisation der Arbeit durch den Besteller; Aufnahme der Arbeitnehmer in die Betriebsräume des Bestellers; (b) fehlende Personalhoheit des Werkunternehmers; Pflicht zur Vorlage von Personaleinsatz- und Anwesenheitslisten; (c) Ausstattung mit Werkzeugen des Bestellers; (d) Benutzung der Sozialräume des Bestellers (vgl. BAG, Urteil v. 30. 1. 1991 – 7 AZR 497/89 – AP AÜG § 10 Nr. 8; BAG, Urteil v. 3. 4. 1990 – 3 AZR 258/88 – AP HAG § 2 Nr. 11; BAG, Urteil v. 15. 6. 1983 – 5 AZR 111/81 – AP AÜG § 10 Nr. 5).

[22] Der Vertrag stellt einen Rahmenvertrag dar, zu dem jeweils einzelne Arbeitsaufträge übertragen werden.

[23] Auch in einem Werkvertrag können Zeitvorgaben für die Erstellung des Werkes gegeben werden.

[24] Es soll vermieden werden, dass aus der Überlassung von Maschinen Schlussfolgerungen gezogen werden können. Stahlwerke haben seit Jahrzehnten das Schneiden der Knüppel Werkvertragsunternehmen überlassen.

§ 4 Ausführungstermine – Vertragsstrafe[25]　　　　　　　　　　　35

I. Vertragstermine sind:
Arbeitsbeginn: .....
Zwischentermine: .....
Fertigstellungstermin: .....

II. Im Falle der schuldhaften Nichteinhaltung der Vertragstermine haftet der Auftragnehmer für alle Schäden und Nachteile, die dem Auftraggeber entstehen.

III. Der Unternehmer behält sich Terminplanänderungen im Rahmen des Gesamtterminplanes vor. Tritt eine solche Änderung ein und wird der Subunternehmer von der Verschiebung rechtzeitig unterrichtet, so ist die Zahl der vereinbarten Werktage für die Ausführung der Gesamt- oder Einzelleistung einzuhalten, es sei denn der gesamte Terminplan würde nachhaltig so gravierend gestört, dass die Einhaltung der Ausführungsfrist nach Werktagen unzumutbar wäre.

IV. Der Unternehmer ist berechtigt, für jeden Fall der schuldhaften Überschreitung eine Vertragsstrafe von ..... € für jeden Kalendertag vom Subunternehmer zu fordern, bis zur Höhe von 5% der Vertragssumme, ohne dass es des Nachweises von Schäden oder Nachteilen bedarf. Die Vereinbarung einer Vertragsstrafe schließt die Geltendmachung weitergehender Ansprüche nicht aus. Bereits verwirkte Vertragsstrafen entfallen nicht durch Vereinbarung neuer Termine.

§ 5 Ausführung　　　　　　　　　　　　　　　　　　　　　　36

I. Der Auftragnehmer führt die ihm übertragenen Aufgaben fachgerecht und in unternehmerischer Eigenverantwortlichkeit aus.

II. Der Auftragnehmer stellt die erforderlichen Arbeitskräfte. Diese unterliegen ausschließlich seinem Weisungsrecht.[26, 27] Der Auftragnehmer ist für die Überwachung der Arbeitsausführung selbst verantwortlich.

III. Der Auftragnehmer versichert ausdrücklich, dass bei allen bei ihm beschäftigten Mitarbeitern die gesetzlichen Anforderungen bezüglich Lohnsteuer, Sozialversicherung, Aufenthalts- und Arbeitsgenehmigungen erfüllt sind.[28] Ein Verstoß gegen einen dieser Punkte kann die sofortige Beendigung des Vertragsverhältnisses nach sich ziehen.

IV. Für Unterbringung und Transport von Arbeitskräften hat der Auftragnehmer zu sorgen.[29]

---

[25] Nach der Rspr. des BGH ist eine summarische Begrenzung der Vertragsstrafe erforderlich (BGH, Urteil v. 23. 1. 2003 – VII ZR 210/01 – NJW 2003, 1805).

[26] Die Arbeitnehmer stehen in vertraglichen Beziehungen zum Werkunternehmer. Es müssen mithin dessen Tarifverträge im Falle der Tarifbindung Anwendung finden. Im Falle des Outsourcing sehen fast alle Satzungen der DGB-Gewerkschaften vor, dass die Tarifzuständigkeit der Gewerkschaft des Unternehmens erhalten bleibt. Bei der Werkvertragskonstruktion darf es nicht zum Teilbetriebsübergang kommen.

[27] Der Einsatz von Fremdpersonal ist nur dann nach § 99 BetrVG mitbestimmungspflichtig, wenn dieses Personal in den Betrieb eingegliedert wird. Die Eingliederung setzt voraus, dass der Arbeitgeber des Betriebes auch gegenüber dem Fremdpersonal wenigstens einen Teil der Arbeitgeberstellung übernimmt (BAG, Beschluss v. 18. 10. 1994 – 1 ABR 9/94 – AP BetrVG 1972 § 99 Einstellung Nr. 5; BAG, Beschluss v. 11. 9. 2001 – 1 ABR 14/01 – n. a. v.).

[28] Die Klausel findet sich zumeist in Arbeitnehmerüberlassungsverträgen. Sie kann aber auch in Werkverträgen aufgenommen werden und dient zur Risikominimierung.

[29] In grenznahen Bereichen werden häufig Arbeitnehmer aus Osteuropa herangezogen. Es soll gewährleistet werden, dass der Werkunternehmer für die Unterbringung verantwortlich ist.

37 § 6 Gewährleistung

Der Umfang der Gewährleistung richtet sich nach den Bestimmungen des BGB.

38 § 7 Arbeitsraum und Geräte

Der Unternehmer stellt dem Auftragnehmer die zur Ausführung der vertraglichen Aufgaben nötigen Räumlichkeiten und Arbeitsgeräte gemäß gesondertem Mietvertrag zur Verfügung. Bei der Bemessung des Mietzinses ist die Wartung, Reparatur und die zur Erbringung der vertraglichen erforderlichen Maschinenumrüstungen enthalten. Übernimmt der Auftragnehmer diese Arbeiten ganz oder teilweise, vermindert sich der Mietzins nach Absprache entsprechend.

39 § 8 Geheimhaltungspflicht[30]

I. Der Auftragnehmer verpflichtet sich, sämtliche Informationen und Daten, die das Unternehmen betreffen und ihm im Verlaufe der Erfüllung und Durchführung des Vertragsverhältnisses bekannt werden, an Dritte weder weiterzugeben noch sonst zugänglich zu machen.

II. Keine Dritten in diesem Zusammenhang sind lediglich in jedem Einzelfall ausdrücklich zur Geheimhaltung verpflichtete Mitarbeiter, sonstige Erfüllungs- und Verrichtungsgehilfen sowie Subunternehmer des Auftragsnehmers, wenn und soweit sie für ihre Tätigkeit Zugang zu den Informationen und Daten benötigen.

III. Der Auftragnehmer verpflichtet sich, erlangte Unternehmensdaten und Informationen ausschließlich im Rahmen des Vertragsverhältnisses zu dem sich aus dem Vertrag ergebenden Zweck zu nutzen.

40 § 9 Kündigung

I. Der Vertrag tritt ab dem ..... in Kraft und läuft auf unbestimmte Zeit. Er kann mit einer Frist von einem Monat zum Monatsende schriftlich gekündigt werden. Das Recht zur außerordentlichen Kündigung bleibt unberührt.

II. Kündigt der Unternehmer den Vertrag mit dem Auftragnehmer, weil die Arbeiten infolge höherer Gewalt eingestellt werden, oder weil ihre Fortführung aus einem wichtigen Grund für das Unternehmen nicht mehr zumutbar sind, so hat der Auftragnehmer in diesen Fällen nur dann Anspruch auf Bezahlung bereits ausgeführter Arbeiten, wenn das Unternehmen vom ..... eine Vergütung für die Leistungen des Auftragnehmers erhält.[31]

41 § 10 Weitervergabe

Dem Auftragnehmer ist es nicht gestattet, den ihm erteilten Auftrag ganz oder teilweise auf Dritte zu übertragen.

42 § 11 Gerichtsstand

Gerichtsstand für beide Vertragspartner ist .....

....., den .....

Unternehmer   Auftagnehmer

---

[30] Der Werkunternehmer kommt mit zahlreichen Betriebsgeheimnissen in Berührung, so dass in jedem Fall besondere Geheimhaltungspflichten zu normieren sind.
[31] Die Klausel soll vor allem bei konzernabhängigen Unternehmen einem Schadensersatzanspruch und Teilleistungsanspruch Rechnung tragen (§ 628 BGB).

Schrader

2. Mietvertrag für die Überlassung von Räumen, Maschinen und Einrichtungen

Zwischen   **43**

.....

– Unternehmer –

und

.....

– Auftragnehmer (Mieter) –

wird nachfolgender Vertrag geschlossen:

1. Das Unternehmen überlässt dem Auftragnehmer (Mieter) zur gewerblichen Nutzung die in der Anlage zu diesem Vertrag näher bezeichneten Räume, Maschinen und Einrichtungen.

2. Das Mietverhältnis beginnt am ..... und läuft auf unbestimmte Zeit. Das Mietverhältnis bezieht sich jeweils auf die Monate .....

3. Der Mietzins beträgt ..... € pro Monat zuzüglich der jeweiligen gesetzlichen Mehrwertsteuer. Er ist jeweils am 3. eines Monats im Voraus fällig.

4. Während der Dauer des Mietverhältnisses ist der Mieter verpflichtet,
a) die ihm überlassenen Maschinen und Einrichtungen zu reinigen,
b) etwaige Mängel der vermieteten Gegenstände unverzüglich anzuzeigen,
c) die Räume verkehrssicher zu halten.
Die Wartung und Reparatur sowie das Rüsten der Maschinen obliegen dem Vermieter.

5. Bei Beendigung des Mietverhältnisses hat der Mieter die ihm auf Grund des Mietvertrags überlassenen Gegenstände in ordnungsmäßigem Zustand zurückzugeben.

6. Das Mietverhältnis wird auf unbestimmte Zeit geschlossen. Es kann von beiden Vertragspartnern schriftlich (zum jeweiligen Saisonende .....) gekündigt werden.[32]

7. Das Mietverhältnis endet mit Beendigung des Werkvertrages.[33]

8. Sollte eine Bestimmung des Vertrags ganz oder teilweise unwirksam sein, bleibt die Wirksamkeit des Vertrags unberührt. Die Vertragsparteien verpflichten sich, die unwirksamen Bestimmungen durch solche zu ersetzen, die dem wirtschaftlichen Sinn des Vertrages entsprechen.

....., den .....

Unternehmer   Mieter

---

[32] In verschiedenen Industriezweigen, z.B. der Süßwarenindustrie, besteht nur vorübergehend ein Zusatzbedarf an Arbeitskräften. Der Vertrag muss je nach Bedarf kündbar sein.
[33] Der Vertrag ist resolutiv bedingt auf das Ende des Werkvertrags.

§ 18. Telearbeit[1]

Wedde, Telearbeit, 2002; *Schaub,* Flexibilisierung des Personaleinsatzes, BB 1998, 2106 ff.; *Wank,* Telearbeit, NZA 1999, 225 ff.; *Körner,* Telearbeit – neue Form der Erwerbsarbeit, alte Regeln?, NZA 1999, 1190 ff.; *Boemke,* Das Telearbeitsverhältnis, BB 2000, 147 ff.; *Fischer/Schierbaum,* Telearbeit und Datenschutz – Eine vernachlässigte Debatte, CR 1998, 321 ff.; *Kramer,* Gestaltung arbeitsvertraglicher Regelung zur Telearbeit, DB 2000, 1329 ff.; *Raffelsiefen,* Telearbeit – eine Arbeitsform der Zukunft, PersR 2001, 139 ff.

I. Arbeitsvertrag mit einem Telearbeitnehmer

1 Zwischen der Firma .....

– im Folgenden Arbeitgeber –

und[2]

Frau/Herrn .....

– im Folgenden Arbeitnehmer(in) –

wird ein Arbeitsvertrag über die Arbeit in Form der Telearbeit geschlossen:

2 **§ 1 Beginn**

I. Der/Die Arbeitnehmer(in) wird mit Wirkung vom ..... als Telearbeitnehmer für die Tätigkeit eines ..... eingestellt.

II. Die ersten drei Monate gelten als Probezeit. Das Arbeitsverhältnis endet mit Ablauf des ....., wenn es nicht zuvor verlängert wird. Während der Probezeit ist das Arbeitsverhältnis mit einer Frist von zwei Wochen kündbar.

oder

II. Die ersten drei Monate gelten als Probezeit. Während der Probezeit ist das Arbeitsverhältnis mit einer Frist von zwei Wochen kündbar.

---

[1] Das Outsourcen von Betrieben und Betriebsteilen führt vielfach zu Betriebsübergängen nach § 613 a BGB. Die Telearbeit wird voraussichtlich ein Teil der Funktionen des Outsourcing übernehmen. Sie kommt in verschiedenen Formen vor. Bei der Telearbeit befindet sich der Arbeitsplatz permanent zu Hause. Bei der alternierenden Telearbeit wechseln einzelne Arbeitsplätze. Sie befinden sich teilweise zu Hause oder im Büro. Beim Satellitenbüro sind mehrere Arbeitsplätze wohnortnah. Beim Teleservicecenter liegt ein Dienstleistungsangebot für dezentralisierte Unternehmen wohnortnah vor. Bei der mobilen Telearbeit sind einzelne oder beliebige Arbeitsplätze wohnortnah. Telearbeit in häuslichem Bereich, alternierende Telearbeit, Arbeit in einem Telecenter, in einem Teleservicecenter und mobile Telearbeit werden im Allgemeinen auf Grund eines Arbeitsvertrages, eines Dienstvertrages oder eines Werkvertrages erfolgen. Vorwiegend werden in der Wirtschaft noch Arbeitsverträge geschlossen.

[2] Ein Arbeitsverhältnis wird immer dann anzunehmen sein, wenn dem Mitarbeiter Vorgaben im Hinblick auf Arbeitsort und Arbeitszeit sowie Erledigungszeiten gegeben werden. Das kann auch ein Zeitrahmen sein, der durch die Zugriffszeiten am PC kontrolliert wird. Ein Dienstverhältnis wird vorliegen, wenn der Mitarbeiter völlig frei seine Arbeit einteilen, gestalten kann und für die Erledigung eine bestimmte Zeitspanne zur Verfügung steht. Der Dienstnehmer kann arbeitnehmerähnlich sein. Alsdann kann § 12 a TVG anzuwenden sein. Auf die Teleheimarbeit kann das Heimarbeitsgesetz (HAG) anzuwenden sein. Ein Werkvertrag kann anzunehmen sein, wenn der Mitarbeiter ein bestimmtes Werk, z. B. ein Computerprogramm entwickeln soll. Die Abgrenzung richtet sich nach den allgemeinen arbeitsrechtlichen Grundsätzen (vgl. ArbR-Hdb. §§ 8, 9, 36).

§ 2 Arbeitsort[3] 3

I. Der/Die Arbeitnehmer(in) wird ihre Arbeitsleistung von montags bis donnerstags
– zu Hause .....
– in einem Telecenter .....
– in einem Teleservicecenter
erbringen.

II. Der/Die Arbeitnehmer(in) wird freitags die Arbeitsleistung im Unternehmen in ..... erbringen.

§ 3 Büroraum und technische Ausrüstung[4] 4

I. Der/Die Arbeitnehmer(in) wird einen abschließbaren Büroraum und das notwendige Mobiliar des Büroraumes zur Verfügung stellen.

II. Das Unternehmen wird die notwendige technische Ausrüstung, insbesondere die EDV-Anlage und die notwendigen Anschlüsse zur Verfügung stellen. Hierzu gehören
1. .....
2. .....

III. Der/Die Arbeitnehmer(in) wird die vom Arbeitgeber zur Verfügung gestellten Anlage gegen ..... versichern.

IV. Der/Die Arbeitnehmer(in) wird die ihm/ihr überlassene Hardware pfleglich behandeln. Eine Überlassung an Dritte ist nicht gestattet, dies gilt auch für Familienmitglieder. Der/Die Arbeitnehmer(in) darf nur das vom Arbeitgeber freigegebene Betriebssystem und die zur Verfügung gestellte Anwendersoftware nutzen. Es ist nicht gestattet, fremde Dateien oder Programme zu benutzen oder zu kopieren. Insbesondere darf der/die Arbeitnehmer(in) auch keine fremden E-Mails und angehängte Dateien öffnen. Genauso wenig ist dem/der Arbeitnehmer(in) gestattet, Dateien aus dem Internet auf die Festplatte oder einen anderen Datenträger zu kopieren. Die dem/der Arbeitnehmer(in) zur Verfügung gestellte EDV-Anlage darf nur für betriebliche Zwecke genutzt werden.[5]

§ 4 Aufgabenbeschreibung 5

Der/Dem Arbeitnehmer(in) obliegen folgende Aufgaben:
1. .....
2. .....

---

[3] Die ausschließliche Arbeitsverrichtung im häuslichen Bereich führt zur Abkapselung des Mitarbeiters. Zumeist liegt es im Interesse des Mitarbeiters wie des Unternehmers, dass der Mitarbeiter gelegentlich auch im Unternehmen zur Rücksprache oder Dienstbesprechung zur Verfügung steht.
[4] Die EDV-Ausrüstung wird regelmäßig vom Arbeitgeber gestellt.
[5] Die Formulierung dient bei der Überlassung von Hard- und/oder Software dazu, das Haftungsrisiko für den Arbeitgeber zu begrenzen.

6   § 5 Entgelt[6]

I. Der/Die Arbeitnehmer(in) erhält für die Arbeitsleistung einen Stunden/Wochen/Monatslohn in Höhe von ..... €/Vergütung nach VergGr ..... des Entgelttarifvertrages .....

II. Neben dem Entgelt nach Abs. I werden zur Abgeltung der Arbeitsleistung nachfolgende Sonderzuwendungen erbracht:

1. .....

2. .....

III. Für die Überlassung des Büroraumes wird eine Miete in Höhe von ..... gezahlt. Ferner ersetzt der Arbeitgeber die für die Versicherung der EDV-Anlage notwendigen Versicherungsprämien.

7   § 6 Arbeitszeit[7]

I. Die tägliche/wöchentliche Arbeitszeit beträgt ..... Die Arbeitszeit wird verteilt .....

II. Der/Die Arbeitnehmer(in) beachtet die gesetzlichen Arbeitszeitbestimmungen und etwaigen Beschäftigungsverbote. Dies gilt insbesondere für die Einhaltung der täglichen Höchstarbeitszeit und für die zwischen zwei Arbeitstagen liegende mindestens elfstündige Ruhepause, ebenso das Nachtarbeitsverbot im Falle einer Schwangerschaft. Der/Die Arbeitnehmer(in) verpflichtet sich, die am Telearbeitsplatz geleistete Arbeitszeit in einem Arbeitszeittagebuch fortlaufend zu dokumentieren und jeweils nach Ablauf eines Kalendermonats dem Arbeitgeber und auf Verlangen jederzeit den Aufsichtsbehörden vorzulegen.[8]

8   § 7 Erholungsurlaub

Der Erholungsurlaub beträgt ..... Werktage im Jahr.

9   § 8 Verschwiegenheitspflicht[9]

I. Der/Die Arbeitnehmer(in) ist zur Verschwiegenheit über alle betrieblichen und geschäftlichen Daten und der Kunden des Arbeitgebers verpflichtet.

---

[6] Arbeitsentgelt wird für die Arbeitsleistung geschuldet. Da der Mitarbeiter aber auch den Büroraum zur Verfügung stellen kann, sollte insoweit eine Miete gesondert ausgeworfen werden. Sofern die EDV-Anlage zu versichern ist, sind dies Auslagen, die erstattet werden müssen. Ferner ist daran zu denken, dass bei alternierender Telearbeit Fahrtkosten anfallen, die gesondert auszuweisen sind.

[7] Die Arbeitszeit lässt sich sehr flexibel gestalten. Denkbar ist z. B. in einem Verkaufsbüro, dass Stammarbeitszeiten festgesetzt werden oder auch sich ergänzende Arbeitszeiten mehrerer Telearbeitnehmer, um einen höheren Betriebsnutzungsgrad zu erreichen.

[8] Wenn eine bestimmte Arbeitszeit in der Woche oder im Monat geschuldet ist, muss dies selbstverständlich vertraglich fixiert werden. Beispielsweise kann formuliert werden:

„Die regelmäßige wöchentliche Arbeitszeit beträgt 36 Stunden. Es gilt ein Arbeitszeitfenster von täglich 8.00 Uhr bis 22.00 Uhr. Der/Die Arbeitnehmer(in) ist berechtigt, innerhalb des Arbeitszeitfensters unter Beachtung gesetzlicher Vorschriften die Arbeitszeit selbst festzulegen. Unabhängig hiervon muss der Mitarbeiter in der Zeit von Montag bis Freitag jeweils von 10.00 Uhr bis 12.00 Uhr am Telearbeitsplatz erreichbar sein."

[9] Die Verschwiegenheitspflicht bedarf einer besonderen Ausgestaltung, wenn in den häuslichen Bereich geheimhaltungsbedürftige Daten übermittelt werden. Es ist auf die Sicherung gegenüber Familienmitgliedern Bedacht zu nehmen. Der Mitarbeiter wird insoweit verpflichtet werden können, für die Verschwiegenheit der Familienmitglieder einzustehen.

II. Der/Die Arbeitnehmer(in) wird sicherstellen, dass die vorgenannten Daten auch durch die zum Haushalt der/des Arbeitnehmer(in) gehörenden Familienangehörigen nicht eingesehen oder weitergegeben werden.

III. Der/Die Arbeitnehmer(in) haftet für alle Schäden, die durch die Verletzung der Verschwiegenheitspflicht erwachsen.

§ 9 Beendigung des Arbeitsverhältnisses 10

Das Arbeitsverhältnis kann mit den in § 622 BGB geregelten Kündigungsfristen gekündigt werden.

§ 10 Anzuwendendes Recht 11

Das Arbeitsverhältnis richtet sich nach den für den Betrieb des Arbeitgebers geltenden Tarifverträgen und Betriebsvereinbarungen.

§ 11 Steuern und Sozialversicherung[10, 11] 12

I. Der Arbeitgeber wird den Arbeitnehmer zu allen Zweigen der gesetzlichen Sozialversicherung anmelden.

II. Das Arbeitsentgelt wird nach den gesetzlichen Vorschriften im Lohnabzugsverfahren erfolgen.

III. Die Mieteinnahmen können der Einkommensteuer unterliegen.

§ 12 Zugangsrecht 13

Der/Die Arbeitnehmer(in) gewährt dem Arbeitgeber und dessen beauftragten Personen jederzeit Zugang zu den Räumlichkeiten, in denen sich der Telearbeitsplatz befindet. Ein gleiches Recht wird dem Vorsitzenden des Betriebsrates, dem betrieblichen Datenschutzbeauftragten und Mitarbeitern von Behörden eingeräumt. Der/Die Arbeitnehmer(in) gewährleistet, dass dieses Zutrittsrecht nicht durch Personen, mit denen der/die Arbeitnehmer(in) in häuslicher Gemeinschaft lebt, vereitelt wird.[12]

§ 13 Vertragsänderung 14

§ 14 Salvatorische Klauseln 15

....., den .....
Arbeitnehmer   Arbeitgeber

---

[10] Der Telearbeitnehmer ist in der Renten-, Kranken- und Arbeitslosenversicherung versicherungspflichtig. Dasselbe gilt für Heimarbeiter. Abgrenzungsschwierigkeiten können sich bei der Unfallversicherung ergeben, was dem häuslichen Bereich und dem Arbeitsbereich zuzurechnen ist.
[11] Bei dem Telearbeitnehmer erfolgt die Versteuerung des Arbeitsentgelts im Lohnsteuerabzugsverfahren.
[12] Zwar kann der Arbeitnehmer trotz dieser Formulierung den tatsächlichen Zugang verweigern (vgl. *Nägele* ArbRB 2002, 313 ff. (315); *Moderegger* ArbRB 2001, 90 ff. (92) jeweils m. z. N.). Die Klausel soll aber ein gewisses Mindestmaß an Zutrittsrecht ermöglichen.

Schrader

II. Freie Mitarbeiter[13]

16 Zwischen der .....

– im Folgenden Auftraggeber –

und

Frau/Herrn .....

– im Folgenden freier Mitarbeiter –

wird ein Vertrag über die freie Mitarbeit in Form der Teleworking geschlossen:

17 **§ 1 Aufgabe**[14]

I. Die/Der freie Mitarbeiter(in) wird für den Auftraggeber als ..... tätig. Die Mitarbeit erfolgt in der Form des Teleworking. Die/Der freie Mitarbeiter(in) kann Ort und Arbeitszeit frei bestimmen. Sie/Er darf auch für Dritte tätig werden.

II. Die/dem/der freien Mitarbeiter(in) erteilten Aufträge sind innerhalb einer Frist von ..... zu erledigen.

18 **§ 2 Technische Ausrüstung**

I. Die/Der freie Mitarbeiter(in) stellt die erforderlichen Arbeitsmittel (EDV-Anlage) und Büromaterialien (Papier).

II. Die erforderlichen Anschlüsse an die Computeranlage des Auftraggebers werden von ..... erstellt.

19 **§ 3 Entgelt**

I. Die/Der freie Mitarbeiter(in) erhält für ..... ein ..... Honorar in Höhe von ..... €.

II. Mit dem Honorar sind auch die Auslagen abgegolten.

oder

II. Die/Der freie Mitarbeiter(in) erhält nachfolgende Auslagen

1. Kommunikationskosten .....
2. Maschinennutzung .....

20 **§ 4 Verschwiegenheitspflicht**

21 **§ 5 Beendigung des Mitarbeiterverhältnisses**

Das Mitarbeiterverhältnis kann mit den Fristen aus § 622 BGB gekündigt werden. Das Recht zur außerordentlichen Kündigung bleibt unberührt.

22 **§ 6 Anzuwendendes Recht**

Für das Mitarbeiterverhältnis gelten ausschließlich die Vorschriften des BGB.

---

[13] Für den freien Mitarbeiter werden im Allgemeinen die normalen Musterverträge für freie Mitarbeiter benutzt werden können. Sie werden im Allgemeinen nicht sozialversicherungspflichtig und lohnsteuerpflichtig sein.
[14] Die Arbeitsaufgabe sollte genau umschrieben sein.

§ 7 Vertragsänderungen und salvatorische Klauseln 23

(vgl. z. B. Muster § 2 RN 38)

....., den .....

Auftraggeber   Freier Mitarbeiter

§ 19. Gruppenarbeitsvertrag[1]

Zwischen der Firma 1
                                    – im Folgenden Arbeitgeber –
und
Frau/Herrn .....
                                    – im Folgenden Arbeitnehmer(in) –
wird ein Arbeitsvertrag über Gruppenarbeit geschlossen:

§ 1 Beginn des Arbeitsverhältnisses 2

§ 2 Arbeitsort 3

§ 3 Bezeichnung der vom Arbeitnehmer zu leistenden Arbeit 4

   I. Arbeitsbeschreibung

   II. Dem Arbeitgeber bleibt vorbehalten, die/den Arbeitnehmer(in) in Gruppenarbeit zu beschäftigen. Ihr/Ihm werden die in Abs. I beschriebenen Aufgaben übertragen. Sie/Er hat alle in der Gruppe anfallenden Arbeiten zu verrichten.

§ 4 Arbeitsentgelt 5

   I. .....

   II. Wird die/der Arbeitnehmer(in) zur Gruppensprecherin gewählt, erhält die/der Arbeitnehmer(in) eine Zulage, solange sie/er das Amt bekleidet.

§ 5 Arbeitszeit 6

§ 6 Erholungsurlaub 7

§ 7 Beendigung des Arbeitsverhältnisses 8

§ 8 Anzuwendendes Recht 9

   Das Arbeitsverhältnis richtet sich nach den jeweils für den Betrieb geltenden Tarifverträgen und Betriebsvereinbarungen, insbesondere nach der Betriebsvereinbarung ...../..... über die Einführung von Gruppenarbeit.

....., den .....

Arbeitgeber   Arbeitnehmer

---

[1] Nach § 87 Abs. 1 Nr. 13 BetrVG sind die Einführung und die Grundsätze der Gruppenarbeit mitbestimmungspflichtig.

Schrader

§ 20. Besondere Arbeitsvertragsbedingungen

I. Pflichten des Arbeitnehmers

1. Verbot der Annahme von Geschenken[1]

1   I. Dem Arbeitnehmer ist untersagt, irgendwelche Geschenke oder sonstige Vergünstigungen von Lieferanten und Kunden der Firma entgegenzunehmen.

II. Übersandte Geschenke oder eingeräumte Vergünstigungen sind an die Firma herauszugeben.

III. Der Arbeitnehmer verpflichtet sich, die Firma unverzüglich zu benachrichtigen, wenn ihm Geschenke angeboten werden.

IV. Von diesem Verbot nicht erfasst werden gebräuchliche Gelegenheitsgeschenke wie Taschenkalender usw.

2. Wettbewerbsvereinbarung[2, 3]

2   Zwischen

der Firma .....

und

dem Arbeitnehmer .....

wird nachfolgendes nachvertragliches Wettbewerbsverbot geschlossen:

3   § 1 Umfang und Dauer des Wettbewerbsverbots

I. Der Arbeitnehmer verpflichtet sich, für die Dauer von .....[4] nach Beendigung des Arbeitsverhältnisses in selbstständiger, unselbstständiger oder sonstiger Weise für kein Unternehmen tätig zu werden, welches mit der Firma in direktem oder indirektem Wettbewerb steht oder mit einem Wettbewerbsunternehmen verbunden ist. In gleicher Weise ist es dem Mitarbeiter untersagt, während der Dauer dieses Verbotes ein solches Unternehmen zu errichten, zu erwerben oder sich hieran unmittelbar oder mittelbar zu beteiligen. Das Wettbewerbsverbot gilt auch zu Gunsten der mit der Firma verbundenen Unternehmen.[5]

---

[1] Vgl. ArbR-Hdb. § 130 RN 42.

[2] Vgl. Muster § 2 RN 24; zu Mandantenschutzklauseln vgl. § 13 RN 12, § 20 RN 13.

[3] Das BAG hat seit 1969 die für kaufmännische Angestellte geltenden Vorschriften des §§ 74 ff. HGB auf alle Arbeitnehmer entsprechend angewandt. Dies ist jetzt durch § 110 GewO festgeschrieben.

[4] Höchstens 2 Jahre (§ 74a Abs. 1 Satz 3 HGB).

[5] Diese Formulierung ist sehr weitgehend. Enthält aber das Wettbewerbsverbot nach Ort, Zeit oder Gegenstand eine unbillige Erschwerung des Arbeitnehmers, ist es insoweit unverbindlich (§ 74a HGB). Ein nachvertragliches Wettbewerbsverbot innerhalb der Bundesrepublik Deutschland kann daher insoweit unverbindlich sein, als es z.B. einen Radius von 50 km oder 100 km (je nach Branche) des Landessitzes überschreitet. Eine generelle Unwirksamkeit folgt aus einer zu großen Ausdehnung des Wettbewerbsverbots jedoch nicht, vielmehr wird das Wettbewerbsverbot auf das Maß des Erlaubten zurückgeführt (vgl. BAG, Urteil v. 2. 2. 1968 – 3 AZR 462/66 – AP HGB § 74 Nr. 22; vgl. zum Wettbewerbsverbot im Übrigen ArbR-Hdb. § 58; *Bauer/Diller*, Wettbewerbsverbote, 3. Aufl., 2002; HK-KSchG/*Neef*, 4. Aufl., 2001, Anhang §§ 9, 10 KSchG RN 50 ff.).

II. Das Wettbewerbsverbot erstreckt sich räumlich auf das Gebiet der .....

III. Das Arbeitsgebiet der Firma erstreckt sich auf nachfolgende Bereiche .....

oder (statt I. bis III.)

I. Der Arbeitnehmer verpflichtet sich, für die Dauer von ..... nach Beendigung des Arbeitsverhältnisses für kein Unternehmen in den Bereichen tätig zu sein, die nachstehend aufgezählt sind: .....
Verboten ist jede selbstständige oder unselbstständige Betätigung.

oder

I. Innerhalb der vorstehenden Grenzen ist es dem Arbeitnehmer untersagt, ein Arbeitsverhältnis oder sonstiges Mitarbeiterverhältnis einzugehen, ein solches Unternehmen zu errichten oder zu erwerben oder sich an einem solchen Unternehmen unmittelbar oder mittelbar zu beteiligen.

II. Das Wettbewerbsverbot erstreckt sich auf das Gebiet der .....

oder (statt I. und II.)

I. Der Arbeitnehmer verpflichtet sich, für die Dauer von ... Jahren seit Beendigung des Arbeitsverhältnisses nicht bei einem Unternehmen tätig zu sein, das folgende Erzeugnisse herstellt oder vertreibt ..... Ihm ist jedoch eine Tätigkeit in einem solchen Unternehmen gestattet, wenn er nachweist, dass er nicht auf folgenden Arbeitsgebieten oder Sektoren ..... tätig wird.[6]

II. Das Wettbewerbsverbot erstreckt sich auf das Gebiet .....

§ 2 Karenzentschädigung 4

I. Die Firma verpflichtet sich, dem Arbeitnehmer für die Dauer des Wettbewerbsverbots eine Entschädigung zu zahlen, die für jedes Jahr des Verbots mindestens die Hälfte der von dem Arbeitnehmer zuletzt bezogenen vertragsmäßigen Leistungen erreicht.[7, 8]

II. Die Karenzentschädigung wird fällig am Schluss eines jeden Monats.

---

[6] Das BAG hat sich zur Wirksamkeit derartiger Klauseln noch nicht geäußert.

[7] Auch mit sog. Hochbesoldeten oder Arbeitnehmern, die für eine Tätigkeit außerhalb Europas eingestellt sind, war ein Wettbewerbsverbot ohne die Verpflichtung zur Zahlung einer Karenzentschädigung unzulässig (BAG, Urteil v. 2. 10. 1975 – 3 AZR 28/75 – AP HGB § 75b Nr. 14; BAG, Urteil v. 16. 10. 1980 – 3 AZR 202/79 – AP HGB § 75b Nr. 15). § 75b HGB ist inzwischen aufgehoben. Die Karenzentschädigung muss auch gezahlt werden, wenn der Arbeitnehmer in den Ruhestand tritt und Ruhegeld erhält. Beim Ruhegeld kann eine Anrechnung vorgesehen werden.

[8] Eine Ausschlussfrist für die Geltendmachung von Karenzentschädigungen kann auch in einem Formulararbeitsvertrag vereinbart werden (BAG, Urteil v. 17. 6. 1997 – 9 AZR 801/95 – AP HGB § 75b Nr. 2).

> **Taktischer Hinweis:**
> Bei der Berechnung der Karenzentschädigung sollte gerade der Arbeitgeber sich im Wesentlichen an die gesetzliche Formulierung halten. Vor einer genauen Beschreibung der Berechnungsmechanismen kann nur dringend gewarnt werden. Die Rechtsprechung neigt dazu, bei jeder noch so marginalen Abweichung von den §§ 74 ff. HGB das Wettbewerbsverbot insgesamt für unverbindlich zu erklären. In den Fällen des unverbindlichen Wettbewerbsverbots räumt das BAG dem Arbeitnehmer ein Wahlrecht ein. Dies hat seinen tatsächlichen Hintergrund darin, dass ein Wettbewerbsverbot seine Wirkungen zum größten Teil während der Dauer des Arbeitsverhältnisses entfaltet (keine Möglichkeit, sich bei der Konkurrenz zu bewerben) und nicht erst nach Beendigung des Arbeitsverhältnisses.[9] Der Arbeitnehmer braucht ein unverbindliches Wettbewerbsverbot nicht zu beachten, er kann sich aber an das Wettbewerbsverbot halten und vom Arbeitgeber die zugesagte, gegebenenfalls auch zu niedrige Karenzentschädigung verlangen.[10] Der Arbeitgeber, der in der Regel ein Interesse daran hat, dass ein Arbeitnehmer ein Wettbewerbsverbot einhält, kann daher vernünftigerweise nicht das Risiko eingehen, dass sich das Wettbewerbsverbot als unverbindlich erweist. Er sollte sich daher tunlichst bei der Berechnung der Karenzentschädigung an den gesetzlichen Wortlaut halten.

5 § 3 Anrechnung anderweitigen Verdienstes

I. Auf die Karenzentschädigung wird alles angerechnet, was der Arbeitnehmer durch anderweitige Verwertung seiner Arbeitskraft erwirbt oder zu erwerben böswillig unterlässt, soweit die Entschädigung unter Hinzurechnung dieses Betrages den Betrag der zuletzt von ihm bezogenen vertragsmäßigen Leistungen um mehr als $^1/_{10}$ übersteigen würde. Ist der Gehilfe durch das Wettbewerbsverbot gezwungen worden, seinen Wohnsitz zu verlegen, so tritt an die Stelle des Betrages von einem Zehntel der Betrag von einem Viertel.

II. Der Arbeitnehmer verpflichtet sich, während der Dauer des Wettbewerbsverbots auf Verlangen Auskunft über die Höhe seiner Bezüge zu geben und die Anschrift seines jeweiligen Arbeitgebers mitzuteilen. Am Schluss eines Kalenderjahres ist er verpflichtet, seine Lohnsteuerkarte vorzulegen.

6 § 4 Vertragsstrafe[11]

Der Arbeitnehmer hat für jeden Fall der Zuwiderhandlung gegen das Wettbewerbsverbot eine Vertragsstrafe von ..... € zu bezahlen. Im Fall eines Dauerverstoßes (Tätigkeit für ein Konkurrenzunternehmen von länger als 1 Monat) ist die Vertragsstrafe für jeden angefangenen Monat neu verwirkt, in ihrer Höhe aber auf ..... € begrenzt.

7 § 5 Anzuwendendes Recht

Im Übrigen gelten die §§ 74 ff. HGB entsprechend.[12]

---

[9] Vgl. im Einzelnen *Bauer/Diller,* Wettbewerbsverbote, 3. Aufl., 2002, RN 70 ff.; ArbR-Hdb. § 58 RN 54.

[10] Vgl. BAG, Urteil v. 5. 8. 1966 – 3 AZR 154/66 – AP HGB § 74 Nr. 19; BAG, Urteil v. 9. 1. 1990 – 3 AZR 110/88 – AP HGB § 74 Nr. 59.

[11] Die Vereinbarung einer Vertragsstrafe für den Fall des Verstoßes gegen das Wettbewerbsverbot ist arbeitsrechtlich üblich, da ohne Vertragsstrafe eine wirksame Abschreckung nicht erzielt werden kann (vgl. im Einzelnen ArbR-Hdb. § 58 RN 105 ff.). Es ist allerdings höchst umstritten, ob solche Vertragsstrafenregelungen einer Inhaltskontrolle nach §§ 305 ff. BGB standhalten (vgl. im Einzelnen die Erläuterungen zu Muster § 2 RN 30).

[12] Dieser Hinweis ist zwar rechtlich nicht erforderlich, weil die insoweit relevanten Vorschriften der §§ 74 ff. HGB ohnehin gelten. Der Hinweis verdeutlicht aber, dass grundsätzlich keine Abweichungen von §§ 74 ff. HGB beabsichtigt sind.

Schrader

§ 6 Erhalt eines Exemplars 8

Der Arbeitnehmer bekennt, ein rechtsverbindlich unterzeichnetes Exemplar dieser Vereinbarung erhalten zu haben.

§ 7 Gerichtsstand 9

(vgl. Muster § 2 RN 33)

....., den .....
Arbeitgeber   Arbeitnehmer

3. Vorvertrag auf Abschluss eines Wettbewerbsverbots[13]

a) Probezeitklausel

Für den Fall, dass das Arbeitsverhältnis über die Dauer der Probezeit verlängert 10 wird, schließen die Parteien nachfolgendes Wettbewerbsverbot .....

b) Vorvertrag

Der Arbeitnehmer verpflichtet sich, auf Verlangen des Arbeitgebers bei Übertra- 11 gung der Aufgaben eines Abteilungsleiters/der vollverantwortlichen Betreuung des Verkaufsgebietes ..... nachfolgendes Wettbewerbsverbot zu vereinbaren .....

4. Berechnungsschema für Karenzentschädigung[14]

a) Jahresberechnung

Letzte Jahreseinnahmen[15] : 2 = Quotient.   12
Quotient : 12 = Monatlich zahlbare Karenzentschädigung, wenn nicht b)

b) Berücksichtigung anderweitigen Verdienstes

aa) Letztes Jahreseinkommen   13
    + 10% oder im Falle des Wohnungswechsels 25%
    Gesamtsumme von 110% oder 125%
    – Karenzentschädigung nach a) =
    Nicht anrechenbare Vergütung
bb) Neues Jahreseinkommen
    – Nicht anrechenbare Vergütung aus aa) =
    Anrechenbare Vergütung
cc) Karenzentschädigung aus a)
    – Anrechenbare Vergütung aus bb) =
    Zahlbare Karenzentschädigung.

---

[13] Es ist zulässig, ein Wettbewerbsverbot in der Gestalt abzuschließen, dass es erst in Kraft treten soll, wenn ein Arbeitsverhältnis über einen bestimmten Zeitpunkt hinaus bestanden hat. Gleichfalls ist ein Vorvertrag zulässig, nachdem sich der Arbeitnehmer verpflichtet, zu einem späteren Zeitpunkt ein inhaltlich genau bestimmtes Wettbewerbsverbot zu vereinbaren (vgl. ArbR-Hdb. § 58 RN 46). Es ist allerdings darauf zu achten, dass die Grenzen zu einem bedingten und damit unverbindlichen Wettbewerbsverbot nicht überschritten werden (vgl. ArbR-Hdb. § 58 RN 49 f.).

[14] Vgl. BAG, Urteil v. 20. 4. 1967 – 3 AZR 314/66 – AP HGB § 74 Nr. 20; BAG, Urteil v. 21. 1. 1972 – 3 AZR 117/71 – AP HGB § 74 Nr. 30; BAG, Urteil v. 9. 1. 1990 – 3 AZR 110/88 – AP HGB § 74 NR. 59; vgl. ArbR-Hdb. § 58 RN 73 ff.

[15] Zu den zu berücksichtigenden Bezügen vgl. ArbR-Hdb. § 58 RN 74 m. w. N.

Schrader

5. Klagen aus dem Wettbewerbsverbot

14   *(vgl. Muster § 60 RN 4f.)*

6. Mandantenschutzklausel[16, 17]

15   Zwischen

dem/der Steuerberater/Wirtschaftsprüfer/Wirtschaftsprüfungsgesellschaft .....

– nachfolgend Arbeitgeber genannt –

und

Herrn/Frau .....

– nachfolgend Arbeitnehmer genannt –

wird nachfolgende Mandantenschutzklausel vereinbart:

16 § 1 Wettbewerbsbeschränkung

I. Der Arbeitnehmer verpflichtet sich, während der Dauer von ..... Jahren nach Beendigung des Arbeits- oder Dienstverhältnisses im Falle der Begründung einer eigenen Praxis nicht für solche Auftraggeber tätig zu werden, die in den letzten zwei Jahren vor Beendigung des Arbeits- oder Dienstverhältnisses Auftraggeber des Arbeitgebers waren.

II. Diese Verpflichtung gilt entspr. für Vorstandsmitglieder, Geschäftsführer oder persönlich haftende Gesellschafter des Arbeitgebers.

III. Geht der Arbeitnehmer/Dienstnehmer ein anderes Dienst- oder Arbeitsverhältnis ein oder tritt er in eine andere Steuerberatungsgesellschaft ein, so verpflichtet er sich, auf Mandanten des Arbeitgebers nicht einzuwirken, diesen aus Beratungsverträgen zu verdrängen.

17 § 2 Entschädigung

I. Der Arbeitgeber zahlt dem Arbeitnehmer für die Dauer der Mandantenschutzklausel eine Entschädigung in Höhe von 50 v.H. der zuletzt bezogenen vertragsmäßigen Leistungen.

II. Für die Anrechnung anderweitiger Bezüge gilt § 74c HGB entsprechend.

18 § 3 Verzicht

Der Arbeitgeber kann spätestens einen Monat vor Beendigung des Arbeits- oder Dienstverhältnisses durch schriftliche Erklärung auf die Mandantenschutzklausel mit der Wirkung verzichten, dass er mit Ablauf eines Jahres seit Zugang der Erklärung von der Verpflichtung zur Zahlung einer Karenzentschädigung frei wird.

---

[16] Vgl. BAG, Urteil v. 13. 9. 1969 – 3 AZR 138/68 – AP BGB § 611 Konkurrenzklausel Nr. 24; BAG, Urteil v. 16. 7. 1971 – 3 AZR 384/70 – AP BGB § 611 Konkurrenzklausel Nr. 25; BAG, Urteil v. 16. 2. 1985 – 3 AZR 162/84 – AP BGB § 611 Konkurrenzklausel Nr. 30; BAG, Urteil v. 27. 9. 1988 – 3 AZR 59/87 – AP BGB § 611 Konkurrenzklausel Nr. 35.

[17] Ein nachvertragliches Wettbewerbsverbot ist nur insoweit zulässig, als es den Verpflichteten in seiner Berufsfreiheit nicht übermäßig beschränkt und nach Art, Zeit und Gegenstand nicht über die schutzwerten Interessen des Berechtigten hinausgeht. Diesen Anforderungen muss auch eine sog. Mandantenschutzklausel in dem Sozietätsvertrag einer BGB-Gesellschaft entsprechen (BGH, Urteil v. 29. 1. 1996 – II ZR 286/94 – NJW-RR 1996, 741).

§ 4 Vertragsstrafe 19

Keine Besonderheiten (*vgl. RN 6 sowie § 2 RN 30 m. w. N.*)

§ 5 Sonstige Bestimmungen 20

Im Übrigen gelten die §§ 74 ff. HGB entsprechend.

....., den .....

Arbeitnehmer   Arbeitgeber

7. Mandantenübernahmeklausel

Während es bei einer allgemeinen Mandantenschutzklausel dem Arbeitnehmer untersagt 21
ist, nach seinem Ausscheiden mit der Beratung ehemaliger Mandanten seines Arbeitgebers zu
diesem in Konkurrenz zu treten, ist bei einer Mandantenübernahmeklausel gerade kein
Konkurrenzverbot vereinbart, sondern im Gegenteil die Betreuung von Mandanten des ehe-
maligen Arbeitgebers, allerdings gegen Abführung eines Teils des Honorars, ausdrücklich zu-
gelassen. Mandantenübernahmeklauseln sind auch ohne Verpflichtung des Arbeitgebers zur
Zahlung einer Karenzentschädigung grundsätzlich zulässig und verbindlich, soweit sie dem
Schutz eines berechtigten geschäftlichen Interesses des Arbeitgebers dienen und das berufliche
Fortkommen des Arbeitnehmers nicht unbillig erschweren. Das BAG[18] hat hinsichtlich der
zeitlichen Dauer und des Umfangs der vereinbarten Entschädigung folgende Klausel in einem
Arbeitsvertrag für zulässig erachtet:

„§ ... Mandantenübernahmeklausel

Übernimmt der Arbeitnehmer bei oder im Zusammenhang mit seinem Ausscheiden aus den Diensten des Arbeitgebers unmittelbar oder mittelbar Mandate
des Arbeitgebers, so wird er als Entschädigung für einen Zeitraum von zwei Jahren
seit dem Ausscheiden einen Betrag in Höhe von 20% seines Gesamtumsatzes mit
dem betreffenden Mandanten an den Arbeitgeber abführen. Die Zahlungen sind
jeweils am 1. eines Jahres für den Jahresumsatz des vorangegangenen Kalenderjahres
fällig."

8. Mankovereinbarung mit einem Filialleiter

Zwischen   22

der Firma .....

und

Herrn/Frau .....

wird folgende Mankovereinbarung geschlossen:

I. Herr/Frau ..... übernimmt den Warenbestand unserer Filiale in ..... auf
Grund einer in seiner/ihrer Gegenwart durchgeführten Bestandsaufnahme. Diese
ist für beide Seiten verbindlich.

II. Herr/Frau ..... erhält ein monatliches Mankogeld in Höhe von ..... €. Für
Warenfehlbestände haftet er in Höhe von maximal ..... € pro Jahr.[19]

---

[18] Vgl. BAG, Urteil v. 7. 8. 2002 – 10 AZR 586/01 – AP HGB § 75 d Nr. 4.
[19] Eine vom Verschulden unabhängige Garantiehaftung des Arbeitnehmers kann nicht wirksam vereinbart werden, wenn hierdurch zu Lasten des Arbeitnehmers von den zwingenden Grundsätzen der
eingeschränkten Arbeitnehmerhaftung abgewichen wird. Eine Garantiehaftung ist nur bis zur Höhe der

III. Die Firma ist berechtigt, jederzeit eine Bestandsaufnahme durchzuführen.

IV. Zum Ausgleich für die Übernahme der Mankohaftung zahlt die Firma . . . . .

. . . . ., den . . . . .

Arbeitnehmer   Arbeitgeber

9. Vertragsklausel über Arbeitnehmererfindung

ArbR-Hdb. § 115; *Bartenbach/Volz,* Arbeitnehmererfindergesetz, 4. Aufl., 2002; *dies.,* Arbeitnehmererfindervergütung, 2. Aufl., 1999; *Reimer/Schade/Schippel,* Das Recht der Arbeitnehmererfindung, 7. Aufl., 2000.

a) Klausel über Diensterfindung

23 Zwischen
der Firma . . . . .
und
Herrn/Frau . . . . .

wir folgende Vereinbarung geschlossen:

I. Herr/Frau . . . . . verpflichtet sich, jede von ihm/ihr während der Dauer des Arbeitsverhältnisses gemachte Erfindung, die aus seiner/ihrer Arbeit im Betrieb entstanden ist oder maßgeblich auf Erfahrungen oder Arbeiten des Betriebes beruhen (§ 4 ArbNErfG), der Firma unverzüglich schriftlich zu melden.

II. Die Firma ist innerhalb von 4 Monaten nach der Meldung berechtigt, die Erfindung durch schriftliche Erklärung gegenüber Herrn/Frau . . . . . in Anspruch zu nehmen. Mit dem Zugang der Erklärung geht sie mit allen Rechten für das In/Ausland auf die Firma über.

III. Herr/Frau . . . . . hat für jede in Anspruch genommene Erfindung Anspruch auf eine angemessene Vergütung. Art, Höhe und Fälligkeit der Vergütung werden nach den Richtlinien des BMA vom 20. 7. 1959 (Beilage zum BAnz. Nr. 156) i. d. Änd. vom 1. 9. 1983 (BAnz. 169 = BArbBl. 11/1983, 27) vereinbart.

IV. Nimmt die Firma innerhalb von 4 Monaten die Erfindung nicht in Anspruch, kann Herr/Frau . . . . . darüber frei verfügen.

. . . . ., den . . . . .

Arbeitnehmer   Arbeitgeber

---

vereinbarten Mankovergütung zulässig (vgl. BAG, Urteil v. 2. 12. 1999 – 8 AZR 386/98 – AP BGB § 611 Mankohaftung Nr. 3). Im Falle einer Mankovereinbarung ist der Arbeitgeber für die Abrede, den Schaden, das Verschulden des Arbeitnehmers und die haftungsbegründende Kausalität darlegungs- und beweispflichtig (vgl. BAG, Urteil v. 17. 9. 1998 – 8 AZR 175/97 – AP BGB § 611 Mankohaftung Nr. 2). Eine vertragliche Vereinbarung der Arbeitsvertragsparteien über die Haftung des Arbeitnehmers für einen eingetretenen Waren- oder Kassenfehlbestand (Mankohaftung) ist wegen Verstoßes gegen die einseitig zwingenden Grundsätze der beschränkenden Arbeitnehmerhaftung unwirksam, wenn und soweit dem Arbeitnehmer kein gleichwertiger Ausgleich geleistet wird. Vor diesem Hintergrund ist es notwendig, ein Mankogeld zu vereinbaren, allerdings ist die Mankohaftung auf die Summe des Mankogeldes beschränkt. Man wird trefflich darüber streiten können, ob vor diesem Hintergrund eine Mankoabrede Sinn macht. Aus Arbeitgebersicht dürfte dies dann der Fall sein, wenn eine (tarifliche) Mindestvergütung gezahlt wird und die darüber hinausgehenden Zahlungen als Mankogeld erfolgen.

Schrader

b) Klausel über freie Erfindung

Der Arbeitnehmer, der während der Dauer des Arbeitsverhältnisses eine freie **24** Erfindung (§ 4 ArbNErfG) gemacht hat, hat dies dem Arbeitgeber unverzüglich schriftlich mitzuteilen. Bevor der Arbeitnehmer eine freie Erfindung während der Dauer des Arbeitsverhältnisses anderweitig verwertet, hat er zunächst dem Arbeitgeber ein nicht ausschließliches Recht zur Benutzung der Erfindung zu angemessenen Bedingungen anzubieten, wenn die Erfindung im Zeitpunkt des Angebots in den vorhandenen oder vorbereiteten Arbeitsbereich des Betriebes des Arbeitgebers fällt. Das Vorrecht des Arbeitgebers erlischt, wenn er es nicht binnen drei Monaten annimmt. Im Übrigen gelten die §§ 18 ff. ArbNErfG.

c) Vertragserfindung

Rechte an Erfindungen oder technischen Verbesserungen, die der Arbeitnehmer **25** während seiner Tätigkeit für den Arbeitgeber oder im Zusammenhang mit seiner Tätigkeit für den Arbeitgeber oder auf Grund von Arbeiten der Gesellschaft gemacht oder erarbeitet hat, stehen allein dem Arbeitgeber zu. Der Arbeitnehmer tritt alle entsprechenden Rechte an den Arbeitgeber ab. Unberührt bleiben die Rechte aus dem ArbNErfG.

10. Vertragsklauseln für die Erstellung von Computerprogrammen

Brandi-Dohm, Arbeitnehmererfindungsschutz bei Softwareerstellung, CR 2001, 285 ff.; *ders.,* Softwareschutz nach dem neuen deutschen Urheberrechtsgesetz, BB 1994, 658 ff.; *Ernstthaler/Mollenkamp,* Reichweite des urheberrechtlichen Softwareschutzes nach der Umsetzung der EG-Richtlinie zum Rechtsschutz von Computerprogrammen, GRUR 1994, 51 ff.; *Marly,* Der neue Urheberschutz für Computersoftware, NJW-CoR 4/1993, 21 ff.

Im Rahmen des Europäischen Arbeitsrechts ist die EG-Richtlinie 91/250 über den **26** *Rechtsschutz von Computerprogrammen vom 14. 5. 1991 (Abl. EG Nr. L 122 S. 42) ergangen. Die Richtlinie ist durch das Zweite Gesetz zur Änderung des Urheberrechtsgesetzes vom 9. 6. 1993 (BGBl. I 910) in das nationale Recht umgesetzt worden. Nach § 69 a Abs. 1 UrhG sind Computerprogramme Programme in jeder Gestalt, einschließlich des Entwurfsmaterials. Computerprogramme werden urheberrechtlich geschützt, wenn sie individuelle Werke in dem Sinne darstellen, dass sie das Ergebnis der eigenen geistigen Schöpfung ihres Urhebers sind. Zur Bestimmung ihrer Schutzfähigkeit sind keine anderen Kriterien, insbesondere nicht qualitative oder ästhetische, anzuwenden. Schutzfähig sind sie mithin nur, wenn sie eine bestimmte Schöpfungshöhe haben. Allerdings soll im Unterschied zu der früheren Rechtsprechung des BGH auch die kleine Münze der Programmierkunst in den Schutz einbezogen sein (BT-Drucks. 12/4022 S. 9). Dies entspricht auch der Geschichte der Richtlinie. Die Vorschriften der §§ 69 a ff. UrhG sind gegenüber den übrigen die spezielleren. Nach § 69 b Abs. 1 UrhG ist ausschließlich der Arbeitgeber zur Ausübung aller vermögensrechtlichen Befugnisse an dem Computerprogramm berechtigt, das ein Arbeitnehmer in Wahrnehmung seiner Aufgaben oder nach den Anweisungen des Arbeitgebers geschaffen hat, es sei denn, dass etwas anderes vereinbart ist. Die Urheberpersönlichkeitsrechte verbleiben dagegen beim Urheber, so dass der Arbeitnehmer sich gegen jede Entstellung und Verstümmelung zur Wehr setzen kann. Die Verwertungsrechte ergeben sich aus § 69 c UrhG. Hiernach hat der Rechtsinhaber das ausschließliche Recht der Vervielfältigung, der Bearbeitung und Vermietung und Veräußerung. Vervielfältigung und Bearbeitung bedürfen nicht der Zustimmung des Rechtsinhabers, wenn diese zum bestimmungsgemäßen Gebrauch gehören. In § 69 e UrhG ist die Dekompilierung geregelt. Der Urheber soll die Möglichkeit haben, den Zugang zu ungeschützten Ideen zu versperren. Der Rechtsinhaber kann von dem Eigentü-*

Schrader

*mer oder Besitzer verlangen, dass alle rechtswidrig hergestellten, verbreiteten oder zur rechts-
widrigen Verbreitung bestimmten Vervielfältigungsstücke vernichtet werden (§ 69f UrhG).
Das Urheberrecht erlischt 70 Jahre nach dem Tode des Urhebers (§ 64 UrhG). Insoweit
weicht das Gesetz in zulässiger Weise von der Richtlinie ab, die nur eine Schutzfrist von
50 Jahren vorsah. Die Vertragsklauseln können aus dem Gesetzestext entwickelt werden.*

11. Übertragung von Unternehmerpflichten[20, 21]

27 Zwischen

der Firma . . . . .

und

Herrn/Frau . . . . .

wird die Übertragung von Unternehmerpflichten nach § 7 ArbSchG, § 9 Abs. 2
OWiG vereinbart.

    I. Das Unternehmen überträgt die ihm obliegenden Verpflichtungen zum Ar-
beitsschutz und der Unfallverhütung für den Betrieb/die Betriebsabteilung . . . . . auf
den Arbeitnehmer in eigener Verantwortung.

    II. Der Arbeitnehmer ist berechtigt, in eigener Verantwortung

1. Einrichtungen zu schaffen und zu unterhalten;

2. Anordnungen und sonstige Maßnahmen zu treffen;

3. ärztliche Untersuchungen von Mitarbeitern zu veranlassen, soweit ein Betrag
   von . . . . . € je Maßnahme nicht überschritten wird.

    III. Der Arbeitnehmer ist insbesondere berechtigt . . . . .

. . . . ., den . . . . .

Arbeitnehmer   Arbeitgeber

12. Internetnutzung

28 **Taktischer Hinweis:**
Der Arbeitgeber wird grundsätzlich entscheiden müssen, ob die Internetnutzung zugelassen wird oder nicht. Ist die private Internetnutzung untersagt, kann es eine verhaltensbedingte Kündigung rechtfertigen, wenn dennoch privat das Internet am Arbeitsplatz
genutzt wird.[22] Wird dagegen die Internetnutzung erlaubt, wird der Arbeitgeber dem
Arbeitnehmer kaum Vorschriften über die Seiten, deren Besuch seitens des Arbeitgebers
erlaubt ist bzw. die verboten sind, machen können. Er wird insoweit nur den Umfang
der Internetnutzung in zeitlicher Hinsicht einschränken können. Damit ist eine Regelung nur in quantitativer, nicht aber in qualitativer Hinsicht möglich.[23] Eine Vorschrift,

---

[20] Aus den Merkblättern der Berufsgenossenschaften ergeben sich Mustervereinbarungen.

[21] Nach § 7 ArbSchG, § 22 SGB III können Unternehmerpflichten zur Unfallverhütung übertragen
werden. Eine ordnungsgemäße Pflichtenübertragung bewirkt, dass neben dem Unternehmer der Beauftragte verantwortlich ist. Die Verantwortung des Unternehmers kann nach § 130 OWiG gemildert sein.
Die Pflichtübertragung kann sich aus dem Vertragsverhältnis ergeben (§ 9 Abs. 1 OWiG); sie kann auch
vereinbart werden (§ 9 Abs. 2 OWiG).

[22] Vgl. ArbG Frankfurt, Urteil v. 2. 1. 2002 – 2 Ca 5340/01 – DB 2002, 1273; ArbG Düsseldorf,
Urteil v. 1. 8. 2001 – 4 Ca 3437/01 – NZA 2001, 1386; ArbG Wesel, Urteil v. 21. 3. 2001 – 5 Ca
4021/00 – NZA 2001, 786; ArbG Frankfurt, Urteil v. 31. 1. 2001 – 2 Ca 2990/00 zitiert nach juris;
ArbG Hannover, Urteil v. 1. 12. 2000 – 1 Ca 504/00 B – NZA 2001, 1022.

[23] Vgl. *Beckschulze/Henkel* DB 2001, 1491 ff.

dass eine private Internetnutzung in einem bestimmten Umfang zulässig ist, dass es allerdings nicht zulässig sein soll, bestimmte pornografische oder politische Seiten zu besuchen, erscheint bedenklich. Insoweit herrscht arbeitgeberseits ein gewisser Interessenkonflikt:

Am einfachsten händelbar ist eine Regelung, nach der die private Internetnutzung grundsätzlich untersagt wird. Andererseits hat der Arbeitgeber ein Interesse daran, dass seine Arbeitnehmer zum einen sich mit neuen Medien vertraut machen, zum anderen aber auch eine Vielzahl von Tätigkeiten, zu denen die Arbeitnehmer ansonsten das Unternehmen verlassen müssten, vom Arbeitsplatz erledigen können (z. B. Bankgeschäfte, Einkäufe etc.). Nachstehendes Muster geht von einem grundsätzlichen Verbot der privaten Internetnutzung aus.

Zwischen $\qquad$ **29**

der Firma .....

und

Herrn/Frau .....

wird in Ergänzung des Arbeitsvertrages vom ..... Folgendes vereinbart:

1. Die Nutzung des betrieblichen Internetanschlusses sowie die Versendung von E-Mails darf ausschließlich für dienstliche Zwecke erfolgen. Eine private Nutzung ist nicht gestattet.

2. Das Internet darf nur mit der gültigen persönlichen Zugangsberechtigung genutzt werden. User/ID und Passwort dürfen nicht an Dritte weitergegeben werden.

3. Es dürfen keine fremden Programme auf die Festplatte kopiert, über Diskette, CD-ROM oder Internet auf dem PC installiert und/oder eingesetzt werden. Auf Virenkontrolle ist zu achten und jeder auftretende Virus unverzüglich der Netzverwaltung zu melden.

4. Das Abrufen, Anbieten oder Verbreiten von rechtswidrigen Inhalten, insbesondere rassistischer oder pornografischer Art, ist verboten.[24]

5. Die Firma ..... ist berechtigt, jede Nutzung von E-Mail und Internet zu speichern, um die Einhaltung der obigen Bestimmungen anhand der gespeicherten Daten zu überprüfen.[25] Verstöße gegen die vorgenannten Pflichten stellen arbeitsvertragliche Pflichtverletzungen dar, die im Wiederholungsfalle mit einer außerordentlichen oder ordentlichen Kündigung geahndet werden können.[26]

6. Ich bin mit den vorstehenden Regelungen einverstanden.

....., den .....

Arbeitgeber   Arbeitnehmer

---

[24] Die Regelung ist an sich überflüssig, da die private Nutzung grundsätzlich untersagt ist. Ist die private Nutzung in einem bestimmten Umfang erlaubt, werden häufig diese oder ähnliche Formulierungen gewählt. Soweit die Grenze zur Strafbarkeit nicht überschritten wird, sind Vorschriften über den Inhalt der aufzusuchenden Seiten aus Gründen der Meinungsfreiheit (Art. 5 GG) bedenklich.

[25] Insoweit bestehen Mitbestimmungsrechte des Betriebsrats nach § 87 Abs. 1 Nr. 1 und 6 BetrVG. Darüber hinaus sind der Überprüfung der Daten Grenzen durch das BDSG gesetzt.

[26] Diese Formulierung dient dazu, die Bestimmungen als Pflichten der Arbeitnehmer festzuschreiben. Der Arbeitgeber kann damit im Falle von Pflichtverstößen die Pflicht (z. B. keine private Internetnutzung) beweisen. Ferner ist bereits die Ankündigung arbeitsrechtlicher Konsequenzen enthalten.

II. Pflichten des Arbeitgebers

1. Vergütungsregelung für einen leitenden Angestellten

30   I. Der Arbeitnehmer erhält ein Gehalt von jährlich ..... € brutto, zahlbar in Teilbeträgen von ..... € am Ende eines jeden Monats. Mit der Zahlung des Gehaltes sind etwa geleistete Über- und Mehrarbeitsstunden abgegolten.

II. Erhöht oder vermindert sich das Grundgehalt eines verheirateten Bundesbeamten der Besoldungsgruppe B ....., das ohne Wohngeld und sonstige Zulagen am ..... beträgt, so erhöhen oder vermindern sich die Gehaltsbezüge des Arbeitnehmers in gleichem prozentualen Verhältnis, und zwar vom Beginn des nächsten Kalendermonats an. Sonstige Zuwendungen oder Änderungen des Besoldungsgefüges bleiben unberücksichtigt.[27]

oder

II. Die Parteien sind verpflichtet, über eine Neufestsetzung der Gehaltsbezüge zu verhandeln, wenn der monatliche Gesamtlebenshaltungskostenindex des statistischen Bundesamtes für alle privaten Haushalte unter Zugrundelegung des Basisjahres 1991 seit der letzten Gehaltsfestsetzung um mehr als ..... % steigt oder fällt. Soweit eine Neufestsetzung der Gehaltsbezüge erfolgt, werden diese jeweils um nicht mehr als 10 % nach oben oder unten verändert.

III. Der Arbeitnehmer erhält eine Tantieme in Höhe von ..... % des ..... € übersteigenden Reingewinns des Arbeitgebers. Als Berechnungsgrundlage für die Tantieme gilt[28] der jeweilige Reingewinn der von der Arbeitgeberin erstellten und genehmigten Steuerbilanz bei Hinzurechnen der Steuern vom Ertrag und Vermögen, sofern diese gewinnmindernd abgesetzt wurden.

Gewinn, der vor dem ..... angefallen ist, jedoch durch steuerrechtliche Maßnahmen ihren Niederschlag erst in den Steuerbilanzen der Folgejahre findet, ist bei der Berechnung der Berechnungsgrundlage für die Tantieme abzusetzen.

oder

III. Der Arbeitnehmer erhält eine jährliche Erfolgsbeteiligung, deren Höhe sich nach dem Geschäftsergebnis für das Geschäftsjahr ...../..... richtet. Die Erfolgsbeteiligung wird berechnet ..... Sie wird nur an Arbeitnehmer gezahlt, die während des ganzen Jahres beschäftigt waren und deren Arbeitsverhältnis im Zeitpunkt der Auszahlung (am 31. 3. des Folgejahres) noch besteht.

oder

III. Der Arbeitnehmer erhält eine Gewinnbeteiligung in Höhe ..... % des Jahresgewinns der AG. Ausgangsgröße ist der Jahresüberschuss vermindert um einen Verlustvortrag aus dem Vorjahr und um die Beträge, die nach Gesetz oder Satzung aus dem Jahresüberschuss als Gewinnrücklagen einzustellen sind. Die Gewinnbetei-

---

[27] Das Bezugsgehalt muss eindeutig bestimmt sein, da es ansonsten zu Streitigkeiten bei Änderungen des Besoldungsgefüges, Sonderzuwendungen usw. kommen kann.

[28] Umsatztantiemen sind für den Arbeitgeber unzweckmäßig, da sie auch bei Verlusten anfallen. Tantiemen auf den Gewinn sollten genaue Berechnungsvorschriften enthalten. Gewinnbeteiligungen sollen auch nur dann gezahlt werden, wenn Gewinn anfällt, da ansonsten eine Umdeutung in eine gewinnunabhängige Gratifikation für Betriebstreue möglich ist (LAG Hamm, Urteil v. 23. 2. 2001 – 15 Sa 1572/00 – NZA-RR 2001, 525).

ligung ist fällig binnen einen Monats nach rechtskräftiger Verabschiedung der Bilanz.[29]

oder

III. Der Arbeitnehmer erhält eine Gewinnbeteiligung in Höhe von ..... % des sich aus der Handelsbilanz der Firma ergebenden Deckungsbeitrags. Die Gewinnbeteiligung ist binnen einen Monats nach Verabschiedung der Bilanz fällig.[30]

oder (als Ersatz für I. und II.)

I. Der Arbeitnehmer erhält ein Gehalt in Höhe von monatlich ..... €.

II. Erhöht oder vermindert sich das Gehalt von Arbeitnehmern der Tarifgruppe ....., so erhöht oder vermindert sich das Gehalt des Arbeitnehmers um denselben Prozentsatz.

2. In das Vergütungsgefüge eingebaute Gratifikation und Abschlussvergütung[31, 32]

I. Der Arbeitnehmer erhält ein in Monatsraten fälliges Jahresgehalt in Höhe von ..... €. Die Raten werden jeweils am Letzten des Monats fällig. **31**

II. Der Arbeitnehmer erhält nach Abschluss des Geschäftsjahres eine Sondervergütung, deren Höhe jeweils von der Firma festgesetzt wird. Bei einer Beschäftigungsdauer von weniger als 12 Monaten in einem Kalenderjahr wird die Sondervergütung pro rata temporis der Zugehörigkeit zur Firma gezahlt.

III. Sofern die bisherige Betriebsübung beibehalten wird, erhält der Arbeitnehmer ein Weihnachtsgeld in Höhe von .....% des Jahresgehaltes, das wie die Sondervergütung – gegebenenfalls anteilig – zur Auszahlung gelangt.

3. Zielvereinbarungen[33]

Mauer, Zielvereinbarungen als Vergütungsgrundlage im Arbeitsverhältnis, NZA 2002, 540 ff.; *Hoss*, Zielvereinbarungen, ArbRB, 2002, 154 ff.; *Bauer/Diller/Göpfert*, Zielvereinbarungen auf dem arbeitsrechtlichen Prüfstand, BB 2002, 882 ff.; *Bauer*, Zielvereinbarungen auf dem arbeitsrechtlichen Prüfstand, FA 2002, 295 ff.; *Köppen*, Rechtliche Wirkungen arbeitsrechtlicher Zielvereinbarungen, DB 2002, 374 ff.; *Lindemann/Siemann*, Flexible Bonusregelungen im Arbeitsvertrag, BB 2002, 1807 ff.

---

[29] Die Gewinnbeteiligung ist entsprechend der Regelung in § 86 Abs. 2 AktG wie bei Vorstandsmitgliedern einer Aktiengesellschaft gefasst. Wichtig ist, den Fälligkeitszeitpunkt zu definieren und festzulegen.

[30] Vgl. *Schrader*, Rechtsfallen in Arbeitsverträgen, 2001, RN 1227.

[31] Zur Zwölftelung bei unterjähriger Beschäftigung BAG, Urteil v. 18. 5. 1983 – 5 AZR 133/81 – AP BGB § 611 Gratifikation Nr. 100.

[32] Eine Differenzierung zwischen Arbeitern und Angestellten ist unwirksam: BAG, Urteil v. 28. 1. 1984 – 5 AZR 251/82 – AP BGB § 242 Gleichbehandlung Nr. 68; vgl. ArbR-Hdb. § 112 RN 113.

[33] Zielvereinbarungen in Arbeitsverträgen werden immer üblicher. Die Vergütung wird in einen festen und einen variablen Gehaltsbestandteil gesplittet. Für den variablen Gehaltsbestandteil wird eine Zielvereinbarung abgeschlossen, so dass die Höhe der Auszahlung abhängig ist von den erreichten Zielen. Das Problem bei Zielvereinbarungen ist, Leistung messbar zu machen. Regelmäßig werden Zielvereinbarungen jährlich abgeschlossen. Insbesondere aus Arbeitgebersicht ist darauf zu achten, dass die Zielvereinbarungen möglichst konkret gefasst und formuliert werden, um eine spätere arbeitsgerichtliche Auseinandersetzung über Festlegung und Erreichen der Ziele zu vermeiden.

Schrader

a) Regelung im Arbeitsvertrag

32 § ..... Vergütung

Die Firma ..... zahlt Frau/Herrn .....:
- eine feste Jahresvergütung in Höhe von ..... € brutto, zahlbar in zwölf gleichen Raten, jeweils zum Ende eines Monats sowie
- eine variable Jahresvergütung gem. der jährlich zu vereinbarenden Zielvereinbarung.

b) Dazugehörige Zielvereinbarung

33 Vereinbarung über die variable Jahresvergütung

Zwischen

der Firma .....

und

Herrn/Frau .....

wird unter Bezugnahme auf § ..... des Anstellungsvertrages vom ..... Folgendes vereinbart:

1. Auftragseingangsabhängige Tantieme (I)

Frau/Herr ..... erhält gem. der variablen Vergütung unter § ..... seines Anstellungsvertrages für das Geschäftsjahr 2003 eine Tantieme (I), deren Berechnungsgrundlage der Auftragseingang (AE) der Firmen ..... im Bereich Key-Accounting in der ..... Aktiengesellschaft ist. Für das Geschäftsjahr 2003 ist ein Planwert in Höhe von 8 Mio. € AE vereinbart. Von dem realisierten Auftragseingang erhält Frau/Herr ..... eine variable auftragseingangsabhängige Vergütung gem. folgender Tabelle:

$AE < 6500$ T€	0,00 € (brutto)
6500 T€ $< AE \leq 7000$ T€	12 500,00 € (brutto)
7000 T€ $< AE \leq 7500$ T€	15 000,00 € (brutto)
7500 T€ $< AE \leq 8000$ T€	17 500,00 € (brutto)
8000 T€ $< AE \leq 8500$ T€	20 000,00 € (brutto)
8500 T€ $< AE \leq 9000$ T€	25 000,00 € (brutto)
9000 T€ $< AE \leq 9500$ T€	30 000,00 € (brutto)

(die Tabelle endet hier und wird nicht weitergeführt)

2. Deckungsbeitragsabhängige Tantieme (II)

Berechnungsgrundlage für die Tantieme (II) ist der Deckungsbeitrag (DB) im Bereich Key Accounting in der ..... Aktiengesellschaft für die Firmen ..... Für das Geschäftsjahr 2003 ist ein Planwert von 320 T€ festgelegt (4% von 8 Mio. €). Vom dem realisierten Deckungsbeitrag erhält Frau/Herr ..... eine variable, deckungsbeitragsabhängige Vergütung nach folgender Tabelle:

$DB \leq 260$ T€	0,00 € (brutto)
260 T€ $< DB \leq 280$ T€	12 500,00 € (brutto)
280 T€ $< DB \leq 300$ T€	15 000,00 € (brutto)
300 T€ $< DB \leq 320$ T€	17 500,00 € (brutto)
320 T€ $< DB \leq 340$ T€	20 000,00 € (brutto)
340 T€ $< DB \leq 360$ T€	25 000,00 € (brutto)
360 T€ $< DB \leq 380$ T€	30 000,00 € (brutto)

(die Tabelle endet hier und wird nicht weitergeführt)

3. Fälligkeit der Tantieme

Für das Geschäftsjahr 2003 wird eine Abschlagszahlung in Höhe von ..... €
(brutto) vereinbart, die mit monatlichen Abschlägen in Höhe von ..... € (brutto)
zur Auszahlung gebracht wird. Jeweils nach Ablauf eines Kalendervierteljahres erfolgt eine Zwischenabrechnung und – sofern erforderlich – eine Anpassung der
Abschlagszahlung. Die endgültige Abrechnung der variablen Gehaltsbestandteile
erfolgt im folgenden Jahr nach Vorlage des geprüften Abschlusses. Im Ein- und
Austrittsjahr wird die Tantieme anteilig gezahlt.

4. Sonstiges

Diese Vereinbarung tritt an die Stelle bisher mündlich getroffener oder schriftlicher Vereinbarungen. Diese Vereinbarung gilt bis zum 31. 12. 2003 und wird im
Folgejahr durch eine neue Regelung ersetzt.

....., den .....

Arbeitnehmer   Arbeitgeber

4. Aktienoptionen[34]

Aktienoptionsrechtsvereinbarung[35]   **34**

Zwischen

der ..... Aktiengesellschaft

– nachfolgend AG genannt –[36]

und

Herrn/Frau .....

Präambel

Die Hauptversammlung hat unter dem ..... die Schaffung von bedingtem Kapi-
tal in Höhe von ..... € gemäß § 192 Abs. 1 Nr. 3 AktG beschlossen. Der Beschluss ist als Anlage 1 beigefügt und Inhalt dieses Vertrages. Herr/Frau ..... gehört
zu der dort genannten Personengruppe möglicher Bezugsberechtigter.[37]

§ 1 Einräumung der Optionsrechte   **35**

I. Herr/Frau ..... erhält das Recht, ... Stück auf den Namen lautender Aktien
der AG im Nennbetrag von jeweils ..... € (i. F.: „Aktien") zum jeweiligen Ausübungspreis zu erwerben (i. F.: „Optionsrechte").

---

[34] Aktienoptionspläne dienen der rechtsgeschäftlichen Einräumung von mittelbaren oder unmittelbaren Bezugsrechten von unternehmenseigenen Aktien. Sie sind in internationalen Konzernen eher üblich. Bei Kurseinbrüchen sind sie nicht ganz risikolos („Aktien statt Gehalt", vgl. *Röder/Göpfert* BB
2001, 2002). Aktienoptionspläne können ein probates Mittel der Mitarbeiterbeteiligung und -motivie-
rung sein (vgl. zu Aktienoptionsplänen ArbR-Hdb. § 82 RN 26 ff.; *Buhr/Radtke* DB 2001, 1882; *Lemp-
ke* BB 2001, 1469; *Bauer/Göpfert/von Steinau-Steinrück* ZIP 2001, 1129).
[35] In der Praxis wird häufig nicht eine ausführliche Optionsrechtsvereinbarung mit dem Arbeitnehmer geschlossen, sondern der Arbeitnehmer wird durch eine kurze Vereinbarung in den Aktienoptionsplan einbezogen, der dann die detaillierten Bedingungen enthält.
[36] Hat ein Konzernunternehmen in einem Aktienoptionsplan eigenständig Verpflichtungen gegenüber Arbeitnehmern übernommen, die im Betrieb eines anderen, zum Konzern gehörenden Unternehmens beschäftigt sind, so gehen diese Verpflichtungen im Falle der Veräußerung des Betriebes nicht
auf den Betriebserwerber über, da sie nicht Gegenstand des Arbeitsverhältnisses mit dem Betriebsveräußerer waren (BAG, Urteil v. 12. 2. 2003 – 10 AZR 299/02 – NZA 2003, 487).
[37] Bei der Einräumung von Beteiligungsrechten kann der Arbeitgeber nicht willkürlich bestehende
Arbeitnehmergruppen von der Beteiligung ausnehmen.

Schrader

II. Der Ausübungspreis ist die Summe aus dem Referenzpreis und dem Aufschlag. Er bestimmt sich wie folgt:

1. Referenzpreis ist der Durchschnittswert des Eröffnungskurses und des Schlussauktionspreises der Aktien der Gesellschaft im Xetra-Handel an der Wertpapierbörse Frankfurt/Main an dem Tag, der vor der im 1. Quartal eines jeden Jahres stattfindenden Sitzung des Präsidiums des Aufsichtsrates der AG liegt, in der über den aktienpreisgebundenen Teil der Vergütung der Mitglieder des Vorstandes der Gesellschaft entschieden wird, mindestens aber der auf eine Aktie entfallende anteilige Betrag des Grundkapitals.

2. der Aufschlag beträgt 20% auf den Referenzpreis als Erfolgsziel[38]

oder

II. Ausübungspreis ist der Börsenkurs der Aktie am Tag der heutigen Vertragsunterzeichnung in Höhe von ..... €

oder – bei Indexierung[39]

II. Der Ausübungspreis ist das Produkt aus dem Referenzpreis und dem Faktor.

1. Referenzpreis ist der Börsenkurs der Aktie am Tag der heutigen Vertragsunterzeichnung in Höhe von ..... €

2. Faktor ist der Quotient aus dem Stand des Deutschen Aktienindex DAX zum Zeitpunkt der Ausübung der Option und dem Stand des Deutschen Aktienindex DAX zum Zeitpunkt der Einräumung der Option.

oder

2. Faktor ist der Quotient aus dem Stand des Branchenindex ..... zum Zeitpunkt der Ausübung der Option und dem Stand des Branchenindex ..... zum Zeitpunkt der Einräumung der Option.

III. Die Vertragsparteien schließen hiermit einen Kaufvertrag über ..... Aktien gem. § 1 Abs. I zum Ausübungspreis. Der Kaufvertrag steht unter der aufschiebenden Bedingung der Ausübung der Optionsrechte durch Herrn/Frau ..... .

IV. Herr/Frau ..... darf die Optionsrechte ganz oder in Teilen nach Maßgabe der nachfolgenden Vorschriften ausüben.

36 § 2 Unentgeltlichkeit

Die Einräumung der Optionsrechte erfolgt unentgeltlich.[40]

37 § 3 Wartezeiten und Ausübungszeiträume[41]

I. Herr/Frau ..... kann die Optionsrechte wie folgt ausüben:

1. ..... % der Optionsrechte frühestens am .....,

---

[38] Das Erfolgsziel führt zu einem erhöhten Erfolgsanreiz, da die Aktienoption sinnvollerweise nur ausgeübt werden kann, wenn das Management eine nennenswerte Kurssteigerung bewirkt.

[39] Die Indexierung dient dazu, nur solche Wertsteigerungen der Aktie zu honorieren, die über die allgemeine konjunkturelle Steigerung gem. dem Aktienindex (bzw. – wie in der 3. Alternative – die branchenübliche Steigerung bei Verwendung des Branchenindex) hinausgeht.

[40] Ein geldwerter Vorteil entsteht erst im Zeitpunkt der Ausübung in Höhe der Differenz zwischen dem Ausübungspreis und dem aktuellen Aktienkurs (vgl. ArbR-Hdb. § 82 RN 26 m. w. N.).

[41] Die Zeiträume, in denen die Optionen nicht ausgeübt werden können, dienen insbesondere auch dazu, schon den ersten Anschein von Insiderhandel zu vermeiden.

2. weitere ..... % der Optionsrechte frühestens am ....,

3. die verbleibenden ..... % der Optionsrechte frühestens am .....

II. Auch nach Ablauf dieser Wartezeiten können die Optionsrechte nicht innerhalb folgender Zeiträume ausgeübt werden:

1. vom 15.12. bis 31.12. eines jeden Jahres,

2. in der Zeit ab dem letzten Tag, an dem sich Aktionäre zur Teilnahme an der Hauptversammlung der Gesellschaft anmelden können, bis zum dritten Bankarbeitstag in Frankfurt/Main nach dieser Hauptversammlung,

3. in der Zeit ab dem Tag der Veröffentlichung eines Bezugsangebotes auf neue Aktien oder auf Schuldverschreibungen mit Wandel- und/oder Optionsrechten auf Aktien der Gesellschaft in einem Pflichtblatt der Wertpapierbörse Frankfurt/Main bis zum Tage, an dem die Bezugsfrist endet.

§ 4 Ausübungserklärung 38

I. Die Ausübung erfolgt durch schriftliche Erklärung gegenüber dem Vorsitzenden des Aufsichtsrates der AG. Sie kann nur durch den Optionsberechtigten selbst ausgeübt werden.

II. Die Erklärung hat anzugeben, für wie viele Aktien Optionsrechte ausgeübt werden.

III. Mit wirksamer Ausübung entfällt im Umfang der ausgeübten Optionsrechte die aufschiebende Bedingung des Kaufvertrages gem. § 1 Abs. IV.

IV. Binnen ..... Wochen nach Zugang der Ausübungserklärung wird die Gesellschaft Herrn/Frau ..... die der ausgeübten Zahl an Optionsrechten entsprechende Zahl an Aktien Zug um Zug gegen die Zahlung des Kaufpreises übertragen.

§ 5 Veräußerungsbeschränkungen 39

I. Herr/Frau ..... darf die in Ausübung des Optionsrechtes erworbenen Aktien frühesten ..... Monate nach Ausübung der Option weiter veräußern.[42]

II. Ein Anspruch des/der Herrn/Frau ..... auf Zahlung eines Barausgleichs ist ausgeschlossen.

§ 6 Unübertragbarkeit 40

I. Die unter § 1 gewährten Optionsrechte sind zu Lebzeiten des Optionsberechtigten nicht übertragbar.

II. Auch jegliche anderweitige Verfügung über die Optionsrechte, die Gewährung einer Unterbeteiligung oder die Errichtung einer Treuhand daran sind unzulässig. Auch die Eingehung von Short-Positionen durch Einräumung von den nach § 1 Abs. I eingeräumten Optionsrechten an Dritte sowie vergleichbare Glattstellungsgeschäfte, die wirtschaftlich zu einer Veräußerung der Optionsrechte führen, sind Herrn/Frau ..... nicht gestattet. Verstöße gegen diese Vorschriften führen zum Verfall der Optionsrechte.

---

[42] Die Beschränkungen der Übertragbarkeit hat nur schuldrechliche Wirkung. Die Wirksamkeit der Veräußerung richtet sich nach §§ 53 a ff. AktG.

Schrader

III. Die unter § 1 gewährten Optionsrechte sind vererblich. Im Falle des Todes von Herrn/Frau ..... endet das Recht zur Ausübung der Option jedoch spätestens zwölf (12) Monate nach dem Zeitpunkt des Todes. § 10 bleibt unberührt.

oder

III. Die unter § 1 gewährten Optionsrechte sind unvererblich.

41 § 7 Verfall[43]

I. Die Optionsrechte verfallen, wenn Herr/Frau ..... sein/ihr Anstellungsverhältnis mit der AG vor dem ..... beendet, gleich aus welchem Grunde. Sie verfallen ferner, wenn die AG das Anstellungsverhältnis mit Herrn/Frau ..... aus einem wichtigem Grund beendet, den Herr/Frau ..... zu vertreten hat.

II. Tritt Herr/Frau ..... in den Ruhestand, so endet das Optionsrecht spätestens mit Ablauf von zwölf (12) Monaten nach seinem Ausscheiden bei der AG.

III. § 10 bleibt unberührt.

42 § 8 Anpassung der Optionsrechte

I. Im Falle einer Verschmelzung der AG auf eine andere Gesellschaft, deren Umwandlung, einer Kapitalerhöhung aus Eigenmitteln (Gratisaktien), einer Veränderung des Nennbetrages der Aktien oder vergleichbarer Maßnahmen, die die Rechte von Herrn/Frau ..... durch Untergang oder Veränderung der Aktien nach diesem Vertrag beeinträchtigen, wird nach Wahl der Gesellschaft der Ausübungspreis entsprechend der aus der Maßnahme resultierenden Wertveränderung angepasst, und/oder es tritt an die Stelle des Rechts nach § 1 Abs. I das Recht, zum – ggf. zusätzlich angepassten – Ausübungspreis jeweils diejenige Anzahl von Aktien, Geschäftsanteilen oder sonst an die Stelle der Aktien der AG tretenden Beteiligungsrechten an der AG oder deren Rechtsnachfolgerin zu erwerben, deren Wert dem Kurswert einer Aktie der Gesellschaft im Zeitpunkt einer solchen Maßnahme entspricht. Im Übrigen finden die Vorschriften dieser Vereinbarung Anwendung.

II. Bis zur Ausübung der Optionsrechte stehen Herrn/Frau ..... keine Rechte auf Dividenden oder sonstige Ausschüttungen aus den Optionsrechten unterliegenden Aktien zu.

43 § 9 Besteuerung[44]

I. Herrn/Frau ..... ist bekannt, dass die Gewährung der Optionsrechte an Herrn/Frau ..... sowie deren Ausübung zu steuerpflichtigen geldwerten Vorteilen bei Herrn/Frau ..... führen kann.

II. Die AG wird die hierauf entfallende Lohnsteuer einschließlich Kirchensteuer und Solidaritätszuschlag an das Finanzamt sowie evtl. hierauf entfallende Sozialversicherungsabgaben entsprechend der gesetzlichen Vorschriften abführen. Herr/Frau ..... ist jedoch verpflichtet, der AG diese zu erstatten. Der jeweilige Arbeitgeber von Herrn/Frau ..... ist berechtigt, hierzu entsprechende Beträge vom Gehalt des/der Herrn/Frau ..... einzubehalten. Der einbehaltene Betrag darf jedoch ..... % der Festvergütung des/der Herrn/Frau ..... nicht überschreiten.

---

[43] Zur Zulässigkeit vgl. *Küttner/Bauer,* Personalbuch 2002, Aktienoptionen, RN 5 m. w. N.
[44] Vgl. ArbR-Hdb. § 82 RN 26.

III. Die Vertragsparteien werden im Übrigen geeignete Vereinbarungen über eine Stundung oder anderweitige Finanzierung der Lohnsteuer-Erstattungsverpflichtung des/der Herrn/Frau ..... treffen, soweit dieser/diese nicht im Stande ist, den Erstattungsbetrag im Wege einer Einmalzahlung an die AG abzuführen.

§ 10 Dauer; Kündigung   44

I. Diese Vereinbarung gilt bis zum .....

II. Werden die Optionsrechte von Herrn/Frau ..... nicht bis zu diesem Zeitpunkt ausgeübt, verfallen sie.

III. Die Gesellschaft kann diese Vereinbarung mit Frist von einem Monat kündigen:

1. wenn von einem Gläubiger des/der Herrn/Frau ..... die Zwangsvollstreckung in seine Rechte nach diesem Vertrag betrieben wird;

2. wenn über das Vermögen des/der Herrn/Frau ..... ein Insolvenzverfahren eröffnet wird oder die Eröffnung mangels Masse abgelehnt wird;

3. wenn Herr/Frau ..... wesentliche Pflichten nach dem Gesetz, der Satzung, seinem Anstellungsvertrag oder dieser Vereinbarung verletzt.

IV. Die Kündigung bedarf zu ihrer Wirksamkeit der Schriftform. Mit Zugang der Kündigungserklärung erlöschen die nach diesem Vertrag gewährten Optionsrechte.

§ 11 Schriftform   45

Änderungen oder Ergänzungen dieses Vertrages bedürfen der Schriftform, soweit nicht notarielle Beurkundung erforderlich ist. Dies gilt auch für die Änderung dieser Schriftformklausel.

§ 12 Salvatorische Klausel   46

Sollten einzelne Bestimmungen dieses Vertrages ganz oder teilweise nicht wirksam sein, so wird dadurch die Gültigkeit der übrigen Vertragsbestimmungen nicht berührt. Gleiches gilt, wenn der Vertrag eine Lücke enthält. Anstelle der unwirksamen Bestimmung oder zur Ausfüllung der Lücke gilt diejenige wirksame Regelung als vereinbart, die dem am nächsten kommt, was die Vertragschließenden gewollt hätten, sofern sie diesen Punkt bei der Abfassung des Vertrages bedacht hätten.

....., den .....

Herr/Frau   AG

§ 21. Muster zur betrieblichen Altersversorgung

ArbR-Hdb. § 81. **Muster einer Ruhegeld-Betriebsvereinbarung:** § 51 RN 66. *Kemper/Kisters-Kölkes,* Betriebliche Altersversorgung, Beck'sche Musterverträge, 2. Aufl., 1999; *Reiserer,* Der Pensionsvertrag, Heidelberger Musterverträge, 2. Aufl., 1999.

I. Versorgungszusage mit Anrechungsklauseln

Zwischen der Firma   1
und
Herrn/Frau ..... geboren am ....., nachstehend Versorgungsberechtigte(r) genannt, wird nachfolgende Versorgungsvereinbarung geschlossen.

Schaub

2 **§ 1 Versorgungsberechtigte**

Die Firma gewährt dem/der Versorgungsberechtigten nach Maßgabe der §§ 2 und 3 nachfolgende Versorgungen:

1. Altersrente

2. Erwerbs- oder Berufsunfähigkeitsrente/Rente wegen verminderter Erwerbsfähigkeit[1]

3. Witwenrente, Witwerrente[2]

4. Waisenrente.

3 **§ 2 Wartezeit**

Versorgungsleistungen werden nur gewährt, wenn der/die Versorgungsberechtigte bei Eintritt des Versorgungsfalles eine mindestens 10-jährige Dienstzeit nach Vollendung des (25.) Lebensjahres abgeleistet hat. Bei der Berechnung der Dienstzeit bleiben Zeiten eines Ausbildungsverhältnisses unberücksichtigt.[3]

4 **§ 3 Versorgungsfall**

I. Voraussetzung für die Gewährung von Altersrente ist das Ausscheiden aus den Diensten des Unternehmens nach Vollendung des Lebensjahres, das zum Bezug von Renten aus der gesetzlichen Rentenversicherung berechtigt, spätestens das 65. Lebensjahr.[4]

II. Rente wegen verminderter Erwerbsfähigkeit/Berufs- oder Erwerbsunfähigkeit wird gewährt, wenn volle/teilweise (Grad .....) Erwerbsminderung vorliegt und der Versorgungsberechtigte danach aus den Diensten des Unternehmens ausgeschieden ist. Das gilt jedoch dann nicht, wenn die volle Erwerbsminderung arbeitsmarktbedingt ist.[5] Die Voraussetzungen der verminderten Erwerbsfähigkeit/ Erwerbs- oder Berufsunfähigkeit werden für beide Teile verbindlich durch den gesetzlichen Rentenbescheid festgestellt.[6] Ein Anspruch besteht dann nicht, wenn dem/der Versorgungsberechtigten ein anderer zumutbarer Arbeitsplatz, den er einzunehmen in der Lage ist, angeboten wird.[7]

---

[1] Üblicherweise wird auf die Begriffe des Sozialversicherungsrechts abgestellt. Nach § 43 SGB VI gibt es die Rente wegen Erwerbsminderung. Die Begriffe des früheren Rechts können nach der Überleitungsvorschrift des § 240 SGB VI noch von Bedeutung sein.

[2] Nach Art. 3 GG, § 611a BGB dürfen keine unterschiedlichen Voraussetzungen für die Gewährung von Witwen- und Witwerrenten aufgestellt werden. Vgl. BVerfG, Urteile v. 12. 3. 1975 – 1 BvL 15 u. 19/71, 32/73, 1 BVR 297 u. 315/71, 407/72, 37/73 – NJW 1975, 919; BAG, Urteil v. 5. 9. 1989 – 3 AZR 575/88 – AP BetrAVG § 1 Hinterbliebenenversorgung Nr. 8.

[3] Nach § 17 Abs. 1 BetrAVG sind Zeiten eines Berufsausbildungsverhältnisses auf die Wartefristen nach § 1 BetrAVG anzurechnen. Der Arbeitgeber ist aber nicht gehindert, Zeiten der Berufsausbildung aus der Wartefrist für die Begründung des Anspruches herauszunehmen (ArbR-Hdb. § 81 R N 110).

[4] Zweckmäßig korrespondiert mit der Bestimmung eine Regelung im Arbeitsvertrag, dass das Arbeitsverhältnis mit Vollendung des 65. Lebensjahres endet.

[5] Es bedarf der Überlegung, in welchem Umfang die Erwerbsminderung abgesichert werden soll. Die volle Erwerbsminderung kann auch darauf beruhen, dass der Arbeitnehmer nicht auf dem allgemeinen Arbeitsmarkt tätig sein kann. Es ist zu bedenken, ob dieses Risiko abgedeckt werden soll.

[6] Die Klausel kann namentlich zu Streitigkeiten bei verspäteter Antragstellung führen (vgl. § 99 Abs. 1 SGB VI). Vgl. BAG, Urteil v. 13. 7. 1982 – 3 AZR 34/80 – AP BetrAVG § 1 Invaliditätsrente Nr. 1. Andererseits soll die Klausel die Entstehung von Ansprüchen verhindern, wenn der Arbeitnehmer langfristig erkrankt und in die Erwerbsunfähigkeit gleitet, da der Rentenversicherungsträger den Versorgungsfall zumeist auf den Eintritt der Erkrankung festsetzt.

[7] Bis zur Versetzung in den Ruhestand läuft die Unverfallbarkeitsfrist und kann sich das Ruhegeld noch steigern: BAG, Urteil v. 5. 6. 1984 – 3 AZR 376/82 – AP BetrAVG § 1 Invaliditätsrente Nr. 3;

III. Witwenrente, Witwerrente wird nur für den Ehepartner gewährt, mit dem der Versorgungsberechtigte im Zeitpunkt des Vertragsabschlusses verheiratet war. Ein späterer Ehepartner ist nur dann versorgungsberechtigt, wenn er nach den Vorschriften des Gesetzes über die Versorgung der Beamten und Richter in Bund und Ländern (Beamtenversorgungsgesetz – BeamtVG vom 16. 3. 1999 (BGBl. I 322, ber. 847, 2033 m. spät. Änd.) bei Ableben eines Beamten versorgungsberechtigt wäre.

oder

III. Witwenrente/Witwerrente wird nur an den überlebenden Ehepartner gewährt. Voraussetzung ist, dass die Ehe zum Zeitpunkt des Todes mindestens ein Jahr bestanden hat und nicht nach dem Ausscheiden aus den Diensten des Arbeitgebers geschlossen wurde. Ist der Ehepartner mehr als zehn Jahre jünger, wird die Witwerrente für jedes weitere Jahr des Altersunterschiedes um ein Zehntel gekürzt.[8]

IV. Waisenrente erhalten die die Versorgungsberechtigten überlebenden ehelichen, für ehelich erklärten oder nichtehelichen Kinder, die vom Versorgungsberechtigten unterhalten worden sind. Die Waisenrente wird nur für die Dauer der Ausbildung des Kindes, längstens bis zum (18.) Lebensjahr gewährt. In Ausnahmefällen kann die Waisenrente bis zur Vollendung des 27. Lebensjahres bewilligt werden.

V. Der Anspruch auf Bezug einer betrieblichen Altersversorgung endet, wenn der Anspruch gegen die gesetzliche Rentenversicherung endet oder, sofern ein Rentenanspruch nicht besteht, enden würde, wenn ein Anspruch gegen die gesetzliche Rentenversicherung bestehen würde.

§ 4 Versorgungsberechtigte Dienstjahre

5

Versorgungsberechtigt sind die Dienstjahre, die der Versorgungsberechtigte nach Vollendung des 25. Lebensjahres ununterbrochen in Diensten der Firma gestanden hat. Ausbildungszeiten werden nicht berücksichtigt. Angefangene Dienstjahre gelten ab vollendeten sechs Monaten als volle Dienstjahre. Es werden maximal 25 (40) Dienstjahre berücksichtigt.

§ 5 Höhe der Versorgungsleistungen

6

I. Die Alters- und Erwerbsunfähigkeitszusage beträgt für jedes versorgungsfähige Dienstjahr x €.[9]

oder

I. Die Altersversorgung besteht aus einem Grundbetrag von x € und für jedes weitere Dienstjahr nach Ablauf der Wartezeit von y €.[10]

BAG, Urteil v. 15. 10. 1985 – 3 AZR 93/84 – AP BetrAVG § 1 Invaliditätsrente Nr. 4; BAG, Urteil v. 14. 1. 1986 – 3 AZR 473/84 – AP BetrAVG § 1 Invaliditätsrente Nr. 6.

[8] Es soll das Risiko von Versorgungsehen eingefangen werden. Gleichwohl kann es namentlich bei großen Altersunterschieden, aber langjähriger Ehedauer zur Billigkeitskontrolle kommen (BAG, Urteil v. 9. 11. 1978 – 3 AZR 784/77 – AP BGB § 242 Ruhegehalt Nr. 179).

[9] Die Versorgungskurve steigt linear an. Bei teilweiser verminderter Erwerbsfähigkeit sind Sonderregeln zu empfehlen.

[10] Es wird ein Sockelbetrag zugesagt. Er erlaubt, schon in jüngeren Jahren eine Altersversorgung aufzubauen. Andererseits kann der Wert der unverfallbaren Versorgungsanwartschaft schwer zu berechnen sein. Im Allgemeinen werden die Versorgungszusagen zumeist in der Form erteilt, dass die vorgestellte

oder

I. Die Altersversorgung beträgt für jedes zurückgelegte Dienstjahr 0,4 v.H.
(0,8 v.H.) der letzten monatlichen Dienstbezüge.[11]

oder

I. Die Altersversorgung besteht aus 75 v.H. des letzten Bruttomonatseinkom-
mens, das errechnet wird aus dem Durchschnitt der letzten 12 Monate[12] des Arbeitsverhältnisses, in denen der Arbeitnehmer noch gearbeitet hat oder Ansprüche
auf Lohnfortzahlung im Krankheitsfalle hatte.[13] Auf die Versorgungsbezüge werden
die Renten aus der gesetzlichen Rentenversicherung angerechnet, soweit sie auf
Beiträgen beruhen, die vom Arbeitgeber und Arbeitnehmer auf Grund gesetzlicher
Verpflichtung zu erbringen waren. Im Übrigen werden Versorgungsbezüge, die auf
Beiträgen des Arbeitnehmers beruhen, nicht berücksichtigt.

oder

I. Das Ruhegeld beträgt nach Vollendung der Wartezeit für jedes Jahr ruhege-
haltsfähiger Dienstzeit 1,875 v.H. der ruhegehaltsfähigen Dienstbezüge, insgesamt
jedoch höchstens 75 v.H. *(Alsdann Anrechungsbestimmung für Sozialversicherung).*[14]

oder

I. Die Altersversorgung beträgt 1,75 v.H. der letzten Dienstbezüge für jedes zurückgelegte Dienstjahr *(Alsdann Anrechnungsklauseln).*

oder

I. Die Alters- und Erwerbsunfähigkeitsversorgung beträgt für jedes versorgungsfähige Dienstjahr 0,4% (0,8%) der in diesem (dem) jeweiligen Dienstjahr zustehenden Dienstbezüge.[15]

II. Als letzte Dienstbezüge gelten die Dienstbezüge, die sich aus dem Jahresdurchschnitt des letzten Jahres vor Versetzung in den Ruhestand ergeben. Bei der
Errechnung des Jahresdurchschnitts bleiben solche Zeiten außer Betracht, in denen
der Arbeitnehmer Bezüge nicht erhalten hat, es sei denn, dass er in diesen Zeiten
ohne rechtfertigenden Grund gefehlt hat. Unberücksichtigt bleiben Weihnachtsgratifikationen, Tantiemen und vermögenswirksame Leistungen.[16]

Versorgungslücke geschlossen wird. Dagegen werden Gesamtversorgungszusagen unter Anrechnung der
Sozialversicherungsrente kaum noch erteilt, da durch gesetzliche Änderungen der Sozialversicherung
u. U. die Rentenbelastung des Arbeitgebers steigen kann. Hinzu kommt, dass Gesamtversorgungssyste-
me wegen des Betriebsrentenanteiles zu erheblichen Unterschieden in der Bewertung der Betriebsrente
führen können.

[11] Die Versorgungsanwartschaft ist dynamisiert. Bei der Wahl der Dynamisierungsquote muss berücksichtigt werden, dass nur die Versorgungslücke geschlossen wird. Andererseits lässt sich die Quote auch
über die Zahl der anrechnungsfähigen Dienstjahre steuern. Werden nur 25 Dienstjahre angerechnet,
kommt der Arbeitnehmer nach 25 Dienstjahren auf 20 v. H., auch wenn der Quotient 0,8 v. H. beträgt.

[12] Der Bezugszeitraum sollte nicht zu kurz gewählt werden, weil Leistungsabfälle oder systemfremde
Gehaltserhöhungen auf die Ruhegeldhöhe durchschlagen.

[13] Die Gesamtversorgungszusagen galten einmal als der Idealfall der betrieblichen Altersversorgung.
Sie werden nur noch in Ausnahmefällen erteilt, weil jede Minderung der gesetzlichen Sozialversicherungsrente vom Arbeitgeber aufgefangen werden muss. Sie kommen daher nur noch dann vor, wenn
ein Arbeitnehmer oder Geschäftsführer gesichert werden muss.

[14] Die Beträge entsprechen denen der früheren VBL-Versorgung.

[15] Die Versorgungszusage nach dem Bausteinsystem hat für den Arbeitgeber den Vorteil, dass sich
Gehaltssteigerungen nur für künftige Dienstjahre auswirken und nicht wie bei der dynamischen Zusage
sich Entgeltsteigerungen auch für die Vergangenheit erhöhen.

[16] Es soll verhindert werden, dass variable Bezüge die Versorgung erhöhen. Das gilt insbesondere
auch für die Auszahlung von Arbeitszeitguthaben.

III. Die Witwen(r)versorgungsbezüge betragen 60 v.H. des Versorgungsanspruches, auf den der/die Versorgungsberechtigte bei seinem Tode Anspruch hatte.

IV. Die Halbwaisenbezüge betragen 12 v.H. und die Vollwaisenbezüge 20 v.H. des Versorgungsanspruches, auf den der/die Versorgungsberechtigte Anspruch hatte. Die Waisenrenten bzw. das Witwen(r)geld und die Halbwaisenrenten dürfen indes den Versorgungsanspruch des Versorgungsberechtigten nicht übersteigen. Bei Überschreiten dieser Grenze werden alle Renten entsprechend gekürzt.

V. Die Höhe der Gesamtversorgung wird durch einen Versorgungsausgleich nach den Bestimmungen der §§ 1587 ff. BGB im Falle der Ehescheidung nicht berührt. Soweit der Versorgungsausgleich eine Erhöhung der betrieblichen Altersversorgung bedingen würde, gilt er als nicht erfolgt.[17]

VI. Nimmt der Versorgungsberechtigte Altersversorgung vor Vollendung des 65. Lebensjahres in Anspruch, wird die Versorgungsleistung für jeden Monat der vorzeitigen Inanspruchnahme um 0,5 v.H. gekürzt (versicherungsmathematischer Abschlag).

§ 6 Anrechnungen

7

Auf die Versorgungsbezüge werden angerechnet,[18]

1. Renten aus der gesetzlichen Rentenversicherung, soweit sie auf Beiträgen beruhen, die von Arbeitgeber und Arbeitnehmer auf Grund gesetzlicher Verpflichtung zu erbringen waren;

2. anderweitige Versorgungsbezüge der Firma oder solche, die durch das Unternehmen veranlasst sind.[19] Ausgenommen sind Versorgungsbezüge auf Grund von Entgeltumwandlung.

3. Leistungen der betrieblichen Altersversorgung durch andere Arbeitgeber.[20]

4. Bezüge aus einem Arbeitsverhältnis bis zur Vollendung des 65. Lebensjahres.[21]

5. Zahlungen auf Grund einer Karenzentschädigung bei einem vereinbarten nachvertraglichen Wettbewerbsverbot.[22]

§ 7 Beginn und Dauer der Versorgungsleistungen

8

I. Die Zahlung der Versorgungsbezüge beginnt bei der Altersrente mit Ablauf des Monats, in dem der Versorgungsberechtigte das Lebensalter erreicht hat, in dem er eine Altersrente aus der gesetzlichen Rentenversicherung beanspruchen kann und zum Zwecke des Bezuges von Altersrente aus dem Arbeitsverhältnis ausgeschieden ist. Die Zahlung der Rente wegen verminderter Erwerbsfähigkeit/Erwerbs- oder Berufsunfähigkeitsrente beginnt mit dem Ablauf des Monats, der auf das Ausschei-

---

[17] Da die Höhe der Versorgung auf einen Prozentsatz des letzten Einkommens festgesetzt ist, muß gewährleistet werden, daß der Versorgungsausgleich nicht zur Erhöhung der Alterversorgung führt.

[18] Es sind die gängigen Anrechnungsklauseln zusammengestellt. Sie bedürfen allerdings der Anpassung, je nachdem welche Versorgungshöhe gewählt wird.

[19] Die Anrechnungsklausel ist vorsorglich aufgenommen, wenn der Durchführungsweg geändert wird.

[20] Werden die Altersversorgungsleistungen dienstzeitabhängig gewährt, ist die Anrechnung anderweitiger Versorgungsleistungen mit Ausnahme von Gesamtversorgungssystemen unwirksam (vgl. § 5 Abs. 2 BetrAVG; § 310 Abs. 4 BGB).

[21] Auch hier wird es auf die Art der Versorgungszusage ankommen.

[22] Da die Regelung der Karenzentschädigung unabdingbar ist, können keine Leistungen der betrieblichen Altersversorgung angerechnet werden. Andererseits ist nach Auffassung der Verfasser möglich, dass die Zahlung der Versorgungsleistungen suspensiv befristet von der Zahlung der Karenzentschädigung abhängig gemacht wird (BAG, Urteil v. 30. 10. 1984 – 3 AZR 213/82 – AP HGB § 74 Nr. 46).

Schaub

den des Versorgungsberechtigten wegen verminderter Erwerbsfähigkeit/Erwerbs- oder Berufsunfähigkeit folgt. Witwen(r)- oder Waisenversorgungsbezüge werden mit Ablauf des dritten Monats nach dem Tode des zuletzt verstorbenen Versorgungs- berechtigten gezahlt.[23]

oder

I. Die Zahlungen beginnen mit dem Ende des Monats, in dem der Versorgungs- fall eingetreten ist.

II. Die Versorgungsbezüge werden monatlich nachträglich (im Voraus) bargeld- los gezahlt.

III. Die Zahlungen enden mit Ablauf des Monats, in dem ein Versorgungsbe- rechtigter verstirbt; bei Waisen bzw. Halbwaisen mit Ende der Ausbildung spätes- tens mit Vollendung des ..... Lebensjahres.

IV. Der Anspruch auf Rente wegen verminderter Erwerbsfähigkeit/Erwerbs- oder Berufsunfähigkeitsversorgung erlischt mit Ablauf des Monats, in dem die verminderte Erwerbsfähigkeit/Erwerbs- oder Berufsunfähigkeit endet. Überzahlte Versorgungsbezüge sind zurück zu zahlen, ohne Rücksicht darauf, ob der Versor- gungsberechtigte noch bereichert ist oder nicht.

V. Der Anspruch auf Zahlung der Versorgungsbezüge ruht, solange die Dienst- bezüge des Versorgungsberechtigten oder im Falle seines oder seiner Witwe (Wit- wer) Ablebens seine oder seiner Witwe (Witwer) Versorgungsbezüge weitergezahlt werden.

9 § 8 Auskunft

I. Der/die Versorgungsberechtigte verpflichtet sich, sämtliche Auskünfte zu er- teilen, sowie die entsprechenden Unterlagen vorzulegen, die zur Berechnung des Versorgungsanspruches notwendig sind.

II. Der/die Versorgungsberechtigte ist verpflichtet, auf Verlangen mindestens ein- mal jährlich den Rentenbescheid aus der gesetzlichen Rentenversicherung vorzule- gen. Jede Änderung des Rentenbescheides ist unverzüglich mitzuteilen.

10 § 9 Vorbehalt

Die Firma behält sich vor, die Leistungen zu kürzen oder einzustellen, wenn die bei Erteilung der Pensionszusage maßgebenden Verhältnisse sich nachhaltig so we- sentlich ändern, dass der Firma die Aufrechterhaltung der zugesagten Leistungen auch unter objektiver Beachtung der Belange des Versorgungsberechtigten nicht mehr zugemutet werden kann.[24]

oder

Die Firma behält sich vor, die zugesagten Leistungen zu kürzen oder einzustel- len, wenn

---

[23] Soll bei flexiblem Altersruhegeld gekürzt werden, muss eine entspr. Klausel aufgenommen werden (BAG, Urteil v. 1. 6. 1978 – 3 AZR 216/77 – AP BetrAVG § 6 Nr. 1; BAG, Urteil v. 11. 9. 1980 – 3 AZR 185/80 – AP BetrAVG § 6 Nr. 3). Ausnahme bei Verweisung auf Beamtenrecht: BAG, Urteil v. 10. 1. 1984 – 3 AZR 52/82 – AP BetrAVG § 6 Nr. 8.
[24] Aus steuerrechtlichen Gründen werden nur noch die Mustervorbehalte der Finanzverwaltung ver- wandt.

1. die wirtschaftliche Lage des Unternehmens sich nachhaltig so wesentlich verschlechtert hat, dass ihr eine Aufrechterhaltung der zugesagten Leistungen nicht mehr zugemutet werden kann, oder

2. der Personenkreis, die Beiträge, die Leistungen oder das Pensionierungsalter bei der gesetzlichen Sozialversicherung oder anderer Versorgungseinrichtungen mit Rechtsanspruch sich wesentlich ändern, oder

3. die rechtliche, insbesondere die steuerrechtliche Behandlung der Aufwendungen, die zur planmäßigen Finanzierung der Versorgungsleistungen von der Firma gemacht werden oder gemacht worden sind, sich so wesentlich ändert, dass der Firma die Aufrechterhaltung der zugesagten Leistungen nicht mehr zugemutet werden kann, oder

4. der Versorgungsberechtigte Handlungen begeht, die in grober Weise gegen Treu und Glauben verstoßen oder zu einer fristlosen Entlassung berechtigen würden.

....., den .....

Arbeitgeber   Arbeitnehmer

II. Versorgungszusage ohne Anrechnungsklausel

Die Firma verpflichtet sich, eine Altersversorgung nach folgenden Bedingungen **11** zu zahlen:

1. Ein Arbeitnehmer erhält Leistungen der betrieblichen Altersversorgung, wenn er die Wartezeit von ..... Jahren vollendet hat, ein Versorgungsfall eintritt und das Arbeitsverhältnis beendet wird.[25]
   a) Versorgungsfall ist das Erreichen der Altersgrenze, bei der Renten aus der gesetzlichen Rentenversicherung bezogen werden können, spätestens das 65. Lebensjahr, oder der Eintritt der Berufs- oder Erwerbsunfähigkeit/jetzt verminderte Erwerbsfähigkeit.
   b) Die Wartezeit beträgt bei Berufs- und Erwerbsunfähigkeit/jetzt verminderter Erwerbsfähigkeit ..... Jahre und für den Erwerb der Altersrente ..... Jahre.[26]

2. Verstirbt der Versorgungsberechtigte nach Vollendung der Wartezeit, so erhalten seine Hinterbliebenen Hinterbliebenenrente. Der Anspruch auf Hinterbliebenenrente ist ausgeschlossen, wenn der/die Arbeitnehmer(in) bei der Eheschließung 60 oder mehr Jahre alt oder mehr als 25 Jahre älter als sein(e) Ehefrau/Ehemann war oder wenn die Ehe nur geschlossen worden ist, um der/dem Hinterbliebenen die Leistungen zuzuwenden. Der Anspruch auf Hinterbliebenenrente erlischt, wenn der überlebende Ehegatte wieder heiratet.

3. Hat der Versorgungsberechtigte die Wartezeit zurückgelegt, so wird im Falle seines Ablebens Waisenrente, den ehelichen und außerehelichen Kindern, die noch nicht das 18. Lebensjahr vollendet oder sich vor Vollendung des 27. Lebensjahres noch in Berufsausbildung befinden, gezahlt. Ein Ruhegeldanspruch besteht nicht für solche Waisen, die erst während des Ruhestandsverhältnisses adoptiert worden sind.

---

[25] Da nur im Falle der Beendigung des Arbeitsverhältnisses Ruhegeld gewährt wird, ist der Bezug der Teilrente (§ 42 SGB VI) kein Versorgungsfall.

[26] Für die Entstehung des Rentenanspruches muss die Wartezeit bis zur Beendigung des Arbeitsverhältnisses zurückgelegt sein. Der Arbeitgeber trägt das Risiko der Dauer des Rentenverfahrens. Dagegen ist es unzweckmäßig, auf den Zeitpunkt abzustellen, den der Rentenversicherungsträger als Eintritt der Berufs- oder Erwerbsunfähigkeit/verminderten Erwerbsfähigkeit erstellt. Dies geschieht i.d.R. rückwirkend.

Schaub

4. Das Ruhegeld setzt sich aus einem Grundbetrag von 100,– € und aus einem Steigerungsbetrag von 10,– € für jedes über zehn Jahre hinaus zusätzlich bei der Firma vollendete Dienstjahr zusammen. Es beträgt höchstens 300,– €.

oder

4. Das Ruhegeld beträgt 0,6 v.H. des letzten monatlichen Arbeitsverdienstes für jedes abgeleistete Dienstjahr, höchstens jedoch 20 v.H. des letzten monatlichen Arbeitsverdienstes.[27] Letzter monatlicher Arbeitsverdienst ist $1/12$ des letzten Jahreseinkommens, das der Arbeitnehmer bei regelmäßiger Arbeitszeit verdient hat oder hätte erzielen können. Zeiten berechtigter Fehlzeit bleiben unberücksichtigt. Erhält der/die Arbeitnehmer(in) vorzeitiges Altersruhegeld, so wird nach dem Quotierungsverfahren von dem bis zur Vollendung des 63. Lebensjahres erreichbaren Altersruhegeld ausgegangen. Dieses Altersruhegeld wird im Verhältnis der im Ausscheidungszeitpunkt abgeleisteten Dienstjahre zu den bis zur Vollendung des 63. Lebensjahres erreichbaren Dienstjahre herabgesetzt. Diese Versorgungsrente wird auch über das 65. Lebensjahr gezahlt.

5. Die Witwen/Witwerrente beträgt 50/60 v.H., die Halbwaisenrente 10 v.H., die Vollwaisenrente 20 v.H. des Ruhegeldes des Versorgungsberechtigten, auf das er im Zeitpunkt seines Todes Anspruch hatte.

oder

5. Stirbt der Versorgungsberechtigte, so beträgt die Witwenrente 50/60 v.H., die Halbwaisenrente 10 v.H., die Vollwaisenrente 20 v.H. der erreichbaren Altersrente.
In beiden Fällen der Ziffer 5:
Die Summe der Hinterbliebenenrenten darf die Höhe des Ruhegeldes (des erreichbaren Ruhegeldes) nicht übersteigen. Übersteigt die Summe der Hinterbliebenenrente das Ruhegeld, so werden alle Hinterbliebenenrenten anteilig gekürzt.

6. Die Ruhegeld- und Hinterbliebenenversorgung wird jeweils am Monatsletzten ausgezahlt. Im Übrigen gelten die Vorschriften des Gesetzes zur Verbesserung der betrieblichen Altersversorgung vom 19. 12. 1974 (BGBl. I 3610) m. spät. Änd.

III. Anwartschaftssicherungsklauseln bei betrieblichem Ruhegeld[28]

12　　1. Scheidet Herr/Frau ..... nach Eintritt der Unverfallbarkeit des betrieblichen Ruhegeldes aus den Diensten der Fa. aus, so ist bei Eintritt des Versorgungsfalles

---

[27] Der gewählte Prozentsatz kann zur Überversorgung führen. Bei 40 Dienstjahren beträgt das Ruhegeld 24 v.H. des letzten Einkommens. Das ist in aller Regel mehr als der Unterschiedsbetrag zwischen der Sozialversicherungsrente und dem letzten Nettoeinkommen. Durch das RRG 1999 wird die Sozialversicherungsrente abgeschmolzen. Die Maximierungsklausel führt zur Benachteiligung bei längeren Dienstzeiten.

[28] Der Wert unverfallbarer Versorgungsanwartschaften wird nach der ratierlichen Berechnungsmethode errechnet (vgl. ArbR-Hdb. § 81 RN 126 ff.). Sind die Versorgungsbezüge nicht vom zuletzt bezogenen Entgelt zu berechnen, so wird im Versorgungsfall auf das Gehalt bei Stellenwechsel abgestellt. Ohne Fortschreibung dieses Entgeltes wird die Anwartschaft bei jährlichen Gehaltssteigerungen langsam entwertet, ohne dass der Arbeitnehmer diese Entwertungsrate im Folgearbeitsverhältnis aufholen könnte. Die obenstehenden Klauseln dienen der Absicherung. Evtl. kann auch mit dem Folgearbeitgeber ein Ausgleich vereinbart werden. Anwartschaftssicherungklauseln haben sich in der Praxis nicht durchgesetzt.

Schaub

der Berechnung des Ruhegeldes das bis zum Zeitpunkt des Versorgungsfalles um Gehaltserhöhungen oder -verminderungen fortgeschriebene letzte Gehalt zugrunde zu legen.

2. Scheidet Herr/Frau ..... vor Eintritt des Versorgungsfalls aus den Diensten der Fa. aus, ohne dass das Anwartschaftsrecht auf betriebliche Altersversorgung verfällt, so wird im Falle des Eintritts des Versorgungsfalls das bis dahin fortgeschriebene Entgelt zugrunde gelegt.

IV. Zusage einer Direktversicherung ohne Vorbehalt[29]

Zwischen dem Unternehmen **13**

und

Herrn/Frau .....

wird als Maßnahme der betrieblichen Altersversorgung vom Arbeitgeber bei der ..... AG eine Lebensversicherung auf das Leben des/r ..... abgeschlossen. Die Gewinnanteile werden zur Erhöhung der Versicherungsleistung verwandt.

Im Einzelnen gelten nachfolgende Vereinbarungen:

I. Bezugsrecht

Der Arbeitnehmer ist sowohl für den Todes- als auch den Erlebensfall bezugsberechtigt. Das Bezugsrecht ist unwiderruflich. Es ist nicht übertragbar und nicht belastbar.

Im Todesfall ist die Versicherungsleistung zu zahlen
- an den Ehegatten des Arbeitnehmers,
- falls ein anspruchsberechtigter Ehegatte nicht vorhanden ist, an die ehelichen und diesen gleichgestellten Kinder zu gleichen Teilen,
- falls keine anspruchsberechtigten Kinder vorhanden sind, an die Eltern zu gleichen Teilen,
- falls keine vorrangigen Berechtigten vorhanden sind, an die Erben.

Die für den Todesfall begünstigten Hinterbliebenen haben einen widerruflichen Anspruch auf die Versicherungsleistungen für den Fall des Todes der versicherten Person.

Die Versicherungsleistungen werden von der ..... Versicherungs AG über den Arbeitgeber an die Berechtigten ausgezahlt.

II. Beitragszahlung

Die Beiträge der Direktversicherung werden von dem Unternehmen des Versicherungsnehmers während der Dauer des Arbeitsverhältnisses gezahlt. Die Zahlung erfolgt, solange dies wirtschaftlich möglich ist. Dabei werden die Belange des Arbeitnehmers berücksichtigt.

Der Arbeitnehmer hat bei Zuwachsversicherungen keinen Anspruch auf Erhöhung der Versicherungsleistungen.

III. Vorzeitige Beendigung des Arbeitsverhältnisses

Scheidet der Arbeitnehmer aus den Diensten des Unternehmens, so wird die Versicherung nach § 2 Abs. 2 Satz 3 BetrAVG auf die von dem Versicherer aufgrund

---

[29] Vgl. BAG, Urteile v. 26. 6. 1990 – 3 AZR 651/88, 3 AZR 641/88, 3 AZR 2/89 – AP BetrAVG § 1 Lebensversicherung Nrn. 10, 11, 12; BAG, Urteil v. 26. 2. 1991 – 3 AZR 213/90 – AP BetrAVG § 1 Lebensversicherung Nr. 15.

des Versicherungsvertrages zu erbringenden Versicherungsleistungen begrenzt. Das Unternehmen wird innerhalb von drei Monaten etwaige Beitragsrückstände ausgleichen. Außerdem wird die Versicherung auf den Arbeitnehmer übertragen, sofern er nicht schon mit dem Ausscheiden Versicherungsnehmer geworden ist. Die Versicherung kann als Einzelversicherung nach dem jeweils geltenden Tarif bei der ..... Versicherungs AG fortgeführt werden.

Sind bei dem Ausscheiden die gesetzlichen Bestimmungen über die Unverfallbarkeit von Versorgungszusagen erfüllt, so ist eine Abtretung, Beleihung oder ein Rückkauf der Versicherung unzulässig. Die gilt jedoch nicht für den Teil der Versicherung, der auf Beiträgen beruht, die nach der Beendigung des Arbeitsverhältnisses vom Arbeitnehmer geleistet sind.

IV. Vorzeitiges Auskunftsrecht

Will der Arbeitnehmer nach § 6 BetrAVG die Versicherungsleistung der betrieblichen Altersversorgung vorzeitig in Anspruch nehmen (flexible Altersgrenze), so richtet sich die Höhe der Versicherungsleistung nach dem Geschäftsplan des Versicherers. Nach Vollendung des 58. Lebensjahres kann die Höhe der Versicherungsleistung bei der ..... VersicherungAG erfragt werden.

Unternehmen   Arbeitnehmer[30]

V. Zusage einer Direktversicherung mit Vorbehalten

14   *Wie Formular RN 13*
        In I. fehlt der Satz: Das Bezugsrecht ist unwiderruflich.
        Alsdann wird ein weiterer Absatz eingefügt.
        Das Unternehmen ist berechtigt, alle Versicherungsleistungen aus dem Versicherungsvertrag in Anspruch zu nehmen. Das gilt dann nicht, wenn das Arbeitsverhältnis vor Eintritt des Versicherungsfalles endet, sofern der Arbeitnehmer in diesem Zeitpunkt mindestens das 30. Lebensjahr vollendet hat und die Versorgungszusage für ihn mindestens fünf Jahre bestanden hat.

II., IV. Beitragzahlung und vorzeitiges Auskunftsrecht *wie Formular RN 13.*

III. Vorzeitige Beendigung des Arbeitsverhältnisses

Stehen bei dem Ausscheiden aus dem Arbeitsverhältnis die Rechte aus der Versicherung wegen Eintritts der Unverfallbarkeit dem Arbeitnehmer zu, so erklären wir dem Arbeitnehmer und der ..... Versicherungs AG, dass wir die Versicherung nach § 2 Abs. 2 Satz 3 BetrAVG auf die von dem Versicherer aufgrund des Versicherungsvertrages zu erbringenden Versicherungsleistungen begrenzen, die aufgrund der Beitragzahlung aus dem Versicherungsvertrag fällig werden. Das Unternehmen wird innerhalb von drei Monaten eine evtl. Vorauszahlung rückgängig machen und etwaige Beitragsrückstände ausgleichen. Die Versicherung wird auf den Arbeitnehmer übertragen, wenn er nicht ohnehin mit dem Ausscheiden Versicherungsnehmer geworden ist. Der Vertrag kann als Einzelversicherung nach dem geltenden Tarif gegen laufende Beitragzahlung bei der ..... Versicherungs AG fortgeführt werden. Nach den gesetzlichen Bestimmungen ist eine Abtretung, Beleihung oder ein Rückkauf insoweit unzulässig, als die Versicherung auf Beiträgen des Unternehmens beruht.

---

[30] Der Arbeitnehmer muss der Versicherung zustimmen (vgl. ArbR-Hdb. § 81 RN 406).

VI. Gehaltsumwandelnde Lebensversicherung[31, 32]

Blomeyer, Direktversicherung durch Gehaltsumwandlung, DB 1994, 882; *Bode,* Gehaltsumwandlung im Tarifbereich, DB 1997, 1769; *Everhardt,* Insolvenzschutz für durch den Arbeitgeber zugesagte Altersversorgung aus Gehaltsumwandlung, DB 1994, 780; *Metz/Paschek,* Sind durch Gehaltsumwandlung finanzierte Direktversicherungen auch für „Tarifangestellte" zulässig?, DB 1987, 1938; *Schanz,* Steuerliche und wirtschaftliche Fallstricke bei aus Gehaltsumwandlung der Mitarbeiter finanzierte Versicherungsleistungen, BB 1997, 602.

Zwischen dem Unternehmen **15**

und

dem Arbeitnehmer.....

wird in Abänderung des Arbeitsvertrages vom ..... mit Wirkung vom ..... vereinbart.

I. Der Anspruch des Arbeitnehmers aus

1. Gehalt
2. Sonderbezügen (Tantieme, Gewinnbeteiligung, Leistungsprämie, Weihnachtsgratifikation)

wird teilweise, und zwar in Höhe eines Betrages von $^1/$..... jährlich ..... €, zahlbar jeweils zum ..... erstmals zum ....., in einen Anspruch auf Versicherungsschutz in Form von Beiträgen zu einer Direktversicherung i.S. von § 1 Abs. 2 BetrAVG umgewandelt.

Die Gesamtbezüge des Mitarbeiters werden um die nach § 40b EStG auf den Versicherungsbetrag jeweils entfallende Pauschallohnsteuer sowie Kirchensteuer gemindert.

Die Steuersätze betragen zt. ......

Der Arbeitgeber gewährt dem Arbeitnehmer ab ..... einen Betrag auf $^1/$..... jährlich ..... €, der als Versicherungsbetrag zu der bei der ..... Versicherungs AG abgeschlossenen Direktversicherung gezahlt wird.

II. Bei Gehaltserhöhungen sowie bei der Bemessung gehaltsabhängiger Leistungen (z. B. Jubiläumsgeld, Gratifikationen) bleiben die Bezüge einschl. der vom Arbeitnehmer finanzierten Direktversicherungsbeträge einschl. der darauf entfallenden Steuern maßgebend.

III. Ändern sich die bei Abschluss dieser Vereinbarung maßgebenden Verhältnisse, so kann die Vereinbarung von jedem Vertragspartner mit einer Frist von ..... gekündigt werden. Die Vertragspartner werden sich bemühen, die Vereinbarung den veränderten Verhältnissen anzupassen. Zusätzliche finanzielle Belastungen dürfen dem Arbeitgeber daraus nicht erwachsen.

IV. Im Versorgungsvertrag wird vereinbart, dass während der Dauer des Arbeitsverhältnisses eine Übertragung der Eigenschaft als Versicherungsnehmer und eine

---

[31] BAG, Urteil v. 26. 6. 1990 – 3 AZR 641/88 – AP BetrAVG § 1 Lebensversicherung Nr. 1. Zum Widerruf im Konkurs: BAG, Urteil v. 17. 10. 1995 – 3 AZR 622/94 – AP BetrAVG § 1 Lebensversicherung Nr. 23; auch OLG Düsseldorf, Urteil v. 6. 3. 1992 – 17 U 201/91 – NJW-RR 1992, 798.

[32] Durch die Rechtsprechung sind gehaltsumwandelnde Lebensversicherungen als Form der betrieblichen Altersversorgung zugelassen worden. Bei ihr wurden Gehaltsbestandteile des Arbeitnehmers auf Direktzusagen eingezahlt. Diese Versorgungsform ist durch Art. 8 Rentenreformgesetz 1999 vom 16. 12. 1997 (BGBl. I 2998, 3035) mit Wirkung vom 1. 1. 1999 in das BetrAVG eingefügt worden. Nach § 1 Abs. 5 BetrAVG liegt betriebliche Altersversorgung auch vor, wenn künftige Entgeltansprüche in eine wertgleiche Anwartschaft auf Versorgungsleistungen umgewandelt werden (Entgeltumwandlung).

Abtretung von Rechten aus diesem Vertrag auf den versicherten Arbeitnehmer bis zu dem Zeitpunkt, in dem dieser das 59. Lebensjahr vollendet, ausgeschlossen ist, soweit die Beiträge vom Arbeitgeber entrichtet sind.

Im Versicherungsvertrag wird weiter vereinbart, dass insoweit die Abtretung oder Beleihung des unwiderruflichen Bezugsrechts des Arbeitnehmers ausgeschlossen ist.

V. Im Übrigen gilt für das Versicherungsverhältnis der Versicherungsvertrag einschl. der zugrundeliegenden allgemeinen Versicherungsbedingungen sowie die diesen ergänzenden Bestimmungen.

Nähere Einzelheiten über die Versicherungsleistung und die Prämienzahlung ergeben sich aus der Versicherungszusage und der Versicherungsbescheinigung, die der Arbeitgeber dem Arbeitnehmer bei Abschluss der Direktversicherung aushändigt.

Bei der gehaltsumwandelnden Lebensversicherung wird im allgemeinen eine Versorgungszusage ohne Widerrufvorbehalt erteilt.[33]

VII. Zusage der betrieblichen Altersversorgung durch Entgeltumwandlung[34, 35]

16 Zwischen dem Unternehmen . . . . .

und

Frau/Herrn . . . . .

wird ein zum Arbeitsvertrag/Versorgungsvertrag vom . . . . . ein Vertrag über die Entgeltumwandlung geschlossen:

17 Präambel

Wegen der Lage der gesetzlichen Rentenversicherung und des Umstandes, dass bei Inanspruchnahme einer vorzeitigen Altersrente mit erheblichen Rentenabschlägen zu rechnen ist, vereinbaren die Arbeitsvertragsparteien, dass künftige Entgeltansprüche in eine wertgleiche Anwartschaft auf Versorgungsleistungen umgewandelt werden.[36]

18 § 1 Umzuwandelndes Entgelt[37]

I. Die Arbeitsvertragsparteien vereinbaren, dass

1. Teile der Sonderzuwendung aus Anlass des Weihnachtsfestes und des Jahresurlaubs . . . . .

2. übertarifliche Zulagen . . . . .

3. . . . . .

zur Finanzierung einer zusätzlichen Altersversorgung umgewandelt werden.

II. Die Entgeltumwandlung erfolgt bis zu 4 v. H. der jeweiligen Beitragsbemessungsgrenze in der Rentenversicherung der Arbeiter und Angestellten.[38] Besteht

---

[33] BAG, Urteil v. 8. 6. 1993 – 3 AZR 670/92 – AP BetrAVG § 1 Unverfallbarkeit Nr. 3; auch OLG Düsseldorf, Urteil v. 6. 3. 1992 – 17 U 201/91 – NJW-RR 1992, 798.

[34] Soweit eine durch Gehaltsumwandlung finanzierte Altersversorgung besteht, ist der Anspruch des Arbeitnehmers auf Entgeltumwandlung ausgeschlossen.

[35] Vgl. auch das Muster RN 15.

[36] Es können nur künftige Entgeltansprüche umgewandelt werden. Vgl. ArbR-Hdb. § 81 RN 431.

[37] Tariflich abgesichertes Arbeitsentgelt kann nur mit Zustimmung der Tarifvertragsparteien umgewandelt werden. Es ist daher auf Sonderzuwendungen und übertarifliche Leistungen abgestellt.

[38] In Tarifverträgen finden sich auch feste Beträge, bis zu denen eine Entgeltumwandlung erfolgen kann.

für die Zeit, für die eine Umwandlung von Bezügen vereinbart wurde, kein oder kein voller Anspruch auf die umzuwandelnden Bezügeanteile, so wird kein Versorgungsbeitrag für durch Entgeltumwandlung zu finanzierende Altersversorgung zur Verfügung gestellt.

§ 2 Verfahren der Entgeltumwandlung 19

I. Die Einzelheiten der Ausgestaltung und Umsetzung der Entgeltumwandlung sind in der Betriebsvereinbarung vom ..... geregelt.

oder

I. Die Entgeltumwandlung erfolgt über einen Pensionsfonds ..... oder die Pensionskasse .....

oder

I. Die Entgeltumwandlung erfolgt durch Abschluss einer Lebensversicherung zugunsten des Arbeitnehmers bei der ..... durch den Arbeitgeber.

II. Der Arbeitnehmer wird jährlich einen Betrag in Höhe von mindestens einem Hundertsechstel der Bezugsgröße nach § 18 Abs. 1 SGB IV für seine betriebliche Altersversorgung verwenden. Der Arbeitnehmer wird diesen Betrag in gleichbleibenden Raten zur Verfügung stellen.

§ 3 Staatliche Förderung 20

Der Arbeitgeber wird die Entgeltumwandlung so vornehmen, dass die Voraussetzungen der staatlichen Förderung erfüllt werden, sofern die Entgeltumwandlung über einen Pensionsfonds, eine Pensionskasse oder eine Lebensversicherung erfolgt.

§ 4 Unverfallbarkeit 21

Endet das Arbeitsverhältnis vor Eintritt eines Leistungsfalles, so gelten die Regelungen des Gesetzes zur Verbesserung der betrieblichen Altersversorgung.

VIII. Beitragsorientierte Leistungszusagen[39]

1. Beitragsorientierte Leistungszusage

(1) Jeder Versorgungsberechtigte erwirbt für jedes volle Geschäftsjahr innerhalb 22 der anrechnungsfähigen Dienstzeit einen vom Unternehmen finanzierten Rentenbaustein. Der hierfür bereitgestellte Beitrag beträgt 1% des ruhegehaltsfähigen Einkommens.

(2) Auf der Basis der in der noch zu erstellenden Tabelle aufgeführten altersabhängigen Umrechnungsfaktoren wird dieser Beitrag in einen Rentenbaustein umgerechnet. Für den Umrechnungsfaktor gilt das sechs Monate nach Ende des Geschäftsjahrs, in dem das jeweilige Einkommen zufloss, erreichte Lebensalter in vollen Jahren (versicherungsmathematische Altersbestimmung).

---

[39] Vgl. ArbR-Hdb. § 81 RN 443.

(3) Die ab Erreichen der Altersgrenze fällige Altersrente auf Grund der Grundstufe wird durch das Aufsummieren der erworbenen Rentenbausteine ermittelt.

2. Beitragsorientierte Altersversorgung mit Mindestleistung

23 *wie 1., jedoch (2)*
Der Arbeitgeber verpflichtet sich, die Beiträge zur Finanzierung der Leistungen der betrieblichen Altersversorgung an ..... (einen Pensionsfonds/eine Pensionskasse oder eine Direktversicherung) zu zahlen und für Leistungen zur Altersversorgung das planmäßig zuzurechnende Versorgungskapital auf der Grundlage der gezahlten Beiträge (Beiträge und die daraus erzielten Erträge), mindestens die zugesagten Beiträge zur Verfügung zu stellen. Das gilt nicht soweit sie rechnungsmäßig für einen biometrischen Risikoausgleich verbraucht wurden.

§ 22. Vorruhestandsregelung und Altersteilzeitarbeit

I. Vorbemerkung

1 *Vorruhestandsregelungen haben arbeitsrechtlich eine hohe Bedeutung.[1] Für den Übergang in den Ruhestand sind zurzeit zwei Regelungen von wesentlicher Bedeutung: Dies ist zum einen die Altersrente nach Altersteilzeit. Diese wurde durch das Rentenreformgesetz 1999 ersatzlos aufgehoben. Für eine Übergangszeit sieht § 237 SGB VI eine Altersrente wegen Arbeitslosigkeit oder nach Altersteilzeitarbeit nur noch für Versicherte vor, die bis zum 31. 12. 1951 geboren sind. Die danach geborenen Versicherten werden dann auf die Altersrenten wegen langjähriger Versicherung verwiesen. Ab dem Jahre 2012 werden besondere Altersrenten nach Altersteilzeit nicht mehr geleistet.[2] Bedeutung haben darüber hinaus die Voll- und Teilrente nach § 42 SGB VI. Danach können Versicherte wählen, ob sie Altersrente als Vollrente oder Teilrente in Anspruch nehmen. Bei einem frühestmöglichen Bezug einer Altersrente für langjährig Versicherte wären zwar Rentenminderungen hinzunehmen,[3] jedoch müssen die Versicherten die Altersrente nicht voll in Anspruch nehmen, sondern haben die Möglichkeit, diese nur als Teilrente[4] zu beantragen. Der Vorteil für die Versicherten besteht darin, dass die Hinzuverdienstgrenzen erheblich höher sind, als bei einer Vollrente.[5] Dem versucht das folgende Muster gerecht zu werden.*

---

[1] Zu früheren Regelungen und der Gesetzesgeschichte vgl. Voraufl. § 4 RN 44 ff.; vgl. auch ArbR-Hdb. § 80 RN 1 ff.

[2] Vgl. *Schrader* in Tschöpe, Anwaltshandbuch Arbeitsrecht, 3. Aufl., 2003, Teil 7. C RN 102.

[3] Zu den Voraussetzungen des Bezuges der Altersrente für langjährig Versicherte und den damit verbundenen Rentenminderungen vgl. ausführlich *Schrader* in Tschöpe, Anwaltshandbuch Arbeitsrecht, 3. Aufl., 2003, Teil 7. C RN 50 ff.

[4] Vgl. *Schrader* in Tschöpe, Anwaltshandbuch Arbeitsrecht, 3. Aufl., 2003, Teil 7. C RN 206 ff.

[5] Zu den Hinzuverdienstgrenzen vgl. *Schrader* in Tschöpe, Anwaltshandbuch Arbeitsrecht, 3. Aufl., 2003, Teil 7. C RN 235 ff.

II. Teilzeitarbeit und Teilrente

Zwischen   2

der Firma .....

                                    – nachfolgend Arbeitgeber genannt –

und

Herrn/Frau .....

                                    – nachfolgend Arbeitnehmer genannt –

wird ein Vertrag über den gleitenden Übergang in den Ruhestand geschlossen.

§ 1 Fortsetzung des Arbeitsverhältnisses als Teilzeitarbeitsverhältnis   3

I. Die Arbeitsvertragsparteien sind sich darüber einig, dass das Arbeitsverhältnis als Teilzeitarbeitsverhältnis fortgesetzt wird. Der Arbeitnehmer wird Altersrente zur Hälfte in Anspruch nehmen (§ 42 SGB VI).[6]

II. Die wöchentliche Arbeitszeit wird auf mindestens die Hälfte der tariflichen regelmäßigen Arbeitszeit, auf mindestens jedoch 18 Stunden wöchentlich vermindert.[7]

III. Der Arbeitnehmer ist verpflichtet, im Rahmen der Notwendigkeiten des Betriebes Über- und Mehrarbeitsstunden zu leisten.

IV. Das Arbeitsverhältnis wird als Job-Sharing-Arbeitsverhältnis/als Abruf-Arbeitsverhältnis geführt.

oder

IV. Die Arbeitszeit des Teilzeitarbeitnehmers wird festgelegt von ..... bis .....

§ 2 Arbeitsvergütung   4

I. Der Arbeitnehmer erhält für die von ihm zu verrichtende Teilzeitarbeit

1. eine entsprechend der Stundenzahl bemessene Arbeitsvergütung nach Lohn/Gehaltsgruppe ..... des .... Tarifvertrages in seiner jeweiligen Fassung

2. eine Leistungszulage .....

3. eine übertarifliche Zulage .....

---

[6] Die Versicherten, die wegen der beabsichtigten Inanspruchnahme einer Teilrente ihre Arbeitsleistung einschränken wollen, können von ihrem Arbeitgeber verlangen, dass er mit ihnen die Möglichkeit einer solchen Einschränkung erörtert (vgl. § 42 Abs. 2 SGB VI). Sie haben mithin keinen Anspruch auf Abschluss eines Teilzeitarbeitsverhältnisses. Die Teilrente kann nur zu einem Drittel, der Hälfte oder zwei Drittel in Anspruch genommen werden. Die Wahl hängt für den einzelnen Arbeitnehmer von den Hinzuverdienstgrenzen ab (zu Umfang und Grenzen der Hinzuverdienstgrenzen vgl. *Schrader* in Tschöpe, Anwaltshandbuch Arbeitsrecht, 3. Aufl., 2003, Teil 7. C RN 235 ff.). Je geringer die Teilrente, umso größer ist die Hinzuverdienstmöglichkeit. Wird vor der vorgesehenen Altersgrenze statt der Vollrente eine Teilrente bezogen, wird der Zugangsfaktor bei der späteren Vollrente gesenkt. Durch Verzicht auf einen Teil der Vollrente über das 65. Lebensjahr kann die Minderung wieder ausgeglichen werden. Von der Vollendung des 65. Lebensjahres an ist der Hinzuverdienst nicht mehr begrenzt (vgl. ArbR-Hdb. § 80 RN 58 ff.). Ziel ist letztlich, dass der Arbeitnehmer den Umfang der Teilrente erhöht und den Umfang der Teilzeitbeschäftigung reduziert. Der Arbeitnehmer würde so „gleitend" in den Ruhestand gelangen und Arbeitskapazitäten für eine eventuelle Neueinstellung frei werden.

[7] Bei der Festlegung der Arbeitszeit kann der Betriebsrat ein erzwingbares Mitbestimmungsrecht haben (vgl. BAG, Beschluss v. 13. 10. 1987 – 1 ABR 10/86 – AP BetrVG 1972 § 87 Arbeitszeit Nr. 24).

Schrader

II. Die Teilzeitarbeitsvergütung unterliegt dem Lohnsteuerabzug und der Beitragspflicht zur gesetzlichen Sozialversicherung. Die Beiträge werden vom Arbeitgeber einbehalten und an die zuständigen Stellen abgeführt.[8]

5   § 3 Krankheit[9]

I. Wird der Arbeitnehmer nach Beginn der Beschäftigung durch Arbeitsunfähigkeit infolge Krankheit an seiner Arbeitsleistung verhindert, ohne dass ihn ein Verschulden trifft, so verliert er dadurch nicht den Anspruch auf Arbeitsvergütung für die Zeit der Arbeitsunfähigkeit bis zur Dauer von sechs Wochen.

II. Mitteilungs- und Nachweispflichten *(vgl. § 2 RN 23)*.

6   § 4 Urlaub

I. Der Arbeitnehmer erhält einen Jahresurlaub von ..... Arbeitstagen/Werktagen.

II. Der Jahresurlaub wird im Einvernehmen mit der Betriebsleitung festgelegt .....

7   § 5 Sonstiges

Im Übrigen bleiben die Bestimmungen des Arbeitsvertrages vom ..... unberührt.

8   § 6 Beendigung des Arbeitsverhältnisses

I. Das Recht zur Kündigung des Arbeitsverhältnisses bleibt unberührt.

II. Das Altersteilzeit-Arbeitsverhältnis endet mit Ablauf des Monats, in dem der Arbeitnehmer die Teilzeitarbeit aufgibt oder das 65. Lebensjahr vollendet.[10]

9   § 7 Salvatorische Klausel

Teilweise Unwirksamkeit des Vertrages *(vgl. § 2 RN 37)*

....., den .....

Arbeitgeber   Arbeitnehmer

III. Altersteilzeitvertrag

10   *Dieser ist in § 15 RN 21ff. aufgenommen.*

---

[8] Nach § 5 Abs. 4 Nr. 1 SGB VI sind nur Personen versicherungsfrei, die eine Vollrente wegen Alters beziehen. Bezieher einer Teilrente sind nicht versicherungsfrei. Der Versicherte hat also die Möglichkeit, durch Zahlung weiterer Beiträge, die im Rahmen der Teilzeitbeschäftigung erdient und abgeführt werden, eine Rentensteigerung zu erreichen. Die zukünftigen Beiträge werden erst bei der zukünftigen Vollrente berücksichtigt.

[9] Die Formulierung ist an § 3 EFZG angelehnt. Sie ist bei Angestellten an die jeweilige gesetzliche Regelung anzupassen.

[10] Nach § 41 Satz 2 SGB VI ist eine Vereinbarung, wonach ein Arbeitsverhältnis zu einem Zeitpunkt enden soll, in dem der Arbeitnehmer Anspruch auf eine Rente wegen Alters hat, nur wirksam, wenn die Vereinbarung innerhalb der letzten drei Jahre vor diesem Zeitpunkt geschlossen oder von dem Arbeitnehmer bestätigt worden ist. Die Vereinbarung ist mithin wirksam, wenn der Arbeitnehmer mit 62 Jahren Teilrente beansprucht und das Teilzeitarbeitsverhältnis schließt.

§ 23. Der Kraftfahrer und das Kraftfahrzeug im Arbeitsverhältnis

I. Verträge zur Kraftfahrzeugbenutzung

Dienstwagen: ArbR-Hdb. § 68 RN 6 ff.; *Bauer,* Arbeitsrechtliche Aufhebungsverträge, 6. Aufl., 1999, RN 621 ff.

1. Vertrag über die Benutzung eines privateigenen Kraftfahrzeuges im dienstlichen Interesse

Zwischen   1

der Firma .....

– nachfolgend Arbeitgeber genannt –

und

dem Arbeitnehmer .....

– nachfolgend Arbeitnehmer genannt –

wird nachfolgender Nutzungsvertrag geschlossen.

§ 1 Dienstliche Nutzung   2

I. Der Arbeitnehmer ist berechtigt, für dienstliche Zwecke (nach vorheriger Genehmigung im Einzelfall) seinen Personenkraftwagen Marke ..... pol. Kennz.: .... zu benutzen.

II. Die Firma behält sich vor, diesen Vertrag ohne Angaben von Gründen jederzeit zu beenden.

§ 2 Abrechnung   3

I. Der Arbeitnehmer erhält für jeden im dienstlichen Interesse gefahrenen Kilometer ein Kilometergeld in Höhe von .....[1]

II. Die Abrechnung erfolgt gegen Nachweis der gefahrenen Kilometer je Einzelfahrt/wöchentlich/monatlich.

oder (statt I. u. II.)

Der Arbeitnehmer erhält eine Fahrtkostenpauschale in Höhe von ..... monatlich.

§ 3 Sonstige Leistungen   4

Der Arbeitgeber gewährt zu den Kraftfahrzeugkosten einen monatlichen Zuschuss in Höhe von .....

oder

Der Arbeitgeber gewährt zur teilweisen Finanzierung der Kraftfahrzeuggemeinkosten für jeden gefahrenen Kilometer einen Betrag in Höhe von .....

---

[1] Es sind zweckmäßig die LStDVO und die LStR zu beachten.

Schrader

oder

Der Arbeitgeber beteiligt sich an der Haftpflicht- und Kaskoversicherung des Arbeitnehmers mit . . . . .% der Beiträge.

5 § 4 Haftung

I. Eine Haftung des Arbeitgebers für im Zusammenhang mit der Kraftfahrzeugbenutzung auftretenden Personen- oder Sachschäden ist ausgeschlossen.[2]

oder

I. Eine Haftung des Arbeitgebers für im Zusammenhang mit der Kraftfahrzeugbenutzung auftretenden Personen- und Sachschäden ist ausgeschlossen.[3] Die Haftung für Sachschäden des Arbeitnehmers ist ausgeschlossen, wenn er den Unfall vorsätzlich oder grobfahrlässig verschuldet. In den übrigen Fällen wird der Sachschaden des Arbeitnehmers nach den Grundsätzen der gefahrgeneigten Arbeit gequotelt.[4]

oder

I. Kosten für Schäden am Eigentum des Arbeitnehmers, die auf einen Unfall während der Dienstfahrt zurückzuführen sind, werden vom Arbeitgeber übernommen. Dies gilt nicht, wenn der Arbeitnehmer den Unfall vorsätzlich oder grob fahrlässig herbeigeführt hat. Der Arbeitgeber kann zur Feststellung des Verschuldens des Arbeitnehmers eine gerichtliche Entscheidung abwarten. Die übrigen Unfallschäden trägt der Arbeitnehmer. Mietet der Arbeitnehmer bis zur Fertigstellung der Reparatur oder zur Neuanschaffung einen Ersatzwagen, so wird der Arbeitgeber auf Anfrage erklären, ob er sich im Rahmen von Abs. I an den Kosten beteiligt.

II. Der Arbeitnehmer verpflichtet sich, seine Haftpflichtversicherung in der Weise abzuschließen, dass auch eine etwaige Haftung der Firma abgedeckt ist.

III. Übernimmt der Arbeitgeber nach Abs. I oder II Kosten, so tritt der Arbeitnehmer in entsprechender Höhe Ansprüche gegen den Schädiger an den Arbeitgeber ab.

6 § 5 Gerichtsstandsklausel

(vgl. Muster vgl. § 2 RN 36)

. . . . ., den . . . . .

Arbeitgeber   Arbeitnehmer

---

[2] Ein Haftungsausschluss wird nur zulässig sein, wenn der Arbeitgeber sich an einer Vollkaskoversicherung beteiligt (BAG, Urteil v. 8. 5. 1980 – 3 AZR 82/79 – AP BGB § 611 Gefährdungshaftung des Arbeitgebers Nr. 6; BAG, Urteil v. 14. 12. 1995 – 8 AZR 875/94 – AP BGB § 611 Gefährdungshaftung des Arbeitgebers Nr. 13).
[3] Regelmäßig wird für den Arbeitnehmer ein Arbeitsunfall vorliegen (vgl. ArbR-Hdb. § 109 RN 17 ff.).
[4] Vgl. RN 19.

Schrader

2. Vertrag über die Kraftfahrzeugbenutzung (Überlassungsvertrag)[5]

Zwischen   7

der Firma .....

– nachfolgend Arbeitgeber genannt –

und

dem Herrn/Frau .....

– nachfolgend Arbeitnehmer genannt –

wird nachfolgender Kraftfahrzeugüberlassungsvertrag geschlossen:

§ 1 Kraftfahrzeug   8

I. Der Arbeitgeber überlässt sein Kraftfahrzeug Marke ..... pol. Kennz.: .....
dem Arbeitnehmer zur Benutzung. Die Überlassung ist jederzeit widerruflich.

II. Überlässt der Arbeitgeber dem Arbeitnehmer ein anderes Fahrzeug, so gilt
dieser Vertrag entsprechend.

oder (statt I. und II.)

Dem Arbeitnehmer wird eine Mittelklasselimousine, Leistung maximal ..... kw,
ausgestattet mit ....., überlassen. Die Festlegung der Fahrzeugmarke und des Typs
erfolgt durch den Arbeitgeber.

§ 2 Nutzung   9

I. Das Kraftfahrzeug darf grundsätzlich nur für betriebliche oder geschäftliche
Zwecke im Zusammenhang mit dem Arbeitsverhältnis benutzt werden.

II. Privatfahrten mit dem Kraftfahrzeug dürfen nur nach vorheriger Zustimmung
der Firma ausgeführt werden.

oder (statt I. und II.)

Das Kraftfahrzeug darf für Privatfahrten nur bis zu ..... Kilometern monatlich
benutzt werden.[6]

oder

Das Kraftfahrzeug darf nur in nachfolgendem Umfang für Privatfahrten benutzt
werden .....

oder

Das Kraftfahrzeug kann auch zu Privatfahrten genutzt werden. Betriebs-, Un-
terhaltungs- und Wartungskosten trägt die Firma.

III. (bzw. II.) Der geldwerte Vorteil wird pauschal ermittelt und versteuert
(zurzeit ..... % des Bruttolistenpreises pro Monat sowie ..... % des Bruttolistenpreises je Entfernungskilometer Wohnung-Arbeitsstätte).

---

[5] Zu beachten ist, dass es sich beim Kraftfahrzeugüberlassungsvertrag um eine vorformulierte Bedingung handeln kann, der AGB-Kontrolle und damit auch der Einbeziehungskontrolle nach § 305
Abs. 2 BGB unterliegen kann. Im Übrigen sind die Regelungen über das Verbot überraschender Klauseln (§ 305c Abs. 1 BGB), der Inhaltskontrolle (§ 307 BGB) und den Klauselverboten nach §§ 308, 309
BGB zu beachten (vgl. *Nägele* ArbRB 2002, 346 ff. (346)).
[6] Gelegentlich werden längere Fahrten und Urlaubsreisen ausgeschlossen.

oder (statt I. bis III. (bzw. II.))

Der private Anteil der Verbrauchskosten für Privatfahrten ist vom Arbeitnehmer selbst zu tragen und bei der Reisekostenabrechnung abzusetzen. Des Weiteren sind private Kilometer ordnungsgemäß, wie im Fahrtenbuch auch, in der Reisekostenabrechnung zu vermerken.

oder

Für Privatfahrten zahlt der Arbeitnehmer einen Kostenanteil von ..... € zuzüglich Mehrwertsteuer je Kilometer, welcher mit den monatlichen Abrechnungen aufzugeben und zu verrechnen ist.

10 § 3 Kosten

I. Der Arbeitgeber trägt die Kosten des Betriebes sowie für Reparaturen, Garage, Miete und Wartung des Fahrzeuges. Sie unterhält eine Haftpflichtversicherung mit einer Deckungssumme von ..... und eine Teilkasko/Vollkaskoversicherung mit einer Selbstbeteiligung von Frau/Herrn ..... von ..... € pro Schadensfall eine Insassenunfallversicherung und eine Rechtsschutzversicherung.

oder

I. Der Arbeitgeber trägt die Kosten des Betriebes sowie die Miete des Fahrzeuges. Bei Leasing-Fahrzeugen gehen die Wartungskosten zu Lasten der Leasingfirma. Diese ist im Falle der Beeinträchtigung der Verkehrssicherheit des Fahrzeuges zu verständigen. Reparaturrechnungen werden von ihr erstattet. Sie sind auf ihren Namen auszustellen.

II. Treibstoffkosten werden gegen Vorlage der Belege ersetzt. Treibstoffkosten für Privatfahrten trägt der Arbeitnehmer/trägt der Arbeitgeber bis zur Höhe von ..... €.

III. Die vom Arbeitnehmer vorgelegten Betriebskosten werden am Ende eines jeden Kalendermonats abgerechnet. Bei der Abrechnung ist der Anfangs- und Endstand des Tachometers anzugeben.

11 § 4 Pflichten des Arbeitnehmers

Der Arbeitnehmer ist verpflichtet,

a) den Kraftfahrzeugschein und die grüne Versicherungskarte bei Fahrten mitzuführen und ansonsten sorgfältig zu verwahren;

b) ein Fahrtenbuch zu führen;

c) für rechtzeitige und ordnungsgemäße Pflege und Wartung des Fahrzeuges zu sorgen. Er ist insbesondere verpflichtet, vorgesehene Abgasuntersuchungen, TÜV-Prüfungstermine, Wartungs- und Inspektionstermine wahrzunehmen. Sämtliche Arbeiten sind ausschließlich in Vertragswerkstätten des Herstellers durchzuführen.

Der Arbeitnehmer wird den Kraftwagen stets sorgfältig fahren. Er verpflichtet sich auch gegenüber dem Arbeitgeber, die Verkehrsvorschriften einzuhalten. Nach Alkoholgenuss ist die Benutzung des Wagens unzulässig.

Der Arbeitnehmer ist verpflichtet, den Arbeitgeber unverzüglich zu unterrichten, wenn ihm die Fahrerlaubnis zeitweilig oder auf Dauer entzogen wird. Während des Entzuges ist die Benutzung des Fahrzeuges einzustellen.

Schrader

§ 5 Unfälle u. ä.   12

I. Unfälle, Verluste und Beschädigungen des Kraftfahrzeuges hat der Arbeitnehmer unverzüglich dem Arbeitgeber zu melden. Reparaturen bedürfen der vorherigen schriftlichen Zustimmung des Arbeitgebers.

oder

I. Unfälle, Verluste und Beschädigungen des Kraftfahrzeuges hat der Arbeitnehmer unverzüglich der Leasingfirma zu melden. Reparaturen bedürfen der vorherigen schriftlichen Zustimmung der Leasingfirma.

II. Bei Kraftfahrzeugunfällen, bei denen der Schaden voraussichtlich mehr als ..... € beträgt, sowie bei allen Unfällen mit Personenschaden ist in jedem Fall die Polizei hinzuzuziehen, auch wenn der Unfall von dem Arbeitnehmer selbst verschuldet worden ist.[7]

III. Der Arbeitgeber ist verpflichtet, den Versicherungen die über den Unfallhergang notwendigen Auskünfte zu geben. Er ist verpflichtet am Unfallort die notwendigen Beweissicherungen vorzunehmen.

§ 6 Haftung   13

I. Der Arbeitnehmer haftet für alle vorsätzlich oder grobfahrlässig verursachten Beschädigungen des Kraftfahrzeuges auf vollen Schadensersatz. Bei anderen fahrlässig verursachten Schäden ist der Arbeitnehmer verpflichtet, sich angemessen am Schaden zu beteiligen.[8]

II. Bei auf Privatfahrten entstandenen Schäden haftet der Arbeitnehmer in jedem Fall allein.

III. Der Arbeitnehmer haftet nicht, soweit der Schaden durch eine Versicherung abgedeckt wird. Soweit eine Vollkaskoversicherung besteht und eintrittspflichtig ist, haftet der Arbeitnehmer in Höhe der Selbstbeteiligung und trägt den Verlust von Schadensfreiheitsrabatten.[9]

§ 7 Überlassung und Mitnahme   14

I. Eine Überlassung des Fahrzeugs an Dritte ist unzulässig. Hiervon ausgenommen ist die Überlassung an Familienangehörige oder Lebensgefährten bei erlaubten Privatfahrten, sofern diese eine gültige Fahrerlaubnis besitzen. Der Arbeitnehmer haftet für jeden Schaden, der bei Überlassung am Kraftfahrzeug oder im Zusammenhang mit der Kraftfahrzeugbenutzung entsteht.

II. Dritte Personen sollen nur mitgenommen werden, wenn hierfür ein betriebliches oder geschäftliches Interesse besteht. Bei Mitnahme sonstiger Personen ist die Haftung des Arbeitgebers auszuschließen. Hat der Arbeitnehmer die Haftung nicht ausgeschlossen, hat er den Arbeitgeber von jeder Haftung freizustellen.

---

[7] Vgl. die Dienstanweisung für Kraftfahrer RN 21. Es kann sich empfehlen, die Verpflichtung zur Sachverhaltsfeststellung bei Unfällen zu übernehmen. Das Muster könnte ergänzt werden: „Der Arbeitnehmer wird der Firma nach jedem Unfall unverzüglich einen schriftlichen Bericht über den Unfallablauf und etwaige Erklärungen der Beteiligten nach dem Unfall übergeben."
[8] Vgl. RN 20.
[9] Vgl. BAG, Urteil v. 30. 4. 1992 – 8 AZR 409/91 – AP BGB § 611 Gefährdungshaftung des Arbeitgebers Nr. 11.

Schrader

15 § 8 Wahrnehmung von Rechten und Interessen

Der Arbeitnehmer ist berechtigt, etwaige das Fahrzeug betreffende Rechte im Interesse des Arbeitgebers geltend zu machen.

16 § 9 Herausgabe[10]

Der Arbeitgeber kann jederzeit ohne Angabe von Gründen die Rückgabe des Fahrzeuges verlangen. Insbesondere behält sie sich vor, das Fahrzeug bei Erkrankung, nach Ausspruch einer Kündigung, während einer Freistellung oder eines Urlaubs des Arbeitnehmers anderweitig einzusetzen. Ein Zurückbehaltungsrecht des Arbeitnehmers ist ausgeschlossen.[11] Der Arbeitnehmer hat auf Verlangen das Fahrtenbuch ..... vorzulegen.

und[12]

Ein Anspruch auf Ersatz für eine entgehende Privatnutzung steht dem Arbeitnehmer nicht zu.[13]

oder

Der Arbeitgeber gewährt dem Arbeitnehmer für die Zeit des Entzuges des Dienstwagens eine Nutzungsentschädigung in Höhe von 1% des Listenpreises des zur Verfügung gestellten Dienstfahrzeuges.[14]

oder

Der Arbeitgeber stellt dem Arbeitnehmer für den Fall des Entzuges ein anderes, nicht notwendigerweise gleichwertiges Ersatzfahrzeug zur Verfügung, dass die Durchführung von Privatfahrten gewährleistet. Lehnt der Arbeitnehmer das angebotene Ersatzfahrzeug ab, steht ihm kein Ersatzanspruch zu.[15]

---

[10] Eine vertragliche Vereinbarung, nach der ein Dienstwagen jederzeit herauszugeben ist, ist jedenfalls dann zulässig, solange der Wert der Nutzung 15%, gegebenenfalls 25% bis 30% der Gesamtvergütung nicht übersteigt. Üblich ist, dass der Widerruf auf den Fall der Kündigung und/oder der Freistellung beschränkt wird. Höchst streitig ist allerdings, ob der Widerruf entschädigungslos möglich ist (vgl. im Einzelnen *Schrader,* Rechtsfallen in Arbeitsverträgen, 2001, RN 424 ff. m. z. N.). Richtigerweise wird man darauf abstellen müssen, ob der Widerruf billigem Ermessen entspricht: War dies der Fall, ist ein entschädigungsloses Rückgabeverlangen möglich, falls nicht, ist eine Entschädigung zu leisten. Die in Rspr. und Literatur umstrittene Höhe der Nutzungsentschädigung entspricht nach Auffassung des BAG dem geldwerten Vorteil (vgl. BAG, Urteil v. 27. 5. 1999 – 8 AZR 415/98 – AP BGB § 611 Sachbezüge Nr. 12). In jedem Fall kann der Arbeitgeber nach Ablauf des sechswöchigen Entgeltfortzahlungszeitraumes den Dienstwagen entschädigungslos herausverlangen, sofern sich aus den arbeitsvertraglichen Vereinbarungen nichts Abweichendes ergibt (vgl. LAG Köln, Urteil v. 29. 11. 1995 – 2 Sa 843/95 – NZA 1996, 986). Bei der privaten Nutzung des Dienstfahrzeuges handelt es sich um Sachbezug, der Teil der Vergütung ist. Da aber der Arbeitgeber nach dem Ende des Entgeltfortzahlungszeitraumes nicht mehr verpflichtet ist, kann auch der Dienstwagen entzogen werden (so auch *Meier* NZA 1997, 298 ff. (299)).

[11] Ein Zurückbehaltungsrecht kann dem Arbeitnehmer ohnehin nur dann zustehen, wenn er nicht lediglich Besitzdiener (§ 855 BGB), sondern selbst Besitzer (§ 868 BGB) des Dienstwagens ist. Das ist aber nur dann der Fall, wenn er vertraglich zur privaten Nutzung des Wagens berechtigt ist (vgl. *Schrader,* Rechtsfallen in Arbeitsverträgen, 2001, RN 406 ff. m. z. N.).

[12] Vgl. *van Bürck/Birk/Nussbaum* BB 2002, 2278 ff. (2281/2282).

[13] Wie bereits oben ausgeführt, ist das entschädigungslose Rückgabeverlangen rechtlich nicht unproblematisch, es wird darauf ankommen, ob das Rückgabeverlangen billigem Ermessen entspricht.

[14] Dies wäre die Nutzungsentschädigung, die nach vorstehenden Ausführungen der Rspr. des BAG entspricht.

[15] Auch hier wird es für die Zulässigkeit des Entzuges und eine eventuelle Nutzungsentschädigung darauf ankommen, ob das zur Verfügung gestellte Ersatzfahrzeug billigem Ermessen entspricht.

§ 10 Schriftform   17

Änderungen oder Ergänzungen dieses Vertrages bedürfen der Schriftform. Sind einzelne Bestimmungen des Vertrages unwirksam, so wird hiervon die Wirksamkeit der übrigen Bestimmungen nicht berührt.

§ 11 Nebenabreden   18

z.B. Übernahmeberechtigung von Leasing-Fahrzeugen[16]

....., den .....

Arbeitgeber   Arbeitnehmer

II. Regelungen bei Unfällen

1. Besonderheiten eines Arbeitsvertrages für Kraftfahrer

§ 1 Pflichten des Kraftfahrers   19

I. Der Arbeitnehmer ist verpflichtet,

1. für die ordnungsgemäße Pflege und Wartung des anvertrauten Kraftfahrzeuges zu sorgen;
2. Unfälle, Verluste und Beschädigungen unverzüglich unter Angabe der Einzelheiten der Firma zu melden. Bei Verkehrsunfällen mit Personenschäden oder Sachschäden von voraussichtlich mehr als ..... € ist zu deren Aufnahme die Polizei hinzuzuziehen, auch wenn der Unfall vom Arbeitnehmer verschuldet ist;
3. Verlust oder auch nur vorübergehenden Entzug der Fahrerlaubnis oder des Führerscheins unverzüglich der Firma zu melden;
4. das Kraftfahrzeug nicht privat zu benutzen.

II. Dem Arbeitnehmer ist nicht gestattet, dritte Personen im Kraftfahrzeug mitzunehmen.

III. Die Überlassung des Kraftfahrzeuges an Dritte ist unzulässig.

IV. Verstößt der Arbeitnehmer schuldhaft gegen die vorgenannten Verpflichtungen, so ist er zum Ersatz des hieraus der Firma erwachsenden Schadens verpflichtet.

§ 2 Haftung   20

I. Der Arbeitnehmer haftet auf Ersatz der aus einem Verkehrsunfall erwachsenden Schäden, wenn er diesen vorsätzlich oder grob fahrlässig herbeigeführt hat. Bei fahrlässig herbeigeführten Unfällen ist er zu einem angemessenen Teil am Schaden zu beteiligen.[17]

II. *(U. U.)*
Eine Verpflichtung zum Schadensersatz besteht nicht, soweit der Schaden durch eine Versicherung abgedeckt wird.

---

[16] Gegen eine vertragliche Verpflichtung zur Übernahme des Leasing-Vertrages bei Beendigung des Arbeitsverhältnisses bestehen Bedenken (vgl. *Nägele* ArbRB 2002, 346 ff. (348)), nicht dagegen gegen eine Berechtigung zum Erwerb.

[17] Die Haftung der Arbeitnehmer hat eine lange und wechselhafte Rechtsprechungsgeschichte hinter sich (vgl. dazu im Einzelnen ArbR-Hdb. § 52 RN 42 ff.). Die Haftung der Arbeitnehmer wird ergänzt durch § 619 a BGB (vgl. dazu *Oetker* BB 2002, 43).

2. Dienstanweisung für Kraftfahrer und Beifahrer für den Fall eines Verkehrsunfalls

21 I. Bei einem Verkehrsunfall hat der Arbeitnehmer

1. für die Versorgung der verletzten Personen zu sorgen, Name und Anschrift zu notieren und in welches Krankenhaus sie gebracht werden;

2. die Unfallstelle nach vorn und hinten abzusichern. Es sind Warnleuchten und Warnzeichen aufzustellen;

3. die Polizei hinzuzuziehen. Das kann nur dann unterbleiben, wenn

   a) der Sachschaden geringer als voraussichtlich ..... € ist und
   b) Name und Anschrift aller Beteiligten sowie Marke und pol. Kennzeichen der beteiligten Kraftfahrzeuge festgestellt und
   c) der Unfallhergang hinreichend aufgeklärt ist. Der Arbeitnehmer hat Name und Anschrift sämtlicher am Unfall Beteiligten einschließlich der pol. Kennzeichen ihrer Kraftfahrzeuge sowie der Zeugen nach Name und Anschrift zu notieren;

4. sämtliche Erklärungen zum Verschulden des Unfalls oder zur Haftung für den Unfall zu unterlassen;

5. unverzüglich die Firma und bei Unfällen mit Todesfolge auch die Haftpflichtversicherung telefonisch zu benachrichtigen;

6. vom Unfall eine Skizze zu fertigen und möglichst eine Fotografie vom Unfallort zu machen. Ein Fotoapparat mit Blitzlichtgerät steht in jedem Fahrzeug zur Verfügung;

7. den Unfallhergang zu notieren. Dabei sind insbesondere festzuhalten: Unfallort und Unfallzeit, Stand der Fahrzeuge nach dem Unfall, gefahrene Geschwindigkeit der am Unfall beteiligten Fahrzeuge, Straßenverhältnisse (Breite der Straße, Straßenbelag, Straßenwölbung), Bremsspuren, Sichtverhältnisse am Unfallort (Dunkelheit), Witterungsverhältnisse am Unfallort (Nebel, Regen, Schnee, Glatteis usw.).

II. Bei Verhängung eines Verwarnungsgeldes ist sorgfältig zu überlegen, ob den Arbeitnehmer ein Verschulden am Unfall trifft. Im Zweifel ist die Überlegungsfrist von einer Woche auszunutzen (§ 56 Abs. 2 OWiG).[18]

III. 1. Bei Unfällen mit Ausländern oder im Ausland ist im Zweifel in jedem Fall die Polizei hinzuzuziehen.

2. Bei Unfällen mit Soldaten der Bundeswehr oder der Natotruppen ist die Einheit des Soldaten festzustellen.

---

[18] § 56 Abs. 2 OWiG hat nachfolgenden Wortlaut: „Die Verwarnung nach Abs. 1 Satz 1 ist nur wirksam, wenn der Betroffene nach Belehrung über sein Weigerungsrecht mit ihr einverstanden ist und das Verwarnungsgeld entsprechend der Bestimmung der Verwaltungsbehörde entweder sofort zahlt oder innerhalb einer Frist, die eine Woche betragen soll, bei der hierfür bezeichneten Stelle oder bei der Post zur Überweisung an diese Stelle einzahlt. Eine solche Frist soll bewilligt werden, wenn der Betroffene das Verwarnungsgeld nicht sofort zahlen kann oder wenn es höher ist als 10,00 €.“

3. Unfallmeldebogen bei Kraftfahrzeugunfällen

1. Eigene Personalien: 22
   Name, Anschrift: ....

2. Gefahrenes Kraftfahrzeug:
   Marke: .... pol. Kennzeichen: ....

3. Name und Anschrift der am Unfall beteiligten Personen:
   ....

4. Marke und pol. Kennzeichen der am Unfall beteiligten Kraftfahrzeuge:
   ....

   Versicherung der am Unfall beteiligten Kraftfahrzeuge:
   ....

   Pol. Kennzeichen: ....

5. Unfallzeugen, Name und Anschrift:
   ....

6. Eigener Schaden:
   a) Personenschaden: ....
   b) Sachschaden der Firma: ....
   c) Sachschaden des Kraftfahrers: ....

7. Fremdschaden:
   a) Personenschaden: ....
   b) Sachschaden: ....

8. Unfallaufnahme durch Polizei: ....

9. Schilderung des Unfalls nach Merkblatt: ....
   ....
   ....

4. Haftungs-Verzichtserklärung eines Mitfahrers

Ich verzichte für mich und meine Rechtsnachfolger auf alle Schadensersatzan- 23
sprüche gegen den Fahrer und Halter des Kraftfahrzeugs Marke ..... pol. Kennzeichen: ....., die sich aus der Mitfahrt in dem Kraftfahrzeug ergeben können.

....., den .....
Unterschrift
(Bei Minderjährigen Unterschrift des gesetzlichen Vertreters)

Schrader

§ 24. Muster zur Änderung des Arbeitsvertrages

I. Umgruppierung

1 An

Herrn/Frau .....

Sehr geehrte(r) Herr/Frau .....,

mit Wirkung vom ..... wurden Sie vom ..... zum ..... bestellt. Sie werden daher von der Tarifgruppe ..... in die Tarifgruppe ..... umgruppiert. Die Rechte des Betriebsrats sind gewahrt.

Mit freundlichen Grüßen

II. Versetzung

1. Versetzungsvorbehalt[1]

2 An

Herrn/Frau .....

Sehr geehrte(r) Herr/Frau .....,

in dem mit Ihnen geschlossenen Arbeitsvertrag vom ..... ist das Recht vorbehalten, Sie von (a nach b) zu versetzen/Ihnen die Arbeit eines ..... zuzuweisen. Mit Wirkung vom ..... werden Sie aus den Ihnen in dem am ..... geführten Gespräch erläuterten Gründen versetzt ......

Hierzu haben Sie in dem mit Ihnen am ..... geführten Gespräch bereits Ihre Zustimmung erteilt./Zum Zeichen Ihres Einverständnisses unterschreiben Sie bitte den Durchschlag dieses Schreibens.

Die Rechte des Betriebsrats sind gewahrt.

Mit freundlichen Grüßen

Einverstanden:

....., den .....

Arbeitnehmer

2. Versetzung durch Änderungskündigung

3 An

Herrn/Frau .....

Sehr geehrte(r) Herr/Frau .....,

Zu unserem Bedauern sind wir gezwungen, Ihr Arbeitsverhältnis aus betrieblichen Gründen zu kündigen.

Zugleich bieten wir Ihnen an, Sie für unseren Betrieb in ..... zu den gleichen Bedingungen einzustellen/die Stelle eines ..... mit der Tariflohngruppe .....

---

[1] Trotz Versetzungsvorbehalten sind dem Direktionsrecht des Arbeitgebers Grenzen gesetzt. Insbesondere ist das billige Ermessen zu wahren (vgl. im Einzelnen *Schrader*, Rechtsfällen in Arbeitsverträgen, 2001, RN 1441 ff.).

Schrader

Die Kündigung ist notwendig geworden, weil ..... Der Betriebsrat unseres Betriebes in ..... ist gehört worden und hat seine Zustimmung erteilt. Zugleich haben wir dem Betriebsrat unseres Betriebes in ..... Mitteilung von der beabsichtigten Einstellung gemacht. Er hat Einwendungen nicht erhoben.[2]

Sofern Sie zur Versetzung Ihre Zustimmung nicht erteilen, endet das Arbeitsverhältnis nach Ablauf der ordentlichen Kündigungsfrist.

Ihre Zustimmung wollen Sie bis zum ..... erteilen.

Mit freundlichen Grüßen

III. Benachrichtigung des Betriebsrats von Umgruppierung und Versetzung eines Arbeitnehmers

An den Betriebsrat **4**
z. H. des Betriebsratsvorsitzenden

oder

An den Personalausschuss
z. H. seines Vorsitzenden

Die Firma beabsichtigt,

den Arbeitnehmer ....

wohnhaft in ....

beschäftigt als ....

in Abteilung ....

mit Wirkung vom ....

1. von der bisherigen Tarifgruppe ..... in die neue Tarifgruppe umzugruppieren.

2. von ..... nach ..... zu versetzen.

Im Zusammenhang mit der Versetzung soll der Arbeitnehmer von Tarifgruppe ..... in die Tarifgruppe ..... umgruppiert werden.

Die Umgruppierung/Versetzung erfolgt, weil ....

Sie hat folgende Auswirkungen: ....

Der Betriebsrat wird gebeten, binnen Wochenfrist der personellen Maßnahme zuzustimmen.

....., den .....

---

[2] Bei einer Versetzung von einem Betrieb in einen anderen mittels Änderungskündigung und Bestehen von jeweils Betriebsräten in beiden Betrieben, wäre der Betriebsrat des abgebenden Betriebes nach § 102 BetrVG (Änderungskündigung) anzuhören sowie seine Zustimmung zur Versetzung (vom abgebenden in den aufnehmenden Betrieb) einzuholen. Beim aufnehmenden Betrieb wäre die Zustimmung des Betriebsrats nach § 99 BetrVG wegen einer Einstellung einzuholen.

IV. Unterrichtung über Betriebsübergang[3]

5 ....

Arbeitgeber   Betriebserwerber

An den

Arbeitnehmer .....

Sehr geehrte(r) Frau/Herr ....,

hiermit wollen wir Sie gem. § 613a Abs. 5 BGB über den Übergang des Betriebes, in dem Sie beschäftigt sind, von ..... (bisheriger Arbeitgeber) auf ..... (Betriebserwerber) unterrichten.

6 Die Firma ..... (Betriebserwerber) übernimmt ab dem ..... auf Grund des Vertrages vom ..... (Vertragstyp und Datum) den Betrieb in ..... Der Betrieb wird mit sämtlichen materiellen und immateriellen Gegenständen übernommen. Dies stellt einen Betriebsübergang nach § 613a BGB dar. Die Rechtsfolgen ergeben sich im Einzelnen aus § 613a Abs. 1–6 BGB, die wörtlich wie folgt lauten:

„(1) Geht ein Betrieb oder Betriebsteil durch Rechtsgeschäft auf einen anderen Inhaber über, so tritt dieser in die Rechte und Pflichten aus den im Zeitpunkt des Übergangs bestehenden Arbeitsverhältnissen ein. Sind diese Rechte und Pflichten durch Rechtsnormen eines Tarifvertrags oder durch eine Betriebsvereinbarung geregelt, so werden sie Inhalt des Arbeitsverhältnisses zwischen dem neuen Inhaber und dem Arbeitnehmer und dürfen nicht vor Ablauf eines Jahres nach dem Zeitpunkt des Übergangs zum Nachteil des Arbeitnehmers geändert werden. Satz 2 gilt nicht, wenn die Rechte und Pflichten bei dem neuen Inhaber durch Rechtsnormen eines anderen Tarifvertrags oder durch eine andere Betriebsvereinbarung geregelt werden. Vor Ablauf der Frist nach Satz 2 können die Rechte und Pflichten geändert werden, wenn der Tarifvertrag oder die Betriebsvereinbarung nicht mehr gilt oder bei fehlender beiderseitiger Tarifgebundenheit im Geltungsbereich eines anderen Tarifvertrags dessen Anwendung zwischen dem neuen Inhaber und dem Arbeitnehmer vereinbart wird.

(2) Der bisherige Arbeitgeber haftet neben dem neuen Inhaber für Verpflichtungen nach Absatz 1, soweit sie vor dem Zeitpunkt des Übergangs entstanden sind und vor Ablauf von einem Jahr nach diesem Zeitpunkt fällig werden, als Gesamtschuldner. Werden solche Verpflichtungen nach dem Zeitpunkt des Übergangs fällig, so haftet der bisherige Arbeitgeber für sie jedoch nur in dem Umfang, der dem im Zeitpunkt des Übergangs abgelaufenen Teil ihres Bemessungszeitraums entspricht.

---

[3] Ein Betriebsübergang nach § 613a BGB führt zu einem Arbeitgeberwechsel und damit zu einer Vertragsänderung. § 613a Abs. 5 BGB verlangt die Unterrichtung der Arbeitnehmer, § 613a Abs. 6 BGB gibt dem Arbeitnehmer ein Widerspruchsrecht binnen einer bestimmten Frist. Nach § 613a Abs. 5 BGB ist der Arbeitnehmer über den Zeitpunkt oder den geplanten Zeitpunkt des Überganges, den Grund für den Übergang, die rechtlichen, wirtschaftlichen und sozialen Folgen des Überganges für die Arbeitnehmer und die hinsichtlich des Arbeitnehmers in Aussicht genommenen Maßnahmen zu unterrichten. Der Umfang der Unterrichtung orientiert sich an seinem Zweck, nämlich Entscheidungsgrundlage für das Widerspruchsrecht zu sein (vgl. ErfK/*Preis* § 613a BGB RN 85; *Bauer/von Steinau-Steinrück* ZIP 2002, 457ff. (462); *Willemsen/Lembke* NJW 2002, 1159ff. (1163); *Worzalla* NZA 2002, 353ff. (355)). Hat der bisherige Arbeitgeber oder der neue Inhaber den Arbeitnehmer nicht hinreichend unterrichtet, ist die Unterrichtung unwirksam. Rechtsfolge ist, dass der Arbeitnehmer noch nach Jahren den Widerspruch erheben kann (zgl. *Nehls* NZA 2003, 822; *Pröpper* DB 2003, 2011). Ist der Widerspruch berechtigt erhoben, muss der Veräußerer kündigen und haftet gegebenenfalls aus Annahmeverzug. Im Allgemeinen werden daher nach einer Betriebsveräußerung neue Arbeitsverträge mit dem Erwerber abgeschlossen werden müssen (vgl. ArbR-Hdb. § 118 RN 60a).

(3) Absatz 2 gilt nicht, wenn eine juristische Person oder eine Personenhandelsgesellschaft durch Umwandlung erlischt.

(4) Die Kündigung des Arbeitsverhältnisses eines Arbeitnehmers durch den bisherigen Arbeitgeber oder durch den neuen Inhaber wegen des Übergangs eines Betriebs oder eines Betriebsteils ist unwirksam. Das Recht zur Kündigung des Arbeitsverhältnisses aus anderen Gründen bleibt unberührt.

(5) Der bisherige Arbeitgeber oder neue Inhaber hat die von einem Übergang betroffenen Arbeitnehmer vor dem Übergang in Textform zu unterrichten über:

1. den Zeitpunkt oder den geplanten Zeitpunkt des Übergangs,

2. den Grund für den Übergang,

3. die rechtlichen, wirtschaftlichen und sozialen Folgen des Übergangs für die Arbeitnehmer und

4. die hinsichtlich der Arbeitnehmer in Aussicht genommenen Maßnahmen.

(6) Der Arbeitnehmer kann dem Übergang des Arbeitsverhältnisses innerhalb eines Monats nach Zugang der Unterrichtung nach Absatz 5 schriftlich widersprechen. Der Widerspruch kann gegenüber dem bisherigen Arbeitgeber oder dem neuen Inhaber erklärt werden."

Da der Betrieb insgesamt übergeht, bleibt der Betriebsrat unverändert im Amt.[4] **7**
Die Mitarbeiteranzahl bleibt durch den Betriebsübergang zunächst ebenfalls unberührt.[5] Die Firma ..... (bisheriger Arbeitgeber) war an keinen Tarifvertrag gebunden, gleiches gilt für die Firma ..... (Betriebserwerber).[6] Der Übergang der Arbeitsverhältnisse erfolgt mit allen Rechten und Pflichten, d.h. die für sie einschlägigen Regelungen (Arbeitsvertrag, Betriebsvereinbarungen) gelten unverändert weiter.[7]

An personellen Maßnahmen ist beabsichtigt: .....[8]   **8**

Wir wären Ihnen verbunden, wenn Sie uns den Empfang dieses Schreibens auf dem beigefügten Doppel bestätigen könnten.[9]

Mit freundlichen Grüßen

(bisheriger) Arbeitgeber   Betriebserwerber

---

[4] Bei einem Teilbetriebsübergang kann sich insoweit Anderes ergeben, was in dem Schreiben entsprechend formuliert werden müsste.

[5] Bei einem Teilbetriebsübergang kann die Mitarbeiteranzahl sinken, so dass ein Betrieb beispielsweise nicht mehr betriebsratsfähig ist (§ 1 BetrVG, weniger als fünf Arbeitnehmer) oder bestimmte Beteiligungsrechte, wie die Verpflichtung zum Abschluss eines Interessenausgleichs nicht mehr bestehen (§ 111 BetrVG, nur in Unternehmen mit in der Regel mehr als 20 wahlberechtigten Arbeitnehmern). Dies wäre ebenfalls entsprechend zu verdeutlichen.

[6] Die Frage der Tarifbindung wäre ebenfalls entsprechend zu verdeutlichen (beispielsweise Mitgliedschaft im Arbeitgeberverband, üblicherweise Anwendung von Tarifverträgen u.ä.).

[7] Gibt es beim Betriebserwerber ablösende Betriebsvereinbarungen (zum Problemkreis vgl. BAG, Urteil v. 14.8. 2001 – 1 AZR 619/00 – AP BetrVG 1972 § 77 Nr. 85; BAG, Urteil v. 1.8. 2001 – 4 AZR 82/00 – AP BGB § 613a Nr. 225; BAG, Urteil v. 24.7. 2001 – 3 AZR 660/00 – AP BetrAVG § 1 Betriebsveräußerung Nr. 18; zum Betriebsübergang und den damit verbundenen Rechtsfolgen vgl. im Übrigen im einzelnen ArbR-Hdb. § 118) wäre dies in dem Unterrichtungsschreiben an die Arbeitnehmer entsprechend auszuführen.

[8] Die beabsichtigten personellen Maßnahmen (Umstrukturierungen o.ä.) müssen ausgeführt werden.

[9] Da die Unterrichtung eine Pflicht des Arbeitgebers bzw. des Betriebserwerbers ist, muss der Zugang des Unterrichtungsschreibens durch die Verpflichteten im Streitfall dargelegt und bewiesen werden.

Schrader

V. Vereinbarung zur Absicherung des Arbeitgeberwechsels[10]

9 Zwischen

Herrn/Frau .....

– nachfolgend Arbeitnehmer genannt –

und

der Firma .....

– nachfolgend bisheriger Arbeitgeber genannt –

sowie

der Firma .....

– nachfolgend neuer Arbeitgeber genannt –

10 Die Parteien dieser Vereinbarung gehen davon aus, dass auf Grund eines Betriebs(Teil-)übergangs das Arbeitsverhältnis gem. § 613a BGB mit Wirkung zum ..... auf den neuen Arbeitgeber übergeht (übergangen ist). Zur rechtlichen Absicherung dieses von den Vertragsparteien gewollten Ergebnisses wird Folgendes vereinbart:

11 1. Sollte rechtlich – gleich aus welchen Gründen – kein Betriebs-(Teil-)übergang erfolgen (erfolgt sein), so wird das Arbeitsverhältnis des/der Arbeitnehmers(in) mit dem bisherigen Arbeitgeber gem. dem Anstellungsvertrag vom ..... mit Wirkung zum ..... von dem neuen Arbeitgeber auf Grund dieser Vereinbarung rechtsgeschäftlich übernommen.

2. Die Rechte und Pflichten der Arbeitsvertragsparteien gehen unverändert auf den neuen Arbeitgeber über. Der soziale Besitzstand des Arbeitnehmers wird nicht angetastet.

3. Es besteht Einigkeit darüber, dass zum bisherigen Arbeitgeber mit der Vertragsübernahme durch den neuen Arbeitgeber alle rechtlichen Beziehungen des/der Arbeitnehmers(in) enden.

4. Sollte die Zustimmung Dritter zu dieser Vertragsübernahme oder zur Übernahme von Rechten und/oder Pflichten aus dem Arbeitsverhältnis erforderlich sein, so verpflichten sich hiermit die Parteien dieser Vereinbarung, alle zur Erteilung der Zustimmung erforderlichen und zulässigen Mitwirkungshandlungen, einschließlich der Abgabe von Willenserklärungen, zu erbringen.

5. Sollte diese Vereinbarung oder einzelne Elemente dieser Vereinbarung unwirksam sein oder werden, so verpflichten sich die Parteien dieser Vereinbarung, selbige oder deren unwirksamen Elemente durch wirksame zu ersetzen, die dieser nach dem beabsichtigten Zweck so nahe wie möglich kommen.

....., den .....

| Arbeitnehmer | Firma ..... | Firma ..... |
| | (bisheriger Arbeitgeber) | (neuer Arbeitgeber) |

---

[10] Da es noch keine höchstrichterliche Rspr. zu der Frage des Inhaltes der Unterrichtungspflicht gibt, haben bisheriger Arbeitgeber und Betriebserwerber natürlich eine Unsicherheit, ob die Arbeitsverhältnisse tatsächlich dauerhaft auf sie übergegangen sind oder den Arbeitnehmern noch wegen unzureichender Unterrichtung ein Widerspruchsrecht zusteht. Die Praxis kann sich dadurch helfen, dass mit den Arbeitnehmern eine dreiseitige Vereinbarung zur Absicherung des Arbeitgeberwechsels geschlossen wird, damit der bisherige Arbeitgeber wie der Betriebserwerber, aber auch der Arbeitnehmer, Klarheit über den weiteren Bestand des Arbeitsverhältnisses haben. Aus Sicht des bisherigen Arbeitgebers, wie des Betriebserwerbers, ist regelmäßig eine solche Vorgehensweise zu empfehlen.

VI. Zusatzvertrag über die Einführung der flexiblen Arbeitszeit[11]

Zwischen

dem Unternehmen .....

und

Frau/Herrn .....

– nachfolgend Mitarbeiter genannt –

wird ein Zusatz zum Arbeitsvertrag vom ..... vereinbart:

1. Je nach Auftragslage und sonstigen betrieblichen Erfordernissen kann die regelmäßige wöchentliche Arbeitszeit für den Mitarbeiter oder den ganzen Betrieb im Rahmen der Jahresarbeitszeit anders verteilt werden.
2. Die Wochenarbeitszeit kann zwischen 30 und 44 Stunden schwanken. Im Ausgleichszeitraum von zwölf Monaten muss der Durchschnitt von 37 Stunden pro Woche erreicht werden.
3. Der Mitarbeiter erhält entsprechend der regelmäßigen Wochenarbeitszeit ein gleich bleibend hohes Arbeitsentgelt.
4. Auf einem Zeitkonto wird das Arbeitszeitkonto des Mitarbeiters geführt und der monatliche Saldo in der Lohnabrechnung ausgedruckt.
5. Hat der Mitarbeiter Anspruch auf Entgeltfortzahlung, werden jeweils 7,4 Stunden gut geschrieben.
6. Am Ende des Ausgleichszeitraumes wird das Lohnkonto abgerechnet. Mehrarbeitsstunden, (die aus betrieblichen Gründen nicht abgebaut wurden), werden mit einem Zuschlag von 25% ausgezahlt. Minderarbeitsstunden werden vom letzten Lohn abgezogen. Besteht das Arbeitsverhältnis fort, so sind die Minderarbeitsstunden auf drei Monate zu verteilen, wenn ihr Gegenwert ... € übersteigt.

....., den .....

Mitarbeiter   Arbeitgeber

§ 25. Anfechtung im Arbeitsverhältnis[1]

I. Anfechtung des Arbeitsvertrages mit Schwangeren[2]

An

Frau .....

Sehr geehrte Frau .....,

den mit Ihnen am ..... abgeschlossenen Arbeitsvertrag fechten wir wegen arglistiger Täuschung gem. § 123 BGB an. Von der Aushändigung dieses Schreibens ab brauchen Sie nicht mehr zur Dienstleistung zu erscheinen.

---

[11] Der Betriebsrat hat bei der Verteilung der Arbeitszeit ein erzwingbares Mitbestimmungsrecht. Auch sonst können der Vereinbarung Tarifnormen entgegenstehen. Die Gewerkschaft kann Unterlassungsansprüche gegen sog. Bündnisse für Arbeit haben.
[1] Vgl. ArbR-Hdb. § 35 RN 14 ff. und § 26 RN 8 ff.
[2] Die Frage, ob die Falschbeantwortung der Frage nach einer bestehenden Schwangerschaft die Anfechtung des Arbeitsvertrages rechtfertigt oder nicht, hat eine lange und wechselhafte Rechtsprechungsgeschichte hinter sich (vgl. im Einzelnen ArbR-Hdb. § 26 RN 22 f.). Nach mittlerweile gefestigter

In dem Personalfragebogen/Arbeitsvertrag haben Sie versichert, nicht schwanger zu sein. Inzwischen haben Sie mitgeteilt (ausrichten lassen), dass Sie sich im ... Monat in anderen Umständen befinden. Sie müssen daher bereits bei Abschluss des Arbeitsvertrages schwanger gewesen sein und hiervon gewusst haben. Wenn Sie die Fragen im Arbeitsvertrag/Personalfragebogen wahrheitsgemäß beantwortet hätten, wäre der Arbeitsvertrag nicht geschlossen worden. Wir können im Betrieb keine Frauen in anderen Umständen beschäftigen, denn ..... *(nur betriebsbedingte Gründe; wirtschaftliche Gründe unzureichend, da vom Gesetzgeber Lastentragung vorausgesetzt).*

Mit freundlichen Grüßen

> **Wichtiger Hinweis:**
> Im Rahmen der Anbahnung eines Arbeitsverhältnisses ist die Frage nach einer Schwangerschaft insgesamt unzulässig. Daher kann ein Arbeitsvertrag wegen Falschbeantwortung dieser Frage nach neuester Rechtsprechung nicht angefochten werden (FN 2).

II. Anfechtung des Arbeitsvertrages mit schwerbehinderten Menschen[3]

2 An

Herrn/Frau .....

Sehr geehrte(r) Herr/Frau ..... ,

Sie sind am ..... als ..... eingestellt worden. Zu ihren Aufgaben gehört mithin .....

In dem Einstellungsfragebogen haben Sie angegeben, dass Sie weder schwerbehinderter Mensch noch in sonstiger Weise körperbehindert seien. In Wirklichkeit sind Sie jedoch schwerbehinderter Mensch mit einem Grad der Erwerbsminderung von ..... v.H. Sie haben uns daher bei Abschluss des Arbeitsvertrages getäuscht. Aus diesem Grunde fechten wir den Arbeitsvertrag nach § 123 BGB an.

Rspr. ist die Frage nach der Schwangerschaft grundsätzlich unzulässig (vgl. BAG, Urteil v. 15. 10. 1992 – 2 AZR 227/92 – AP BGB § 611a Nr. 8), und zwar unabhängig davon, ob um die zu besetzende Position nur Frauen konkurrieren (vgl. BAG, Urteil v. 20. 2. 1986 – 2 AZR 244/85 – AP BGB § 123 Nr. 31). Eine Ausnahme machte das BAG für den Fall, dass die Frage nach der Schwangerschaft dem gesundheitlichen Schutz der Bewerberin und des ungeborenen Kindes dient. Wenn beispielsweise die schwangere Bewerberin mit Blut- und Serumproben mit zum Teil infektiösen Materialien einer Praxis für Laboratoriumsmedizin arbeiten soll, ist die Frage nach der Schwangerschaft zulässig (vgl. BAG, Urteil v. 1. 7. 1993 – 2 AZR 25/93 – AP BGB § 123 Nr. 36). Anders der EuGH: Er erkennt den Gesichtspunkt der Nichtrealisierbarkeit des Arbeitsverhältnisses zur Vermeidung einer Einstellung Schwangerer jedenfalls in unbefristeten Arbeitsverhältnissen nicht an. Denn im Hinblick auf die Beschäftigung Schwangerer sei es unerheblich, ob diese in der Lage seien, die Arbeitsleistung zu erbringen, d.h. das Arbeitsverhältnis zu realisieren (vgl. EuGH, Urteil v. 14. 7. 1994 – C-32/93 – AP MuSchG 1968 § 9 Nr. 21). In konsequenter Fortsetzung dieser Rechtsauffassung dürfte die Frage nach der Schwangerschaft einer Arbeitnehmerin grundsätzlich unzulässig sein, und zwar unabhängig davon, ob die Schwangere Bewerberin auf Grund der Schwangerschaft die in Aussicht genommene Tätigkeit überhaupt ausführen darf und kann, ob die in Aussicht genommene Tätigkeit also realisiert werden kann (vgl. EuGH, Urteil v. 3. 2. 2000 – C-207/98 – NZA 2000, 255). Dieser Rechtsauffassung hat sich zwischenzeitlich das BAG angeschlossen, so dass die Frage nach der Schwangerschaft insgesamt unzulässig ist und die Falschbeantwortung eine Anfechtung des Arbeitsvertrages nicht begründet (BAG, Urteil v. 6. 2. 2003 – 2 AZR 621/01 – NZA 2003, 848). Eine Anfechtung wegen Falschbeantwortung einer Frage nach der Schwangerschaft sollte daher nicht mehr erklärt werden.

[3] Der Bewerber muss den Arbeitgeber nicht von sich aus darüber informieren, dass er schwerbehindert oder gleichgestellt ist (§ 2 Abs. 2 Satz 3 SGB IX). Etwas anderes gilt nur insoweit, wie ihm die

Aufgrund ihres Gesundheitszustandes sind sie zur Ausführung der im Vertrage vorausgesetzten Arbeiten nicht in der Lage. Ohne die von ihnen vorgenommene Täuschungshandlung wären Sie nicht eingestellt worden ..... Im Übrigen werden Sie darauf hingewiesen, dass die Firma ihrer Verpflichtung zur Einstellung von schwerbehinderten Menschen im Rahmen der Pflichtzahl nachgekommen ist.

Aus äußerster Vorsorge kündigen wir Ihnen vorsorglich fristlos.[4] Die Zustimmung des Integrationsamtes ist am ..... beantragt worden. Das Integrationsamt hat sich nicht innerhalb von zwei Wochen seit Eingang des Antrags geäußert. Damit gilt die Zustimmung als erteilt.

Die Rechte des Betriebsrats sind gewahrt.

Mit freundlichen Grüßen

III. Anfechtung einer Kündigung/eines Aufhebungsvertrages durch den Arbeitnehmer

An   3
die Firma .....

Sehr geehrte Damen und Herren,

ich bin am ..... als ..... eingestellt worden. Meinen Pflichten aus dem Arbeitsvertrag bin ich stets gewissenhaft nachgekommen.

Am ..... habe ich das Arbeitsverhältnis gekündigt/mit Ihnen einen Vertrag über die Beendigung meines Arbeitsverhältnisses geschlossen. Meine Erklärung fechte ich nach § 119 BGB, § 123 BGB an. Sie haben mich zur Abgabe meiner Erklärungen gezwungen[5]/mich durch eine Täuschung zur Abgabe meiner Erklärung veranlasst. Der Abgabe meiner Erklärung ist eine Auseinandersetzung vorausgegangen .....

Ich biete Ihnen meine Arbeitsleistung wieder an.

Mit freundlichen Grüßen

Ausführungen der arbeitsvertraglichen Tätigkeit unmöglich ist oder die Leistungsfähigkeit in einer für die vorgesehene Beschäftigung maßgebenden Weise eingeschränkt ist (vgl. BAG, Urteil v. 5. 10. 1995 – 2 AZR 923/94 – AP BGB § 123 Nr. 40; BAG, Urteil v. 25. 3. 1976 – 2 AZR 136/75 – AP BGB § 123 Nr. 19). Der Arbeitgeber hat das Recht, den Stellenbewerber nach einer Schwerbehinderung zu fragen. Dies gilt selbst dann, wenn die Behinderung für die auszuübende Tätigkeit nicht von Bedeutung ist. Dieses uneingeschränkte Fragerecht hat das BAG mit den besonderen gesetzlichen Verpflichtungen begründet, die für den Arbeitgeber durch die Beschäftigung schwerbehinderter Menschen entstehen; angesichts der rechtlichen und wirtschaftlichen Tragweite und der betrieblichen Auswirkungen der Einstellung schwerbehinderter Arbeitnehmer sei ein berechtigtes Interesse des Arbeitgebers an der wahrheitsgemäßen Beantwortung der Frage nach der Schwerbehinderteneigenschaft bzw. Gleichstellung anzuerkennen (vgl. BAG, Urteil v. 5. 10. 1995 – 2 AZR 923/94 – AP BGB § 123 Nr. 40; bestätigt durch BAG, Urteil v. 3. 12. 1998 – 2 AZR 754/97 – AP BGB § 123 Nr. 49). Die Frage nach der schwerbehinderten Eigenschaft ist daher uneingeschränkt zulässig. Allerdings ist streitig, ob die Frage mit dem europäischen arbeitsrechtlichen Diskriminierungsverbot (vgl. § 1 FN 7 und 11) zu vereinbaren ist. Voraussetzung für die Anfechtbarkeit ist aber, dass der Getäuschte sich auf Grund der Täuschung in einem Irrtum befand. Dies würde dann nicht vorliegen, wenn die Schwerbehinderung offensichtlich ist (vgl. BAG, Urteil v. 18. 10. 2000 – 2 AZR 380/99 – AP BGB § 123 Nr. 59). Das Muster kann bei Inhabern von Bergmannsversorgungsscheinen entsprechend verwandt werden (vgl. ArbR-Hdb. § 26 RN 24).

[4] Vgl. ArbR-Hdb. § 179 RN 23 ff.
[5] Vgl. ArbR-Hdb. § 35 RN 23 ff.

Taktischer Hinweis:

Da es umstritten ist, ob sich der Anfechtungsgrund (z. B. Täuschung oder Drohung) und die tatsächlichen Gründe, auf die eine Anfechtung gestützt wird, aus der Erklärung selbst ergeben müssen, ist zu empfehlen, beides in der Erklärung anzugeben. In jedem Fall muss die Anfechtungserklärung unzweideutig formuliert sein und darf nicht an Bedingungen geknüpft werden. Das BAG hat bisher offen gelassen, ob ein Arbeitnehmer, auf dessen Arbeitsverhältnis das KSchG Anwendung findet, im Falle der Anfechtung gezwungen ist, die Klagefrist des § 4 KSchG zu beachten.[6] Daher ist es dringend zu empfehlen, binnen der Frist zu klagen, um Rechtsnachteile zu vermeiden. Die Beweislast für die vorliegenden Anfechtungsvoraussetzungen trägt der Anfechtende.

IV. Anfechtung eines Aufhebungsvertrages durch den Arbeitgeber[7]

4 An

Herrn/Frau .....

Sehr geehrte(r) Frau/Herr .....,

hiermit fechte ich nach § 123 BGB meine auf den Abschluss des zwischen uns vereinbarten Aufhebungsvertrages vom ...../den Abschluss des gerichtlichen Vergleiches vom ..... in dem Verfahren ..... gerichtete Willenserklärung an.

Vor Abschluss des Aufhebungsvertrages/im Gütetermin vor dem Arbeitsgericht ..... in dem Verfahren ..... am ..... habe ich Sie gefragt, ob Sie schon eine Anschlussbeschäftigung hätten. Dies haben Sie verneint, eine solche sei auch nicht in Sicht.

Nunmehr haben wir herausgefunden, dass Ihre Angabe falsch war. Sie sind seit dem ..... bei der ..... beschäftigt und waren dies auch schon zum Zeitpunkt des Abschlusses des Aufhebungsvertrages/gerichtlichen Vergleiches. Nur auf Grund des bestehenden Annahmeverzugsrisikos war ich bereit, den mit Ihnen vereinbarten Aufhebungsvertrag und der darin enthaltenen Abfindung zu vereinbaren/war ich bereit, den gerichtlichen Vergleich mit der darin vorgesehenen Abfindung zu vereinbaren.[8] Gleichzeitig kündigen wir vorsorglich ein eventuell wieder entstehendes Arbeitsverhältnis mit Ihnen aus wichtigem Grund fristlos sowie hilfsweise fristgemäß zum nächstzulässigen Zeitpunkt, das ist nach unseren Berechnungen der .....[9]

---

[6] Vgl. BAG, Urteil v. 14. 12. 1979 – 7 AZR 38/78 – AP BGB § 119 Nr. 4.

[7] Zum Widerrufsrecht bei Aufhebungsverträgen vgl. im Einzelnen § 35 RN 10.

[8] Bei Vergleichserörterungen im Kündigungsschutzprozess ist der Arbeitnehmer nicht verpflichtet, von sich aus die Tatsache einer Anschlussbeschäftigung zu offenbaren. Die dahingehende Frage des Gerichts oder des Arbeitgebers muss er jedoch wahrheitsgemäß beantworten („kein Recht auf Lüge"). Dem Arbeitgeber kann auf Grund dessen ein Anfechtungsrecht zustehen. Auch bei wahrheitswidriger Beantwortung ist ihm dann kein Schaden entstanden, wenn die Höhe der vereinbarten Abfindung nach den in der arbeitsgerichtlichen Praxis üblichen Regeln bestimmt worden ist (beispielsweise die sogenannte „Regelabfindung" von einem halben Bruttomonatsgehalt pro Beschäftigungsjahr; vgl. LAG Hamm, Urteil v. 19. 5. 1994 – 16 (10) Sa 1545/93 – LAGE § 794 ZPO Nr. 7). Der Arbeitgeber wird daher, wenn auf Grund einer wahrheitswidrigen Angabe nach der Frage der Weiterbeschäftigung eine Abfindungszahlung vereinbart wurde, die über die sogenannte „Regelabfindung" hinausgeht, in der Regel nicht anfechten (er wollte und will die Beendigung des Arbeitsverhältnisses), sondern vielmehr versuchen, im Wege von Schadensersatzansprüchen oder über das Rechtsinstituts des Wegfalls der Geschäftsgrundlage eine (teilweise) Rückzahlung zu erreichen.

[9] Wenn die Anfechtung erklärt wird, sollte in jedem Fall auch vorsorglich außerordentlich, hilfsweise ordentlich gekündigt werden. Zu beachten ist dabei selbstverständlich, dass der Betriebsrat nach § 102 BetrVG anzuhören ist.

Schrader

Wir fordern Sie auf, die Abfindung in Höhe von ..... € bis zum ..... auf unser Konto ..... bei der ..... zurückzuzahlen.
Mit freundlichen Grüßen

§ 26. Zusammenhangsverträge mit dem Arbeitsverhältnis

I. Das Darlehen und seine Sicherung[1]

1. Darlehensvertrag

Zwischen

der Firma .....

                 – nachfolgend Arbeitgeber genannt –

und

Herrn/Frau .....

                 – nachfolgend Arbeitnehmer genannt –

wird mit Rücksicht auf das Arbeitsverhältnis nachfolgender Darlehensvertrag geschlossen:

1. Der Arbeitgeber gewährt dem Arbeitnehmer ein Darlehen in Höhe von ..... €, das mit .....% beginnend mit dem ..... zu verzinsen/nicht zu verzinsen ist.[2] Die Zinsen werden kalendervierteljährlich berechnet.

2. Das Darlehen ist in monatlichen/wöchentlichen Raten, beginnend mit dem ..... zurückzuzahlen. Die kalendervierteljährlich errechneten Zinsen sind in dem auf die Errechnung folgenden Monat neben den Rückzahlungsraten zu zahlen. Der Arbeitgeber ist berechtigt, an den Fälligkeitstagen gewährte Vergütungsansprüche mit den Rückzahlungsverpflichtungen zu verrechnen.[3]

3. Endet das Arbeitsverhältnis, so wird der noch offen stehende Restbetrag des Darlehns auf einmal fällig. Dies gilt nur dann nicht, wenn das Arbeitsverhältnis vom Arbeitgeber aus dringenden betrieblichen Gründen gekündigt worden ist.[4]

4. Für den Fall der Beendigung des Arbeitsverhältnisses tritt der Arbeitnehmer seinen jeweils pfändbaren Vergütungsanspruch gegen etwaige spätere Arbeitgeber an den Arbeitgeber ab. Der Arbeitgeber wird die Abtretung nur offen legen, wenn der Arbeitnehmer seinen, etwa beim Ausscheiden eingeräumten Ratenzahlungsverpflichtungen nicht nachkommt. Von der Abtretung wird nur bis zur Höhe des Restdarlehns Gebrauch gemacht.

5. Der Arbeitnehmer verpflichtet sich, jede Änderung seiner Anschrift unverzüglich anzuzeigen.

---

[1] Arbeitgeberdarlehen unterliegen den Regeln der AGB-Kontrolle (§§ 305 ff. BGB), also einer Inhalts- und Rückzahlungskontrolle (vgl. zur Inhaltskontrolle ArbR-Hdb. § 31 RN 7 a ff.).
[2] Werden keine Zinsen berechnet, kann das zu lohnsteuerpflichtigem Entgelt führen.
[3] Die Pfändungsgrenze des § 394 BGB ist zu beachten.
[4] Für den Fall der vorzeitigen Beendigung des Arbeitsverhältnisses kann die Fälligkeit des noch valutierten Darlehens vereinbart werden. Eine derartige Vereinbarung ist unwirksam, wenn sie für den Fall der Kündigung des Arbeitnehmers vereinbart worden ist (Argument aus § 622 Abs. 6 BGB; str. vgl. ArbR-Hdb. § 70 RN 15).

Der Arbeitnehmer verpflichtet sich, eine Pfändung, Verpfändung oder Abtretung seiner Vergütungsansprüche unverzüglich anzuzeigen.

Der Arbeitnehmer verpflichtet sich, im Falle der Beendigung des Arbeitsverhältnisses, jede Anschriftenänderung, Name und Anschrift seines jeweiligen Arbeitgebers unverzüglich anzuzeigen.

Der Arbeitnehmer erklärt, dass seine Vergütungsansprüche wie folgt gepfändet, verpfändet oder abgetreten sind .....

6. Der Arbeitnehmer übereignet dem Arbeitgeber zur Sicherung des Darlehns den Kraftwagen Marke ..... Fahrgestellnummer ....., Motornummer ..... mit dem pol. Kennzeichen ..... und übergibt den Kraftfahrzeugbrief.

Der Arbeitgeber überlässt das Kraftfahrzeug dem Arbeitnehmer zur Leihe. Der Arbeitnehmer ist verpflichtet, Steuern und Haftpflichtversicherung sowie die Unterhaltskosten zu bezahlen und ferner das Kraftfahrzeug Teilkasko/Vollkasko zu versichern und die Versicherungsprämien zu bezahlen.

Nach vollständiger Tilgung des Darlehns wird der Arbeitgeber dem Arbeitnehmer das Kraftfahrzeug wieder übereignen und den Kraftfahrzeugbrief herausgeben.

Für den Fall der Fälligkeit des Darlehns ist der Arbeitgeber berechtigt, das Kraftfahrzeug freihändig zu verkaufen. Dabei darf der Preis, den ein vereidigter Sachverständiger festgesetzt hat, nicht unterschritten werden. Die Tax- oder Schätzkosten trägt der Arbeitnehmer. Der Arbeitnehmer ist verpflichtet, den Kraftwagen zur Schätzung und zum Verkauf auf Verlangen herauszugeben.

7. Gerichtsstand für Streitigkeiten aus diesem Vertrag ist .....

(vgl. Muster § 2 RN 36)

8. Jede Änderung dieses Vertrages bedarf der Schriftform.

....., den .....

Arbeitgeber   Arbeitnehmer

2. Abstraktes Schuldversprechen[5]

2 Der/Die unterzeichnende Herr/Frau ..... (Schuldner), wohnhaft in ..... erkennt an, der Firma ..... (Gläubigerin) in ..... den Betrag von ..... € nebst ..... % Zinsen seit dem ..... zu schulden.

Der Schuldner verpflichtet sich, diesen Betrag in Monatsraten von ..... € beginnend mit ..... an die Gläubigerin zu zahlen.

Bleibt der Schuldner mit einer Rate ganz oder teilweise länger als ..... Tage in Rückstand, so wird der noch offen stehende Restbetrag auf einmal fällig,

....., den .....

Schuldner

---

[5] Vielfach kann es aus Gründen der Beweislast sinnvoller sein, ein deklaratorisches Schuldversprechen zu verlangen; „..... erkennt gegenüber der Firma ..... in ..... an, den Betrag von ..... € nebst ..... % Zinsen seit dem ..... wegen ..... zu schulden. Gegen diese Schuld vermag Herr/Frau ..... Einwendungen nicht zu erheben" (vgl. ArbR-Hdb. § 52 RN 111).

3. Abtretungsurkunde bei noch offen stehender Restforderung gegen Arbeitnehmer

Zwischen   3

der Firma .....

und

Herrn/Frau .....

wird Folgendes vereinbart:

I. Die Unterzeichner sind sich darüber einig, dass bei Beendigung des Arbeitsverhältnisses am ..... Herr/Frau ..... der Firma ..... ein Darlehen in Höhe von ..... nebst ...% Zinsen schuldet, das in monatlichen Raten von ..... an die Firma zurückzuzahlen ist.

II. Zur Sicherung dieser Darlehensforderung tritt Herr/Frau ..... den jeweils pfändbaren Teil seiner/ihrer gegenwärtigen und zukünftigen Gehaltsansprüche gegen seinen/ihren jeweiligen Arbeitgeber, zurzeit die Firma ....., an die Firma ..... ab.

III. Die Abtretung bleibt solange bestehen, bis die Firma ..... bestätigt, dass sie aus der Abtretung keine Rechte mehr herleitet. Für den Nachweis der Forderung sind ..... maßgebend.

IV. Herr/Frau ..... versichert, dass er/sie zur unbeschränkten Verfügung über die Vergütungsforderung berechtigt ist, insbesondere, dass sie nicht an Dritte abgetreten oder verpfändet und nicht gepfändet ist.

V. Für den Fall, dass in einem bestehenden Arbeitsverhältnis die Abtretung der Vergütungsforderung ausgeschlossen ist, wird die Firma unwiderruflich ermächtigt, die oben bezeichneten Teile der Vergütung einzuziehen.

VI. Die Firma wird solange von der Offenlegung der Abtretung absehen, wie Herr/Frau ..... ihren Ratenzahlungsverpflichtungen nachkommt.

....., den .....

Firma   Herrn/Frau

II. Mietvertrag und Umzugskosten

1. Vertrag über die Erstattung von Umzugskosten[6]

Zwischen   4

der Firma .....

und

dem Arbeitnehmer .....

wird folgender Vertrag über die Erstattung von Umzugskosten geschlossen.

---

[6] Ein Vertrag, der die jederzeit widerrufliche Versetzung eines Arbeitnehmers in das entfernte Ausland und die Erstattung der Umzugskosten vorsieht, enthält im Zweifel auch die Zusage, die Kosten des Rückumzuges zu erstatten (BAG, Urteil v. 26. 7. 1995 – 5 AZR 216/94 – AP BGB § 157 Nr. 7).

Schrader

5 **§ 1 Erstattung**

Die Firma verpflichtet sich, dem Arbeitnehmer ..... die Umzugskosten von ..... nach ..... gegen Vorlage der Belege zu erstatten.

6 **§ 2 Angebote**

Vor Durchführung des Umzuges hat der Arbeitnehmer das Angebot von mindestens 2 Möbelspediteuren einzuholen. Der Auftrag ist im Einverständnis mit der Firma zu erteilen.

7 **§ 3 Rückzahlung**

Endet das Arbeitsverhältnis vor Ablauf von 3 Jahren durch die Kündigung des Arbeitnehmers, ohne dass er für sie einen wichtigen Grund hat, oder durch die Kündigung der Firma aus einem von dem Arbeitnehmer zu vertretenden Grunde, so ist der Arbeitnehmer verpflichtet, die Umzugskosten zurückzuzahlen. Pro Monat der Betriebszugehörigkeit gelten $^{1}/_{36}$-tel der Umzugskosten als getilgt.[7]

....., den .....
Arbeitgeber   Arbeitnehmer

2. Mietvertrag über Werkswohnung

8 Zwischen
der Firma .....

– nachfolgend Vermieter genannt –

und

Frau/Herrn .....

– nachfolgend Arbeitnehmer genannt –

wird im Hinblick auf das zwischen den Vertragsparteien bestehende Arbeitsverhältnis der folgende Mietvertrag geschlossen:

9 **§ 1 Mieträume**

I. Der Vermieter vermietet dem Arbeitnehmer zu Wohnzwecken folgende Wohnung: ..... mit ..... qm. Die qm-Angabe stellt keine Zusicherung im Sinne des Gesetzes dar.

II. Die Parteien sind sich darüber einig, dass nur der Arbeitnehmer mit seiner Familie, dies sind gegenwärtig ..... Personen, in die Mieträume einzieht. Eine

---

[7] Bei solchen Rückzahlungsvereinbarungen sind im Hinblick auf Art. 12 GG Grenzen gesetzt, da das Grundrecht des Arbeitnehmers auf jederzeitige freie Wahl von Beruf und Arbeitsstelle und damit auch die Freiheit, Beruf und Arbeitsstelle zu wechseln, eingeschränkt wird. Die Rspr. unterwirft Rückzahlungsklauseln daher Beschränkungen bezüglich des Umfangs, der zeitlichen Dauer und des Geltungsbereiches. Der Umfang, der in der Rückzahlungsklausel versprochenen Rückzahlung darf ein Monatsgehalt regelmäßig nicht überschreiten (vgl. BAG, Urteil v. 24. 2. 1975 – 5 AZR 235/74 – AP GG Art. 12 Nr. 50; BAG, Urteil v. 22. 8. 1990 – 5 AZR 556/89 – n. a. v.). Als maximale zeitliche Bindungsfrist werden drei Jahre angesehen (vgl. BAG, Urteil v. 23. 2. 1983 – 5 AZR 531/80 – AP BGB § 611 Ausbildungsbeihilfe Nr. 6). Anspruch auf Umzugskostenerstattung hat der Arbeitnehmer grundsätzlich nur bei einer entsprechenden vertraglichen Vereinbarung; Ausnahmen können sich nach den Tarifverträgen für Arbeitnehmer im öffentlichen Dienst ergeben (vgl. ArbR-Hdb. § 26 RN 7).

Schrader

eventuelle Änderung der Personenzahl wird der Arbeitnehmer dem Vermieter unverzüglich anzeigen.

III. Dem Arbeitnehmer werden die folgenden Schlüssel ausgehändigt:
.....
.....
.....
.....

Verlust und Beschaffung von Schlüsseln durch den Arbeitnehmer sind in jedem Fall sofort dem Vermieter anzuzeigen. Die ausgehändigten Schlüssel sind bei Beendigung des Mietverhältnisses zurückzugeben. Der Arbeitnehmer hat darüber hinaus Schlüssel, die er zusätzlich auf seine Kosten hat anfertigen lassen, kostenlos an den Vermieter auszuliefern oder ihre Vernichtung nachzuweisen. Der Vermieter ist aus Gründen der Sicherheit des Gesamtobjekts berechtigt, bei verschuldetem Verlust ausgehändigter oder durch den Arbeitnehmer selbst beschaffter Schlüssel auf Kosten des Arbeitnehmers die erforderliche Zahl von Schlüsseln und neue Schlösser anfertigen zu lassen; diese Regelung gilt entsprechend für eine zentrale Schließanlage des Anwesens. Der Arbeitnehmer ist zum Ersatz der Kosten nicht verpflichtet, soweit er nachweist, dass es an einer Sicherheitsgefährdung fehlt.

§ 2 Mietzeit
10

Das Mietverhältnis beginnt am ..... Es läuft auf unbestimmte Zeit und kann von jedem Teil mit der gesetzlichen Kündigungsfrist gekündigt werden.

§ 3 Miete und Nebenkosten[8]
11

I. Die Miete beträgt monatlich ..... € (in Worten EURO .....). Mieterhöhungen erfolgen nach den gesetzlichen Bestimmungen.

II. Neben der Miete zahlt der Arbeitnehmer in der jeweils anfallenden Höhe folgende Betriebskosten im Sinne der Anlage 3 zu § 27 Abs. 1 der Zweiten Berechnungsverordnung (Nebenkosten):
  a) die Grundsteuer,
  b) die Kosten der Wasserversorgung,
  c) die Kosten der Entwässerung (Oberflächen- und Schmutzwasser),
  d) die Kosten des Betriebs der zentralen Heizungsanlage,
  e) die Kosten des Betriebs der zentralen Warmwasserversorgungsanlage,
  f) die Kosten des Betriebs des maschinellen Personenaufzugs,
  g) die Kosten der Straßenreinigung und Müllabfuhr,
  h) die Kosten der Hausreinigung und Ungezieferbekämpfung,
  i) die Kosten der Gartenpflege,

---

[8] Da die Überlassung der Wohnung Vergütungsbestandteil ist, führt eine Erhöhung des zugrunde liegenden Wertes der Nutzung zugleich zu einer Änderung des Arbeitsentgeltes. Beispielsweise kann unter Berücksichtigung des Arbeitsverhältnisses der Mietpreis sehr niedrig sein. Die Überlassung einer werkseigenen Wohnung ist bei der Berechnung des Lohnsteuersachbezugs zu berücksichtigen, wenn der Preis, zu dem die Wohnung überlassen wird, den ortsüblichen Mietpreis unterschreitet (vgl. ArbR-Hdb. § 84 RN 32 m.w.N.). Eine Änderung des Mietzinses wäre damit eine Änderung der Vergütung, was einen einvernehmlichen Änderungsvertrag oder eine Änderungskündigung voraussetzt (vgl. ArbG Hannover, Urteil v. 14. 11. 1990 – 10 Ca 379/90 – BB 1991, 554). Erbringt der Arbeitnehmer die Arbeitsleistung längere Zeit ohne Entgeltfortzahlungsanspruch nicht, steht dem Arbeitgeber ein Anspruch auf Nutzungsentschädigung für die Wohnung zu (vgl. ArbR-Hdb. § 84 RN 28).

j) die Kosten der Beleuchtung,

k) die Kosten der Schornsteinfegerreinigung,

l) die Kosten der Sach- und Haftpflichtversicherung,

m) die Kosten für den Hauswart,

n) die Kosten des Betriebs der Gemeinschaftsantennenanlage einschließlich der mit einem Breitbandkabelnetz verbundenen privaten Verteilanlagen,

o) die Kosten des Betriebs der maschinellen Wascheinrichtung und

p) sonstige Betriebskosten (z. B. Feuerlöscher).

III. Für die nach Abs. II vom Arbeitnehmer zu tragenden Betriebskosten vereinbaren die Parteien eine monatliche Vorauszahlung für

– die Kosten des Betriebs der zentralen Heizungsanlage und der zentralen Warmwasserversorgungsanlage in Höhe von zurzeit ..... €,

– die übrigen Betriebskosten von zurzeit ..... €

Der Gesamtbetrag der zusätzlich zur Miete nach Abs. I zu zahlenden Betriebskostenvorauszahlungen beträgt damit gegenwärtig ..... €.

IV. Der Vermieter ist berechtigt, Umlagemaßstäbe für die Betriebskosten nach billigem Ermessen unter Berücksichtigung gesetzlicher Vorschriften zu bestimmen. Soweit Messeinrichtungen vorhanden sind, ist der tatsächlichen Verbrauch mit zu berücksichtigen. Der Vermieter ist berechtigt, die Umlagemaßstäbe nach billigem Ermessen zu ändern, wenn dringende Gründe einer ordnungsgemäßen Bewirtschaftung dies erfordern.

V. Über die Vorauszahlungen nach Abs. III wird jährlich abgerechnet. Der Vermieter ist berechtigt, den Abrechnungszeitraum aus Zweckmäßigkeitsgründen zu ändern. Soweit sich auf Grund der Abrechnung ein Guthaben zugunsten einer der Parteien ergibt, ist der Differenzbetrag innerhalb eines Monats nach Zugang der Abrechnung an die jeweils andere Partei zu zahlen.

VI. Der Vermieter ist berechtigt, eine Anhebung der Vorauszahlung zu fordern, wenn die Jahresabrechnung eine Nachzahlungsverpflichtung für den Arbeitnehmer ergibt. Er ist verpflichtet, einer Senkung der Vorauszahlung auf Anforderung zuzustimmen, wenn die Jahresabrechnung eine erhebliche Rückzahlung zugunsten des Arbeitnehmers ergibt.

Entstehen Betriebskosten neu, so kann der Vermieter ab dem Zeitpunkt der Kenntnisnahme angemessene Vorauszahlungen festsetzen. Fallen Betriebskosten weg, ist der Vermieter verpflichtet, die Vorauszahlung ab dem Zeitpunkt der Kenntnisnahme zu senken.

12 § 4 Sicherheitsleistung (Kaution)

I. Der Arbeitnehmer leistet zur Erfüllung sämtlicher Forderungen des Vermieters eine Sicherheitsleistung in Höhe von ..... € an den Vermieter.

II. Die Sicherheit ist auf einem Sparkonto getrennt vom Vermögen des Vermieters anzulegen.

III. Der Vermieter ist berechtigt, sich jederzeit wegen Forderungen gegen den Arbeitnehmer aus dem Mietverhältnis aus der Sicherheitsleistung zu befriedigen. Sollte die Sicherheitsleistung ganz oder zum Teil verwertet worden sein, so ist der Arbeitnehmer verpflichtet, die Sicherheitsleistung unverzüglich wieder aufzufüllen.

Schrader

§ 5 Zahlung der Miete und Betriebskosten 13

I. Die Miete ist einschließlich der Betriebskostenvorauszahlung monatlich im Voraus, spätestens bis zum dritten Werktag des Monats, an den Vermieter auf dessen folgendes Konto zu zahlen:

Konto Nr.:   .....

bei: .....

BLZ: .....

Der Vermieter ist berechtigt, die Mietzahlung und die Nebenkostenvorauszahlung vom Arbeitslohn abzuziehen. Sollte der Vermieter von diesem Recht nicht Gebrauch machen, ist der Arbeitnehmer verpflichtet, dem Vermieter auf dessen Verlangen hin eine Abbuchungsermächtigung zu erteilen. Das Widerrufsrecht des Arbeitnehmers bleibt unberührt.

Zahlt der Arbeitnehmer mehrfach nicht termingerecht, kann er daraus kein Recht auf verspätete Mietzahlung herleiten. Verspätete Zahlungen berechtigen den Vermieter neben seinen sonstigen Rechten 5,00 € Mahngebühren zu erheben.

II. Der Vermieter kann alle Zahlungen des Arbeitnehmers nach seiner Wahl auf Betriebskosten, Kosten etwaiger Rechtsverfolgung einschließlich Mahnkosten und Prozesszinsen, Mietrückstände und laufende Miete anrechnen, wenn nicht der Arbeitnehmer im Einzelfall eine wirksame Zweckbestimmung trifft.

§ 6 Aufrechnung mit Gegenforderungen, Minderung der Miete 14

I. Der Arbeitnehmer kann gegen die Miete weder aufrechnen noch ein Zurückbehaltungsrecht ausüben. Hiervon ausgenommen sind Forderungen des Arbeitnehmers wegen Schadenersatz für Nichterfüllung oder Aufwendungsersatz infolge eines anfänglichen oder nachträglichen Mangels der Mietsache, den der Vermieter zu vertreten hat, und andere Forderungen aus dem Mietverhältnis, soweit sie unbestritten oder rechtskräftig festgestellt worden sind. Soweit der Arbeitnehmer zu einer Aufrechnung befugt ist, ist diese nur zulässig, wenn der Arbeitnehmer die Aufrechnung zumindest einen Monat zuvor schriftlich angezeigt hat.

Eine Aufrechnung gegen Betriebskostenvorauszahlungen oder eine Minderung der Betriebskostenvorauszahlungen ist nicht zulässig.

II. Der Arbeitnehmer einer Neubauwohnung ist nicht berechtigt, bei auftretender Baufeuchtigkeit Schadenersatz zu verlangen.

§ 7 Untervermietung, Nutzung des Mietobjektes etc. 15

I. Zu anderen als den vertraglich vorgesehenen Zwecken dürfen die Miträume nur mit vorheriger schriftlicher Zustimmung des Vermieters benutzt werden. Der Arbeitnehmer darf nichts in Gebrauch nehmen, was nicht durch diesen Vertrag oder einen Zusatzvertrag schriftlich vermietet worden ist.

II. Untervermietung, Gebrauchsüberlassung oder Nutzungsänderung der gesamten Miträume oder eines Teils der Miträume sowie Wohnungstausch sind ohne vorherige schriftliche Zustimmung des Vermieters untersagt.

III. Der Vermieter kann die Zustimmung bei Untervermietung oder Gebrauchsüberlassung aus wichtigem Grund widerrufen.

IV. Bei unbefugter Untervermietung kann der Vermieter verlangen, dass der Arbeitnehmer sobald wie möglich, spätestens jedoch binnen Monatsfrist, das Untermietverhältnis kündigt. Geschieht das nicht, so kann der Vermieter das Haupt-mietverhältnis ohne Einhaltung einer Kündigungsfrist kündigen.

V. Im Falle der Untervermietung hat der Arbeitnehmer einen angemessenen Zuschlag zu zahlen. Der Arbeitnehmer ist verpflichtet, dem Vermieter innerhalb von acht Tagen die An- bzw. Abmeldebescheinigung des Untermieters beim zuständigen Einwohnermeldeamt vorzulegen.

VI. Im Falle der Untervermietung, der Gebrauchsüberlassung oder der Nutzungsänderung – auch bei Genehmigung seitens des Vermieters – haftet der Arbeitnehmer für alle Handlungen und Unterlassungen des Untermieters oder desjenigen, dem er den Gebrauch der Mieträume überlassen hat. Auf Verlangen ist der Arbeitnehmer verpflichtet, dem Vermieter seine ihm gegen den Untermieter zustehenden Ansprüche abzutreten.

VII. Tiere dürfen nur mit vorheriger schriftlicher Einwilligung des Vermieters gehalten werden. Die Einwilligung kann, wenn Unzuträglichkeiten auftreten, jederzeit widerrufen werden.
Ziervögel und Zierfische darf der Arbeitnehmer ohne Erlaubnis des Vermieters im haushaltsüblichen Umfang halten.

16 § 8 Zustand, Instandhaltung und Instandsetzung der Mieträume

I. Der Arbeitnehmer übernimmt die Mieträume in dem vorhandenen Zustand. Er hat folgende Mängel festgestellt:
.....
.....
.....
.....

II. Die Instandhaltung der Mieträume einschließlich der mitvermieteten Anlagen und Einrichtungen obliegt dem Arbeitnehmer im nachstehenden Umfang:
Der Arbeitnehmer trägt die Kosten kleinerer Instandsetzungsarbeiten (Reparaturen) an den Installationsgegenständen für Elektrizität, Wasser und Gas, den Heiz- und Kocheinrichtungen, den Fenster- und Türverschlüssen sowie den Verschlussvorrichtungen von Fensterläden und von Rollläden.
Die Kosten der Reparaturen oder Wartungen sind vom Arbeitnehmer nur zu tragen, wenn sie im Einzelfall 80,00 € und in der Jahressumme 6% der Bruttojahresmiete nicht überschreiten.

III. Etwaiges Ungeziefer hat der Arbeitnehmer bei Verschulden auf eigene Kosten durch einen Fachmann beseitigen zu lassen.

IV. Soweit die Wohnung ganz oder teilweise vom Vermieter mit Teppichboden ausgelegt ist, hat der Arbeitnehmer diesen regelmäßig und darüber hinaus beim Auszug sach- und fachgerecht zu reinigen bzw. reinigen zu lassen.

V. Schäden in den Mieträumen sowie an wasserführenden Leitungen und sonstigen Anlagen, die zum Haus gehören, in dem sich die Wohnung befindet, hat der Arbeitnehmer, sobald er sie bemerkt, dem Vermieter unverzüglich anzuzeigen. Schuldhafte Unterlassung verpflichtet den Arbeitnehmer zum Ersatz des daraus entstehenden Schadens.

§ 9 Schönheitsreparaturen   17

I. Der Arbeitnehmer verpflichtet sich, die laufenden (turnusmäßig wiederkehrenden) Schönheitsreparaturen auf eigene Kosten durchzuführen.

II. Die Schönheitsreparaturen umfassen das Tapezieren, das Anstreichen der Wände und Decken, das Streichen der Fußböden einschließlich Leisten, Heizkörper und Heizrohre, das Streichen der Innentüren sowie der Fenster und Außentüren von innen.

III. Der Arbeitnehmer ist verpflichtet, die Ausführung der Schönheitsreparaturen für Küchen, Baderäume und Duschen in einem Zeitraum von drei Jahren, in Wohn- und Schlafräumen, Fluren, Dielen und Toiletten in einem solchen von fünf Jahren und in anderen Nebenräumen von sieben Jahren durchzuführen, soweit nicht nach dem Grad der Abnutzung eine frühere Ausführung erforderlich ist. Die maßgeblichen Fristen beginnen mit dem Anfang des Mietverhältnisses zu laufen.

IV. Die Schönheitsreparaturen müssen fachgerecht ausgeführt werden. Im Falle einer erforderlichen Neutapezierung kann der Vermieter verlangen, dass die alten Tapeten entfernt werden.

V. Endet das Mietverhältnis vor Ablauf des Fristenplans, beteiligt sich der Arbeitnehmer bei seinem Auszug entsprechend seiner Wohndauer (zeitanteilig) an den erforderlichen Renovierungskosten. Der Vermieter ist berechtigt, den Umfang dieses Kostenaufwands durch den Kostenvoranschlag eines Malerfachgeschäfts ermitteln zu lassen. Dem Arbeitnehmer bleibt der Nachweis offen, dass der Kostenvoranschlag überhöht ist.

§ 10 Modernisierung und bauliche Veränderungen   18

I. Der Vermieter darf bauliche Veränderungen, die zur Erhaltung des Hauses oder der Mieträume oder zur Abwendung drohender Gefahren oder zur Beseitigung von Schäden notwendig sind, auch ohne Zustimmung des Arbeitnehmers vornehmen.

II. Zur Instandsetzung jeglicher Art, baulichen oder sonstigen Änderungen und neuen Einrichtungen bedarf der Arbeitnehmer der vorherigen schriftlichen Zustimmung des Vermieters. Eigenmächtiges Handeln des Arbeitnehmers verpflichtet den Vermieter aus keinem rechtlichen Gesichtspunkt zur Übernahme der Kosten und berechtigt den Arbeitnehmer nicht zur Aufrechnung oder Zurückbehaltung.

III. Bauliche oder sonstige Änderungen und Einrichtungen, die der Arbeitnehmer ohne Zustimmung des Vermieters vorgenommen hat, sind, wenn der Vermieter dies verlangt, vom Arbeitnehmer auf eigene Kosten und unter Wiederherstellung des früheren Zustandes unverzüglich zu beseitigen. Falls dies auf Aufforderung des Vermieters hin nicht geschieht, ist der Vermieter berechtigt, die Beseitigung auf Kosten des Arbeitnehmers vornehmen zu lassen.

Bei baulichen Änderungen seitens des Arbeitnehmers, die mit Zustimmung des Vermieters erfolgen, behält sich der Vermieter das Recht vor, beim Auszug des Arbeitnehmers die Wiederherstellung des früheren Zustandes auf dessen Kosten zu verlangen.

IV. Der Arbeitnehmer darf Einrichtungen und Anlagen jeglicher Art, insbesondere auch Außenantennen, nur nach vorheriger schriftlicher Zustimmung des Vermieters anbringen. Soweit behördliche Genehmigungen erforderlich sind, hat sie der Arbeitnehmer auf eigene Kosten einzuholen. Die angebrachten Einrichtungen und Anlagen müssen sich dem allgemeinen Rahmen des Hauses anpassen. Der Arbeitnehmer haftet für alle Schäden, die im Zusammenhang mit Einrichtungen und Anlagen dieser Art entstehen. Er verpflichtet sich, auf Verlangen des Vermieters bei Beendigung des Mietverhältnisses oder im Falle des Widerrufs der Erlaubnis den früheren Zustand wiederherzustellen.

Der Vermieter kann jederzeit verlangen, dass der Arbeitnehmer für die von ihm angebrachten Einrichtungen und Anlagen eine Haftpflichtversicherung abschließt und für die Dauer des Mietverhältnisses unterhält; entfernt er die von ihm angebrachten Einrichtungen und Anlagen vor Ablauf des Mietverhältnisses wieder, endet die Versicherungspflicht des Arbeitnehmers zu diesem Zeitpunkt.

V. Die Anbringung und Entfernung von Türschildern erfolgt einheitlich durch den Vermieter auf Kosten des Arbeitnehmers.

VI. Der Arbeitnehmer kann Schadenersatz nur fordern und ein Zurückbehaltungsrecht nur ausüben, wenn die Maßnahmen des Vermieters den Gebrauch der Mieträume ganz ausschließen, erheblich beeinträchtigen oder zu besonderer Belästigung des Arbeitnehmers führen.

19 § 11 Haftung des Vermieters

Schadenersatzansprüche des Arbeitnehmers wegen anfänglicher oder nachträglicher Mängel der Mietsache sind ausgeschlossen, es sei denn, dass der Vermieter Vorsatz oder grobe Fahrlässigkeit zu vertreten hat. Auch im Übrigen haftet der Vermieter nur für Vorsatz oder grobe Fahrlässigkeit, einschließlich des Verhaltens seines Vertreters oder Erfüllungsgehilfen. Hiervon unberührt bleiben die Erfüllungsansprüche des Arbeitnehmers sowie sein gesetzliches Recht zur fristlosen Kündigung.

20 § 12 Außenantennen und Breitbandkabelnetz

I. Falls eine Gemeinschaftsantenne vorhanden ist oder neu angelegt wird, ist der Arbeitnehmer verpflichtet, sich an diese anzuschließen. Beabsichtigt der Vermieter, die Wohnung an das Breitbandkabelnetz anzuschließen, duldet der Arbeitnehmer die Bau- und sonstigen Anschlussmaßnahmen. Er ist ferner damit einverstanden, dass der Anschluss der Mietwohnung an eine vertraglich zur Verfügung gestellte Gemeinschaftsantenne beseitigt wird.

II. Bei der Anlage einer Gemeinschaftsantenne kann der Vermieter vom Arbeitnehmer verlangen, dass dieser die vorhandene Einzelantenne auf eigene Kosten entfernt, soweit nicht im Einzelfall Rechte des Arbeitnehmers dem entgegenstehen. Die Anlage von Einzelantennen außerhalb der gemieteten Räume ist nur nach Abschluss eines Antennenvertrages gestattet. Der Arbeitnehmer ist nicht befugt, eine Funkantenne zu errichten.

21 § 13 Pfandrecht des Vermieters an eingebrachten Sachen

I. Der Arbeitnehmer erklärt, dass die beim Einzug in die Mieträume eingebrachten Sachen sein Eigentum und nicht verpfändet, gepfändet oder zur Sicherheit übereignet sind, mit Ausnahme folgender Gegenstände:

.....

.....

.....

Schrader

II. Der Arbeitnehmer verpflichtet sich, von einer etwaigen Pfändung einge-brachter Sachen dem Vermieter sofort Kenntnis zu geben.

III. Ein Verstoß gegen diese Bestimmungen berechtigt den Vermieter zur sofor-tigen (fristlosen) Kündigung des Mietverhältnisses.

§ 14 Betreten der Mieträume durch den Vermieter 22

I. Der Vermieter und/oder sein Beauftragter dürfen die Mieträume einmal jähr-lich zur Überprüfung des ordnungsgemäßen Zustandes der Mieträume nach vor-heriger Anmeldung betreten. Auf eine persönliche Verhinderung des Arbeitneh-mers ist Rücksicht zu nehmen.

II. Will der Vermieter und/oder sein Beauftragter das Grundstück verkaufen oder ist das Mietverhältnis gekündigt, so darf der Vermieter und/oder sein Beauf-tragter die Mieträume zusammen mit dem Kaufinteressenten oder dem Woh-nungsbewerber nach rechtzeitiger Ankündigung an Wochentagen zu angemesse-nen Zeiten besichtigen.

III. Bei längerer Abwesenheit hat der Arbeitnehmer sicherzustellen, dass die Rechte des Vermieters nach den vorhergehenden Absätzen ausgeübt werden kön-nen, z.B. durch Hinterlegung der Schlüssel bei einer Vertrauensperson. Wenn die Schlüssel dem Vermieter nicht zur Verfügung stehen, ist der Vermieter bei Gefahr im Verzug berechtigt, die Mieträume auf Kosten des Arbeitnehmers öffnen zu las-sen.

IV. Der Arbeitnehmer ist im Falle der Kündigung des Mietverhältnisses ver-pflichtet, die Anbringung von Vermietungsschildern an deutlich sichtbaren Stellen der Fenster straßenwärts zu dulden.

§ 15 Beendigung des Mietverhältnisses 23

I. Der Vermieter kann das Mietverhältnis zum Zeitpunkt der Beendigung des Arbeitsverhältnisses kündigen.

II. Der Vermieter kann das Mietverhältnis zum Zeitpunkt des Bezugs des Arbeitnehmers von Altersruhegeld oder Rente wegen Erwerbsunfähigkeit kündi-gen.

III. Unabhängig vom Bestand des Arbeitsverhältnisses kann der Vermieter das Mietverhältnis aus den in § 576 BGB genannten Gründen kündigen.

IV. Der Arbeitnehmer ist berechtigt, das Mietverhältnis auch während des Be-stehens des Arbeitsverhältnisses unter Einhaltung der gesetzlichen Frist zu kündi-gen.

V. Die Mieträume sind beim Auszug vollständig gereinigt an den Vermieter zu-rückzugeben.

VI. Der Arbeitnehmer hat Schönheitsreparaturen nach den Bestimmungen des § 9 durchzuführen. Er hat dem Vermieter den Zeitpunkt und den Umfang der letztmaligen Schönheitsreparaturen nachzuweisen.

VII. Einrichtungen, mit denen der Arbeitnehmer die Räume versehen hat, kann er wegnehmen, doch hat er den früheren Zustand auf seine Kosten wiederherzu-stellen. Der Vermieter kann aber verlangen, dass die Einrichtungen gegen Ersatz des im Zeitpunkt der Rückgabe der Mieträume angemessenen Wertes zurückgelassen werden, wenn der Arbeitnehmer kein berechtigtes Interesse daran hat, sie mitzunehmen.

Für bauliche Veränderungen und Einbauten kann der Arbeitnehmer keinen Kostenersatz beanspruchen.

VIII. Gibt der Arbeitnehmer die Mietsache zur Unzeit zurück, hat er die Entschädigung für den vollen Monat zu leisten. Die Geltendmachung eines weiteren Schadens ist nicht ausgeschlossen, wenn die Rückgabe infolge von Umständen unterbleibt, die der Arbeitnehmer zu vertreten hat.

IX. Sind nach Beendigung des Mietverhältnisses Instandsetzungsmaßnahmen auszuführen, die der Arbeitnehmer zu vertreten hat, oder führt der Arbeitnehmer nach Beendigung des Mietverhältnisses solche Arbeiten noch durch, so haftet er für den Mietausfall, die Betriebskosten und alle weiter anfallenden Schäden, die hieraus dem Vermieter entstehen.

X. Bei einer vom Arbeitnehmer zu vertretenden vorzeitigen Beendigung des Mietverhältnisses haftet der Arbeitnehmer für den Ausfall an Miete, Betriebskosten und sonstigen Leistungen sowie für allen weiteren Schaden, welchen der Vermieter durch ein Leerstehen der Mieträume während der vertragsmäßigen Dauer des Mietverhältnisses erleidet.

XI. Nach der Beendigung des Mietverhältnisses, gleich aus welchem Grund, kommt eine Verlängerung (§ 545 BGB) nicht in Betracht.

24   § 16 Änderung und Ergänzung dieses Mietvertrages

Nachträgliche Änderungen und Ergänzungen dieses Mietvertrages bedürfen der schriftlichen Vertragsform.

25   § 17 Rechtsnachfolger des Vermieters

Ein etwaiger Rechtsnachfolger des Vermieters tritt in die Rechte und Pflichten des Vermieters ein. Der bisherige Vermieter scheidet zu diesem Zeitpunkt aus dem Vertrag aus und ist von jeder Haftung befreit.

26   § 18 Wirksamkeit der Vertragsbestimmungen

Durch etwaige Ungültigkeit einer Bestimmung dieses Vertrages wird die Gültigkeit der übrigen Bestimmungen nicht berührt.

An die Stelle einer unwirksamen Bestimmung tritt eine solche Bestimmung, die dem Sinn und Zweck der unwirksamen Norm am nächsten kommt.

....., den .....

Vermieter   Arbeitnehmer

§ 27. Anträge des Arbeitnehmers an Arbeitgeber und Behörden zur Erlangung eines besonderen Sozialschutzes im Arbeitsverhältnis

I. Anerkennung als schwerbehinderter Mensch[1]

An das   1
Versorgungsamt .....

Betr.: Anerkennung als schwerbehinderter Mensch

Sehr geehrte Damen und Herren,
um den Schutz und die Hilfen des SGB IX in Anspruch nehmen zu können, bitte ich,

a) meine Behinderung und den Grad der Behinderung festzustellen (§ 69 Abs. 1 SGB IX)
   und

b) einen Ausweis über die Eigenschaft als schwerbehinderter Mensch und den Grad der Behinderung auszustellen (§ 69 Abs. 5 SGB IX).

....., den .....
Arbeitnehmer

II. Gleichstellung mit einem schwerbehinderten Menschen

An die   2
Agentur für Arbeit .....

Betr.: Gleichstellung mit schwerbehinderten Menschen

Sehr geehrte Damen und Herren,
ich bitte, mich einem schwerbehinderten Menschen gem. § 2 Abs. 3 SGB IX gleichzustellen.

Gründe:

Ich bin am ..... geboren und seit dem ..... bei der Firma ..... beschäftigt. Ich bin Deutscher Staatsangehöriger/ausländischer Staatsangehöriger und halte mich rechtmäßig im Gebiet der Bundesrepublik Deutschland auf. Eine Fotokopie meiner Aufenthaltsgenehmigung habe ich beigefügt.

Das Versorgungsamt hat bei mir einen Grad der Behinderung von ..... v. H. festgestellt. Eine Fotokopie des Feststellungsbescheides habe ich beigefügt.

Meine Gleichstellung mit einem schwerbehinderten Menschen ist erforderlich, weil ich ohne Gleichstellung keinen geeigneten Arbeitsplatz erlangen/behalten kann. Mein Arbeitgeber hat angekündigt, dass er Personalreduzierungen vornehmen muss. Ich arbeite als ..... Wegen meiner Behinderung kann ich jedoch eine Reihe von Arbeiten nicht verrichten ..... Es ist daher anzunehmen, dass er versuchen wird, mir aus personenbedingten Gründen zu kündigen.

---

[1] Die Versorgungsverwaltung hat Mustervordrucke herausgegeben, die zweckmäßig verwandt werden und auch per Internet abgerufen werden können.

Schrader

Ich bitte die Gleichstellung mit Wirkung des Antragseinganges vorzunehmen.[2]

....., den .....
Arbeitnehmer

III. Antrag auf Erteilung eines Bergmannsversorgungsscheines

3 An die
Zentralstelle für den Bergmannsversorgungsschein .....

Betr.: Erteilung eines Bergmannsversorgungsscheins

Sehr geehrte Damen und Herren,
ich bitte, mir einen Bergmannsversorgungsschein zu erteilen. Ich war zu nachfolgenden Zeiten im Bergbau unter Tage beschäftigt und darf Untertagearbeiten nicht mehr ausführen.
Mit freundlichen Grüßen

IV. Mitteilung der Schwangerschaft nach § 5 MuSchG

4 An die
Firma .....

Betr.: Schwangerschaft

Sehr geehrte Damen und Herren,
wie mir mein Arzt am ..... mitteilte, bin ich im ..... schwanger. Tag der Entbindung wird voraussichtlich der ..... sein. Ein ärztliches Zeugnis füge ich bei.
Mit freundlichen Grüßen

V. Antrag auf Gewährung von Elternzeit[3]

5 An die
Firma .....

Betr.: Elternzeit

Sehr geehrte Damen und Herren,
ich wurde am ..... von einem Kind entbunden. Die Schutzfrist nach dem MuSchG endet am .....[4] Ich beantrage gemäß § 16 BErzGG sechs Wochen (bzw. acht Wochen; vgl. § 16 Abs. 1 BErzGG) vorher die Gewährung von Elternzeit von ..... bis .....

Ich beabsichtige, das Arbeitsverhältnis im Anschluss an die Elternzeit fortzusetzen/ zu kündigen.

oder (vor der Entbindung)

---

[2] Vgl. § 68 Abs. 2 Satz 2 SGB IX.
[3] Vgl. ArbR-Hdb. § 102 RN 153 ff. Die Ehepartner können bei der Gewährung von Elternzeit wechseln. BErzGG i.d.F. des Haushaltsbegleitgesetzes 2004, BGBl. 2003 I, 3076, Art. 20.
[4] Die Frist beträgt 8 Wochen bzw. bei Früh- oder Mehrlingsgeburten 12 Wochen ab der Geburt (§ 6 MuSchG).

Ich werde voraussichtlich am ..... von einem Kind entbunden werden. Die Schutzfrist nach dem MuSchG endet am ..... Ich beantrage gem. § 16 BErzGG fristgemäß sechs Wochen im Voraus die Gewährung von Elternzeit beginnend ab dem Ende der Mutterschutzfrist bis zu dem Zeitpunkt, an dem mein Kind 2 Jahre alt wird.[5]

Ich beabsichtige, das Arbeitsverhältnis im Anschluss an die Elternzeit fortzusetzen/zu kündigen.

Mit freundlichen Grüßen

§ 28. Anträge des Arbeitgebers an Behörden

I. Kurzarbeit und anzeigepflichtige Entlassung (Massenentlassung)

1. Antrag auf Genehmigung einer anzeigepflichtigen Entlassung (Massenentlassung)[1,2]

An die   1
Agentur für Arbeit .....

Betr.: Antrag auf Genehmigung einer anzeigepflichtigen Entlassung (Massenentlassung)

Sehr geehrte Damen und Herren,

zu unserem Bedauern sehen wir uns gezwungen, Antrag auf Genehmigung von Massenentlassungen für rund ..... Betriebsangehörige zu stellen.

Zurzeit gliedert sich unsere Belegschaft wie folgt auf:

Technische Angestellte	männlich	.....
	weiblich	.....
Kaufmännische Angestellte	männlich	.....
	weiblich	.....
Lohnempfänger	männlich	.....
	weiblich	.....
Kaufmännische und technische Auszubildende	.....	

Die Antragstellerin unterhält ein Unternehmen für ....
Der Betrieb hat seinen Sitz in ....

Seit dem ..... ist ein gleichmäßig sich vermindernder Auftragseingang zu verzeichnen. Die Lieferzeiten für ..... konnten zunächst auf ..... verkürzt werden. Der Auftragsbestand wurde bis auf ..... Monate abgebaut.

Eine weitere Verkürzung der Lieferzeit ist erfahrungsgemäß nicht möglich. Zwischen Verkaufstermin und Liefertermin benötigt der Kunde erfahrungsgemäß ..... Monate, um erforderliche Bauanträge und Finanzierungen erstellen zu können usw.

---

[5] Eine Verlängerung ist möglich (§ 16 Abs. 2 BErzGG).
[1] Der Inhalt der Anzeige ergibt sich aus § 17 Abs. 3 KSchG.
[2] Vgl. ArbR-Hdb. § 142 RN 21 ff. Die Bundesagentur für Arbeit hat umfangreiche Mustervordrucke entwickelt. Diese werden auf Anforderung zugesandt. Ihre Verwendung in der Praxis ist empfehlenswert, um Fehler bei der Massenentlassungsanzeige mit der Folge einer eventuellen Unwirksamkeit der Kündigung zu vermeiden (vgl. ArbR-Hdb. § 142 RN 30 ff.).

Die derzeitige Auftragslage wird entscheidend verschlechtert durch den unbefriedigenden Eingang von Finanzierungsbestätigungen, ohne deren Vorlage eine Lieferung nicht möglich ist. Wir haben für die überschaubaren Monate ..... zu wenig Finanzierungsanzeigen vorliegen, so dass unsere Produktion um .....% vermindert werden muss.

Eine Reduzierung unseres Stammpersonals ist daher die unausweichliche Folge. Der schleppende Eingang von Aufträgen und Finanzierungen hängt mit der allgemeinen Konjunkturlage zusammen ..... Wir erwarten eine Veränderung aus diesem Grunde nicht ..... Es ist die Entlassung von ..... männlichen Arbeitnehmern und ..... weiblichen Arbeitnehmern für den Zeitraum vom ..... bis ..... vorgesehen. Für einige Mitarbeiter wird der Austritt aus der Firma der ..... sein.[3] Dies ist durch längere Betriebszugehörigkeit und dadurch verursachte Verlängerung der Kündigungsfristen bedingt.[4]

Von der Kündigung sind schwerbehinderte Menschen und Mitarbeiterinnen, die dem Mutterschutzgesetz unterliegen, nicht betroffen.

Die Stellungnahme des Betriebsrats ist beigefügt.

....., den .....
Arbeitgeber

2. Unterrichtung des Betriebsrats nach § 17 Abs. 2 KSchG[5]

2 An den
Betriebsrat
z. H. des Betriebsratsvorsitzenden

Betr.: Anzeigepflichtige Entlassung

Sehr geehrte(r) Frau/Herr .....,

das Unternehmen beabsichtigt, nach § 17 Abs. 1 KSchG anzeigepflichtige Entlassungen vorzunehmen. Hierüber sind Sie zu unterrichten (§ 17 Abs. 2 KSchG):

1. Für die geplanten Entlassungen bestehen folgende Gründe: .....

2. Von der Entlassung sind ..... Arbeitnehmer betroffen. Sie gehören zu folgenden Berufsgruppen .....

3. Das Unternehmen beschäftigt zurzeit regelmäßig ..... Arbeitnehmer. Sie gehören zu folgenden Berufsgruppen .....

4. Die Entlassungen sollen im Zeitraum vom ..... bis ..... vorgenommen werden.

5. Die Auswahl der zu Entlassenden erfolgt nach folgenden Kriterien:

    a) Betriebsbedingte Gründe bestehen für folgende Arbeitnehmer, weil ihre Arbeitsplätze infolge von Umstrukturierungsmaßnahmen weggefallen .....

---

[3] Da die Mitarbeiterdaten regelmäßig edv-mäßig erfasst sind, empfiehlt es sich häufig, die Daten in Tabellenform aufzubereiten und als Anlage beizufügen.

[4] Im Einvernehmen mit dem Betriebsrat sollen für die Arbeitsvermittlung ferner Angaben über Geschlecht, Beruf und Staatsangehörigkeit der zu entlassenden Arbeitnehmer gemacht werden (§ 17 Abs. 3 KSchG).

[5] Wegen der uneinheitlichen Rspr. der Landesarbeitsgerichte zu der Frage des Unterlassungsanspruches des Betriebsrats gegen die Durchführung von Betriebsänderungen vor Abschluss eines ordnungsgemäßen Versuches eines Interessenausgleiches (vgl. ArbR-Hdb. § 244 RN 29 m. z. N.) wird häufig die Unterrichtung nach § 17 Abs. 2 KSchG im Interessenausgleich mitgeregelt.

b) Die soziale Auswahl erfolgt nach der Dauer der Betriebszugehörigkeit, dem Lebensalter und den bestehenden Unterhaltspflichten .....

6. Wir schlagen vor, über den Versuch eines Interessenausgleichs und den Abschluss eines Sozialplanes zu verhandeln.

   a) Für die Berechnung der Abfindungen schlagen wir Ihnen nachfolgende Kriterien vor: .....

   b) .....

7. Wir stehen Ihnen für weitere Auskünfte gerne zur Verfügung .....

Mit freundlichen Grüßen

Arbeitgeber

3. Stellungnahme des Betriebsrats zur Massenentlassungsanzeige

An die   3
Agentur für Arbeit .....

Betr.: Massenentlassungsantrag .....

Der Betriebsrat hat mit der Geschäftsleitung und Betriebsleitung die im Antrag aufgeführten Probleme eingehend erörtert. Der Betriebsrat sieht keine Möglichkeit, andere Vorschläge zu machen. Der Antrag wird daher seitens des Betriebsrates unterstützt.

Es wird gem. § 18 KSchG beantragt, die Zustimmung zur Massenentlassung rückwirkend zum Tage der Antragstellung zu erteilen.

oder

Der Betriebsrat hat mit der Geschäftsleitung die im Antrag aufgeführten Probleme eingehend erörtert. Er hat seine Zustimmung zur Massenentlassung vom Abschluss eines Sozialplanes abhängig gemacht.

Betriebsrat

4. Kündigungsschutzklage bei Verstoß gegen die Vorschriften über Massenentlassung[6]

An das Arbeitsgericht ...., den   4

In Sachen pp. *(volles Rubrum § 29)*

wird beantragt,

     festzustellen, dass das Arbeitsverhältnis durch die Kündigung vom ..... nicht aufgelöst worden ist.

Gründe:

Der am ..... geborene, ledige/verheiratete Kläger, der ..... Kinder hat, wurde am ..... von der Beklagten als ..... eingestellt. Er verdiente zuletzt ..... €. Die Wochenarbeitszeit beträgt .....

---

[6] Der Schutz bei anzeigepflichtigen Entlassungen dient vor allem dem Arbeitsmarkt. Der Arbeitnehmer kann nicht gezwungen werden, am Arbeitsverhältnis festzuhalten. Er muss sich also auf den Schutz berufen (vgl. ArbR-Hdb. § 142 RN 31).

Schrader

Die Beklagte beschäftigt ..... Arbeitnehmer. Sie hat am ..... Arbeitnehmer entlassen.[7] Innerhalb von 30 Kalendertagen sind ..... Arbeitnehmer aus dem Arbeitsverhältnis ausgeschieden, so dass nach § 17 Abs. 1 KSchG eine Massenentlassungsanzeige hätte erstattet werden müssen. Die ordnungsgemäße Erstattung einer Massenentlassungsanzeige wird mit

N i c h t w i s s e n

bestritten.

Die Kündigung ist sozial ungerechtfertigt. Betriebsbedingte Gründe zur Kündigung bestehen nicht und werden mit

N i c h t w i s s e n

bestritten. Ebenfalls mit

N i c h t w i s s e n

wird die Sozialauswahl bestritten.

(Zu Klagemustern i.Ü. vgl. ausführlich das III. Buch)

Rechtsanwalt

II. Antrag beim Integrationsamt zur Kündigung eines schwerbehinderten Menschen[8]

1. Briefform

5   An das

Integrationsamt .....

Betr.: Schwerbehinderte(r) Mensch ....., wohnhaft in ....., geboren am .....

Sehr geehrte Damen und Herren,

die Antragstellerin war gezwungen, ... Arbeitnehmer aus betriebsbedingten Gründen zu entlassen. Infolge natürlicher Fluktuation sind weitere ..... Arbeitnehmer ausgeschieden. Die Antragstellerin beschäftigt daher nur noch ..... Arbeitnehmer. Unter den beschäftigten Arbeitnehmern sind ..... schwerbehinderte Menschen. Sie beschäftigt daher immer noch schwerbehinderte Menschen über die gesetzlich bestimmte Zahl hinaus.

Die Antragstellerin beabsichtigt, dem schwerbehinderten Menschen ..... zu kündigen. Die Kündigung beruht auf folgendem Sachverhalt:

..... *(Genaue Darlegung des Wegfalls des Beschäftigungsbedürfnisses usw.)*

Betriebsrat und Vertrauensmann der schwerbehinderten Menschen haben der Kündigung zugestimmt. Es wird daher beantragt, die Zustimmung zur Kündigung zu erteilen.

....., den .....

Arbeitgeber

---

[7] Darlegungs- und beweispflichtig für einen Verstoß gegen die Verpflichtung zur Erstattung einer Massenentlassungsanzeige ist der Arbeitnehmer (vgl. KR/*Weigand* § 17 KSchG RN 100 m.w.N.).

[8] Die Formulare gelten sinngemäß bei Anträgen an die Zentralstelle für den Bergmannsversorgungsschein (vgl. ArbR-Hdb. § 180). Im Übrigen geben die Integrationsämter regelmäßig Mustervordrucke heraus, die zweckmäßig verwandt werden.

Schrader

2. Formularform

An das   **6**
Integrationsamt .....

Betr.: Antrag auf Zustimmung zur außerordentlichen/ordentlichen Kündigung/ Änderungskündigung des schwerbehinderten Menschen/gleichgestellt behinderten Menschen ....., geb. am ....., wohnhaft in .....

Sehr geehrte Damen und Herren,
Der schwerbehinderte Mensch/gleichgestellt behinderte Mensch ist led./verh./verwitwet/gesch. und für ..... Kinder unterhaltsverpflichtet. Er hat einen Grad der Behinderung von ..... v. H.
Die Minderung ist (nicht) nachgewiesen durch ...../Ein Antrag auf Feststellung des Grades der Behinderung ist beim Versorgungsamt ..... gestellt.

oder

Es ist nicht definitiv bekannt, ob Frau/Herr ..... einen Antrag auf Feststellung des Grades der Behinderung bei einem Versorgungsamt oder einen Antrag auf Gleichstellung gestellt hat. Rein vorsorglich bitten wir jedoch um Zustimmung zu einer außerordentlichen, hilfsweisen ordentlichen Kündigung. Die ordentliche Kündigung soll mit der vertraglich vereinbarten Frist von ..... zum ...../zum nächstmöglichen Zeitpunkt erfolgen.[9]
Der schwerbehinderte Mensch ist von Beruf ..... Er wurde am ..... eingestellt und zuletzt zu einem Verdienst von ..... € beschäftigt. Die ordentliche Kündigung soll mit einer gesetzlichen/tariflichen/vereinbarten Kündigungsfrist zum ..... erfolgen. Die Kündigung ist notwendig, weil .....
Der/die Antragsteller(in) beschäftigt ..... Arbeitnehmer. Die Pflichtzahl beträgt mithin ..... Es werden ..... schwerbehinderte Menschen/gleichgestellte schwerbehinderte Menschen beschäftigt, darunter ..... die älter als 50 Jahre sind sowie ..... nach Art und Schwere ihrer Behinderung besonders betroffene Personen (§ 72 SGB IX). Ferner werden ..... Bergmannsversorgungsscheininhaber beschäftigt (§ 75 Abs. 4 SGB IX).
Für weitere Auskünfte steht der Sachbearbeiter ..... zur Verfügung. Beauftragter des Arbeitgebers für Angelegenheiten schwerbehinderter Menschen ist ..... Vertrauensmann der schwerbehinderten Menschen ist ..... Der Betriebsratsvorsitzende heißt .....
Die Stellungnahme des Betriebsrats und der Schwerbehindertenvertretung ist beigefügt. Das Integrationsamt der Stadt ...../Gemeinde ..... hat Durchschrift erhalten.

....., den .....
Arbeitgeber

---

[9] Nach ständiger Rspr. setzt der besondere Kündigungsschutz nicht voraus, dass der schwerbehinderte Mensch/gleichgestellt behinderte Mensch bereits bei Ausspruch der Kündigung anerkannt war. Es reicht aus, wenn vor Ausspruch der Kündigung der Antrag gestellt war, auch wenn die Anerkennung erst nach Ausspruch der Kündigung erfolgt (vgl. im Einzelnen ArbR-Hdb. § 178 RN 27 ff.). In Zweifelsfällen sollte daher vorsorglich ein entsprechender Antrag gestellt werden.

3. Stellungnahme des Betriebsrats

7   An das
Integrationsamt . . . . .

Sehr geehrte Damen und Herren,

der Betriebsrat hat in seiner Sitzung vom . . . . . beschlossen, den Antrag auf Zustimmung zur Kündigung des schwerbehinderten Menschen/gleichgestellt behinderten Menschen . . . . . (nicht) zu unterstützen, weil . . . . .

. . . . ., den . . . . .
Betriebsrat

4. Stellungnahme der Schwerbehindertenvertretung[10]

8   An das
Integrationsamt . . . . .

Sehr geehrte Damen und Herren,

es wird beantragt, dem Antrag vom . . . . . zur Kündigung des schwerbehinderten Menschen/gleichgestellt behinderten Menschen . . . . . (nicht) stattzugeben, weil . . . . .

. . . . ., den . . . . .
Schwerbehinderter Mensch

5. Auflösungsvertrag unter Mitwirkung des Integrationsamtes[11]

9   Zwischen
der Firma . . . . .

– nachfolgend Arbeitgeber genannt –

und

Herrn/Frau . . . . .

– nachfolgend Arbeitnehmer genannt –

wird nachfolgender Vertrag über die Beendigung des Arbeitsverhältnisses geschlossen.

I. Der Arbeitgeber und der Arbeitnehmer sind sich darüber einig, dass das Arbeitsverhältnis unter Wahrung der gesetzlichen und tariflichen Kündigungsfristen mit dem . . . . . sein Ende gefunden hat.

II. Der Arbeitnehmer erhält wegen Aufgabe ihres sozialen Besitzstandes eine Abfindung in Höhe von . . . . . €.

III. Der Arbeitnehmer erklärt, dass er seinen Restlohn, Urlaubsentgelt, Urlaubsgeld und die ihm zustehenden Sonderzuwendungen erhalten hat. Weitere gegenseitige Ansprüche aus dem Arbeitsverhältnis und seiner Beendigung bestehen nicht mehr.

---

[10] Vgl. ArbR-Hdb. § 178 RN 70 ff.
[11] Das Integrationsamt wird zweckmäßig eingeschaltet, um Sperrfristen zu vermeiden.

IV. Die Vereinbarung kommt unter Mitwirkung des Integrationsamtes zustande. Das Verfahren vor dem Integrationsamt ist damit erledigt.

....., den .....

Arbeitgeber   Arbeitnehmer

6. Kostenfragen des Rechtsanwalts

§ 65 BRAGO ist auf das Verfahren vor dem Integrationsamt nicht anwendbar, da es sich **10** *um ein Verwaltungsverfahren und nicht um eine bürgerlich-rechtliche Streitigkeit handelt. Die Besprechungsgebühr folgt aus § 118 BRAGO, die Vergleichsgebühr aus § 23 BRAGO.*

III. Anträge bei Kurzarbeit und anzeigepflichtiger Entlassung

1. Einführung von Kurzarbeit

Die Einführung von Kurzarbeit kann auf Grund Gesetz, individual- und kollek- **11** tivrechtlicher Rechtsgrundlagen erfolgen.

a) Im Zuge einer anzeigepflichtigen Entlassung[12] kann die Regionaldirektion für die Dauer **12** *der Sperrfrist gestatten, dass der* **Arbeitgeber Kurzarbeit einführt.** *Die Bundesagentur für Arbeit stellt auf Anforderung die für die anzeigepflichtigen Entlassungen und die Einführung von Kurzarbeit notwendigen Formulare zur Verfügung, die nach Verwaltungserlassen ver- wandt werden sollen.[13] Von der Erlaubnis unberührt bleiben die arbeitsrechtlichen Vorausset- zungen der Kurzarbeit.*

b) In **Tarifverträgen** *wird im Allgemeinen die Einführung von Kurzarbeit nicht geregelt.* **13** *Sie enthalten zumeist nur Klauseln für das Verfahren. Kurzarbeit kann danach regelmäßig nur nach einer Ankündigungsfrist eingeführt werden, die jedoch kürzer als die Kündigungs- frist ist. Umstr. ist, ob die Tarifvertragsnormen Betriebsnormen oder Inhaltsnormen sind. Von dieser Bewertung hängt ab, ob für die Anwendung des Tarifrechtes die Tarifbindung des Ar- beitgebers ausreicht (§ 3 Abs. 2 TVG) oder eine beiderseitige Tarifbindung vorliegen muss (§ 3 Abs. 1 TVG).[14]*

c) In jedem Fall hat der Betriebsrat bei der Einführung der Kurzarbeit und der Verteilung **14** *der Arbeitszeit ein* **erzwingbares Mitbestimmungsrecht** *(§ 87 Abs. 1 Nr. 2, 3 BetrVG).[15] Entsprechendes gilt für den Sprecherausschuss der leitenden Angestellten (§§ 28, 31 SprAuG). Das Mitbestimmungsrecht kann durch eine Betriebsvereinbarung oder eine Rege- lungsabrede durch den Betriebsrat ausgeübt werden. Zweckmäßig wird eine Betriebsvereinba- rung abgeschlossen, weil nur dann die Arbeitsverhältnisse mit normativer Kraft erfasst werden.*

d) Der Arbeitnehmer hat während des Bestandes des Arbeitsverhältnisses einen **Beschäf-** **15** **tigungsanspruch.** *Damit kann im Allgemeinen bei Fehlen einer Vereinbarung mit dem Be- triebsrat/Sprecherausschuss keine Kurzarbeit eingeführt werden. Vielmehr bedarf es eines Änderungsvertrages oder einer Änderungskündigung. Dasselbe gilt, wenn der Betriebsrat der Einführung von Kurzarbeit nur im Wege der Regelungsabrede zustimmt, weil alsdann die Arbeitsverhältnisse nicht normativ erfasst werden.*

e) Es sind zur Sicherung des Anspruches auf Kurzarbeitergeld die **Anzeigepflichten** **16** **nach § 169 SGB III** *zu beachten.*

---

[12] Vgl. ArbR-Hdb. § 142.
[13] Vgl. *Schaub/Schindele*, Kurzarbeit, § 2 VIII.
[14] ArbR-Hdb. § 47.
[15] ArbR-Hdb. § 235 RN 19 ff.

Schrader

2. Anzeigepflichtige Entlassung

17   *Zweckmäßig werden die von der Bundesagentur für Arbeit herausgegebenen Formulare verwandt (vgl. oben RN 2).*

IV. Antrag auf Zustimmung zur Kündigung einer unter das MuSchG fallenden Frau

18   An die

..... [16]

Betr.: Kündigung der am ....., geb. .....
      wohnhaft in .....

Sehr geehrte Damen und Herren,

die am ..... geb. Frau ..... wurde am ..... als Apothekenhelferin eingestellt. Sie ist schwanger und wird voraussichtlich am ..... entbinden.

Es wird beantragt, die Zustimmung zu ihrer ordentlichen Kündigung zu erteilen. Frau ..... hat am ..... in ..... Drogen (es handelt sich dabei um .....) entwendet; sie kann daher nicht länger in einer Apotheke beschäftigt werden.

(Der Kündigungssachverhalt sollte im konkreten Fall genau und präzise aufgearbeitet und vorgetragen werden.)

Mit freundlichen Grüßen

....., den .....

Arbeitgeber

V. Antrag auf Zustimmung zur Kündigung eines unter das BErzGG fallenden Arbeitnehmers

19   An die

..... [17]

Betr.: Antrag auf Zustimmung zur ordentlichen Kündigung des/der ..... *(Name, Vorname, Geburtsdatum, Familienstand, Anschrift)*

Sehr geehrte Damen und Herren,

wir beabsichtigen, Frau/Herrn ..... ordentlich zu kündigen. Wir bitten Sie um Ihre Zustimmung gem. § 18 Abs. 1 Satz 2 und Satz 3 BErzGG. Dies begründen wir wie folgt:

1. Frau/Herr ..... ist bei uns seit dem ..... als ..... beschäftigt. Sie/Er verdient zurzeit ..... € brutto monatlich. Die Kündigung soll am ..... unter Berücksichtigung der gesetzlich/vertraglichen/tarifvertraglichen Kündigungsfrist zum ..... ausgesprochen werden.

2. Frau/Herr ..... ist seit dem ..... und noch bis zum ..... in Elternzeit.

---

[16] Vgl. ArbR-Hdb. § 170 RN 26.
[17] Vgl. ArbR-Hdb. § 102 RN 204.

Schrader

3. Wir beabsichtigen, die Kündigung aus nachfolgenden Gründen auszusprechen: Unser Unternehmen hat nur einen Betrieb unter der obigen Anschrift. Dieser Betrieb wird zum ..... stillgelegt. Die Gesellschaft wird liquidiert. Alle Arbeitnehmer werden spätestens zu diesem Zeitpunkt entlassen. Eine Weiterbeschäftigungsmöglichkeit besteht nicht.
Daher liegt nach Maßgabe von § 2 Abs. 1 Nr. 1 der Allgemeinen Verwaltungsvorschrift zum Kündigungsschutz bei Erziehungsurlaub ein „besonderer" Fall im Sinne von § 18 Abs. 1 Satz 2 BErzGG vor. Wir bitten daher, der beabsichtigten Kündigung zuzustimmen.

4. Die Stellungnahme des Betriebsrats[18] gem. § 102 BetrVG sowie den mit dem Betriebsrat geschlossenen Interessenausgleich fügen wir bei.

....., den .....
Arbeitgeber

§ 29. Formulare zur Personalverwaltung

I. Dienstreise

1. Antrag auf Dienstreisegenehmigung

Antrag des Arbeitnehmers .... , Betrieb/Abteilung **1**
auf Dienstreisegenehmigung.
Reisezweck/Veranstaltung: ....
am:
Beginn der Dienstgeschäfte: .... Ende der Dienstgeschäfte: ....
Beginn der Dienstreise: .... Ende der Dienstreise: ....
Begründung der Notwendigkeit der Dienstreise:
....
Stellungnahme des Vorgesetzten: ....
....
Die Dienstreise wird genehmigt/nicht genehmigt.

2. Reisekostenabrechnung

Name: .... Veranstaltung: **2**
Beginn: .... Ende: ....
Reisebeginn: ....
Reiseende: ....
Reisekosten: ....
1. Fahrtkosten
     a) Bundesbahn erster/zweiter Klasse   .....
     b) Zuschlag   .....
     c) Platzkarten   .....
     d) Bett- oder Liegekarte   .....
     e) Schiffskarte   .....

---

[18] Der Betriebsrat kann nach § 102 BetrVG schon vor Einholung der Zustimmung der Behörde angehört werden. In der Anhörung muss aber klar zum Ausdruck kommen, dass die Kündigung erst nach Zustimmung der Behörde ausgesprochen werden soll.

    f) Flugkarte   .....

    g) Straßenbahn   .....

    h) Taxi   .....

    i) Kraftfahrzeug und Kilometergeld   .....

    j) Kraftfahrzeugnebenkosten   .....

    k) Öl   .....

    l) Garage   .....

   m) Sonstiges   .....

2. Beförderungsnebenkosten   .....

    Gepäck: .....

    Telefon: .....

    Sonstiges: .....

3. Verpflegungskosten   .....

    Einzelbelegsumme: .....

    Pauschbeträge: .....

    Eintägige Reise: .....

    Mehrtägige Reise: .....

4. Übernachtungskosten   .....

    a) Einzelbelege   .....

    b) Pauschbelege   .....

II. Urlaub[1]

1. Antrag auf Urlaubserteilung mit formularmäßiger Bewilligung

3 Name: ....., Vorname: .....

Anschrift .....

Personalnummer .....

Antrag auf Bewilligung von Urlaub von ..... bis .....

Urlaubsanschrift: .....

Zur Kenntnisnahme von

a) Meister/Abteilungsleiter .....

b) Betriebsleiter .....

Urlaub bewilligt vom ..... bis .....

abgelehnt, weil .....

2. Erteilung von bezahltem und unbezahltem Urlaub

4 Sehr geehrte(r) Frau/Herr .....,

    auf Ihren Antrag vom ..... wird Ihnen Erholungsurlaub für die Zeit vom ..... bis ..... bewilligt. Ferner wird Ihnen unbezahlter Urlaub für die Zeit vom ..... bis ..... bewilligt. Es besteht Einigkeit darüber, dass der unbezahlte Urlaub anderen als Erholungszwecken dient. Für den Zeitraum des unbezahlten Urlaubs ruht das Arbeitsverhältnis.

---

[1] Vgl. ausführlich zum Urlaub ArbR-Hdb. § 102; Urlaub wird grundsätzlich nicht durch den Arbeitnehmer „genommen", sondern ist durch den Arbeitgeber zu gewähren. Die eigenmächtige Urlaubsnahme kann die außerordentliche Kündigung des Arbeitsverhältnisses rechtfertigen (vgl. BAG, Urteil v. 16. 3. 2000 – 2 AZR 75/99 – AP BetrVG 1972 § 102 Nr. 14; BAG, Beschluss v. 22. 1. 1998 – 2 ABR 19/97 – AP BGB § 626 Ausschlussfrist Nr. 38; BAG, Urteil v. 20. 1. 1994 – 2 AZR 521/93 – AP BGB § 626 Nr. 115). Der Arbeitnehmer wird gegebenenfalls darauf verwiesen sein, die Gewährung von Urlaub mittels eine Antrages auf Erlass einer einstweiligen Verfügung durchzusetzen.

Ihr erster Arbeitstag nach dem Urlaub ist am ..... Erkranken Sie während des Urlaubs, so müssen Sie die Erkrankung unverzüglich unter Beifügung einer ärztlichen Bescheinigung der Firma anzeigen. Dauert die Erkrankung länger als in der ärztlichen Bescheinigung angegeben, so ist eine neue zu übersenden. Der Urlaub verlängert sich nicht um die in der ärztlichen Bescheinigung angegebenen Tage. Vielmehr wird der Urlaub durch eine Erkrankung unterbrochen. Der Resturlaub muss neu beantragt und erteilt werden.

Hinweis:
Gelegentlich finden sich, namentlich bei ausländischen Arbeitnehmern, noch folgende Klauseln, die aber keinen Bestand haben, wenn dadurch der Kündigungsschutz umgangen wird:[2]

Erscheinen Sie am angegebenen Tage nicht am Arbeitsplatz, so gilt das Arbeitsverhältnis im beiderseitigen Einvernehmen als gelöst.

oder

Das Arbeitsverhältnis ist auflösend für den Fall bedingt, dass Sie am angegebenen Tage nicht am Arbeitsplatz erscheinen. Die Firma ist berechtigt, Ihre Vergütungsansprüche bis zu diesem Tage abzurechnen, Sie aus der Sozialversicherung abzumelden und Ihre Arbeitspapiere sowie die Restvergütung unter Abzug etwaiger Ansprüche der Firma auf Ihre Gefahr und Kosten an die letztbekannte Anschrift zu übersenden.

Hinweis:
Gelegentlich wird auch unterschieden zwischen Urlaubsanschrift und letzter Anschrift in Deutschland.
Schließlich wird für den Fall der Auflösung des Arbeitsverhältnisses noch eine Rückzahlungsklausel für freiwillig gezahlte Urlaubs- und Weihnachtsgratifikationen aufgenommen.
Merke: Nach § 7 Abs. 2 BUrlG muss bei der Gewährung von Teilurlaub einer der Urlaubsteile mindestens 12 Werktage umfassen. Mit Einverständnis des Arbeitnehmers kann hiervon abgewichen werden. Dies sollte aber ausdrücklich vom Arbeitnehmer bestätigt werden.

....., den .....
Arbeitgeber

3. Vereinbarung über unbezahlten Urlaub

Zwischen   5
der Firma .....

                       – nachfolgend Arbeitgeber genannt –
und
Herrn/Frau .....

                       – nachfolgend Arbeitnehmer genannt –
wird folgende Vereinbarung getroffen:
Arbeitgeber und Arbeitnehmer sind sich darüber einig, dass dem Arbeitnehmer in der Zeit vom ..... bis zum ..... einschließlich unbezahlter Sonderurlaub gewährt

---

[2] BAG, Urteil v. 13. 12. 1984 – 2 AZR 294/83 – AP BGB § 620 Bedingung Nr. 8; BAG, Urteil v. 25. 6. 1987 – 2 AZR 541/86 – AP BGB § 620 Bedingung Nr. 14.

wird. Dieser dient anderen als Erholungszwecken/dient ..... Während des Sonderurlaubs ruht das Arbeitsverhältnis; d.h. der Arbeitnehmer ist nicht zur Arbeitsleistung und der Arbeitgeber nicht zur Zahlung einer Vergütung verpflichtet.[3] Der Arbeitnehmer trägt für eine freiwillige Weiterversicherung in der Krankenversicherung Sorge.

....., den .....

Arbeitgeber   Arbeitnehmer

4. Hinweis auf Verfall des Resturlaubs

6 An die

Mitarbeiterinnen und Mitarbeiter

der .....

Sehr geehrte Damen und Herren,

wir bitten Sie rechtzeitig Ihren Urlaub zu planen und zu terminieren. Hierbei sollten Sie sich mit Ihren Arbeitskolleginnen und Kollegen abstimmen. Eltern mit schulpflichtigen Kindern haben während der Schulferien den Vorrang.

Wir weisen Sie ausdrücklich daraufhin, dass nach dem BUrlG der Urlaub während des Kalenderjahres genommen werden muss. Die Übertragung ist nur in Ausnahmefällen in das nächste Jahr möglich. Aber auch im Falle der Übertragung erlischt er, wenn er nicht bis zum 31. 3. des Folgejahres angetreten wird.

Mit freundlichen Grüßen

5. Antrag auf Übertragung des Urlaubs

7 An die

Firma .....

Sehr geehrte Damen und Herren,

mein Urlaubsanspruch betrug in diesem Jahr ..... Urlaubstage. Tatsächlich genommen habe ich nur ..... Urlaubstage. Mehr Urlaubstage konnte ich leider nicht nehmen, weil .....[4]

oder (bei einem Teilurlaubsanspruch vor Erfüllung der Wartezeit)

Am ..... habe ich mein Arbeitsverhältnis in unserem Unternehmen begonnen. ich beantrage meinen Anspruch auf Teilurlaub gem. § 5 Abs. 1 Nr. a BUrlG in das Folgejahr zu übertragen.[5]

Mit freundlichen Grüßen

Arbeitnehmer

Mit der Übertragung sind wir einverstanden.

....., den .....

Arbeitgeber

---

[3] Mit den Mustervereinbarungen zum Sonderurlaub soll gewährleistet werden, dass der Arbeitgeber nicht zur Vergütungsfortzahlung im Krankheitsfalle verpflichtet wird, wenn der Arbeitnehmer während des Sonderurlaubs erkrankt (BAG, Urteil v. 25. 5. 1983 – 5 AZR 236/80 – AP LohnFG § 1 Nr. 53).

[4] Hier bedarf es nach § 7 Abs. 3 Satz 2 BUrlG der Darlegung dringender betrieblicher oder in der Person des Arbeitnehmers liegender Gründe, die die Übertragung des Urlaubs rechtfertigen (vgl. ArbR-Hdb. § 102 RN 75).

[5] Der Anspruch ergibt sich aus § 7 Abs. 3 Satz 4 BUrlG (vgl. ArbR-Hdb. § 102 RN 76).

6. Urlaubsunterbrechung[6]

An die 8
Mitarbeiterinnen und Mitarbeiter
der .....

Sehr geehrte Damen und Herren,

das Unternehmen wird darauf Bedacht nehmen, Ihren Urlaub nicht zu unterbrechen. Muss der Urlaub aus betrieblichen Gründen unterbrochen werden, wird das Unternehmen alle Ihnen und Ihrem Ehegatten/Lebensgefährten entstehenden Kosten übernehmen. Außerdem werden wegen der aufgewandten Reisezeit zwei Tage bezahlter Sonderurlaub gewährt.

Mit freundlichen Grüßen

Arbeitgeber

7. Urlaubsbescheinigung[7] nach dem Ende des Arbeitsverhältnisses

Herr/Frau 9
war im Urlaubsjahr 20.. von ..... bis .....
bei uns beschäftigt. Gem. Tarifvertrag ...../Arbeitsvertrag beträgt der gesamte Jahresurlaub ..... Arbeitstage. Für das Urlaubsjahr 20.. wurden ..... Tage gewährt und ..... Arbeitstage abgegolten. Das sind $..\,/_{12}$ des gesamten Jahresurlaubs.

....., den .....

Arbeitgeber

III. Erkrankung

1. Anzeige der Arbeitsunfähigkeit[8]

An die 10
Firma .....

Sehr geehrte Damen und Herren,

auf Grund einer Erkrankung kann ich heute bis voraussichtlich zum ..... nicht zur Arbeit erscheinen. Eine ärztliche Arbeitsunfähigkeitsbescheinigung reiche ich fristgemäß nach.

Mit freundlichen Grüßen

---

[6] Hat der Arbeitgeber den Arbeitnehmer zur Erfüllung des Anspruches auf Erholungsurlaub (§ 1 BUrlG) freigestellt, kann er den Arbeitnehmer nicht auf Grund einer Vereinbarung aus dem Urlaub zurückrufen. Eine solche Abrede verstößt gegen zwingendes Urlaubsrecht und ist daher rechtsunwirksam (§ 13 BUrlG; vgl. BAG, Urteil v. 20. 6. 2000 – 9 AZR 405/99 – AP BUrlG § 7 Nr. 28). Daher wird ein vereinbartes Rückrufrecht genau so wie ein einseitig vorbehaltenes Rückrufrecht kaum durchsetzbar sein.

[7] Vgl. § 6 Abs. 2 BUrlG.

[8] Zur Anzeigepflicht vgl. im Einzelnen ArbR-Hdb. § 98 RN 119 ff.

2. Aufforderung zur Vorlage einer Arbeitsunfähigkeitsbescheinigung[9]

11 An

Herrn/Frau . . . . .

Sehr geehrte(r) Frau/Herr . . . . .,

nach § 5 Abs. 1 EntgeltfortzahlungsG sind Sie gehalten, eine ärztliche Bescheinigung über das Bestehen der Arbeitsunfähigkeit sowie deren voraussichtliche Dauer vorzulegen, wenn die Arbeitsunfähigkeit länger als drei Kalendertage dauert. Die Vorlage muss spätestens an dem darauf folgenden Werktag erfolgen.

Nach § 5 Abs. 1 Satz 3 EntgeltfortzahlungsG ist der Arbeitgeber berechtigt, die Vorlage der ärztlichen Bescheinigung früher zu verlangen. Von dieser Möglichkeit machen wir Gebrauch. Wir bitten Sie, im Falle der Erkrankung bereits am ersten Tage der Arbeitsunfähigkeit eine ärztliche Bescheinigung vorzulegen.

Mit freundlichen Grüßen

3. Bescheinigung des behandelnden Arztes

12 Frau/Herr war heute in der Zeit von . . . . . Uhr bis . . . . . in meiner Praxis in Behandlung.

Sofern die Behandlung innerhalb der Arbeitszeit lag, war dies notwendig, weil
– die Behandlung wegen eines Arbeitsunfalles erfolgte . . . . .,
– eine akut aufgetretene Erkrankung zu behandeln war,
– der Arztbesuch amtsärztlich vorgeschrieben war,
– eine Untersuchung vorgenommen wurde, die nur zu dieser Zeit in der Praxis möglich ist.

. . . . ., den . . . . .   Praxisstempel

4. Ärztliche Arbeitsunfähigkeitsbescheinigung

13 Frau/Herr . . . . . ist vom . . . . . bis . . . . . arbeitsunfähig krank.[10]

Der Krankenkasse . . . . . wird unverzüglich die Bescheinigung über die Arbeitsunfähigkeit mit Angaben über den Befund und die voraussichtliche Dauer der Arbeitsunfähigkeit übersandt.[11]

. . . . ., den . . . . .
Unterschrift des Arztes

---

[9] **Beachte:** Bei einer generellen Anweisung besteht ein Mitbestimmungsrecht des Betriebsrats nach § 87 Abs. 1 Nr. 1 BetrVG (vgl. BAG, Beschluss v. 25. 1. 2000 – 1 ABR 3/99 – AP BetrVG 1972 § 87 Ordnung des Betriebes Nr. 34).

[10] Anzuzeigen sind die Arbeitsunfähigkeit und die voraussichtliche Dauer. Nicht anzuzeigen ist die Art der Erkrankung (vgl. ArbR-Hdb. § 98 RN 122).

[11] Bei gesetzlich versicherten Arbeitnehmern ist dieser Vermerk nach § 5 Abs. 1 Satz 5 EFZG erforderlich.

5. Schreiben bei Unfall[12]

Sehr geehrte(r) Frau/Herr ....., **14**
wir bedauern sehr, dass Sie Opfer eines Verkehrsunfalles geworden sind.

Sie erhalten Leistungen der Entgeltfortzahlung. Können Sie auf Grund gesetzlicher Vorschriften von einem Dritten Schadensersatz wegen des Verdienstausfalls beanspruchen, der Ihnen durch die Arbeitsunfähigkeit entstanden ist, so geht dieser Anspruch insoweit auf uns über, als wir nach dem Gesetz Arbeitsentgelt fortgezahlt haben. Der Übergang bezieht sich auch auf die darauf entfallenden Sozialversicherungsbeiträge (§ 6 Abs. 1 EFZG).

Bitte teilen Sie uns unverzüglich die zur Geltendmachung des Schadensersatzanspruches erforderlichen Angaben mit. Wir benötigen Namen und Anschrift des Schädigers sowie eine Schilderung des Unfallherganges. Von Interesse ist auch, ob der Unfall von der Polizei aufgenommen worden ist. Sofern Sie die Haftpflichtversicherung des Schädigers kennen, bitten wir auch um Hergabe von Namen und Anschrift.

Wir gestatten uns den Hinweis, dass Sie nach § 6 Abs. 2 EFZG verpflichtet sind, die erforderlichen Angaben zu machen.

Mit freundlichen Grüßen

Arbeitgeber

6. Anfrage wegen Fortsetzungserkrankung

An die **15**
Krankenkasse .....

Betr.: Ihr Mitglied .....

Sehr geehrte Damen und Herren,

Herr/Frau ..... steht in unseren Diensten als ..... Er/Sie ist bei Ihnen krankenversichert.

Vom ..... bis ..... war der/die Mitarbeiter(in) arbeitsunfähig krank. Wir gehen davon aus, dass die Erkrankung in ursächlichem Zusammenhang mit einer früheren Erkrankung steht.

Wir bitten eine Befragung des Arztes vorzunehmen, ob es sich um eine Fortsetzungskrankheit handelt.

Mit freundlichen Grüßen

Arbeitgeber

---

[12] Zum Forderungsübergang vgl. ArbR-Hdb. § 98 RN 164 ff.

7. Aufforderung zur Untersuchung durch den Medizinischen Dienst[13]

16 An die

Krankenkasse .....

Betr.: .....

Sehr geehrte Damen und Herren,

unser Mitarbeiter ..... ist seit dem ..... arbeitsunfähig krank. Er hat eine Arbeitsunfähigkeitsbescheinigung des Herrn/Frau Dr. ..... vorgelegt.

In letzter Zeit ist unser Mitarbeiter wiederholt von Arbeitskollegen gesehen worden. Diese haben mitgeteilt, dass Herr/Frau ..... folgende Arbeiten verrichtet hat .....

Wir haben daher Zweifel, ob die Arbeitsunfähigkeit zutreffend diagnostiziert worden ist, und bitten eine Untersuchung durch den Medizinischen Dienst durchführen zu lassen.

Mit freundlichen Grüßen

Arbeitgeber

8. Schreiben bei Erkrankung des Mitarbeiters[14]

17 An

Herrn/Frau .....

Betr.: Krankheitsbedingte Fehlzeiten

Sehr geehrte(r) Herr/Frau .....,

Sie waren in den letzten drei Jahren Ihrer Tätigkeit infolge Krankheit oder Kur zu folgenden Zeiten
vom ..... bis .....
vom ..... bis ..... usw.
an der Arbeitsleistung verhindert. Wir bedauern Ihren Gesundheitszustand sehr. Infolge Ihrer Fehlzeiten kommt es leider immer wieder zu betrieblichen Schwierigkeiten. Wir würden es sehr begrüßen, wenn Sie in der Zeit vom ..... bis ..... im Personalbüro vorsprechen würden, damit wir über Ihre gesundheitlichen Schwierigkeiten und etwaige Abhilfemöglichkeiten sprechen können.

Mit freundlichen Grüßen

Arbeitgeber

---

[13] Die Untersuchung durch den Medizinischen Dienst ist geregelt in § 275 SGB V. Bei bestimmten Zweifelsfällen besteht ein Rechtsanspruch des Arbeitgebers auf Überprüfung der Arbeitsunfähigkeit (§ 275 Abs. 1a Satz 3 SGB V).

[14] Formalisierte Krankengespräche zur Aufklärung eines überdurchschnittlichen Krankenstandes mit einer nach abstrakten Kriterien ermittelten Mehrzahl von Arbeitnehmern sind nach § 87 Abs. 1 Satz 1 BetrVG mitbestimmungspflichtig. Gleiches gilt für formalisierte Anschreiben. Es geht um ..... der Arbeitnehmer in Bezug auf die betriebliche Ordnung und nicht um das Verhalten de..... tung selbst (vgl. BAG, Beschluss v. 8. 11. 1994 – 1 ABR 22/94 – AP BetrVG 1972 Ord..... triebes Nr. 24).

IV. Schwangerschaft/Elternzeit

1. Informationsschreiben des Arbeitgebers an schwangere Arbeitnehmerin

An   **18**

Frau .....

Sehr geehrte Frau ....,

vielen Dank für Ihre Mitteilung vom ..... Wir wünschen Ihnen und Ihrem werdenden Kind und für die noch vor Ihnen liegende Zeit der Schwangerschaft alles Gute, wir freuen uns, wenn Sie uns nach der Niederkunft möglichst bald unterrichten.

Sie haben Anspruch auf Arbeitsbefreiung für die Dauer von sechs Wochen vor dem von Ihrem Arzt errechneten Geburtstermin. Nach der Geburt besteht eine weitere Schutzfrist von acht Wochen, die sich bei Früh- und Mehrlingsgeburten auf 12 Wochen erhöht. Während dieser Zeit erhalten sie weiterhin Ihre Bezüge, können sich jedoch voll um Ihr Baby kümmern.

Bis zur Vollendung des dritten Lebensjahres Ihres Kindes können Sie und/oder der Vater des Kindes Elternzeit in Anspruch nehmen. Bitte teilen Sie uns acht Wochen vor der beabsichtigten Inanspruchnahme der Elternzeit schriftlich mit, wie lange Sie und/oder der Vater Elternzeit nehmen möchten. Sofern die Elternzeit unmittelbar nach der Geburt des Kindes oder nach der Mutterschutzfrist beginnen soll, benötigen wir Ihre Mitteilung sechs Wochen vorher. Sofern Sie wünschen, dass ein Anteil von bis zu zwölf Monaten auf die Zeit bis zur Vollendung des achten Lebensjahres übertragen werden soll, müssten wir dazu eine einvernehmliche Lösung suchen.

Während der Elternzeit können Sie bis zu 30 Wochenstunden entgeltlich arbeiten. Bitte teilen Sie mit, ob Sie an einer entsprechenden Tätigkeit in unserem Hause interessiert sind.

Sofern Sie während der Elternzeit keine Teilzeitbeschäftigung bei uns wünschen, würden wir eine Vertretung einstellen. Wir wären ihnen daher verbunden, wenn Sie uns innerhalb von drei Wochen nach der Niederkunft wissen lassen könnten, ob Sie nach der Inanspruchnahme der Elternzeit das Arbeitsverhältnis fortsetzen möchten. Wir würden dies bei der Einstellung der Ersatzkraft dann selbstverständlich berücksichtigen.

Mit freundlichen Grüßen

2. Informationsschreiben des Arbeitgebers nach Entbindung

An   **19**

Frau .....

Sehr geehrte Frau ....,

zu der Geburt Ihres Tochter ...../Ihres Sohnes ..... gratulieren wir Ihnen ganz herzlich. Sie teilten uns mit, dass Sie bis zur Vollendung des 2. Lebensjahres Ihres Kindes Elternzeit nehmen. Während der Elternzeit können Sie einer Teilzeittätigkeit von nicht mehr als 30 Wochenstunden gegen Entgelt nachgehen. Wenn Sie an einer solchen Tätigkeit bei uns interessiert sind, bitten wir Sie, sich mit uns in Verbindung zu setzen.

Mit freundlichen Grüßen

Schrader

V. Bescheinigungen zur Personalakte

1. Bescheinigungen für die Personalakte über Belehrungen nach § 81 BetrVG

a) Einfache Bescheinigung

20   Name: ..... Vorname: .....

Anschrift: .....

Ich bin heute bei der Einstellung/Veränderung meines Arbeitsbereiches über meine Aufgaben und Verantwortung sowie über die Art meiner Tätigkeit und die Einordnung in den Arbeitsablauf des Betriebes unterrichtet und eingehend über die Unfall- und Gesundheitsgefahren sowie über die Maßnahmen und Einrichtungen zur Abwendung dieser Gefahren belehrt worden.

....., den .....

Arbeitnehmer

Für die Richtigkeit: Der belehrende Personalleiter .....

b) Formblatt der Unterrichtungspflichten

21   Herr/Frau ..... (im Folgenden Mitarbeiter) Personal-Nr. ...../Abteilung ..... bestätigt, gemäß § 81 BetrVG unterrichtet worden zu sein.

I. Über den Arbeitsplatz

1. Funktionsweise und Bedienung von Maschinen und Geräten einschl. Wartung und Reinigung.
2. Zu be- und verarbeitende Materialien einschl. deren Ausgabe.
3. Über die Behebung von Funktionsstörungen an Maschinen, Geräten und Materialfehlern.
4. Über Vorgesetzte und unterstellte Mitarbeiter.

II. Über die Arbeitsaufgabe

1. Die zu verrichtende Arbeit und die Verantwortung.
2. Den Gesamtzusammenhang der Tätigkeit und den konkreten Beitrag zum Zwischenprodukt/Endprodukt.
3. Die Verantwortung für die Qualität des zu fertigenden Produktes.
4. Die Auswirkungen des Verhaltens auf die übrigen Mitarbeiter.

III. Über die Unfallgefahren

1. Die Gefahren, die durch ..... Drogen verursacht werden können.
2. Maßnahmen, durch die die Gefahren verhütet werden können.
3. Betriebliche Einrichtungen zur Verhinderung der Gefahren.
4. Das Verhalten bei und nach Eintritt des Gefahrenfalles.
5. Die Handhabung der Unfallschutzausrüstungen.

IV. Über betriebliche Veränderungen des Arbeitsbereiches

1. Örtliche Veränderungen.
2. Organisatorische Veränderungen.
3. Personelle Veränderungen.

Schrader

V. Über Allgemeines

1. Unfallverhütungsvorschriften und Sicherheitsbeauftragte.

2. Arbeitsschutzgesetze, Tarifverträge und Betriebsvereinbarungen.

3. Arbeits- und Umkleideräume.

4. Werksparkplatzordnung.

5. Kantinen und sonstige Sozialeinrichtungen.

6. Betriebskrankenkasse.

7. Betriebliche Altersversorgung.

....., den .....

Mitarbeiter

2. Bescheinigung über die Leistungsbeurteilung (§ 82 Abs. 2 BetrVG)

Name: ..... Vorname: 22

Anschrift: .....

Mit mir wurden heute meine Leistungen erörtert und die Möglichkeiten meiner beruflichen Entwicklung im Betrieb diskutiert.

Bei der Unterredung war das Betriebsratsmitglied ..... auf meinen Wunsch zugegen.

....., den .....

Arbeitgeber   Betriebsrat   Arbeitnehmer

3. Bescheinigung über die Einsichtnahme in die Personalakten (§ 83 BetrVG)

Name: ..... Vorname: 23

Anschrift: .....

Mir wurde heute die Einsicht in die Personalakten gewährt. Bei der Einsichtnahme war das Betriebsratsmitglied ..... zugegen.

Ich verlange die Aufnahme nachfolgender Gegendarstellung in meine Personalakte .....[15]

oder

Ich verlange die Aufnahme anliegender Gegendarstellung in meine Personalakte.

....., den .....

Arbeitgeber   Betriebsrat   Arbeitnehmer

4. Bescheinigungen nach dem ArbSchG

Nach dem ArbSchG notwendige Unterweisungen sind zweckmäßigerweise zu dokumen- 24 *tieren und zur Personalakte zu nehmen.*

---

[15] Vgl. ArbR-Hdb. § 148 RN 17 ff.

Schrader

VI. Aushang im Betrieb

1. Alkoholverbot[16]

25   Belegschaftsmitglieder, die innerhalb des Betriebes oder bei der Ausführung der Arbeit unter Alkoholgenuss stehen, gefährden sich und andere. Durch sie können unabsehbare Schäden an Maschinen, Anlagen und Einrichtungen verursacht werden. Aufgrund ihres Arbeitsvertrages und der **Unfallverhütungsvorschriften** der Berufsgenossenschaft dürfen sich Mitarbeiter nicht durch Alkoholgenuss in einen Zustand versetzen, in dem sie ihre Arbeit nicht mehr ordnungsgemäß verrichten oder sich und andere gefährden. Aus diesem Grunde gilt ein absolutes Alkoholverbot in unserem Unternehmen.

26   Alle Vorgesetzten haben Mitarbeiter, die unter Alkoholeinfluss stehen, von ihrem Arbeitsplatz zu entfernen. Angetrunkenen oder Betrunkenen kann eine Abmahnung erteilt werden. Im Wiederholungsfalle können sie **gekündigt** werden. Während der Zeit des alkoholbedingten Arbeitsausfalles besteht kein Anspruch auf Vergütung.

27   Mitarbeiter, die unter Verdacht stehen, unter Alkoholeinfluss zu stehen, können sich einem **Alkoholtest** unterziehen. Der Alkoholtest wird vom Betriebsarzt oder Sanitäter vorgenommen.

28   Erleiden Mitarbeiter infolge Alkoholgenusses innerhalb oder außerhalb des Betriebes einen **Unfall,** so entfällt der Anspruch auf Entgeltfortzahlung im Krankheitsfall. Außerdem ist der Schutz der gesetzlichen Unfallversicherung in Frage gestellt.

29   Mitarbeiter, deren Geh- oder Beurteilungsfähigkeit infolge Alkoholgenusses beeinträchtigt ist, können auf ihre Kosten **nach Hause befördert** werden.

2. Aushangpflichtige Arbeitsschutzgesetze

30   **Übersicht:** Arbeitsschutzgesetze, C. H. Beck.

3. Aufbewahrungsfristen im Arbeits- und Sozialrecht

31   ArbR-Hdb. § 150; *Küttner/Schlegel,* Personalbuch 2003, Lohnkonto RN 10; *Küttner/ Reinicke,* Personalbuch 2003, Überstunden RN 3.

---

[16] Vgl. ArbR-Hdb. § 55 RN 10, 24.

Schrader

§ 30. Lohnpfändung

Weitere Muster zur Zwangsvollstreckung: §§ 94 ff.; *Diepold/Hintzen,* Musteranträge für Pfändung und Überweisung, 7. Aufl., 2002; *Vorwerk,* Das Prozessformularbuch, 7. Aufl., 2002; *Stöber,* Forderungspfändung, 13. Aufl., 2001.

I. Formulare für Pfandgläubiger[1]

1. Vorpfändung[2]

a) Wortlaut

An die   **1**

Firma .....

Betr.: Vorpfändung

Sehr geehrte Damen und Herren,[3]

der bei Ihnen beschäftigte kaufmännische Angestellte/Arbeiter ..... wohnhaft in ....., ist bei Ihnen tätig in ..... Er wurde am ..... durch Urteil des ..... gerichts vom ..... Aktz.: ..... vorläufig vollstreckbar verurteilt, an uns ..... € nebst ..... % Zinsen seit dem ..... zu zahlen. Gem. § 845 ZPO werden Sie hiermit benachrichtigt, dass die gerichtliche Pfändung der Vergütungsansprüche des Arbeitnehmers an Sie bevorsteht.

Sie werden daher aufgefordert, unter Beachtung der gesetzlichen Pfändungsfreigrenzen nicht mehr an Herrn ..... zu zahlen oder dessen Ansprüche sonst zu befriedigen.

Herr ....., dem eine Durchschrift dieses Schreibens zugestellt wird, soll sich jeder Verfügung über den Anspruch auf das Arbeitseinkommen, insbesondere seiner Einziehung, enthalten. Diese Benachrichtigung hat die Wirkung eines dinglichen Arrestes, sofern die Pfändung binnen einen Monats ab Zustellung dieser Benachrichtigung bewirkt wird (§ 845 Abs. 2 ZPO).

Mit freundlichen Grüßen

b) Zustellungsersuchen

An die   **2**

Gerichtsvollzieher-Verteilungsstelle

des Amtsgerichts .....

Herrn Gerichtsvollzieher zur Zustellung der Vorpfändung an

1. Drittschuldner

2. Schuldner

---

[1] Vgl. ArbR-Hdb. § 89 RN 29 ff.

[2] Die Vorpfändung muss an Drittschuldner und Schuldner zugestellt werden. Die Zustellung wird durch den Gerichtsvollzieher bewirkt (*Diepold/Hintzen,* Musteranträge für Pfändung und Überweisung, 7. Aufl., 2002, RN 7). In die Vorpfändung kann die Aufforderung nach § 840 ZPO aufgenommen werden. Die Verpflichtung erwächst erst ab der Pfändung (vgl. BGH, Urteil v. 4. 7. 1977 – VIII ZR 217/75 – NJW 1977, 1199; BGH, Urteil v. 15. 3. 1978 – VIII ZR 61/77 – WM 1978, 676; BGH, Urteil v. 6. 6. 1983 – VIII ZR 23/82 – WM 1983, 935).

[3] Der Gerichtsvollzieher kann ermächtigt werden, den Text der Vorpfändung zu entwerfen (§ 845 Abs. 1 Satz 2 ZPO).

2. Pfändungs- und Überweisungsbeschluss[4]

3 An das Amtsgericht ...., den .....

Antrag auf Erlass eines Pfändungs- und Überweisungsbeschlusses

In der Zwangsvollstreckungssache pp. *(volles Rubrum wie § 29 RN 1ff.)*

      wird der Erlass des nachstehend entworfenen Pfändungs- und Überweisungsbeschlusses beantragt.

Der Schuldner ist verheiratet und hat seiner Ehefrau ..... Unterhalt zu leisten. Aufforderung gem. § 840 ZPO wird beantragt.[5]

Nach dem vollstreckbaren Urteil des .....gerichts ..... vom ..... Akt.: ..... stehen dem Gläubiger

Hauptsache .....

Kosten laut Kostenfestsetzungsbeschluss .....

bisherige Vollstreckungskosten .....

Kosten dieses Antrages .....

insgesamt also .....

nebst ..... % Zinsen aus ..... seit dem ..... zu.

Wegen und bis zur Höhe dieses Anspruchs und der Kosten für den Erlass dieses Beschlusses und dessen Zustellung in Höhe von ....., insgesamt ....., wird die angebliche Forderung des Schuldners gegen ..... *(Drittschuldner)* auf Zahlung aller Bezüge an Arbeitseinkommen (ohne Rücksicht auf die Benennung oder Berechnungsart), einschließlich des Geldwertes von Sachbezügen solange gepfändet, bis die Ansprüche des Gläubigers vollständig befriedigt sein werden; ausgenommen sind nur die durch Gesetz als unpfändbar bezeichneten Beträge. Mehrere Arbeitsvergütungen sind zusammenzuzählen. Gepfändet ist auch der Anspruch des Schuldners auf Durchführung des Lohnsteuerjahresausgleichs und auf Zahlung der sich daraus ergebenen Beträge, auch für die Vergangenheit. Die Pfändung wird gem. § 850c ZPO beschränkt.

Der/Die Drittschuldner(in) darf, soweit die Forderung gepfändet ist, an den Schuldner nicht mehr zahlen. Der Schuldner hat sich insoweit jeder Verfügung über die Forderung, insbesondere ihrer Einziehung zu enthalten. Zugleich wird dem Gläubiger die bezeichnete Forderung insoweit zur Einziehung überwiesen.

I. Kosten für Beschluss

Wert des Gegenstandes:

1. Gebühr

2. Schreibgebühr

3. Summe

II. Zustellungskosten

1. Gebühr für die Zustellung

  a) Drittschuldner
  b) Schuldner

---

[4] Vgl. ArbR-Hdb. § 89 RN 1 ff. Im Allgemeinen werden im Handel zu erhaltende Formulare verwandt.

[5] Vgl. ArbR-Hdb. § 89 RN 37 ff.

Schrader

2. Pauschsätze für Vordrucke

3. Reise(Fahrt-)kosten

4. Schreibgebühren

5. Postgebühren für die Übersendung der Urkunden an den Gläubiger und für die Einziehung der Kosten durch Nachnahme

6. Postgebühr für die Übersendung des Kostenvorschusses an den Gerichtsvollzieher

Summe

Rechtsanwalt

3. Pfändung eines Anwartschaftsrechts

Wie üblicher Pfändungs- und Überweisungsbeschluss (oben RN 3). Lediglich wird hier **4** *das Anwartschaftsrecht auf Eigentumsübertragung an der zu bezeichnenden Sache gepfändet und zur Einziehung überwiesen.*

4. Pfändung von Steuererstattungsansprüchen[6]

a) Anspruch aus dem Lohnsteuerjahresausgleich gegen Finanzamt[7]

Gepfändet wird die angebliche Forderung des Arbeitnehmers gegen das Finanz- **5** amt ..... auf Auszahlung des Lohnsteuererstattungsbetrages, der sich bei Durchführung des Lohnsteuerjahresausgleiches zugunsten des Schuldners für die Jahre ..... bis ..... ergibt.

Der Schuldner hat die sich in seinem Besitz befindliche Lohnsteuerkarte für diese Jahre an den Gläubiger herauszugeben.

Im Übrigen wie Muster 2 (RN 3).

b) Lohnsteuererstattungsanspruch gegen Arbeitgeber

Gepfändet wird die angebliche Forderung des Arbeitnehmers gegen seinen Ar- **6** beitgeber..... auf Durchführung des Lohnsteuerjahresausgleiches und auf Auszahlung des Lohnsteuererstattungsbetrages, der sich danach zugunsten des Schuldners für das laufende Jahr und die folgenden Jahre ergibt.

Im Übrigen wie Muster 2 (RN 3).

5. Pfändung wegen einer Forderung aus unerlaubter Handlung

Nach der Beschreibung der gepfändeten Forderung: **7**

Die Pfändung erfolgt wegen einer Forderung aus vorsätzlich begangener unerlaubter Handlung (§ 850 Abs. 2 ZPO).

Vom Arbeitseinkommen ist unpfändbar ein Betrag von ..... €.[8] Dieser Betrag erhöht sich *(Wortlaut von § 850 c Abs. 1 Satz 2, Abs. 2, Abs. 3 Satz 1 ZPO).*

Im Übrigen wie Muster 2 (RN 3).

---

[6] Vgl. ArbR-Hdb. § 92 RN 24 f.

[7] Der Gläubiger erwirbt auch die Nebenrechte, insbesondere das Antragsrecht.

[8] Untergrenze ist der Sozialhilfesatz des Wohnorts.

Schrader

6. Pfändungsantrag bei Kontoguthaben[9]

8 An das Amtsgericht . . . ., den . . . . .

In Sachen pp.

werden die angeblichen Ansprüche des Schuldners

gegen die Bank . . . . ., Zweigstelle . . . . .

a) aus Kontoverbindung jeder Art,
   insbesondere Kontonummer . . . . . gepfändet.[10]

b) aus dem Sparkonto einschließlich des Anspruches auf Auskehrung aller gegenwärtigen und künftigen Guthaben, auf Rückzahlung der Einlage, Zahlung von
   Zinsen und auf Kündigung des Guthabens. Zugleich wird angeordnet, dass der
   Schuldner alle über das Konto geführten Urkunden, insbesondere Sparbücher
   und Sparurkunden herauszugeben hat.[11]

c) aus Girokonten einschließlich des Anspruches – bei Kontokorrent nach Saldoziehung – auf alle gegenwärtigen und zukünftigen Guthaben, gegebenenfalls
   nach Saldoziehung und einschließlich der sonstigen pfändbaren Ansprüche aus
   dem Girovertrag, insbesondere des Anspruchs auf Gutschrift künftiger Eingänge,
   auf fortlaufende Auszahlung des Guthabens, auf Durchführung von Überweisungen an Dritte und auf Kündigung des Vertrages.[12]

Die gepfändeten Ansprüche werden in Höhe des Pfandbetrages dem Gläubiger
zur Einziehung überwiesen.

Im Übrigen wie Muster 2 (RN 3).

7. Antrag auf Nichtberücksichtigung von Unterhaltsberechtigten[13]

9 An das Amtsgericht . . . ., den . . . . .

Vollstreckungsgericht

Antrag gemäß § 850 c Abs. 4 ZPO

In der Vollstreckungssache *(volles Rubrum wie § 29 RN 1 ff.)*

Namens und in Vollmacht des Gläubigers wird beantragt,

        der Pfändungsbeschluss des Gerichts in dieser Sache vom . . . . . Aktz. . . . . .
        wird dahin ergänzt und abgeändert, dass

        1. die Ehefrau . . . . . des Schuldners bei der Berechnung des Arbeitsein-
           kommens des Schuldners unberücksichtigt bleibt;

        2. der Sohn . . . . . des Schuldners nur teilweise berücksichtigt wird, über
           die Höhe der Berücksichtigung entscheidet das Gericht nach billigem
           Ermessen.[14]

---

[9] Vgl. ArbR-Hdb. § 89 RN 37 ff.

[10] Die Angabe der Kontonummer ist keine Wirksamkeitsvoraussetzung, aber wenn bekannt zu empfehlen.

[11] Die Nebenrechte sind nach h. M. mitgepfändet, aber sollten genannt werden. Sie dienen als
Grundlage der Wegnahme durch den Gerichtsvollzieher.

[12] Beim Kontokorrent muss der Saldo gepfändet werden (BGH, Urteil v. 13. 3. 1981 – I ZR 5/79 –
NJW 1981, 1611). Es empfiehlt sich die Aufzählung, damit nicht zwischen den Saldoziehungen verfügt
werden kann.

[13] BAG, Urteil v. 23. 2. 1983 – 4 AZR 508/81 – AP ZPO § 850 c Nr. 4; BAG, Urteil v. 20. 6. 1984
– 4 AZR 339/82 – AP ZPO § 850 c Nr. 6.

[14] Vgl. *Zöller/Stöber*, ZPO, 23. Aufl., § 850 c ZPO RN 15.

Gründe:

Die Ehefrau des Schuldners ist berufstätig; sie verdient als ..... €.

Beweis: .....

Der Sohn ..... des Schuldners erhält als Auszubildender eine Ausbildungsvergütung in Höhe von ..... €.

Beweis: .....

Das Einkommen der Ehefrau deckt ihren eigenen Unterhalt. Es entspricht daher billigem Ermessen, dass sie bei der Berechnung des unpfändbaren Betrages unberücksichtigt bleibt. Die Ausbildungsvergütung des Sohnes mag zur Deckung seines Unterhaltes nicht ausreichen. Es entspricht jedoch der Billigkeit, dass die Unterhaltpflicht gegenüber dem Sohn nur zur Hälfte im Pfändungsbeschluss berücksichtigt wird.

Rechtsanwalt

8. Antrag auf Zulassung der Arrestvollziehung gem. § 111 g Abs. 2 StPO[15]

An das Amtsgericht ...., den **10**

Antrag auf Zulassung der Arrestvollziehung gemäß § 111 g Abs. 2 StPO

Aktz. der Staatsanwaltschaft .....: .....

In dem Arrestverfahren

der Firma .....

– Antragsteller(in) –

Prozessbevollmächtigte: .....

gegen

1. Frau/Herrn .....
   zurzeit Justizvollzugsanstalt, ...

– Beschuldigte(r) zu 1) –

2. Frau/Herrn .....

– Beschuldigte(r) zu 2) –

Namens und in Kraft beigefügter Vollmacht beantragen wir,

> die Vollziehung des Arrestbefehls des Arbeitsgerichts ..... (genaue Bezeichnung) zugunsten der Antragstellerin in das gesamte beschlagnahmte Vermögen der Beschuldigten zuzulassen.

1. Dinglicher Arrest der Staatsanwaltschaft

Mit Datum vom ..... hat die Staatsanwaltschaft ....., Aktz.: ..... den als Anlage 1 beigefügten dinglichen Arrest wegen Gefahr im Verzug zur Sicherung der der Antragstellerin aus der Straftat (Betrug u. a.) erwachsenen zivilrechlichen Ansprüche in Höhe von ..... € in das Vermögen der Beschuldigten angeordnet.

In Vollziehung dieses Arrestes der Staatsanwaltschaft ..... wurden verschiedene Vermögensgegenstände und Forderungen beschlagnahmt. Die Beschlagnahme erfolgte auf Grund folgender Pfändungsbeschlüsse des Amtsgerichts .....:

Pfändungsbeschluss vom ....., Aktz.: ..... ,

Pfändungsbeschluss vom ....., Aktz.: ..... ,

Pfändungsbeschluss vom ....., Aktz.: ..... ,

---

[15] Bei dem Antrag geht es darum, dass verschiedene Vermögenswerte des Schuldners bereits gepfändet wurden, allerdings gleichzeitig durch die Staatsanwaltschaft beschlagnahmt worden sind. Für diesen Fall bedarf es eines Antrags auf Zulassung der Arrestvollziehung nach § 111 g Abs. 2 StPO.

Pfändungsbeschluss vom ....., Aktz.: ..... ,
Pfändungsbeschluss vom ....., Aktz.: ..... ,
Pfändungsbeschluss vom ....., Aktz.: ..... ,
Pfändungsbeschluss vom ....., Aktz.: ....

Zudem erfolgte eine Kontenpfändung auf Grund der Pfändungsanordnung wegen Gefahr im Verzug der Staatsanwaltschaft ..... vom ....., Aktz.: .....

Des Weiteren wurde auf Antrag der Staatsanwaltschaft ..... vom ....., Aktz.: ..... auf dem Grundstück der Beschuldigten eine Sicherungshypothek in Höhe von ..... € eingetragen.

2. Arrestbeschluss des Arbeitsgerichts .....

Mit Arrestbeschuss vom ....., in der berichtigten Fassung vom ....., Aktz.: ..... hat das Arbeitsgericht ..... zugunsten der Antragstellerin den dinglichen Arrest in das gesamte Vermögen der Beschuldigten über einen Betrag in Höhe von ..... € angeordnet. Die Vollstreckung des Arrestes gegenüber der Beschuldigten zu 2) wurde von der Erbringung einer Sicherheitsleistung in Höhe von ..... € durch die Antragstellerin abhängig gemacht, wobei die Sicherheitsleistung auch durch selbstschuldnerische und unwiderrufliche Bürgschaft einer deutschen Großbank erbracht werden konnte. Die Ausfertigungen des Arrestbeschlusses des Arbeitsgerichts ..... fügen wir als Anlage 2 und Anlage 3 bei. Die Anlagen 2 und 3 enthalten weiterhin die Zustellungsurkunden über die Zustellung des Arrestbeschlusses an die Beschuldigten sowie die Zustellungsurkunde über die Zustellung der beigebrachten Prozessbürgschaft an die Beschuldigte zu 2).

Den anliegenden Entscheidungsgründen ist zu entnehmen, dass die Antragstellerin im Rahmen des arbeitsgerichtlichen Arrestverfahrens glaubhaft machen konnte, dass ihr ein Schadensanspruch gegen die Beschuldigten in Höhe von ..... € zusteht. Dieser Anspruch ist aus der Straftat erwachsen, die Anlass zur Beschlagnahme gewesen ist.

3. Arrestvollziehung

Die Antragstellerin hat den Arrestbeschluss des Arbeitsgerichts ..... vom ....., in der berichtigten Fassung vom ....., innerhalb der Vollziehungsfrist des § 929 Abs. 2 ZPO vollzogen. Nachdem sie zunächst verschiedene Vorpfändungen bewirkt hat, wurde auf Antrag vom ..... der als Anlage 4 beigefügte Pfändungsbeschluss am ..... vom Arbeitsgericht ..... erlassen. Zudem wurde auf Antrag vom ..... eine Arresthypothek auf dem Grundstück der Beschuldigten zu 2) in Höhe von ..... € eingetragen. Die entsprechende Eintragungsmitteilung fügen wir als Anlage 5 bei.

Die Vollziehung des Arrestbeschlusses des Arbeitsgerichts ..... vom ..... war vor der Antragstellung auf Zulassung der Arrestvollziehung gemäß § 111 g Abs. 2 StPO zulässig, da der Antrag auf Zulassung der Arrestvollziehung gemäß § 111 g Abs. 2 StPO oder gar eine entsprechende Zulassungsentscheidung nicht zur Vollziehung des Arrestes gehört und somit zur Wahrung der Vollziehungsfrist nicht erforderlich ist. Der Antrag auf Zulassung der Arrestvollziehung gemäß § 111 g Abs. 2 StPO ist deshalb auch zeitlich nach einer bereits erfolgten Arrestvollziehung möglich.

– vgl. BGH, Urteil vom 6. 4. 2000 – IX Zr 442/98 – NJW 2000, 2027;
– vgl. *Hees/Albeck,* Der Zulassungsbeschluss nach § 111 g Abs. 2 StPO, ZIP 2000, 873 –

Wir bitten, wie beantragt zu entscheiden.

Eine Abschrift dieses Antrags wurde mit gleicher Post an die Staatsanwaltschaft ....., Zentrale Stelle für Wirtschaftsstrafsachen, übersandt.

Rechtsanwalt

Schrader

II. Rechtsverfolgung aus dem Pfändungs- und Überweisungsbeschluss

1. Zahlungsklage gegen Drittschuldner[16]

An das Amtsgericht ...., den **11**
In Sachen *(volles Rubrum wie Hauptprozess)*
wird beantragt,

     die Beklagte zu verurteilen, ... € nebst .....% Zinsen seit ..... an die Klägerin zu zahlen.[17]

Gründe:

Die Klägerin besitzt gegen den Arbeitnehmer ..... eine rechtskräftig festgestellte Forderung von ..... € nebst .....% Zinsen seit dem ..... sowie der Kosten bisheriger Vollstreckung in Höhe von .....

Beweis: Urteil des .....
       Pfändungs- und Überweisungsbeschluss .....

Aufgrund dieses Titels hat die Klägerin die Ansprüche auf Arbeitsvergütung des Arbeitnehmers ..... gegen die Beklagte pfänden und sich zur Einziehung überweisen lassen. Der Pfändungs- und Überweisungsbeschluss ist der Beklagten am ..... zugestellt worden.

Beweis: Beigefügter Pfändungs- und Überweisungsbeschluss mit Zustellungsnachweis.

Der Arbeitnehmer ..... ist bei der Beklagten als ..... beschäftigt. Der Tariflohn für einen ..... beträgt im Wirtschaftszweig der Beklagten ..... €. Die Beklagte pflegt, wie branchenbekannt, jedoch übertarifliche Löhne und Gehälter zu zahlen. Es muss daher behauptet werden, dass der Arbeitnehmer ..... verdient.[18]

Beweis: a) Arbeitnehmer .....
      b) Lohnbuchhalter ..... der Beklagten
      c) Parteivernehmung des Inhabers ..... der Beklagten

Der Arbeitnehmer ist verheiratet und hat ..... Kinder, denen er unterhaltspflichtig ist. Damit hätte die Beklagte ab ..... monatlich ..... € überweisen müssen. Die Beklagte weigert sich. Klage ist daher geboten. Dem Schuldner wird der Streit gem. § 841 ZPO verkündet und beantragt, ihm den Schriftsatz zuzustellen.[19]

Rechtsanwalt

---

[16] Vgl. ArbR-Hdb. § 89 RN 49 ff.

[17] Ob wegen des Zahlungsverzugs auch Klage auf zukünftige Leistungen erhoben werden kann, ist zweifelhaft.

[18] Für den Fall, dass die Vergütung nicht genau bekannt ist, kann der Gläubiger auch im Wege der Stufenklage gegen den Drittschuldner vorgehen (vgl. ArbR-Hdb. § 89 RN 53; *Vorwerk,* Das Prozessformularbuch, 7. Aufl., M 62. 3).

[19] Der Drittschuldner wendet häufig ein, das Arbeitsverhältnis sei unterbrochen gewesen. Der Pfändungs- und Überweisungsbeschluss wird wirkungslos, wenn das Arbeitsverhältnis endet. Hiervon gilt dann eine Ausnahme, wenn mehrere Arbeitsverhältnisse nach der Verkehrsanschauung ein einheitliches Arbeitsverhältnis bilden. Dies ist dann der Fall, wenn die Unterbrechung nur einer Suspendierung gleichkommt (BAG, Urteil v. 24. 3. 1993 – 4 AZR 258/92 – AP BGB § 134 Nr. 7).

2. Streitverkündung

12 An das Amtsgericht ...., den .....

In Sachen *(volles Rubrum des Hauptprozesses)*

wird hiermit dem Arbeitnehmer

　　der Streit verkündet.

Der Sach- und Streitstand kann aus der beiliegenden Klageschrift entnommen werden. Ich bitte, die Streitverkündung zustellen zu lassen.

Rechtsanwalt

3. Drittschuldnerklage nach § 850 h ZPO[20]

13　　*Rubrum, Klageantrag und Gründe entsprechen der einfachen Drittschuldnerklage (oben RN 11) bis zum Beweisantritt: „Beigefügter Pfändungs- und Überweisungsbeschluss". Alsdann kann fortgefahren werden:*

Der Schuldner war früher selbstständig. Er hat ein Unternehmen für ..... geführt. Über sein Vermögen ist am ..... das Insolvenzverfahren eröffnet worden.

　　oder

Er ist hoch verschuldet. Die Ehefrau des Schuldners hat ein Unternehmen für ..... Sie selbst besitzt keinerlei Fachkenntnisse. Der Schuldner arbeitet bei seiner Ehefrau als Geschäftsführer. Zahlreiche Kunden, die den Schuldner nicht aus früherer Geschäftstätigkeit kennen, wissen nicht einmal, dass nicht der Schuldner, sondern dessen Ehefrau Inhaberin des Unternehmens ist.

Die Beklagte behauptet, ihr Mann sei nicht bei ihr beschäftigt. Es mag sein, dass ein Arbeitsvertrag nicht geschlossen worden ist. Indes arbeitet er bei ihr den ganzen Tag. Wenn die Beklagte einen fachkundigen Geschäftsführer eingestellt hätte, so hätte dieser mindestens Anspruch auf ..... € Gehalt.

Unter Berücksichtigung dieser Sachlage gilt gem. § 850 h ZPO eine angemessene Vergütung als geschuldet. Diese beträgt mindestens ..... €. Damit sind ..... € pfändbar.

(Ebenfalls ist die Streitverkündung nach Muster 2 (RN 12) notwendig).

4. Schreiben an Gläubiger, wenn Forderungsbetrag hinterlegt[21]

14 Betr.: Zwangsvollstreckung gegen .....

Sehr geehrte Damen und Herren,

in Ihrer Zwangsvollstreckungssache gegen ..... teilen wir mit, dass die Arbeitsvergütung des ..... gepfändet und zur Einziehung überwiesen worden ist für nachfolgende Gläubiger:

---

[20] Vgl. ArbR-Hdb. § 89 RN 63 ff.

[21] Unzureichend ist, wenn die Summe bei einer Bank hinterlegt wird (BAG, Urteil v. 24. 3. 1993 – 4 AZR 258/92 – AP BGB § 134 Nr. 7). Aus verschiedensten Gründen, z. B. wegen Schwierigkeiten bei der Erfüllung einer Forderung, zur Sicherheitsleistung oder auf Grund einer Parteivereinbarung, können Geld, Wertpapiere etc. bei der Hinterlegungsstelle des Amtsgerichtes nach näherer Bestimmung der Hinterlegungsordnung hinterlegt werden (vgl. § 1 Abs. 2, 5 HinterlO). Geschieht die Hinterlegung gem. §§ 372 ff. BGB, so hat der Hinterleger das Recht, die hinterlegten Sachen zurückzunehmen (§ 376 Abs. 1 BGB), wenn nicht einer der in § 376 Abs. 2 BGB aufgeführten Fälle vorliegt.

1. .....
2. .....

Fotokopie des jeweiligen Pfändungs- und Überweisungsbeschlusses ist beigefügt.

Den gepfändeten Geldbetrag haben wir bei der Hinterlegungsstelle des Amtsgerichts ..... hinterlegt.

Mit freundlichen Grüßen

5. Klage auf Hinterlegung eines Geldforderungsbetrags[22]

An das Amtsgericht ...., den **15**

In Sachen pp. *(volles Rubrum wie Hauptprozess)*

wird beantragt,

> den Beklagten zu verurteilen, den Betrag von ..... € bei der Hinterlegungsstelle des Amtsgerichts ..... zu hinterlegen.

Gründe:

Der Arbeitnehmer ..... ist bei der Beklagten als ..... für ein Monatsgehalt von ..... beschäftigt. Am ..... wurden die Gehaltsansprüche des Arbeitnehmers gegen den Beklagten zugunsten des ..... gepfändet und zur Einziehung überwiesen. Am ..... wurden die Gehaltsansprüche erneut zugunsten des Klägers gepfändet und zur Einziehung überwiesen. Zugunsten des Klägers besteht ein Pfändungsvorrecht, da die Pfändung wegen eines Unterhaltsanspruches erfolgte. Zur Gewährleistung einer ordnungsgemäßen Verteilung der Pfandsumme bedarf es daher der Hinterlegung, wozu die Beklagte gem. §§ 853, 856 ZPO verpflichtet ist.

Rechtsanwalt

6. Widerspruch gegen Teilungsplan[23]

An das Amtsgericht ...., den **16**

Vollstreckungsgericht

Widerspruch nach § 876 ZPO

In der Zwangsvollstreckungssache pp. *(volles Rubrum)*

Namens und in Vollmacht des Gläubigers erhebe ich gegen den Teilungsplan

> Widerspruch soweit

Begründung

Der Widerspruch ist begründet. Der Gläubiger ..... ist vor dem Gläubiger ..... zu befriedigen, weil .....

Rechtsanwalt

---

[22] Vgl. zur materiellen Rechtslage im Einzelnen ArbR-Hdb. § 90 RN 11 ff.

[23] Ist die gepfändete Lohnforderung hinterlegt, so ist nach §§ 872 ff. ZPO ein Teilungsplan aufzustellen (ArbR-Hdb. § 90 RN 18). Gegen den Teilungsplan kann Widerspruch eingelegt werden, für den Fall der Nichterledigung des Widerspruchs muss binnen einer Frist Widerspruchsklage nach § 878 ZPO eingelegt werden (vgl. im Einzelnen ArbR-Hdb. § 90 RN 18).

III. Formulare für den Drittschuldner[24]

1. Erklärung nach § 840 ZPO[25]

17   An die   Einschreiben

Firma .....

Betr.: Lohnpfändung .....
        Erklärung nach § 840 ZPO

Sehr geehrte Damen und Herren,

am ..... wurde uns der Pfändungs- und Überweisungsbeschluss in Sachen
...../..... durch den Gerichtsvollzieher ..... zugestellt. Die nach § 840 ZPO gestellten Fragen werden wie folgt beantwortet:

1. Die gepfändete Forderung wird anerkannt. Es bleibt vorbehalten, sämtliche
   Einwendungen und Einreden zu erheben, sofern solche noch bekannt werden.
   Zahlungen erfolgen nur im Rahmen der Pfändbarkeit und soweit nicht Rechte
   Dritter vorgehen.

2. Der Schuldner hat von seinem pfändbaren Arbeitseinkommen am ..... € monatlich zur Zahlung eines Betrages von ..... an ..... abgetreten. Die Gläubigerin
   hat geltend gemacht, sie habe Ansprüche wegen .....

3. Die Lohnpfändung des Schuldners ist wegen folgender Forderungen nebst Zinsen und Kosten vorgepfändet:

   .....

Einen pfändbaren Betrag können Sie mit Rücksicht auf die bestehenden Voraus-
abtretungen und Vorpfändungen zurzeit nicht erwarten.

oder

Den jeweils pfändbaren Betrag überweisen wir bis zum ..... eines jeden Monats.

Mit freundlichen Grüßen

2. Berechnungsbogen für das pfändbare Arbeitseinkommen[26]

18   I. Personalien des Schuldners

Name: ..... Vorname: .....
Anschrift: .....
geboren am: ..... verheiratet: .....
Zahl der unterhaltsberechtigten Kinder: .....
Zahl der unterhaltsberechtigten Personen: .....

   II. Daten des Gläubigers

1. Name: ..... Anschrift: .....
   Prozessbevollmächtigter (Name und Anschrift): .....
   Konten des Gläubigers: .....
   Prozessbevollmächtigte: .....

---

[24] Vgl. auch oben RN 14.
[25] Vgl. BGH, Urteil v. 1. 12. 1982 – VIII ZR 279/81 – BGHZ 86, 23.
[26] Vgl. im Einzelnen ArbR-Hdb. § 92 RN 1 ff.

2. a) Forderung: .....
   Zinsen seit: .....
   b) Prozesskosten: .....
   Zinsen seit: .....
   c) bisherige Vollstreckungskosten: .....
   Zinsen seit .....
   d) Kosten des Pfändungs- und Überweisungsbeschlusses: .....

III. Berechnung des Einkommens des Schuldners

1. Bruttoeinkommen im Monat: .....
2. Hiervon sind abzuziehen

   a) Steuern: .....
   b) Sozialversicherungsbeiträge des Arbeitnehmers: .....
   c) Krankenkassen/Ersatzkassenbeiträge: .....
   d) Vermögenswirksam angelegte Einkommensteile: .....
   e) ½ des für Mehrarbeitsstunden gezahlten Teils des Arbeitseinkommens: .....
   f) Urlaubsentgelt: .....
   g) Aufwandsentschädigungen, Auslösungen, Nutz- und Ersparniszulagen: .....
      Weihnachtsgratifikation, maximal 500,00 € monatlich (§ 850a Nr. 4 ZPO):
      .....
   h) Heirats- und Geburtshilfen: .....
   i) Erziehungs- und Studienbeihilfen: .....
   j) Sterbe- und Gnadenbezüge: .....
   k) Blindenzulagen: .....

3. a) Damit ergibt sich Nettoeinkommen: .....
   b) Abrundung auf den durch 0,50 € tägl., 2,50 € wöchentlich, 10,00 € monatlich teilbaren Betrag (§ 850c Abs. 3 ZPO)
   c) In jedem Fall pfändbarer Betrag: über 2851,00 € monatlich, 658,00 € wöchentlich, 131,58 € täglich (§ 850c Abs. 2 Satz 2 ZPO).

4. Die Höhe des pfändbaren Betrages beträgt damit gem. Tabelle: .....
5. Dem Schuldner verbleiben damit: .....
   Nettoarbeitseinkommen: .....
   abzüglich pfändbarer Betrag: .....
   Rest: .....

3. Berechnungsbogen des pfändbaren Arbeitseinkommens bei Festsetzung durch das Gericht

1. Berechnung des Nettoeinkommens *wie bei Muster 2 zu III. 1–3 (RN 18)*. **19**
2. Die Höhe des pfändbaren Betrages ergibt sich aus dem Pfändungs- und Überweisungsbeschluss.[27]
3. Dem Schuldner verbleiben damit:
   Nettoeinkommen abzüglich pfändbarer Betrag.

4. Überweisungsplan bei mehrfacher Pfändung[28]

1. Die Überweisungen erfolgen nach der Reihenfolge der Pfändung. **20**

---

[27] Vgl. ArbR-Hdb. § 90 RN 4.
[28] Vgl. ArbR-Hdb. § 92 RN 58.

2. Ausnahme: Ist wegen Unterhaltsforderungen usw. gepfändet, also der unpfändbare Betrag durch das Gericht festgesetzt, so kann sich ergeben, dass an einen nachfolgenden Unterhaltsgläubiger bereits Überweisungen erfolgen müssen, und zwar in Höhe der Differenz, die sich ergibt zwischen dem zugunsten eines vorherigen Gläubigers pfändbaren Betrages und dem zugunsten des Unterhaltsgläubigers höher pfändbaren Betrages.

IV. Formulare für den Schuldner (Arbeitnehmer)

1. Antrag auf Erhöhung des Pfändungsfreibetrages nach § 850 f Abs. 1 ZPO

21   An das Amtsgericht ...., den .....
Vollstreckungsgericht

Antrag nach § 850 f Abs. 1 ZPO
In der Vollstreckungssache pp. *(volles Rubrum wie Hauptprozess)*
Namens und in Vollmacht des Schuldners wird beantragt,
> In Abänderung des Pfändungsbeschlusses des Gerichts vom ..... Aktz. .....
> dem Schuldner abweichend von § 850 c Abs. 1 ZPO einen Betrag ..... statt
> ..... € als unpfändbar zu belassen.

> *Gründe:*

Gemäß beigefügtem Attest des Arztes Dr. ..... ist der Schuldner an ..... erkrankt und benötigt besondere Diätkost, für die monatliche Mehrkosten von ca. ..... € entstehen. Daher muss der Pfändungsbetrag entsprechend heraufgesetzt werden.
Rechtsanwalt

2. Antrag des Schuldners nach § 850 i ZPO[29]

22   An das Amtsgericht ...., den .....
Antrag nach § 850 i ZPO
In der Vollstreckungssache *(volles Rubrum wie Hauptprozess)*
Namens und in Vollmacht des Schuldners wird beantragt,
> Der Pfändungsbeschluss des Gerichts ..... Aktz.: ..... wird dahin geändert,
> dass die Pfändung der Abfindung für einen Teilbetrag von ..... € aufgehoben
> und dieser Teilbetrag dem Schuldner belassen wird.

> *Gründe:*

Der Schuldner ist am ..... aus seinem Arbeitsverhältnis bei der Firma ..... ausgeschieden. Als Entschädigung für den Verlust des Arbeitsplatzes hat er Anspruch auf

---

[29] Von einem formularmäßig erlassenen Pfändungs- und Überweisungsbeschluss wird auch die Abfindung des Arbeitnehmers nach §§ 9, 10 KSchG erfasst. Sie ist „Arbeitseinkommen" im Sinne von § 850 ZPO. Für derartige Abfindungen gelten nicht die Pfändungsgrenzen des § 850 c ZPO. Es handelt sich vielmehr um eine „nicht wiederkehrend zahlbare Vergütung" im Sinne von § 850 i ZPO (vgl. BAG, Urteil v. 12. 9. 1979 – 4 AZR 420/77 – AP ZPO § 850 Nr. 10). Den Arbeitgeber trifft im Allgemeinen keine Fürsorgepflicht, den Arbeitnehmer über die Möglichkeit eines Vollstreckungsschutzantrages nach § 850 i ZPO zu belehren. Insoweit ist allein das Rechtsverhältnis des Arbeitnehmers zu dessen Gläubigern betroffen, für die der Arbeitgeber keine Schutzpflichten hat (vgl. BAG, Urteil v. 13. 11. 1991 – 4 AZR 20/91 – AP ZPO § 850 Nr. 13).

eine Abfindung in Höhe von ..... €. Diese Abfindung ist durch Beschluss des Gerichts vom ..... gepfändet und dem Gläubiger zur Einziehung überwiesen worden. Seit dem ..... hat der Schuldner nur noch Anspruch auf Arbeitslosengeld. Der Schuldner bezieht wöchentlich Arbeitslosengeld in Höhe von ..... €. Es ist billig, dass er die Abfindung bis zur Höhe seines früheren Nettoeinkommens zu seinem Unterhalt verwenden kann, weil .....

Rechtsanwalt

3. Antrag wegen Kontenpfändung (§ 850k ZPO)

An das Amtsgericht ...., den **23**
Vollstreckungsgericht
Antrag nach § 850k ZPO
In der Vollstreckungssache pp. *(volles Rubrum wie Hauptprozess)*
Namens und in Vollmacht des Schuldners wird beantragt,

1. der Pfändungsbeschluss des Gerichtes vom ..... Aktz. ..... wird dahin geändert, dass die erfolgte Pfändung des Guthabens zur Konto-Nr. ..... bei der ..... Bank in Höhe von ..... € und die Pfändung künftiger Geldeinkünfte in einer Höhe von monatlich ..... € aufgehoben wird;
2. in Höhe von ..... € wird die Pfändung vorab aufgehoben;
3. die Vollstreckung aus dem Pfändungsbeschluss des Gerichtes vom ..... wird in Höhe von ..... € einstweilen eingestellt.

Gründe:

Das Gehaltskonto des Schuldners ist durch Pfändungs- und Überweisungsbeschluss vom ..... gepfändet worden. Nach der in Kopie beigefügten Lohnsteuerkarte unterhält der Schuldner ..... Personen, nämlich ..... Ihm steht ein Pfändungsfreibetrag nach §§ 850a, c ZPO von ..... € zu. Nach der Mitteilung der Bank ist die Pfändung am ..... erfolgt. Ausweislich der Überweisungsbelege wird das Gehalt jeweils am ..... gezahlt. Die Pfändung ist daher für den anteiligen Monat in Höhe von ..... aufzuheben. Da die Pfändung auch künftige Geldeingänge erfasst, ist sie für diese zugleich in Höhe des monatlich unpfändbaren Betrages aufzuheben.

Nach § 850k Abs. 2 ZPO ist eine Pfändung in der für den notwendigen Unterhalt erforderlichen Höhe für den Monatsrest aufzuheben. Laut beigefügter eidesstattlicher Versicherung verfügt der Schuldner über keine weiteren Mittel mehr.

Da zu besorgen ist, dass die Entscheidung über den Antrag zu 1. erst nach Ablauf der zweiwöchigen Sperrfrist (§ 835 Abs. 3 Satz 2 ZPO) ergehen kann und an den Gläubiger bezahlt werden muss, ist die Vollstreckung in Höhe des voraussichtlichen Freibetrages einstweilen einzustellen. Es wird um telefonische Unterrichtung von der Entscheidung gebeten.

Rechtsanwalt

§ 31. Abmahnung und Stellungnahme des Betriebsrats

I. Abmahnung[1]

1. Abmahnung wegen unentschuldigten Fehlens

1 Sehr geehrte(r) Frau/Herr ....,

zu unserem Bedauern müssen wir feststellen, dass Sie am .... ohne Angabe von Gründen gefehlt haben/am .... erst um .... und damit verspätet den Dienst aufgenommen haben/wegen Ihrer Erkrankung vom .... bis .... die Arbeitsunfähigkeitsbescheinigung nicht innerhalb einer Frist von drei Tagen vorgelegt haben.

Wir müssen Sie ganz eindringlich bitten, hinfort Ihren Pflichten aus dem Arbeitsvertrag zu genügen, anderenfalls wir uns vorbehalten, das Arbeitsverhältnis zu kündigen.

Eine Durchschrift dieses Briefes werden wir zu Ihren Personalakten nehmen *(evtl.)* und dem Betriebsrat zur Kenntnisnahme zuleiten.

Mit freundlichen Grüßen

2. Abmahnung wegen übermäßigen Alkoholgenusses

2 Sehr geehrte(r) Frau/Herr ....,

Sie haben am .... während der Arbeitszeit trotz eines bestehenden Alkoholverbotes Alkohol getrunken.

Dieser Vorfall ist nicht der erste. Bereits am .... haben Sie gegen das betriebliche Alkoholverbot verstoßen und sind deswegen mit Schreiben vom .... abgemahnt worden.

Wir mahnen Sie wegen des Verstoßes gegen das betriebliche Alkoholverbot ein zweites Mal ab. Wir werden die Abmahnung wiederum zu den Personalakten nehmen.

Wir weisen Sie darauf hin, dass wir in diesem Verhalten einen schweren Verstoß gegen Ihre arbeitsvertraglichen Pflichten sehen. Wir sind nicht bereit, derartige Pflichtwidrigkeiten in Zukunft hinzunehmen und bitten Sie nachdrücklich, den Ihnen obliegenden arbeitsvertraglichen Pflichten ordnungsgemäß nachzukommen. Sollten Sie gleichwohl – entgegen dieser Abmahnung – erneut in der von uns gerügten oder ähnlichen Art und Weise gegen Ihre arbeitsvertraglichen Pflichten verstoßen, müssen Sie mit der, gegebenenfalls auch außerordentlichen, Kündigung Ihres Arbeitsverhältnisses rechnen.

Mit freundlichen Grüßen

---

[1] Die Abmahnung unterliegt grundsätzlich nicht der Mitbestimmung des Betriebsrats (BAG, Urteil v. 30. 1. 1979 – 1 AZR 342/76 – AP BetrVG 1972 § 87 Betriebsbuße Nr. 2). Mitbestimmungspflichtig wird sie dagegen dann, wenn sie einen über den Warnzweck hinausgehenden Sanktionscharakter hat. Die Abmahnung hat Dokumentations- und Warnfunktion. Sie enthält mithin das beanstandete Verhalten und die Androhung von Rechtsfolgen (BAG, Urteil v. 18. 1. 1980 – 7 AZR 75/78 – AP KSchG 1969 § 1 Verhaltensbedingte Kündigung Nr. 3). Die Abmahnung ist zu unterscheiden von der Ermahnung. Dies ist eine Vorstufe der Abmahnung, eine Belehrung über die Pflichten aus dem Arbeitsvertrag (über die Notwendigkeit der Abmahnung vgl. ArbR-Hdb. § 61 RN 46 ff.; zur neueren Rspr. vgl. *Hunold* NZA-RR 2003, 57 ff.; zu den formellen und materiellen Voraussetzungen der Abmahnung vgl. im Einzelnen ArbR-Hdb. § 61).

Schrader

3. Abmahnung wegen Vernachlässigung der Ausbildung

Sehr geehrte(r) Frau/Herr ....., 3

Sie haben in den letzten ..... Monaten ..... mal an dem unternehmensinternen Unterrichtsstunden unentschuldigt nicht teilgenommen. Dies war am ..... *(genaue Daten)*.

Außerdem haben Sie an folgenden Tagen ..... unentschuldigt am Berufsschulunterricht nicht teilgenommen. Sie sind aber auch nicht im Unternehmen erschienen. Dies war an folgenden Tagen: ..... *(genaue Daten)*.

Sie gefährden mit Ihrem Verhalten den erfolgreichen Abschluss Ihrer Ausbildung.

Ihr Verhalten stellt eine arbeitsvertragliche Pflichtverletzung dar, derentwegen wie Sie abmahnen. Wir weisen darauf hin, dass Sie bei weiterem Fehlverhalten mit arbeitsrechtlichen Maßnahmen rechnen müssen. Dazu kann auch die außerordentliche Kündigung des Berufsausbildungsverhältnisses gehören.

Die Abmahnung nehmen wir zu Ihren Personalakten. Der Betriebsrat erhält eine Abschrift.

Mit freundlichen Grüßen

4. Allerletzte Abmahnung[2]

Betr.: Allerletzte Abmahnung 4

Sehr geehrte(r) Frau/Herr .....,

.....

(es folgt die Darstellung des Sachverhaltes, der zum Anlass für die letzte Abmahnung genommen wird).

Wir fordern Sie letztmalig auf, Ihren arbeitsvertraglichen Pflichten nachzukommen. Dies ist unsere letztmalige Abmahnung. Sollte sich diese oder eine gleichartige Pflichtverletzung wiederholen, werden wir das zwischen Ihnen und uns bestehende Arbeitsverhältnis außerordentlich, hilfsweise ordentlich kündigen.

Mit freundlichen Grüßen

Taktischer Hinweis: 5

Der Arbeitnehmer hat zahlreiche Möglichkeiten, **gegen eine zu Unrecht erteilte Abmahnung** vorzugehen. Er kann eine Klage auf Entfernung der Abmahnung aus der Personalakte einreichen, eine Gegendarstellung zur Personalakte reichen oder schlicht und einfach gar nichts machen.[3] In der Praxis ist es regelmäßig für den Anwalt, der Arbeitnehmer vertritt, die ihre Beschäftigung aufrechterhalten wollen, angezeigt, gegen eine Abmahnung nicht vorzugehen. Unabhängig von der Frage, aus welchem Grunde sich die Abmahnung als unwirksam erweist und ob der Arbeitgeber eine erneute Abmahnung wegen dieses Grundes, diesmal allerdings formell ordnungsgemäß, aussprechen könnte, führt ein Vorgehen gegen eine Abmahnung regelmäßig zu einer Verschärfung der Aus-

---

[2] Zahlreiche Abmahnungen wegen gleichartiger Pflichtverletzungen, denen keine weiteren Konsequenzen folgen, können die Warnfunktion der Abmahnung abschwächen. Der Arbeitgeber muss dann die letzte Abmahnung vor Ausspruch einer Kündigung besonders eindringlich gestalten, um dem Arbeitnehmer klar zu machen, dass weitere derartige Pflichtverletzungen nunmehr zum Ausspruch einer Kündigung führen werden (vgl. BAG, Urteil v. 15. 11. 2001 – 2 AZR 609/00 – AP KSchG 1969 § 1 Abmahnung Nr. 4).

[3] Vgl. zum Rechtsschutz ArbR-Hdb. § 61 RN 68 ff.

Schrader

einandersetzung zwischen Arbeitgeber und Arbeitnehmer. Diese Verschärfung ist vielfach gerade bei denjenigen Arbeitnehmern, die tatsächlich weiterarbeiten wollen, sich jedoch über eine ausgesprochene Abmahnung – ob zu Recht oder zu Unrecht sei dahingestellt – ärgern, nicht angezeigt. Für die Zukunft gibt es zwei Möglichkeiten: Das Arbeitsverhältnis beruhigt sich, es werden keine weiteren Abmahnung oder Kündigungen ausgesprochen. Eine Verschärfung wäre für diesen Fall kontraproduktiv gewesen. Oder aber der Arbeitgeber spricht weitere Abmahnungen und letztlich eine Kündigung aus. Für diesen Fall wird im Kündigungsschutzfall inzident die Wirksamkeit der Abmahnung überprüft, so dass der Arbeitnehmer sich nichts vergibt.[4] Andererseits kann in einem Verfahren um die Wirksamkeit der Abmahnung ein Verhandlungsforum eröffnet werden, bei dem über die Konditionen einer Ausscheidensregelung verhandelt werden kann. Aus Arbeitgebersicht ist wegen der hohen formellen Anforderungen an eine Abmahnung zu empfehlen, sich vor Ausspruch einer Abmahnung beraten zu lassen, um nicht die Gefahr zu laufen, in einem Verfahren um eine spätere verhaltensbedingte Kündigung allein deshalb zu unterliegen, weil die zuvor ausgesprochenen Abmahnungen aus (formellen) Gründen sich als unwirksam erweisen.

II. Verweis[5]

6 Betr.: .....

Sehr geehrte(r) Frau/Herr ....,

nach unserer betrieblichen Parkplatzregelung dürfen private Kraftfahrzeuge innerhalb des Unternehmens nur ..... geparkt werden. Diese Parkplatzordnung ist Ihnen am ..... bekannt gemacht worden. Gleichwohl haben Sie mehrfach, und zwar ..... Ihren Privatwagen ..... geparkt.

Aufgrund unserer mit dem Betriebsrat vereinbarten Bußordnung vom ..... erteilen wir Ihnen einen Verweis. Wir weisen Sie darauf hin, dass Sie bei Wiederholung oder bei einem weiteren Verstoß gegen die Arbeitsordnung mit einer Kündigung zu rechnen haben.

Diesem Verweis hat der Betriebsrat am ..... zugestimmt.

Geschäftsleitung   Betriebsrat

III. Betriebsvereinbarung

7   *Da eine Abmahnung nicht der Mitbestimmung des Betriebsrats unterliegt, besteht kein Anspruch auf Abschluss einer Betriebsvereinbarung wegen Abmahnung.*

§ 32. Vorbereitungen zur Kündigung

Wagner, Die Kündigung durch den Arbeitgeber – Checkliste, NZA 1989, 384; Checkliste für die Annahme arbeitsrechtlicher Mandate: FA 1998, 112; Checkliste bei *Berkowsky,* Die betriebsbedingte Kündigung, 5. Aufl., S. 605 ff.

---

[4] Zur Abmahnung als Voraussetzung für eine verhaltensbedingte Kündigung vgl. im Einzelnen ArbR-Hdb. § 61 RN 46 ff.
[5] Für die Erteilung eines Verweises bedarf es einer Betriebsbußordnung und der Mitbestimmung des Betriebsrats im Einzelfall (vgl. ArbR-Hdb. § 61 RN 11, 15 ff.).

Schrader

I. Betriebliche Verfügung zur Vorbereitung einer Kündigung

1. Allgemeine Verfügung

1. Name, Vorname und Anschrift des zu Kündigenden **1**
2. a) Geburtsdatum . . . . .
   b) Einstellungsdatum . . . . .
   c) Anrechnungsfähige Dienstzeiten . . . . .
   d) Nationalität . . . . .
   e) Familienstand . . . . .
       ledig . . . . .
       verheiratet . . . . .
       geschieden . . . . .
   f) Unterhaltspflicht . . . . .
3. Art der Kündigung . . . . .
   a) Außerordentliche . . . . .
   b) Ordentliche . . . . .
   c) Änderungskündigung . . . . .
4. Berechnung der Kündigungsfrist . . . . .
   a) gesetzlich . . . . .
   b) tariflich . . . . .
   c) vertraglich . . . . .
   also zum: . . . . . Letzter Tag des Kündigungszugangs . . . . .
5. Kündigungshindernisse . . . . .
   a) Schwerbehinderter Mensch . . . . .
   b) Inhaber eines Bergmannsversorgungsscheines . . . . .
   c) Mutterschutz . . . . .
   d) Wehrdienst . . . . .
   e) Mitglied des Betriebsrats . . . . .
   f) Wahlvorstand . . . . .
   g) Wahlbewerber . . . . .
   h) Mitglied der Jugend- und Auszubildendenvertretung . . . . .
   i) Mitglied der Schwerbehindertenvertretung . . . . .
   j) Vertragliche (befristeter Arbeitsvertrag, Kündigungsausschluss usw.) . . . . .
   k) Anwendung des KSchG . . . . .
   l) Immissionsschutz-, Störfallbeauftragter . . . . .
6. Kündigungsgrund mit Beweismitteln . . . . .
   a) personenbedingt (Krankheit u. ä.) . . . . .
   b) verhaltensbedingt . . . . .
   c) betriebsbedingt . . . . .
   d) Gründe für Sozialauswahl . . . . .
   e) wichtiger Grund . . . . .
   f) Kenntnisnahme von Kündigungsgrund; (2-Wochen-Frist bei außerordentlicher Kündigung) § 626 Abs. 2 BGB . . . . .
   g) Angebot eines anderen Arbeitsplatzes[1] . . . . .
   h) Vorausgegangene Abmahnung . . . . .

---

[1] Es gilt der Vorrang der Änderungskündigung (BAG, Urteil v. 27. 9. 1984 – 2 AZR 62/83 – AP KSchG 1969 § 2 Nr. 8; BAG, Urteil v. 29. 11. 1990 – 2 AZR 282/90 – n. a. v).

Schrader

7. Anhörung des Betriebsrats[2]/Sprecherausschusses .....
   a) Mitteilung ab am .....
      – Mitteilung von Kündigungsgründen und Unterlagen
   b) Ablauf der Anhörungsfrist .....[3]
   c) Eingang der Stellungnahme des Betriebsrats/Sprecherausschusses .....
      aa) Zustimmung .....
      bb) Widerspruch .....
      cc) sonstige Bedenken .....
      dd) Verschweigung .....

8. Zustimmung des Betriebsrats nach § 103 BetrVG
   a) Antrag ab .....
   b) Zustimmung erteilt/abgelehnt am .....
   c) Beschlussverfahren .....

9. Einholung behördlicher Zustimmung
   a) Antrag ab am .....
   b) Zustimmung erteilt, abgelehnt am .....

10. Kündigung
   a) schriftlich ab .....
   b) Stellungnahme des Betriebsrats im Falle seines Widerspruches beifügen
   c) Sicherstellung des Zugangs
      Bote ..... einfacher Brief .....
      Einschreiben .....
      Einschreiben mit Rückschein .....
      Zustellungsurkunde .....

11. Weiterbeschäftigung
   a) Widerspruch des Betriebsrats/Sprecherausschusses[4]
      Frist: .....
      Form: .....
      Gründe: .....
   b) Kündigungsschutzklage des Arbeitnehmers:
   c) Allgemeiner Weiterbeschäftigungsanspruch

12. Aufforderung zur verlangten Weiterbeschäftigung oder Ablehnung
   a) Aufforderung:
   b) Entbindung beantragen:
   c) Weiterbeschäftigung mangels hinreichender Gründe ablehnen:

13. Abwicklung des Arbeitsverhältnisses im Betrieb
   Kündigungsnachricht an
   a) Lohn- oder Gehaltsstelle
   b) Betriebsleiter
   c) Meister/Abteilungsleiter
   d) Werkzeugausgabe usw.

14. Überwachung und Rückgabe werkseigener Gegenstände
   a) Werkzeug

---

[2] Dem Betriebsrat müssen von vornherein die Gründe zur Sozialauswahl mitgeteilt werden (BAG, Urteil v. 29. 3. 1984 – 2 AZR 429/83 – AP BetrVG 1972 § 102 Nr. 31).

[3] Um jegliche formalen Probleme bei der Betriebsratsanhörung zu vermeiden (war die Stellungnahme des Betriebsrats abschließend oder nicht? vgl. beispielsweise LAG Niedersachsen, Urteil v. 27. 9. 2002 – 10 Sa 626/02 – NZA-RR 2003, 76), sollte vor Ausspruch der Kündigung die Anhörungsfrist voll gewahrt werden.

[4] Vgl. hierzu ArbR-Hdb. § 123 RN 92 ff., 146 ff.

   b) Werksausweis
   c) Werbematerial
   d) Darlehen
   e) Vorschuss
15. Restansprüche des Arbeitnehmers
   a) Resturlaub, Abgeltung, Weigerung für das laufende Jahr wegen außerordentlicher Kündigung
   b) Restlohn
   c) Arbeitspapiere
      Lohnsteuerkarte
      Lohnnachweiskarte
      Ersatzbescheinigung
   d) Zeugnis
      einfaches
      qualifiziertes
   e) Nachvertragliches Wettbewerbsverbot
   f) Unverfallbare Versorgungsanwartschaft
16. Ausgleichsquittung[5] und Verabschiedung
17. Abmeldung bei Krankenkasse

2. Prüfliste personenbedingter Kündigung

Berkowsky, Die personenbedingte Kündigung, Teil 1 NZA-RR 2001, 393 ff.; Teil 2 NZA-RR 2001, 449 ff.

a) Wiederholungskrankheiten oder langandauernde Erkrankung   **2**
b) Wiederholungskrankheit
   (1) Aufstellung der Fehlzeiten in den letzten drei Jahren und Art der Erkrankung sowie Entgeltfortzahlungskosten
   (2) Worauf ist die Erkrankung zurückzuführen, soweit bekannt (chronische Erkrankung, arbeitsbedingte Erkrankung, Betriebsunfall)
   (3) Entwicklung der Fehlzeiten, steigende, fallende
   (4) Zukunftsprognose
      – des Arztes
      – des Mitarbeiters auf Befragen.
   (5) Auswirkungen der Erkrankung auf den Betrieb.
      – Betriebsstörungen
      – Vertretungsmöglichkeit
      – Einstellung von Aushilfen.
   (6) Prüfung der Versetzungsmöglichkeit auf einen anderen Arbeitsplatz, Umschulung oder Fortbildung.
   (7) Durchführung von Rehabilitationsmaßnahmen, Kuren usw.
c) Langanhaltende Krankheit
   (1) Krank seit
   (2) Prognose der Krankheit, wie lange
   (3) Wiederherstellungsaussichten
   (4) Prognose der Wiederholungserkrankung oder bleibende Gesundheitsbeeinträchtigungen.
   (5) Auswirkungen auf den Betrieb

---

[5] Vgl. im Einzelnen ArbR-Hdb. § 72 RN 7 ff. m. w. N.

Schrader

(6) Vertretungsmöglichkeit

(7) Versetzungsmöglichkeit auch durch Änderungskündigung.

3. Prüfliste verhaltensbedingter Kündigung

3   a) Abmahnung[6]

(1) Wann ereignete sich der abgemahnte Pflichtverstoß und was lag der Abmahnung zugrunde.

(2) In welchem Bereich ereignete sich der Pflichtverstoß (Leistung, Verhalten, betriebliche Verbundenheit, Unternehmensbereich).

(3) Abmahnungsberechtigung

(4) Sachverhalt der neuen Pflichtverletzung und Beweismittel.

(5) Verhältnismäßigkeit, reicht weitere Abmahnung.

(6) Letztmalige Abmahnung erforderlich?[7]

b) Verhaltensbedingte Kündigung

(1) Wiederholungsfall desselben Unrechtswerts nach Abmahnung

(2) Zeitlicher Abstand zur vorherigen Abmahnung

(3) Konnte Mitarbeiter in der vorausgegangenen Zeit Verhalten ändern

(4) Versetzungsmöglichkeit und Änderungskündigung

(5) Berücksichtigung der Interessen des Mitarbeiters (Betriebszugehörigkeit, soziale Lage)

(6) Zwischenzeitliche Belobigung oder sonstige Auszeichnungen

(7) Anhörung des Mitarbeiters, insbesondere bei Verdachtskündigung.

4. Prüfliste betriebsbedingter Kündigung

ArbR-Hdb. §§ 131, 132; *Schiefer,* Checkliste zur betriebsbedingten Kündigung, WiB 1995, 357; *Berkowsky,* Die betriebsbedingte Kündigung, 5. Aufl., 2002, mit Checklisten ab S. 605 ff.

4   a) Unternehmerentscheidung[8]

(1) Konzept der Angleichung des Personalbestandes an den Arbeitsbedarf

(2) Etwaige Missbrauchskontrolle

b) Inner- oder außerbetriebliche Gründe

(1) Innerbetriebliche

(2) Außerbetriebliche

(3) Darlegungs- und Beweislast.

c) Wegfall des Beschäftigungsbedürfnisses

(1) Arbeitsmenge und Vertragsfaktoren

(2) Arbeitsmenge und Betriebsfaktoren

d) Dringendes betriebliches Erfordernis

(1) Grundsatz der Verhältnismäßigkeit

(2) Ausschlusstatbestände

(2.1) Versetzungsmöglichkeit

(2.2) Umschulungsmöglichkeit

(2.3) Vorrang der Änderungskündigung

(2.4) Versetzung in Unternehmen oder Konzern

---

[6] Vgl. ArbR-Hdb. § 61 RN 1 ff.; vgl. § 31 RN 1 ff.

[7] Vgl. § 31 RN 4.

[8] Vgl. *Schrader* NZA 2000, 401 ff. m. w. N.

e) Interessenabwägung
f) Art des betriebsbedingten Grundes und seine jeweilige Besonderheiten zur Kündigung
g) Soziale Auswahl
  (1) Horizontale Ebene
    – gleiche Arbeitsplätze
    – subjektive Unterschiede bei Teilidentität der Arbeitsplätze
  (2) Vertikale Ebene
    – Arbeitnehmer desselben Ranges
    – Erweiterung der Auswahl durch Vertragsangebot des Arbeitnehmers[9]
  (3) Räumlicher Bereich der sozialen Auswahl
h) Auswahlmerkmale bei der sozialen Auswahl
  Betriebszugehörigkeit, Lebensalter, Unterhaltsverpflichtungen und Schwerbehinderung der in die Sozialauswahl einzubeziehenden Arbeitnehmer.[10]
i) Kollektivrecht zur sozialen Auswahl
  (1) Tarifvertragsrecht zur sozialen Auswahl
  (2) Betriebsvereinbarung/Richtlinie nach dem Personalvertretungsrecht zur sozialen Auswahl
  (3) Richtlinie des Arbeitgebers mit Zustimmung der Belegschaft
  (4) Interessenausgleich zur sozialen Auswahl
j) Überwindung der sozialen Auswahl
  (1) Berechtigte betriebliche Belange
  (2) Beweismittel.
k) Auskunftsersuchen zur sozialen Auswahl.

II. Anhörungsverfahren

1. Formblatt für die Anhörung vor Kündigung

An den   5
Betriebsrat
z. H. des Betriebsratsvorsitzenden

  oder

An den
Personalausschuss
z. H. des Ausschussvorsitzenden

Sehr geehrte(r) Herr/Frau .....,
wir beabsichtigen, dem Arbeitnehmer
Name: .....
Anschrift: .....
Familienstand: .....
geboren am: .....

---

[9] Der Arbeitnehmer kann die vertikale Auswahl nicht durch die Be......schaft, auch geringerwertige Arbeit zu verrichten, erweitern (BAG, Urteil v. 29. 3. 1990 – 2 AZR .....SchG 1969 § 1 Betriebsbedingte Kündigung Nr. 50).
[10] Auf Grund der Änderungen durch das Gesetz zu Reformen am Ar......... 2003 I, 3002) sind weitere soziale Punkte nunmehr unbeachtlich.

Schrader

Kinder: .....
bei uns beschäftigt seit dem: .....
zuletzt als: .....
bei einer wöchentlichen Stundenzahl von: .....
Vergütung: .....

eine außerordentliche, hilfsweise ordentliche Kündigung, zum nächstzulässigen Zeitpunkt, das ist nach unseren Berechnungen der ..... auszusprechen.

oder im Falle der Änderungskündigung

eine Änderungskündigung zum nächstzulässigen Zeitpunkt, das ist nach unseren Berechnungen der ..... auszusprechen.
Die Kündigung ist erforderlich, weil .....[11]
Der Betriebsrat wird gebeten, der Kündigung zuzustimmen. Für den Fall, dass der Betriebsrat nicht zustimmt, wird er gebeten, im Falle einer außerordentlichen Kündigung binnen 3 Tagen, einer ordentlichen Kündigung binnen einer Woche schriftlich seine Bedenken gegen die Kündigung mitzuteilen.

oder

Der Betriebsrat wird gebeten, der Kündigung unverzüglich zuzustimmen.[12] Wegen der besonderen Eilbedürftigkeit wird gebeten, sofort eine Betriebsratssitzung einzuberufen und die beabsichtigte Kündigung zum Gegenstand einer Betriebsratssitzung zu machen. Die besondere Eilbedürftigkeit besteht darin, dass .....

....., den .....
Arbeitgeber

2. Empfangsbestätigung für die Unterrichtung durch den Arbeitgeber[13]

6 Empfangsbestätigung

Wir bestätigen, die Unterrichtung über die beabsichtigte Kündigung des/der Arbeitnehmer (in) am ..... erhalten zu haben.

....., den .....
Betriebsrat/Betriebsausschuss/Ausschuss für Personalfragen

---

[11] Es sind sämtliche für und gegen die Kündigung sprechenden Gründe, auf die die Kündigung gestützt werden soll, mitzuteilen. Unzureichend sind pauschale, schlagwortartige, stichwortartige Bezeichnungen des Kündigungsgrundes oder bloße Werturteile. Für den Fall der Änderungskündigung ist das Änderungsangebot konkret zu benennen. Zur Betriebsratsanhörung vgl. ausführlich ArbR-Hdb. § 123 RN 92 ff.

[12] Nach der Rspr. des BAG (Urteil v. 13. 11. 1975 – 2 AZR 610/74 – AP BetrVG 1972 § 102 Nr. 7) kann der Arbeitgeber die Anhörungsfrist nicht abkürzen. Eine Abkürzung soll nur aus betriebsbedingten Kündigungen bei Existenzgefährdung des Betriebes zulässig sein.

[13] Der Betriebsratsvorsitzende kann der Entgegennahme der Anhörung zur Kündigung widersprechen, wenn die Mitteilung ihm zu Hause oder sonst während der Arbeitszeit zugeht (BAG, Urteil v. 27. 8. 1982 – 7 AZR 30/80 – AP BetrVG 1972 § 102 Nr. 25).

Schrader

3. Stellungnahme des Betriebsrats zu Kündigung, Umgruppierung oder Versetzung

An die   **7**
Geschäftsleitung
– Personalabteilung –

Betr.: Arbeitnehmer ..... *(Name, Vorname)*

Der Betriebsrat stimmt der ordentlichen Kündigung/Änderungskündigung/außerordentlichen Kündigung zu.

Der Betriebsrat stimmt der ordentlichen, nicht aber der außerordentlichen Kündigung zu.

Der Betriebsrat stimmt der Umgruppierung/Versetzung zu.

Der Betriebsrat hat gegen die ordentliche/außerordentliche Kündigung folgende Bedenken:

(Darstellung jeglicher Bedenken gegen die Kündigung.)

Der Betriebsrat widerspricht der Kündigung:

> **Hinweis:**
> Der Widerspruch kann nur auf die in § 102 Abs. 3 BetrVG enumerativ aufgezählten Gründe[14] gestützt werden. Diese müssen im Einzelnen dargelegt werden. Unzureichend ist die Wiedergabe des Gesetzeswortlauts.

Der Betriebsrat hat gegen die Umgruppierung/Versetzung folgende Bedenken .....

Der Betriebsrat widerspricht der Versetzung/Umgruppierung.

....., den .....
Betriebsrat

4. Mitwirkung des Sprecherausschusses[15]

An den   **8**
Sprecherausschuss
z. H. des Vorsitzenden

Sehr geehrte(r) Herr/Frau .....,

das Unternehmen beabsichtigt, Herrn/Frau ....., geb. am ..... verheiratet ..... fristlos zu kündigen. Für die Kündigung sind folgende Gründe maßgebend .....
Auf Wunsch werden wir die Kündigung mit Ihnen beraten .....

Sofern der Sprecherausschuss gegen die Kündigung Bedenken hat, bitten wir unter Wahrung der gesetzlichen Frist um schriftliche Mitteilung.

....., den .....
Arbeitgeber

---

14 Vgl. ArbR-Hdb. § 123 RN 114 ff.
15 Vgl. ArbR-Hdb. § 253 RN 7 ff.

5. Stellungnahme des Sprecherausschusses

9 An die
Geschäftsleitung
– Personalabteilung –

Sehr geehrte Damen und Herren,

Der Sprecherausschuss hat in seiner Sitzung vom ..... die Kündigung erörtert. Er hat beschlossen, der Kündigung zuzustimmen/gegen die Kündigung folgende Bedenken zu erheben .....

....., den .....
Sprecherausschuss

§ 33. Kündigung

I. Ordentliche Kündigung

1. Fristgemäße Kündigung

a) Während der Probezeit

1 An
Herrn/Frau .....

Sehr geehrte(r) Frau/Herr .....,

leider sind wir nicht in der Lage, das Arbeitsverhältnis nach Ablauf der Probezeit fortzusetzen. Wir kündigen das Arbeitsverhältnis mit der vereinbarten Kündigungsfrist zum nächstzulässigen Zeitpunkt, das ist nach unseren Berechnungen der .....

Der Betriebsrat ist zur Kündigung gehört. Er hat der Kündigung zugestimmt/sich nicht geäußert/ihr widersprochen.

Den noch ausstehenden Resturlaub erteilen wir Ihnen ab .....

Ihre Arbeitspapiere erhalten Sie am .....

Wir weisen darauf hin, dass Personen, deren Versicherungspflichtverhältnis endet, verpflichtet sind, sich unverzüglich nach Kenntnis des Beendigungszeitpunktes persönlich bei der Agentur für Arbeit arbeitsuchend zu melden. Die Pflicht zur Meldung besteht unabhängig davon, ob der Fortbestand des Arbeitsverhältnisses gerichtlich geltend gemacht wird. Unterbleibt diese Meldung oder erfolgt sie verspätet, kann es zu einer Minderung des Arbeitslosengeldes kommen (§ 140 SGB III).[1]

Mit freundlichen Grüßen

> **Hinweis:**
> Die Meldung nach §§ 2 Abs. 5, 37b, 140 SGB III kann in allen folgenden Mustern verwendet werden, um sozialversicherungsrechtliche Nachteile des Arbeitnehmers zu vermeiden.

---

[1] Vgl. §§ 2 Abs. 5, 37b, 140 SGB III.

b) Dauerarbeitsverhältnis

An 2
Herrn/Frau .....

Sehr geehrte(r) Herr/Frau ..... ,

wir kündigen Ihnen das Arbeitsverhältnis zum nächstzulässigen Termin, das ist nach unseren Berechnungen der ..... Die Rechte des Betriebsrates vor Ausspruch der Kündigung sind gewahrt.

Bis zum Ablauf der Kündigungsfrist steht Ihnen für das Jahr ..... noch ein Resturlaub in Höhe von ..... zu. Diesen Urlaub erteilen wir Ihnen in der Kündigungsfrist. Sie müssen daher am ..... das letzte Mal zur Arbeitsleistung im Betrieb erscheinen;/den Resturlaub können wir Ihnen aus dringenden betrieblichen Gründen nicht mehr in der Kündigungsfrist erteilen. Er wird daher abgegolten.

Mit freundlichen Grüßen

oder

Sehr geehrte(r) Herr/Frau .....,

Wir kündigen Ihnen das Arbeitsverhältnis zum nächstzulässigen Termin. Das ist nach unseren Berechnungen der ..... Die Kündigung erfolgt aus personenbedingten/verhaltensbedingten/betriebsbedingten Gründen (hier eine kurze Angabe der Gründe anfügen).[1a]

Der Betriebsrat ist nach § 102 BetrVG angehört worden. Er hat der Kündigung zugestimmt/nicht widersprochen/innerhalb der gesetzlichen Frist nicht widersprochen/hat gegenüber der Kündigung Bedenken geäußert/hat der Kündigung widersprochen. Seine Stellungnahme ist gemäß § 102 Abs. 4 BetrVG beigefügt.

Mit freundlichen Grüßen

> **Taktischer Hinweis:**
>
> In der Praxis ist es aus Arbeitgebersicht in der Regel empfehlenswert, den **Kündigungsgrund** im Kündigungsschreiben nicht mit anzugeben. Zum einen besteht eine Notwendigkeit nicht, zum anderen läuft der Arbeitgeber die Gefahr, an dem Geschriebenen festgehalten zu werden. Spätestens im Kündigungsschutzverfahren muss allerdings der Kündigungsgrund dargelegt und bewiesen werden. Aus taktischen Gründen kann allerdings bei einer relativ eindeutigen Sach- und Rechtslage einiges dafür sprechen, den Kündigungsgrund doch zu benennen, letztendlich mit der Intention, ein – kostspieliges – arbeitsgerichtliches Verfahren zu vermeiden.

c) Kündigung wegen dringender betrieblicher Erfordernisse

An Herrn/Frau ..... 2 a

Sehr geehrter Herr/Frau .....,

wir kündigen Ihnen das Arbeitsverhältnis zum nächst zulässigen Termin, das ist nach unserer Berechnung der ..... Die Rechte des Betriebsrats vor Ausspruch der Kündigung sind gewahrt.

Die Kündigung erfolgt wegen dringender betrieblicher Erfordernisse. Gemäß § 1a des KSchG weisen wir Sie darauf hin, dass, sofern Sie keine Klage auf Feststellung erheben, das Arbeitsverhältnis durch die Kündigung nicht aufgelöst ist, Sie einen

---

[1a] Vgl. ArbR-Hdb. § 123 RN 64 ff.

Schrader

Anspruch auf Zahlung einer Abfindung haben. Erheben Sie daher keine Kündigungsschutzklage, so steht Ihnen eine Abfindung zu, deren Höhe sich wie folgt berechnet:

0,5 Monatsverdienste für jedes Jahr des Bestehens des Arbeitsverhältnisses. Bei der Ermittlung der Dauer des Arbeitsverhältnisses ist ein Zeitraum von mehr als sechs Monaten auf ein volles Jahr aufzurunden.[1b]

Mit freundlichen Grüßen

> **Hinweis:**
>
> Tätigt der Arbeitgeber dieses Angebot, so ist darauf zu achten, dass mit Verstreichen der 3-Wochen-Frist auch der Kündigungsschutz nach Sonderkündigungsschutzregel entfällt, da die Frist zur Erhebung von Klagen nunmehr für alle Arten von Angriffen gegen Kündigungen gilt (vgl. § 4 Satz 1 KSchG).[1c] Ob sich durch den Abfindungsanspruch für die arbeitsrechtliche Praxis tatsächlich etwas ändert, wird abzuwarten bleiben. Nimmt der Arbeitgeber einen Hinweis von Abfindungsangeboten nach § 1a KSchG in das Kündigungsschreiben mit auf, ist der Arbeitnehmer nicht gezwungen, dies anzunehmen. Er kann es annehmen mit der Folge, dass er die begehrte Abfindung erhält, er kann aber auch eine Kündigungsschutzklage erheben und versuchen, im Rahmen des Kündigungsschutzverfahrens eine höhere Abfindung eventuell wegen guter Prozessaussichten herauszuhandeln. Es wird daher abzuwarten sein, ob der Arbeitgeber tatsächlich so gut beraten ist, ein Abfindungsangebot in das Kündigungsschreiben mit aufzunehmen.

2. Änderungskündigung[2, 3]

3 An
Herrn/Frau . . . . .

Sehr geehrte(r) Herr/Frau . . . . .,

infolge der angespannten Finanzlage unseres Unternehmens haben wir uns leider entschließen müssen, die Verkaufsaußenstelle in Dortmund aufzugeben. Wir beabsichtigen, mit mehreren befreundeten Unternehmen einen Handelsvertreter mit dem Vertrieb unserer Erzeugnisse zu beauftragen.

Aus diesem Grund kündigen wir das Arbeitsverhältnis zum nächstzulässigen Termin und bieten Ihnen an, den anliegenden Handelsvertretervertrag mit uns abzuschließen.

Die Rechte des Betriebsrats sind gewahrt.

In der Hoffnung auf weitere angenehme Zusammenarbeit verbleiben wir

mit freundlichen Grüßen

Anlage:
1 Handelsvertretervertrag

[1b] Vgl. BGBl. 2003, Teil I Nr. 67, 3002 ff. (Gesetz zu Reformen am Arbeitsmarkt). Es ist zu beachten, dass das Gesetz den Arbeitgeber nicht zwingt, einen Hinweis zu tätigen. Unterlässt der Arbeitgeber den Hinweis auf die Möglichkeit der Zahlung einer Abfindung bei Unterlassen einer Kündigungsschutzklage, so verbleibt es bei den bisher bekannten Regeln; *Gaul,* Aktuelles Arbeitsrecht Band 2/2003, 324 ff.

[1c] Z.B. § 613a Abs. 4 BGB, §§ 85 ff. SGB IX, § 18 BErzGG, § 9 MuSchG; vgl. *Gaul,* Aktuelles Arbeitsrecht, Band 2/2003, 330.

[2] Vgl. ArbR-Hdb. § 123 RN 43 ff.; vgl. oben § 24 RN 3.

[3] Nach der Rspr. des BAG muss bei jeder Kündigung der Grundsatz der Verhältnismäßigkeit geprüft werden. Es ist daher in jedem Fall die Änderungskündigung vor einer Beendigungskündigung zu prüfen (BAG, Urteil v. 27. 9. 1984 – 2 AZR 62/83 – AP KSchG 1969 § 2 Nr. 8). Hier soll nur die Form gezeigt werden.

oder

Sehr geehrte(r) Herr/Frau ....,

infolge der angespannten Finanzlage unseres Unternehmens sind wir nicht mehr in der Lage, eine Hausbrandversorgung zu Vorzugspreisen zu liefern. Wie Sie wissen, haben wir schon vor mehreren Jahren unsere Kohlebasis verloren.

Unter der Bedingung, dass Sie mit der Änderung des Arbeitsvertrages dahin, dass hinfort Ihr Anspruch auf Kohlenbezug entfällt, nicht einverstanden sind, kündigen wir Ihnen das Arbeitsverhältnis zum nächstzulässigen Termin. Dies ist nach unseren Berechnungen der .....

Die Rechte des Betriebsrats sind gewahrt.

Mit freundlichen Grüßen

3. Vorsorgliche Kündigung/Vorankündigung[4, 5]

a) An Herrn/Frau   4

Sehr geehrte(r) Herr/Frau ..... ,

zu meinem Bedauern sehe ich mich genötigt, Ihnen vorsorglich zum ..... zu kündigen.

Sofern sich die Auftragslage meines Betriebes ändert, werde ich Ihnen Bescheid geben, ob und zu welchen Bedingungen ich Sie wieder in meinem Betrieb beschäftigen kann.

Für die stets zufrieden stellende Zusammenarbeit danke ich verbindlichst.

Der Betriebsrat hat der Kündigung zugestimmt.

Mit freundlichen Grüßen

b) An Herrn/Frau   5

Sehr geehrte(r) Herr/Frau ..... ,

Die Beschäftigungslage des Unternehmens wird Kündigungen notwendig machen. Dieser Schritt soll nach Möglichkeit vermieden werden.[6]

Zum Ausspruch einer betriebsbedingten Kündigung ist eine soziale Auswahl notwendig.

Sie müssen damit rechnen, dass Sie nach den Grundsätzen der sozialen Auswahl zu den Arbeitnehmern gehören, die gekündigt werden müssen. Wir werden Sie rechtzeitig informieren.

Mit freundlichen Grüßen

---

[4] Vgl. zur Zulässigkeit im Einzelnen ArbR-Hdb. § 123 RN 48.

[5] Eine Kündigung kann grundsätzlich vom Arbeitgeber nicht einseitig zurückgenommen werden (BAG, Urteil v. 19. 8. 1982 – 2 AZR 230/80 – AP KSchG 1969 § 9 Nr. 9). Der Arbeitnehmer kann aber der Rücknahme zustimmen (BAG, Urteil v. 17. 4. 1986 – 2 AZR 308/85 – AP BGB § 615 Nr. 40).

[6] Die Vorankündigung ist arbeitsrechtlich nicht notwendig. Sie wird gelegentlich aus sozialen Gründen erklärt.

4. Teilkündigung[7]

6 An

Herrn/Frau .....

Sehr geehrte(r) Herr/Frau .....,

infolge der Veränderung unseres Warensortiments ist es notwendig geworden, die mit Ihnen getroffenen Provisionsabreden zum nächstzulässigen Termin aufzukündigen. Die Teilkündigung der Provisionsstaffel ist in unserem Arbeitsvertrag ausdrücklich vorgesehen. Ab ..... gelten die in der Anlage beigefügten neuen Provisionsabreden. Wir bitten Sie, eine Ausfertigung des Provisionsvertrages nach rechtsverbindlicher Unterzeichnung an uns zurückzureichen.

Mit freundlichen Grüßen

Anlage: Provisionsvertrag vom .....

II. Außerordentliche Kündigung

1. Kündigung wegen Vertragsverletzung

7 An

Herrn/Frau .....

Sehr geehrte(r) Herr/Frau .....,

Wir kündigen Ihnen das Arbeitsverhältnis außerordentlich.[8] Obwohl Sie in der Vergangenheit wiederholt auf Abmahnung versprochen haben, pünktlich Ihren Arbeitsverpflichtungen nachzukommen, fehlen Sie wiederum seit 3 Tagen unentschuldigt. Es ist uns nicht zuzumuten, das Arbeitsverhältnis bis zum Ablauf der ordentlichen Kündigungsfrist fortzusetzen.[9]

Dieser Kündigung sind Ihre Arbeitspapiere, bestehend aus einem Zeugnis und einer Zwischenbescheinigung, beigefügt. Die Arbeitspapiere i. Ü. werden wir Ihnen nach endgültiger Lohnabrechnung zukommen lassen.

Der Betriebsrat hat Ihrer Kündigung zugestimmt.

Mit freundlichen Grüßen

2. Außerordentliche Kündigung eines Ausbildungsverhältnisses[10]

a) Kündigung durch den Auszubildenden

8 An die

Firma .....

Sehr geehrte Damen und Herren,

unsere Tochter ..... hat feststellen müssen, für den Ausbildungsberuf ..... nicht geeignet zu sein, und beabsichtigt, eine andere für sie geeignete Ausbildung aufzu-

---

7 Vgl. zur Zulässigkeit im Einzelnen ArbR-Hdb. § 123 RN 49 f.
8 Die außerordentliche Kündigung kann mit einer Auslauffrist erfolgen. Dies muss eindeutig klargestellt werden. Es kann sich empfehlen, in dieser Zeit Resturlaubsansprüche zu befriedigen.
9 Zur Angabe des Kündigungsgrundes im Kündigungsschreiben vgl. RN 2.
10 Die Kündigung von und gegenüber Auszubildenden muss zur Meidung ihrer Unwirksamkeit die Kündigungsgründe (§ 15 Abs. 3 BBiG) enthalten (vgl. ArbR-Hdb. § 174 RN 101).

nehmen. Wir kündigen das Berufsausbildungsverhältnis unter Einhaltung einer Kündigungsfrist von 4 Wochen zum .....

Mit freundlichen Grüßen
Erziehungsberechtigte

b) Kündigung durch den Ausbildenden

An die   9
Auszubildende .....
gesetzlich vertreten durch die Eltern .....

Sehr geehrte Frau und Herr .....,
wir kündigen das mit Ihrer Tochter ..... am ..... begründete Berufsausbildungs-verhältnis fristlos, Ihre Tochter braucht mit Zugang dieses Schreibens nicht mehr zur Berufsausbildung zu erscheinen.
Die Kündigung wird auf folgende Kündigungsgründe gestützt .....
Es folgt eine ausführliche Begründung.
In wiederholten Gesprächen mit Ihnen am ..... haben wir die Leistungen Ihrer Tochter beanstandet. Eine Besserung der Leistungen ist nicht eingetreten.
Der Betriebsrat hat der Kündigung zugestimmt usw. *(vgl. oben § 32 RN 5 ff.).*

Mit freundlichen Grüßen

3. Aufforderung zur Mitteilung außerordentlicher Kündigungs-gründe

An   10
Herrn/Frau .....

Sehr geehrte(r) Herr/Frau .....,
zu unserer außerordentlichen Überraschung haben wir soeben Ihre fristlose Kündi-gung erhalten. Wir bitten gemäß § 626 Abs. 2 Satz 3 BGB um Angabe der Kündi-gungsgründe, da Ihrerseits bislang Beanstandungen im Arbeitsverhältnis nicht erho-ben worden sind.
Wir machen Sie schon jetzt darauf aufmerksam, dass wir etwaige Schadensersatz-ansprüche aus Ihrem Vertragsbruch gegen Sie gerichtlich verfolgen werden. Ihrer Antwort entgegensehend
mit freundlichen Grüßen

Taktischer Hinweis:
Nach § 626 Abs. 2 Satz 3 BGB ist der Kündigende verpflichtet, dem anderen Teil auf Verlangen den Kündigungsgrund unverzüglich schriftlich mitzuteilen. Für den Fall der Nichtbeachtung drohen Schadensersatzansprüche, die sich aber regelmäßig in den Kos-ten eines Verfahrens erschöpfen dürften, das eingeleitet und verlustig geht. Kommt der Kündigende dem Begehren nicht nach, führt dies jedenfalls nicht zur Unwirksamkeit der Kündigung. Der Kündigende wird abwägen müssen, ob er sich einerseits an seinen Ausführungen in dem Schreiben zur Begründung der Kündigung festhalten lassen will oder das Risiko von Schadensersatzansprüchen eingeht.

III. Kündigung mit Freistellungserklärung

11 An

Frau/Herrn . . . . .

Sehr geehrte(r) Frau/Herr . . . . .,

hiermit kündigen wir das zwischen Ihnen und uns bestehende Arbeitsverhältnis ordentlich zum nächstzulässigen Zeitpunkt, das ist nach unseren Berechnungen der . . . . . .

Zugleich stellen wir Sie bis zur Beendigung des Arbeitsverhältnisses von der Verpflichtung zur Erbringung der Arbeitsleistung frei. Die Freistellung erfolgt unter Anrechnung der Ihnen noch zustehenden Resturlaubsansprüche sowie sonstige eventuelle Freistellungsansprüche sowie unter Anrechnung anderweitigen Verdienstes. Der Ihnen zustehende Resturlaub wird zu Beginn der Freistellung gewährt.

Mit freundlichen Grüßen

> **Taktischer Hinweis:**
> Die Formulierung klingt „gestelzt". Sie ist aber notwendig, um sicherzustellen, dass in der Freistellungsphase nicht nur Urlaubsansprüche miterledigt werden,[11] sondern auch anderweitiger in der Freistellungsphase erdienter Verdienst auf die Vergütungsansprüche des Arbeitgebers angerechnet werden kann.[12] Es ist insbesondere wichtig, dass die zeitliche Lage des Urlaubs definiert wird, denn ohne eine solche Festlegung ist die Erzielung anderweitigen Verdienstes ohne Anrechnung möglich, da offen ist, an welchen Tagen die Urlaubsgewährung liegt und in der Urlaubsgewährung die Erzielung anderweitigen Verdienstes möglich wäre.

§ 34. Kündigungsschutzverfahren im Betrieb

I. Verfahren beim Arbeitgeber[1]

1. Widerspruch des Arbeitnehmers gegen die Kündigung beim Arbeitgeber

1 An die

Firma . . . . .

Sehr geehrte Damen und Herren,

ich bestätige den Zugang der Kündigung vom . . . . . Nach meinem Dafürhalten ist die Kündigung unwirksam.

Der Betriebsrat ist vor Ausspruch der Kündigung nicht/nicht ordnungsgemäß gehört worden *(weil ihm die Kündigungsgründe nicht mitgeteilt worden sind)*.

---

[11] Vgl. BAG, Urteil v. 9. 6. 1998 – 9 AZR 43/97 – AP BUrlG § 7 Nr. 23.

[12] Vgl. statt aller *Schrader*, Rechtsfallen in Arbeitsverträgen, 2001, RN 550 m. z. N.

[1] Für den Arbeitnehmer gibt es kein formalisiertes Verfahren im Betrieb. Allerdings sollte ein Arbeitnehmer z. T. nur aus prozesstaktischen Erwägungen zu folgenden Fragen Stellung nehmen: (a) Zugang der Kündigung (ArbR-Hdb. § 123 RN 15 ff.); dies dient zur Vermeidung wirklich nutzloser Streitigkeiten; (b) Anhörung des Betriebsrats. Ein geschickter Prozessbevollmächtigter wird vielfach Mängel entdecken; eine genaue „Mängelrüge" beschneidet ihn; (c) Mitteilung der Kündigungsgründe; deren

Außerdem unterliege ich den Bestimmungen des allgemeinen Kündigungsschutzes sowie denjenigen des besonderen Kündigungsschutzes für[2] ..... Ich bitte um Mitteilung Ihrer Kündigungsgründe.

Zugleich biete ich Ihnen meine Arbeitsleistung auch über den Ablauf der Kündigungsfrist/den ..... hinaus an.

Außerdem verlange ich meine Weiterbeschäftigung bis zur rechtskräftigen Entscheidung einer von mir zu erhebenden Kündigungsschutzklage.

Mit freundlichen Grüßen

2. Verlangen um Mitteilung der Gründe zur sozialen Auswahl (§ 1 Abs. 3 Satz 1 KSchG)[3]

An die   2

Firma .....

Sehr geehrte Damen und Herren,

Sie haben mit Schreiben vom ..... – zugegangen am ..... – mein Arbeitsverhältnis zum ..... gekündigt. Sie haben mir mitgeteilt, dass hierfür betriebsbedingte Gründe den Ausschlag gegeben haben. Gemäß § 1 Abs. 3 des Kündigungsschutzgesetzes bitte ich um Angabe der Gründe, die zu meiner sozialen Auswahl geführt haben. Bemerken darf ich, dass in der Abteilung Auslandsexporte mehrere jüngere Arbeitnehmer beschäftigt werden, die überdies keine Unterhaltsverpflichtungen haben.

Ich darf Sie um kurzfristige Beantwortung meiner Anfrage bitten.

Mit freundlichen Grüßen

> **Taktischer Hinweis:**
> Zu beachten ist, dass im Falle der Kündigung gegen den Widerspruch des Betriebsrats der Arbeitgeber nach § 102 Abs. 4 BetrVG die Stellungnahme des Betriebsrats beizufügen hat.

3. Aufforderung zur Mitteilung außerordentlicher Kündigungsgründe[4]

An die   3

Firma .....

Sehr geehrte Damen und Herren,

ich bitte gemäß § 626 Abs. 2 BGB um Mitteilung der Kündigungsgründe.

Mit freundlichen Grüßen

Wechsel führt zur Skepsis; (d) essentiell ist die Begründung des Annahmeverzuges (ArbR-Hdb. § 48); allerdings hat das BAG die Voraussetzungen wesentlich gemildert (BAG, Urteil v. 9. 8. 1984 – 2 AZR 374/83 – AP BGB § 615 Nr. 34; BAG, Urteil v. 21. 3. 1985 – 2 AZR 201/84 – AP BGB § 615 Nr. 35; vgl. ArbR-Hdb. § 48; (e) Geltendmachung eines Beschäftigungsanspruchs (ArbR-Hdb. § 123 RN 92 ff., § 110). Letztendlich bringt ein Widerspruch des Arbeitnehmers beim Arbeitgeber nichts, da der Arbeitnehmer in jedem Fall die Einhaltung der Drei-Wochen-Frist zur Einlegung einer Kündigungsschutzklage beachten muss (§§ 4, 7 KSchG). Der Arbeitgeber sollte daher nur angeschrieben werden, um Ausschlussfristen geltend zu machen oder aber den Weiterbeschäftigungsanspruch nach § 102 Abs. 5 BetrVG zu reklamieren (vgl. Muster § 34 RN 7).

[2] Übersicht: ArbR-Hdb. § 126.

[3] BAG, Urteil v. 24. 3. 1983 – 2 AZR 21/82 – AP KSchG 1969 § 1 Betriebsbedingte Kündigung Nr. 12; BAG, Urteil v. 21. 7. 1988 – 2 AZR 75/88 – AP KSchG 1969 § 1 Soziale Auswahl Nr. 17.

[4] Vgl. oben § 33 RN 9.

4. Mitteilung der Gründe zur sozialen Auswahl

4 An

Herrn/Frau .....

Sehr geehrte(r) Herr/Frau ....,

Sie sind am ..... zum ..... aus betriebsbedingten Gründen gekündigt worden.

Ihre soziale Auswahl zur Kündigung ist gewahrt. Sie stehen als ..... in unseren Diensten. In die soziale Auswahl einzubeziehen waren sämtliche Arbeitnehmer, die auf vergleichbaren Arbeitsplätzen im Betrieb beschäftigt sind.

Nach den sozialen Auswahlmerkmalen genießen Sie den geringsten Kündigungsschutz. Nach Betriebszugehörigkeit, Lebensalter und Unterhaltsverpflichtungen (ggf. Schwerbehinderung) haben Sie gegenüber den folgenden Arbeitnehmern den geringsten Sozialschutz. Sie sind kürzer beschäftigt als die Arbeitnehmer ....., Sie sind jünger als die Arbeitnehmer ....., Sie haben geringere Unterhaltsverpflichtungen als die Arbeitnehmer .....

Ferner ist im Rahmen der sozialen Auswahl zu Ihrem Nachteil zu berücksichtigen .....

Selbst wenn angenommen werden könnte, dass der Arbeitnehmer geringer schutzwürdig ist als Sie, so bestehen doch dringende betriebliche Bedürfnisse, von einer Kündigung des Arbeitnehmers ..... abzusehen und Sie zu kündigen .....

Mit freundlichen Grüßen

5 **Taktischer Hinweis:**

Bei der außergerichtlichen Korrespondenz zwischen Arbeitgeber und Arbeitnehmer darf der Arbeitnehmer zu keinem Zeitpunkt vergessen, dass die Frist zur Erhebung der Kündigungsschutzklage von drei Wochen (§§ 13 i.V.m. 4, 7 KSchG) läuft und durch die Korrespondenz mit dem Arbeitgeber nicht gehemmt ist. Der Arbeitgeber kann nicht gezwungen werden, vorprozessual die Gesichtspunkte, die ihn zu seiner Sozialauswahl bewogen haben, vorzutragen. Spätestens im arbeitsgerichtlichen Verfahren muss er es aber.

5. Zurückweisung der Kündigung wegen fehlender Vollmachtsvorlage

6 An die

Firma .....

Sehr geehrte Damen und Herren,

die mir am ..... zugestellte Kündigung vom ....., die von Frau/Herrn ..... mit ppa./i.V. unterzeichnet worden ist, weise ich mangels Vollmachtsvorlage gem. § 174 BGB zurück.[5]

Mit freundlichen Grüßen

Taktischer Hinweis:

Wird die gegen § 174 BGB verstoßende Kündigung durch einen Bevollmächtigten zurückgewiesen, so hat auch dieser eine Vollmachtsurkunde im Original beizufügen. Anderenfalls kann auch die Zurückweisung ihrerseits nach § 174 BGB zurückgewiesen werden.

---

5 Vgl. im Einzelnen zur Zurückweisung nach § 174 BGB ArbR-Hdb. § 123 RN 3 ff.

6. Geltendmachung von Ansprüchen zur Wahrung von Verfallfristen sowie Weiterbeschäftigung

An die   7

Firma .....

Sehr geehrte Damen und Herren,

Ihre Kündigung vom ... habe ich erhalten und werde dagegen fristgerecht Kündigungsschutzklage beim zuständigen Arbeitsgericht einlegen.

Da ich nicht weiß, ob und welcher Tarifvertrag auf mein Arbeitsverhältnis Anwendung findet, wäre ich Ihrerseits für eine Mitteilung verbunden, ob und welcher Tarifvertrag zur Anwendung kommt und ob ein solcher Tarifvertrag Ausschlussfristen enthält. Für den Fall, dass ein solcher Tarifvertrag Ausschlussfristen enthalten sollte, wäre ich Ihnen verbunden, wenn Sie auf die Geltendmachung verzichten würden. Ansonsten wäre ich gezwungen, zur Wahrung einer eventuellen zweistufigen Ausschlussfrist alle ausstehenden Vergütungsansprüche einzuklagen.[6] Der Betriebsrat hat der Kündigung widersprochen. Hiermit mache ich meinen Weiterbeschäftigungsanspruch nach § 102 Abs. 5 BetrVG auch über den Ablauf der Kündigungsfrist hinaus geltend.[7]

Mit freundlichen Grüßen

II. Der Einspruch beim Betriebsrat[8]

Herrn/Frau   8

An den

Betriebsrat .....
z. H. des Vorsitzenden

Sehr geehrte(r) Herr/Frau .....,

mit Schreiben vom ..... – zugegangen am ..... – ist mir gekündigt worden. Gründe zur Kündigung sind nicht angegeben. (*oder:* angeblich erfolgte die Kündigung aus personen-/verhaltens-/betriebsbedingten Gründen). Ich halte die Kündigung für sozial ungerechtfertigt und lege hiermit *Einspruch* beim Betriebsrat ein. Ich bevollmächtige den Betriebsratsvorsitzenden zu versuchen, mit dem Arbeitgeber eine Verständigung herbeizuführen.

Unterschrift

oder

Sehr geehrte(r) Herr/Frau .....,

am ..... habe ich Einspruch beim Betriebsrat wegen sozial ungerechtfertigter Kündigung eingelegt.

---

[6] Zum Regressrisiko für Rechtsanwälte bei Ausschlussfristen vgl. ausführlich *Ganz/Schrader* NZA 1999, 570 ff. Ein solches Geltendmachungsschreiben kann auch durch den anwaltlichen Berater erfolgen und sollte in der Regel auch vorgenommen werden, um die Gefahr zu vermeiden, dass Vergütungsansprüche auf Grund ablaufender Verfallfristen nicht mehr realisiert werden können.

[7] Das Weiterbeschäftigungsverlangen ist bis zum Ablauf der Kündigungsfrist geltend zu machen, ausreichend ist aber auch noch der erste Werktag nach Ablauf der Kündigungsfrist (vgl. im Einzelnen ArbR-Hdb. § 123 RN 126).

[8] Der Einspruch ist gesetzlich geregelt in § 3 KSchG. Die Einlegung des Widerspruchs beeinflusst den Lauf der Drei-Wochen-Frist des § 4 KSchG nicht (vgl. ErfK/*Ascheid* § 3 KSchG RN 4).

Ich ersuche um eine schriftliche Bescheinigung über meinen Kündigungseinspruch, aus dem die Stellungnahme des Betriebsrats mit Begründung hervorgeht (§ 3 KSchG).

oder

Sehr geehrte(r) Herr/Frau .....,

Herr ..... hat gegen die Kündigung vom ..... Einspruch eingelegt. Die Bemühungen des Betriebsrats um Verständigung sind erfolglos geblieben. Ich ersuche gemäß § 3 Satz 3 KSchG um schriftlich begründete Stellungnahme.

III. Stellungnahme des Betriebsrats auf einen Kündigungseinspruch[9]

9 Der Betriebsrat der Firma .....
(Anschrift)

Bescheinigung

Der Betriebsrat ist vor Ausspruch der Kündigung des Herrn ..... vom ..... gemäß § 102 BetrVG gehört worden.

Gegen diese Kündigung hat der Betroffene mit Schreiben vom ..... – eingegangen am ..... – Einspruch eingelegt. Die Vermittlungsversuche des Betriebsrates zwischen Herrn ..... und der Firma sind ohne Erfolg geblieben.

Der Betriebsrat hat sich in seiner Sitzung vom ..... erneut mit der Kündigung befasst. Er hält die Kündigung für gerechtfertigt/nicht gerechtfertigt. *(nachfolgend kurze Begründung z. B.:)* Herr ..... hat ausweislich der Lohnunterlagen am ..... gefehlt. Wegen seiner häufigen Fehlzeit ist er u. a. auch vom Betriebsratsvorsitzenden befragt worden. Herr ..... hat erklärt, dass er am ..... gefehlt habe, weil seine Ehefrau erkrankt sei und er für seine beiden minderjährigen Kinder habe sorgen müssen. Eine Erklärung für die Fehlzeiten vom ..... hat er nicht abgegeben. Herr .... ist mit Aufgaben betraut, bei deren Ausfall es zu erheblichen betrieblichen Störungen kommt. Aus diesem Grunde hält der Betriebsrat seine Weiterbeschäftigung für nicht möglich.

Betriebsratsvorsitzende

IV. Widerspruch des Betriebsrats nach § 102 BetrVG[10]

10 Der Betriebsrat der Firma ..... in

An die

Geschäftsleitung

Sehr geehrte Damen und Herren,

a) Der Kündigung des Arbeitnehmers ..... wird widersprochen, da bei der Auswahl der zu kündigenden Arbeitnehmer soziale Gesichtspunkte nicht oder nicht ausreichend berücksichtigt worden sind (§ 102 Abs. 3 Nr. 1 BetrVG).

---

[9] Die Stellungnahme kann Bedeutung haben (a) für den Beschäftigungsanspruch und (b) für den Ausgang des Kündigungsschutzverfahrens. In der Praxis ist die Vorschrift eher bedeutungslos (vgl. ErfK/*Ascheid* § 3 KSchG RN 4).

[10] Es bedarf der konkreten Angabe von Tatsachen; unzureichend ist die Wiederholung des Gesetzeswortlautes (ständige Rspr., vgl. aus neuerer Zeit BAG, Urteil v. 17. 6. 1999 – 2 AZR 608/98 – AP BetrVG 1972 § 102 Weiterbeschäftigung Nr. 11; vgl. ausführlich ArbR-Hdb. § 123 RN 110 ff.).

Schrader

Der ..... Jahre alte Arbeitnehmer ist seit ..... Jahren bei der Firma beschäftigt. Er ist für ..... Personen unterhaltspflichtig. Der Arbeitnehmer ist in der Abteilung ..... beschäftigt.

In dieser Abteilung sind ..... Arbeitnehmer tätig, die wesentlich jünger sind und eine geringere Betriebszugehörigkeit aufweisen. Hinzu kommt, dass diese geringere Unterhaltspflichten haben.

b) Gegen die Kündigung des Arbeitnehmers ..... wird Widerspruch eingelegt. In der Abteilung ..... sind mehrere Arbeitsplätze nicht besetzt. Auf diesen Arbeitsplätzen könnte der Arbeitnehmer ..... nach kurzer Umschulung weiterbeschäftigt werden. Herr/Frau ..... ist bereit und in der Lage, sich umschulen zu lassen.[11]

c) Gegen die Kündigung wird Widerspruch eingelegt, weil eine Weiterbeschäftigung des Arbeitnehmers unter geänderten Vertragsbedingungen möglich ist, und der Arbeitnehmer sein Einverständnis hiermit erteilt hat (§ 102 Abs. 3 Nr. 5 BetrVG).

Der Arbeitnehmer ..... ist in der Abteilung ..... beschäftigt. Diese Abteilung soll stillgelegt werden. In der Abteilung ..... sind mehrere Arbeitsplätze für ..... frei. Herr/Frau ..... hat sich bereit erklärt, einen dieser Arbeitsplätze zu übernehmen.

Zum Antrag des Arbeitgebers auf Entbindung von der Weiterbeschäftigungspflicht vgl. unten § 87 RN 15f.

§ 35. Aufhebungs- und Abwicklungsverträge[1]

I. Aufhebungsverträge

Unterscheidung zwischen Aufhebungsvertrag und Abwicklungsvertrag, Inhalt und steuer- und sozialversicherungsrechtliche Folgen: ArbR-Hdb. § 122; *Bauer,* Arbeitsrechtliche Aufhebungsverträge, 6. Aufl., 1999; HK-KSchG/*Neef,* 4. Aufl., 2001, Anhang §§ 9, 10 KSchG; *Weber/Ehrich/Burmester,* Handbuch der arbeitsrechtlichen Aufhebungsverträge, 3. Aufl., 2002.

1. Einverständliche Aufhebung

Herr/Frau   1

und die Firma .....

sind sich darüber einig, dass das Arbeitsverhältnis mit dem ..... im gegenseitigen Einvernehmen sein Ende gefunden hat/finden wird, weil Herr/Frau ..... eine Stelle bei der Fa. ..... antreten will/weil das Arbeitsverhältnis aus betriebsbedingten Gründen beendet werden musste.[2]

....., den .....

Arbeitgeber   Arbeitnehmer

---

[11] Der Widerspruch eines Betriebsrats mit der Begründung, der Arbeitnehmer könne an demselben Arbeitsplatz weiterbeschäftigt werden, ist nicht ordnungsgemäß (BAG, Urteil v. 12. 9. 1985 – 2 AZR 324/84 – AP BetrVG 1972 § 102 Weiterbeschäftigung Nr. 7).

[1] Zu weiteren Aufhebungsverträgen im Zusammenhang mit dem Ruhestand vgl. § 15 RN 21 ff. sowie § 22 RN 2 ff.

[2] Der Beendigungsgrund kann für den Anspruch auf Arbeitslosengeld von Bedeutung sein (§§ 144, 147 SGB III). Grundsätzlich ist bei Abschluss eines Aufhebungsvertrages eine Sperrzeit verwirkt. Dies

2. Aufhebungsvertrag mit Abfindungsregelung[3]

2 Zwischen
der Firma .....

– nachfolgend Firma genannt –

und

Herrn/Frau .....

– nachfolgend Mitarbeiter genannt –

wird zur Vermeidung eines arbeitsgerichtlichen Rechtsstreits folgender außergerichtlicher Vergleich geschlossen.

3 § 1 Beendigung des Arbeitsverhältnisses[4]

Das zwischen der Firma und dem Mitarbeiter bestehende Arbeitsverhältnis wird in gegenseitigem Einvernehmen auf Veranlassung der Firma aus betriebsbedingten Gründen mit dem ..... beendet.

4 § 2 Vergütungsfortzahlung und Freistellung[5]

I. Die Firma verpflichtet sich, bis zum ..... die regelmäßige monatliche Vergütung in Höhe von ..... € weiterzuzahlen.

II. Der Mitarbeiter wird mit sofortiger Wirkung unwiderruflich von der Arbeit freigestellt. Von der Arbeitsfreistellung bleibt die Einhaltung des gesetzlichen Wettbewerbsverbotes unberührt/die Firma verzichtet auf die Einhaltung des gesetzlichen Wettbewerbsverbotes.

III. Soweit der Mitarbeiter während der Arbeitsfreistellung anderweitige Einkünfte bezieht, werden diese nicht auf die Vergütungsfortzahlung angerechnet.

---

gilt nur dann nicht, wenn der Arbeitnehmer einen wichtigen Grund für den Abschluss des Aufhebungsvertrages hat (vgl. im Einzelnen ArbR-Hdb. § 23 RN 48 ff.). Zur Dokumentation dieses wichtigen Grundes kann es Sinn machen, diesen in dem Aufhebungsvertrag festzuhalten, wobei die Vereinbarung nur im Verhältnis zwischen Arbeitgeber und Arbeitnehmer, nicht jedoch im Verhältnis zum Sozialversicherungsträger Relevanz hat. Der Sozialversicherungsträger prüft von sich aus, ob die Voraussetzungen für ein Verwirken der Sperrzeit oder für einen wichtigen Grund vorliegen.

[3] Der Abschluss eines Aufhebungsvertrages bedarf nach § 623 BGB zwingend der Schriftform (vgl. dazu ArbR-Hdb. § 122 RN 2). Nach § 310 Abs. 4 BGB findet das Recht der Allgemeinen Geschäftsbedingungen auch auf das Individualarbeitsrecht Anwendung. Allgemeine Geschäftsbedingungen sind alle für eine Vielzahl von Verträgen vorformulierten Vertragsbedingungen, die eine Vertragspartei (Verwender) der anderen Vertragspartei bei Abschluss eines Vertrages stellt. Von dieser Definition werden sicherlich Gesamtzusagen und vertragliche Einheitsregelungen erfasst. Dagegen bestehen erhebliche Bedenken, ob individuelle Aufhebungsverträge eine allgemeine Geschäftsbedingung darstellen. Aus Arbeitgebersicht kann daher nur empfohlen werden, keine vorformulierten und allgemeinen, also standardisierte Aufhebungsverträge zu verwenden, sondern jeweils für den Einzelfall individuelle Aufhebungsverträge zu vereinbaren. Das Tatbestandsmerkmal „vorformuliert" wird regelmäßig erfüllt sein.

[4] §§ 140, 144 SGB III beachten.

[5] Zur Formulierung einer Freistellungsvereinbarung unter Anrechnung von Urlaubsansprüchen sowie Anrechnung anderweitigen Verdienstes vgl. § 33 RN 11.

§ 3 Abfindung[6]

5

Die Firma verpflichtet sich, dem Mitarbeiter eine Abfindung in Höhe von ..... € brutto zu zahlen.[7] Die Abfindung ist mit der Beendigung des Arbeitsverhältnisses fällig, sie ist vererblich.[8]

§ 4 Urlaub

6

I. Dem Mitarbeiter wird während der Arbeitsfreistellung der ausstehende Resturlaub gewährt.

II. Die Firma verpflichtet sich, dem Mitarbeiter ein (zusätzliches) Urlaubsgeld in Höhe von ..... € zu zahlen.

§ 5 Betriebliche Altersversorgung[9]

7

Die Firma und der Mitarbeiter sind sich darüber einig, dass dem Mitarbeiter eine unverfallbare Versorgungsanwartschaft zusteht. Die Firma wird dem Mitarbeiter eine Berechnung der Versorgungsanwartschaft bis zum ..... übersenden.

---

[6] Die Abfindung ist im Rahmen der Höchstgrenzen nur dann steuerfrei, wenn die Beendigung auf Veranlassung des Arbeitgebers erfolgt (§ 3 Nr. 9 EStG). Zur Steuerbegünstigung auch §§ 24, 34 EStG; Einzelheiten ArbR-Hdb. § 141 RN 30 ff.

[7] § 3 Nr. 9 EStG sieht vor, dass Abfindungen bis zu bestimmten Grenzen steuerfrei sind. Voraussetzung ist, dass das Arbeitsverhältnis auf „Veranlassung des Arbeitgebers" aufgelöst wird. In Vergleichen, insbesondere gerichtlichen Vergleichen, findet sich nach wie vor die Formulierung: „Es wird eine Abfindung in entsprechender Anwendung der §§ 9, 10 KSchG gezahlt.". Diese Formulierung ist ein Relikt aus der steuerrechtlichen Behandlung von Abfindungen, die bis Ende 1974 galt. Denn bis dahin waren Abfindungen gem. §§ 9, 10 KSchG in voller Höhe steuerfrei. Zur damaligen Zeit ergab eine derartige Formulierung auch Sinn, heute nicht mehr, wird aber oft aus alter Gewohnheit weiterverwendet. Heute gehört sie in einen Aufhebungsvertrag nicht mehr hinein (vgl. die Muster bei *Küttner/Eisemann,* Personalbuch 2003, Aufhebungsvertrag RN 25). Entscheidend ist allein, dass die Beendigung des Arbeitsverhältnisses vom Arbeitgeber „veranlasst" ist. Dies ist Hintergrund dafür, dass auch in Aufhebungsverträgen bei Beendigung des Arbeitsverhältnisses im gegenseitigen Einvernehmen mit aufgenommen wird, dass dies „auf Veranlassung des Arbeitgebers" erfolgt.

[8] Es ist sinnvoll zu regeln, was mit der Abfindung geschieht, wenn der Arbeitnehmer vor der Fälligkeit der Abfindung verstirbt. Das BAG hat angenommen, dass eine Abfindung für den Verlust des Arbeitsplatzes auf die Erben übergeht (vgl. BAG, Urteil v. 25. 6. 1987 – 2 AZR 504/86 – NZA 1988, 466). Dagegen hat es zu einem Rationalisierungstarifvertrag entschieden, dass die Abfindung erlischt, wenn der Arbeitnehmer vor Fälligkeit verstirbt (vgl. BAG, Urteil v. 22. 5. 1996 – 10 AZR 907/95 – AP TVG § 4 Rationalisierungsschutz Nr. 13; vgl. auch BAG, Urteil v. 25. 9. 1996 – 10 AZR 311/96 – AP BetrVG 1972 § 112 Nr. 105). Um hier kein Risiko einzugehen, sollte die Fälligkeit genau geregelt werden. Ist in der Vereinbarung nicht geregelt, ob eine Abfindung netto oder brutto gezahlt wird, gehen die Arbeitsgerichte grundsätzlich vom Brutto-Prinzip aus. Eine Nettoabfindung müsste ausdrücklich vereinbart werden, darin liegt die Übernahme der Lohnsteuerschuld durch den Arbeitgeber. Bei der Formulierung „brutto = netto" ist die Auslegung umstritten (vgl. dazu im Einzelnen ArbR-Hdb. § 141 RN 37 m. z. N.).

[9] Bei der Beendigung des Arbeitsverhältnisses und den Verhandlungen um den Abschluss eines Aufhebungs- und Abwicklungsvertrages ist insbesondere die betriebliche Altersversorgung zu beachten. Die vorzeitige Beendigung des Arbeitsverhältnisses hat meist nachteilige Folgen, selbst dann, wenn eine unverfallbare Versorgungsanwartschaft besteht. Vor Abschluss eines Aufhebungsvertrages ist daher eine ungefähre Einschätzung der Versorgungsansprüche notwendig. Auch gilt es zu klären, ob diese Ansprüche möglicherweise abbedungen werden könnten und ob und in welchem Umfang gegebenenfalls eine Insolvenzsicherung besteht (vgl. im Einzelnen HK-KSchG/*Neef,* Anhang §§ 9, 10 KSchG RN 62 m. z. N.). Ein entschädigungsloser Verzicht im Aufhebungsvertrag ist unzulässig, so dass eine Ausgleichsklausel in einem Aufhebungsvertrag in der Regel die betriebliche Altersversorgung nicht erfasst (vgl. im Einzelnen *Bauer,* Arbeitsrechtliche Aufhebungsverträge, 6. Aufl., 1999, RN 732 m. z. N.). Häufig werden in Aufhebungsverträgen Versorgungszusagen verbessert. Dies hat den Hintergrund, dass damit eigentliche Abfindungszahlungen eher gering gehalten werden können, was in einigen Unternehmen von der „Optik" her relevant sein kann, andererseits erhebliche materielle Vorteile für den Arbeitnehmer in der Aufstockung der betrieblichen Altersversorgung „versteckt" sind.

Schrader

8 **§ 6 Zeugnis**

Die Firma verpflichtet sich, dem Mitarbeiter ein Zeugnis zu erteilen, das sich auf Art und Dauer des Arbeitsverhältnisses und Leistung und Verhalten erstreckt.[10]

9 **§ 7 Ausgleich aller Ansprüche**

I. Die Firma und der Mitarbeiter sind sich darüber einig, dass mit der Erfüllung des vorstehenden Vergleichs keine Ansprüche aus dem Arbeitsverhältnis mehr gegeneinander bestehen.

II. Von der Ausgleichsklausel unberührt bleiben

1. die Ansprüche des Mitarbeiters auf
   a) Dienstbefreiung zum Aufsuchen einer anderen Stelle;
   b) Zahlung von Karenzentschädigungen aus nachvertraglichem Wettbewerbsverbot;
   c) . . . . .

2. die Ansprüche der Firma auf
   – . . . . .

10 **§ 8 Anfechtungs- und Widerrufsrechte**

Der Arbeitnehmer erklärt, diese Vereinbarung sorgfältig gelesen zu haben und ohne zeitlichen Druck unterschrieben zu haben. Er verzichtet auf alle Anfechtungs- und Widerrufsrechte.[11]

oder

---

[10] Zur Vermeidung eines Zeugnisrechtsstreites hat es sich in der Praxis als zweckmäßig erwiesen, sowohl aus Arbeitnehmer- wie auch aus Arbeitgebersicht folgende Formulierung im Anschluss aufzunehmen: „Der Arbeitnehmer ist berechtigt, hierzu einen Entwurf zu fertigen, von dem der Arbeitgeber nur aus erheblichen Gründen abweichen darf." Die Formulierungshoheit wechselt zum Arbeitnehmer, der seinerseits wird aufpassen müssen, ein „zu überschwengliches" Zeugnis zu schreiben, da dies im Hinblick auf die Beendigung des Arbeitsverhältnisses – regelmäßig – wenig glaubwürdig sein dürfte.

[11] Die Klausel soll zum einen einer Anfechtung wegen Irrtums oder Drohung vorbeugen (§ 123 BGB). Es bestehen aber Bedenken gegen die Rechtswirksamkeit. Ein Aufhebungsvertrag ist nicht allein deshalb unwirksam, weil der Arbeitgeber dem Arbeitnehmer weder eine Bedenkzeit noch ein Rücktritt- bzw. Wiederrufsrecht eingeräumt und ihm auch das Thema des beabsichtigten Gespräches vorher nicht mitgeteilt hat. Hieran hat sich auch nach der mit der Schuldrechtsreform zum 1. 1. 2002 erfolgten Einfügung des Verbraucherschutzrechts in das BGB nichts geändert. Unabhängig davon, ob der Arbeitnehmer Verbraucher im Sinne von § 13 BGB ist, findet das im §§ 312 Abs. 1, 355 BGB geregelte Widerrufsrecht bei Haustürgeschäften auf den Abschluss arbeitsrechtlicher Aufhebungsverträge keine Anwendung. Hiergegen spricht insbesondere die Gesetzessystematik. § 312 Abs. 1 BGB n. F. steht im zweiten Buch des BGB, Abschnitt 3 „Schuldverhältnisse aus Verträgen", Titel 1 „Begründung, Inhalt und Beendigung", 2. Untertitel „Besondere Vertriebsformen". Der Abschluss eines arbeitsrechtlichen Aufhebungsvertrages gehört nicht zu besonderen Vertriebsformen. Dieses Auslegungsergebnis wird auch durch die Gesetzesbegründung gestützt. Ziel der Neuregelung der §§ 312 ff. BGB n. F. war die Integration des Haustürwiderrufsgesetzes und des Fernabsatzgesetzes in das BGB sowie die Regelung von Besonderheiten beim Vertragsschluss im elektronischen Rechtsgeschäftsverkehr. Arbeitsrechtliche Aufhebungsverträge haben damit jedoch nichts zu tun (str. vgl. ArbR-Hdb. § 122 RN 2 m. w. N. auf den Streitstand; ebenso LAG Brandenburg, Urteil v. 30. 10. 2002 – 7 Sa 386/02 – NZA 2003, 503; LAG Hamm, Urteil v. 1. 4. 2003 – 19 Sa 1901/02 – NZA-RR 2003, 401; *Mengel* BB 2003, 1278 ff.). Das BAG hat mit Urteil v. 27. 11. 2003 – 2 AZR 177/03 – entschieden, dass § 312 BGB keine vom Personalbüro geschlossenen arbeitsrechtlichen Beendigungsvereinbarungen erfasst. Begründet hat das BAG dies mit dem Sinn und Zweck von Beendigungsvereinbarungen. Das Personalbüro sei typischer Ort für den Beschluss solcher Vereinbarungen. Von einer überraschenden Situation auf Grund des Verhandlungsortes, wie sie dem Widerrufsrecht bei Haustürgeschäften als „besonderer Vertriebsform" zugrunde liegt, könne deshalb keine Rede sein.

Der Arbeitnehmer kann seine Erklärung zum Abschluss dieses Aufhebungsvertrages innerhalb von 2 Wochen ohne Angabe von Gründen in Textform (z. B. Brief, Fax, E-Mail) widerrufen. Die Widerrufsfrist beginnt mit dem Erhalt dieser Belehrung. Zur Wahrung der Widerrufsfrist genügt die rechtzeitige Absendung des Widerrufs. Der Widerruf ist an den Arbeitgeber zu richten. Für den Fall des Widerrufs ist diese Aufhebungsvereinbarung nicht zustande gekommen. Aufgrund dessen erbrachte Leistungen sind zurückzugewähren.

....., den .....

Mitarbeiter   Firma

> **Taktischer Hinweis:**
> Der anwaltliche Berater in der Praxis sollte sich davor hüten, Vergleiche schematisch abzuschließen. Es gilt, für jeden Einzelfall die möglichen Ansprüche und Anspruchsgrundlagen zur Schaffung einer Verhandlungsposition herauszuarbeiten und auch in einer Vereinbarung zu formulieren.[12] Nachfolgende Checkliste ist daher Merkposten für Positionen, die bei den Vorüberlegungen zum Abschluss eines Aufhebungs- oder Abwicklungsvertrages von dem beratenden Anwalt eventuell berücksichtigt werden müssen.

3. Checkliste für den Abschluss eines Aufhebungsvertrages

1. Beendigung des Arbeitsvertrages zum ..... auf Veranlassung des Arbeitgebers **11** (§ 144 SGB III; §§ 3 Nr. 9, 24, 34 EStG).[13, 14]

   Umwandlung in Teilzeitarbeitsverhältnis mit Teilrente *(vgl. § 22 RN 2ff.)*.

2. Vergütungsfortzahlung[15]

---

[12] Zu den Vertragsverhandlungen vgl. HK-KSchG/*Neef* Anhang §§ 9, 10 KSchG, RN 2a; *Bauer*, Arbeitsrechtliche Aufhebungsverträge, 6. Aufl., 1999, RN 441ff.

[13] Der Arbeitgeber kann verpflichtet sein, den Arbeitnehmer auf die sozialversicherungsrechtlichen Folgen des Aufhebungsvertrages hinzuweisen. In einer Entscheidung heißt es, ob und gegebenenfalls in welchem Umfang der Arbeitgeber einen Arbeitnehmer darüber unterrichten muss, welche Auswirkungen die einvernehmliche Aufhebung des Arbeitsverhältnisses auf den Arbeitslosengeldanspruch hat, ergibt sich unter Abwägung der Interessen der Beteiligten unter Billigkeitsgesichtspunkten, wobei alle Umstände des Einzelfalles zu berücksichtigen sind (BAG, Urteil v. 10. 3. 1988 – 8 AZR 420/85 – AP BGB § 611 Fürsorgepflicht Nr. 99). Die vertraglichen Schutz- und Fürsorgepflichten dürfen allerdings nicht überspannt werden. Jeder Vertragspartner hat grundsätzlich selbst für die Wahrnehmung seiner Interessen zu sorgen. Der Arbeitgeber ist nicht ohne weiteres verpflichtet, Arbeitnehmer unaufgefordert über die Auswirkungen einer Beendigung ihres Arbeitsverhältnisses zu unterrichten. Hinweis- und Aufklärungspflichten beruhen auf den besonderen Umständen des Einzelfalls und sind das Ergebnis einer umfassenden Interessenabwägung. Aufklärungspflichten als Nebenpflichten können vor allem dadurch entstehen, dass der Arbeitgeber einen Vertrauenstatbestand oder durch sein früheres Verhalten eine Gefahrenquelle geschaffen hat. Je größer das beim Arbeitnehmer erweckte Vertrauen ist oder je größer atypischer oder schwerer erkennbar die Gefahren (insbesondere im Rahmen der betrieblichen Altersversorgung) für den Arbeitnehmer sind, desto eher treffen den Arbeitgeber Informationspflichten und desto weitreichender sind sie (vgl. BAG, Urteil v. 17. 10. 2000 – 3 AZR 605/99 – AP BGB § 611 Fürsorgepflicht Nr. 116; BAG, Urteil v. 11. 12. 2001 – 3 AZR 339/00 – AP BetrAVG § 1 Auskunft Nr. 2; zu Hinweis- und Aufklärungspflichten bei einer Altersteilzeitvereinbarung und dem steuerlichen Progressionsvorbehalt vgl. BAG, Urteil v. 25. 6. 2002 – 9 AZR 155/01 – AP ATG § 3 Nr. 4).

[14] Der Aufhebungsvertrag kann zurückdatiert werden. Der Zeitpunkt der Beendigung des Arbeitsverhältnisses muss stets unter Berücksichtigung der sozialversicherungsrechtlichen Auswirkungen bestimmt werden (vgl. ArbR-Hdb. §§ 23, 122). Anders beim Abwicklungsvertrag: Eine Kündigung sollte keinesfalls im Rahmen einer Abwicklungsvereinbarung rückdatiert werden. Ein solcher Tatbestand dürfte strafbewehrt sein, falls dadurch sozialversicherungsrechtliche Vorteile erlangt werden sollen.

[15] Es hat sich in der Praxis als empfehlenswert herausgestellt, die noch zu zahlenden Vergütungsansprüche genau der Höhe nach zu definieren und sonstige Ansprüche im Rahmen einer finanziellen Ausgleichsklausel zu erledigen. Beide Parteien haben Klarheit darüber, welche Zahlungen im Einzelnen noch zu erbringen sind. Außerdem werden Folgestreitigkeiten vermieden.

3. Arbeitsfreistellung[16]

4. Wettbewerbsverbot während des Arbeitsverhältnisses

5. Anrechnung von Zwischenverdienst[17]

6. Gewinnbeteiligung, Tantieme, Gratifikationen

7. Auszahlung von Provisionen; Regelung von Überhangprovisionen[18]

8. Dienstwagen.
Der Mitarbeiter verpflichtet sich, den Dienstwagen sofort zurückzugeben/bei Beendigung des Arbeitsverhältnisses zurückzugeben. Bis zu diesem Zeitpunkt kann er ihn auch privat nutzen (Steuer)/kauft den Wagen zum Buchwert/ist verpflichtet, den Wagen sofort zurückzugeben. Als Entschädigung für die private Nutzung erhält er . . . . .

9. Urlaub.

10. Werkwohnung.
Der Mitarbeiter verpflichtet sich, die Werkwohnung bis zum . . . . . zu räumen und an die Firma herauszugeben/die vom Mitarbeiter innegehaltene Werkwohnung wird auch nach Beendigung des Arbeitsverhältnisses weiter vermietet (besondere Bedingungen).

11. Darlehen, Fälligkeitsklauseln *(vgl. § 27 RN 1ff.)*.

12. Diensterfindungen/Urheberrechte.

13. Nachvertragliches Wettbewerbsverbot. Von diesem Vertrag bleibt das nachvertragliche Wettbewerbsverbot unberührt/die Firma nimmt zur Kenntnis, dass der Mitarbeiter in die Dienste der Firma . . . . . tritt. Es besteht Übereinstimmung, dass hiermit das Wettbewerbsverbot eingehalten wird. Die Firma verpflichtet sich, Karenzentschädigung in Höhe von . . . . . € zu zahlen/Die Firma verzichtet auf die Rechte aus dem Wettbewerbsverbot. Unberührt bleibt hiervon ihre Verpflichtung bis zum . . . . . die vereinbarte Karenzentschädigung zu zahlen (§ 75 a HGB).

14. Betriebsgeheimnisse.[19]

15. Betriebliche Altersversorgung.

16. Zeugnis, Arbeitsbescheinigung, sonstige Bescheinigungen.

17. Firmenunterlagen und sonstiges Eigentum der Firma.

18. Zurückbehaltungsrecht und Aufrechnungsverbote.

19. Etwa anfallende Kosten des Vergleichs.

20. Salvatorische Klausel.

21. Lohnsteuerauskunft des Finanzamtes wegen Steuerfreiheit der Abfindung (§ 42 e EStG).

22. Hinweis auf Meldung beim Arbeitsamt (§ 2 Abs. 2 SGB III).

---

[16] Hierbei ist insbesondere die Freistellung unter Anrechnung der Urlaubsansprüche und unter Anrechnung anderweitigen Verdienstes zu beachten (vgl. § 33 RN 10 und § 35 RN 4).

[17] Die Anrechnung anderweitigen Verdienstes sollte ausdrücklich geregelt werden, da § 615 Satz 2 BGB Verzug voraussetzt und es hieran fehlen kann (vgl. BAG, Urteil v. 9. 11. 1999 – 9 AZR 922/98 n. a. v.).

[18] Vgl. ArbR-Hdb. § 76 RN 32 ff.

[19] Vgl. dazu ArbR-Hdb. § 54 RN 9 ff.

An das   **12**
Finanzamt . . . . .
– Lohnsteuerstelle –

Sehr geehrte Damen und Herren,

mein Arbeitsverhältnis mit der Firma . . . . . endet am . . . . . auf deren Veranlassung aus betrieblichen Gründen. Ich habe mit der Firma einen in Fotokopie beigefügten Aufhebungsvertrag geschlossen. Danach hat sich die Firma verpflichtet, mir eine Abfindung in Höhe von . . . . . € zu zahlen.

Ich bitte, mir nach § 42 e EStG zu bestätigen, in welcher Höhe die Abfindung steuerfrei ist und dass der übersteigende Betrag nur nach §§ 24 a, 34 EStG zu versteuern ist. Ferner bitte ich um Mitteilung, welche Steuern, die Firma einzuhalten hat.

Für eine umgehende Mitteilung bin ich verbunden, da die Abwicklung des Aufhebungsvertrages von ihrer Mitteilung abhängt.

Mit freundlichen Grüßen

23. Sozialversicherungspflicht der Abfindung.[20]
24. Aufklärungs- und Benachrichtigungspflichten.

II. Abwicklungsvertrag[21]

Sehr geehrte(r) Frau/Herr . . . . .,   **13**

wir nehmen Bezug auf die mit Ihnen geführten Besprechungen und fassen die getroffenen Vereinbarungen wie folgt zusammen:

1. Das Arbeitsverhältnis endet nach vorausgegangener betriebsbedingter Kündigung wegen der Umorganisation unseres Unternehmens mit dem . . . . .

2. Sie werden mit Wirkung vom . . . . . von der Arbeit freigestellt. Sie werden uns aber auch während der Freistellung nach rechtzeitiger Arbeitsaufforderung für Abwicklungsarbeiten zur Verfügung stehen. Während Ihrer Freistellung werden Sie eine entgeltliche Tätigkeit nicht ausüben.

3. Bis zu Ihrem Ausscheiden werden Sie Ihren Urlaub nehmen.

4. Sie erhalten bis zu Ihrem Ausscheiden das volle Brutto-Monatsgehalt.

5. Für das Geschäftsjahr . . . . . erhalten Sie eine Jahresabschlussvergütung in Höhe von . . . . . Auf diese Jahresabschlussvergütung wird die bereits im . . . . . geleistete Zahlung angerechnet. Die Auszahlung des Restes erfolgt am . . . . .

6. Für den Zeitraum Ihrer Freistellung im Jahre . . . . . erhalten Sie eine anteilige Jahresabschlussvergütung in Höhe von: . . . . . /$_{12}$.

---

[20] Vgl. dazu im Einzelnen ArbR-Hdb. § 141 RN 38 m. z. N.
[21] Beim Abwicklungsvertrag wird eine vorausgegangene Kündigung hingenommen (vgl. ArbR-Hdb. § 122; *Bauer* NZA 1994, 440; *Hümmerich* NZA 1994, 200, 833; *ders.* NJW 1996, 2081; *ders.* BB 1999, 1868; *Grunewald* NZA 1994, 441). Ansonsten sind die regelungsbedürftigen Punkte weitgehend deckungsgleich mit dem bei einem Aufhebungsvertrag, so dass auf die dortigen Ausführungen sowie Formulierungshinweise bzw. -verweise verwiesen werden kann. Um jegliches Problem im Hinblick auf § 623 BGB zu vermeiden, ist es angezeigt, sich die Vereinbarung, sei es in Briefform, sei es in Vereinbarungsform, in jedem Fall von dem Arbeitnehmer dahingehend gegenzeichnen zu lassen, dass eindeutig ist, dass er mit dem Inhalt der Vereinbarung einverstanden ist. Um wiederum jegliche Probleme im Zusammenhang mit § 623 BGB zu vermeiden, sollte das Einverständnis in einer Urkunde erfolgen.

7. Sie erhalten eine Abfindung wegen der Beendigung des Arbeitsverhältnisses in Höhe von ..... €.

8. Betriebliche Altersversorgung .....

Da das Arbeitsverhältnis auf unsere Veranlassung vorzeitig beendet worden ist, werden wegen der vorzeitigen Inanspruchnahme der Betriebsrente versicherungsmathematische Abschläge nicht vorgenommen.

9. Auf Verlangen wird Ihnen ein Zeugnis erteilt.

10. Den Ihnen zur Verfügung gestellten Dienstwagen können Sie bis zu Ihrem Ausscheiden weiter benutzen. Jedoch übernehmen Sie ab Freistellung die laufenden Betriebskosten (Benzin, Öl, Wagenwäsche).

11. Sie können den Dienstwagen bei Ihrem Ausscheiden kaufen. Als Preis gilt der amtlich festgestellte Schätzwert (Händlerankaufswert) zuzüglich Umsatzsteuer und Schätzungskosten. Erwerben Sie den Wagen nicht, ist er bei Ihrem Ausscheiden zurückzugeben.[22]

12. Mit vorstehenden Vereinbarungen sind alle Ansprüche aus dem Arbeitsverhältnis und seiner Beendigung abschließend geregelt.

Wir bitten anliegende Zweitschrift zum Zeichen Ihres Einverständnisses zu unterschreiben und uns zurückzuschicken.

Mit freundlichen Grüßen

Anlage:

Mit vorstehenden Regelungen bin ich einverstanden:

....., den .....

Arbeitnehmer

III. Steuerrechtliche Behandlung der Abfindung

Hümmerich, Steuerrechtliche Gestaltung von Abfindungen, NZA 1998, 225.

1. Steuerfreie Abfindung

14   *§ 3 Nr. 9 EStG sieht vor, dass Abfindungen bis zu bestimmten Grenzen steuerfrei sind. Abfindungen wegen einer vom Arbeitgeber veranlassten oder gerichtlich ausgesprochenen Auflösung des Arbeitsverhältnisses sind nach folgender Staffel steuerfrei:[22a]*

maximal	*7 200 €*
Vollendung des 50. Lebensjahres und 15 Dienstjahre	*9 000 €*
Vollendung des 55. Lebensjahres und 20 Dienstjahre	*11 000 €*

2. Steuerbegünstigte Abfindung

15   *Darüber hinausgehende Abfindungen sind nach §§ 24, 34 EStG steuerbegünstigt. Die Berechnung ist etwas kompliziert:*

Zur Berechnung der Einkommensteuer wird die Verteilung der Abfindung auf fünf Jahre unterstellt. Dabei soll dem Arbeitnehmer aber nicht zugute kommen, dass er in den nächsten

---

[22] Aus steuerlichen Gründen kann es angezeigt sein, den Kaufpreis in der Vereinbarung zu definieren und festzulegen und im Übrigen zu vereinbaren, dass der Kaufpreis mit der Abfindungszahlung verrechnet wird.

[22a] Art. 9 Nr. 4 des Haushaltsbegleitgesetzes 2004 v. 29. 12. 2003 (BGBl. I 3076).

vier Jahren möglicherweise nichts verdient und daher auf die künftig fälligen Anteile der Abfindung weniger Steuern zu zahlen hätte. Es wird vielmehr so getan, als würde der Arbeitnehmer in den nächsten fünf Jahren sein jetziges laufendes Einkommen behalten und zusätzlich $^1/_5$ der Abfindung. Die Berechnung ist wie folgt:

a) *Einkommensteuerdifferenz*

	Einkommensteuer: vom Einkommen plus $^1/_5$ der Abfindung
abzüglich	*Einkommensteuer vom Einkommen ohne Abfindung*
=	*Einkommensteuerdifferenz*

b) *Gesamteinkommensteuer*

	Einkommensteuer: vom Einkommen ohne Abfindung
zuzüglich	*fünffache Einkommensteuerdifferenz*
=	*Gesamteinkommensteuer*

Die Versteuerung nach §§ 24, 23 EStG wird sich für viele Arbeitnehmer, die mit ihren Einkünften ohnehin in eine starke Progression reichen, künftig kaum noch lohnen.[23]

3. Voraussetzungen der Steuerfreiheit bzw. -begünstigung

Zur Steuerfreiheit bzw. -begünstigung müssen verschiedene Voraussetzungen vorliegen. **16**

a) Abfindung

Abfindungen sind Entschädigungen, die der Arbeitnehmer für die mit der Auflösung des **17** *Dienstverhältnisses verbundenen Nachteile, insbesondere für den Verlust des Arbeitsplatzes erhält. Sie können in einer Summe, in Teilbeträgen oder in fortlaufenden Beträgen, müssen aber innerhalb eines Kalenderjahres gezahlt werden. Eine Verteilung dieser Beträge auf zwei Jahre ist steuerschädlich.[24] Nicht zu den Abfindungen gehören andere Bezüge, die lediglich aus Anlass der Auflösung des Dienstverhältnisses gezahlt werden, so dass Lohnansprüche, die dem Arbeitnehmer bis zur Beendigung des Arbeitsverhältnisses zustehen oder unverfallbare Versorgungsanwartschaften keine steuerfreien oder steuerbegünstigten Abfindung sind, selbst wenn sie als Abfindung gezahlt werden.[25]*

Zusätzliche Voraussetzung ist in jedem Fall, dass der Arbeitnehmer auf Grund der Ab- **18** *findung im laufenden Kalenderjahr mehr erhält, als er bei regulärer Fortsetzung des Arbeitsverhältnisses erhalten würde. Wenn somit ein Arbeitsverhältnis am 31. 3. eines Jahres beendet wird und der Arbeitnehmer eine Abfindung in Höhe von sechs Monatsverdiensten erhält, unterliegt diese nur dann dem ermäßigten Steuersatz, wenn er noch während des laufenden Kalenderjahres in einem anderen Arbeitsverhältnis zusätzliche Einnahmen erzielt, so dass er insgesamt mehr verdient, als er beim alten Arbeitgeber bei unverändertem Arbeitsverhältnis verdient hätte.[26] Die Steuerbegünstigung gem. §§ 24, 34 EStG entfällt auch dann, wenn der Arbeitgeber zusätzliche Leistungen über das Ende des Arbeitsverhältnisses hinaus erbringt, wie z. B. eine verlängerte Dienstwagennutzung, die in das nächste Kalenderjahr hineinreicht. Dies gilt nur dann nicht, wenn es sich um Leistungen handelt, auf die der Arbeit-*

---

[23] Vgl. die Beispielsberechnungen im ArbR-Hdb. § 141 RN 36; *Bauer*, Arbeitsrechtliche Aufhebungsverträge, 6. Aufl., 1999, RN 964 ff.; *Weber/Ehrich/Burmester*, Handbuch der arbeitsrechtlichen Aufhebungsverträge, 3. Aufl., 2002, Teil 5 RN 102 ff. Der Gesetzgeber hat § 34 Abs. 3 Satz 2 EStG verschärft (Haushaltsbegleitgesetz 2004, BGBl. I 2003, 3076, Art. 9 Nr. 26).

[24] Vgl. BFH, Urteil v. 21. 3. 1996 – XI R 51/95 – AP EStG § 24 Nr. 1.

[25] Vgl. BFH, Urteil v. 27. 4. 1994 – XI R 41/93 – AP EStG § 3 Nr. 1; BFH, Urteil v. 15. 6. 2000 – XI B 93/99 – n. a. v.; BFH, Urteil v. 24. 4. 1991 – XI R 9/87 – BB 1991, 1469.

[26] Vgl. BFH, Urteil v. 16. 7. 1997 – XI R 85/96 – AP EStG § 3 Nr. 2; BFH, Urteil v. 12. 4. 2000 – XI R 1/99 – NZA 2001, 506; *Bauer*, Arbeitsrechtliche Aufhebungsverträge, 6. Aufl., 1999, RN 955.

*nehmer ohnehin einen Anspruch hatte, wie z. B. betriebliche Altersversorgung, Fortführung
des Mietverhältnisses, Deputatleistungen usw.*[27]

b) Arbeitnehmer

19   *Der steuerrechtliche Arbeitnehmerbegriff folgt aus § 1 LStDV. Arbeitnehmer sind Personen, die im öffentlichen oder privaten Dienst angestellt oder beschäftigt sind oder waren und
die aus diesem Dienstverhältnis oder einem früheren Dienstverhältnis Arbeitslohn beziehen.
Arbeitnehmer sind auch die Rechtsnachfolger dieser Personen, soweit sie Arbeitslohn aus dem
früheren Dienstverhältnis ihres Rechtsvorgängers beziehen. Arbeitnehmer kann mithin auch
ein Vorstand oder GmbH-Geschäftsführer sein.*[28]

c) Auflösungszeitpunkt

20   *Ob und zu welchem Zeitpunkt das Dienstverhältnis aufgelöst worden ist, ist nach bürger-
lichem Recht bzw. Arbeitsrecht zu beurteilen. Die Auflösung ist vom Arbeitgeber veranlasst,
wenn dieser die entscheidenden Ursachen gesetzt hat.*[29] *Eine gerichtlich ausgesprochene Auflösung braucht nicht vom Arbeitgeber veranlasst zu sein; eine solche liegt nicht vor, wenn
durch gerichtliches Urteil oder gerichtlichen Vergleich eine von der Vertragspartei ausgesprochene Kündigung lediglich bestätigt wird. Eine Änderungskündigung bewirkt nur dann eine
Auflösung des Dienstverhältnisses, wenn sie zu einem Ausscheiden aus dem Dienstverhältnis
führt.*

d) Umfang der Steuerbefreiung

21   *Der Umfang der Steuerbefreiung richtet sich nach dem Lebensalter und der Dauer der Betriebszugehörigkeit des Arbeitnehmers in dem Zeitpunkt, in dem das Dienstverhältnis aufgelöst worden ist.*[30]

e) Betriebszugehörigkeit

22   *Die Ermittlung der Dauer der Betriebszugehörigkeit ergibt sich im Einzelnen aus Abschnitt 9 Abs. 4 der Einkommensteuer-Richtlinie. Die Einkommensteuer-Richtlinien werden
zzt. überarbeitet. Der Entwurf der Einkommensteuer-Richtlinien 2003 (EStR 2003) finden sich auf der Homepage des Bundesfinanzministeriums (www.bundesfinanzministerium.de).
Relevante Änderungen zu § 3 Nr. 9 EStG ergeben sich nicht. Ist der Arbeitnehmer aus
dem Dienstverhältnis ausgeschieden, war dann arbeitslos und ist danach wieder eingestellt
worden, so ist die Unterbrechung unschädlich, wenn es sich um ein einheitliches Dienstverhältnis handelt. Bei Beschäftigungen innerhalb eines Konzerns, sind Zeiten, in denen der
Arbeitnehmer früher bei einem anderen rechtlich selbstständigen Unternehmen des Konzerns
tätig war, im Allgemeinen nicht zu berücksichtigen. Eine Ausnahme besteht dann, wenn er
bei den Umsetzungen Abfindungen nicht erhalten hat und die verschiedenen Beschäftigungen
als Einheit betrachtet wurden. Bei Entsendung zu einer Arbeitgemeinschaft richtet sich die
Dienstzeit nach der des Stammbetriebes und der Entsendung. Aufgrund gesetzlicher Vorschriften zu berücksichtigende Vordienstzeiten werden auch steuerrechtlich berücksichtigt.*[31]

---

[27] BMF Schreiben vom 18. 12. 1998 – IVA 5-S 2290–18/98 – BStBl. I 1998, 1512.

[28] Vgl. im Einzelnen *Schmidt,* EStG, 21. Aufl., § 19 RN 4 m. z. N.

[29] Vgl. die Aufstellung bei *Schmidt,* EStG, 21. Aufl., § 3 „Abfindungen wegen Auflösung eines
Dienstverhältnisses", c).

[30] Vgl. *Ehrich/Weber/Burmester,* Handbuch der arbeitsrechtlichen Aufhebungsverträge, 3. Aufl., 2002,
Teil 5 RN 14 ff.; *Bauer,* Arbeitsrechtliche Aufhebungsverträge, 6. Aufl., 1999, RN 937; *Schmidt,* EStG,
21. Aufl., § 3 „Abfindungen wegen Auflösung des Dienstverhältnisses", d).

[31] Vgl. *Ehrich/Weber/Burmester,* Handbuch der arbeitsrechtlichen Aufhebungsverträge, 3. Aufl., 2002,
Teil 5 RN 16.

f) Auflösung als Anlass

Steuerfrei bzw. steuerbegünstigt sind nur solche Zuwendungen, die der Arbeitnehmer aus- 23
*schließlich und allein anlässlich der Auflösung des Arbeitsverhältnisses erhält. Dazu gehören
solche Beiträge nicht, die für die Zeit bis zur Auflösung des Arbeitsverhältnisses gezahlt werden. Maßgebend ist die nach dem Arbeitsrecht wirksame Auflösung des Arbeitsvertrages.
Ansprüche, die dem Arbeitnehmer bis zur Beendigung des Arbeitsverhältnisses zustehen –
wie z. B. Lohnansprüche[32] oder eine unverfallbare Versorgungsanwartschaft[33] –, sind keine
steuerfreien oder steuerbegünstigten Abfindungen, selbst wenn sie als Abfindung gezahlt werden. Alle darüber hinausgehenden Ansprüche sind Abfindungen.[34] Dies gilt selbst dann,
wenn das Arbeitsverhältnis unter Abkürzung der eigentlich vorgesehenen Kündigungsfrist beendet wird und somit der Arbeitnehmer Vergütungsansprüche, die er bei ordnungsgemäßer
Beendigung des Arbeitsverhältnisses bis zum Ablauf der Kündigungsfrist hätte, nunmehr als
Abfindung erhält.[35] Damit können die Parteien – bis an die Grenze des Gestaltungsmiss-
brauchs – vertraglich bestimmen, in welchem Umfang steuerpflichtige Lohnansprüche durch
steuerfreie oder -begünstigte Abfindungen ersetzt werden.[36] Voraussetzung ist aber stets, dass
das Arbeitsverhältnis zivilrechtlich beendet ist. Rückwirkende Vereinbarungen sind daher
nicht möglich. Enthält die Abfindung eine Urlaubsabgeltung, handelt es sich insoweit um
verdientes Arbeitsentgelt. Enthält die Abfindung eine Tantieme oder wird gegen Zahlung einer Abfindung auf eine Tantieme verzichtet, spricht viel dafür, dass die Parteien eine nach
Ermessen zu bestimmende Tantieme einvernehmlich auf einen bestimmten Betrag festlegen
und zusätzlich eine Abfindung vereinbaren.[37]*

Die außerordentlichen Einkünfte sind im Anschluss an eine Entscheidung des BFH[38] in 24
*einem Schreiben des BFM betreffend Zusammenballung im Sinne des § 34 EStG, wenn
durch die Entschädigung nur Einnahmen eines Jahres abgegolten werden, näher beschrieben
(BStBl. I 973).*

Taktischer Hinweis: 25

Bei hohen Abfindungen wird die Fünftelungsregelung keinen hohen Vorteil für den Arbeitnehmer bringen. Daher wird der Arbeitnehmer, der in eine ungewisse Zukunft geht,
darüber nachdenken müssen, ob es für ihn steuerlich günstiger ist, die Abfindung in
Raten zu erhalten, so dass die einzelne Zahlung im jeweiligen Zuflussjahr besteuert wird
oder die Abfindung als Einmalbetrag (dann aber Fünffachbesteuerung) im folgenden Jahr
zu zahlen ist.[39] Dann wird es auf Seiten des Arbeitnehmers aber erforderlich sein, Vorkehrungen gegen Zahlungsunwilligkeit des Arbeitgebers (z. B. durch gerichtlichen Vergleich, aus dem vollstreckt werden kann) sowie gegen Zahlungsunfähigkeit des Arbeitsgebers (z. B. durch Bankbürgschaft) zu treffen. Darüber hinaus kann es steuerlich sinnvoll
sein, über Ausgleichszahlungen an den Rentenversicherungsträger nach § 187a SGB VI
nachzudenken.[40]

---

[32] Vgl. BFH, Urteil v. 27. 4. 1994 – XI R 41/93 – AP EStG § 3 Nr. 1.
[33] Vgl. BFH, Urteil v. 24. 4. 1991 – XI R 9/87 – DB 1991, 1500.
[34] Vgl. *Bauer*, Arbeitsrechtliche Aufhebungsverträge, 6. Aufl., 1999, RN 923.
[35] Vgl. BFH, Urteil v. 27. 4. 1994 – XI R 41/93 – AP EStG § 3 Nr. 1; vgl. auch *Bauer*, Arbeitsrechtliche Aufhebungsverträge, 6. Aufl., 1999, RN 923; HK-KSchG/*Neef* Anhang §§ 9, 10 KSchG
RN 30.
[36] KR/*Vogt*, §§ 3, 24, 34 EStG RN 26.
[37] Vgl. HK-KSchG/*Neef* Anhang §§ 9, 10 KSchG, RN 30.
[38] Vgl. BFH, Urteil v. 16. 7. 1997 – XI R 85/96 – AP EStG § 3 Nr. 2.
[39] So der Vorschlag von *Bauer*, Arbeitsrechtliche Aufhebungsverträge, 6. Aufl., 1999, RN 967.
[40] Vgl. im Einzelnen *Schrader* in Tschöpe, Anwaltshandbuch Arbeitsrecht, Teil 7 C RN 136ff.; *ders.*,
Aufhebungsverträge und Ausgleichszahlungen, NZA 2003, 593.

IV. Abfindung und Arbeitslosengeld

1. Ruhen wegen Abfindung und Sperrzeit

26   *Erhält der Arbeitnehmer eine Abfindung, liegt der Gedanke nahe, dass er hiermit in Wahrheit Bezüge erhält, die er bei unverändertem Arbeitsverhältnis als Arbeitsentgelt hätte beanspruchen können. Ein Arbeitnehmer, welcher auf zustehende Entlohnungsansprüche verzichtet, um diese als (steuerbegünstigte) Abfindung zu erhalten, muss sich gegenüber der Agentur für Arbeit daran festhalten lassen, dass es sich den wirtschaftlichen Ursprung nach um Arbeitsentgelt handelt, er somit für die Zeit, in der er für dieses Arbeitsentgelt hätte arbeiten müssen, kein Arbeitslosengeld beanspruchen kann. Er soll nicht für den gleichen Zeitraum Arbeitsentgelt (in Form einer Abfindung) und Arbeitslosengeld erhalten können. Die Agentur für Arbeit betrachtet ihn – vereinfachend ausgedrückt – noch nicht als arbeitslos. Weitere Nachteile soll der Arbeitnehmer nicht haben. Die Vorschriften über eine Sperrzeit haben demgegenüber mit einer Abfindung nichts zu tun. Sie sollen vielmehr den Arbeitnehmer dafür bestrafen, dass er ein Arbeitsverhältnis ohne wichtigen Grund aufgibt. Sie haben also Sanktionscharakter, unabhängig davon, ob eine Abfindung gewährt wird. Beide Regelungen greifen durchaus ineinander. Nur gilt es zu beachten, dass sie einen unterschiedlichen Regelungszweck haben: die Vermeidung von Doppelansprüchen einerseits und die Sanktion von unnötiger Inanspruchnahme von Arbeitslosengeld andererseits.*

2. Ruhen des Anspruchs auf Arbeitslosengeld auf Grund einer Abfindung

27   *Für die Frage der Anrechnung einer Abfindung auf das Arbeitslosengeld kommt es insbesondere darauf an, ob die Fristen zur Beendigung des Arbeitsverhältnisses eingehalten sind.*

a) Einhaltung der Fristen

28   *Eine Anrechnung der Abfindung auf das Arbeitslosengeld kommt nur dann in Betracht, wenn der Arbeitnehmer zugunsten der Abfindung[41] auf Ansprüche verzichtet, die ihm der Arbeitgeber selbst bei einer Kündigung nicht mehr entziehen kann. Ein Ruhen des Anspruches auf Arbeitslosengeld gem. § 143 a Abs. 1 SGB III kommt daher nicht in Betracht, wenn*
 – der Arbeitgeber das Arbeitsverhältnis gekündigt hatte und es zum Ablauf der Kündigungsfrist durch Aufhebungsvertrag beendet wird,
 – in einem Aufhebungsvertrag über ein gekündigtes Arbeitsverhältnis ein Beendigungstermin festgesetzt wird, bis zu dem der Arbeitgeber die ordentliche Kündigung noch hätte aussprechen können,
 – bei zeitlich unbegrenztem Ausschluss der ordentlichen Kündigung eine Kündigungsfrist von 18 Monaten eingehalten wird,
 – bei zeitlich begrenztem Ausschluss der ordentlichen Kündigung die im Übrigen geltende ordentliche Kündigungsfrist eingehalten wird,
 – bei einer außerordentlichen Kündigung mit Auslauffrist (z. B. bei tariflich unkündbaren Arbeitnehmern) die sonst geltende ordentliche Kündigungsfrist eingehalten wird,
 – eine Kündigung nur gegen eine Entlassungsentschädigung möglich ist und eine Kündigungsfrist von einem Jahr eingehalten wird.

---

41 § 143 a SGB III (i. d. F. des Dritten Gesetzes für moderne Dienstleistungen am Arbeitsmarkt (BGBl. 2003 I, 2848)) spricht allgemein von einer Entlassungsentschädigung. Abfindungen sind eine Entlassungsentschädigung in diesem Sinne. Zu dem Begriff der Entlassungsentschädigung im Übrigen vgl. ausführlich ArbR-Hdb. § 23 RN 25 m. z. N.

Werden die erwähnten Fristen eingehalten, findet § 143 a SGB III keine Anwendung. **29** *Eine Ausnahme gilt nur für den Fall, dass der Arbeitnehmer eine Urlaubsabgeltung erhält. Denn hierauf hat er auf Grund des bisherigen Arbeitsverhältnisses einen Anspruch. Sie soll dazu dienen, dem Arbeitnehmer nach Abschluss des Arbeitsverhältnisses den Urlaub zu ermöglichen. Für die Zeit, für die Urlaubsabgeltung gewährt wird, ruht der Anspruch auf Arbeitslosengeld (§ 143 a Abs. 1 Satz 5 SGB III).*

b) Rechtsfolgen bei Verkürzung der Fristen

Wird das Arbeitsverhältnis einvernehmlich vor Ablauf der erwähnten Fristen beendet, ist **30** *dies nur möglich, weil der Arbeitnehmer auf seine Vergütungsansprüche bis zum Ablauf der Kündigungsfrist zumindest zum Teil verzichtet (und sie meist in Form einer Abfindung dann doch erhält). In diesen Fällen ruht der Anspruch auf Arbeitslosengeld nach folgenden Maßgaben:*
- *Grundsätzlich ruht der Anspruch auf Arbeitslosengeld bis zum Ablauf der ordentlichen Kündigungsfrist.*
- *Der Anspruch auf Arbeitslosengeld ruht maximal ein Jahr (dies macht die fiktive Kündigungsfrist von 18 Monaten nicht überflüssig, da die Kündigungsfrist ab Ausspruch der Kündigung bzw. ab Abschluss des Aufhebungsvertrages rechnet, die Ruhensfrist ab Beendigung des Arbeitsverhältnisses).*
- *Der Ruhenszeitraum wird jedoch noch weiter eingegrenzt:*
- *War das Arbeitsverhältnis (unabhängig vom Aufhebungsvertrag) befristet, ruht der Anspruch auf Arbeitslosengeld maximal bis zum Befristungsablauf (§ 143 a Abs. 2 Satz 2 Nr. 2 SGB III).*
- *Hat der Arbeitgeber einen Grund, fristlos zu kündigen, ruht der Anspruch überhaupt nicht (§ 143 Abs. 2 Satz 2 Nr. 3 SGB III).*
- *Im Übrigen ruht der Anspruch so lange, wie der Arbeitnehmer hätte arbeiten müssen, um 60% der Entlassungsentschädigung zu verdienen (§ 143 a Abs. 2 Satz 2 Nr. 1 SGB III).*

Die 60% der Abfindung, die (sozusagen) als fortgezahltes Arbeitsentgelt angesehen wer- **31** *den (§ 143 a Abs. 2 Satz 3 SGB III), verringern sich nach folgendem Schema:*

Entgeltanteil der Abfindung	*60%*
abzüglich je fünf Dienstjahre	*je 5%*
abzüglich je fünf Lebensjahre nach	
Vollendung des 35. Lebensjahres	*je 5%*
mindestens	*25%*
(Der Mindestbetrag gem. § 117 AFG betrug 30%)	

Für einen Arbeitnehmer, der 50 Jahre alt und zwölf Jahre beschäftigt ist, ergibt sich somit **32** *folgende Rechnung:*

	Maximalbetrag	*60%*
abzüglich	*2 × fünf Dienstjahre*	*10%*
abzüglich	*3 × fünf Lebensjahre über 35*	*15%*
	Entgeltanteil	*35%.*

Der Anspruch auf Arbeitslosengeld ruht so lange, wie der Arbeitnehmer hätte arbeiten müssen, um 35% der Abfindung zu verdienen.[42]

Soweit der Arbeitgeber für den Arbeitnehmer, dessen Arbeitsverhältnis nach Vollendung **33** *des 55. Lebensjahres beendet wird, Leistungen erbringt, die unmittelbar für dessen Rentenversicherung verwendet werden, zählen diese nicht als Entlassungsentschädigung und bleiben bei dieser Rechnung unberücksichtigt (§ 143 a Abs. 1 Satz 6 SGB III). Entsprechendes gilt für Aufwendungen für eine berufsständische Versorgungseinrichtung.*

---

[42] Siehe auch Tabelle bei *Bauer*, Arbeitsrechtliche Aufhebungsverträge, 6. Aufl., 1999, RN 1026; *Gagel*, SGB III, § 143 a RN 95 und GK-SGB III/*Masuch* § 143 a RN 68.

c) Anrechnung und Sozialversicherung

34   *Solange der Arbeitnehmer Arbeitslosengeld bezieht, ist er versicherungspflichtig in der Renten- (§ 3 Nr. 3 SGB VI) und in der Krankenversicherung (§ 5 Abs. 1 Nr. 2 SGB V). Ruht der Anspruch auf Arbeitslosengeld, besteht keine Versicherungspflicht. Der Arbeitnehmer ist während dieser Zeit nicht krankenversichert. Allerdings erlischt der Anspruch auf Leistungen der Krankenversorgung erst einen Monat nach Ablauf der Versicherungspflicht (§ 19 Abs. 2 SGB V).*

3. Sperrzeiten

35   *§ 144 SGB III i.d. F. des Dritten Gesetzes für moderne Dienstleistungen am Arbeitsmarkt (BGBl. 2003 I, 2848) ordnet Sperrzeiten in unterschiedlicher Höhe bis zu maximal zwölf Wochen an, wenn der Arbeitnehmer das Beschäftigungsverhältnis löst, ohne hierfür einen wichtigen Grund zu haben. Die Sperrzeit tritt von Gesetzes wegen ein und wird keineswegs, wie häufig formuliert wird, von der Agentur für Arbeit „verhängt". Für das Verwirken eines Sperrzeittatbestandes kommt es auf die Höhe der Abfindung nicht an, entscheidend ist die Frage, ob der Arbeitslose sein Beschäftigungsverhältnis ohne wichtigen Grund gelöst oder durch arbeitsvertragswidriges Verhalten Anlass für die Lösung des Beschäftigungsverhältnisses gegeben hat und dadurch vorsätzlich oder grob fahrlässig die Arbeitslosigkeit herbeiführt oder aber sich „arbeitsamtsschädlich" verhält.*[43]

36   *Die **Rechtsfolgen der Sperrfrist** ergeben sich aus § 144 Abs. 1 Satz 1 SGB III. Während der Sperrzeit ruht der Anspruch auf Arbeitslosengeld. Der Ruhenszeitraum gem. § 143 SGB III (Entgeltanteile in Abfindung) und derjenige nach § 144 SGB III (Sperrzeit) laufen parallel, also nicht nacheinander.*[44] *Der Ruhenszeitraum gem. § 143 a SGB III beginnt vom Ende des Arbeitsverhältnisses an (§ 143 a Abs. 1 SGB III); der Ruhenszeitraum wegen einer Sperrfrist beginnt mit dem Ereignis, das die Sperrzeit begründet (§ 144 Abs. 2 Satz 1 SGB III), dies ist ebenfalls das Ende des Arbeitsverhältnisses.*[45] *Die Ruhenswirkung berührt nicht das Stammrecht; es wird vielmehr nur eine zeitliche Sperre für den Leistungsbezug bewirkt. Dabei hat die Sperrzeit nicht nur Einfluss auf den Leistungsanspruch, sondern auch auf die Dauer des Anspruchs. Die Anspruchsdauer mindert sich um die Anzahl von Tagen einer Sperrzeit wegen Arbeitsaufgabe, in Fällen einer Sperrzeit von 12 Wochen mindestens jedoch um ein Viertel der Anspruchsdauer, die dem Arbeitslosen bei erstmaliger Erfüllung der Voraussetzungen für den Anspruch auf Arbeitslosengeld nach dem Ereignis, das die Sperrzeit begründet, zusteht (§ 128 Abs. 1 Nr. 4 SGB III).*[46]

37   *Unterschiedlich sind die **sozialversicherungsrechtlichen Folgen:** Während des Ruhens des Anspruchs auf Arbeitslosengeld besteht grundsätzlich keine Versicherungspflicht des Arbeitnehmers bei der Sozial- und Krankenversicherung. Ruht der Anspruch auf Arbeitslosengeld aber allein wegen einer Sperrfrist besteht gleichwohl Krankenversicherung (§ 5 Abs. 1 Nr. 2 SGB V). Die Versicherung besteht in diesem Fall von Beginn des zweiten Monats an, bis zum Ende der Sperrzeit. Der erste Monat muss nicht versichert werden, weil der Arbeitnehmer insoweit nachwirkenden Krankenversicherungsschutz gem. § 19 Abs. 2 SGB V hat.*

---

[43] Zu den Voraussetzungen einer Sperrzeit im Einzelnen vgl. ArbR-Hdb. § 23 RN 48 ff.

[44] Vgl. *Gagel* § 143 a SGB III RN 31; GK-SGB III/*Masuch* § 143 a RN 64.

[45] HK-KSchG/*Neef* Anhang §§ 9, 10 KSchG, RN 46 m. w. N.

[46] Eine Minderung der Anspruchsdauer (§ 127 SGB III) tritt nur unter den Voraussetzungen des § 128 SGB III ein. Bestimmt eine Vorschrift, dass der Anspruch ruht (wie beispielsweise § 144 SGB III), führt dies nicht gleichzeitig zu einer Verringerung der Anspruchsdauer. Hierzu ist vielmehr erforderlich, dass der in § 128 SGB III aufgeführte Tatbestand erfüllt ist, andernfalls kann ein „Ruhen des Anspruches" lediglich eine zeitliche Verschiebung des Beginns der Anspruchsdauer zur Folge haben (vgl. *Niesel*, SGB III, 2. Aufl., § 128 SGB III RN 2).

§ 36. Zeugnisse[1]

ArbR-Hdb. § 146; *Schulz,* Alles über Arbeitszeugnisse, 6. Aufl., 2000; *Schleßmann,* Das Arbeitszeugnis, 16. Aufl., 2000.

I. Einfaches Zeugnis[2]

Firma ....., den   1

1. Für einen gewerblichen Arbeitnehmer

Zeugnis

Herr ....., geb. am ....., *(Anschrift)* .....

..... stand vom ..... bis ..... als Autoschlosser in unseren Diensten. Während seiner Beschäftigung wurde er mit der Ausführung von Inspektionen sowie mit Motor- und Getriebereparaturen beschäftigt.

Herr ..... verlässt uns auf eigenen Wunsch. Wir wünschen ihm für die Zukunft alles Gute.

Firma (Unterschrift)

2. Für einen Angestellten[3]

Zeugnis   2

Frau ....., geb. ....., ... *(Anschrift)*

war vom ..... bis ..... bei uns beschäftigt. Sie war als Verkäuferin in unserer Abteilung für Damenoberbekleidung eingesetzt.

Firma (Unterschrift)

---

[1] Der Betriebsrat hat bei der Erstellung des Zeugnisses keine Mitwirkungsrechte. Allerdings sind Beurteilungsgrundsätze (§ 94 Abs. 2 BetrVG) denkbar. Im Allgemeinen sind Zeugnisse auf Firmenpapier zu schreiben (BAG, Urteil v. 3. 3. 1993 – 5 AZR 182/92 – AP BGB § 630 Nr. 20). Zeugnisse sind Holschulden (BAG, Urteil v. 8. 3. 1995 – 5 AZR 848/93 – AP BGB § 630 Nr. 21). Lässt sich ein Arbeitgeber bei der Ausstellung des Zeugnisses durch einen Angestellten vertreten, ist deutlich zu machen, dass dieser Vertreter dem Arbeitnehmer gegenüber weisungsbefugt war. Ist der Arbeitnehmer direkt der Geschäftsleitung unterstellt, so ist das Zeugnis von einem Mitglied der Geschäftsleitung auszustellen, das auf seine Position als Mitglied der Geschäftsleitung hinweisen muss (vgl. BAG, Urteil v. 26. 6. 2001 – 9 AZR 392/00 – AP BGB § 630 Nr. 27). Eine Verpflichtung, das Arbeitszeugnis mit Formulierungen abzuschließen, in denen der Arbeitgeber dem Arbeitnehmer für die gute Zusammenarbeit dankt und ihm für die Zukunft alles Gute wünscht, besteht nicht (BAG, Urteil v. 20. 2. 2001 – 9 AZR 44/00 – AP BGB § 630 Nr. 26). Der Arbeitgeber erfüllt den Anspruch des Arbeitnehmers auf Erteilung eines Arbeitszeugnisses auch mit einem Zeugnis, dass er zweimal faltet, um den Zeugnisbogen in einen Geschäftsumschlag üblicher Größe unterzubringen, wenn das Originalzeugnis kopierfähig ist und die Knicke im Zeugnisbogen sich nicht auf den Kopien abzeichnen, z.B. durch Schwärzungen (vgl. BAG, Urteil v. 21. 9. 1999 – 9 AZR 893/98 – AP BGB § 630 Nr. 23).

[2] Der Zeugnisanspruch ergibt sich für Dienstnehmer aus § 630 BGB, für Auszubildende aus § 8 BBiG. Für Arbeitnehmer ergibt er sich gem. § 630 Satz 4 BGB aus § 109 GewO. Auf Verlangen ist das Zeugnis auf Leistung und Verhalten zu erstrecken (§ 109 Abs. 1 Satz 3 GewO). Die Rspr. des BAG zu § 630 BGB kann, da die inhaltlichen Anforderungen durch die Zeugnisregelung in § 109 GewO nicht geändert werden sollte, im Wesentlichen übernommen werden.

[3] Auch bei einem einfachen Zeugnis ist das Tätigkeitsgebiet sorgfältig zu umschreiben. Die Form des einfachen Zeugnisses wird vor allem bei kurzen Arbeitsverhältnissen oder Ausscheiden nach Straftatbeständen gewählt.

Schrader

3. Für Angestellte nach vorausgegangener Ausbildung

3 Herr/Frau ....., geboren am .....

in ....., wurde am ..... als Auszubildende(r) im Berufsbild des ..... eingestellt. Er/Sie bestand am ..... die Abschlussprüfung und wurde seit dem ..... als kaufmännische(r) Angestellte(r) in unserer Abteilung ..... weiterbeschäftigt.

Herr/Frau ..... wurde zunächst mit den Aufgaben eines(r) ..... betraut. In der Folgezeit wurden ihm/ihr auch nachfolgende Arbeiten ..... zugewiesen. Insbesondere wurde sie/er auch mit vertraulichen Arbeiten wie ..... betraut.

Das Arbeitsverhältnis endet mit dem heutigen Tage im Wege gegenseitiger Einvernahme./ Das Arbeitsverhältnis endet mit dem heutigen Tage auf die ordentliche Kündigung der Firma/der/des Arbeitnehmer(in)s.[4]

Firma (Unterschrift)

4. Zeugnis für einen Auszubildenden

4 Herr/Frau ....., geboren am ..... in ....., wohnhaft in ..... war vom ..... als Auszubildende(r) im Berufsbild des ..... beschäftigt. Das Ausbildungsverhältnis hat mit erfolgreichem Abschluss der Ausbildung geendet.

Der/Die Auszubildende ist mit allen Arbeiten eines(er) ..... vertraut gemacht worden. Er/Sie war während der Ausbildungszeit in den Abteilungen ..... eingesetzt. Hierdurch war gewährleistet, dass er/sie Kenntnisse ..... *(Anlehnung an den einschlägigen Ausbildungsplan; vgl. ArbR-Hdb. § 174 RN 26)*. Ihm/Ihr ist weiter eine praktische Anschauung über unser Produktprogramm durch Einsatz in unserem Betrieb vermittelt worden.

Firma (Unterschrift)

II. Qualifiziertes Zeugnis[5]

5 Firma ....., den .....

1. Für einen gewerblichen Arbeitnehmer

Herr ....., geb. am ....., wohnhaft .....,

war vom ..... bis ..... als Autoschlosser in unserer Firma beschäftigt.

Herr ..... wurde mit allen in einer Reparaturwerkstatt anfallenden Arbeiten beschäftigt. In den letzten Monaten seiner Tätigkeit hat er vornehmlich Inspektionen durchgeführt.[6]

---

[4] Es ist umstr., ob der Beendigungsgrund angegeben werden darf (ArbR-Hdb. § 146 RN 12).

[5] Es empfiehlt sich bei einem qualifizierten Zeugnis nach folgendem Aufbauschema zu verfahren: (1) Personalien, Beschäftigungszeit; (2) Beschreibung der verschiedenen Arbeitsplätze und Aufgabengebiete, insbesondere bei Erweiterung und beruflichem Aufstieg; (3) Beurteilung von Leistung, Fortbildung, Vertrauenswürdigkeit, Sozialverhalten zu Kollegen, Vorgesetzten und Kunden, der Führungsqualifikation; (4) Angaben zur Beendigung des Arbeitsverhältnisses; (5) abschließende Formulierungen des Dankes und zur weiteren beruflichen Entwicklung (vgl. auch *Schleßmann,* Das Arbeitszeugnis, 16. Aufl., 2000, S. 138 f.). Im Übrigen ist § 109 GewO zu beachten.

[6] Die Beschreibung der Aufgabengebiete soll dem neuen Arbeitgeber die Überprüfung der zukünftigen Einsatzgebiete ermöglichen.

Schrader

Die ihm übertragenen Arbeiten hat Herr ..... stets mit großer Sorgfalt und Umsicht zu unserer und der Kunden Zufriedenheit ausgeführt.[7] Er war sowohl bei seinen Mitarbeitern und Vorgesetzten wie bei unserer Kundschaft beliebt.[8] Herr ..... verlässt uns auf eigenen Wunsch, um sein berufliches Wissen und Können auch bei Reparaturwerkstätten anderer Marken zu erweitern.[9] Wir wünschen Herrn ..... für seinen ferneren Lebensweg alles Gute.

2. Für Angestellte

a) Büroangestellte

Herr/Frau ....., geboren am ..... in **6**

wurde am ..... als Stenotypist(in)/Phonotypist(in) für unsere ..... Abteilung eingestellt.

Er/Sie hatte zunächst Schreiben nach Diktat und Stichworten zu erledigen. Seit ..... wurden ihm/ihr weitere Arbeiten wie die Sichtung von ..... und die büromäßigen Vorarbeiten zu ..... einschließlich der Bearbeitung vertraulicher Karteien und Statistiken der ..... übertragen. Ihre/Seine Arbeitsweise war stets einwandfrei (zufrieden stellend) und verlässlich. Er/Sie ist verschwiegen.

---

[7] Ein „Lehrbuch" über Zeugnis mit Notenschema hat das Landesarbeitsgericht Hamm entwickelt (lesenswert, vgl. LAG Hamm, Urteil v. 27. 4. 2000 – 4 Sa 1018/99 – NZA 2000, 624). Ein immer wiederkehrender Streitpunkt bei Zeugnissen ist die Gesamtnote (zum Streitstand vgl. ArbR-Hdb. § 146 RN 14f. m. w. N.). Die Rspr. ist sich nicht einig. Im Einzelnen:
„Zu unserer vollsten Zufriedenheit" soll nach Auffassung des BAG (Urteil v. 23. 9. 1992 – 5 AZR 573/91 – EzA BGB § 630 Nr. 16) eine sehr gute Bewertung darstellen. Andererseits soll die Formulierung „stets zu unserer vollen Zufriedenheit" eine gute Bewertung darstellen (vgl. LAG Bremen, Urteil v. 9. 11. 2000 – 4 Sa 101/00 – NZA-RR 2001, 287; vgl. auch *Küttner/Reinicke,* Personalbuch 2003, Zeugnis RN 31). Die Formulierung „zur vollen Zufriedenheit" bedeutet eine gute Bewertung (BAG, Urteil v. 23. 9. 1992 – 5 AZR 573/91 – EzA BGB § 630 Nr. 16), eine gut durchschnittliche Bewertung (LAG Köln, Urteil v. 18. 5. 1995 – 5 Sa 41/95 – NZA-RR 1996, 41), eine durchschnittlich vollbefriedigende Leistung (ArbG Passau, Urteil v. 14. 1. 1991 – 2 Ca 235/90 D – BB 1991, 554) bzw. eine nur befriedigende Leistung (LAG Bremen, Urteil v. 9. 11. 2000 – 4 Sa 101/00 – NZA-RR 2001, 287). Bereits daraus kann man ersehen, dass ein und dieselbe Formulierung bei unterschiedlichen Gerichten zu den unterschiedlichsten Bewertungen führen kann. Die Formulierung „stets zur Zufriedenheit" mit weiteren jeweils günstigen Aussagen, bedeutet, eine durchschnittliche Arbeitsleistung (LAG Frankfurt, Urteil v. 30. 9. 1992 – 2 Sa 385/92 – n. a. v.). Die Formulierung „zu unserer Zufriedenheit" bedeutet einerseits eine unterhalb des Durchschnitts liegende, aber noch ausreichende Leistung (LAG Frankfurt, Urteil v. 10. 9. 1987 – 12/13 Sa 1766/86 – LAGE Nr. 3 zu § 630 BGB), eine befriedigende durchschnittliche Leistung (BAG, Urteil v. 12. 8. 1976 – 3 AZR 720/75 – AP BGB § 630 Nr. 11), eine nicht zufrieden stellende, sondern unterdurchschnittliche, aber noch ausreichende Leistung (LAG Hamm, Urteil v. 19. 10. 1990 – 18 (12) Sa 160/90 – LAGE Nr. 12 zu § 630 BGB) bzw. eine nur ausreichende Leistung (LAG Frankfurt, Urteil v. 8. 11. 1987 – 12/13 Sa 1766/86 – n. a. v.). Die Formulierung „bemühte sich, die übertragenden Aufgaben zu unserer Zufriedenheit zu erledigen" kennzeichnet eine völlig ungenügende Leistung (vgl. BAG, Urteil v. 24. 3. 1977 – 3 AZR 232/76 – AP BGB § 630 Nr. 12). Aus der Rspr. ergibt sich, dass die Wertigkeit der Zeugnisbeurteilung an Zeugnisnoten („sehr gut", „gut", „befriedigend") orientiert wird. Um Streit über die künftige Zeugnisbeurteilung zu vermeiden, sollte daher im Aufhebungsvertrag festgelegt werden, welche „Note" das Zeugnis haben soll. Es kann also vereinbart werden, dass ein sehr gutes oder ein gutes Zeugnis erteilt wird, z. B. mit folgender Formulierung: „Der Arbeitnehmer erhält ein sehr gutes Zeugnis. Er hat das Recht, einen Entwurf zu fertigen, von welchem der Arbeitgeber nur aus erheblichen Gründen abweichen wird. Das Zeugnis ist von ..... zu unterzeichnen."
[8] Wegen der Anpassung in den Betrieb und der Koordinationsbereitschaft lässt ein Fehlen der Beurteilung auf Streitigkeiten mit den Mitarbeitern schließen (zu den Differenzierungen vgl. im Einzelnen *Schleßmann,* Das Arbeitszeugnis, 16. Aufl., 2000, S. 158/159).
[9] Die Fortbildungsbereitschaft kann für etwaige Aufstiegsstellen von Bedeutung sein.

Das Verhalten von Herrn/Frau ..... war vorbildlich. Er/Sie war wegen seines/ihres aufgeschlossenen Wesens und seiner/ihrer Hilfsbereitschaft bei Vorgesetzten und Mitarbeitern in gleicher Weise beliebt.

Herr/Frau ..... scheidet auf eigenen Wunsch mit dem ..... aus unserer Firma aus, weil er/sie sich verändern will. Wir wünschen ihm/ihr für die Zukunft alles Gute.

Firma (Unterschrift)

b) Rechtsanwaltsfachangestellte

7   Frau ....., geb. am ..... trat am ..... in unser Büro in ..... als Rechtsanwaltsfachangestellte ein.

Frau ..... war zuständig für das Dezernat des Unterzeichners. Ihre sehr gute und umfassende Ausbildung und berufliche Erfahrung erlaubten es ihr, nahtlos das Dezernat des Unterzeichners zu übernehmen. Sämtliche mit der Führung des Dezernates verbundene Aufgaben (z. B. Vereinbarung von Terminen, Abrechnungen, Zwangsvollstreckung etc.) erledigte sie gründlich und selbstständig. Die von Frau ..... gefertigten Schriftsätze waren hervorragend, wurden nicht Korrektur gelesen und direkt abgesandt. Unseren Mandanten gegenüber war Frau ..... eine kompetente und zuverlässige Ansprechpartnerin. Beispielsweise die Abstimmung von Schriftsätzen mit den Mandanten erfolgte regelmäßig durch direkte Absprache mit Frau .....

Innerhalb kürzester Zeit konnten wir Frau ..... die Leitung unseres Büros in ..... übertragen. Sie war nicht nur zuständig für die Fristenüberwachung im Dezernat des Unterzeichners, sondern für die Fristenüberwachung insgesamt in unserem Büro in ..... Ihr oblag die Organisation unseres Büros in ..... hinsichtlich sächlicher Betriebsmittel (Wartungsverträge für Kopierer, Büromaterial etc.), wie auch die Personalsachbearbeitung (z. B. Betreuung der Auszubildenden, Urlaubsplanung, Arbeitseinteilung usw.). In sämtlichen organisatorischen, das Büro betreffenden Fragen, war Frau ..... Ansprechpartnerin der Anwälte.

Mit ihrer Arbeit trug sie zur erheblichen Entlastung der Anwälte bei. Wir haben Frau ..... als hoch motivierte, jederzeit einsatzbereite Mitarbeiterin kennen gelernt, auf deren Sorgfalt und fachliches Können immer Verlass war. Sie arbeitete vorausschauend, bei Problemen unterbreitete sie nach Möglichkeit Lösungsvorschläge. Gerne dürfen wir Frau ..... Ehrlichkeit und Zuverlässigkeit bescheinigen.

Die ihr übertragenen Aufgaben erfüllte Frau ..... jederzeit in hervorragender Weise. Das Verhältnis zu Kollegen und Vorgesetzten war zuvorkommend, freundlich und hilfsbereit. Leider hat Frau ..... sich entschlossen, sich beruflich zu verändern.

Frau ..... ist auf eigenen Wunsch zum ..... ausgeschieden. Wir verlieren mit ihr eine wertvolle Mitarbeiterin und bedauern ihr Ausscheiden. Für ihren weiteren beruflichen und privaten Lebensweg wünschen wir ihr alles Gute.

Sozietät (Unterschrift)

3. Für eine ungetreue Kassiererin

8   Frau ....., geb. ....., war vom ..... bis ..... als Kassiererin in unserem Lebensmittelsupermarkt beschäftigt. Sie hat eine Selbstbedienungskasse bedient und das Konservenlager versorgt.

Schrader

Frau ..... hat stets unser Warenangebot pünktlich und sorgfältig beigeräumt. Sie hat es verstanden, die Waren in einer ansprechenden und übersichtlichen Weise einzuordnen. Frau ..... ist pünktlich und fleißig.

Als Kassiererin haben wir sie seit dem ..... nicht mehr beschäftigt.[10] Soweit kontrollierbar, sind zuvor keine Kassendifferenzen aufgetreten.

Firma (Unterschrift)

4. Für eine Sachbearbeiterin

Frau ....., geb. am ..... wohnhaft in ..... war vom ..... bis ..... als Lohn- und 9
Personalsachbearbeiterin in unserem Unternehmen tätig. Sie hatte die Personalangelegenheiten von rund ..... Arbeitern unserer Reparaturwerkstatt zu bearbeiten. Unter anderem oblag ihr die selbstständige An- und Abmeldung der Arbeiter bei den Sozialversicherungsträgern, die Lohnabrechnung, die Erstellung von Bescheinigungen und die Ausfüllung der Arbeitspapiere.

Frau ..... ist eine schnelle und dabei doch sehr gründliche und gewissenhafte Arbeitskraft. Sie war bei Kollegen und Vorgesetzten beliebt; sie verlässt unsere Firma, um sich beruflich zu verbessern.[11]

Firma (Unterschrift)

5. Für einen gehobenen Angestellten

Herr ....., geboren am ....., war in der Zeit vom ..... bis ..... in meiner Firma als 10
Betriebsleiter beschäftigt.

Herrn ..... oblag die kaufmännische und technische Betriebsleitung meiner Auto .....-Vertretung in ..... Zu seinen Aufgaben gehörte insbesondere die Koordinierung der kaufmännischen und technischen Betriebsabteilung und deren Leitung. Einstellung und Entlassung des gewerblichen Personals erfolgte durch Herrn ..... im Zusammenwirken mit dem Werkstattmeister. Kaufmännische Mitarbeiter wurden durch meine Hauptverwaltung in ..... eingestellt und entlassen.

Herr ..... ist von Beruf Kraftfahrzeugmeister. Er hat sich durch Ausweitung und Entwicklung seiner Fähigkeiten zum Kundendienstfachmann entwickelt. Aufgrund seiner Auffassungsgabe und seines technischen Verständnisses ist er aber auch in der Lage, einen modernen Werkstatt-Zweigbetrieb sowohl kaufmännisch, wie technisch zu überwachen und zu führen.[12] Wegen seiner beruflichen Grundausbildung

---

[10] Je kürzer ein Zeugnis ist, umso mehr lässt sich auf einen Arbeitskonflikt schließen. Die Beurteilung der Vertrauenswürdigkeit einer Kassiererin ist in einem qualifizierten Zeugnis für sie unabdingbar. Selbst wenn der letzte Absatz fehlt, käme wegen der alleinigen Beschreibung ihrer gestalterischen Fähigkeiten im vorhergehenden Absatz der „Griff in die Kasse" zum Ausdruck. Zur Beurteilung von Vertrauenswürdigkeit und Verantwortungsbereitschaft werden folgende Begriffe verwandt: Er war zu zuverlässiger, ehrlicher, verlässlicher, vertrauenswürdiger, gewissenhafter, pflichtbewusster, verantwortungsbewusster Mitarbeiter. In der substantivischen Form: Hervorzuheben sind die besondere Vertrauenswürdigkeit, Ehrlichkeit, Pflichtbewusstsein usw.

[11] Regelmäßig wird angegeben, wenn ein Mitarbeiter kündigt oder wenn der Arbeitgeber aus betriebsbedingten Gründen kündigt. Fehlen Angaben über den Beendigungstatbestand, so ist auf eine personen- oder verhaltensbedingte Kündigung, bei einem atypischen Beendigungstermin u. U. auf eine außerordentliche Kündigung des Arbeitgebers zu schließen. Bei einer Beendigung des Arbeitsverhältnisses im gegenseitigen Einvernehmen lässt sich häufig auf einen vorausgegangenen Prozess schließen, wenn keine weitere Begründung dazu angegeben wird.

[12] Zeugnisse von Arbeitnehmern mit Leitungsbefugnissen enthalten die Beurteilung der Führungsqualifikation. Die Kombination der beiden letzten Sätze bedeutet eine geringe Abqualifikation als Betriebsleiter. Formeln zur Beurteilung der Führungsqualität: Er hatte mehrere Mitarbeiter anzuleiten und

liegen ihm Probleme der technischen Betriebsführung und der Ausbildung des gewerblichen Nachwuchses näher.[13]

Firma (Unterschrift)

6. Für einen leitenden Angestellten

11 Herr ....., geboren am ....., war in der Zeit vom ..... bis zum ..... in unserem Hause als Leiter der Abteilung Organisation und elektronische Datenverarbeitung tätig. Er war der Geschäftsleitung direkt unterstellt.

Schwerpunkte dieser Führungsposition waren, ein integriertes Organisationsprinzip mit einem umfassenden Informations-System aufzubauen und zu pflegen, die allgemeine Verwaltungsarbeit zu rationalisieren und das EDV-Operating zu systematisieren.

Während seiner Mitarbeit hatte Herr ..... die schwierige Aufgabe zu lösen, die bestehende Organisation grundlegend zu verbessern und von dem System ..... auf ..... umzustellen, was ihm auch in verhältnismäßig kurzer Zeit sehr gut gelungen ist. Die bisher durchgeführte Neuorganisation erstreckte sich vorrangig auf den Bereich Vertrieb, Auftragserfassung, Bereitstellung von Dispositionsunterlagen, Lagerkontrolle, Fakturierung, Absatz-Statistiken, Offen-Postenbuchhaltung. Diese Arbeiten zeichnen sich durch ihre klare Konzeption aus. Gleichzeitig war es mit Hilfe von Herrn ..... möglich, die Kosten der EDV zu reduzieren und die Kapazität zu erhöhen.

Mit der Leistung von Herrn ..... waren wir uneingeschränkt zufrieden. Den ihm übertragenen Aufgaben hat er sich stets mit Eifer und Interesse gewidmet. Seine umfassenden Organisationskenntnisse und seine gründliche Arbeitsweise machten Herrn ..... zu einem wertvollen Mitarbeiter. Er war stets höflich, zuverlässig und anpassungsfähig. Dank dieser Eigenschaften war Herr ..... ein guter Vorgesetzter, erfolgreich in der Personalführung und kollegial im Umgang mit anderen Abteilungsleitern.

Herr ..... verlässt unser Unternehmen, um einen größeren Aufgabenbereich zu übernehmen. Wir bedauern sein Ausscheiden. Für die Zukunft wünschen wir ihm alles Gute.

Firma (Unterschrift)

III. Qualifizierte Zeugnisse in der Berufsausbildung

1. Qualifiziertes Zeugnis für Auszubildende

12 Herr/Frau ..... geb. am ..... in ..... trat am ..... als Auszubildende(r) im Berufsbild ..... nach bestem Eignungstest in unsere Dienste. Er/Sie wurde während ihrer/seiner Berufsausbildung in verschiedenen Abteilungen unseres Unternehmens beschäftigt und eingehend unterwiesen. Er/Sie war tätig .....

---

zeigte sich dieser Aufgabe (voll, hervorragend) gewachsen; er besitzt eine natürliche Autorität, war wegen seiner Autorität und seines (ausgeprägten) Gerechtigkeitssinnes von seinen Mitarbeitern und Untergebenen geachtet; verstand es, seine Mitarbeiter gut, hervorragend zu motivieren (anzuleiten).

[13] Zumeist finden sich in Zeugnissen abschließende Dank- und Wunschformeln; z.B. „Wir wünschen ..... für den ferneren Berufsweg alles Gute, viel Erfolg, viel Glück und Erfolg. Wir danken ..... für eine jahrelange, gute Zusammenarbeit. Wir wünschen ..... Wir verlieren in ..... einen überdurchschnittlichen (hervorragenden, ausgezeichneten) Mitarbeiter und wünschen ....." Nach dem Zeugnis war er auf kaufmännischem Sektor nicht erfolgreich. Im Übrigen ergibt sich, dass er im Streit ausgeschieden ist.

Der/Die Auszubildende nahm am Berufsschulunterricht als aufmerksame(r) Schüler(in) regelmäßig teil. Ebenso beteiligte er/sie sich an allen Fortbildungsveranstaltungen des Unternehmens mit großem Interesse und bestem Erfolg.

Der/Die Auszubildende hat von den gebotenen Ausbildungsmöglichkeiten regen Gebrauch gemacht. Er/Sie hat eine rasche Auffassungsgabe, zeigt größtes Interesse an den übertragenen Aufgaben. Er/Sie hat die ihm/ihr übertragenen Aufgaben sorgfältig, zuverlässig und zügig erledigt.

Der/Die Auszubildende war bei allen Kollegen, Ausbildern und Vorgesetzten in gleicher Weise beliebt. Er/Sie legt auf eine gute Zusammenarbeit Wert.

Wegen des guten Ausbildungsergebnisses versteht sie/er ihre/seine Auffassung sicher und fundiert zu vertreten.

Am ..... hat er/sie die Ausbildungsprüfung für ..... bei der ..... mit dem Prädikat ..... abgelegt. Die Ausbildungszeit endete am .....

Er/Sie wird mit dem ..... in ein Angestelltenverhältnis übernommen/nicht übernommen, weil .....

Firma (Unterschrift)

2. Qualifiziertes Zeugnis für Praktikanten

Herr/Frau ....., geb. am ..... in ..... war zur Ableistung eines Praktikums zum **13** Studium ..... vom ..... bis ..... bei uns beschäftigt. Er/Sie war tätig ..... Nach jeweils kurzer Information wurde er/sie als Sachbearbeiter(in) eingesetzt.

Er/Sie hat sich schnell eingearbeitet. Er/Sie ist von schneller Auffassungsgabe. Er/Sie brachte ..... Leistungen. Er/Sie zeigt Arbeitseifer und war stets pünktlich. Sein/Ihr Verhalten zu Arbeitskollegen und Vorgesetzten war einwandfrei.

Das Arbeitsverhältnis endet zur Fortsetzung des Studiums. Wir wünschen Herrn/Frau ..... für das Studium viel Erfolg.

Firma (Unterschrift)

3. Zeugnis für Umschüler

Herr/Frau ..... geb. am ..... trat als Auszubildende(r) im Berufsbild ..... in unsere **14** Dienste. Er/Sie wurde in allen Aufgaben eines ..... unterwiesen. Er/Sie bestand am ..... die Prüfung als ..... mit gutem Erfolg.

Vom ..... bis ..... arbeitete er/sie als Angestellte(r) in den Abteilungen ..... Herr/Frau ..... ist an uns herangetreten, ihn / sie zum ..... umzuschulen. Wir haben diesem Wunsch Rechnung getragen.

Während der Umschulungszeit wurde Herr/Frau mit folgenden Arbeiten vertraut gemacht .... Er/Sie zeigte sich sehr aufgeschlossen und war bald ein(e) gute(r) Mitarbeiter(in) in der Abteilung ....

Herr/Frau ..... arbeitet gründlich, genau, zuverlässig und sehr zügig. Er/Sie ist ausgesprochen einsatzbereit. Seine/Ihre Eignung ..... ist unverkennbar.

Die Führung war dienstlich wie außerdienstlich ohne Tadel. Das Verhältnis zu Mitarbeitern und Vorgesetzten einwandfrei. Gegenüber Kunden ist sein/ihr Auftreten zuvorkommend und sicher.

Am ..... wurde er/sie als Angestellte(r) ..... übernommen.

Firma (Unterschrift)

Schrader

4. Zeugnis für Ausbilder

15 Herr/Frau ..... geboren am ..... trat am ..... in unsere Dienste. Er/Sie war zunächst in der Abteilung ..... als ..... tätig.

Er/Sie zeigte über dem Durchschnitt liegende Leistungen. Schon sehr bald stellte sich heraus, dass er/sie ein besonderes Geschick bei der Anleitung von Nachwuchskräften hat. Ihm/Ihr wurden daher die in der Abteilung beschäftigten Auszubildenden überwiesen. Seit dem ..... ist eine eigene Abteilung für die Ausbildung von Auszubildenden eingerichtet. Ihm/Ihr wurde die Leitung der Abteilung übertragen.

Herr/Frau ..... ist eine selbstständige Persönlichkeit, die in angemessener Form mit guten Gründen ihren Standpunkt gegenüber Mitarbeitern und Vorgesetzten vertritt. Er/Sie ist charakterlich vorbildlich. Er/Sie ist in der Betriebsgemeinschaft hoch angesehen, bei den Auszubildenden beliebt und ein(e) gute(r) Ausbilder(in). Dies zeigt sich auch in den guten Prüfungsabschlüssen der Auszubildenden.

Herr/Frau ..... verlässt uns auf eigenen Wunsch. (Frau ..... will sich ihrer Familie widmen. Wir bedauern diesen Entschluss und sind gerne bereit, mit ihr in Zukunft ein Teilzeitarbeitsverhältnis abzuschließen.)

Firma (Unterschrift)

IV. Zwischenzeugnis und endgültiges Zeugnis[14]

1. Zwischenzeugnis

16 Herr/Frau ....., geb. am ....., wohnhaft in ..... trat am ..... als .... in unsere Dienste. Er/Sie war ..... beschäftigt.

Am ..... haben wir das Arbeitsverhältnis zum ..... aus ..... Gründen kündigen müssen. Herr/Frau ..... wird am ..... ausscheiden.

Führung und Leistung von ..... sind nicht zu beanstanden. Wir bedauern, dass wir haben kündigen müssen.

Firma (Unterschrift)

2. Endgültiges Zeugnis[15]

17 *(1. und 2. Absatz wie oben)*

Herr/Frau ..... ist eine äußerst zuverlässige und geschickte(r) Facharbeiter(in). Er/Sie hat die ihm/ihr übertragenen Arbeiten stets umsichtig, gründlich, zuverlässig und fehlerfrei erledigt.

Er/Sie passt sich gut in die Betriebsgemeinschaft ein, war allseitig geschätzt und bei Vorgesetzten wegen seiner/ihrer ..... beliebt.

---

[14] Ein triftiger Grund für die Erteilung eines Zwischenzeugnisses liegt nicht vor, wenn der Arbeitnehmer es allein deswegen verlangt, weil er es in einem Prozess um seine Höhergruppierung verwenden will. Als triftige Gründe sind allgemein anerkannt, Bewerbung um eine neue Stelle, Vorlage bei Behörden und Gerichten, Vorlage zur Stellung eines Kreditantrages, strukturelle Änderungen innerhalb des Betriebsgefüges, bevorstehende persönliche Veränderungen des Arbeitnehmers, geplante längere Arbeitsunterbrechungen etc. (vgl. im Einzelnen ArbR-Hdb. § 146 RN 5; BAG, Urteil v. 21. 1. 1993 – 6 AZR 171/92 – AP BAT § 61 Nr. 1).

[15] Zumeist entspricht das vorläufige Zeugnis dem Wortlaut des Endzeugnisses.

Wir danken Herrn/Frau ..... für die geleistete Arbeit und wünschen ihm/ihr für die Zukunft alles Gute.

Firma (Unterschrift)

V. Moderne Zeugnisformen[16]

Zeugnis

18

Empfänger(in):   Herr/Frau ....., geb. am ..... in .....
Eintritt: ..... als ..... in .....
    Weitere Tätigkeit: .....
    Beendigung des
    Arbeitsverhältnisses: ..... auf Grund .....

Wir bedauern das Ausscheiden von .....
Wir danken für die geleistete Arbeit und wünschen für die Zukunft alles Gute.
Wunschgemäß bestätigen wir folgendes:

1. Leistung[17]

(1.) Arbeitsgüte: Arbeitet äußerst gründlich, genau, zuverlässig und fehlerfrei.
(2.) Arbeitstempo: Schnell/äußerst schnell/zügig usw.
(3.) Arbeitsökonomie: Organisatorisches Geschick, zielstrebig, überlegt.
(4.) Fachkenntnisse: Umfassende, vielseitige Fachkenntnisse, vor allem .....
(5.) Arbeitsbereitschaft: Einsatzbereit, arbeitet ohne äußeren Anstoß.
(6.) Ausdrucksvermögen: .....
(7.) Verhandlungsgeschick: .....

2. Verhalten

(1.) Verhalten gegenüber Vorgesetzen .....
(2.) Verhalten gegenüber Mitarbeitern .....
(3.) Verhalten gegenüber Kollegen .....
(4.) Wirtschaftliches Verhalten .....

3. Führung

(1.) Verantwortungsbereitschaft .....
(2.) Führung der Mitarbeiter .....
(3.) Entscheidungsfreudigkeit .....

Firma (Unterschrift)

---

[16] In neuerer Zeit finden sich gelegentlich qualifizierte Zeugnisse in Tabellenform. Hiergegen kann aus Rechtsgründen nichts eingewandt werden (vgl. ArbR-Hdb. § 146 RN 16). Die Erteilung des Zeugnisses in elektronischer Form ist allerdings ausgeschlossen, § 109 Abs. 3 GewO.

[17] Die Beurteilungsmerkmale sind arbeitswissenschaftlichen Merkmalen anzupassen.

VI. Berichtigung eines Zeugnisses[18]

1. Klage auf Berichtigung

19 An das Arbeitsgericht ...., den .....

In Sachen pp.

wird beantragt,

> den Beklagten zu verurteilen, das Zeugnis in folgenden Aussagen zu berichtigen:
> 1. Nach Satz 2 muss eingefügt werden: „Die Klägerin war als Marketingassistentin beschäftigt .....“
> 2. Nach Satz 10 muss eingefügt werden: .....
> 3. .....

Gründe:

.....

2. Klagebeantwortung bei Zeugnisklage[19]

20 An das Arbeitsgericht ...., den .....

In dem Rechtsstreit pp.

wird beantragt,

> die Klage abzuweisen.

Gründe:

Das qualifizierte Zeugnis vom ..... entspricht völlig der arbeitsgerichtlichen Rechtsprechung. Es enthält keine Formverstöße. Diese werden auch von der Klägerin selbst nicht gerügt. Es sind aber auch keine materiellen Rechtsfehler zu erkennen. Dies gilt sowohl wegen der Schilderung der Tätigkeit noch deren Bewertung. Die Klägerin erstrebt mit dem Klageantrag zu Ziff. 1 die Ergänzung dahin, dass sie nicht nur als Schreibkraft sondern als Marketingassistentin beschäftigt war. Dieses Begehren ist unberechtigt. Die Klägerin ist nach dem Inhalt ihres Arbeitsvertrages als ..... eingestellt worden. Diese Tätigkeit hat sich in der Folgezeit nicht verändert. Die Klägerin war zwar eine tüchtige Arbeitskraft. Es mögen ihr auch einfache Tätigkeiten zur selbstständigen Veranlassung überlassen worden sein. Die Tätigkeit einer Marketingassistentin hat sie nie verrichtet. Insoweit ist ihr Sachvortrag schlicht unrichtig.

Beweis: Marketingleiter .....

Die Klägerin kann auch die von ihr erstrebte Bewertung der Arbeitsleistung nicht beanspruchen. Gegen die fachlichen Leistungen der Klägerin hat die Beklagte keine Beanstandungen erhoben. Gleichwohl genügt die Klägerin nicht den Anforderun-

---

[18] Der Arbeitgeber ist für die Erfüllung des Anspruches auf Erteilung eines Zeugnisses darlegungs- und beweispflichtig. Ein falsches Zeugnis ist zu berichtigen. Das neue Zeugnis ist auf das ursprüngliche Ausstellungsdatum zu erstellen, es sei denn, dass der Arbeitnehmer die Verspätung zu vertreten hat (BAG, Urteil v. 9. 9. 1992 – 5 AZR 509/91 – AP BGB § 630 Nr. 19).

[19] Zur Darlegungs- und Beweislast vgl. *Schleßmann,* Das Arbeitszeugnis, 16. Aufl., 2000, S. 126 f. m. w. N.

Schrader

gen. Seit ..... erhebt die Kundschaft, von denen die Beklagte lebt, Beanstandungen gegen die Arbeit der Klägerin. Es haben sich beschwert:

1. .....

Die Klägerin hat sich geäußert: .....

2. .....

Die Klägerin hat sich geäußert: .....

Schon die Auflistung der Fälle erweist, dass die Klägerin überzogene Anforderungen an ihre Beurteilung stellt .....

Rechtsanwalt

§ 37. Bescheinigungen nach dem Ende des Arbeitsverhältnisses

I. Urlaubsbescheinigung[1]

Herr/Frau ....., geboren am ....., wohnhaft in ..... war vom ..... bis ..... als **1** ..... in unserer Firma beschäftigt.

Der volle gesetzliche/tarifliche/arbeitsvertragliche Urlaubsanspruch beträgt ..... Tage im Kalenderjahr.

Es sind von uns im Jahre ..... in Natur ..... Tage Urlaub gewährt worden.

Ferner hat der/die Arbeitnehmer(in) ..... Tage abgegolten erhalten. Es wurden ..... Tage Zusatzurlaub für ..... gewährt.

II. Zwischenbescheinigung

I. Herr/Frau ....., geboren am ....., wohnhaft in ..... war vom ..... bis zum **2** ..... als ..... in unserer Firma beschäftigt.

II. Die Lohnsteuerkarte des/der Arbeitnehmers(in) enthält folgende Eintragungen:

1. Jahr ..... Nummer ..... ausstellende Gemeinde ..... Finanzamt ..... Steuerklasse ..... Familienstand ..... Kinderfreibeträge für Anzahl der Kinder ..... Religionsgemeinschaft des Arbeitnehmers, des Ehegatten ....

2. Zurechnungsbeträge, die bei der Berechnung der Lohnsteuer zu berücksichtigen sind: Jahresbetrag ....., monatlich ....., wöchentlich ....., täglich ..... Eintragung gilt bis zum .....

3. Freibeträge, die bei der Berechnung der Lohnsteuer zu berücksichtigen sind. Jahresbetrag ....., monatlich ....., wöchentlich ....., täglich ...., Eintragung gilt bis zum .....

III. In der Personalakte sind folgende Sozialversicherungsträger vermerkt:

1. Er ist krankenversichert bei .....

2. rentenversichert bei .....

IV. Der Sozialversicherungsausweis wurde ausgehändigt.

---

[1] Vgl. § 11 RN 8.

V. Die Lohnsteuerkarte und Versicherungskarten können aus technischen Gründen nicht sofort erstellt werden. Die Arbeitspapiere werden bis zum Ablauf von 8 Wochen dem Arbeitnehmer ausgehändigt (§ 41b Abs. 1 EStG).

III. Quittung und Ausgleichsquittung

3 Ich bestätige, bei Beendigung meines Arbeitsverhältnisses ordnungsgemäß ausgefüllt erhalten zu haben:

1. Lohnsteuerkarte für das Jahr .....

2. Arbeitsbescheinigung für die Agentur für Arbeit

3. Zeugnis

4. Urlaub für das Urlaubsjahr ..... bis einschließlich .....

5. Urlaubsbescheinigung

6. Lohn/Gehaltsabrechnung

7. Urlaubsabgeltung

8. Restlohn/Restgehalt

9. Zwischenbescheinigung

10. Sonstiges

Das in der Abrechnung enthaltene Gehalt sowie die Urlaubsabgeltung habe ich in bar erhalten/werden auf das Konto ..... überwiesen. Ich bestätige, dass die Abrechnung von Gehalt und Urlaubsabgeltung zutreffend erfolgt sind.

Darüber hinaus bestätige ich,[2] dass ich weitergehende Ansprüche aus und in Verbindung mit dem Arbeitsverhältnis und seiner Beendigung nicht mehr gegen die Firma habe. Eine Kündigungsschutzklage werde ich nicht erheben.[3]

Ferner bestätige ich, dass ich keine Anwartschaften und Ansprüche auf betriebliche Altersversorgung habe.

Vorstehende Ausgleichsquittung ist mir heute in meine Landessprache übersetzt worden. Vorstehende Ausgleichsquittung habe ich sorgfältig gelesen.

IV. Ausgleichsquittung

4 I. Ich bestätige, nachfolgende Papiere ordnungsgemäß ausgefüllt erhalten zu haben:

1. Steuerkarte 20 ..

2. Zeugnis

3. Abrechnung

4. Restvergütung.

II. Der Unterzeichnete bekennt, dass das Arbeitsverhältnis wirksam beendet worden ist. Er verzichtet auf das Recht, den Fortbestand des Arbeitsverhältnisses aus irgendeinem Rechtsgrund gerichtlich geltend zu machen.

---

[2] BAG, Urteil v. 20. 8. 1980 – 5 AZR 759/78 – AP LohnFG § 9 Nr. 3.
[3] Das Recht zur Erhebung der Kündigungsschutzklage wird nur von der Ausgleichsquittung erfasst, wenn hierauf ausdrücklich hingewiesen wird (BAG, Urteil v. 3. 5. 1979 – 2 AZR 679/77 – AP KSchG 1969 § 4 Nr. 6; ArbR-Hdb. § 72 RN 8).

III. Die Vertragschließenden sind sich darüber einig, dass Ansprüche aus und in Verbindung mit dem Arbeitsverhältnis und seiner Beendigung nicht mehr gegeneinander bestehen.

oder

III. Der Unterzeichnete erkennt an, dass ihm Ansprüche aus und in Verbindung mit dem Arbeitsverhältnis und seiner Beendigung nicht mehr gegen die Firma zustehen.

§ 38. Überleitung des Arbeitsvertrages auf Betriebsnachfolger[1]

I. Betriebsnachfolge

Zwischen   1

der Firma .....

– nachfolgend Verkäufer –

und

der Firma .....

– nachfolgend Käufer –

wird die Betriebsnachfolge des Betriebes in ..... vereinbart:

§ 1 Übergang des Arbeitsverhältnisses[2, 3]   2

(1) Verkäufer und Käufer sind sich darüber einig, dass die Arbeitsverhältnisse der Arbeitnehmer,[4] die zu dem durch diesen Vertrag übertragenen Betrieb gehören, auf den Käufer übergehen. Dies gilt nicht für solche Arbeitnehmer, die dem Übergang des Arbeitsverhältnisses auf den Käufer widersprochen haben.[5] Der Verkäufer wird den Käufer unverzüglich von dem Widerspruch unterrichten.

(2) Verkäufer und Käufer werden gemeinsam am ..... die Arbeitnehmer von dem Zeitpunkt des vorgesehenen Betriebsüberganges unterrichten. Am Tage des Betriebsübergangs wird eine Liste der übergehenden Arbeitnehmer erstellt und diesen die Übernahme mitgeteilt.[6]

---

[1] Zu den Belehrungen des Arbeitgebers nach § 613a Abs. 5 und 6 BGB sowie einer dreiseitigen Überleitungsvereinbarung vgl. § 24 RN 5 ff.

[2] Ein Betrieb kann im Wege der Gesamt- und der Einzelrechtsnachfolge übergehen (ArbR-Hdb. §§ 117, 118). Eine Einzelrechtsnachfolge kommt insbesondere bei Betriebsveräußerung und Betriebsverpachtung (BAG, Urteil v. 15. 11. 1978 – 5 AZR 199/77 – AP BGB § 613a Nr. 14) in Betracht. Eine Betriebsnachfolge i.S. von § 613a BGB kann auch vorliegen, wenn ein Pächter, der im Anschluss an die beendete Pacht vom gleichen Verpächter einen Betrieb pachtet und ihn mit dem gleichen Betriebszweck fortführt (vgl. BAG, Urteil v. 25. 2. 1981 – 5 AZR 991/78 – AP BGB § 613a Nr. 24; BGH, Urteil v. 4. 7. 1985 – IX ZR 172/84 – AP BGB § 613a Nr. 50; BAG, Urteil v. 3. 7. 1986 – 2 AZR 68/85 – AP BGB § 613a Nr. 53).

[3] Vgl. Beck'sches Formularbuch, 8. Aufl., III A 7-10. zu entsprechenden Unternehmenskaufverträgen

[4] § 613a BGB gilt auch für leitende Angestellte i.S. von § 5 BetrVG 1972 (vgl. BAG, Urteil v. 22. 2. 1978 – 5 AZR 800/76 – AP BGB § 613a Nr. 11; st. Rspr.).

[5] Dass ein Arbeitnehmer einem Betriebsübergang widersprechen kann, ist mittlerweile gesetzlich anerkannt (§ 613a Abs. 6 BGB). Im Falle des Widerspruches gegen den Betriebsübergang und den nachfolgenden Ausspruch einer betriebsbedingten Kündigung findet eine Sozialauswahl nur eingeschränkt statt (vgl. BAG, Urteil v. 7. 4. 1993 – 2 AZR 449/91 (B) – AP KSchG 1969 § 1 Soziale Auswahl Nr. 22; BAG, Urteil v. 18. 3. 1999 – 8 AZR 190/98 – AP KSchG 1969 § 1 Soziale Auswahl Nr. 43).

[6] Zur Unterrichtungspflicht nach § 613a Abs. 5 BGB gegenüber den Arbeitnehmern und der Überleitung der Arbeitsverhältnisse durch dreiseitige Vereinbarung vgl. § 24 RN 5 ff.

3 **§ 2 Besitzstandswahrung**

Der Käufer verpflichtet sich, die im Betrieb erbrachten oder anzurechnenden Vordienstzeiten der übernommenen Arbeitnehmer als Dienstzeiten, insbesondere bei der Erbringung gesetzlicher, tariflicher oder freiwilliger Leistungen anzurechnen.

4 **§ 3 Haftung und Freistellung für Schulden**

(1) Verkäufer und Käufer sind sich darüber einig, dass der Käufer in alle übernommenen Arbeitsverhältnisse eintritt und im Verhältnis zu den Arbeitnehmern für rückständige Forderungen haftet.[7] Sie sind sich weiter darüber einig, dass der Verkäufer für solche Verbindlichkeiten als Gesamtschuldner neben dem Käufer haftet, die bereits im Zeitpunkt des Überganges entstanden sind und vor Ablauf von einem Jahr nach Betriebsübergang fällig werden.[8]

(2) Der Verkäufer verpflichtet sich, den Käufer von bis zum Zeitpunkt des Überganges entstandenen rückständigen Forderungen der übernommenen Arbeitnehmer freizustellen. Der Käufer wird den Verkäufer unverzüglich von der Erhebung rückständiger Forderungen benachrichtigen.[9, 10]

(3) Der Käufer verpflichtet sich, den Verkäufer von sämtlichen nach dem Betriebsübergang fällig werdenden Forderungen freizustellen.

(4) Von vorstehender Regelung unberührt bleiben die Sonderregelungen für bestehende Ruhegeldverpflichtungen.

5 **§ 4 Ruhegeldansprüche und Versorgungsanwartschaften bei Direktzusagen**

(1) Verkäufer und Käufer sind sich darüber einig, dass die Haftung des Verkäufers für Ruhegeldansprüche und Versorgungsanwartschaften im Zeitpunkt des Betriebsüberganges bereits ausgeschiedener Arbeitnehmer unberührt bleibt.[11]

---

[7] Erfolgt die Veräußerung an einen finanzschwachen Erwerber, kommt es wegen der Haftungsbeschränkung des Veräußerers nach § 613a BGB zu erheblichen Belastungen der Interessen der Arbeitnehmer. Der Veräußerer kann weiter haften auf Grund vertraglicher Zusage. Ist der Erwerber eine GmbH und wird diese notleidend, kann u. U. eine Haftung der Geschäftsführer der GmbH in Betracht kommen (§ 823 Abs. 2 BGB, § 64 Abs. 1 GmbHG) oder eine Haftung der Gesellschafter wegen Unterkapitalisierung. Zur Durchgriffshaftung: ArbR-Hdb. § 32 RN 3 ff.

[8] Die Regelung entspricht der Rechtslage in § 613a BGB.

[9] Die im Außenverhältnis zu übernehmenden Rückstände können beträchtlich sein. Um den Betriebsübergang namentlich notleidender Betriebe nicht zu erschweren, hat das BAG einen Erlassvertrag zwischen Erwerber und Arbeitnehmern für rückständige Löhne und Sozialleistungen für wirksam gehalten, wenn es hierfür sachliche Gründe gibt (BAG, Urteil v. 18. 8. 1976 – 5 AZR 95/75 – AP BGB § 613a Nr. 4). Diese Rspr. ist teilweise aufgegeben. Werden Arbeitnehmer mit dem Hinweis auf eine geplante Betriebsveräußerung veranlasst, Erlassverträge über ihre beim Betriebsveräußerer erdienten Versorgungsanwartschaften zu schließen, um dann beim Erwerber neue Arbeitsverträge ohne Zusage einer betrieblichen Altersversorgung abzuschließen, so liegt eine Umgehung von § 613a BGB vor. Die Erlassverträge sind unwirksam (BAG, Urteil v. 12. 5. 1992 – 3 AZR 247/91 – AP BetrAVG § 1 Betriebsveräußerung Nr. 14).

[10] Zur Anwendung im Insolvenzverfahren vgl. ausführlich *Neef/Schrader,* Arbeitsrechtliche Neuerungen im Insolvenzfall, S. 128 f. m. z. N.

[11] St. Rspr.: vgl. BAG, Urteil v. 11. 11. 1986 – 3 AZR 194/85 – AP BGB § 613a Nr. 61. Wegen der ausgeschiedenen Arbeitnehmer bedarf es einer Schuldübernahme oder eines Schuldbeitritts. Eine private Schuldübernahme bereits erwachsener Ruhegeldansprüche ist kaum möglich (§ 4 BetrAVG; dazu BAG, Urteil v. 17. 3. 1987 – 3 AZR 605/85 – AP BetrAVG § 4 Nr. 4; die dagegen gerichtete Verfassungsbeschwerde wurde nicht angenommen, vgl. BVerfG, Beschluss v. 18. 12. 1987 – 1 BvR 1242/87 – DB 1988, 1905). Den Schuldbeitritt kann der Betriebserwerber mit dem bisherigen Arbeitgeber vereinbaren. Hiervon unberührt bleibt jedoch die Haftung des Erwerbers nach § 25 HGB (BAG, Urteil v. 24. 3. 1977 – 3 AZR 649/76 – AP BGB § 613a Nr. 6; vgl. BAG, Urteil v. 17. 1. 1980 – 3 AZR 160/79 – AP BGB § 613a Nr. 18).

(2) Der Käufer tritt in die Versorgungsanwartschaften übernommener Arbeitnehmer ein. Für vor Ablauf eines Jahres nach dem Betriebsübergang fällig werdende Versorgungsverpflichtungen haftet der Verkäufer als Gesamtschuldner neben dem Käufer.[12]

§ 5 Ruhegeldansprüche und Versorgungsanwartschaften bei betrieblichen Unterstützungskassen[13]

6

(1) Die betriebliche Unterstützungskasse des Verkäufers geht im Falle des Betriebsüberganges nicht auf den Käufer über.

(2) Soweit der Käufer im Falle der Direktzusage in bestehende Versorgungsanwartschaften einzutreten hätte, haftet der Käufer persönlich für die von der Unterstützungskasse sonst zu erbringenden Leistungen.

§ 6 Kollektivvereinbarungen

7

(1) Der Verkäufer ist verpflichtet, spätestens am ..... den Firmentarifvertrag zu kündigen.[14]

(2) Der Verkäufer ist ferner verpflichtet, folgende Betriebsvereinbarungen zu kündigen.[15]

1. Betriebsvereinbarung über ..... am ..... zum .....

2. Betriebsvereinbarung über ..... am ..... zum .....

....., den .....

Käufer   Verkäufer

---

[12] Es bedarf einer Auseinandersetzung zwischen Erwerber und Veräußerer über diese Versorgungsanwartschaften. Diese kann im Innenverhältnis dergestalt erfolgen, dass ihnen im Kaufpreis Rechnung getragen wird oder besondere Ausgleichspflichten vereinbart werden.

[13] Die betriebliche Unterstützungskasse wird vom BAG lediglich als besondere Zahlstelle für die Ruhegelder begriffen. Mit dem Betriebsübergang geht die Unterstützungskasse nicht ex lege auf den Erwerber über (BAG, Beschluss v. 5. 5. 1977 – 3 ABR 34/76 – AP BGB § 613a Nr. 7). Die Betriebsunterstützungskasse haftet im Falle des Betriebsüberganges weiter für sog. Altrenten (BAG, Urteil v. 28. 2. 1989 – 3 AZR 29/88 – AP BetrAVG § 1 Unterstützungskassen Nr. 20). Der Veräußerer bleibt im Rahmen der Rspr. des BAG zur hinreichenden Dotierung verpflichtet (BAG, Urteil v. 28. 2. 1989 – 3 AZR 29/88 – AP BetrAVG Unterstützungskassen Nr. 20).
Soweit der Erwerber bei Direktzusagen in bestehende Versorgungsanwartschaften eintreten müsste, muss der Erwerber auch in die durch die Unterstützungskasse zu erbringenden Leistungen eintreten (BAG, Urteil v. 15. 3. 1979 – 3 AZR 859/77 – AP BGB § 613a Nr. 15).

[14] Vgl. ArbR–Hdb. § 199 RN 39f.

[15] Ob der Betriebserwerber in die Betriebsvereinbarungen eintritt, ist umstr. Nach § 613a Abs. 1 BGB werden Betriebsvereinbarungen als kollektiv Regelungen Bestandteil der einzelnen Arbeitsverhältnisse (ArbR–Hdb. § 119). Sie können gekündigt werden, so dass die Kündigungsfrist vor dem Betriebsübergang abläuft. Zu den umstrittensten Problemen gehört die Frage der Nachwirkung. Nach § 77 Abs. 6 BetrVG entfalten nur erzwingbare Betriebsvereinbarungen Nachwirkung. Freiwillige Betriebsvereinbarungen werden dagegen beendet (BAG, Urteil v. 9. 2. 1989 – 8 AZR 310/87 – AP BetrVG 1972 § 77 Nr. 40; BAG, Beschluss v. 21. 8. 1980 – 1 ABR 73/89 – AP BetrVG 1972 § 77 Nachwirkung Nr. 5). Umstr. sind vor allem Fragen der betrieblichen Altersversorgung: BAG, Urteil v. 18. 4. 1989 – 3 AZR 688/87 – AP BetrAVG § 1 Betriebsvereinbarung Nr. 2.

II. Unternehmensaufspaltung[16]

1. Spaltungsvertrag

8   **§ 1 Vertrag über Unternehmensaufspaltung**[17]

9   **§ 2 Überleitung der Arbeitsverträge**

I. Der Pächter übernimmt die Belegschaft des verpachteten Betriebes. Er tritt in die Rechte und Pflichten der im Zeitpunkt des Überganges des Betriebes bestehenden Arbeitsverhältnisse ein. Bei der Berechnung der Betriebszugehörigkeit werden die beim Verpächter zurückgelegten Betriebszugehörigkeitszeiten angerechnet.

II. Mit der Übernahme der Arbeitsverhältnisse tritt der Pächter in die Versorgungsanwartschaften der übernommenen Arbeitnehmer ein. Die nach den einkommensteuerrechtlichen Grundsätzen gebildeten Pensionsrückstellungen werden vom Pächter übernommen. Der Verpächter verpflichtet sich, den Gegenwert der Pensionsrückstellungen an den Pächter auszuzahlen.[18]

2. Betriebsvereinbarung zum Spaltungsvertrag

10   Betriebsvereinbarung

Zwischen ..... GmbH, vertreten durch den Geschäftsführer ....., ...

und

..... Handelsgesellschaft mbH, vertreten durch den Geschäftsführer ....., ...

sowie

dem Gesamtbetriebsrat der ..... vertreten durch den Vorsitzenden des Gesamtbetriebsrats.

1. Der Betriebsrat und der Gesamtbetriebsrat der ..... GmbH wurden darüber unterrichtet, dass zur Verbesserung organisatorischer Strukturen eine Ausgliederung der bestehenden Handelsniederlassungen in ..... und ..... aus dem Unternehmensverband und deren Einbringung in die ..... Handelsgesellschaft GmbH beabsichtigt ist.

---

[16] Zu unterscheiden sind die Betriebs- und Unternehmensaufspaltung (*Schaub*, Fragen zur Haftung bei Betriebs- und Unternehmensaufspaltung, NZA 1989, 5). Bei der Aufspaltung in ein Besitz- und Produktionsunternehmen können die Grundsätze der Betriebsnachfolge anzuwenden sein. Gliedert der Arbeitgeber einen Betriebsteil aus, um ihn auf ein anderes Unternehmen zu übertragen, so liegt in der organisatorischen Spaltung des Betriebes eine mitbestimmungspflichtige Betriebsänderung im Sinne von § 111 Satz 2 Nr. 3 BetrVG. Wegen der wirtschaftlichen Nachteile „infolge der geplanten Betriebsänderung" kann der Betriebsrat gem. § 112 BetrVG einen Sozialplan verlangen. Jedoch gehören nicht zu den berücksichtigungsfähigen Nachteilsfolgen eine etwaige Verringerung der Haftungsmasse bei dem Betriebserwerber sowie dessen befristete Befreiung von der Sozialplanpflicht nach § 112a Abs. 2 BetrVG (vgl. BAG, Beschluss v. 10. 12. 1996 – 1 ABR 32/96 – AP BetrVG 1972 § 112 Nr. 110).

[17] Vgl. im Einzelnen *Schwedhelm*, Die Unternehmensumwandlung, 4. Aufl., 2003; *Commandeur/Kleinebrink*, Betriebs- und Firmenübernahme, 2. Aufl., 2000; *Willemsen/Hohenstatt/Schweibert*, Umstrukturierung und Übertragung von Unternehmen, 1999, *Peko/Schnidtker*, Arbeitsrecht bei Unternehmenskauf und -restrukturierung, 2001; *Gaul*, Das Arbeitsrecht der Betriebs- und Unternehmensspaltung, 2002; *Schubert*, Die Behandlung kollektivvertraglicher Normenkollisionen nach Verschmelzung und Spaltung von Unternehmen, 2003.

[18] Vgl. EStR 41.

2. Zur Vermeidung von Nachteilen für die von der Aufspaltung betroffenen Mitarbeiter wird ein Interessenausgleich gemäß § 112 BetrVG vereinbart.

    2.1 Die ..... Handelsgesellschaft GmbH tritt in die zwischen der ..... GmbH und den von der Ausgliederung betroffenen Mitarbeiter ein.

    Tarifliche und freiwillige außertarifliche Leistungen die von der ..... GmbH gewährt werden, werden auch an die übernommenen Mitarbeiter von der ..... Handelsgesellschaft GmbH gewährt. Dies gilt insbesondere für Leistungen aus den Betriebsvereinbarungen über .....

    2.2 Betriebsverfassungsrechtliche Zuordnung.[19]

---

[19] Vielfach werden Vereinbarungen über die betriebsverfassungsrechtliche Zuordnung der ausgegliederten Teile geschlossen. Das unterliegt häufig erheblichen Rechtsbedenken (vgl. zum Betriebsbegriff im Einzelnen ArbR-Hdb. § 214 RN 10 ff. sowie § 216).

II. Buch.
Muster zum Betriebsverfassungsrecht

§ 39. Betriebsratswahl[1]

Weitere Muster: *Etzel,* Betriebsverfassungsrecht, 8. Aufl., 2002, S. 566 ff.; *Berg/ Heilmann/Schneider,* Formularmappe Betriebsratswahl, 4. Aufl., 2002; *dies.,* Formularmappe Betriebsratswahl – Vereinfachtes Wahlverfahren, 2002.

I. Geschäftsordnung des Wahlvorstandes[2]

Geschäftsordnung des Wahlvorstandes des Betriebes ..... für die Betriebsratswahl 1
.....

§ 1 Sitzung und Einladung 2

Die Sitzungen des Wahlvorstandes werden vom Vorsitzenden einberufen. Die Einladung kann schriftlich, mündlich, telefonisch oder auf elektronischem Wege erfolgen. Die Einladung muss so rechtzeitig erfolgen, dass es jedem Mitglied des Wahlvorstandes möglich ist, zwischen der Einladung und dem Beginn der Sitzung das Büro des Wahlvorstandes aufzusuchen.

§ 2 Ort und Tagesordnung 3

I. Die Sitzungen des Wahlvorstandes finden während der Arbeitszeit im Büro des Wahlvorstandes statt. Die Tagesordnung ist zu Beginn der Sitzung bekannt zu geben.

II. Über jede Sitzung wird eine Sitzungsniederschrift gefertigt.

§ 3 Beschlussfassung 4

Die Beschlüsse des Wahlvorstandes werden ihrem Wortlaut nach schriftlich niedergelegt und alsdann zur Abstimmung gebracht. Sie werden vom Vorsitzenden und Schriftführer unterschrieben und als Anlage der Sitzungsniederschrift beigefügt.

---

[1] Vgl. die Änderung der §§ 7–20 BetrVG durch das Gesetz zur Reform des Betriebsverfassungsrechts vom 27. 7. 2001 (BGBl. I 1852).

[2] Der Wahlvorstand wird i. d. R. vom amtierenden Betriebsrat bestellt, und zwar entweder spätestens zehn Wochen vor Ablauf der Amtszeit des Betriebsrats im regulären Wahlverfahren oder – im vereinfachten Verfahren – spätestens vier Wochen vor dem Ablauf der Amtszeit. Besteht im regulären Verfahren acht Wochen vor dem Ablauf der Amtszeit des Betriebsrats kein Wahlvorstand, so bestellt ihn das Arbeitsgericht auf Antrag von mind. drei Wahlberechtigten oder einer im Betrieb vertretenen Gewerkschaft, wenn dies nicht der Gesamtbetriebsrat/Konzernbetriebsrat erledigt. Für Betriebe ohne Betriebsrat kann der Wahlvorstand in allen Fällen auch durch den Gesamt- bzw. durch den Konzernbetriebsrat bestellt werden. Kommt auch diese Konstellation nicht zustande, ist es möglich, den Wahlvorstand im Rahmen einer Wahlversammlung zu ermitteln (§§ 16, 17, 17 a BetrVG). Die zu einer Beantragung einer Wahlversammlung berechtigten Personen können die Bestellung eines Wahlvorstandes auch beim zuständigen Arbeitsgericht beantragen.

5 **§ 4 Durchschreibeverfahren**

Schreiben, die an die Listenvertreter oder an andere Wahlberechtigte gefertigt werden, sind im Durchschreibeverfahren zu erstellen. Die Durchschrift ist den Wahlakten beizufügen. Bei Erstellung mittels EDV-System hat ein Zweitausdruck zu erfolgen, der zu paraphrasieren ist.

6 **§ 5 Bürozeiten**

Vom Aushang des Wahlausschreibens bis zum Ablauf der Einspruchsfrist gegen die Wählerliste und für die Einreichung der Wahlvorschläge ist das Büro des Wahlvorstandes von ..... bis ..... ständig besetzt und offen zu halten.

Die Wahlvorstandsmitglieder einigen sich, wer den Dienst im Büro wahrzunehmen hat.

7 **§ 6 Einspruch**

Nach Ablauf der Einspruchsfrist gegen die Wählerliste finden arbeitstäglich in der Zeit von ..... bis ..... Sprechstunden statt.

8 **§ 7 Aufgaben**

Das den Dienst verrichtende Wahlvorstandsmitglied hat die laufenden Geschäfte zu erledigen. Hierzu gehören:

1. die Einsicht in die Wählerliste und in die 1. VO zur Durchführung des BetrVG[3] (WO) zu gestatten;
2. Einsprüche gegen die Richtigkeit der Wählerliste entgegenzunehmen;
3. Vorschlagslisten und Wahlvorschläge entgegenzunehmen;
4. die Vorschlagslisten gem. § 7 Abs. 2 WO zu bezeichnen und die Eingangszeit nach Datum und Uhrzeit auf ihnen zu vermerken;
5. die Eingangsbestätigung für den Listenvertreter im Durchschreibeverfahren zu fertigen, das Original dem Listenvertreter auszuhändigen und die Durchschrift den Vorschlagslisten beizufügen;
6. das Verlangen von Wählern auf schriftliche Stimmabgabe in einer gesonderten Liste aufzunehmen und die Anschrift, unter der die Wahlunterlagen dem Wähler zuzustellen sind, einzutragen.

9 **§ 8 Vorschlagsliste**

Jede Vorschlagsliste ist in einem besonderen Aktenhefter abzuheften. Alle die Vorschlagsliste betreffenden Schriftstücke sind hierbei abzuheften.

10 **§ 9 Aufbewahrung der Wahlunterlagen**

I. Alle Wahlunterlagen sind verschlossen aufzubewahren. Andere Personen als Wahlvorstandsmitglieder dürfen keinen Zugang zu den Wahlunterlagen besitzen.

---

[3] Erste Verordnung zur Durchführung des Betriebsverfassungsgesetzes (Wahlordnung – WO) vom 11. 12. 2001 (BGBl. I 3494). In der Seeschifffahrt vgl.: Zweite Verordnung zur Durchführung des BetrVG (Wahlordnung Seeschifffahrt – WOS) vom 24. 10. 1972 (BGBl. I 2029), geänd. 28. 9. 1989 (BGBl. I 1795), in der Fassung vom 7. 2. 2002 (BGBl. I 594).

II. Wird die Stimmabgabe unterbrochen oder erfolgt die Auszählung der Stimmen nicht unmittelbar nach Schluss der Stimmabgabe, werden die Urnen im Wahllokal versiegelt und ..... aufbewahrt. Die Versiegelung erfolgt dergestalt, dass der Schlitz und der Verschluss der Urnen in der Weise verklebt werden, dass sie verschlossen sind. Die Verklebung wird durch den Wahlvorstand versiegelt.

§ 10 Entgegennahme von Erklärungen 11

Wahlvorstandsmitglieder dürfen Einsprüche, Wahlvorschläge oder sonstige Erklärungen, die dem Wahlvorstand gegenüber abzugeben sind, nur im Wahlvorstandsbüro entgegennehmen (§ 3 Abs. 2 Nr. 12 WO).

....., den .....

Der Wahlvorstand
1. ..... 2. ..... 3. .....

II. Informationsschreiben des Betriebsrats an den Arbeitgeber

An die 12
Personalabteilung
der Firma .....

Sehr geehrte Damen und Herren,
die Amtszeit des aktuellen Betriebsrats endet zum .....
Nach § 16 Abs. 1 BetrVG muss der Betriebsrat spätestens zehn Wochen vor Ablauf seiner Amtszeit einen Wahlvorstand sowie dessen Vorsitzenden bestellen.
In der Sitzung vom ..... hat der Betriebsrat folgende Beschlüsse gefasst:
1. Der Wahlvorstand besteht aus ..... Mitgliedern. Zu den Mitgliedern gehören
.....
.....
.....

Als Ersatzmitglieder wurden bestellt
.....
.....
.....

2. Vorsitzender des Wahlvorstandes ist
.....

Stellvertreter ist
.....

Zur Abwicklung der Betriebsratswahl wird sich der Wahlvorstand in den nächsten Tagen an Sie wenden.

Mit freundlichen Grüßen
Betriebsratsvorsitzender

Neef

III. Wahlausschreiben für die Betriebsratswahl
(reguläres Wahlverfahren)[4, 5]

13 DER WAHLVORSTAND

Erlassen und ausgehängt am: ..... *(spätestens sechs Wochen vor dem ersten Tag der Stimmabgabe, § 3 Abs. 4 WO)*

Abgenommen: .....

Wahlausschreiben

für die Wahl des Betriebsrats.

Gem. § 1 BetrVG ist im Betrieb ..... ein Betriebsrat zu wählen.

Der Betriebsrat hat aus ..... Mitgliedern[6] zu bestehen (§ 3 Abs. 2 Nr. 5 HS 1 WO).

Die Betriebsratswahl findet am ..... statt. Wahllokal ist[7] ..... (§ 3 Abs. 2 Nr. 11 HS 1 WO).

Der Wahlvorstand bittet, folgende wichtige Hinweise zu beachten:

1. Es wird darauf hingewiesen, dass gemäß § 15 Abs. 2 BetrVG das Geschlecht, das in der Belegschaft die Minderheit ist, mindestens entsprechend seinem zahlenmäßigen Verhältnis im Betriebsrat vertreten sein muss. Im Betrieb sind derzeit ..... weibliche und ..... männliche Arbeitnehmer beschäftigt. Damit haben mindestens ..... Betriebsratsmandate auf weibliche/männliche Arbeitnehmer zu entfallen (§ 3 Abs. 2 Nr. 4 u. 5 HS 2 WO).

2. Wahlberechtigt sind alle Arbeitnehmer des Betriebes, die das 18. Lebensjahr vollendet haben. Wählbar sind alle wahlberechtigten Arbeitnehmer, die sechs Monate dem Betrieb angehören.[8] Als Arbeitnehmer des Betriebes sind auch in Heimarbeit Beschäftigte anzusehen, wenn sie in der Hauptsache für den Betrieb arbeiten.[9] Indes können nur solche Arbeitnehmer wählen oder gewählt werden, die in die Wählerliste eingetragen sind (§ 3 Abs. 2 Nr. 3 HS 1 WO). Nicht wählbar ist, wer infolge strafgerichtlicher Verurteilung die Fähigkeit, Rechte aus öffentlichen Wahlen zu erlangen, nicht besitzt.

3. Wahlberechtigt sind auch Arbeitnehmer eines anderen Arbeitgebers, die zur Arbeitsleistung überlassen wurden, sofern sie länger als drei Monate im Betrieb eingesetzt werden. Sie sind jedoch nicht wählbar.[10]

---

[4] Vgl. ArbR-Hdb. § 217; der Gesetzgeber hat durch das BetrVG-Reformgesetz den Gruppenschutz aufgegeben (vgl. BT-Drucks. 14/5741, 23 ff.), so dass nunmehr Betriebsratsmitglieder gemeinsam von allen Arbeitnehmern in einem Wahlgang gewählt werden (vgl. *Fitting* § 14 RN 21).

[5] Werden zahlreiche Ausländer beschäftigt, ist das Wahlausschreiben zu übersetzen: LAG Hamm, Beschluss v. 15. 7. 1973 – 8 BV TA 11/73 – DB 1973, 1403.

[6] Leiharbeitnehmer zählen bei der Feststellung der Anzahl der Betriebsratsmitglieder nicht mit (vgl. BAG, Beschluss v. 16. 4. 2003 – 7 ABR 53/02 – Pressemitteilung 35/03).

[7] Vgl. BAG, Beschluss v. 19. 9. 1985 – 6 ABR 4/85 – AP BetrVG 1972 § 19 Nr. 12.

[8] Besteht der Betrieb zum Zeitpunkt der Wahl weniger als sechs Monate, so sind die Wahlberechtigten wählbar, die bei der Einleitung der Betriebsratswahl im Betrieb beschäftigt sind (§ 8 Abs. 2 BetrVG).

[9] Zum notwendigen Umfang der Beschäftigung vgl. BAG, Beschluss v. 27. 9. 1974 – 1 ABR 90/73 – AP BetrVG 1972 § 6 Nr. 1. Zur Wahlberechtigung von zur Berufsausbildung Beschäftigten: BAG, Beschluss v. 20. 3. 1996 – 7 ABR 34/95 – AP BetrVG 1972 § 5 Ausbildung Nr. 10.

[10] Dies gilt auch für die nichtgewerbliche Arbeitnehmerüberlassung, vgl. BAG, Beschluss v. 22. 3. 2000 – 7 ABR 34/98 – AP AÜG § 14 Nr. 8.

4. Die Wählerliste und die 1. VO zur Durchführung des BetrVG vom 11. 12. 2001 (BGBl. I 3494) liegen im ..... *(Betriebsadresse des Wahlvorstandes)* arbeitstäglich in der Zeit von ..... bis ..... aus. Daneben kann im betriebseigenen Intranet unter der Adresse ..... Einsicht in die Wählerliste und in die angegebene Verordnung genommen werden (§ 3 Abs. 2 Nr. 2 WO).[11]

5. Einsprüche gegen die Wählerliste können nur vor Ablauf von zwei Wochen seit dem Erlass des Wahlausschreibens schriftlich beim Wahlvorstand eingelegt werden.[12] Der letzte Tag der Frist ist der ..... (§ 3 Abs. 2 Nr. 3 HS 2 WO).

6. Die wahlberechtigten Arbeitnehmer werden aufgefordert, vor Ablauf von zwei Wochen seit dem Erlass des Wahlausschreibens, also bis zum ....., Wahlvorschläge beim Wahlvorstand in Form von Vorschlagslisten einzureichen (§ 3 Abs. 2 Nr. 8 WO).[13] Nur fristgerecht eingereichte Vorschlagslisten werden berücksichtigt. Im Übrigen ist die Stimmabgabe an die Wahlvorschläge gebunden (§ 3 Abs. 2 Nr. 9 WO).

7. Werden mehrere Vorschlagslisten eingereicht, findet eine Verhältniswahl (Listenwahl) statt. Bei nur einem Wahlvorschlag erfolgt eine Mehrheitswahl (Personenwahl).

8. Jeder Wahlvorschlag muss von mindestens ..... wahlberechtigten Arbeitnehmern unterzeichnet sein (§ 3 Abs. 2 Nr. 6 WO). Einer der Unterzeichner soll als Listenvertreter bezeichnet sein.

9. Ferner können die im Betrieb vertretenen Gewerkschaften Wahlvorschläge machen. Diese müssen jeweils von zwei Beauftragten unterschrieben sein (§ 3 Abs. 2 Nr. 7 WO).

10. Jede Vorschlagsliste soll mindestens doppelt so viele Bewerber aufweisen wie Betriebsratsmitglieder zu wählen sind (§ 6 Abs. 2 WO). Die einzelnen Bewerber sind in erkennbarer Reihenfolge unter der laufenden Nummer mit Familienname, Vorname, Geburtsdatum und Art der Beschäftigung im Betrieb aufzuführen. Die schriftliche Zustimmung des Bewerbers zur Aufnahme in die Liste ist beizufügen (§ 6 Abs. 3 WO).

11. Wahlberechtigte Arbeitnehmer, die zum Zeitpunkt der Wahl wegen Abwesenheit vom Betrieb verhindert sind, ihre Stimme persönlich abzugeben, können beim Wahlvorstand die Übersendung der Unterlagen für die schriftliche Stimmabgabe beantragen (§ 24 Abs. 1 WO). Wahlberechtigte Arbeitnehmer, die wegen der Eigenart ihres Arbeitsverhältnisses im Zeitpunkt der Wahl voraussichtlich nicht im Betrieb anwesend sein werden, erhalten die Unterlagen ohne ausdrückliches Verlangen (§ 24 Abs. 2 WO).

12. Die Wahlvorschläge werden am ..... bekannt gegeben und bis zum Abschluss der Stimmabgabe am Schwarzen Brett ausgehängt (§ 3 Abs. 2 Nr. 10 WO).[14]

13. Für folgende Betriebsteile und Kleinstbetriebe hat der Wahlvorstand die schriftliche Stimmabgabe beschlossen (§ 3 Abs. 2 Nr. 11 HS 2 WO) .....

14. Die öffentliche Stimmauszählung findet am ..... in den Räumen ..... zwischen ..... Uhr und ..... Uhr statt (§ 3 Abs. 2 Nr. 13 WO).

---

[11] Vgl. auch § 2 Abs. 4 WO.

[12] Vgl. § 4 Abs. 2 WO.

[13] Vgl. § 14 Abs. 3 BetrVG. Der letzte Tag der Frist ist anzugeben, BAG, Beschluss v. 9. 12. 1992 – 7 ABR 27/92 – AP WahlO z. BetrVG 1972 § 6 Nr. 2.

[14] Die Verwendung der elektronischen Form ist zulässig, § 3 Abs. 2 Nr. 2, Abs. 4 i. V. m. § 2 Abs. 4 Satz 3 und 4 WO. Unter den Voraussetzungen des § 9 WO ist das Setzen einer Nachfrist möglich.

15. Vorschlagslisten, Einsprüche und sonstige Erklärungen gegenüber dem Wahlvorstand sind diesem an seiner Betriebsadresse ..... abzugeben (§ 3 Abs. 2 Nr. 12 WO).

....., den ..... (§ 3 Abs. 2 Nr. 1 WO)

Der Wahlvorstand

1. ..... 2. ..... 3. ..... (§ 3 Abs. 1 Satz 1 WO)

IV. Wahl des Betriebsrats im vereinfachten Wahlverfahren (§§ 14 a Abs. 1 BetrVG, 28 ff. WO)

Berg/Heilmann/Schneider, Formularmappe Betriebsratswahl, Vereinfachtes Verfahren, 2002.

1. Zweistufiges Wahlverfahren (§ 14 a Abs. 1 und 2 BetrVG)[14a]

a) Einladung zur Wahlversammlung zur Wahl des Wahlvorstandes

14   Ausgehängt: ..... (§ 28 Abs. 1 Satz 4 WO)

Abgenommen: .....

Datum der Einladung .....
(mindestens sieben Tage vor dem Tag der Wahlversammlung, § 28 Abs. 1 Satz 2 WO)

Liebe Kolleginnen, liebe Kollegen,

zur Wahl des Wahlvorstandes für die Betriebsratswahl am ..... im Wege des vereinfachten Verfahrens (§§ 14 a BetrVG, 28 WO) wird hiermit zur Wahlversammlung eingeladen.[15] Diese wird stattfinden am ..... in den Räumlichkeiten ..... um ..... Uhr (§ 28 Abs. 1 Satz 5 lit. a WO).

Tagesordnungspunkt:

Wahl des Wahlvorstandes

Darüber hinaus wird auf folgende Punkte hingewiesen:

– Der Wahlvorstand muss aus drei Wahlberechtigten bestehen. Wahlberechtigt sind alle Arbeitnehmer, die das 18. Lebensjahr vollendet haben. Leiharbeitnehmer sind dann wahlberechtigt, wenn sie länger als drei Monate im Betrieb eingesetzt werden. Der Wahlvorstand soll möglichst aus Arbeitnehmern beiderlei Geschlechts bestehen;

– Wahlvorschläge zur Wahl des Betriebsrats können bis zum Ende der Wahlversammlung zur Wahl des Wahlvorstandes vorgenommen werden (§ 28 Abs. 1 Satz 5 lit. b WO);

– Wahlvorschläge der Arbeitnehmer zur Wahl des Betriebsrats müssen mindestens von einem Zwanzigstel der Wahlberechtigten, mindestens jedoch von drei Wahlberechtigten unterzeichnet sein. In Betrieben mit in der Regel 20 Wahlberechtigten reicht die Unterzeichnung durch zwei Wahlberechtigte (§ 28 Abs. 1 Satz 5 lit. c WO);

[14a] Vgl. ErfK/*Eisemann* § 14 a BetrVG RN 2.

[15] Zur Wahlversammlung einladen dürfen drei wahlberechtigte Arbeitnehmer sowie eine im Betrieb vertretene Gewerkschaft. Voraussetzung ist, dass kein Betriebsrat bzw. Gesamt- oder Konzernbetriebsrat besteht bzw. dass dieser einen Wahlvorstand nicht bestellt.

Neef

– Wahlvorschläge zur Wahl des Betriebsrats, die erst in der Wahlversammlung zur Wahl des Wahlvorstandes gemacht werden, bedürfen nicht der Schriftform (§ 28 Abs. 1 Satz 5 lit. d WO). Wahlvorschläge zur Wahl des Betriebsrats, die vor der Wahlversammlung gemacht werden, müssen dagegen schriftlich erfolgen. Diese müssen dem zu wählenden Wahlvorstand zugehen. Sie können dem Wahlvorstand auf der Wahlversammlung persönlich oder durch Boten übergeben werden;

– jeder Wahlvorschlag muss die einzelnen Bewerber/Bewerberinnen in erkennbarer Reihenfolge unter fortlaufender Nummer und unter Angabe von
  - Familienname, Vorname,
  - Geburtsdatum,
  - Art der Beschäftigung im Betrieb und
  - Geschlecht

aufführen. Die schriftliche Zustimmung des Bewerbers/der Bewerberin zur Aufnahme in den Wahlvorschlag ist beizufügen;

– die Wahl des Betriebsrats findet eine Woche nach dieser Wahlversammlung statt, und zwar am .....[16]

Neben diesem Aushang erfolgt die Einladung zu dieser Wahlversammlung per Rund-E-Mail (§ 28 Abs. 1 Satz 4 WO).

Datum und Unterschriften *(drei wahlberechtigte Arbeitnehmer/zwei Gewerkschaftsvertreter)*

b) Wahlausschreiben

DER WAHLVORSTAND   **15**

Erlassen und ausgehängt: ..... (§ 31 Abs. 2 WO)

Abgenommen: .....

Wahlausschreiben

für die Wahl des Betriebsrats.

Gem. § 1 BetrVG ist im Betrieb ..... ein Betriebsrat zu wählen.

Die Betriebsratswahl findet am ..... um ..... statt. Wahllokal ist[17] ..... (§ 31 Abs. 1 Satz 3 Nr. 11 WO).

Der Betriebsrat hat aus ..... Mitgliedern zu bestehen (§ 31 Abs. 1 Satz 3 Nr. 5 HS 1 WO).

Der Wahlvorstand bittet, folgende wichtige Hinweise zu beachten:

(Wenn drei Betriebsratsmitglieder zu wählen sind)
1. Es wird darauf hingewiesen, dass gemäß § 15 Abs. 2 BetrVG das Geschlecht, das in der Belegschaft die Minderheit ist, mindestens entsprechend seinem zahlenmäßigen Verhältnis im Betriebsrat vertreten sein muss. Im Betrieb sind derzeit ..... weibliche und ..... männliche Arbeitnehmer beschäftigt. Damit haben mindestens ..... Betriebsratsmandate auf weibliche/männliche Arbeitnehmer zu entfallen (§ 31 Abs. 1 Satz 3 Nr. 4 u. 5 HS 2 WO).

---

[16] Fällt dieser Wahltag auf einen Feiertag, so gilt der nachfolgende Werktag als maßgeblicher Wahltag, vgl. *Thüsing/Lambrich* NZA-Sonderheft 2001, 79 ff. (91).
[17] Vgl. BAG, Beschluss v. 19. 9. 1985 – 6 ABR 4/85 – AP BetrVG 1972 § 19 Nr. 12.

2. Wahlberechtigt sind alle Arbeitnehmer des Betriebes, die das 18. Lebensjahr vollendet haben. Wählbar sind alle wahlberechtigten Arbeitnehmer, die sechs Monate dem Betrieb angehören. Als Arbeitnehmer des Betriebes sind auch in Heimarbeit Beschäftigte anzusehen, wenn sie in der Hauptsache für den Betrieb arbeiten.[18] Indes können nur solche Arbeitnehmer wählen oder gewählt werden, die in die Wählerliste eingetragen sind (§ 31 Abs. 1 Satz 3 Nr. 3 HS 1 WO).

3. Wahlberechtigt sind auch Arbeitnehmer eines anderen Arbeitgebers, die zur Arbeitsleistung überlassen wurden, sofern sie länger als drei Monate im Betrieb eingesetzt werden. Sie sind jedoch nicht wählbar.

4. Nicht wählbar ist, wer infolge strafgerichtlicher Verurteilung die Fähigkeit, Rechte aus öffentlichen Wahlen zu erlangen, nicht besitzt.

5. Die Wählerliste und die 1. VO zur Durchführung des BetrVG vom 11. 12. 2001 (BGBl. I 3494) liegen im . . . . . (Betriebsadresse des Wahlvorstandes) arbeitstäglich in der Zeit von . . . . . bis . . . . . aus. Daneben kann im betriebseigenen Intranet unter der Adresse . . . . . Einsicht in die Wählerliste und in die angegebene Verordnung genommen werden (§ 31 Abs. 1 Satz 3 Nr. 2 WO).[19]

6. Einsprüche gegen die Wählerliste können nur binnen drei Tagen seit Erlass des Wahlausschreibens schriftlich erhoben werden. Der letzte Tag der Frist ist der . . . . . (§ 31 Abs. 1 Satz 3 Nr. 3 HS 2 WO).

7. Die wahlberechtigten Arbeitnehmer werden darauf hingewiesen, dass Wahlvorschläge nur bis zum Abschluss der Wahlversammlung zur Wahl des Wahlvorstandes bei diesem einzureichen sind (§ 31 Abs. 1 Satz 3 Nr. 8 WO).

8. Jeder Wahlvorschlag muss von mindestens . . . . . wahlberechtigten Arbeitnehmern unterzeichnet sein (§ 31 Abs. 1 Satz 3 Nr. 6 HS 1 WO). Wahlvorschläge, die erst in der Wahlversammlung zur Wahl des Wahlvorstandes gemacht werden, bedürfen nicht der Schriftform (§ 31 Abs. 1 Satz 3 Nr. 6 HS 2 WO).

9. Ferner können die im Betrieb vertretenen Gewerkschaften Wahlvorschläge machen. Diese müssen jeweils von zwei Beauftragten unterschrieben sein (§ 31 Abs. 1 Satz 3 Nr. 7 WO).

10. Jeder Wahlvorschlag soll mindestens doppelt so viele Bewerber aufweisen wie Betriebsratsmitglieder zu wählen sind (§ 6 Abs. 2 WO). Die einzelnen Bewerber sind in erkennbarer Reihenfolge unter der laufenden Nummer mit Familienname, Vorname, Geburtsdatum und Art der Beschäftigung im Betrieb aufzuführen. Die schriftliche Zustimmung des Bewerbers zur Aufnahme in die Liste ist beizufügen (§ 6 Abs. 3 WO). Erfolgt die Wahlbewerbung auf der Wahlversammlung zur Wahl des Wahlvorstandes, ist eine schriftliche Zustimmung nicht erforderlich. Mängel der Wahlvorschläge können nur auf der Wahlversammlung zur Wahl des Wahlvorstandes beseitigt werden (§ 33 Abs. 3 WO). Das gilt auch für die Abgabe von Erklärungen zu den Wahlvorschlägen.

11. Die Stimmabgabe ist an die Wahlvorschläge gebunden. Nur fristgerecht beim Wahlvorstand eingereichte Wahlvorschläge dürfen berücksichtigt werden (§ 31 Abs. 1 Satz 3 Nr. 9 WO). Die Bekanntgabe der gültigen Wahlvorschläge erfolgt unmittelbar nach Abschluss der Wahlversammlung zur Wahl des Wahlvorstandes. Die Wahlvorschläge hängen am Schwarzen Brett im Gebäu-

---

[18] Zum notwendigen Umfang der Beschäftigung vgl. BAG, Beschluss v. 27. 9. 1974 – 1 ABR 90/73 – AP BetrVG 1972 § 6 Nr. 1. Zur Wahlberechtigung von zur Berufsausbildung Beschäftigten: BAG, Beschluss v. 20. 3. 1996 – 7 ABR 34/95 – AP BetrVG 1972 § 5 Ausbildung Nr. 10.

[19] Vgl. auch § 2 Abs. 4 WO.

de . . . . . bis zum Abschluss der Stimmabgabe aus (§ 31 Abs. 1 Satz 3 Nr. 10 WO).[20]

12. Für Wahlberechtigte, die an der Wahlversammlung zur Wahl des Betriebsrats nicht teilnehmen können, besteht die Möglichkeit zur nachträglichen schriftlichen Stimmabgabe. Dieses Verlangen muss spätestens drei Tage vor dem Tag der Wahlversammlung zur Wahl des Betriebsrats dem Wahlvorstand mitgeteilt werden, also bis zum . . . . . Gelegenheit zur nachträglichen schriftlichen Stimmabgabe ist am . . . . . in den Räumlichkeiten . . . . . von . . . . . bis . . . . . gegeben (§ 31 Abs. 1 Satz 3 Nr. 12 u. 13 HS 1 WO). Wahlberechtigte Arbeitnehmer, die wegen der Eigenart ihres Arbeitsverhältnisses im Zeitpunkt der Wahl voraussichtlich nicht anwesend sein werden, erhalten die Unterlagen ohne ausdrückliches Verlangen (§§ 35 Abs. 1 Satz 3, 24 Abs. 2 WO).

13. Die Wahl findet als Mehrheitswahl statt (§ 14 Abs. 2 BetrVG).

14. Für folgende Betriebsteile und Kleinstbetriebe hat der Wahlvorstand die schriftliche Stimmabgabe beschlossen (§ 31 Abs. 1 Satz 3 Nr. 13 HS 2 WO) . . . . .

15. Die öffentliche Stimmauszählung findet am . . . . . in den Räumen . . . . . zwischen . . . . . Uhr und . . . . . Uhr statt (§ 31 Abs. 1 Satz 3 Nr. 15 WO).

16. Wahlvorschläge, Einsprüche und sonstige Erklärungen gegenüber dem Wahlvorstand sind an dessen Betriebsadresse . . . . . abzugeben (§ 31 Abs. 1 Satz 3 Nr. 14 WO).

. . . . ., den . . . . . (§ 31 Abs. 1 Satz 3 Nr. 1 WO)

Der Wahlvorstand

1. . . . . . 2. . . . . . 3. . . . . . (§ 31 Abs. 1 Satz 1 WO)

2. Einstufiges Wahlverfahren (§ 14a Abs. 3 BetrVG)[20a]

Wahlausschreiben durch einen bestellten Wahlvorstand[21]   16

Erlassen und ausgehängt: . . . . . (§§ 36 Abs. 3 Satz 2, 31 Abs. 2 WO).

Abgenommen: . . . . .

DER WAHLVORSTAND

Wahlausschreiben

für die Wahl des Betriebsrats.

Gem. § 1 BetrVG ist im Betrieb . . . . . ein Betriebsrat zu wählen.

Die Betriebsratswahl findet am . . . . . statt. Wahllokal ist[22] . . . . . (§§ 36 Abs. 3, 31 Abs. 1 Satz 3 Nr. 11 WO).

Der Betriebsrat hat aus . . . . . Mitgliedern zu bestehen (§§ 36 Abs. 3, 31 Abs. 1 Satz 3 Nr. 5 HS 1 WO).

---

[20] Die Verwendung der elektronischen Form ist zulässig, § 31 Abs. 1 Satz 3 Nr. 2 i. V. m. § 2 Abs. 4 Satz 3 und 4 WO.

[20a] Vgl. ErfK/*Eisemann* § 14a BetrVG RN 5.

[21] Der Wahlvorstand kann bestellt werden durch den Betriebsrat, den Gesamtbetriebsrat, den Konzernbetriebsrat und durch das Arbeitsgericht (§ 36 WO).

[22] Vgl. BAG, Beschluss v. 19. 9. 1985 – 6 ABR 4/85 – AP BetrVG 1972 § 19 Nr. 12.

Der Wahlvorstand bittet, folgende wichtige Hinweise zu beachten:

(Wenn drei Betriebsratsmitglieder zu wählen sind)

1. Es wird darauf hingewiesen, dass gemäß § 15 Abs. 2 BetrVG das Geschlecht, das in der Belegschaft die Minderheit ist, mindestens entsprechend seinem zahlenmäßigen Verhältnis im Betriebsrat vertreten sein muss. Im Betrieb sind derzeit ..... weibliche und ..... männliche Arbeitnehmer beschäftigt. Damit haben mindestens ..... Betriebsratsmandate auf weibliche/männliche Arbeitnehmer zu entfallen (§§ 36 Abs. 3, 31 Abs. 1 Satz 3 Nr. 4 u. 5 HS 2 WO).

2. Wahlberechtigt sind alle Arbeitnehmer des Betriebes, die das 18. Lebensjahr vollendet haben. Wählbar sind alle wahlberechtigten Arbeitnehmer, die sechs Monate dem Betrieb angehören. Als Arbeitnehmer des Betriebes sind auch in Heimarbeit Beschäftigte anzusehen, wenn sie in der Hauptsache für den Betrieb arbeiten.[23] Indes können nur solche Arbeitnehmer wählen oder gewählt werden, die in die Wählerliste eingetragen sind (§§ 36 Abs. 3, 31 Abs. 1 Satz 3 Nr. 3 HS 1 WO).

3. Wahlberechtigt sind auch Arbeitnehmer eines anderen Arbeitgebers, die zur Arbeitsleistung überlassen wurden, sofern sie länger als drei Monate im Betrieb eingesetzt werden. Sie sind jedoch nicht wählbar.

4. Nicht wählbar ist, wer infolge strafgerichtlicher Verurteilung die Fähigkeit, Rechte aus öffentlichen Wahlen zu erlangen, nicht besitzt.

5. Die Wählerliste und die 1. VO zur Durchführung des BetrVG vom 11. 12. 2001 (BGBl. I 3494) liegen im ..... (Betriebsadresse des Wahlvorstandes) arbeitstäglich in der Zeit von ..... bis ..... aus. Daneben kann im betriebseigenen Intranet unter der Adresse ..... Einsicht in die Wählerliste und in die angegebene Verordnung genommen werden (§§ 36 Abs. 3, 31 Abs. 1 Satz 3 Nr. 2 WO).[24]

6. Einsprüche gegen die Wählerliste können nur binnen drei Tagen seit Erlass des Wahlausschreibens schriftlich erhoben werden.[25] Der letzte Tag der Frist ist der ..... (§§ 36 Abs. 3, 31 Abs. 1 Satz 3 Nr. 3 HS 2 WO).

7. Wahlvorschläge sind spätestens eine Woche vor dem Tag der Wahlversammlung zur Wahl des Betriebsrats beim Wahlvorstand schriftlich einzureichen. Der letzte Tag der Frist ist der ..... (§ 36 Abs. 3 Nr. 2, Abs. 5 WO).

8. Jeder Wahlvorschlag muss von mindestens ..... wahlberechtigten Arbeitnehmern unterzeichnet sein (§ 36 Abs. 3 Nr. 1 WO); er bedarf der Schriftform.

9. Ferner können die im Betrieb vertretenen Gewerkschaften Wahlvorschläge machen. Diese müssen jeweils von zwei Beauftragten unterschrieben sein und eine Woche vor der Wahlversammlung zur Wahl des Betriebsrats schriftlich eingereicht werden (§§ 36 Abs. 3 u. 5, 31 Abs. 1 Satz 3 Nr. 7 WO).

10. Jeder Wahlvorschlag soll mindestens doppelt so viele Bewerber aufweisen wie Betriebsratsmitglieder zu wählen sind (§ 6 Abs. 2 WO). Die einzelnen Bewerber sind in erkennbarer Reihenfolge unter der laufenden Nummer mit Familienname, Vorname, Geburtsdatum und Art der Beschäftigung im Betrieb aufzuführen. Die schriftliche Zustimmung des Bewerbers zur Aufnahme in die

---

[23] Zum notwendigen Umfang der Beschäftigung vgl. BAG, Beschluss v. 27. 9. 1974 – 1 ABR 90/73 – AP BetrVG 1972 § 6 Nr. 1. Zur Wahlberechtigung von zur Berufsausbildung Beschäftigten: BAG, Beschluss v. 20. 3. 1996 – 7 ABR 34/95 – AP BetrVG 1972 § 5 Ausbildung Nr. 10.

[24] Vgl. auch § 2 Abs. 4 WO.

[25] Vgl. § 31 Abs. 1 Nr. 3 WO.

Liste ist beizufügen (§ 6 Abs. 3 WO). Mängel der Wahlvorschläge können nur auf der Wahlversammlung zur Wahl des Wahlvorstandes beseitigt werden (§ 33 Abs. 3 WO).

11. Die Stimmabgabe ist an die Wahlvorschläge gebunden. Nur fristgerecht beim Wahlvorstand eingereichte Wahlvorschläge dürfen berücksichtigt werden (§§ 36 Abs. 3, 31 Abs. 1 Satz 3 Nr. 9 WO). Die Bekanntgabe der gültigen Wahlvorschläge erfolgt spätestens am ..... an dieser Stelle und in sonst betriebsüblicher Weise bis zum Abschluss der Stimmabgabe (§§ 36 Abs. 3, 31 Abs. 1 Satz 3 Nr. 10 WO).[26]

12. Darüber hinaus besteht für Wahlberechtigte, die an der Wahlversammlung zur Wahl des Betriebsrats nicht teilnehmen können, die Möglichkeit zur nachträglichen schriftlichen Stimmabgabe. Dieses Verlangen muss spätestens drei Tage vor dem Tag der Wahlversammlung zur Wahl des Betriebsrats dem Wahlvorstand mitgeteilt werden, also spätestens bis zum ..... Gelegenheit zur nachträglichen schriftlichen Stimmabgabe ist am ..... in den Räumlichkeiten ..... gegeben (§§ 36 Abs. 3, 31 Abs. 1 Satz 3 Nr. 12 u. 13 HS 1 WO). Wahlberechtigte Arbeitnehmer, die wegen der Eigenart ihres Arbeitsverhältnisses im Zeitpunkt der Wahl voraussichtlich nicht anwesend sein werden, erhalten die Unterlagen ohne ausdrückliches Verlangen (§§ 36 Abs. 4, 35 Abs. 1 Satz 3, 24 Abs. 2 WO).

13. Die Wahl findet als Mehrheitswahl statt (§ 14 Abs. 2 BetrVG).

14. Für folgende Betriebsteile und Kleinstbetriebe hat der Wahlvorstand die schriftliche Stimmabgabe beschlossen (§§ 36 Abs. 3, 31 Abs. 1 Satz 3 Nr. 13 HS 2 WO) .....

15. Die öffentliche Stimmauszählung findet am ..... in den Räumen ..... zwischen ..... Uhr und ..... Uhr statt (§§ 36 Abs. 3, 31 Abs. 1 Satz 3 Nr. 15 WO).

16. Vorschlagslisten, Einsprüche und sonstige Erklärungen gegenüber dem Wahlvorstand sind an dessen Betriebsadresse ..... abzugeben (§§ 36 Abs. 3, 31 Abs. 1 Satz 3 Nr. 14 WO).

....., den ..... (§§ 36 Abs. 3, 31 Abs. 1 Satz 3 Nr. 1 WO)

Der Wahlvorstand

1. ..... 2. ..... 3. ..... (§§ 36 Abs. 3, 31 Abs. 1 Satz 1 WO)

---

[26] Die Verwendung der elektronischen Form ist zulässig, §§ 36 Abs. 3, 31 Abs. 1 Satz 3 Nr. 2 i. V. m. § 2 Abs. 4 Satz 3 und 4 WO.

V. Stimmzettel

1. Verhältniswahl

17   Stimmzettel für die Betriebsratswahl am . . . . .

Kennwort und

Listen-Nr.	Familienname	Vorname	Art der Beschäftigung,	Stimmzeichen
. . . . .	. . . . .	. . . . .	. . . . .	. . . . .
. . . . .	. . . . .	. . . . .	. . . . .	. . . . .
. . . . .	. . . . .	. . . . .	. . . . .	. . . . .

Jeder Wähler hat nur eine Stimme. Diese kann er nur einer Liste geben.

2. Mehrheitswahl

18   Stimmzettel für die Betriebsratswahl am . . . . .

laufende Nr.	Name	Art der Beschäftigung	Stimmzeichen
1.	. . . . .	. . . . .	. . . . .
2.	. . . . .	. . . . .	. . . . .
3.	. . . . .	. . . . .	. . . . .

Es dürfen nicht mehr Bewerber angekreuzt werden, als Betriebsratsmitglieder zu wählen sind. Angekreuzt werden können damit bis zu . . . . . Bewerber.

VI. Bekanntmachung zur Feststellung des Wahlergebnisses (§§ 16 ff. WO)

1. Feststellung

19   Die Wahl des Betriebsrats des Betriebes . . . . . hat stattgefunden. Die Auszählung der Stimmen ist unmittelbar nach Abschluss der Stimmabgabe erfolgt.

Als Wahlhelfer waren die Wahlberechtigten
1. . . . . .
2. . . . . .
herangezogen.

Die Wahl hat als **Mehrheitswahl** stattgefunden.
Es wurden . . . . . Wahlumschläge mit . . . . . gültigen Stimmen abgegeben.
. . . . . Stimmzettel waren ungültig.

Es erhielten gültige Stimmen:
1. . . . . .
2. . . . . .
3. . . . . .

Neef

Gemäß § 22 WO werden zunächst die dem Minderheitengeschlecht zustehenden ..... Mindestsitze in der Reihenfolge der jeweils höchsten Stimmenzahl zugewiesen. Das sind folgende Damen/Herren .....

Als Betriebsratsmitglieder sind damit gewählt:

1. ..... (Name, Vorname, Geburtsdatum, Art der Beschäftigung)
2. .....
3. .....

Die übrigen Bewerber sind – unter Beachtung des § 15 Abs. 2 BetrVG – Ersatzmitglieder gem. § 25 BetrVG.

....., den .....

Der Wahlvorstand
1. ..... 2. ..... 3. .....

oder:

Die Wahl hat als **Verhältniswahl** stattgefunden.[27]

Es wurden ..... Wahlumschläge mit ..... gültigen Stimmen abgegeben.

..... Stimmen war ungültig.

Von den gültigen Stimmen entfielen auf

die Liste 1 ..... Stimmen
die Liste 2 ..... Stimmen
die Liste 3 ..... Stimmen

Von den zu wählenden Betriebsratsmitgliedern haben gemäß § 15 Abs. 2 BetrVG
mindestens ..... Frauen/Männer zu sein.

Daraus ergeben sich folgende Betriebsratssitze:

Von der Liste 1 wurden ..... Betriebsratsmitglieder gewählt; darunter ..... Frauen
und ..... Männer. Im Einzelnen handelt es sich um die Damen und Herren
.....
.....

Von der Liste 2 wurden ..... Betriebsratsmitglieder gewählt; darunter ..... Frauen
und ..... Männer. Im Einzelnen handelt es sich um die Damen und Herren
.....
.....

Von der Liste 3 wurden ..... Betriebsratsmitglieder gewählt; darunter ..... Frauen
und ..... Männer. Im Einzelnen handelt es sich um die Damen und Herren
.....
.....

Variante 1: Nach dem Stimmergebnis ist der Mindestanteil des Minderheitenge-
schlechts listenübergreifend gewahrt.

Variante 2: Nach dem Stimmergebnis ist der Mindestanteil des Minderheitenge-
schlechts listenübergreifend nicht gewahrt. Deshalb ist nach dem Verfahren des
§ 15 Abs. 5 WO zu verfahren .....[28]

---

[27] Die Sitzverteilung erfolgt nach dem d'Hondt'schen System (§ 15 WO i. V. m. §§ 5, 32, 22 WO).
[28] Hat das Ergebnis zur Folge, dass sich unter den Gewählten nicht die erforderliche Mindestzahl von
Angehörigen des sich in der Minderheit befindenden Geschlechts finden lässt, kommt § 15 Abs. 5

Hiernach setzt sich der Betriebsrat wie folgt zusammen:

1. ..... (Name, Vorname, Geburtsdatum, Art der Beschäftigung)

2. .....

3. .....

Ersatzmitglieder sind die Personen, die auf den jeweiligen Vorschlagslisten den gewählten Personen in der dort angegebenen Reihenfolge nachstehen. § 15 Abs. 2 BetrVG muss auch hier gewahrt werden.

....., den .....

Der Wahlvorstand

1. ..... 2. ..... 3. .....

2. Bekanntmachung

20 In der Wahl am ..... sind in den Betriebsrat des Betriebes ..... folgende Personen gewählt worden:

.....

.....

.....

....., den .....

Der Wahlvorstand

1. ..... 2. ..... 3. .....

§ 40. Geschäftsordnungen und Betriebsratssitzung

I. Geschäftsordnung des Betriebsrats[1]

1   Der Betriebsrat der Firma ..... hat in seiner Sitzung vom ..... mit der Mehrheit der Stimmen seiner Mitglieder nachfolgende

Geschäftsordnung

beschlossen.

2 § 1 Geltungsbereich

I. Die Geschäftsordnung gilt für die Dauer der Amtszeit des Betriebsrats. Sie kann mit der Mehrheit der Stimmen des Betriebsrats einer späteren Wahlperiode übernommen werden.

II. Die Geschäftsordnung kann mit der Mehrheit der Stimmen der Mitglieder des Betriebsrats geändert werden.

BetrVG zur Anwendung. Hiernach hat die Person mit dem niedrigsten zur Wahl ausreichenden Wahlergebnis aus dem sich in der Mehrheit befindenden Geschlecht zurückzutreten und der Person des Geschlechts aus der Minderheit mit der nach ihm höchsten Stimmenzahl den Betriebsratsplatz zu überlassen, vgl. *Fitting* § 15 RN 24.

[1] Vgl. ArbR-Hdb. § 220 RN 28.

§ 2 Vorsitzender und Stellvertreter 3

I. Der Vorsitzende und sein Stellvertreter führen ihr Amt für die Dauer der Amtszeit des Betriebsrats. Eine vorherige Abwahl ist zulässig.

II. Neben dem Vorsitzenden und seinem Stellvertreter wird ein Schriftführer bestellt.

§ 3 Vertretungsmacht 4

I. Nur der Vorsitzende und im Falle seiner Verhinderung sein Stellvertreter sind zur Vertretung des Betriebsrats im Rahmen der gefassten Beschlüsse und zur Entgegennahme von Erklärungen berechtigt.[2] Gegenüber dem Betriebsrat abzugebende Erklärungen haben sie in den Geschäftsgang zu geben.

II. Dem Vorsitzenden und im Falle seiner Verhinderung seinem Stellvertreter werden die Führung der laufenden Geschäfte des Betriebsrats übertragen.

III. Zwischen den Betriebsratsmitgliedern wird eine Zuständigkeitsverteilung vorgenommen. Folgende Betriebsratsmitglieder werden vor allem folgende Aufgaben wahrnehmen:
1. .....
2. .....

IV. Von jeder Besprechung mit dem Arbeitgeber ist der Betriebsrat zu unterrichten. Der Vorsitzende soll bei im Zusammenhang mit Betriebsratsbeschlüssen stehenden Verhandlungen mit dem Arbeitgeber seinen Vertreter oder das nach Abs. III zuständige Betriebsratsmitglied hinzuziehen. Über wichtige Beratungen ist eine Niederschrift aufzunehmen.

V. Der Vorsitzende und im Falle seiner Verhinderung sein Stellvertreter haben für die Ausführung der Beschlüsse des Betriebsrats zu sorgen.

§ 4 Sitzungen 5

I. Die Sitzungen des Betriebsrats finden nach Bedarf statt; in jedem Fall einmal wöchentlich/monatlich, und zwar an jedem ..... um ..... Uhr.

II. Jedes Betriebsratsmitglied und im Falle seiner Verhinderung das Ersatzmitglied sowie die sonstigen zur Teilnahme berechtigten Personen sind schriftlich unter Mitteilung der Tagesordnung spätestens am 3. Arbeitstag vor der Sitzung unter Angabe der Tagesordnung zu laden.[3] Eine Mitteilung der Tagesordnung braucht nicht zu erfolgen, wenn diese auf der letzten Sitzung festgelegt worden ist und das Betriebsratsmitglied anwesend war; eine Ladung der ordentlichen Betriebsratsmitglieder zu den regelmäßigen Betriebsratssitzungen ist entbehrlich.

III. Aus wichtigen Gründen kann die Ladung mündlich oder in elektronischer Form und ohne Einhaltung einer Frist erfolgen. Die Ladung gilt als rechtzeitig erfolgt, wenn der Betriebsrat vor Beginn der Sitzung die Ordnungsmäßigkeit der Ladung bestätigt.

---

[2] Vgl. ArbR-Hdb. § 220 RN 5 ff.; zu Rechtswirkungen für den Arbeitgeber vgl. ArbR-Hdb. § 123 RN 92 ff.
[3] Vgl. ArbR-Hdb. § 220 RN 17 ff.; BAG, Urteil v. 28. 4. 1988 – 6 AZR 405/86 – AP BetrVG 1972 § 29 Nr. 2.

IV. Eine Verhinderung, an der Betriebsratssitzung teilzunehmen, ist unverzüglich mitzuteilen.

6 § 5 Weitere Interessenvertreter

I. Zu allen Sitzungen des Betriebsrats ist ein Vertreter der Jugend- und Auszubildendenvertretung einzuladen.[4] Die gesamte Jugend- und Auszubildendenvertretung ist zu Betriebsratssitzungen zu laden, wenn Angelegenheiten behandelt werden, durch die besonders jugendliche Arbeitnehmer betroffen werden. Die entsprechende Tagesordnung ist der Ladung beizufügen.

II. Zu allen Sitzungen des Betriebsrats ist die Schwerbehindertenvertretung unter Beifügung einer Tagesordnung zu laden.[5]

III. Werden auf der Betriebsratssitzung Angelegenheiten behandelt, die auch im Betrieb beschäftigte Zivildienstleistende betreffen, ist der Vertrauensmann der Zivildienstleistenden zur Sitzung einzuladen.[6]

IV. Der Arbeitgeber nimmt an Sitzungen teil, die auf seinen Antrag einberufen werden; im Übrigen nur nach einer Einladung des Betriebsrats. Er kann einen Beauftragten entsenden und einen Vertreter seiner Arbeitgebervereinigung hinzuziehen.[7]

V. Vertreter der Gewerkschaft haben das Recht, an den Sitzungen des Betriebsrats teilzunehmen, wenn ein Viertel der Betriebsratsmitglieder dies im Betriebsrat beantragt.[8] In diesem Fall ist der Zeitpunkt der Sitzung und die Tagesordnung der Gewerkschaft rechtzeitig mitzuteilen.

7 § 6 Sitzungsablauf

I. Die Sitzung des Betriebsrats wird vom Vorsitzenden und im Fall seiner Verhinderung von seinem Stellvertreter geleitet. Ist auch dieser verhindert, so bestimmt der Betriebsrat einen Versammlungsleiter.

II. Nach Eröffnung der Sitzung wird festgestellt,

1. ob jeder Teilnahmeberechtigte geladen ist und eine Tagesordnung erhalten hat;
2. welche Betriebsratsmitglieder, Ersatzmitglieder oder sonst Teilnahmeberechtigten erschienen sind, welche entschuldigt oder unentschuldigt fehlen;
3. ob der Betriebsrat beschlussfähig ist (§ 33 BetrVG).

III. Am Beginn der Betriebsratssitzung ist die Tagesordnung festzustellen sowie über Anträge zur Ergänzung und Streichung von Beratungsgegenständen abzustimmen. Beratungsgegenstände, die gem. §§ 29 Abs. 3, 67 Abs. 3 BetrVG auf die Tagesordnung gesetzt worden sind, können mit Zustimmung derjenigen gestrichen werden, die sie eingebracht haben.

IV. Der Vorsitzende erteilt das Wort in der Reihenfolge der Wortmeldung. Von einer Änderung der Reihenfolge kann nur im Einverständnis der Betroffenen abgewichen werden.

---

[4] Vgl. ArbR-Hdb. § 227 RN 12.
[5] Vgl. §§ 94, 95 Abs. 4 SGB IX.
[6] Vgl. § 37 Abs. 5 ZDG.
[7] Vgl. ArbR-Hdb. § 220 RN 20.
[8] § 31 BetrVG. Der Betriebsrat kann in seiner Geschäftsordnung regeln, dass den im Betriebsrat vertretenen Gewerkschaften ein generelles Teilnahmerecht an den Betriebsratssitzungen zusteht, vgl. BAG, Beschluss v. 28. 2. 1990 – 7 ABR 22/89 – AP BetrVG 1972 § 31 Nr. 1.

V. Der Schluss der Debatte kann außerhalb der Rednerliste beantragt werden. Die Abstimmung hierüber ist erst zulässig, wenn ein Sitzungsteilnehmer Gelegenheit gehabt hat, hiergegen zu sprechen.

VI. Der Vorsitzende kann das Wort entziehen, wenn trotz Aufforderung nicht zur Sache oder unsachlich gesprochen wird.

§ 7 Beschlüsse

8

I. Beschlüsse sind nur über Beratungsgegenstände der Tagesordnung zulässig.[9]

II. Beschlüsse können nur gefasst werden, wenn der Betriebsrat beschlussfähig ist und wenn die Mehrheit dafür stimmt, zu einer Beschlussfassung zu kommen. Falls der Betriebsrat beschließt, nicht zu einer Beschlussfassung zu kommen, kann der Tagesordnungspunkt abgesetzt oder zum Gegenstand einer späteren Sitzung gemacht werden.

III. Von der Beschlussfassung unmittelbar betroffene Betriebsratsmitglieder sind von der Beratung und Abstimmung ausgeschlossen. Sie sind zu hören. An ihrer statt nimmt das Ersatzmitglied an Beratung und Abstimmung über den Tagesordnungspunkt teil.[10]

IV. Wer vor der Abstimmung den Raum verlässt, muss deutlich machen, ob dies vorübergehend oder endgültig geschieht. Im Falle vorübergehender Abwesenheit ist die Rückkehr abzuwarten. Im anderen Fall wird die Betriebsratssitzung ohne ihn fortgesetzt.

§ 8 Abstimmung

9

I. Beschlüsse werden, soweit das BetrVG nicht anderes bestimmt, mit einfacher Mehrheit der anwesenden Mitglieder des Betriebsrats gefasst.[11] Bei Stimmengleichheit gilt der Antrag als abgelehnt.

II. Die Abstimmung erfolgt durch Handaufheben. Auf Antrag eines Mitgliedes ist darüber abzustimmen, ob die Abstimmung mittels Stimmzettel erfolgen soll.

III. Bei Anwesenheit des Arbeitgebers oder seiner Beauftragten soll grundsätzlich nicht abgestimmt werden. In jedem Fall ist alsdann geheim abzustimmen.[12]

IV. Betrifft ein zu fassender Beschluss überwiegend jugendliche Arbeitnehmer, so haben die Jugend- und Auszubildendenvertreter Stimmrecht (§ 67 Abs. 2 BetrVG).

V. Nach jeder Abstimmung hat der Vorsitzende das Ergebnis der Abstimmung festzustellen.

§ 9 Niederschrift

10

I. Über Sitzungen des Betriebsrats ist eine Niederschrift aufzunehmen.[13] Aus der Niederschrift muss sich der äußere Ablauf der Sitzung ergeben. Dabei sind insbe-

---

[9] Vgl. ArbR-Hdb. § 220 RN 23 ff.; BAG, Beschluss v. 28. 10. 1992 – 7 ABR 14/92 – AP BetrVG 1972 § 29 Nr. 4.

[10] Vgl. BAG, Urteil v. 26. 8. 1981 – 7 AZR 550/79 – AP BetrVG 1972 § 103 Nr. 13.

[11] Zu Umlaufbeschlüssen: LAG München, Urteil v. 6. 8. 1974 – 5 Sa 395/74 – DB 1975, 1228.

[12] Vgl. zu den Rechtsfolgen ArbR-Hdb. § 123 RN 115 ff.

[13] § 34 BetrVG; vgl. ArbR-Hdb. § 220 RN 27.

sondere zu protokollieren Beginn und Ende der Sitzung, Namen der Anwesenden, der entschuldigt und unentschuldigt Fehlenden, die Tagesordnung, ein Wechsel im Vorsitz, das Ausscheiden von Sitzungsteilnehmern, der Eintritt von Ersatzmitgliedern sowie die Form der Abstimmung.

II. In die Sitzungsniederschrift sind jeweils die Ja- und Nein-Stimmen, die Zahl der Stimmenthaltungen wie der Wortlaut der Beschlüsse aufzunehmen. Auf Verlangen eines Mitgliedes ist bei offener Abstimmung seine Entscheidung zu vermerken.

III. Die Niederschrift wird vom Vorsitzenden des Betriebsrats und vom Schriftführer unterzeichnet.

IV. Die Betriebsratsmitglieder haben das Recht, die Niederschriften sowie die sonstigen Unterlagen des Betriebsrats und seiner Ausschüsse einzusehen. Das Recht zur Einsicht umfasst nicht das Recht zur Herstellung von Fotokopien.[14]

V. Der Arbeitgeber und die Beauftragten der Gewerkschaften erhalten, soweit sie an der Sitzung teilgenommen haben, eine Abschrift des entspr. Teils der Niederschrift. Soweit sie gegen die Niederschrift Einwendungen erheben, werden diese der Niederschrift beigefügt.

11 § 10 Vertraulichkeit

I. Die Beratungen des Betriebsrats sind vertraulich. Betriebsangehörige, die als Beteiligte oder Auskunftspersonen hinzugezogen werden, sind zur Verschwiegenheit über die Beratung des Betriebsrats verpflichtet.

II. Der Betriebsrat beschließt in jeder Sitzung, ob und in welcher Weise eine Mitteilung über Verlauf und Ergebnis der Sitzung an die Belegschaft erfolgt.

12 § 11 Sprechstunden

I. Der Betriebsrat richtet für die Belegschaft Sprechstunden ein.[15] Die Sprechstunden finden ..... von ..... bis ..... im Betriebsratsbüro statt.

II. An den Sprechstunden nimmt ein Mitglied der Jugend- und Auszubildendenvertretung zur Beratung der jugendlichen Arbeitnehmer teil *(nicht erforderlich, wenn Jugend- und Auszubildendenvertretung selbstständig Sprechstunden durchführt)*.

13 § 12 Mitteilungen an die Belegschaft

I. Mitteilungen des Betriebsrats für die Belegschaft werden am Schwarzen Brett angeschlagen. Sie werden vom Vorsitzenden und einem weiteren Betriebsratsmitglied unterschrieben.

II. Der Betriebsrat gibt Informationsblätter für die Belegschaft heraus, wenn ein Aushang am Schwarzen Brett unzureichend und eine Information der Belegschaftsmitglieder vor der nächsten Betriebsversammlung notwendig ist.

14 § 13 Aufbewahrung

Sämtliche Unterlagen des Betriebsrats *(Sitzungsniederschriften, Anwesenheitsliste, Schriftwechsel)* werden nach Sachgebieten geordnet und in zeitlicher Reihenfolge aufbewahrt.

---

[14] Vgl. BAG, Beschluss v. 27. 5. 1982 – 6 ABR 66/79 – AP BetrVG 1972 § 34 Nr. 1.
[15] Vgl. ArbR-Hdb. § 220 RN 30.

§ 14 Bestellung des Wahlvorstandes 15

Spätestens acht Wochen vor Ablauf der Amtsperiode bestellt der Betriebsrat einen Wahlvorstand zur Neuwahl der Jugend- und Auszubildendenvertretung.[16] Für die Neuwahl des Betriebsrats muss die Bestellung spätestens zehn Wochen vor Ablauf der Amtsperiode erfolgen (§ 16 BetrVG).

§ 15 In-Kraft-Treten 16

Diese Geschäftsordnung tritt am ..... in Kraft.

II. Besonderheiten der Geschäftsordnung eines Betriebsrats mit mehr als 9 Betriebsratsmitgliedern

(Die oben unter RN 1 ff. abgedruckte Geschäftsordnung muss in §§ 2 bis 3 modifiziert 17 *werden.)*

§ 2 Wahlen im Betriebsrat 18

Alle bei der konstituierenden Sitzung des Betriebsrats durchgeführten Wahlen gelten für die Dauer der Amtszeit, es sei denn, dass im Einzelfall etwas anderes bestimmt ist. Vorherige Abwahlen sind zulässig.

§ 3 Ausschüsse 19

I. Neben dem Vorsitzenden und seinem Stellvertreter sind weitere ..... Betriebsratsmitglieder zu wählen, die mit dem Vorsitzenden und dem Stellvertreter den Betriebsausschuss bilden.[17] Ein Mitglied des Betriebsausschusses wird zum Schriftführer bestellt.

II. Der Betriebsausschuss führt die laufenden Geschäfte des Betriebsrats.

III. Der Betriebsrat bildet weiter folgende Ausschüsse:[18]

Personalausschuss: ..... Mitglieder
Wohnungsausschuss: ..... Mitglieder
Sozialausschuss: ..... Mitglieder.

§ 4 Selbstständige Erledigung 20

I. Die Ausschüsse erhalten folgende Aufgaben zur selbstständigen Erledigung übertragen:

Betriebsausschuss:

Personalausschuss:

Wohnungsausschuss usw.:

(Es bedarf einer genauen Umschreibung der übertragenen Aufgaben.)

II. Die Übertragung von Aufgaben zur selbstständigen Erledigung bezieht sich nicht auf den Abschluss von Betriebsvereinbarungen. Die Ausschüsse und deren

---

[16] § 63 Abs. 2 BetrVG.
[17] Vgl. ArbR-Hdb. § 220 RN 11 ff.
[18] Vgl. BAG, Urteil v. 4. 8. 1975 – 2 AZR 266/74 – AP BetrVG 1972 § 102 Nr. 4; BAG, Urteil v. 12. 7. 1984 – 2 AZR 320/83 – AP BetrVG 1972 § 102 Nr. 32.

Neef

Mitglieder haben dem Betriebsrat regelmäßig über die Erledigung der ihnen übertragenen Aufgaben zu berichten.

III. Besonderheiten der Geschäftsordnung eines Betriebsrats in Betrieben mit mehr als 100 Arbeitnehmern – Übertragung von Aufgaben auf Arbeitsgruppen (§ 28a BetrVG)

21   *(siehe zunächst unter RN 17)*

22   § x

Mit der Mehrheit der Stimmen der Betriebsratsmitglieder kann der Betriebsrat bestimmte Aufgaben auf Arbeitsgruppen übertragen. Hierzu ist eine Rahmenvereinbarung mit dem Arbeitgeber zu erarbeiten.[19]

IV. Geschäftsordnung des Wirtschaftsausschusses[20]

23   Der Wirtschaftsausschuss hat in Übereinstimmung mit dem Betriebsrat in seiner Sitzung vom ..... nachfolgende

Geschäftsordnung

beschlossen.

24   **§ 1 Mitglieder**

I. Der Wirtschaftsausschuss besteht aus 3 (5, 7) Mitgliedern.

oder

I. Der Wirtschaftsausschuss besteht aus dem vom Betriebsrat bestimmten Ausschuss mit 5, 7, 9, 11 Mitgliedern und weiteren 5 (7, 9, 11) Mitgliedern.[21]

II. Der Wirtschaftsausschuss wählt mit einfacher Stimmenmehrheit aus seiner Mitte den Vorsitzenden, dessen Stellvertreter und einen Schriftführer.

25   **§ 2 Sitzung**

I. Der Wirtschaftsausschuss tritt monatlich einmal zu einer Sitzung zusammen.

II. Der Vorsitzende des Wirtschaftsausschusses bestimmt den Sitzungstag und die Tagesordnung.

III. Auf Antrag von einem Viertel der Mitglieder des Wirtschaftsausschusses oder des Unternehmers hat der Vorsitzende den Wirtschaftsausschuss binnen Wochenfrist zu einer außerordentlichen Sitzung einzuberufen und den beantragten Gegenstand auf die Tagesordnung zu setzen.

---

[19] Siehe unter RN 41 ff.
[20] Vgl. ArbR-Hdb. § 243. Der Arbeitgeber muss dem Wirtschaftsausschuss das erforderliche Büropersonal zur Verfügung stellen, vgl. BAG, Beschluss v. 17. 10. 1990 – 7 ABR 69/89 – AP BetrVG 1972 § 108 Nr. 8.
[21] Werden die Aufgaben des Wirtschaftsausschusses einem Ausschuss des Betriebsrats übertragen, so gilt auch der Minderheitsschutz.

IV. Die Sitzungen des Wirtschaftsausschusses finden während der Arbeitszeit statt. Sie sind nichtöffentlich.

§ 3 Ladung 26

I. Der Vorsitzende des Wirtschaftsausschusses hat die Mitglieder des Wirtschaftsausschusses zu laden. Die Ladung nebst Tagesordnung müssen den Mitgliedern des Wirtschaftsausschusses spätestens am 3. Arbeitstag vor dem Tagungszeitpunkt zugehen.[22]

II. Der Unternehmer ist zu allen Sitzungen des Wirtschaftsausschusses einzuladen. Für die Ladungsfrist gilt Abs. I Satz 2 entsprechend.

§ 4 Beschluss und Ergänzung der Tagesordnung 27

I. Der Wirtschaftsausschuss genehmigt die Tagesordnung. Auf Antrag von einem Viertel der Mitglieder des Wirtschaftsausschusses oder des Unternehmers ist die Tagesordnung um weitere Sitzungspunkte zu ergänzen.

II. In den regelmäßigen Sitzungen des Wirtschaftsausschusses soll insbesondere eine Aussprache über die in § 106 Abs. 3 BetrVG aufgezählten Gegenstände erfolgen.

III. Der Jahresabschluss ist dem Wirtschaftsausschuss unter Beteiligung des Betriebsrats zu erläutern.

§ 5 Interne Besprechung 28

I. Der Wirtschaftsausschuss kann vor jeder Sitzung zu einer internen Besprechung zusammentreten.[23] Zu diesen Sitzungen können Mitglieder des Betriebsrats oder Gewerkschaftsvertreter hinzugezogen werden,[24] sofern hierfür ein Bedarf besteht.

II. Zu den Besprechungen lädt der Vorsitzende des Wirtschaftsausschusses ein. Die Ladungsfrist des § 3 Abs. I Satz 2 gilt entsprechend.

§ 6 Sitzungsleitung 29

Die Sitzungen des Wirtschaftsausschusses wie auch die Vorbesprechungen werden durch den Vorsitzenden geleitet.

§ 7 Stellvertretung 30

Für den Fall, dass der Vorsitzende an der Wahrnehmung seines Amtes verhindert ist, werden seine Aufgaben durch seinen Stellvertreter wahrgenommen.

§ 8 Auskunft 31

I. Auf Antrag von einem Viertel der Mitglieder des Wirtschaftsausschusses hat der Vorsitzende
1. die Entsendung von Sachbearbeitern, Abteilungsleitern oder sonstigen leitenden Angestellten zur weiteren Sachaufklärung zu verlangen;

---

[22] Vgl. BAG, Beschluss v. 20. 11. 1984 – 1 ABR 64/82 – AP BetrVG 1972 § 106 Nr. 3.
[23] Vgl. BAG, Urteil v. 16. 3. 1982 – 1 AZR 406/80 – AP BetrVG 1972 § 108 Nr. 3.
[24] Vgl. BAG, Beschluss v. 11. 7. 2000 – 1 ABR 43/99 – AP BetrVG 1972 § 109 Nr. 2.

Neef

2. die Vorlage weiterer Urkunden zu verlangen;[25]

3. Betriebsratsmitglieder zur Erläuterung hinzuzuziehen.

II. Der Wirtschaftsausschuss kann mit der Mehrheit seiner Mitglieder die Hinzuziehung von Sachverständigen zur Sitzung vom Unternehmer verlangen (§§ 108 Abs. 2 Satz 3, 80 Abs. 3 BetrVG).[26] Dasselbe gilt für die Hinzuziehung von Vertretern der Arbeitnehmerorganisationen.

III. Verweigert der Unternehmer die Hinzuziehung von Sachverständigen, so ist der Betriebsrat hiervon zu unterrichten.

32　§ 9　Verweigerung von Auskünften

Wird eine Auskunft über wirtschaftliche Angelegenheiten des Unternehmens im Sinne des § 106 BetrVG entgegen dem Verlangen des Wirtschaftsausschusses nicht, nicht rechtzeitig oder nur ungenügend erteilt, so kann der Wirtschaftsausschuss mit der Mehrheit seiner Stimmen vom Betriebsrat verlangen, die Einigungsstelle anzurufen.

33　§ 10　Niederschrift

I. Über jede Sitzung des Wirtschaftsausschusses ist eine Niederschrift anzufertigen. Die Sitzungsniederschrift hat die einzelnen Beratungsgegenstände aufzuführen und das wesentliche Ergebnis festzuhalten. Bei Meinungsverschiedenheiten über die einzelnen Beratungsgegenstände sind die mitgeteilten Meinungen aufzuführen.

II. Der Sitzungsniederschrift ist eine Anwesenheitsliste der Sitzungsteilnehmer beizufügen, in die sich sämtliche Mitglieder des Wirtschaftsausschusses eigenhändig einzutragen haben.

III. Die Sitzungsniederschrift wird vom Schriftführer und dem Vorsitzenden des Wirtschaftsausschusses unterzeichnet.

34　§ 11　Bericht an Betriebsrat

I. Abschriften der Sitzungsniederschrift sind unverzüglich dem Betriebsrat und dem Unternehmer zuzustellen.

II. Der Vorsitzende, sein Stellvertreter und der Schriftführer haben unverzüglich, spätestens jedoch binnen Wochenfrist dem Betriebsrat vollständig und erschöpfend zu berichten.

35　§ 12　Wirtschaftsausschuss

I. Kommt es zwischen Unternehmer und Wirtschaftsausschuss zu keiner Einigung über die Unterrichtung der Arbeitnehmer nach § 110 BetrVG, kann der Wirtschaftsausschuss nach Abstimmung mit dem Betriebsrat seine abweichende Auffassung darlegen.

---

[25] Vgl. BAG, Beschluss v. 20. 11. 1984 – 1 ABR 64/82 – AP BetrVG 1972 § 106 Nr. 3. Zur Vorlage von Erfolgsrechnungen: BAG, Beschluss v. 17. 9. 1991 – 1 ABR 74/90 – AP BetrVG 1972 § 106 Nr. 13. Zu den wirtschaftlichen Angelegenheiten, über die der Wirtschaftsausschuss zu unterrichten ist, gehört auch die Stilllegung von Betrieben, in denen kein Betriebsrat gebildet ist (BAG, Beschluss v. 9. 5. 1995 – 1 ABR 61/94 – AP BetrVG 1972 § 106 Nr. 12). Eine Unterrichtungspflicht besteht bei Übergang sämtlicher Geschäftsanteile einer GmbH (BAG, Beschluss v. 22. 1. 1991 – 1 ABR 38/89 – AP BetrVG 1972 § 106 Nr. 9).

[26] Vgl. BAG, Beschluss v. 18. 7. 1978 – 1 ABR 34/75 – AP BetrVG 1972 § 108 Nr. 1.

II. Die Mitglieder des Wirtschaftsausschusses sind berechtigt, an Betriebs-, Abteilungs- oder Teilversammlungen teilzunehmen, in denen der Vierteljahresbericht erstattet wird.

§ 13 In-Kraft-Treten

36

Diese Geschäftsordnung tritt am ..... in Kraft. Die Geschäftsordnung gilt für die Dauer der Wahlperiode des Wirtschaftsausschusses. Der folgende Wirtschaftsausschuss kann die Geschäftsordnung übernehmen.

V. Geschäftsordnungen in mitbestimmten Unternehmen

Muster: *Säcker* in DB 1977, 1791 ff., 1845 ff., 1993 ff. (für Vorstand). Aus neuerer Zeit: **37** *Pothoff/Trescher,* Das Aufsichtsratsmitglied, 5. Aufl., 2001, S. 301 ff.

VI. Geschäftsordnung der Jugend- und Auszubildendenvertretung

Die Geschäftsordnung des Betriebsrats kann angepasst werden.

38

VII. Betriebsratssitzung

1. Niederschrift über die Sitzung des Betriebsrats vom .....

I. 1. Nach der Begrüßung der Erschienenen wird festgestellt, dass zur Betriebs- **39** ratssitzung ..... Betriebsratsmitglieder erschienen und ..... nicht erschienen sind.
Das Betriebsratsmitglied ..... hat sich entschuldigt mit der Begründung .....
Das Betriebsratsmitglied ..... hat sich nicht entschuldigt.

2. Ferner sind erschienen
   a) die Schwerbehindertenvertretung .....
   b) die/der Jugend- und Auszubildendenvertreter .....

3. Für die Gewerkschaft ist ..... erschienen.

4. Es wird festgestellt, dass die Ladung rechtzeitig erfolgt und allen Teilnahmeberechtigten die Tagesordnung zugegangen ist. Weitere Anträge zur Tagesordnung werden nicht gestellt.

5. Von ..... Betriebsratsmitgliedern sind ..... erschienen. Der Betriebsrat ist mithin beschlussfähig (§ 33 Abs. 2 BetrVG).[27]

II. Punkt 1 der Tagesordnung (Kündigung des Kollegen .....)

1. Der Betriebsratsvorsitzende erläutert die vom Arbeitgeber geltend gemachten Kündigungsgründe.
   Der Betriebsratsvorsitzende berichtet über die Anhörung des Kollegen.

2. Es erfolgt die Wortmeldung der Betriebsratskollegen
   a) .....
   b) .....

---

[27] Vgl. ArbR-Hdb. § 220 RN 23.

   3. Der Betriebsrat beschließt, der Kündigung (nicht) zuzustimmen, und zwar aus folgenden Gründen ..... /
der Kündigung zu widersprechen, und zwar aus folgenden Gründen .....
Der Beschluss wurde mit den Stimmen ..... gefasst.
Auf Antrag des Betriebsratsmitgliedes ..... wird festgestellt, dass er dem Antrag (nicht) zugestimmt hat.

  III. Punkt 2 der Tagesordnung (Abschluss einer Betriebsvereinbarung [Festlegung der Arbeitszeit])

   1. Der Betriebsratsvorsitzende und das Betriebsratsmitglied berichten über den Stand der Verhandlungen mit dem Arbeitgeber sowie über dessen Antrag .....

   2. Die Betriebsratsmitglieder führten aus, und zwar
     a) .....
     b) .....

   3. Das Betriebsratsmitglied ..... beantragt, gem. § 8 der Geschäftsordnung geheim abzustimmen.
Der Betriebsrat fasste mit ..... Stimmen nachfolgenden Beschluss .....

   4. Alsdann fasste der Betriebsrat nachfolgenden Beschluss .....
Die Stimmenauszählung ergab .....
Damit ist der Antrag angenommen/abgelehnt.

  IV. Punkt 3 der Tagesordnung usw.

....., den .....

Der Betriebsratsvorsitzende   Der Schriftführer

2. Anwesenheitsliste zur Sitzungsniederschrift vom .....

40 lfd. Nr.   Name   Unterschrift
....

VIII. Rahmenvereinbarung nach § 28a BetrVG als freiwillige Betriebsvereinbarung (§ 88 BetrVG)

Muster: *Wedde,* Rahmenvereinbarung gemäß § 28a BetrVG – Zum richtigen Umgang mit einer neuen Regelungsmaterie, AiB 2001, 630ff. Vgl. auch *Löwisch,* Änderung der Betriebsverfassung durch das Betriebsverfassungs-Reformgesetz, BB 2001, 1734; *Natzel,* Die Delegation von Aufgaben an Arbeitsgruppen nach dem neuen § 28a BetrVG, DB 2001, 1363; *Richardi,* Veränderungen in der Organisation der Betriebsverfassung nach dem Regierungsentwurf zur Reform des BetrVG, NZA 2001, 346.

41   Zwischen der ..... Firma und dem Betriebsrat wird für die Übertragung von Aufgaben auf Arbeitsgruppen gemäß § 28a BetrVG folgende Rahmenvereinbarung als freiwillige Betriebsvereinbarung (§ 88 BetrVG) beschlossen:

42 **§ 1 Allgemeine Bestimmungen**

    Die Übertragung von Aufgaben auf eine Arbeitsgruppe nach § 28a BetrVG ist nur innerhalb der Grenzen dieser Rahmenvereinbarung zulässig. Sie ist auf bestimmte Aufgaben zu beschränken und nur zulässig, wenn die Folgen ausschließlich die Mitglieder der Arbeitsgruppe treffen.

§ 2 Definition Arbeitsgruppe 43

Arbeitsgruppe im Sinne dieser Rahmenvereinbarung sind nur die
Abteilungen .....
Schichtgruppen .....
Vertriebsgruppen .....
(auch eine örtliche Eingrenzung ist zulässig: „..... Abteilungen am Standort ..... ")

§ 3 Gegenstände der Übertragung 44

Folgende Gegenstände dürfen nach dieser Rahmenvereinbarung an Arbeitsgruppen zur eigenständigen Erledigung übertragen werden:
Pausenregelung, Urlaubsplanung, Verteilung der Arbeitsaufgaben, Gestaltung der Arbeitszeit unter Beachtung höherrangiger Vorschriften etc.
Die Aufzählung ist abschließend. Die Übertragung kann auch befristet erfolgen.

§ 4 Formbestimmungen 45

Die Übertragung von Aufgaben auf eine Arbeitsgruppe bedarf der Schriftform. Die Übertragung ist vom Betriebsrat zu unterzeichnen. Gleiches gilt für den Widerruf der Beauftragung.

§ 5 Mitglieder der Arbeitsgruppe 46

Nimmt ein Mitglied der Arbeitsgruppe an der Wahrnehmung von Aufgaben nach § 28a BetrVG und dieser Rahmenvereinbarung teil, so darf es wegen dieser Teilnahme nicht benachteiligt werden. Die §§ 78, 78a und 103 BetrVG gelten mit Teilnahme an Sitzungen der Arbeitsgruppe entsprechend, sofern sich die Sitzungen mit der Erledigung der übertragenden Aufgaben beschäftigt.
(Möglich sind auch Regelungen über Freistellungen oder Schulungsmaßnahmen sowie zu den Kosten der Arbeitsgruppe. Es wird dann auf die jeweilige Vorschrift aus dem BetrVG verwiesen.)

§ 6 Pflicht zur Wahl eines Sprechers 47

Eine Übertragung von Aufgaben kann nur erfolgen, wenn die Arbeitsgruppe einen Sprecher und einen stellvertretenden Sprecher gewählt hat. Wahlberechtigt und wählbar sind nur Arbeitnehmer (§§ 5, 7 BetrVG) aus der Arbeitsgruppe. Die Wahl erfolgt in einer Sitzung der Arbeitsgruppe und steht unter der Leitung eines von der Arbeitsgruppe gewählten Wahlvorstandes. Das Ergebnis der Wahl zum Sprecher und zum stellvertretenden Sprecher ist unverzüglich dem Betriebsrat und dem Arbeitgeber bekannt zu geben.

§ 7 Aufgaben des Sprechers der Arbeitsgruppe 48

Der Sprecher vertritt die Arbeitsgruppe gegenüber dem Betriebsrat und dem Arbeitgeber. § 26 Abs. 2 BetrVG gilt entsprechend.

Neef

49 § 8 Beschlussfähigkeit – Beschlussfassung

Die Arbeitsgruppe ist beschlussfähig, wenn mindestens $^2/_3$ der Mitglieder anwesend sind. Beschlüsse bedürfen der Mehrheit der Stimmen der Arbeitsgruppenmitglieder.

50 § 9 Sitzungen

Für die Einberufung und die Leitung von Sitzungen der Arbeitsgruppe gelten die §§ 29 und 30 BetrVG entsprechend.

51 § 10 Verhandlungen mit dem Arbeitgeber

1. Verhandlungen mit dem Arbeitgeber erfolgen nichtöffentlich, der beauftragende Betriebsrat kann jedoch ein Betriebsratsmitglied entsenden. Er hat beratende Stimme.

2. Entscheidungen (Gruppenvereinbarungen) werden einvernehmlich getroffen und sind dem Betriebsrat und allen Mitgliedern der Arbeitsgruppe mitzuteilen. Können sich die Beteiligten nicht einigen, fällt die Angelegenheit zurück an den Betriebsrat, der dann weitere Verhandlungen mit dem Arbeitgeber aufnehmen kann (§ 28a Abs. 2 Satz 3 BetrVG).

52 § 11 Gruppenvereinbarungen

1. Arbeitgeber und die Arbeitsgruppe können verbindliche Gruppenvereinbarungen abschließen. Diese sind schriftlich niederzulegen und vom Gruppensprecher und dem Arbeitgeber zu unterzeichnen. Sie sind durch den Arbeitgeber durchzuführen und an geeigneter Stelle im Betrieb auszuhängen.

2. Dem Abschluss einer Gruppenvereinbarung geht eine Gruppensitzung voraus, in welcher die Mitglieder der Arbeitsgruppe über die Gruppenvereinbarung abschließend beschließen. Zu dieser Sitzung hat der Gruppensprecher bis spätestens eine Woche vor dieser Sitzung zu laden.

53 § 12 Regelungsumfang der Gruppenvereinbarung – Kündigung

1. Gruppenvereinbarungen dürfen nicht gegen höherrangiges Recht verstoßen. Dies gilt im Verhältnis zum Tarifvertrag auch dann, wenn die Bestimmungen der Gruppenvereinbarung für den Arbeitnehmer günstiger sind; § 77 BetrVG gilt entsprechend.

2. Gruppenvereinbarungen können mit einer Frist von drei Monaten gekündigt werden. Sie wirken nach, es sei denn, die Nachwirkung wird ausgeschlossen. Kündigen dürfen der Arbeitgeber, der Betriebsrat sowie die Arbeitsgruppe. Bei Kündigungen durch die Arbeitsgruppe bedürfen diese allerdings der Zustimmung des Betriebsrats.

54 § 13 Kündigung der Rahmenvereinbarung

1. Diese Rahmenvereinbarung (Betriebsvereinbarung) kann von den Parteien mit einer Frist von ..... gekündigt werden. Die Vorschriften der Rahmenvereinbarung wirken nicht nach (wirken nach hinsichtlich der §§ .....).

2. Mit Kündigung der Rahmenvereinbarung gelten zugleich alle auf dieser Grundlage entstandenen Gruppenvereinbarungen als gekündigt.

Unterschriften (Betriebsrat/Arbeitgeber)

Neef

IX. Der Europäische Betriebsrat[28]

1. Vereinbarung über die Errichtung eines Europäischen Betriebsrats

Soll ein Betriebsrat im Verhandlungswege errichtet werden, bedarf es zunächst der Errich- **55** *tung eines besonderen Verhandlungsgremiums (§ 8 EBRG). Das besondere Verhandlungs-gremium hat die Aufgabe, mit der zentralen Leitung eine Vereinbarung über eine grenzüber-greifende Unterrichtung und Anhörung der Arbeitnehmer abzuschließen (§ 8 EBRG). Die Zusammensetzung richtet sich nach § 10 EBRG. Die Bestellung der inländischen Arbeit-nehmervertreter ergibt sich aus § 11 EBRG, diejenigen aus Drittstaaten aus § 14 EBRG. Nach § 13 EBRG folgen die Satzungen, Geschäftsordnung und die Hinzuziehung von Sachverständigen.[29]*

2. Vereinbarung eines EBR mit der zentralen Leitung des Unternehmens

Die Vereinbarung soll die in § 18 EBRG aufgezählten Regelungen enthalten. Danach **56** *ergibt sich der Aufbau:*

I. Organisation und Aufgaben

§ 1 Geltungsbereich der Vereinbarung

(Grundsätzlich EU und EWR-Staaten. Die Gewerkschaften wünschen eine Erstreckung auf Osteuropa.)

§ 2 Zusammensetzung des EBR

(Bei einem vereinbarten EBR kann die Zahl frei bestimmt werden. Bei dem gesetzlich ge-bildeten ist die Höchstzahl 30.)

§ 3 Zuständigkeit und Aufgaben des EBR

(Nach § 17 EBRG kann frei vereinbart werden, wie die grenzübergreifende Unterrichtung erfolgt.)

§ 4 Ort, Häufigkeit und Dauer der Sitzungen

§ 5 Die für den EBR zur Verfügung stehenden Mittel

II. Zusammenarbeit

§ 6 Grundsätze der Zusammenarbeit

(Die Anlehnung kann an §§ 2, 77 BetrVG erfolgen.)

---

[28] Die EG-Richtlinie 94/45/EG vom 22. 4. 1994 über die Einsetzung eines Europäischen Betriebs-rats oder die Schaffung eines Verfahrens zur Unterrichtung und Anhörung der Arbeitnehmer in ge-meinschaftsweit operierenden Unternehmen und Unternehmensgruppen (ABl. EG Nr. L 254, 64) schreibt die Bildung eines Europäischen Betriebsrats nach festen Voraussetzungen vor. Sie geht von drei Stufen aus: (1) der Bildung vor Überführung der RL in nationales Recht, (2) der Einigung über eine freiwillige Vereinbarung und (3) das Scheitern einer freiwilligen Vereinbarung. Vgl. auch das Gesetz über Europäische Betriebsräte (Europäische Betriebsräte-Gesetz – EBRG) vom 28. 10. 1996 (BGBl. I 1548, ber. 2022, zul. geänd. 21. 12. 2000, BGBl. I 1983).

[29] Vgl. ArbR-Hdb. § 256. Zu Auskunftspflichten der Unternehmen gegenüber den Organen der Ar-beitnehmervertretungen bei Errichtung eines EBR vgl. EuGH, Urteil v. 29. 3. 2001 – Rs. C 62/99 (Bofrost) – AP EWG-Richtlinie Nr. 94/45 Nr. 2.

§ 7 Unterrichtung und Anhörung

§ 8 Verfahrensregelungen für Unterrichtung und Anhörung

(Vgl. hierzu § 19 EBRG)

III. Anpassungsklauseln nach § 18 EBRG

3. Muster zur Installierung eines EBR[30]

57 Zwischen der Unternehmensgruppe .....

und

den Interessenvertretern der Arbeitnehmer .....

wird zur Errichtung und Arbeit eines Europäischen Betriebsrats (EBR) Folgendes vereinbart:

(ggf. Präambel)

58   § 1 Geltungsbereich

1. Diese Vereinbarung gilt für alle Arbeitnehmer der Unternehmensgruppe. Sie erstreckt sich damit auf die Betriebe, Filialen, Niederlassungen, Geschäftsstellen sowie Unternehmen (Einheiten) in folgenden Ländern:

.....

.....

.....

als EU-Mitgliedsstaaten.

Daneben findet sie Anwendung für die Länder des EWR (Island, Liechtenstein, Norwegen).

2. Der Unternehmensgruppe zugerechnet werden alle oben genannten Einheiten, wenn sie zu der Unternehmensgruppe in einem abhängigen Verhältnis stehen. Die Vermutungsregel des Art. 3 Abs. 2 der RL 94/45/EG vom 22. 9. 1994 findet Anwendung.

59   § 2 Zusammensetzung des EBR

1. Der Europäische Betriebsrat wird bei der Spitze der Unternehmensgruppe in ..... gebildet. Er besteht aus ..... Mitgliedern.

2. Der EBR setzt sich zusammen aus Arbeitnehmern der Unternehmensgruppe. Die Leitung der Unternehmensgruppe darf keine Mitglieder ernennen.

3. Aus jedem in § 1 genannten Land, in dem sich ein oder mehrere Einheiten befinden, wird mindestens ein Vertreter in den EBR entsandt.

4. Alle weiteren Sitze im EBR werden durch das Verhältnis der nationalen Beschäftigtenzahlen bestimmt. Dabei ist die durchschnittliche Beschäftigtenzahl der letzten zwei Jahre zu ermitteln.

---

[30] Siehe auch *Asshoff/Bachner/Kunz*, Europäisches Arbeitsrecht im Betrieb, 1996, sowie AiB 1995, 575 ff.

5. Im Einzelnen ergeben sich folgende Anzahl von Vertretern bezogen auf das Land der Entsendung:

Frankreich: .....

Deutschland: .....

Italien: .....

.....

6. Die Zusammensetzung des EBR wird der Leitung der Unternehmensgruppe mitgeteilt.

§ 3 Entsendung der Mitglieder   60

Verfahrensfragen zur Entsendung der nationalen Vertreter und ihrer Ersatzmitglieder in den EBR bestimmen sich nach den Regeln in den einzelnen Ländern.

§ 4 Sitz des EBR   61

Der Sitz des EBR ist in .....

§ 5 Dauer des Mandates   62

1. Die Mitgliedschaft im EBR endet vier Jahre nach der Wahl bzw. Benennung des Mitglieds. Die nachfolgende Entsendung erfolgt nach den §§ 2 und 3.

2. Die Regeln der Wahl bzw. der Benennung gelten entsprechend für die Abberufung.

3. Das Mandat endet auch durch Ausscheiden aus der Unternehmensgruppe.

4. Verliert ein Mitglied des EBR sein Mandat durch Abberufung oder Ausscheiden aus der Unternehmensgruppe oder endet die Amtszeit regulär, so ist dieser Platz durch ein anderes Mitglied aus demjenigen Mitgliedsstaat zu besetzen, aus dem das Mitglied, das das Mandat verloren hat, stammte.

§ 6 Grundsätze der Zusammenarbeit   63

1. Unternehmensleitung und EBR arbeiten unter Beachtung der Richtlinie 94/45/EG vom 22.9.1994 sowie der einschlägigen rechtlichen Bestimmungen zum Wohle der Unternehmensgruppe und ihrer Arbeitnehmer vertrauensvoll zusammen.

2. Die Leitung der Unternehmensgruppe verpflichtet sich, Vereinbarungen zwischen ihr und dem EBR umzusetzen und durchzuführen. Diese Pflicht gilt auch hinsichtlich der in § 1 genannten Einheiten.

§ 7 Recht auf Unterrichtung und Anhörung   64

1. Der EBR ist stets hinsichtlich solcher Angelegenheiten zu unterrichten und anzuhören, die das herrschende Unternehmen insgesamt oder mindestens zwei der Einheiten in verschiedenen Mitgliedsstaaten betreffen. Die Unternehmensgruppe informiert den EBR vierteljährlich über die in Abs. 2 genannten Themen.

2. Die Unterrichtung und Anhörung bezieht sich insbesondere auf:

(Beispiele nach Anhang zur RL 94/45/EG, Nr. 2, 3)

– die Struktur der Unternehmensgruppe,

– die wirtschaftliche und finanzielle Situation der Unternehmensgruppe,

Neef

– die Beschäftigungslage und ihre voraussichtliche Entwicklung,
– die Einführung neuer Arbeits- und Fertigungsverfahren,
– Verlagerungen der Produktion,
– Fusionen, Verkleinerungen oder Schließungen von Unternehmen, Betrieben oder wichtigen Teilen dieser Einheiten,
– Massenentlassungen,
– Fragen der Entlohnung,
– Entwicklung der Arbeitszeit.

3. Die Unterrichtung und Anhörung muss so rechtzeitig erfolgen, dass die Vorschläge und Hinweise des EBR in die Entscheidung der Unternehmensgruppe einfließen können.

4. Die Unterrichtung des EBR durch die zentrale Leitung der Unternehmensgruppe erfolgt auf der Grundlage eines von der zentralen Leitung vorgelegten Berichts, der dem EBR mindestens drei Wochen vor der Anhörung zugegangen sein muss.

5. Die zentrale Leitung ist verpflichtet, den EBR hinsichtlich der von ihm für erforderlich erachteten Gegenstände anzuhören.

6. Unter Anhörung ist zu verstehen, dass der Sachverhalt zu beraten und ggf. zu verhandeln ist.

7. Treten außergewöhnliche Umstände ein, die erhebliche Auswirkungen auf die Interessen der Arbeitnehmer haben, so hat der EBR das Recht, zusammenzutreten und über diese Maßnahmen von der zentralen Leitung unterrichtet und angehört zu werden. Dies trifft insbesondere bei der beabsichtigten Verlegung oder Schließung von Unternehmen bzw. Betrieben und/oder Massenentlassungen zu.

8. Die Sitzung nach Ziff. 7 erfolgt unverzüglich auf der Grundlage eines Berichts der zentralen Leitung oder einer anderen geeigneten Leitungsebene, zu dem der EBR binnen einer angemessenen Frist seine Stellungnahme abgeben kann. Zu dieser Sitzung können vom EBR die Interessenvertreterinnen der betroffenen Standorte als zusätzliche Sachverständige auch dann eingeladen werden, wenn sie nicht im EBR vertreten sind.

9. Wenn der EBR ein Präsidium gebildet hat, so können die in Absatz 6 und 7 genannten Rechte von diesem Präsidium wahrgenommen werden.

10. Die unternehmerische Maßnahme wird vor vollständiger Unterrichtung und Anhörung des EBR nicht durchgeführt. Kommt es in Fällen, bei denen der EBR gemäß dieser Vereinbarung anzuhören und zu unterrichten ist, zu Meinungsverschiedenheiten zwischen der Unternehmensleitung und dem EBR, so ist auf Verlangen einer der Parteien die Entscheidung über die geplante Maßnahme für die Dauer von bis zu einem Monat auszusetzen.

11. Unter Beteiligung von Vertretern der zuständigen Arbeitgeber- und Arbeitnehmerorganisationen ist während der Aussetzungsfrist der Versuch einer einvernehmlichen Lösung zwischen Unternehmensleitung und EBR zu unternehmen.

65 **§ 8 Sitzungen**

1. Der Sitzungsort wird vom Vorsitzenden des EBR in Absprache mit der zentralen Leitung bestimmt. Die Konstituierung des EBR findet am Sitz der zentralen Leitung der Unternehmensgruppe statt. Der EBR ist insbesondere dann berechtigt, seine Sitzung an anderen Standorten abzuhalten, wenn dies die auf der Sitzung zu behandelnden Themen erfordern.

2. Neben der regelmäßigen gegenseitigen Information und Beratung trifft sich der EBR mindestens einmal im Jahr zu einer ordentlichen Sitzung mit der zentralen Leitung der Unternehmensgruppe zum Zwecke der Unterrichtung und Anhörung.

3. Außerordentliche Treffen werden durchgeführt, wenn außergewöhnliche Umstände eintreten oder 25% der Mitglieder des EBR oder die Vertreter von mindestens zwei Ländern dies fordern.

4. Die Sitzungen des EBR, die mit der zentralen Leitung gemeinsam stattfinden, dauern in der Regel zwei Tage. Vor dieser Sitzung hat der EBR die Möglichkeit, eine interne Sitzung abzuhalten. Die übrigen Sitzungen dauern regelmäßig jeweils einen Tag.

§ 9 Zusammenarbeit innerhalb des EBR 66

1. Entscheidungen des EBR werden durch Beschluss gefasst. Dabei hat jedes Mitglied des EBR so viele Stimmen wie in dem Entsendungskreis, für den es entsandt wurde, Arbeitnehmer beschäftigt sind. Maßgeblich ist die Beschäftigungszahl zum Zeitpunkt der Wahl bzw. Benennung des EBR-Mitglieds.

2. Der EBR kann mindestens einen externen Sachverständigen als ständigen Berater festlegen. Dieser hat das Recht, an den Sitzungen des EBR und an Sitzungen des Präsidiums bzw. der Ausschüsse teilzunehmen. Der EBR kann für seine Arbeit weitere Sachverständige in Anspruch nehmen, soweit dies erforderlich ist.

3. Der EBR wählt einen Vorsitzenden und einen Stellvertreter. Der EBR ist berechtigt, sich eine Geschäftsordnung zu geben, in der u. a. bestimmt werden kann, dass ein Präsidium gewählt wird. Der EBR kann weitere Ausschüsse bilden.

4. Der EBR arbeitet mit allen in den Betrieben der einzelnen Länder vertretenen repräsentativen Gewerkschaften zusammen.

5. Mitglieder des EBR haben zu jedem Betrieb der Unternehmensgruppe ein Zugangsrecht. Dies gilt auch für die Sachverständigen.

§ 10 Kosten 67

1. Die zentrale Leitung der Unternehmensgruppe stattet den EBR mit den erforderlichen finanziellen und materiellen Mitteln aus, damit dieser seine Aufgaben in angemessener Weise wahrnehmen kann.

2. Die zentrale Leitung trägt insbesondere die für die Veranstaltung der Sitzungen anfallenden Kosten einschließlich der Dolmetscherkosten sowie die Aufenthalts- und Reisekosten für die Mitglieder des EBR, der Ausschüsse und der Sachverständigen.

§ 11 Maßregelungsverbot – Kündigungsschutz 68

1. Die Mitglieder des EBR dürfen bei ihrer Tätigkeit nicht behindert werden. Sie dürfen wegen ihrer Tätigkeit im EBR nicht benachteiligt oder begünstigt werden. Dies gilt auch für die berufliche Entwicklung.

2. Die Mitglieder des EBR können während ihrer Amtsperiode oder in den folgenden zwei Jahren nur gekündigt werden, wenn die nationalen Gesetze dies erlauben und der EBR zugestimmt hat.

Neef

69 § 12 Geheimhaltungspflichten

1. Die Mitglieder und Ersatzmitglieder des EBR sind verpflichtet, Geschäftsgeheimnisse, die ihnen wegen ihrer Zugehörigkeit zu diesem Gremium bekannt geworden und von der Arbeitgeberseite ausdrücklich als geheimhaltungsbedürftig bezeichnet worden sind, nicht an Dritte weiterzugeben. Dies gilt auch nach ihrem Ausscheiden aus dem EBR. Sachverständige, die der EBR hinzuzieht, sind in gleicher Weise zur Geheimhaltung verpflichtet.

2. Die Geheimhaltungspflicht gilt nicht innerhalb des EBR und nicht gegenüber betrieblichen Arbeitnehmervertretern, die nach dem im jeweiligen Land geltenden Recht selbst zur Geheimhaltung verpflichtet sind. Ebenso wenig gilt sie gegenüber Arbeitnehmervertretern im Aufsichtsrat, Einigungsstellen und Schlichtungsverfahren.

3. Die Mitglieder des EBR berichten in ihren Heimatländern über die Tätigkeit des Gremiums entsprechend den nationalen Gepflogenheiten. Sie dürfen dabei keine Geschäftsgeheimnisse preisgeben.

70 § 13 Schulungsmaßnahmen

Die Mitglieder des EBR haben einen Qualifizierungsanspruch, soweit für sie Schulungs- und Weiterbildungsmaßnahmen im Rahmen ihrer Tätigkeit erforderlich sind. Dies gilt insbesondere für folgende Bereiche: Fremdsprachen, Arbeitsrecht, BWL, für die von dieser Vereinbarung betroffenen Länder.

71 § 14 Geltung nationaler Rechte

Diese Vereinbarung berührt weder die den Arbeitnehmern und ihren Vertretern nach einzelstaatlichem Recht zustehenden Rechte auf Unterrichtung und Anhörung noch sonstige Rechte der Arbeitnehmer bzw. ihrer Vertreter.

72 § 15 Errichtung einer Schlichtungsstelle

1. Zur Schlichtung von Streitigkeiten aus der Durchführung dieser Vereinbarung wird eine paritätisch besetzte Schlichtungsstelle am Sitz der Leitung der Unternehmensgruppe gebildet.

2. Jede Seite entsendet in der Regel drei Mitglieder in die Schlichtungsstelle. Zudem einigen sich beide Seiten auf einen neutralen Vorsitzenden. Kommt eine Einigung über den Vorsitzenden nicht zustande, so entscheidet das für Arbeitsrecht zuständige Gericht am Sitz der Leitung der Unternehmensgruppe oder ein Gericht, auf das sich beide Seiten einigen.

3. Die Schlichtungsstelle verhandelt mit dem Ziel einer einvernehmlichen Einigung. Kann diese nicht erzielt werden, so entscheidet die Schlichtungsstelle durch Beschluss, wobei jedem Mitglied und dem Vorsitzenden eine Stimme zusteht.

73 § 16 Streitigkeiten

1. Für Streitigkeiten, die aus Rechten und Pflichten dieser Vereinbarung resultieren und die nicht nach § 15 gelöst werden, können die Beteiligten das Arbeitsgericht anrufen, das für die zentrale Leitung der Unternehmensgruppe zuständig ist.

2. Weicht die Unternehmensgruppe von einer Vereinbarung ab, die mit dem EBR abgeschlossen wurde, so haben die Arbeitnehmer, die dadurch wirtschaftliche Nachteile erleiden, einen Anspruch auf eine angemessene Entschädigung. Diese

richtet sich nach dem nationalen Recht bzw. den Gepflogenheiten am Sitz der zentralen Unternehmensleitung.

§ 17 Veränderung der Vereinbarung   74

Bei wesentlichen Veränderungen der Struktur der Unternehmensgruppe oder der Zahl der Einheiten werden Verhandlungen über eine entsprechende Anpassung dieser Vereinbarung aufgenommen.

§ 18 Laufzeit der Vereinbarung   75

1. Diese Vereinbarung kann mit einer Frist von sechs Monaten zum Ende eines Kalenderjahres, frühestens zum ....., gekündigt werden.

2. Im Falle der Kündigung werden zwischen EBR und der zentralen Leitung Verhandlungen mit dem ernsten Willen aufgenommen, eine neue Vereinbarung abzuschließen. Die Vereinbarung wirkt bis zum Abschluss einer neuen Vereinbarung nach.

Unterschriften

§ 41. Jugend- und Auszubildendenvertretung

Beanstandung eines Betriebsratsbeschlusses   1

Die Jugend- und Auszubildendenvertretung beantragt, den Beschluss des Betriebsrats vom ..... betreffend die Regelung der Arbeitszeit in der Ausbildungswerkstatt für die Dauer von einer Woche auszusetzen (§ 35 BetrVG).

Gründe:

Der Betriebsrat hat in seiner Sitzung vom ..... nachfolgenden Beschluss gefasst: .....

Nach § 67 Abs. 2 BetrVG waren die Mitglieder der Jugend- und Auszubildendenvertretung an der Abstimmung stimmberechtigt, da von der Arbeitszeitregelung überwiegend jugendliche Arbeitnehmer betroffen waren. Ausweislich der Sitzungsniederschrift des Betriebsrats haben von ..... Jugend- und Auszubildendenvertretern ..... gegen den Betriebsratsbeschluss gestimmt; dies ist die Mehrheit.[1]

Die Jugend- und Auszubildendenvertretung hat in der Sitzung vom ..... mit ..... Stimmen beschlossen, die Aussetzung des Betriebsratsbeschlusses zu beantragen, weil eine erhebliche Beeinträchtigung wichtiger Interessen der jugendlichen Arbeitnehmer vorliegt. Hierzu gilt im Einzelnen Folgendes: .....

---

[1] Haben die Jugend- und Auszubildendenvertreter nur ein Teilnahmerecht und kein Stimmrecht (§ 67 Abs. 1 BetrVG), so braucht zur Beanstandung nicht festgestellt werden, dass die Mehrheit der Jugend- und Auszubildendenvertretung gegen den Beschluss des Betriebsrats gestimmt hat. Überhaupt ist es zweckmäßig, dass die Jugend- und Auszubildendenvertreter etwaige Beanstandungen schon zur Sitzungsniederschrift des Betriebsrats erklären, da alsdann die Wochenfrist voll ausgenutzt werden kann.

§ 42. Schwerbehindertenvertretung

1 Beanstandung eines Betriebsratsbeschlusses

(wie § 41 unter Anwendung des § 95 SGB IX)

§ 43. Beschlüsse der Einigungsstelle

I. Einleitung des Verfahrens vor der Einigungsstelle

1 An die Geschäftsleitung der Firma .....

Betrifft: Verhandlungen über den Abschluss einer Betriebsvereinbarung ..... und Bildung einer Einigungsstelle

Sehr geehrte Damen und Herren,

der Betriebsrat hat sich wiederholt bemüht, mit der Geschäftsleitung eine Betriebsvereinbarung über ..... abzuschließen.

Sie haben bislang keine Bereitschaft gezeigt, mit dem Betriebsrat in Verhandlungen einzutreten/Nach ..... Verhandlungen

vom ..... ist der Betriebsrat zu dem Schluss gekommen, dass die innerbetrieblichen Verhandlungsmöglichkeiten erschöpft sind und eine Einigung nicht erzielt werden kann. Der Betriebsrat hat daher in der Sitzung vom ..... beschlossen:

1. Die Verhandlungen zum Abschluss einer Betriebsvereinbarung ..... sind gescheitert; .....

2. die Streitpunkte zum Abschluss einer Betriebsvereinbarung ..... sollen durch die Einigungsstelle ..... entschieden werden;

3. als Vorsitzender der Einigungsstelle schlagen wir ..... vor;

4. für die Zahl der Beisitzer schlagen wir je Partei ..... Beisitzer vor.

Äußert sich die Geschäftsleitung innerhalb einer Frist von ..... Tagen zu dem Vorschlag des Betriebsrats nicht, wird der Betriebsrat durch entspr. Anträge an das Arbeitsgericht den Vorsitzenden bestellen und die Zahl der Beisitzer festlegen lassen.

II. Verfahren der Einigungsstelle

1. Niederschrift der Einigungsstelle: Zeitpunkt einer Betriebsratsschulung

2   *Niederschrift*

über die Sitzung der Einigungsstelle bei der Firma .....
An der Sitzung haben teilgenommen:[1]

der Vorsitzende Richter am Landesarbeitsgericht ..... als Vorsitzender

Rechtsanwalt ..... Rechtssekretär .....

---

[1] Die Beteiligten können sich durch Bevollmächtigte vertreten lassen: BAG, Beschluss v. 21. 6. 1988 – 7 ABR 78/87 – AP BetrVG 1972 § 76 Nr. 34.

Personalleiter ..... Betriebsratsmitglied .....

als Beisitzende

Es wurde festgestellt, dass die Beteiligten darüber streiten, ob das Betriebsratsmitglied ..... in der Zeit vom ..... bis ..... an einer Schulungsveranstaltung nach § 37 Abs. 6 BetrVG teilnehmen kann oder ob der Teilnahme zu diesem Zeitpunkt betriebliche Interessen entgegenstehen (§ 37 Abs. 6 Satz 4 BetrVG).[2] Der Personalleiter ..... und das Betriebsratsmitglied ..... erhielten Gelegenheit zur Darlegung ihrer Standpunkte.

Zum Zwecke des Beweises wurde der Betriebsleiter ..... gehört. Im Anschluss daran wurden in getrennten Beratungen, jeweils zusammen mit dem unparteiischen Vorsitzenden, Fragen der zwischen den Betriebspartnern streitigen Angelegenheit durchgesprochen. Der Vorsitzende machte alsdann einen Einigungsvorschlag. Dieser wurde von den Beteiligten nach Beratung angenommen.[3] Die Einigung hat folgenden Wortlaut:

I. Der Beschluss des Betriebsrats über die Teilnahme des Betriebsratsmitglieds ..... an der Schulungsveranstaltung vom ..... bis ..... wird aufgehoben.

II. Das Betriebsratsmitglied ..... wird für eine nächstmögliche Schulungsveranstaltung von der Arbeit freigestellt, die denselben oder einen im Wesentlichen gleichen Inhalt wie die Schulungsveranstaltung vom ..... bis ..... hat.

III. Die Beteiligten sind sich – freiwillig vereinbarend – darüber einig, dass die Firma ..... die Kosten der Schulung gemäß § 37 Abs. 6 BetrVG übernimmt.

IV. Die Einigungsstelle entscheidet über die Auslegung des Spruches für die Betriebsparteien verbindlich.[4]

Die Einigung wurde schriftlich niedergelegt, vom Vorsitzenden unterschrieben, fotokopiert und den Beteiligten, soweit diese nicht darauf verzichteten, ausgehändigt.[5]

(Unterschrift des Vorsitzenden)

---

[2] Um genau festzulegen, worüber die Einigungsstelle entscheiden soll, ist es auch üblich, genau formulierte Anträge – wie bei der streitigen Kammerverhandlung vor dem Arbeitsgericht – zu stellen; z. B.: Der Betriebsrat beantragt, anliegenden Entwurf einer Betriebsvereinbarung mit Wirkung vom ..... in Kraft zu setzen. Der Arbeitgeber beantragt, den Antrag zurückzuweisen und nachfolgenden Entwurf einer Betriebsvereinbarung mit Wirkung vom ..... in Kraft zu setzen.

[3] Zur Abstimmung vgl. BAG, Beschluss v. 18. 4. 1989 – 1 ABR 2/88 – AP BetrVG 1972 § 87 Arbeitszeit Nr. 34. Jedenfalls in den Fällen, in denen der Spruch der Einigungsstelle die Einigung der Betriebspartner ersetzt, zählen Stimmenthaltungen von Mitgliedern der Einigungsstelle nicht als Nein-Stimmen, BAG, Beschluss v. 17. 9. 1991 – 1 ABR 23/91 – AP BetrVG 1972 § 112 Nr. 59.

[4] Vgl. BAG, Urteil v. 27. 10. 1987 – 1 AZR 80/86 – AP BetrVG 1972 § 76 Nr. 22.

[5] Zu den Kosten der Einigungsstelle vgl. § 76 a BetrVG (ArbR-Hdb. § 232 RN 40 ff.). Die in § 76 a BetrVG erwähnte VO ist bislang nicht ergangen. In der Rspr. sind unter Zugrundelegung des Rechtsgedankens des billigen Ermessens, des erforderlichen Zeitaufwands, des Schwierigkeitsgrads der Streitigkeit und der Höhe des Verdienstausfalls sowohl für den Vorsitzenden als auch für die Beisitzer Vergütungsmaßstäbe festgelegt worden (für den Vorsitzenden: BAG, Beschluss v. 28. 8. 1996 – 7 ABR 42/95 – AP BetrVG 1972 § 76 a Nr. 7; für Beisitzer: BAG, Beschluss v. 14. 2. 1996 – 7 ABR 24/95 – AP BetrVG 1972 § 76 a Nr. 6).

2. Ablehnung des Vorsitzenden wegen Besorgnis der Befangenheit[6]

3 Firma .....

Geschäftsführer/Vorstand

An die

Einigungsstelle .....

Hiermit lehnen wir den Vorsitzenden der Einigungsstelle wegen Besorgnis der Befangenheit ab und bitten die Einigungsstelle um Entscheidung.[7]

Gründe:

Die am ..... eingerichtete Einigungsstelle verhandelt über einen Sozialplan der Firma ..... Als Einigungsstellenvorsitzender wurde Herr ..... bestellt. Nunmehr hat sich herausgestellt, dass sich Herr ..... bereits vor Beginn der Verhandlungen mit der anderen Partei verständigt hat, wie die Sache entschieden werden soll.

Beweis: Zeugnis .....

Es fehlt daher an der erforderlichen Unparteilichkeit des Vorsitzenden.[8]

III. Sprüche der Einigungsstelle: Streitigkeit über Einführung der Leistungsentlohnung[9]

1. Spruch der Einigungsstelle nach § 87 Abs. 1 Nr. 10 BetrVG

4 Die Einigungsstelle bei der Firma .....

bestehend aus ..... als Vorsitzendem und den Mitgliedern ..... hat in der Sitzung vom ..... mit den Stimmen des Vorsitzenden und der Vertreter ..... (Stimmenverhältnis: .....) nachfolgenden Spruch gefällt:

a) Die Beteiligten sind sich darüber einig, dass für Arbeitsvorgang ..... die Arbeitsvergütung im Leistungslohn berechnet wird.

b) Der Leistungsentlohnung soll ein Zeitakkordsystem verbunden mit einer Güteprämie zugrunde gelegt werden.

c) Die Zeitvorgabe wird nach arbeitswissenschaftlichen Methoden entwickelt. Es wird das Refa-System (o. Bedaux-System) angewandt.[10]

Gründe:[11]

.....

---

[6] Vgl. BAG, Beschluss v. 11. 9. 2001 – 1 ABR 5/01 – AP BetrVG 1972 § 76 Einigungsstelle Nr. 15; BAG, Beschluss v. 9. 5. 1995 – 1 ABR 96/94 – AP BetrVG 1972 § 76 Einigungsstelle Nr. 2. In entsprechender Weise sind demnach die §§ 1032 Abs. 1 i. V. m. 42 Abs. 1 Satz 2 ZPO anzuwenden.

[7] Über das Gesuch entscheidet zunächst die Einigungsstelle selbst, und zwar ohne den abgelehnten Vorsitzenden. Kommt es hierbei zu keiner Entscheidung, findet § 98 ArbGG analog Anwendung, d. h., das Arbeitsgericht entscheidet; vgl. *Bauer/Diller,* Der Befangenheitsantrag gegen den Einigungsstellenvorsitzenden, DB 1996, 137 ff. (140).

[8] Vgl. *Friedemann,* Das Verfahren der Einigungsstelle bei Interessenausgleich und Sozialplan, 1997, Kapitel X.

[9] Im Allgemeinen streiten die Betriebspartner nur über einzelne Punkte einer abzuschließenden Betriebsvereinbarung. Hier werden daher nur Beispiele zu Sprüchen für Teilprobleme gegeben. Wegen vollständiger Muster vgl. § 51. Nach BAG, Beschluss v. 15. 5. 2001 – 1 ABR 39/00 – AP BetrVG 1972 § 87 Prämie Nr. 17, kann die Einigungsstelle Mitbestimmungsrechte des Betriebsrats nicht ohne dessen Zustimmung erweitern.

[10] Vgl. *Richardi,* BetrVG, 8. Aufl., 2001, § 87 RN 761 u. 814 ff.

[11] Vgl. BAG, Beschluss v. 30. 10. 1979 – 1 ABR 112/77 – AP BetrVG 1972 § 112 Nr. 9. Das Fehlen einer Begründung führt nicht zur Unwirksamkeit.

2. Streitigkeit über die Richtigkeit der Zeitvorgabe

Die Einigungsstelle bei der Firma   5
bestehend aus ..... als Vorsitzendem und den Mitgliedern ..... hat in der Sitzung
vom ..... nachfolgende Einigung erzielt:

1. a) Die Beteiligten sind sich darüber einig, dass in der Abteilung ..... bei dem
   Werkstück ..... Kontrollaufnahmen für die Zeitvorgabe erfolgen.
   b) Die Beteiligten sind sich weiter darüber einig, dass die Kontrollaufnahmen
   durch die Abteilung Arbeitsvorbereitung der Firma/einen Sachverständigen
   der ..... erfolgt.
   c) Die Zeitaufnahme soll bei dem ..... erfolgen.
2. Die Beteiligten sind sich darüber einig, dass für die Hauptzeit ..... bei dem
   Werkstück ..... ein Zeitzuschlag nicht gewährt wird.
3. Über etwaige Auslegungsstreitigkeiten dieses Spruches entscheidet die Einigungsstelle für die Betriebsparteien verbindlich.
4. Wegen der übrigen Streitpunkte vertagt sich die Einigungsstelle auf den .....

Unterschriften

3. Spruch zur Festlegung der Bezugsgrößen (Mengenprämie) und des Geldfaktors bei einer Prämie

Die Einigungsstelle bei der Fa. usw. *(wie Muster 1 oder 2)* hat beschlossen: 6
a) Die Bezugsgröße für die Prämienausgangsleistung wird auf ..... festgelegt.
(Prämienuntergrenze)
b) Die Bezugsgröße für die Prämienobergrenze wird auf ..... festgelegt.
c) 1. Der Geldfaktor für den Prämienansatz wird auf ..... festgelegt.
   2. Der Prämienansatz kann bei Tariflohnerhöhungen entsprechend den jeweiligen wirtschaftlichen und betrieblichen Gegebenheiten in beiderseitigem Einvernehmen geändert werden.

IV. Sprüche zur wirtschaftlichen Mitbestimmung

Regelmäßig wird der gesamte Interessenausgleich und Sozialplan von der Einigungsstelle 7
formuliert. Vgl. daher die verschiedenen Systeme unter § 56.

V. Einstellung des Einigungsstellenverfahrens

In dem Einigungsstellenverfahren   8
zwischen
dem Betriebsrat der Fa. .....

und

der Fa. .....
hat die Einigungsstelle in der Sitzung vom .....
an der teilgenommen haben
..... als Vorsitzender und

Neef

..... seitens des Betriebsrats sowie

..... seitens des Arbeitgebers

beschlossen:

I.   Wegen der Arbeitnehmer, die ab ..... außerhalb von Stilllegungen in den Abteilungen ..... aus betriebsbedingten Gründen gekündigt worden sind oder werden, besteht kein Mitwirkungs- oder Mitbestimmungsrecht nach §§ 112, 113 BetrVG.

II. Die Einigungsstelle ist zur Aufstellung eines Sozialplanes nicht zuständig.

III. Unter Zurückweisung des Antrags des Betriebsrats wird das Einigungsstellenverfahren eingestellt.

§ 44. Muster zur sozialen Mitbestimmung (Arbeitsordnung)

Aktuelle Muster finden sich vor allem bei *Dachrodt/Engelbert,* Praktiker-Kommentar zum Betriebsverfasungsrecht, 2002.

I. Vollständiger Wortlaut

1 Zwischen der Firma .....

und

dem Gesamtbetriebsrat der Firma

wird für die Mitarbeiter der Betriebe ..... folgende Arbeitsordnung vereinbart.

Abschnitt I. Allgemeine Vorschriften

2 **§ 1 Geltungsbereich**

I. Die Arbeitsordnung gilt für alle Arbeitnehmer i.S. des BetrVG, die vom Unternehmen beschäftigt werden. Auf auswärtigen Stellen der Betriebe findet sie Anwendung, soweit für diese nichts Besonderes bestimmt ist.

II. Die Arbeitsordnung gilt nicht, soweit ihr zwingende gesetzliche Bestimmungen und die für den Betrieb geltenden Tarifverträge entgegenstehen. Vereinbarungen des Arbeitgebers mit einzelnen Mitarbeitern haben den Vorrang vor der Arbeitsordnung, soweit diese für den Mitarbeiter günstiger sind.

3 **§ 2 Aushändigung**

Ein Abdruck der Arbeitsordnung wird jedem Mitarbeiter ausgehändigt. Der Abdruck bleibt Eigentum des Unternehmens und ist beim Ausscheiden zurückzugeben. Aushändigung und Kenntnisnahme der Arbeitsordnung sind schriftlich zu bestätigen. Die Arbeitsordnung kann ferner im Büro der Personalstelle und beim Betriebsrat eingesehen werden.

Abschnitt II. Begründung des Arbeitsverhältnisses

4 **§ 3 Form und Inhalt des Arbeitsvertrages**

I. Die Einstellung erfolgt nach den gesetzlichen und tariflichen Vorschriften auf Grund eines Arbeitsvertrages.

II. In den Arbeitsvertrag sind mindestens aufzunehmen:

1. der Name und die Anschrift der Vertragsparteien;

2. der Zeitpunkt des Beginns des Arbeitsverhältnisses;

3. bei befristeten Arbeitsverhältnissen die vorhersehbare Dauer des Arbeitsverhältnisses;

4. der Arbeitsort oder, falls der Arbeitnehmer nicht nur an einem bestimmten Arbeitsort tätig sein soll, ein Hinweis darauf, dass der Arbeitnehmer an verschiedenen Orten beschäftigt werden kann;

5. die kurze Charakterisierung oder Beschreibung der vom Arbeitnehmer zu leistenden Tätigkeit;

6. die Zusammensetzung und die Höhe des Arbeitsentgelts einschließlich der Zuschläge, der Zulagen, Prämien und Sonderzahlungen sowie anderer Bestandteile des Arbeitsentgelts und deren Fälligkeit;

7. die vereinbarte Arbeitszeit;

8. die Dauer des jährlichen Erholungsurlaubs;

9. die Fristen für die Kündigung des Arbeitsverhältnisses;

10. ein in allgemeiner Form gehaltener Hinweis auf die Tarifverträge, Betriebs- und Dienstvereinbarungen, die auf das Arbeitsverhältnis anzuwenden sind.

III. Die Einstellung unterliegt der Mitwirkung des Betriebsrats. Wer berechtigt ist, Sonderrechte geltend zu machen (z.B. schwerbehinderte Menschen, werdende oder stillende Mütter), hat bei seiner Einstellung hierauf unaufgefordert hinzuweisen.[1]

IV. Das Arbeitsverhältnis dauert unbestimmte Zeit, höchstens jedoch bis zur Erreichung des 65. Lebensjahres.[2]

V. Bei Lohnempfängern gelten die ersten 4 Wochen, bei Gehaltsempfängern die ersten 3 Monate des Arbeitsverhältnisses als Probezeit, es sei denn, dass in einem für den Betrieb geltenden Tarifvertrag etwas anderes bestimmt ist. Während der Probezeit kann das Arbeitsverhältnis mit der im Tarif- oder Arbeitsvertrag vorgesehenen verkürzten Frist gekündigt werden.

VI. Erfolgt die Einstellung nur für einen vorübergehenden Zweck, etwa zur Aushilfe, so bedarf der dem Arbeitsverhältnis zugrunde liegende Arbeitsvertrag der Schriftform unter Angabe des Zweckes, für den die Einstellung erfolgt.

§ 4 Betriebskrankasse 5

Alle krankenversicherungspflichtigen Arbeitnehmer werden Mitglied der Betriebskrankenkasse. Dies gilt nicht, wenn der Arbeitnehmer Mitglied einer öffentlich-rechtlichen Kranken- oder Ersatzkasse ist oder der Bundesknappschaft angehört.

§ 5 Unterweisungen 6

Spätestens bei Arbeitsaufnahme wird der neue Arbeitnehmer belehrt über:[3]

1. die Art seiner Tätigkeit und seine Einordnung in den Arbeitsablauf des Betriebes;

---

[1] Es ist zweifelhaft, ob die Rechtsprechung die Vorschrift wegen Diskriminierung besonderer Arbeitnehmergruppen für unwirksam hält.
[2] Vgl. ArbR-Hdb. § 39. Es war umstr., ob § 41 Abs. 4 SGB VI auch auf Betriebsvereinbarungen anzuwenden ist. Das BAG hat dies für die alte Fassung bejaht. Inzwischen ist § 41 Abs. 4 SGB VI geändert.
[3] Vgl. § 81 BetrVG, § 9 ArbSchG; dazu § 9 RN 1 ff.

2. über die Unfall- und Gesundheitsgefahren, denen er bei der Arbeit ausgesetzt ist; Entsprechendes gilt bei Veränderungen im Arbeitsbereich des Mitarbeiters;

3. über die Maßnahmen und Einrichtungen zur Abwendung der Unfall- und Gesundheitsgefahren;

4. über Maßnahmen des Umweltschutzes;

5. .....

Abschnitt III. Rechte und Pflichten aus dem Arbeitsverhältnis

7 **§ 6 Rechtsgrundlagen**

Rechte und Pflichten der Arbeitsvertragsparteien ergeben sich aus dem Gesetz, Tarifverträgen und den für den Betrieb geltenden Betriebsvereinbarungen einschließlich dieser Arbeitsordnung sowie dem Arbeitsvertrag.

1. Untertitel. Pflichten des Arbeitnehmers

8 **§ 7 Mitteilung der persönlichen Verhältnisse**

I. Der Arbeitnehmer ist verpflichtet, jede Änderung seiner persönlichen oder familiären Verhältnisse unmittelbar der zuständigen Personalstelle zu melden und durch entsprechende Bescheinigungen nachzuweisen. Hierzu gehören insbesondere:

1. jeder Wohnungs- oder Anschriftenwechsel. Wird der Wohnungswechsel nicht mitgeteilt, so gelten Erklärungen und Mitteilungen des Werkes an die letzte angegebene Anschrift auch dann als zugegangen, wenn sie zurückkommen;[4]

2. Erwerb und Verlust von Sozialrechten, z.B. der Schutz nach dem Sozialgesetzbuch IX für schwerbehinderte Menschen, Bergmannsversorgungsschein-, Mutterschutz- oder Bundeserziehungsgeldgesetz;

3. Zuerkennung oder Verlust von Berufs- oder Erwerbsunfähigkeitsrenten/Renten wegen verminderter Erwerbsfähigkeit;

4. Eheschließungen, Scheidung oder Todesfall des Ehegatten;

5. Geburts- oder Sterbefälle von unterhaltsberechtigten Personen.

Die Personalstelle hat die Vorlage von Bescheinigungen zu bestätigen.

II. Der Arbeitnehmer soll die zuständige Personalstelle von erfolgreich abgelegten Prüfungen sowie Ausbildungs- und Weiterbildungsmaßnahmen unter Vorlage der Zeugnisse informieren. Die Personalstelle hat die Vorlage zu bestätigen. Bis zur Vorlage einer entsprechenden Urkunde kann sich der Arbeitnehmer der Firma gegenüber nicht auf die Ablegung der Prüfungen berufen.

III. Der Arbeitnehmer ist gehalten, der zuständigen Personalstelle unverzüglich, längstens binnen 3 Tagen mitzuteilen, wenn er in die Wehrstammrolle eingetragen worden ist und seine Einberufung zum Grundwehrdienst bevorsteht.

IV. Der Arbeitnehmer ist berechtigt, während der Bürostunden ohne Angabe von Gründen in seine Personalakte Einsicht zu nehmen.[5] Er darf sich Notizen und Abschriften fertigen. Ein Anspruch auf Aushändigung der Personalakte, der Erteilung von Abschriften oder Fotokopien der Personalakte oder von ihren Teilen be-

---

[4] Gegen die Wirksamkeit bestehen Bedenken: BAG, Urteil v. 13. 10. 1976 – 5 AZR 638/75 – AP BGB § 130 Nr. 9.

[5] BAG, Urteil v. 17. 3. 1970 – 5 AZR 263/69 – AP BGB § 611 Fürsorgepflicht Nr. 78.

steht nicht.[6] Erklärungen zum Inhalt der Personalakte sind ihr auf Verlangen beizufügen.[7] Zur Einsichtnahme kann der Arbeitnehmer ein Mitglied des Betriebsrats
hinzuziehen. Das Mitglied des Betriebsrats hat über den Inhalt der Personalakten
Stillschweigen zu bewahren, soweit es vom Arbeitnehmer im Einzelfall nicht von
dieser Verpflichtung entbunden wird.

§ 8 Arbeitsleistung 9

I. Der Arbeitnehmer ist verpflichtet,

1. die ihm übertragenen Aufgaben nach bestem Können zu erfüllen, sowie den Anordnungen der Vorgesetzten und der mit Dienstordnungsaufgaben betrauten Personen Folge zu leisten;

2. für einen vorübergehenden Zeitraum auch andere zumutbare Aufgaben zu übernehmen als diejenigen, für die er eingestellt ist;

3. auf die Aufrechterhaltung der allgemeinen Ordnung und Sicherheit bedacht zu
sein;

4. alles zu unterlassen, was den Betriebsablauf, die Betriebssicherheit und den Ar-
beitsfrieden stört oder was der Firma und ihrem Ansehen innerhalb oder außerhalb des Betriebes schaden könnte.

II. Der Arbeitnehmer ist ferner verpflichtet, bei Verdacht ansteckender Krankheit die Firma zu unterrichten und sich auf Verlangen untersuchen zu lassen. Die
Untersuchungen werden durch den Werksarzt ausgeführt. Der Werksarzt sowie die
Betriebskrankenkasse werden wegen des Ergebnisses der Untersuchung von der
ärztlichen Schweigepflicht entbunden.

III. Der Arbeitnehmer ist verpflichtet,

1. geschäftliche und betriebliche Angelegenheiten vertraulich zu behandeln. Ge-
schäfts- und Betriebsgeheimnisse, die im Zusammenhang mit dem Arbeitsverhältnis zur Kenntnis des Arbeitnehmers gelangt sind, sind auch nach Beendigung
des Arbeitsverhältnisses geheim zu halten;[8]

2. vor etwaigen Veröffentlichungen die vorherige Zustimmung der Firma einzuholen. Dies gilt nicht, wenn die Interessen der Firma nicht berührt werden können;

3. die Firma unverzüglich zu unterrichten, wenn ihm im Zusammenhang mit dem
Arbeitsverhältnis Geschenke oder sonstige Vorteile angeboten werden. Die Annahme dieser Leistungen bedarf der vorherigen Zustimmung der Firma. Dies gilt
nicht bei gebräuchlichen Gelegenheitsgeschenken wie Taschenkalendern u. dgl.;

4. von der Aufnahme einer Nebenbeschäftigung die Firma zu unterrichten. Das
gleiche gilt für die Übernahme oder Beteiligung an einem gewerblichen Unternehmen.

IV. Die Zustimmung zur Ausübung einer Nebenbeschäftigung wird erteilt, wenn
die Gesamtarbeitszeit die gesetzlich zulässige Höchstarbeitszeit nicht übersteigt, die

---

[6] Darf ein Arbeitnehmer die Personalakte abschreiben, hat er auch Anspruch auf eine Fotokopie
(LAG Niedersachsen, Urteil v. 31. 3. 1981 – 2 Sa 79/80 – DB 1981, 1623).

[7] Vgl. § 83 BetrVG; dazu unten § 55 RN 84.

[8] BAG, Urteil v. 16. 3. 1982 – 3 AZR 83/79 – AP BGB § 611 Betriebsgeheimnis Nr. 1; BAG, Urteil v. 15. 12. 1987 – 3 AZR 474/86 – AP BGB § 611 Betriebsgeheimnis Nr. 5. Das BVerfG hat die
Verfassungsbeschwerde nicht zur Entscheidung angenommen (BVerfG, Beschlüsse v. 10. 10. 1989 –
1 BvR 663/88, 1 BvR 838/88, 1 BvR 776/88, 1 BvR 1549/88 – AP BGB § 611 Betriebsgeheimnis
Nrn. 5 a–d). Vgl. weiter BAG, Urteil v. 25. 4. 1989 – 3 AZR 35/88 – AP BGB § 611 Betriebsgeheimnis Nr. 7.

Nebenbeschäftigung die vertraglich geschuldeten Leistungen nicht beeinträchtigt und nicht für ein Konkurrenzunternehmen ausgeübt wird. Vorstehende Regelung gilt entsprechend für die Übernahme oder Beteiligung an einem anderen gewerblichen Unternehmen.

V. Ohne Erlaubnis der Firma ist es untersagt,

1. Betriebseinrichtungen, Arbeitsgeräte, Modelle, Muster und sämtliche Geschäftspapiere nach- oder abzubilden, aus den Geschäftsräumen zu entfernen oder Dritten zu übergeben. Dasselbe gilt für dienstlich gefertigte Aufzeichnungen oder Notizen;

2. Berichte über Vorgänge im Betrieb an außerbetriebliche Stellen zu geben, es sei denn, dass dies zur Wahrnehmung von Rechten bei den hierfür zuständigen Stellen notwendig ist;

3. Privatbesuche von betriebsfremden Personen außer in dringenden Fällen während oder außerhalb der Arbeitszeit im Betrieb zu empfangen.

10 § 9 Vorgesetzte

I. Vorgesetzte und ihnen unterstellte Mitarbeiter haben sachlich miteinander zu verhandeln. Sie haben alles zu vermeiden, was den Betriebsfrieden stören kann.

II. Alle Arbeitnehmer, die sich benachteiligt, ungerecht behandelt oder in der Ausübung ihrer Tätigkeit behindert fühlen, haben das Recht, mündlich oder schriftlich sich bei der Unternehmensleitung zu beschweren.[9] Hierbei soll tunlichst der Dienstweg eingehalten werden. Sie können ein Mitglied des Betriebsrats zur Unterstützung oder Vermittlung hinzuziehen. Alle Beschäftigten haben das Recht sich bei den Zuständigen des Betriebes oder der Dienststelle zu beschweren, wenn sie sich vom Arbeitgeber, von Vorgesetzten, von anderen Beschäftigten oder von Dritten am Arbeitsplatz sexuell belästigt im Sinne von § 2 BeschSchG fühlen.

III. Die Beschwerde an den Betriebsrat bleibt hiervon unberührt. Der Betriebsrat hat die Möglichkeit, den Beschwerdefall bei der Unternehmensleitung vorzutragen.

IV. Die Beschwerde ist innerhalb einer Woche nach Beschwerdeanlass mündlich oder schriftlich zu erheben.

V. Der Vorgesetzte und der Betriebsrat sind verpflichtet, Beschwerden unverzüglich zu überprüfen, dazu Stellung zu nehmen und bei berechtigter Beschwerde für Abhilfe zu sorgen. Dem Beschwerdegegner ist Gelegenheit zur Anhörung zu geben. Der Arbeitnehmer ist über die Behandlung der Beschwerde zu bescheiden. Ist die Beschwerde über den Betriebsrat eingelegt, so ist auch dieser zu unterrichten.

VI. Kommt es zwischen Unternehmensleitung und Betriebsrat bei der Behandlung von Beschwerden, die über den Betriebsrat eingelegt sind, zu Meinungsverschiedenheiten, so gelten die gesetzlichen Vorschriften (§ 85 Abs. 2 BetrVG).[10]

VII. Aus der Ausübung des Beschwerderechts werden dem Arbeitnehmer Nachteile nicht erwachsen. Dieser darf jedoch einen dienstlichen Auftrag nicht ablehnen, nur weil er sich beschwert hat oder beschweren will.

---

[9] Vgl. § 84 BetrVG; dazu ArbR-Hdb. § 234 RN 15 ff. Vgl. § 3 BeschSchG; dazu ArbR-Hdb. § 166 RN 35 ff.

[10] Die Einigungsstelle kann über die Berechtigung der Beschwerde eines Arbeitnehmers nicht wirksam entscheiden, wenn mit der Beschwerde ein Rechtsanspruch geltend gemacht wird (BAG, Beschluss v. 28. 6. 1984 – 6 ABR 5/83 – AP BetrVG 1972 § 85 Nr. 1).

§ 10 Arbeitsverhinderung 11

I. Ist der Arbeitnehmer durch unvorhergesehene Gründe verhindert, seinen Dienst auszuführen, so hat er dies unverzüglich unter Angabe der Gründe und der voraussichtlichen Dauer der Verhinderung der zuständigen Personalstelle mitzuteilen. Im Allgemeinen wird die Verhinderung am 1. Fehltag bis 11.00 Uhr vormittags mitzuteilen sein.

II. Beruht die Dienstverhinderung auf einer Erkrankung oder einem Unfall, so ist die Arbeitsunfähigkeit spätestens bis zum 3. Arbeitstag durch Vorlage einer ärztlichen Bescheinigung nachzuweisen. Dauert die Arbeitsunfähigkeit länger als in der 1. Bescheinigung angegeben, so ist der Arbeitnehmer verpflichtet, unverzüglich eine neue Bescheinigung vorzulegen.

III. Erfüllt der Arbeitnehmer seine Mitteilungs- und Nachweisungspflicht nicht, so gilt das Fehlen als unentschuldigt, es sei denn, dass der Arbeitnehmer nachweist, dass er dieser Verpflichtung aus Gründen nicht nachkommen konnte, die er nicht zu vertreten hat.

IV. Der Arbeitnehmer soll den nächsten Vorgesetzten/der Personalstelle nach längerer Arbeitsversäumnis rechtzeitig, spätestens am Vortage, den Zeitpunkt der Wiederaufnahme der Arbeit mitteilen.

§ 11 Kur und Heilverfahren 12

I. Beantragt ein Arbeitnehmer ein Heil- oder Kurverfahren bei einem Träger der Sozialversicherung, einer Verwaltungsbehörde der Kriegsopferversorgung oder einem sonstigen Sozialleistungsträger, so ist das Unternehmen von der Antragsstellung wie auch von der Entscheidung der Stelle jeweils unverzüglich zu unterrichten. Die Einladung zur Kur ist dem Unternehmen unter Vorlage der Bescheinigung des Versicherungsträgers oder der sonst zuständigen Stelle unverzüglich mitzuteilen.

II. Vorbeugungs-, Heil- oder Genesungskuren, deren Kosten einer der in Abs. I genannten Sozialleistungsträger übernimmt, werden nicht auf den Erholungsurlaub angerechnet, soweit der Anspruch auf Entgeltfortzahlung noch nicht erschöpft ist.

III. Eine im Anschluss an die Kur oder das Heilverfahren ärztlich verordnete Schonungszeit wird auf den Erholungsurlaub nicht angerechnet, soweit ein gesetzlicher oder tariflicher Anspruch auf Fortzahlung des Arbeitsentgelts besteht. Der Arbeitnehmer ist verpflichtet, unverzüglich die Personalstelle über die Verordnung der Schonungszeit unter Vorlage der ärztlichen Bescheinigung zu unterrichten.[11]

§ 12 Urlaub 13

I. Die Dauer des Erholungsurlaubs bestimmt sich nach dem Gesetz oder den für den Betrieb geltenden Tarifverträgen, soweit im Einzelfall keine für den Arbeitnehmer günstigere Regelung getroffen ist.

II. Für jede Betriebsabteilung wird im Einvernehmen mit dem Betriebsrat ein Urlaubsplan aufgestellt, in den Beginn und Dauer des Urlaubs der Arbeitnehmer eingetragen werden. Berechtigte Wünsche der Arbeitnehmer werden bei rechtzeitiger Anmeldung berücksichtigt. Sobald der Urlaubsplan beschlossen ist, gilt der Urlaub als genehmigt. Aus dringenden betrieblichen Gründen kann das Unterneh-

---

[11] Die Regelung ist notfalls an die Regelung in §§ 5, 9 EFZG anzupassen.

men von dem Urlaubsplan abweichen. Es hat alsdann die dem Arbeitnehmer erwachsenden Kosten zu übernehmen.

III. Das Unternehmen kann im Einvernehmen mit dem Betriebsrat für den Betrieb oder einzelne Betriebsabteilungen Betriebsferien einrichten. In diesem Falle hat der Arbeitnehmer seinen Urlaub während der Betriebsferien zu nehmen.

14 § 13 Unbezahlter Urlaub und Schichttausch

I. Unbezahlter Urlaub ist unter Darlegung der Gründe am Tage vorher zu beantragen.

II. Der Austausch von Schichten mit einem Arbeitskollegen oder die Bestellung eines Ersatzmannes für eine Schicht ist unzulässig, es sei denn, dass dies durch den Vorgesetzten vorher gestattet worden ist.

2. Untertitel. Das Arbeitsentgelt

15 § 14 Eingruppierung

I. Die Arbeitnehmer werden unter Mitwirkung des Betriebsrats entsprechend dem ..... Tarifvertrag in die Lohngruppen und Gehaltsgruppen eingereiht, sofern im Einzelfall für außertarifliche Angestellte nichts anderes vereinbart ist.

II. Die Mitarbeiter sind verpflichtet, die Arbeit nach Anweisung der Firma ..... in Zeit- oder Leistungsvergütung zu verrichten. Die Entlohnung in der Leistungsvergütung richtet sich nach den hierüber abgeschlossenen Betriebsvereinbarungen.

III. Bezahlt wird nur die Zeit, während der der Mitarbeiter gearbeitet hat, es sei denn, dass gesetzlich oder tariflich etwas anderes bestimmt ist.

IV. Die Vereinbarung der Anrechnung übertariflicher Zulagen mit tariflich vereinbarten Lohn- oder Gehaltserhöhungen ist zulässig. Die Anrechnung ist dem Arbeitnehmer schriftlich mitzuteilen.

V. Für die Berechnung der Arbeitsstunden bei Lohnempfängern sind die Schichtenblätter bzw. Akkordscheine maßgebend.

16 § 15 Abrechnung

I. Löhne und Gehälter werden nach jedem Kalendermonat abgerechnet. (*U. U.*: Auf den verdienten Lohn wird eine Abschlagszahlung geleistet; die Abschlagszahlungen erfolgen am ..... für die jeweils vorausgegangene Dekade).

II. Der Arbeitsverdienst sowie die einzelnen Abrechnungen werden durch Lohn- bzw. Gehaltsabrechnungen nachgewiesen. Die Abrechnungen werden so übermittelt, dass Dritte keine Einsicht nehmen können.

III. Der Arbeitnehmer kann verlangen, dass ihm die Berechnung und Zusammensetzung seines Arbeitsentgeltes erläutert wird.[12]

17 § 16 Bargeldlose Lohnzahlung

I. Die Lohn- und Gehaltszahlung erfolgt bargeldlos. Die Zahlung erfolgt bei Lohnempfängern spätestens bis zum 10. des Folgemonats, bei Gehaltsempfängern mit festem Einkommen bis zum letzten Werktag vor dem Monatsletzten.

---

[12] Vgl. ArbR-Hdb. § 234 RN 11.

II. Benennt der Mitarbeiter bis 2 Wochen vor dem Auszahlungstag kein Konto, so ist die Firma berechtigt, auf seine Kosten ein Konto einzurichten.

III. Das Unternehmen übernimmt die Kontoführungsgebühren bis zu ..... €.[13]

oder

I. Die Auszahlung erfolgt in bar während der Arbeitszeit oder der Pausen. Lohn- und Gehaltszahlungen hat der Mitarbeiter persönlich gegen Quittung in Empfang zu nehmen.

II. Soll aus berechtigtem Grund, insbesondere im Falle der Erkrankung, an Beauftragte gezahlt werden, so haben diese sich durch eine schriftliche Vollmacht auszuweisen. Bei Zweifeln an der Empfangsberechtigung kann die Zahlung an den Beauftragten verweigert werden. Die Firma kommt bei Weigerung der Auszahlung an Dritte nicht in Verzug.

III. Aus berechtigtem Grunde kann die Übersendung der Vergütung beantragt werden. Die Übersendung erfolgt auf Gefahr und Kosten des Mitarbeiters.

§ 17 Beanstandung der Abrechnung 18

I. Beanstandungen der Lohn- und Gehaltsabrechnungen sind innerhalb der tariflichen Verfallfristen anzubringen. Sie sind zunächst im Betriebs-/Abteilungsbüro anzubringen. Können sie dort nicht erledigt werden, so erfolgt eine Klärung durch die zuständige Personalstelle.

II. Differenzbeträge werden bei der nächsten Lohn- oder Gehaltszahlung überwiesen. Übersteigt der Differenzbetrag 20,– €, so wird er auf Wunsch bar ausgezahlt.

III. Überzahlungen hat der Arbeitnehmer zurück zu zahlen. Bei größeren Überzahlungen werden dem Arbeitnehmer angemessene Ratenzahlungen bewilligt, es sei denn, dass dieser offensichtlich erkennen konnte, dass die Lohnabrechnung fehlerhaft erfolgt ist.

---

[13] Der Betriebsrat hat nach § 87 Abs. 1 Nr. 4 BetrVG ein erzwingbares Mitbestimmungsrecht über die Zeit, Ort und Art der Auszahlung des Arbeitsentgeltes. Unter dem Begriff der Art der Auszahlung werden die Modalitäten der Auszahlung verstanden. Nach h. M. gehört zur Art der Auszahlung nicht, in welcher Währung das Entgelt gezahlt wird. Allerdings wird dies bislang lediglich bei der Entsendung von Arbeitnehmern ins Ausland untersucht. Dagegen nimmt eine Mindermeinung an, dass die Denominierung der Währung ebenfalls erfasst wird. Das BAG hat angenommen, dass sich das Mitbestimmungsrecht auf die Tragung von Kontoführungsgebühren bezieht, soweit derartige Gebühren zwangsläufig im Zusammenhang mit der bargeldlosen Auszahlung des Arbeitsentgeltes entstehen (BAG, Beschluss v. 5. 3. 1991 – 1 ABR 41/90 – AP BetrVG 1972 § 87 Auszahlung Nr. 11; BAG, Beschluss v. 24. 11. 1987 – 1 ABR 25/86 – AP BetrVG 1972 § 87 Auszahlung Nr. 6). Eine Erstattungspflicht besteht nur für Gebühren, soweit diese zwangsläufig und für den Arbeitnehmer unvermeidbar gerade durch die Überweisung des Arbeitsentgeltes erwachsen, also eine Gebühr für die Errichtung und/oder Fortgeltung eines Kontos. Dagegen fallen die weiteren Gebühren in die private Lebensführung des Arbeitnehmers. Aus der Rechtsprechung folgt, dass solche Überweisungskosten, die mit dem Zahlungszugang nicht im Zusammenhang stehen, nicht erstattungspflichtig sind. Dies werden z. B. alle Kosten sein, die mit der Umstellung auf ein Euro-Konto verbunden sind. BAG, Beschluss v. 8. 3. 1977 – 1 ABR 33/75 – AP BetrVG 1972 § 87 Auszahlung Nr. 1; BAG, Beschluss v. 31. 8. 1982 – 1 ABR 8/81 – AP BetrVG 1972 § 87 Auszahlung Nr. 2; BAG, Beschluss v. 24. 11. 1987 – 1 ABR 25/86 – AP BetrVG 1972 § 87 Auszahlung Nr. 6; dazu BVerfG, Beschluss v. 18. 10. 1987 – 1 BvR 1426/83 – AP BetrVG 1972 § 87 Auszahlung Nr. 7. Der Spruch der Einigungsstelle, der den Arbeitgeber verpflichtet, an jeden Arbeitnehmer 3,50 DM zum Ausgleich der bargeldlosen Lohnzahlung zu leisten, überschreitet nicht die Grenzen billigen Ermessens (BAG, Beschluss v. 5. 3. 1991 – 1 ABR 41/90 – AP BetrVG 1972 § 87 Nr. 11).

19 **§ 18 Abtretung und Verpfändung**

I. Die Abtretung oder Verpfändung von Lohnansprüchen ist unwirksam.[14]

II. Bei Lohn- oder Gehaltspfändungen erhält der Arbeitnehmer mindestens den pfändungsfreien Betrag überwiesen. Wird das Lohn- oder Gehaltskonto des Arbeitnehmers gepfändet und wird hierbei auch der pfändungsfreie Betrag des Lohnes oder des Gehaltes erfasst, so wird auf Verlangen des Arbeitnehmers der pfändungsfreie Teil bar ausgezahlt.

III. Die Firma ist berechtigt, für die Bearbeitung einer jeden Lohnpfändung ..... € und für jede Überweisung ..... € einzubehalten.

20 **§ 19 Abtretung von Schadensersatzansprüchen**

I. Der Arbeitnehmer ist bei Verletzung von Körper, Gesundheit oder Eigentum verpflichtet, seine Schadensersatzansprüche in dem Umfang an die Firma abzutreten, wie diese ihm Lohn- oder Gehaltsfortzahlung oder sonstige Leistungen gewährt.[15]

II. Der Mitarbeiter ist verpflichtet, unverzüglich den Schadensfall der Firma zu melden und genaue Angaben über die Person des Schädigers und den Hergang des Schadensfalles zu machen. Er hat die Firma nach besten Kräften bei der Verfolgung von Schadensersatzansprüchen zu unterstützen.

21 **§ 20 Vorläufige Abrechnung bei Beendigung des Arbeitsverhältnisses**

Endet das Arbeitsverhältnis, so erhält der Arbeitnehmer einen angemessenen Vorschuss, soweit eine Endabrechnung noch nicht erfolgen kann.

Abschnitt IV. Die Arbeitszeit

22 **§ 21 Dauer der Arbeitszeit**

I. Die Dauer der regelmäßigen wöchentlichen/täglichen Arbeitszeit richtet sich nach den gesetzlichen und tariflichen Bestimmungen. Beginn und Ende der täglichen Arbeitszeit sowie der Pausen werden durch eine besondere Betriebsvereinbarung oder Regelungsabrede geregelt. Änderungen werden vorher vereinbart und durch Aushang bekannt gegeben. Sonderregelungen werden von Fall zu Fall besonders vereinbart.

II. Alle Arbeitnehmer sind verpflichtet, sich zur festgesetzten Uhrzeit für den Arbeitsbeginn am Arbeitsplatz einzufinden und die Arbeitszeit einzuhalten, es sei denn, dass durch Betriebsvereinbarung oder Einzelarbeitsvertrag etwas anderes bestimmt ist. Für die Bestimmung der Uhrzeit maßgebend sind die Werksuhren. Ein vorzeitiges Verlassen des Arbeitsplatzes ist nur mit Erlaubnis des Vorgesetzten zulässig.

oder statt II. S. 2

---

14 BAG, Urteil v. 2. 6. 1966 – 2 AZR 322/65 – AP BGB § 399 Nr. 8. Das Abtretungsverbot soll auch dann eingreifen, wenn ein Dritter Barmittel für den Lebensunterhalt zur Verfügung stellt (LAG Hamm, Urteil v. 5. 10. 1989 – 4 Sa 700/89 – LAGE § 399 BGB Nr. 2).
15 Bei Entgeltfortzahlung gehen Schadensersatzansprüche in Höhe der Entgeltfortzahlung nach § 6 EFZG über.

Für die Berechnung der bezahlten Arbeitszeit sind die Arbeitszeituhren maßgebend. Jeder Mitarbeiter hat die Arbeitszeituhren persönlich zu bedienen. Die Arbeitszeituhren sind bei Arbeitsbeginn nach und bei Arbeitsschluss vor dem Umkleiden zu bedienen.[16]

III. Trifft in Mehrschichtbetrieben die Ablösung nicht rechtzeitig ein, so hat der abzulösende Arbeitnehmer dies unverzüglich seinem Vorgesetzten zu melden, der für Ersatz zu sorgen hat. Bis zur Ersatzbestellung hat der abzulösende Arbeitnehmer weiter zu arbeiten, sofern er an einem Arbeitsplatz beschäftigt ist, auf dem aus betriebstechnischen Gründen die Arbeit nicht unterbrochen werden kann und ihm die Weiterarbeit zumutbar ist. Jede angefangene Viertelstunde gilt als volle Viertelstunde.

IV. Wer verspätet die Arbeit aufnimmt oder vorzeitig den Arbeitsplatz verlässt, hat dies seinem Vorgesetzten zu melden. Der Anspruch auf Vergütung der ausgefallenen Arbeitszeit ist ausgeschlossen. Für zu spät kommende Arbeitnehmer beginnt die vergütungspflichtige Arbeit mit der nächsten Viertelstunde.[17]

oder statt IV. S. 2, 3

Wer ohne ausreichende Entschuldigung mehr als 1 Stunde verspätet zur Arbeit erscheint oder die Arbeit ohne Erlaubnis vorzeitig verlässt, hat keinen Anspruch auf Beschäftigung oder Weiterbeschäftigung während der Schicht.

§ 22 Wasch- und Badezeiten

23

Wasch- und Badezeiten für Arbeitnehmer, die an Arbeitsplätzen mit besonderer Verschmutzung beschäftigt werden, werden durch besondere Betriebsvereinbarungen geregelt.

§ 23 Änderung der Arbeitszeit, Über- und Mehrarbeit

24

I. Das Unternehmen kann unter Beachtung der gesetzlichen und tariflichen Vorschriften, insbesondere des Mitbestimmungsrechtes des Betriebsrates, die regelmäßige Arbeitszeit verlängern, verkürzen oder verlegen. Die Änderung wird durch Anschlag bekannt gegeben. Dieser wird so rechtzeitig wie möglich erfolgen.

II. Der Arbeitnehmer ist verpflichtet, im Rahmen der gesetzlichen und tariflichen Bestimmungen Über- und Mehrarbeit zu leisten und Wechseldienst zu fahren.

III. Über- und Mehrarbeitsstunden werden nur anerkannt, wenn sie von einem zuständigen Vorgesetzten angeordnet worden sind. In unvorhergesehenen Fällen werden Über- und Mehrarbeitsstunden nur anerkannt, wenn sie betrieblich notwendig waren und spätestens am Folgetag gemeldet worden sind.

Abschnitt V. Die Ordnung und das Verhalten des Arbeitnehmers im Betrieb

§ 24 Schwarzes Brett

25

I. Alle betrieblichen Bekanntmachungen werden an den dafür vorgesehenen schwarzen Brettern angeschlagen. Bei allen Arbeitnehmern, die 4 Wochen nach

---

[16] Gelegentlich finden sich Tarifverträge, nach denen die Arbeitszeit mit dem Betreten des Betriebsgeländes beginnt.
[17] Die Wirksamkeit derartiger Klauseln ist zweifelhaft.

Aushang im Betrieb anwesend waren, wird vermutet, dass sie den Aushang gelesen haben.

II. Sonstige Aushänge mit Ausnahme derjenigen von im Betrieb vertretenen Gewerkschaften sowie des Betriebsrats sind nur nach vorheriger Erlaubnis der Werksleitung zulässig.

26   § 25   Werksausweis

I. Alle Arbeitnehmer erhalten nach ihrer Einstellung einen Werksausweis. Er ist vom Arbeitnehmer zu unterschreiben und schonend zu behandeln. Eine Aushändigung an Dritte ist unzulässig.

II. Der Ausweis ist ohne besondere Aufforderung beim Passieren des Werktores an Kontrollorgane vorzulegen.

III. Bei Beendigung des Arbeitsverhältnisses oder jederzeit auf Verlangen ist der Werksausweis zurück zu geben.

IV. Der Verlust des Werksausweises ist unverzüglich der Personalstelle zu melden. Im Falle des Verlustes ist eine Schutzgebühr von ..... € zu entrichten.

27   § 26   Betreten und Verlassen des Betriebes

I. Das Werk darf nur auf den dafür bestimmten Ein- und Ausgängen betreten und verlassen werden. Bei Verlassen des Werkes während der Arbeitszeit ist dem Pförtner eine vom zuständigen Werkmeister ausgestellte Arbeitsunterbrechungskarte vorzulegen. Hierauf sind der Zeitpunkt von Aus- und Eingang zu vermerken.

II. Werksfremde, auch Familienangehörige, haben nur mit Erlaubnis der Werksleitung Zutritt.

28   § 27   Aufenthalt auf dem Werksgelände

I. Alle Arbeitnehmer dürfen sich nur während der für sie maßgebenden Arbeitszeit auf dem Werksgelände aufhalten. Außerhalb der Arbeitszeit darf das Werksgelände nur zur Wahrnehmung berechtigter persönlicher Interessen betreten werden.

II. Während der Arbeitszeit dürfen nur Betriebe oder Betriebsteile aufgesucht werden, soweit es zur Ausübung der Arbeit notwendig ist. Die mit einem Eintrittsverbot gekennzeichneten Räume dürfen nur von den hierzu besonders ermächtigten Mitarbeitern betreten werden.

III. Wasch- und Umkleideräume dürfen nur zu Beginn, während der Pausen und zum Ende der Arbeitszeit aufgesucht werden. Die weiteren Einzelheiten werden durch eine Wasch- und Kauenordnung geregelt.

IV. Für Schäden, die ein Mitarbeiter infolge der Verletzung der in Abs. I–III genannten Verpflichtungen erleidet, haftet die Firma nur, soweit sie ein Verschulden trifft.

29   § 28   Trunk- und Drogensucht

I. Es ist untersagt, betrunken zur Arbeit zu erscheinen, alkoholische Getränke in das Werk mitzubringen oder zu verzehren.

Es ist ferner verboten, im Betrieb Rauschmittel zu besitzen, weiter zu geben oder zu verzehren.

Schaub

II. In den Betriebsteilen, die in der dieser Betriebsordnung beigefügten Aufstellung aufgezählt sind, ist das Rauchen untersagt.

III. Alle Arbeitnehmer sind für die Sauberkeit ihres Arbeitsplatzes, der Aufenthalts-, Speise- und Waschräume verantwortlich. Die Aborte sind ordentlich und sauber zu halten.

§ 29 Werkshandel
30

I. Innerhalb des Werksgeländes ist den Arbeitnehmern der Handel mit Waren jeglicher Art nicht gestattet.

II. Sammlungen, Sammeln von Beiträgen und Unterschriften sind auf dem Werksgelände nur mit Zustimmung der Unternehmensleitung zulässig.

§ 30 Verteilung von Zeitschriften
31

I. Das Verteilen von Zeitungen, Zeitschriften, Flugblättern oder jeglichem Propagandamaterial ist auf dem Werksgelände untersagt.

II. Auf dem Werksgelände dürfen Versammlungen nicht durchgeführt werden.

III. Hiervon nicht betroffen sind Versammlungen nach dem BetrVG oder das Verteilen von Schriften der im Betrieb vertretenen Gewerkschaften.

IV. Parteipolitische Betätigung im Betrieb ist verboten. Für unpolitische Vereinigungen darf sich ein Mitarbeiter im Betrieb nur betätigen, wenn dadurch die betriebliche Ordnung oder der Betriebsfrieden nicht beeinträchtigt wird.

§ 31 Fotografieren
32

Das Fotografieren ist innerhalb des Werksgeländes nur mit Genehmigung der Unternehmensleitung zulässig.

§ 32 Privatarbeiten
33

I. Die Erledigung von Privatarbeiten während der Arbeitszeit ist unzulässig. Mit Erlaubnis des Vorgesetzten können Privatarbeiten vor oder nach der Arbeitszeit erledigt werden.

II. E-Mail dient der Kommunikation der Beschäftigten untereinander sowie mit externen Stellen. Die (ausschließlich) private Nutzung des E-Mails ist unzulässig.[18]

III. Die Nutzung der Internetdienste dient dem Zugriff auf weltweit verfügbare Informationen und Daten und dem Zugriff auf firmenbezogene Daten. Eine ausschließlich (private) Nutzung der Internetdienste während der Dienstzeit ist unzulässig.

§ 33 Privatsachen und Parkplatz
34

I. Alle Arbeitnehmer erhalten für ihre Privatsachen einen Spind. Sie haben ihre bei der Arbeit nicht benötigten Privatsachen verschlossen in dem Spind aufzubewahren.

---

[18] Ob und in welchem Umfang die private Nutzung des Internets und des E-Mails untersagt werden soll, ist umstritten. Die Zweckmäßigkeit lässt sich nur nach den Umständen des Betriebs beurteilen. Es kann sich empfehlen, bestimmte Nummern oder Adressen zu sperren.

Schaub

II. Fahrräder und Kraftfahrzeuge dürfen nur an den hierfür vorgesehenen Stellen abgestellt oder geparkt werden. Verbotswidrig geparkte oder abgestellte Kraftfahrzeuge, Krafträder, Fahrräder usw. werden auf Kosten des Arbeitnehmers entfernt.[19]

III. Die Firma haftet für den Verlust von Privateigentum oder Verlust oder Beschädigung von Fahrrädern und Kraftfahrzeugen nur, wenn sie diesen zu vertreten hat.

Abschnitt VI. Sicherung des Werkseigentums und des Arbeitsablaufes

35 **§ 34 Behandlung von Werkseigentum**

I. Die vom Werk gestellten Werkzeuge, Apparate, Maschinen und sonstigen Einrichtungen sind sachgemäß und pfleglich zu behandeln. Verluste oder Beschädigungen sind dem Vorgesetzten unverzüglich zu melden.

II. Mit Material, Energie und sonstigen Betriebsmitteln ist sparsam und wirtschaftlich umzugehen.

III. Der Verkauf oder die kostenlose Abgabe von Werkzeugen, Materialien usw. erfolgt nach den Verkaufsrichtlinien/nach besonderer Vereinbarung mit der Unternehmensleitung.

IV. Wer rechtswidrig das Werkseigentum beschädigt, vernichtet oder abhanden kommen lässt oder die unverzügliche Meldung nach Abs. I unterlässt, kann zum Schadensersatz herangezogen werden.

V. Über die verkauften oder entliehenen Gegenstände wird vom Betriebsbüro ein Passierschein ausgestellt; dieser ist am Werkstor unaufgefordert vorzuzeigen.

36 **§ 35 Torkontrollen**

I. Zum Schutz des betrieblichen und persönlichen Eigentums können Werks- und Torkontrollen durchgeführt werden. Die Kontrollen können auf Schränke, Spinde, Werkzeugkästen, Tanks und sonstige Behältnisse erstreckt werden. Kontrollen erfolgen durch Personen, die im Einverständnis des Betriebsrates hierfür ausgewählt worden sind und sich durch besonderen Ausweis ausweisen können.

II. Die Durchführung von geplanten Kontrollen wird mit dem Betriebsrat festgelegt.

III. Bei dringendem Verdacht einer strafbaren Handlung können auch körperliche Untersuchungen durchgeführt werden. Sie finden in Anwesenheit eines Betriebsratsmitgliedes in einem besonderen Raum statt und dürfen nur von Personen gleichen Geschlechts durchgeführt werden.

---

[19] Der Arbeitgeber ist nur dann berechtigt, ein auf einem Werksparkplatz falsch geparktes Fahrzeug eines Betriebsangehörigen auf dessen Kosten abschleppen zu lassen, wenn Dritte behindert, Rettungswege versperrt oder eine Betriebsvereinbarung das Abschleppen falsch geparkter Fahrzeuge vorsieht (LAG Frankfurt, Urteil v. 15. 1. 1979 – 11 Sa 738/78 – DB 1979, 1851; LAG Frankfurt, Urteil v. 15. 2. 1989 – 10 Sa 696/1989 – Ez BAT § 8 BAT Schadensersatzpflicht des Arbeitgebers Nr. 9; LAG Frankfurt, Urteil v. 24. 2. 1988 – 10 Sa 541/87 – Jur CD; ArbG Wesel, Urteil v. 12. 7. 1984 – 4 Ca 280/84 – DB 1985; 1540; LAG Düsseldorf, Urteil 12. 5. 1977 – 4 Sa 352/77 – DB 1977, 1754).

§ 36 Material- und Energiemangel

37

I. Jede Arbeitsverhinderung, etwa durch Maschinenschaden, Material- oder Bearbeitungsfehler, unzureichende Anlieferung von Material oder Energie ist dem Vorgesetzten unverzüglich zu melden. Alles, was den geregelten Arbeitsablauf stören oder behindern kann, ist zu vermeiden.

II. Veränderungen am Arbeitsablauf, an Maschinen oder betrieblichen Einrichtungen sind nur mit vorhergehender Einwilligung des hierfür zuständigen Vorgesetzten zulässig. Dies auch dann, wenn die Veränderung als Verbesserung angesehen wird.

III. Bei Schichtwechsel ist die Arbeit zu übergeben und auf besondere Vorkommnisse oder Anweisungen des Vorgesetzten hinzuweisen.

Abschnitt VII. Unfall- und Schadensverhütung

§ 37 Unfallschutz

38

I. Alle Arbeitnehmer sind verpflichtet, sich über die für ihren Arbeitsbereich geltenden Vorschriften zur Unfallverhütung und zum Gesundheitsschutz zu informieren und diese einzuhalten.[20]

II. Hinweis- und Warntafeln sind zu beachten. Vom Arbeitgeber zur Verfügung gestellte Arbeitsschutzeinrichtungen und Mittel oder sonstige Sicherheitsvorkehrungen sind zu benutzen.

III. Vorrichtungen zur Unfallverhütung, Verbots-, Warn- und Hinweisschilder dürfen nicht eigenmächtig entfernt oder unwirksam gemacht werden.

IV. Die Unfallverhütungsvorschriften, Vorschriften zum Gesundheitsschutz sowie Werksrichtlinien und Anweisungen zur Vermeidung von Unfällen liegen ..... zur Unterrichtung der Belegschaft aus.

§ 38 Straßenverkehrsordnung

39

Auf allen Werkstraßen und Werkswegen gelten die Vorschriften der StVO entsprechend.

§ 39 Arbeitskleidung

40

I. Alle Arbeitnehmer haben an ihrem Arbeitsplatz zweckmäßige Arbeitskleidung zu tragen.

II. Arbeitnehmer, die Maschinenarbeit leisten, insbesondere an Maschinen mit sich drehenden Teilen, haben einen besonderen Kopfschutz zu tragen.

III. Arbeitnehmer, die ..... arbeiten, haben Sicherheitsschuhe zu tragen.

§ 40 Besondere Unterstützungspflichten

41

Ein Arbeitnehmer ist verpflichtet,[21] seinen nächst höheren Vorgesetzten zu informieren, wenn er

1. bei seiner Arbeit eine Unfallgefahr erkennt;

---

[20] Vgl. § 15 ArbSchG.
[21] Vgl. § 16 ArbSchG.

2. feststellt, dass Sicherheitseinrichtungen fehlen, schadhaft geworden sind oder sich sonst in einem mangelhaften oder unbrauchbaren Zustand befinden;

3. erkennt, dass Handwerkszeug oder sonstiges Arbeitsgerät, Materialien, Maschinen oder sonstige Betriebseinrichtungen schadhaft sind und zu Unfällen führen können;

4. ein Arbeitskollege infolge Unwohlsein seine Arbeiten nicht verrichten kann und hieraus eine Unfallgefahr erwachsen kann.

42   § 41 Erste Hilfe

I. Im Falle eines Unfalles sind alle Arbeitnehmer verpflichtet,

1. Hilfe zu leisten. Etwaige Anordnungen sind zu befolgen;

2. dem Verletzten erste Hilfe zu leisten sowie unverzüglich die Unfallstation oder den Werksarzt zu benachrichtigen. Der Verletzte selbst hat sich, soweit er dazu in der Lage ist, unverzüglich bei der Unfallstation oder dem Werksarzt vorzustellen;

3. Veränderungen des Unfallortes zu unterlassen, es sei denn, dass dies zur Durchführung der ersten Hilfe notwendig ist.

II. Alle Unfälle, insbesondere auch Wegeunfälle von und zur Arbeitsstelle oder zur Empfangnahme von Lohn- und Gehaltszahlungen, sind unverzüglich, spätestens innerhalb von 3 Tagen unter Schilderung des Herganges des Unfalls der Personalstelle/Stelle für Unfallsicherung zu melden. Ebenfalls sind Spätfolgen von Unfällen unverzüglich zu melden.

43   § 42 Schutzmittel

Zu- und Abgang zu Feuerlöschgeräten, Hydranten und sonstigen Einrichtungen zur Unfall- und Brandbekämpfung, Notausgänge und Nottreppen sind frei zugänglich in einem ordnungsgemäßen Zustand zu halten.

44   § 43 Feuerschutz

I. Alle Arbeitnehmer sind verpflichtet, ausbrechende Brände oder drohende Explosionen unverzüglich der Werksfeuerwehr und dem Dienstvorgesetzten zu melden.

II. Alle Arbeitnehmer sind verpflichtet, den Anordnungen Folge zu leisten und zumutbare Hilfeleistung zu erbringen.

Abschnitt VIII. Die Beendigung des Arbeitsverhältnisses

45   § 44 Ende des Arbeitsverhältnisses

I. Das Arbeitsverhältnis endet durch Kündigung, Vereinbarung oder Zeitablauf. Das Arbeitsverhältnis endet ferner mit der Zuerkennung einer Rente wegen voller Erwerbsminderung (§ 33 Abs. 2 Satz 2 SGB VI) durch den Rentenversicherungsträger.[22]

---

[22] Vgl. zur auflösenden Bedingung ArbR-Hdb. § 39 RN 111 ff.; vgl. zur Berufs- und Erwerbsunfähigkeit BAG, Urteil v. 27. 10. 1988 – 2 AZR 109/88 – AP BGB § 620 Bedingung Nr. 16; auch BAG, Urteil v. 20. 10. 1981 – 3 AZR 723/78 – AP BAT § 59 Nr. 4; BAG, Urteil v. 28. 6. 1995 – 7 AZR 555/94 – AP BAT § 59 Nr. 6.

II. Das Arbeitsverhältnis endet mit Ablauf des Monats, in dem der Arbeitnehmer die Altersgrenze nach dem SGB VI erreicht. Eine Weiter- oder Wiederbeschäftigung kann nur aus dringenden betrieblichen Gründen oder persönlichen Gründen des Arbeitnehmers erfolgen. Der Betriebsrat hat bei der Weiterbeschäftigung ein Mitwirkungsrecht.[23]

§ 45 Ordentliche Kündigung

46

I. Für die ordentliche Kündigung gelten die gesetzlichen oder tariflichen Bestimmungen, soweit im Einzelfall nichts anderes vereinbart ist.

II. Die Kündigung des Arbeitgebers ist nur nach vorheriger Anhörung des Betriebsrats wirksam. Sie bedarf der Schriftform und der Angabe der wesentlichen Kündigungsgründe.[24] Eine Massenkündigung kann durch Aushang am schwarzen Brett erfolgen.[25]

III. Der Arbeitgeber ist berechtigt, nach Ausspruch der Kündigung den Arbeitnehmer bis zum Ablauf der Kündigungsfrist unter Fortzahlung der Bezüge von der Arbeit freizustellen. § 102 Abs. 5 BetrVG bleibt unberührt.

IV. Nach Ausspruch der Kündigung hat der Arbeitnehmer Anspruch auf Aushändigung eines Zwischenzeugnisses sowie auf angemessene Freistellung von der Arbeit zum Aufsuchen einer neuen Stelle. Die Freistellung soll mindestens zwei Tage vorher beantragt werden.

§ 46 Außerordentliche Kündigung

47

Das Arbeitsverhältnis kann außerordentlich gekündigt werden, wenn hierfür ein wichtiger Grund vorliegt (§ 626 BGB). Die außerordentliche Kündigung bedarf der Schriftform.

§ 47 Herausgabe von Werkseigentum

48

I. Bei Beendigung des Arbeitsverhältnisses ist der Arbeitnehmer verpflichtet, alle werkseigenen Gegenstände wie Werkzeug, Arbeitskleidung, Arbeitsmaterial, Werksausweis und dgl. an die zuständige Stelle herauszugeben.

II. Erfüllt der Arbeitnehmer seine Verpflichtung zur Herausgabe nicht, so ist er zum Schadensersatz verpflichtet.

§ 48 Endabrechnung

49

I. Bei Beendigung des Arbeitsverhältnisses ist der Arbeitgeber verpflichtet,
1. das restliche Arbeitsentgelt einschließlich Urlaubsabgeltung auszuzahlen;
2. die Arbeitspapiere einschließlich einer Bescheinigung über den gewährten Urlaub herauszugeben oder eine Zwischenbescheinigung auszuhändigen.

II. Hat das Arbeitsverhältnis durch eine außerordentliche Kündigung geendet, so werden die in Abs. I genannten Ansprüche zwei Wochen nach dem Ende des Ar-

---

[23] BAG, Beschluss v. 18. 7. 1978 – 1 ABR 79/75 – AP BetrVG 1972 § 99 Nr. 9; BAG, Beschluss v. 12. 7. 1988 – 1 ABR 85/86 – AP BetrVG 1972 § 99 Nr. 54. Zur Wirksamkeit von Altersgrenzen oben § 2 FN 31; ArbR-Hdb. § 39 RN 59 ff.
[24] Der Hinweis auf die Schriftform kann fehlen; er ist aufgenommen, weil ein Begründungszwang postuliert wird.
[25] Eine Kündigung durch Aushang wird gegen das Schriftformgebot verstoßen.

beitsverhältnisses fällig, es sei denn, dass der Arbeitnehmer für die außerordentliche Kündigung einen wichtigen Grund hatte.

III. Der Mitarbeiter kann nach Ausspruch der Kündigung ein Zeugnis verlangen, das auf Wunsch auf Führung und Leistung zu erstrecken ist. Desgleichen kann ein Zwischenzeugnis bei Wechsel des unmittelbaren Vorgesetzten, bei Umgruppierung und Versetzung verlangt werden. Die Abschrift des Zwischenzeugnisses ist zu den Personalakten zu nehmen.

IV. Alle Ansprüche aus dem Arbeitsverhältnis und solche, die mit dem Arbeitsverhältnis in Verbindung stehen, insbesondere gewährte Arbeitgeberdarlehen, werden mit der Beendigung des Arbeitsverhältnisses fällig, es sei denn, dass im Einzelfall etwas anderes vereinbart ist.

50 **§ 49 Arbeitsvertragsbruch**

I. Ein Mitarbeiter, der unter Vertragsbruch aus dem Arbeitsverhältnis ausscheidet, verwirkt Verdienstansprüche in Höhe eines durchschnittlichen Wochenverdienstes, bei Angestellten in Höhe eines Monatsverdienstes. Ist die Einbehaltung in Höhe dieses Betrages nicht möglich, so wird der Differenzbetrag bis zur Verwirkungsobergrenze als Vertragsstrafe geschuldet.[26]

II. Das Recht der Firma, weitergehenden Schadenersatz zu verlangen, bleibt unberührt.

Abschnitt IX. Betriebsbußen

51 **§ 50 Verhängung von Betriebsbußen**

I. Rechtswidrige und schuldhafte Verstöße gegen die Arbeitsordnung können mit Verwarnungen, Verweisen oder Geldbußen geahndet werden.

II. Die in Abs. I genannten Betriebsbußen werden nur im Einverständnis mit dem Betriebsrat verhängt.

III. Vor Verhängung einer Betriebsbuße ist der Arbeitnehmer zu hören. Er kann sich durch eine rechtskundige Person vertreten lassen.

52 **§ 51 Geldbuße**

I. Die Geldbuße soll die Hälfte des durchschnittlichen Tagesverdienstes nicht überschreiten; sie darf auch in schweren Fällen einen Tagesverdienst nicht übersteigen.

II. Die Geldbuße wird bei der nächsten Lohn- oder Gehaltszahlung einbehalten. Sie wird dem betrieblichen Sozialfonds zugeführt.

III. Das Recht des Unternehmens, Schadensersatz zu fordern, bleibt von der Verhängung einer Betriebsbuße unberührt.

53 **§ 52 Betriebsbuße und Personalakte**

Verwarnungen und Verweise sowie die Verhängung einer Betriebsbuße sind in die Personalakte aufzunehmen. Die Vermerke werden nach Ablauf von 2 Jahren

---

[26] Die entsprechenden Bestimmungen in der GewO sind aufgehoben. Betriebsvereinbarungen unterliegen nicht der Kontrolle nach § 310 Abs. 4 BGB.

vernichtet, es sei denn, dass der Arbeitnehmer innerhalb dieser Frist mit einer weiteren Betriebsbuße belegt worden ist. In diesem Falle werden sie erst zwei Jahre nach der letzten Betriebsbuße vernichtet.

§ 53 Einzelmaßnahmen oder Bußen 54

Das Recht des Unternehmens, Schadensersatz zu fordern, oder bei Verstößen gegen die Arbeitsordnung einzelvertragliche Maßnahmen zu ergreifen, bleibt von der Verhängung einer Betriebsbuße unberührt.

Abschnitt X. Schlussvorschriften

I. Die Betriebsordnung tritt am ..... in Kraft. Sie kann mit einer Frist von ..... 55 zum ..... gekündigt werden.

II. Änderungen, Ergänzungen oder verbindliche Auslegungen der Arbeitsordnung werden durch Anschlag am schwarzen Brett sowie in der Werkszeitung bekannt gemacht.

II. Sonderbestimmung in der Arbeitsordnung

Für die Arbeitsverhältnisse der Mitarbeiter, die unter den persönlichen Geltungsbereich der 56 *Tarifverträge fallen, gelten die für den Betrieb zeitlich, räumlich oder fachlich geltenden Tarifverträge.*[27]

III. Betriebsvereinbarung über Anwesenheitserfassung[28]

Zwischen Arbeitgeber 57

und

Betriebsrat .....

wird eine Betriebsvereinbarung Nr...... über die Anwesenheitserfassung im Betrieb abgeschlossen.

1. Zur Erfassung der Anwesenheitszeit werden mit Wirkung vom ..... elektronische Zeiterfassungsgeräte und Werksausweise eingeführt. Damit entfällt die Zeitermittlung durch Stempeluhren.

2. Alle Mitarbeiter sind verpflichtet, bei Betreten oder Verlassen des Betriebes die elektronischen Zeiterfassungsgeräte zu bedienen.[29]

3. Das Zeiterfassungssystem dient ausschließlich der Zeitfindung für die Lohn- und Gehaltsabrechnung. Es ist angeschlossen an das Rechenzentrum im Rahmen der Lohn- und Gehaltsabrechnung. Das Zeiterfassungssystem wird nicht zur Leistungsbeurteilung verwandt.

4. Ganztägige Abwesenheitszeiten, z.B. im Falle von Urlaub und Krankheit, werden von der Personalabteilung erfasst und bei der Lohn- und Gehaltsabrechnung berücksichtigt.[30]

---

[27] Es ist umstr., ob diese Klausel wirksam ist. Nach h.M. ist sie unzulässig (vgl. BT-Drucks. VI/1786 S. 47; BT-Drucks. zu VI/2729 S. 11; ArbR-Hdb. § 231 RN 21).

[28] Der Betriebsrat hat kein Initiativrecht zur Einführung einer Zeiterfassung: BAG, Beschluss v. 28. 11. 1989 – 1 ABR 97/88 – AP BetrVG 1972 § 87 Initiativrecht Nr. 4.

[29] Manipulationen bei der Zeiterfassung können zur fristlosen Kündigung führen: BAG, Urteil v. 12. 8. 1999 – 2 AZR 832/98 – AP BGB § 123 Nr. 51.

[30] Zweckmäßig wird auch das Verfahren zur Berücksichtigung von teilweisen Arbeitsverhinderungen geregelt. Zu Arbeitszeitübertragung auf spätere Lohnperioden: § 43 RN 8.

5. Jeder Mitarbeiter erhält zu Beginn eines jeden Monats einen Ausdruck seines Zeitkontos.

6. Kündigung der Betriebsvereinbarung.

IV. Betriebsvereinbarungen – Suchterkrankungen

1. Rauch- und Alkoholverbote

58   Arbeitgeber .....

und

Betriebsrat .....

schließen eine Betriebsvereinbarung Nr....../..... über Rauch- und Alkoholverbote im Betrieb.

Abschnitt I. Rauchverbot

59   **§ 1 Absolutes Verbot**[31]

An feuergefährdeten Stellen im Betriebsbereich besteht ein absolutes Rauchverbot für Beschäftigte und Besucher. Die feuergefährdeten Stellen sind von der Abteilung für Arbeitsschutz und dem Betriebsrat im Zusammenwirken mit der Berufsgenossenschaft festgelegt. Sie sind durch Schilder gekennzeichnet und in der Anlage 1 zur Betriebsvereinbarung aufgeführt.

60   **§ 2 Verbot kraft Verlangen**[32]

Das Rauchverbot wird auch auf nicht feuergefährdete Betriebsstellen übertragen, wenn mehr als die Hälfte der dort beschäftigten Betriebsangehörigen dies verlangen. Die Abstimmung hierüber erfolgt nach den Grundsätzen der Betriebsratswahl unter der Aufsicht eines Mitgliedes des Betriebsrats und eines Vertreters des Arbeitgebers.

61   **§ 3 Geldbuße**

Wer dem Rauchverbot zuwiderhandelt, kann mit einer Geldbuße von 100,– € belegt werden. Die Geldbuße ist bei der nächsten Lohn- oder Gehaltsabrechnung einzubehalten und der Unterstützungskasse des Betriebes zuzuleiten.

Abschnitt II. Alkoholverbot

62   **§ 4 Einbringen und Verzehr von alkoholischen Getränken**

Es ist verboten, alkoholische Getränke in den Betrieb mitzubringen oder im Betrieb vorrätig zu halten oder zu verzehren. Das gilt nicht wegen des Genusses geringer Mengen Bieres während der Pausen, es sei denn, dass der Mitarbeiter zur

---

[31] Die Betriebspartner können ein Rauchverbot einführen: BAG, Urteil v. 19. 1. 1999 – 1 AZR 499/98 – AP BetrVG 1972 § 87 Ordnung des Betriebes Nr. 28.

[32] Der Arbeitnehmer hat grundsätzlich keinen Anspruch auf einen tabakfreien Arbeitsplatz: BAG, Urteil v. 17. 2. 1998 – 9 AZR 84/97 – AP BGB § 618 Nr. 26. Das wird sich u. U. nach § 3a ArbStättVO ändern.

Benutzung von Kraftfahrzeugen oder sonstiger selbst fahrender Geräte (z.B. Kräne, Bagger usw.) eingesetzt wird oder aber an Betriebsstellen beschäftigt ist, die von der Berufsgenossenschaft bestimmt werden.

§ 5 Verdacht der Alkoholisierung 63

I. Besteht begründeter Verdacht auf Angetrunkenheit, so darf der Mitarbeiter nicht beschäftigt werden. Ein begründeter Verdacht ist gegeben bei starkem Alkoholgeruch, sinnwidrigem Verhalten oder unsicherem Gang.

II. Mitarbeiter unter Verdacht des Alkoholeinflusses können sich einem Alkoholtest unterziehen (Atem-Alkoholmessgerät oder amtl. Blutprobe). Die Kosten der Blutentnahme trägt der Mitarbeiter.[33]

III. Zeiten, in denen der Mitarbeiter unter Alkoholeinfluss steht, werden nicht vergütet.

§ 6 Benachrichtigung des Vorgesetzten und des Werkschutzes 64

I. Alle Führungskräfte und Aufsichtspersonen haben bei begründetem Verdacht des Alkoholkonsums eines Mitarbeiters den Werkschutz und den unmittelbaren Vorgesetzten zu benachrichtigen.

II. Alkoholisierte Mitarbeiter sind zum Verlassen des Betriebes aufzufordern. Vorgesetzte und Werkschutz sollen für einen gefahrlosen Heimtransport sorgen. Die Benutzung eigener Kraftfahrzeuge und Fahrräder ist zu unterbinden. Erfolgt der Heimtransport durch werkseigene Fahrzeuge, so ist bei der Abrechnung der Kosten eine Kilometer-Pauschale von ..... zugrunde zu legen. Ist der Mitarbeiter infolge von Trunkenheit hilflos, kann der Heimtransport mit einer Taxe auf Kosten des Mitarbeiters erfolgen.

§ 7 Verstoß gegen Alkoholverbot 65

Bei Verstößen gegen das Alkoholverbot ist der Mitarbeiter abzumahnen und in schweren Fällen zu verwarnen. Im Wiederholungsfalle kann eine Kündigung gerechtfertigt sein.[34]

§ 8 Krankhafte Alkoholabhängigkeit 66

Bei krankhafter Alkoholabhängigkeit soll sich der Mitarbeiter innerhalb von sechs Monaten seit der Feststellung einer Rehabilitationsmaßnahme unterziehen.

2. Suchterkrankungen

Muster: AiB 1996, 152.

§ 1 Zweck 67

Zweck der Betriebsvereinbarung ist es, die Gesundheit der Beschäftigten zu erhalten, Suchtgefährdeten und Suchtkranken frühzeitig ein Hilfsangebot zu machen, den Suchtmissbrauch zu bekämpfen und die Arbeitssicherheit zu erhöhen.

---

[33] BAG, Urteil v. 26. 1. 1995 – 2 AZR 649/94 – AP KSchG 1969 § 1 Verhaltensbedingte Kündigung Nr. 34.
[34] Es kann eine Betriebsbuße oder Kündigung in Betracht kommen: BAG, Beschluss v. 17. 10. 1989 – 1 ABR 100/88 – AP BetrVG 1972 § 87 Betriebsbuße Nr. 12.

68 § 2 Geltungsbereich

Die Betriebsvereinbarung gilt für den Betrieb ..... der ..... AG/GmbH.

69 § 3 Alkoholverkauf

In den Sozialeinrichtungen werden alkoholische Getränke nicht verkauft.

70 § 4 Schulungsveranstaltungen

Es werden Aufklärungs- und Schulungsveranstaltungen durchgeführt, um die Beschäftigten über Suchtgefahren zu informieren. Hierzu gehören insbesondere Veranstaltungen über den Genuss von Alkohol, die Verwendung von Suchtmitteln sowie den Medikamentenmissbrauch.

71 § 5 Vorbeugung

I. Entsteht bei Vorgesetzten der Verdacht, dass Mitarbeiter suchtgefährdet sind oder schon eine Abhängigkeit besteht, so haben sie
1. mit dem Mitarbeiter ein Gespräch zu führen und Wege zur Abhilfe aufzuzeigen;
2. den Sozialarbeiter/den Betriebsarzt zu informieren;
3. den Betriebsrat zu informieren.
Entsteht der Verdacht bei Mitarbeitern, sollen diesen den Vorgesetzten/Betriebsrat informieren.

II. Wird der Mitarbeiter erneut auffällig, sollen der Mitarbeiter mit dem Sozialarbeiter/Betriebsarzt ein gemeinsames Gespräch führen. In diesem Fall ist die Geschäftsleitung zu informieren.

72 § 6 Arbeitsrechtliche Maßnahmen

I. Ist in einem überschaubaren Zeitraum keine Besserung des Verhaltens eingetreten, so werden dem Betroffenen Therapiemaßnahmen angeboten.

II. Nimmt der Mitarbeiter nach einer angemessenen Bedenkzeit keine Therapiemaßnahmen an, wird geprüft, ob
1. eine Umsetzung/Versetzung,
2. der Entzug dienstlicher Funktionen,
3. eine Abmahnung,
4. eine Änderungskündigung,
5. eine Kündigung in Betracht kommt.

73 § 7 Gruppengespräche

Um Mitarbeitern die Rückkehr in ein suchtfreies Leben zu ermöglichen, werden durch die Geschäftsleitung in Absprache mit dem Sozialarbeiter/Betriebsarzt Gruppengespräche angeboten.

74 § 8 Vernichtung der Unterlagen

Sind Mitarbeiter suchtfrei geworden, sind nach Ablauf von drei Jahren die angefallenen Personalunterlagen zu vernichten.

Schaub

§ 9 Wiedereinstellung 75

Ist ein Mitarbeiter wegen einer Sucht entlassen worden, so wird er vorrangig wieder eingestellt, wenn er suchtfrei geworden ist.

V. Betriebsvereinbarung – Mobbing (sexuelle Belästigung am Arbeitsplatz)[35]

Muster: *Esser/Wolmerath,* Mobbing. Der Ratgeber für Betroffene und ihre Interessenvertreter, 1996; Musterbetriebsvereinbarung AiB 1997, 23; PersR 1997, 154; Musterdienstvereinbarung AuA 1996, 349.

Präambel 76

Arbeitgeber und Betriebsrat wollen den sozialen Umgang im Betrieb fördern. Sie schließen eine Betriebsvereinbarung zur Verhinderung aller Verhaltensweisen, die den sozialen Frieden im Betriebe stören.

§ 1 Geltungsbereich 77

I. Die Betriebsvereinbarung gilt persönlich für alle Mitarbeiter ..... Der Arbeitgeber wird auf die leitenden Angestellten i.S. von § 5 BetrVG einwirken, dass diese sich entsprechend dieser Betriebsvereinbarung verhalten.

II. Die Betriebsvereinbarung gilt räumlich für den Betrieb in .....

§ 2 Begriff Mobbing[36] 78

Mobbing ist jedes systematische Verhalten, durch das die Handlungs- und Entscheidungsfreiheit einer Person, seine Persönlichkeitsentwicklung, sein Selbstwertgefühl, seine sozialen Beziehungen und sein soziales Ansehen herabgewürdigt werden. Dies kann auch durch überzogene Kritik oder soziale Ausgrenzung erfolgen.

§ 3 Begriff Sexuelle Belästigung 79

(Wortlaut von § 2 Abs. 2 BeschSchG)

§ 4 Konfliktbeauftragter und Kommission 80

I. Es wird ein Konfliktbeauftragter im Betrieb im Einvernehmen des Betriebsrats bestellt. Er hat für die Beilegung von Meinungsverschiedenheiten zu sorgen.

II. Neben dem Konfliktbeauftragten wird eine Konfliktlösungskommission gebildet, die aus einer gleichen Anzahl von Beauftragten des Arbeitgebers und Betriebsräten besteht sowie einem unparteiischen Vorsitzenden, auf den sich die Betriebsparteien einigen.

---

[35] Gelegentlich wird empfohlen, die Betriebsvereinbarung gegen Mobbing weit zu fassen, damit auch die sexuelle Belästigung erfasst wird.

[36] BSG, Urteil v. 14. 2. 2001 – B 9 VG 4/00 R – AP BGB § 611 Mobbing Nr. 1; LAG Hamm, Urteil v. 25. 6. 2002 – 18 (11) Sa 1295/01 – AP BGB § 611 Mobbing Nr. 3; LAG Bremen, Urteil v. 17. 10. 2002 – 3 Sa 78/02, 3 Sa 232/02 – LAG E Art. 2 GG Persönlichkeitsrecht Nr. 5; LAG Schleswig-Holstein, Urteil v. 19. 3. 2002 – 3 Sa 1/02 – NZA-RR 2002, 457; Thür. LAG, Urteil v. 10. 4. 2001 – 5 Sa 403/2000 – NZA-RR 2001, 347.

81 **§ 5 Maßnahmen gegen Mobbing**

I. Der Konfliktbeauftragte ist über alle Auseinandersetzungen und jedes Mobbingverhalten zu unterrichten.

II. Der Konfliktbeauftragte hat nach Information eine Klärung des Sachverhaltes herbei zu führen.

III. Der Konfliktbeauftragte führt ein Gespräch zwischen dem Mobbingbetroffenen sowie dem Mobber. Auf Verlangen eines der Beteiligten nimmt an dem Gespräch ein Vorgesetzter und ein Mitglied des Betriebsrats teil.

IV. Kommt es zu einer Einigung der Beteiligten, werden Arbeitgeber und Betriebsrat informiert, damit diese bei Bedarf tätig werden können.

V. Kommt es zu keiner Einigung zwischen den Beteiligten, kann der Konfliktbeauftragte ein Gespräch vor der Konfliktlösungskommission herbeiführen.

82 **§ 6 Hilfen für Mobbingbetroffene**

I. Jeder, der sich durch Mobbingmaßnahmen betroffen fühlt, kann sich während der Arbeitszeit an den Konfliktbeauftragten wenden und um Hilfe ersuchen. Hierzu stehen die Sprechstunden des Konfliktbeauftragten zur Verfügung.

II. Der Konfliktbeauftragte wird Anschriften von Beratungsstellen, Ärzten, Rechtsanwälten ..... bereithalten und ein Gespräch mit diesen Stellen vermitteln.

III. Die Kosten sind von dem Betroffenen zu tragen. Unberührt bleiben dessen Kostenerstattungsansprüche gegen den Mobbenden.

83 **§ 7 Sanktionen**

I. Kommt es, auch nach Einschaltung der Konfliktlösungskommission, nicht zu einer Einigung der Beteiligten, kann der Konfliktbeauftragte arbeitsrechtliche Sanktionen beim Arbeitgeber anregen.

II. Die Rechte des Betriebsrats bleiben bei der Verhängung von Sanktionen unberührt.

84 **§ 8 Stellung des Konfliktbeauftragten**

85 **§ 9 Ausstattung des Konfliktbeauftragten**

Sekretärin, Büro, Möbel, Kommunikationsmittel

86 **§ 10 Kosten des Konfliktbeauftragten**[37]

Die Kosten des Konfliktbeauftragten trägt der Arbeitgeber mit Ausnahme der in § 6 geregelten Kosten externer Beratung.

87 **§ 11 Inkrafttreten, Kündigung**

---

[37] Zu Schulungsveranstaltungen: LAG Baden-Württemberg, Urteil v. 5. 3. 2001 – 15 Sa 160/00 – AP BGB § 611 Mobbing Nr. 2.

VI. Betriebsvereinbarung gegen sexuelle Belästigung am Arbeitsplatz

ArbR-Hdb. § 166 RN 55; **Musterbetriebsvereinbarung:** *Schick* AiB 1997, 441.

Präambel 88

Arbeitgeber und Betriebsrat stimmen darüber überein, dass sexuelle Belästigung und Übergriffe am Arbeitsplatz eine erhebliche Beeinträchtigung des Betroffenen, seines Persönlichkeitsrechts und seines Rechts auf sexuelle Selbstbestimmung darstellt. Sie setzen sich daher das Ziel, eine Vereinbarung zu treffen, durch die die Würde von Frauen und Männern gewahrt wird.

§ 1 Verbot[38] 89

I. Sexuelle Belästigung im Betrieb und zwischen Betriebsangehörigen ist unzulässig. Sie stellt eine schwere Arbeitsvertragsverletzung dar.

II. Sexuelle Belästigung am Arbeitsplatz ist jedes vorsätzliche, sexuell bestimmte Verhalten, das die Würde von Beschäftigten am Arbeitsplatz verletzt. Dazu gehören

1. sexuelle Handlungen und Verhaltensweisen, die nach den strafgesetzlichen Vorschriften unter Strafe gestellt sind;

2. sonstige sexuelle Handlungen und Aufforderungen zu diesen, sexuell bestimmte körperliche Berührungen, Bemerkungen sexuellen Inhalts sowie Zeigen und sichtbares Anbringen von pornographischen Darstellungen, die von den Betroffenen erkennbar abgelehnt werden.

III. Sexuelle Belästigung ist unabhängig davon gegeben, ob das entsprechende Verhalten ausdrücklich oder konkludent abgelehnt wird.

§ 2 Verpflichtung des Arbeitgebers 90

I. Der Arbeitgeber verpflichtet sich, besondere Anstrengungen zu unternehmen, um eine Arbeitsumgebung zu schaffen, in der die Würde von Frauen und Männern gewahrt bleibt. Der Betriebsrat wird ihn hierbei unterstützen.

II. Der Arbeitgeber wird die Arbeitsumgebung so gestalten, dass der Selbstschutz gegen sexuelle Belästigung erleichtert und die sexuelle Belästigung erschwert wird. Hierzu gehört insbesondere

1. ausreichende Breite der Verkehrswege;

2. Beschaffung von Arbeitsplätzen, dass die Beschäftigten nicht von hinten überrascht werden können;

3. Sichtschutz in den Intimbereich; frei schwebende Treppen werden so gestaltet, dass eine Sichtbelästigung ausgeschlossen ist;

4. Boden- und Deckenspiegel werden beseitigt.

III. Der Arbeitgeber wird allen Vorwürfen sexueller Belästigung nachgehen und Personen, deren Verhalten beanstandet worden ist, auf ein Fehlverhalten hinweisen.

---

[38] BAG, Urteil v. 8. 6. 2000 – 2 ABR 1/00 – AP BeschSchG § 2 Nr. 3; BVerwG, Beschluss v. 15. 11. 1996 – 1 DB 5.96 – AP BeschSchG § 2 Nr. 1.

91   § 3   Beschwerderecht

I. Die betroffenen Beschäftigten haben das Recht, sich bei den zuständigen Stellen des Betriebes oder der Dienststelle zu beschweren, wenn sie sich vom Arbeitgeber, von Vorgesetzten, von anderen Beschäftigten oder von Dritten am Arbeitsplatz sexuell belästigt fühlen. Das Beschwerderecht nach §§ 84, 85 BetrVG bleibt unberührt.

II. Eine Beschwerde darf nicht zur Benachteiligung des Beschwerdeführers führen, auch wenn die Beschwerde nicht zu weiteren Maßnahmen führt.

III. Zuständige Stellen sind

1. Betriebliche/Dienstliche Vorgesetzte

2. Personalvorgesetzte

IV. Betroffene können sich auch anonym beraten lassen von . . . . .

92   § 4   Behandlung von Beschwerden

I. Beschwerden nach § 3 werden rasch und vertraulich behandelt.

II. Alle Beteiligten sind zur Verschwiegenheit verpflichtet. Das Opfer darf nicht zur Verschwiegenheit verpflichtet werden.

III. Gegenüberstellungen werden nur mit Zustimmung des Opfers vorgenommen.

93   § 5   Interimsmaßnahmen

I. Wird eine Beschwerde wegen sexueller Belästigung erhoben, so werden Arbeitgeber und Betriebsrat Interimsmaßnahmen vereinbaren, damit Belästigte und Belästigter nicht mehr zusammen arbeiten müssen.

II. Kommt eine Einigung nicht zustande, entscheidet die Einigungsstelle, der nur betriebliche Mitglieder angehören sollen.

94   § 6   Sanktionen

I. Ist eine Beschwerde berechtigt, so werden geeignete Abhilfemaßnahmen ergriffen. Sie sollen die Fortsetzung der Belästigung unterbinden und dürfen nicht zur Benachteiligung der belästigten Person führen.

II. Der Arbeitgeber wird gegen Belästiger mit arbeitsrechtlichen Maßnahmen vorgehen. Hierzu gehören

1. Persönliche Gespräche mit dem Belästiger;

2. Verweis oder Verwarnung;

3. Abmahnung;

4. Versetzung;

5. fristgerechte Kündigung;

6. fristlose Entlassung;

7. Strafanzeige.

III. Die Rechte des Betriebsrats bei der Verhängung der Maßnahmen bleiben unberührt.

VII. Werksparkplatz[39]

Zwischen dem Arbeitgeber 97
und
dem Betriebsrat .....
wird eine Betriebsvereinbarung Nr. ...../ ..... Werksparkplatzordnung geschlossen.

1. Alle Mitarbeiter sind berechtigt, den Werksparkplatz zu benutzen, sofern das Fahrzeug durch einen Aufkleber als Fahrzeug eines Mitarbeiters kenntlich gemacht ist. Die Aufkleber werden durch den Pförtner ausgegeben. Sie enthalten das pol. Kennzeichen und den Namen des Mitarbeiters. Bei Wechsel des pol. Kennzeichens ist der Pförtner zu benachrichtigen und ein geänderter Aufkleber zu beantragen.
2. Außerhalb der gekennzeichneten Flächen ist ein Parken unzulässig. Dies gilt auch dann, wenn eine Parkfläche mit einem amtl. Kennzeichen versehen ist.
3. Innerhalb des Werksgeländes gilt die StVO.[40]
4. Mitarbeiter, die gegen die Parkplatzordnung verstoßen, können von der Benutzung des Werksparkplatzes ausgeschlossen werden. Wird ein Kraftwagen im Werksgelände geparkt und kann es hierdurch zu einer betrieblichen Behinderung kommen, kann das Fahrzeug auf Kosten des Mitarbeiters abgeschleppt werden.
5. Haftung des Arbeitgebers für Schäden an geparkten Fahrzeugen.

§ 45. Betriebsvereinbarungen zur Arbeitszeit (§ 87 Abs. 1 Nr. 2, 3 BetrVG)

I. Beginn und Ende der Arbeitszeit

1. Betriebsvereinbarung über die Festlegung der Arbeitszeit

Zwischen der Firma 1
und
dem Betriebsrat der Firma .....
wird nachfolgende Betriebsvereinbarung Nr. ...../ ..... geschlossen.

§ 1 Arbeitszeitverteilung 2

Mit Wirkung vom ..... wird die Arbeitszeit für

1. die Angestellten/die Arbeitnehmer des Betriebes/der Betriebsabteilung ..... von montags bis freitags von 7.30 Uhr bis 16.00 Uhr einschließlich einer halbstündigen Pause festgelegt,

---

[39] Vgl. RN 34, FN 19; ArbR-Hdb. § 108 RN 34.
[40] OLG Köln, Urteil v. 11. 6. 1992 – 12 U 240/91 – AP BGB § 611 Parkplatz Nr. 6.

2. für weibliche Arbeitnehmer .....[1]

3. für Auszubildende .....

3 **§ 2 Pausen**

Die Pausen werden festgelegt für ..... von ..... bis .....

4 **§ 3 Aufhebung früherer Vereinbarungen**

Sämtliche früheren Betriebsvereinbarungen über die Festlegung der Arbeitszeit werden mit Ablauf des ..... rechtsunwirksam.

2. Betriebsvereinbarung über die Flexibilisierung der Arbeitszeit[2]

Mustervereinbarungen: Der Gewerkschafter 1985, 13; *Neifer-Dichmann, Der Arbeit-geber* 1989, 280; Betriebsvereinbarung der Daimler Benz AG: NZA 1985, 453; vgl. auch NZA 1984, 79; zur Formulierung eines Einigungsstellenspruches: NZA 1989, 132.

a) Unregelmäßige Verteilung der Wochenarbeitszeit

5 Zwischen der Geschäftsleitung

und

dem Betriebsrat der Firma ..... Werk .....

wird gemäß ..... tarifvertrag der ..... folgende Betriebsvereinbarung Nr. ...../ ..... geschlossen.

6 **§ 1 Geltungsbereich**

Diese Betriebsvereinbarung gilt

I. räumlich für den Betrieb ...../die Betriebsabteilung .....

II. persönlich für alle Arbeiter und Angestellten i.S. des BetrVG. Ausgenommen sind die Teilzeitbeschäftigten und Auszubildenden.

7 **§ 2 Arbeitszeit**

I. Die regelmäßige wöchentliche Arbeitszeit ohne Pausen beträgt 38,5 Stunden für alle Arbeitnehmer.

II. Die tägliche Arbeitszeit beträgt von Montag bis Donnerstag acht Stunden, am Freitag 6,5 Stunden.

oder

II. Die regelmäßige wöchentliche Arbeitszeit beträgt für jeden Arbeitnehmer ohne Pausen 38,5 Stunden = 2310 Minuten. Die tägliche Arbeitszeit von Montag bis Freitag beträgt 7,7 Stunden = 462 Minuten.

III. Beginn und Ende der Arbeitszeit und der Pausen: .....

---

[1] Sonderregeln für Frauen sind nicht mehr notwendig.
[2] Die Gewerkschaften streben an, dass bei allen Arbeitnehmern die Arbeitszeit verkürzt wird. Dagegen wird von Arbeitgeberseite meist eine Differenzierung zwischen betrieblicher Arbeitszeit und individueller Arbeitszeit bevorzugt, da die Unternehmensausnutzung größer ist.

§ 3 Mitteilung an den Betriebsrat über die durchschnittliche betriebliche Arbeitszeit 8

§ 4 Inkrafttreten und Kündigung 9

I. Die Betriebsvereinbarung tritt am . . . . . in Kraft.

II. Die Betriebsvereinbarung kann mit einer Frist von drei Monaten zum Ende eines Quartals gekündigt werden, erstmals zum . . . . .

Geschäftsleitung   Betriebsrat

b) Muster stärkerer Flexibilisierung[3]

§ 2 Arbeitszeit 10

I. Die regelmäßige tarifliche Arbeitszeit ohne Pausen beträgt im Durchschnitt für alle Vollzeitbeschäftigten 38,5 Stunden.

II. Die regelmäßige individuelle tägliche Arbeitszeit beträgt für Arbeitnehmer in der 5-Tagewoche der Gruppe 1 acht Stunden (wöchentliche Arbeitszeit 40 Stunden), der Gruppe 2 sieben Stunden und 42 Minuten (wöchentliche Arbeitszeit 38,5 Stunden), der Gruppe 3 sieben Stunden und 24 Minuten (wöchentliche Arbeitszeit 37 Stunden). Die Zuweisung der Arbeitsplätze bzw. Arbeitnehmer zu den einzelnen Gruppen ergibt sich aus der Anlage 1.

oder

II. Die regelmäßige wöchentliche Arbeitszeit ohne Pausen im Betrieb beträgt im Durchschnitt 38,5 Stunden. Die individuelle regelmäßige wöchentliche Arbeitszeit kann zwischen 37 und 40 Stunden betragen.

III. Innerhalb der individuellen regelmäßigen Arbeitszeiten von 37 bis 40 Stunden werden drei Gruppen gebildet, und zwar Arbeitsplätze mit 40 Stunden, mit 38,5 Stunden und mit 37 Stunden. Die Zuordnung der individuellen regelmäßigen Arbeitszeit zu den Arbeitsplätzen bzw. Mitarbeitern ist aus der Anlage 1 zu ersehen, die dieser Betriebsvereinbarung beigefügt ist.

IV. Soweit betriebliche Gründe es erfordern, ist eine Änderung der Dauer der individuellen regelmäßigen wöchentlichen Arbeitszeit zwischen Arbeitgeber und Betriebsrat zu vereinbaren. Der Arbeitgeber teilt dem Betriebsrat die gewünschte Änderung zwei Wochen vorher mit. Widerspricht der Betriebsrat nicht innerhalb von zwei Wochen, gilt seine Zustimmung als erteilt.

V. Der Arbeitgeber teilt dem Betriebsrat spätestens am 10. eines jeden Monats die Zahl der am Letzten des Vormonats beschäftigten Vollzeitarbeitnehmer mit. Ferner ist für jeden Vollzeitarbeitnehmer die individuelle Arbeitszeit anzugeben sowie der sich hieraus ergebende Durchschnitt der Wochenarbeitszeit der Vollzeitbeschäftigten im Betrieb.

VI. Die Arbeitszeit wird festgelegt für die Gruppe mit 40-Stunden von . . . . . bis . . . . . *(vgl. oben Abs. II).*

---

[3] Flexibilisierungen kommen vor (1) nach Arbeitszeitdauer und Arbeitszeitlage bei der täglichen Arbeitszeit für verschiedene Gruppen von Arbeitnehmern, (2) bei der Erhöhung der täglichen Arbeitszeit und Einhaltung des Arbeitszeitmaximums im Durchschnittszeitraum, (3) beim Zeitausgleich über freie Tage, (4) beim Einsatz von Springern. Vgl. ArbR-Hdb. § 160.

Schaub

VII. Aus Anlass der Einführung der flexiblen individuellen Arbeitszeit wird die Auslastung der betrieblichen Anlagen und Einrichtungen von 40 Stunden je Woche nicht vermindert.

Die sich aus der festgelegten betrieblichen Nutzungszeit von 40 Stunden und der individuellen festgelegten Arbeitszeit ergebende Zeitdifferenz wird in Form von freien Tagen ausgeglichen. Wenn Arbeitsleistung an den freien Tagen wegen Krankheit, Tarifurlaub, Bildungsurlaub, Freistellung oder sonstigem berechtigtem Anlass nicht zu erbringen ist, sind freie Tage anschließend zu gewähren.

c) Alternative einer Arbeitszeitflexibilisierung mit Gleitzeitmodell

11   a) Die regelmäßige betriebliche Arbeitszeit beträgt 40 Stunden. Die normale Arbeitszeit beginnt um 7.00 Uhr und endet um 15.30 Uhr. Von ..... bis ..... ist Pause.

b) Für gleitzeitberechtigte Mitarbeiter gilt eine Arbeitszeit von 7.00 bis 16.45 Uhr. Die Kernzeit wird auf 8.15 bis 15.30 Uhr festgelegt.

c) Durch die Verkürzung der durchschnittlichen betrieblichen Arbeitszeit durch Tarifvertrag auf 38,5 Stunden ergibt sich ein Zeitguthaben für die in der Zeit von ..... bis ..... Beschäftigten in Höhe von .... Dieses Zeitguthaben wird wie folgt verteilt ....

3. Betriebsvereinbarung über die Einführung der Gleitzeitarbeit

Weitere Muster: AiB 1992, 202; NZA 1985, 769; 696; NZA 1989, 211.

12   Zwischen der Firma .....

und

dem Betriebsrat der Firma .....

wird die Betriebsvereinbarung Nr....../..... über die Einführung der Gleitzeitarbeit geschlossen.

13 § 1 Geltungsbereich

I. Die Betriebsvereinbarung gilt persönlich für alle Mitarbeiter in den Betriebsabteilungen ..... Von der Betriebsvereinbarung ausgenommen sind

1. die Auszubildenden

2. die Aushilfsarbeitnehmer

3. die teilzeitbeschäftigten Arbeitnehmer

4. *(Jugendliche, Mutterschutz)*.

II. Die Betriebsvereinbarung gilt örtlich für ..... und fachlich für .....

14 § 2 Tagesarbeitszeit

I. Die Gesamtarbeitszeit, das ist die Kernarbeitszeit zuzüglich Gleitzeit, umfasst im Fertigungsbereich und in den in der Anlage ..... aufgezählten Bereichen den Zeitraum von 6.30 Uhr bis 17.15 Uhr; in allen anderen Bereichen den Zeitraum von 7.30 bis 18.15 Uhr.

II. Die Kernarbeitszeit, in der alle Mitarbeiter im Betriebe anwesend sein müssen, erstreckt sich in allen Bereichen auf die Zeit von 8.30 bis 15.15 Uhr, an Freitagen bis ..... Jede Abwesenheit in der Kernarbeitszeit ist zu begründen.

III. Alle Mitarbeiter können den Beginn und das Ende der täglichen Arbeitszeit innerhalb der Gesamtarbeitszeit selbst bestimmen, soweit sie in der Kernarbeitszeit anwesend sind.

§ 3 Normalarbeitszeit 15

Als Normalarbeitszeit gilt für den Fertigungsbereich und die in der Anlage aufgezählten Bereiche der Zeitraum von 7.18 bis 15.45 Uhr; für alle anderen Bereiche von 8.18 bis 16.45 Uhr.

§ 4 Pausen 16

I. Als Arbeitszeit rechnet grundsätzlich die registrierte Anwesenheitszeit eines jeden Mitarbeiters im Betrieb.

oder

I. Jeder Mitarbeiter erhält vier Stunden nach Beginn der Arbeitszeit eine Pause von . . . . .

II. Während der Pausen sind in folgenden Bereichen . . . . . Bereitschaftsdienste einzurichten.

§ 5 Abwesenheitszeiten 17

I. Bei Urlaub, Krankheit, Kuren, ganztägigem Sonderurlaub, ganztägiger Dienst- oder Arbeitsbefreiung, Teilnahme an ganztägigen Aus- und Fortbildungsveranstaltungen sowie sonstigen dienstfreien Tagen (z.B. Wochenfeiertage) ist zur Arbeitszeitanrechnung die für den jeweiligen Tag geltende Normalarbeitszeit zugrunde zu legen.

II. Bei ganz- und mehrtägigen Dienstreisen ist für jeden Reisetag die für den/die Mitarbeiter/in jeweils geltende Normalarbeitszeit zugrunde zu legen. Bei Dienstreisen, deren Dauer die Normalarbeitszeit unterschreitet, ist die Dauer der tatsächlichen dienstlichen Abwesenheit zugrunde zu legen. Ist Dienst am Geschäftsort oder während der Reisezeit vorgeschriebener Dienst (nicht aber z.B. Aktenstudium) über die Normalarbeitszeit hinaus zu verrichten, so ist die tatsächliche Dauer der Dienstverrichtung zugrunde zu legen.

Zeiten für Dienstgänge werden auf die Arbeitszeit angerechnet; das gilt jedoch nicht für Wegezeiten von der Wohnung bis zur Aufnahme der Dienstgeschäfte an einer außerhalb der Dienststelle gelegenen Stelle sowie von der Beendigung der Dienstgeschäfte an einer außerhalb der Dienststelle gelegenen Stelle zur Wohnung.

III. Wird stundenweise Sonderurlaub nach der Sonderurlaubsverordnung bzw. stundenweise Arbeitsbefreiung nach . . . . . während der Kernarbeitszeit gewährt, so ist die Dauer der notwendigen Abwesenheit während der Kernarbeitszeit als Arbeitszeit anzurechnen.

Muss ein/e Mitarbeiter/in den Dienst im Laufe eines Arbeitstages wegen Erkrankung oder Unfall beenden, so ist die für diesen Tag geltende Normalarbeitszeit anzurechnen.

IV. Persönliche Angelegenheiten sind in der Regel in der Gleitzeit zu erledigen.

18 **§ 6 Zeiterfassung**

I. Für alle Mitarbeiter wird die tägliche Arbeitszeit bei Beginn und Ende der Arbeit (vor Bekleidungswechsel innerhalb ihres Arbeitsbereiches) durch Ausweisleser registriert.

II. Jeder Mitarbeiter erhält einen persönlichen Ausweis.

III. Alle Mitarbeiter haben bei jedem Betreten und Verlassen des Werksgeländes sowie bei Beginn und Ende der Pausenzeiten den für sie vorgeschriebenen Ausweisleser zu benutzen. Ist die Benutzung des Ausweislesers wegen Dienstreisen nicht möglich, wird die tatsächlich angefallene Arbeitszeit dem Mitarbeiter gutgeschrieben.

Von der Zeiterfassung ausgenommen sind folgende Mitarbeiter .....

IV. Ist der Ausweisleser defekt, erfolgt die Registrierung .....

19 **§ 7 Ausschluss von der Gleitzeit**

Mitarbeiter können aus wichtigen Gründen durch die Geschäftsleitung/durch den Abteilungsleiter mit Zustimmung des Betriebsrats von der Gleitzeitarbeit ausgeschlossen werden. Ein wichtiger Grund ist insbesondere dann gegeben, wenn der Mitarbeiter die Gleitzeit missbraucht hat.

20 **§ 8 Sollarbeitszeit**

I. Die Dauer der individuellen monatlichen Arbeitszeit (Sollarbeitszeit) wird auf der Grundlage der täglichen Normalarbeitszeit mit der Anzahl der zu bezahlenden Arbeitstage des Monats errechnet. Sollarbeitszeiten werden für jeden Monat im Voraus bekannt gegeben.

II. Über- oder Unterschreitungen der Sollarbeitszeit sind spätestens im Folgemonat auszugleichen. Der Gleitzeitsaldo darf monatlich höchstens um 12 Stunden überschritten bzw. zehn Stunden unterschritten werden. Überschreitungen durch angeordnete Mehrarbeit bleiben hiervon unberührt.

III. Wird der Gleitzeitsaldo um mehr als 12 Stunden überschritten, so werden nur 12 Stunden in den Folgemonat übernommen. Der Gesamtsaldo wird auf den Folgemonat übernommen, wenn der Mitarbeiter aus von ihm nicht zu vertretenden Gründen den Saldo nicht ausgleichen konnte.

IV. Wird der Gleitzeitsaldo um mehr als zehn Stunden unterschritten, so wird die zehn Stunden übersteigende Zeit als Fehlzeit gerechnet und die entsprechende Vergütung abgezogen.

21 **§ 9 Mehrarbeit**

I. Alle Mitarbeiter sind verpflichtet, mit Zustimmung des Betriebsrats Über- und Mehrarbeit zu leisten.

II. An Tagen, an denen Über- oder Mehrarbeit angeordnet ist, beträgt die tägliche Arbeitszeit sieben Stunden und 42 Minuten zuzüglich der angeordneten Mehrarbeit. Als Mehrarbeit wird nur die sieben Stunden und 42 Minuten übersteigende Arbeitszeit vergütet.

§ 10 Freizeittag 22

I. Zu Lasten des Gleitzeitsaldos kann mit Zustimmung des Dienstvorgesetzten einmal im Monat ein Gleitzeittag gewährt werden.

II. Die am Hl. Abend, Silvester und Rosenmontag ausfallende Arbeitszeit wird im gesamten Betrieb vorgearbeitet.

§ 11 Abrechnung 23

I. Am letzten Abrechnungstag des monatlichen Abrechnungszeitraumes werden die Zeitzähler aller Mitarbeiter abgelesen.

II. Zum Zwecke der Gleitzeitabrechnung ist für jeden Mitarbeiter ein besonderer Zeitnachweis zu führen.

§ 12 Datenschutz 24

§ 13 Kontrollmaßnahmen 25

§ 14 Kündigung der Betriebsvereinbarung 26

4. Betriebsvereinbarung über flexible Arbeitszeit mit Zeitkorridor[4, 5, 6]

Muster: *Brötzmann/Martiny,* Der Jahresarbeitszeitvertrag, 1997.

Variante 1

I. Die regelmäßige wöchentliche Arbeitszeit wird in der Fünftagewoche auf Montag bis Freitag verteilt. 27

---

[4] **Rechtliche Grenzen der flexiblen Arbeitszeit:** Bei Einführung der flexiblen Arbeitszeit müssen die gesetzlichen und tarifvertraglichen Arbeitszeitgrenzen beachtet werden. Ferner bedarf es der Klärung, in welchem Umfang der Betriebsrat ein erzwingbares Mitbestimmungsrecht hat. Bei einer flexiblen Arbeitszeit mit Zeitkorridor ist regelmäßig ein verstetigtes Entgelt zu zahlen, sodass Arbeitnehmer und Arbeitgeber sich je nach Zeitanfall Kredite geben.
Gesetzliche Grenzen: Die werktägliche Arbeitszeit der Arbeitnehmer darf acht Stunden nicht überschreiten. Sie kann bis zu zehn Stunden nur verlängert werden, wenn innerhalb von sechs Kalendermonaten oder innerhalb von 24 Wochen im Durchschnitt acht Stunden werktäglich nicht überschritten werden. Es stehen mithin zwei Ausgleichszeiträume zur Verfügung. In der Variante 1 kann auf 24 Wochen oder sechs Monate abgestellt werden. Der Ausgleichszeitraum braucht nicht mit dem Kalenderjahr übereinzustimmen. Es wird von der Annahme ausgegangen, dass im Betrieb am Jahresende besonders viel Arbeit anfällt, etwa wegen des Weihnachtsgeschäfts oder der Bilanzerstellung. In diesem Zeitraum wird das Zeitkontingent erhöht. In der Variante 1 stehen zum Ausgleich nach § 3 ArbZG 24 × acht Stunden × sechs Tage = 1152 Stunden zur Verfügung. Wenn bei einer angenommenen Wochenarbeitszeit von 37,5 Stunden von April bis September 6,5 × 24 Wochen × fünf Tage = 780 Tage angenommen werden, ist der Ausgleichszeitraum ausreichend. Dasselbe gilt bei Erhöhung der Arbeitszeit für die Zeit der Arbeitsverlängerung bei 8,5 Stunden × 24 Wochen × 5 Tage = 1020 Stunden. Bei einer möglichen 48-Stundenwoche stehen in der Fünftagewoche 48 geteilt durch fünf = 9,6 Stunden zur Verfügung. Je nach dem gewählten Ausgleichszeitraum und der maximalen Arbeitszeit bedarf es der Kontrollrechnungen, ob § 3 ArbZG genügt ist. Besonderheiten können sich bei Jugendlichen ergeben, da das ArbZG nicht anzuwenden ist (§ 18 Abs. 2 ArbZG), sowie bei Schwangeren, da besondere Arbeitszeitvorschriften gegeben sind (§ 8 MuSchG).
[5] **Tarifvertragliche Grenzen der flexiblen Arbeitszeit:** Es muss durch Auslegung des für den Betrieb geltenden Tarifvertrages ermittelt werden, ob der Tarifvertrag die Einführung einer flexiblen Arbeitszeit mit Zeitkorridor zulässt und die Parteien tarifgebunden sind. Lässt der Tarifvertrag diese nicht zu, können allenfalls individualvertragliche Gestaltungsmittel erwogen werden. Eine Tarifbindung ist in vier Fällen gegeben. Es sind tarifgebunden die Mitglieder der Tarifvertragsparteien und der Arbeitgeber,

II. Die regelmäßige tägliche Sollarbeitszeit beträgt in den Monaten ..... bis .....
6,5 und in den Monaten ..... bis ..... 8,5 Stunden. Die Verteilung der Arbeitszeit
auf die einzelnen Wochentage ergibt sich aus der Anlage 1.

III. Unabhängig von der Verteilung kann der Mitarbeiter Beginn und Ende der
täglichen Arbeitszeit selbst bestimmen. Die Arbeitszeit muss zwischen ..... und
..... begonnen und zwischen ..... und ..... beendet werden. Die erbrachten Arbeitszeiten werden in einem besonderen Zeitkonto erfasst. Ein Zeitbonus oder Malus darf zum Ende eines Kalendermonats ..... Stunden nicht übersteigen; ein Zeitmalus von mehr als ..... wird mit dem Entgelt verrechnet.

IV. Zeitguthaben innerhalb der Bandbreite sind keine Mehrarbeit. Sie können
nach Absprache mit dem Vorgesetzten durch Freizeit ausgeglichen werden. Ein
Zeitbonus von mehr als ..... Stunden wird als Mehrarbeit vergütet.

Variante 2

28   I. Die regelmäßige wöchentliche Arbeitszeit wird in der Fünftagewoche von
Montag bis Freitag verteilt.

II. Die regelmäßige tägliche Arbeitszeit beträgt 7,5 Stunden (37,5 Stunden-Wo-
che). Die Verteilung ergibt sich aus der Anlage 1.

III. Unabhängig von der Verteilung kann der Arbeitnehmer Beginn und Ende
der täglichen Arbeitszeit bestimmen. Die Arbeitszeit muss zwischen ..... und .....
begonnen und zwischen ..... und ..... beendet werden. Die erbrachten Arbeitszeiten werden in einem besonderen Zeitkonto erfasst. Ein Zeitbonus ..... darf zum
Ende eines Kalendermonats ..... Stunden nicht übersteigen; ein Zeitmalus von
mehr als ..... wird mit dem Entgelt verrechnet.

IV. Zeitguthaben innerhalb der Bandbreite sind keine Mehrarbeit. Sie können
nach Absprache mit dem Vorgesetzten durch Freizeit ausgeglichen werden.

Variante 3

29   I. Die regelmäßige wöchentliche Arbeitszeit kann nach Maßgabe der betrieblichen
Erfordernisse für einzelne Arbeitnehmer, Arbeitnehmergruppen, Betriebsteile oder
den gesamten Betrieb im Rahmen der Jahresarbeitszeit anderweitig verteilt werden.

---

der selbst Partei eines Tarifvertrages ist (§ 3 Abs. 1 TVG), diejenige Partei, die aus der Koalition ausge-
treten ist, bis der Tarifvertrag endet (§ 3 TVG), im Falle der Allgemeinverbindlichkeit des Tarifvertrages
auch nicht Organisierte. Ferner kann der Tarifvertrag individualvertraglich in Bezug genommen sein.
Im Falle des Verbandsaustritts und der Beendigung des Tarifvertrages oder seiner Änderung gelten seine
Rechtsnormen kraft Nachwirkung weiter (§ 4 Abs. 5 TVG). Nach § 87 Abs. 1 BetrVG entfaltet ein mit
zwingender Wirkung geltender Tarifvertrag Sperrwirkung für den Abschluss von Betriebsvereinbarungen über Regelungsgegenstände, die der erzwingbaren Mitbestimmung des Betriebsrats unterliegen. Nach
§ 77 BetrVG können Arbeitsentgelte und sonstige Arbeitsbedingungen, die durch Tarifvertrag geregelt
sind oder üblicherweise geregelt werden, nicht Gegenstand einer Betriebsvereinbarung sein. Das gilt
nicht, wenn ein Tarifvertrag den Abschluss ergänzender Betriebsvereinbarungen ausdrücklich zulässt. Im
Unterschied zu § 87 BetrVG entfaltet § 77 BetrVG bereits dann Sperrwirkung, wenn eine tarifliche Regelung üblich ist. Das ist sie bereits dann, wenn die Tarifvertragsparteien einmal eine Regelung getroffen haben und die Regelungsabsicht beibehalten. Nach der Rechtsprechung des BAG besteht die Sperrwirkung auch dann, wenn die Arbeitsvertragsparteien nicht tarifgebunden sind (BAG, Urteil v. 24. 1.
1996 – 1 AZR 597/95 – AP BetrVG 1972 § 77 Tarifvorbehalt Nr. 8). Im Interesse des Schutzes der
Tarifautonomie wird die Regelungsmöglichkeit der Betriebspartner eingeschränkt.

6 Die flexible Arbeitszeit ist mit der gleitenden Arbeitszeit gekoppelt. Der Betriebsrat stimmt im Allgemeinen einer Verrechnung des Zeitmalus nicht zu, wenn der Arbeitnehmer keine hinreichende Möglichkeit hat, einen Zeitmalus zu vermeiden.

II. Die Wochenarbeitszeit kann zwischen 30 und 44 Stunden schwanken. Der Durchschnitt von 37 Stunden je Woche muss in einem 12-Monats-Ausgleichszeitraum erreicht werden.

Der Ausgleichszeitraum kann vom Arbeitgeber mit Zustimmung des Betriebsrats auf das Kalenderjahr oder auf einen anderen Jahresausgleichszeitraum festgelegt werden.

III. Die Arbeitnehmer erhalten ein gleich bleibendes Arbeitsentgelt nach Maßgabe der regelmäßigen Wochenarbeitszeit.

IV. Der Arbeitgeber führt für jeden Mitarbeiter ein besonderes Zeitkonto. Er wird mit der Lohnabrechnung den jeweiligen Zeitkontenstand (plus/minus) auflisten.

V. Tage, an denen der Arbeitnehmer Anspruch auf Entgeltfortzahlung hat, werden mit der regelmäßigen Arbeitszeit von 7,4 Stunden vergütet.

VI. Zum Ende des Ausgleichszeitraumes wird das Zeitkonto abgerechnet. Die über den jährlichen Ausgleichszeitraum hinausgehenden Stunden sind mit einem Zuschlag von 25% je Stunde abzurechnen und mit der nächsten Lohnabrechnung auszuzahlen oder zu kürzen. Minderstunden sind in den nächsten Ausgleichszeitraum zu übertragen und im Rahmen der betrieblichen Erfordernisse durch Mehrarbeit auszugleichen.

VII. Soweit eine wöchentliche Arbeitszeit von 44 Stunden überschritten wird, sind die Stunden als Mehrarbeit mit einem Zuschlag von 25% zu vergüten und bei der nächsten Abrechnung auszuzahlen. Die Verlängerung der täglichen Arbeitszeit soll zehn Stunden nicht übersteigen.

VIII. Bei Beendigung des Arbeitsverhältnisses ist das Zeitkonto (plus/minus) möglichst innerhalb des Ausgleichs- und Abrechnungszeitraumes auszugleichen. Bei einem verbleibenden Plussaldo sind die Mehrarbeitsstunden mit einem Zuschlag von 25% zu vergüten. Bei einem Minussaldo sind nur die im Zeitkonto erfassten Stunden zu bezahlen. Eine Entgeltüberzahlung gilt als Vorschuss.

IX. Die Arbeitsvertragsparteien können innerhalb des Ausgleichszeitraumes Brückentage vereinbaren. Diese werden vom Arbeitszeitkonto abgebucht.[7]

X. Soweit das Arbeitszeitkonto des Arbeitnehmers einen Plussaldo aufweist, kann der Arbeitgeber dem Arbeitnehmer Freizeitausgleich gewähren. Das Arbeitszeitkonto vermindert sich um die gewährten Stunden. Andererseits kann der Arbeitnehmer am Ende des Ausgleichszeitraumes Freizeitausgleich verlangen, soweit dem nicht dringende betriebliche Gründe entgegenstehen.[8]

5. Arbeitszeitmanagement

In schwierigen Zeiten greifen Unternehmen vielfach auf Kündigungen oder den Personal- 30
abbau mit Sozialplan zurück. Im Rahmen eines Arbeitszeitmanagements wird angestrebt,
durch verbesserte Anpassung der Arbeitszeitressourcen an die Auftragslage des Unternehmens
zu Rationalisierungseffekten zu kommen. Bündnisse für Arbeit mit kollektiver Arbeitszeitver-
kürzung finden Eingang in Tarifverträge und Betriebsvereinbarungen. Insoweit kann ein Aus-

---

[7] Die Brückentage ermöglichen im Zusammenhang mit Feiertagen, Freischichten einzulegen.
[8] Sowohl Arbeitgeber wie Arbeitnehmer sollen Plusstunden abbauen können. Eine entsprechende Regelung kann auch für Minusstunden getroffen werden.

gleichszeitraum von einem Jahr wie beim beschriebenen Jahresarbeitsvertrag zu kurz sein. Es finden sich Flexibilisierungsmodelle, dass in jungen Jahren auf Langzeitkonten Zeiten angesammelt werden, die in Zeiten hoher familiärer Belastung, im Alter oder im Rahmen von Sabbaticals oder Blockfreizeiten abgebaut werden. Soll das Langzeitkonto zur Beschäftigungssicherung dienen, bedarf es für den Arbeitgeber der Steuerung, dass in Zeiten geringer Beschäftigungsnotwendigkeit Zeiten aus dem Langzeitkonto genommen werden, während bei angespannter Auftragslage die Ressourcen zur Verfügung stehen. In jedem Fall bedarf es bei der Einrichtung von Langzeitkonten der sozialversicherungsrechtlichen und insolvenzrechtlichen Absicherung.

6. Betriebsvereinbarung über die Einführung der Viertagewoche[9]

31 Zwischen der Firma .....

und

dem Betriebsrat der Firma .....

wird eine Betriebsvereinbarung über die Einführung der Viertagewoche geschlossen:

32 § 1 Geltungsbereich

33 § 2 Regelmäßige Arbeitszeit

I. Die regelmäßige Arbeitszeit beträgt (laut ..... Tarifvertrag) ..... Stunden in der Woche im Jahresdurchschnitt.

II. Die regelmäßige wöchentliche Arbeitszeit wird auf vier Arbeitstage in der Woche verteilt.

III. Die Arbeitszeit beginnt und endet für folgende Gruppen von Arbeitnehmern

1. .....
2. .....
3. .....

34 § 3 Urlaub[10]

Bei der Viertagewoche sind Ansprüche auf tariflichen Urlaub, Urlaub für schwerbehinderte Menschen und gesetzlichen Bildungsurlaub so anzupassen, dass sie von ihrem Umfang her der Dauer entsprechen, als wenn gemäß Schichtplan an fünf Arbeitstagen zu arbeiten wäre.

---

[9] Die Tarifverträge können der Einführung der Viertagewoche entgegenstehen. Ein Muster der Einführung der Viertagewoche ergibt sich aus dem Tarifvertrag zur Einführung der Viertagewoche bei der Volkswagen AG (vgl. DB 1994, 42). Zur Viertagewoche ArbR-Hdb. § 160 RN 17.

[10] Zweck der Klausel ist zu verhindern, dass sich der Urlaubsanspruch verlängert. Die Wirksamkeit hängt von der Auslegung tariflicher Regelungen ab.

II. Betriebsvereinbarungen über die vorübergehende Verkürzung oder Verlängerung der Arbeitszeit (§ 87 Abs. 1 Nr. 3 BetrVG)

1. Betriebsvereinbarung über die Einführung von Kurzarbeit

Weitere Muster: BetrR 1983, 554; AiB 1990, 346; AiB 1994, 329, 339.

Zwischen der Firma   35

und

dem Betriebsrat der Firma . . . . .

wird nachfolgende Betriebsvereinbarung . . . . ./. . . . . über die Einführung von Kurzarbeit geschlossen.

§ 1 Einführung der Kurzarbeit   36

In der Betriebsabteilung . . . . . der Firma . . . . . wird mit Wirkung vom . . . . . Kurzarbeit eingeführt. Die Arbeitszeit wird für . . . . . Arbeitnehmer auf wöchentlich . . . . . Stunden begrenzt.

§ 2 Verteilung der Kurzarbeit   37

Die Arbeitszeit wird so verteilt, dass

1. die Arbeitnehmer der Betriebsabteilung . . . . . täglich von 8–12 Uhr arbeiten;
2. die Arbeitnehmer . . . . . jeweils montags, mittwochs und freitags arbeiten.

§ 3 Beendigung der Kurzarbeit   38

Die Kurzarbeit wird beendet . . . . .

2. Betriebsvereinbarungen mit umfangreichen Sonderregelungen

Betriebsvereinbarung Nr. . . . . ./. . . . . über die Einführung von Kurzarbeit.   39

Zwischen der . . . . . gesetzlich vertreten durch . . . . .

und

dem Betriebsrat der . . . . .

wird nachstehende Betriebsvereinbarung zur Einführung von Kurzarbeit mit dem Ziele geschlossen, Entlassungen zu vermeiden.

§ 1 Beginn der Dauer   40

I. Vom . . . . . ab wird für die Zeit vom . . . . . bis . . . . . Kurzarbeit für die Betriebsabteilungen eingeführt, die sich aus der Anlage 1 zu dieser Betriebsvereinbarung ergeben.

II. Während des Kurzarbeitszeitraums wird die tarifliche wöchentliche Arbeitszeit von 37 Stunden auf 29,6 Stunden gesenkt. Der Arbeitsausfall wird nach Möglichkeit im Zusammenhang mit freien Wochenenden gelegt.

III. Geschäftsleitung und Betriebsrat werden jeweils sieben Kalendertage vor dem 1. eines jeden Monats bekanntgeben, an welchen Tagen des Folgemonats Kurzarbeit geleistet wird.

IV. Im Monat ..... wird wegen Kurzarbeit nicht gearbeitet. In den Abteilungen ..... an folgenden Tagen.

41 § 2 Information des Betriebsrats

I. Der Betriebsrat wird wöchentlich über die Entwicklung des Auftragsbestandes und der Absatzlage anhand von Unterlagen informiert. Dabei sind dem Betriebsrat Unterlagen vorzulegen über den Stand der Beschäftigten, Auftrags- und Lagerbestand, Umsatz und Produktion jeweils im Vergleich zu den letzten Monaten und den Monaten des Vorjahres.

II. Eine Unterbrechung, Ausweitung, Verlängerung oder vorzeitige Beendigung der Kurzarbeit ist nur mit Zustimmung des Betriebsrates möglich.

42 § 3 Zahlung von Kurzarbeitergeld

I. Das Unternehmen stellt unverzüglich bei der zuständigen Agentur für Arbeit Anträge auf Gewährung von Kurzarbeitergeld.[11] Das Kurzarbeitergeld wird zu den regelmäßigen Zahlungsterminen ausgezahlt. Das Kurzarbeitergeld wird vom Unternehmen bei der üblichen Lohnabrechnung im Folgemonat abgerechnet.

II. Verweigert die Agentur für Arbeit die Zahlung von Kurzarbeitergeld aus einem vom Unternehmen zu vertretenden Grund, so ist die volle Arbeitsvergütung während der Kurzarbeitszeit zu zahlen. Dasselbe gilt, wenn sich durch die Anrechnung von Über- und Mehrarbeitsstundenleistungen das Kurzarbeitergeld verringert.

III. Während der Kurzarbeit werden nachfolgende Vergütungsbestandteile so berechnet, als wäre normal gearbeitet worden:
1. Urlaubsentgelt und Urlaubsgeld
2. Entgelt für gesetzliche Feiertage
3. Vermögenswirksame Leistungen
4. Entgeltfortzahlung im Krankheitsfalle sowie Vergütungsfortzahlung bei Arbeitsverhinderung
5. Geldzahlung für Freischichten
6. Tarifliche Jahresleistungen.
Der Anspruch auf Freischichten wird durch die Kurzarbeit nicht berührt.

43 § 4 Überstunden und Auftragsvergabe

I. Während des Kurzarbeitszeitraumes werden keine Überstunden und Zusatzschichten angesetzt. In diesem Zeitraum und einen Monat nach dessen Ablauf werden Überstunden nur in dringenden Ausnahmefällen genehmigt. Das Mitbestimmungsrecht des Betriebsrates bleibt unberührt.

II. Während des Kurzarbeitszeitraumes werden keine Aufträge, die auch im Unternehmen erledigt werden können, an auswärtige Unternehmen vergeben. Als auswärtige Unternehmen gelten auch rechtlich selbständige Unternehmen, die mit der ..... verbunden sind.

44 § 5 Urlaubserteilung

I. Aus dem Vorjahr übertragener Urlaub ist bis zum ..... zu erteilen. Die Urlaubserteilung ist dann ausgeschlossen, wenn ihr berechtigte Gründe des Arbeit-

---

[11] Zur Fürsorgepflichtverletzung bei unterlassener Antragstellung: BAG, Urteil v. 19. 3. 1992 – 8 AZR 301/91 – AP BGB § 611 Fürsorgepflicht Nr. 110.

nehmers entgegenstehen. Berechtigte Gründe sind insbesondere die Buchung einer Urlaubsreise.

II. Für die Zeit vom ..... bis ..... wird Betriebsurlaub festgelegt.

§ 6 Betriebsbedingte Kündigung 45

Während der Kurzarbeitszeit werden keine betriebsbedingten Kündigungen ausgesprochen. Etwas anderes gilt nur für solche Kündigungen, die mit der Kurzarbeit nicht im Zusammenhang stehen.

§ 7 Veränderung und Beendigung der Kurzarbeit 46

I. Verbessert sich die Auftragslage, kann die Kurzarbeit mit Zustimmung des Betriebsrates beendet oder der Umfang der Kurzarbeit geändert werden.

II. Besteht die Notwendigkeit, die Kurzarbeit zu verlängern, so bedarf es der erneuten Vereinbarung mit dem Betriebsrat unter Beachtung der tariflichen Ankündigungsfristen.

III. Ist in Eil- oder Notfällen oder sonstigen betriebsbedingten Gründen die Überschreitung der Kurzarbeit notwendig, bedarf es hierzu einer Vereinbarung mit dem Betriebsrat.

§ 8 Kontakt mit der Agentur für Arbeit 47

Der Betriebsrat ist berechtigt, mit zwei Mitgliedern an allen Gesprächen der Geschäftsleitung mit der Agentur für Arbeit teilzunehmen. Die Geschäftsleitung wird dem Betriebsrat von allen Mitteilungen, Informationen an die Agentur für Arbeit eine Fotokopie überlassen.

3. Betriebsvereinbarung mit Ausgleichszahlung

Zwischen der Geschäftsführung und dem Betriebsrat der Firma ..... wird zur vorü- 48
bergehenden Einführung von Kurzarbeit mit dem Ziele, Entlassungen zu vermeiden, nachfolgende Betriebsvereinbarung ...../..... abgeschlossen.

§ 1 Beginn und Dauer der Kurzarbeit 49

I. Mit Wirkung vom ..... wird für die Zeit vom ..... bis ..... Kurzarbeit für den gesamten Betrieb mit Ausnahme folgender Betriebsabteilungen ..... bzw. Arbeitnehmergruppen .....

oder

Kurzarbeit für folgende Betriebsabteilungen ..... eingeführt.

II. Von der Kurzarbeit werden die Auszubildenden ausgenommen sowie das mit der Ausbildung beauftragte Personal.

III. Die tarifliche wöchentliche Arbeitszeit von ..... Stunden wird auf durchschnittlich ..... reduziert.
Der Arbeitsausfall wird zeitlich vor oder nach einem freien Wochenende gelegt. Geschäftsleitung und Betriebsrat werden jeweils unter Einhaltung der tariflichen Ankündigungsfrist bekannt geben, an welchen Tagen die Arbeit ruht.

IV. Für den ersten Monat der Kurzarbeit ruht die Arbeit an folgenden Tagen: .....

Schaub

50 § 2 Unterrichtung des Betriebsrats

I. Die Geschäftsleitung wird den Betriebsrat in wöchentlichen Besprechungen über die Entwicklung des Auftragsbestandes anhand von Unterlagen unterrichten. Dem Betriebsrat werden wöchentlich Aufstellungen zum Beschäftigten-, Auftrags-, Lagerbestand sowie vom Umsatz und Produktion übergeben.

II. Nach Ablauf der Kurzarbeitsperiode erfolgt die Unterrichtung für die Dauer von sechs Monaten monatlich.

51 § 3 Zahlung des Kurzarbeitergeldes

I. Die Geschäftsleitung stellt unverzüglich bei der zuständigen Agentur für Arbeit die Anträge zur Gewährung von Kurzarbeitergeld.

II..Das Kurzarbeitergeld wird vom Betrieb bei der üblichen Lohnabrechnung im voraus gezahlt. Lehnt das Arbeitsamt die Gewährung von Kurzarbeitergeld ab, wird die übliche Vergütung weitergezahlt.

III. Während der Kurzarbeitsperiode anfallende Sonderzuwendungen werden gezahlt, als ob keine Kurzarbeit angefallen wäre. Sonderzuwendungen i. S. dieser Betriebsvereinbarung sind . . . . .

52 § 4 Zuschuss zum Kurzarbeitergeld

I. Diejenigen Arbeitnehmer, die von der Kurzarbeit betroffen sind, erhalten eine Ausgleichszahlung in Höhe von . . . . . % des Unterschiedsbetrages zwischen ihrem bisherigen durchschnittlichen Nettoeinkommen und dem Nettoeinkommen bei Kurzarbeit einschl. Kurzarbeitergeld.

II. Der Zuschuss zum Kurzarbeitergeld wird zusammen mit der üblichen Lohnzahlung ausgezahlt.

III. Bei der Lohn- und Gehaltsabrechnung werden verdiente Vergütungen, Kurzarbeitergeld und Zuschuss gesondert ausgewiesen.

53 § 5 Überstunden

54 § 6 Kündigungen

55 § 7 Urlaub

56 § 8 Gespräche mit der Agentur für Arbeit

57 § 9 Verkürzung oder Verlängerung der Kurzarbeitsperiode

(vgl. zu § 5 bis § 9 das Muster 2 RN 42)

58 § 10 Einigungsstelle

I. Bei Streitigkeiten über Auslegung, Anwendung und Durchführung dieser Vereinbarung entscheidet die Einigungsstelle.

II. Die Einigungsstelle besteht aus dem Vorsitzenden . . . . . und je drei Vertretern der Geschäftsleitung und des Betriebsrates, die innerhalb von zwei Tagen seit Anrufung der Einigungsstelle zu benennen sind.

Schaub

§ 11 Gesetzes- und Tarifvorbehalt 59

Günstigere gesetzliche oder tarifliche Regelungen bleiben unberührt.

4. Regelungsabrede über die Einführung von Über- und Mehrarbeit[12]

Muster: *Gerull* AuA 1992, 372.

Zwischen der Firma 60

und

dem Betriebsrat der Firma .....

wird die Regelungsabrede ...../..... über die Einführung von Über- und Mehrarbeit für die Abteilung .... getroffen.

1. Der Betriebsrat stimmt dem Antrag des Arbeitgebers zu, in der Abteilung ..... vom ..... bis ..... Über- und Mehrarbeit einzuführen.
2. Die Über- und Mehrarbeit wird in der Weise geleistet, dass
   a) montags und dienstags je eine Stunde länger gearbeitet wird;
   b) an nachfolgenden Samstagen Produktionsfrühschichten verfahren werden.
3. Sollte für die Zeit ab ..... weitere Überarbeit notwendig werden, wird der Arbeitgeber deren Einführung erneut beantragen.
4. Der Arbeitgeber erklärt, dass aus absatzbedingten Gründen bis zum ..... keine Kurzarbeit beantragt wird.
5. Die Regelungsabrede tritt am ..... in Kraft.

§ 46. Betriebsvereinbarung zur Auszahlung des Arbeitsentgelts (Bargeldlose Entgeltzahlung; § 87 Abs. 1 Nr. 4 BetrVG)[1]

(vgl. die Arbeitsordnung § 44 RN 17ff.) 1

Zwischen der .....

und dem Betriebsrat der .....

wird die Betriebsvereinbarung ...../..... über bargeldlose Entgeltzahlung geschlossen.

1. Das Arbeitsentgelt wird bargeldlos gezahlt.
2. Soweit durch die bargeldlose Entgeltzahlung Kontoführungskosten entstehen, werden diese nach Maßgabe folgender Regelung bis zur Höhe von monatlich ..... € erstattet.
   – Wird von der Bank eine Kontoführungsgebühr erhoben, so trägt sie der Arbeitgeber.
   – Wird von der Bank keine allgemeine Kontoführungsgebühr erhoben, sondern Gebühren für die einzelnen Buchungsvorgänge, werden monatlich die Gebühren für zwei Buchungsvorgänge erstattet.
   – Dem Arbeitgeber bleibt freigestellt, mit Bankinstituten Pauschalvereinbarungen über die Kontoführungsgebühren zu schließen.

---

[12] Da nur eine Regelungsabrede (ArbR-Hdb. § 231 RN 65ff.) geschlossen worden ist, ist der Arbeitgeber gezwungen, mit individualvertraglichen Mitteln die Ableistung von Überarbeit zu erreichen.

[1] Vgl. die Rspr. zu BAG AP BetrVG 1972 § 87 Auszahlung.

Schaub

3. Eine bargeldlose Lohnzahlung findet nicht statt, wenn infolge von Pfändungs- und Überweisungsbeschlüssen der Pfändungsschutz entfällt.

4. Der Arbeitgeber verpflichtet sich, Schecks von Mitarbeitern im Betrieb spesenfrei einzulösen.

5. Dem Arbeitnehmer steht frei, das Bankinstitut zu bestimmen, bei dem sein Konto geführt wird.

6. Der Arbeitgeber verpflichtet sich, dafür Sorge zu tragen, dass das Entgelt jeweils bis zum ..... zur Verfügung steht.

7. Kündigung der Betriebsvereinbarung.

§ 47. Urlaubsgrundsätze und Urlaubsplan
(§ 87 Abs. 1 Nr. 5 BetrVG)

(vgl. die Arbeitsordnung § 44 RN 13)

I. Betriebsvereinbarung zum Urlaub

1 § 1 Allgemeine Grundsätze

I. Urlaub dient der Erholung von der Arbeit. Er ist dem einzelnen Beschäftigten unter Beachtung der gesetzlichen, tariflichen betrieblichen und einzelvertraglichen Bestimmungen unter Abwägung der betrieblichen sowie der Interessen der/des Beschäftigen zu erteilen.

II. Die Regelungen des Tarifvertrages ..... gelten auch für diese Betriebsvereinbarung.[1]

III. Der Urlaub muss grundsätzlich im laufenden Kalenderjahr gewährt und angetreten werden.

2 § 2 Urlaubsantrag

I. Anträge für zusammenhängende Urlaubszeiten von mehr als ..... Arbeitstagen werden vom Mitarbeiter durch Eintragung in eine Urlaubsliste gestellt. Diese wird für das erste Halbjahr bis zum 31. 1. eines jeden Jahres in Umlauf gegeben. Urlaub für den Januar eines Jahres soll möglichst im Vorjahr geltend gemacht werden. Urlaub für die zweite Hälfte des Urlaubsjahres ist in die Urlaubsliste bis 30. 4. einzutragen.

II. Verspätet gestellte Anträge werden nur dann zu den verlangten Zeiten berücksichtigt, wenn nicht vorher gestellte Anträge den Vorrang haben.

3 § 3 Einspruch des Arbeitgebers

Der Arbeitgeber hat einen Einspruch gegen den Urlaubsantrag binnen eines Monats seit Schließung der Urlaubsliste beim Betriebsrat einzulegen und gegenüber dem Betriebsrat und der/dem Mitarbeiter(in) schriftlich zu begründen. Wird kein Einspruch eingelegt, gilt der Urlaub zum angegebenen Termin als genehmigt.

---

[1] Die Bestimmung ist unklar. Soweit die Regelungen des Tarifvertrages auf alle Arbeitnehmer erstreckt werden sollen, ist sie unwirksam. Soweit nur der Vorrang des Tarifvertrages klargestellt wird, ist sie überflüssig. Gleichwohl ist sie im Schrifttum empfohlen worden.

§ 4 Widerruf des erteilten Urlaubs 4

I. Ein genehmigter Urlaub kann nur aus dringenden (zwingenden) betrieblichen Gründen (und nur mit Zustimmung der/des Mitarbeiter(in) widerrufen werden.[2] Dies gilt sowohl für die Verschiebung, den Abbruch als auch die Unterbrechung.

II. Das Unternehmen trägt alle Kosten die durch den Widerruf des Urlaubs erwachsen. Die Pflicht zur Kostenerstattung besteht auch bei mitreisenden Familienangehörigen und Lebensgefährten.

III. Verkürzt sich der Urlaub durch Reisezeiten, verlängert sich der Urlaubszeitraum um jeden Reisetag um einen Tag.

oder

III. Im Falle des Widerruf des Urlaubs hat die/der Mitarbeiter Anspruch auf einen Tag Zusatzurlaub.

II. Betriebsurlaub

Arbeitgeber 5

und

Betriebsrat .....

schließen die Betriebsvereinbarung Nr...... /..... über zusammenhängenden Betriebsurlaub.

1. Im Betrieb ..... wird im laufenden / in den Kalenderjahren ..... Betriebsurlaub in der Zeit vom ..... bis ..... eingeführt. Erster Urlaubstag ist der .....; erster Arbeitstag nach dem Urlaub ist der .....
2. Am Betriebsurlaub nehmen alle Mitarbeiter teil. Ausgenommen vom Betriebsurlaub sind jedoch
   1. Pförtner, Nachtwächter und Sicherungspersonal
   2. .....
3. Der von den Mitarbeitern nicht verbrauchte Betriebsurlaub wird zwischen den unmittelbaren Vorgesetzten und den Mitarbeitern unter Anwendung von Urlaubslisten im einzelnen abgestimmt.
4. Für die Erteilung von Urlaub gelten die Urlaubsgrundsätze der Betriebsvereinbarung vom .....

III. Urlaubsgrundsätze

Muster: AiB 1991, 219.

1. Alle Mitarbeiter haben Ende Februar für das laufende Jahr ihre Urlaubswünsche 6 in eine Urlaubsliste einzutragen. Der Urlaub ist grundsätzlich zusammenhängend zu nehmen. Auch bei dringenden betrieblichen oder persönlichen Gründen müssen mindestens zwei Wochen zusammenhängend genommen werden.
Sofern der Arbeitgeber den Urlaubswünschen nicht innerhalb einer Frist von einem Monat widerspricht, gilt der Urlaub als in dem angegebenen Zeitraum er-

---

[2] Vgl. BAG, Urteil v. 20. 6. 2000 – 9 AZR 405/99 – AP BUrlG § 7 Nr. 28 (Vereinbarung über Rückruf unwirksam).

teilt. Dies gilt nicht, wenn besonders dringende, unvorhergesehene betriebliche Ereignisse der Erteilung entgegenstehen.

Bei Urlaubsantritt hat der Mitarbeiter den Urlaubsantrag auszufüllen und seine Urlaubsanschrift anzugeben.

2. Der Urlaub wird grundsätzlich entsprechend betrieblichen Bedürfnissen erteilt. Jedoch sind die Urlaubswünsche der einzelnen Arbeitnehmer zu berücksichtigen, es sei denn, dass ihrer Berücksichtigung dringende betriebliche Belange oder Urlaubswünsche anderer Arbeitnehmer, die unter sozialen Gesichtspunkten den Vorrang verdienen entgegenstehen.

Mitarbeiter mit schulpflichtigen Kindern haben während der Schulferien Vorrang. Soweit nicht alle Mitarbeiter mit schulpflichtigen Kindern Urlaub gewährt werden kann, kann Teilurlaub gewährt werden, so dass allen vorrangig Berechtigten einen Anteil des Urlaubs während der Schulferien erteilt wird.

Mitarbeitern mit berufstätigen Ehegatten ist der Urlaub nach Möglichkeit zu gewähren, dass sie gemeinsam mit dem Ehepartner in Urlaub gehen können.

Verheiratete haben Vorrang vor Ledigen; Ältere vor Jüngeren, länger beschäftigte Betriebsangehörige vor kurzfristiger Beschäftigten.

3. Der festgelegte Urlaubszeitpunkt kann nur bei dringenden betrieblichen oder dringenden persönlichen Gründen verlegt werden. Die Notwendigkeit ist rechtzeitig vor dem Zeitpunkt geltend zu machen.

§ 48. Kontrolleinrichtungen (§ 87 Abs. 1 Nr. 6 BetrVG)

I. Betriebsvereinbarung über die Einführung eines elektronischen Informations- und Kommunikationssystems (§ 87 Abs. 1 Nr. 6 BetrVG)

1   Die X-AG, gesetzlich vertreten durch den Vorstand und der Konzern/Gesamtbetriebsrat der X-AG schließen eine Konzern/Gesamtbetriebsvereinbarung über die Einführung eines elektronischen Informations- und Kommunikationssystems Nr....../.....

2 **Präambel**

Zur Fortentwicklung der geschäftlichen Ziele der X-AG unter den Bedingungen fortschreitender Globalisierung der Wirtschaft ist es zur Wahrung von Technologie, Kosten und Marktführerschaft zwingend notwendig, moderne Informations- und Kommunikationsmittel einzusetzen. Dabei werden insbesondere folgende Ziele verfolgt:

− Unterstützung und Optimierung von Geschäftsprozessen, im Konzern, zwischen den Unternehmen und Unternehmen und Dritten,

− Verbesserung der internen und externen Kommunikation,

− Verbesserung der Informationsbeschaffung, Verwendung interner und externer Archive und Datenbanken,

− Verbesserung der Kommunikation der Mitarbeiter untereinander und mit Kunden,

− .....

3 **§ 1 Geltungsbereich**

I. Die Betriebsvereinbarung gilt für alle inländischen Betriebe der X-AG. Sie gilt nur für Mitarbeiter nach § 5 Abs. 1 BetrVG.

Schaub

II. Betreiber und Nutzer der Systeme sind verpflichtet, die Systeme nur unter Wahrung der Grundsätze dieser Betriebsvereinbarung einzusetzen. Dies gilt auch bei der Anwendung mit Externen.

§ 2 Gestaltung der Systeme 4

I. Informations- und Kommunikationssysteme werden entsprechend ihrem Verwendungszweck mit der erforderlichen Hard- und Software ausgestattet und der technischen Entwicklung angepasst.

II. Die Informations- und Kommunikationssysteme werden allen Mitarbeitern zur Verfügung gestellt, die sie zur Erfüllung ihrer Arbeitsaufgaben benötigen.

III. Der Schutz personenbezogener Daten wird sichergestellt.

IV. Die Grundarchitektur der elektronischen Informations- und Kommunikationssysteme wird dokumentiert und dem jeweils zuständigen Betriebsrat zur Verfügung gestellt.

§ 3 Datensicherheit 5

I. Zur Verhinderung eines unberechtigten Zugriffs auf das System, der Abwehr von Viren und Vermeidung sonstiger technischer Mängel wird im Rahmen des Konzerns eine Schutzeinrichtung entwickelt.

II. Im Rahmen der Entwicklung und Einrichtung wird der Konzern/Gesamtbetriebsrat informiert und angehört, damit die Mitbestimmungsrechte wahrgenommen werden können.

§ 4 Leistungs- und Verhaltenskontrolle 6

I. Eine Leistungs- und Verhaltenskontrolle bei der Nutzung des Systems findet grundsätzlich nicht statt. Eine Ausnahme besteht dann, wenn der Verdacht einer missbräuchlichen Nutzung des Systems besteht.

II. Der Betriebsrat hat bei der Einführung, Anwendung und Durchführung des Systems ein erzwingbares Mitbestimmungsrecht. Die konkreten Kontrollmaßnahmen werden mit dem vom Betriebsrat bestimmten Betriebsratsmitglied abgestimmt.

III. Protokolle werden geführt
1. zur Gewährleistung der Systemsicherheit, insbesondere zum Schutz gegen unberechtigtes Eindringen in das System
2. zur Aufklärung missbräuchlicher Nutzung
3. ......

IV. Informationen über Leistung und Verhalten von Mitarbeitern, die unter Verstoß gegen diese Betriebsvereinbarung gewonnen worden sind, dürfen nicht zur Begründung personeller Einzelmaßnahmen herangezogen werden.

§ 5 Schulungs- und Bildungsveranstaltungen 7

I. Alle Mitarbeiterinnen und Mitarbeiter, die berechtigt sind, mit dem Informations- und Kommunikationssystem zu arbeiten, werden in erforderlichem Umfang geschult, damit sie ihre Aufgaben wahrnehmen können.

II. Durch die zuständigen Personalabteilungen wird ein Schulungsprogramm erstellt. Dieses Schulungsprogramm soll

Schaub

1. die Mitarbeiterinnen und Mitarbeiter befähigen, mit dem System sicher und wirtschaftlich umzugehen,
2. über das Sicherheitssystem aufklären,
3. dazu beitragen Diskriminierungen und sexuelle Belästigungen zu vermeiden,
4. . . . . .

III. Die Rechte des Betriebsrats nach § 96 bis § 98 BetrVG bleiben unberührt.

8   § 6 Rechte und Pflichten der Mitarbeiterinnen und Mitarbeiter

I. Personenbezogene Daten von Mitarbeiterinnen und Mitarbeitern dürfen nur veröffentlicht werden, wenn diese vorher schriftlich einwilligen.

II. Die Systeme sind zur Erledigung der Arbeitsaufgaben bestimmt. Die private Nutzung der Systeme ist nicht/nur während der Pausen und unter sparsamer Verwendung der Betriebsmittel zulässig.

9   § 7 Beteiligung der Betriebsräte

I. Der jeweilige Betriebsrat ist über die in den Betrieben genutzten Informations- und Kommunikationssysteme, die personenbezogene Daten verarbeiten, zu unterrichten, damit dieser seine Mitbestimmungsrechte wahren kann. Dem Betriebsrat ist jeweils auch mitzuteilen, wer auf diese Daten zugriffsberechtigt ist.

II. Der jeweilige Betriebsrat ist berechtigt zur Erfüllung seiner Aufgaben die einschlägigen Informations- und Kommunikationssysteme zu nutzen.

III. Der jeweilige Betriebsrat wird über die Handhabung der Systeme hinreichend geschult.

10   § 8 Inkrafttreten und Kündigung

II. Betriebsvereinbarung über die Einführung elektronischer Arbeitszeiterfassung (§ 87 Abs. 1 Nr. 6 BetrVG)

11   Zwischen der . . . . . GmbH
und
ihrem Betriebsrat
wird eine Betriebsvereinbarung . . . . ./ . . . . . zur elektronischen Arbeitszeiterfassung geschlossen.

12   § 1 Geltungsbereich

Die Betriebsvereinbarung gilt für alle Mitarbeiter in den Betrieben der . . . . . GmbH mit Ausnahme der leitenden Angestellten i. S. von § 5 Abs. 3 BetrVG.

13   § 2 Ziel und Zweck des Systems

I. Das Erfassungssystem der . . . . . Datentechnik dient der Erfassung, Speicherung und Weiterverarbeitung von Uhrzeitdaten für die Lohn- und Gehaltsabrechnung der Mitarbeiter.

II. Es dient weiter zur Kontrolle der Zutrittsberechtigung für einzelne Betriebsbereiche sowie die Berechtigung zur Parkplatzbenutzung.

Schaub

III. Weitere Zwecke wie die Kantinenabrechnung oder die Aktivschaltung des Telefons werden einvernehmlich geregelt.

§ 3 Erfassung durch das System 14

Das Kommunikationssystem speichert nachfolgende Daten ..... Es bereitet die Zeitdaten auf .....

§ 4 Mitarbeiterausweis 15

I. Alle Mitarbeiter erhalten einen Ausweis in Scheckkartenformat mit Lichtbild und Namen des Mitarbeiters. Der Ausweis ist elektronisch lesbar und weist die Ausweisnummer codiert und uncodiert aus. Er ist nicht übertragbar.

II. Der Ausweis verbleibt während der Dauer des Beschäftigungsverhältnisses beim Mitarbeiter. Er ist sorgfältig zu verwahren und pfleglich zu behandeln. Die Kosten der Erstellung trägt das Unternehmen.

III. Bei Verlust oder Unbrauchbarkeit des Ausweises ist die Personalabteilung unverzüglich zu informieren.

IV. Bei Beendigung des Arbeitsverhältnisses ist der Ausweis zurückzugeben.

§ 5 Zeiterfassung 16

I. Die Mitarbeiter sind verpflichtet, ihre Ankunfts-, Verlassens- und Unterbrechungszeiten persönlich an den Arbeitszeiterfassungs-Terminals zu registrieren.

II. Die Mitarbeiter haben die dem regelmäßigen Arbeitsplatz räumlich zugeordneten Arbeitszeiterfassungs-Terminals zu benutzen. Die räumliche Zuordnung ergibt sich aus der Anlage 1 dieser Betriebsvereinbarung.

III. Die Arbeitszeiterfassungs-Terminals sind entsprechend der Bedienungsanleitung zu bedienen. Jeder Mitarbeiter wird über die Bedienung unterwiesen.

IV. Störungen der Arbeitszeiterfassungs-Terminals sind dem Werksschutz/der Personalabteilung und dem Vorgesetzten zu melden.

§ 6 Information der Mitarbeiter 17

I. Jeder Mitarbeiter kann an den Arbeitszeiterfassungs-Terminals in ..... abrufen:
1. den Arbeitszeit- bzw. Gleitzeitsaldo
2. geleistete Mehrarbeitsstunden
3. das Urlaubskonto zu dem vom Terminal ausgedruckten Stand.

II. Nach Abschluss des Monats erhalten alle Mitarbeiter einen Zeitnachweis mit allen Anwesenheits- und Abwesenheitszeiten sowie der nach Abs. I abrufbaren Daten. Beanstandungen sind der Personalabteilung unverzüglich mitzuteilen.

§ 7 Datentransfer, Speicherung und Weiterverarbeitung 18

I. Das ..... ist ein System der Zeitdatenverwaltung.

II. Die Uhrzeitenerfassung erfolgt durch Datenübermittlung vom Arbeitszeiterfassungs-Terminal zum Server. Sie wird drei Monate gespeichert .....

III. Anderweitige Auslagerungen oder Auswertungen der Daten ist nur mit Zustimmung des Betriebsrats zulässig.

19   § 8 Zugriffsberechtigung

I. Eine Zugriffsberechtigung für das Zeiterfassungssystem besteht für folgende Personen . . . . .

II. Eine Zugriffsberechtigung für das Zeitdatensystem besteht für folgende Personen . . . . .

III. Die Daten werden gegen unberechtigten Zugriff durch individuelle Passworte gesichert.

20   § 9 Administrative Arbeiten

I. Jeder Vorgesetzte ist für die Einhaltung der Betriebsvereinbarung verantwortlich.

II. Für administrative Arbeiten, die nicht von der Personalverwaltung oder den Mitarbeitern selbst wahrgenommen werden können, werden Arbeitszeitbeauftragte bestellt. Diesen obliegt
1. die Eingabe von Zeit-Nachmeldungen oder anderen Nachbuchungen bzw. Korrekturen aufgetretener Fehler,
2. die Eingabe von Abwesenheits-/zu bezahlenden Anwesenheitszeiten sowie Mehrarbeit,
3. das Verteilen der monatlichen Zeitnachweise.

21   § 10 Kontrolle des Betriebsrats

I. Dem Betriebsrat werden auf Verlangen Auswertungen über die gespeicherten Daten in den Zeiterfassungssystemen zu Verfügung gestellt.

II. Die Betriebsratsmitglieder sind zur Verschwiegenheit über die ihnen zur Kenntnis gelangenden Daten verpflichtet.

22   § 11 Verhaltens- und Leistungskontrolle

I. Die erfassten Zeitdaten und saldierten Anwesenheitszeiten werden nur zur Überprüfung der Einhaltung der gesetzlichen und tariflichen Arbeitszeitvorschriften sowie zu Abrechnungszwecken verwandt.

II. Eine Verhaltens- und Leistungskontrolle findet mit den gespeicherten Daten nicht statt.

23   § 12 Information der Mitarbeiter

Alle Mitarbeiter werden in der Bedienung der Arbeitszeiterfassungs-Terminals und deren Einsatzmöglichkeiten unterwiesen.

24   § 13 Termin der Einführung des Zeiterfassungssystems

25   § 14 Kündigung

III. Betriebsvereinbarungen zur Telefondatenverarbeitung[1]

Bähringer, Musterbetriebsvereinbarung einer Telefondatenverarbeitung, NZA 1987, 11; AiB 1992, 205.

1. Telefonbenutzung

Zwischen der   26
und
dem Betriebsrat . . . . .
wird eine Betriebsvereinbarung über die Telefondatenverarbeitung geschlossen.

§ 1 Geltungsbereich   27

Alle Fernsprechnebenstellen der Telefonanlage des Unternehmens sind/werden an eine elektronische Telefondatenerfassungsanlage angeschlossen. Alle von Fernsprechnebenstellen geführten Gespräche werden von der Telefondatenerfassungsanlage registriert.

§ 2 Private Telefongespräche   28

I. Private Telefongespräche dürfen grundsätzlich über die Telefonanlage des Unternehmens nicht geführt werden. Für Privatgespräche stehen öffentliche Münzfernsprechapparate zur Verfügung.

II. Ausnahmsweise können private Telefongespräche über die Telefonanlage des Unternehmens geführt werden, wenn
1. der Kostenstellenverantwortliche zustimmt und das Telefongespräch bei der zentralen Vermittlungsstelle angemeldet wird;
2. vor dem Gespräch die Kennzahl für private Gespräche angegeben wird und die Personalnummer des Arbeitnehmers. In diesen Fällen wird nur das Gespräch, seine Dauer und die Gebühreneinheiten erfasst.

III. Private Telefongespräche sind, sofern sie 5,– € überschreiten, zu bezahlen. Die anfallenden Gebühren werden bei der monatlichen Lohn- und Gehaltsabrechnung einbehalten.

§ 3 Telefongespräche des Betriebsrats   29

I. Telefongespräche des Betriebsrats, die von den Nebenstellen . . . . . geführt werden, werden nicht erfasst.

II. Für sonstige Gespräche . . . . .[2]

§ 4 Dienstgespräche   30

I. Alle von einem Nebenstellenanschluss geführten Gespräche werden von der Telefondatenerfassung erfasst. Es werden gespeichert

---

[1] BAG, Beschluss v. 27. 5. 1986 – 1 ABR 48/84 – AP BetrVG 1972 § 87 Überwachung Nr. 15; LAG Frankfurt, Beschluss v. 22. 9. 1994 – 5 Ta BV 183/93 – ArbuR 1995, 196; LAG Hamburg, Urteil v. 1. 9. 1998 – 2 Sa 94/86 – BB 1989, 1053.
[2] Gelegentlich werden sie erfasst und ausgedruckt, aber die Telefonliste nur dem Betriebsrat vorgelegt.

Schaub

1. die interne Rufnummer der Nebenstelle und die Kostenstelle,
2. der Name des Benutzungsberechtigten des Nebenstellenanschlusses,
3. das Datum des geführten Gespräches nach Monat, Tag und Uhrzeit,
4. die Gebühreneinheiten und der Gebührenbetrag des Gespräches,
5. der angewählte Anschluss (Vorwahl und Rufnummer).

II. Die Telefondatenerfassungsanlage speichert die von den Nebenstellen geführten Telefongespräche auf Eingabebändern. Sie werden monatlich je Nebenstelle ausgedruckt. Die nach § 2 Abs. 2 geführten Telefongespräche werden nicht in die Telefonliste aufgenommen. Sie werden maschinell überlesen. Sie werden allein zum Zwecke der Abrechnung und des Nachweises bei Reklamationen gesondert ausgedruckt.

31   § 5 Prüfung der Telefondatenerfassungsliste

Die Telefondatenlisten werden von dem für den jeweiligen Nebenstellenanschluss zuständigen Kostenstellenverantwortlichen geprüft. Die Prüfung erstreckt sich auf den dienstlichen Anlass der geführten Gespräche und deren angemessene Dauer.

32   § 6 Löschen der Daten

I. Es werden gelöscht oder vernichtet
1. die von der Telefondatenerfassungsanlage erstellten Eingabebänder ..... Tage nach der Eingabe,
2. die Telefondatenerfassungslisten je nach Nebenstellenanschluss ..... Tage nach dem letzten ausgedruckten Speichertermin, frühestens jedoch nach der Erledigung von Beanstandungen,
3. die gesonderten Listen über Privatgespräche drei Jahre nach Ablauf eines jeden Kalenderjahres, da sie Bestandteil der Lohn- und Gehaltsunterlagen sind.

II. Beim Kostenstellenverantwortlichen verbleiben die je Kostenstelle ausgedruckten Telefondatenerfassungslisten über die zusammen gefassten Kosten aller Nebenanschlüsse.

33   § 7 Beanstandungen

I. Beanstandet der Kostenstellenverantwortliche bei der Prüfung einer Telefondatenerfassungsliste ein Telefongespräch, so hat er hierzu den Benutzungsberechtigten der Nebenstelle zu hören.

II. Gebühren für in der Telefondatenerfassungsliste ausgedruckten Privatgespräche sind vom Mitarbeiter unverzüglich zu bezahlen.

34   § 8 Inkrafttreten

2. Betriebsvereinbarung zur Gebührenabrechnung

35   § 1 Erfassung

Arbeitnehmer, die Privatgespräche über die Telefonanlage des Unternehmens führen, haben das Gespräch zunächst durch Eingabe ..... als Privatgespräch zu kennzeichnen und alsdann ihre Personalnummer einzugeben.

Schaub

§ 2 Gebührenauswertung 36

I. Zur Gebührenauswertung werden in der Datenverarbeitungsanlage neben der Rufnummer des benutzten Telefonapparates das Gesprächsdatum, Uhrzeit, Dauer des Gespräches und angewählte Telefonnummer erfasst.

II. Aus Gründen des Datenschutzes werden nur die Vorwahl und ..... Stellen in kleineren Ortsnetzen und ..... in größeren Ortsnetzen erfasst.

§ 3 Abrechnung 37

I. Die Gebührenabrechnung erfolgt nach den benutzten Telefonapparaten.

II. Die Gebührenabrechnung wird den Benutzern monatlich zur Prüfung und Unterzeichnung zugeleitet. Werden keine Einwendungen erhoben, werden sie bei der nächsten Entgeltauszahlung abgebucht.

III. Werden gegen die Abrechnung Einwendungen erhoben, werden Benutzer und Arbeitgeber um die Aufklärung der Differenzen bemüht sein.

§ 4 Inkrafttreten 38

3. Mithören von Telefongesprächen[3]

I. Das Mithören von Telefongesprächen wird ausgeschlossen. 39

II. Telefongespräche dürfen nur dann auf einen Lautsprecher geschaltet werden, wenn der Gesprächspartner vorher darauf hingewiesen worden ist.

IV. Betriebsvereinbarung über den Einsatz von Intranet, Internet und E-Mail (§ 87 Abs. 1 Nr. 6 BetrVG)

Beckschulte/Henkel, Der Einfluss des Internet auf das Arbeitsrecht, DB 2001, 1491; *Beckschulte,* Internet-, Intranet- und E-Mail-Einsatz am Arbeitsplatz, DB 2003, 2777; *Ernst,* Der Arbeitgeber, die E-Mail und das Internet, NZA 2002, 585; *Lindemann/Simon,* Betriebsvereinbarungen zur E-Mail-, Internet- und Intranet-Nutzung, BB 2001, 1950; *Ute und Helmut Mocker,* Intranet-Internet im betrieblichen Einsatz, 3. Aufl., 2000; *Ute und Helmut Mocker/Ahlreep,* E-Communication, 2001.

Die X-GmbH gesetzlich vertreten durch den Geschäftsführer und ihr Betriebs- 40 rat/Gesamtbetriebsrat vertreten durch den Gesamt/Betriebsratsvorsitzenden schließen eine Betriebsvereinbarung ...../..... über die Einführung von E-Mail und die Nutzung von Intranet und Internet durch die Mitarbeiter der X-GmbH ab:

§ 1 Geltungsbereich 41

I. Die Betriebsvereinbarung gilt für alle Beschäftigten der X-GmbH mit Ausnahme der leitenden Angestellten nach § 5 Abs. 3 BetrVG.

II. Die X-GmbH vereinbart bei Dienstleistungen Dritter, dass diese Betriebsvereinbarung angewandt wird.

---

[3] Vgl. BVerfG, Beschluss v. 19. 12. 1991 – 1 BvR 382/85 – AP BGB § 611 Persönlichkeitsrecht Nr. 24; BAG, Urteil v. 29. 10. 1997 – 5 AZR 508/96 – AP BGB § 611 Persönlichkeitsrecht Nr. 27.

42 **§ 2 Zweckbindung**

I. Im Unternehmen werden sukzessive computerunterstützte Arbeitsplätze eingerichtet und mit den Möglichkeiten der elektronischen Post (E-Mail) und, soweit Bedarf, mit Intranet- (intern) und Internet-Zugang (extern) ausgestattet.

II. Die Einführung des E-Mail dient der Kommunikation der Beschäftigten untereinander sowie der Kommunikation mit Externen.

III. Die Nutzung der Internetdienste dient dem Zugriff auf weltweit verfügbare Informationen und Daten und dem Angebot firmenbezogener Daten.

IV. Das Intranet wird als geschlossenes Netzwerk installiert. Seine Zugänge nach außen und von außen werden durch besondere Sicherheitssysteme (Firewalls) kontrolliert.

43 **§ 3 Allgemeine Definitionen**

I. Personenbezogene Daten sind Einzelangaben über persönliche oder sachliche Verhältnisse einer bestimmten oder bestimmbaren natürlichen Person (Betroffener).

II. Diensteanbieter ist jede natürliche oder juristische Person, die zu beruflichen oder sonstigen Zwecken Teledienste in Anspruch nimmt, insbesondere um Informationen zu erlangen oder zugänglich zu machen. Nutzer ist jede natürliche oder juristische Person, die zu beruflichen oder sonstigen Zwecken Teledienste in Anspruch nimmt, insbesondere um Informationen zu erlangen oder zugänglich zu machen.

III. Telekommunikation ist der technische Vorgang des Aussendens, Übermittelns und Empfangens von Nachrichten jeglicher Art in der Form von Zeichen, Sprache, Bildern oder Tönen mittels Telekommunikationsanlagen. Telekommunikationsnetz ist die Gesamtheit der technischen Einrichtungen (Übertragungswege, Vermittlungseinrichtungen und sonstige Einrichtungen, die zur Gewährleistung eines ordnungsgemäßen Betriebs des Telekommunikationswegs unerlässlich sind), die zur Erbringung von Telekommunikationsdienstleistungen oder zu nichtgewerblichen Telekommunikationszwecken dient.

44 **§ 4 Nutzung von E-Mail und Internet**

I. Die Nutzung des E-Mail und des Internet ist nur in dienstlichem Interesse gestattet.

oder

I. Die Nutzung des E-Mail und des Internet soll nur in dienstlichem Interesse erfolgen. Eine gelegentliche private Nutzung außerhalb der Dienstzeit und während der Pausen wird zugelassen.[4]

II. Die bei der Privatnutzung anfallenden Kosten trägt der Mitarbeiter.

III. Die bei der Nutzung des E-Mail und des Internet anfallenden personenbezogenen Daten (Protokoll- und Verbindungsdaten) dürfen nicht zu einer Verhaltens- und Leistungskontrolle verwandt werden.

---

[4] Um zu verhindern, dass „unerwünschte" Seiten aufgesucht werden, können diese gesperrt werden. Der Betriebsrat wird insoweit ein erzwingbares Mitbestimmungsrecht haben (§ 87 Abs. 1 Nr. 1 BetrVG).

§ 5 E-Mail-Adresse und Vertretungsregelung 45

I. Jeder Mitarbeiter erhält zwei E-Mail-Adressen eine funktionsbezogene, dienstliche und eine namensbezogene, persönliche Adresse. Die funktionsgebundene kann sich auch auf eine Arbeitsgruppe beziehen. Das E-Mail an beide Adressen wird derselben Mailbox zugeleitet. Für normale Dienstgeschäfte ist die funktionsgebundene E-Mail-Adresse zu verwenden. Im Übrigen wird gewährleistet, dass bei der E-Mail-Nutzung die Daten nur vom Absender und Empfänger gelesen werden können.

II. Ein E-Mail an die funktionsbezogene E-Mail-Adresse wird bei Abwesenheit des Mitarbeiters automatisch an den Stellvertreter weitergeleitet oder der Absender wird informiert. Vor voraussehbaren Abwesenheitszeiten (Urlaub, Dienstreisen) wird die Weiterleitung durch den Mitarbeiter in Abstimmung mit dem Stellvertreter veranlasst. Bei nicht vorhersehbaren Abwesenheitszeiten (Krankheit) wird die Weiterleitung von dem Vorgesetzten in Abstimmung mit dem Stellvertreter über den Postmeister veranlasst. Der Zeitpunkt der Weiterleitung wird protokolliert.

III. Ein E-Mail an die private Adresse wird nicht weitergeleitet. Der Absender des E-Mail wird über die Abwesenheit unterrichtet.

§ 6 Passwort 46

I. Jeder Nutzer des E-Mailsytems erhält eine Zugangsberechtigung mittels eines Passwortes und einen eigenen Datenbereich (Mailbox). Das Passwort besteht aus mindestens sechs Zeichen und einer Zahl. Jeder Zugangsberechtigte hat das Passwort auszuwählen. Es ist geheim zu halten.

II. Ohne Einwilligung des zugangsberechtigten Mitarbeiters dürfen Dritte keine Einsicht in dessen E-Mails nehmen. Der Vorgesetzte kann verlangen, dass ihm die Mails dienstlichen Inhalts ausgedruckt werden.

III. Die Zustimmung des Mitarbeiters gilt als erteilt, wenn dieser das Mail in einen allgemein zugänglichen Bereich bringt.

§ 7 Verschlüsselung 47

I. E-Mails mit vertraulichem Inhalt oder mit personenbezogenen Daten dürfen innerhalb des Unternehmens oder extern nur verschlüsselt versandt werden. Sie dürfen nicht an Externe versandt werden, wenn diese nicht in der Lage sind, verschlüsselte Mails zu lesen.

II. Der Arbeitgeber stellt ein Verschlüsselungssystem zur Verfügung. Das Verschlüsselungssystem für die Privatnutzung wird dem Berechtigten so übergeben, dass Dritte darin keine Einsicht nehmen können.

§ 8 Posteingangsbuch 48

I. Das Unternehmen führt ein elektronisches Posteingangsbuch. In ihm werden alle an dienstliche oder funktionsbezogene E-Mails mit Absender, Empfänger, E-Mail-Identifikation, Datum und Uhrzeit registriert.

II. Im E-Mail-System kann mittels Optionen eine Zustellungsbestätigung und eine Lesebestätigung abgerufen werden. Diese Funktionen werden nicht zur Leistungs- und Verhaltenskontrolle verwandt.

Schaub

III. Vom Mitarbeiter kann nicht verlangt werden, die Lesebestätigung einzuschalten.

49 § 9 Archivierung

I. Soweit erforderlich werden ein- und ausgehende E-Mails ausgedruckt und wie Schriftstücke aufbewahrt. Die zu Grunde liegenden Dateien werden normal gesichert.

II. Verschlüsselt empfangene dienstliche E-Mails werden ausgedruckt und bei den Akten verwahrt.

50 § 10 Postmaster

I. Die E-Mail-Systeme werden durch Postmeister verwaltet. Sie müssen persönlich geeignet sein. Sie müssen besondere Kenntnisse insbesondere des Telekommunikationsgesetzes und des Teledienstegesetzes haben.

II. Den bei der Datenverarbeitung beschäftigten Personen ist untersagt, personenbezogene Daten unbefugt zu erheben, zu verarbeiten oder zu nutzen (Datengeheimnis). Diese Personen sind, soweit sie bei nicht öffentlichen Stellen beschäftigt werden, bei der Aufnahme ihrer Tätigkeit auf das Datengeheimnis zu verpflichten.

51 § 11 Benutzung der Internetdienste

I. Alle Mitarbeiter, die Zugang zum Internet haben, können die in der Anlage ..... bezeichneten Internetdienste zur Erfüllung ihrer Arbeitsaufgaben nutzen. Bei der Nutzung sind die vom Arbeitgeber herausgegebenen Regeln zu beachten.

II. Eine personenbezogene Kontrolle der Internetnutzung findet nur statt, wenn der Verdacht einer missbräuchlichen Nutzung besteht. Insoweit können die angefallenen Protokolldaten ausgewertet werden. Der Betriebsrat wird bei der Kontrolle beteiligt.

III. Der Arbeitgeber kann dienstlich nicht nutzbare Dienste sperren.

52 § 12 Information und Unterweisung der Mitarbeiter

I. Die Mitarbeiter sind über die Benutzung der E-Mail-Systeme, der Intranet- und die Internetbenutzung zu unterweisen.

II. Die Unterweisung bezieht sich auch auf die gesetzlichen Grundlagen der Telekommunikation und des Datenschutzes. Ferner sind die besonderen Gefahren des E-Mail-Verkehrs zu erläutern.

53 § 13 Besondere Rechte des Betriebsrats

I. Der Betriebsrat darf zur Erfüllung seiner Aufgaben wie Zugriffsberechtigte E-Mail, Intranet und Internet nutzen.[5]

II. Der Betriebsrat kann die Einhaltung der Betriebsvereinbarung überwachen.

---

[5] BAG, Beschluss v. 3. 9. 2003 – 7 ABR 8/03, 12/03 – EzA Schnelldienst 19/2003 S. 3.

III. Der Arbeitgeber wird dem Betriebsrat sachkundige Arbeitnehmer als Auskunftspersonen zur Verfügung stellen. Er wird dabei dessen Vorschlägen Rechnung tragen, soweit nicht betriebliche Notwendigkeiten entgegenstehen.

IV. Der Betriebsrat kann bei der Durchführung seiner Aufgaben nach näherer Vereinbarung mit dem Arbeitgeber Sachverständige hinzuziehen, soweit dies zur Erfüllung seiner Aufgaben notwendig ist.

§ 14 Verstöße 54

I. Über eine missbräuchliche Nutzung der Systeme ist der Arbeitgeber, der Betriebsrat und der Datenschutzbeauftragte unverzüglich zu unterrichten.

II. Jeder Mitarbeiter kann sich bei Verletzung dieser Betriebsvereinbarung beim Arbeitgeber oder beim Betriebsrat beschweren.

§ 15 Inkrafttreten der Betriebsvereinbarung, Kündigung, Nachwirkung 55

V. Betriebsvereinbarung über Einführung und Durchführung von Personaldateninformationssystemen

1. Betriebsvereinbarung in Anlehnung an Gewerkschaftsforderungen[6]

Muster: *Hentschel* DB 1984, 186; BetrR 1984, 698; AiB 1992, 199; 1993, 204.

Zwischen der Firma 56

und

dem Betriebsrat .....

wird zur Regelung der Beteiligungsrechte des Betriebsrates bei der Verwendung von Personalinformationen und zum Schutz der Arbeitnehmer und der Belegschaft nachfolgende Betriebsvereinbarung geschlossen:

Abschnitt I. Allgemeine Vorschriften

§ 1 Gegenstand der Betriebsvereinbarung 57

I. Dieser Betriebsvereinbarung unterliegt die Verwendung aller Informationen, die sich auf gegenwärtige oder ehemalige Arbeitnehmer der Firma und ihrer Angehörigen beziehen oder bezogen werden können (Personalinformationen). Dasselbe gilt für Bewerber und deren Angehörige.

II. Sachlich gilt die Betriebsvereinbarung für die Verwendung aller Personalinformationen, die erfasst werden

1. unter Anwendung des computergestützten Personalinformationssystems;

---

[6] Das Muster ist in Anlehnung an die Musterbetriebsvereinbarung der IG-Chemie (Der Betriebsrat 1977, 194) entworfen. Das BAG hat weitgehend erzwingbare Mitbestimmungsrechte verneint. Vgl. BVerfG, Urteil v. 15. 12. 1983 – 1 BvR 209/83 u. a. – NJW 1984, 419; BAG, Beschluss v. 10. 4. 1984 – 1 ABR 69/82 – AP BetrVG 1972 § 87 Ordnung des Betriebes Nr. 7; BAG, Urteil v. 6. 6. 1984 – 5 AZR 286/81 – AP BGB § 611 Persönlichkeitsrecht Nr. 7; BAG, Beschluss v. 14. 9. 1984 – 1 ABR 23/82 – AP BetrVG 1972 § 87 Überwachung Nr. 9; BAG, Beschluss v. 23. 4. 1985 – 1 ABR 39/81 – AP BetrVG 1972 § 87 Überwachung Nr. 11; BAG, Beschluss v. 23. 4. 1985 – 1 ABR 2/82 – AP BetrVG 1972 § 87 Überwachung Nr. 12; BAG, Beschluss v. 1. 8. 1990 – 7 ABR 99/88 – AP BPersVG § 8 Nr. 7.

2. unter Anwendung anderer computergestützter Informationssysteme[7] einschl. derjenigen, die in sog. Sachdateien oder im Rahmen der Betriebsdatenerfassung erfasst werden;

3. durch nicht automatisierte Verfahren.[8]

Die Betriebsvereinbarung gilt auch dann, wenn die Personalinformationen außerhalb der Firma erfasst werden, die Firma aber auf sie direkt oder indirekt zugreifen kann.[9]

III. Verwendung[10] ist die Ermittlung, Erfassung, Speicherung, Veränderung, Übermittlung und Löschung sowie jede andere Form des Gebrauchmachens von Personalinformationen.

58 § 2 Einführung von Personalinformationssystemen

Der Betriebsrat stimmt der Einführung des in der Anlage ..... beschriebenen Informationssystems im Betrieb ..... zum ..... zu. Systeme und Bestandteil oder Verwendungsarten, die nicht in der Systembeschreibung enthalten sind, sind unzulässig. Jede Änderung oder Erweiterung des Systems oder der Verwendungsart bedarf der vorherigen Zustimmung des Betriebsrats.[11]

Abschnitt II. Zulässigkeit der Verwendung von Personalinformationen

59 § 3 Zulässige Verwendung von Personalinformationen

I. Die Verwendung von Personalinformationen ist nur zulässig,

1. soweit dies aufgrund einer Rechtsvorschrift zulässig ist,[12]

2. soweit es zur Erreichung der Zweckbestimmung des Arbeitsverhältnisses erforderlich ist und soweit es zur Wahrung berechtigter Interessen der speichernden Stelle erforderlich ist und kein Grund zu der Annahme besteht, dass das schutzwürdige Interesse des Betroffenen an dem Ausschluss der Verarbeitung oder Nutzung überwiegt,[13]

3. wenn die Daten aus allgemein zugänglichen Quellen entnommen werden können oder die speichernde Stelle sie veröffentlichen dürfte, es sei denn, dass das schutzwürdige Interesse der Betroffenen an dem Ausschluss der Verarbeitung oder Nutzung offensichtlich überwiegt,

4. Forschungsklausel: *vgl. § 28 Abs. 3 Nr. 4 BDSG.*

II. Die Übermittlung von Personalinformationen an Dritte, einschl. späterer Arbeitgeber ist unzulässig, es sei denn, dass der betroffene Arbeitnehmer vorher zustimmt oder die Firma kraft Gesetzes zur Auskunft verpflichtet ist.

---

[7] Die Betriebsvereinbarung stellt sicher, dass die Beteiligungsrechte des Betriebsrats auch gewahrt bleiben, wenn die Personalinformationen sich aus anderen Informationssystemen ergeben.

[8] Das BDSG bezieht sich nach § 1 Abs. 2 Nr. 3 nur begrenzt auf nicht automatisierte Datenverarbeitung. Die Beteiligungsrechte des Betriebsrats gehen darüber hinaus.

[9] Die Betriebsvereinbarung stellt sicher, dass die Beteiligungsrechte nicht unterlaufen werden, wenn die Daten in einem anderen Rechenzentrum verarbeitet werden.

[10] Der Begriff der Verwendung ist weiter als der der Datenverarbeitung nach § 3 Abs. 4 BDSG.

[11] Das Beteiligungsrecht des Betriebsrats soll nicht durch eine Veränderung des Systems oder Verwendungsart unterlaufen werden.

[12] Vgl. § 4 Abs. 1 BDSG. Nicht anwendbar ist § 4 Abs. 1 2. Alternative BDSG, wonach die Einwilligung des Betroffenen die Verarbeitung der Daten zulässig macht.

[13] Vgl. § 28 BDSG. In der Mustervereinbarung der IG-Chemie wird empfohlen, in einer Anlage aufzuführen, zu welchen Zwecken die Verwendung zulässig ist.

§ 4 Diskriminierungsverbot[14]

60

Jede Verwendung von Personalinformationen, die zur Diskriminierung oder zur Beeinträchtigung oder Gefährdung der Rechte oder berechtigter Interessen, insbesondere des Persönlichkeitsrechts von Arbeitnehmern geeignet ist, ist unzulässig.[15]

§ 5 Unzulässige Datenverarbeitung

61

I. Die Verwendung privater, medizinischer, psychologischer, ordnungs- und strafrechtlicher, gewerkschaftlicher und politischer, insbesondere parteipolitischer Personalinformationen ist unzulässig. Soweit aufgrund von Rechtsvorschriften eine weitergehende Verwendung zulässig ist, darf die Verwendung der betreffenden Informationen nur im vorgeschriebenen Umfang und zum vorgeschriebenen Zweck erfolgen.

II. Die Verwendung medizinischer und psychologischer Informationen zum Zweck des Gesundheitsschutzes und der Unfallverhütung ist zulässig. Personalinformationen, die insoweit zulässiger Weise verwandt wurden, sind nach ihrer Verwendung zu löschen.

§ 6 Rationalisierungsmaßnahmen

62

Die Verwendung von Personalinformationen für Rationalisierungsmaßnahmen ist nur im Rahmen einer bis zum ..... abzuschließenden Betriebsvereinbarung zulässig.[16]

§ 7 Unterlassungs- und Schadensersatzpflicht

63

I. Betriebsrat und Firma sind verpflichtet, jede unzulässige Verwendung von Personalinformationen zu unterlassen und den Arbeitnehmer vor Beeinträchtigungen und Gefährdungen zu schützen, die aus der Verwendung von Personalinformationen erfolgen können.

II. Verwendet die Firma entgegen vorstehender Verbote Personalinformationen, so gilt dies als Eingriff in das Persönlichkeitsrecht des Arbeitnehmers. Die Firma verpflichtet sich – auch ohne Verschulden – dem betroffenen Arbeitnehmer ein Schmerzensgeld in Höhe von ..... zu zahlen.[17] Die Geltendmachung eines weiteren Schadens bleibt hiervon unberührt.

Abschnitt III. Informationsrechte der Arbeitnehmer

§ 8 Benachrichtigungspflicht

64

Die Firma verpflichtet sich, einmal im Jahr jeden Arbeitnehmer über alle Informationen, die über ihn ermittelt, erfasst, gespeichert, verarbeitet, gelöscht oder übermittelt werden oder über jede sonstige Verwendung und deren Zweck zu benachrich-

---

14 Vgl. § 75 BetrVG.

15 In der Musterbetriebsvereinbarung der IG-Chemie wird selbst das Führen einer Fehlzeitenstatistik ausgeschlossen.

16 Es ist der Begriff der Rationalisierungsmaßnahmen näher zu umschreiben und inwieweit die Personalinformationssysteme hierfür eingesetzt werden können.

17 Ein Verschulden lässt sich vielfach nicht nachweisen. Die Betriebsräte fordern daher die Übernahme einer Schadensersatzverpflichtung auch ohne Verschulden.

tigen.[18] Die Benachrichtigung erstreckt sich auf den Inhalt der Daten und erfolgt in lesbarer Weise.

65 § 9 Auskunftsrecht des Arbeitnehmers

Jeder Arbeitnehmer kann zu jeder Zeit unentgeltlich Auskunft über alle zu seiner Person gespeicherten Daten oder sonst verwendeten Informationen, ihre Verwendung und den Zweck ihrer Verwendung verlangen.[19]

66 § 10 Berichtigung und Löschung von Personaldaten

I. Die Firma ist verpflichtet, Personalinformationen zu berichtigen, wenn sie unrichtig sind. Ist eine Berichtigung nicht möglich, sind sie zu löschen. Lässt sich die Richtigkeit oder Unrichtigkeit von Personalinformationen nicht feststellen, sind sie zu löschen, wenn sie die Interessen des Arbeitnehmers beeinträchtigen können. In anderen Fällen ist eine Gegendarstellung des Arbeitnehmers aufzunehmen. Satz 3 und 4 gelten entspr. für Beurteilungsdaten.[20]

II. Personalinformationen sind von der Firma zu löschen, wenn ihre Sammlung unzulässig war oder wenn sie für den Zweck, zu dem sie erfasst werden, nicht mehr erforderlich sind und aus der Löschung für den Betroffenen keine Benachteiligungen entstehen. Dies gilt insbesondere für ausgeschiedene oder nicht eingestellte Arbeitnehmer.

Abschnitt IV. Beteiligungsrechte des Betriebsrats

67 § 11 Informationsrecht

I. Die Firma wird den Betriebsrat über die Planung und den Betrieb des Systems sowie über die Verwendung der Personalinformationen rechtzeitig und umfassend unterrichten.[21]

II. Der Betriebsrat hat das Recht, die Räume zu betreten, in denen Personalinformationen verarbeitet werden, und Informationen, Datensammlungen und Programme auf die Einhaltung des Datenschutzes zu kontrollieren. Zur Durchführung der Überwachung kann er Arbeitnehmer, die mit der Verarbeitung von Personalinformationen beschäftigt sind, befragen. Sie sind gegenüber dem Betriebsrat zur Auskunft berechtigt und verpflichtet.[22]

68 § 12 Mitbestimmungsrechte des Betriebsrats

Der Betriebsrat hat über die Verwendung der Personalinformationen und des Personalinformationssystems mitzubestimmen. Bei Meinungsverschiedenheiten gilt § 87 Abs. 2 BetrVG. Einzelanfragen und Sonderauswertungen über § 3 dieser Betriebsvereinbarung hinaus sind zulässig, soweit der Betriebsrat zugestimmt hat.[23]

---

[18] Vgl. § 33 BDSG. Die Benachrichtigung geht über die gesetzliche Verpflichtung hinaus.

[19] Das Auskunftsrecht folgt aus § 83 BetrVG und § 34 BDSG.

[20] Die Vorschrift kann weitgehend die Speicherung negativer Beurteilungen verhindern.

[21] Vgl. §§ 75, 80 Abs. 1 Nr. 1, 80 Abs. 2, 90, 92 BetrVG.

[22] Die Betriebsräte verlangen, dass ihnen Programme und Rechenkapazität zur Verfügung gestellt werden, um die Personalinformationssysteme im Interesse der Belegschaft oder einzelner Arbeitnehmer auszunutzen.

[23] Die vom Betriebsrat angestrebte Bestimmung geht über das Gesetz hinaus.

§ 13 Beratungsrechte 69

Die Firma wird mit dem Betriebsrat über die Vermeidung von Härten beraten, die aus der Verwendung von Personalinformationen entstehen können.[24]

§ 14 Unterstützung der Arbeitnehmer 70

Der Betriebsrat ist berechtigt, die einzelnen Arbeitnehmer bei der Wahrnehmung ihrer Rechte nach dieser Betriebsvereinbarung zu beraten und zu unterstützen. Er kann in Tätigkeitsberichten, die für Betriebsversammlungen zu erstellen sind, über die Verwendung des Systems und der Personalinformationen sowie über mögliche Gefährdungen von Rechten und berechtigten Interessen der Arbeitnehmer berichten.

Abschnitt V. Die Durchführung

§ 15 Datensicherheit 71

Die Firma ist verpflichtet, Personalinformationen wirksam gegen Verlust, Zerstörung und den Zugriff Unbefugter zu sichern. § 9 BDSG einschl. seiner Anlagen finden Anwendung.

§ 16 Datenschutzbeauftragter 72

Bestellung und Abberufung des Beauftragten für den Datenschutz bedürfen der Zustimmung des Betriebsrats.[25] Der betriebliche Datenschutzbeauftragte ist verpflichtet, dem Betriebsrat alle Informationen zu erteilen, die dieser zur Wahrnehmung seiner Aufgaben nach dieser Betriebsvereinbarung benötigt.

§ 17 Ausschuss für Datenschutz 73

I. Der Betriebsrat errichtet einen Ausschuss für Datenschutz.

II. Die Firma und der Betriebsrat errichten bei Bedarf einen paritätisch besetzten Ausschuss zur Beratung solcher Fragen, die sich aus der Anwendung des Personalinformationssystems ergeben.

III. Der Betriebsrat kann zur Durchführung seiner Aufgaben nach dieser Betriebsvereinbarung Sachverständige hinzuziehen.[26]

§ 18 Inkrafttreten 74

Die Betriebsvereinbarung tritt am ..... in Kraft.

2. Betriebsvereinbarung in Anlehnung an Muster der Großindustrie

Gesamtbetriebsvereinbarung über Personaldatenverarbeitung der Bayer AG: RdA 1988, 360; **Mustervereinbarungen:** Beil. 1 zu NZA 1985, 27; Jur-PC 1989, 234; *Frey/Pulte,* Betriebsvereinbarungen in der Praxis, 2. Aufl., 1997.

---

[24] Vgl. § 92 Abs. 1 Satz 2 BetrVG.
[25] Vgl. § 4 g BDSG.
[26] Vgl. § 80 Abs. 3 BetrVG.

75   Zwischen der Firma . . . . .

und

dem Betriebsrat der Firma . . . . .

wird nachfolgende Betriebsvereinbarung über den Schutz personenbezogener Daten (Mitarbeiterdaten) im Rahmen des Informationssystems Arbeitseinsatz und Arbeitsplatzplanung geschlossen.[27]

Abschnitt I. Allgemeine Vorschriften

76   **§ 1 Geltungsbereich**

I. Die Betriebsvereinbarung gilt für die Verarbeitung personenbezogener Daten der im Unternehmen beschäftigten Mitarbeiter innerhalb des Informationssystems Arbeitseinsatz und Arbeitsplatzplanung.

II. Verarbeitung von Daten ist das Speichern, Übermitteln, Verändern, Sperren und Löschen i. S. von § 3 Abs. 4 BDSG.

77   **§ 2 Grenzen der Verarbeitung**

I. Mitarbeiterdaten werden nur im Rahmen der Zweckbestimmung des Arbeitsverhältnisses verwandt.

II. Es werden nur solche Auswertungsprogramme erstellt und eingesetzt, die mit der in der Systemdarstellung des Programmes aufgeführten Zielsetzung vereinbar ist.

III. Unzulässig ist die Erstellung von Auswertungen, die durch programmgesteuerte Verknüpfung von Arbeitsplatzdaten und Mitarbeiterdaten zum Gegenstand haben

1. eine maschinelle Prüfung der Eignung eines Mitarbeiters für einen Arbeitsplatz;
2. einen maschinellen Vergleich der Eignung mehrerer Mitarbeiter;
3. eine Ermittlung zu versetzender oder zu kündigender Mitarbeiter.

78   **§ 3 Ärztlich attestierte Leistungseinschränkung**

I. Daten über Einsatzeinschränkungen, die sich aufgrund einer werksärztlichen Untersuchung ergeben, werden nur mit Zustimmung des Mitarbeiters an die Personalabteilung weiter geleitet.

II. Daten über Einsatzeinschränkungen werden nur anonym für statistische Zwecke und für die Arbeitsplatzplanung ausgewertet. Die Daten werden nicht an Stellen außerhalb des Unternehmens übermittelt, es sei denn, dass der Betriebsrat zustimmt. Unberührt bleibt die Übermittlung von Daten aufgrund gesetzlicher Vorschrift oder mit Einwilligung des Betroffenen.

---

[27] Die Betriebsvereinbarung ist in Anlehnung an die bei der Daimler-Benz AG bestehende Betriebsvereinbarung entworfen.

Abschnitt II. Informationsrechte des Mitarbeiters

§ 4 Auskunft 79

Die Firma ist verpflichtet, auf Verlangen des Mitarbeiters bis zu zweimal im Jahr unentgeltlich eine vollständige Übersicht der über ihn im Rahmen dieses Systems gespeicherten Daten in entschlüsselter und lesbarer Form auszuhändigen.[28]

§ 5 Berichtigung und Ergänzung 80

Über einen Mitarbeiter gespeicherte personenbezogene Daten sind auf dessen Verlangen zu berichtigen oder zu ergänzen, wenn der Mitarbeiter ihre Unrichtigkeit bzw. Unvollständigkeit nachweist. Personenbezogene Daten, deren Richtigkeit vom Mitarbeiter bestritten wird und vom Unternehmen nicht nachgewiesen werden kann, sind zu löschen, soweit nicht gesetzliche Vorschriften entgegenstehen.[29]

Abschnitt III. Beteiligungsrechte des Betriebsrats

§ 6 Unterrichtung des Betriebsrats 81

I. Der Betriebsrat wird über das System durch eine umfassende Systemdarstellung unterrichtet. Diese Darstellung umfasst

1. eine Beschreibung des Systems nach Zielsetzung, Aufbau- und Funktionsweise;
2. ein Verzeichnis aller zu erfassenden Daten mit entspr. Erläuterungen;
3. eine Erläuterung des vorgesehenen Auswertungsprogramms mit Angaben zum Verwendungszweck;
4. eine Übersicht über die zum Schutz der Daten vorgesehenen organisatorischen Maßnahmen.

II. Änderungen im Aufbau und in der Funktionsweise des Systems werden mit dem Betriebsrat behandelt. Dasselbe gilt für Änderungsvorschläge des Betriebsrates zur Ausgestaltung des Systems.

§ 7 Einsichtsrecht 82

I. Dem Betriebsrat wird auf Verlangen Einsicht in Ablauf- und Funktionsweise des Systems und die hierzu gefertigten Unterlagen gewährt. Dies gilt vor allem für Anwendungs- und Bedienungsvorschriften, Ablaufbeschreibungen und Programmdokumentationen.

II. Der Betriebsrat erhält Einblick in personenbezogene Daten des betroffenen Mitarbeiters im Rahmen seiner personellen Mitwirkungsrechte nach § 99 BetrVG.

Abschnitt IV. Durchführung

§ 8 Günstigkeitsvergleich zu gesetzlichen Regelungen 83

Das BDSG und das BetrVG finden Anwendung, soweit nicht diese Betriebsvereinbarung für die Mitarbeiter günstigere Regelungen enthält.

---

[28] Es empfiehlt sich, die Regelung an §§ 33, 34 BDSG anzupassen.
[29] Auch hier ist eine Anpassung an § 34 BDSG notwendig.

Schaub

84 **§ 9 Inkrafttreten**

Die Betriebsvereinbarung tritt am . . . . . in Kraft.

VI. Betriebsvereinbarung über computergesteuerte/-gestützte Betriebsdatenerfassungs- und Fertigungssteuerungssysteme (§ 90 BetrVG)

Muster: AiB 1992, 207.

85 Zwischen dem Arbeitgeber . . . . .

und

dem Betriebsrat . . . . .

wird eine Betriebsvereinbarung . . . . . Nr. . . . . . über computergesteuerte/gestützte Betriebsdatenerfassungs- und Fertigungssteuerungssysteme geschlossen.

86 **§ 1 Geltungsbereich**

Die Betriebsvereinbarung gilt
– räumlich für . . . . .
– fachlich für die Abteilungen, die von der Fertigungssteuerung betroffen sind,
– persönlich für alle Arbeiter, die in diesen Abteilungen beschäftigt sind.

87 **§ 2 Unterrichtung und Beratung**

Der Arbeitgeber wird den Betriebsrat über den Einsatz der Betriebsdatenerfassungs- und Fertigungssteuerungsanlage umfassend anhand von Unterlagen unterrichten. Der Arbeitgeber wird mit dem Betriebsrat die Auswirkungen der Betriebsdatenerfassungs- und Fertigungssteuerungsanlagen auf die Arbeitnehmer beraten.

88 **§ 3 Zielsetzung**

Das Betriebsdatenerfassungssystem hat die Zielsetzung, die Daten des Materialflusses und der Logistik, des Auftragsdurchflusses, der Dispositions- und Fertigungssteuerung zu erfassen.

Betriebsdaten sind alle Daten, die zur Erkennung der Ziele des Betriebsdatenerfassungssystems erfasst und verwertet werden.

Das Betriebsdatenerfassungssystem wird nicht zur Verhaltens- und Leistungskontrolle der Arbeitnehmer benutzt.

89 **§ 4 Systembeschreibung**

Das Betriebsdatenerfassungssystem besteht aus dem für jede Abteilung in einer Anlage aufzuführenden Hardware und Software. Einzelheiten der Erfassungsdaten werden in einer Liste zusammengestellt.

90 **§ 5 Zulässige Datenverarbeitung**

Die erfassten Daten werden ausschließlich zum Zwecke der Produktionsplanung und Steuerung bearbeitet und verwendet.

91 **§ 6 Zugang zu den Daten und Überprüfungsrechte des Betriebsrats**

VII. Betriebsvereinbarung über die Einführung und Nutzung von CAD

Muster: AiB 1992, 209.

Zwischen dem Arbeitgeber   92

und

dem Betriebsrat .....

wird die Betriebsvereinbarung Nr...... über computergestütztes Konstruieren (CAD) geschlossen.

§ 1 Geltungsbereich   93

Diese Betriebsvereinbarung gilt persönlich für alle durch den Einsatz des CAD-Systems direkt betroffenen Arbeitnehmer des Werkes.

Diese Betriebsvereinbarung gilt räumlich für die Abteilungen .....

§ 2 Einsatzzweck und Ziele   94

Das CAD-System wird in ..... zur Erstellung von Konstruktionsunterlagen für den Produktbereich und zur Erweiterung der Entwicklungskapazität und Eröffnung neuer Entwicklungsmethoden eingesetzt.

CAD wird insbesondere für folgende Aufgaben eingesetzt:
– Entwicklung neuer Berechnungs- und Konstruktionsmethoden,
– Erstellung von Fertigungsunterlagen,
– Durchführung technischer, wirtschaftlicher Berechnungen,
– häufigem Datenaustausch mit Kunden und Lieferanten.

§ 3 Unterrichtung und Beratung des Betriebsrats   95

Der Arbeitgeber unterrichtet den Betriebsrat rechtzeitig und umfassend über Änderungen und Erweiterungen von Hard- und Software. Der Arbeitgeber wird mit dem Betriebsrat die vorgesehenen Maßnahmen beraten.[30]

Informationen und Beratung erstrecken sind insbesondere auf die Planungsvorhaben und Alternativen, die Systemwahl und Inbetriebnahme. Im Rahmen der Planung wird vor allem unterrichtet über die Zahl, Art und Umfang des Einsatzes, die sich aus dem Einsatz ergebenden personellen Auswirkungen und Arbeitsmethoden. Die Unterrichtung erfolgt vor der Kaufentscheidung eines bestimmten Systems.

§ 4 Unterrichtung der Mitarbeiter   96

Die Mitarbeiter, die zukünftig mit CAD arbeiten, werden über die künftige Tätigkeit und den Arbeitsablauf unterrichtet. Auf Verlangen ist ein Betriebsratsmitglied hinzuzuziehen. Die Mitarbeiter sind berechtigt, zu den mit der Einführung und Ausgestaltung des CAD-Systems verbundenen Maßnahmen Stellung zu nehmen. Mit ihnen sind die Möglichkeiten der beruflichen Entwicklung im Betrieb zu erörtern.

§ 5 Sicherung der Mitarbeiter   97

Mitarbeiter, deren Aufgaben infolge der Einführung von CAD wegfallen, erhalten andere, gleichwertige Aufgaben. Jedem Mitarbeiter wird die Möglichkeit geboten, die für die neue Arbeitsstelle erforderliche Qualifikation zu erwerben.

---

[30] Vgl. § 90 BetrVG.

Schaub

98 **§ 6 Weiterbildung**

Mitarbeitern, die in Zukunft mit dem CAD-System arbeiten sollen, wird ein Weiterbildungsprogramm angeboten. Im Weiterbildungsprogramm werden die Maßnahmen nach Art, Dauer, Inhalt und Methoden festgelegt.

Die Weiterbildung erfolgt während der Arbeitszeit unter Fortzahlung der Bezüge. Die Kosten der Weiterbildung trägt der Arbeitgeber. Bleibt die Weiterbildung erfolglos, wird ein Rückforderungsanspruch erlassen.

Bei der Auswahl, Einführung und Anpassung des CAD-Systems sind vorhandene Qualifikationen zu nutzen.

99 **§ 7 Versetzung und Umsetzung**

Werden durch die Einführung des CAD-Systems Versetzungen oder Umsetzungen notwendig, so werden den Mitarbeitern gleichwertige Arbeitsplätze angeboten. Die betroffenen Mitarbeiter behalten für die Dauer eines Jahres ihre bisherige Lohn- oder Gehaltsgruppe einschließlich aller Zulagen.

100 **§ 8 Ausschluss von Kontrollen und Zeitvorgaben**

Durch das CAD-System werden keine Kontrollen von Leistung und Verhalten vorgenommen. Es werden keine Vergleichszeiten erfasst sowie keine Fertigungs- oder Indikatorenvorgabezeiten. Ferner sind Kreativitätsmessungen und Wertanalysen ausgeschlossen. Fehlerprotokolle werden nicht gefertigt.

101 **§ 9 Beschränkungen der Arbeiten am Bildschirm**

Die Arbeit am Bildschirm soll die Hälfte der regelmäßigen Arbeitszeit nicht überschreiten.

VIII. Betriebsvereinbarung über die Einführung von Laptops

Muster: AiB 1992, 189.

102 *Nahezu für alle Bereiche der Datentechnik werden Betriebsvereinbarungen abgeschlossen, die aus Raumgründen nicht dokumentiert werden können.*

IX. Betriebsvereinbarung über die Zutrittskontrolle zum Betrieb[31]

103 Zwischen der .....

und

dem Betriebsrat der .....

wird eine Betriebsvereinbarung Nr....../..... über die Zugangskontrolle zum Betrieb geschlossen.

104 **§ 1 Zweck**

Die Betriebsvereinbarung hat ausschließlich den Zweck den Zutritt zum Betriebsgebäude zu überwachen und dem Sicherheitsinteresse des Betriebes zu dienen. Eine Überwachung der Arbeitnehmer erfolgt nicht.

---

[31] Die Installation eines Zugangssicherungssystems, das bei der Präsentation von codierten Ausweiskarten den Ein- und Ausgang zu Betriebsräumen freigibt, ohne festzuhalten, wer wann in welcher Richtung den Zugang benutzt, unterliegt nicht der Mitbestimmung des Betriebsrats (BAG, Beschluss v. 10. 4. 1984 – 1 ABR 69/82 – AP BetrVG 1972 § 87 Ordnung des Betriebes Nr. 7).

§ 2 Geltungsbereich 105

Die Betriebsvereinbarung gilt
1. sachlich für Hausausweisleser der Marke ..... Typ .....
2. räumlich für .....
3. persönlich für alle Mitarbeiter.

§ 3 Hausausweis und Zugangskontrolle 106

I. Alle Mitarbeiter erhalten einen Hausausweis, der folgende Angaben enthält:
1. Vor- und Zuname des Mitarbeiters,
2. Personalnummer,
3. Kostenstelle,
4. Lichtbild,
5. eine optisch nicht erkennbare Kodierung.

II. Beim Betreten und Verlassen des Betriebes ist mit dem Hausausweis das Ausweislesegerät zu bedienen.

III. Der Zugang zum Betrieb ist nur während der betriebsüblichen Arbeitszeit oder außerhalb der Arbeitszeit aus dienstlichem Anlass gestattet.

§ 4 Verantwortung 107

I. Jeder Mitarbeiter ist für seinen Hausausweis verantwortlich. Er bleibt Eigentum des Unternehmens. Der Hausausweis darf Dritten nicht überlassen werden.

II. Bei Verlust des Hausausweises ist unverzüglich ..... zu benachrichtigen. Wird ein Ersatzausweis ausgestellt, ist dieser zurückzugeben, wenn sich der Ausweis wieder findet. Die Kosten des Ersatzausweises trägt der Mitarbeiter.

III. Bei Beendigung des Arbeitsverhältnisses ist der Hausausweis zurück zu geben.

§ 5 Gebäudeüberwachung 108

I. Folgende Betriebsteile und Gebäude werden mit Kameras überwacht
1. .....
2. .....
3. .....

II. Die Kameras arbeiten im Dauerbetrieb oder werden durch Bewegungsmelder aktiviert.

III. Die Bilder werden auf Monitore übertragen, die vom Wachdienst kontrolliert werden. Das Wachpersonal kann Aufzeichnungsgeräte dazu schalten.

IV. Die Aufzeichnungen werden täglich gelöscht, wenn kein rechtswidriger Zugang stattgefunden hat. Sollen die Aufzeichnungen nicht gelöscht werden, wird der Betriebsrat benachrichtigt.

§ 49. Regelungen zum Arbeitsschutz
(§ 87 Abs. 1 Nr. 7 BetrVG)

I. Schutzmaßnahmen

1. Betriebsvereinbarung über die Einführung von Arbeitsschutzmaßnahmen[1]

1 Zwischen der Firma .....

und

dem Betriebsrat der Firma .....

wird eine Betriebsvereinbarung über die Einführung von Arbeitsschutzmaßnahmen getroffen.

2 **§ 1 Festlegung der Schutzkleidung**

I. Es wird eine Kommission gebildet, die überprüft und für den Arbeitnehmer verbindlich festlegt, an welchen Arbeitsplätzen im Betrieb

1. Schutzausrüstung
2. Sicherheitsschuhe
3. ..... zu tragen sind.

II. Die Arbeitsschutzkleidung wird vom Unternehmen zur Verfügung gestellt[2] und im erforderlichen Umfang gereinigt.

3 **§ 2 Die Kommission**

Die Kommission setzt sich zusammen aus

1. dem Betriebsleiter/Abteilungsleiter der zu überprüfenden Abteilung/.....
2. einem Betriebsratsmitglied
3. dem Sicherheitsingenieur.

4 **§ 3 Die Überprüfung**

I. Es werden sämtliche Arbeitsplätze des Betriebs überprüft.

II. Eine Wiederholungsprüfung findet statt, wenn betriebliche Veränderungen, die die Unfallverhütung der Arbeitsplätze berührt, dies erforderlich macht.

5 **§ 4 Verstöße[3]**

I. Verstößt ein Mitarbeiter gegen die verbindliche Festlegung, Arbeitsschutzausrüstungen zu tragen, so können diese Verstöße nach der Arbeitsordnung mit Betriebsbußen belegt werden.

---

[1] Vgl. auch die Arbeitsordnung § 44 RN 38 ff.; Betriebsvereinbarung über die Beteiligung der Arbeitnehmer beim betrieblichen Arbeitsschutz, AiB 1995, 391.

[2] BAG, Urteil v. 10. 3. 1976 – 5 AZR 34/75 – AP BGB § 618 Nr. 17; BAG, Urteil v. 18. 8. 1982 – 5 AZR 493/80 – AP BGB § 618 Nr. 18; BAG, Urteil v. 21. 8. 1985 – 7 AZR 199/83 – AP BGB § 618 Nr. 19.

[3] Zum Wahlrecht zwischen Betriebsbuße und Kündigung: BAG, Beschluss v. 17. 10. 1989 – 1 ABR 100/88 – AP BetrVG 1972 § 87 Betriebsbuße Nr. 12.

II. Unabhängig von der Verhängung von Betriebsbußen kann in schweren Fällen nach vorheriger Abmahnung der Arbeitgeber das Arbeitsverhältnis kündigen.

§ 5 Inkrafttreten 6

2. Betriebsvereinbarung über Arbeitssicherheit und Gesundheitsschutz

§ 1 Geltungsbereich 7

§ 2 Grundsatz 8

Alle Mitarbeiter haben Anspruch auf einen Arbeitsplatz und eine Arbeitsumgebung, die Gesundheitsgefährdungen ausschließt und den arbeitswissenschaftlichen Erkenntnissen über menschengerechte Arbeitsplatzgestaltung genügt. Das Unternehmen wird alle geeigneten Maßnahmen und Mittel einsetzen, um diesen Anforderungen zu genügen.

§ 3 Unterweisung der Vorgesetzten 9

I. Alle Vorgesetzten werden in regelmäßigen Abständen auf die Einhaltung der gesetzlichen und betrieblichen Arbeitsschutzvorschriften hingewiesen.

II. Die Vorgesetzten haben alle Mitarbeiter in regelmäßigen Abständen über die Gefahren ihres Arbeitsplatzes und die Sicherheitsvorkehrungen zu informieren.

§ 4 Verpflichtung der Arbeitnehmer 10

I. Alle Mitarbeiter sind verpflichtet, die im Betrieb geltenden Arbeitsschutz- und Unfallverhütungsvorschriften einzuhalten.

II. Der Mitarbeiter hat unverzüglich seinen Vorgesetzten oder den Sicherheitsbeauftragten zu benachrichtigen, wenn an einem Arbeitsplatz Unfallgefahren oder Gesundheitsgefährdungen auftreten.

III. Alle Mitarbeiter sind verpflichtet einen Arbeitsunfall unverzüglich an ..... zu melden.

§ 5 Betriebsrat 11

I. Der Betriebsrat ist verpflichtet, sich für die Einhaltung der Arbeitsschutzvorschriften einzusetzen.

II. Der Betriebsrat wird mit allen für den Arbeitsschutz zuständigen Stellen zusammenarbeiten.

§ 6 Erste Hilfe 12

Unternehmen, Betriebsrat und Betriebsarzt sorgen für Schulung und Nachschulung von Mitarbeitern in Erster Hilfe.

II. Bestellung einer Fachkraft für Arbeitssicherheit[4, 5]

13   Das Unternehmen bestellt Herrn/Frau ..... mit Zustimmung des Betriebsrats ..... zur Fachkraft für Arbeitssicherheit als Sicherheitsingenieur/Sicherheitstechniker/Sicherheitsmeister für den Betrieb ...../das Werk .....

Ihm/Ihr werden folgende Aufgaben übertragen:

1. Die Fachkraft für Arbeitssicherheit hat die Betriebs/Werksleitung/den Arbeitgeber und die sonst für den Arbeitsschutz und die unfallverhütungsverantwortlichen Personen zu beraten, insbesondere bei
   a) der Planung, Ausführung und Unterhaltung von Betriebsanlagen und von sozialen und sanitären Einrichtungen,
   b) der Beschaffung von technischen Arbeitsmitteln und der Einführung von Arbeitsverfahren und Arbeitsstoffen,
   c) der Auswahl und Erprobung von Körperschutzmitteln,
   d) der Gestaltung der Arbeitsplätze, des Arbeitsablaufes, der Arbeitsumgebung und in sonstigen Fragen der Ergonomie.
2. Die Fachkraft für Arbeitssicherheit hat die Betriebsanlagen und die technischen Arbeitsmittel insbesondere vor der Inbetriebnahme und Arbeitsverfahren insbesondere vor ihrer Einführung sicherheitstechnisch zu überprüfen.
3. .....[6]
4. .....
5. Die Fachkraft für Arbeitssicherheit hat ferner
   a) bei der Schulung der Sicherheitsbeauftragten mitzuwirken,
   b) mit den für den Betrieb bestellten Betriebsärzten zusammen zu arbeiten,
   c) im Arbeitsschutzausschuss des Betriebes/Werkes mitzuwirken (§ 11 ASiG),
   d) den Betriebsrat über Angelegenheiten des Arbeitsschutzes zu unterrichten und ihm den Inhalt von Vorschlägen mitzuteilen, die er dem Arbeitgeber unterbreitet,
   e) den Betriebsrat auf Verlangen zu beraten.

III. Betriebsvereinbarung über Umweltschutz und Gefahrstoffumgang[7]

14   Zwischen der Firma .....

und

dem Betriebsrat der Firma .....

wird die Betriebsvereinbarung ...../..... über die Zusammenarbeit auf den Gebieten des Umweltschutzes und des Umganges mit Gefahrstoffen geschlossen.

---

[4] Es ist zwischen der Bestellung und dem Arbeitsvertrag zu unterscheiden. Ein Arbeitsvertrag mit einem Betriebsarzt findet sich § 7 RN 61 ff.

[5] Von der Bestellung der Fachkraft für Arbeitssicherheit ist die Bestellung des Sicherheitsbeauftragten nach § 22 SGB III zu unterscheiden.

[6] Zu 3. und 4. kann der Wortlaut von § 6 Nr. 3, 4 ASiG übernommen werden.

[7] Nach § 80 Abs. 1 Nr. 9 BetrVG gehören zu den allgemeinen Aufgaben des Betriebsrats Maßnahmen des Arbeitsschutzes und des betrieblichen Umweltschutzes. Nach § 88 Nr. 1a BetrVG können freiwillige Betriebsvereinbarungen geschlossen werden. Vgl. ArbR-Hdb. § 233 RN 14 ff.

§ 1 Arbeitsschutzausschuss 15

I. Es wird ein Arbeitsschutzausschuss nach § 11 ASiG gebildet, dem als besondere Aufgabe der Umweltschutz und Fragen des Umganges mit Gefahrstoffen übertragen wird.

II. Der Ausschuss besteht aus

1. dem Leiter der Stabsstelle Umweltschutz

2. dem Sicherheitsingenieur

3. einem Abteilungsleiter der Personalabteilung

4. drei Mitgliedern des Betriebsrats.

III. Der Ausschuss kann im Einzelfall die jeweils bestellten Betriebsbeauftragten für

1. Strahlenschutz

2. Abfall

3. .....

hinzuziehen.

IV. Der Ausschuss tritt vierteljährlich einmal zusammen. Seine Leitung obliegt dem Sicherheitsingenieur. Nach Betriebsstörungen und Umweltschäden ist der Ausschuss unverzüglich einzuberufen und über den Vorfall zu unterrichten.

§ 2 Aufgaben 16

I. Der Ausschuss ist über alle Fragen des Umweltschutzes und des Umganges mit Gefahrstoffen zu unterrichten. Er hat über die erforderlichen Maßnahmen zur Vermeidung von Schäden zu beraten und Maßnahmen zur Überwachung und Kontrolle zu entwickeln.

II. Der Ausschuss ist insbesondere zu unterrichten über

1. behördliche Genehmigungen und sonstige behördliche Maßnahmen,

2. Lagerung, Transport, Entsorgung von Gefahrstoffen,

3. Immissionen,

4. .....

§ 3 Schulung 17

Das Unternehmen wird die Betriebsräte zur Teilnahme an Schulungsveranstaltungen in erforderlichem Umfang freistellen.

§ 4 Mitbestimmungsrecht 18

Weitergehende Mitbestimmungsrechte nach anderen gesetzlichen Vorschriften bleiben unberührt.

§ 5 Inkrafttreten 19

IV. Bestellung von Immissionsschutz- und Datenschutzbeauftragten

Schaub, Die arbeitsrechtliche Stellung des Betriebsbeauftragten für den Umweltschutz, DB 1993, 481 (mit Muster).

Bestellung und Arbeitsvertrag § 11 RN 1ff., 22ff. 20

Schaub

V. Betriebsvereinbarung über Bildschirmarbeit

Muster: AiB 1995, 418, 433; AuA 1997, 91.

21 Zwischen .....

und

dem Betriebsrat .....

eine Betriebsvereinbarung ...../..... zum Gesundheitsschutz bei der Arbeit mit Bildschirmgeräten geschlossen:

22 § 1 Persönlicher Geltungsbereich

Die Betriebsvereinbarung gilt für alle Arbeitnehmer der ..... , die im Sinne von Art. 2 der EG-Richtlinie 90/270/EWG bei der Arbeit zu einem nicht unwesentlichen Teil ihrer normalen Arbeit ein Bildschirmgerät benutzen.

23 § 2 Sachlicher Geltungsbereich

I. Als Bildschirm gilt ein Schirm zur Darstellung alphanumerischer Zeichen oder zur Grafikdarstellung ungeachtet des Darstellungsverfahrens.

II. Bildschirmarbeitsplatz ist ein Arbeitsplatz an einem Bildschirmgerät, das gegebenenfalls mit einer Tastatur oder einer Datenerfassungsvorrichtung und/oder einer die Mensch-Maschine-Schnittstelle bestimmenden Software, optionalen Zusatzgeräten, Anlageelementen einschließlich Diskettenlaufwerk, Telefon, Modem, Drucker, Manuskripthalter, Sitz und Arbeitstisch oder Arbeitsfläche ausgerüstet ist, sowie die unmittelbare Arbeitsumgebung.

24 § 3 Arbeitsplatzanalyse

I. Der Arbeitgeber ist verpflichtet, eine Arbeitsplatzanalyse durchzuführen, um die Sicherheits- und Gesundheitsbedingungen zu beurteilen, die dort für die beschäftigten Arbeitnehmer vorliegen; dies gilt insbesondere für die mögliche Gefährdung des Sehvermögens sowie die körperlichen Probleme und psychischen Belastungen.

II. Der Arbeitgeber ist auf der Grundlage der Analyse verpflichtet, zweckdienliche Maßnahmen zur Ausschaltung der festgestellten Gefahren zu treffen, wobei er die Addition und/oder die Kombination der Wirkungen der festgestellten Gefahren zu berücksichtigen hat.

III. Die Arbeitsplatzanalyse erstreckt sich insbesondere auf

1. den Bildschirmarbeitsplatz,
2. die Arbeitsaufgaben,
3. die Hardwareergonomie,
4. die Softwareergonomie,
5. die Arbeitsumgebung,
6. die Arbeitsorganisation,
7. sonstiger arbeitsplatzbezogener physischer und psychischer Belastungen.

Schaub

§ 4 Gestaltung der Arbeitsplätze und der Arbeitsorganisation[8] 25

I. Der Arbeitgeber wird alle Arbeitsplätze so gestalten, dass sie den Anforderungen des Anhangs zur Richtlinie 90/270/EWG genügen.

II. Der Arbeitgeber ist verpflichtet, die Tätigkeit der Arbeitnehmer so zu organisieren, dass die tägliche Arbeit an Bildschirmgeräten regelmäßig durch Pausen oder andere Tätigkeiten unterbrochen wird, die die Belastung durch die Arbeit an Bildschirmgeräten verringern.[9]

§ 5 Unterrichtung der Arbeitnehmer 26

I. Die Arbeitnehmer werden umfassend über alle gesundheits- und sicherheitsrelevanten Fragen im Zusammenhang mit ihrem Arbeitsplatz, die Arbeitsplatzanalyse sowie die Arbeitsorganisation und ärztliche Untersuchungsmöglichkeiten unterrichtet.

II. Alle Arbeitnehmer werden vor Aufnahme ihrer Tätigkeit am Bildschirm und bei jeder wesentlichen Veränderung der Organisation des Arbeitsplatzes im Umgang mit dem Gerät unterwiesen.

III. Die Arbeitnehmer können sich in Fragen des Gesundheitsschutzes an die Fachkräfte für Gesundheitsschutz bei der Bildschirmarbeit wenden.

§ 6 Augenärztliche Untersuchung[10] 27

I. Alle Arbeitnehmer haben das Recht auf eine angemessene Untersuchung der Augen durch einen Augenarzt vor Aufnahme der Bildschirmarbeit, in regelmäßigen Abständen und bei Auftreten von Sehbeschwerden.

II. Dem Arbeitnehmer werden spezielle Sehhilfen für die betreffende Arbeit zur Verfügung gestellt, wenn die ärztliche Untersuchung deren Notwendigkeit ergibt. Die Kosten der Sehhilfe trägt der Arbeitgeber, wenn sie nicht von der Krankenkasse übernommen werden.

§ 7 Beteiligung des Betriebsrats 28

Der Betriebsrat wird bei allen zu treffenden Maßnahmen gemäß den Vorschriften des BetrVG beteiligt.

§ 8 Fachkräfte für Gesundheitsschutz bei Bildschirmarbeit 29

I. Es werden zwei Fachkräfte für Gesundheitsschutz bei der Bildschirmarbeit für die Dauer von ..... bestellt. Arbeitgeber und Betriebsrat haben für je eine Fachkraft das Bestellungsrecht. Die Betriebsparteien streben an, die Bestellung einvernehmlich vorzunehmen.

---

[8] Der Betriebsrat kann aufgrund seines Mitbestimmungsrechts betriebliche Regelungen über die Unterbrechung von Bildschirmarbeit verlangen (BAG, Beschluss v. 2. 4. 1996 – 1 ABR 47/95 – AP BetrVG 1972 § 87 Gesundheitsschutz Nr. 5).

[9] Vgl. BAG, Beschluss v. 6. 12. 1983 – 1 ABR 43/81 – AP BetrVG 1972 § 87 Überwachung Nr. 7. Für Teilzeitbeschäftigte kann die Arbeitszeitreduzierung an Bildschirmgeräten geringer sein (BAG, Urteil v. 9. 2. 1989 – 6 AZR 174/87 – AP BeschFG 1985 § 2 Nr. 4).

[10] Der Betriebsrat konnte nicht durchsetzen, dass betriebliche Regelungen über Augenuntersuchungen der an Bildschirmen beschäftigten Arbeitnehmer getroffen werden (BAG, Beschluss v. 2. 4. 1996 – 1 ABR 47/95 – AP BetrVG 1972 § 87 Gesundheitsschutz Nr. 5). Inzwischen ist die BildschirmVO geändert.

II. Die Fachkräfte müssen persönlich geeignet sein und über das erforderliche Fachwissen verfügen oder bereit sein, sich das erforderliche Fachwissen kurzfristig anzueignen.

III. Verletzt eine Fachkraft die ihr übertragenen Verpflichtungen, kann sie durch Vereinbarung der Betriebsparteien abberufen werden. Kommt eine Einigung nicht zustande, entscheidet die Einigungsstelle.

IV. Die Fachkräfte sind zuständig für die Erstellung der Arbeitsplatzanalyse.

V. Die Fachkräfte können sich jeder Zeit zur Erfüllung ihrer Aufgaben an den Betriebsarzt oder andere Fachkräfte für Arbeitssicherheit wenden.

30 § 9 Rechtsstellung der Fachkräfte für Gesundheitsschutz bei Bildschirmarbeit

I. Während der Dauer der Bestellung kann das Arbeitsverhältnis der Fachkraft nur außerordentlich aus wichtigem Grund gekündigt werden.

II. Die Fachkräfte für Gesundheitsschutz sind in dem Umfang ohne Verdienstminderung von der Arbeitspflicht befreit, wie dies zur Erfüllung ihrer Arbeit notwendig ist.

III. Die Fachkräfte sind zur absoluten Verschwiegenheit über ihnen in amtlicher Eigenschaft bekannt gewordene Umstände verpflichtet. Dies gilt insbesondere für solche Umstände, durch die das Persönlichkeitsrecht eines Arbeitnehmers verletzt werden kann.

31 § 10 Herausgabe von Unterlagen

I. Die im Rahmen der Arbeitsplatzanalyse erstellten Unterlagen sind verschlossen aufzubewahren.

II. Über ihre Herausgabe an Dritte wird ein Protokollbuch geführt.

III. Die Fachkraft hat sie an Dritte herauszugeben, soweit dies zur Erfüllung ihrer gesetzlichen Aufgaben erforderlich ist. Soweit das Persönlichkeitsrecht eines Arbeitnehmers verletzt werden kann, ist dessen Zustimmung einzuholen.

32 § 11 Schlussbestimmungen

VI. Betriebsvereinbarung zum Umweltschutz

33 Zwischen der Firma . . . . .

und

dem Betriebsrat der Firma . . . . . vertreten durch den Betriebsratsvorsitzenden wird in Wahrnehmung der sich aus § 89 BetrVG ergebenden gemeinsamen Aufgaben eine Betriebsvereinbarung Nr. . . . . . / . . . . . zum Umweltschutz geschlossen.

1. Der Betriebsrat wird über alle Handlungen und Maßnahmen des Arbeitgebers informiert, die den vorhandenen Bestand an Sachgütern, Naturgütern, Kulturgütern in Landschaft und Naturhaushalt sowie das zwischen ihnen bestehende Wirkungsgefüge beinträchtigen können.

2. Der Betriebsrat oder die von ihm bestimmten Beauftragten sind berechtigt, ohne vorherige Ankündigung Betriebsbegehungen durchzuführen. Dies gilt auch für Betriebsbereiche, zu denen im Allgemeinen der Zutritt verboten ist. Die Aus-

übung des Überwachungsrechts ist nicht von konkreten Verdachtsmomenten abhängig.

3. Der Arbeitgeber wird dem Betriebsrat alle für den Betrieb einschlägigen Bestimmungen auf dem Gebiet des Arbeits-, Gesundheits- und Umweltschutzes zur Verfügung stellen.

4. Inkrafttreten, Kündigung und Nachwirkung.

§ 50. Mitbestimmung bei Sozialeinrichtungen (§ 87 Abs. 1 Nr. 8 BetrVG)[1, 2]

I. Zweistufige Mitbestimmung

Mitbestimmungspflichtige Maßnahmen nach § 87 Abs. 1 Nr. 8 BetrVG können durch Vereinbarung zwischen Arbeitgeber und Betriebsrat geregelt werden. Alsdann obliegt es dem Arbeitgeber, die Vereinbarung bei der Sozialeinrichtung umzusetzen.　**1**

II. Einstufige Mitbestimmung

§§ 1 bis 4 Einfache Regelungen einer Unterstützungskasse, vgl. § 51 RN 66.　**2**

§ 5 Organe der Sozialeinrichtung　　**3**

Organe des Vereins sind der Vorstand, der Beirat, die Mitgliederversammlung und die Einigungsstelle.

§ 6 Vorstand　　**4**

I. Der Vorstand besteht aus dem Vorsitzenden, dem stellvertretenden Vorsitzenden und dem Kassenwart.

II. Der Vorstand wird durch die Geschäftsleitung des Unternehmens aus dem Kreise ihrer Mitarbeiter bestellt. Die Bestellung ist jederzeit widerruflich. Mit der Bestellung wird er Mitglied des Vereins. Der Vorstand wählt aus seiner Mitte seinen Vorsitzenden.

III. Der Verein wird durch zwei Mitglieder des Vorstandes vertreten. Der Vorstand führt die Geschäfte des Vereins.

IV. Beschlüsse des Vorstandes sind nur wirksam, wenn ihnen der Beirat zustimmt.

---

[1] Soweit Kantinen oder sonstige Sozialeinrichtungen umgestellt werden, kann allein der Mitbestimmungstatbestand der Verwaltung in Betracht kommen. Nach h.M. ist die mitbestimmungspflichtige Verwaltung der Sozialeinrichtung nicht auf die Aufstellung von Verwaltungsrichtlinien beschränkt, sondern erfasst auch die einzelnen Verwaltungsmaßnahmen (*Fitting* § 87 RN 366; GK-BetrVG/*Wiese* § 87 RN 722; teilw. a.A. *Hess/Schlochauer/Worzalla/Glock* § 87 RN 407). Insoweit wird die Umstellung nicht reiner Gesetzesvollzug sein, sondern eine Verwaltungsmaßnahme.

[2] BAG, Beschluss v. 13. 7. 1978 – 3 ABR 108/77 – AP BetrVG 1972 § 87 Altersversorgung Nr. 5. Zur Mitbestimmung bei Gruppenkassen: BAG, Urteil v. 22. 4. 1986 – 3 AZR 100/83 – AP BetrVG 1972 § 87 Altersversorgung Nr. 13; BAG, Urteil v. 9. 5. 1989 – 3 AZR 439/88 – AP BetrVG 1972 § 87 Altersversorgung Nr. 18; BAG, Urteil v. 10. 3. 1992 – 3 AZR 221/91 – AP BetrAVG § 1 Unterstützungskassen Nr. 34.

5 **§ 7 Zuständigkeit des Vorstandes**

6 **§ 8 Beirat**

I. Der Beirat besteht aus drei Personen. Diese werden vom Betriebsrat bestellt. Durch die Bestellung werden sie Mitglieder des Vereins.

II. Der Betriebsrat wird gemäß § 28 BetrVG einen weiteren Ausschuss bilden, dem im Zusammenhang mit der Sozialeinrichtung stehende Aufgaben zur selbständigen Erledigung übertragen werden. Die Mitglieder des Ausschusses werden vom Betriebsrat als Beiratsmitglieder bestellt.

7 **§ 9 Zuständigkeit**

I. Der Beirat hat den Vorstand in allen Angelegenheiten des Vereins zu beraten.

II. Beschlüsse des Vorstandes werden nur mit Zustimmung des Beirates wirksam. Dem Vorstand ist Gelegenheit zu geben, vor dem Beirat seine zur Zustimmung vorgelegten Beschlüsse zu begründen.

III. Der Beirat hat die vom Vorstand vorgelegte Jahresabrechnung zu überprüfen.

8 **§ 10 Sitzungen und Beschlüsse des Beirates**

§ 51. Mitbestimmung bei Lohngestaltung, Akkord und Prämien (§ 87 Abs. 1 Nr. 10, 11 BetrVG)[1]

Umfangreiche Muster: *Gaul,* Betriebsvereinbarungen über Akkordlohn, 4. Aufl., 1983 (Heidelberger Musterverträge).

I. Betriebsvereinbarung über Akkordentlohnung

1 Zwischen der Betriebsleitung
und
dem Betriebsrat der Firma .....
wird nachfolgende Betriebsvereinbarung Nr......./Jahreszahl geschlossen.

2 **§ 1 Einführung von Zeitakkord**

In der Abteilung ..... wird im Zeitakkord gearbeitet. Die Ermittlungen der Vorgabezeiten erfolgt nach Refa-Grundsätzen.

3 **§ 2 Systembestandteile**

Die Einzelheiten des Systems gehen aus folgenden Anlagen hervor:
A. Arbeitsbeschreibung
B. Betriebliche Richtwerttabelle

---

[1] Nach § 87 Abs. 1 Nr. 10 BetrVG hat der Betriebsrat ein erzwingbares Mitbestimmungsrecht in Fragen der betrieblichen Lohngestaltung. Dem Betriebsrat ist das Mitbestimmungsrecht eingeräumt, um der Verteilungsgerechtigkeit im Betrieb zu dienen.

Schaub

C. Beispiel zur Vorgabeberechnung
D. Regelung der veränderlichen Faktoren und der Vergütung
E. Vergütung von Nebenarbeiten.

§ 3 Akkordrichtsatz der Lohngruppen 4

Die Tätigkeit ist in die Lohngruppe ..... des Tarifvertrages eingestuft. Der Akkordrichtsatz beträgt zur Zeit ..... €.

§ 4 Putz- und Wartestunden 5

Die Vergütung der Putz- und Wartestunden erfolgt .....

§ 5 Geltungsbereich 6

Die Akkordentlohnung gilt nur für voll eingearbeitete und leistungsfähige Arbeitnehmer. Die Betriebsleitung entscheidet im Einvernehmen mit dem Betriebsrat, wann diese Voraussetzungen gegeben sind.

§ 6 Einsichtsrecht 7

I. Dem Betriebsrat oder einem Beauftragten des Betriebsrats ist auf Verlangen in alle Unterlagen, die mit der Zeitakkordberechnung zusammenhängen, Einsicht zu gewähren.

II. Der Betriebsrat oder ein Beauftragter des Betriebsrats kann an den Arbeitszeitstudien teilnehmen.

§ 7 Probeweise Einführung 8

I. Die Betriebsvereinbarung gilt für eine Probezeit von drei Monaten. Wenn während der Probezeit Beanstandungen vom Betriebsrat oder der Betriebsleitung nicht erhoben werden, so geht die Betriebsvereinbarung in eine endgültige Betriebsvereinbarung über.

II. Die in der Anlage B niedergelegte betriebliche Richtwerttabelle hat nur während der Probezeit Gültigkeit. Die Betriebspartner werden die Richtigkeit der Richtwerttabelle während der Probezeit überprüfen. Ergibt die Überprüfung Änderungen zugunsten der Arbeitnehmer, so werden diese vom Zeitpunkt der probeweisen Einführung des Zeitakkordes berücksichtigt.

§ 8 Kündigung 9

Die Betriebsvereinbarung kann mit einer Frist von drei Monaten zum Monatsende gekündigt werden. Die Betriebspartner verpflichten sich, unmittelbar nach Ausspruch der Kündigung in Verhandlungen über eine neue Betriebsvereinbarung zu treten. Kommt innerhalb des ersten Monats eine Einigung über eine neue Betriebsvereinbarung nicht zustande, so soll die Einigungsstelle angerufen werden. Die Betriebsleitung verpflichtet sich, den Spruch der Einigungsstelle rückwirkend vom Tage des Ablaufes der Betriebsvereinbarung anzuwenden.

Anlage A: Arbeitswissenschaftliche Beschreibung des Arbeitsvorganges.

Anlage B: Betriebliche Richtwerttabelle, in der der Arbeitsvorgang in Teilvorgängen zerlegt ist und die jeweilige Normalzeit festgeschrieben ist.

Schaub

Anlage C: Muster einer Akkordberechnung. Als Geldfaktor wird regelmäßig der tarifliche Akkordrichtsatz eingesetzt.[2]

Anlage D: Entgeltbestimmungen über die veränderlichen Größen, z.B. Maschinenlauf usw. sowie die möglichen Revisionen.

Anlage E: Besondere Vergütungsvereinbarungen für Nebenarbeiten.

10 § 9 Akkordlohnzettel

Jeder Arbeitnehmer erhält vor Beginn der Arbeit einen Akkordlohnzettel, auf dem die Art der Arbeit, die Stückzahl, die Vorgabezeit sowie Lohngruppe und Akkordrichtsatz bezeichnet sein müssen.

Der Arbeitnehmer hat die für die Akkordarbeit verbrauchte Zeit schriftlich oder durch Abstempeln auf dem Akkordlohnzettel anzugeben, sofern keine elektronische Speicherung erfolgt.[3]

II. Betriebsvereinbarungen über weggelaufene Akkorde[4]

1. Schematische Kürzung der Vorgabezeit

11 1. Die Betriebspartner sind sich darüber einig, dass mit Wirkung vom ..... (zumeist Inkrafttreten eines neuen Tarifvertrages) der Zeitgrad bereinigt wird.

2. In den Monaten ..... 2002 wurde ein durchschnittlicher Zeitgrad von 185,3% erreicht. Es besteht Einvernehmen, dass die Vorgabezeiten auf einen Zeitgrad von 175,0% Zeitgrad bereinigt werden.

3. Die Errechnung erfolgt nach folgender Formel:

$$\frac{175\% \times 100}{185,3\%} = 94,45\%.$$

Die Verringerung der Vorgabezeit beträgt mithin 5,55%.

4. Die Betriebsvereinbarung tritt mit Wirkung vom ..... in Kraft.

2. Betriebsvereinbarung bei fortgelaufenen Akkorden, bei der Tariflohnerhöhungen nur teilweise weitergegeben werden sollen

12 1. Mit Wirkung vom ..... ist eine Tariflohnerhöhung in Höhe von 0,..... € in der Tarifgruppe eingetreten.

2. Zwischen den Betriebspartnern herrscht Einigkeit, dass die Tariflohnerhöhung nur in Höhe von 0,..... € wirksam werden soll. Um einen entsprechenden Prozentsatz wird der Zeitgrad gesenkt.

---

[2] Zur Berechnung vgl. ArbR-Hdb. § 64.

[3] Zumeist enthalten die Betriebsvereinbarungen auch Regelungen, ob und unter welchen Voraussetzungen der Arbeitnehmer eine Akkordrevision verlangen kann.

[4] Die Akkorde laufen weg, wenn bei Rationalisierungsmaßnahmen nicht rechtzeitig eine Akkordrevision durchgeführt wird. Da die Betriebspartner regelmäßig den Geldfaktor nicht ändern können, da er an den Akkordrichtsatz gebunden ist, versuchen sie die Zeitvorgabe ohne neue Arbeitsstudien zu manipulieren. Von einer derartigen Verfahrensweise ist dringend abzuraten. Sie ist sowohl juristisch wie arbeitswissenschaftlich unkorrekt. Gleichwohl erschien es angebracht, die in der Praxis häufigsten Akkordmanipulationen im Prinzip darzustellen, um dem Nicht-Arbeitswissenschaftler das Verständnis der häufigen Prozesse zu erleichtern.

3. Die Berechnung erfolgt nach folgenden Formeln:
   a) Tariflohnerhöhung
      − wirksam werdender Betrag
      = Betrag, der nicht wirksam werden soll
   b)   Nicht wirksam werdender Betrag

$$\frac{\times\ 100}{\text{durchschnittlicher Akkordverdienst}} = \text{Zeitgradkürzung.}$$

III. Betriebsvereinbarung über die Einführung einer Prämienentlohnung

1. Prämienvereinbarung

Zwischen der Firma **13**

und

dem Betriebsrat

wird nachfolgende Betriebsvereinbarung geschlossen:

1. Ab ..... wird anstelle der bisher geltenden Lohnregelung eine Prämienentlohnung nach Maßgabe der folgenden Bestimmung gezahlt.

2. Die Prämie wird für jede bediente Maschine als Einzelprämie in Form eines Centbetrages je Stunde zum Prämiengrundlohn gezahlt.

   Der Prämiengrundlohn besteht aus

a) Tariflohn .....
b) Ausgleich für Maschinenstillstandszeiten .....
c) Betrieblichen Zulagen .....
Insgesamt also .....

3. I. Die Berechnungsgrundlage für die Prämienleistungen sind
a) die vom Zähler des Nutzungsschreibers abgelesene Summe der Hauptnutzungszeiten der Maschinen während der Dauer der Bedienung durch einen Mitarbeiter
b) die Einsatzzeit des Mitarbeiters am Betriebsmittel.

   II. Die Prämie errechnet sich für jede Maschine und jeden Mitarbeiter nach folgender Formel:

$$\frac{\text{Summe der Hauptnutzungszeiten}}{\text{Einsatzzeit}} \times 100 = \text{Hauptnutzungsgrad in Prozent.}$$

   III. Die Prämie beginnt bei einer Prämiengrundleistung von ..... (70 v. H.) Hauptnutzungsgrad für Halbautomaten ist ..... und für Vollautomaten ..... Die Veränderung der Prämienbeträge je Maschine in €-Cent/Stunde zur jeweiligen Leistung ist aus anliegender Prämientabelle ersichtlich, die Bestandteil der Betriebsvereinbarung ist.[5]

4. Prämienbezugsberechtigt sind alle Mitarbeiter für die Dauer der Beschäftigung an ..... Maschinen. Für Zeiten außerhalb der Beschäftigung an diesen Maschinen erhalten die Mitarbeiter einen Prämiengrundlohn/den Durchschnittsverdienst der ..... Die Prämien werden mit der Abrechnung für den Abrechnungszeitraum ausgezahlt.

---

[5] Die Prämienparameter müssen in der Betriebsvereinbarung vereinbart werden.

5. I. Neueingestellte Mitarbeiter erhalten für die Dauer der Einarbeitungszeit den bei der Einstellung vereinbarten Lohn.

II. Sonstige neu einzuarbeitende Mitarbeiter erhalten während der Einarbeitungszeit ihren persönlichen Durchschnittsverdienst während der letzten ..... Monate vor der Umsetzung an die Maschine.

III. Über die Beendigung der Einarbeitungszeit entscheidet die Betriebsleitung nach Beratung mit dem Betriebsrat. Nach Ablauf der Einarbeitungszeit gilt diese Betriebsvereinbarung.

6. I. Die Prämie wird nur gewährt, wenn eine den betrieblichen Anweisungen entsprechende fachgerechte Arbeit geleistet wird. Sie entfällt, wenn die monatliche Ausschussquote je Maschine ..... übersteigt.

II. Das Recht der Firma, einen weitergehenden Schaden geltend zu machen, bleibt hiervon unberührt.

7. Die Prämienregelung stellt auf den technischen Stand und den betrieblichen Arbeitsablauf bei der Einführung ab. Ändern sich diese Voraussetzungen, so wird die Prämienregelung entsprechend geändert.

8. Die Prämiengrundlage und die Prämientabelle gelten jeweils für die Laufdauer des Tariflohnes in der ..... Bei Inkrafttreten neuer Tariflöhne werden die Firma und der Betriebsrat über eine Neufestsetzung beschließen.

9. Die Betriebsvereinbarung kann mit einer Frist von drei Monaten zum Quartalsschluss, frühestens jedoch zum ..... gekündigt werden.

Anlage: Prämientabelle

2. Betriebsvereinbarung über den Einsatz von Nutzungsschreibern

14 1. An nachfolgenden Maschinen werden Nutzungsschreiber installiert .....

2. Nutzungsschreiber dienen zur Ermittlung von Nutzungs- und Stillstandszeiten. Die Ermittlung von Stillstandsschreibern mit unterschiedlicher Ursache dient als Basis für eine technische Verbesserung.

3. Ohne vorherige Betriebsvereinbarung dürfen Nutzungsschreiber nicht zur Zeit- und Lohnfindung herangezogen werden. Die Verwendung der Aufzeichnungsergebnisse kann nur zur Entwicklung von neuen Entlohnungssystemen verwandt werden, wenn der Betriebsrat hierüber unterrichtet wird.

4. Sofern bei der Bedienung des Nutzungsschreibers von im Leistungslohn arbeitenden Mitarbeitern ein zusätzlicher Zeitaufwand erwächst, wird dies bei der Zeit- und Lohnfindung berücksichtigt.

IV. Betriebsvereinbarung über Prämienentlohnung mit Rahmenvereinbarung (Gruppenprämie)

1. Rahmenvereinbarung

15 Zwischen der Unternehmensleitung der Firma .....

und

dem Gesamtbetriebsrat der Firma .....

wird nachfolgende Rahmenvereinbarung über die Einführung einer Prämienentlohnung geschlossen.

§ 1 Zweck 16

I. Diese Betriebsvereinbarung gilt für alle Prämienlohnarbeiten, die in den Betrieben der Firma X geleistet werden. Prämienarbeit liegt vor, wenn für sachbezogene Bezugsmerkmale Bestimmungsgrößen und eine dazugehörige Prämienausgangsleistung vorgegeben werden. Zweck der Rahmenvereinbarung ist, einheitliche Grundsätze für alle Prämiensysteme festzulegen, diese durchschaubarer zu machen und Einführung, Veränderung und Aufhebung der Einzelvereinbarung zu regeln.

II. Im Wege der Einzelbetriebsvereinbarung wird für die einzelnen Betriebe geregelt, welche Entlohnungsgrundsätze (Zeitlohn- oder Leistungsentlohnung) angewandt werden und welche Entlohnungsmethode angewandt wird. Die Einzelbetriebsvereinbarungen bestimmen ihren persönlichen Geltungsbereich selbst.

§ 2 Prämienkommission 17

I. Arbeitgeber und Betriebsräte der einzelnen Betriebe bilden jeweils eine Prämienkommission, in die jede Seite drei Mitglieder entsendet.

II. Seitens des Arbeitgebers ist der jeweilige Leiter der Personalabteilung Mitglied der Prämienkommission. Die übrigen Mitglieder werden von der jeweils zuständigen kaufmännischen oder technischen Leitung des Betriebes bestimmt.

III. Der Betriebsrat bestimmt die von der Arbeitnehmerseite zu benennenden Mitglieder der Kommission.

§ 3 Zuständigkeit der Prämienkommission 18

I. Die Prämienkommission ist zuständig:
1. streitige Fragen der Auslegung der Einzelprämienvereinbarung verbindlich zu regeln;
2. auf Verlangen des Arbeitgebers oder Betriebsrates in Zusammenarbeit mit der zuständigen Fachabteilung Vorarbeiten zum Zwecke des Abschlusses einer Betriebsvereinbarung, der Neufestsetzung oder Änderung von Prämienregelungen zu leisten.

II. Die zuständige Fachabteilung hat die Mitglieder der paritätischen Prämienkommission zur Klärung von allen Fragen der Prämienentlohnung zu unterstützen. Die Arbeitnehmermitglieder der Prämienkommission können mit Zustimmung des Betriebsrats Sachverständige hinzu ziehen. Dem Arbeitgeber bleibt unbenommen, gleichfalls Sachverständige hinzu zu ziehen.

§ 4 Fehlende Einigung 19

I. Kommt eine Einigung in der paritätischen Prämienkommission nicht zustande, so haben Arbeitgeber und Betriebsrat die Aufgabe, die Angelegenheit zu regeln. Kommt auch hierbei eine Einigung nicht zustande, so entscheidet die Einigungsstelle.

II. Beiden Seiten bleibt vorbehalten, den Spruch der Einigungsstelle vor den Gerichten für Arbeitssachen anzugreifen.

§ 5 Prämienausgangsleistung 20

I. Die Prämienausgangsleistung wird mit dem Prämienausgangslohn abgegolten. Prämienausgangslohn ist der jeweilige Tariflohn bzw. das jeweilige Tarifgehalt oder, bei außertariflichen Angestellten, das vertraglich vereinbarte Gehalt.

Schaub

II. Der Arbeitnehmer hat mindestens Anspruch auf den Prämienausgangslohn einschließlich etwaiger tariflicher Zulagen.

III. Im Übrigen wird der Prämienaufbau in den Betriebsvereinbarungen über die Einzelprämien festgelegt.[6]

21 § 6 Daten zur Prämienberechnung

I. Die zuständigen Fachabteilungen haben die Daten für die Prämienberechnung zu erfassen und aufzubereiten. Für die Ermittlung von Vorgabezeiten gilt das Lohnrahmenabkommen (zumeist tariflich genau geregelt) für ..... vom .....

II. Die Prämienkommission und der Betriebsrat haben das Recht, sich die Unterlagen vorlegen zu lassen und die Daten auf ihre Richtigkeit zu überprüfen.

22 § 7 Meldung bei Änderung der Prämienausgangsdaten

Arbeitgeber und Betriebsrat sind verpflichtet, betriebliche Umgestaltungen, die zu einer wesentlichen Veränderung der Prämiengrundlagen führen können, z.B. Bezugsgröße, Anknüpfungspunkte, Prämienansatz, Prämienschlüssel, Prämienkurve usw. wechselseitig zu melden. Arbeitgeber und Betriebsrat bleibt es vorbehalten, in diesen Fällen die Prämienvereinbarung zu kündigen. Die Prämienkommission kann Vorarbeiten für den Neuabschluss einer Betriebsvereinbarung treffen.

23 § 8 Lohnberechnung

Den Lohnberechnungen sind die Betriebsvereinbarungen über die Prämienentlohnung zugrunde zu legen.

24 § 9 Inkrafttreten

I. Die Rahmenvereinbarung über die Prämienentlohnung tritt mit Wirkung vom ..... in Kraft. Sie kann von beiden Seiten mit einer Frist von drei Monaten zum Quartalsschluss gekündigt werden.[7]

II. Die Einzelbetriebsvereinbarungen über die Prämienentlohnung können mit Monatsfrist zum Monatsschluss gekündigt werden. Soweit nichts anderes vereinbart ist, tritt die neu abzuschließende Betriebsvereinbarung rückwirkend zum Auslaufen der Kündigungsfrist in Kraft.

2. Einzelvereinbarung zur Rahmenvereinbarung

25 Zwischen der Betriebsleitung des Betriebes ..... der Firma .....

und

dem Betriebsrat

wird nachfolgende Vereinbarung Nr...... über die Prämienentlohnung (Mengen- und Qualitätsprämie) in der Abteilung ..... geschlossen.

---

[6] Vielfach verlangt der Betriebsrat, den Geldfaktor der Prämie in einem Prozentsatz des Prämienausgangslohnes festzulegen. Eine Tariflohnerhöhung erfasst damit auch die Prämie, so dass diese effektuiert ist. Ob insoweit ein erzwingbares Mitbestimmungsrecht besteht (§ 87 Abs. 1 Nr. 11 BetrVG), ist umstr. Die Arbeitgeber versuchen, durch eine übertarifliche, anrechenbare Zulage (ArbR-Hdb. § 204 RN 44 ff.) Tarifsteigerungen aufzufangen. Beispiel für Prozentprämie: Die Prämie wird in Prozenten des Tariflohnes berechnet.

[7] Vgl. aber § 77 BetrVG.

§ 1 Geltungsbereich   26

Die Betriebsvereinbarung gilt für alle gewerblichen Arbeitnehmer der ..... Abteilung mit Ausnahme der ..... die im Zeitlohn entlohnt werden.

§ 2 Bezugsgröße der Mengenprämie   27

I. Die Bezugsgröße für die Mengenprämie errechnet sich nach folgender Berechnungsformel:

$$B = \frac{\text{Einsatz kg/Monat} + \text{Erzeugung kg/Monat}}{\text{geleistete Stunden je Monat}}$$

II. Die Mengenangaben Einsatz je Monat und Erzeugung je Monat sind aus dem Monatsbericht der Stoffwirtschaft, die geleisteten Stunden aus dem Bericht der Abteilungen ..... zu entnehmen.

III. Bei der Produktion von X-Erzeugnissen mit Abmessungen von mehr als X mm wird die über Y Tonnen im Monat hinausgehende Menge mit dem Faktor 0,5 multipliziert und diese rechnerische Mehrmenge der Erzeugung hinzu geschlagen.[8]

IV. Stillstandszeiten, in denen das Personal der Abteilung ..... nicht mit normalen Produktions-, Putz- und Wartungsarbeiten beschäftigt wird, werden bei der Zahl der geleisteten Stunden in Abzug gebracht. In Abzug zu bringen sind insbesondere Zeiten der Betriebsferien, Großreparaturen, Kurzarbeit, Ausfallzeiten infolge Material- und Energiemangels sowie der Betriebsversammlungen.

§ 3 Degressive Prämienkurve   28

I. Die Gleichung für die (degressive) Prämienkurve lautet:

$$\text{Prämienkurve} = \left(2\left(\frac{B - BU}{BO - BU}\right) - \left(\frac{B - BU}{BO - BU}\right)^2 \right)$$

II. Die Gleichungssymbole werden wie folgt definiert:
1. B   =   Tatsächlich ermittelter Bezugsgrößenwert des Monats (vgl. § 2)
2. BU =   Bezugsgrößenuntergrenze, ab der eine Prämie gewährt wird
3. BO =   Bezugsgrößenobergrenze, bis zu der eine Prämie gewährt wird.
Bei Überschreiten der Leistungsobergrenze wird die der Leistungsobergrenze zugeordnete Prämie als Höchstprämie gezahlt. Bei Unterschreiten der Leistungsuntergrenze wird der Prämienausgangslohn als Mindestlohn gezahlt.

III. Der Prämienwert (PW) in € je Stunde ergibt sich aus der Formel PW = Geldfaktor × Prämiengleichung.[9]

IV. Der Prämienwert wird entsprechend der jeweiligen Lohn- und Gehaltsgruppe differenziert.[10] Eine Differenzierung der Prämien nach dem Prämienausgangslohn erfolgt nicht.

---

[8] Besondere Arbeitsbedingungen werden in dem Muster durch einen rechnerischen Zuschlag abgegolten.

[9] Ist die Prämie in Prozentsätzen des Tariflohnes ausgedrückt, so lautet die Berechnungformel

$$PW = P \times \frac{TL}{100}$$

Hierbei bedeuten P = Prozentsatz zum Tariflohn/Tarifgehalt; TL = Tariflohn bzw. Tarifgehalt.

[10] Ob der Arbeitswert (Tarifgruppe) bei der Prämie berücksichtigt wird, ist eine lohnpolitische Entscheidung. Die Außerachtlassung des Arbeitswertes führt zur Nivellierung der Prämien. Sie kann ge-

V. Zur Orientierung dient die dieser Betriebsvereinbarung anliegende Prämienstaffel.

29 § 4 Reklamationen

I. Von der monatlich zur Auszahlung kommenden Prämiensumme wird X% der Kosten für anerkannte und von der Arbeitsgruppe verschuldete Reklamationen abgesetzt. Die Entscheidung über die Anerkennung einer Reklamation trifft der Prämienausschuss. Bei Stimmengleichheit entscheidet die Werksleitung/die Einigungsstelle. Je Reklamationsfall werden nicht mehr als 0,..... € je Stunde abgezogen. Die Summe aller monatlichen Abzüge darf bei mehreren Reklamationsfällen ..... € nicht übersteigen.

II. Die Reklamationskosten errechnen sich aus den den Kunden erteilten Gutschriften oder, bei Rücksendung der Ware, aus der Differenz zwischen dem dem Kunden in Rechnung gestellten Wert abzüglich dem Verkaufs- oder Schrottwert der zurück gesandten Ware.

30 § 5 Behandlung von Werkseigentum

Der Betriebsrat wird auf die Belegschaft einwirken, dass Werkseigentum und Maschinen und Werkzeuge pfleglich behandelt werden.

31 § 6 Inkrafttreten

Die Prämienvereinbarung tritt mit Wirkung vom ..... in Kraft.

V. Betriebsvereinbarung über übertarifliche Zulagen

1. Zulagengewährung

32 § 1 Geltungsbereich

I. Die Betriebsvereinbarung gilt persönlich für alle Arbeitnehmer des Betriebes mit Ausnahme der leitenden Angestellten.

II. Die Betriebsvereinbarung gilt nur für allgemeine übertarifliche Zulagen. Sie ist nicht anzuwenden auf (1) Erschwerniszulagen, (2) arbeitsplatzbezogene Zulagen, (3) tarifliche Schicht-, Nacht- und Mehrarbeitszuschläge.

33 § 2 Bemessung der Zulage

I. Die Geschäftsleitung bestimmt allein über die Höhe der im Einzelfall zu gewährenden Zulage.

II. Der Arbeitgeber wird in jeder Lohn- oder Gehaltsgruppe die übertarifliche Zulage so festsetzen, dass sie zum Durchschnitt aller übertariflichen Zulagen mindestens ausmacht

---

rechtfertigt sein, wenn bei der Gruppen-Mengenprämie der Arbeitsbeitrag bei allen Arbeitnehmern gleich ist. Dagegen wird den verschiedenen Tarifgruppen (Arbeitswert) Rechnung getragen, wenn etwa eine Tarifgruppe = 100% gesetzt wird und entsprechend dem Verhältnis der Tarifgruppen auch der Prämienwert berechnet wird z. B. Tarifgruppe 6 = 100%; Tarifgruppe 5 = 95%; Tarifgruppe 7 = 105% usw.

im 1. Beschäftigungsjahr 40%
im 2. Beschäftigungsjahr .....
im 3. Beschäftigungsjahr .....
usw.

§ 3 Einsichtsrecht des Betriebsrats

34

I. Der Durchschnittswert der jeweiligen übertariflichen Zulagen wird jeweils am ..... festgestellt.

II. Der Betriebsrat hat ein Einsichtsrecht in die zugrunde liegenden Berechnungsgrundlagen und die zugrunde liegenden Bruttolohn- und -gehaltslisten.

2. Anrechnung bei Tariflohnerhöhungen[11]

Bei einer eventuell gewährten freiwilligen Zulage handelt es sich um eine jeder- 35
zeit nach freiem Ermessen widerrufliche Leistung, auf die auch bei wiederholter Leistung kein Rechtsanspruch für die Zukunft besteht. Die Leistung kann jederzeit ganz oder teilweise auf die tariflichen Veränderungen und tariflichen Umgruppierungen angerechnet werden.

oder

Das Gehalt setzt sich zusammen aus dem Tarifgehalt nach Vergütungsgruppe ..... in Höhe von zur Zeit ..... und einer übertariflichen Zulage in Höhe von ..... €. Es bleibt vorbehalten die freiwillige Zulage bei Tarifänderungen zu verrechnen oder mit einer Frist von einem Monat zum jeweiligen Monatsende aufzukündigen.

VI. Betriebsvereinbarung über Gehaltsgruppen von AT-Angestellten[12]

Zwischen der Firma 36
und
dem Gesamtbetriebsrat der Firma .....
wird nachfolgende Gesamtbetriebsvereinbarung für ...../Jahreszahl geschlossen.

§ 1 Geltungsbereich

37

I. Die Gesamtbetriebsvereinbarung gilt für alle Betriebe der .....

II. Die Gesamtbetriebsvereinbarung gilt für alle AT-Angestellten des Unternehmens, die vom jeweils geltenden Manteltarifvertrag für Angestellte in Verbindung mit dem Gehaltstarifvertrag nicht erfasst werden, soweit sie nicht leitende Angestellte i. S. von § 5 Abs. 3 BetrVG sind.

---

[11] Vgl. BAG, Beschluss v. 3. 12. 1992 – GS 2/90 – NZA 1992, 749; vgl. dazu BAG, Urteile v. 22. 9. 1992 – 1 AZR 235/90, 1 AZR 405/90, 1 AZR 459/90, 1 AZR 461/90, 1 AZR 460/90 – AP BetrVG 1972 § 87 Lohngestaltung Nrn. 54, 55, 56, 57, 60; BAG, Beschluss v. 27. 10. 1992 – 1 ABR 17/92 – AP BetrVG 1972 § 87 Lohngestaltung Nr. 61; BAG, Urteil v. 10. 11. 1992 – 1 AZR 183/92 – AP BetrVG 1972 § 87 Lohngestaltung Nr. 58.
[12] BAG, Beschluss v. 22. 1. 1980 – 1 ABR 48/77 – AP BetrVG 1972 § 87 Lohngestaltung Nr. 3; Entw. eines Musters der IG Chemie RdA 1981, 181.

38 § 2 Allgemeine Grundsätze

I. Die Tätigkeit der außertariflichen Angestellten wird in Tätigkeitsgruppen zusammengefasst. Tätigkeitsgruppen sind

1 . . . . . 2 . . . . . 3 . . . . . usw.

Innerhalb der Tätigkeitsgruppe werden Gehaltsstufen gebildet.

II. Eine Einordnung in die Tätigkeitsgruppen für AT-Angestellte kommt grundsätzlich nur in Betracht, wenn der Aufgabenbereich deutlich über den Anforderungen der jeweils höchsten tariflichen Gehaltsgruppe liegt.

III. Für die Zuordnung zu einer der Tätigkeitsgruppen ist die Art der überwiegenden Tätigkeit der AT-Angestellten maßgebend.

IV. Bei der Gehaltsfindung für die einzelnen Tätigkeitsgruppen sind Unterschiede in Funktion, Umfang und Bedeutung der Aufgabe, Verantwortungsumfang und Belastung sowie die Qualifikation angemessen zu berücksichtigen.

39 § 3 Mitwirkung des Betriebsrats bei der Ein- und Umgruppierung sowie Versetzung

I. Ein- und Umgruppierungen sowie Versetzungen von AT-Angestellten erfolgen unter Wahrung der Rechte des Betriebsrates nach §§ 99 ff. BetrVG. Die Betriebsvereinbarung über Auswahlrichtlinien vom . . . . . findet entspr. Anwendung.

II. Der Betriebsrat ist über die im Unternehmen bestehenden Gehaltsgruppen und Stufen sowie die Tätigkeitsbeschreibungen zu unterrichten. Änderungen in den bestehenden Gehaltsgruppen werden vom Unternehmen im Einvernehmen mit dem Betriebsrat vorgenommen.

III. Dem Betriebsrat ist darüber Auskunft zu erteilen, in welchem Umfang einem AT-Angestellten Zuschläge zur betrieblichen Altersversorgung gewährt werden.[13]

40 § 4 Gehaltsüberprüfung

I. Bei den von der Betriebsvereinbarung erfassten AT-Angestellten erfolgen in angemessenen Zeitabständen, längstens aber nach zwei Jahren Gehaltsüberprüfungen.

II. Bei der Gehaltsüberprüfung wird der AT-Angestellte im Rahmen seiner Gehaltsgruppe höher gestuft, sofern er die seiner Gehaltsgruppe entspr. Leistungen erbracht hat.

III. AT-Angestellten, bei denen die Gehaltsüberprüfung nicht zu einer Höherstufung führt, sind die Gründe in angemessener Form bekannt zu machen. Dem Betriebsrat sind die Namen der nicht höher gestuften Angestellten zu benennen. Er hat hierüber Stillschweigen zu bewahren.

41 § 5 Über- und Mehrarbeitsstunden

I. Schwankungen in der Arbeitszeit der AT-Angestellten sind durch das Gehalt abgegolten. Wesentliche Überschreitungen der betriebsüblichen Arbeitszeit sind auszugleichen. Als wesentlich gelten Überschreitungen der betriebsüblichen Arbeitszeit von mehr als . . . . . Stunden im Kalendermonat.

---

[13] BAG, Beschluss v. 19. 3. 1981 – 3 ABR 38/80 – AP BetrVG 1972 § 80 Nr. 14.

II. Wesentliche Zeitüberschreitungen sind durch zeitgleiche Gewährung von Freizeit innerhalb von zwei Monaten nach Ablauf des Monats der Zeitüberschreitung in Verbindung mit einem Wochenende auszugleichen. Die zeitliche Lage der Freizeitgewährung ist mit dem AT-Angestellten abzustimmen.

III. Ist die Gewährung der Ausgleichsfreizeit aus betrieblichen Gründen nicht möglich, wird die Arbeitszeitüberschreitung angemessen vergütet. Als angemessen gilt ein Ausgleich von $^1/_{...}$ des monatlichen Grundgehaltes je auszugleichender Stunde.

§ 6 Sondervergütung   42

I. Stellt das Unternehmen zugunsten der AT-Angestellten einen Betrag für Sondervergütungen zur Verfügung, so wird dieser Betrag
1. nach Leistung, Erfolgs- und Führungsverhalten im jeweiligen Aufgabenbereich
2. nach dem Grad der persönlichen Belastung
3. . . . . .
verteilt.

II. Der Betriebsrat ist über die Gesamtsumme der gewährten Sonderzahlungen und die Verteilungsgrundsätze zu unterrichten. Die Rechte des Betriebsrats nach § 80 Abs. 2 BetrVG bleiben unberührt.

III. Der AT-Angestellte hat das Recht, sich die Berechnung der ihm gewährten Sondervergütung erläutern zu lassen. Er kann hierzu ein Mitglied des Betriebsrates hinzuziehen.

VII. Betriebsvereinbarung über eine Zielvereinbarung

Zwischen der   43

und

dem Betriebsrat . . . . .

wird eine Betriebsvereinbarung . . . . ./. . . . . über eine Zielvereinbarung zur Gewährung von Boni/Sonderzuwendungen geschlossen.[14, 15]

§ 1 Anspruch   44

Jeder Mitarbeiter erhält eine erfolgsabhängige Sonderzuwendung, deren Höhe im Ermessen des Arbeitgebers steht. Voraussetzung der Gewährung ist das Bestehen eines Arbeitsverhältnisses während der Zielvereinbarungsperiode und die Erreichung des Zieles, das in einem Zielvereinbarungsgespräch zwischen dem Unternehmen und dem Mitarbeiter vereinbart worden ist.[16]

---

[14] Zu einer individualvertraglichen Zielvereinbarung § 20 RN 32.

[15] Die allgemeine Einführung von Zielvereinbarungsgesprächen und deren Ausgestaltung ist nach § 87 Nr. 1, 10, 11 BetrVG mitbestimmungspflichtig. Nicht mitbestimmungspflichtig sind die Bestimmung zulässiger Ziele, deren Gewichtung und deren Feststellung. Der Betriebsrat wird eine möglichst einheitliche Handhabung anstreben. Im Interesse des Arbeitgebers liegen möglichst individuelle Regelungen. Da der Betriebsrat bei der individuellen Vereinbarung kein erzwingbares Mitbestimmungsrecht hat, lassen sich die betrieblichen Interessen hinreichend wahren.

[16] Sind die Zielvereinbarungen Bestandteil der arbeitsvertraglichen Regelung, so unterliegen sie der Kontrolle nach § 305 c Abs. 2 BGB. Werden die Grundlagen der Zielvereinbarung in einer Betriebsvereinbarung geregelt, so unterliegt diese keiner Kontrolle nach § 310 Abs. 4 BGB. Damit wird auch die individuelle Zielvereinbarung aus der Kontrolle nach § 310 Abs. 4 BGB herausfallen.

45 § 2 Ziel[17]

Ziel ist . . . . .

46 § 3 Abschluss der Zielvereinbarung

I. Jeder Mitarbeiter hat Anspruch darauf, dass bis zum . . . . . eine Zielvereinbarung abgeschlossen wird . . . . . Monate nach Abschluss der Zielvereinbarung wird ein Kontrollgespräch geführt.

II. Unabhängig von dem Kontrollgespräch wird auf Verlangen des Mitarbeiters ein Zielanpassungsgespräch geführt, wenn sich auf Grund nicht voraussehbarer Umstände die Zielvereinbarung als unerreichbar oder unzumutbar herausstellt. Voraussetzung des Zielanpassungsgesprächs ist eine unverzügliche schriftliche Mitteilung des Mitarbeiters während der laufenden Zielvereinbarungsperiode. Werden die Ziele angepasst, kann auch die Vergütung angepasst werden.

47 § 4 Voraussetzung der Gewährung

Voraussetzung der Gewährung des Bonus/der Sondervergütung ist die vollständige Erreichung des Zieles.

oder

Voraussetzung der Gewährung des Bonus/der Sondervergütung ist die Erreichung des Zieles zu mindestens 60%. Zwischen 60% und 100% wird die Sondervergütung anteilig gezahlt. Wird das Ziel überschritten, wird der Bonus/die Sondervergütung entsprechend erhöht. Sie ist jedoch auf 150% der Sondervergütung begrenzt.

48 § 5 Nichterreichung des Zieles

Der Wegfall des Anspruches auf die Sondervergütung wegen Nichterreichen des Zieles schließt andere arbeitsrechtliche Maßnahmen nicht aus.

49 § 6 Beendigung des Arbeitsverhältnisses

Im Falle der Beendigung des Arbeitsverhältnisses während der Zielvereinbarungsperiode entfällt der Anspruch auf den Bonus/die Sondervergütung.

oder

Im Falle der Beendigung des Arbeitsverhältnisses während der Zielvereinbarungsperiode wird ein Bonus/eine Sondervergütung entsprechend der zurückgelegten Zeit und des erreichten Ziels gezahlt.

VIII. Betriebsvereinbarung zur Einführung von Gruppenarbeit

Breisig, Gruppenarbeit und ihre Regelungen durch Betriebsvereinbarungen, Handbuch für Praktiker, 1997; ArbR-Hdb. §§ 181 ff.; **Muster:** AiB 1997, 402.

50 Zwischen der . . . . . AG/GmbH

und

dem Betriebsrat der . . . . . AG/GmbH

---

[17] Es wird empfohlen, wenige, klar definierte Ziele zu vereinbaren, die mit dem Mitarbeiter diskutiert und verständlich gemacht werden müssen. Es müssen rechtlich zulässige Ziele sein.

wird eine freiwillige Betriebsvereinbarung Nr......./..... über die Einführung von Gruppenarbeit[18] geschlossen.

Vorwort 51

Geschäftsleitung und Betriebsrat sind übereinstimmend der Auffassung, dass die Ertragssituation verbessert und damit langfristig die Arbeitsplätze gesichert werden. Zur Verbesserung der Ertragssituation müssen die Produktions- und Produktkosten gesenkt, die Arbeitsabläufe vereinfacht und Entscheidungsbefugnisse delegiert werden. Durch ständige Verbesserungen soll die Qualitätskontrolle während der Produktion durchgeführt und damit den Marktinteressen und Kunden Rechnung getragen werden.

Die Mitarbeiter sollen stärker in Entscheidungsprozesse eingebunden werden. Ihnen sollen verbesserte individuelle Entwicklungsmöglichkeiten angeboten werden.

§ 1 Begriff der Gruppenarbeit 52

I. Gruppenarbeit ist die Zusammenarbeit mehrerer Mitarbeiter mit einer gemeinsamen Arbeitsaufgabe. Die Gruppe führt eine inhaltlich abgegrenzte, von ihr überprüfbare Arbeitsaufgabe durch. Sie regelt im Rahmen allgemeiner technischer und organisatorischer Vorgaben die Verteilung der Einzelaufgaben im Rahmen der Gruppe sowie den Tätigkeitswechsel selbst.

II. Die Gruppengröße ist abhängig von der ihr übertragenen Arbeitsaufgabe. Sie soll 15 Mitarbeiter/Mitarbeiterinnen nicht übersteigen. Es soll eine Kontinuität der Gruppenbesetzung angestrebt werden.

§ 2 Geltungsbereich 53

I. Die Betriebsvereinbarung gilt für den Unternehmensbereich......

II. Der Aufgabenbereich einer Gruppe wird genau festgelegt. Die gemeinsamen Aufgaben und Ziele werden zusammen mit dem Vorgesetzten festgelegt.

§ 3 Selbstorganisation der Gruppe[19] 54

I. Die Gruppe organisiert selbst

1. die innere Aufgabenverteilung

2. die Pausenregelung

3. die Schichtübergabe

---

[18] In § 87 Abs. 1 Nr. 13 BetrVG ist der Begriff i. S. des BetrVG definiert. Das Mitbestimmungsrecht in § 87 Abs. 1 Nr. 13 BetrVG bezieht sich auf die Durchführung der Gruppenarbeit. Einführung und Beendigung der Gruppenarbeit ist mitbestimmungsfrei möglich (*Fitting* § 87 RN 572). Insoweit wird die unternehmerische Entscheidungsfreiheit beachtet. Gleichwohl bestehen im Rahmen der Einführung Mitwirkungsrechte nach §§ 90, 111 BetrVG. Soll die Gruppenarbeit im Wege des Direktionsrechts eingeführt werden, sind regelmäßig Grundsätze der Lohngestaltung berührt. Zur Durchführung gehören alle Maßnahmen und Entscheidungen nach deren Einführung. Mitbestimmungspflichtig sind der Gegenstand der Gruppenarbeit, Ziele und Verantwortung der Gruppe für das Arbeitsergebnis, Größe der Gruppe und Kriterien der Zusammensetzung. In der Gesetzesbegründung werden als Beispiele der erzwingbaren Mitbestimmung genannt Wahl des Gruppensprechers, dessen Stellung und Aufgabe, Abhalten von Gruppengesprächen, Regelung über die Zusammenarbeit in der Gruppe, Berücksichtigung von leistungsschwächeren Arbeitnehmern. Nicht mitbestimmungspflichtig ist, welche Arbeitnehmer zu welcher Gruppe gehören. Insoweit handelt es sich um eine personelle Einzelmaßnahme, die in §§ 95, 99 BetrVG geregelt ist.

[19] Der Gruppe werden weitgehende Rechte der Eigenorganisation übertragen. Es soll die Arbeitsmotivation erhöht und das Interesse an der Arbeit gesteigert werden.

4. die Durchführung von Gruppengesprächen
5. die Verbesserung des Arbeitsschutzes
6. die Überwindung hoher Arbeitsteilung
7. die Durchführung der Urlaubsplanung
8. die Ordnung und Sauberkeit am Arbeitsplatz
9. die Feinplanung von Maschinen im Rahmen des vorgegebenen Programms.

Kommt eine Einigung der Gruppenmitglieder nicht zustande, so wird ein dazu bestimmter Vorgesetzter und ein Betriebsratsmitglied vermitteln.

II. Die Gruppe wird darauf Bedacht nehmen:
1. kostengünstig zu produzieren und auf die unterschiedlichen Fertigungskosten in der Gruppe Rücksicht zu nehmen,
2. Maschinen und Anlagen optimal auszunutzen,
3. kleinere Reparaturen und Wartungsarbeiten der überlassenen Maschinen auszuführen,
4. die Arbeit und den Fertigungsprozess nach Möglichkeit zu vereinfachen und zu erleichtern und zur Optimierung der Fertigung beizutragen,
5. den Informationsfluss in der Gruppe sowie zu vor- und nachgeordneten Stellen zu verbessern,
6. neue Mitarbeiter zu schulen und einzuarbeiten,
7. die Arbeitsqualität zu verbessern,
8. die Arbeitsinhalte, Arbeitsbedingungen, die Arbeitsorganisation und Arbeitsumgebung mitzugestalten.

III. Alle Gruppenmitglieder haben Anspruch darauf, dass sie entsprechend ihrer Funktion ausreichend geschult werden.

55 § 4 Gruppengespräche

I. Gruppengespräche sind Arbeitsbesprechungen. Sie können wöchentlich bis zu einer Stunde während der Arbeitszeit durchgeführt werden.

II. Die Gruppe bestimmt den Zeitpunkt des Gruppengespräches unter Berücksichtigung der Fertigungssituation in Abstimmung mit dem Vorgesetzten.

III. Die Gruppengespräche haben sich an den Aufgaben und Zielen der Gruppe zu orientieren. Die Gruppe kann hierzu Vorgesetzte und sachkundige Personen hinzuziehen.

56 § 5 Gruppensprecher

I. Jede Gruppe wählt in freier und geheimer Wahl einen Gruppensprecher. Die Wahl erfolgt zunächst für sechs Monate. Nach Ablauf der Amtsperiode und Wiederwahl beträgt die Amtszeit jeweils ein Jahr. Dasselbe gilt für den Stellvertreter.

II. Vor der Wahl ist die Gruppe über Aufgaben, Rechte und Pflichten des Gruppensprechers zu informieren.

III. Die Gruppe hat die Möglichkeit, den Gruppensprecher jeder Zeit mit der Mehrheit ihrer Stimmen in geheimer Wahl abzuwählen.

IV. Wählt die Gruppe keinen Sprecher, wird er durch den Arbeitgeber im Einvernehmen mit dem Betriebsrat bestimmt.

V. Der Gruppensprecher soll

1. Meinungsverschiedenheiten zwischen den Gruppenmitgliedern ausgleichen,
2. den Informationsaustausch zwischen den Gruppenmitgliedern sicherstellen,
3. die Arbeit in der Gruppe koordinieren,
4. die Gruppengespräche leiten,
5. die Gruppenmitglieder unterstützen,
6. die Vorgesetzten unterstützen.

§ 6 Funktion des Vorgesetzten   57

I. Die Gruppenarbeit bedingt eine Veränderung der Funktion des Vorgesetzten.

II. Der Vorgesetzte hat

1. die ihm anvertrauten Gruppen zu betreuen und zu fördern,
2. die Ziele mit der Gruppe zu vereinbaren,
3. die Gruppe bei der Arbeit zu unterstützen, insbesondere bei Problemlösungen, bei Verbesserung der Arbeit und Qualität,
4. den Informationsaustausch über die Gruppe hinaus zu verbessern,
5. die Arbeitsbereiche übergreifend zu koordinieren.

§ 7 Zusammensetzung der Gruppe[20]   58

I. Die Gruppe wird durch die Personalabteilung zusammengesetzt. Sie soll hierzu auf Wünsche der Gruppenmitglieder Rücksicht nehmen. Die Gruppen werden möglichst so gebildet, wie sie sich aus der bisherigen Mitarbeiterzusammensetzung ergeben. Im Rahmen der technischen und organisatorischen Möglichkeiten sollen in einer Gruppe sowohl Mitarbeiter mit unterschiedlichen Qualifikationsvoraussetzungen als auch Mitarbeiter mit Einsatzeinschränkungen eingesetzt werden. Kein Mitarbeiter wird gegen seinen Willen einer Gruppe zugewiesen.

II. Bei langfristiger Arbeitsverhinderung eines Gruppenmitgliedes hat die Personalabteilung umgehend ein Ersatzmitglied zuzuweisen.

III. Die Aufgabenverteilung innerhalb der Gruppe wird durch die Gruppe selbst geregelt und bestimmt. Die Gruppe sorgt für die Erreichung und Aufrechterhaltung der festgelegten Flexibilität. Im Rahmen der vorgesehenen Flexibilität soll deshalb zwischen den Arbeitsplätzen gewechselt werden. Jedes Gruppenmitglied muss die Möglichkeit der individuellen Entwicklung im Rahmen der betrieblichen Tätigkeit haben.

IV. Neben der internen Flexibilität wird die Gruppe auf eine gruppenübergreifende Flexibilität bedacht nehmen. Die Gruppenmitglieder sollen auch in vor- oder nachgeschalteten Gruppen arbeiten können.

---

[20] Im Wege der Auslegung der Arbeitsverträge muss entschieden werden, ob die Arbeitsverträge die Bildung von Arbeitsgruppen zulassen. Ist die Bildung überhaupt möglich, kann der Arbeitgeber im Allgemeinen die Zusammensetzung bestimmen. Wenn er die Zusammensetzung bestimmen darf, muss er auch für eine hinreichende Besetzung sorgen, anderenfalls wird er schadensersatzpflichtig oder gerät nach anderer Meinung in Annahmeverzug (ArbR-Hdb. § 183). Zwischen den Gruppenmitgliedern bestehen bei der Betriebsgruppe keine Rechtsbeziehungen (ArbR-Hdb. § 182).

V. Die Personalabteilung und der Personalvorgesetzte sowie ein dazu bestimmtes Betriebsratsmitglied berät die Gruppe.

VI. Die Gruppe wird einen Belastungsausgleich innerhalb der Gruppe vornehmen.

59 § 8 Schulung und Training

I. Vor Beginn der Gruppenarbeit werden alle Beteiligten auf ihre zukünftige Aufgabe vorbereitet.

II. Die Gruppenmitglieder werden produktbezogen weiter qualifiziert. Dabei wird insbesondere Rücksicht genommen auf

1. die Verbesserung der Arbeitsbedingungen und der Arbeitssicherheit,
2. die Verbesserung der Qualität der Produkte,
3. die menschengerechte Gestaltung der Arbeitsplätze.

III. Der Gruppensprecher und die Stellvertreter werden zusätzlich in Techniken der Moderation, Konfliktbewältigung, Führungswissen und ähnlichen Fachgebieten geschult. Über Qualifizierungspläne wird der Betriebsrat unterrichtet.

60 § 9 Entlohnung[21]

I. Die Entlohnung erfolgt im Prämienlohn. Sie wird durch eine besondere Betriebsvereinbarung geregelt.

II. Der/Die Gruppensprecher/Gruppensprecherin und die jeweilige Stellvertretung erhält für die Dauer der Funktion eine Zulage von 0,50 €/Std. Die Zulage ist bei Tariflohnerhöhungen nicht anrechenbar.

61 § 10 Verbesserungsvorschläge

I. Verbesserungsvorschläge, die aus der Gruppe gemacht werden, gelten als Gruppenvorschlag.

II. Die Vergütung des Verbesserungsvorschlages erfolgt nach der Betriebsvereinbarung über Verbesserungsvorschläge.

62 § 11 Mitwirkung des Betriebsrats

I. Die Rechte des Betriebsrats nach Gesetz, Tarifverträgen und Betriebsvereinbarungen bleiben unberührt.

II. Von Umsetzungen innerhalb der Gruppe, die mehr als eine Woche beträgt, wird der Betriebsrat informiert.

63 § 12 Paritätische Kommission

I. Streitigkeiten aus dieser Betriebsvereinbarung werden in der paritätischen Kommission zur Einführung von Gruppenarbeit behandelt.

---

[21] Mantel-, Rahmen- und Entgelttarifverträge schaffen im Allgemeinen ein Entgeltsystem, nach dem sich die Vergütung des Arbeitnehmers nach bestimmten Vergütungsgruppen richtet. Die tariflichen Regelungen sind in vielen Fällen nicht auf Gruppenarbeit ausgelegt. Durch die Verlagerung der Funktionen aus den indirekten Bereichen in Fertigungsinseln verändern sich die Arbeitsinhalte der Arbeitsaufgaben. Durch die Jobrotation muss jeder Mitarbeiter alle Aufgaben übernehmen. Im Allgemeinen wird es zur Eingruppierung in hohe Entgeltgruppen kommen. Soweit die Eingruppierungsmerkmale auf subjektive Merkmale abstellen, müssen diese von allen Gruppenmitgliedern erfüllt werden.

II. Die paritätische Kommission setzt sich aus sechs Mitgliedern zusammen. Die Hälfte der Mitglieder wird jeweils vom Arbeitgeber bzw. dem Betriebsrat ernannt.

III. Kommt eine Einigung in der Kommission nicht zustande, ist der Rechtsweg zu den Arbeitsgerichten oder der Weg zur Einigungsstelle gegeben.

§ 13 Kündigung 64

Die Betriebsvereinbarung kann mit einer Frist von ..... Monaten zum Jahresende gekündigt werden.

§ 14 Inkrafttreten 65

Die Betriebsvereinbarung tritt am ..... in Kraft.

IX. Konzernbetriebsvereinbarung über betriebliche Altersversorgung[22]

Zwischen der ..... Aktiengesellschaft   66
und
ihrem Konzernbetriebsrat
wird nachfolgende Konzernbetriebsvereinbarung über die Gewährung von Versorgungsleistungen geschlossen.

§ 1 Versorgungsberechtigte 67

Die AG gewährt allen Mitarbeitern oder ihren Hinterbliebenen Versorgungsleistungen.

§ 2 Versorgungsleistungen 68

I. Versorgungsleistungen sind Alters-, Invaliditäts- und Hinterbliebenenrenten.

II. Altersrente wird an Mitarbeiter gewährt, wenn sie in den Ruhestand versetzt werden und Anspruch auf Altersrente aus der gesetzlichen Rentenversicherung haben. Kein Anspruch besteht bei dem Bezug von Teilrenten (§ 42 SGB VI).[23]

III. Invaliditätsrente wird gewährt, wenn der Mitarbeiter in den Ruhestand versetzt wird und wegen verminderter Erwerbsfähigkeit Anspruch auf entspr. Rente gegen den gesetzlichen Rentenversicherungsträger hat.

IV. Hinterbliebenenrente wird für die Witwe, den Witwer und die Waisen des versorgungsberechtigten Mitarbeiters gewährt.

§ 3 Wartezeit 69

I. Die Versorgungsleistungen werden nur gewährt, wenn zum Zeitpunkt des Eintritts des Versorgungsfalles der Mitarbeiter mindestens eine 10-jährige anrechnungsfähige Betriebszugehörigkeit (Wartezeit) zurückgelegt hat.

---

[22] Der Betriebsrat hat auf den Abschluss einen Rechtsanspruch im Rahmen der vom BAG, Beschlüsse v. 12. 6. 1975 – 3 ABR 13/74, 3 ABR 137/73, 3 ABR 66/74 – AP BetrVG 1972 § 87 Altersversorgung Nrn. 1–3 aufgezeigten Grenzen; vgl. das Muster bei *Kemper/Kisters-Kölkes,* Betriebliche Altersversorgung, 2. Aufl., 1999.
[23] Die Einräumung eines Teil-Betriebsrentenanspruches kann zu erheblichen rechtlichen Schwierigkeiten führen. *Schaub* BB 1992, 1058.

II. Versorgungsleistungen werden auch gewährt, wenn der Mitarbeiter aus der gesetzlichen Rentenversicherung vorgezogenes Altersruhegeld in Anspruch nimmt und nur aus diesem Grunde keine 10-jährige anrechnungsfähige Dienstzeit erreicht.[24]

70 § 4 Anrechnungsfähige Dienstzeit[25]

I. Anrechnungsfähig nach dieser Versorgungsordnung sind Dienstzeiten, die der Mitarbeiter bis zum Eintritt des Versorgungsfalles zurückgelegt hat.

II. Wechselt der Mitarbeiter innerhalb des Konzerns von einem Unternehmen zu einem anderen, so gewährt das übernehmende Unternehmen eine Rente unter Anrechnung der im Rahmen des Konzerns zurückgelegten und für die Versorgungsleistung anrechnungsfähigen Dienstzeit. Innerhalb des Konzerns zurückgelegte Vordienstzeiten werden nicht berücksichtigt, wenn der Mitarbeiter das Unternehmen auf Versorgungsleistungen in Anspruch nimmt, bei dem die Vordienstzeiten zurückgelegt worden sind.

71 § 5 Höhe der Versorgungsleistungen

I. Die Höhe der Versorgungsleistungen richtet sich nach der Versorgungsklasse, in die der Mitarbeiter unter Berücksichtigung seiner ausgeübten Tätigkeit eingestuft war, sowie nach der Anzahl seiner anrechnungsfähigen Dienstjahre.

II. Eine Rente wegen teilweise verminderter Erwerbsfähigkeit beträgt bis zur Vollendung des 60. Lebensjahres nur $^2/_3$ des Tabellenwertes.

III. Zeiten einer Teilzeitbeschäftigung werden nur in ihrem Verhältnis zur betriebsüblichen Arbeitszeit beim Tabellenwert berücksichtigt.

72 § 6 Invaliditätsrente

Eine Invaliditätsrente wird nur für die Dauer der Invalidität gewährt. Die Invalidität ist durch Vorlage des Rentenbescheides des gesetzlichen Sozialversicherungsträgers nachzuweisen. Gewährt der gesetzliche Sozialversicherungsträger keine Invaliditätsrente, kann der Nachweis durch ein amtsärztliches Gutachten erfolgen.

73 § 7 Hinterbliebenenrente

I. Die Hinterbliebenenrente wird aus dem Betrag errechnet, der dem versorgungsberechtigten Mitarbeiter wegen Erwerbsunfähigkeit als Invaliditätsrente zugestanden hätte.

II. Die Hinterbliebenenrente beträgt

1. für den überlebenden Ehegatten	60 v. H.
2. je Halbwaise	20 v. H.
3. je Vollwaise	40 v. H.

der Rente des versorgungsberechtigten Mitarbeiters, aber nicht mehr als die Rente des Mitarbeiters selbst.

---

[24] Vgl. § 1 b Abs. 1 Satz 2 BetrAVG.
[25] Die Anrechnung von Vordienstzeiten kann vereinbart werden. Sie führt aber nicht in jedem Fall zum Insolvenzschutz (BAG, Urteil v. 3. 8. 1978 – 3 AZR 19/77 – AP BetrAVG § 7 Nr. 1; BAG, Urteil v. 11. 1. 1983 – 3 AZR 212/80 – AP BetrAVG § 7 Nr. 17; BAG, Urteil v. 8. 5. 1984 – 3 AZR 68/82 – AP BetrAVG § 7 Nr. 20).

III. Ist der überlebende Ehegatte mehr als 20 Jahre jünger als der versorgungsberechtigte Mitarbeiter, so vermindert sich der ihm zustehende Betrag für jedes angefangene Jahr des 20 Jahre übersteigenden Altersunterschiedes um jeweils 5% des Tabellenwertes.

IV. Die Witwen- oder Witwerrente entfällt mit Ablauf des Monats, in dem der Rentenempfänger wieder heiratet. Die Rente lebt wieder auf, wenn auch die Sozialversicherungsrente nach dem Verstorbenen aus der gesetzlichen Rentenversicherung wieder gezahlt wird.

V. Waisenrente wird Kindern des Verstorbenen bis zur Vollendung des 18. Lebensjahres, im Falle der Berufsausbildung bis zur Vollendung des 25. Lebensjahres gewährt. Die Waisenrente wird auch über das 25. Lebensjahr für die Dauer gewährt, die die Berufsausbildung durch Ableistung des Wehrdienstes unterbrochen worden ist. Waisenrente wird auch an Kindes Statt angenommenen Kindern und in den Haushalt aufgenommenen Stiefkindern gezahlt.

§ 8 Versorgungsausgleich · 74

I. Bei Scheidung der Ehe eines Mitarbeiters oder einer Mitarbeiterin ist eine Realteilung im Versorgungsausgleich ausgeschlossen.

II. Im Scheidungsverfahren ist der Arbeitnehmer gehalten darauf hinzuwirken, dass das Unternehmen nicht zur Zahlung einer Ausgleichsrente verpflichtet wird. Bevor der schuldrechtliche Versorgungsausgleich angeordnet wird, hat der Arbeitnehmer dem Unternehmen die notwendigen Informationen zu geben, den verlängerten schuldrechtlichen Versorgungsausgleich zu verhindern, soweit es dieses wünscht. Dies gilt entsprechend für solche Arbeitnehmer, die mit einer unverfallbaren Versorgungsanwartschaft ausscheiden.

§ 9 Versorgungsanwartschaft · 75

I. Endet das Arbeitsverhältnis eines Mitarbeiters vor Eintritt des Versorgungsfalles, so scheidet er aus dem Kreis der Versorgungsberechtigten aus.

II. Liegen die Voraussetzungen von § 1b BetrAVG vor, erhält der Mitarbeiter eine schriftliche Auskunft über die Höhe der Versorgungsleistung, die er nach Vollendung des 65. Lebensjahres beanspruchen kann.

§ 10 Auszahlung · 76

I. Die Versorgungsleistungen werden monatlich am Ende eines Kalendermonats ausgezahlt. Die Auszahlung kann von der Vorlage amtlicher Urkunden über die Voraussetzungen der Bezugsberechtigung abhängig gemacht werden.

II. Die Abtretung von Versorgungsleistungen an Dritte ist ausgeschlossen. Auszahlungen an Dritte erfolgen nur gegen Vorlage einer schriftlichen Empfangsvollmacht.

§ 11 Meldepflichten · 77

I. Empfänger von Versorgungsleistungen haben jede Änderung ihres Personenstandes, ihrer Anschrift sowie Umstände, die für die Rentengewährung wesentlich sind, unverzüglich zu melden und durch Urkunden nachzuweisen. Rentenänderungs- oder Entziehungsbescheide sind unverzüglich vorzulegen. Dies gilt nicht für Rentenänderungen aufgrund der Rentenanpassungsgesetze.

Schaub

II. Empfänger von Versorgungsleistungen, die einen Wohnsitz im Ausland haben, haben eine Stelle in der BRD zu benennen, an die mit schuldbefreiender Wirkung gezahlt werden kann.

78 § 12 Ausschluss von Versorgungsbezügen

(vgl. § 21 RN 10)

79 § 13 Inkrafttreten

Die Versorgungsordnung tritt mit Wirkung vom ..... in Kraft. Mit diesem Tage treten alle früheren Versorgungsordnungen außer Kraft.

X. Betriebsvereinbarung über die Möglichkeit der beitragsorientierten Leistungszusage mit Mindestleistung und der Entgeltumwandlung[26]

80 Zwischen der X-GmbH, gesetzlich vertreten durch den Geschäftsführer .....

und

dem Gesamtbetriebsrat

wird eine Betriebsvereinbarung über eine zusätzliche Altersversorgung Nr...../..... geschlossen.

81 § 1 Geltungsbereich

Diese Betriebsvereinbarung gilt für alle Mitarbeiter der .....

82 § 2 Kreis der Versorgungsberechtigten

Jeder Versorgungsberechtigte der Betriebsvereinbarung/des Versorgungswerks der ..... erwirbt eine Anwartschaft auf eine betriebliche Zusatzversorgung nach Maßgabe dieser Regelung.

83 § 3 Versorgungsleistungen

I. Nach Aufnahme in das Versorgungswerk und nach Erfüllung der jeweiligen Anspruchsvoraussetzungen dieser Betriebsvereinbarung werden als betriebliche Versorgungsleistungen gewährt:
a) Altersrenten,
b) Vorgezogene Altersrenten,
c) Invalidenrenten,
d) Witwen-, Witwer- und Waisenrenten (Hinterbliebenenrenten).

II. Auf die Leistungen besteht ein Rechtsanspruch.

III. Die Versorgung gliedert sich in eine Grund und Aufbaustufe. Die besonderen Regelungen der einzelnen Stufen ergeben sich aus §§ 6, 7.

84 § 4 Anspruchsvoraussetzungen

I. Versorgungsleistungen werden nur gewährt, wenn der Mitarbeiter nach Vollendung des 21. Lebensjahres mindestens zehn Jahre bei der X-GmbH oder ihrer

---

[26] ArbR-Hdb. § 82, früher § 81.

Rechtsvorgängerin ohne Unterbrechung in Diensten gestanden hat. Zeiten eines ruhenden Arbeitsverhältnisses (z. B. Elternzeit, Wehr- und Ersatzdienst, Beurlaubung ohne Bezüge) gelten nicht für die Erfüllung der Wartezeit. Sie werden dagegen bei der Berechnung der Unverfallbarkeitsfrist mitgezählt.

II. Keine Wartezeit besteht für die Aufbaustufe.

III. Nach Aufnahme in das Versorgungswerk aber vor Eintritt eines Versorgungsfalles ausgeschiedene Mitarbeiter erhalten Versorgungsleistungen nach § . . . . .

§ 5 Anrechnungsfähige Dienstzeit 85

I. Anrechnungsfähige Dienstzeit ist diejenige Dienstzeit, die der Mitarbeiter nach dem 1. 1. . . . . . und nach Vollendung des 21. Lebensjahres in den Diensten der X-GmbH gestanden hat. Im Falle der Invalidität gilt der Zeitpunkt des Eintritts der Invalidität als rechtliche Beendigung der Dienstzeit.

II. Zeiten, die auf Grund gesetzlicher oder tariflicher Bestimmungen auf die Dienstzeit anzurechnen sind, gelten nicht als Unterbrechung der Dienstzeit. Dasselbe gilt bei der Zusage der Anrechnung von Vordienstzeiten.

III. Der Mitarbeiter ist für die Anrechnungsfähigkeit der Dienstzeit beweispflichtig

§ 6 Grundstufe 86

I. Jeder versorgungsberechtigte Mitarbeiter erwirbt nach Aufnahme in das Versorgungswerk für jedes volle Geschäftsjahr innerhalb der anrechnungsfähigen Dienstjahre einen von der X-GmbH finanzierten Rentenbaustein. Der hierfür bereitgestellte Betrag beträgt . . . . .% des ruhegehaltsfähigen Einkommens.

II. Auf der Basis der in der beigefügten Tabelle aufgeführten altersabhängigen Umrechnungsfaktoren wird der Beitrag in einen Rentenbaustein umgerechnet. Es wird aber in jedem Fall ein Rentenbaustein in Höhe der zugesagten Beiträge gewährt.

III. Für den Umrechnungsfaktor gilt das sechs Monate nach dem Ende des Geschäftsjahres, in dem das Einkommen zufloss, erreichte Lebensalter in vollen Jahren (versicherungsmathematische Altersbestimmung).

IV. Die Rente der Grundstufe wird durch Aufsummieren der Rentenbausteine errechnet.

§ 7 Aufbaustufe 87

I. Jeder Mitarbeiter kann verlangen, dass von seinen künftigen Entgeltansprüchen bis zu 4% der jeweiligen Beitragsbemessungsgrenze in der Rentenversicherung der Arbeiter und Angestellten durch Entgeltumwandlung für die betriebliche Altersversorgung verwandt wird. Die Altersversorgung wird durchgeführt . . . . .

II. Soweit der Anspruch auf Entgeltumwandlung geltend gemacht wird, muss der Mitarbeiter jährlich einen Betrag in Höhe von mindestens einem Hundertsechzigstel der Bezugsgröße nach § 18 Abs. 1 SGB IV für die betriebliche Altersversorgung verwenden. Während des laufenden Kalenderjahres sind monatlich gleich bleibende Beträge zu verwenden.

III. Der Mitarbeiter hat bis drei Monate vor Ende des Kalenderjahres zu erklären, in welcher Höhe Entgeltbestandteile umgewandelt werden sollen.

88 § 8 Ruhegehaltsfähiges Einkommen

I. Ruhegehaltsfähig ist das Grundgehalt des Mitarbeiters.

II. Ruhegehaltsfähig sind folgende Zulagen: (1) ..... (2) .....

89 § 9 Voraussetzungen der Altersrente[27]

90 § 10 Voraussetzungen der vorgezogenen Altersrente

91 § 11 Voraussetzungen der Invalidenrente

92 § 12 Voraussetzungen der Hinterbliebenenrente

93 § 13 Höhe der vorgezogenen Altersrente

I. Die Höhe der Altersrente ergibt sich aus der Summe der aufaddierten Rentenbausteine.

II. Für die Berechnung der vorgezogenen Altersrente werden nur die bis zur Inanspruchnahme angesammelten Rentenbausteine berücksichtigt. Die Rente wird für jeden vollen Monat des Rentenbezugs vor Erreichung des 65. Lebensjahres um 0,25% ihres Wertes gekürzt.

94 § 14 Arbeitgeberfinanzierte Versorgungsansprüche bei Ausscheiden vor Eintritt eines Versorgungsfalles

I. Einem Mitarbeiter, dem Leistungen der betrieblichen Altersversorgung zugesagt worden sind, bleibt die Anwartschaft erhalten, wenn das Arbeitsverhältnis vor Eintritt des Versorgungsfalles, jedoch nach Vollendung des 30. Lebensjahres endet und die Versorgungszusage zu diesem Zeitpunkt mindestens fünf Jahre bestanden hat.

II. Die Renten werden erst vom Eintritt des Versorgungsfalles gezahlt. Die Höhe der Versorgungsleistungen werden nach § 2 BetrAVG berechnet. Bei der Berechnung des Teilanspruches bleiben Veränderungen der Versorgungsregelung und der Bemessungsgrundlagen außer Betracht. Witwen- oder Witwerrenten werden nicht gewährt, wenn die Ehe erst nach dem Ausscheiden geschlossen wurde.

III. Dem ausgeschiedenen Mitarbeiter wird mitgeteilt, ob für ihn die Voraussetzungen einer unverfallbaren betrieblichen Altersversorgung vorliegen und in welcher Höhe er Versorgungsleistungen bei Erreichen der in der Versorgungsregelung vorgesehenen Altersgrenze beanspruchen kann.

95 § 15 Mitarbeiterfinanzierte Versorgungsansprüche bei Ausscheiden vor Eintritt eines Versorgungsfalles

I. Mitarbeiterfinanzierte Versorgungsansprüche sind stets unverfallbar (§ 1 Abs. 5 BetrAVG).

II. Die Berechnung der Anwartschaft erfolgt .....

---

[27] Die Voraussetzungen können aus anderen Versorgungsordnungen ergänzt werden.

§ 16 Pflichten des Versorgungsberechtigten   96

I. Der Versorgungsberechtigte ist verpflichtet, dem Unternehmen über alle mit der Durchführung der Altersversorgung zusammenhängenden Fragen Auskunft zu geben.

II. Kommt ein Versorgungsberechtigter der Auskunftspflicht nicht nach, so ruht der Anspruch auf betriebliche Altersversorgung.

III. Die zugesagten Versorgungsansprüche dürfen weder abgetreten noch verpfändet werden. Eine gleichwohl erfolgte Abtretung oder Verpfändung ist dem Unternehmen gegenüber unwirksam.

§ 17 Beginn, Ende und Auszahlung der Leistungen   97

I. Der Anspruch auf Leistungen entsteht mit Eintritt des Versorgungsfalls, frühestens mit Beendigung des Arbeitsverhältnisses. Die Renten werden zu jedem Monatsletzten in Höhe von einem Zwölftel der Jahresrente gezahlt.

II. Der Anspruch auf Rentenzahlungen erlischt mit Ablauf des Monats, in dem die Voraussetzungen des Rentenbezugs entfallen.

III. Die Hinterbliebenen sind als Gesamtgläubiger gemäß § 428 BGB anspruchsberechtigt.

§ 18 Insolvenzsicherung   98

Die laufenden Leistungen der betrieblichen Altersversorgung und die unverfallbaren Versorgungsanwartschaften werden in gesetzlichem Umfang gegen Insolvenz versichert.

§ 19 Wettbewerb   99

I. Der Bezieher von Versorgungsbezügen ist verpflichtet, sich des Wettbewerbs zum Nachteil der X-GmbH zu enthalten.

II. Alle versorgungsberechtigten Mitarbeiter haben auch nach dem Ausscheiden über alle Geschäfts- und Betriebsgeheimnisse Stillschweigen zu bewahren.

§ 20 Widerrufsklauseln   100

§ 21 Inkrafttreten, Kündigung und Nachwirkung   101

§ 52. Betriebsvereinbarung über das betriebliche Vorschlagswesen

Weitere Muster: *Dachrodt/Engelbert,* Praktiker-Kommentar zum Betriebsverfassungsrecht, 2002, Dritter Abschnitt, S. 703 ff.; Richtlinien für eine Betriebsvereinbarung über das betriebliche Vorschlagswesen, hrsg. vom Deutschen Institut für Betriebswirtschaft, Frankfurt 1983; Musterbetriebsvereinbarung über das betriebliche Vorschlagswesen, hrsg. vom Gesamtverband der metallindustriellen Arbeitgeberverbände e. V., Köln 1982; Musterbetriebsvereinbarung für das betriebliche Vorschlagswesen, hrsg. von der IG Chemie, Der Betriebsrat 1982, 153; Muster einer Betriebsvereinbarung über das betriebliche Vorschlagswesen, AuA 1997, 19.

Schaub

1 Zwischen der ..... AG

und

dem Gesamtbetriebsrat der ..... AG

wird nach § 87 Abs. 1 Nr. 12 BetrVG eine Betriebsvereinbarung über das betriebliche Vorschlagswesen ...../..... geschlossen.

Abschnitt I. Allgemeine Vorschriften

2 **§ 1 Persönlicher Geltungsbereich**

Die Betriebsvereinbarung gilt für alle Arbeitnehmer der .....

3 **§ 2 Sachlicher Geltungsbereich**

I. Die Betriebsvereinbarung gilt für alle Verbesserungsvorschläge. Das sind Anregungen zu technischen oder sonstigen Neuerungen, die eine Verbesserung des bisherigen Zustandes bewirken und ohne Anregung des Vorschlagenden nicht eingeführt würden.

II. Zu den Verbesserungsvorschlägen gehören insbesondere Anregungen

1. die die Produktion und Produktivität steigern;
2. Arbeitsmethoden und Arbeitsverfahren vereinfachen und erleichtern;
3. die Qualität der Produktion verbessern, Fehler und Ausschuss verringern;
4. die Unfallgefahren senken und den Umweltschutz erhöhen;
5. Einkauf, Lagerhaltung, Werbung, Verkauf, Vertriebs- und Büroorganisation, Transportwesen und Verwaltung vereinfachen.

III. Die Betriebsvereinbarung gilt nicht für Arbeitnehmererfindungen oder qualifizierte technische Verbesserungsvorschläge i.S. von § 20 Abs. 1 ArbNErfG. Sie werden der Patentabteilung gemeldet.

Abschnitt II. Einreichung und Vorprüfung der Vorschläge[1]

4 **§ 3 Einreichen des Verbesserungsvorschlages**

I. Verbesserungsvorschläge können mündlich oder schriftlich von einzelnen oder gemeinsam von mehreren Arbeitnehmern bei der Geschäftsstelle des Vorschlagswesens angebracht werden. Werden sie mündlich vorgebracht, hat die Geschäftsstelle Formulierungshilfen zu leisten. Der Vorschlag ist von denjenigen zu unterschreiben, die ihn gemacht haben.

II. Der Verbesserungsvorschlag ist für die weitere Bearbeitung zu anonymisieren, es sei denn, dass die Vorschlagenden hierauf verzichten.

III. Der Eingang des Verbesserungsvorschlages ist schriftlich zu bestätigen.

5 **§ 4 Beurteilung des Verbesserungsvorschlages**

I. Verbesserungsvorschläge werden von der Geschäftsstelle des Vorschlagswesens mit dem Datum des Einganges registriert und mit einer laufenden Nummer verse-

---

[1] Die Vorschriften gehören zur Organisation des Betriebes. Sie sind in die Betriebsvereinbarung aufgenommen, weil sie das Verfahren anschaulicher machen.

hen. Ferner hat die Geschäftsstelle zu prüfen, ob Vorschläge gleichen Inhalts bereits bearbeitet sind oder noch bearbeitet werden.

II. Die Geschäftsstelle des Vorschlagswesens leitet die Verbesserungsvorschläge zur fachlichen Beurteilung an die zuständigen Stellen der beteiligten Geschäftsbereiche.

III. Die jeweils zuständigen Stellen haben den Vorschlag nach Durchführbarkeit, Zweckmäßigkeit und Wirtschaftlichkeit zu beurteilen. Die Beurteilung hat sich weiter darauf zu erstrecken, ob der Verbesserungsvorschlag noch an anderen Stellen des Unternehmens verwandt werden kann. Wird bei der Prüfung eines Vorschlages eine vom Inhalt abweichende Verbesserungsmöglichkeit erkannt, ist das in die Beurteilung aufzunehmen. Ergibt die Beurteilung, dass der Verbesserungsvorschlag patent- oder gebrauchsmusterfähig ist oder zu den qualifizierten technischen Verbesserungsvorschlägen gehört, wird er an die Patentabteilung weitergeleitet. Über das Ergebnis der Beurteilung ist der Vorschlagende zu unterrichten.

§ 5 Vorbereitung der Entscheidung 6

I. Die Abteilung Vorschlagswesen hat die fachliche Beurteilung der prüfenden Stellen schriftlich zusammenzufassen und dem Prüfungsausschuss eine entscheidungsreife Unterlage vorzulegen. Hierzu gehört insbesondere auch ein Entscheidungsvorschlag über

1. die Annahme oder Ablehnung des Vorschlages;
2. die Prämienberechtigung sowie Art und Höhe der Prämie;
3. die Vergabe einer Anerkennungsprämie bei Ablehnung des Vorschlages.

II. Mehrere Vorschläge mit gleichem Eingangsdatum und Inhalt werden dem Prüfungsausschuss zusammen vorgelegt.

§ 6 Anwendung des Verbesserungsvorschlages 7

Es steht im Ermessen der Unternehmensleitung, in welchem Umfang Verbesserungsvorschläge durchgeführt werden.

Abschnitt III. Der Prüfungsausschuss

Titel 1: Die Organisation des Prüfungsausschusses

§ 7 Zusammensetzung des Prüfungsausschusses 8

I. Der Prüfungsausschuss besteht aus einer gleichen Zahl von Vertretern des Arbeitgebers und der Arbeitnehmer. Die Anzahl wird auf je ..... festgelegt.

II. Die Vertreter des Arbeitgebers werden von der Unternehmensleitung, die Vertreter der Arbeitnehmer vom Gesamtbetriebsrat bestimmt.

III. Je ein Arbeitgeber- und ein Arbeitnehmervertreter wechseln sich jährlich im Vorsitz ab.

9   **§ 8 Aufgaben des Prüfungsausschusses**[2]

Der Prüfungsausschuss hat die Aufgabe zu entscheiden

1. über die Zugehörigkeit des Vorschlagenden zu den Prämienberechtigten;
2. ob ein Verbesserungsvorschlag i. S. von § 2 vorliegt;
3. über die Festsetzung der Vergütung anhand der Vergütungsrichtlinien;
4. über die Bescheidung des Vorschlages;
5. über die Neubewertung des Vorschlages.

10   **§ 9 Geschäftsführung und Beschlussfähigkeit des Prüfungsausschusses**

I. Der Prüfungsausschuss tritt monatlich einmal oder nach Bedarf zusammen.

II. Der Prüfungsausschuss ist beschlussfähig, wenn mindestens je die Hälfte der Arbeitgeber- und Arbeitnehmervertreter anwesend sind. Beide Seiten können Ersatzvertreter bestimmen.

III. Der Prüfungsausschuss fasst seine Beschlüsse mit Stimmenmehrheit. Bei Stimmengleichheit entscheidet die Stimme des Vorsitzenden.

IV. Die Sitzungen des Prüfungsausschusses sind nicht öffentlich. Der Prüfungsausschuss kann weitere Gutachten über den Verbesserungsvorschlag einholen.

V. Die Entscheidungen des Prüfungsausschusses sind zu protokollieren und von dessen Mitgliedern zu unterschreiben.

Titel 2: Die Festsetzung der Prämie

11   **§ 10 Prämienberechtigung**

Prämienberechtigt sind alle Arbeitnehmer der ..... Ausgenommen sind solche Arbeitnehmer

1. deren Verbesserungsvorschläge in ihren Aufgabenbereich (Pflichtbereich, Verantwortungsbereich) fallen; der Aufgabenbereich ist unabhängig von dem räumlichen und organisatorischen Bereich (Beschäftigungsbereich), in dem der Vorschlagende tätig wird;
2. deren Verbesserungsvorschläge bereits von einer Abteilung geplant oder für die schriftliche Unterlagen vorliegen oder die bereits in sonstiger Weise bekannt sind;
3. deren Verbesserungsvorschläge bereits eingereicht sind;
4. die in der Abteilung Vorschlagswesen arbeiten.

12   **§ 11 Höhe der Prämie**

I. Die Prämie bei realisierten Verbesserungsvorschlägen beträgt ..... v. H. der durch Verwirklichung des Vorschlages zu erzielenden Ersparnis eines Jahres, mind. ..... v. H., höchstens ..... € brutto. Bei weiteren Vorteilen insbesondere bei Qualitätsverbesserungen wird die Prämie um höchstens $1/_{10}$ erhöht. Die Vorteile werden nach den Formeln der Anlage 1 berechnet.

---

[2] Der Arbeitgeber hat nur zu entscheiden, ob der Verbesserungsvorschlag verwertet wird die Übertragung auf eine Prüfungskommission erfolgt durch freiwillige Betriebsvereinbarung (ArbG Heilbronn, Urteil v. 15. 5. 1986 – 4 Ca 136/85 – DB 1987, 541).

II. Die Prämie beträgt bei realisierten Verbesserungsvorschlägen mit nicht errechenbaren Vorteilen mind. ..... €, höchstens ..... €. Bei Verbesserungsvorschlägen, die innerhalb dieser Höchstgrenzen nicht ausreichend prämiiert werden, kann eine Sonderprämie empfohlen werden, die die Höchstgrenzen nach Abs. 1 nicht überschreiten darf.

III. Für Verbesserungsvorschläge, die nicht realisiert werden, kann eine Anerkennungsprämie festgesetzt werden. Diese beträgt mind. ..... € und höchstens ..... €.

§ 12 Auszahlung der Prämie   13

I. Der Prüfungsausschuss hat die Annahme oder Ablehnung eines Verbesserungsvorschlages sowie die Festsetzung der Prämie der Personalabteilung und dem Vorschlagenden schriftlich mitzuteilen.

II. Die Auszahlung der Prämie erfolgt durch Verrechnungsscheck. Er ist dem Vorschlagenden durch die zuständige Personalabteilung zu überreichen.

§ 13 Öffentliche Abgaben   14

Die auf die Prämien entfallenden Lohn- und Kirchensteuern sowie Sozialabgaben trägt der Vorschlagende.

Titel 3: Veröffentlichung

§ 14 Veröffentlichung   15

I. Die Abteilung Vorschlagswesen veröffentlicht in regelmäßigen Zeitabständen die eingereichten und prämiierten Verbesserungsvorschläge. Aus der Veröffentlichung soll sich der Verbesserungsvorschlag, die Nutzanwendung und die Höhe der Prämie ergeben.

II. Die Veröffentlichung des Namens des Vorschlagenden unterbleibt, wenn dieser es verlangt.

Titel 4: Rechtsbehelfsverfahren

§ 15 Nachbewertung   16

Hat der Prüfungsausschuss eine einmalige Prämie festgesetzt, hat der vorschlagende das Recht, bei wesentlich veränderten Umständen eine Nachbewertung zu verlangen.

§ 16 Rechtsbehelfsverfahren   17

Hinweis: Vielfach wird in Betriebsvereinbarungen ein innerbetriebliches Rechtsbehelfsverfahren vorgesehen. Arbeitnehmer und Arbeitgeber können gegen die Festsetzung der Prämie einen Berufungsausschuss anrufen.

§ 17 Arbeitsgerichtsverfahren   18

Gegen die Entscheidung des Berufungsausschusses ist der Rechtsweg zu den Arbeitsgerichten gegeben.

Abschnitt IV. Schutzvorschriften

19 **§ 18 Weitergabe an Dritte**

Verbesserungsvorschläge dürfen ohne Einwilligung der Unternehmensleitung nicht an Dritte weitergegeben werden. Dies gilt auch dann, wenn sie nicht angenommen worden sind.

20 **§ 19 Gewährleistung**

Verbesserungsvorschläge für Maschinen und Einrichtungen, für die der Lieferant noch gewährleistungspflichtig ist, werden nur mit dem Zeitwert nach Ablauf der Gewährleistungspflicht berücksichtigt. Dies gilt nicht, wenn der Lieferant mit der Verbesserung einverstanden ist.

21 **§ 20 Versuche**

Soweit zur Erprobung eines Verbesserungsvorschlages Versuche notwendig sind, bedürfen diese der Einwilligung des sachlich zuständigen Vorgesetzten. Die Einwilligung wird durch den Leiter des betrieblichen Vorschlagswesens eingeholt.

22 **§ 21 Anrechnung**

Stellt sich heraus, dass der Verbesserungsvorschlag nach dem ArbNErfG vergütungspflichtig ist, so wird die nach dieser Betriebsvereinbarung gezahlte Vergütung auf die nach dem ArbNErfG zu zahlende Vergütung angerechnet.

Unternehmensleitung   Gesamtbetriebsrat

23   **Anlage: Berechnung der Ersparnis**

a) Materialkosteneinsparung

$$(€) = P_j (M_a ./. M_n)$$

P_j = jährliche Produktion an Mengeneinheiten (Dimension: Mengeneinheit)

M_a = Materialkosten nach altem Verfahren je Mengeneinheit (Dimension: €/Mengeneinheit)

M_n = Materialkosten nach neuem Verfahren je Mengeneinheit (Dimension: €/Mengeneinheit)

b) Lohneinsparung

$$(€) = P_j (Z_a ./. Z_n) \times L \left(1 + \frac{y}{100}\right)$$

P_j = jährliche Produktion an Mengeneinheiten (Dimension: Mengeneinheit)

Z_a = Zeitaufwand alt je Mengeneinheit (Dimension: h/Mengeneinheit)

Z_n = Zeitaufwand neu je Mengeneinheit (Dimension: h/Mengeneinheit)

L = Lohnfaktor (Dimension: €/h)

y = Personalnebenkosten in Prozent (ohne Dimension)

§ 53. Betriebsvereinbarungen zur freiwilligen sozialen Mitbestimmung

I. Betriebsvereinbarung zum Umweltschutz (§ 88 Nr. 1a BetrVG)

Zwischen der Firma   1

und

dem Betriebsrat der Firma . . . . .

vertreten durch den Betriebsratsvorsitzenden wird in Wahrnehmung der sich aus § 89 BetrVG ergebenden gemeinsamen Aufgaben eine Betriebsvereinbarung Nr. . . . . . ./ . . . . . zum Umweltschutz geschlossen.

1. Der Betriebsrat wird über alle Handlungen und Maßnahmen des Arbeitgebers informiert, die den vorhandenen Bestand an Sachgütern, Naturgütern, Kulturgütern in Landschaft und Naturhaushalt sowie das zwischen ihnen bestehende Wirkungsgefüge beinträchtigen können.

2. Der Betriebsrat oder die von ihm bestimmten Beauftragten sind berechtigt ohne vorherige Ankündigung Betriebsbegehungen durchzuführen. Dies gilt auch für Betriebsbereiche, zu denen im Allgemeinen der Zutritt verboten ist. Die Ausübung des Überwachungsrechts ist nicht von konkreten Verdachtsmomenten abhängig.

3. Der Arbeitgeber wird dem Betriebsrat alle für den Betrieb einschlägigen Bestimmungen auf dem Gebiet des Arbeits-, Gesundheits- und Umweltschutzes zur Verfügung stellen.

4. Inkrafttreten, Kündigung und Nachwirkung.

Die Betriebsvereinbarung wirkt bis zum Abschluss einer neuen Betriebsvereinbarung.[1]

II. Betriebsvereinbarung über die Gewährung von Jubiläumsgeldern

Muster: AiB 1992, 59.

Zwischen der Firma   2

und

dem Betriebsrat der Firma . . . . .

wird gem. § 88 BetrVG nachfolgende freiwillige Betriebsvereinbarung geschlossen.

---

[1] Freiwillige Betriebsvereinbarungen, die keinen Gegenstand der erzwingbaren Mitbestimmung regeln, wirken nach ihrer Beendigung nicht kraft Gesetzes nach. Die Betriebspartner können aber eine entsprechende Nachwirkung vereinbaren. Eine solche Vereinbarung ist im Regelfall dahin auszulegen, dass die Nachwirkung auch gegen den Willen einer Seite beendet werden kann. Im Zweifel ist eine Konfliktlösungsmöglichkeit gewollt, die derjenigen bei der erzwingbaren Mitbestimmung entspricht. Scheitern die Bemühungen um eine einvernehmliche Neuregelung, kann danach von jedem Betriebspartner die Einigungsstelle angerufen werden, die verbindlich entscheidet (BAG, Beschluss v. 28. 4. 1998 – 1 ABR 43/97 – AP BetrVG 1972 § 77 Nachwirkung Nr. 11).

3 § 1 Dienstjubiläen

I. Mitarbeiter erhalten aus Anlass eines Dienstjubiläums nach 25-jähriger Dienstzeit 1 Monatslohn/gehalt, nach 40-jähriger Dienstzeit 2 Monatslöhne/gehälter, nach 50-jähriger Dienstzeit 3 Monatslöhne/gehälter.[2]

II. Der Jubilar wird 3 Tage unter Fortzahlung der Bezüge von der Arbeit freigestellt.

4 § 2 Zusatzurlaub

I. Dienstjubilare können in dem auf das Jubiläumsjahr folgenden Jahr einen Urlaub von 2 Wochen im Werkserholungsheim in ..... verbringen. Die Unterbringungs- und Verpflegungskosten trägt die Firma. Der Urlaub wird auf den Jahresurlaub (nicht) angerechnet.

II. Wird der Erholungsurlaub im Werkserholungsheim nicht in Anspruch genommen, so erfolgt eine Barabgeltung in Höhe von ..... €.

5 § 3 Verweisung auf die LStR

Regelmäßig wird auf die LStR verwiesen.

III. Betriebsvereinbarung über die Gewährung von Sterbebeihilfen

6   *(Einleitung wie Muster RN 2)*

7 § 1 Sterbebeihilfen

I. Versterben Betriebsangehörige oder Werksrentner nach mehr als 15-jähriger Dienstzeit, so erhalten die Hinterbliebenen eine Beihilfe zu den Bestattungskosten in Höhe von .....

II. Die Beihilfe erhöht sich nach 20-jähriger Dienstzeit auf ..... €, nach 40-jähriger Dienstzeit auf ..... €.

8 § 2 Sterbebeihilfen bei Angehörigen

I. Versterben Angehörige, denen der Arbeitnehmer oder Werksrentner zum Unterhalt verpflichtet ist, und hat das Arbeitsverhältnis länger als 15 Jahre gedauert, so erhält der Arbeitnehmer oder Werksrentner eine Beihilfe zu den Bestattungskosten in Höhe von ..... €.

II. Die Beihilfe erhöht sich nach 20-jähriger Dienstzeit auf ..... €, nach 40-jähriger Dienstzeit auf ..... €.

IV. Betriebsvereinbarung über eine Gruppenunfallversicherung

9   *(Einleitung wie Muster RN 2)*

10 § 1 Gruppenunfallversicherung

Alle Arbeitnehmer werden durch die Firma im Rahmen einer Gruppenunfallversicherung versichert bei der ....., und zwar für den Todesfall in Höhe von .....

---

[2] Die Betriebszugehörigkeitszeiten sind kaum noch realistisch; sie werden regelmäßig gesenkt werden müssen. Es ist auch daran zu denken, dass Teilrenten (§ 42 SGB VI) Rechnung getragen wird. Die Altersgrenzen liegen wohl regelmäßig bei 10/25/35 Dienstjahren.

§ 2 Fälligkeit 11

I. Die Todesunfallversicherung wird bei einem Unfall mit Todesfolge fällig.

II. Die Invaliditätsversicherung wird fällig, wenn der Arbeitnehmer 100% vermindert erwerbsfähig wird. Bei einem geringeren Grad der verminderten Erwerbsfähigkeit wird ein anteiliger Betrag gezahlt.

§ 3 Unfall 12

Unfall ist jedes unvorhergesehene, auf den Körper einwirkende Ereignis innerhalb oder außerhalb des Werksgeländes.

§ 4 Meldepflicht 13

Jeder Unfall ist unverzüglich zu melden. Ein Unterbleiben der Meldung kann den Verlust der Versicherungssumme zur Folge haben.

§ 5 Beitragszahlung 14

Der Arbeitgeber trägt ..... v.H., der Arbeitnehmer ..... v.H. der auf ihn entfallenden Beiträge.

V. Betriebsvereinbarung über die Errichtung eines Sozialfonds

Muster: AiB 1991, 398.

Zwischen dem Unternehmen 15
und
dem Gesamtbetriebsrat .....
wird eine Betriebsvereinbarung ...../..... über die Errichtung eines Sozialfonds geschlossen.

Abschnitt I. Errichtung und Dotierung

§ 1 Geltungsbereich 16

I. Für alle Betriebe der ..... wird ein Sozialfonds errichtet.

II. Träger des Sozialfonds ist die .....

§ 2 Dotierung 17

I. Der Sozialfonds erhält im Jahre ..... ein Anfangskapital in Höhe von ..... €, das auf einem Sonderkonto angelegt wird.

II. Das Unternehmen wird dem Sozialfonds entsprechend seiner Ertragskraft jährlich Zuwendungen machen. Die Zuwendungen werden zu Beginn des Jahres festgesetzt. Die Höhe der Zuwendungen bestimmt das Unternehmen.

III. Will das Unternehmen die Zuwendungen aus wirtschaftlichen Gründen aussetzen, hat es dies rechtzeitig dem Gesamtbetriebsrat unter Vorlage von Urkunden mitzuteilen.

Abschnitt II. Anspruch auf Unterstützung

18 **§ 3 Anspruchsberechtigung**

I. Anspruchsberechtigt sind alle Mitarbeiter des Unternehmens, die seit sechs Monaten ungekündigt im Unternehmen beschäftigt werden und von einem Notfall betroffen werden.

II. Notfall sind alle Personen- und Sachschäden, die den Mitarbeiter zu Ausgaben zwingen, die bei in vergleichbaren Fällen lebenden Mitarbeitern nicht eintreten. Zu den Notfällen zählen insbesondere

1. die Wiederbeschaffung von Hausrat oder Kleidung nach unabwendbaren Ereignissen wie Brand, Diebstahl oder sonstigen Naturereignissen,
2. Heilkosten, die von einer gesetzlichen Krankenversicherung nicht übernommen werden, wie Zahnersatz, Pflegehilfe und medizinische Hilfsgeräte,
3. Pflegefälle in der Familie des Mitarbeiters,
4. Todesfälle in der Familie des Mitarbeiters,
5. Betriebsunfälle mit Dauerfolgen.

19 **§ 4 Höhe der Unterstützung**

I. Die Höhe der Unterstützung hängt von den Umständen des Einzelfalles und der finanziellen Belastbarkeit des Mitarbeiters ab.

II. Die Unterstützung soll pro Jahr und Antragsteller im Jahr ..... € nicht übersteigen.

III. Die Beträge werden im Rahmen von Abschn...... der Lohnsteuerrichtlinien gewährt.

20 **§ 5 Antragstellung**

I. Die Gewährung von Unterstützungen aus dem Sozialfonds setzt einen Antrag des Mitarbeiters beim Sozialausschuss voraus. Unternehmen und Betriebsrat werden gemeinsam ein Antragsformular entwickeln.

II. Dem Antrag sind alle Unterlagen beizufügen, die für den Nachweis des Notfalls und die Bemessung der Höhe der Unterstützung notwendig sind.

III. Der Ausschuss verpflichtet sich zur Einhaltung des Datenschutzes. Der Mitarbeiter ist mit der Weitergabe von Unterlagen durch die Personalabteilung an den Sozialausschuss einverstanden, wenn er die Bewilligung einer Unterstützung beantragt.

Abschnitt III. Sozialausschuss und Vergabe

21 **§ 6 Sozialausschuss**

I. Der Sozialausschuss besteht aus drei Mitgliedern des Betriebsrats und drei Mitgliedern der Geschäftsleitung. Aus der Geschäftsleitung gehört der Leiter der Personalabteilung dem Ausschuss an.

II. Der Ausschuss entscheidet mit Stimmenmehrheit.

Schaub

§ 7 Vergabe   22

I. Die Vergabe der Unterstützung erfolgt nach den Umständen des Einzelfalles.

II. Der Vergabebeschluss des Ausschusses ist abschließend. Das Unternehmen kann aus steuerrechtlichen Gründen der Vergabe widersprechen.

III. Die Zahlungen an die Mitarbeiter sind freiwillig. Auf sie besteht auch bei wiederholter Gewährung kein Rechtsanspruch.

Die Entscheidungsunterlagen werden in der Personalakte des Mitarbeiters aufbewahrt.

Abschnitt IV. Buchführung

§ 8 Abrechnung   23

I. Der Ausschuss hat über die gewährten Unterstützungen Buch zu führen.

II. Die gewährten Unterstützungen werden jährlich mit dem Unternehmen abgerechnet.

VI. Betriebsvereinbarung über Vermögensbildung und Mitarbeiterbeteiligung

Zwischen dem Unternehmen   24
und
dem Gesamtbetriebsrat . . . . .
wird eine Betriebsvereinbarung über Vermögensbildung und Mitarbeiterbeteiligung bei der . . . . . geschlossen.

Abschnitt I. Ziele und Elemente der Mitarbeiterbeteiligung

§ 1 Ziel[3]   25

I. Die Mitarbeiterbeteiligung hat das Ziel, die Existenz der Mitarbeiter langfristig zu sichern und ihnen ein zusätzliches Einkommen aus Kapitalbesitz zu schaffen.

II. Die Mitarbeiterbeteiligung erfolgt durch Gewinnbeteiligung und durch betriebsbezogene Vermögensbildung.

Abschnitt II. Gewinnbeteiligung

§ 2 Anspruchsberechtigung   26

I. Alle Mitarbeiter des Unternehmens sind gewinnbeteiligungsberechtigt, wenn ihr Arbeitsverhältnis ohne Unterbrechung seit mehr als drei Jahren besteht. Nicht beteiligungsberechtigt sind Auszubildende. Jedoch wird die Ausbildungszeit auf die Wartezeit angerechnet.

---

[3] Zu Aktienoptionsplänen: OLG Braunschweig, Urteil v. 29. 7. 1998 – 3 U 75/98 – ZIP 1998, 1585.

II. Auf die Anwartschaftszeit werden solche Zeiten angerechnet, in denen der Mitarbeiter Wehrdienst oder zivilen Ersatzdienst leistet oder sich in Elternzeit oder die Mitarbeiterin sich in Mutterschutz befindet.[4]

III. Die Anspruchsberechtigung erlischt mit dem Ende des Jahres, das dem Ausscheiden des Mitarbeiters vorausgeht, es sei denn, dass das Arbeitsverhältnis zum 31. 12. eines Jahres endet.

27 § 3 Verteilungsfähiger Gewinn

I. Der verteilungsfähige Jahresgewinn wird aus der Steuerbilanz errechnet.

II. Von dem in der Steuerbilanz ausgewiesenen Jahresgewinn werden zur Verzinsung des eingesetzten Kapitals .....% Zinsen abgezogen. Dieser Betrag entfällt auf die Kapitalanteileigner. Der Zinssatz setzt sich aus dem Faktor zur Substanzerhaltung und der Verzinsung des Kapitals zusammen.

28 § 4 Der Gewinnanteil der berechtigten Mitarbeiter

I. Die Mitarbeiter erhalten .....% des bereinigten verteilungsfähigen Gewinns nach § 3.

II. Der auf jeden Mitarbeiter entfallende verteilungsfähige Gewinn wird entsprechend dem Anteil des einzelnen Mitarbeiters an der Jahreslohnsumme ermittelt. Zur individuellen Jahreslohnsumme zählen nur die Grundvergütung einschl. aller Zulagen. Nicht berücksichtigt werden Spesen und jede Form des Aufwendungs- und Auslagenersatzes.

29 § 5 Auszahlung und Besteuerung

Abschnitt III. Mitarbeiterbeteiligung

30 § 6 Mitarbeiterbeteiligung

I. Die Hälfte der Gewinnanteile des Mitarbeiters werden als Sparbeträge des Arbeitnehmers aufgrund eines Sparvertrages über Wertpapiere oder Vermögensbeteiligungen zum Erwerb von Aktien des Unternehmens verwandt (§§ 2, 6 5. VermBG).

II. *Vgl. § 4 5. VermBG.*

§ 54. Mitwirkung bei der Gestaltung von Arbeitsplatz, Arbeitsablauf und Arbeitsumgebung (§§ 90, 91 BetrVG)

I. Betriebsvereinbarung über die Einführung neuer Techniken

1   Zwischen der .....

und

dem Betriebsrat der .....

---

[4] Elternzeit bei Mitarbeitern kann nicht ausgeschlossen werden.

wird eine Betriebsvereinbarung über die Zusammenarbeit von Arbeitgeber und Mitarbeitern bei der Einführung neuer Techniken geschlossen.[1]

§ 1 Grundsätze   2

I. Unternehmen und Betriebsrat werden bei der Einführung neuer Techniken und der Verbesserung von Organisationsabläufen zusammenarbeiten, um das Unternehmen leistungs- und wettbewerbsfähig zu erhalten.

II. Unter neuen Techniken werden technische Einrichtungen und ihre Anwendung verstanden, die über elektronische oder anderweitige Verarbeitungs-, Speicherungs- oder Auswertungsmöglichkeiten von Daten verfügen und sich auf Arbeitsplätze und deren Mitarbeiter beziehen.

III. Die Einführung oder Änderung neuer Techniken soll zur Verbesserung und Humanisierung der Arbeit und der Arbeitsplätze beitragen. Arbeitsplätze und Arbeitsabläufe sind so zu gestalten, dass sie den gesicherten arbeitswissenschaftlichen Erkenntnissen über die menschengerechte Gestaltung der Arbeit entsprechen. Eine Kontrolle der Arbeitsleistung und des Verhaltens der einzelnen Mitarbeiter unter Nutzung elektronisch gespeicherter personenbezogener Daten ist mit der Einführung neuer Techniken grundsätzlich nicht beabsichtigt.

§ 2 Rechte des Betriebsrats   3

I. Der Betriebsrat wird bereits während der Planung über die Einführung neuer Techniken unterrichtet. Es werden dabei die erforderlichen Unterlagen vorgelegt.

II. Die Unterrichtung bezieht sich auf
1. die Planung und Planungsalternative,
2. die Systemwahl und Systemeinführung,
3. Systemtests, Einführung und Ausbau.

III. Die Unterrichtung erstreckt sich insbesondere auf
1. Ziel, Ort, Umfang und Einsatzzeiträume des Vorhabens,
2. die sich aus dem Vorhaben ergebenden personellen Auswirkungen,
3. die Auswirkungen auf Arbeitsinhalte, Arbeitsumfang, Arbeitsverfahren und Arbeitsmethoden,
4. die Auswirkungen auf Anlagen und Arbeitsplätze,
5. die Qualifikationsänderungen der davon Betroffenen.

IV. Die Einführung und Änderung neuer Techniken ist mit dem Betriebsrat umfassend zu beraten. Unberührt bleiben weitergehende Mitwirkungs- und Mitbestimmungsrechte.

§ 3 Rechte der Mitarbeiter   4

I. Vor der Einführung oder Änderung neuer Techniken werden die davon betroffenen Mitarbeiter unterrichtet. Sie werden an ihrem Arbeitsplatz mit diesen Techniken durch eine angemessene Einarbeitungszeit vertraut gemacht.

---

[1] Betriebsvereinbarung zur Einführung neuer Techniken bei der BASF, Gewerkschaftliche Umschau 1989, 27; *Pulte,* Mitbestimmung bei CAD/CAM-Systemen, Beil. 1 NZA 1985, 25. Da die Einführung neuer Techniken auch zur Kontrolle geeignet ist, sind auch die Muster § 48 RN 1 ff. zu beachten.

II. In erforderlichem Umfang werden Mitarbeiter systematisch weitergebildet. Die Weiterbildung findet grundsätzlich während der Arbeitszeit unter Fortzahlung der Bezüge statt. Soweit dies im Einzelfall nicht möglich ist, wird hierüber eine besondere Vereinbarung geschlossen. Die Kosten der Weiterbildung übernimmt der Arbeitgeber.

III. Erreicht ein Mitarbeiter die mit der Einführung neuer Techniken verbundenen Qualifikationen nicht, soll ihm ein gleichwertiger und gleichartiger zumutbarer Arbeitsplatz entsprechend der bisherigen Tätigkeit angeboten werden. Eine Rückforderung der Weiterbildungskosten erfolgt nicht. Der Mitarbeiter bleibt in seiner bisherigen Vergütungsgruppe eingereiht.

5 § 4 Menschengerechte Arbeitsgestaltung

I. Arbeitsplatz, Arbeitsablauf und Arbeitsbedingungen sind menschengerecht zu gestalten. Hierzu gehört insbesondere, dass bei der Gestaltung der Bildschirme Informationsdichte und Tempo der Informationsabfolge so gestaltet werden, dass keine überhöhten Anforderungen eintreten.

II. Die Betriebsvereinbarung über die Einführung von Bildschirmarbeitsplätzen gilt entsprechend.

6 § 5 Inkrafttreten und Kündigung

II. Rahmenvereinbarung über den Einsatz der Informations- und Kommunikationstechnik[2]

7 Zwischen der Firma . . . . .

und

dem Betriebsrat/Gesamtbetriebsrat der Firma . . . . .

wird eine Rahmenvereinbarung über den Einsatz der Informations- und Kommunikationstechnik Nr. . . . . . / . . . . . geschlossen.

8 Grundsätze:

Die Betriebspartner stimmen darin überein, dass Informations- und Kommunikationstechnik für die Erfüllung dienstlicher und betrieblicher Aufgaben eingesetzt werden. Die Interessen der Arbeitnehmer werden nach den jeweils geltenden Gesetzen, Tarifverträgen und Betriebsvereinbarungen gewahrt. Gesetze im Sinne dieser Betriebsvereinbarung sind alle Rechtsnormen des nationalen und internationalen (europäischen) Rechts.

Personenbezogene oder beziehbare Daten werden nicht zum Zweck einer Leistungs- oder Verhaltenskontrolle der Arbeitnehmer verwandt. Ausnahmen hiervon bedürfen der Zustimmung des Betriebsrats.

Das Unternehmen wird die notwendigen Arbeitsanweisungen erteilen.

Der Abschluss ergänzender Betriebsvereinbarungen bleibt vorbehalten.

---

[2] Das Formular ist in Anlehnung an die, soweit ersichtlich, nicht veröffentlichte Rahmendienstvereinbarung beim Bundesrechnungshof entworfen.

§ 1 Geltungsbereich   9

I. Persönlicher.

II. (Sachlicher) Die Rahmenvereinbarung Informations- und Kommunikationstechnik bezieht sich auf die Datenverarbeitungstechnik einschließlich der Telekommunikation. Sie umfasst alle Einrichtungen und Verfahren, die auf der Grundlage der Mikroelektronik zur automatisierten Erfassung, Darstellung, Speicherung, Verarbeitung, Übermittlung und dem Empfang von Informationen dienen.

§ 2 Bestandsaufnahme und Dokumentation   10

I. Der Betriebsrat/Gesamtbetriebsrat erhält:
– eine Systemkonfiguration, die sowohl die im Unternehmen als auch bei den Mitarbeitern eingesetzte Hardware einschließlich der Vernetzungen umfasst;
– ein Verzeichnis der Betriebssysteme und der systemnahen Hilfs- und Umsetzungsprogramme;
– eine Aufstellung der eingesetzten Softwarepakete und speziellen Anwendungen sowie deren (verständlichen) Funktionsbeschreibung;
– ein Verzeichnis der Schnittstellen zwischen verschiedenen Anwendungsprogrammen und der darüber ausgetauschten Daten;
– ein Verzeichnis der Zugriffsberechtigten und der Systemverwalter;
– eine Liste der Dateien mit personenbezogenen Daten.

II. Die Verzeichnisse werden bei Änderung aktualisiert.

§ 3 Datensicherheit   11

I. Für jeden Personalcomputer und das gesamte Informationsnetz des Unternehmens werden technisch-organisatorische Maßnahmen der Datensicherheit einschließlich des Zugriffschutzes und der Zugangsberechtigung getroffen, die den jeweils aktuellen gesetzlichen und sonstigen Vorschriften genügen.

II. Die Wirksamkeit der Maßnahmen wird vom Sicherheitsbeauftragten ..... überprüft.

III. Bei der Datenverarbeitung werden die Bestimmungen des BDSG eingehalten.

§ 4 Sicherheit und Gesundheitsschutz   12

I. Bildschirmarbeitsplätze werden nach den gesicherten arbeitswissenschaftlichen und ergonomischen Erkenntnissen über die Gestaltung der Arbeit und den jeweils geltenden Schutzbestimmungen sowie dem Stand der Technik eingerichtet.

II. Die Bestimmungen der EG-Richtlinie werden eingehalten, auch soweit sie noch nicht in nationales Recht umgesetzt worden sind. Die Arbeitnehmer werden über die Maßnahmen unterrichtet.

III. Bildschirmarbeitsplätze werden – soweit organisatorisch möglich – als Mischarbeitsplätze eingerichtet.

§ 5 Beteiligung der Betriebsvertretung   13

I. Der Betriebsrat wird rechtzeitig und umfassend über Stand und Umsetzung zu neuen sowie über geplante Erweiterungen von bestehenden Informations- und

Kommunikationsprojekten und deren Auswirkungen auf die Arbeitsplätze unterrichtet und nach Maßgabe des BetrVG beteiligt. Die Unterrichtung bezieht sich insbesondere auf
– die organisatorischen und personellen Auswirkungen,
– die vorgesehenen Maßnahmen zu Datenschutz und Datensicherheit,
– die Auflistung der vorgesehenen Systemkomponenten einschließlich geplanter Vernetzungen und Verknüpfungen.

II. Das Unternehmen richtet einen Koordinierungsausschuss, der an der Planung, Koordinierung und organisatorischen Begleitung von Informations- und Kommunikationsmaßnahmen beteiligt ist. Der Betriebsrat nimmt beratend an den Sitzungen des Ausschusses teil. Richtet das Unternehmen weitere Arbeitsgruppen ein, so ist der Betriebsrat berechtigt, auch an diesen Arbeitsgruppen beratend teilzunehmen.

III. Der Betriebsrat erhält das Recht, die in der Betriebsvereinbarung festgelegten Regelungen zu kontrollieren.

IV. Der Betriebsrat hat in Begleitung eines Beschäftigten der zuständigen Abteilung Zugang zu den technischen Einrichtungen. Die Funktionsweise der Systeme wird auf Wunsch erläutert.

14 § 6 Beteiligung und Rechte der Beschäftigten

I. Die Mitarbeiter werden rechtzeitig und umfassend über beabsichtigte Informations- und Kommunikationsmaßnahmen sowie daraus resultierende organisatorischen Änderungen und Auswirkungen auf den Arbeitsplatz unterrichtet. Sie werden bei Anwendung neuer Arbeitsmethoden eingewiesen und in der Handhabung der Arbeitsmittel unterwiesen.

II. Ist die Weiterbeschäftigung an dem bisherigen Arbeitsplatz nicht möglich oder sinkt dessen Wertigkeit, wird dem Mitarbeiter innerhalb einer angemessenen Übergangszeit ein gleichwertiger Arbeitsplatz angeboten.

III. Jeder Mitarbeiter kann nach Maßgabe des BDSG Auskunft über die zu seiner Person gespeicherten Daten, deren Übermittlung sowie den Zweck der Speicherung verlangen.

IV. Jeder Mitarbeiter ist berechtigt, vermutete oder tatsächliche Verstöße gegen diese Betriebsvereinbarung dem Datenschutzbeauftragten des Betriebes zu melden. Den Meldungen wird unverzüglich nachgegangen. Dem Mitarbeiter werden aus den Meldungen keine Nachteile erwachsen.

15 § 7 Schluss- und Übergangsbestimmungen

I. Die Betriebsvereinbarung tritt am . . . . . in Kraft.

II. Ändern sich die gesetzlichen oder tariflichen Rechtsgrundlagen, die von dieser Betriebsvereinbarung abweichen, so treten sie an die Stelle dieser Betriebsvereinbarung.

III. Kündigungsklauseln.

§ 55. Muster zur personellen Mitbestimmung

I. Betriebsvereinbarung über Personalplanung[1]

1. Betriebsvereinbarung

Zwischen der Firma 1

und

dem Betriebsrat/Gesamtbetriebsrat der Firma .....

wird gemäß § 92 BetrVG eine Betriebsvereinbarung über Personalplanung vereinbart.

§ 1 Ausschuss für Personalplanung 2

I. Arbeitgeber und Betriebsrat bilden einen paritätisch besetzten Ausschuss für Personalplanung.[2]

II. Der Ausschuss besteht aus ..... Vertretern des Arbeitgebers und ..... des Betriebsrats/Gesamtbetriebsrats.

III. Der Ausschuss tritt monatlich zu einer Sitzung zusammen. Auf Verlangen einer Seite sind weitere Sitzungen anzusetzen.

IV. Die Sitzungen des Ausschusses sind nicht öffentlich. Die Vertreter des Arbeitgebers oder des Betriebsrats können Sachverständige hinzuziehen.

V. Der Ausschuss gibt sich eine Geschäftsordnung.

§ 2 Unterrichtung 3

I. Die Betriebs-/Unternehmensleitung legt dem Personalplanungsausschuss rechtzeitig vor der Sitzung einen Personalstatus, eine Absatz- und Produktionsprognose sowie eine Personalprognose vor.

II. Aus dem Personalstatus muss sich ein Vergleich der Ist-Belegschaft mit der mit dem Betriebsrat vereinbarten Soll-Belegschaft, gegliedert nach Betriebsabteilungen und Qualifikationsgruppen ergeben.

III. Die Absatzprognose enthält eine nach Produkten gegliederte Vorausschau der Absatzmengen für die nächsten sechs Monate.

IV. Die Produktionsprognose enthält die nach Produkten gegliederte Kapazitätsplanung für die Dauer von sechs Monaten.

V. In der Personalprognose ist die Vorausberechnung des Personalbedarfs aufgrund der zu erwartenden Fluktuationen, Veränderung der Arbeitszeit, Einführung

---

[1] Vgl. BAG, Beschluss v. 19. 6. 1984 – 1 ABR 6/83 – AP BetrVG 1972 § 92 Nr. 2. Die Feststellung des Personalbedarfs für ein geplantes Projekt ist auch schon vor Zustimmung des einzigen Zuwendungsgebers Personalplanung (BAG, Beschluss v. 6. 11. 1990 – 1 ABR 60/89 – AP BetrVG 1972 § 92 Nr. 3). Der Betriebsrat hat Mitwirkungsrechte, wenn eine Stelle mit freien Mitarbeitern besetzt werden soll (BAG, Beschluss v. 27. 7. 1993 – 1 ABR 7/93 – AP BetrVG 1972 § 93 Nr. 3).
[2] Die Personalentscheidungen fallen regelmäßig auf Unternehmensebene; denkbar ist, dass für den Betrieb ein Planungsausschuss gebildet wird und durch den Gesamtbetriebsrat ein solcher für das Unternehmen, der nur zuständig ist, wenn die Entscheidung nicht auf der Betriebsebene gefällt werden kann.

neuer Produkte, Produktionsausweitungen oder -einschränkungen, Investitionen und Rationalisierungsvorhaben vorzunehmen.

4　§ 3 Auswirkungen von Investitions- und Rationalisierungsvorhaben

I. Der Personalplanungsausschuss ist rechtzeitig und umfassend über die personalpolitischen Auswirkungen zu unterrichten, die sich voraussichtlich aus geplanten Investitions- und Rationalisierungsvorhaben, Veränderungen der Fabrikations- und Arbeitsmethoden, der Einstellung, Stilllegung oder Verlagerung von Betrieben oder Betriebsabteilungen, den Zusammenschluss von Betrieben oder der Änderung der Arbeitsorganisation oder des Betriebszwecks ergeben.

II. Die Betriebsleitung/Unternehmensleitung hat die von ihr vorgelegten Daten zu erläutern. Die Erläuterungen sowie unterschiedliche Auffassungen zu den Daten sind zu protokollieren.

III. Aufgrund der Daten werden die personalpolitischen Maßnahmen und etwaige Änderungsvorschläge zu Einstellungen, Versetzungen, Aus- und Fortbildungsmaßnahmen beraten. Nicht zu den Beratungsgegenständen gehören personelle Einzelmaßnahmen.

IV. Auf Verlangen einer Seite sind die einzelnen Stellenbeschreibungen und der Stellenplan wie auch die Stellenbesetzungen mit Angaben zur Person vorzulegen.

V. Sollen im Betrieb Arbeitnehmer von Fremdfirmen beschäftigt werden, sind dem Betriebsrat die Verträge mit den Fremdfirmen, die Grundlage dieser Beschäftigung sind, zur Verfügung zu stellen.[3]

5　§ 4 Inkrafttreten

Die Betriebsvereinbarung tritt am ..... in Kraft. Sie ist mit einer Frist von drei Monaten zum Quartalsende kündbar.

2. Geschäftsordnung des Personalplanungsausschusses

6　Der Personalplanungsausschuss hat sich nachfolgende Geschäftsordnung gegeben:

7　§ 1 Vorsitz

I. Der Vorsitz im Personalplanungsausschuss wechselt vierteljährlich zwischen dem Sprecher der Arbeitgeber- und der Arbeitnehmerseite.

II. Der Vorsitzende lädt zu den monatlichen Sitzungen mit einer Frist von einer Woche ein. Die Einladung erfolgt schriftlich.

III. Auf Verlangen einer Seite hat der Vorsitzende den Ausschuss zu einer weiteren Sitzung mit einer Frist von drei Tagen einzuladen.

8　§ 2 Unterlagen

Mit der Einladung sind jedem Mitglied des Personalplanungsausschusses die in § 2 Abs. II–VI der Betriebsvereinbarung über Personalplanung genannten Unterlagen zu übersenden. Diese sind nach § 79 BetrVG geheim zu halten.

---

[3] BAG, Beschluss v. 31. 1. 1989 – 1 ABR 72/87 – AP BetrVG 1972 § 80 Nr. 33.

§ 3 Sachverständige 9

Auf Antrag der Arbeitgeber- oder Arbeitnehmerseite sind zu den Sitzungen des Personalplanungsausschusses Sachverständige hinzuzuziehen.

§ 4 Sitzungsniederschrift 10

Der Vorsitzende des Personalplanungsausschusses bestimmt einen Protokollführer. Über die Sitzungen des Personalplanungsausschusses ist eine Sitzungsniederschrift zu fertigen, aus der sich Ort und Zeitpunkt der Sitzung, die Namen der anwesenden Personen und die Beratungsergebnisse ergeben.

3. Betriebsvereinbarung zur Beschäftigungssicherung[4]

Zwischen der 11
und
dem Betriebsrat der .....
wird eine Betriebsvereinbarung ...../..... zur Beschäftigungssicherung geschlossen.

§ 1 Auskunftsrecht 12

I. Dem Betriebsrat obliegt die Beschäftigung im Betrieb zu fördern und zu sichern (§ 80 Abs. 1 Nr. 8 BetrVG). Der Arbeitgeber wird den Betriebsrat rechtzeitig und umfassend über alle Maßnahmen unterrichten, die sich auf die Beschäftigung auswirken können. Dies gilt insbesondere bei anstehenden Umstrukturierungen und Fusionen.

II. Die Unterrichtung erfolgt schriftlich.

§ 2 Vorschlagsrecht 13

Der Betriebsrat kann dem Arbeitgeber Vorschläge zur Sicherung und Förderung der Beschäftigung machen. Der Betriebsrat kann insbesondere Vorschläge machen
1. zur Flexibilisierung der Arbeitszeit,
2. zur Förderung der Teilzeitarbeit,
3. zur Einführung von Altersteilzeit, um jüngere Arbeitnehmer einzustellen oder ihnen den beruflichen Aufstieg zu ermöglichen,
4. über die Einführung neuer Formen der Arbeitsorganisation.

§ 3 Beratung 14

Der Arbeitgeber wird die Vorschläge mit dem Betriebsrat beraten. Zu den Beratungen kann der Arbeitgeber und der Betriebsrat einen Vertreter der Agentur für Arbeit oder der Landesagentur für Arbeit hinzuziehen.

§ 4 Bescheidung 15

Hält der Arbeitgeber einen Vorschlag des Betriebsrats für ungeeignet, hat er dies zu begründen. Die Begründung erfolgt schriftlich.

---

4 ArbR-Hdb. § 233 RN 13.

Schaub

II. Betriebsvereinbarung über Stellenausschreibungen, Personalfragebogen und Beurteilungsgrundsätze (§§ 93, 94 BetrVG)[5]

1. Stellenausschreibung

16   Zwischen der Firma .....

und

dem Betriebsrat der Firma .....

wird nachfolgende Betriebsvereinbarung gem. § 93 BetrVG geschlossen.

17   § 1 Verpflichtung zur Stellenausschreibung

I. Neue oder frei werdende Stellen werden vor ihrer Neubesetzung innerhalb des Betriebes zur Besetzung ausgeschrieben.[6]

II. Die Ausschreibung kann unterbleiben, wenn

1. die Stelle eines leitenden Angestellten (§ 5 BetrVG) zu besetzen ist;

2. die Stelle in der untersten/der Tarif- oder Lohngruppe ..... zu besetzen ist;

3. die Stelle mit einem qualifizierten Bewerber derselben Abteilung besetzt werden soll;

4. geeignete Bewerber für die Stelle im Rahmen der Personalplanung erfasst sind.

18   § 2 Durchführung der Stellenausschreibung

I. Die Stellenausschreibung erfolgt

1. bei Stellen der Tariflohngruppen ..... und höher in der Werkszeitung;

2. im Übrigen durch Aushang am schwarzen Brett.

II. Neben der internen Stellenausschreibung kann eine betriebsexterne Ausschreibung erfolgen.

19   § 3 Innerbetriebliche Stellenausschreibung

I. Die innerbetriebliche Stellenausschreibung beinhaltet:

1. die Betriebsabteilung, in der die Stelle zu besetzen ist;

2. die Arbeitsplatzbezeichnung;

3. fachliche und persönliche Voraussetzungen des Bewerbers einschließlich erforderlicher Prüfungsnachweise;

4. Angabe der Lohn- und Gehaltsgruppe des Arbeitsplatzes;

5. den Einsendeschluss der Bewerbung.

---

[5] Zu Stellenausschreibungen vgl. § 1; ArbR-Hdb. § 238 RN 11. Nicht mitbestimmungspflichtig sind Anforderungsprofile, in denen für einen bestimmten Arbeitsplatz die fachlichen, persönlichen und sonstigen Anforderungen abstrakt festgelegt werden (BAG, Beschluss v. 31. 5. 1983 – 1 ABR 6/80 – AP BetrVG 1972 § 95 Nr. 2; BAG, Urteil v. 7. 11. 1996 – 2 AZR 811/95 – AP BetrVG 1972 § 93 Nr. 6), sowie Stellenbeschreibungen (BAG, Beschluss v. 31. 1. 1984 – 1 ABR 63/81 – AP BetrVG 1972 § 95 Nr. 3) oder Funktionsbeschreibungen (BAG, Beschluss v. 14. 1. 1986 – 1 ABR 82/83 – AP BetrVG 1972 § 87 Lohngestaltung Nr. 21). Zu Senioritätslisten: BAG, Urteile v. 28. 9. 1983 – 4 AZR 130/81, 4 AZR 200/83 – AP TVG § 1 Tarifverträge: Seniorität Nrn. 1, 2.

[6] Der Betriebsrat kann auch die Ausschreibung von Arbeitsplätzen verlangen, die der Arbeitgeber mit freien Mitarbeitern besetzen will, wenn es sich bei der vorgesehenen Beschäftigung um eine Einstellung handelt (BAG, Beschluss v. 27. 7. 1993 – 1 ABR 7/93 – AP BetrVG 1972 § 93 Nr. 3).

II. Zwischen Stellenausschreibung und Einsendeschluss für Bewerbungen sollen mindestens . . . . . Tage liegen.

§ 4 Bewerbungsvoraussetzungen 20

I. Auf eine Stellenausschreibung können sich nur solche Mitarbeiter bewerben, die mindestens . . . . . in Diensten der Firma stehen.

II. Die Bewerbung ist an die Personalabteilung zu richten. Sie wird vertraulich behandelt.

III. Gehen Bewerbungen im Rahmen der internen und externen Stellenausschreibung ein, so hat die Bewerbung des Mitarbeiters den Vorrang, sofern er die gleiche fachliche und persönliche Qualifikation besitzt.

§ 5 Ablehnung der Bewerbung 21

Bewerber, die für eine ausgeschriebene Stelle nicht in Betracht kommen, erhalten einen ablehnenden Bescheid. Dieser bedarf einer/keiner Begründung.

§ 6 Auswahl des Bewerbers 22

I. Die für eine Stelle vorgesehenen Bewerber werden dem Betriebsrat gem. § 99 BetrVG benannt. Verweigert der Betriebsrat seine Zustimmung zur Besetzung mit einem Bewerber nicht, so erhält der Bewerber die Zusage für die ausgeschriebene Stelle.

II. Mit Erteilung der Zusage wird die bisherige Betriebsabteilung von der bevorstehenden Versetzung oder Umsetzung benachrichtigt.

III. Falls sich durch die neue Tätigkeit die Arbeitsbedingungen ändern, wird ein Änderungsvertrag geschlossen.

§ 7 Inkrafttreten 23

Die Betriebsvereinbarung tritt am . . . . . in Kraft.

2. Personalfragebogen

Vgl. § 1 im Zusammenhang mit der Einstellung. 24

3. Betriebsvereinbarung über Beurteilungsgrundsätze und Leistungsbeurteilung[7]

a) Vollständige Betriebsvereinbarung

§ 1 Geltungsbereich 25

I. Die Betriebsvereinbarung gilt für alle Mitarbeiter des Betriebes mit Ausnahme der leitenden Angestellten.

---

[7] Eine Regelung über Leistungskontrollen nichttechnischer Art, die im Vorfeld von Beurteilungen allein der Überwachung des Dienstbetriebes und der Führung der Beschäftigten bei der Erledigung dient, unterliegt grundsätzlich nicht der Mitbestimmung (BVerwG, Beschluss v. 11. 12. 1991 – 6 P 20.89 – AP LPVG Baden-Württemberg § 79 Nr. 4).

Schaub

II. Die Betriebsvereinbarung gilt sachlich für

1. die periodischen Leistungsbeurteilungen sowie Beurteilungen bei Versetzungen und Wechsel des Vorgesetzten,

2. die Beurteilung der Leistung nach § 82 Abs. 2 BetrVG,

3. im Zusammenhang bei Berufsbildung und Förderung,

4. die Zeugniserteilung über Führung und Verhalten.

26 § 2 Zeitpunkt der Leistungsbeurteilung

I. Eine Leistungsbeurteilung findet statt

1. in regelmäßigen Abständen von zwei Jahren,

2. vor Ende der Probezeit bei Neueinstellung,

3. bei Versetzung des Mitarbeiters nach Ablauf von drei Monaten sowie beim Wechsel des unmittelbaren Vorgesetzten,

4. auf Verlangen des Mitarbeiters nach § 82 Abs. 2 BetrVG.

II. Die Leistungsbeurteilung soll unterbleiben, wenn der Mitarbeiter noch keine sechs Monate an dem Arbeitsplatz beschäftigt ist.

III. Eine Leistungsbeurteilung als Zwischenzeugnis kann von dem Mitarbeiter nur im Zusammenhang mit der Beendigung des Arbeitsverhältnisses oder bei Wechsel des Vorgesetzten verlangt werden.

27 § 3 Beurteilungsbogen[8]

I. Die Leistungsbeurteilung erfolgt einheitlich für alle Mitarbeiter an Hand des der Betriebsvereinbarung beigefügten Beurteilungsbogens. Die Beurteilung ist zusammenzufassen.
Hierbei bedeuten
Leistungsstufe 1: Nicht zufriedenstellend
Leistungsstufe 2: Zufriedenstellend
Leistungsstufe 3: Gute Leistung
Leistungsstufe 4: Sehr gute Leistung
Leistungsstufe 5: Hervorragende Leistung
Leistungsstufe 6: Spitzenleistung.

II. Der Beurteilungsbogen wird bei der Personalakte aufbewahrt.

III. Der Mitarbeiter kann verlangen, dass der Beurteilungsbogen nach Ablauf von fünf Jahren vernichtet wird.

28 § 4 Bekanntgabe an den Mitarbeiter

I. Die Beurteilung ist vom Vorgesetzten dem Mitarbeiter mitzuteilen und zu begründen. Die Mitteilung ist vom Mitarbeiter zu bestätigen.

II. Der Mitarbeiter kann verlangen, dass zum Gespräch ein Mitglied des Betriebsrats hinzugezogen wird.

---

[8] Zu den Beurteilungsgrundsätzen: BAG, Beschluss v. 23. 10. 1984 – 1 ABR 2/83 – AP BetrVG 1972 § 87 Ordnung des Betriebes Nr. 8; BAG, Beschluss v. 21. 9. 1993 – 1 ABR 28/93 – AP BetrVG 1972 § 94 Nr. 4.

§ 5 Beurteilungsunterschiede   29

I. Ein Mitarbeiter, der sich für falsch beurteilt hält, kann gegen die Beurteilung Gegenvorstellung erheben. Zur Erörterung der Gegenvorstellung ist ein Mitglied der Personalabteilung und auf Verlangen des Mitarbeiters ein Betriebsratsmitglied hinzuzuziehen.

II. Der Mitarbeiter kann gegen die Beurteilung binnen einer Frist von einem Monat schriftlich Einspruch einlegen. Dieser ist zu begründen und zu den Personalakten zu nehmen.

III. Unberührt bleibt das Recht des Mitarbeiters, eine Beschwerde nach §§ 84, 85 BetrVG einzulegen.

§ 6 Kündigung und Nachwirkung   30

Anlage Beurteilungsbogen.

b) Auszug zum Verfahren der Leistungsbeurteilung

§ 2 Verfahren der Leistungsbeurteilung   31

I. Die Beurteilung erfolgt für jeden Mitarbeiter einzeln. Der Beurteilende hat alle ihm unterstellten Mitarbeiter nach gleichen Merkmalen zu beurteilen.

II. Die Beurteilung erfolgt durch den unmittelbaren Vorgesetzten. Unmittelbarer Vorgesetzter ist derjenige, der gegenüber einem oder mehreren Mitarbeitern weisungsbefugt ist, die Tätigkeit kontrolliert und dafür die Verantwortung trägt. Die Beurteilung wird durch den Vertreter des Vorgesetzten durchgeführt, wenn dieser verhindert ist. Dasselbe gilt, wenn der Vorgesetzte noch nicht seit sechs Monaten Vorgesetzter ist.

§ 3 Unterweisung   32

Die Vorgesetzten werden in der Leistungsbeurteilung unterwiesen.

§ 4 Beurteilungsgespräch   33

I. Die Leistungsbeurteilung wird in Form eines Mitarbeitergespräches geführt, das sich auf das Arbeitsergebnis und das Leistungsverhalten erstreckt. Im Rahmen des Beurteilungsgesprächs sind auch die Entwicklungsmöglichkeiten des Mitarbeiters anzusprechen.

II. Die Einladung zum Beurteilungsgespräch erfolgt schriftlich nach einem Standardbrief. Der Einladung ist ein Formblatt des Beurteilungsbogens beizufügen. Der Mitarbeiter ist berechtigt, dieses Formblatt im Wege der Selbstbeurteilung auszufüllen.

III. Auswahlrichtlinien[9]

Auswahlrichtlinien hrsg. vom Vorstand der IG Metall, 2. Aufl., 1987; dazu *Dirx/Klebe,* Kommentierte Regelungsvorschläge für eine Betriebsvereinbarung nach § 95, AiB 1984, 10; *dies.,* Die Mitbestimmung des Betriebsrats nach § 95 BetrVG, AiB 1984, 8; *Neyses* DB 1983, 2414; Auswahlrichtlinie der Zahnradfabrik Friedrichshafen, NZA 1989, 711.

---

[9] Zu Auswahlrichtlinien bei Kündigungen vgl.: BAG, Urteil v. 11. 3. 1976 – 2 AZR 43/75 – AP BetrVG 1972 § 95 Nr. 1; BAG, Beschluss v. 31. 5. 1983 – 1 ABR 6/80 – AP BetrVG 1972 § 95 Nr. 2; BAG, Beschluss v. 31. 1. 1984 – 1 ABR 63/81 – AP BetrVG § 95 Nr. 3; BAG, Urteil v. 24. 3. 1983 –

34 Zwischen der Firma .....

und

dem Betriebsrat der Firma .....

werden für Einstellung, Versetzung, Umgruppierung und Kündigung folgende Auswahlrichtlinien gem. § 95 BetrVG vereinbart.

Abschnitt I. Allgemeines

35 § 1 Zuständigkeit für die Entscheidungsvorbereitung

I. Die Personalabteilung ist ausschließlich für die Entscheidungsvorbereitung der dem Mitwirkungs- und Mitbestimmungsrecht des Betriebsrats unterliegenden personellen Einzelmaßnahmen zuständig.

II. Der Betriebsrat ist vor jeder Einstellung, Eingruppierung, Umgruppierung und Versetzung zu unterrichten und ihm unter Vorlage der erforderlichen Unterlagen einschließlich etwaiger Bewerbungsunterlagen Auskunft über die geplanten Maßnahmen zu geben (§ 99 Abs. 1 BetrVG). Bei der beabsichtigten Einstellung oder personellen Änderung von leitenden Angestellten (§ 5 Abs. 3, 4 BetrVG) ist der Betriebsrat zu informieren (§ 105 BetrVG).

III. Der Betriebsrat ist vor jeder Kündigung zu hören (§ 102 BetrVG) oder gegebenenfalls seine Zustimmung einzuholen (§ 103 BetrVG).

IV. Bei vorläufigen personellen Maßnahmen (§ 100 BetrVG) ist der Betriebsrat unverzüglich zu unterrichten (§ 100 Abs. 2 BetrVG).

V. Die Personalabteilung ist zuständig, Anträge des Betriebsrates auf Entfernung betriebsstörender Arbeitnehmer entgegenzunehmen (§ 104 BetrVG).

36 § 2 Mitteilungen des Arbeitgebers

I. Mitteilungen des Arbeitgebers sind an den Betriebsrat zu Händen seines Vorsitzenden zu richten.

II. Errichtet der Betriebsrat einen Fachausschuss für personelle Angelegenheiten und teilt der Betriebsrat dies dem Arbeitgeber mit, so sind die Mitteilungen an den Vorsitzenden des Fachausschusses zu richten, bis dessen Berechtigung schriftlich widerrufen wird.

37 § 3 Grundsätze der Personalentscheidung

I. Alle Personalentscheidungen erfolgen unter Berücksichtigung der gesetzlichen, tariflichen und betrieblichen Vorschriften.

II. Die Personalpolitik, Personalbehandlung und Personalentscheidung soll:

1. Die freie Entfaltung der Persönlichkeit der im Betrieb beschäftigten Arbeitnehmer schützen und fördern (§ 75 Abs. 2 BetrVG).

---

2 AZR 21/82 – AP KSchG 1969 § 1 Betriebsbedingte Kündigung Nr. 12; BAG, Urteil v. 20. 10. 1983 – 2 AZR 211/82 – AP KSchG 1969 § 1 Betriebsbedingte Kündigung Nr. 13; BAG, Urteil v. 15. 6. 1989 – 2 AZR 580/88 – AP KSchG 1969 § 1 Soziale Auswahl Nr. 18. Zur Antragsformulierung im Beschlussverfahren: BAG, Beschluss v. 3. 5. 1984 – 6 ABR 68/81 – AP BetrVG 1972 § 95 Nr. 5.

2. Alle im Betrieb tätigen Personen nach Recht und Billigkeit behandeln (§ 75 Abs. 1 BetrVG).

3. Jede Diskriminierung wegen Abstammung, Religion, Nationalität, Herkunft, politischen oder gewerkschaftlichen Betätigung oder Einstellung oder wegen des Geschlechts unterlassen.

4. Die Eingliederung schwerbehinderter Menschen oder sonst schutzbedürftiger Personen unterstützen (§ 80 Abs. 1 Nr. 4 BetrVG).

Abschnitt II. Auswahlrichtlinien für die Einstellung

§ 4 Ausschreibung der Arbeitsplätze, Vorrang der internen Stellenbewerber   38

I. Alle neu oder wieder zu besetzenden Arbeitsplätze, bei denen eine Ausschreibung vereinbart oder vom Betriebsrat verlangt worden ist, werden innerbetrieblich ausgeschrieben.

II. Bei der Auswahl zwischen einem innerbetrieblichen oder außerbetrieblichen Bewerber hat der innerbetriebliche Bewerber bei gleicher Qualifikation den Vorrang. Unberührt bleibt die Betriebsvereinbarung über die Förderung der Beschäftigung von Frauen und der beruflichen Wiedereingliederung früherer Mitarbeiterinnen.[10]

III. Arbeitsplätze, die für schwerbehinderte Menschen geeignet sind, werden zunächst innerbetrieblich den Bewerbern angeboten.

§ 5 Vorauswahl   39

I. Bei der Auswahl der Bewerber werden nur die aus dem Personalfragebogen oder aus sonstigen Unterlagen ersichtlichen Tatsachen herangezogen.

II. Dem Betriebsrat werden auch solche Bewerber benannt, die nach Ansicht der Personalabteilung für die engere Auswahl nicht in Betracht kommen. Widerspricht der Betriebsrat dem Ausscheiden des Bewerbers in der Vorauswahl, so nimmt der Bewerber an dem weiteren Auswahlverfahren teil.

III. Auf Verlangen des Betriebsrats stellen auch Bewerber sich bei ihm vor.

§ 6 Persönliche und fachliche Eignung   40

I. Die Auswahlentscheidung erfolgt nach persönlicher und fachlicher Eignung sowie sozialen Gesichtspunkten.

II. Bei der persönlichen Eignung werden berücksichtigt
1. Eignung und Neigung des Bewerbers
2. Körperliche Konstitution
3. Ärztliche und betriebliche Eignungsuntersuchungen
4. Eignung zur Eingliederung in Arbeitsgruppen
5. Führungseigenschaften, soweit erforderlich

III. Zur Beurteilung der fachlichen Eignung werden berücksichtigt
1. Schul- und Beschäftigungszeugnisse, berufliche Befähigungsnachweise
2. Eignungsprüfungen

---

[10] Vgl. unter § 55 RN 105 ff.

3. Tätigkeitsbezogene Erfahrung

4. Fähigkeit und Bereitschaft zusätzlich erforderliche Kenntnisse und Erfahrungen zu erwerben.

IV. Folgende soziale Gesichtspunkte werden berücksichtigt:

1. Alter

2. Familienstand

3. Wiedereingliederung usw.

Abschnitt III. Besondere Auswahlrichtlinien für die Einstellung besonderer Gruppen von Arbeitnehmern

41 **Hinweis:** Z.B. Auszubildende; Bewerber mit spezieller Berufsvorbildung; Bewerber, denen Weisungsbefugnis übertragen werden soll usw. Bei Auszubildenden könnte etwa darauf abgestellt werden, dass von den vorhandenen Ausbildungsplätzen bestimmte Verhältniszahlen für gewerbliche, technische und kaufmännische Auszubildende einzuhalten sind. Weiter können fachliche Auswahlkriterien aufgestellt werden, nach dem Stand des Schulwissens, dem Interesse an der Erlernung des Berufes, dem Ergebnis von standardisierten Eignungsprüfungen im Betrieb usw. Unter den persönlichen Verhältnissen kann auch auf die Betriebszugehörigkeit von Angehörigen, die sozialen Verhältnissen usw. abgestellt werden.

Abschnitt IV. Auswahlrichtlinien bei Versetzungen und Umgruppierungen

42 **§ 7 Gründe**

I. Von diesen Auswahlrichtlinien werden nur Versetzungen aus personen- oder betriebsbedingten Gründen erfasst.

II. Bei Versetzungen aus personenbedingten Gründen, etwa wegen Nachlassens der körperlichen Kräfte oder wegen einer ärztlichen Empfehlung, einen Arbeitsplatz nicht mehr auszufüllen, haben die Betroffenen gegenüber den übrigen Bewerbern einen Vorrang. Dasselbe gilt bei Auszubildenden, die eine Ausbildung im Betrieb erfahren haben.

III. Betriebsbedingte Versetzungen sind im Rahmen der Personalplanung (§ 92 BetrVG) vorher zu besprechen.

43 **§ 8 Versetzung auf höherwertigen Arbeitsplatz**

Bei Versetzung auf einen höherwertigen Arbeitsplatz sowie bei Beförderung gelten die gleichen Auswahlrichtlinien wie bei der Einstellung.

44 **§ 9 Auswahlmerkmale bei Versetzung**

I. Bei der Versetzung auf einen höherwertigen Arbeitsplatz hat die fachliche Eignung den gleichen Rang wie die Betriebszugehörigkeit. Ein Vorrang wird begründet durch längere Betriebszugehörigkeit sowie durch im Betrieb erlittene gesundheitliche Schädigungen.

II. Über die Gleichwertigkeit von Arbeitsplätzen ist eine Vereinbarung mit dem Betriebsrat herbeizuführen.

§ 10 Auswahlmerkmale bei Versetzung auf geringerwertigen Arbeitsplatz 45

Bei der Versetzung auf einen geringerwertigen Arbeitsplatz gelten die gleichen Auswahlrichtlinien wie bei einer Kündigung.

§ 11 Umgruppierung 46

Für Umgruppierung auf Grund von Beförderungen, Versetzungen, Übertragung zusätzlicher Aufgaben gelten unter Vorrang des Tarifvertrages die gleichen Grundsätze wie bei der Versetzung.

Abschnitt V. Auswahlrichtlinien bei Kündigungen[10a]

§ 12 Geltungsbereich der Auswahlrichtlinie 47

Von den Auswahlrichtlinien werden nur personen- oder betriebsbedingte Kündigungen erfasst.

§ 13 Personenbedingte Kündigung 48

I. Bei personenbedingten Kündigungen hat der Arbeitgeber dem Betriebsrat alle Gründe, die die Kündigung bedingen, mitzuteilen.

II. Der Arbeitgeber hat unter Berücksichtigung des Alters, des Familienstandes, der Betriebszugehörigkeit und des bisherigen beruflichen Werdeganges eine Weiterbeschäftigungsmöglichkeit – auch nach zumutbaren Umschulungs- und Fortbildungsmaßen – zu prüfen und dem Betriebsrat das Ergebnis der Prüfung mitzuteilen. Dabei hat der Arbeitgeber insbesondere mitzuteilen, welche Umschulungsmaßnahmen erwogen und welche Arbeitsplätze für eine Weiterbeschäftigung überprüft worden sind.

III. Macht der Betriebsrat für die Weiterbeschäftigung auf bestimmten Arbeitsplätzen konkrete Vorschläge, so überprüfen Arbeitgeber und Betriebsrat gemeinsam die Weiterbeschäftigungsmöglichkeit.

IV. Kommen Arbeitgeber oder Arbeitgeber und Betriebsrat gemeinsam zu einer Weiterbeschäftigungsmöglichkeit, so ist dem Arbeitnehmer vor Ausspruch der Kündigung der Arbeitsplatz anzubieten.

§ 14 Betriebsbedingte Kündigung 49

I. Für die betriebsbedingte Kündigung kommen nur solche Arbeitnehmer in Betracht, deren Arbeitsplatz aufgelöst oder deren Besetzung vermindert werden soll.

II. Werden auf ähnlichen oder verwandten Arbeitsplätzen Arbeitnehmer mit einer kürzeren Betriebszugehörigkeit beschäftigt, so sind diese in den Kreis der Auszuwählenden einzubeziehen. Welche Arbeitsplätze ähnlich oder verwandt sind, wird durch eine Vereinbarung mit dem Betriebsrat festgelegt.

III. Aus dem Kreis der zu Kündigenden scheiden diejenigen Arbeitnehmer aus, die nach Umschulungs- und Fortbildungsmaßnahmen weiter beschäftigt werden können.

[10a] Vgl. die Auswahlrichtlinie beim Interessenausgleich § 56 RN 11 ff.

IV. Die alsdann zur Kündigung Anstehenden werden nach[11]

1. der Dauer der Betriebszugehörigkeit,

2. sozialen Eigenschaften wie Alter, Familienstand, Unterhaltsberechtigten,

3. fachlicher Eignung *(zweifelhaft)*

geordnet.

Längere Betriebszugehörigkeit und größere soziale Lasten verlangen größere Rücksichtnahme.

50 § 15 Verstoß gegen Auswahlrichtlinien

Ein Verstoß gegen die in §§ 12 bis 14 geregelten Grundsätze (RN 12 bis 14) berechtigen den Betriebsrat zum Widerspruch gem. § 102 Abs. 3 Nr. 2 BetrVG.

Abschnitt VI. Übergangs- und Schlussvorschriften

51   Die Betriebsvereinbarung tritt am ..... in Kraft. Sie kann mit ..... zum ..... gekündigt werden.

IV. Betriebsvereinbarung über Bildungsmaßnahmen[12, 13]

1. Allgemeine Berufsausbildung

52 Zwischen der Firma .....

und

dem Betriebsrat der Firma .....

wird gemäß §§ 96–98 BetrVG über die Durchführung der Berufsbildung und der sonstigen Bildungsmaßnahmen nachfolgende Betriebsvereinbarung geschlossen:

Abschnitt I. Allgemeines

53 § 1 Begriff der Berufsbildung

I. Berufsbildung ist die betriebliche,[14] überbetriebliche und außerbetriebliche Ausbildung, Fortbildung und Umschulung der Belegschaftsmitglieder.[15] Sonstige Bildungsmaßnahmen sind alle vom Betrieb oder in seinem Auftrag für Belegschaftsmitglieder durchgeführte Bildungsmaßnahmen.

---

[11] Beachte den Wortlaut von § 1 Abs. 3 KSchG.

[12] Das Muster ist entspr. den von der IG-Metall und der IG-Chemie herausgegebenen Musterbetriebsvereinbarungen verfasst (Der Betriebsrat 1976, 397). Besondere Bedeutung haben inzwischen Betriebsvereinbarungen zur Schulung in der Datenverarbeitung (vgl. AiB 1992, 117).

[13] ArbR-Hdb. § 239.

[14] Eine betriebliche Bildungsmaßnahme liegt vor, wenn der Arbeitgeber Träger bzw. Veranstalter der Maßnahme ist und die Berufsbildungsmaßnahme für seine Arbeitnehmer durchführt (BAG, Beschluss v. 4. 12. 1990 – 1 ABR 10/90 – AP BetrVG 1972 § 97 Nr. 1). Er kann auch Träger sein, wenn ein Dritter die Bildungsmaßnahme durchführt, der Arbeitgeber aber entscheidenden Einfluss ausübt (BAG, Beschluss v. 12. 11. 1991 – 1 ABR 21/91 – AP BetrVG 1972 § 98 Nr. 8).

[15] BAG, Beschluss v. 5. 11. 1985 – 1 ABR 49/83 – AP BetrVG 1972 § 98 Nr. 2; BAG, Beschluss v. 10. 2. 1988 – 1 ABR 39/86 – AP BetrVG 1972 § 98 Nr. 5; BAG, Beschluss v. 23. 4. 1991 – 1 ABR 49/90 – AP BetrVG 1972 § 98 Nr. 7.

II. Betriebs- und Geschäftsleitung stellen eine Liste aller Berufsbildungsmaßnahmen und sonstiger Bildungsmaßnahmen auf, die dieser Betriebsvereinbarung als Anlage beigefügt wird. Sonstige Berufsbildungs- oder Bildungsmaßnahmen werden nur im Einvernehmen mit dem Betriebsrat durchgeführt.

Abschnitt II. Der Bildungsausschuss

§ 2 Zusammensetzung des Bildungsausschusses 54

I. Geschäftsleitung und Betriebsrat errichten einen paritätisch besetzten Ausschuss für Berufsbildung und sonstige Bildungsmaßnahmen.

II. Die Geschäftsleitung und der Betriebsrat entsenden in den Ausschuss je drei Betriebsangehörige. Werden im Ausschuss Angelegenheiten behandelt, durch die jugendliche Arbeitnehmer betroffen werden, so wird das 3. vom Betriebsrat benannte Mitglied durch ein Mitglied der Jugend- und Auszubildendenvertretung ersetzt.

III. Jede Seite kann zu den Sitzungen des Ausschusses Sachverständige hinzuziehen. Der Ausschuss gibt sich eine Geschäftsordnung.

§ 3 Sitzung 55

Der Ausschuss tritt mindestens vierteljährlich zusammen. Weitere Sitzungen finden auf Verlangen der Geschäftsleitung, des Betriebsrats oder der Jugend- und Auszubildendenvertretung statt.

§ 4 Unterrichtung 56

I. Die Geschäftsleitung hat den Ausschuss vor seinen Beratungen rechtzeitig und umfassend anhand der dazu erforderlichen Unterlagen über den Stand und die Planung folgender Angelegenheiten zu unterrichten:

1. Die Zahl der Auszubildenden, die eingestellt oder ausgebildet werden sollen, sowie ihre Aufgliederung auf die einzelnen Ausbildungsberufe;
2. Ob der Ausbildungsbedarf durch Aus-, Fortbildungs- oder Umschulungsmaßnahmen bereits beschäftigter Arbeitnehmer erreicht werden kann;
3. Methoden und Ablauf der Berufsausbildung, Aufstellung der Versetzungs- und Durchlaufpläne für die einzelnen Abteilungen sowie die Grundsätze für Führung und Überwachung von Berichtsheften;
4. Inhalt, Methoden und Ablauf der beruflichen Fortbildung und Umschulung sowie der sonstigen Bildungsmaßnahmen;
5. Ort, Zahl und Zeitpunkt der Ablauf- und Erfolgskontrollen, insbesondere betriebliche Zwischenprüfungen und Arbeitsproben;
6. Errichtung und Ausstattung betrieblicher Einrichtungen zur Berufsbildung, insbesondere der Lehrwerkstätten, Lehrecken, Lehrlabors, Unterrichtsräume und Ausbildungsplätze;
7. Auswahl und Teilnahme an außerbetrieblichen Berufsbildungsmaßnahmen, insbesondere überbetrieblicher und öffentlicher Ausbildungsstätten sowie Ausbildungseinrichtungen anderer Betriebe;[16]

---

[16] BAG, Beschluss v. 8. 12. 1987 – 1 ABR 32/86 – AP BetrVG 1972 § 98 Nr. 4.

8. Grundsätze und Verfahren der Beurteilung und Bewertung der Leistungen;

9. Auswahl und Einsatz des Ausbildungspersonals für Berufsbildung;

10. Auswahl der Teilnehmer an Berufsbildungs- und sonstigen Bildungsmaßnahmen.

II. Der Ausschuss nimmt zu den geplanten Maßnahmen Stellung und macht der Firma und dem Betriebsrat Vorschläge.

III. Der Ausschuss hat den Personalplanungsausschuss rechtzeitig und umfassend über seine Beratungen zu unterrichten.

57 § 5 Einigungsstelle

Kommt es zwischen Geschäftsleitung und Betriebsrat zu keiner Einigung, so ersetzt der Spruch der Einigungsstelle die Einigung zwischen Geschäftsleitung und Betriebsrat[17] (§ 76 BetrVG).

Abschnitt III. Sonstige Bestimmungen

58 § 6 Ausschreibung der Bildungsmaßnahmen

I. Zwischen der Firma und dem Betriebsrat vereinbarte Berufsbildungsmaßnahmen und sonstige Bildungsmaßnahmen sind im Betrieb/Unternehmen/Konzern auszuschreiben.

II. Die Kosten der Teilnahme für die zwischen Firma und Betriebsrat vereinbarten Bildungsmaßnahmen trägt die Firma.[18]

59 § 7 Inkrafttreten

Die Betriebsvereinbarung tritt am ..... in Kraft. Sie kann mit einer Frist von ..... gekündigt werden. Bis zum Abschluss einer neuen Betriebsvereinbarung behält diese Betriebsvereinbarung ihre Gültigkeit.

2. Betriebsvereinbarung über die Berufsausbildung von Auszubildenden

a) Ausbildungsvereinbarung

60 § 1 Geltungsbereich

Die Betriebsvereinbarung gilt für alle gewerblichen, technischen und kaufmännischen Auszubildenden. Sie gilt nicht für die Ausbildung und Beschäftigung von Praktikanten.

---

17 Der Betriebsrat hat nicht in allen aufgezählten Fällen ein erzwingbares Mitbestimmungsrecht.

18 Die von der Gewerkschaft herausgegebenen Mustervereinbarungen enthalten noch folgende Bestimmungen: „Bei Teilnahme an persönlich begründeten Weiterbildungsmaßnahmen einschl. Fernunterricht sind zwischen Geschäftsleitung und Betriebsrat die Höhe eines zu gewährenden Zuschusses zu den entstehenden Kosten, die kostenlose Zur-Verfügung-Stellung von Ausbildungsmitteln, Werkzeugen und Werkstoffen, die Lage der Arbeitszeit und eine evtl. erforderliche Freistellung so zu vereinbaren, dass der Betreffende an der Bildungsmaßnahme teilnehmen kann.

Vereinbarungen, die Teilnehmer an Berufsbildungs- und sonstigen Bildungsveranstaltungen verpflichten, nach Abschluss der Maßnahme im Betrieb zu bleiben oder Kosten zu erstatten, dürfen nicht abgeschlossen werden."

§ 2 Ausbildungsplan 61

I. Alle Auszubildenden durchlaufen während der Ausbildungszeit verschiedene Abteilungen. Der Durchlaufplan wird unter Berücksichtigung der jeweiligen Ausbildungsordnungen erstellt.

II. Nach Durchlauf einer jeden Ausbildungsstation erfolgt eine Beurteilung durch den zuständigen Ausbilder/Fachvorgesetzten auf dem Beurteilungsbogen. Die Beurteilung ist mit dem Auszubildenden auf Wunsch zu besprechen. Der Auszubildende kann verlangen, dass zur Besprechung der Ausbildungsreferent und ein Betriebsratsmitglied hinzugezogen wird.

III. Die Beurteilungsbögen sind zur Personalakte zu nehmen.

§ 3 Bestellung der Ausbilder 62

I. Die Ausbilder werden nach vorheriger Anhörung des Betriebsrats bestellt.

II. Die Rechte des Betriebsrats nach § 98 Abs. 2 BetrVG bleiben unberührt.

§ 4 Stufenausbildung[19] 63

b) Betriebsvereinbarung über die Anrechnung der Berufsschulzeit[20]

§ 1 Geltungsbereich 64

§ 2 Wöchentliche Arbeitszeit 65

Die wöchentliche Arbeitszeit der in § 1 genannten Personen richtet sich nach dem Tarifvertrag . . . . .

§ 3 Tägliche Arbeitszeit 66

Die tägliche Arbeitszeit darf die der erwachsenen Arbeitnehmer nicht übersteigen.

§ 4 Arbeitszeit und Berufsschule 67

I. Vor Berufsschultagen und vor Prüfungen darf die Arbeitszeit acht Stunden nicht übersteigen. Die Arbeitszeit muss spätestens um 18.30 Uhr beendet sein.

II. Vor einem um 9 Uhr beginnenden Berufsschulunterricht darf eine in § 1 genannte Person nicht beschäftigt werden. Dies gilt auch, wenn sie das 18. Lebensjahr vollendet hat.

III. An Berufsschultagen mit mehr als fünf Unterrichtsstunden von mindestens je 45 Minuten ist der Mitarbeiter einmal in der Woche völlig von der Arbeit freizustellen. In Berufsschulwochen mit einem planmäßigen Blockunterricht von mindestens 25 Stunden ist der Mitarbeiter an mindestens fünf Tagen freizustellen. Betriebliche Ausbildungsveranstaltungen sind bis zu zwei Stunden zulässig.

IV. Nach Berufsschultagen ist eine Rückkehr an den Arbeitsplatz nur dann zumutbar, wenn die verbleibende Restarbeitszeit zwei Stunden beträgt.

§ 5 Inkrafttreten 68

---

[19] Im Falle der Stufenausbildung wird vielfach ein Recht des Auszubildenden begründet, auch die zweite Stufe der Ausbildung verlangen zu können.
[20] Die Betriebsvereinbarung stellt sicher, dass die Berufsausbildung nicht die Dauer der Arbeitszeit der Erwachsenen überschreitet.

3. Betriebsvereinbarung über die berufliche Fortbildung

69 Zwischen der . . . . . Unternehmen

und

dem Betriebsrat der . . . . .

wird eine Betriebsvereinbarung über berufliche Fortbildungsmaßnahmen geschlossen.

70 1. Fortbildung

Das Unternehmen fördert bei allen Mitarbeiterinnen und Mitarbeitern die berufliche Fortbildung, die auch für das Unternehmen nützlich ist.

2. Förderungsfähige Fortbildungsmaßnahmen

Zu den Förderungsfähigen Fortbildungsmaßnahmen zählen

(1) . . . . .

(2) . . . . .

3. Voraussetzung der Teilnahme an einer Fortbildungsmaßnahme sind

(1) die Eignung der/s Mitarbeiter(in/s). Das bedeutet vor allem, dass die vom Anbieter der Fortbildungsmaßnahme gestellten Mindestvoraussetzungen an Ausbildung, Fachkenntnissen und Berufserfahrung erfüllt sein müssen;

(2) dass die angestrebte Qualifikation jetzt oder in absehbarer Zeit für das Unternehmen von Nutzen ist;

(3) ein Gespräch zwischen Unternehmensvertretern und dem Bewerber über Eignung und Nutzen. Auf Wunsch des Mitarbeiters nimmt an dem Gespräch ein Mitglied des Betriebsrats teil.

4. Personalakte

Über das Bewerbungsgespräch und seine Ergebnisse wird ein Vermerk zu den Personalakten verbracht.

5. Rechtsanspruch

Ein Rechtsanspruch für den einzelnen Mitarbeiter erwächst aus dieser Fortbildungsordnung nicht.

6. Aufwendungen

Die Aufwendungen der im Fortbildungsgespräch genehmigten Maßnahmen trägt das Unternehmen. Hierzu gehören insbesondere die Teilnehmerbeiträge, Prüfungsgebühren, notwendige Kosten für Fahrt und Verpflegung nach den steuerlichen Pauschsätzen. Die Aufwendungen für Lehrmaterial, das in das Eigentum des Mitarbeiters übergeht, trägt der Mitarbeiter. Hierzu gehören insbesondere Lehr- und Fachbücher, Werkstoffe und Werkzeuge.

7. Entgelt und Sonderzuwendungen

Das Entgelt einschließlich etwaiger Sonderzuwendungen wird während der Fortbildungsmaßnahme weiter gezahlt. Es wird nach dem Durchschnitt der letzen abgerechneten drei Monate berechnet. Der Erholungsurlaub wird außerhalb der Fortbildungsmaßnahmen gewährt. Das Urlaubsentgelt wird entsprechend den gesetzlichen oder tariflichen Vorschriften gezahlt.

8. Die Einzelheiten der Fortbildungsmaßnahme werden in einem Fortbildungsvertrag zwischen Mitarbeiter und Unternehmen geregelt, dessen Muster sich aus der Anlage ergibt.

Anlage: Fortbildungsvertrag 71

Fortbildungsvertrag
zwischen
dem Unternehmen . . . . .
und
dem/der Mitarbeiter(in) . . . . .

1. Die/Der Mitarbeiter(in) ist seit dem . . . . . als . . . . . beschäftigt.

2. Die/Der Mitarbeiter(in) wird am . . . . . die Fortbildung zum . . . . . an der . . . . .
   Schule/Akademie aufnehmen. Die Fortbildung dauert voraussichtlich . . . . . Tage/
   Wochen/Monate und endet voraussichtlich am . . . . . mit den Prüfungen . . . . .

3. Die/Der Mitarbeiter(in) verpflichtet sich, alle Prüfungsergebnisse und Zeugnisse
   der Geschäftsleitung mitzuteilen bzw. vorzulegen.

4. Während der Fortbildungsmaßnahme erhält die/der Mitarbeiter(in) Entgelt nach
   der Betriebsvereinbarung Fortbildung vom . . . . .

5. Beendet die/der Mitarbeiter(in) nach einer Probezeit von drei Monaten die
   Fortbildung vor der Abschlussprüfung, so hat sie/er die bis dahin bezogene Fort-
   bildungsvergütung zurückzuzahlen. Das gilt dann nicht, wenn das Unternehmen
   zustimmt.

6. Die/Der Mitarbeiter(in) verpflichtet sich, nach der Abschlussprüfung mindestens
   noch *(je nach Dauer der Ausbildungsmaßnahme)* ein bis drei Jahre in den Diensten
   des Unternehmens zu arbeiten. Beendet sie/er das Arbeitsverhältnis vorzeitig aus
   von ihr/ihm zu vertretenden Gründen, so hat sie/er alle während der Fortbildung erhaltenen Entgelte zurückzuzahlen. Das gilt auch dann, wenn das Unternehmen in dieser Zeit das Arbeitsverhältnis aus verhaltensbedingten oder wichtigen Gründen (§ 626 BGB) kündigt. Die Rückzahlungsverpflichtung vermindert
   sich je abgelaufenem Monat der Bindungsfrist um $1/_{12}$ bis $1/_{36}$.

4. Betriebsvereinbarung über E-Learning

Internetadresse: www.bibb.de (Informationssystem ELDOC).

Die . . . . . (Arbeitgeber) 72
und
der Betriebsrat der . . . . .
schließen eine Betriebsvereinbarung Nr. . . . . . / . . . . . über E-Learning:

Präambel 73

Geschäftsleitung und Betriebsrat sind sich einig, dass der Einsatz von E-Learning
zur Förderung der beruflichen Weiterbildung der Arbeitnehmer im Betrieb erfolgen soll. Ziel der Betriebsvereinbarung ist es, das Computer Based Training (CBT)
im Betrieb einzuführen, die dafür geltenden Grundsätze zu vereinbaren und das
Zusammenwirken von Geschäftsleitung, Betriebsrat und Mitarbeitern bei der Einführung zu regeln. Sie sind sich darüber einig, dass E-Learning zur Kostenreduzie-
rung notwendig ist.

§ 1 Persönlicher Geltungsbereich 74

Die Betriebsvereinbarung gilt für alle Mitarbeiter, die innerbetriebliche oder private E-Learning-Fortbildung betreiben. Sie gilt nicht für Auszubildende.

Schaub

75 § 2 Begriffsbestimmungen

Unter E-Learning sind die elektronische Vermittlung von Lerninhalten (z. B. Computer Based Trainings) und die Organisation von Lernprozessen mit Hilfe der neuen Medien zu verstehen. CBT sind mutimediale Lernprogramme, die auf CD-Roms gespeichert sind und die Vermittlung und Austausch von Wissen dienen.

76 § 3 Unterrichtung des Betriebsrats

Die Geschäftsleitung unterrichtet den Betriebsrat rechtzeitig und umfassend über

1. Inhalt, Methoden und Ablauf der E-Learning-Fortbildungen;
2. Ort, Zahl und Zeitpunkt möglicher Ablauf- und Erfolgskontrollen, insbesondere betriebliche Zwischenprüfungen und Arbeitsproben;
3. die Aufstellung allgemeiner Fortbildungsrichtlinien;
4. Beurteilungsgrundsätze für die Bewertung der Leistung;
5. Auswahl der Ausbilder und des Ausbildungsverantwortlichen;
6. Auswahl der Mitarbeiter, die an der Ausbildung teilnehmen;
7. Ermittlung des Fortbildungsbedarfs.

77 § 4 Durchführung betrieblicher Bildungsmaßnahmen

Der Betriebsrat kann zu den geplanten Bildungsmaßnahmen Stellung nehmen und Gegenvorstellungen unterbreiten. Steht dem Betriebrat ein erzwingbares Mitbestimmungsrecht bei der Durchführung der Bildungsmaßnahmen zu, so entscheidet im Falle einer fehlenden Einigung die Einigungsstelle.

78 § 5 Bestellung eines verantwortlichen Ausbilders

Geschäftsleitung und Betriebsrat bestimmen zu Beginn einer Ausbildungsperiode einen verantwortlichen Ausbilder. Dies kann sowohl ein Mitarbeiter des Unternehmens als auch ein externer Anbieter sein.

79 § 6 Auswahl der Teilnehmer

Geschäftsleitung und Betriebsrat entscheiden gemeinsam über die Teilnehmer der Fortbildungsmaßnahme. Kommt eine Einigung nicht zustande, entscheidet die Einigungsstelle.

80 § 7 Art und Dauer der Fortbildung

Die Geschäftsleitung und der verantwortliche Ausbilder entscheiden gemeinsam über Art und Dauer der Fortbildungsmaßnahme.

81 § 8 Durchführungsarten

I. Die ausgewählten Mitarbeiter erhalten
1. einen tragbaren PC;
2. monatlich einen Datenträger und einen Lehrbrief.

II. Die Bearbeitungszeit beträgt wöchentlich während der Dienstzeit ..... Stunde. Während dieser Zeit wird das Entgelt fortgezahlt.
Das Ergebnis der Bearbeitung ist am Ende eines jeden Monats dem verantwortlichen Ausbildungsleiter zuzuleiten.

III. Ist der Mitarbeiter am Ende des Monats, z.B. wegen Krankheit oder Urlaubs an der Zuleitung verhindert, so ist die Zuleitung unverzüglich nachzuholen. Die Frist darf die Dauer der Arbeitsverhinderung nicht überschreiten.

§ 9 Kosten 82

Die Kosten des E-Mail-Learning trägt das Unternehmen.

§ 10 Inkrafttreten, Kündigung 83

V. Betriebsvereinbarung über die Führung von Personalakten[21]

§ 1 Begriff 84

I. Personalakte ist die Zusammenfassung aller schriftlich festgehaltenen Daten und Vorgänge, die sich mit der Person eines bestimmten Arbeitnehmers und dem Inhalt und der Entwicklung seines Arbeitsverhältnisses befassen.[22]

II. Die Blätter der Personalakten sind laufend zu nummerieren. Werden einzelne Blätter entfernt, so ist für die entfernten Blätter ein Fehlblatt anzulegen. Eine Änderung der Nummerierung erfolgt nicht.

§ 2 Stammakte 85

I. Die Personalakte wird grundsätzlich nur an einer Stelle (Personalabteilung) geführt. Werden Teile der Personalakte von anderen Stellen geführt, so ist in der Personalstammakte zu vermerken, wo weitere Teile geführt werden.

II. In der Personalakte werden nur solche Unterlagen gesammelt, die zur Abwicklung des Arbeitsverhältnisses notwendig sind. Aufzeichnungen und Unterlagen über persönliche Verhältnisse des Arbeitnehmers werden nur insoweit zu den Personalakten genommen, wie sie der Betriebsvereinbarung über den zulässigen Inhalt des Personalfragebogens entsprechen.[23] Der Inhalt von Strafakten, Ehescheidungsakten und anderen Akten öffentlicher Körperschaften und Behörden wird nur dann zu den Personalakten genommen, wenn dies für die Beurteilung des Arbeitnehmers von Bedeutung ist.[24]

§ 3 Geheimhaltungspflicht 86

I. Der Inhalt der Personalakte ist vertraulich zu behandeln. Es ist sicherzustellen, dass Dritte keinen Einblick nehmen können. Die Weitergabe von Daten und Angaben aus der Personalakte ist nur zulässig zur Erfüllung gesetzlicher Pflichten, zur Wahrung berechtigter Interessen des Unternehmens oder wenn der Mitarbeiter mit der Weitergabe einverstanden ist.[25]

---

[21] Im Interesse des Persönlichkeits- und Geheimhaltungsschutzes streben die Gewerkschaften den Abschluss von Betriebsvereinbarungen über die Führung von Personalakten an. Sie sehen die Zuständigkeitsvorschrift in § 75 Abs. 2 BetrVG. Der Entwurf lehnt sich an die Muster-Vereinbarung der IG Chemie an. Vgl. die Gegenposition dazu in dem Muster der Arbeitsordnung (oben § 44 RN 8).
[22] Vgl. BAG, Urteil v. 17. 3. 1970 – 5 AZR 263/69 – AP BGB § 611 Fürsorgepflicht Nr. 78; BVerwG, Urteil v. 8. 11. 1957 – VII P 2/57 – BVerwGE 5, 344; BVerwG, Urteil v. 28. 3. 1958 – VI P 17/57 – AP PersVG § 66 Nr. 1.
[23] Vgl. § 1 und die Datenerfassung nach dem BDSG (oben § 48 RN 56). Vgl. auch BAG, Urteil v. 22. 10. 1986 – 5 AZR 660/85 – AP BDSG § 23 Nr. 2.
[24] Die Zulässigkeit der Aufnahme derartiger Unterlagen ist umstr. Vgl. ArbR-Hdb. § 148.
[25] Zum Schmerzensgeldanspruch: BAG, Urteil v. 18. 12. 1984 – 3 AZR 389/83 – AP BGB § 611 Persönlichkeitsrecht Nr. 8; BAG, Urteil v. 9. 7. 1987 – 2 AZR 574/86 – AP AFG § 117 Nr. 9; abso-

II. Die Weitergabe von Beruf, Namen und Anschrift der Mitarbeiter an Dritte ist nur im Rahmen der in Abs. I genannten Grenzen zulässig.[26]

87   § 4 Einsichtsrecht

I. Der Arbeitnehmer ist berechtigt, während der betriebsüblichen Bürostunden in alle Teile seiner Personalakte Einsicht zu nehmen. Er ist berechtigt, Abschriften und Notizen zu fertigen. Ein Anspruch auf Erteilung von Abschriften und Fotokopien besteht nicht/besteht gegen Erstattung der Kosten.

II. Vor der Einsichtnahme oder aus Anlass der Einsichtnahme dürfen an der Personalakte keine Veränderungen vorgenommen werden. Über Datum und Ort der Einsichtnahme ist ein Vermerk aufzunehmen und zu den Personalakten zu nehmen.

III. Der Betriebsrat kann in die Personalakte Einsicht nehmen, wenn

1. der Arbeitnehmer einverstanden ist;

2. dies zur Erfüllung seiner gesetzlichen Pflichten erforderlich ist.[27]

88   § 5 Erklärungen zur Personalakte

Erklärungen des Arbeitnehmers, die sich auf das Arbeitsverhältnis oder den Inhalt der Personalakten beziehen, sind zu den Personalakten zu nehmen.[28]

89   § 6 Löschung

I. Abmahnungen, Verwarnungen, Verweise, Betriebsbußen oder sonstige negative Äußerungen über einen Arbeitnehmer sind am Ende des zweiten Jahres nach ihrer Verbringung zu den Personalakten aus diesen zu entfernen.[29] Dies gilt nicht für Zeugnisse oder Zwischenzeugnisse, die dem Arbeitnehmer auf sein Verlangen erteilt worden sind.

II. Beziehen sich die in Abs. I genannten Äußerungen auf Verstöße gegen die Arbeitssicherheit, Vorschriften des Gesundheits- und Jugendschutzes, so beträgt die Frist vier Jahre.

III. Über die Entfernung von Unterlagen aus der Personalakte ist der Arbeitnehmer zu unterrichten.

---

lutes Recht und Verfallfrist: BAG, Urteil v. 15. 7. 1987 – 5 AZR 215/86 – AP BGB § 611 Persönlichkeitsrecht Nr. 14.

[26] Die IG Chemie befürchtet, dass Anschriftenlisten dazu missbraucht werden könnten, dass Arbeitnehmer unzulässigem Druck oder in Fällen des Arbeitskampfes arbeitgeberseitiger Propaganda durch Dritte ausgesetzt werden könnten.

[27] Ob der Betriebsrat ein eigenes Einsichtsrecht hat, ist umstr. Vgl. ArbR-Hdb. § 234 RN 14.

[28] Vgl. ArbR-Hdb. § 148; § 233 RN 19; § 234 RN. 14.

[29] Gelegentlich wird auch auf das BZRG verwiesen. Das Recht des Arbeitgebers, den Arbeitnehmer schriftlich abzumahnen und die Abmahnung zu den Personalakten zu nehmen, ist kein Anspruch im Sinne des § 70 BAT (BAG, Urteil v. 14. 12. 1994 – 5 AZR 137/94 – AP BGB § 611 Abmahnung Nr. 15). Der Arbeitnehmer kann die Entfernung eines auf einer wahren Sachverhaltsfeststellung beruhenden Schreibens aus der Personalakte verlangen, wenn es für die weitere Beurteilung des Arbeitnehmers überflüssig geworden ist und ihn in seiner beruflichen Entwicklungsmöglichkeit beeinträchtigen könnte (BAG, Urteil v. 13. 4. 1988 – 5 AZR 537/86 – AP BGB § 611 Fürsorgepflicht Nr. 100). Eine zu Unrecht erteilte Abmahnung muss in jedem Fall entfernt werden (BAG, Urteil v. 5. 8. 1992 – 5 AZR 531/91 – AP BGB § 611 Abmahnung Nr. 8). Nach Beendigung des Arbeitsverhältnisses besteht in der Regel kein Anspruch auf Entfernung der Abmahnung (BAG, Urteil v. 14. 9. 1994 – 5 AZR 632/93 – AP BGB § 611 Abmahnung Nr. 13). Der Anspruch auf Entfernung der Abmahnung unterliegt nicht der Verfallfrist nach § 70 BAT (BAG, Urteil v. 14. 12. 1994 – 5 AZR 137/94 – AP BGB § 611 Abmahnung Nr. 15).

§ 7 Aushändigung der Personalakte   90

Scheidet ein Arbeitnehmer aus den Diensten des Unternehmens, so sind ihm auf Verlangen die Unterlagen aus der Personalakte auszuhändigen, die nicht aufgrund gesetzlicher Vorschriften im Unternehmen verbleiben müssen.[30] Auf Verlangen sind dem Arbeitnehmer über die im Unternehmen verbleibenden Unterlagen Kopien zu übergeben.

§ 8 Inkrafttreten   91

Inkrafttreten und Kündigung der Betriebsvereinbarung.

VI. Betriebsvereinbarung über die Milderung sozialer Folgen bei Kündigung älterer Arbeitnehmer[31]

Die wirtschaftliche Lage des Unternehmens erfordert die Kündigung von Ar-   92
beitnehmern. Die Unternehmensleitung hat sich mit Zustimmung des Betriebsrates/der Betriebsräte entschlossen, ältere Arbeitnehmer zu kündigen. Zur Milderung sozialer Härten bei diesen Entlassungen wird nachfolgende Betriebsvereinbarung geschlossen.

§ 1 Geltungsbereich   93

Die Betriebsvereinbarung findet auf solche Arbeitnehmer Anwendung, die aus den in der Einleitung genannten Gründen gekündigt werden, die das 55. (.....) 59. Lebensjahr bei Ablauf der Kündigungsfrist vollendet, aber das 65. Lebensjahr noch nicht erreicht haben.

§ 2 Abfindung   94

I. Arbeitnehmer, denen aus betriebsbedingten, in der Einleitung genannten Gründen gekündigt wird, erhalten gem. §§ 9, 10 KSchG eine Abfindung in Höhe der Differenz zwischen dem Durchschnitt des Nettoeinkommens der letzten 6 Monate und dem Arbeitslosengeld bzw. dem vorgezogenen oder endgültigen Altersruhegeld. Die Abfindung wird längstens für die Dauer von ..... Monaten gezahlt.

II. Bei der Errechnung des Nettomonatsentgelts wird von der .....-Stunden-Woche ausgegangen. Zum Bruttoarbeitsentgelt zählen betriebsgebundene Zuschläge, bezogen auf die tarifliche Arbeitszeit, vermögenswirksame Leistungen, tarifliche Sozialzulagen. Unberücksichtigt bleiben Sonderzuschläge. Bei der Umrechnung in eine Nettovergütung bleiben persönliche Steuervergünstigungen außer Betracht.

Neben der Abfindung werden Arbeitgeberbeiträge zur befreienden Lebensversicherung sowie Jubiläums- und Treuegelder gezahlt sowie sonstige tarifliche Sonderzulagen.

§ 3 Tod des Arbeitnehmers   95

Stirbt ein Arbeitnehmer während der Zeit, in der er Abfindung erhält, so entfällt die Abfindung mit Ablauf des 3. Monats nach dem Todesfall.

---

[30] Die Gewerkschaft befürchtet sog. schwarze Listen über die Arbeitnehmer.
[31] Die Betriebsvereinbarungen über die Kündigung älterer Arbeitnehmer befinden sich in einem ständigen Wandel, weil sich die sozialversicherungsrechtlichen Rahmenbedingungen ständig ändern (vgl. § 22).

96 § 4 Ratenzahlung

I. Die Abfindungen werden in monatlichen Raten ausgezahlt.[32] Auf Verlangen des Arbeitnehmers kann der Betrag auf einmal ausgezahlt werden.

II. Die neben der Abfindung zu zahlenden Beträge werden zu demselben Zeitpunkt ausgezahlt, in dem auch die aktiven Arbeitnehmer sie erhalten.

97 § 5 Urlaub

Die ausscheidenden Arbeitnehmer erhalten im Ausscheidejahr noch den vollen Jahresurlaub. Kann der Urlaub aus betrieblichen Gründen nicht mehr innerhalb der Kündigungsfrist genommen werden oder reicht die Kündigungsfrist nicht aus, den Urlaub in Natur zu gewähren, so erfolgt seine Abgeltung.

98 § 6 Jubiläumszuwendungen

I. Ausscheidende Arbeitnehmer, die ohne Beendigung des Arbeitsverhältnisses vor Vollendung des 65. Lebensjahres noch ein Werksjubiläum hätten erreichen können, werden hinsichtlich des Jubiläums so gestellt, als ob sie sich noch im aktiven Arbeitsverhältnis befinden.

II. Berechnungsgrundlage für das zu zahlende Jubiläumsgeld ist das Durchschnittseinkommen der letzten 6 Monate vor Eintritt in den Ruhestand. Zeiten von Kurzarbeit bleiben unberücksichtigt.

99 § 7 Betriebliche Altersversorgung

I. Ausscheidende Arbeitnehmer erhalten die Leistungen der betrieblichen Altersversorgung, sofern im Zeitpunkt des Ausscheidens die allgemeinen Anspruchsvoraussetzungen erfüllt sind. Die Leistungen werden so berechnet, als ob der ausscheidende Arbeitnehmer das 63./65. Lebensjahr in den Diensten des Unternehmens erreicht hätte.

II. Die Zahlungen der Betriebsrente beginnen, wenn der Abfindungsanspruch erschöpft ist. War der ausscheidende Arbeitnehmer während des Bezugszeitraums der Abfindungen verstorben, so beginnt die Zahlung der Witwen- und Waisenrente mit Einstellung der Zahlung der Abfindungen. Der Rentenberechnung wird jedoch in Abweichung von Abs. I Satz 2 nicht das 63./65. Lebensjahr, sondern der Todestag zugrunde gelegt.

III. Im Übrigen gelten die Vorschriften der Leistungsordnung der betrieblichen Altersversorgung.

100 § 8 Ausgleich der Sozialversicherungsrente

I. Ausscheidende Arbeitnehmer erhalten zum Ausgleich der Rentenminderung in der gesetzlichen Rentenversicherung oder einer Befreiungsversicherung für jedes Versicherungsjahr bis zum 65. Lebensjahr einen Ausgleichsbetrag von monatlich 5,– €.

II. Hinterbliebene von Arbeitnehmern, die während des Bezugszeitraums sterben, erhalten für jedes Versicherungsjahr bis zum Ableben des Bezugsberechtigten einen Ausgleichsbetrag von 4,– €.

---

[32] Bei der Ratenzahlung ist auf das Steuerrecht Rücksicht zu nehmen.

III. Diese Regelung findet keine Anwendung auf solche Arbeitnehmer, deren Rentenminderung aus der gesetzlichen Altersversorgung oder einer Befreiungsversicherung durch die betriebliche Altersversorgung ausgeglichen wird.

§ 9 Werkswohnung 101

I. Ausgeschiedene Arbeitnehmer und ihre Hinterbliebenen haben Anspruch auf Weitergewährung der Werkswohnung bis zum 65. Lebensjahr. Alsdann werden sie den Ruheständlern des Unternehmens gleichgestellt.

II. Bei an ausscheidende Arbeitnehmer gewährten Arbeitgeberdarlehen wird fingiert, dass der Arbeitnehmer weiter in Diensten des Unternehmens steht.

§ 10 Arbeitsvermittlung 102

I. Der ausgeschiedene Arbeitnehmer muss sich dem Arbeitsamt zur Vermittlung zur Verfügung stellen.

II. Der ausgeschiedene Arbeitnehmer ist gehalten, spätestens 3 Monate vor Erschöpfung des Arbeitslosengeldes vorgezogenes Altersruhegeld zu beantragen. Die Personalabteilung wird den Arbeitnehmer hierbei unterstützen.

III. Werden im Zeitpunkt der Erschöpfung des Arbeitslosengeldes Ruhegelder noch nicht gezahlt, so wird das Unternehmen hierauf angemessene Vorschüsse leisten. Der Arbeitnehmer ermächtigt das Unternehmen zur Einziehung des Ruhegeldes in Höhe der gezahlten Vorschüsse.

§ 11 Härtefälle 103

I. Sollten sich trotz vorstehender Regelungen noch Härtefälle ergeben, so wird das Unternehmen diese zu mildern versuchen. Über die Vergabe von Mitteln entscheidet eine Kommission, die sich aus 3 Mitgliedern des Betriebsrats und 3 Mitgliedern des Unternehmens zusammensetzt.

II. Auf die Zahlung von Hilfe besteht kein Rechtsanspruch.

§ 12 Kündigungsschutzklage oder anderweitige Abfindung 104

Zahlungen aus dieser Betriebsvereinbarung erfolgen nicht, wenn auf die Kündigungsschutzklage des Arbeitnehmers das Arbeitsgericht rechtskräftig den Fortbestand des Arbeitsverhältnisses feststellt oder eine anderweitige Abfindung nach §§ 9, 10 KSchG festsetzt.[33]

VII. Betriebsvereinbarungen zur Frauenförderung

1. Betriebsvereinbarung über die Beschäftigung von Frauen und deren berufliche Wiedereingliederung

Betriebsvereinbarung der Behringwerke, die sich häufiger findet: NZA 1989, 210. **Weitere Muster:** BB 1991, 2154; ArbuR 1994, 407. Im öffentlichen Dienst bestehen i. d. R. Musterdienstvereinbarungen.

---

[33] Vgl. BAG, Urteil v. 20. 12. 1983 – 1 AZR 442/82 – AP BetrVG 1972 § 112 Nr. 17.

105 Die ..... AG/GmbH
und der Betriebsrat der ..... AG/GmbH
schließen die Betriebsvereinbarung ...../03 über die Beschäftigung von Frauen und deren berufliche Wiedereingliederung.

106 § 1 Grundsätze

Der Vorstand und der Betriebsrat wollen die Beschäftigung von Frauen und deren berufliche Wiedereingliederung nach der Familiengründung fördern. Sie halten die Teilzeitbeschäftigung als besonders geeignete Form, Beruf und Familie miteinander zu verbinden.

107 § 2 Teilzeitbeschäftigung nach Mutterschutz und Elternzeit

I. Mitarbeiterinnen, die nach Ablauf der Mutterschutzfrist oder des Elternzeit weiterarbeiten wollen, sollen den betrieblichen Vorgesetzten und die für sie zuständige Personalabteilung mindestens einen Monat vor dem Ende der Arbeitsaussetzung unterrichten. Sie sollen dabei angeben, ob sie in Vollzeit oder Teilzeit arbeiten wollen.

II. Ist die Rückkehr der Mitarbeiterin an den alten Arbeitsplatz nicht möglich, so wird der Mitarbeiterin ein Vollzeitarbeitsplatz an anderer Stelle im gleichen Betrieb oder die Versetzung in andere Betriebe oder Abteilungen angeboten. Will die Mitarbeiterin eine Teilzeitarbeitsstelle, so wird geprüft, ob der bisherige Arbeitsplatz in einen Teilzeitarbeitsplatz umgewandelt werden kann. Ist dies aus betrieblichen Gründen nicht möglich, so wird der Mitarbeiterin an anderer Stelle ein Teilzeitarbeitsplatz angeboten.[34]

III. Mitarbeiterinnen, die wegen der Gründung einer Familie ausgeschieden sind, haben bei einer Besetzung von Teilzeitarbeitsplätzen den Vorrang vor anderen Bewerbern.

108 § 3 Wiedereingliederung von ausgeschiedenen Mitarbeiterinnen

I. Mitarbeiterinnen, die wegen der Geburt ihres Kindes nach Ablauf der gesetzlichen Schutzfristen oder der gesetzlichen Elternzeit ausgeschieden sind, werden vorrangig wieder eingestellt. Sie erhalten einen Anspruch auf Wiedereinstellung, wenn die Mitarbeiterin dies bis zum Ablauf von drei Jahren nach der Niederkunft verlangt. Sie werden vorrangig wieder eingestellt, wenn die Mitarbeiterin dies bis zum Ablauf von sieben Jahren nach der Niederkunft verlangt. Das Verlangen ist spätestens sechs Monate vor Ablauf der Fristen geltend zu machen. Wird ein vereinbarter Wiedereinstellungstermin von der Mitarbeiterin nicht eingehalten, so erlischt die Zusage.

II. Die Wiedereinstellung erfolgt auf dem früheren Arbeitsplatz oder einem vergleichbaren Arbeitsplatz. Auf Antrag wird das Unternehmen prüfen, ob die Wiedereinstellung der Mitarbeiterin in Teilzeitarbeit erfolgen kann.

III. Das Unternehmen geht davon aus, dass sich die Mitarbeiterin bemüht, während der Kindererziehung ihre Berufskenntnisse zu erhalten. Ihr werden auf Wunsch Aushilfs- und Urlaubsvertretungen angeboten. Die jeweilige Einstellung kann befristet erfolgen. Verlangt die Mitarbeiterin ihre Wiedereinstellung, können die spä-

---

[34] Beachte § 8 TzBfG.

teren betrieblichen Vorgesetzten der Mitarbeiterin vorab Weiterbildungsmaßnahmen anbieten.

IV. Hängt der Erwerb von Ansprüchen von bestimmten Dienstzeiten ab, so werden einer Mitarbeiterin, die wegen der Erziehung ihres Kindes ausgeschieden ist, frühere Dienstzeiten angerechnet. Dies gilt nicht für die Fristen nach § 1 BetrAVG.

§ 4 Einrichtung von Teilzeitarbeitsplätzen 109

I. Teilzeitarbeitsplätze werden dort eingerichtet, wo die betrieblichen Belange es erlauben und die Mitarbeiterinnen und Mitarbeiter es verlangen. Ist aus betrieblichen Gründen die Einführung von Teilzeitarbeit nicht möglich, so wird an anderer Stelle des Betriebes ein Teilzeitarbeitsplatz angeboten.

II. Kann aus betrieblichen Gründen ein Teilzeitarbeitsplatz nicht beibehalten werden, so muss zur vollen Arbeitszeit zurückgekehrt werden, wenn kein anderer Teilzeitarbeitsplatz zur Verfügung steht.

§ 5 Inhalt der Teilzeitarbeitsverhältnisse 110

I. Teilzeitbeschäftigte Arbeitnehmer werden wegen der Teilzeitarbeit gegenüber vollzeitbeschäftigten Arbeitnehmern nicht unterschiedlich behandelt, es sei denn, dass sachliche Gründe eine unterschiedliche Behandlung rechtfertigen. Teilen sich zwei oder mehrere Arbeitnehmer den gleichen Arbeitsplatz, so sind sie verpflichtet, sich umfassend über die Arbeitsabläufe und die anstehenden Arbeiten zu unterrichten.

II. Die Dauer der wöchentlichen Arbeitszeit wird im Arbeitsvertrag vereinbart. Die Dauer der wöchentlichen Arbeitszeit im Jahresdurchschnitt soll die Hälfte der tariflichen regelmäßigen Arbeitszeit nicht überschreiten und 18 Stunden nicht unterschreiten.[35] Die Lage der Arbeitszeit wird unter Wahrung der Mitbestimmungsrechte des Betriebsrats festgesetzt. Über- und Mehrarbeitsstunden werden erst nach Überschreiten der tariflichen Vollarbeitszeit mit einem Zuschlag vergütet.

III. Die Lage der Teilzeitarbeit kann so bestimmt werden, dass an allen Arbeitstagen verkürzt gearbeitet wird, nur an einigen Tagen in der Woche gearbeitet wird oder Wochen mit und ohne Arbeitsleistung abwechseln.

IV. Betriebliche Sonderzuwendungen wie Gratifikationen, Urlaubsgelder, vermögenswirksame Leistungen werden im Verhältnis der Teilzeit- zur Vollzeitarbeit gekürzt. Werden betriebliche Sonderzuwendungen wie Ruhegelder und Jubiläumszuwendungen für einen längeren Zeitraum bezahlt, so werden die Leistungen aus dem Verdienst der letzten 12 Monate errechnet. Alsdann wird festgestellt, wie hoch die Leistungen wären, wenn Vollzeitarbeit geleistet worden wäre. Die Zuwendung wird entsprechend der während der anrechnungsfähigen Dienstzeit zurückgelegten Voll- und Teilzeitbeschäftigungen festgesetzt. Die Einzelheiten werden im Rahmen der Vereinbarung über die jeweilige Zuwendung festgelegt.

§ 6 Inkrafttreten 111

---

[35] Die sozialversicherungsrechtliche Absicherung soll gewährleistet sein.

Schaub

2. Betriebsvereinbarung über die gezielte Förderung von Frauen

112 Zwischen der ..... AG/GmbH

und

ihrem Gesamtbetriebsrat

wird eine Betriebsvereinbarung zur Förderung der beruflichen Gleichstellung der Frau geschlossen.

Abschnitt I. Beschäftigungsstruktur

113 § 1 Statistische Feststellungen

I. Das Unternehmen wird jährlich Übersichten erstellen,[36]

1. in welchem Verhältnis Männer und Frauen in den einzelnen Abteilungen beschäftigt werden,
2. in welchen Lohn- und Gehaltsgruppen Männer und Frauen eingereiht sind,
3. in welchem Verhältnis Männer und Frauen in Qualifikationsstufen/Verantwortungsstufen beschäftigt sind.

II. Das Unternehmen stellt fest, an welchen Arbeitsplätzen Frauen aus Gründen des Arbeitsschutzes beschäftigt werden dürfen.

III. Das Unternehmen wird dem Betriebsrat/Gesamtbetriebsrat die statistischen Erhebungen in Abschrift überlassen.

114 § 2 Frauenförderplan

Unternehmen und Betriebsrat werden für Abteilungen, die zur Frauenarbeit geeignet sind/in denen Frauenarbeit zulässig ist, Frauenförderpläne aufstellen. Ziel dieser Frauenförderpläne ist eine gleichgewichtige Besetzung der Arbeitsplätze durch Männer und Frauen auf allen Verantwortungsstufen zu erreichen.[37]

Abschnitt II. Ausschreibung von Arbeitsplätzen und Auswahlrichtlinien

115 § 3 Geschlechtsneutrale Ausschreibung

Die Ausschreibung von Arbeitsplätzen erfolgt geschlechtsneutral. Hiervon wird nur dann abgesehen, wenn der Arbeitsplatz aus arbeitsschutzrechtlichen Gründen nicht mit einer Frau besetzt werden kann.[38]

116 § 4 Frauenvorrang

I. Bewerben sich Männer und Frauen um eine ausgeschriebene Stelle, so hat bei gleicher Qualifikation eine betriebsangehörige Bewerberin den Vorrang vor einem männlichen Bewerber, der bislang nicht dem Betrieb angehörte.[39]

---

[36] Die Regelung wird nach §§ 75, 80 BetrVG erzwingbar sein.

[37] Die Regelung ist nicht erzwingbar.

[38] Die Vorschrift geht nur geringfügig über § 93 BetrVG, § 611 b BGB hinaus.

[39] Ob ein absoluter Vorrang von Frauen begründet werden kann, erscheint zweifelhaft. Es liegt aber keine Geschlechtsdiskriminierung vor, weil nur ein Vorrang der Betriebszugehörigkeit begründet wird.

II. Bewerben sich bislang nicht dem Unternehmen angehörende Männer und Frauen um eine ausgeschriebene Stelle, so genießt bei gleicher Qualifikation die Bewerberin den Vorrang, soweit nicht überwiegende Gründe für die Auswahl des männlichen Bewerbers sprechen.[40]

Abschnitt III. Betriebliche Weiterbildung

§ 5 Förderung der Weiterbildung 117

Unternehmen und Betriebsrat werden die Weiterbildung von Frauen fördern, um sie in den Stand zu versetzen, eine qualifizierte berufliche Tätigkeit zu erlangen.[41]

§ 6 Betriebliche Bildungsmaßnahmen 118

Werden betriebliche Maßnahmen der Berufsbildung durchgeführt oder stellt das Unternehmen Arbeitnehmer für außerbetriebliche Maßnahmen der Berufsbildung frei oder trägt es die durch die Teilnahme an solchen Maßnahmen entstehenden Kosten, so werden zu derartigen Maßnahmen vorrangig Frauen entsandt, bis ein angemessenes Verhältnis von Männern und Frauen in Qualifikationsstufen besteht.[42]

Abschnitt IV. Wiedereingliederung von Frauen

(vgl. oben RN 107ff.) 119

VIII. Betriebsvereinbarung über außerbetriebliche Arbeitsstätten (Telearbeit)[43, 44]

§ 1 Geltungsbereich 120

I. Die Betriebsvereinbarung gilt persönlich für alle Arbeitnehmer des Unternehmens.

II. Die Betriebsvereinbarung gilt räumlich nur für solche Arbeitnehmer, die ihre Arbeit in außerbetrieblichen Arbeitsstätten verrichten. Eine außerbetriebliche Ar-

---

[40] Auswahlrichtlinien unterliegen im Rahmen von § 95 BetrVG der Mitbestimmung. Nach der Rechtsprechung des EuGH kann kein absoluter Frauenvorrang geschaffen werden (EuGH, Urteil v. 17. 10. 1995 – Rs. C 450/93 (Kalanke) – AP EWG-Richtlinie Nr. 76/207 Nr. 6. Es kann aber ein Frauenvorrang geschaffen werden, bei dem überwiegende Gründe, die für den Mann sprechen, berücksichtigt werden (EuGH, Urteil v. 11. 11. 1997 – Rs. C 409/95 (Marschall – AP EWG-Richtlinie Nr. 76/207 Nr. 14; EuGH, Urteil v. 28. 3. 2000 – Rs. C 158/97 (Badeck u. a.) – AP EWG-Richtlinie Nr. 76/207 Nr. 20; EuGH, Urteil v. 6. 7. 2000 – Rs. C 407/98 (Abrahamson) – AP EWG-Richtlinie Nr. 76/207 Nr. 22; EuGH, Urteil v. 7. 12. 2000 – Rs. C 79/99 (Schnorbus) – AP EWG-Richtlinie Nr. 76/207 Nr. 24).

[41] Vgl. § 96 BetrVG. Es besteht kein Mitbestimmungsrecht.

[42] Vgl. § 98 Abs. 3 BetrVG.

[43] Außerbetriebliche Arbeitsstätten können im Interesse des Arbeitnehmers wie des Arbeitgebers liegen. Der Arbeitnehmer erspart den Arbeitsweg, kann besser Familie und Arbeit koordinieren. Sie liegen aber vielfach auch im Interesse des Arbeitgebers. Im Rahmen moderner Informationstechnologie werden diese Arbeitsplätze zunehmen. Bekannt geworden ist nur eine Betriebsvereinbarung bei der IBM; vgl. AiB 1992, 133; *Koch,* Der betriebliche Datenschutzbeauftragte, 5. Aufl., 2003, S. 216.

[44] Vgl. ArbR-Hdb § 53.

beitsstätte ist dann gegeben, wenn der Mitarbeiter zu Hause arbeitet oder in einem Raum, der ihm von Dritten zur Verfügung gestellt worden ist.

121 § 2 Einrichtung

I. Außerbetriebliche Arbeitsstätten können auf Antrag des Mitarbeiters wie des Vorgesetzten eingerichtet werden. Auf die Einrichtung besteht für den Mitarbeiter kein Rechtsanspruch. Voraussetzung der Einrichtung sind die Wirtschaftlichkeit und die betriebsorganisatorische Zweckmäßigkeit. Der Betriebsablauf darf nicht gestört werden. Bei der Entscheidung werden soziale Gründe des Mitarbeiters berücksichtigt wie Kinder oder Pflegefall, Behinderung oder ähnliche Gründe.

II. Vereinbarung einer außerbetrieblichen Arbeitsstelle und Beteiligungsrechte des Betriebsrats . . . . .

III. Der Telearbeitsplatz muss sich in der Wohnung oder einem Büro des Mitarbeiters befinden und den gesicherten arbeitswissenschaftlichen Erkenntnissen über die Gestaltung von Arbeitsplätzen entsprechen. Garagen und Kellerräume genügen diesen Anforderungen nicht.

122 § 3 Status des Mitarbeiters

I. Der Status des Mitarbeiters erfährt durch die Vereinbarung einer außerbetrieblichen Arbeitstelle keine Veränderung. Dies gilt für alle Ansprüche aus dem Arbeitsverhältnis.

II. Betriebliche Sozialleistungen, die nur im Betrieb entgegengenommen werden können, werden durch eine Pauschale abgegolten.

123 § 4 Arbeitszeit

I. Die Verteilung der Arbeitszeit auf betriebliche Arbeitszeit und außerbetriebliche Arbeitszeit erfolgt durch Vereinbarung zwischen Arbeitgeber und Mitarbeiter.

II. Die betriebliche Arbeitszeit wird nach den im Betrieb geltenden Regelungen erfasst.

III. Die außerbetriebliche Arbeitszeit wird in einem Arbeitstagebuch erfasst. Das Arbeitstagebuch ist wöchentlich von dem betrieblichen Vorgesetzten gegenzuzeichnen.

IV. Mehrarbeit wird nur vergütet, wenn sie im Voraus von dem betrieblichen Vorgesetzten angeordnet worden ist. Eine nachträgliche Genehmigung ist ausgeschlossen, da davon auszugehen ist, dass eine selbst bestimmte Verteilung der Arbeitszeit vorgenommen worden ist.

124 § 5 Fahrtzeit

I. Fahrtzeiten zwischen betrieblicher und außerbetrieblicher Arbeitsstätte gelten als nicht betriebsbedingt und finden weder bei der Arbeitszeitberechnung noch der Vergütungsberechnung Berücksichtigung.

II. Eine Vergütung findet dann statt, wenn die Mehrkosten veranlasst sind, die nicht auf der Einrichtung außerbetrieblicher Arbeitsstätten beruhen.

§ 6 Arbeitsmittel[45]   125

I. Die notwendigen Arbeitsmittel für die außerbetriebliche Arbeitsstätte werden für die Zeit des Bestehens dieser Arbeitsstätte vom Unternehmen kostenlos zur Verfügung gestellt.

II. Werden Arbeitsmittel von dem/der Mitarbeiter(in) gestellt, so wird der Aufwand gegen Nachweis erstattet.

§ 7 Aufwandserstattung   126

I. Dem Mitarbeiter werden die durch die Einrichtung der außerbetrieblichen Arbeitsstätte bedingten Mehraufwendungen erstattet.

II. Für die Bereitstellung der Räume des Arbeitnehmers sowie der notwendigen Energie werden monatlich ..... pauschal steuerfrei vergütet.[46]

III. Die Gebühren für sämtliche Dienstgespräche, die von der außerbetrieblichen Arbeitsstätte geführt werden, sind gegen Nachweis zu erstatten. Sollte ein Zweitanschluss zweckmäßiger sein, so werden die einmaligen und laufenden Gebühren des Zweitanschlusses erstattet. Der Mitarbeiter hat über die Dienstgespräche Tagebuch unter Angabe von Gesprächsteilnehmer, Dauer des Gespräches und Zweck zu führen.

§ 8 Daten- und Informationsschutz[47]   127

I. Der Mitarbeiter ist verpflichtet, auf den Daten- und Informationsschutz zu achten.

II. Er kann schadensersatzpflichtig werden, wenn er die Daten des Unternehmens und seiner Kunden nicht hinreichend gegen die Einsichtnahme von Familienangehörigen und Dritten schützt.

III. Reduzierung der Haftung auf Vorsatz oder grobe Fahrlässigkeit.

§ 9 Kontakt zum Betrieb   128

I. Aufgabe der Vorgesetzten ist es, dass der Kontakt zwischen Betrieb und seinen Mitarbeitern erhalten bleibt. Allen außerbetrieblichen Mitarbeitern werden die im Betrieb verteilten Informationsmittel zur Verfügung gestellt.

II. Die außerbetrieblichen Mitarbeiter können betriebliche Besprechungen anregen. Sie sind aber auch verpflichtet, diesen betrieblichen Besprechungen zur Verfügung zu stehen.

§ 10 Zutritt zur außerbetrieblichen Arbeitsstelle   129

Betriebsbeauftragte haben nur mit Zustimmung des Mitarbeiters Zutritt zur außerbetrieblichen Arbeitsstelle.[48]

§ 11 Versicherung[49]   130

---

[45] Arbeitsvertraglich bedarf es der Regelung von z. B. Elektroanschlüssen.
[46] Die Pauschale wird nach den LStR vergütet. Hierin kann eine durch die Steuerpraxis bedingte Benachteiligung des Mitarbeiters liegen.
[47] Das Risiko ist für beide Beteiligte gleich groß.
[48] Dies lässt sich aus verfassungsrechtlichen Gründen kaum ausdehnen.
[49] Es bedarf der Überprüfung des Versicherungsschutzes gegen Arbeitsunfälle.

Schaub

IX. Betriebsvereinbarung gegen Ausländerdiskriminierung

131 Zwischen der X-AG

und

dem Betriebsrat der X-AG[50]

wird eine Betriebsvereinbarung zur Herstellung der Chancengleichheit deutscher und ausländischer Arbeitnehmer geschlossen.

132 Vorwort

Unternehmensleitung und Betriebsrat stimmen darin überein, dass das Zusammenleben zwischen deutschen und ausländischen Arbeitnehmern verbessert werden muss. Sie wollen damit die Gleichbehandlung von deutschen und ausländischen Arbeitnehmern gewährleisten.

– Nach Art. 3 GG darf kein Belegschaftsmitglied wegen seines Geschlechtes, seiner Abstammung, seiner Rasse, seiner Sprache, seiner Heimat, seiner Herkunft, seines Glaubens, seiner religiösen oder politischen Anschauungen benachteiligt oder bevorzugt werden. Niemand darf auch wegen seiner Behinderung benachteiligt werden.

– Nach Art. 141 EG muss der Lohngleichheitssatz beachtet werden.

– Nach § 75 BetrVG sind alle Belegschaftsmitglieder nach Recht und Billigkeit zu behandeln.

– Nach § 80 Abs. 1 Nr. 7 BetrVG ist die Eingliederung ausländischer Arbeitnehmer im Betrieb und das Verständnis zwischen ihnen und den deutschen Arbeitnehmern zu fördern.

133 § 1 Geltungsbereich

Die Betriebsvereinbarung gilt räumlich für . . . . .

134 § 2 Betrieblicher Gleichbehandlungsgrundsatz in personellen Maßnahmen

Alle Belegschaftsmitglieder haben bei allen personellen Einzelmaßnahmen die gleichen Rechte. Hierzu gehört insbesondere:

1. Bei inner- und außerbetrieblichen Stellenausschreibungen wird sichergestellt, dass diese auch von ausländischen Arbeitnehmern gelesen werden können.

2. Bei der Auswahl und der Eingruppierung werden die nicht in Deutschland erworbenen Qualifikationen und Zeugnisse angemessen berücksichtigt.

3. Die personellen Führungskräfte werden bei allen personellen Einzelmaßnahmen die Gleichbehandlung der Belegschaftsmitglieder nach einheitlichen Merkmalen beachten.

135 § 3 Berufsbildung

I. Die Gleichbehandlung und die berufliche Integration wird schon bei der Ausbildung beachtet. Die Einstellung von Bewerberinnen und Bewerbern für die Einstellung in Berufsausbildungsplätze erfolgt nach einheitlichen Merkmalen ohne Rücksicht auf Quoten. Maßgebend ist das Gesamtbild aus Eignungstest, persön-

---

[50] U. U. ist der Gesamtbetriebsrat zuständig.

lichem Eindruck im Vorstellungsgespräch und Feststellung der gesundheitlichen Eignung.

II. Die betrieblichen Ausbildungspläne sind für alle Auszubildenden des jeweiligen Ausbildungsberufes gleich. In besonderen Fällen, insbesondere bei Behinderungen werden ausbildungsbegleitende Maßnahmen angeboten.

III. Die Weiterbildungsmaßnahmen des Unternehmens stehen allen Mitarbeitern in gleicher Weise zu. Dasselbe gilt für sonstige Personalentwicklungsmaßnahmen.

IV. Zur Förderung der Integration werden interkulturelle Qualifizierungsmaßnahmen und Sprachkurse angeboten.

§ 4 Soziale Angelegenheiten 136

I. Sofern das Unternehmen freiwillige Sozialleistungen erbringt, haben deutsche und ausländische Arbeitnehmer unter denselben Voraussetzungen Anspruch.

II. Bei der Wohnungsvergabe werden deutsche und ausländische Arbeitnehmer in gleicher Weise berücksichtigt. Dabei werden sowohl die individuelle Nachfrage als auch die Begleitsituation berücksichtigt mit dem Ziel, dauerhafte Hausgemeinschaften zu gewährleisten. Den Wünschen nach gemeinsamen Wohneinheiten wird Rechnung getragen.

§ 5 Verstöße 137

I. Die Vertragschließenden werden auf die Belegschaft und Dritte einwirken, um Verstöße gegen die Grundsätze der Betriebsvereinbarung zu verhindern oder zu beseitigen.

II. Beschwerden wegen der Verletzung der Betriebsvereinbarung sind an den Arbeitgeber zu richten. Der Betriebsrat bietet allen Diskriminierten Beratung und Unterstützung an.

III. Bei Verstößen gegen die Vorschriften dieser Betriebsvereinbarung werden die vertragschließenden Parteien im Rahmen ihrer Zuständigkeit die notwendigen Maßnahmen ergreifen.

IV. Der Betriebsrat wird einen Beauftragten für Diskriminierungsfragen bestellen.

oder

IV. Unternehmen und Betriebsrat werden einen Ausschuss zur Verhinderung von Diskriminierungen errichten. Umschreiben der Aufgaben des Ausschusses.

§ 56. Wirtschaftliche Mitwirkung und Mitbestimmung[1]

Roeder/Baeck, Interessenausgleich und Sozialplan, 3. Aufl., 2000.

I. Betriebsvereinbarung zur Regelung der Beteiligungsrechte bei Betriebsänderungen (§§ 90, 111 BetrVG)[2]

1. Allgemeine Regelung

1 Zwischen der Firma .....

und

dem Betriebsrat .....

wird nachfolgende Betriebsvereinbarung ..... geschlossen.

Abschnitt I. Beteiligung des Betriebsrats

2 § 1 Unterrichtung

I. Die Unternehmensleitung wird den Betriebsrat über alle Untersuchungen, die zu Betriebsänderungen i. S. von §§ 90, 111 BetrVG führen können, unterrichten, unabhängig davon, ob sie von betriebseigenen oder betriebsfremden Betriebsberatern durchgeführt werden.

II. Die Unternehmensleitung wird den Betriebsrat vor Beginn der Untersuchung schriftlich unterrichten über

1. die zu untersuchenden oder betroffenen Abteilungen;
2. die Art der Untersuchung und die dabei verwandten Methoden, Verfahren und Leistungskataloge;
3. die Dauer der Untersuchungen und Maßnahmen;
4. das Ziel der Untersuchungen und Maßnahmen;
5. Funktion und Zusammensetzung der die Untersuchung/Maßnahmen durchführenden Gruppen oder Ausschüsse.

III. Der Betriebsrat ist berechtigt, an allen Untersuchungen teilzunehmen. Er kann bei Bedarf Sachverständige hinzuziehen. Die Beteiligungsrechte werden nach näherer Bestimmung durch den Betriebsrat, durch Mitglieder seiner Ausschüsse/den Wirtschaftsausschuss ausgeübt.

3 § 2 Repräsentative Arbeitsplätze

I. Arbeitsplatz- oder Arbeitsablaufuntersuchungen werden unter Bedingungen durchgeführt, die als repräsentativ für Tätigkeiten und Arbeitsablauf in den zu untersuchenden Abteilungen gelten. Die Datenermittlung hat am Ort der Verwendung der Daten zu erfolgen.

---

[1] Vgl. hierzu § 24 RN 7; die folgenden Muster können auch einem Beschluss der Einigungsstelle zugrunde gelegt werden.
[2] Vgl. auch ab RN 11.

II. Die Ergebnisse der Untersuchungen müssen nachprüfbar sein. Es werden Aufzeichnungen über die ermittelten Daten, Zwischen- und Endergebnisse geführt.

§ 3 Unterrichtung über Zwischenergebnisse 4

I. Der Betriebsrat bzw. der von ihm benannte Ausschuss/Wirtschaftsausschuss wird über den Hergang der Untersuchungen und die erarbeiteten Zwischen- und Endergebnisse unter Aushändigung aller Unterlagen unterrichtet.

II. Der Betriebsrat wird über die der Unternehmensleitung vorgeschlagenen und von ihr weiterbearbeiteten Maßnahmen rechtzeitig schriftlich unterrichtet.

§ 4 Beratung 5

Unternehmensleitung und der vom Betriebsrat benannte Ausschuss werden die geplanten Betriebsänderungen i.S. von §§ 90, 111 BetrVG beraten. Die Beratungsergebnisse werden dem Betriebsrat vorgelegt.[3]

Abschnitt II. Information der Belegschaft

§ 5 Unterrichtung der Mitarbeiter 6

I. Die von den Untersuchungen betroffene Belegschaft wird vor deren Aufnahme, während ihrer Durchführung und vor der Einleitung von Maßnahmen umfassend durch Beauftragte der Unternehmensleitung unterrichtet. Die Unterrichtung bezieht sich auf Art, Umfang, Methode und Zielsetzung. Der Betriebsrat ist zwei Wochen vor der Information zu unterrichten. Er kann daran teilnehmen.

II. Der Betriebsrat ist berechtigt, weitere Informationsversammlungen abzuhalten.

Abschnitt III. Inkrafttreten

§ 6 Inkrafttreten 7

Die Betriebsvereinbarung tritt am ..... in Kraft. Sie kann mit einer Frist von drei Monaten, erstmals zum ..... gekündigt werden. Sie gilt bis zum Abschluss einer anderweitigen Vereinbarung weiter.

2. Unterrichtung des Wirtschaftsausschusses

Zwischen der X-AG 8
und
dem Betriebsrat der X-AG
wird eine Betriebsvereinbarung Nr....../03 über die Unterrichtung des Wirtschaftsausschusses geschlossen:

§ 1 Unterrichtungspflicht 9

I. Die Geschäftsleitung der X-AG wird den Wirtschaftsausschuss rechtzeitig und umfassend über die wirtschaftlichen Angelegenheiten des Unternehmens unterrichten, soweit dadurch nicht die Betriebs- und Geschäftsgeheimnisse des Unter-

---

[3] Der Betriebsrat wird versuchen, die Durchführung der Maßnahmen von seiner Zustimmung abhängig zu machen bzw. ein verbindliches Einigungsstellenverfahren zu erreichen.

nehmens gefährdet sind. Sie wird bei der Unterrichtung die erforderlichen Unterlagen zur Verfügung stellen.

II. Zu den wirtschaftlichen Angelegenheiten gehören insbesondere[4]

1. . . . . .

2. . . . . .

10 **§ 2 Verfahrensregelungen**

II. Interessenausgleich[5]

Muster: AiB 1995, 231.

1. Interessenausgleich mit Muster zur personellen Mitwirkung

11 Die Firma . . . . .

und

der Betriebsrat des Betriebes . . . . .

vereinbaren folgenden Interessenausgleich.[6]

12 **§ 1 Stilllegung**

Der Betrieb . . . . . wird zum . . . . . stillgelegt.

13 **§ 2 Beendigung der Arbeitsverhältnisse**

Die Arbeitsverträge der von der Stilllegung betroffenen Arbeitnehmer werden einvernehmlich abgeändert, aufgelöst oder von der Firma gekündigt. Der Personalreduzierung werden die in der Anlage beigefügten Pläne zugrunde gelegt.

14 **§ 3 Anhörung des Betriebsrats**

Der Betriebsrat wird den zur Stilllegung erforderlichen Einzelmaßnahmen zustimmen.[7]

oder

Bei den erforderlich werdenden Versetzungen, Änderungskündigungen oder Beendigungskündigungen sind die Mitwirkungsrechte des Betriebsrats gemäß §§ 95, 99, 102 BetrVG zu beachten. Es besteht Einigkeit, dass bei der Erstellung der Namenslisten der Betriebsrat hinreichend nach § 102 BetrVG informiert worden ist.

oder

Der Betriebsrat hat in seiner Sitzung vom . . . . . der Kündigung der in der Anlage aufgeführten Mitarbeiter zugestimmt.

---

[4] Vgl. den Katalog in § 106 BetrVG, der gelegentlich näher auszugestalten versucht wird.

[5] Vielfach werden Interessenausgleich und Sozialplan in einer Betriebsvereinbarung zusammengefasst. Vgl. ArbR-Hdb. § 244 Interessenausgleich und Sozialplan.

[6] Der Interessenausgleich ist auf ein Unternehmen mit mehreren Betrieben zugeschnitten.

[7] Bei dieser Formulierung muss noch ein Anhörungsverfahren wegen der Kündigung der einzelnen Mitarbeiter durchgeführt werden. Vielfach empfiehlt es sich, auch in den Interessenausgleich die Verpflichtung des Betriebsrats aufzunehmen, auch gegenüber dem Integrationsamt die Zustimmung zur Kündigung von schwerbehinderten Menschen zu erklären.

Schaub

§ 4 Weiterführung der Berufsausbildungsverhältnisse 15

Das Unternehmen verpflichtet sich, die im Betrieb ..... bestehenden Ausbildungsverhältnisse in dem Betrieb ..... zu Ende zu führen.

oder

Das Unternehmen verpflichtet sich, im Einvernehmen mit der IHK/Handwerkskammer und den gesetzlichen Vertretern der Auszubildenden sich um die Übernahme der Ausbildung durch geeignete Betriebe zu bemühen.

§ 5 Vergütungsgarantie 16

Das Unternehmen verpflichtet sich, Arbeitnehmern, die durch die beabsichtigte Stilllegung und ihrer Entlassung auf einen anderen Arbeitsplatz versetzt werden müssen, bis zur Entlassung die bisherige Vergütung weiterzuzahlen.

§ 6 Stilllegungsarbeiten 17

Das Unternehmen verpflichtet sich, einen Teil der Arbeitnehmer, die im Zeitpunkt der Stilllegung noch keinen anderen Arbeitsplatz gefunden haben, nach dem ..... bis zur Dauer von ..... Monaten befristet mit ..... Stilllegungsarbeiten weiter zu beschäftigen.

§ 7 Hinzuziehung von Sachverständigen[8] 18

Die Hinzuziehung eines Sachverständigen durch den Betriebsrat setzt voraus, dass dem Betriebsrat die erforderlichen Kenntnisse fehlen und der Betriebsrat sie nicht kostengünstiger beschaffen kann. Dem Sachverständigen obliegt allein die Schließung von Wissenslücken, nicht aber die Verhandlung von Interessenausgleich und Sozialplan.[9] Die Kosten des Sachverständigen trägt der Arbeitgeber, wenn sie erforderlich und verhältnismäßig sind.[10]

Der Betriebsrat   Die Firma

2. Interessenausgleich zur Stilllegung eines Zweigbetriebes

Zwischen der Unternehmensleitung der Firma 19

und

dem Betriebsrat der Firma .....

wird wegen der beabsichtigten Stilllegung des Zweigbetriebes ..... gemäß §§ 111, 112 BetrVG folgender Interessenausgleich vereinbart.

1. Der Betriebsrat nimmt zur Kenntnis,[11] dass der Zweigbetrieb in ..... mit dem ..... stillgelegt wird.

---

[8] Gelegentlich wird empfohlen, die Hinzuziehung von Sachverständigen zu regeln. Sachverständige sind regelmäßig nur bei der Beurteilung der wirtschaftlichen Verhältnisse notwendig, dagegen selten bei den Verhandlungen. Das kann nur anders bei Transfersozialplänen wegen der Bundesagentur für Arbeit sein.

[9] BAG, Beschluss v. 26. 2. 1992 – 7 ABR 51/90 – AP BetrVG 1972 § 80 Nr. 48; BAG, Beschluss v. 13. 5. 1998 – 7 ABR 65/96 – AP BetrVG 1972 § 80 Nr. 55.

[10] BAG, Beschluss v. 13. 11. 1991 – 7 ABR 70/90 – AP BetrVG 1972 § 76 a Nr. 1.

[11] Stimmt der Betriebsrat dem Interessenausgleich nicht zu, wird i. d. R. formuliert, dass er die Stilllegung zur Kenntnis nimmt. Der Betriebsrat kann die Stilllegung rechtlich nicht verhindern, da er für den Interessenausgleich kein erzwingbares Mitbestimmungsrecht hat.

2. Allen Mitarbeitern des Zweigbetriebes in ..... wird ein gleichwertiger Arbeitsplatz im Betrieb ..... angeboten.
Die vom Interessenausgleich betroffenen Mitarbeiter werden nach Name, Vorname, Geburtsdatum, Anschrift und Eintrittsdatum in anliegende Liste aufgenommen.

3. Allen Mitarbeitern, die vom Interessenausgleich betroffen werden, wird unter Wahrung der gesetzlichen und tariflichen Kündigungsfrist eine Änderungskündigung ausgesprochen und ein Arbeitsvertrag zu abgeänderten Bedingungen angeboten.

4. Vor Ausspruch einer jeden Kündigung werden die Mitwirkungsrechte des Betriebsrats gewahrt.

5. Der Interessenausgleich tritt außer Kraft, wenn das Arbeitsverhältnis mit dem letzten Mitarbeiter der Zweigniederlassung beendet ist oder er in den Betrieb ..... übernommen worden ist.

....., den .....

Unternehmensleitung   Betriebsrat

....

3. Interessenausgleich mit Auswahlrichtlinie[12]

20   ### § 1 Stilllegung einer Betriebsabteilung

I. Arbeitgeber und Betriebsrat sind sich darüber einig, dass die Betriebsabteilung ..... der Firma ..... stillgelegt wird.
Die Stilllegung erfolgt mit dem .....

II. Alle Mitarbeiter einschließlich der Betriebsratsmitglieder werden spätestens zum ..... unter Einhaltung der gesetzlichen, tariflichen oder einzelvertraglichen Kündigungsfrist gekündigt.

III. Im Interesse einer ordnungsgemäßen Stilllegung können die Arbeitsverhältnisse der Mitarbeiter aus betriebsbedingten Gründen zu einem früheren Zeitpunkt gekündigt werden. Dies gilt nicht für Betriebsratsmitglieder.

IV. Werden Mitarbeiter bereits vor dem Stilllegungstermin aus betrieblichen Gründen entlassen, so erfolgt die soziale Auswahl nach folgender Maßgabe:
Jeder Mitarbeiter erhält für jedes Lebensjahr nach Vollendung des 20. Lebensjahres 1 Punkt, höchstens 40 Punkte. Für jedes Beschäftigungsjahr nach Vollendung des 20. Lebensjahres wird ihm ein weiterer Punkt gut gebracht. Ferner erhält er, wenn er alleinstehend ist, 5 Punkte, wenn er verheiratet ist mit einem nicht voll berufstätigen Ehepartner 10 Punkte und für jedes unterhaltsberechtigte Kind 7 Punkte. Gekündigt werden zunächst die Mitarbeiter mit der niedrigeren Punktzahl. Haben Mitarbeiter die gleiche Punktzahl, so werden Mitarbeiter mit jüngerem Geburtsdatum zuerst entlassen.[13]

---

[12] In § 1 Abs. 4 KSchG ist vorgesehen, dass in einer Betriebsvereinbarung Auswahlrichtlinien für eine Kündigung vereinbart werden können. Vgl. BAG, Urteil v. 11. 3. 1976 – 2 AZR 43/75 – AP BetrVG 1972 § 95 Nr. 1; BAG, Urteil v. 24. 3. 1983 – 2 AZR 21/82 – AP KSchG 1969 § 1 Nr. 12; BAG, Urteil v. 20. 10. 1983 – 2 AZR 211/82 – AP KSchG 1969 § 1 Betriebsbedingte Kündigung Nr. 13; BAG, Beschluss v. 17. 9. 1991 – 1 ABR 23/91 – AP BetrVG 1972 § 112 Nr. 59; BAG, Beschluss v. 27. 10. 1992 – 1 ABR 4/92 – AP BetrVG 1972 § 95 Nr. 29.
[13] Vgl. BAG, Urteil v. 18. 10. 1984 – 2 AZR 543/83 – AP KSchG 1969 § 1 Betriebsbedingte Kündigung Nr. 19.

Für die Feststellung der Dienstjahre wird auf den ..... abgestellt. Eine anteilige Berücksichtigung der Dienstjahre findet nicht statt. Für die Feststellung des Familienstandes und der Zahl der unterhaltsberechtigten Kinder sind die Eintragungen auf der Lohnsteuerkarte entscheidend.

V. Der Arbeitgeber wird die Mitarbeiter unter Berücksichtigung ihrer Tarifgruppe und ihrer beruflichen Qualifikation in Gruppen einteilen. Die Entlassungen erfolgen unter Berücksichtigung der betrieblichen Erfordernisse nach einem zu vereinbarenden Personalplan.

VI. Abweichungen von vorstehenden Regelungen sind nur mit Zustimmung des Betriebsrats zulässig. Unberührt bleibt das Recht des Arbeitgebers zur Kündigung aus wichtigem Grund oder aus personen- und verhaltensbedingten Gründen. Die Rechte des Betriebsrats sind zu wahren. Werden Arbeitnehmer aus personen-, verhaltens- oder wichtigen Gründen gekündigt, so haben sie keinen Anspruch nach diesem Sozialplan.

Im Falle eines Aufhebungsvertrages ist auf dessen Anlass abzustellen.

§ 2 Voraussichtlicher Kündigungstermin   21

Der Arbeitgeber wird den Mitarbeitern nach Möglichkeit schon vor dem Kündigungstermin mitteilen, zu welchem Zeitpunkt sie mit der Entlassung zu rechnen haben.

§ 3 Stellensuche   22

I. Der Arbeitgeber wird den Mitarbeitern bei der Stellensuche innerhalb oder außerhalb des Konzerns behilflich sein. Werden Arbeitnehmer in andere Betriebe des Unternehmens übernommen, so wird der Arbeitgeber dafür sorgen, dass eine Probezeit nicht vereinbart wird, es sei denn, dass der Mitarbeiter dies wünscht.

II. Der Arbeitgeber gewährt allen Mitarbeitern zur Stellensuche einen freien Tag unter Fortzahlung der Bezüge, sofern der Antrag auf Freistellung 2 Tage vorher gestellt wird. Reicht ein Tag nachweislich nicht aus, so wird ein zweiter Tag unter denselben Bedingungen erteilt.

4. Interessenausgleich bei Personalabbau

§ 1 Personalabbau   23

I. Geschäftsleitung und Betriebsrat sind sich darüber einig, dass mit Rücksicht auf die Umsatz- und Kostensituation im Betrieb X ein Personalabbau notwendig ist. Der Personalabbau lässt sich durch die Einführung von Kurzarbeit nicht vermeiden.

II. Geschäftsleitung und Betriebsrat stimmen überein, dass ..... Angestellte und ..... gewerbliche Arbeitnehmer entlassen werden müssen.

III. Aus dem Betrieb X werden ..... Angestellte und ..... gewerbliche Arbeitnehmer in den Betrieb Y versetzt. Soweit eine einvernehmliche Versetzung nicht erfolgen kann, wird die Geschäftsleitung entsprechende Änderungskündigungen aussprechen.

§ 2 Geltungsbereich   24

I. Geschäftsleitung und Betriebsrat stimmen überein, dass sich der Interessenausgleich nur auf die in der Anlage 1 namentlich aufgeführten Mitarbeiter bezieht.

II. Bei den anstehenden Versetzungen, Änderungskündigungen oder Beendigungskündigungen sind die Mitwirkungsrechte des Betriebsrates zu wahren. Der Betriebsrat erklärt, dass er nach § 102 BetrVG abschließend informiert worden ist.

III. Soweit zur Änderungs- oder Beendigungskündigung die Zustimmung von Behörden notwendig ist, wird der Betriebsrat erklären, dass er gegen die Kündigungen keine Einwendungen erhebt.

25 § 3 Freistellung von der Arbeit

I. Alle Mitarbeiter sind bis zum Ablauf der Kündigungsfrist zur Arbeitsleistung verpflichtet.

II. Der Geschäftsleitung bleibt aber das Recht vorbehalten, die Mitarbeiter von der Arbeit freizustellen.

III. Im Einverständnis der Mitarbeiter kann die nach Freistellung bis zum Ablauf der Kündigungsfrist anfallende Vergütung in eine Abfindung umgewandelt werden.[14]

26 § 4 Sozialplan

Zum Ausgleich bzw. zur Milderung der wirtschaftlichen Nachteile der von dem Personalabbau betroffenen Mitarbeiter wird ein Sozialplan abgeschlossen.

5. Interessenausgleich nach § 1 Abs. 4 und Abs. 5 KSchG

a) Wortlaut eines Interessenausgleichs nach § 1 Abs. 4 KSchG

27 § 1 Geltungsbereich des Interessenausgleichs

I. Persönlicher.

II. Räumlicher.

28 § 2 Personalabbau

I. Geschäftsleitung und Betriebsrat stimmen darin überein, dass mit Rücksicht auf die Umsatz- und Kostensituation Mitarbeiter entlassen werden müssen.

II. Von der Entlassung werden ..... Angestellte und ..... Arbeiter betroffen. Geschäftsleitung und Betriebsrat haben eine Liste der zu Kündigenden aufgestellt, in die die zu Entlassenden aufgenommen sind. Die Kündigungen erfolgen in der Reihenfolge der Liste.

III. Bei der sozialen Auswahl sind die Auswahlmerkmale von § 1 Abs. 3 KSchG berücksichtigt.

29 § 3 Aufhebungsvertrag

I. Das Unternehmen ist bereit, mit den von Entlassung betroffenen Mitarbeitern Aufhebungsverträge zu schließen. Das Unternehmen wird auf die von den Mitarbeitern gewünschten Termine Rücksicht nehmen.

---

[14] Die Mitarbeiter sollten über die steuerlichen und sozialversicherungsrechtlichen Folgen belehrt werden. Vgl. § 35 RN 14 ff.

II. Das Unternehmen wird gegenüber der Arbeitsverwaltung bestätigen, dass der Aufhebungsvertrag an Stelle einer von dem Unternehmen sonst auszusprechenden Kündigung geschlossen worden ist.[15]

b) Interessenausgleich nach § 1 Abs. 5 KSchG[15a]

[Präambel]   30

Betriebsrat und Arbeitgeber haben gemäß § 1 Abs. 5 KSchG die in der Anlage 2 niedergelegte Namensliste als Anlage zum Interessenausgleich abgeschlossen.[15b] Betriebsbedingte Kündigungen können unter Berücksichtigung der persönlichen Verhältnisse zum nächst zulässigen Termin erfolgen. Die Betriebsratsanhörung ist ab ..... durchgeführt.[15c]

§ 1 Geltungsbereich   30 a

I. Persönlicher.

II. Sachlicher.

§ 2 Teilbetriebsstilllegung   30 b

I. Die Geschäftsleitung und der Betriebsrat stimmen darin überein, dass mit Rücksicht auf die Absatzlage der Produkte die Anlage ..... stillgelegt werden muss.[15d]

II. Von der Teilbetriebsstilllegung werden Mitarbeiter ..... betroffen. ..... Mitarbeiter werden versetzt. ..... Mitarbeiter werden aus betriebsbedingten Gründen gekündigt.

§ 3 Mitarbeiterlisten   30 c

Für die unter § 2 festgelegten Maßnahmen werden zwei Listen erstellt. In die Liste 1 werden die Mitarbeiter aufgenommen, die auch weiterhin benötigt werden. In die Liste 2 werden die Mitarbeiter aufgenommen, deren Arbeitsplatz wegfällt.

---

15 Die Formulierung soll eine Sperrfrist vermeiden.

15a Der Interessenausgleich über die geplante Betriebsänderung muss mit namentlicher Bezeichnung der kündigenden Arbeitnehmer nach § 112 Abs. 1 Satz 1 BetrVG schriftlich niedergelegt und von Unternehmer und Betriebsrat unterschrieben sein. Die Rechtswirkungen von § 1 Abs. 5 KSchG treten auch dann ein, wenn die Namensliste nicht unterschrieben, aber mit dem Interessenausgleich zu einer Gesamturkunde verbunden ist (BAG, Urteil v. 7. 5. 1998 – 2 AZR 55/98 – AP KSchG 1969 § 1 Namensliste Nr. 1; BAG, Urteil v. 6. 12. 2001 – 2 AZR 422/00 – NZA 2002, 999).

15b Der Prüfungsmaßstab des § 1 Abs. 5 KSchG findet dann keine Anwendung, wenn sich die Verhältnisse nachträglich geändert haben (BAG, Urteil v. 21. 2. 2001 – 2 AZR 39/00 – EzA KSchG § 1 Interessenausgleich Nr. 8).

15c Auch bei einem Interessenausgleich mit Namensliste ist eine Betriebsratsanhörung notwendig. Diese Anhörung kann mit den Verhandlungen über den Interessenausgleich verbunden werden (BAG, Urteile v. 20. 5. 1999 – 2 AZR 148/99, 2 AZR 532/98 – AP KSchG 1969 § 1 Namensliste Nrn. 4, 5).

15d Liegen die Voraussetzungen von § 1 Abs. 5 KSchG vor, also eine Betriebsänderung und ein Interessenausgleich, so ist es Sache des Arbeitnehmers darzulegen und zu beweisen, dass keine dringenden betrieblichen Erfordernisse für die Kündigung bestehen (BAG, Urteil v. 7. 5. 1998 – 2 AZR 536/97 – AP KSchG 1969 § 1 Betriebsbedingte Kündigung Nr. 94).

30 d § 4 Soziale Auswahl[15e]

I. Für die soziale Auswahl sind die Betriebszugehörigkeit, das Lebensalter, die Unterhaltspflichten und die Schwerbehinderung maßgebend. Der sozialen Auswahl liegt folgende Punktetabelle zu Grunde: . . . . .[15f]

II. Folgende Arbeitsplätze sind vergleichbar: . . . . .

III. Von der sozialen Auswahl sind ausgenommen.[15g]

30 e § 5 Kündigung

I. Sämtliche in die Namensliste aufgenommenen Mitarbeiter werden gekündigt.

II. Das Unternehmen ist bereit, statt der Kündigung Aufhebungsverträge aus betriebsbedingten Gründen zu schließen.

30 f § 6 Anhörung des Betriebsrats

Es besteht Einigkeit, dass die bisherigen Erörterungen im Zusammenhang mit der Erstellung der Namensliste zum Interessenausgleich die förmliche Anhörung des Betriebsrats und des Vertrauensmannes der schwerbehinderten Menschen darstellen. Das Anhörungsverfahren ist damit abgeschlossen.

30 g   Liste 1

Liste 2

6. Interessenausgleich bei Fusion von Unternehmen

31   Zwischen der 1. Firma . . . . .

und

2. Firma . . . . . einerseits

und

1. dem Betriebsrat der Firma 1

und

2. dem Betriebsrat der Firma 2

im Folgenden Arbeitgeber und Betriebsrat genannt

wird eine mehrgliedrige Betriebsvereinbarung über die Fusion der Firmen 1 und 2 geschlossen:

32 § 1 Geltungsbereich

I. Persönlicher.

II. Sachlicher.

[15e] Auch wenn der Arbeitnehmer in eine Namensliste aufgenommen ist, muss der Arbeitgeber die Gründe der sozialen Auswahl mitteilen (BAG, Urteil v. 21. 2. 2002 – 2 AZR 581/00 – NZA 2002, 1360).

[15f] Die soziale Auswahl ist nur dann grob fehlerhaft, wenn die Gewichtung der für die soziale Auswahl maßgebenden Kriterien jede Ausgewogenheit vermissen lässt (BAG, Urteil v. 21. 1. 1999 – 2 AZR 624/98 – AP KSchG 1969 § 1 Namensliste Nr. 3; BAG, Urteil v. 2. 12. 1998 – 2 AZR 757/98 – AP KSchG 1969 § 1 Soziale Auswahl Nr. 45).

[15g] BAG, Urteil v. 10. 2. 1999 – 2 AZR 715/98 – RzK I 10h Nr. 49 = Jur-CD; BAG, Urteil v. 10. 2. 1999 – 2 AZR 716/99 – AP KSchG 1969 § 1 Soziale Auswahl Nr. 40.

Schaub

§ 2 Zusammenschluss

I. Die Firmen 1 und 2 werden aus wirtschaftlichen und marktpolitischen Gründen eine neue gemeinsame Firma mit dem Namen . . . . . gründen.

II. Die Arbeitsverhältnisse der Mitarbeiter gehen nach § 613a BGB auf das neue Unternehmen über.

§ 3 Personalplanung

I. Aus Anlass der Neugründung sollen die Arbeitsbedingungen und Arbeitsverträge der Mitarbeiter nicht verändert werden.

II. Aus Anlass der Neugründung sollen möglichst keine betriebsbedingten Kündigungen ausgesprochen werden.

§ 4 Personelle Maßnahmen

I. Unabhängig von dem Grundsatz, dass keine Änderung der Arbeitsverträge erfolgen soll und keine Kündigungen ausgesprochen werden sollen, kann es zu personellen Maßnahmen kommen. Hierzu gehören

1. Versetzungen und Umsetzungen,
2. Änderungskündigungen,
3. Beendigungskündigungen nur in Ausnahmefällen,
4. Umschulungs- und Fortbildungsmaßnahmen.

II. Zur Milderung der sozialen Folgen wird ein Sozialplan abgeschlossen.

§ 5 Kenntnisnahme[16]

Die Betriebsräte nehmen von der beabsichtigten Neugründung Kenntnis.

§ 6 Mitwirkungs- und Mitbestimmungsrechte

I. Die Arbeitgeber werden die Informations-, Beratungs-, Mitwirkungs- und Mitbestimmungsrechte durch umfassende Informationen gewährleisten.

II. Hierzu gehören insbesondere

1. alle mit der Fusion zusammenhängenden Daten;
2. alle mit der Arbeitsplatzgestaltung notwendigen Angaben;
3. die Mitwirkung bei der Anschaffung von Maschinen und Anlagen;
4. rechtzeitige Unterrichtung über alle personellen Maßnahmen.

§ 7 Rechtsstellung der Betriebsräte[17]

I. Die Arbeitgeber werden mit dem Übergang der Arbeitsverhältnisse der Betriebsratsmitglieder auf das neue Unternehmen die Rechtsstellung der beiden Betriebsräte nicht beseitigen.

33

34

35

36

37

38

---

[16] Dem Betriebsrat steht kein Mitwirkungsrecht zu. Er nimmt daher nur zur Kenntnis.

[17] Die Rechtswirksamkeit der Vereinbarung zu § 7 ist mehr als zweifelhaft. Von den Organisationsbestimmungen des BetrVG kann nicht abgewichen werden. Bezweckt ist einerseits, den Betriebsrat im Amt zu halten, andererseits so schnell wie möglich eine Neuwahl zu erreichen. Da nach der vorausgesetzten Umstrukturierung nicht vom UmwG ausgegangen wird, können dessen Regelungen nicht in Bezug genommen werden. Zweckmäßiger wären dessen Regelungen. Im Übrigen hat der Gesetzgeber ein Übergangsmandat (§ 21a BetrVG) und ein Restmandat (§ 21b BetrVG) geschaffen. Es bedarf daher reiflicher Überlegung, ob man sich noch auf frühere Konstruktionen einlässt.

Schaub

II. Die beiden Betriebsräte werden ein gemeinsames Gremium für das neue Unternehmen gründen, das die Rechte des Betriebsrats wahren kann. Sie werden dafür sorgen, dass umgehend ein Wahlvorstand bestellt wird, damit in dem neuen Unternehmen ein Betriebsrat gewählt werden kann.

39 § 8 Inkrafttreten

7. Freiwilliger Interessenausgleich bei Unternehmensspaltung[18]

Muster: *Trittin* AiB 1995, 317.

40 § 1 Geltungsbereich

I. Persönlicher.

II. Sachlicher.

41 § 2 Zielsetzung

I. Aus der X-AG werden die Betriebe 1 ..... und 2 ..... zur Neugründung der 1. ..... GmbH und 2. ..... GmbH abgespalten.[19]

II. Durch die Abspaltung sollen den betroffenen Arbeitnehmern keine Nachteile erwachsen. Die Arbeitsbedingungen bleiben so lange bestehen, bis sie durch Tarifvertrag und Betriebsvereinbarung geändert werden.

oder

II. Die Abspaltung wird dazu führen, dass die 1. ..... GmbH und die 2. ..... GmbH nicht mehr in den tariflichen Geltungsbereich der ..... Tarifverträge fallen. Die X-AG verpflichtet sich auf die 1. ..... GmbH und die 2. ..... GmbH einzuwirken, dass diese eine Mitgliedschaft in den jeweils zuständigen Arbeitgeberverbänden erwerben.[20]

oder

II. Die Abspaltung wird dazu führen, dass die 1. ..... GmbH und die 2. ..... GmbH nicht mehr dem Geltungsbereich der ..... Tarifverträge unterfallen. Sie werden keine Mitgliedschaft in einem Arbeitgeberverband erwerben.

42 § 3 Betriebsverfassung

I. Hat die Spaltung eines Betriebes zur Folge, dass das Betriebsratsamt endet, so bleibt dessen Betriebsrat im Amt und führt die Geschäfte für die ihm zugeordneten Betriebsteile weiter, soweit sie über die in § 1 BetrVG genannte Arbeitnehmerzahl verfügen und nicht in einen Betrieb eingegliedert werden, in dem ein Betriebsrat be-

---

[18] Der Betriebsrat hat kein erzwingbares Mitbestimmungsrecht.

[19] Durch die Abspaltung kann es zur Flucht aus den Tarifverträgen oder zum Verbandswechsel kommen. Die Betriebsräte und die hinter ihnen stehenden Gewerkschaften werden versuchen, die Tarifbindungen zu erhalten.

[20] Nach der Rspr. des BAG soll eine Einwirkungspflicht der Konzernobergesellschaft auf die Tochterunternehmen bestehen (BAG, Urteil v. 11. 9. 1991 – 4 AZR 71/91 – AP Internat. Privatrecht, Arbeitsrecht Nr. 29).

steht. Der Betriebsrat hat unverzüglich die Wahlvorstände zu bestellen. Das Übergangsmandat endet, sobald in den Betriebsteilen ein neuer Betriebsrat gewählt und das Wahlergebnis bekannt gegeben ist, spätestens jedoch sechs Monate nach Wirksamwerden der Spaltung.[21]

II. Werden Betriebsteile, die bislang verschiedenen Betriebsteilen zugeordnet waren, zu einem Betrieb zusammengefasst, so nimmt der Betriebsrat, dem der nach der Zahl der wahlberechtigten Arbeitnehmer größte Betriebsteil zugeordnet war, das Übergangsmandat wahr.

oder I. und II.

Der bisher bestehende Betriebsrat besteht als Gemeinschaftsbetriebsrat fort und nimmt die ihm obliegenden gesetzlichen Aufgaben für alle Arbeitnehmer der X-AG sowie der neu gegründeten GmbH wahr. Dies gilt entsprechend für die Jugend- und Auszubildendenvertretung und die Vertretung der schwerbehinderten Menschen. *(Begrenzungsklausel des Fortbestandes).*

§ 4 Fortbestand von Rechten des Betriebsrats   43

I. Durch die Abspaltung bleibt die Zahl der bisher von der Arbeit freigestellten Betriebsratsmitglieder unberührt.[22]

II. Die Mitwirkungsrechte nach §§ 99 ff. BetrVG werden durch die Abspaltung nicht berührt.[23]

III. Die Rechte des Betriebsrats nach §§ 111 ff. BetrVG bleiben auch nach der Abspaltung erhalten.[24]

IV. Der bislang bestehende Wirtschaftsausschuss besteht fort.[25]

oder

IV. Die X-AG und die abgespalten Unternehmen werden Wirtschaftsausschüsse bilden.

§ 5 Gesamtbetriebsrat, Konzernbetriebsrat   44

I. Der bisherige Gesamtbetriebsrat besteht fort. Die abgespalten Unternehmen werden je zwei Vertreter in den Gesamtbetriebsrat entsenden.[26]

II. Die X-AG und die 1. ..... GmbH und die 2. ..... GmbH bilden einen Konzern i. S. §§ 17, 18 AktG. Es kann ein Konzernbetriebsrat errichtet werden.[27]

III. Wirtschaftsausschuss.[28]

---

[21] Umfang und Grenzen des Überhangmandates ergeben sich aus § 21 a BetrVG. § 321 UmwG ist aufgehoben.
[22] Durch die Abspaltung kann sich die Zahl der Betriebsratsmitglieder verändern. Der Betriebsrat wird versuchen, die Rechte des Betriebsrats gemäß § 325 Abs. 2 UmwG zu erhalten.
[23] Durch die Abspaltung können sich die Quoten für die Mitbestimmungsrechte ändern.
[24] Das Mitwirkungsrecht hängt von der Arbeitnehmerzahl ab.
[25] Der Wirtschaftsausschuss kann durch die Abspaltung berührt werden.
[26] Nach § 325 Abs. 2 UmwG kann der Gesamtbetriebsrat erhalten bleiben. Nur §§ 9, 27 BetrVG sind unabdingbar.
[27] Die Vorschrift will die Bildung eines Konzernbetriebsrats vorbereiten.
[28] Der Konzernbetriebsrat kann aus eigenem Recht keinen Wirtschaftsausschuss bilden (BAG, Beschluss v. 23. 8. 1989 – 7 ABR 39/88 – AP BetrVG 1972 § 106 Nr. 7).

45 **§ 6 Aufsichtsrat**[29]

Der Aufsichtsrat bleibt durch die Abspaltung unberührt.

46 **§ 7 Information**

I. Die einzelnen Arbeitnehmer werden über die Abspaltung der 1. ..... GmbH und 2. ..... GmbH unterrichtet.[30]

II. Eine betriebsbedingte Kündigung im Zusammenhang der Abspaltung ist ausgeschlossen.[31]

III. Die kündigungsrechtliche Stellung eines Arbeitnehmers, der vor dem Wirksamwerden der Abspaltung zu dem übertragenden Rechtsträger in einem Arbeitsverhältnis stand, verschlechtert sich auf Grund der Spaltung für die Dauer von zwei Jahren ab dem Zeitpunkt ihres Wirksamwerdens nicht.[32]

IV. Unternehmensübergreifende Versetzungen sind nur im Einvernehmen mit den Arbeitnehmern möglich.[33]

V. Die X-AG haftet neben der abgespaltenen GmbH als Gesamtschuldner.[34]

8. Interessenausgleich in der Insolvenz[35]

47 1. Der Betriebsrat wurde umfassend über die Situation des Unternehmens und die insolvenzauslösenden Faktoren unterrichtet. Insbesondere wurde der Betriebsrat davon in Kenntnis gesetzt, dass eine Fortführung des Betriebes der ..... seinem bisherigen Bestand nicht möglich ist.

2. Zwar ist es am ..... gelungen, sowohl das Warenzeichen, das Warenlager als auch Teile der Werkzeuge zu verwerten, eine Fortführung des Produktionsbetriebes am Standort ..... ist durch die Übernehmerin nicht beabsichtigt. Der Betrieb soll vielmehr an ausländische Produktionsstandorte verlagert werden. Die Verwaltung des Unternehmens wird durch die Unternehmerin ....., selbst übernommen.

3. Der Betrieb des Unternehmens der ..... wird danach zum ..... mit der Maßgabe eingestellt, dass für die Dauer von drei Monaten, d.h. bis zum Ablauf der insolvenzbedingten Kündigungsfrist am ....., folgende Mitarbeiter zum Zwecke der ordnungsgemäßen Abwicklung der Übergabe an die Übernehmerin fortbeschäftigt werden. Hierbei wird dem Betriebsrat ausdrücklich mitgeteilt, dass

---

[29] Nach § 325 Abs. 1 UmwG bleibt die Mitbestimmung bei Abspaltung und Ausgliederung für die Dauer von 5 Jahren erhalten, dagegen nicht bei Aufspaltung.

[30] Der Betrieb geht im Wege der Gesamtrechtsnachfolge auf den neuen Inhaber über. Der Betriebsrat wird versuchen, auch einen Hinweis auf das Widerspruchsrecht bei Betriebsübergang zu erreichen. Vgl. ArbR-Hdb. §§ 117, 118.

[31] Über § 324 UmwG gilt auch § 613a Abs. 4 BGB.

[32] Die Bedeutung von § 323 Abs. 1 UmwG ist umstritten. Im Wesentlichen werden zwei Meinungen vertreten. Durch die Abspaltung kann das abgespaltene Unternehmen unter die Grenze von § 23 KSchG absinken. Die kündigungsrechtliche Stellung soll insoweit nicht verschlechtert werden. Es wird aber auch vertreten, dass bei der Sozialauswahl bei Kündigungen auf alle Unternehmen abzustellen ist. Aus Sicherheitsgründen sollte man eine Klarstellung versuchen.

[33] Aus Anlass der Abspaltung kann sich die Notwendigkeit der Versetzung ergeben. Dies ist nur im Einvernehmen mit dem Arbeitnehmer möglich.

[34] Die Vorschrift geht weit über die gesetzliche Haftungsregelung des § 134 UmwG hinaus. Vgl. ArbR-Hdb. § 117.

[35] BAG, Urteil v. 16. 5. 2002 – 8 AZR 320/01 – AP InsO § 113 Nr. 9.

diese Regelung unter namentlicher Festlegung auf die nachfolgend benannten Arbeitnehmer ausdrückliche Bedingung der Übernehmerin i. S. der sog. conditio sine qua non war, da sie nur hierdurch eine ordnungsgemäße Übergabe der Rechte und der erworbenen Gegenstände gewährleistet sah.

4. Sollten sich im Rahmen der weiteren Verwertung des Gesellschaftsvermögens bzw. der Abwicklung des Insolvenzverfahrens Möglichkeiten eröffnen, Betriebsteile auf andere Unternehmungen zu übertragen, werden die Betriebsparteien in Verhandlungen über eine Ergänzung dieses Interessenausgleichs bzw. über die Vereinbarung einer Namensliste der zu übernehmenden Personen eintreten.

5. Die gegebene Situation wurde zwischen den Betriebsparteien umfassend beraten, einschließlich der hieraus erwachsenden Auswirkungen. Danach sieht der Betriebsrat insbesondere im Rahmen der vorstehend gemachten Zusagen, keine andere Möglichkeit, als der Betriebsstilllegung seine Zustimmung zu erteilen und den beabsichtigten Kündgungsmaßnahmen zuzustimmen.

Anlage: Namensliste.

III. Sozialpläne[36]

Muster der Gewerkschaft: Der Betriebsrat 1977; AiB 1993, 606; AiB 1995, 239; AiB 1998, 144; eingeführte Sozialpläne: Riedinger Jersey AG: ZIP 1980, 1149; AEG: ZIP 1980, 215; Opel: ZIP 1980, 478; Videocolor: ZIP 1982, 371; Kreidler Werke: ZIP 1983, 875; Maxhütte: ZIP 1987, 1017. Die Höhe der Abfindungen ist nach dem Eindruck des Verfassers in den letzten Jahren stark gestiegen. **Übersichtsaufsatz:** *Hauck,* Aktuelle Rechtsprechung zum Bestand von Sozialplänen, AuA 1998, 69 ff.; 166 ff.

1. Interessenausgleich und Sozialplan für die Teilstilllegung mit Übernahmemöglichkeit der Arbeitnehmer

§ 1 Interessenausgleich   48

I. Die Firma ..... beabsichtigt, den Betrieb/Betriebsteil ..... zu schließen/nach ..... zu verlagern.

II. Der Betriebsrat stimmt dieser Maßnahme zu.

III. Für die von der Maßnahme betroffenen Arbeitnehmer wird nachfolgender Sozialplan geschlossen.[37]

§ 2 Versetzungsangebot und Ausgleich   49

I. Die im Unternehmen bestehenden offenen Arbeitsplätze werden uneingeschränkt zunächst den von der Stilllegungsmaßnahme betroffenen Arbeitnehmern angeboten.

---

[36] Der Betriebsrat hat für den Abschluss von Sozialplänen ein erzwingbares Mitbestimmungsrecht. Ausnahme bei Personalreduzierung in den Fällen des § 112a BetrVG (BAG, Beschluss v. 13. 6. 1989 – 1 ABR 14/88 – AP BetrVG § 112a Nr. 3). Wird ein Betriebsrat erst nach dem Stilllegungsbeschluss gewählt, besteht keine Sozialplanpflicht (BAG, Beschluss v. 28. 10. 1992 – 10 ABR 75/91 – AP BetrVG § 112 Nr. 63).

[37] Im Interessenausgleich können Kündigungsverbote, Versetzungs- und Umschulungspflichten vereinbart werden. Sie können aber nicht Gegenstand des Spruches einer Einigungsstelle sein (BAG, Beschluss v. 17. 9. 1991 – 1 ABR 23/91 – AP BetrVG § 112 Nr. 59).

II. Die Firma zahlt den in den Betrieb ..... übernommenen Arbeitnehmern bis zum ..... einen Fahrtkostenzuschuss in Höhe von ..... €.

oder

II. Wird ein Mitarbeiter von einem anderen Betrieb des Unternehmens übernommen, so verpflichtet sich der Arbeitgeber für die Dauer von ..... Monaten die Fahrtkosten 2. Klasse zu bezahlen sowie, sofern eine tägliche Rückkehr zum Wohnort nicht möglich ist, eine Auslösung nach den Bestimmungen ..... zu zahlen.

III. Die Betriebszugehörigkeit in ..... wird auf die Betriebszugehörigkeit in ..... angerechnet.

IV. Während einer Einarbeitungszeit von ..... Monaten erhalten die übernommenen Arbeitnehmer mindestens den Verdienst, der sich aus dem Durchschnitt der letzten 3 Monate errechnet, den sie in ..... erzielt haben. Bei kürzerer Beschäftigungszeit ist diese maßgebend.

oder folgende Versetzungsklausel

I. Soweit möglich werden den zu versetzenden Arbeitnehmern Arbeitsplätze angeboten, die wegen der Arbeitsaufgaben und Entlohnung gleichwertig sind. Gleichwertig sind Arbeitsplätze, wenn die bisherige Tätigkeit in unveränderter Form fortgesetzt und keine Entgeltminderung vorgenommen wird. Zumutbar sind Arbeitsplätze, wenn gleichwertige Tätigkeiten an einem anderen Arbeitsplatz im Betrieb angeboten werden und keine Entgeltminderung vorgenommen wird.

II. Können keine gleichwertigen und/oder zumutbaren Arbeitsplätze angeboten werden, so sind den betroffenen Arbeitnehmern bei Eignung auch höherwertige Arbeitsplätze anzubieten, wenn sie vorhanden sind. Das Unternehmen wird die Umschulungs- und Förderungsmaßnahmen bezahlen, soweit nicht Dritte in Anspruch genommen werden können.

III. Werden Arbeitnehmer auf einen Arbeitsplatz versetzt, der geringer vergütet wird, erhalten sie für die Dauer von 24 Monaten eine Besitzstandsvergütung in Höhe ihres bisherigen durchschnittlichen Entgelts. Das durchschnittliche Entgelt wird aus dem Entgelt des letzten Jahres errechnet.

50 § 3 Verlegung des Wohnsitzes

I. Verlagern Arbeitnehmer, die in den Betrieb ..... übernommen worden sind, ihren Wohnsitz von ..... nach ....., so wird die Firma bei der Wohnungsbeschaffung behilflich sein.

II. Die Firma wird bis zum ..... eine kostenlose Beförderungsmöglichkeit für das Umzugsgut zur Verfügung stellen.

III. Wollen Arbeitnehmer von einem anderen Ort ihren Wohnsitz nach ..... verlagern, so wird die Firma bei der Wohnungsbeschaffung in gleicher Weise behilflich sein. Die Firma wird jedoch nur dann eine kostenlose Beförderungsmöglichkeit zur Verfügung stellen, wenn der Arbeitnehmer die ..... Kilometer übersteigenden Kosten übernimmt.

§ 4 Teilhabe an Sozialplan 51

Arbeitnehmer, die in den Betrieb ..... übernommen werden und deren Arbeitsverhältnis innerhalb einer Frist von drei Monaten seit Übernahme aus Gründen endet, die mit Schwierigkeiten bei der An- und Abfahrt oder fehlender Eingewöhnung zusammenhängen, erhalten dieselben Leistungen aus dem Sozialplan wie solche Arbeitnehmer, deren Arbeitsverhältnis bei Stilllegung/Teilstilllegung geendet hat. Hat das Arbeitsverhältnis auf die Kündigung des Arbeitnehmers geendet, so werden die Leistungen jedoch nur zur Hälfte gewährt.

§ 5 Kündigung 52

I. Arbeitnehmer, die nicht in den Betrieb ..... übernommen werden, oder die eine Übernahme in den Betrieb ..... ablehnen, werden unter Einhaltung der ordentlichen Kündigungsfrist gekündigt.

II. Arbeitnehmer, deren Kündigungsfrist erst nach Stilllegung/Teilstilllegung abläuft, werden mit der Stilllegung unter Fortzahlung der Bezüge von der Arbeit freigestellt. Eine Freistellung erfolgt dann nicht, wenn ihnen zugemutet werden kann, bis zum Ablauf der Kündigungsfrist im Betrieb ..... zu arbeiten oder sie mit Abwicklungsarbeiten beschäftigt werden können. Zumutbar ist ihnen eine Beschäftigung im Betrieb ..... wenn der An- oder Abfahrtweg zur und von der Arbeitsstelle mit öffentlichen Verkehrsmitteln nicht mehr als je eine Stunde beträgt.[38]

§ 6 Sozialplanleistungen 53

Die von der Stilllegung betroffenen Arbeitnehmer erhalten für das Jahr .....
1. ihren vollen Jahresurlaub sowie das tarifliche zusätzliche Urlaubsgeld, das im Zeitpunkt der Fälligkeit zu zahlen ist;
2. eine Abfindung in Höhe der Weihnachtsgratifikation, die für das Jahr ..... gezahlt worden ist;
3. eine weitere Abfindung in Höhe von ..... € für jedes Beschäftigungsjahr.

§ 7 Härtefälle 54

Zur Milderung von Härtefällen stellt die Firma einen Betrag von ..... € zur Verfügung. Dieser Betrag wird von einem Ausschuss, der sich aus 2 Mitgliedern des Betriebsrats und einem Vertreter des Arbeitgebers zusammensetzt, an die betroffenen Arbeitnehmer verteilt.

§ 8 Klage 55

Erheben von der Stilllegung betroffene Arbeitnehmer Klage und wird ihnen vom Arbeitsgericht eine Abfindung zugesprochen, so werden die Leistungen aus diesem Sozialplan auf die Abfindung angerechnet.[39]

oder statt § 5 bis § 8

---

[38] Nach § 123 Abs. 4 SGB III sind Pendelzeiten von drei Stunden bei einer Arbeitszeit von mehr als sechs Stunden und von $2^1/_2$ Stunden bei einer Arbeitszeit von sechs und weniger Stunden zumutbar.
[39] BAG, Urteil v. 20. 12. 1983 – 1 AZR 442/82 – AP BetrVG 1972 § 112 Nr. 17; BAG, Urteil v. 20. 6. 1985 – 2 AZR 427/84 – AP BetrVG 1972 § 112 Nr. 33.

56 § 5 Übernahme in anderen Betrieb

Werden Mitarbeiter in einen anderen Betrieb übernommen, so erhalten sie grundsätzlich keine Abfindungen. Dies gilt dann nicht, wenn ihr Arbeitsverhältnis innerhalb einer Frist von 3 Monaten seit Stilllegung endet und ihr Ausschluss eine unbillige Härte darstellen würde.[40, 41]

57 § 6 Abfindung

I. Mitarbeiter, die infolge der Stilllegung aus den Diensten des Arbeitgebers scheiden, erhalten eine Abfindung. § 1 gilt entsprechend.

II. Die Abfindung[42] beträgt für am .....

1. bis zu 29 Jahre alte Mitarbeiter für jedes zurückgelegte Dienstjahr 400,– €;
2. 30 bis 49 Jahre alte Mitarbeiter für das 1. zurückgelegte Dienstjahr 1 000,– € und für jedes weitere Dienstjahr 500,– €;[43]
3. 50 bis 54 Jahre alte Mitarbeiter für das 1. zurückgelegte Dienstjahr 1 000,– € und für jedes weitere Dienstjahr 700,– €;
4. 55 bis 64 Jahre alte Mitarbeiter für das 1. zurückgelegte Dienstjahr 1 000,– € und für jedes weitere Dienstjahr 800,– €.

Der Höchstbetrag der Abfindung beträgt 15 000,– €.[44]

III. Die Abfindungen werden im Zeitpunkt des Ausscheidens des Mitarbeiters fällig. Hat ein Mitarbeiter Klage wegen der Unwirksamkeit der Kündigung erhoben und wird ihm ein Abfindungsbetrag durch das Arbeitsgericht zugesprochen, so werden die nach diesem Sozialplan zu zahlenden Abfindungen auf die zugesprochene Abfindung angerechnet.

58 § 7 Anteilige Leistungen

I. Mitarbeiter, die im Laufe des Jahres ausscheiden, erhalten für jeden zurückgelegten vollen Beschäftigungsmonat $^1/_{12}$ der im Jahre ..... gezahlten Weihnachtsgratifikation.

II. Mitarbeiter, die im Laufe des Jahres ausscheiden, erhalten für jeden zurückgelegten vollen Beschäftigungsmonat $^1/_{12}$ des Urlaubs einschließlich des tariflichen Urlaubsgeldes. Werden Mitarbeiter von anderen Konzernbetrieben übernommen, so verpflichtet sich der Arbeitgeber dafür zu sorgen, dass die Mitarbeiter dort ihren Urlaub nehmen können. Etwaige tarifliche günstigere Vorschriften bleiben unberührt.

---

[40] BAG, Urteil v. 25. 10. 1983 – 1 AZR 260/82 – AP BetrVG 1972 § 112 Nr. 18; BAG, Beschluss v. 27. 10. 1987 – 1 ABR 9/86 – AP BetrVG 1972 § 112 Nr. 41; BAG, Beschluss v. 28. 9. 1988 – 1 ABR 23/87 – AP BetrVG 1972 § 112 Nr. 47.

[41] Zu den Fällen, dass der Arbeitnehmer widerspricht: BAG, Urteil v. 5. 2. 1997 – 10 AZR 553/96 – AP BetrVG 1972 § 112 Nr. 112; BAG, Urteil v. 15. 12. 1998 – 1 AZR 332/98 – AP BetrVG 1972 § 112 Nr. 126.

[42] Im Allgemeinen sind zur Bemessung drei Methoden üblich: (1) Nach festen Steigerungsstufen; (2) nach Punkten; (3) nach mathematischen Formeln, die eine möglichst lineare Abfindungskurve ergeben. Es ist aber auch individuelle Bemessung möglich (BAG, Urteil v. 12. 2. 1985 – 1 AZR 40/84 – AP BetrVG 1972 § 112 Nr. 25).

[43] Zur Begünstigung älterer Mitarbeiter: BAG, Urteil v. 14. 2. 1984 – 1 AZR 574/82 – AP BetrVG 1972 § 112 Nr. 21.

[44] BAG, Beschluss v. 23. 8. 1988 – 1 ABR 284/87 – AP BetrVG 1972 § 112 Nr. 46.

§ 8 Salvatorische Klausel 59

I. Betriebsrat und Arbeitgeber sind sich darüber einig, dass durch vorstehende Bestimmungen die Betriebsstilllegung i.S. von §§ 111, 112 BetrVG abschließend geregelt ist. Auf Kündigung und Anfechtung vorstehender Bestimmungen wird, sofern rechtlich zulässig, verzichtet.

II. Die Bestimmungen treten mit Wirkung vom ..... in Kraft.

§ 9 Bevorzugte Wiedereinstellung 60

Werden Mitarbeiter entlassen, so werden sie bei zukünftigem Personalbedarf bevorzugt eingestellt, wenn die zu besetzende Stelle der Qualifikation des Mitarbeiters entspricht. Das Unternehmen wird den Mitarbeitern die Stelle rechtzeitig anbieten. Erfolgt die Einstellung innerhalb von ..... wird die frühere Dienstzeit angerechnet.

2. Sozialplan bei Stilllegung mit Regelung von Sozialleistungen

Abschnitt I. Abfindungen

§ 1 Abfindung 61

I. Der Arbeitgeber zahlt an alle infolge Stilllegung ausscheidenden Mitarbeiter eine Abfindung nach § 112 BetrVG, § 10 KSchG.

II. Die Abfindung ist nach § 3 Nr. 9 EStG steuerfrei[45] und wird auf das nach dem Ausscheiden zu zahlende Arbeitslosengeld nach Maßgabe von § 140 SGB III angerechnet.[46]

III. Die Bemessung der Abfindung richtet sich nach der Dauer der Betriebszugehörigkeit und dem Lebensalter. Stichtag für die Errechnung der Betriebszugehörigkeit und des Lebensalters ist der ..... Bei der Bemessung der Abfindung werden nur volle Jahre der Betriebszugehörigkeit berücksichtigt.

§ 2 Sockelbetrag der Abfindung 62

I. Alle Mitarbeiter erhalten einen Sockelbetrag, wenn sie am Stichtag[47]

1. 1 bis 3 Jahre in Diensten des Arbeitgebers standen in Höhe von 200,– €
2. 3 bis 5 Jahre in Höhe von 350,– €
3. 5 bis 10 Jahre in Höhe von 500,– €
4. 11 bis 15 Jahre in Höhe von 1 000,– €
5. 15 bis 20 Jahre in Höhe von 1 500,– €
6. 20 bis 25 Jahre in Höhe von 2 000,– €
7. über 25 Jahren in Höhe von 3 000,– €.

---

[45] Regelungen zur Steuer- und Sozialversicherungspflicht vermögen die kraft Gesetzes bestehende Rechtslage nicht zu ändern. Sie sind vielfach „ungerecht", da sie von den subjektiven Verhältnissen abhängen. Sie bewirken nur die Übernahme der Abgaben durch den Arbeitgeber.

[46] Zur Anrechnung der Abfindung auf das Arbeitslosengeld vgl. ArbR-Hdb. § 23 RN 43; § 141 RN 30 ff.

[47] Die Regelung berücksichtigt im Wesentlichen nur Lebensalter und Betriebszugehörigkeit; sie lässt die sozialen Lasten unberücksichtigt. Sie ist daher wenig empfehlenswert und auch vom BAG einmal missbilligt worden. Auch nach § 1 Abs. 3 KSchG sind die Unterhaltspflichten bei der sozialen Auswahl zu berücksichtigen.

II. Zusätzlich zu den unter I aufgeführten Beträgen erhalten die Mitarbeiter

1. vom 40. bis 44. Lebensjahr 250,– €

2. vom 45. bis 49. Lebensjahr 500,– €

3. vom 50. bis 54. Lebensjahr 750,– €

4. vom 55. bis 62. Lebensjahr 1 000,– €.

III. Neben den unter Abs. I und II genannten Beträgen erhalten Mitarbeiter für jedes nach dem 25. Lebensjahr zurück gelegte Jahr der Betriebszugehörigkeit 80,– €.

IV. Die Mitarbeiter ..... erhalten aus sozialen Gründen daneben einen einmaligen Betrag in Höhe von .....

V. Die Mitarbeiter, die verheiratet und ihrem Ehegatten unterhaltspflichtig sind, erhalten einen Betrag in Höhe von ..... €. Für jedes unterhaltsberechtigte Kind wird ..... € gezahlt.

63 **§ 3 Fälligkeit**

Die Abfindungen werden ohne Rücksicht auf den Zeitpunkt des Ausscheidens aus dem Betrieb am ..... fällig.

Abschnitt II. Sonstige Leistungen

64 **§ 4 Urlaub**

I. Alle Mitarbeiter erhalten für das Urlaubsjahr ..... den Jahresurlaub.
Im Austrittjahr hat der Mitarbeiter vollen Anspruch auf den Jahresurlaub und die vollen Freischichten aufgrund regelmäßiger Nachtarbeit und/oder Altersfreizeit. Urlaub und Freischichten sind vor dem Austritt in Natur zu nehmen.

II. Das tarifliche Urlaubsgeld wird in Höhe von ..... gezahlt.

65 **§ 5 Jubiläum**

Alle Mitarbeiter, die im Jahre ..... ein Dienstjubiläum begehen oder ohne Stilllegung des Betriebes begehen würden, erhalten eine Jubiläumszuwendung in betriebsüblicher Höhe (in Höhe von ..... €).
Alle Mitarbeiter, die ohne die Stilllegung bis zur Vollendung des 63. Lebensjahres ein Dienstjubiläum begehen würden, werden die entspr. Jubiläumszuwendungen zum Zeitpunkt des Ausscheidens wie folgt gezahlt:

1. .....

2. .....

66 **§ 6 Weihnachtsgratifikation**

Alle Mitarbeiter erhalten für das Jahr ..... die Weihnachtsgratifikation.

67 **§ 7 Werkswohnung**

I. Alle Mitarbeiter, denen eine Werkswohnung überlassen ist, wird diese Wohnung aus Anlass der Stilllegung nicht gekündigt.

II. Die Erhöhung der Miete richtet sich nach .....

oder

I. Der Arbeitgeber wird aus Anlass der Stilllegung entlassenen Arbeitnehmern das bisher eingeräumte Wohnrecht in werkseigenen Wohnungen nach ihrer Entlassung weiter gewähren. Bei sonstigen Wohnungen, bei denen der Arbeitgeber ein Belegungsrecht hat, wird er die Einhaltung der Verpflichtung durch eine entsprechende Ausübung des Belegungsrechts sicherstellen.

II. Für den Fall eines Eigentümerwechsels verpflichtet sich der Arbeitgeber, für den entlassenen Arbeitnehmer ein Wohnrecht nach dem Eigentümerwechsel sicher zu stellen oder eine andere Wohnung zu im Wesentlichen gleichen Bedingungen des bisherigen Mietvertrages zur Verfügung stellen.

III. Der Arbeitgeber wird dem entlassenen Arbeitnehmer die im Zeitpunkt des Ausscheidens eingeräumten Mietnachlässe oder sonstigen Vergünstigungen für die Dauer von ..... Jahren weitergewähren. Bei sonstigen Wohnungen, bei denen der Eigentümer oder Vermieter dem Arbeitnehmer Vergünstigungen eingeräumt hat, wird der Arbeitgeber sicherstellen, dass diese für die gleiche Dauer weitergewährt werden.

IV. Wird der Mietvertrag vor Ablauf der in Abs. III genannten Frist beendet, so wird der Arbeitgeber eine entsprechende Abfindung gewähren.

§ 8 Darlehen und Vorschüsse 68

Den Mitarbeitern gewährte Darlehen und Vorschüsse werden fällig, als ob das Unternehmen nicht stillgelegt worden wäre.

§ 9 Vermögenswirksame Leistungen 69

Im Austrittsjahr besteht Anspruch auf die vollen vermögenswirksamen Leistungen.

Abschnitt III. Altersversorgung

§ 10 Weiterversicherung 70

I. Allen Mitarbeitern, die eine Sterbeversicherung/Lebensversicherung erworben haben, wird die Möglichkeit der freiwilligen Weiterversicherung eingeräumt.

II. Machen die Mitarbeiter von der Möglichkeit der freiwilligen Versicherung keinen Gebrauch, so wird die Versicherung ruhend gestellt.

§ 11 Versorgungsanwartschaften 71

I. Anwartschaften auf betriebliche Ruhegelder bleiben aufrecht erhalten.

II. Anwartschaften, die nicht nach den Vorschriften des Gesetzes zur Verbesserung der betrieblichen Altersversorgung vom 19. 12. 1974 m. spät. Änd. unverfallbar geworden sind, können vom Arbeitgeber abgefunden werden. Sie sind abzufinden, wenn der Mitarbeiter es beantragt.

III. Im Übrigen richtet sich die betriebliche Altersversorgung nach den Vorschriften des BetrAVG.

oder

I. Für die Zahlung der Werksrenten gelten die Bestimmungen der Ruhegeldordnungen vom .....

II. Als anrechnungsfähige Dienstzeit gelten alle Jahre, die bis zum ..... Lebensjahr erreicht worden wären, im Todesfall alle Jahre, die bis zum Ableben erreicht werden.[48]

Abschnitt IV. Besondere Vorschriften für Auszubildende

72 § 12 Ausbildungsgarantie

Arbeitnehmern, die in einem Ausbildungs-, Umschulungs-, Anlern- oder Praktikantenverhältnis stehen, wird die Beendigung der Ausbildung bei der Firma ..... ermöglicht.

Abschnitt V. Schlussvorschriften

73 § 13 Abfindung

I. Anspruch auf eine Abfindung nach diesem Sozialplan haben nur solche Mitarbeiter,[49] die auf Grund einer vom Arbeitgeber ausgesprochenen ordentlichen betriebsbedingten Kündigung oder auf Grund betriebsbedingter Gründe infolge eines Aufhebungsvertrages ausscheiden.[50]

II. Keinen Anspruch auf Grund dieses Sozialplanes haben solche Mitarbeiter, die aus Gründen ausscheiden, die nicht mit der Stilllegung zusammenhängen.

III. Hat ein Mitarbeiter wegen einer auf Grund der Stilllegung ausgesprochenen Kündigung Kündigungsschutzklage erhoben, so werden die Leistungen aus diesem Sozialplan auf eine gegebenenfalls vom Arbeitsgericht festgesetzte Kündigungsentschädigung nach ihrem Barwert angerechnet.[51]

---

[48] Derartige Bestimmungen können nur aufgenommen werden, wenn Arbeitnehmer kurz vor Erreichung des Ruhestandes ausscheiden.

[49] Keinen Anspruch haben leitende Angestellte (BAG, Urteil v. 16. 7. 1985 – 1 AZR 206/81 – AP BetrVG 1972 § 112 Nr. 32).

[50] Hat der Arbeitnehmer auf Veranlassung des Arbeitgebers selbst gekündigt, so kann er nicht wirksam von Sozialplanleistungen ausgeschlossen werden (BAG, Urteil v. 15. 1. 1991 – 1 AZR 80/90 – AP BetrVG 1972 § 112 Nr. 57; BAG, Beschluss v. 28. 10. 1992 – 10 ABR 75/91 – AP BetrVG 1972 § 112 Nr. 63; BAG, Urteil v. 28. 10. 1992 – 10 AZR 406/91 – AP BetrVG 1972 § 112 Nr. 65; BAG, Beschluss v. 19. 7. 1995 – 10 ABR 885/94 – AP BetrVG 1972 § 112 Nr. 96). Eine Veranlassung liegt vor, wenn der Arbeitgeber den Arbeitnehmer im Hinblick auf eine konkret geplante Betriebsänderung bestimmt, selbst zu kündigen oder einen Aufhebungsvertrag zu schließen, um eine sonst notwendige Kündigung zu vermeiden (BAG, Beschluss v. 19. 7. 1995 – 10 ABR 885/94 – AP BetrVG 1972 § 112 Nr. 96). Dasselbe gilt, wenn auf Veranlassung des Arbeitgebers ein Aufhebungsvertrag geschlossen wird (BAG, Urteil v. 28. 4. 1993 – 10 AZR 222/93 – AP BetrVG 1972 § 112 Nr. 67; BAG, Urteil v. 24. 11. 1993 – 10 AZR 311/93 – AP BetrVG 1972 § 112 Nr. 72; BAG, Urteil v. 20. 4. 1994 – 10 AZR 323/93 – AP BetrVG 1972 § 112 Nr. 77). Bei vorzeitiger Eigenkündigung kann eine Minderung der Sozialplanleistungen vorgesehen werden (BAG, Urteil v. 11. 8. 1993 – 10 AZR 556/92 – AP BetrVG 1972 § 112 Nr. 71; BAG, Urteil v. 9. 11. 1994 – 10 AZR 281/94 – AP BetrVG 1972 § 112 Nr. 84; BAG, Urteil v. 8. 3. 1995 – 5 AZR 869/93 – AP BGB § 242 Gleichbehandlung Nr. 123).

[51] Vgl. BAG, Urteil v. 20. 12. 1983 – 1 AZR 442/82 – AP BetrVG 1972 § 112 Nr. 17; BAG, Urteil v. 20. 6. 1985 – 2 AZR 427/84 – AP BetrVG 1972 § 112 Nr. 33.

§ 14 Salvatorische Klausel 74

I. Arbeitgeber und Betriebsrat sind sich darüber einig, dass durch die vorstehenden Vorschriften die Betriebsstilllegung i.S. von §§ 111, 112 BetrVG abschließend geregelt ist. Die Betriebspartner verzichten auf die Kündigung des Sozialplanes und, soweit rechtlich zulässig, auf seine Anfechtung.

II. Über die Auslegung des Sozialplanes entscheidet die Einigungsstelle verbindlich.[52]

III. Interessenausgleich und Sozialplan treten mit Wirkung vom . . . . . in Kraft.

§ 15 Kosten 75

Die Kosten der Einigungsstelle trägt der Arbeitgeber. Der Vorsitzende erhält . . . . . Die Beisitzer der Einigungsstelle erhalten Fahrtkosten und Spesen gem. Lohnsteuererrichtlinien.[53]

oder

Die Kosten dieses Einigungsstellenverfahrens trägt der Arbeitgeber (vgl. § 40 Abs. 1 BetrVG). Sie umfassen das mit dem Vorsitzenden zu Beginn des Einigungsstellenverfahrens vereinbarte Honorar sowie die Vergütung in Höhe von $^{7}/_{10}$ für den seitens des Betriebsrats teilnehmenden Gewerkschaftssekretär. Der Betriebsratsvorsitzende selbst erhält für die Dauer der Sitzung Vergütungsfortzahlung.[54]

Für den Betriebsrat   Für den Arbeitgeber

Der Vorsitzende der Einigungsstelle

3. Unterschiedliche Abfindungsregelungen in Sozialplänen[55]

a) Abfindungsregelungen nach Punkteschema[56]

Die in der Betriebsvereinbarung vom . . . . . vorgesehene Gesamtsumme in Höhe 76 von . . . . . € wird nach folgendem Schema verteilt. Stichtag für die Berechnung des Alters und der Betriebszugehörigkeit ist der . . . . .

Altersstaffelung	Punkte je Betriebszugehörigkeitsjahr	Mindestbetriebszugehörigkeit
35–39 Jahre alt	5 Punkte	10 Jahre
40–44 Jahre alt	7 Punkte	10 Jahre
45–49 Jahre alt	8 Punkte	8 Jahre
50–55 Jahre alt	9 Punkte	5 Jahre
56–62 Jahre alt	10 Punkte	5 Jahre

[52] Das BAG sieht darin eine unzulässige Schiedsklausel: BAG, Urteil v. 27. 10. 1987 – 1 AZR 80/86 – AP BetrVG 1972 § 76 Nr. 22.

[53] Vgl. § 76 a BetrVG; dazu ArbR-Hdb. § 232.

[54] Es ist wenig sinnvoll, Vergütungsregelungen in den Sozialplan aufzunehmen. Regelmäßig geschieht dies durch besonderen Beschluss unabhängig vom Sozialplan.

[55] Bei allen Regelungen sollte auf Betriebszugehörigkeit, Lebensalter und Unterhaltsverpflichtungen Rücksicht genommen werden. Nach § 112 Abs. 5 BetrVG muss überdies auf die sozialen Belange der betroffenen Arbeitnehmer Bedacht genommen werden.

[56] Vgl. BAG, Urteil v. 18. 10. 1984 – 2 AZR 543/83 – AP KSchG 1969 § 1 Betriebsbedingte Kündigung Nr. 19.

Altersstaffelung	Punkte je Betriebszugehörigkeitsjahr	Mindestbetriebszugehörigkeit
63 Jahre	5 Punkte	5 Jahre[57]
64 Jahre	3 Punkte	5 Jahre
65 Jahre	0 Punkte	0 Punkte

Ansprüche aus Abfindungen aus dem Sozialplan haben nur Arbeitnehmer, die die Voraussetzungen an Lebensalter und Betriebszugehörigkeitsjahren des obigen Schemas erfüllen.

Jeder im Schema aufgeführte Punkt beinhaltet einen Betrag von ..... €.

oder

Die Summe aller Abfindungen wird auf ..... € festgesetzt. Die Abfindung wird auf die Mitarbeiter entspr. der Zahl der auf sie entfallenden Punkte verteilt. Der Stichtag für die Berechnung des Lebensalters und der Betriebszugehörigkeit wird auf den ..... festgesetzt.

oder

1. Betriebszugehörigkeit
Alle Mitarbeiter erhalten entspr. der Dauer ihrer Betriebszugehörigkeit folgende Punkte:
a) vom 3. bis 5. Jahr der Betriebszugehörigkeit pro Jahr zwei Punkte
b) vom 5. bis 10. Jahr der Betriebszugehörigkeit pro Jahr vier Punkte
c) vom 10. bis 15. Jahr der Betriebszugehörigkeit pro Jahr sechs Punkte
d) vom 15. bis .....:
Beispielsrechnung: Betriebszugehörigkeit 14 Jahre = 14 Jahre × 6 Punkte.

2. Lebensalter
Alle Mitarbeiter erhalten für jedes Lebensjahr einen Punkt.
Beispielsrechnung: 58. Lebensjahr = 58 Punkte.

3. Familienstand
Verheiratete und verwitwete Arbeitnehmer mit unterhaltsberechtigten Kindern erhalten zusätzlich 10 Punkte.

4. Unterhaltsberechtigte Kinder
Mitarbeiter erhalten für jedes unterhaltsberechtigte Kind fünf Punkte.

5. Besondere Fälle
a) Schwerbehinderte Arbeitnehmer erhalten ab dem Grad einer Behinderung von 50 v.H. für je 10 v.H. zwei Punkte
b) Unfallgeschädigte .....

b) Abfindungsformel nach Betriebszugehörigkeit und Lebensalter

77 1. Abfindungsberechtigte Mitarbeiter erhalten eine Abfindung, die nach folgender Formel berechnet wird:
Jahre der Betriebszugehörigkeit × Gehalt × X

2. Der Faktor X beträgt
a) für Mitarbeiter im Alter von 20–29 Jahren   0,50

---

[57] Zum Ausschluss von Arbeitnehmern, die vorgezogenes Altersruhegeld beantragen können: BAG, Urteil v. 9. 5. 1985 – 2 AZR 16/84 – AP TVG § 4 Verdienstsicherung Nr. 1; BAG, Urteil v. 25. 2. 1985 – 3 AZR 485/84 – AP BetrVG § 6 Nr. 13; BAG, Urteil v. 26. 7. 1988 – 1 AZR 156/87 – AP BetrVG 1972 § 112 Nr. 45.

b) für Mitarbeiter im Alter von 30–39 Jahren   0,75
c) für Mitarbeiter im Alter von 40–49 Jahren   0,90
d) für Mitarbeiter vom 50. Lebensjahr an   1,00

3. Abfindungsberechtigte Mitarbeiter, die das 50. Lebensjahr vollendet haben, aber das 55. Lebensjahr noch nicht vollendet haben, erhalten eine zusätzliche Abfindung in Höhe eines Gehaltes.
Abfindungsberechtigte Mitarbeiter, die das 55. Lebensjahr vollendet haben, erhalten eine zusätzliche Abfindung in Höhe von drei Gehältern.

4. Bei der Berechnung der Betriebszugehörigkeit und des Lebensalters kommt es auf die am Tage der Beendigung des Arbeitsverhältnisses vollendeten Jahre an.

5. Abfindungsberechtigte Mitarbeiter, die Unterhaltsverpflichtungen haben
(1) für einen Ehepartner erhalten eine zusätzliche Abfindung in Höhe von .....
(2) für Kinder erhalten für jedes Kind eine zusätzliche Abfindung in Höhe von .....

6. Gehalt bedeutet:
Bruttoeinkommen des Monats (Grundgehalt zuzüglich aller tariflichen und außertariflichen Zulagen) × 13,75 : 12.

c) Sozialplanleistungen nach Betriebszugehörigkeit und Lebensalter

Die Höhe der Abfindung errechnet sich aus einem Grundbetrag und einem Steigerungsbetrag.   **78**

a) Grundbetrag

$$\frac{(0,5 + \text{Lebensmonate} \times \text{Dienstmonate})}{270 \times 144} \times 2900 = \text{Grundbetrag in } €.$$

b) Steigerungsbetrag

$$\frac{(0,5 + \text{Lebensmonate} \times \text{Dienstmonate})}{270 \times 144} \times \text{persönliches Monatsentgelt} = \text{Steigerungsbetrag in } €.[58]$$

Hinweis: Bei den vorstehenden Sozialplänen sollte den Unterhaltsverpflichtungen Rechnung getragen werden.

4. Sozialplan für Mittelstandsunternehmen[59]

Zum Ausgleich der Härten für die Arbeitnehmer der Firma ....., die sie aufgrund der Stilllegung des Betriebes ..... erleiden, hat die Einigungsstelle nachfolgenden Sozialplan beschlossen.   **79**

§ 1 Voraussetzungen des Abfindungsanspruches   **80**

I. Arbeitnehmer,[60] die nach dem ..... aus dem Arbeitsverhältnis zu der Firma ..... infolge Stilllegung des Betriebes ..... ausscheiden, erhalten eine Abfindung.

---

58 Bei der wiedergegebenen Berechnungsformel ergibt sich für einen 35 Jahre alten Arbeitnehmer nach 10-jähriger Betriebszugehörigkeit und einem Brutto-Monatsgehalt von 2 500 € eine Abfindung von 9 698,40 €, bei einem 54-jährigen nach 25-jähriger Betriebszugehörigkeit und einem Brutto-Monatsentgelt von 3 147 € 33 258,50 €. Die Höhe der Abfindung kann beeinflusst werden über den Multiplikator 2 900 und den Divisor 270.
59 Der Sozialplan ist in Anlehnung an den der Firma Riedinger Jersey AG verfasst (ZIP 1980, 1149).
60 Vgl. FN 49.

II. Arbeitnehmer, die in der Zeit vom ..... bis ..... aufgrund eigener Kündigung oder infolge eines Aufhebungsvertrages ausgeschieden sind, erhalten eine Abfindung in Höhe von ..... v. H. der nach § 3 berechneten Abfindung.[61]

III. Stichtag für die Errechnung der Lebens- und Dienstjahre ist der Tag des Ausscheidens aus der Firma .....

IV. Keinen Anspruch aus diesem Sozialplan haben die Arbeitnehmer,

1. die aufgrund fristloser Entlassung ausscheiden;

2. die bei ihrem Ausscheiden noch nicht ein Jahr im Dienste der Firma standen;

3. Auszubildende, die in ein anderes Ausbildungsverhältnis vermittelt worden sind.

81 § 2 Voraussetzung des Abfindungsanspruches bei Übernahme durch eine andere Firma

I. Arbeitnehmer, die aufgrund der Vermittlung der Firma ..... von einem Unternehmen des ..... Konzerns eingestellt werden, erhalten nur eine Abfindung in Höhe von 50 v. H. der nach § 3 berechneten Abfindungsbeträge, wenn die bei der Firma ..... zurück gelegte Betriebszugehörigkeit bei dem übernehmenden Betrieb angerechnet wird.[62]

II. Die übernommenen Arbeitnehmer erhalten Gelegenheit, sich über den neuen Arbeitsbereich umfassend zu unterrichten.

III. Wird innerhalb von 12 Monaten nach Aufnahme der Tätigkeit bei dem übernehmenden Betrieb das Arbeitsverhältnis vom Arbeitgeber aus betrieblichen Gründen gekündigt, so haben die aufgrund der Betriebsstilllegung bei der Firma übernommenen Arbeitnehmer Anspruch auf die Sozialplanleistungen in voller Höhe.

82 § 3 Berechnung der Abfindungen

I. Die Gesamtsozialplanleistungen werden auf ..... € festgesetzt.

II. Die Formel für die Berechnung der Abfindung lautet:

$$\frac{\text{Betriebszugehörigkeit} \times \text{Lebensalter}^{63}}{\text{Divisor}^{64}} \times \text{Grundbetrag}^{65} = \text{Abfindung}^{66}$$

III. Arbeitnehmer, die das 51. Lebensjahr vollendet haben, erhalten das 1,1-fache; Arbeitnehmer, die das 52. Lebensjahr vollendet haben, das 1,2-fache; Arbeitnehmer, die das 53. Lebensjahr vollendet haben, das 1,3-fache; Arbeitnehmer, die das 54. Lebensjahr vollendet haben, das 1,4-fache; Arbeitnehmer, die das 55. Lebensjahr vollendet haben, das 1,5-fache;

---

[61] Vgl. FN 50.

[62] Vgl. FN 40.

[63] Betriebszugehörigkeit und Lebensalter werden in Jahren gerechnet.

[64] Nach *Pünnel,* Einigungsstelle, 3. Aufl., 1989 RN 436 übersteigt der Divisor nur dann 100, wenn nur geringe finanzielle Mittel zur Verfügung stehen. Die Festsetzung des Divisors setzt die genaue Kenntnis aller Daten der Ausscheidenden voraus. Wird wegen der Abfindung zugleich Ratenzahlung vereinbart, kann einem Verschätzen begegnet werden, indem für die letzte Rate eine Kürzung vereinbart wird, wenn der Gesamtdotierungsrahmen nicht ausreicht.

[65] Als Grundbetrag wird zumeist das Bruttoarbeitsentgelt gewählt.

[66] Da die Höhe der Abfindung allein von Betriebszugehörigkeit, Lebensalter und Gehalt abhängt, werden regelmäßig Ausgleichszahlungen für ältere Arbeitnehmer, schwerbehinderte Menschen, Unfallgeschädigte, Kinder usw. vereinbart.

Arbeitnehmer, die das 56. Lebensjahr vollendet haben, sowie schwerbehinderte Menschen, die zum ..... ausscheiden, das 1,6-fache;

Arbeitnehmer, die das 57. Lebensjahr vollendet haben, das 1,4-fache und

Arbeitnehmer, die das 58. Lebensjahr vollendet haben, das 1,2-fache der nach II berechneten Abfindungen.[67]

IV. Soweit Arbeitnehmer gemäß § 2 dieses Sozialplanes übernommen werden, kommt der dadurch ersparte Abfindungsbetrag von dem Gesamtbetrag in Höhe von ..... € in Abzug.

V. Die Abfindung beträgt höchstens die Summe der Netto-Verdienste, die der Arbeitnehmer bis zu dem Zeitpunkt verdienen könnte, in dem er das vorgezogene Altersruhegeld beanspruchen kann. Dabei sind die drei letzten Monatsverdienste zugrunde zu legen.[68]

§ 4 Auszahlung der Sozialplanleistungen

83

Die Abfindungen werden in Höhe des jeweils geltenden steuerfreien Betrages im Monat nach Beendigung des Arbeitsverhältnisses ausgezahlt. Der Teil der Abfindung, der den steuerfreien Betrag übersteigt, wird am ..... fällig. Soweit die Abfindungen nicht lohnsteuerpflichtig sind, werden sie netto, im Übrigen brutto ausgezahlt.

§ 5 Sozialplan und Kündigungsschutzklage

84

Arbeitnehmer, die gegen die Kündigung Klage erhoben haben, erhalten die Abfindung erst nach Rücknahme oder rechtskräftiger Abweisung der Klage. Scheiden sie erst aufgrund einer neuen Kündigung aus, wird der zwischen den Beendigungsterminen gezahlte Bruttolohn auf die Abfindung angerechnet.[69]

5. Sozialplan für Groß-Unternehmen[70]

Zwischen der ..... AG

85

und

dem Gesamtbetriebsrat der ..... AG

wird gemäß § 112 BetrVG für die Betriebe der ..... nachfolgender Sozialplan geschlossen:

Vorwort: Der Sozialplan wird zum Ausgleich oder der Milderung der wirtschaftlichen Nachteile geschlossen, die Belegschaftsmitglieder infolge der bereits beschlossenen oder noch während der Laufzeit des Sozialplanes zu beschließenden Struktur- und Rationalisierungsmaßnahmen erleiden. Er berücksichtigt sowohl die sozialen Belange der betroffenen Belegschaftsmitglieder als auch die wirtschaftliche Lage des Unternehmens.

---

[67] Vgl. FN 43.

[68] Vgl. FN 58.

[69] Die Klausel ist so unwirksam. Dem Arbeitnehmer kann das Recht zur Erhebung der Kündigungsschutzklage nicht aberkannt werden (BAG, Urteil v. 20. 12. 1982 – 1 AZR 442/82 – AP BetrVG 1972 § 112 Nr. 17; BAG, Urteil v. 20. 6. 1985 – 2 AZR 427/84 – AP BetrVG 1972 § 112 Nr. 33).

[70] Vgl. die Sozialpläne bei der AEG (ZIP 1980, 215) und der Opel AG (ZIP 1980, 478).

Abschnitt I. Geltungsbereich

86 **§ 1 Persönlicher Geltungsbereich**

I. Der Sozialplan gilt für alle unter das BetrVG fallenden Mitarbeiter der .....
AG, die während der Laufzeit dieses Sozialplanes von personellen Maßnahmen zur
Umstrukturierung oder Rationalisierung des Unternehmens betroffen werden.[71]

II. Der Sozialplan ist unabhängig davon anzuwenden, ob das Arbeitsverhältnis
vom Unternehmen oder dem Mitarbeiter gekündigt wird oder es im gegenseitigen
Einvernehmen endet, sofern Anlass der Beendigung die in Abs. I genannten Maßnahmen sind.[72]

III. Belegschaftsmitglieder, denen aus einem in ihrer Person oder in ihrem Verhalten liegenden Grund gekündigt wird, erhalten keine Leistungen aus dem Sozialplan.

IV. Diese Betriebsvereinbarung gilt nicht für leitende Angestellte, Beschäftigte
mit befristeten Arbeitsverträgen, es sei denn, dass sie zuvor als Auszubildende beschäftigt waren sowie Aushilfskräfte.

V. Keinen Anspruch aus dieser Betriebsvereinbarung haben Arbeitnehmer, die
unmittelbar nach Beendigung des Arbeitsverhältnisses Altersruhegeld oder Leistungen wegen Erwerbsunfähigkeit auf Dauer aus der gesetzlichen Rentenversicherung
haben. Dasselbe gilt für Arbeitnehmer, die nach Beendigung des Arbeitsverhältnisses Anspruch auf Arbeitslosengeld und daran anschließenden Anspruch auf Altersruhegeld aus der gesetzlichen Rentenversicherung haben.

87 **§ 2 Inkrafttreten**

Der Sozialplan tritt am ..... in Kraft und läuft bis zum ..... Sollten die personellen Maßnahmen bis zu diesem Zeitpunkt noch nicht vollständig abgeschlossen
sein, wird auf Antrag einer Seite der Sozialplan bis zum ..... verlängert.

**Abschnitt II. Leistungen bei Umsetzung oder Versetzung innerhalb des
Unternehmens**

88 **§ 3 Versetzung innerhalb des Tarifgebietes**

I. Wird ein Belegschaftsmitglied innerhalb des Tarifgebietes/..... auf einen gleichwertigen Arbeitsplatz versetzt, so wird die bisherige Lohn- und Gehaltseinstufung
beibehalten und das vertragliche Einkommen weitergezahlt. Als vertragliches Einkommen gilt das im Einzelarbeitsvertrag in seiner letzten Fassung festgesetzte Einkommen.

II. Erfolgt die Versetzung auf einen nicht gleichwertigen Arbeitsplatz, so erfolgt
eine neue Einstufung in die Lohn- und Gehaltstarife. Bei erforderlichen Umgruppierungen darf eine Herabgruppierung nicht über zwei Lohn- und Gehaltsstufen
hinausgehen. Für die Dauer eines Jahres seit der Versetzung wird die Differenz
zwischen dem bisherigen vertraglichen Einkommen und den neuen Bezügen als

---

[71] Leitende Angestellte können im Wege des Vertrages zugunsten Dritter einbezogen werden. Nach
der Rspr. ist der Arbeitgeber hierzu nicht verpflichtet.
[72] Vgl. FN 47.

persönliche Zulage weitergezahlt, die mit etwaigen Tariflohnerhöhungen nicht verrechnet werden darf.

III. Bei Versetzung von außertariflichen Angestellten werden einzelvertragliche Abreden unter Mitwirkung des Betriebsrates getroffen; der Besitzstand bleibt für die Dauer eines Jahres seit Versetzung erhalten.

§ 4 Versetzung außerhalb des Tarifgebietes 89

I. Wird ein Belegschaftsmitglied in ein anderes Tarifgebiet oder einen nicht in ..... belegenen Betrieb versetzt, so erfolgt die Einstufung des Belegschaftsmitgliedes in die für diesen Ort geltenden Tarifverträge. Sind die neuen vertraglichen Bezüge geringer als das bisherige vertragliche Einkommen (§ 3 Abs. I Satz 2), so wird der Differenzbetrag für die Dauer eines Jahres als bei Tariflohnerhöhungen nicht anrechnungsfähige persönliche Zulage gezahlt.

II. Belegschaftsmitglieder, die an einen anderen Arbeitsort versetzt werden, aber ihren bisherigen Wohnsitz beibehalten, erhalten die durch die Versetzung bedingten Mehraufwendungen an Fahrtkosten für die kostengünstigste Verbindung mit öffentlichen Verkehrsmitteln für die Dauer eines Jahres erstattet. Für die Mehraufwendungen im übrigen, insbesondere Trennungsgeld, Familienheimfahrten gelten die Vorschriften der Betriebsvereinbarung vom ..... entsprechend.

III. Belegschaftsmitgliedern, die an einen anderen Ort versetzt werden, wird das Unternehmen bei der Wohnraumbeschaffung im Einzugsgebiet des neuen Arbeitsortes behilflich sein. Angemessene Kosten für Inserate und Maklergebühren werden nach vorheriger Abstimmung mit dem Unternehmen übernommen. Die Umzugskosten werden nach der Betriebsvereinbarung vom ..... erstattet.

IV. Zur Suche und Besichtigung von Mietobjekten wird ohne Verdienstminderung die erforderliche Freizeit gewährt. Notwendige Reisen zur Wohnungsbesichtigung in einer Entfernung von mehr als ..... km gelten als Dienstreisen. Die Aufwendungen übernimmt das Unternehmen entsprechend der Betriebsvereinbarung vom .....

V. Muss das Belegschaftsmitglied für eine vergleichbare Wohnung am neuen Arbeitsort eine höhere Miete zahlen, so wird der Differenzbetrag zwischen der alten und neuen Wohnungsmiete für die Dauer von zwei Jahren seit dem Umzug vom Unternehmen erstattet.

§ 5 Übernahme 90

I. Die Geschäftsleitung der Betriebe, die Belegschaftsmitglieder übernehmen, ohne ihnen einen gleichwertigen Arbeitsplatz anzubieten, werden bemüht sein, dem versetzten Belegschaftsmitglied innerhalb von 12 Monaten seit Übernahme einen gleichwertigen Arbeitsplatz anzubieten.

II. Belegschaftsmitglieder, denen eine Versetzung angeboten wird, erhalten die Möglichkeit, sich über den neuen Arbeitsplatz zu informieren. Aufwendungen werden nach der Betriebsvereinbarung vom ..... erstattet.

III. Bewerbungen solcher Belegschaftsmitglieder, die in einen anderen Betrieb versetzt wurden, werden vorrangig berücksichtigt, wenn sie in den bisherigen Betrieb zurückkehren wollen.

IV. Die Kosten für infolge der Versetzung notwendig werdende Umschulungen oder Weiterbildungen trägt das Unternehmen, soweit nicht öffentliche Mittel in Anspruch genommen werden können.

91   § 6 Betriebszugehörigkeit

Soweit Leistungen des übernehmenden Unternehmens oder Betriebes von der Betriebszugehörigkeit abhängen, verpflichtet sich das Unternehmen sicher zu stellen, dass die in seinem Dienste zurückgelegten Dienstzeiten bei dem übernehmenden Unternehmen oder Betrieb berücksichtigt werden.

Abschnitt III. Vorzeitiges Pensionierungsprogramm[73]

92   § 7 Pensionierungsprogramm

I. Belegschaftsmitglieder, die das 55., aber noch nicht das 59. Lebensjahr vollendet haben, können, wenn sie 25 anrechnungsfähige Dienstjahre zurück gelegt haben und zur Kündigung vorgesehen sind, im gegenseitigen Einvernehmen ausscheiden. Sie erhalten neben der Abfindung nach § 9 vorläufiges Ruhegeld.

II. Das vorläufige Ruhegeld wird in der Höhe gewährt, auf das das Belegschaftsmitglied Anspruch hätte, wenn der Versorgungsfall im Zeitpunkt des Ausscheidens eingetreten wäre. Das vorläufige Ruhegeld wird in entsprechender Anwendung von § 16 BetrAVG in Abständen von je drei Jahren nach dem Ausscheiden überprüft.[74]

III. Mit Bewilligung der Sozialversicherungsrente erhalten die ehemaligen Belegschaftsmitglieder Ruhegeld gemäß der Versorgungsordnung vom ..... Der in der Versorgungsordnung vorgesehene versicherungsmathematische Abschlag bei Inanspruchnahme des vorgezogenen Altersruhegeldes entfällt.

IV. Stirbt der Versorgungsberechtigte während der Zeit, in der er vorläufiges Ruhegeld bezieht, erhalten die Hinterbliebenen Versorgungsbezüge aus dem dem Versorgungsberechtigten gewährten Ruhegehalt.

93   § 8 Vorgezogene Pensionierung nach dem 59. Lebensjahr

I. Belegschaftsmitglieder, die das 59. Lebensjahr vollendet und die Anwartschaftszeit nach der Versorgungsordnung vom ..... zurück gelegt haben, können, wenn sie zur Kündigung vorgesehen sind, im gegenseitigen Einvernehmen ausscheiden. Sie und ihre Hinterbliebenen erhalten neben einer Abfindung Ruhegeld nach der Versorgungsordnung vom .....

II. Keinen Anspruch auf Abfindung nach diesem Sozialplan haben solche Belegschaftsmitglieder, die bei seinem Inkrafttreten bereits einen Antrag auf Sozialversicherungsrente gestellt haben.

oder

---

[73] Der Gesetzgeber hat die vorzeitigen Pensionierungsprogramme durch Vorruhestands- und Altersteilzeitregelungen zurückdrängen wollen. Sie sind im Wesentlichen ersetzt durch Regelungen nach dem Altersteilzeitgesetz. Vgl. § 15 RN 21 ff.

[74] Meldet sich der Mitarbeiter arbeitslos, so besteht u. U. die Möglichkeit, dass er Arbeitslosengeld oder Arbeitslosenhilfe erhält. Es wird daher gelegentlich versucht, Anrechnungsbestimmungen zu vereinbaren. Die Regelung ermöglicht es auch dem Mitarbeiter, eine andere Arbeitsstelle anzunehmen. In diesem Falle würde er die Leistungen neben dem neuen Arbeitsverhältnis beziehen.

I. Belegschaftsmitglieder, die das 59. Lebensjahr vollendet und die Anwartschaftszeit nach der Versorgungsordnung vom ..... zurückgelegt haben, können, wenn sie vorgezogenes Altersruhegeld aus der gesetzlichen Rentenversicherung beanspruchen wollen, ausscheiden.

II. Die ausscheidenden Belegschaftsmitglieder erhalten eine monatlich zahlbare Abfindung in Höhe des Unterschiedsbetrag zwischen dem jeweiligen regelmäßigen Arbeitslosengeld und dem bisherigen Netto-Monatsverdienst, der aus dem Durchschnitt der letzten 6 Monate vor dem Ausscheiden berechnet wird. Der Anspruch besteht bis zur Dauer von ..... Monaten seit dem Ausscheiden, längstens jedoch bis zur Vollendung des 65. Lebensjahres. Bei Bezug von Arbeitslosenhilfe wird das regelmäßige Arbeitslosengeld zugrunde gelegt.[75]

§ 9 Vorzeitige Pensionierung zwischen dem 55. und dem 58. Lebensjahr   94

I. Mitarbeiter, die das 55., aber noch nicht das 59. Lebensjahr vollendet haben, können unter Einhaltung der ordentlichen Kündigungsfrist vom Unternehmen vorzeitig pensioniert werden.[76] Die für eine vorzeitige Pensionierung in Frage kommenden Arbeitnehmer werden vom Unternehmen unter Wahrung der Rechte des Betriebsrates ausgewählt. Bei der Auswahl sind vorrangig die betrieblichen Interessen zu berücksichtigen.

II. Vorzeitig pensionierte Arbeitnehmer haben sich spätestens am Tage nach dem Ausscheiden beim zuständigen Arbeitsamt zu melden, einen Antrag auf Leistungsbezug (Arbeitslosengeld und Arbeitslosenhilfe) zu stellen und der Arbeitsvermittlung zur Verfügung zu stehen. Der Rentenantrag ist rechtzeitig, spätestens drei Monate vor Erfüllung der Anspruchsvoraussetzungen für den Bezug von vorgezogenem oder flexiblem Altersruhegeld bei dem zuständigen Versicherungsträger zu stellen. Auf Wunsch des Mitarbeiters wird er von der Personalabteilung unterstützt.

III. Mitarbeiter, die vorzeitig pensioniert worden sind, erhalten:

1. Für die Zeit der Arbeitslosigkeit bis zu dem Zeitpunkt, in dem sie Anspruch auf vorgezogenes oder flexibles Altersruhegeld oder Erwerbs- oder Berufsunfähigkeitsrente haben, eine Ausgleichszahlung nach §§ 9, 10 KSchG. Die Ausgleichszahlung wird bis zum Höchstbetrag des Nettomonatsentgeltes gewährt, das der Arbeitnehmer im Durchschnitt der letzten 12 Monate vor dem Ausscheiden bezogen hat (multipliziert mit dem Faktor 1,02). Auf die Ausgleichszahlung wird das Arbeitslosengeld oder die Arbeitslosenhilfe angerechnet, auf die der Arbeitnehmer Anspruch hat. Entsprechendes gilt, wenn der Arbeitnehmer Krankengeld bezieht.

Gesamtversorgung aus Arbeitslosengeld/-hilfe und Ausgleichszahlung nach 25 und mehr Dienstjahren

	55-	56-	57-	58jährige
1. Jahr	100%	100%	100%	100%
2. Jahr	95%	95%	95%	95%
3. Jahr	90%	90%	90%	
4. Jahr	85%	85%		
5. Jahr	80%			

---

[75] Nach § 2 Abs. V dieses Sozialplans sind solche Arbeitnehmer vom Bezug ausgeschlossen, die Altersrente beanspruchen können.

[76] Die Regelung entspricht noch dem früheren Recht.

bis 25 Dienstjahre

	55–	56–	57–	58jährige
1. Jahr	95%	95%	95%	95%
2. Jahr	90%	99%	90%	90%
3. Jahr	85%	85%	85%	
4. Jahr	80%	80%		
5. Jahr	80%			

Die Ausgleichszahlung wird bei dem Ausscheiden festgesetzt und monatlich ausgezahlt.

2. Hat der Mitarbeiter Anspruch auf vorgezogenes oder flexibles Altersruhegeld, so wird ihm auf seinen Antrag ein Überbrückungsdarlehen bis zum Einsetzen der Rentenzahlungen gewährt. In diesen Fällen hat er seinen Anspruch auf Auszahlung der Rente abzutreten oder das Unternehmen unwiderruflich zu ermächtigen, die Rentenzahlungen entgegen zu nehmen.

3. Wegen der durch die vorzeitige Inanspruchnahme eintretenden Minderung der Sozialversicherungsrente wird für die Dauer deren Bezuges ein Aufstockungsbetrag gezahlt.[77] Aus entgangener Versicherungszeit wird die Zeit vom Rentenbeginn bis zur Vollendung des 63. Lebensjahres gerechnet. Der Aufstockungsbetrag beträgt für jedes fehlende Versicherungsjahr 20,– € monatlich. Angefangene Versicherungsjahre werden bis zu sechs Monaten mit 10,– €, danach mit dem vollen Jahresbetrag berücksichtigt. Teilzeitbeschäftigte erhalten den Aufstockungsbetrag in dem Verhältnis, das sich aus der vertraglichen Arbeitszeit zur tariflichen Arbeitszeit ergibt.

Verstirbt der Mitarbeiter vor Vollendung des 63. Lebensjahres, so erhalten die Hinterbliebenen den Aufstockungsbetrag anteilig, und zwar die Witwe in Höhe von 60 v. H. und Vollwaisen in Höhe von 30 v. H. des im Zeitpunkt des Todes gezahlten Betrages.

95　§ 10　Vorzeitige Pensionierung zwischen dem 59. und 62. Lebensjahr

I. Mitarbeiter, die das 59., aber noch nicht das 63. Lebensjahr vollendet haben, können vom Unternehmen unter Einhaltung der ordentlichen Kündigungsfrist vorzeitig pensioniert werden.[78] Die für eine vorzeitige Pensionierung in Frage kommenden Mitarbeiter werden unter Wahrung der Rechte des Betriebsrates vom Unternehmen ausgewählt. Bei der Auswahl haben die betrieblichen Interessen den Vorrang.

II. Vorzeitig pensionierte Arbeitnehmer haben sich spätestens am Tage nach ihrem Ausscheiden beim zuständigen Arbeitsamt arbeitslos zu melden und einen Antrag auf Leistungsbezug zu stellen. Der Rentenantrag ist spätestens drei Monate vor Vollendung des 60. Lebensjahres zu stellen. Der Mitarbeiter wird auf Wunsch von der Personalabteilung unterstützt.

III. Mitarbeiter, die vorzeitig pensioniert worden sind, erhalten:

1. Für die Zeit der Arbeitslosigkeit bis zum Zeitpunkt des Beginns einer gesetzlichen Sozialversicherungsrente (vorgezogenes oder flexibles Altersruhegeld, Erwerbs- und Berufsunfähigkeitsrente) eine Abfindung nach §§ 9, 10 KSchG in

---

[77] Die Regelung sollte an § 2 Abs. V des Sozialplans angepasst werden.
[78] Es ist zu beachten, dass nach § 38 SGB VI die sozialversicherungsrechtlichen Voraussetzungen für die vorgezogene Altersrente wegen Arbeitslosigkeit strenger als nach dem Sozialplan sind.

Höhe des Unterschiedsbetrages zwischen dem (mit dem Faktor 1,02 multiplizierten) Netto-Monatsentgelt und dem vom Arbeitsamt gezahlten Arbeitslosengeld bzw. gezahlter Arbeitslosenhilfe. Das Nettomonatsentgelt wird aus dem Durchschnittsverdienst des letzten Jahres vor der vorzeitigen Pensionierung errechnet. Satz 1 gilt entspr. im Falle des Bezuges von Krankengeld. Die Abfindung wird bei dem Ausscheiden errechnet und festgesetzt. Sie wird in 12 Monatsraten ausgezahlt.

2. u. 3. *Die Regelung kann entspr. § 7 erfolgen.*

Abschnitt IV. Abfindungen

§ 11 Voraussetzungen einer Abfindung   96

Abfindungen werden nur gewährt, wenn das Belegschaftsmitglied aus den im Vorwort genannten Gründen ausscheidet.

§ 12 Abfindungshöhe   97

I. Belegschaftsmitglieder erhalten bei ihrem Ausscheiden eine Abfindung, deren Höhe sich aus der beigefügten Abfindungstabelle ergibt.[79]

II. Stichtag für die Berechnung der Lebens- und Dienstjahre ist das Datum des Ausscheidens.

[79] Die Abfindung beträgt in Monatsbezügen:

vollendete Dienstjahre	bis zum 30. Lebensjahr	ab dem 30. Lebensjahr	ab dem 40. Lebensjahr	ab dem 45. Lebensjahr	ab dem 50. Lebensjahr	ab dem 55. Lebensjahr
1	1,5	2	6	7	8	7
2	2,5	4	6	7	8	7
3	4	6	7	8	8	7
4	5	8	9	10	12	10
5	6	9	10	12	15	11
6	7	10	12	15	18	12
7	8	11	14	17	20	13
8	9	12	16	19	22	14
9	10	14	18	21	25	15
10	11	15	20	24	29	16
11	12	16	22	26	30	17
12	13	17	24	28	34	18
15	15	23	26	30	38	23
20		30	32	34	40	30
25		34	35	36	45	34
30					50	39
35					55	44
40						49

Die Tabelle ist AiB 1998, 14 entnommen, um die Forderungen darzustellen.

Schaub

III. Bemessungsbasis für die Abfindungen ist das letzte volle Monatseinkommen vor dem Austritt. Bei Leistungslöhnen gilt das durchschnittliche Monatseinkommen der letzten drei voll abgerechneten Monate. Zur Bemessungsbasis zählen nicht .....

98   § 13 Abfindungszuschlag für schwerbehinderte Menschen

Schwerbehinderte Menschen und Gleichgestellte erhalten neben der Abfindung nach § 11 einen weiteren Abfindungsbetrag in Höhe von .....

99   § 14 Abfindungszuschlag für langjährige Betriebszugehörigkeit

Belegschaftsmitglieder, die nach dem vollendeten 22., aber vor ihrem 25-jährigen Dienstjubiläum ausscheiden, erhalten eine zusätzliche Abfindung in Höhe von ..... Monatsgehältern. Die Abfindung erhöht sich auf ..... Monatsgehälter für solche Belegschaftsmitglieder, die ab dem vollendeten 37. bzw. 47. Dienstjahr, aber vor ihrem 40. bzw. 50 jährigen Dienstjubiläum ausscheiden.

100   § 15 Angebot eines anderen Arbeitsplatzes

I. Belegschaftsmitglieder, denen am Ort des Unternehmens oder in zumutbarer Entfernung ein anderer gleichwertiger Arbeitsplatz angeboten wird, erhalten keine Abfindung, wenn sie das Angebot ablehnen.[80]

II. Belegschaftsmitglieder, die versetzt worden sind, aber innerhalb von drei Monaten nach Versetzung das Arbeitsverhältnis kündigen, weil ihnen der neue Arbeitsplatz unzumutbar ist, erhalten eine Abfindung nach diesem Sozialplan. Ob der Arbeitsplatz zumutbar ist, entscheidet auf Antrag des Belegschaftsmitgliedes eine Kommission, der je zwei Mitglieder des Unternehmens und des Betriebsrats angehören.

101   § 16 Abfindung bei misslungener Versetzung

Abfindungen nach diesem Sozialplan erhalten auch solche Belegschaftsmitglieder, die versetzt worden sind, aber innerhalb eines Jahres aus betriebsbedingten Gründen gekündigt werden.

Abschnitt V. Sonstige Bestimmungen

102   § 17 Darlehen *(vgl. § 56 RN 68)*

103   § 18 Werkswohnungen *(vgl. § 56 RN 67)*

104   § 19 Teilzeitbeschäftigung

105   § 20 Anrechnungsbestimmung bei Kündigungsschutzklage *(vgl. § 56 RN 84)*

---

[80] Vgl. FN 38.

6. Sozialplan mit besonderen Kündigungsschutzregelungen

a) Kündigungsschutz

I. Kann dem Arbeitnehmer keine andere zumutbare Tätigkeit im Unternehmen **106** angeboten werden oder wird diese abgelehnt und muss deshalb das Arbeitsverhältnis gekündigt werde, so ist eine fristgemäße Kündigung erst nach dem 1. 1. ..... zulässig. Die Kündigungsfrist richtet sich nach dem ..... Tarifvertrag für ..... vom .....

II. Jeder gekündigte oder von Kündigung bedrohte Arbeitnehmer kann das Arbeitsverhältnis unabhängig von gesetzlichen und tariflichen Kündigungsfristen mit einer Frist von zwei Wochen kündigen. Die Ansprüche aus dem Sozialplan bleiben davon unberührt. Der Mitarbeiter ist über den Verlust etwaiger Ansprüche nach dem SGB III zu belehren.

III. Werden Arbeitnehmer auf einen anderen Arbeitsplatz versetzt, so erlangen sie nach der Versetzung einen besonderen Kündigungsschutz. Ihr Arbeitsverhältnis wird für die Dauer von ..... Jahren seit der Versetzung nicht aus betriebsbedingten Gründen gekündigt. Der Kündigungsschutz verlängert sich um die Dauer einer Qualifizierungsmaßnahme.

IV. Kündigen Arbeitnehmer nach erfolgter Versetzung werden die Leistungen aus dem Sozialplan für die Zeit am neuen Arbeitsplatz anteilig gekürzt. Maßgebend für die Kürzung ist der Zeitpunkt der Versetzung. Nach der vereinbarten Einarbeitungszeit und Ablauf weiterer ..... Monate werden keine Abfindungen mehr gezahlt.

V. Während der Kündigungsfrist haben Arbeitnehmer bis zu ..... Tagen Anspruch auf bezahlte Freistellung von der Arbeit. Das Unternehmen übernimmt die Kosten der Arbeitsplatzsuche. Hierzu gehören die Kosten der Erstellung von Bewerbungsunterlagen, Porto und Reisekosten. Für die Erstattung der Reisekosten gelten die bisherigen Regelungen des Unternehmens.

VI. Arbeitnehmer, die infolge der Rationalisierungsmaßnahme entlassen worden sind, werden bevorzugt wieder eingestellt. Das Unternehmen verpflichtet sich, den ausgeschiedenen Arbeitnehmer die internen und externen Stellenausschreibungen zuzusenden. Die Arbeitnehmer werden jede Anschriftenänderung dem Unternehmen mitteilen.

b) Aufhebungsvertrag

I. Aufhebungsverträge werden nur auf Wunsch des Arbeitnehmers geschlossen. **107** Hierbei werden die gesetzlichen oder tariflichen Kündigungsfristen eingehalten. Im Aufhebungsvertrag wird klargestellt, dass er aus betriebsbedingten Gründen geschlossen wird. Die Kündigungsfristen werden nur auf Wunsch des Arbeitnehmers verkürzt. Im Falle der Verkürzung der Kündigungsfristen ist der Arbeitnehmer über die möglichen Folgen nach dem SGB III zu belehren.

II. Der aufgrund eines Aufhebungsvertrages ausscheidende Arbeitnehmer darf nicht schlechter gestellt werden als derjenige, der aufgrund einer betriebsbedingten Kündigung ausscheidet. Insbesondere sind die gleichen Abfindungen zu zahlen.

7. Sozialpläne im Insolvenzverfahren

108   In der Insolvenz des Arbeitgebers ist bei der Bemessung der Abfindung § 123 InsO zu beachten.

a) Insolvenz

109   Wird die Sozialplanabfindung nach der Formel von § 56 RN 78 berechnet, so ergibt sich folgende Berechnungshilfe:

a) $\dfrac{\text{Lebensalter} \times \text{Betriebszugehörigkeit}}{\text{Divisor}} \times \text{Grundbetrag} = \text{Abfindung}$

b) $\dfrac{\text{Summe von } 2^1/_2 \text{ Monatsverdiensten}}{\text{Zahl der betroffenen Arbeitnehmer}} = \text{Obergrenze}$

c) $\dfrac{100\% \times \text{Obergrenze}}{\text{Abfindung}} = \%\text{ Satz des zu zahlenden Betrages}$

b) Insolvenzverfahren[81]

110   a) Monatsverdienst X zweieinhalb Monatsverdienste = relative Obergrenze
b) Umfang der Masse geteilt durch drei = Absolute Obergrenze
c) Ist der Sozialplan in den letzten drei Monaten vor Eröffnung des Insolvenzverfahrens geschlossen worden, kann dieser widerrufen werden.

IV. Sozialplan in den neuen Bundesländern

111   Für die Formulierung von Sozialplänen in den neuen Bundesländern gelten keine Besonderheiten. Insoweit kann auf die vorstehenden Muster verwiesen werden.

---

[81] Es ist zu unterscheiden, ob der Sozialplan vor oder nach Eröffnung des Insolvenzverfahrens geschlossen worden ist. In einem Sozialplan, der nach der Eröffnung des Insolvenzverfahrens geschlossen worden ist, kann für den Ausgleich oder die Milderung der wirtschaftlichen Nachteile, die den Arbeitnehmern infolge der geplanten Betriebsänderung entstehen, ein Gesamtbetrag von bis zu zweieinhalb Monatsverdiensten der von einer Entlassung betroffenen Arbeitnehmer vorgesehen werden. Wegen der Berechnung des Monatsverdienstes wird auf § 10 KSchG verwiesen. Sofern kein Insolvenzplan geschlossen wird, darf für die Berichtigung nicht mehr als ein Drittel der Masse verwandt werden (§ 123 InsO). Die Sozialplanforderungen sind Masseforderungen (§§ 53 bis 55 InsO). Ist der Sozialplan in den letzten drei Monaten vor Eröffnung des Insolvenzverfahrens geschlossen worden, kann er sowohl vom Betriebsrat als auch dem Insolvenzverwalter widerrufen werden. Wird er widerrufen, können die Arbeitnehmer in dem neuen Sozialplan berücksichtigt werden.

V. Durch die Bundesagentur für Arbeit geförderte Sozialpläne[82, 83]

Interessenausgleich und von der Bundesagentur für Arbeit geförderter Sozialplan   112

A. Interessenausgleich

1. Geltungsbereich

Diese Vereinbarung gilt für alle Arbeitnehmer der X-AG mit Ausnahme der leitenden Angestellten im Sinne von § 5 Abs. 3 BetrVG, die zum Zeitpunkt des Inkrafttretens des Interessenausgleichs in einem Arbeitsverhältnis stehen.

Sachlich gilt der Interessenausgleich für die Personalanpassungsmaßnahmen 2004/2005, die wegen der drohenden Insolvenz notwendig sind. Die Betriebsparteien sind sich einig, dass ein Personalabbau nicht vermeidbar ist.

Diejenigen Arbeitnehmer, deren Arbeitsverhältnis beendet werden muss, ergeben sich aus der Anlage 1, die Gegenstand dieser Vereinbarung ist.

2. Durchführung der Betriebsänderung

Die Betriebsparteien sind sich darüber einig, dass die in der Anlage 1 aufgeführten Arbeitnehmer, soweit sie nicht auf Grund eines Aufhebungsvertrages ausscheiden, zum ..... aus betriebsbedingten Gründen gekündigt werden.

Die Betriebsparteien sind sich einig, dass es einer Sozialauswahl nicht bedarf, da sämtliche zum Zeitpunkt des Abschlusses dieses Interessenausgleichs noch nicht gekündigten Arbeitsverhältnisse gekündigt werden.

Der Betriebsrat wird den Kündigungen nicht widersprechen. Die Betriebsparteien sind sich einig, dass der Interessenausgleich die Stellungnahme des Betriebsrats nach § 17 Abs. 3 Satz 2 KSchG ersetzt und mit Abschluss des Interessenausgleichs das Anhörungsverfahren nach § 102 BetrVG beendet ist.

3. Transferleistungen nach § 216a SGB III

Ab ..... sollen alle Arbeitnehmer, die sich aus der Anlage 2 ergeben, mit Transferleistungen nach §§ 216a ff. SGB III betreut werden. Diese Maßnahmen sollen zur Vermeidung der Arbeitslosigkeit beitragen. Das Unternehmen wird die für die Antragstellung erforderliche Liste erstellen und die Zuschüsse der Agentur für Arbeit beantragen.

Mit der Durchführung der Maßnahmen wird das Unternehmen die Beschäftigungs- und Qualifizierungsgesellschaft Y beauftragen.

Das Unternehmen erklärt sich bereit, Räume und Sachmittel sowie einen finanziellen Beitrag in Höhe von ..... zu leisten.[84]

4. Transferkurzarbeitergeld[85]

Im Anschluss an die Sozialplanmaßnahmen soll für die nicht reintegrierten Arbeitnehmer Transferkurzarbeit bis ..... in der Beschäftigungs- und Qualifizierungsgesellschaft durchgeführt werden.

---

[82] Die Regelungen in § 254 SGB III a. F. beruhen auf den Regelungen zu Umstrukturierungsmaßnahmen in den neuen Bundesländern. Sie sind durch das Dritte Gesetz für moderne Dienstleistungen am Arbeitsmarkt vom 23. 12. 2003 (BGBl. I 2848) aufgehoben worden. Sie sind ersetzt worden durch die Transferleistungen nach §§ 216a ff. SGB III n. F.

[83] Zum Verfahren sollte in jedem Fall die Bundesagentur für Arbeit hinzugezogen werden.

[84] Vgl. § 323 SGB III.

[85] Vgl. § 216b SGB III.

Die von der Beschäftigungs- und Qualifizierungsgesellschaft geführten Arbeitnehmer werden in Kurzarbeit Null geführt. Der Betriebsrat stimmt dieser Kurzarbeit zu.

5. Sozialplan

Zum Ausgleich und zur Milderung der wirtschaftlichen Nachteile, die den Arbeitnehmern entstehen, wird ein Sozialplan abgeschlossen.

6. Vollständige Durchführung

Die Betriebsparteien sind sich einig, dass mit Abschluss dieser Betriebsvereinbarung das Verfahren nach § 112 BetrVG vollständig durchgeführt ist.

113   ## B. Betriebsvereinbarung über einen Sozialplan

1. Geltungsbereich

Diese Betriebsvereinbarung gilt für alle Arbeitnehmer des X-AG mit Ausnahme der leitenden Angestellten nach § 5 Abs. 3 BetrVG, die sich in einem ungekündigten Arbeitsverhältnis befinden.

2. Maßnahmen zur Verbesserung der Mobilität

Die Beschäftigungs- und Qualifizierungsgesellschaft Y wird Trainer und Fachberater zur Verfügung stellen, die geeignete Maßnahmen zur Herstellung und Verbesserung der Vermittelbarkeit der Arbeitnehmer durchführt. Zu diesen Maßnahmen können insbesondere gehören

– Einzelgespräche für die Vermittlung und berufliche Neuorientierung,
– Maßnahmen zur Eignungsfeststellung, Trainingsmaßnahmen zur Verbesserung der Eingliederungsaussichten,
– Durchführung von vereinbarten oder geeigneten Qualifizierungsmaßnahmen sowohl fachlicher Fort- und Weiterbildung als auch solcher zur Förderung außerfachlicher Kompetenzen,
– Unterstützung bei der Stellensuche einschließlich Bewerbertraining,
– Gewährung von Mobilitätshilfen nach §§ 53, 54 SGB III.

Die Leistungen stehen unter dem Vorbehalt der Förderung durch die Bundesagentur für Arbeit.

Während der Dauer der Sozialplanmaßnahmen erhalten die Arbeitnehmer ihre bisherigen Nettobezüge. Diese werden von der Beschäftigungs- und Qualifizierungsgesellschaft ausgezahlt, sobald die Mittel von der Bundesagentur für Arbeit eingehen.

3. Transferkurzarbeit

Mitarbeiter in Transferkurzarbeit (Kurzarbeit Null) erhalten eine Zuzahlung zum Transferkurzarbeitergeld auf .....% ihres bisherigen Nettoeinkommens (ohne Berücksichtigung der Sonderzahlung) für die Dauer des Bezuges von Transferkurzarbeitergeld, höchstens jedoch für die Dauer von zwölf Monaten.

Die Zeit der Transferkurzarbeit soll über die in Nr. 2 vorgesehenen Maßnahmen genutzt werden, die Vermittlungschancen durch berufliche Qualifizierungsmaßnahmen zu verbessern.

4. Abfindung

5. Härteregelung

Sollten sich bei der Durchführung des Sozialplanes Fälle ergeben, die nicht berücksichtigt oder geregelt sind, werden Arbeitgeber und Betriebsrat darüber beraten und eine Entscheidung im Sinne des Sozialplanes treffen. Die Mittel der Härteregelung werden dem Härtefonds entnommen.

6. Wirksamkeitsvoraussetzung

Die Durchführung dieses Sozialplanes setzt die Gewährung von Zuschüssen durch die Bundesagentur für Arbeit voraus.

Unternehmensleitung   Betriebsrat/Gesamtbetriebsrat

C. Vertrag zwischen der X-AG und der Beschäftigungs- und Qualifizierungsgesellschaft Y

114

1. Vertragsgegenstand
2. Vertragsangebote an die Mitarbeiter
3. Betriebsorganisatorisch eigene Verwaltungseinheit für die Arbeitnehmer der X-AG
4. Finanzierung
5. Zahlungen/Bankverbindungen
6. Vertragsdauer und Zustandekommen
7. Schlussbestimmungen.

III. Buch.
Muster und Formulare zum Arbeitsgerichtsverfahren[1]

1. Abschnitt. Urteilsverfahren erster Instanz

§ 57. Muster für das Rubrum einer Klage

I. In der Privatwirtschaft

An das Arbeitsgericht ...., den 1

Klage

(1) Einzelperson

des *kaufmännischen Angestellten Ernst Lobesam, Memelstraße 60,* (PLZ) *Duisburg*

– Klägers –

Prozessbevollmächtigte: Rechtsanwälte *Recht und Billig, Blumenallee 3 a,* (PLZ) *Duisburg*

gegen

den *Kaufmann Anton Säumig, Heinestraße 10,* (PLZ) *Duisburg*

– Beklagten –

(2) BGB-Gesellschaft

des *Friedhelm Putzmann, Friesenstraße 10,* (PLZ) *Hamburg*

– Klägers –

Prozessbevollmächtigte: Rechtsanwälte *Hein und Maurer, Meilenstraße 1,* (PLZ) *Hamburg*

gegen

die *Stukkateurmeister Ernst und Walter Stuck, Schlesingerstraße 100,* (PLZ) *Hamburg,* als Gesellschafter bürgerlichen Rechts[2]

– Beklagten –

(3) Offene Handelsgesellschaft

des *Arbeiters Friedhelm Fach, Koloniestraße 4,* (PLZ) *Duisburg*

– Klägers –

Prozessbevollmächtigter: Rechtsanwalt *Hinrichs, Mauerwall 2,* (PLZ) *Duisburg*

gegen

die *Hermine Zöllner OHG,* gesetzlich vertreten durch die persönlich haftenden Gesellschafter *Anton Zöllner und Hermine Zöllner, Heinestraße 70,* (PLZ) *Duisburg*

– Beklagte –

---

[1] Alle hier verwendeten Namen sind frei erfunden; jede Ähnlichkeit ist zufällig.

[2] Bei einer Gesellschaft bürgerlichen Rechts sind Arbeitgeber die einzelnen Gesellschafter. Allerdings zeigt sich in der Rechtsprechung die starke Tendenz, in Teilbereichen der GbR Rechtsfähigkeit zuzusprechen (BGH, Urteil v. 27. 9. 1999 – II ZR 371/98 – BGHZ 142, 315; BGH, Urteil v. 29. 1. 2001 – II ZR 331/00 – NZA 2001, 408; jüngst: ArbG Verden, Urteil v. 7. 5. 2003 – 1 Ca 859/02 – NZA 2003, 918; LG Berlin, Beschluss v. 8. 4. 2003 – 102 T 6/03 – ZiP 2003, 1201). Sollte eine Rechtsfähigkeit i. S. v. § 124 HGB anerkannt werden, hätte dies zur Folge, dass für die GbR die gleichen Regeln wie für eine OHG gelten. Im Übrigen sind die Beklagten als Gesamtschuldner zu behandeln.

(4) Kommanditgesellschaft

des *Tankwarts Anton Eifrig, Bürgerstraße 1,* (PLZ) Duisburg

– Klägers –

Prozessbevollmächtigter: Rechtsanwalt *Dirks, Lange Straße 10,* (PLZ) *Duisburg*

gegen

die *Friedhelm Ölbrunn KG,* gesetzlich vertreten durch den persönlich haftenden Gesellschafter *Heinrich Ölbrunn, Tanklager Weg 7,* (PLZ) *Duisburg*

– Beklagte –

> **Hinweis:**
> Soll der Komplementär wegen seiner Solidarhaftung (§§ 161, 128 HGB) mit verklagt werden, braucht er nur als Beklagter zu 2) in das Rubrum aufgenommen werden.

(5) Gesellschaft mit beschränkter Haftung

des *Prokuristen Hermann Färber, Windhucker Weg 7,* (PLZ) *Duisburg*

– Klägers –

Prozessbevollmächtigter: Rechtsanwalt *Scharf, Merkurstraße 12,* (PLZ) *Duisburg*

gegen

die *Eisenwerke Hochfeld GmbH,* gesetzlich vertreten durch den Geschäftsführer *Hermann Abel, Wanheimer Straße 10,* (PLZ) *Duisburg*

– Beklagte –

(6) GmbH u. Co. KG

des *kaufmännischen Angestellten Gerhard Kruse, Walramsweg 1,* (PLZ) *Duisburg*

– Klägers –

Prozessbevollmächtigte: Rechtsanwälte *Schultz und Reinhard, Cäcilienweg 5,* (PLZ) *Duisburg*

gegen

die *Eigenheimbau GmbH u. Co. KG,* gesetzlich vertreten durch die Komplementärin *Eigenheimbau GmbH,* diese wiederum vertreten durch den Geschäftsführer *Anton Baumeister, Bäumenerstraße 100,* (PLZ) *Ratingen*

– Beklagte –

(7) Aktiengesellschaft

des *Arbeiters Anton Abetz, Winkelstraße 7,* (PLZ) *Herne*

– Klägers –

Prozessbevollmächtigte: Rechtsanwältin *Neubert, Sandtor 35,* (PLZ) *Herne*

gegen

die *Eisenbrenner AG,* gesetzlich vertreten durch den Vorstand *Dr. Herbert Müller und Friedhelm Krause, Römerstraße 21,* (PLZ) *Herne*

– Beklagte –

(8) Eingetragene Genossenschaft

des *Sachbearbeiters Anton Bisbim, Bahnhofstraße 1,* (PLZ) *Herne*

– Klägers –

Prozessbevollmächtigter: Rechtsanwalt *Taube, Ringstraße 99,* (PLZ) *Herne*

gegen

die *Neue Wohnstätten eGmbH,* gesetzlich vertreten durch den Vorstand *Bürgermeister Anton Kerk und Rudolf Leiding, Wohnstättenstraße 8,* (PLZ) *Herne*

– Beklagte –

II. Im öffentlichen Dienst

(Bezeichnung des Klägers jeweils wie Muster (1) bis (8). Die juristischen Personen sind zu **2**
bezeichnen:)

(1) Gemeinden[3]

Stadt ....., gesetzlich vertreten durch den Rat der Stadt, dieser wiederum vertreten
durch den (Ober)Bürgermeister.[4]

(2) Kreis

Landkreis ....., gesetzlich vertreten durch den Landrat.

(3) Land

das Land Nordrhein-Westfalen, dieses vertreten durch den Minister des Innern,[5]
dieser wiederum vertreten durch den Regierungspräsidenten.

(4) Evangelische Kirche

Kirchengemeinde ....., gesetzlich vertreten durch das Presbyterium, dieses wiederum vertreten durch den Superintendent und die Presbyter .....

(5) Katholische Kirche

Kirchengemeinde St. ....., gesetzlich vertreten durch den Kirchenvorstand, dieser
wiederum vertreten durch die Mitglieder 1. ..... 2. ..... 3. .....

> **Hinweis zu (4) und (5):**
> Die Kirchengemeinden sind häufig Unterhaltsträger rechtlich unselbstständiger Krankenhäuser. Die Klage ist alsdann gegen die Gemeinde und nicht gegen das Krankenhaus
> zu richten.

§ 58. Prozessleitende Verfügungen des Arbeitsgerichts bei fehlerhaften Klagen

I. Hinweis nach Bitte um Auskunft oder Rat

Sehr geehrte(r) **1**

Auf Ihre Eingabe vom ..... wird mitgeteilt, dass das Arbeitsgericht im Interesse
seiner Unparteilichkeit Auskünfte oder Ratschläge nicht erteilen darf. Diese können
Sie bei Gewerkschaften oder Arbeitgeberverbänden, sofern Sie deren Mitglied
sind, sowie bei Rechtsanwälten erhalten.

---

[3] Die Muster sind auf die Gemeindeverwaltung in NRW zugeschnitten. Das Rubrum richtet
sich nach der gesetzlichen Vertretung der Körperschaft, also regelmäßig nach GemeindeO und
KreisO.
[4] Bei kreisfreien Städten Oberbürgermeister.
[5] Die Minister vertreten im Rahmen ihres Zuständigkeitsbereichs. Vgl. Art. 57 Verf. NRW.

Sofern Sie glauben, Ansprüche zu haben, können Sie Klage erheben. Bei der Abfassung der Klage ist Ihnen die Geschäftsstelle eines jeden Arbeits- oder Amtsgerichts behilflich. Die Geschäftsstelle des Arbeitsgerichts ..... ist montags bis freitags von ..... bis ..... geöffnet. In Eilfällen können Sie auch während der übrigen Dienstzeit vorsprechen.

Sie können aber auch unmittelbar Klage erheben. Nach § 253 ZPO muss eine Klage unter genauer Bezeichnung der Parteien nach Name, Stand und Anschrift einen bestimmten Antrag und seine Begründung enthalten. Ein Merkblatt für eine Klage ist diesem Schreiben beigefügt.

Gemäß § 139 ZPO[1] weise ich Sie darauf hin, dass in vielen Fällen zur Vermeidung tariflicher Verfallfristen Klagen kurzfristig erhoben werden müssen. Klagen gegen eine Kündigung müssen binnen 3 Wochen seit Zugang der Kündigung bei Gericht eingehen, sofern das Kündigungsschutzgesetz Anwendung findet. Dies ist anwendbar, wenn .....

Ist Ihr Arbeitsvertrag befristet und wollen Sie geltend machen, dass die Befristung rechtsunwirksam ist, so muss innerhalb von drei Wochen nach dem vereinbarten Ende des befristeten Arbeitsvertrages Klage auf Feststellung erhoben werden, dass das Arbeitsverhältnis aufrund der Befristung nicht beendet ist.

Mit freundlichen Grüßen

Anlage: Klagemuster

II. Hinweis auf eine unzulässige Klage

1. Gerichtliche Musterverfügung

2   Sehr geehrte(r) .....

Auf Ihre Eingabe vom ..... wird mitgeteilt, dass diese nicht den gesetzlichen Erfordernissen einer ordnungsgemäßen Klageschrift entspricht. Was eine ordnungsgemäße Klageschrift enthalten muss, können Sie aus dem beiliegenden Merkblatt ersehen. Danach wollen Sie bitte Ihre Klageschrift ergänzen. Sie können die Klage auch zu Protokoll der Geschäftsstelle eines Arbeits- oder Amtsgerichts erklären. Die Geschäftsstelle des hiesigen Arbeitsgerichts ist montags bis freitags von 9 bis 12 Uhr – in Eilfällen auch während der übrigen Dienstzeit – geöffnet.[2]

Mit freundlichen Grüßen

Anlage

---

[1] ZPO i. d. F. vom 12. 9. 1950 (BGBl. I 533) zul. geänd. 27. 12. 2003 (BGBl. I 3022). Die ZPO findet über § 46 Abs. 2 ArbGG Anwendung im Arbeitsgerichtsprozess. Die Möglichkeiten des Gerichts, nach § 139 ZPO Hinweise an die Parteien zu geben, wurde durch die „große" Reform des Zivilprozessrechts erweitert (vgl. Zivilprozessreformgesetz vom 27. 7. 2001, BGBl. I 1887, und § 139 Abs. 4 ZPO). *Schmidt/Schwab/Wildschütz* NZA 2001, 1161 ff. und 1217 ff. zu den Auswirkungen der ZPO-Reform auf das arbeitsgerichtliche Verfahren.

[2] Gelegentlich verweisen die Arbeitsgerichte darauf, dass unterstellt werde, die Rechtssache werde nicht mehr verfolgt, wenn die Mängel nicht binnen zwei Wochen behoben würden. Dieses Verfahren ist bedenklich.

2. Merkblatt für eine Klage

Hinweis auf die gesetzlichen Erfordernisse einer ordnungsgemäßen Klage- **3** **schrift (§§ 253, 130, 131 ZPO)**

Die stets in doppelter Ausfertigung einzureichende Klageschrift muss enthalten:

1. die Bezeichnung der Parteien und ihrer gesetzlichen Vertreter nach Namen, Beruf oder Gewerbe mit vollständiger Anschrift; die Bezeichnung des Gerichts, an das die Klage gerichtet wird und des Streitgegenstandes; die Zahl der Anlagen;

2. die Anträge, welche die Partei in der Gerichtssitzung zu stellen beabsichtigt;

3. die Angabe der zur Begründung der Anträge dienenden tatsächlichen Verhältnisse;

4. die Erklärungen über die tatsächlichen Behauptungen des Gegners;

5. die Bezeichnung der Beweismittel, deren sich die Partei zum Nachweis tatsächlicher Behauptungen bedienen will, sowie die Erklärung über die vom Gegner bezeichneten Beweismittel.

Der Klageschrift sind die in den Händen der Partei befindlichen Urkunden, insbesondere Arbeitsverträge, Schriftwechsel, Abrechnungen usw, auf die in der Klage Bezug genommen wird, in Urschrift, Abschrift oder Ablichtung beizufügen. Bei Zeugen ist deren vollständige Anschrift anzugeben.

3. Hinweis auf die örtliche Unzuständigkeit des Gerichts

Sehr geehrte(r) **4**

In der Rechtssache .....

wird darauf hingewiesen, dass sich die örtliche Zuständigkeit des Gerichts u. a. nach dem Wohn- bzw. Firmensitz der beklagten Partei (§§ 12 ff. ZPO) oder auch nach dem Erfüllungsort (§ 29 ZPO) richtet.

Nach Ihrem Vorbringen dürfte daher das Arbeitsgericht ..... örtlich zuständig sein.

Sie haben die Möglichkeit, die Abgabe der Sache an das örtlich zuständige Arbeitsgericht zu beantragen oder die örtliche Zuständigkeit des angerufenen Gerichts näher zu begründen.

Begründen Sie nicht die Zuständigkeit und wählen Sie kein zuständiges Gericht aus, wird der Rechtsstreit an das Arbeitsgericht ..... verwiesen (§ 48 ArbGG, § 17 a GVG).

Mit freundlichen Grüßen

Neef

§ 59. Leistungsklagen des Arbeitnehmers

I. Zahlungsklagen

1. Klage auf Arbeitsvergütung[1]

1　An das Arbeitsgericht . . . . .　　　　　　　　　　　. . . . ., den . . . . .

In Sachen pp. *(volles Rubrum § 57)*

wird beantragt,

1. den Beklagten zu verurteilen, ... €[2] nebst Zinsen[3] in Höhe von 5% über dem Basiszinssatz[4] ab . . . . . zu zahlen;[5]

2. im Falle des Anerkenntnisses des Beklagten, in Höhe des anerkannten Betrages ohne mündliche Verhandlung ein Anerkenntnisurteil zu erlassen.[6, 7]

Gründe:

Der Kläger (geb. am . . . . ., verheiratet/ledig, ... Kinder)[8] war vom . . . . . bis zum . . . . . bei dem Beklagten zu einem Monatsverdienst von . . . . . € beschäftigt. Der Beklagte hat für den Monat . . . . . keine Arbeitsvergütung gezahlt. Der Kläger hat seine Forderung am . . . . . mündlich/schriftlich erfolglos angemahnt. Der Beklagte ist daher zur Zahlung von . . . . . € verpflichtet.

2. Klage auf Überstundenvergütung

2　An das Arbeitsgericht . . . . .　　　　　　　　　　　. . . . ., den . . . . .

In Sachen pp. *(volles Rubrum § 57)*

wird beantragt, den Beklagten zu verurteilen, ... € nebst Zinsen in Höhe von 5% über dem Basiszinssatz aus . . . . . € ab dem 31. 1. 2003 und aus . . . . . € ab dem 28. 2. 2003 zu zahlen.

---

[1] Für den internationalen Arbeitsgerichtsprozess ist seit dem 1. 3. 2002 das EuGVVO zu beachten (ABl. EG Nr. L 12 vom 16. 1. 2001). Diese Verordnung ersetzt das EuGVÜ (Letzteres gilt nur noch im Verhältnis zu Dänemark). Einschlägig sind hierbei die Artikel 18–21 EuGVVO.

[2] Das Fehlen eines bestimmten Antrags macht die Klage unzulässig. Wird die Zahlung eines geringeren Betrages beantragt als sich aus der Begründung ergibt, muss klargestellt werden, welcher Teilbetrag gefordert wird.

[3] Der Streit, ob Zinsen aus dem Brutto- oder Nettobetrag zu beantragen sind, ist entschieden: der Arbeitnehmer kann Zinsen aus dem Bruttobetrag verlangen, vgl. BAG GS, Beschluss v. 7. 3. 2001 – GS 1/00 – AP BGB § 288 Nr. 4.

[4] §§ 288 i. V. m. 291 BGB. Gelegentlich wird vertreten, dass Zinsen von 8% über dem Basiszinssatz verlangt werden könnten. Dies hänge davon ab, ob der Arbeitnehmer Verbraucher i. S. d. § 13 BGB sei; vgl. *Tschöpe,* Anwaltshandbuch Arbeitsrecht, 3. Aufl., S. 2195.

[5] Im Falle einer Klage auf besondere Lohnbestandteile aus betrieblicher Übung lautet der Klageantrag entweder wie oben als Leistungsantrag oder als Feststellungsantrag: *„Es wird beantragt festzustellen, dass der Beklagte verpflichtet ist, dem Kläger auch weiterhin für die Arbeit . . . . . einen Lohnzuschlag in Höhe von . . . . . € aus betrieblicher Übung zu zahlen."* Vgl. auch ArbR-Hdb. § 111.

[6] Nach § 55 Abs. 2 ArbGG können bestimmte Urteile ohne mündliche Verhandlung ergehen. Es handelt sich nur um eine prozessuale Anregung an das Gericht.

[7] Da über die Kosten von Amts wegen entschieden wird, sind entsprechende Anträge entbehrlich. Zur vorläufigen Vollstreckbarkeit vgl. § 62 ArbGG.

[8] Angaben sind im Zahlungsprozess nicht erforderlich, aber sinnvoll.

Gründe

Der Kläger ist seit dem ..... bei dem Beklagten zu einer monatlichen Vergütung in Höhe von ..... € beschäftigt. Eine Ablichtung des Arbeitsvertrages ist als Anlage 1 beigefügt. Die regelmäßige Arbeitszeit beträgt 40 Stunden in einer Fünf-Tage-Woche, und zwar von montags bis freitags jeweils von 8.00 Uhr bis 16.30 Uhr mit einer Mittagspause von 30 Minuten. Der Kläger hat am Samstag, den 18. 1., 25. 1., 1. 2. und 8. 2. 2003 jeweils vier Überstunden geleistet. Diese Überstunden sind von dem Beklagten ausdrücklich angeordnet worden. Mithin kann der Kläger die Vergütung dieser 16 Überstunden verlangen.

oder

Der Beklagte hat zwar die Überstunden nicht angeordnet. Er wusste aber, dass der Kläger jeden Sonnabend 4 Überstunden geleistet hat. Diese hat der Beklagte gebilligt, da sie betriebsnotwendig waren. Der Kläger ist nämlich immer wieder bei dem Beklagten vorstellig geworden, dass die übertragene Arbeit während der normalen Arbeitszeit nicht zu verrichten sei. Der Beklagte sagte, der Kläger solle sehen, wie die Arbeit fertig werde. Hauptsache sei, dass sie gemacht würde.

Beweis: ..... *(Forderung vorrechnen)*

Die Vergütung für die Überstunden des Monats Januar war Ende Januar fällig, die Vergütung für die Überstunden des Monats Februar war Ende Februar fällig. Daher sind ..... € ab 31. 1. 2003 und ..... € ab 28. 2. 2003 zu verzinsen.

3. Klage auf Vergütungsfortzahlung im Krankheitsfalle[9]

An das Arbeitsgericht ...., den **3**
In Sachen pp. *(volles Rubrum § 57)*
wird beantragt, die Beklagte zu verurteilen, ... € nebst Zinsen in Höhe von 5%
über dem Basiszinssatz ab 31. 1. 2003 an den Kläger zu zahlen.

Gründe:

Der am ..... geborene Kläger, verheiratet/ledig, ... Kinder, wurde am ..... von der Beklagten eingestellt. Der Kläger verdient wöchentlich/monatlich/stündlich in der Fünf-Tage-Woche bei ..... stundiger Arbeitszeit ..... € ohne Überstunden.[10] Das Arbeitsverhältnis besteht ungekündigt fort/wurde am ..... von der Beklagten zum ..... gekündigt.

Vom 5. 1. 2003 bis 29. 1. 2003 war der Kläger arbeitsunfähig krank. Der Kläger hat die Beklagte unverzüglich am 5. 1. 2003 benachrichtigt und am 6. 1. 2003 eine Arbeitsunfähigkeitsbescheinigung vorgelegt.[11]

Die Beklagte ist daher zur vollen Vergütungsfortzahlung, mithin zu einer Zahlung in Höhe von ..... € verpflichtet.[12, 13]

---

[9] Vgl. ArbR-Hdb. § 98 RN 7 ff.
[10] Vgl. § 4 Abs. 1a EFZG.
[11] Dies gehört an sich nicht zur Darlegungslast des Klägers. Ihre Nichtvorlage kann eine Einrede der Beklagten begründen.
[12] Es gilt das Lohnausfallprinzip, ArbR-Hdb. § 98 RN 88.
[13] Gemäß § 4 Abs. 4 EFZG können durch Tarifvertrag abweichende Berechnungsmethoden eingeführt werden. Vgl. zur Historie ArbR-Hdb. § 98 RN 118.

Neef

Die Beklagte weigert sich zu Unrecht, die Arbeitsvergütung weiterzuzahlen. Sie behauptet[14] .....

4. Klage auf Urlaubsabgeltung[15]

4   An das Arbeitsgericht ...., den .....

In Sachen pp. *(volles Rubrum § 57)*

wird beantragt, den Beklagten zu verurteilen, ... € nebst Zinsen in Höhe von
5% über dem Basiszinssatz seit 31. 1. 2003 an den Kläger zu zahlen.

Gründe:

Der Kläger trat am ..... in die Dienste des Beklagten (Beweis .....). Das Arbeitsverhältnis endete auf Grund ..... am 31. 1. 2003. Der Kläger hat während des Arbeitsverhältnisses keinen Urlaub erhalten. Dieser ist nach § 7 Abs. 4 BUrlG abzugelten.[16]

Der Beklagte wird einwenden, für den Kläger sei kein Urlaubsanspruch erwachsen,
weil er vom ..... bis zum ..... arbeitsunfähig krank gewesen sei. Dieser Einwand
ist nicht gerechtfertigt. Nach der inzwischen feststehenden Rechtsprechung des
BAG entsteht der Urlaubsanspruch unabhängig davon, ob der Arbeitnehmer Arbeitsleistungen erbracht hat.[17] Für den Kläger ist daher für das Jahr ..... und für das
Jahr ..... ein Anspruch auf ..... bzw..... Urlaubstage erwachsen. Für das Jahr .....
konnte der Kläger seinen Urlaub nicht nehmen. Er ist daher in das Jahr ..... übertragen worden.[18] Da der Kläger am ..... wieder arbeitsfähig gewesen ist, ist der
Anspruch fällig geworden und ist er abzugelten. Dasselbe gilt .....

5. Schadensersatzklage wegen Arbeitnehmereigentums

5   An das Arbeitsgericht ...., den .....

In Sachen pp. *(volles Rubrum § 57)*

wird beantragt, den Beklagten zur Zahlung von ..... € nebst Zinsen in Höhe von
5% über dem Basiszinssatz seit dem ..... zu verurteilen.

Gründe:

Der am ..... geborene Kläger, ledig/verheiratet, ... Kinder, ist seit dem ..... bei
dem Beklagten ..... als ..... zu einem Arbeitsverdienst in Höhe von ..... € beschäftigt. Das Arbeitsverhältnis besteht ungekündigt fort.

Am ..... benutzte der Kläger für den Arbeitsweg seinen Personenkraftwagen Marke ..... mit dem Pol.-Kennzeichen ..... Als er in die Werkseinfahrt einbog, geriet

---

[14] Ob der Kläger bereits in der Klageschrift auf Einwendungen der Beklagten eingeht, ist eine Frage
des Einzelfalles. Wenn dessen Einwendungen abzusehen sind, kann dies zweckmäßig sein, um dem Gericht eine gezielte Vorbereitung zu ermöglichen und eine Entgegnung auf die Klageerwiderung entbehrlich zu machen.

[15] Vgl. *Leinemann* NZA 1985, 137 ff. (142).

[16] Für die Berechnung der Abgeltungssumme gilt das modifizierte Referenzmodell: Entgelt der letzten 13 Wochen: 78 = Tagesverdienst.

[17] Vgl. BAG, Urteil v. 8. 3. 1984 – 6 AZR 600/82 – AP BUrlG § 3 Rechtsmissbrauch Nr. 14.

[18] Die Übertragung erfolgt nur bis zum 31. 3. des Folgejahres; danach erlischt der Anspruch, vgl. § 7
Abs. 3 BUrlG.

er ins Schleudern und prallte mit dem linken Kotflügel gegen die Toreinfahrt. Der Unfall ist, wie auch der Werkschutz des Beklagten festgestellt hat, auf Glatteisbildung zurückzuführen. Der Beklagte hatte nicht gestreut.[19] Infolge dieses Unfalles hat der Kläger einen Schaden in Höhe von ..... € erlitten.[20]

Beweis: .....

Darüber hinaus haftet der Beklagte noch für einen weiteren Schaden in Höhe von ..... €. Am ..... hatte der Beklagte ihn beauftragt, im Interesse des Betriebes Werkzeuge bei der Firma ..... abzuholen.[21]

Beweis: .....

Der Kläger musste seinen eigenen Kraftwagen benutzen, da der Beklagte keine hinreichende Anzahl von Betriebsfahrzeugen besitzt. Der Kläger hat zur Erledigung des Auftrages die ..... Straße von ..... nach ..... befahren. In Höhe ..... hat der Zeuge überraschend mit dem von ihm gelenkten Fahrzeug Marke ..... Pol.-Kz. ..... die Fahrspur gewechselt, ohne die Blinkanlage zu betätigen. Der Kläger ist mit seinem Fahrzeug seitlich in das Fahrzeug hineingefahren. Die Behebung der Schäden hat ..... € Kosten verursacht. Der Unfall war für den Kläger unvermeidlich. Die Haftpflichtversicherung des Zeugen ..... hat dem Kläger ..... € seines Schadens ersetzt. Den Restbetrag fordert er von dem Beklagten.

6. Teilklage auf Schadensersatz

An das Arbeitsgericht ...., den **6**

In Sachen pp. *(volles Rubrum § 57)*

wird beantragt, den Beklagten zur Zahlung von ..... € nebst Zinsen in Höhe von 5% über dem Basiszinssatz seit dem ..... zu verurteilen.

Gründe:

Der Kläger macht gegen den Beklagten Schadensersatzansprüche aus ..... geltend. Der Beklagte haftet, weil .....

Dem Kläger sind folgende Schäden erwachsen:

1. ..... 2. ..... 3. .....

Dem Kläger steht zumindest ein Ersatzanspruch in Höhe von ..... € zu. Hiervon verlangt der Kläger aus Kostengründen zunächst nur ..... €. Es werden in erster Linie – jeweils zur Hälfte des genannten Schadensbetrages – geltend gemacht: 1. ..... 2. ..... 3. .....[22]

7. Stufenklage

An das Arbeitsgericht ...., den **7**

In Sachen pp. *(volles Rubrum § 57)*

---

[19] Vgl. BGH, Urteil v. 22. 11. 1965 – III ZR 32/65 – NJW 1966, 202.
[20] Vgl. ArbR-Hdb. § 108 RN 34.
[21] Vgl. BAG, Urteil v. 8. 5. 1980 – 3 AZR 82/79 – AP BGB § 611 Gefährdungshaftung des Arbeitgebers Nr. 6.
[22] Vgl. BAG, Urteil v. 8. 7. 1967 – 3 AZR 271/66 – AP ZPO § 529 Nr. 5. Der Kläger muss, will er nur einen Teilbetrag geltend machen, angeben, welcher Teilbetrag von jedem möglichen Anspruch in welcher Reihenfolge verfolgt wird, vgl. BGH, Urteil v. 4. 12. 1997 – IX ZR 247/96 – NJW 1998, 1140 f.

wird beantragt,

die Beklagte im Wege der Stufenklage zu verurteilen,

1. Abrechnung über die in der Zeit vom ..... bis ..... verdiente Provision zu erteilen,

2. einen Buchauszug über die in der Zeit vom ..... bis ..... verdiente Provision zu erteilen,

3. erforderlichenfalls die Richtigkeit des Buchauszuges an Eides statt zu versichern,[23]

4. den sich aus dem Buchauszug zugunsten des Klägers ergebenden Betrag auszuzahlen.[24]

Gründe:

Der am ..... geborene Kläger, der verheiratet ist und ..... Kinder hat, war bei der Beklagten vom ..... bis ..... als *Verkaufsreisender* beschäftigt. Er verdiente ein Fixum und erhielt außerdem Provision. Die Einzelheiten sind aus dem in der Anlage beigefügten Arbeitsvertrag zu entnehmen.

Beweis: Arbeitsvertrag.

Die Beklagte hat seit dem ..... Provisionen nicht mehr abgerechnet.[25] Gleichwohl hat der Kläger noch provisionspflichtige Geschäfte vermittelt, denn die Kunden ..... haben noch Bestellungen aufgegeben.

Beweis: .....

Die Beklagte ist daher gemäß §§ 65, 87c HGB verpflichtet, Abrechnungen zu erteilen.

Nach §§ 65, 87c Abs. 2 HGB hat die Beklagte einen Buchauszug zu erteilen. Da zu gewärtigen ist, dass sie ihn nicht wahrheitsgemäß erteilt, wenn sie nicht unter dem Zwang der eidesstattlichen Versicherung steht, muss sie angehalten werden, die Richtigkeit an Eides statt zu versichern.

Schließlich ist zur Vermeidung des tariflichen Verfalls der Forderung im Wege der Stufenklage schon jetzt die Auszahlung des Betrages zu begehren.

8. Stufenklage bei Zweifelsfällen

8   **Hinweis:**

Eine Stufenklage ist unzulässig, wenn der Kläger selbst bereits hinreichende Kenntnis hat. Soweit er seine Provision ermitteln kann, benötigt er nicht unbedingt eine Stufenklage; andererseits weiß er oft nicht, ob er umfassende Kenntnis hat. In diesen Fällen kann es zur Minderung der prozessualen Risiken hilfreich sein, abgestufte Klageanträge zu stellen, nämlich:

---

[23] Der Antrag kann nach h. M. bereits in der Klageschrift gestellt werden. Zur Abgabe der eidesstattlichen Versicherung ist die Beklagte nur verpflichtet, wenn ein begründeter Zweifel besteht, dass die Abrechnung oder der Buchauszug unrichtig oder unvollständig erteilt sind. Es empfiehlt sich daher, den Antrag zunächst einzuschränken.

[24] Dieser Antrag ist ausnahmsweise nicht als zu unbestimmt zu bewerten, vgl. BGH, Urteil v. 2. 3. 2000 – III ZR 65/99 – NJW 2000, 1645 ff. Vgl. auch *Baumbach/Lauterbach/Albers/Hartmann* ZPO, 62. Aufl., § 253 RN 43.

[25] Zur Rechtslage bei Überhangprovisionen, also erst nach Beendigung des Arbeitsverhältnisses fällig werdender Provisionen: BGH, Urteil v. 10. 12. 1997 – VIII ZR 107/97 – BB 1998, 391 ff.

1. Die Beklagte wird verurteilt, an den Kläger ..... € nebst Zinsen in Höhe von **9**
5% über dem Basiszinssatz seit dem ..... an den Kläger zu zahlen;

2. hilfsweise, die Beklagte zu verurteilen,

    a) Abrechnung über die in der Zeit vom ..... bis ..... verdiente Provision zu erteilen;

    b) einen Buchauszug über die in der Zeit vom ..... bis ..... verdiente Provision zu erteilen;

    c) erforderlichenfalls die Richtigkeit eines Buchauszugs an Eides statt zu versichern;

    d) den sich aus dem Buchauszug zugunsten des Klägers ergebenden Betrag auszuzahlen.

I. Sachverhalt

Der Kläger war bei der Beklagten vom ..... bis ..... als *Verkaufsreisender* beschäftigt. Er verdiente ein Fixum und erhielt außerdem Provision. Die Einzelheiten sind aus dem als Anlage beigefügten Arbeitsvertrag zu entnehmen.

Die Beklagte hat seit dem ..... Provisionen nicht mehr abgerechnet. Der Kläger hat nach diesem Zeitpunkt noch folgende provisionspflichtigen Geschäfte vermittelt: .....

Daraus ergibt sich eine Provision des Klägers in Höhe von ..... €.

Beweis: .....

II. Rechtliche Beurteilung

Aufgrund der vom Kläger getätigten Geschäfte hat er Anspruch auf die vertragsgemäße Provision, nämlich bei einem Provisionssatz von ..... und einem noch nicht abgerechneten Geschäftsvolumen von ..... eine Provision in Höhe von: ..... €.

Der Kläger verfügt über eigene Aufzeichnungen der provisionspflichtigen Geschäfte. Sollte sich daher ergeben, dass er nicht in der Lage ist, den Klageanspruch zu Ziff. 1 in vollem Umfang schlüssig darzulegen und zu beweisen, stünde fest, dass er jedenfalls den mit Ziff. 2 geltend gemachten Auskunfts- und Rechnungslegungsanspruch hat, der aus diesem Grunde hilfsweise erhoben wird.

9. Klage des Arbeitnehmers wegen Geschlechtsdiskriminierung

An das Arbeitsgericht ...., den **10**

Klage

der *Angestellten Herta Krüger, Freihafen 7,* (PLZ) *Dortmund*

                                          – Klägerin –

Prozessbevollmächtigter: Rechtsanwalt *Krug, Neue Straße 15,* (PLZ) *Dortmund*

gegen

die *Technische Hochschule Dortmund, Kreisstraße 100,* (PLZ) *Dortmund*

                                          – Beklagte –

wegen Geschlechtsdiskriminierung

Namens und mit Vollmacht der Klägerin erhebe ich Klage und werde beantragen zu erkennen:

Die Beklagte wird verurteilt, ... € nebst Zinsen in Höhe von 5% über dem Basiszinssatz seit dem ..... an die Klägerin zu zahlen.

Neef

Begründung[26]

Die am ..... geborene, ledige Klägerin hat ein Hochschulstudium zurückgelegt und das Studium erfolgreich mit dem Examen für ..... abgeschlossen. Das Prüfungsergebnis war mit der Note ..... überdurchschnittlich gut.[27]

Beklagte ist die *Technische Hochschule Dortmund*. Diese unterhält ein Institut für ..... Im Institut muss die Stelle eines Laboringenieurs besetzt werden.

Die Beklagte hatte die Stelle am ..... in der Zeitschrift ..... ausgeschrieben, dass ein Laboringenieur gesucht werde. Die Stellenausschreibung ist in der Anlage 1 beigefügt.[28] Die Klägerin hat sich auf die Stellenausschreibung beworben. Am ..... hat sie sich bei dem Institutsdirektor Prof. Dr. ..... vorgestellt. Bei dem Vorstellungsgespräch ist die Klägerin gefragt worden, ob sie beabsichtige, in absehbarer Zeit zu heiraten. Dies hat sie verneint, weil sie ihren Beruf ausüben will. Herr Prof. Dr. ..... hat gleichwohl erklärt, dass er lieber einen Mann einstelle, weil bei dem Aufbau von Laborversuchen gelegentlich körperlich schwere Arbeit verrichtet werden müsse. Die Universität hat der Klägerin geschrieben, dass die Stelle inzwischen anderweitig besetzt worden sei.[29, 30]

---

[26] Der Arbeitgeber darf einen Arbeitnehmer bei einer Vereinbarung oder einer Maßnahme, insbesondere bei der Begründung des Arbeitsverhältnisses, beim beruflichen Aufstieg, bei einer Weisung oder einer Kündigung nicht wegen des Geschlechts benachteiligen (§ 611a Abs. 1 Satz 1 BGB). Untersagt ist jede Benachteiligung tatsächlicher oder rechtlicher Art (ArbR-Hdb. § 165). Kommt es zwischen Arbeitgeber und Arbeitnehmer zum Streit, ob eine Benachteiligung wegen des Geschlechtes vorliegt, so enthält § 611a Abs. 1 Satz 3 BGB eine Beweislastregelung. Der oder die Beteiligte braucht allein Tatsachen glaubhaft zu machen, aus denen auf eine Benachteiligung wegen des Geschlechts zu schließen ist. In diesem Fall trägt der Arbeitgeber die Darlegungs- und Beweislast dafür, dass nicht auf das Geschlecht bezogene, sachliche Gründe eine unterschiedliche Behandlung rechtfertigen oder dass das Geschlecht unverzichtbare Voraussetzung für die auszuübende Tätigkeit ist.

[27] Die Rechtsfolgen bei einem Verstoß gegen das Diskriminierungsverbot waren durch das 2. GleiBG neu geregelt worden, da sie den Vorgaben des Europäischen Rechts nicht genügt hatten. Der Arbeitnehmer hat zwar keinen Anspruch auf Einstellung (§ 611a Abs. 3 BGB). Er erlangt aber nach § 611a Abs. 2 BGB einen Anspruch auf angemessene Entschädigung in Geld. Das Gesetz hat diesen Anspruch auf drei Monatsverdienste begrenzt. Die Höhe der Entschädigung war im Einzelfall nach der Schwere der diskriminierenden Handlung, dem Grad des Verschuldens des Arbeitgebers und den Auswirkungen beim Bewerber zu bemessen. Die Entstehung des Schadensersatzanspruches darf aber nicht vom Verschulden des Arbeitgebers abhängig gemacht werden (EuGH, Urteil v. 8. 11. 1990 – Rs. C-177/88 – ZIP 1991, 117 ff. (Dekker)). Eine prozessual flankierende Regelung hat das Gesetz in § 61b ArbGG eingefügt. Auch diese Regelung ist inzwischen vom EuGH als unvereinbar mit der Richtlinie v. 9. 2. 1976 76/207/EWG erkannt worden. In der Entscheidung v. 22. 4. 1997 (– Rs. C-180/95 – NJW 1997, 1839 ff. (Nils Draehmpaehl)) hat der EuGH ausgeführt, dass die Richtlinie einer Regelung entgegenstehe, die für einen Anspruch auf Schadensersatz wegen Diskriminierung auf Grund des Geschlechts bei der Einstellung die Voraussetzung des Verschuldens aufstellt. Die Richtlinie steht einer innerstaatlichen gesetzlichen Regelung nicht entgegen, die für den Schadensersatz, den ein Bewerber verlangen kann, eine Höchstgrenze von drei Monatsgehältern vorsieht, wenn der Arbeitgeber beweisen kann, dass der Bewerber die zu besetzende Position wegen der besseren Qualifikation des eingestellten Bewerbers auch bei diskriminierungsfreier Auswahl nicht erhalten hätte. Die Richtlinie steht jedoch einer innerstaatlichen gesetzlichen Regelung entgegen, die für den Schadensersatz, den ein Bewerber verlangen kann, der bei der Einstellung auf Grund des Geschlechts diskriminiert worden ist, im Gegensatz zu sonstigen innerstaatlichen zivil- und arbeitsrechtlichen Regelungen eine Höchstgrenze von drei Monatsgehältern vorgibt, falls dieser Bewerber bei diskriminierungsfreier Auswahl die zu besetzende Position erhalten hätte. § 611a BGB ist durch das Gesetz zur Änderung des Bürgerlichen Gesetzbuches und des Arbeitsgerichtsgesetzes vom 29. 6. 1998 (BGBl. I 1694) erneut geändert worden. § 611a Abs. 2 bis 4 sind neu gefasst worden. In Abs. 5 lautet der Anfang: *„Die Absätze 2 bis 4 gelten ..... "*

[28] Nach § 611b BGB dürfen Stellen grundsätzlich nicht nur für Männer oder für Frauen ausgeschrieben werden. Ein Verstoß gegen das Gebot geschlechtsneutraler Ausschreibung führt zu erheblichen Nachteilen in der Darlegungs- und Beweislast.

[29] Eine Klage auf Entschädigung nach § 611a Abs. 4 BGB wegen Diskriminierung bei der Begründung des Arbeitsverhältnisses muss innerhalb einer Frist, die mit Zugang der Ablehnung der Bewertung beginnt, schriftlich geltend gemacht werden. Die Länge der Frist bemisst sich nach einer für die Gel-

Die Klägerin ist bei der Einstellung wegen ihres Geschlechtes diskriminiert worden. Die Beklagte hat der Klägerin eine Entschädigung nach § 611a BGB zu zahlen. Angesichts der Schwere der Diskriminierung wird diese auf ..... Monatsverdienste festzusetzen sein. Der Anspruch auf Entschädigung ist am ..... geltend gemacht worden. Die Klage ist innerhalb der Klagefrist erhoben (§ 61b Abs. 1 ArbGG).[31]

10. Klage wegen sexueller Belästigung[32]

An das Arbeitsgericht ...., den **11**

In Sachen pp. *(volles Rubrum § 57)*

wegen sexueller Belästigung[33]

Es wird beantragt,

1. festzustellen, dass die Beklagte verpflichtet ist, den Angestellten ..... aus der Abteilung ..... in eine andere Abteilung zu versetzen;

2. die Beklagte zu verurteilen, der Klägerin eine Entschädigung in Höhe von ..... € nebst Zinsen in Höhe von 5% über dem Basiszinssatz seit dem ..... zu zahlen.

---

tendmachung von Schadensersatzansprüchen im angestrebten Arbeitsverhältnis vorgesehenen Ausschlussfrist; sie beträgt mindestens zwei Monate. Ob die Frist auch ohne Tarifbindung gilt (§ 3 TVG), ist zweifelhaft. Ist eine solche Frist für das Arbeitsverhältnis nicht bestimmt, so beträgt die Frist sechs Monate. Die Klagefrist ergibt sich aus § 61b Abs. 1 ArbGG. Es muss demnach eine doppelte Frist beachtet werden; der Anspruch muss rechtzeitig geltend gemacht und eingeklagt werden. Nach Ablauf der Fristen erlischt der Anspruch. Denkbar ist, dass dem Erlöschen des Anspruches mit dem Einwand der Arglist begegnet werden kann. In § 61b ArbGG war bei mehreren Diskriminierten ein Kappungsverfahren vorgesehen. Auch diese Regelung ist vom EuGH missbilligt worden. Insoweit hat er in der Entscheidung vom 22. 4. 1997 (Rs. C-180/95 – NJW 1997, 1839 ff.) ausgeführt, dass die Richtlinie einer innerstaatlichen gesetzlichen Regelung entgegensteht, die für den von mehreren Bewerbern geltend gemachten Schadensersatz, den Bewerber verlangen können, die bei der Einstellung auf Grund des Geschlechts diskriminiert worden sind, im Gegensatz zu sonstigen innerstaatlichen zivil- und arbeitsrechtlichen Regelungen eine Höchstgrenze vorsehen. Das Kappungsverfahren ist aufgehoben.

[30] § 611a BGB sieht auch eine Regelung für sonstige Diskriminierungen durch den Arbeitgeber vor. Insoweit ist eine flankierende Regelung in § 61b ArbGG enthalten.

[31] Am 10. 6. 2002 verabschiedete das Europäische Parlament die „Richtlinie des Europäischen Parlamentes und Rates zur Änderung der Richtlinie 76/207/EWG des Rates zur Verwirklichung des Grundsatzes der Gleichbehandlung von Männern und Frauen hinsichtlich des Zugangs zur Beschäftigung, zur Berufsbildung und zum beruflichen Aufstieg sowie in Bezug auf die Arbeitsbedingungen". Die Änderungsrichtlinie präzisiert und aktualisiert die bereits seit 1976 bestehende Gleichbehandlungsrichtlinie. Erstmals von einer EU-Richtlinie erfasst und definiert werden nun die Begriffe „unmittelbare" und „mittelbare Diskriminierung" sowie der Begriff „sexuelle Belästigung". Die Richtlinie verbietet jede Art eines unerwünschten sexuellen Verhaltens in verbaler oder nonverbaler Form, die die Würde der betreffenden Person verletzt. Sie regelt auch, dass im Zusammenhang mit Schwangerschaft und Mutterschaft kein beruflicher Nachteil erwachsen darf und Frauen einen Anspruch auf ihren früheren bzw. einen vergleichbaren Arbeitsplatz nach der Elternzeit erhalten. Sowohl Väter, die Elternzeit in Anspruch nehmen, als auch Adoptiveltern sind in den Schutz der Richtlinie mit einbezogen. Die Richtlinie tritt mit der Veröffentlichung im Amtsblatt der Europäischen Gemeinschaften in Kraft. Bis 2005 müssen die Mitgliedstaaten diese Richtlinie in nationales Recht – in Form von Rechts- und Verwaltungsvorschriften – umsetzen.

[32] Ausgangspunkt ist das Beschäftigtenschutzgesetz (BeschSchG); vgl. ArbR-Hdb. § 166.

[33] Die Legaldefinition für den Begriff „sexuelle Belästigung" findet sich in § 2 Abs. 2 BeschSchG. Ausgegangen wird dabei von der sog. Objekttheorie, d. h., eine Belästigung liegt immer dann vor, wenn die Frau oder der Mann zu einem bloßen Objekt sexueller Vorstellungen/Handlungen degradiert wird und dieses Verhalten eine gewisse Intensität erreicht (zufälliges Anrempeln genügt nicht).

Gründe

Die Klägerin, geb. am ....., verheiratet/ledig/geschieden, ist seit dem ..... bei der Beklagten in der Abteilung ..... beschäftigt. Dort ist sie mit folgenden Aufgaben betraut: .....

Unmittelbarer Vorgesetzter der Klägerin ist Herr X. Am ..... *(Datum)* kam es zwischen der Klägerin und Herrn X zu einem heftigen Streit über die Abwicklung von ..... Im Verlaufe dieses Streites sagte Herr X, dass die Klägerin nur deshalb widerspreche, weil sie sexuell unbefriedigt sei. Gleichzeitig berührte er die Klägerin an Brust[34] und Gesäß. Dies wurde von der Kollegin ..... beobachtet.

Beweis: .....

Die Klägerin hat diesen Vorfall noch am selben Tag der Geschäftsführung mitgeteilt. Der Geschäftsführer Herr Y sagte in diesem Gespräch, dass er sich nicht vorstellen könne, dass Herr X so etwas gesagt und getan habe, er aber im Übrigen diese Überempfindlichkeit nicht unterstützen werde. Überdies solle die Klägerin lieber an ihre Karriere denken, weil er bei weiteren Beschwerden eine Beförderung der Klägerin nicht befürworten könne.

Herr X und der Geschäftsführer Herr Y haben damit die Klägerin wegen ihres Geschlechts diskriminiert und die Ehre der Klägerin angegriffen. Herr Y und damit die Beklagte hätte sich schützend vor die Klägerin stellen und Herrn X sanktionieren, mithin versetzen müssen.[35] Darüber hinaus schuldet die Beklagte eine Entschädigung gemäß § 611a Abs. 2, 4 BGB i.V.m. dem BeschSchG; der Anspruch ist rechtzeitig, und zwar am ....., geltend gemacht worden (§ 611a Abs. 4 BGB).[36]

11. Klage auf Zahlung einer Karenzentschädigung[37]

12 An das Arbeitsgericht ...., den .....

In Sachen pp. *(volles Rubrum § 57)*

wegen Zahlung einer Karenzentschädigung

Es wird beantragt,

1. die Beklagte zu verurteilen, 3 000,00 € nebst Zinsen in Höhe von 5% über dem Basiszinssatz von 1 000,00 € ab 31. 1. 2003, von weiteren 1 000,00 € ab 28. 2. 2003 und von weiteren 1 000,00 € ab 31. 3. 2002 an den Kläger zu zahlen;

2. die Beklagte zu verurteilen, an den Kläger ab 30. 4. 2003 monatlich 1 000,00 €, jeweils fällig zum Monatsende, zu zahlen, letztmalig am 31. 12. 2004.

Gründe:

Der Kläger war vom ..... bis ..... bei der Beklagten als ..... beschäftigt. Ausweislich des Arbeitsvertrages haben die Parteien nachstehende nachvertragliche Wettbewerbsvereinbarung ..... geschlossen.

---

34 ArbG Lübeck, Urteil v. 2. 11. 2000 – 1 Ca 2479/00 – NZA-RR 2001, 140.

35 In bestimmten Fällen sogar kündigen: BAG, Beschluss v. 8. 6. 2000 – 2 ABR 1/00 – AP BeschSchG § 2 Nr. 3.

36 Weitere Rechte ergeben sich aus §§ 3, 4 BeschSchG. Schadensersatzansprüche gegen den Arbeitgeber können sich aus § 280 BGB (vertraglich), aber auch aus §§ 823, 253 Abs. 2 BGB (deliktisch) ergeben. § 2 Abs. 1 BeschSchG ist ein Schutzgesetz i. S. d. § 823 Abs. 2 BGB. Letztlich hat die Belästigte ein Zurückbehaltungsrecht, ohne den Anspruch auf die Bezüge zu verlieren (§§ 4 Abs. 2 BeschSchG, 615 Satz 1 BGB).

37 Vgl. ArbR-Hdb. § 58 RN 73.

Der Kläger hat sich an diese Wettbewerbsvereinbarung gehalten. Er ist bei der Firma ..... beschäftigt, die mit der Beklagten nicht in Konkurrenz steht.

Der Kläger verdient 1 200,00 €. Die letzten vertragsmäßigen Leistungen[38] betrugen 2 000,00 €. Er hat mithin Anspruch auf eine Karenzentschädigung in Höhe von 1 000,00 € monatlich. Zwar muss sich der Kläger anrechnen lassen, was er anderweitig verdient, jedoch nur insoweit, dass sein Einkommen insgesamt nicht mehr als 110% seiner früheren vertragsgemäßen Vergütung beträgt. Sein jetziger Verdienst und die Karenzentschädigung ergeben zusammen 2 200,00 €, mithin gerade 110% seiner früheren Vergütung. Die Beklagte weigert sich zu Unrecht zu zahlen, denn .....

12. Klagen im Zusammenhang mit der Gewährung von Ruhegeld

a) Dokumentation einer Ruhegeldanwartschaft[39]

An das Arbeitsgericht ...., den **13**
In Sachen pp. *(volles Rubrum § 57)*
wegen Dokumentation einer Ruhegeldanwartschaft

Es wird beantragt, die Beklagte zu verurteilen, eine Bescheinigung zu erteilen, in welcher Höhe Anspruch auf Versorgungsleistungen bei Erreichen der in der Versorgungsordnung der Beklagten vom ..... vorgesehenen Altersgrenze besteht.[40]

Gründe:

Der am ..... geborene, ledige/verheiratete Kläger war vom ..... bis ..... bei der Beklagten als ..... beschäftigt. Die Beklagte hat dem Kläger am ..... eine Versorgungszusage erteilt. Die Einzelheiten sind aus der/dem anliegenden Versorgungsordnung/Ruhegeldvertrag zu ersehen.

Da der Kläger bei Beendigung des Arbeitsverhältnisses das 30. Lebensjahr vollendet hatte und die Versorgungszusage für ihn mindestens 5 Jahre bestanden hat (vgl. § 1 b BetrAVG),[41] ist die Versorgungsanwartschaft unverfallbar geworden. Die Beklagte hat dem Kläger daher gemäß § 2 Abs. 6 BetrAVG den Wert der Versorgungsanwartschaft zu dokumentieren.

Allerdings wird die Beklagte einwenden, die Anwartschaft sei noch nicht unverfallbar, da vor Erteilung der Versorgungszusage eine Vorschaltzeit vereinbart worden sei. Diese Einwendungen sind indes unbegründet.[42]

---

[38] Vgl. BAG, Urteil v. 16. 11. 1973 – 3 AZR 61/73 – AP HGB § 74 Nr. 34. Vgl. ArbR-Hdb. § 58 RN 76.

[39] Die Klage auf Dokumentation stellt eine Leistungsklage dar.

[40] Zum Anspruch vgl. BAG, Urteil v. 9. 12. 1997 – 3 AZR 695/96 – AP BetrAVG § 2 Nr. 27. Die Auskunft auf Grundlage dieser Klage kann nicht als deklaratorisches Schuldanerkenntnis begriffen werden (BAG, Urteil v. 8. 11. 1983 – 3 AZR 511/81 – AP BetrAVG § 2 Nr. 3). Gleichwohl kann eine schuldhaft unrichtige Antwort zu Schadensersatzansprüchen nach § 280 BGB (Schlechtleistung) führen.

[41] Vgl. die Übergangsregelung § 30 f BetrAVG: die neuen kurzen Fristen gelten nur für Zusagen ab 1. 1. 2001 bzw. bei alten Zusagen für die Zeit ab 1. 1. 2001.

[42] Zur Rspr. vgl. ArbR-Hdb. § 81 RN 126 ff.

b) Zahlung von Ruhegeld

14 An das Arbeitsgericht ...., den .....

In Sachen pp. *(volles Rubrum § 57)*

wegen Zahlung von Ruhegeld

Es wird beantragt,

1. die Beklagte zu verurteilen, an den Kläger 600,00 € nebst Zinsen in Höhe von 5% über dem Basiszinssatz aus
   100,00 € vom 1. 9. bis 30. 9. 2002,
   200,00 € vom 1. 10. bis 31. 10. 2002,
   300,00 € vom 1. 11. bis 30. 11. 2002,
   400,00 € vom 1. 12. bis 31. 12. 2002,
   500,00 € vom 1. 1. bis 31. 1. 2003,
   600,00 € ab 1. 2. 2003 zu zahlen;[43]

2. die Beklagte zu verurteilen, an den Kläger eine lebenslängliche Betriebsrente in Höhe von 100,00 € für die Monate ab März 2003, fällig jeweils zum Monatsende, zu zahlen;

3. hilfsweise, festzustellen, dass die Beklagte verpflichtet ist, dem Kläger Ruhegehalt nach der Ruhegehaltsordnung der Beklagten vom ..... zu zahlen.

Gründe:

Der am ..... geborene Kläger war vom ..... bis ..... bei der Beklagten als ..... beschäftigt. Am ..... ist dem Kläger eine Zusage über die Erteilung von Ruhegeld bei Erreichen der Altersgrenze/Eintritt der Erwerbsunfähigkeit usw. erteilt worden.

Beweis: Anliegende Versorgungsordnung.[44]

Am ..... hat der Kläger das 65. Lebensjahr vollendet. Die Versorgungsvoraussetzungen sind gegeben, denn[45] .....

c) Klage auf Anpassung von Ruhegeld[46]

15 An das Arbeitsgericht ...., den .....

In Sachen pp. *(volles Rubrum § 57)*

wegen Anpassung von Betriebsrenten

Es wird beantragt,

1. die Beklagte zu verurteilen, an die Klägerin 74,40 € nebst Zinsen in Höhe von 5% über dem Basiszinssatz aus
   12,40 € vom 1. 8. bis 31. 8. 2002,
   24,80 € vom 1. 9. bis 30. 9. 2002,
   37,20 € vom 1. 10. bis 31. 10. 2002,

---

[43] Zur Zinsstaffel vgl. BGH, Urteil v. 22. 10. 1997 – XII ZR 22/97 – LM ZPO § 725 Nr. 2; alternativ: s. FN 50.

[44] Das Ruhegeld wird regelmäßig auf Grundlage einer Direktzusage gewährt, und zwar über eine betriebliche Unterstützungskasse, eine Pensionskasse, einen Pensionsfonds oder auf Grund eines Versicherungsvertrages, der zugunsten des Arbeitnehmers abgeschlossen wurde.

[45] Vgl. ArbR-Hdb. § 81 RN 77 ff. Voraussetzungen sind: 1. Bestehen einer Versorgungszusage, 2. Ablauf der Wartezeit, 3. Eintritt des Versorgungsfalles oder Versetzung in den Ruhestand.

[46] Gemäß § 16 Abs. 1 BetrAVG (BetrAVG vom 19. 12. 1974 (BGBl. I 3610), zul. geänd. 15. 8. 2003 (BGBl. I 1567)) unterliegen Betriebsrenten als langfristige, in Teilbeträgen fällig werdende Leistungen der Anpassung. Vgl. im Übrigen § 4 RN 27 ff. und ArbR-Hdb. § 81 RN 246 ff.

Neef

49,60 € vom 1. 11. bis 30. 11. 2002,
62,00 € vom 1. 12. bis 31. 12. 2002,
74,40 € ab 28. 2. 2003 zu zahlen;[47]

2. die Beklagte zu verurteilen, an die Klägerin über die bislang gezahlte Betriebs-rente von 200,00 € hinaus monatlich weitere 12,40 € zu zahlen.

Gründe:

Die im Jahre ..... geborene Klägerin war vom ..... bis 31. 7. 1999 bei der Be-klagten beschäftigt. Das Arbeitsverhältnis endete, weil die Klägerin wegen Errei-chens der Altersgrenze/Berufs-/Erwerbsunfähigkeit in den Ruhestand versetzt worden ist.

Die Beklagte hat der Klägerin am ..... eine Versorgungszusage erteilt. Die Einzel-heiten der Versorgungszusage ergeben sich aus anliegender Versorgungsordnung.

Die Beklagte hat die Versorgungsbezüge bei der Versetzung in den Ruhestand auf monatlich 200,00 € festgesetzt. Seither hat sie die Rente nicht mehr angepasst. Hierzu ist sie aber nach § 16 Abs. 1 BetrAVG verpflichtet.

Bei Versetzung in den Ruhestand betrug der Preisindex für einen 4-Personen-Arbeitnehmerhaushalt mit mittlerem Einkommen, Basisjahr 1995 104.6. Nach Ab-lauf von drei Jahren am 31. 7. 2002 betrug der Preisindex 111.1. Demnach ist von einem Teuerungsfaktor in Höhe von 6,2% auszugehen. Die monatlichen Ruhe-geldleistungen sind mithin um 12,40 € zu erhöhen.[48]

Diese Erhöhung wird verlangt a) wegen der Rückstände mit dem Klageantrag zu 2. und b) wegen der zukünftigen Bezüge mit dem Klageantrag zu 1. Dem Klage-begehren stehen keine berechtigten Belange der Beklagten entgegen. Für die wirt-schaftlichen Verhältnisse ist die Beklagte darlegungs- und beweispflichtig.[49]

d) Klage gegen Widerruf einer betrieblichen Unterstützungskassen-versorgung

An das Arbeitsgericht ...., den 10. 6. 2003 **16**

Klage

des *kaufmännischen Angestellten Ernst Lobesam, Memelstraße 60,* (PLZ) *Duisburg*
– Klägers –

Prozessbevollmächtigte: Rechtsanwälte *Recht und Billig, Blumenallee 3 a,* (PLZ) *Duisburg*

gegen

1. die *Eisenbrenner AG,* gesetzlich vertreten durch den Vorstand *Dr. Herbert Müller und Friedhelm Krause, Römerstraße 21,* (PLZ) *Herne*
– Beklagte zu 1) –

---

[47] Auch ein Feststellungsantrag ist möglich (vgl. BAG, Urteil v. 8. 11 1983 – 3 AZR 511/81 – AP BetrAVG § 2 Nr. 3). Lediglich hinsichtlich der Anpassung für die zurückliegende Zeit kann der Fest-stellungsantrag zweifelhaft sein. Ein bezifferter Leistungsantrag ist nicht erforderlich, vgl. BAG, Urteil v. 17. 10. 1995 – 3 AZR 881/94 – AP BetrAVG § 16 Nr. 34. Ein Feststellungsantrag ist jedoch nicht vollstreckungsfähig.

[48] Berechnungsformel ArbR-Hdb. § 81 RN 271 f. (Preisindex am Anpassungsstichtag geteilt durch Preisindex drei Jahre zuvor minus 1) mal 100 = Wertverlust.

[49] Zum Ausschluss einer Anpassung: BAG, Urteil v. 19. 5. 1981 – 3 AZR 308/80 – AP BetrAVG § 16 Nr. 13; BAG, Urteil v. 23. 4. 1985 – 3 AZR 156/83 – AP BetrAVG § 16 Nr. 17; BAG, Urteil v. 28. 4. 1992 – 3 AZR 244/91 – AP BetrAVG § 16 Nr. 25.

2. den Unterstützungsverein der *Eisenbrenner AG e. V.,* vertreten durch den Vorstand *Gerhard Kruse und Wilfried Albers, Römerstraße 21,* (PLZ) *Herne*

– Beklagten zu 2) –

Es wird beantragt,

1. die Beklagten gesamtschuldnerisch zu verurteilen, 300,00 € nebst 5% Zinsen über dem Basiszinssatz von jeweils 50,00 € seit dem 1. 1. 2003, 1. 2. 2003, 1. 3. 2003, 1. 4. 2003, 1. 5. 2003 und 1. 6. 2003 zu zahlen;[50]

2. die Beklagten gesamtschuldnerisch zu verurteilen, an den Kläger ab dem Monat Juni 2003 über die bisher gezahlte Betriebsrente von 50,00 € hinaus weitere 50,00 € jeweils zuzügl. 5% Zinsen über dem Basiszinssatz jeweils am Monatsende zu zahlen.

Der Kläger trat am 1. 1. 1980 in die Dienste der Beklagten zu 1). Mit Vollendung des 65. Lebensjahres am 31. 11. 2002 schied er auf Grund seiner Pensionierung aus.

Die Beklagte zu 1) gewährte eine betriebliche Altersversorgung über eine Unterstützungskasse, den Beklagten zu 2). Die Versorgungsrichtlinien vom ..... sind als Anlage 1 beigefügt.

Vor zwei Jahren, am 1. 6. 2001, teilte die Beklagte zu 1) durch Aushang am Schwarzen Brett mit, dass die betriebliche Altersversorgung um die Hälfte reduziert werde. Daher erließ der Beklagte zu 2) am 15. 7. 2001 geänderte Versorgungsrichtlinien (Anlage 2).

Der Kläger erhält ab 1. 12. 2002 eine betriebliche Altersversorgung von dem Beklagten zu 2) in Höhe von 50,00 €. Nach den ursprünglichen Richtlinien betrügen die monatlichen Leistungen 100,00 €. Die Änderung der Versorgungsrichtlinien ist unwirksam.[51]

Die Beklagte zu 1) hat die Kürzung damit begründet, sie sei in wirtschaftlichen Schwierigkeiten. Aus diesem Grunde ist eine Kürzung nach Änderung des BetrAVG (Wegfall des Sicherungsfalles der wirtschaftlichen Notlage) nicht mehr möglich. Die Kürzung der Versorgung war zudem mitbestimmungspflichtig gemäß § 87 Abs. 1 Nr. 8 BetrVG. Der Betriebsrat ist nicht beteiligt worden.

Obgleich der Beklagte zu 2) seine Leistungen ohne Einräumung eines Rechtsanspruchs gewährt, besteht nach ständiger höchstrichterlicher Rechtsprechung des Bundesarbeitsgerichts ein Anspruch *gegen* den Beklagten zu 2). Für diesen Anspruch ist die Beklagte zu 1) eintrittspflichtig. Aus diesem Grunde werden beide Beklagten gesamtschuldnerisch verklagt.

e) Betriebliche Altersvorsorge durch Entgeltumwandlung[52]

17 An das Arbeitsgericht ...., den .....

In Sachen pp. *(volles Rubrum § 57)*

wegen Entgeltumwandlung

Es wird beantragt,

1. die Beklagte zu verurteilen, von den künftigen Entgeltansprüchen des Klägers 4% der jeweiligen Beitragsbemessungsgrenze in der Rentenversicherung der Arbeiter und Angestellten durch Entgeltumwandlung für die betriebliche Altersversorgung zu verwenden;

---

[50] Zur Zinsstaffel s. auch alternativ FN 43.

[51] Vgl. BAG, Urteil v. 24. 1. 1989 – 3 AZR 519/88 – AP BetrAVG § 7 Widerruf Nr. 15; ArbR-Hdb. § 81 RN 341 ff.

[52] Vgl. § 1 a BetrAVG; ArbR-Hdb. § 81 RN 426 ff.

2. die Beklagte zu verurteilen, für den Kläger eine Direktversicherung abzuschließen.

(Im Falle der sog. Riester-Rente:)

3. die Beklagte zu verurteilen, die Direktversicherung unter Berücksichtigung der staatlichen Födermöglichkeiten (§§ 10 a, 82 Abs. 2 EStG) abzuschließen.

Gründe

Der Kläger ist seit ..... Jahren bei der Beklagten als ..... beschäftigt. Die Parteien sind nicht tarifgebunden.[53] Der Kläger ist in der gesetzlichen Sozialversicherung pflichtversichert.

Er hat mit Schreiben vom ..... die Beklagte gebeten, ... € des Entgelts monatlich gleich bleibend für die betriebliche Altersversorgung zu verwenden. Dieser Bitte ist die Beklagte nicht nachgekommen. Sie meint zu Unrecht, dass ein Anspruch nach § 1a BetrAVG für ihren Betrieb nicht infrage komme.....

f) Beitragsorientierte betriebliche Altersversorgung

An das Arbeitsgericht ...., den **18**

In Sachen pp. *(volles Rubrum § 57)*

wegen beitragsorientierter betrieblicher Altersversorgung[54]

Es wird beantragt, festzustellen, dass der Kläger eine unverfallbare Versorgungsanwartschaft auf Grund einer Beitragszusage mit Mindestleistung hat.

Gründe

Der Kläger ist seit ..... bei der Beklagten beschäftigt. Mit Datum vom ..... hat die Beklagte folgende Versorgungszusage getätigt:

Das Unternehmen ..... verpflichtet sich gemäß § 1 Abs. 2 Nr. 2 BetrAVG, an einen Pensionsfonds/eine Pensionskasse/eine Direktversicherung Beiträge in Höhe von ..... € monatlich zu entrichten. Das Unternehmen verpflichtet sich, die Erträge aus den Beiträgen der Altersversorgung zu überlassen, mithin mindestens die eingezahlten Beiträge.[55]

Am ..... ist der Kläger aus dem Unternehmen ausgeschieden, also nach einer Betriebszugehörigkeit von vier Jahren. Auf den Antrag des Klägers auf Dokumentation gemäß § 2 Abs. 6 BetrAVG hat die Beklagte mitgeteilt, dass keine Ansprüche aus der betrieblichen Altersversorgung bestünden. Dies ist unzutreffend. Denn durch die Beitragszusage mit Mindestleistung hat sich die Beklagte verpflichtet, die versprochenen Beiträge unwiderruflich einzuzahlen, damit sie für eine Altersversorgung des Klägers zur Verfügung stehen. Es kommt nicht darauf an, ob das Arbeitsverhältnis entsprechend den Unverfallbarkeitsfristen gemäß § 1b BetrAVG bestanden hat.[56]

---

[53] Vgl. § 17 Abs. 5 BetrAVG. Bei Bestehen eines Tarifvertrages kommt es auf das Vorliegen einer Öffnungsklausel an; der übertarifliche Lohnanteil kann stets umgewandelt werden.

[54] Neben der Zusage einer bestimmten Leistung im Versorgungsfall können nunmehr nach § 1 Abs. 2 Nr. 1, 2 BetrAVG Versorgungszusagen auch dergestalt sein, dass der Arbeitgeber sich verpflichtet, bestimmte Beiträge in die betriebliche Altersversorgung zu zahlen.

[55] Vgl. ArbR-Hdb. § 81 RN 443.

[56] Vgl. ArbR-Hdb. § 81 RN 449.

Neef

II. Sonstige Klagen

1. Klage auf Erteilung eines Zeugnisses, Zeugnisergänzung oder Zeugnisberichtigung[57]

19 An das Arbeitsgericht ...., den .....

In Sachen pp. *(volles Rubrum § 57)*

wird beantragt,

> den Beklagten zu verurteilen, dem Kläger ein Zeugnis zu erteilen, das sich auf Art und Dauer sowie Leistung und Verhalten in dem Arbeitsverhältnis erstreckt.[58]

oder

> den Beklagten zu verurteilen, das am ..... erteilte Zeugnis in folgenden Punkten zu ergänzen:
>
> a) dass der Kläger auch als *Kraftfahrer* eingesetzt war sowie
>
> b) .....

oder

> den Beklagten zu verurteilen, das am ..... erteilte Zeugnis in folgenden Punkten zu berichtigen:
>
> a) dass der Kläger hervorragende Arbeit geleistet hat
>
> b) .....

Gründe:

(es folgt eine Schilderung des Sachverhalts)

2. Klage auf Akkordabrechnung (Vornahme einer Handlung, Stufenklage)

20 An das Arbeitsgericht ...., den .....

Klage

des ..... *(volles Rubrum § 57)*

wegen Erteilung einer Abrechnung.

Der Kläger beantragt,

1. den Beklagten zu verurteilen, eine spezifizierte Akkordabrechnung zu erstellen, aus der sich die vom Kläger im Monat Juli geleisteten Arbeiten, ihr Aufmaß sowie der Stück- und Endpreis ergeben, und diese Abrechnung dem Kläger auszuhändigen. Den Beklagten weiter zu verurteilen, den sich aus der Abrechnung ergebenden Betrag an den Kläger zu zahlen.

2. Für den Fall, dass der Beklagte der Verpflichtung zu 1) nicht innerhalb einer Woche nach Zustellung des Urteils nachkommt, den Beklagten zu verurteilen, eine Entschädigung an den Kläger zu zahlen, die in das Ermessen des Gerichts gestellt wird, die aber mindestens ..... € betragen sollte.[59]

---

[57] Vgl. *Roth* FA 2003, 9 ff.; ArbR-Hdb. § 146 RN 19 ff.

[58] Vgl. § 109 GewO.

[59] Wegen der Frist: BAG, Urteil v. 5. 6. 1985 – 4 AZR 533/83 – AP TVG § 1 Tarifverträge: Bau Nr. 67.

Gründe:

Der 25 Jahre alte Kläger war vom ..... bis zum ..... bei dem Beklagten, der ein *Fliesenfachgeschäft* betreibt, als *Fliesenleger* im Akkord beschäftigt. Auf das Arbeitsverhältnis ist der allgemeinverbindliche Rahmentarifvertrag für das Baugewerbe vom ..... anzuwenden. Danach ist der Beklagte zur Erteilung einer Akkordabrechnung verpflichtet. Der Kläger ist ohne genaue Akkordabrechnung nicht in der Lage, seine Restlohnforderung zu beziffern. Er hat im Juli im Akkord gearbeitet und schätzt seinen Akkordverdienst auf mindestens ..... €. Der Klageantrag zu 2) ist demnach aus § 61 Abs. 2 ArbGG berechtigt.

Zur Vermeidung des Rechtsverfalls gemäß ..... RTV ist es geboten, eine Stufenklage zu erheben.

gez. Unterschrift

3. Klage auf Herausgabe der Arbeitspapiere[60]

Rechtsantragsstelle 21

des Arbeitsgerichts ...., den .....

Klage

D ....., Klägerin, erklärt:

Ich erhebe gegen ....., Beklagte, vor dem Arbeitsgericht ..... folgende Klage und werde beantragen zu erkennen:

1. Die Beklagte wird verurteilt, die Arbeitspapiere der Klägerin, bestehend aus Zeugnis, Urlaubsbescheinigung, Arbeitsbescheinigung,[61] Lohnsteuerkarte, Versicherungsausweis, Mitgliedsbescheinigung der gewählten Krankenkasse sowie die Durchschrift der Abmeldung bei der Einzugsstelle, der Klägerin auszufüllen und unverzüglich herauszugeben.

2. Für den Fall, dass die Beklagte der Verpflichtung zu 1) auf Ausfüllung nicht innerhalb einer Frist von 1 Woche ab Zustellung des Urteils nachkommen sollte, wird die Beklagte verurteilt, an die Klägerin als Entschädigung für die Nichtausfüllung der Versicherungskarte einen Betrag von ..... € und für die Nichtausfüllung der Lohnsteuerkarte einen Betrag von ..... € zu zahlen.

> **Hinweis:**
> Risiko: mit Zahlung der Entschädigung ist Vollstreckung nach §§ 887 und 888 ZPO ausgeschlossen.

Gründe:

In der Zeit vom ..... bis ..... war ich bei der Beklagten beschäftigt. Die Lösung des Arbeitsverhältnisses erfolgte am ..... Bei meinem Ausscheiden wurden meine Arbeitspapiere, bestehend aus

1. Zeugnis

2. Urlaubsbescheinigung

3. Arbeitsbescheinigung nach § 312 SGB III

---

[60] § 2 Abs. 1 Nr. 3 e ArbGG; vgl. ArbR-Hdb. § 149.
[61] § 312 SGB III.

Neef

4. Lohnsteuerkarte

5. Versicherungsausweis

6. Mitgliederbescheinigung der Krankenkasse

7. Durchschrift der Abmeldung bei der Einzugsstelle,

nicht ausgehändigt. Ich habe die Herausgabe vergeblich gefordert. Die Arbeitspapiere befinden sich noch im Besitz der Beklagten. Die genannten Papiere stehen im Eigentum des Arbeitnehmers oder müssen vom Arbeitgeber erstellt werden. Sie sind im Falle der Kündigung des Arbeitsverhältnisses im Zeitpunkt der tatsächlichen rechtlichen Beendigung herauszugeben. Ein Zurückbehaltungsrecht an den Arbeitspapieren besteht nicht. Ich verweise auf § 41 b EStG.

Geschlossen: Vorgelesen, genehmigt und unterschrieben:

Reg.-Angestellter   . . . . .

§ 60. Klagen des Arbeitgebers bei Arbeitsvertragsbruch des Arbeitnehmers und auf Schadensersatz

I. Klage auf Arbeitsaufnahme und Unterlassung anderweitiger Beschäftigung[1]

1. Arbeitsaufnahme

1 An das Arbeitsgericht . . . ., den . . . . .

In Sachen pp. *(volles Rubrum § 57)*

Klage

wegen Vertragsbruch

Es wird beantragt,

den Beklagten zu verurteilen,

1. die Arbeit bei der Klägerin wieder aufzunehmen;

2. für den Fall, dass der Beklagte nicht binnen einer Frist von 3 Tagen seit Zustellung des Urteils seiner Verpflichtung zu Ziff. 1) genügt, ihn zur Zahlung einer Entschädigung in Höhe von 2 000,00 € zu verurteilen.

Gründe:

I. Die Klägerin betreibt einen *Möbel-Groß- und Einzelhandel.* Der 27 Jahre alte Beklagte wurde am . . . . . als *Möbelverkäufer* eingestellt. In dem schriftlich abgeschlossenen Arbeitsvertrag ist beiderseitig eine halbjährige Kündigungsfrist zum Quartalsschluss vereinbart.

Beweis: Arbeitsvertrag.

Am . . . . . erklärte der Beklagte, er beabsichtige mit Ablauf des . . . . . seine Arbeit einzustellen; er habe bei der Firma . . . . . eine weit besser bezahlte Stelle gefunden. Die Firma . . . . . hat am . . . . . ein *Kaufhaus* in . . . . . eröffnet und unterhält darin eine umfangreiche *Möbelabteilung.*

---

[1] Vgl. ArbR-Hdb. § 45 RN 71 und § 51 RN 12.

Beweis: Augenscheinseinnahme
   Auskunft der Industrie- und Handelskammer.

Obwohl der Beklagte auf die Einhaltung der Kündigungsfrist hingewiesen worden ist, hat er mit Ablauf des ..... die Arbeit eingestellt. Die Kündigung kann frühestens zum ..... wirksam werden. Fristlose Kündigungsgründe bestehen nicht. Der Beklagte ist daher zur Rückkehr an den Arbeitsplatz verpflichtet.

II. Auch der Klageantrag zu 2) ist gerechtfertigt. Infolge des Vertragsbruchs des Beklagten erwächst der Klägerin ein erheblicher Vermögensschaden. Der Beklagte ist ein tüchtiger Möbelverkäufer. Gerade im Möbelhandel ist es üblich, dass die Kunden verschiedene Geschäfte besuchen und sich beraten lassen. Der Klägerin wird daher ein erheblicher Schaden entstehen, weil der Beklagte Kunden, mit denen er Geschäfte bereits angebahnt hat, zu seiner neuen Firma hinüberziehen wird. Die Klägerin beziffert ihn auf mindestens ..... €, weil ..... Daher wird gemäß § 61 Abs. 2 ArbGG eine Entschädigung beantragt, die das Gericht nach freiem Ermessen festzusetzen hat.

2. Klage auf Unterlassung anderweitiger Beschäftigung[2]

Hinweis: 2
Die Klage dauert im Regelfall zu lange. Daher besser: einstweilige Verfügung.

An das Arbeitsgericht ...., den 3
In Sachen pp. *(volles Rubrum § 57)*
wird beantragt,
1. den Beklagten zu verurteilen, die Arbeit bei der Klägerin wieder aufzunehmen;
2. den Beklagten weiter zu verurteilen, die Arbeit bei der Firma XY einzustellen.

 I. *(wie Muster 1 unter § 60 RN 1)*

II. Auch der Klageantrag zu 2) ist berechtigt. Die Klägerin und die Firma XY stehen in einem scharfen Konkurrenzkampf. Die Klägerin hat ein erhebliches Interesse daran, dass der Beklagte sofort seine Arbeit einstellt. Im Möbel- und Einrichtungshandel pflegen sich die Kunden zumeist ausführlich beraten zu lassen. Der Person des Verkäufers kommt daher besondere Bedeutung zu. Die Klägerin muss damit rechnen, dass sämtliche Kunden, mit denen der Beklagte für die Klägerin Geschäfte angebahnt hat, zur Firma XY hinübergezogen werden.

Bemerkt sei schließlich noch, dass die Klägerin für den Fall der Beendigung des Arbeitsverhältnisses mit dem Beklagten ein Wettbewerbsverbot abgeschlossen hat. Wegen der Einzelheiten wird auf das anliegende Wettbewerbsverbot verwiesen. Selbst für den Fall des Ablaufes der Kündigungsfrist ist daher der Beklagte gehalten, seine Arbeit bei der Firma einzustellen.

II. Klage auf Unterlassung von Wettbewerb

Hinweis: 4
Die Klage dauert im Regelfall zu lange. Daher besser: einstweilige Verfügung.

---

[2] Vgl. ArbR-Hdb. § 43 RN 16.

5 An das Arbeitsgericht ...., den .....

In Sachen pp. *(volles Rubrum § 57)*

wegen Unterlassung von Wettbewerb

Es wird beantragt,

den Beklagten zu verurteilen,

1. Wettbewerb zum Nachteil der Klägerin, insbesondere den Vertrieb nachfolgender Gegenstände ..... im Bezirk ..... zu unterlassen;[3]
2. die Arbeit bei der Firma XY einzustellen;
3. an die Klägerin eine Vertragsstrafe in Höhe von ..... € nebst Zinsen in Höhe von 5% über dem Basiszinssatz seit dem ..... zu zahlen.[4]

Gründe:

.....

III. Schadensersatzansprüche gegen den vertragsbrüchigen Arbeitnehmer

6 **Klage auf Schadensersatz (Inseratskosten)[5]**

An das Arbeitsgericht ...., den .....

In Sachen pp. *(volles Rubrum § 57)*

wird beantragt, den Beklagte zu verurteilen, ... € nebst Zinsen in Höhe von 5% über dem Basiszinssatz seit dem ..... zu zahlen.

Gründe:

Die Klägerin betreibt ein *Speditionsunternehmen*. Sie unterhält eine Niederlassung in ..... Am ..... ist der in der Niederlassung beschäftigte Arbeitnehmer ..... durch einen Unfall ums Leben gekommen. Die Klägerin war daher genötigt, die Stelle neu zu besetzen. Sie hat ein Zeitungsinserat aufgegeben, auf das sich der Beklagte zur Anstellung beworben hat. Er wurde mit Wirkung vom ..... eingestellt.

Beweis: Anliegender Arbeitsvertrag.

Am ..... hat der Beklagte jedoch mitgeteilt, dass er es sich anders überlegt habe und die Stelle nicht antreten wolle. Da die Klägerin inzwischen allen Stellenbewerbern abgeschrieben hatte, musste sie ein neues Inserat aufgeben.

Da die Klägerin wegen des plötzlichen Ausfalls des Beklagten sehr dringend auf anderweitigen Ersatz angewiesen war, musste sie für die Dauer von ..... einen Leiharbeitnehmer einstellen. Dies verursachte Kosten von ..... €. Die Vergütung des Beklagten betrug ..... €. Hieraus ergeben sich zusätzliche Kosten in Höhe von ..... €. Diese sind als Schadensersatz vom Beklagten zu tragen.

Ferner konnte sich die Klägerin wegen der Dringlichkeit, die der Beklagte zu verursachen hat, nicht mit einem normalen Zeitungsinserat begnügen. Sie musste vielmehr ein besonders großes, auffälliges und schnell zu veröffentlichendes Inserat aufgeben. Dieses kostete ..... €. Im Vergleich zu den normalen Kosten eines Inserats in Höhe von ..... € ergaben sich Mehrkosten von ..... €. Auch diese

---

[3] Vgl. BAG, Urteil v. 17. 10. 1969 – 3 AZR 442/68 – AP BGB § 611 Treuepflicht Nr. 7.
[4] Vgl. ArbR-Hdb. § 57 RN 15: die Vertragsstrafe muss vertraglich vereinbart gewesen sein. Die Versagung der vereinbarten Vergütung ist nicht zulässig.
[5] Vgl. ArbR-Hdb. § 51 RN 7 ff.

Neef

Mehrkosten in Höhe von ..... € hat der Beklagte zu tragen. Hätte er sein Arbeitsverhältnis angetreten und die vereinbarten Kündigungsfristen eingehalten, wäre die Klägerin mit einem normalen Inserat ausgekommen.[6]

IV. Klage auf Vertragsstrafe[7]

An das Arbeitsgericht ...., den 7

Klage

des ..... *(volles Rubrum § 57)*
Wegen Vertragsbruch
Es wird beantragt, den Beklagte zu verurteilen, 400,00 € an die Klägerin zu zahlen.

Gründe:

Der Beklagte war bei der Klägerin, die eine *Bauunternehmung* betreibt und etwa ..... Arbeiter beschäftigt, als *Maurer* tätig. Am ..... hat der Beklagte die Arbeit verlassen und ist bislang nicht zurückgekehrt. Er hat auf Anmahnung erklärt, er habe eine besser bezahlte Stelle gefunden.

In dem schriftlich geschlossenen Arbeitsvertrag mit dem Beklagten ist für den Fall des Vertragsbruchs des Beklagten eine Vertragsstrafe in Höhe von 400,00 € vereinbart.

Beweis: Arbeitsvertrag.

Diese wird mit der vorliegenden Klage verlangt.

gez. Unterschrift

V. Klage auf Schadensersatz wegen Verkehrsunfall

Klage

                                                                          8

des ..... *(volles Rubrum § 57)*
wegen Schadensersatz[8]
Es wird beantragt, den Beklagten zu verurteilen, ... € nebst Zinsen in Höhe von
5% über dem Basiszinssatz seit dem ...../Klagezustellung an die
Klägerin zu zahlen.

Gründe:

Die Klägerin betreibt ein ..... Unternehmen. Der Beklagte war bei der Klägerin als *Kraftfahrer* beschäftigt.
Er verdiente zuletzt ..... €/in der Stunde/Woche/im Monat.

---

[6] Die Klägerin kann nur den sog. Vorfälligkeitsschaden, dagegen nicht die vollständigen Inseratskosten verlangen (BAG, Urteil v. 26. 3. 1981 – 3 AZR 485/78 – AP BGB § 276 Vertragsbuch Nr. 7; BAG, Urteil v. 23. 3. 1984 – 7 AZR 37/81 – AP BGB § 276 Vertragsbruch Nr. 8). Die weitergehende Klage ist dagegen begründet.

[7] Vgl. ArbR-Hdb. § 60; vgl. auch § 309 Nr. 6 BGB i. V. m. § 310 Abs. 4 BGB.

[8] Für den Anspruch auf Schadensersatz gegen den Arbeitnehmer sind zwei Neuerungen zu beachten: Der vertragliche Anspruch aus positiver Vertragsverletzung ist nunmehr § 280 BGB zuzuordnen. Hinsichtlich der Darlegungs- und Beweislast gilt, dass diese den Arbeitgeber bei der Frage des Verschuldens des Arbeitnehmers trifft, § 619 a BGB.

Am ..... befuhr der Beklagte mit dem der Klägerin gehörenden LKW Marke ....., pol. Kennzeichen ....., die Straße ..... von ..... nach ..... In Höhe von Straßenkilometer ..... kam es zu einem Unfall. Den Unfallhergang hat der Beklagte selbst wie folgt geschildert ..... Die Straße ist an der Unfallstelle gerade, mit Asphalt belegt. Es herrschten gute Sichtverhältnisse. Zur Unfallzeit war es trocken.

Beweis: Unfallbericht der Polizeidienststelle .....

Der Beklagte hat den Unfall grob fahrlässig herbeigeführt. Dies folgt aus .....

Infolge des Unfalls sind folgende Schäden eingetreten:

1. Kosten des LKWs bzw. Reparatur einschl. merkantiler Minderwert,

2. Abschleppkosten,

3. Kosten des Sachverständigen,

4. Verdienstausfall.

Diese Schäden hat der Beklagte voll zu ersetzen.[9]

§ 61. Muster im Klageverfahren nach dem Kündigungsschutzgesetz wegen Unwirksamkeit einer ordentlichen Kündigung[1]

I. Feststellungsklage

1. Einfache Kündigungsschutzklage

1 An das Arbeitsgericht ...., den .....

Klage

In Sachen pp. *(volles Rubrum § 57)*

wegen Unwirksamkeit einer Kündigung

Es wird beantragt,

1. festzustellen, dass das Arbeitsverhältnis durch die Kündigung vom ..... – zugegangen am ..... – nicht aufgelöst worden ist (werden wird);[2]

---

[9] Entgegen den Regeln des allgemeinen Zivilrechts haftet der Arbeitnehmer bei betrieblich veranlasster Tätigkeit nicht in jedem Falle voll (Anspruchsgrundlagen sind § 280 BGB und § 823 BGB). Aus Arbeitnehmerschutzgedanken wurde die Haftung vielmehr dahingehend eingeschränkt, dass es lediglich bei vorsätzlicher und grob fahrlässiger Schadensverursachung zu einer vollen Ersatzpflicht kommt; bei grober Fahrlässigkeit eingeschränkt durch einen Abgleich mit dem Verdienst. Handelte der Arbeitnehmer mit mittlerer Fahrlässigkeit, kommt es grundsätzlich zu einer Haftungsquotelung, während bei leichter Fahrlässigkeit der Arbeitnehmer nicht haftet. In allen Fällen kommt es auf eine Gefahrgeneigtheit der Tätigkeit nicht an, vgl. BAG, Beschluss v. 27. 9. 1994 – GS 1/89 – AP BGB § 611 Haftung des Arbeitnehmers Nr. 103; BAG, Urteil v. 12. 11. 1998 – 8 AZR 221/97 – AP BGB § 611 Haftung des Arbeitnehmers Nr. 117.

[1] Für das Beratungsgespräch zur Erhebung einer Kündigungschutzklage werden sog. Checklisten empfohlen (FA 1998, 112).

[2] Vgl. ArbR-Hdb. § 136 RN 10; vom BAG wird die punktuelle Streitgegenstandstheorie vertreten (vgl. ArbR-Hdb. § 136 RN 2). Es muss daher jede einzelne Kündigung klageweise innerhalb der Klagefrist angegriffen werden. Das kann dazu führen, dass eine Kündigung übersehen wird, die alsdann fiktiv wirksam wird. In einer Entscheidung vom 21. 1. 1988 hat das BAG erstmals einen allgemeinen Feststellungsantrag neben dem Antrag nach § 4 KSchG zugelassen. Der allgemeine Feststellungsantrag soll wie ein „Schleppnetz" die übrigen Kündigungen in den Prozess einbeziehen (BAG, Urteil v. 21. 1. 1988 – 2 AZR 581/86 – AP KSchG 1969 § 4 Nr. 19). In der Folgezeit ist es zu weiteren Entscheidungen des BAG gekommen. In der Entscheidung vom 27. 1. 1994 – 2 AZR 484/93 – AP KSchG 1969 § 4 Nr. 28, hat der 2. Senat die vorhergehende Entscheidung bestätigt. Der 8. Senat hat dagegen im Wege der Auslegung des 2. und 3. Alternativantrages gemeint, bei dem bloßen Wurmfortsatz sei nicht

2. festzustellen, dass das Arbeitsverhältnis auch nicht durch andere Beendigungstatbestände endet, sondern dass es über den ..... hinaus fortbesteht.

Gründe:

Der am ..... geborene Kläger wurde am ..... von der Beklagten als *Dreher* eingestellt. Die durchschnittliche Vergütung des Klägers beträgt monatlich ..... €. Dieser ist verheiratet und Vater von zwei schulpflichtigen Kindern. Die Beklagte beschäftigt regelmäßig 40 Arbeitnehmer.[3]

Die Beklagte hat mit Schreiben vom ..... – zugegangen am ..... – das Arbeitsverhältnis gekündigt. Diese Kündigung ist sozial ungerechtfertigt.

Wir bestreiten, dass die Beklagte den Betriebsrat zur Kündigung angehört hat. Das Bestreiten mit Nichtwissen ist in jedem Fall zulässig, da der Kläger vergeblich versucht hat, nähere Informationen über die Kündigung zu erhalten.

Der Klageantrag Ziff. 2 beinhaltet eine selbstständige allgemeine Feststellungsklage gemäß § 256 ZPO. Dem Kläger sind zwar derzeit keine anderen Beendigungstatbestände außer der mit dem Klageantrag Ziff. 1 angegriffenen Kündigung vom ..... bekannt. Es besteht jedoch die Gefahr, dass die Beklagte im Verlauf des Verfahrens weitere Kündigungen ausspricht ..... (Grund der Annahme). Es wird deshalb mit dem Klageantrag zu 2) die Feststellung begehrt, dass das Arbeitsverhältnis auch durch solche weiteren Kündigungen nicht beendet wird.

Außerdem ist zu beanstanden, dass die Beklagte in ihrem Kündigungsschreiben vom ..... als Endtermin des Arbeitsverhältnisses den ..... angegeben hat. Dies ist rechtsirrig. Die Parteien haben vereinbart, dass das Arbeitsverhältnis nur mit monatlicher Frist gekündigt werden kann. Das Arbeitsverhältnis könnte daher frühestens zum ..... gekündigt werden.

Unterschrift

Anlage zur Klage: 1. Arbeitsvertrag vom .....
                     2. Prozessvollmacht

---

deutlich, dass der Kläger eine kumulative Klagehäufung wolle. Auch der 3. Alternativantrag sei ohne weitere Begründung nicht hinreichend deutlich (BAG, Urteil v. 16. 3. 1994 – 8 AZR 97/93 – AP KSchG 1969 § 4 Nr. 29). Vielmehr müsse in der Begründung klargestellt werden, dass eine kumulative Klagehäufung gewollt sei. In weiteren Entscheidungen vom 7. 12. 1995 (2 AZR 772/94 – AP KSchG 1969 § 4 Nr. 33) und 13. 3. 1997 (2 AZR 512/96 – AP KSchG 1969 § 4 Nr. 38) sind Verdeutlichungen erfolgt. In der Entscheidung AP 33 heißt es: Ein innerhalb der Frist des § 4 KSchG erhobener Feststellungsantrag gemäß § 256 Abs. 1 ZPO, mit dem die Feststellung des Fortbestandes des Arbeitsverhältnisses begehrt wird, wahrt die Klagefrist für die erste und auch für die späteren Kündigungen jedenfalls dann, wenn der Arbeitnehmer die Sozialwidrigkeit noch bis zum Schluss der mündlichen Verhandlung geltend macht. In der Entscheidung AP 38 heißt es alsdann: Für die Klage nach § 256 ZPO ist zur Begründung eines Interesses an alsbaldiger Feststellung Tatsachenvortrag zur Möglichkeit weiterer Beendigungsgründe erforderlich. Ein solcher Sachvortrag ist im Falle einer ursprünglich mangels ausreichender Begründung unzulässigen Klage auch noch nach Ablauf der Dreiwochenfrist bei einer inzwischen ausgesprochenen, weiteren Kündigung nachholbar und ergänzbar. Ist nicht deutlich gemacht, dass eine kumulative Klagehäufung gewollt ist, wird der Antrag nicht im Tenor beschieden. Das Gericht hat aber in den Entscheidungsgründen auszuführen, warum keine kumulative Klagehäufung vorliegt. Ist eine kumulative Klagehäufung gewollt gewesen, so ist die Feststellungsklage unzulässig, wenn es an Tatsachenvortrag fehlt. Für die Kostenentscheidung werden $1/4$ bis $1/3$ der Kosten in Ansatz gebracht. Die Streitwertfestsetzung ist umstritten. Nach überwiegender Meinung scheint sich der Streitwert nicht erhöhen zu sollen. Für Kündigungen nach dem 1. 1. 2004 gilt die 3-Wochen-Frist für **alle** Anträge (§ 4 Satz 1 KSchG n. F.).

[3] Zur Anwendung des KSchG: vgl. ArbR-Hdb. § 128. Für Neueinstellungen gilt der Kündigungsschutz künftig (1. 1. 2004) erst in Betrieben mit mehr als zehn Beschäftigten. Für Kleinbetriebe kann eine Feststellungsklage materiell auf § 242 BGB gestützt werden, vgl. BAG, Urteil v. 6. 2. 2003 – 2 AZR 672/01 – NZA 2003, 717.

Neef

2. Kündigungsschutzklage mit Weiterbeschäftigungsanspruch

2 *(Rubrum wie RN 1)*

Es wird beantragt,

1. festzustellen, dass das Arbeitsverhältnis durch die Kündigung vom ....., zugegangen am ....., nicht aufgelöst worden ist (werden wird);

2. festzustellen, dass das Arbeitsverhältnis auch nicht durch andere Beendigungstatbestände endet, sondern dass es über den ..... hinaus fortbesteht;

3. die Beklagte zu verurteilen, den Kläger zu den bisherigen Bedingungen als ..... über den Ablauf der Kündigungsfrist hinaus weiterzubeschäftigen;

4. die Beklagte zu verurteilen, dem Kläger ein Zwischenzeugnis zu erteilen, das sich auf Art und Dauer des Arbeitsverhältnisses sowie Führung und Leistung erstreckt.

Gründe:

Der am ..... geb. Kläger, der led./verh. ist und ..... Kinder hat, wurde am ..... von der Beklagten eingestellt. Die Beklagte beschäftigt mehr als fünf Arbeitnehmer (§ 23 KSchG). Die Beklagte hat dem Kläger am ..... gekündigt.

Die Kündigung ist nichtig, da die Beklagte den Betriebsrat vor Ausspruch der Kündigung nicht gehört hat. Außerdem ist sie sozial ungerechtfertigt.

Wir bestreiten, dass die Beklagte den Betriebsrat zur Kündigung angehört hat. Das Bestreiten mit Nichtwissen ist in jedem Fall zulässig, da der Kläger vergeblich versucht hat, nähere Informationen über die Kündigung zu erhalten.

Der Klageantrag Ziff. 2 beinhaltet eine selbstständige allgemeine Feststellungsklage gemäß § 256 ZPO. Dem Kläger sind zwar derzeit keine anderen Beendigungstatbestände außer der mit dem Klageantrag Ziff. 1 angegriffenen Kündigung vom ..... bekannt. Es besteht jedoch die Gefahr, dass die Beklagte im Verlauf des Verfahrens weitere Kündigungen ausspricht ..... (Grund der Annahme). Es wird deshalb mit dem Klageantrag zu 2) die Feststellung begehrt, dass das Arbeitsverhältnis auch durch solche weiteren Kündigungen nicht beendet wird.

Die Beklagte ist bereits jetzt zur Weiterbeschäftigung des Klägers zu verurteilen. Sie hat angekündigt, sie werde den Kläger auf keinen Fall mehr beschäftigen.[4]

Der Kläger bietet ihr seine weitere Arbeitsleistung an. Um seiner Minderungspflicht nach § 615 BGB zu genügen, bedarf er eines Zwischenzeugnisses, um sich bei anderen Arbeitgebern bewerben zu können.[5]

Zugleich werden hiermit alle Ansprüche auf rückständiges und zukünftiges Arbeitsentgelt geltend gemacht.[6]

---

[4] Vgl. ArbR-Hdb. § 110 RN 10 ff.; nach gewonnener erster Instanz ist der Arbeitnehmer berechtigt, aber nicht verpflichtet, die Weiterbeschäftigung zu verlangen. Lehnt er in diesem Fall jedoch die vom Arbeitgeber angebotene Weiterbeschäftigung ab, endet der Annahmeverzug (vgl. LAG München, Urteil v. 9. 5. 2001 – 9 Sa 1207/00 – NZA-RR 2001, 414).

[5] Es muss gut überlegt werden, ob man ein Zwischenzeugnis einklagt. Denn im Laufe des Kündigungsschutzprozesses ist es in der Praxis kaum möglich, ein für Bewerbungen wirklich sinnvolles Zwischenzeugnis zu erhalten. Hat man sich im Prozess jedoch geeinigt, bereitet ein vernünftiges Zeugnis im Allgemeinen keine Probleme mehr.

[6] Vielfach wird übersehen, dass Vergütungsansprüche zur Vermeidung ihres Verfalls geltend gemacht werden müssen. Müssen nach der tariflichen Verfallfrist Vergütungsforderungen zur Meidung ihres Verfalls eingeklagt werden, ist zugleich Vergütungsklage zu erheben. Vgl. BAG, Urteil v. 9. 8. 1990 – 2 AZR 579/89 – AP BGB § 615 Nr. 46; BAG, Urteil v. 7. 11. 1991 – 3 AZR 647/88 – AP TVG § 4 Ausschlussfristen Nr. 116; ArbR-Hdb. § 205.

3. Kündigungsschutzklage bei Widerspruch des Betriebsrats

Hinweis: 3

Es ist eine taktische Frage, ob man eine Weiterbeschäftigung gemäß § 102 Abs. 5 BetrVG geltend macht. Es genügt, vor Ablauf der Kündigungsfrist eine Weiterbeschäftigung zu verlangen. Dies führt zu einer Verlängerung des Arbeitsverhältnisses. Der Arbeitgeber kommt nach Ablauf der Kündigungsfrist unabhängig vom Ausgang des Prozesses in jedem Fall in Annahmeverzug.[7]

(Rubrum wie RN 1) 4

Es wird beantragt,

1. festzustellen, dass das Arbeitsverhältnis durch die Kündigung vom ....., zugegangen am ....., nicht aufgelöst worden ist (werden wird);

2. festzustellen, dass das Arbeitsverhältnis auch nicht durch andere Beendigungstatbestände endet, sondern dass es über den ..... hinaus fortbesteht;

3. die Beklagte zu verurteilen, den Kläger über den Ablauf der Kündigungsfrist zu unveränderten Arbeitsbedingungen weiterzubeschäftigen.[8]

Gründe:

Der am ..... geborene, verheiratete Kläger, der ..... Kinder hat, wurde am ..... von der Beklagten als ..... eingestellt. Der Kläger hat zuletzt monatlich ..... € verdient.

Der Klageantrag Ziff. 2 beinhaltet eine selbstständige allgemeine Feststellungsklage gemäß § 256 ZPO. Dem Kläger sind zwar derzeit keine anderen Beendigungstatbestände außer der mit dem Klageantrag Ziff. 1 angegriffenen Kündigung vom ..... bekannt. Es besteht jedoch die Gefahr, dass die Beklagte im Verlauf des Verfahrens weitere Kündigungen ausspricht ..... (Grund der Annahme). Es wird deshalb mit dem Klageantrag zu 2) die Feststellung begehrt, dass das Arbeitsverhältnis auch durch solche weiteren Kündigungen nicht beendet wird.

Die Beklagte hat das Arbeitsverhältnis mit Schreiben vom ....., zugegangen am ....., gekündigt. Die Kündigung ist sozial ungerechtfertigt. Der Kläger könnte als ..... bei der Beklagten weiterbeschäftigt werden. Dieser Auffassung ist auch der Betriebsrat. Die Beklagte hat den Betriebsrat am ..... gehört. Der Betriebsrat hat der Kündigung innerhalb der Frist von einer Woche gemäß § 102 Abs. 3 BetrVG widersprochen. Auf den Widerspruch, der in der Anlage beigefügt und zum Inhalt der Klageschrift gemacht wird, wird verwiesen.

Anlage: Widerspruch vom .....

Somit hat der Kläger einen Anspruch auf Weiterbeschäftigung gemäß § 102 Abs. 5 BetrVG.

---

[7] Vgl. BAG, Urteil v. 7. 3. 1996 – 2 AZR 432/95 – AP BetrVG 1972 § 102 Weiterbeschäftigung Nr. 9.

[8] Zum Anspruch nach § 102 Abs. 5 BetrVG vgl. ArbR-Hdb. § 123 RN 122 ff.

Neef

II. Klageerwiderung

1. Klageerwiderung bei ordentlicher Kündigung aus personenbedingten Gründen

5 An das Arbeitsgericht . . . ., den . . . . .

In Sachen

Arbeitsmann ./. Firma . . . .

– 1 Ca 110/03 –

wird beantragt, die Klage abzuweisen.

Gründe:

Der am . . . . . geborene Kläger hat zutreffend vorgetragen, dass er am . . . . . als *Dreher* eingestellt worden ist. Richtig ist auch, dass die Beklagte 40 Arbeitnehmer beschäftigt und sie dem Kläger mit Schreiben vom . . . . . gekündigt hat.

Der Personalleiter hat bedauerlicherweise übersehen, dass mit dem Kläger vertraglich eine dreimonatige Kündigungsfrist vereinbart worden ist. Der Kläger steht daher zutreffend auf dem Standpunkt, dass die Kündigung erst zum . . . . . wirksam wird. Die Beklagte ist bereit, den Kläger bis zu diesem Zeitpunkt zu beschäftigen.

Die Kündigung ist aber sozial gerechtfertigt. Sie erfolgte aus personenbedingten Gründen.[9] Der Kläger leidet an einem schweren Bandscheibenschaden und ist daher schon seit mehreren Jahren häufig längere Zeit arbeitsunfähig krank. Wegen der früheren Erkrankungen wird insoweit auf die in Fotokopie beigefügte Personalkarte des Klägers verwiesen.

Beweis: Fotokopierte Personalkarte.

Im vergangenen Jahr war der Kläger vom

    5. 1. bis 17. 3.

    8. 8. bis 30. 9.

    2. 10. bis 20. 10.

    4. 11. bis 15. 11.

arbeitsunfähig krank. Seit dem 5. 12. . . . . . ist der Kläger fortlaufend krank.

Wann der Kläger wieder arbeitsfähig sein wird, ist nicht abzusehen. Der Kläger hat am . . . . . nach entsprechender Anfrage erklärt, sein behandelnder Arzt könne noch nicht beurteilen, wann er wieder arbeiten könne. Er müsse aber zunächst noch ein Heilverfahren durchführen, das beantragt, allerdings noch nicht bewilligt sei. Im Übrigen habe ihm sein Arzt geraten, sich umschulen zu lassen.

Beweis: Zeugnis des Personalsachbearbeiters *Meier,* zu laden über die Beklagte;

        Parteivernehmung des Klägers;

        Zeugnis des *Dr. Krause, Mühlheimer Straße 10,* (PLZ) *Duisburg,* den der Kläger von der ärztlichen Schweigepflicht entbinden mag.

---

[9] Kündigungsgründe sind dann personenbedingt, wenn sie auf persönliche Eigenschaften des Arbeitnehmers abstellen (z. B. Eignung). Zur Kündigung wegen Krankheit vgl. ArbR-Hdb. § 129 RN 14 ff. Grundsätzlich zu unterscheiden sind (a) die langanhaltende Dauererkrankung (BAG, Urteil v. 15. 8. 1984 – 7 AZR 536/82 – AP KSchG 1969 § 1 Krankheit Nr. 16), (b) die häufigen Kurzerkrankungen und (c) krankheitsbedingte Minderleistungen. Maßgeblicher Zeitpunkt der Prognoseprüfung ist das Datum des Zugangs der Kündigung (BAG, Urteil v. 25. 11. 1982 – 2 AZR 140/81 – AP KSchG 1969 § 1 Krankheit Nr. 7).

Die Beklagte ist nicht in der Lage, den Kläger weiter zu beschäftigen. Die Beklagte unterhält nur ein kleines Unternehmen und beschäftigt den Kläger als einzigen Dreher. Während des Urlaubs oder etwaiger Erkrankungen des Klägers ist die Beklagte genötigt, die im Betrieb anfallenden Dreharbeiten durch fremde Unternehmen ausführen zu lassen. Die hierdurch erwachsenden Unkosten vermag die Beklagte nicht mehr zu tragen.[10]

Beweis: Zeugnis des Steuerberaters *Klug, Grünstraße 11, (PLZ) Duisburg.*

Auch ein Einsatz auf einem anderen Arbeitsplatz ist nicht möglich.

Die Klage muss daher abgewiesen werden.

Der Betriebsrat ist zur Kündigung gehört worden. Er hat der Kündigung nicht widersprochen/ihr zugestimmt/sich wie aus der beigefügten Stellungnahme ersichtlich geäußert.

Stellungnahme zu vom Kläger behaupteten sonstigen Beendigungstatbeständen.

2. Klageerwiderung bei ordentlicher Kündigung aus verhaltensbedingten Gründen[11]

An das Arbeitsgericht ...., den **6**

In Sachen pp. *(volles Rubrum § 57)*
– 1 Ca 104/98 –
wird beantragt, die Klage abzuweisen.

Gründe:

Die Klage kann keinen Erfolg haben. Der Kläger behauptet zu Unrecht, es sei arbeitsvertraglich mit ihm eine dreimonatige Kündigungsfrist vereinbart worden. Der Kläger ist im Jahre ..... eingestellt worden. Im Einstellungsschreiben ist ausdrücklich vermerkt, dass das Arbeitsverhältnis mit gesetzlicher Frist gekündigt werden kann.

Beweis: Beigefügtes Einstellungsschreiben vom .....

Der Kläger hat in der Vergangenheit mehrfach unentschuldigt gefehlt. So fehlte er am 31. 5. 2002 während des gesamten Tages.

Am 15. 8. 2002 kam er erst nach Ablauf der halben Schicht, die um 6.00 Uhr begann, um 10.00 Uhr.

Am 15. 9. 2002 fehlte er wiederum den ganzen Tag.

Der Kläger ist nach der ersten Fehlzeit mündlich abgemahnt worden.

Beweis: Vernehmung des Betriebsleiters *Meier* als Zeugen, zu laden über die Beklagte.

Nach den beiden anderen unentschuldigten Fehlzeiten hat er jeweils eine schriftliche Abmahnung bekommen, in denen der Kläger unmissverständlich darauf hingewiesen worden ist, dass er sich vertragswidrig verhalten hat und er im Wiederholungsfalle mit einer Kündigung rechnen müsse. Die Abmahnungen sind als Anlagen 1 und 2 beigefügt.

Am ..... hat der Kläger ein weiteres Mal unentschuldigt gefehlt.

---

[10] Zum Tatbestandsmerkmal „Beeinträchtigung betrieblicher Interessen": BAG, Urteil v. 29. 4. 1999 – 2 AZR 431/98 – AP KSchG 1969 § 1 Krankheit Nr. 36; BAG, Urteil v. 29. 7. 1993 – 2 AZR 155/93 – AP KSchG 1969 § 1 Krankheit Nr. 27 (Kosten der Entgeltfortzahlung).
[11] Vgl. ArbR-Hdb. § 130.

Beweis: Vernehmung des Betriebsleiters *Meier,* bereits benannt.

Die Beklagte musste daher das Arbeitsverhältnis am ..... kündigen, zumal die übrige Belegschaft schon erklärt hat, der Kläger dürfe sich bei der Beklagten einfach alles herausnehmen.

Der Betriebsrat ist gemäß § 102 BetrVG gehört worden und hat der Kündigung zugestimmt.

Beweis: Schreiben des Betriebsrats vom .....

gez. Unterschrift

3. Klageerwiderung bei ordentlicher Kündigung aus betriebsbedingten Gründen

7 An das Arbeitsgericht ...., den .....

In Sachen pp. *(volles Rubrum § 57)*
– 1 Ca 104/98 –

wird beantragt, die Klage abzuweisen.

Gründe:

Der Kläger hat zutreffend vorgetragen, dass ihm mit Schreiben vom ..... gekündigt worden ist. Irrtümlich ist die Kündigung zum ..... ausgesprochen worden. Es ist richtig, dass sie erst zum ..... wirksam werden kann. Die Beklagte ist bereit, dem Kläger bis zu diesem Zeitpunkt den Lohn fortzuzahlen, sofern er nicht bis dahin eine andere Stelle gefunden hat.

Im Übrigen kann die Klage jedoch keinen Erfolg haben. Die Kündigung ist aus dringenden betrieblichen Gründen gerechtfertigt.

Die Umsätze der Beklagten sind im letzten Jahr um 20% zurückgegangen, nämlich von ..... € auf ..... €. Dieser Umsatzrückgang ist darauf zurückzuführen, dass entsprechend weniger Ware der Beklagten abgesetzt werden konnte.

Beweis: Vernehmung des Verkaufsleiters ....., zu laden über die Beklagte.

Bei der Beklagten besteht zudem ein erheblicher Auftragsmangel. In den vergangenen Jahren hatte die Beklagte durchschnittlich Aufträge für die nächsten sechs Monate, ab Februar 2002 sicherte der Auftragsbestand nur noch eine Produktion von drei Monaten.

Beweis: Vernehmung des Verkaufsleiters ....., bereits benannt.

Die Geschäftsführung der Beklagten hat daher in der Geschäftsführersitzung am 15. 3. 2002 den Beschluss gefasst, die Produktion um 5% zurückzufahren und aus diesem Grunde eine von 20 Produktionsmaschinen abzuschalten.

Beweis: Vernehmung des Produktionsleiters ....., zu laden über die Beklagte.

Diese unternehmerische Entscheidung ist von der Rechtsprechung nur auf Willkür und Unsachlichkeit zu überprüfen, wobei der Kläger hierfür darlegungs- und beweispflichtig ist.[12]

An den 20 Produktionsmaschinen sind jeweils fünf Arbeitnehmer beschäftigt. Infolge der unternehmerischen Entscheidung, eine dieser Maschinen stillzulegen, entfallen fünf Arbeitsplätze.

---

[12] Vgl. BAG, Urteil v. 30. 4. 1987 – 2 AZR 184/86 – AP KSchG 1969 § 1 Betriebsbedingte Kündigung Nr. 42.

Neef

Die Beklagte hat unter den an den Produktionsmaschinen beschäftigten insgesamt 100 Arbeitnehmern eine soziale Auswahl vorgenommen. Dabei hat die Beklagte folgendes Punkteschema angewandt.

.....

Nach diesem Schema sind der Kläger und vier seiner Arbeitskollegen von der Kündigung betroffen. Die Beklagte hat darüber hinaus noch geprüft, ob Besonderheiten des Einzelfalles zu einer anderen Beurteilung führen. Dies ist jedoch nicht der Fall.

Beweis: Vernehmung des Personalleiters ....., zu laden über die Beklagte.

Die Beklagte hat dem Betriebsrat am ..... das als Anlage 1 beigefügte Schreiben übergeben, in welchem sie die Sozialdaten des Klägers aufgeführt, auf die Kündigungsfrist hingewiesen und die betriebsbedingten Gründe sowie die soziale Auswahl kurz zusammengefasst dargestellt hat. Der Personalleiter ..... hat dem Betriebsratsvorsitzenden ..... anlässlich der Übergabe des Schreibens ausführlich die betriebsbedingten Gründe und die soziale Auswahl erläutert. Der Betriebsratsvorsitzende hatte keine weiteren Fragen mehr.

Beweis: Vernehmung des Personalleiters ....., bereits benannt.

Nach Ablauf einer Woche galt die Zustimmung des Betriebsrats als erteilt (§ 102 Abs. 2 Satz 2 BetrVG). Anschließend erhielt der Kläger die Kündigung.

Nach alledem ist die betriebsbedingte Kündigung gerechtfertigt.

gez. Unterschrift

4. Replik zur mangelhaften sozialen Auswahl[13]

An das Arbeitsgericht ...., den 8

In Sachen pp. *(volles Rubrum § 57)*

bestreitet der Kläger die von der Beklagten behauptete unternehmerische Entscheidung. Darüber hinaus ist aber die soziale Auswahl fehlerhaft.

Die soziale Auswahl ist zwischen allen vergleichbaren Arbeitnehmern vorzunehmen. Einzubeziehen sind alle Arbeitsplätze, auf die ein Arbeitgeber einen Arbeitnehmer kraft Direktionsrecht versetzen kann.[14] Der Kläger ist ausweislich seines Arbeitsvertrages verpflichtet, auch andere, zumutbare Tätigkeiten zu übernehmen. Die Beklagte wäre daher berechtigt gewesen, den Kläger nicht nur an eine andere Maschine zu versetzen, sondern ihm auch Tätigkeiten im Lager zuzuweisen. Dem Kläger ist bekannt, dass im Lager im letzten Jahr zwei Arbeitnehmer eingestellt wurden, die – jedenfalls dem äußeren Anschein nach – wesentlich jünger sind als der Kläger. Daher ist die soziale Auswahl fehlerhaft und die Kündigung unwirksam.

---

13 Vgl. ArbR-Hdb. § 132. Nach § 1 Abs. 3 KSchG i. d. F. des sog. Korrekturgesetzes vom 19. 12. 1998 waren alle Sozialdaten zu berücksichtigen. Zu diesen gehörten beispielsweise die Betriebszugehörigkeit, das Lebensalter, Unterhaltspflichten, aber auch eine Schwerbehinderteneigenschaft, die das Finden einer neuen Stelle erschwert, und weitere soziale Erwägungen. Nach Art. 1 des Gesetzes zu Reformen am Arbeitsmarkt (BGBl. 2003 I, 3002) gelten nunmehr die Grunddaten Alter, Betriebszugehörigkeit und Unterhaltspflichten sowie die Schwerbehinderung des Arbeitnehmers.

14 Vgl. BAG, Urteil v. 17. 2. 2000 – 2 AZR 142/99 – AP KSchG 1969 § 1 Soziale Auswahl Nr. 46.

Neef

5. Darlegung zur sozialen Auswahl (Duplik)

9 An das Arbeitsgericht ...., den .....

In Sachen pp.

wird auf den letzten gegnerischen Schriftsatz wie folgt erwidert:

Es ist zutreffend, dass im Lager zwei Arbeitnehmer beschäftigt sind, die weniger lange beschäftigt und zudem jünger als der Kläger sind. Es handelt sich um

Herrn M, 23 Jahre alt und seit 1½ Jahren beschäftigt, sowie um

Herrn X, 24 Jahre alt und seit einem Jahr beschäftigt.

Der Arbeitnehmer M ist als Lagerarbeiter beschäftigt. Er ist eine Tarifgruppe niedriger als der Kläger eingestuft und wird auch entsprechend niedriger vergütet.

Beweis: .....

In die soziale Auswahl sind nur Arbeitnehmer einbezogen, die horizontal vergleichbar sind. Eine Vergleichbarkeit von Arbeitnehmern unterschiedlicher Gehaltsgruppen kommt nicht in Betracht.[15] Daher ist der Arbeitnehmer M mit dem Kläger nicht vergleichbar.

Der Arbeitnehmer X ist als Lagerverwalter beschäftigt und in dieselbe Lohngruppe wie der Kläger eingruppiert. Gleichwohl ist er mit dem Kläger nicht vergleichbar. Denn für die Aufgabe eines Lagerverwalters benötigt dieser eine technische sowie eine kaufmännische Ausbildung, über die der Kläger, der für seine Tätigkeit angelernt wurde, nicht verfügt. Der Kläger ist nicht in der Lage, die Tätigkeit als Lagerverwalter auszuüben.

Beweis: .....

6. Klageerwiderung bei Auswahlrichtlinie nach § 1 Abs. 4 KSchG[16]

10 In Sachen pp.

wird noch Folgendes vorgetragen:

1. Der Kläger rügt zu Unrecht, die Beklagte habe die Grundsätze der sozialen Auswahl verletzt. Die Beklagte hat bei der sozialen Auswahl die Dauer der Betriebszugehörigkeit, das Lebensalter, die Unterhaltspflichten und alle sonstigen Sozialdaten des Klägers berücksichtigt.

2. a) Im Übrigen ist die Gewichtung der sozialen Auswahlmerkmale in einer Auswahlrichtlinie nach § 95 BetrVG/in einem Interessenausgleich und Sozialplan/Tarifvertrag/in einer Betriebsvereinbarung geregelt. Die Auswahlrichtlinie ist in der Anlage beigefügt. Diese hat die Beklagte beachtet.

   b) Der Kläger war unter Beachtung der Auswahlrichtlinie/Punktetabelle vor allen anderen, von ihm benannten Arbeitnehmern zu kündigen. *(Näher ausführen.)*

   c) Die soziale Auswahl kann mithin nur auf grobe Fehler überprüft werden.

Im Schriftsatz hieße es dann:

Aber selbst wenn man noch die Notwendigkeit einer Einzelfallüberprüfung bejaht, ist die soziale Auswahl nicht zu beanstanden. Der Kläger selbst hat keine Gesichtspunkte vorgetragen, die zu seinen Gunsten sprechen .....

---

¹⁵ Vgl. BAG, Urteil v. 29. 3. 1990 – 2 AZR 369/89 – AP KSchG 1969 § 1 Betriebsbedingte Kündigung Nr. 50.

¹⁶ Zur Auswahlrichtlinie vgl. ArbR-Hdb. § 132 RN 22 ff. Zur Gewichtung der Sozialkriterien: BAG, Urteil v. 2. 12. 1999 – 2 AZR 757/98 – AP KSchG 1969 § 1 Soziale Auswahl Nr. 45. Zur Erweiterung des § 1 Abs. 4 KSchG: LAG Düsseldorf, Urteil v. 17. 3. 2000 – 9 (6) Sa 84/00 – NZA-RR 2000, 421. Ähnlich kann hinsichtlich § 1 Abs. 5 KSchG n. F. argumentiert werden. Vgl. § 56 RN 11 ff.

3. Die Angriffe des Klägers gegen die soziale Auswahl im Übrigen gehen fehl.
   a) Die Beklagte ist nicht von der Auswahlrichtlinie abgewichen . . . . .
   b) Die Auswahlrichtlinie ist auch nicht grob fehlerhaft.[17]
      – Zu Unrecht behauptet der Kläger, einzelne Gesichtspunkte seien nicht berücksichtigt.
      – Unzutreffend ist seine Ansicht, die Auswahlrichtlinie lasse jede Ausgewogenheit vermissen.

7. Insolvenzverfahren

(Vgl. § 100 RN 5). **11**

§ 62. Kündigungsschutzklagen bei besonderen Arten von Kündigungen

I. Änderungskündigung

1. Kündigungsschutzklage bei Änderungskündigung[1]

An das Arbeitsgericht . . . ., den **1**

In Sachen pp. *(volles Rubrum § 57)*

wegen Änderungskündigung

Es wird beantragt,

1. festzustellen, dass die Änderung der Arbeitsbedingungen durch die Kündigung vom 10. 2. 2002, zugegangen am 11. 2. 2002, sozial ungerechtfertigt und rechtsunwirksam ist;

2. festzustellen, dass das Arbeitsverhältnis über den 30. 6. 2002 zu unveränderten Bedingungen fortbesteht.

Der Kläger, geboren am 30. 8. 1960, verheiratet, zwei Kinder, ist am 1. 1. 1982 bei der Beklagten als *kaufmännischer Angestellter* eingetreten. Er ist im *Innendienst des Vertriebes für Auspuffanlagen für Kraftfahrzeuge* beschäftigt. Die Beklagte hat etwa 500 Arbeitnehmer.

Mit Schreiben vom 10. 2. 2002 hat die Beklagte das Arbeitsverhältnis zum 30. 6. 2002 gekündigt und dem Kläger gleichzeitig angeboten, seine Tätigkeit, die er bisher in *Ulm* ausgeführt hat, künftig in *Karlsruhe* aufzunehmen.

Der Kläger hat mit Schreiben vom 20. 2. 2002 der Beklagten mitgeteilt, dass er bereit sei, das Arbeitsverhältnis zu den geänderten Bedingungen fortzusetzen, falls nicht die Änderung der Arbeitsbedingungen sozial ungerechtfertigt ist.

Der Kläger bestreitet, dass die Beklagte den Betriebsrat in *Ulm* ordnungsgemäß angehört hat. Versuche des Klägers, nähere Einzelheiten über die Betriebsratsanhörung zu erfahren, waren erfolglos.

---

[17] Vgl. ArbR-Hdb. § 132 RN 29, 30.
[1] Vgl. ArbR-Hdb. § 137. Zum Prüfungsverfahren (2-Stufen-Prüfung): BAG, Urteil v. 15. 3. 1991 – 2 AZR 582/90 – AP KSchG 1969 § 2 Nr. 28; BAG, Urteil v. 12. 11. 1998 – 2 AZR 91/98 – AP KSchG 1969 § 2 Nr. 51.

Die Beklagte begründet die Änderungskündigung damit, dass sie den Vertrieb für Auspuffanlagen insgesamt von *Ulm* nach *Karlsruhe* verlegt habe. Hierbei hat sie jedoch nicht hinreichend Rücksicht auf die Interessen des Klägers genommen, für den die Tätigkeit in *Karlsruhe* bedeutet, dass er und seine Familie nach *Karlsruhe* umziehen müssen. Die Änderungskündigung wird auf betriebsbedingte Gründe gestützt. Diese fehlen, wenn es dem Arbeitgeber möglich ist, der betrieblichen Lage durch andere Maßnahmen auf technischem, organisatorischem oder wirtschaftlichem Gebiet als durch die Kündigung zu entsprechen.[2] Der Kläger wäre in der Lage, den größten Teil seiner Tätigkeit zuhause in einem Homeoffice zu erledigen. Zweimal in der Woche könnte er mit dem Zug von *Ulm* nach *Karlsruhe* fahren, soweit seine Tätigkeit vor Ort erforderlich ist. Die Beklagte muss aus mehreren geeigneten Mitteln dasjenige auswählen, das den Arbeitnehmer am wenigsten belastet.[3]

Die Änderungskündigung ist daher sozial ungerechtfertigt.

gez. Unterschrift

2. Replik auf die Änderungskündigungsschutzklage

2   An das Arbeitsgericht ...., den .....

In Sachen pp. *(volles Rubrum § 57)*

wird der Antrag, die Klage abzuweisen, wie folgt begründet:

Die Beklagte befasst sich mit der Produktion und dem Vertrieb von Auspuffanlagen. Ferner produziert und vertreibt sie Spezialmaschinen. Vor zwei Jahren erwarb sie einen Betrieb in *Karlsruhe* und verlagerte in der Folgezeit die Produktion von Auspuffanlagen nach *Karlsruhe*. Der Spezialmaschinenbau findet weiterhin in *Ulm* statt.

Beweis: Vernehmung des Produktionsleiters ....., zu laden über die Beklagte.

Für beide Produktionszweige gibt es voneinander unabhängige Vertriebsabteilungen. Die Geschäftsführung der Beklagten hat am ..... beschlossen, die Vertriebsabteilung für die Auspuffanlagen nach *Karlsruhe* zu verlegen. Dies war erforderlich, weil mit Rücksicht auf immer speziellere Kundenwünsche eine sehr enge – auch räumliche – Zusammenarbeit zwischen Vertrieb, Entwicklung und Produktion stattfinden muss.

Die Verlegung der Vertriebsabteilung Auspuffanlagen und die daraus folgende Verlegung der Arbeitsplätze ist eine unternehmerische Entscheidung, die nur auf offenbare Unrichtigkeit oder Willkür überprüft werden kann. Diese Entscheidung ist nicht daraufhin zu überprüfen, ob der Nutzen der neuen Struktur in einem angemessenen oder vertretbaren Verhältnis zu den Nachteilen des betroffenen Arbeitnehmers steht.[4] Damit steht fest, dass betriebsbedingte Gründe vorlagen, die die Änderungskündigung rechtfertigten.

Eine soziale Auswahl kam nicht in Betracht, da der Kläger auf Grund seines Arbeitsvertrages nur im Vertrieb eingesetzt werden kann. Alle Arbeitnehmer der Vertriebsabteilung Auspuffanlagen sind nach *Karlsruhe* versetzt worden. Eine Tätigkeit des Klägers in dem Vertrieb Spezialmaschinen ist nicht möglich. Denn der Kläger ist der Abteilungsleiter. Die Position der beiden Abteilungsleiter im Vertrieb Spezialmaschinen ist mit Diplom-Ingenieuren besetzt, was wegen der erforderli-

---

[2] Vgl. BAG, Urteil v. 18. 1. 1990 – 2 AZR 183/89 – AP KSchG 1969 § 2 Nr. 27.
[3] Vgl. BAG, a. a. O.
[4] Vgl. BAG, Urteil v. 27. 9. 2001 – 2 AZR 246/00 – NZA 2002, 696.

chen technischen Kenntnisse auch notwendig ist. Über diese Qualifikation verfügt der Kläger nicht.

Die Klage ist daher abzuweisen.

gez. Unterschrift

II. Klage bei vorsorglicher Kündigung[5]

Es ist eine normale Kündigungsschutzklage (vgl. Muster § 61 RN 1) zu erheben, da die   **3**
vorsorgliche Kündigung eine echte Kündigung darstellt.

III. Klage gegen eine Teilkündigung[6]

An das Arbeitsgericht ....., den **4**

Klage

In Sachen pp. *(volles Rubrum § 57)*
wird beantragt, festzustellen, dass die Teilkündigung der Provisionsstaffel unwirksam ist.

Gründe

Der Kläger, geboren am ..... verheiratet/ledig, ... Kind(er), wurde am ..... von der Beklagten, die ..... Arbeitnehmer beschäftigt, als *Verkaufsreisender* eingestellt. Ihm wurde in dem schriftlich abgeschlossenen Arbeitsvertrag ein Fixum in Höhe von monatlich ..... € sowie eine Provision zugesagt. Wegen der weiteren Einzelheiten wird auf anliegenden Arbeitsvertrag verwiesen.

In dem Arbeitsvertrag ist die Teilkündigung der Provisionsstaffel vorbehalten. Die Beklagte hat dem Kläger mit Schreiben vom ..... die Provisionsstaffel gekündigt und zugleich eine neue Provisionsstaffel angeboten. Wegen der Einzelheiten wird auf das Kündigungsschreiben und die neue Staffel verwiesen.

Eine Teilkündigung ist rechtlich nicht zulässig. Die im Vertrag vorgesehene Teilkündigung der Provisionsstaffel ist in Wahrheit – trotz anderslautender Bezeichnung – ein Widerrufsrecht, welches sich die Beklagte vorbehalten hat.[7] Damit erweist sich die Teilkündigung der Beklagten als Ausübung des vertraglichen Widerrufsrechts. Die Beklagte hat jedoch billiges Ermessen gemäß § 315 BGB zu beachten. Dabei darf der Widerruf nicht dazu führen, dass er zu einer Umgehung des Kündigungsschutzes führt.[8] Das Einkommen des Klägers besteht zu 50 % aus festen Bezügen und zu 50% aus Provision. Ein Widerruf der Provision würde damit das Arbeitsverhältnis des Klägers aushöhlen. Das BAG lässt einen Widerruf in der Größenordnung von 15% zu.[9] Diese Staffel ist bei weitem überschritten, so dass der Widerruf unwirksam ist.

---

[5] Vgl. ArbR-Hdb. § 123 RN 48.
[6] Vgl. ArbR-Hdb. § 123 RN 49.
[7] Vgl. BAG, Urteil v. 7. 10. 1982 – 2 AZR 455/80 – AP BGB § 620 Teilkündigung Nr. 5.
[8] Vgl. BAG, a.a.O.
[9] Vgl. BAG, Urteil v. 21. 4. 1993 – 7 AZR 297/92 – AP KSchG 1969 § 2 Nr. 34. Das BAG akzeptiert ein einseitiges Widerrufsrecht des Arbeitgebers auch bei einer übertariflichen Zulage von etwa 25% bis 30% des tariflichen Stundenlohnes: BAG, Urteil v. 13. 5. 1987 – 5 AZR 125/86 – AP BGB § 305 Billigkeitskontrolle Nr. 4.

Im Übrigen würde der Widerruf aber auch nicht billigem Ermessen entsprechen
.....

Hinweis:
Falls im Betrieb ein Betriebsrat besteht, unterliegt die Änderung der Provisionsstaffel sei-
nem Mitbestimmungsrecht gemäß § 87 Abs. 1 Ziff. 10 BetrVG. Eine Änderung der
Provisionsstaffel unter Verletzung des Mitbestimmungsrechts ist unwirksam.[10]

§ 63. Verfahren über nachträgliche Zulassung einer Kündigungsschutzklage[1]

I. Kündigungsschutzklage und Zulassungsantrag

1 An das Arbeitsgericht ...., den .....

Klage

In Sachen pp. *(volles Rubrum § 57)*
wegen Kündigungsschutz und nachträglicher Zulassung
Es wird beantragt,
1. festzustellen, dass das Arbeitsverhältnis durch die Kündigung vom 10. 1. 2003
   nicht aufgelöst worden ist, sondern fortbesteht;
2. die Kündigungsschutzklage nachträglich zuzulassen.

Gründe:

Die 40 Jahre alte Klägerin ist seit rund zehn Jahren in Diensten der Beklagten,
die mehr als 1 000 Arbeitnehmer beschäftigt. Sie war zuletzt als *Sekretärin* des am
4. 1. 2003 aus dem Leben geschiedenen Direktors *Meier* tätig. Sie verdiente ..... €.

Mit Schreiben vom 10. 1. 2003, das der Klägerin vermutlich durch einen Boten
unter ihre Haustüre geschoben worden ist, hat die Beklagte das Arbeitsverhältnis
zum 30. 6. 2003 gekündigt. Für diese Kündigung bestehen keinerlei Gründe; die
Klägerin hat ihre Pflichten stets gewissenhaft erfüllt.

Der Klägerin war für die Zeit vom 1. 1. bis 20. 1. 2003 Urlaub bewilligt worden.
Sie hat diesen Urlaub, wie in jedem Jahr, zum Wintersport in *Garmisch-Partenkir-
chen* verbracht. Herrn Direktor *Meier* war die Anschrift der Klägerin bekannt. Am
15. 1. 2003 hat die Klägerin einen Skiunfall erlitten und ist deswegen in ein Krankenhaus in *Garmisch* eingeliefert worden. Sie hat der Beklagten unverzüglich ein
ärztliches Attest übersandt.

Als die Klägerin am 20. 2. 2003 in ihre Wohnung zurückgekehrt ist, hat sie
das Kündigungsschreiben vorgefunden. Die Klägerin ist der Auffassung, dass
das Kündigungsschreiben ihr erst am 20. 2. 2003 zugegangen ist.[2] Nur rein

---

[10] Vgl. BAG, Urteil v. 25. 5. 1996 – 1 AZR 853/95 – n. a. v.
[1] Vgl. ArbR-Hdb. § 136 RN 34 ff.
[2] Zum Zugang während des Urlaubs: BAG, Urteil v. 16. 3. 1988 – 7 AZR 587/87 – AP BGB § 130
Nr. 16; BAG, Urteil v. 2. 3. 1989 – 2 AZR 275/88 – AP BGB § 130 Nr. 17. Das BAG geht davon aus,
dass ein an die Heimatadresse des Arbeitnehmers gerichtetes Kündigungsschreiben auch dann zugeht,
wenn dem Arbeitgeber bekannt ist, dass sich der Arbeitnehmer im Urlaub (in Untersuchungshaft) be-

vorsorglich muss der Antrag auf nachträgliche Zulassung der Klage gestellt werden.[3]

Die Richtigkeit vorstehender Angaben wird an Eides statt versichert.[4]

Unterschrift (die Klägerin)

Hinweis:

Nach Rückkehr aus dem Urlaub weiß der Arbeitnehmer oft nicht, wann genau die Kündigung zugegangen ist. Er weiß daher auch nicht, ob die dreiwöchige Klagefrist bereits abgelaufen ist. Daher sollte er **sofort** Kündigungsschutzklage erheben. Mit dem (vorsorglichen) Antrag auf nachträgliche Klagezulassung hat er hingegen zwei Wochen Zeit (§ 5 Abs. 3 Satz 1 KSchG).[5]

II. Klageentgegnung

An das Arbeitsgericht . . . ., den 2

In Sachen

Krause . / . Firma . . . . .

– 4 Ca 390/98 –

wird beantragt,

1. den Antrag auf nachträgliche Zulassung zurückzuweisen;

2. die Klage abzuweisen.

Gründe:

Die Kündigungsschutzklage ist abzuweisen. Die Klägerin hat die 3-Wochen-Frist zur Erhebung einer Kündigungsschutzklage nicht eingehalten. Der Klägerin ist am 10. 1. 2003 das Kündigungsschreiben durch Boten in ihre Wohnung überbracht worden.

Beweis: Fahrer *Liebknecht,* zu laden über die Beklagte.

Der Beklagten war die Anschrift der Klägerin nicht bekannt. Es muss auch bestritten werden, dass sie ihre Anschrift Herrn Direktor *Meier* mitgeteilt hat. Jedenfalls waren Notizen im Schreibtisch von Herrn Direktor *Meier* nicht vorhanden. Auch den Arbeitskollegen der Klägerin war unbekannt, dass diese verreist war.

Die Beklagte hat im Übrigen unmittelbar nach Eingang des ärztlichen Attestes vom 15. 1. 2003 mit Schreiben vom 17. 1. 2003 der Klägerin nach *Garmisch* mitgeteilt, dass ihr am 10. 1. 2003 gekündigt worden sei. Diese Mitteilung hat die Klägerin auch erhalten. Sie hat nämlich bereits am 25. 1. 2003 ihrer Arbeitskollegin *Engel*

---

findet. Eine nachträgliche Zulassung wird allerdings regelmäßig über § 5 KSchG möglich sein, vgl. BAG, Urteil v. 16. 3. 1988 – 7 AZR 587/87 – AP BGB § 130 Nr. 16; LAG Köln, Beschluss v. 4. 3. 1996 – 10 Ta 322/95 – NZA-RR 1996, 455.

[3] Über den Antrag auf nachträgliche Zulassung ist nicht zu entscheiden, wenn das Gericht von der Rechtzeitigkeit der Klage ausgeht (LAG Hamm, Beschluss v. 25. 2. 1988 – 8 Ta 321/88 – LAGE BGB § 130 Nr. 11).

[4] Der Text könnte in etwa wie folgt lauten: „*Ich war vom . . . . . bis . . . . . in . . . . . in Urlaub/in Untersuchungshaft. Als ich nach Hause zurückkehrte, fand ich in meinem Briefkasten die ordentliche Kündigung meines Arbeitsverhältnisses vor. Diese Kündigung war völlig überraschend, insbesondere wurde eine solche zu keinem Zeitpunkt von Seiten des Arbeitgebers angedeutet.*"

[5] Vgl. hierzu im Einzelnen ArbR-Hdb. § 136 RN 48.

Neef

geschrieben, sie finde es unerhört, dass ihr während des Urlaubs gekündigt worden sei.

Beweis: Frau *Elfriede Engel, Westenhellweg 5,* (PLZ) *Dortmund.*

Damit muss sich die Klägerin zumindest so behandeln lassen, als ob sie am 25. 1. 2003 von der Kündigung erfahren hat. Somit ist aber ihre Kündigungsschutzklage in jedem Fall verspätet und ihr Antrag auf nachträgliche Zulassung unbegründet. Die Klägerin hat selbst nicht vorgetragen und glaubhaft gemacht, dass sie infolge ihrer Erkrankung außerstande war, Klage einzureichen.

gez. Unterschrift

III. Entscheidung des Gerichts

3   *Beschluss:*[6]

In Sachen pp. *(volles Rubrum § 57)*

wird dem/der Antrag auf nachträgliche Zulassung stattgegeben/zurückgewiesen.

Gründe:

(Es erfolgt regelmäßig unter I eine Wiedergabe des Sachverhaltes und unter II die rechtliche Begründung. Eine Kostenentscheidung ist nicht notwendig. Über die Klage wird erst nach Rechtskraft des Beschlusses entschieden. Gegen den Beschluss ist die sofortige Beschwerde zulässig. In der Beschwerdeinstanz hat eine Kostenentscheidung zu erfolgen. Außerdem ist gemäß §§ 21, 24ff. GKG ein Streitwert für den Beschluss festzusetzen).

§ 64. Feststellungsklage wegen außerordentlicher Kündigung nach dem Kündigungsschutzgesetz

1   An das Arbeitsgericht ...., den .....

In Sachen pp. *(volles Rubrum § 57)*

wegen außerordentlicher Kündigung[1]

Es wird beantragt,

1. festzustellen, dass das Arbeitsverhältnis durch die außerordentliche Kündigung vom 4. 7. 2003 nicht aufgelöst worden ist;[2]

2. Weiterbeschäftigungsantrag *(vgl. § 61 RN 2).*

Gründe:

Die 25 Jahre alte Klägerin ist seit drei Jahren als *Verkäuferin* bei dem Beklagten beschäftigt und verdiente 2 500,00 € brutto. In dem *Schuhgeschäft* des Beklagten sind zehn Verkäuferinnen tätig.

Am 4. 7. 2003 wurde die Klägerin fristlos entlassen. Die Kündigung ist unwirksam, denn ein wichtiger Grund (§ 626 BGB) hat nicht bestanden. Allerdings hat der Beklagte der Klägerin zur Last gelegt, sie habe ein Paar Schuhe entwendet.

---

[6] Vgl. ArbR-Hdb. § 136 RN 51.
[1] Vgl. ArbR-Hdb. § 125 RN 53.
[2] Zur Verdeutlichung, dass auch eine ordentliche Kündigung nicht hingenommen wird, kann sich nach dem Datum die Einschiebung empfehlen *„weder außerordentliche noch mit ordentlicher Frist".*

Es hat sich jedoch herausgestellt, dass dieser Vorwurf ungerechtfertigt war. Das hat der Beklagte auch gegenüber dem Lebensgefährten der Klägerin zugegeben.

Beweis: Herr *Ernst Ehrlich, Vattmannstraße 5,* (PLZ) *Gelsenkirchen.*

Sonstige Gründe zur Kündigung bestehen nicht. Selbst wenn eine Umdeutung der außerordentlichen Kündigung in eine ordentliche Kündigung in Betracht käme (§ 140 BGB), wäre diese sozial ungerechtfertigt.

Unterschrift

Hinweis:

Eine unwirksame außerordentliche Kündigung ist nach § 140 BGB in eine ordentliche Kündigung umzudeuten, wenn dies dem mutmaßlichen Willen des Kündigenden entspricht und dieser Wille dem Kündigungsempfänger im Zeitpunkt des Kündigungszugangs erkennbar ist.[3] Einzelheiten in ArbR-Hdb. § 123 RN 160 und § 138 RN 3.[4]

§ 65. Antrag auf Auflösung des Arbeitsverhältnisses gegen Zahlung einer Abfindung

I. Klage und Auflösungsantrag des Arbeitnehmers

(Klagekopf § 57)   1

Es wird beantragt,

1. Es wird festgestellt, dass das Arbeitsverhältnis weder durch die außerordentliche Kündigung vom 15. 2. 2003 aufgelöst worden ist noch durch die gleichzeitig ausgesprochene ordentliche Kündigung zum 30. 6. 2003 aufgelöst werden wird,

2. das Arbeitsverhältnis wird gemäß §§ 9, 10 KSchG am 30. 6. 2003 aufgelöst. Die Beklagte wird verurteilt, an den Kläger eine Abfindung, deren Höhe in das Ermessen des Gerichts gestellt wird, die aber 25 000,00 €[1] nicht unterschreiten sollte, zu zahlen.

I. Sachverhalt

Der am 15. 11. 1963 geborene Kläger ist verheiratet und hat zwei unterhaltspflichtige Kinder. Er trat am 1. 1. 1993 als *Buchhalter* in die Dienste der Beklagten. Seine Vergütung beträgt 2 500,00 € monatlich zuzüglich eines halben Gehalts als Urlaubsgeld und eines weiteren 13. Gehalts zum Jahresende, somit im Jahr 33 750,00 €.

Die Beklagte beschäftigt 980 Arbeitnehmer und hat einen Betriebsrat.

Am 15. 2. 2003 rief der Geschäftsführer der Beklagten den Kläger zu sich und teilte ihm mit, er habe einen Kassenfehlbestand von 10 000,00 € festgestellt. Er sei der festen Überzeugung, der Kläger habe dieses Geld unberechtigterweise entwendet, und bezeichnete ihn wörtlich als Betrüger.

Beweis: Vernehmung des anwesenden Personalchefs *Meier,* zu laden über die Beklagte.

---

[3] Vgl. BAG, Urteil v. 15. 11. 2001 – 2 AZR 310/00 – AP BGB § 140 Nr. 13, zuvor BAG, Urteil v. 14. 8. 1974 – 5 AZR 497/73 – AP KSchG 1969 § 13 Nr. 3.
[4] Zur Beteiligung des Betriebsrats in diesem Falle: BAG, Urteil v. 29. 8. 1991 – 2 AZR 59/91 – AP BetrVG 1972 § 102 Nr. 58.
[1] Angabe eines Wunschbetrages notwendig. Fehlt dieser, besteht keine Möglichkeit, wegen zu geringer Abfindung in die Berufung zu gehen (mangels Beschwer).

Neef

Am Ende des Gesprächs übergab der Geschäftsführer der Beklagten dem Kläger die als Anlage 1 beigefügte Kündigung, in welcher das Arbeitsverhältnis fristlos und hilfsweise ordentlich zum 30. 6. 2003 gekündigt wurde.

II. Rechtliche Beurteilung

Die Kündigungen sind schon deshalb unwirksam, weil der Geschäftsführer sie spontan ausgesprochen hat, ohne den Betriebsrat anzuhören (§ 102 BetrVG).

Es gibt aber auch keine Gründe für eine außerordentliche Kündigung. Der Kläger hat keinerlei Geld entwendet. Die Kassendifferenz beruht – wie der Kläger nachträglich erfahren hat – darauf, dass eine Mitarbeiterin versehentlich eine vom Bankkonto bezahlte Rechnung nicht dem Bankkonto belastet, sondern *gegen* eine Gutschrift des Lieferanten verrechnet hat.

Beweis unter Verwahrung *gegen* die Beweislast: Vernehmung der *Buchhalterin Müller,* zu laden über die Beklagte.

Aus denselben Gründen ist auch die ordentliche Kündigung zum 30. 6. 2003 sozial ungerechtfertigt.

Dem Kläger ist infolge der Art und Weise der fristlosen Kündigung, insbesondere des ausdrücklichen Vorwurfs, er sei ein Betrüger, nicht zuzumuten, noch weiter bei der Beklagten zu arbeiten. Daher wird beantragt, das Arbeitsverhältnis *gegen* Zahlung einer Abfindung aufzulösen.

Wird das Arbeitsverhältnis fristlos und zugleich ordentlich gekündigt, kann der Auflösungsantrag sowohl zum Zeitpunkt der außerordentlichen Kündigung als auch zu demjenigen der ordentlichen Kündigung gestellt werden.[2] Da die hilfsweise ordentliche Kündigung zum 30. 6. 2003 sozial nicht gerechtfertigt ist, wird der Auflösungsantrag zu diesem Zeitpunkt gestellt. Die Beklagte wird bis zum 30. 6. 2003 die Vergütung daher fortzuzahlen haben.

Zwar ist die Kündigung zum 30. 6. 2003 nicht nur sozial ungerechtfertigt, sondern auch nach § 102 BetrVG unwirksam. Für den Auflösungsantrag des Arbeitnehmers ist es jedoch unschädlich. Es genügt, wenn die Kündigung neben anderen Unwirksamkeitsgründen **auch** sozial ungerechtfertigt ist.[3]

Der Kläger war zehn Jahre beschäftigt und macht eine Abfindung von zehn Monatsverdiensten gemäß § 10 Abs. 3 KSchG geltend. Die Vergütung des Klägers betrug im Jahr 2 500,00 € × 13,5 = 33 750,00 €. Hieraus errechnet sich ein Monatsverdienst von 2 812,50 €. Für zehn Jahre ergibt sich somit eine Abfindung von 28 125,00 €.[4]

gez. Unterschrift

II. Auflösungsantrag des Arbeitgebers

2 An das Arbeitsgericht ...., den .....

In Sachen pp. *(volles Rubrum § 57)*

wird beantragt,

  1. die Klage abzuweisen;
     hilfsweise,

---

[2] Vgl. BAG, Urteil v. 26. 8. 1993 – 2 AZR 159/93 – AP BGB § 626 Nr. 113.
[3] Vgl. BAG, Urteil v. 29. 1. 1981 – 2 AZR 1055/78 – AP KSchG 1969 § 9 Nr. 6.
[4] Zur Berechnung des Monatsverdienstes vgl. ArbR-Hdb. § 141 RN 29.

2. das Arbeitsverhältnis gegen Zahlung einer Abfindung, deren Höhe in das Ermessen des Gerichts gestellt wird, aber 5 000,00 € nicht überschreiten sollte, aufzulösen.[5]

Sachverhalt

Es ist unzutreffend, dass der Fehlbetrag auf dem Bankkonto auf einer Fehlbuchung beruhte. Vielmehr hat der Kläger einen Scheck, den ihm der Lieferant *Schulze* zur Begleichung einer Rechnung übersandt hatte, nicht auf das Bankkonto eingezahlt. Der Scheck wurde allerdings nach Entlassung des Klägers in seiner Schreibtischschublade unter verschiedenen unsortierten Unterlagen gefunden.

Beweis: Vernehmung der *Buchhalterin Müller,* zu laden über die Beklagte.

Vor dem Gespräch mit dem Kläger am 15. 2. 2003 hat der Personalleiter der Beklagten, Herr *Heinrichs,* den Betriebsratsvorsitzenden über die beabsichtigte fristlose Kündigung des Klägers sowie die hilfsweise ordentliche Kündigung um 8.30 Uhr informiert.

Beweis: Vernehmung des Personalleiters *Heinrichs,* zu laden über die Beklagte.

Um 14.30 Uhr teilte der Betriebsratsvorsitzende mit, dass der Betriebsrat beiden Kündigungen zustimme.

Beweis: Vernehmung des Personalleiters *Heinrichs,* bereits benannt.

Erst danach führte der Geschäftsführer der Beklagten das Gespräch mit dem Kläger.

> **Hinweis:**
> Der Auflösungsantrag des Arbeitgebers setzt voraus, dass die Kündigung **nur** sozialwidrig ist und keine anderen Unwirksamkeitsgründe bestehen. Daher würde bei fehlender Anhörung des Betriebsrats der Auflösungsantrag keine Aussicht auf Erfolg haben.[6]

Die Beklagte ist der Auffassung, dass der Kläger den Scheck ganz bewusst unter seinen Unterlagen versteckt hat, um ihn später einzulösen. Hilfsweise wird jedoch beantragt, das Arbeitsverhältnis gegen Zahlung einer Abfindung aufzulösen. Denn eine den Betriebszwecken dienliche weitere Zusammenarbeit ist nicht zu erwarten. Schon die Tatsache, dass der Kläger Schecks und andere Unterlagen unsortiert in seine Schreibtischschublade packt, macht ihn für eine weitere Tätigkeit als Buchhalter für die Beklagte nicht zumutbar. Dabei ist zu berücksichtigen, dass der Kunde, von dem der Scheck stammte, wirtschaftlich angeschlagen ist, so dass ein schneller Scheckeinzug unbedingt notwendig gewesen wäre.

> **Hinweis:**
> Wenn die Kündigungsgründe des Arbeitgebers die ausgesprochene Kündigung nicht rechtfertigen, dann stützen sie nicht automatisch den Auflösungsantrag. Vielmehr hat der Arbeitgeber im Einzelnen darzulegen, warum diese Gründe **auch** einen Auflösungsantrag rechtfertigen. Es muss eine eindeutige Trennung zwischen Begründung der Kündigung und des Auflösungsantrags erfolgen.[7]

Zudem hat der Kläger im Gespräch am 15. 2. 2003 geäußert, es sei ihm schon länger aufgefallen, dass der Geschäftsführer der Beklagten das Unternehmen nach „Gutsherrenmanier" führe, bestehende Gesetze nicht zur Kenntnis nehme und die

---

[5] Zulässig nur bei vorausgegangener ordentlicher Kündigung. Nach einer außerordentlicher Kündigung kann der Arbeitgeber nach §§ 9, 13 KSchG keinen Auflösungsantrag stellen.

[6] Vgl. BAG, Beschluss v. 21. 9. 2000 – 2 AZN 576/00 – AP KSchG 1969 § 9 Nr. 35.

[7] Vgl. BAG, Urteil v. 21. 1. 1981 – 7 AZR 1133/78 – n. a. v.

Mitarbeiter in menschenverachtender Weise behandele. Er selbst hätte gekündigt, wenn die Beklagte ihm nicht zuvorgekommen wäre.

Beweis: Vernehmung des Personalleiters *Heinrichs,* bereits benannt.

Dabei ist zu berücksichtigen, dass der Geschäftsführer den Kläger keineswegs einen Betrüger genannt hat. Er hat vielmehr gesagt, er sei vom Verhalten des Klägers enttäuscht und würde, wenn er ihn nicht so gut kennen würde, auf den Gedanken kommen können, dass er ein Betrüger sei.

gez. Unterschrift

Hinweis:
Der Auflösungsantrag kann rechtsmissbräuchlich sein, wenn der Arbeitgeber das Verhalten des Arbeitnehmers provoziert hat.[8]

§ 66. Klagemuster besonders geschützter Personen

I. Klage wegen Kündigung einer Schwangeren

1 An das Arbeitsgericht ...., den .....

In Sachen pp. *(volles Rubrum § 57)*

wird beantragt, festzustellen, dass das Arbeitsverhältnis durch die Kündigung der Beklagten vom ..... nicht aufgelöst worden ist.

Gründe:

Die am ..... geborene, ledige/verheiratete Klägerin wurde am ..... als ..... eingestellt. Sie verdiente zuletzt ..... € in einer 40-Stunden-Woche. Die Klägerin ist schwanger. Sie wird voraussichtlich am ..... entbinden.

Beweis: beigefügtes ärztliches Attest.

Von der Schwangerschaft hat die Klägerin der Beklagten am ..... Mitteilung gemacht.

Beweis: .....

Gleichwohl hat die Beklagte die Klägerin am ..... gekündigt. Die Kündigung ist wegen Verstoßes gegen § 9 MuSchG rechtsunwirksam.[1]

---

[8] Auf beiderseitigen Auflösungsantrag soll nach einer Entscheidung des LAG Köln die Auflösung ohne die Prüfung der Auflösungsgründe erfolgen; vgl. LAG Köln, Urteil v. 12. 9. 2002 – 11 Sa 329/02 – zitiert nach Juris.

[1] Ausgangspunkt ist nunmehr § 9 Abs. 1 MuSchG, der die Rechtsprechung des BVerfG widerspiegelt (vgl. auch ArbR-Hdb. § 170). Hiernach ist die Kündigung einer schwangeren Frau unzulässig, wenn dem Arbeitgeber zum Zeitpunkt der Kündigung die Schwangerschaft bekannt war oder ihm diese innerhalb von zwei Wochen nach der Kündigung mitgeteilt wird. Wird diese Frist von der Frau schuldlos versäumt, so kann die Mitteilung auch noch nach Wegfall des Grundes für das Versäumen nachgeholt werden (unverzüglich), vgl. BAG, Urteil v. 16. 5. 2002 – 2 AZR 730/00 – AP MuSchG 1968 § 9 Nr. 30. Für das schuldlose Versäumen ist die werdende Mutter darlegungs- und beweispflichtig, vgl. BAG, Urteil v. 13. 1. 1982 – 7 AZR 764/79 – AP MuSchG 1968 § 9 Nr. 9. Zum Verhältnis Mutterschutz und Befristung vgl. EuGH, Urteil v. 4. 10. 2001 – Rs. C-109/00 (Brandt-Nielsen) – NJW 2002, 123, und EuGH, Urteil v. 4. 10. 2001 – Rs. C-438/99 (Maria Luisa Jiménez Melgar) – NJW 2002, 125.

Neef

II. Klage bei Kündigung eines schwerbehinderten Menschen

(Derselbe Klageantrag wie vorstehendes Muster. Nachdem der allgemeine Inhalt des Arbeits- 2
verhältnisses geschildert worden ist, ist etwa fortzufahren:)

Der Kläger ist ein schwerbehinderter Mensch/den schwerbehinderten Menschen gleichgestellt. Der Grad der Behinderung ist auf ..... festgesetzt.

Beweis: Feststellungsbescheid/Schwerbehindertenausweis/Gleichstellungsbescheid.

Dem Beklagten war auch die Behinderung/die Gleichstellung bekannt. Der Kläger hat nämlich am ..... seinen Feststellungsbescheid/Schwerbehindertenausweis/Gleichstellungsbescheid in der Personalstelle des Beklagten vorgelegt.[2]

Hinweis:

Der Schwerbehinderten-Kündigungsschutz besteht, wenn der Arbeitgeber erst nach der Kündigung, jedoch innerhalb von einem Monat informiert wird (BAG, Urteil v. 31. 8. 1989 – 2 AZR 8/89 – AP SchwbG § 12 Nr. 16).

Der Beklagte hat ohne Zustimmung des Integrationsamtes die Kündigung ausgesprochen. Diese ist daher rechtsunwirksam usw.

III. Klagen nach dem BErzGG

An das Arbeitsgericht ...., den 3

In Sachen pp. *(volles Rubrum § 57)*

wird beantragt, festzustellen, dass das Arbeitsverhältnis durch die Kündigung der Beklagten vom ..... nicht aufgelöst worden ist.

Gründe:

Die Klägerin steht seit dem ..... in Diensten der Beklagten. Sie hat am ..... ein Kind geboren und am ..... Elternzeit verlangt. Die Beklagte hat diese am ..... gewährt. Nach § 18 Abs. 1 Satz 1 BErzGG darf der Arbeitgeber das Arbeitsverhältnis ab dem Zeitpunkt, von dem die Elternzeit verlangt worden ist, höchstens jedoch acht Wochen vor Beginn dieser und während der Elternzeit, nicht kündigen. Die Beklagte hat jedoch gleichwohl das Arbeitsverhältnis am ..... – zugegangen am ..... – gekündigt. Die Kündigung ist unwirksam.[3]

---

[2] Zu beachten sind die Neuerungen durch das SGB IX (§ 86 SGB IX), vgl. *Weyand/Schubert,* Das neue Schwerbehindertenrecht, 2. Aufl., 2002, S. 121 ff.; *Kossens/von der Heide/Maaß,* Praxiskommentar zum Behindertenrecht, § 85 RN 24.

[3] Vgl. ArbR-Hdb. § 102 RN 197; BAG, Urteil v. 11. 3. 1999 – 2 AZR 19/98 – AP BErzGG § 18 Nr. 4. Bereits zuvor BAG, Urteil v. 17. 2. 1994 – 2 AZR 616/93 – AP BGB § 626 Nr. 116 (damals galt noch eine Schutzfrist von sechs Wochen vor Beginn des Erziehungsurlaubs (Elternzeit)).

Neef

§ 67. Klagemuster bei sonstigen Auflösungstatbeständen

I. Klage wegen Unwirksamkeit eines Aufhebungsvertrages

1. Anfechtung eines Aufhebungsvertrages

1 An das Arbeitsgericht ...., den .....

In Sachen pp. *(volles Rubrum § 57)*

wird beantragt, festzustellen, dass das Arbeitsverhältnis durch den Aufhebungsvertrag vom ..... nicht aufgelöst worden ist.

Gründe:

Der ..... Jahre alte, verheiratete/ledige Kläger wurde am ..... von der Beklagten,
die ..... Arbeitnehmer beschäftigt, als *Kraftfahrer* zu einem Wochenlohn von .....
€ zuzüglich ..... € Tagesspesen eingestellt.

Am ..... hat die Beklagte behauptet, der Kläger habe sich das Geld für ihm ausge-
händigte Tankschecks auszahlen lassen und sich dadurch unrechtmäßig Nebeneinnahmen verschafft. Diese Behauptung ist unwahr. Gleichwohl hat der Kläger einen
ihm vorgelegten Aufhebungsvertrag unterzeichnet, weil die Beklagte ihm erklärt
hat, entweder unterschreibe er oder sie hole die Polizei und sorge für seine Verhaftung.

Beweis: .....

Aus Furcht ist die Unterschrift geleistet worden. Die Erklärung wird wegen Drohung angefochten.[1] .....

2. Inhaltskontrolle eines Aufhebungsvertrages[2]

2 An das Arbeitsgericht ...., den .....

In Sachen pp. *(volles Rubrum § 57)*

wird beantragt, festzustellen, dass das Arbeitsverhältnis durch den Aufhebungsvertrag[3] vom ..... nicht aufgelöst worden ist.

---

[1] Vgl. ArbR-Hdb. § 122 RN 2 ff. Die in jüngster Zeit durchgeführten Änderungen im Schuldrecht
des BGB wirken sich auch auf Aufhebungsverträge aus. So unterliegen Aufhebungsverträge der Schriftform nach § 623 BGB. Dagegen gehören diese Verträge nicht zu solchen, für die der Gesetzgeber zum
Schutze des Verbrauchers ein Rücktritts- oder Widerrufsrecht installiert hat (§§ 312 ff. BGB). Allerdings
ist dieser Bereich allein schon deshalb sehr umstritten, weil ungeklärt ist, ob Arbeitnehmer Verbraucher i. S. d. § 13 BGB sind. Gegen die Anwendung der §§ 312 ff. BGB: BAG, Urteil v. 27. 11. 2003
– 2 AZR 177/03 – Pressemitteilung Nr. 79/03; *Bauer* NZA 2002, 169 ff. (171), *Bauer/Kock* DB 2002,
42 ff. (45). Dafür: *Hümmerich/Holthausen* NZA 2002, 173 ff. (178). Für eine Analogie *Däubler* NZA
2001, 1329 ff. (1334). Vgl. § 35 RN 10.
[2] Auch für die Frage einer Inhaltskontrolle von Aufhebungsverträgen sind die Neuerungen der
Schuldrechtsreform zu beachten. Nach § 310 Abs. 4 BGB können nämlich vorformulierte Aufhebungsverträge der Kontrolle durch das AGB-Recht unterliegen, allerdings unter Beachtung der Besonderheiten des Arbeitsrechts, *Thüsing* BB 2002, 2666 ff. (2669); ArbR-Hdb. § 31 RN 3 ff. Auch der einzelne
Aufhebungsvertrag kann einer Billigkeitskontrolle unterliegen (str.). Das BAG geht davon aus, dass eine
Rechtsfortbildung zur Überprüfbarkeit von Aufhebungsverträgen unter dem Gesichtspunkt der struk-
turellen Unterlegenheit nicht geboten sei, Urteil v. 14. 2. 1996 – 2 AZR 234/95 – NZA 1996, 811 ff.
Differenzierend *Dieterich* DB 1995, 1813 ff. Dafür: ArbG Hamburg, Urteil v. 14. 10. 1994 – 13 Ca
195/94 – ArbuR 1995, 29.
[3] Von einem Aufhebungsvertrag abzugrenzen ist der so genannte Abwicklungsvertrag. Er dient dazu,
die Rechtsfolgen einer Kündigung „abzuwickeln"; vgl. *Tschöpe*, Anwaltshandbuch Arbeitsrecht, 3. Aufl.,
S. 1127.

Gründe:

Der Kläger steht seit dem ..... in den Diensten der Beklagten. Die Arbeitsvertragsbedingungen ergeben sich aus anliegendem Arbeitsvertrag. Der Kläger ist am ..... geboren. Er ist ledig/verheiratet. Er hat ..... Kinder. Der Kläger hat bei der Beklagten als ..... gearbeitet. Die Beklagte betreibt ein Unternehmen für ..... Sie beschäftigt ..... Arbeitnehmer. Seit einiger Zeit ist es im Arbeitsverhältnis zu Unstimmigkeiten gekommen. Der Kläger ist immer wieder zu Rücksprachen bestellt worden .....

Am ..... ist es zu einer heftigen Auseinandersetzung gekommen. Im Rahmen dieser Auseinandersetzung hat der Kläger anliegenden Aufhebungsvertrag unterzeichnet. Dieser Aufhebungsvertrag bedarf der gerichtlichen Überprüfung. Er verstößt nach diesseitiger Auffassung gegen Grundrechte des Klägers.

1. Bei der Auseinandersetzung vom ..... befand sich der Kläger in einer völlig unterlegenen Situation. An dem Gespräch haben seitens des Arbeitgebers ..... Personen teilgenommen. Alle haben auf den Kläger eingeredet.

2. Der Kläger wurde in Zeitdruck versetzt. Es wurde immer wieder betont, eigentlich brauche man sich gar nicht mit ihm zu unterhalten ..... Er solle sich endlich entscheiden.

3. Es wurde ihm verweigert, Rechtsrat einzuholen oder sich wenigstens mit dem Betriebsrat zu unterhalten.

4. .....

3. Rücktritt

In Tarifverträgen ist Arbeitnehmern bei Ausschluss von Aufhebungsverträgen häufig ein **3** *Rücktrittsrecht binnen einer Woche eingeräumt.*

II. Klage bei Streit um Fortbestand eines Arbeitsverhältnisses

An das Arbeitsgericht ...., den **4**

Klage

In Sachen pp. *(volles Rubrum § 57)*
wird beantragt, festzustellen, dass das am ..... begründete Arbeitsverhältnis fortbesteht.

Gründe:

(Allgemeine Schilderung des Inhalts des Arbeitsverhältnisses; alsdann:)
Der Beklagte behauptet, das Arbeitsverhältnis habe sein Ende gefunden. So hat er sich darauf berufen, dass

1. er das Arbeitsverhältnis am ..... gekündigt habe;

2. der Kläger selbst das Arbeitsverhältnis am ..... gekündigt habe;

3. die Parteien einen Aufhebungsvertrag am ..... geschlossen hätten.

All dies ist nicht wahr. Der Beklagte mag seine Behauptungen beweisen.

gez. Unterschrift

Neef

III. Klage wegen Unwirksamkeit einer Befristung[4]

5   An das Arbeitsgericht ...., den .....

In Sachen pp. *(volles Rubrum § 57)*

wird beantragt,

1. festzustellen, dass das Arbeitsverhältnis auf Grund der Befristung nicht zum .....
   beendet worden ist;[5]

2. festzustellen, dass das Arbeitsverhältnis zu unveränderten Bedingungen fortbe
   steht;[6]

3. den Beklagten zu verurteilen, den Kläger zu unveränderten Bedingungen weiterzubeschäftigen.

Gründe:

.....

§ 68. Gerichtlicher Vergleich

1   Auf Vorschlag des Gerichts schließen die Parteien folgenden Vergleich:

1. Die Parteien sind sich darüber einig, dass das Arbeitsverhältnis des Klägers durch
   betriebsbedingte Kündigung[1] der Beklagten vom 15. 2. 2003 zum 31. 3. 2002[2]
   beendet worden ist.

2. Bis zum Ablauf des Arbeitsverhältnisses erhält der Kläger die ihm zustehende
   monatliche Vergütung von 3 000,00 €.[3]

---

[4] Es gilt das neue TzBfG vom 21. 12. 2000 (BGBl. I 1966), zul. geänd. 24. 12. 2003 (BGBl. I 3002).
a) Zulässigkeit
Die Befristung des Arbeitsverhältnisses ist gemäß § 14 TzBfG dann zulässig, wenn ein sachlicher
Grund für die Befristung besteht (Abs. 1 Nr. 1 bis 8). Ohne sachlichen Grund sind Befristungen nach
§ 14 Abs. 2 TzBfG dann zulässig, wenn sie die Dauer von zwei Jahren nicht überschreiten. Bis zu dieser
Gesamtdauer ist eine dreimalige Verlängerung einer Befristung zulässig (die Verlängerung muss vor
Beendigung des vorhergehenden Arbeitsvertrages erfolgen, vgl. BAG, Urteil v. 25. 10. 2000 – 7 AZR
483/99 – AP BeschFG 1996 § 1 Nr. 6). Eine Befristung ist allerdings dann unzulässig, wenn mit demselben Arbeitgeber bereits zuvor ein befristetes oder unbefristetes Arbeitsverhältnis bestanden hat. Nach
§ 14 Abs. 3 TzBfG ist für eine Befristung weiter dann kein sachlicher Grund erforderlich, wenn der
Arbeitnehmer bei Beginn der Befristung das 52. Lebensjahr vollendet hat. Vgl. insgesamt ArbR-Hdb.
§ 39; *Osnabrügge* NZA 2003, 639.
b) Geltendmachung
Die Geltendmachung richtet sich nach § 17 TzBfG. Innerhalb von drei Wochen nach dem vereinbarten Ende des befristeten Arbeitsverhältnisses muss der Arbeitnehmer Klage auf Feststellung erheben,
dass dieses nicht auf Grund der Befristung sein Ende gefunden hat. Es finden die §§ 5–7 KSchG Anwendung.
[5] Der Antrag sollte dem Gesetzestext gemäß § 17 TzBfG entsprechend formuliert werden (vgl. BAG,
Urteil v. 24. 10. 2001 – 7 AZR 542/00 – AP BGB § 620 Befristeter Arbeitsvertrag Nr. 229). Andere
Klageanträge, z. B. auf Feststellung eines unbefristeten Arbeitsverhältnisses, genügen den gesetzlichen
Anforderungen nicht in jedem Fall (vgl. BAG, Urteil v. 16. 4. 2003 – 7 AZR 119/02 – Pressemitteilung Nr. 34/03).
[6] Zur Begründung vgl. § 61 RN 1.
[1] Bei betriebsbedingter Kündigung droht in der Regel keine Sperrfrist gemäß § 144 SGB III.
[2] Es sollte der Ablauf der ordentlichen Kündigungsfrist beachtet werden. Eine Beendigung unter
Abkürzung der ordentlichen Kündigungsfrist führt zum Ruhen des Arbeitslosengeldes gemäß § 143 a
SGB III.
[3] Oft wird vereinbart, dass „das Arbeitsverhältnis ordnungsgemäß abgerechnet" wird. In diesem Fall
kann Streit über die zustehende Vergütung entstehen, insbesondere wenn noch Provisions- oder Tan-
tiemeansprüche im Spiel sind.

3. Für den Verlust des Arbeitsplatzes zahlt die Beklagte an den Kläger eine Abfindung in Höhe von 30 000,00 €.[4] Die Abfindung ist bereits jetzt entstanden und vererbbar.[5] Die Abfindung ist innerhalb von zwei Wochen nach Zustellung des Sitzungsprotokolls an die Beklagte fällig.[6]

4. Zwischen den Parteien besteht Einigkeit, dass der Kläger seinen Urlaub in natura genommen hat.[7]

alternativ:

4. Der Kläger wird bis zur Beendigung des Arbeitsverhältnisses unwiderruflich von seiner Arbeit freigestellt, und zwar unter Anrechnung des ihm noch zustehenden Resturlaubs.[8]

5. Der Kläger erhält ein qualifiziertes, wohlwollendes Zeugnis, welches mit einer sehr guten Bewertung endet. Er hat das Recht, einen Entwurf zu fertigen, von dem die Beklagte nur aus erheblichen Gründen abweichen darf.[9]

6. Damit sind alle gegenseitigen Ansprüche aus dem Arbeitsverhältnis und seiner Beendigung erledigt.

> **Hinweis:**
> Dieser Vergleichstext enthält nur den unverzichtbaren Mindestinhalt. Im Übrigen wird auf die ausführliche Darstellung des Aufhebungsvertrages verwiesen.

§ 69. Besondere Klagen, Prozessaufrechnung und Widerklagen

I. Klage des Arbeitnehmers bei Direktionsrechtsüberschreitung[1]

1. Klage bei Versetzung, Ort der Arbeitsleistung

An das Arbeitsgericht . . . ., den 1
In Sachen pp. *(volles Rubrum § 57)*
wegen Versetzung

---

[4] Die übliche Formulierung gemäß §§ 9, 10 KSchG ist überflüssig. Bis 1975 waren Abfindungen gemäß §§ 9, 10 KSchG steuerfrei. Aus dieser Zeit stammt die Formulierung, die heute völlig überflüssig ist. Ebenso ist der Hinweis auf § 3 Nr. 9 EStG überflüssig, da der Arbeitgeber ohnehin verpflichtet ist, lohnsteuerlich korrekt abzurechnen. Vermieden werden sollte auch die Formulierung brutto gleich netto. Sie bedeutet lediglich, dass ordnungsgemäß abgerechnet wird und weckt allenfalls falsche Vorstellungen auf Arbeitnehmerseite.

[5] Diese Formulierung schützt nicht nur den Arbeitnehmer für den Fall, dass er vor Ende des Arbeitsverhältnisses stirbt. Sie verwehrt auch dem Arbeitgeber die Möglichkeit, das Arbeitsverhältnis bis zu seinem Ende nochmals fristlos zu kündigen und damit die Abfindung zu Fall zu bringen.

[6] Die Abfindung ist mit Beendigung des Arbeitsverhältnisses fällig. Wird der Vergleich später abgeschlossen, ist die Abfindung sofort fällig. Daher sollte der Arbeitgeber die Fälligkeit so vereinbaren, dass die verwaltungstechnische Abwicklung problemlos möglich ist. Sinnvoll ist auch, die Abfindung an die Vorlage des Vergleichsprotokolls zu knüpfen für den Fall, dass Protokollberichtigungen erforderlich sind.

[7] Ein Verzicht auf Urlaubsabgeltung ist unzulässig. Ein Tatsachenvergleich über den genommenen Urlaub ist zulässig, allerdings nur dann, wenn hierüber wirklich Streit besteht.

[8] Der Urlaub wird nur verbraucht, wenn die Freistellung unwiderruflich ist, weil nur der Arbeitnehmer dann über den Urlaub frei verfügen kann.

[9] Zwar steht der Zeugnistext noch nicht fest. Durch diese Formulierung wird aber erreicht, dass die Zeugnisnote klar ist und der Arbeitnehmer die Formulierungshoheit hat. Die Formulierung kann auf Arbeitgeber- wie Arbeitnehmerseite empfohlen werden.

[1] Vgl. ArbR-Hdb. § 45 RN 34 ff.

Neef

Es wird beantragt, die Beklagte zu verurteilen, den Kläger im Betrieb A der Beklagten zu unveränderten Arbeitsbedingungen weiterzubeschäftigen;

hilfsweise,

festzustellen, dass die Versetzung des Klägers von A nach B unwirksam ist.

Gründe:

Der am ..... geborene, ledige/verheiratete Kläger, der ..... Kinder hat, wurde am ..... von der Beklagten als ..... eingestellt. Der Kläger verdient ..... €. Die näheren Einzelheiten des Arbeitsverhältnisses sind in einem schriftlichen Arbeitsvertrag vom ..... geregelt, der hiermit in Bezug genommen wird.

Beweis: Arbeitsvertrag in der Anlage.

Das Arbeitsverhältnis besteht ungekündigt fort.

Der Kläger hat bislang seine Arbeitsleistung im Betrieb A der Beklagten erbracht. Mit Schreiben vom ..... hat die Beklagte angeordnet, dass der Kläger ab sofort seine Arbeitsleistung im Betrieb B zu erbringen habe. Diese Weisung ist rechtsunwirksam, denn die Beklagte hatte kein Recht, einseitig den Erfüllungsort für die Arbeitsleistung zu ändern.

Aber selbst wenn man der Auffassung sein sollte, dass die Beklagte berechtigt ist, den Erfüllungsort zu ändern, so hat sie bei Ausübung dieser Befugnis billiges Ermessen verletzt.[2] Der Kläger wird auch unter Berücksichtigung der Interessen der Beklagten durch die Versetzung besonders hart getroffen, weil .....

Unabhängig von der individualvertraglichen Befugnis der Beklagten, den Erfüllungsort zu ändern, ist die Versetzung aber auch unwirksam, weil der Betriebsrat der Versetzung widersprochen hat (§ 99 BetrVG).[3]

2. Klage bei Versetzung, Art der Arbeitsleistung

2   *Aufbau der Klage wie RN 1; hier wird die Versetzung im Hinblick auf die Art der Arbeitsleistung gerügt.*

II. Klage bei Eingruppierungsstreitigkeit

3   **Hinweis:**

Bei einem Eingruppierungsstreit ist der Kläger in vollem Umfang darlegungspflichtig, diejenigen Tatsachen – substantiiert – vorzutragen, aus denen sich die begehrte tarifliche Eingruppierung ergibt. Dabei ist es unerheblich, ob die Tätigkeit des Arbeitnehmers streitig oder unstreitig ist.[4] Im Regelfall ist es sinnvoll, dass der Arbeitnehmer vor Erhebung der Klage über einen gewissen Zeitraum (zwei bis drei Monate) eine Art Tagebuch führt und in halbstündigen oder stündlichen Abständen vermerkt, welche Tätigkeiten er konkret ausübt. Obgleich hierzu keine Verpflichtung besteht, hat dies den Vorteil eines substantiierten Sachvortrages.

---

[2] Vgl. BAG, Urteil v. 23. 6. 1993 – 5 AZR 337/92 – AP BGB § 611 Direktionsrecht Nr. 42.
[3] Bei Verletzung der Mitwirkungsrechte des Betriebsrats ist die Versetzung unwirksam, vgl. BAG, Urteil v. 26. 1. 1988 – 1 AZR 531/86 – AP BetrVG 1972 § 99 Nr. 50.
[4] Vgl. BAG, Urteil v. 19. 3. 1980 – 4 AZR 300/78 – AP BAT 1975 §§ 22, 23 Nr. 32.

An das Arbeitsgericht . . . . , den **4**

In Sachen pp. *(volles Rubrum § 57)*

wegen Eingruppierung

Es wird beantragt, festzustellen, dass die Beklagte verpflichtet ist, dem Kläger Vergütung nach der Vergütungsgruppe . . . . . des . . . . . Tarifvertrages vom . . . . . zu zahlen.[5]

Gründe:

. . . . .

1. Eingruppierungsklage eines BAT-Angestellten[6]

I. Tarifbindung   5

Das Arbeitsverhältnis richtet sich kraft Organisationszugehörigkeit/kraft vertraglicher Verweisung nach dem . . . . . Tarifvertrag für . . . . . (§ 3 Abs. 1, § 4 Abs. 1 Satz 1 TVG).

II. Arbeitsvorgang

Damit hängt die Entscheidung des Rechtsstreits davon ab, ob bei der Tätigkeit des Klägers zeitlich mindestens zur Hälfte Arbeitsvorgänge anfallen, die die Anforderungen eines Tätigkeitsmerkmals der vom Kläger für sich in Anspruch genommenen Vergütungsgruppe III oder IV a BAT erfüllen (§ 22 Abs. 2 Unterabs. 2 Satz 1 BAT). Hierbei ist von dem von der Senatsrechtsprechung entwickelten Begriff des Arbeitsvorganges auszugehen, nach dem darunter eine unter Hinzurechnung der Zusammenhangstätigkeiten und bei Berücksichtigung einer sinnvollen, vernünftigen Verwaltungsübung nach tatsächlichen Gesichtspunkten abgrenzbare und rechtlich selbstständig zu bewertende Arbeitseinheit der zu einem Arbeitsergebnis führenden Tätigkeit eines Angestellten zu verstehen ist.[7]

Die Tätigkeit des Klägers lässt sich in drei Arbeitsvorgängen gliedern:

(1) Bearbeitung von Widerspruchsverfahren in Verteilungs- und Zuweisungsverfahren von Asylbewerbern ohne Gerichtsverfahren;

(2) Bearbeitung von Widerspruchsverfahren in Verteilungs- und Zuweisungsverfahren von Asylbewerbern mit Gerichtsverfahren einschließlich der Wahrnehmung von Gerichtsterminen;

(3) Bearbeitung von Petitionen und Eingaben an den Arbeitsminister im Zusammenhang mit Verteilungen und Zuweisungen von Asylbewerbern.

---

[5] Das BAG lässt sowohl im öffentlichen Dienst wie auch in der Privatwirtschaft eine (Eingruppierungs-)Feststellungsklage zu: BAG, Urteil v. 28. 2. 1968 – 4 AZR 144/67 – AP BGB § 611 Direktionsrecht Nr. 22, und BAG, Urteil v. 16. 4. 1997 – 4 AZR 463/95 – AP BAT 1975 §§ 22, 23 Nr. 225 (öffentl. Dienst), sowie BAG, Urteil v. 21. 7. 1993 – 4 AZR 486/92 – AP TVG § 1 Tarifverträge: Luftfahrt (Privatwirtschaft) Nr. 10. Unzulässig ist allerdings die Klage auf Fallgruppenfeststellung, vgl. BAG, Urteil v. 23. 10. 1985 – 4 AZR 216/84 – AP BAT 1975 § 24 Nr. 10.

[6] In der Privatwirtschaft und zumeist auch im öffentlichen Dienst außerhalb des BAT richtet sich die Eingruppierung nach der zeitlich überwiegend ausgeübten Tätigkeit. Im Rahmen des BAT sind dagegen zunächst die Arbeitsvorgänge zu ermitteln und dann werden diese unter die einzelnen Gruppenmerkmale subsumiert, vgl. ArbR-Hdb. § 67 RN 9, § 186 RN 45.

[7] St. Rspr. aus jüngerer Zeit: BAG, Urteil v. 24. 9. 1997 – 4 AZR 431/96 – AP BAT 1975 §§ 22, 23 Nr. 226; BAG, Urteil v. 20. 6. 2001 – 4 AZR 575/99 – AP BAT-O § 22 Nr. 19.

Neef

(Im Einzelnen ausführen) . . . . .

Der Arbeitsvorgang 2 macht mehr als die Hälfte der Arbeitszeit des Klägers aus.

III. Vergütungsgruppen

Für die Eingruppierung des Klägers sind folgende Tätigkeitsmerkmale der Anlage 1 a zum BAT heranzuziehen.

(Tarifgruppen abschreiben)

> **Hinweis:**
> 1. Die Tarifgruppen bauen in aller Regel aufeinander auf. Es muss daher für jede Auf-
>   baugruppe dargelegt werden, dass der Kläger diese erfüllt, auch wenn er schon höher
>   eingruppiert ist. Jedoch reicht wegen der unstreitigen Vergütungsgruppen eine pau-
>   schale Darlegung.
> 2. Wird Sachverhalt bei einer früheren Vergütungsgruppe verbraucht, steht er bei der
>   höheren nicht mehr zur Verfügung.

2. Eingruppierungsklage in der Privatwirtschaft und im öffentlichen Dienst außerhalb des BAT

6 I. Darlegung der Tarifbindung

Auf das Arbeitsverhältnis der Parteien findet auf Grund beiderseitiger Organisati-
onszugehörigkeit zu den tarifschließenden Verbänden . . . . . der . . . . . Tarifvertrag
unmittelbar und zwingend Anwendung (§ 3 Abs. 1, § 4 Abs. 1 Satz 1 TVG).

oder

Die Parteien haben im Arbeitsvertrag auf den Tarifvertrag vom . . . . . verwiesen.

Nach § . . . . . MTV ist der Kläger in die Vergütungsgruppe eingruppiert, die seiner
überwiegend ausgeübten Tätigkeit entspricht. Nach § . . . . . MTV ist für die tarifliche Bewertung die vom Arbeitnehmer überwiegend ausgeübte Tätigkeit maßgebend. Das ist die Tätigkeit, die mehr als die Hälfte der Gesamtarbeitszeit in Anspruch nimmt.[8] Die Eingliederung der überwiegenden Tätigkeit in die Lohngruppen bzw. Lohnstaffeln des LohnTV erfolgt nach allgemeinen Tätigkeitsmerkmalen
und Beispielen. Die Beispiele gelten gemäß § . . . . . Lohn TV als Richtbeispiele und
erfassen damit Tätigkeiten, die typischerweise im Geltungsbereich des Tarifvertrages verrichtet werden. Mit der Zuordnung der Beispiele zu den Lohngruppen bzw.
Lohnstaffeln bringen die Tarifvertragsparteien zum Ausdruck, dass eine Tätigkeit,
die als Beispiel genannt wird, die allgemeinen Tätigkeitsmerkmale dieser Lohngruppe bzw. Lohnstaffel erfüllt. Wird die von einem Arbeitnehmer überwiegend
ausgeübte Tätigkeit von einem Tätigkeitsbeispiel nicht oder nicht in vollem Umfang erfasst, so sind für die Eingliederung die allgemeinen Tätigkeitsmerkmale heranzuziehen, bei deren Auslegung wiederum die Tätigkeitsbeispiele zu berücksichtigen sind.

---

[8] Vgl. BAG, Urteil v. 7. 11. 1990 – 4 AZR 67/90 – AP TVG § 1 Tarifverträge: Einzelhandel
Nr. 41.

II. Darstellung der ausgeübten Tätigkeit

.....

III. Für die Eingruppierung sind folgende Vergütungsgruppen maßgebend:

1. einschlägige Tarifnorm abschreiben
2. Subsumption der Tätigkeit unter die Tätigkeitsbeispiele
3. Subsumption unter die allgemeinen Merkmale.

III. Widerklage, Prozessaufrechnung[9] und Drittwiderklage

1. Widerklage und Prozessaufrechnung

An das Arbeitsgericht ...., den 7

In Sachen pp. *(volles Rubrum § 57)*[10]

wird beantragt,

1. die Klage abzuweisen;
2. im Wege der Widerklage den Kläger zu verurteilen, an die Beklagte 3600,00 €
   nebst Zinsen in Höhe von 5% über dem Basiszinssatz seit dem 30. 6. 2003 zu
   zahlen.

Die Klage ist nicht begründet. Der Kläger macht Urlaubsabgeltung in Höhe von
1 600,00 € für das Jahr 2002 geltend. Der Urlaubsanspruch ist am 31. 3. 2002 verfallen. Ein Urlaubsabgeltungsanspruch besteht nicht mehr.

Allerdings schuldet der Kläger der Beklagten noch 3600,00 €. Die Beklagte hat
dem Kläger, der im *Außendienst* tätig war, einen Spesenvorschuss in Höhe von
5 000,00 € gewährt. Das Arbeitsverhältnis ist – wie der Kläger zutreffend vorgetragen hat – am 30. 6. 2003 wirksam beendet worden. Die Schlussabrechnung des
Klägers über seine Spesen beläuft sich auf 1 400,00 €. Daraus ergibt sich, dass ein
Saldo der Beklagten in Höhe von 3600,00 € besteht, der am 30. 6. 2003 fällig war.
Der Kläger hat den Betrag trotz Aufforderung nicht gezahlt.

Sollte der Anspruch des Klägers auf Urlaubsabgeltung bestehen, wird hiermit hilfsweise gegen die Forderung der Beklagten auf Rückzahlung des Spesenvorschusses
aufgerechnet.

---

[9] Wenn der Beklagte gegen den Kläger einen fälligen Gegenanspruch auf Zahlung hat, stellt sich die
Frage, ob er mit dieser die Aufrechnung erklären, Widerklage erheben oder sie gesondert einklagen soll.
Die lediglich materiell-rechtliche Aufrechnungserklärung (§ 388 BGB) ist angebracht, wenn sie die einzige Anwendung des Beklagten gegen die Klageforderung darstellt. Hat der Beklagte dagegen noch andere Verteidigungsmittel, empfiehlt es sich, hilfsweise die Prozessaufrechnung zu erklären, die nur
durchgreifen soll, wenn die anderen Verteidigungsmittel versagen (*Baumbach/Lauterbach/Albers/Hartmann*
ZPO, 62. Aufl. § 145 RN 13). Die Prozessaufrechnung führt nicht zur Rechtshängigkeit der Forderung. Stellt das Gericht jedoch fest, dass die zur Aufrechnung gestellte Gegenforderung nicht besteht, ist
diese Entscheidung bis zur Höhe der geltend gemachten Aufrechnung der Rechtskraft fähig (§ 322
Abs. 2 ZPO). Dieselbe Forderung kann in mehreren Prozessen zur hilfsweisen Aufrechnung gestellt
werden. Auch mit einer rechtshängigen Forderung kann die Aufrechnung erklärt werden (*Thomas/Putzo*,
ZPO, 25. Aufl. § 145 RN 20). Sie unterbricht die Verjährung in Höhe der Klageforderung. Im Übrigen vgl. zum Einfluss von Verfallfristen ArbR-Hdb. § 205 RN 42.

[10] Ist der Arbeitnehmer genötigt, Widerklage zu erheben, kann eine Drittwiderklage in Betracht
kommen, wenn er bei einer Personengesellschaft beschäftigt war und der persönlich haftende Gesellschafter einbezogen werden soll. Insoweit muss nur das Rubrum ergänzt und der Klageantrag angepasst
werden; siehe sogleich.

2. Widerklage und Drittwiderklage

8 An das Arbeitsgericht ...., den .....

In dem Rechtsstreit

1. der *Hermann Meier KG,* vertreten durch den persönlich haftenden Gesellschafter *Hermann Meier, Poststraße 23,* (PLZ) *Hannover*

– Klägerin und Widerbeklagten –

Prozessbevollmächtigter: Rechtsanwalt *Müller, Hinzweg 10,* (PLZ) *Hannover*

2. des *Kaufmanns Heinrich Meier, Poststraße 30,* (PLZ) *Hannover*

– Drittwiderbeklagten –

gegen

den *kaufmännischen Angestellten Hans Arbeitsmann, Waldstraße 23,* (PLZ) *Langenhagen*

– Beklagten und Widerkläger –

Prozessbevollmächtigter: Rechtsanwalt *Gustav, Erichsweg 9,* (PLZ) *Hannover*

erhebe ich namens des Beklagten Widerklage gegen die Klägerin und Drittwiderklage gegen den Kaufmann *Meier.* Es wird beantragt,

1. die Klage abzuweisen;

2. im Wege der Widerklage die Klägerin und den Drittwiderbeklagten als Gesamtschuldner zu verurteilen, 5 000,00 € nebst 5% Zinsen über dem Basiszinssatz seit Zustellung dieses Schriftsatzes zu zahlen.

I. Die Klage ist nicht begründet. Der Klägerin steht kein Schadensersatzanspruch zu. Zwar ist zutreffend, dass der Beklagte mit dem Firmenfahrzeug der Klägerin einen Unfall hatte. Dieser war jedoch unvermeidbar und unverschuldet *(ausführen).*

II. Der Beklagte hat aus dem Arbeitsverhältnis mit der Klägerin eine Forderung in Höhe von ..... € *(ausführen).* Der Kaufmann *Meier* ist der persönlich haftende Gesellschafter der Klägerin und haftet für diese Forderung als Gesamtschuldner (§ 128 HGB).

IV. Negative Feststellungsklage als Erwiderung auf Teilklage

9 An das Arbeitsgericht ...., den .....

In Sachen pp. *(volles Rubrum § 57)*

wird beantragt,

1. die Klage abzuweisen;

2. festzustellen, dass dem Kläger keine Pensionsansprüche gegenüber der Beklagten zustehen.

Mit der vorliegenden Klage behauptet der Kläger, er habe Pensionsansprüche in Höhe von 100,00 € im Monat. Er macht die Pensionsansprüche für die Monate November und Dezember 2002 geltend. Diese Pensionsansprüche stehen dem Kläger jedoch nicht zu *(wird ausgeführt).* Da sich der Kläger jedoch lebenslanger Pensionsansprüche berühmt, wenngleich er sie noch nicht rechtshängig gemacht hat, besteht ein Rechtsschutzinteresse der Beklagten, festgestellt zu wissen, dass diese Ansprüche nicht bestehen.

Neef

§ 70. Weigerung der Fortsetzung des Arbeitsverhältnisses nach obsiegender Kündigungsschutzklage gemäß § 12 KSchG

An die   ..... , den 30. 7. 20.....   **1**

Firma .....

Sehr geehrte Damen und Herren,

namens und im Auftrage meines Mandanten habe ich Ihnen mitzuteilen, dass das Arbeitsgericht in ..... durch Urteil vom ..... festgestellt hat, dass die von Ihnen am ..... ausgesprochene Kündigung rechtsunwirksam ist. Das Urteil ist rechtskräftig. Mein Mandant lehnt es ab, das Arbeitsverhältnis mit Ihnen fortzusetzen. Das Arbeitsverhältnis erlischt mit Zugang dieses Schreibens.

Mein Mandant hat noch nachfolgende Ansprüche gegen Sie:

In der Zeit vom 3. 5. 20..... bis 31. 7. 20..... hätte er monatlich 3 000,00 € = 9 000,00 € verdient. Seit dem 1. 6. 20..... hat mein Mandant eine andere Arbeitsstelle. Während der Probezeit hat er jedoch nur 2 500,00 € monatlich verdient. Somit hat sich mein Mandant insgesamt 5 000,00 € gem. § 615 Satz 2 BGB anrechnen zu lassen. Es verbleibt ein restlicher Vergütungsanspruch von 4 000,00 €. Ich fordere Sie auf, diesen ordnungsgemäß abzurechnen und den Nettobetrag abzüglich des von meinem Mandanten bezogenen Arbeitslosengeldes in Höhe von ..... € bis zum ..... zu zahlen. Ich habe Empfangsvollmacht.

Mit freundlichen Grüßen
Rechtsanwalt

§ 71. Ladungs- und Einlassungsfrist – Absehen von der Güteverhandlung

I. Antrag auf Abkürzung der Ladungs- und Einlassungsfrist

An das Arbeitsgericht .... , den **1**

In Sachen pp. *(volles Rubrum § 57)*
erhebt der Kläger anliegende Klage und beantragt,

    die Ladungs- und Einlassungsfrist auf 24 Stunden abzukürzen.

Gründe:

Aus beiliegender Klage/einstweiliger Verfügung ergibt sich, dass der Beklagte dem Kläger zur Enthaltung vom Wettbewerb verpflichtet ist. Der Beklagte hat jedoch eine Wettbewerbstätigkeit aufgenommen. Hieraus erwächst dem Kläger ein hoher Schaden. Es wird daher gebeten, die Ladungs- und die Einlassungsfrist auf 24 Stunden abzukürzen (§ 226 ZPO).

II. Beschluss

In Sachen   **2**
..... / .....

wird der Antrag auf Abkürzung der Ladungs- und Einlassungsfrist abgewiesen.

Neef

Gründe:

Eine Abkürzung der Ladungs- und Einlassungsfrist bedarf es nicht (§ 226 ZPO). Diese beträgt eine Woche (§ 47 Abs. 1 ArbGG). Unter Berücksichtigung der notwendigen Anhörung (Art. 103 Abs. 1 GG) und einer sachgemäßen Terminvorbereitung durch den Beklagten ist selbst unter Abwägung des Eilbedürfnisses des Klägers die gesetzliche Ladungs- und Einlassungsfrist einzuhalten.[1]

....., den .....

Das Arbeitsgericht
Richter am ArbG

III. Antrag auf Zustellung im Ausland und Festsetzung der Einlassungsfrist

3 An das Arbeitsgericht ...., den .....

In Sachen pp. *(volles Rubrum § 57)*

wird Klage erhoben und beantragt,

1. .... *(Sachantrag)*
2. die Zustellung der Klageschrift und der Ladung ins Ausland zu vermitteln sowie die Einlassungsfrist für den Beklagten festzusetzen.[2]

IV. Antrag auf Absehen von der Güteverhandlung

4 **Hinweis:**

Anders als im Zivilprozess kann im Arbeitsgerichtsprozess kein Antrag gemäß § 278 Abs. 2 HS. 2 ZPO gestellt werden. Die durch das ZPO-Reformgesetz eingefügte Vorschrift ist vielmehr auf den allgemeinen Zivilprozess zugeschnitten und kann nicht übertragen werden.[3] Gleichwohl besteht die Möglichkeit, eine überflüssige Güteverhandlung zu vermeiden. Man kann bei Gericht beantragen, Güteverhandlung und Kammertermin zusammenzulegen, wie es § 54 Abs. 4 ArbGG als Regelfall vorsieht. Der Antrag würde lauten:

5 In dem Rechtsstreit .....

beantragen wir,

Güteverhandlung und Kammertermin zusammenzulegen. Im vorliegenden Verfahren geht es um eine Grundsatzfrage. Der Prozess wird von beiden Seiten als Pilotprozess geführt. Wegen der Vielzahl von parallelen Rechtsstreitigkeiten kommt eine vergleichsweise Regelung nicht in Betracht. Der Prozessbevollmächtigte der Beklagten müsste eine mehrere 100 Kilometer lange Reise antreten. Daher regen wir an, einen langfristigen Termin anzuberaumen, um eine ausreichende gründliche schriftsätzliche Vorbereitung zu gewährleisten. Wir versichern anwaltlich, dass der Prozessbevollmächtigte des Klägers mit diesem Verfahren einverstanden ist.

---

[1] Entscheidung erfolgt mit Terminanberaumung. Eine Glaubhaftmachung (§ 294 ZPO) ist nicht notwendig, aber zweckmäßig. Die Gewährung ist unanfechtbar. Gegen eine Ablehnung ist nur die einfache Beschwerde an das LAG möglich (§ 567 ZPO); Dienstaufsichtsbeschwerden sind unzulässig (arg. § 26 DRiG).

[2] Der Antrag ist eigentlich überflüssig. Er soll lediglich an § 274 Abs. 3 Satz 3 ZPO erinnern.

[3] Vgl. *Germelmann/Matthes/Prütting/Müller-Glöge,* ArbGG, 4. Aufl. § 54 RN 3, 4a. Anders ist dies im Falle von § 278 Abs. 6 ZPO (§§ 46 Abs. 2 ArbGG, 128 ZPO).

§ 72. Terminverfügungen[1]

I. Güteverhandlung

Vfg. 1

1. Termin zur Güteverhandlung
   am ....., den ....., ... Uhr
2. Laden
   a) Kl./Kl.-Vertr. (EK, ZU, formlos) .....
   b) Bekl..... (ZU) .....
3. .....
4. zum Termin.....
....., den .....
    .....[2]

II. Streitige Verhandlung

Vfg. 2

1. Termin zur streitigen Verhandlung wird bestimmt
   auf ....., den ..... Uhr[3]
   oder bei vorausgegangenem Versäumnisurteil
   a) Versäumnisurteil vom ....., zugestellt am ...../Einspruch vom ....., einge-
      gangen am ....., also rechtzeitig/verspätet.[4, 5]
   b) Termin zur Verhandlung über Einspruch (u.U. Antrag auf Wiedereinsetzung)
      und Hauptsache wird bestimmt
      auf ....., den ....., ... Uhr
2. Part. bzw. Vertreter laden zugleich mit Nachricht von .....
   sowie mit Zusatz: .....
3. Das persönliche Erscheinen wird angeordnet für
   a) .....
   b) .....
   zu Aufklärungs-/Vergleichszwecken .....
4. Als Zeugen sind zu laden: ..... (formlos/ZU)
5. Sachverständiger ..... (formlos/ZU)
6. Dolmetscher ..... (formlos/ZU)
7. .....
8. zum Termin/Wvl. am
....., den .....

---

[1] Muster zu prozessleitenden Verfügungen zur Vorbereitung der Termine vgl. § 74 RN 2.

[2] Terminverfügungen müssen mit einer Unterschrift und nicht nur einer Paraphe versehen sein.

[3] Nach § 219 ZPO sind die Termine regelmäßig am Gerichtsort anzusetzen. In Ausnahmefällen ist dies auch auswärts möglich (vgl. BAG, Urteil v. 4. 2. 1993 – 4 AZR 541/92 – AP TVG § 1 Tarifver-träge: Metallindustrie Nr. 108).

[4] U. U. kann über den Einspruch ohne mündliche Verhandlung entschieden werden (§ 341 Abs. 2 ZPO).

[5] Bei verspätetem Einspruch muss über die Möglichkeit der Wiedereinsetzung belehrt werden.

III. Beschluss bei Terminverlegung[6]

3 Arbeitsgericht .....

Az.: .....

Beschluss

In Sachen ...../.....

wird auf Antrag des Klägers/des Beklagten aus den Gründen des Schriftsatzes vom ...../wegen Verhinderung des Vorsitzenden v. A. wegen ...../da der/die ..... nicht geladen werden konnte, der Termin vom ....., ... Uhr ..... aufgehoben.

Neuer Termin wird bestimmt auf

....., den ..... 20 ..... Uhr, Saal .....

.....

Die durch Verlegung aus dienstlichen Gründen entstehenden gerichtlichen Auslagen werden gemäß § 7 Abs. 1 Satz 2 GKG nicht erhoben.

Der Vorsitzende der ..... Kammer
Richter am ArbG

Vfg.

1. Beschl.-Ausf. an ..... Parteivertreter formlos/
mit EB/ZU und Abschr. Bl. ..... an .....
2. Umladen: (Part.-Vertr.; Kl./Bekl. pers./Zeugen/Sachverständige/Dolmetscher)
.....
3. zum Termin/Wvl. am .....

IV. Zurückweisung eines Antrages auf Terminverlegung

4 *Beschluss*

In Sachen

..... / .....

wird der Antrag auf Terminverlegung/Vertagung zurückgewiesen.

Gründe:

Nach § 227 ZPO ist eine Terminverlegung/Vertagung nur aus erheblichen Gründen zulässig. Erheblich sind nur solche Gründe, die einer sachgemäßen Vorbereitung und Durchführung des Termins/der Verhandlung entgegenstehen. Dabei ist wegen des für das Arbeitsgerichtsverfahren geltenden Beschleunigungsprinzips (§ 9 ArbGG) ein strenger Maßstab anzulegen. Erhebliche Gründe sind insbesondere nicht ..... *(Wortlaut von § 227 Abs. 1 Satz 2 ZPO).*

Unter Berücksichtigung dieser Rechtsgrundsätze sind erhebliche Gründe nicht dargelegt/glaubhaft gemacht, denn .....

(Unterschrift usw. wie Muster RN 1 FN 2)

---

[6] Es ist zwischen Terminverlegung und Vertagung zu unterscheiden. Von einer Terminverlegung wird nur vor dem Termin gesprochen. Eine Vertagung kann dagegen nur im Termin vorkommen, vgl. *Thomas/Putzo*, ZPO, 25. Aufl. § 227 RN 1.

Neef

§ 73. Verweisung an das zuständige Gericht

I. Verweisung

1. Antrag auf Verweisung an das örtlich zuständige Gericht

In Sachen pp. *(volles Rubrum § 57)*   1
wird beantragt, den Rechtsstreit an das Arbeitsgericht ...../an das zuständige Ar-
    beitsgericht zu verweisen.

Gründe:

Der Kläger hat am ..... Klage eingereicht. Der Beklagte hat die Einrede der örtlichen Unzuständigkeit erhoben. Die Einrede ist berechtigt/nicht berechtigt. Jedenfalls wird beantragt (§ 281 ZPO), das Verfahren an das zuständige Arbeitsgericht
..... zu verweisen.[1]

2. Verweisungsbeschluss

a)   2

Beschluss[2]

In Sachen pp. *(volles Rubrum § 57)*
erklärt sich das Arbeitsgericht in ..... für örtlich/sachlich unzuständig. Der
Rechtsstreit wird an das ..... -gericht in ..... verwiesen.
b)

Vfg.

U.m.A. dem
..... -gericht
übersandt unter Bezugnahme auf vorstehenden Verweisungsbeschluss. Es wird gebeten, die Übersendung der Akten unter Mitteilung des dortigen Aktenzeichens zu
bestätigen.
....., den .....
Das Arbeitsgericht

Der Vorsitzender der ..... Kammer
Richter am Arbeitsgericht

3. Verweisung bei Unzulässigkeit des Rechtswegs

In Sachen pp. *(volles Rubrum § 57)*   3
hält der Kläger seine bisherigen Anträge aufrecht; hilfsweise wird beantragt, den
Rechtsstreit an das ..... Gericht zu verweisen.

---

[1] Nach § 48 Abs. 1 ArbGG, § 17a Abs. 3 GVG kann auf Antrag die Zuständigkeit vorab durch Beschluss bejaht werden.
[2] Beschlüsse über die örtliche Zuständigkeit sind der Anfechtung entzogen (§ 46 Abs. 1 ArbGG,
§ 17a GVG). Die Beschlüsse ergehen auch außerhalb der mündlichen Verhandlung durch die Kammer.

Neef

Gründe:

Der Kläger hat dargelegt, dass die Arbeitsgerichte für die Entscheidung des Rechtsstreits zuständig sind.

Sollte dagegen das Gericht der Auffassung des Beklagten folgen, dass der Rechtsweg unzulässig ist, bedarf es der Verweisung nach § 48 ArbGG, § 17 b GVG. Zuständig ist das .....

II. Bestimmung des zuständigen Gerichts

4 **Antrag auf Bestimmung des zuständigen Gerichts**

An das Landesarbeitsgericht ...., den .....

In Sachen pp. *(volles Rubrum § 57)*

wird beantragt, das zuständige Gericht für die gegen die beiden Schuldner zu erhebende Klage zu bestimmen.

Gründe:

Die Beklagten haben in der Rechtsform einer Gesellschaft bürgerlichen Rechts ein Gewerbe betrieben. Der Kläger war für sie vom ..... bis ..... als *Verkaufsreisender* im Ausland beschäftigt. Die Gesellschaft ist aufgelöst, die Beklagten haben indes die Restvergütung nicht gezahlt.

Der Beklagte zu 1) hat seinen allgemeinen Gerichtsstand in ....., der Beklagte zu 2) in .....

Beide Orte gehören zur Zuständigkeit verschiedener Arbeitsgerichte; indes liegen sie im Gerichtssprengel des Landesarbeitsgerichts.

Die Beklagten haben keinen gemeinsamen besonderen Gerichtsstand im Inland. Erfüllungsort des Arbeitsverhältnisses war nämlich im Ausland in ..... Es bedarf daher gemäß § 36 Nr. 3 ZPO der Bestimmung des zuständigen Gerichts.

(Derselbe Antrag kann im Falle des Kompetenzkonfliktes gestellt werden.)

§ 74. Prozessleitende Verfügungen

1 **Hinweis:**
Der Gütetermin sollte immer dann durch Verfügung vorbereitet werden, wenn es darauf ankommt, dass Urkunden zum Termin mitgebracht werden. Bei prozessleitenden Verfügungen ist auf die auch im Arbeitsgerichtsverfahren geltende Verhandlungsmaxime zu achten und auf die Darlegungs- und Beweislast der Parteien. Wenn z.B. der Kläger die fehlerhafte soziale Auswahl nicht rügt, besteht keine Veranlassung, dass das Gericht insoweit dem Beklagten eine Auflage erteilt. Die nachfolgenden Muster sind sehr vollständig, aber nur bei entsprechendem Sachvortrag der jeweiligen Gegenseite gerechtfertigt.

I. Prozessleitende Verfügung zur Vorbereitung des Gütetermins

1. Allgemeine Verfügung

Sehr geehrte .....! 2
In der Rechtssache .....
werden Sie zur Förderung des Rechtsstreits gebeten,
– umgehend
– binnen 2 Wochen
in .....facher Ausfertigung zur Klage Stellung zu nehmen und hierbei ausführlich
darzulegen und nach Möglichkeit unter Beweis zu stellen,
– welchen Nettoverdienst der Schuldner in der Zeit ab Zustellung des Pfändungs-
und Überweisungsbeschlusses bei Ihnen in den einzelnen Abrechnungszeiträu-
men hatte und in welcher Weise und in welchem zeitlichen Umfang er bei Ihnen tätig ist bzw. tätig war;
– sofern Verpfändungen oder Abtretungen vorliegen, sind diese der zeitlichen
Reihenfolge nach unter Angabe der Höhe und der darauf geleisteten Zahlungen
darzulegen. Das Lohnkonto ist zu den Akten zu reichen;
– die tatsächlichen Verhältnisse und Vorgänge, die Ihren Einwendungen zugrunde
liegen;
– die Gründe der Kündigung in der zeitlichen Reihenfolge ihres Entstehens.
Falls in Ihrem Betrieb ein Betriebsrat besteht, ist anzugeben, ob und ggf. wann und
mit welchem Ergebnis er zur Kündigung gehört worden ist.
Urkunden (Arbeitsvertrag, Schriftwechsel, Abrechnungen u. Ä.), auf die Sie Bezug
nehmen, sind in Urschrift oder Abschrift bzw. Ablichtung beizufügen. Bei Zeugenbenennungen sind deren vollständige Anschriften anzugeben.

Mit freundlichen Grüßen
Richter am Arbeitsgericht

2. Vorbereitung eines Gütetermins über Kündigungsschutzklage

Zu schreiben an Beklagten/nachrichtlich an Kläger: 3
In Sachen pp.
wird Ihnen gemäß §§ 46 Abs. 2 ArbGG, 273 Abs. 2 Nr. 1 ZPO aufgegeben, möglichst umgehend – in dreifacher Ausfertigung – zur Klageschrift Stellung zu nehmen und hierbei die tatsächlichen Verhältnisse und Vorgänge, die zur Kündigung
geführt haben, in der zeitlichen Reihenfolge ihres Entstehens ausführlich darzulegen und nach Möglichkeit unter Beweis zu stellen. Dabei ist darzulegen, wer die
Kündigung ausgesprochen hat und ob sie aus Gründen in der Person oder in dem
Verhalten des Klägers oder dringenden betrieblichen Erfordernissen erfolgt ist und
welche Gründe im letzten Falle zu der getroffenen sozialen Auswahl geführt haben.
Falls in Ihrem Betrieb ein Betriebsrat besteht, ist anzugeben, ob und gegebenenfalls
wann sowie unter Angabe welcher Gründe und mit welchem Ergebnis er zur
Kündigung gehört worden ist.
Sie werden ferner gebeten, den Familienstand, die Anzahl der unterhaltsberechtigten Kinder (lt. Steuerkarte), den letzten Brutto- und Netto-Verdienst, die zuletzt
ausgeübte Tätigkeit des Klägers sowie die Anzahl der in Ihrem Betrieb beschäftigten Arbeitnehmer – ausschließlich der zu ihrer Berufsbildung Beschäftigten – mit-

zuteilen und anzugeben, ob auf das Arbeitsverhältnis ein – und gegebenenfalls welcher –Tarifvertrag Anwendung findet.

Urkunden (Arbeitsvertrag, Schriftwechsel, Abrechnung u. Ä.), auf die Sie Bezug nehmen, sind in Urschrift oder Abschrift bzw. Ablichtung beizufügen. Bei Zeugenbenennungen sind deren vollständige Anschriften anzugeben.

3. Aufforderung an Kläger, seine Klage zu ergänzen

4 In Sachen pp.

wird Ihnen/Ihrer Partei gemäß §§ 46 Abs. 2 ArbGG, 273 Abs. 2 Nr. 1 ZPO aufgegeben, möglichst umgehend – in dreifacher Ausfertigung – mitzuteilen:
- Alter und Familienstand des Klägers
- Beginn und Ende des Arbeitsverhältnisses
- Zugang der Kündigung
- zuletzt ausgeübte Tätigkeit
- letzter Brutto- und Netto-Verdienst
- tatsächliche durchschnittliche wöchentliche Arbeitszeit
- Anzahl der bei dem Beklagten beschäftigten Arbeitnehmer ausschließlich der zu ihrer Berufsbildung Beschäftigten
- ob auf das Arbeitsverhältnis ein Tarifvertrag und gegebenenfalls welcher Anwendung findet.

II. Prozessleitende Verfügung zur Vorbereitung der streitigen Verhandlung

1. Verfügung nach § 56 ArbGG

5 Dem Kläger/Beklagten wird aufgegeben, binnen einer Frist von ..... sein Vorbringen aus dem Schriftsatz vom ..... zu ergänzen/erläutern. Insbesondere ist zu folgenden Punkten Stellung zu nehmen:

1. .....

2. .....

Angriffs- oder Verteidigungsmittel, die erst nach Ablauf der Frist vom ..... vorgebracht werden, können bei der Entscheidung unberücksichtigt bleiben. Verspätetes Vorbringen ist nur zuzulassen, wenn nach der freien Überzeugung des Gerichts seine Zulassung die Erledigung des Rechtsstreits nicht verzögert oder wenn die Partei die Verspätung genügend entschuldigt (§ 56 Abs. 2 ArbGG).

2. Verfügung nach § 61 a ArbGG

6 a) Dem Beklagten wird aufgegeben, binnen einer Frist von ..... (mindestens zwei Wochen) im Einzelnen unter Beweisantritt zur Klageschrift Stellung zu nehmen. Er mag in diesem Schriftsatz die Gründe für die Kündigung vom ..... vortragen.

b) Dem Kläger bleibt nachgelassen, innerhalb einer weiteren Frist von ..... seit Zugang der Klageerwiderung zu dieser im Einzelnen unter Beweisantritt Stellung zu nehmen.

c) Die Parteien werden darauf hingewiesen, dass Angriffs- oder Verteidigungsmittel, die nach Fristablauf vorgetragen werden, zurückgewiesen werden können und bei der Entscheidung unberücksichtigt bleiben. Verspätetes Vorbringen ist nur zuzulassen, wenn nach der freien Überzeugung des Gerichts ihre Zulassung die Erledigung des Rechtsstreits nicht verzögert oder wenn die Partei die Verspätung genügend entschuldigt (§ 61a Abs. 3 ArbGG).[1]

III. Verfügungen im Zusammenhang mit Zeugen und Sachverständigenladung

1. Unbekannte Partei- oder Zeugenanschrift

In der Rechtssache pp.

                                      7

wird mitgeteilt, dass der Gegner/der von Ihnen benannte Zeuge ..... unter der angegebenen Anschrift nicht geladen werden konnte. Es liegt ein Rückbrief mit folgendem Vermerk der Post vor: .....

Der Termin am ..... musste daher aufgehoben werden.

Es ist nun Ihre Aufgabe, die ladungsfähige Anschrift des Gegners/des Zeugen unverzüglich festzustellen (z.B. über das zuständige Einwohnermeldeamt) und dem Gericht möglichst bald mitzuteilen, damit das Verfahren fortgesetzt werden kann/noch eine rechtzeitige Ladung zum Termin am ..... erfolgen kann.

2. Krankheitsanfrage an Arzt

Sehr geehrte(r) .....

                                      8

In einem arbeitsgerichtlichen Verfahren hat Ihr Patient ....., wohnhaft ....., Sie von der ärztlichen Schweigepflicht befreit. Zur Vermeidung Ihrer Ladung als sachverständigen Zeugen wird gemäß § 377 Abs. 3 ZPO um eine schriftliche Auskunft zu folgenden Fragen bis spätestens zum ..... gebeten.

§ 75. Vollmachten

I. Prozessvollmacht

Herrn/Frau ....., wohnhaft in .....,

                                      1

wird hiermit zur Prozessführung

Prozessvollmacht

in Sachen ...../.....

für alle Instanzen erteilt.

Die Prozessvollmacht ermächtigt zu allen den Rechtsstreit betreffenden Prozesshandlungen, einschließlich derjenigen, die durch eine Widerklage, eine Wiederaufnahme des Verfahrens oder die Zwangsvollstreckung veranlasst werden; zur Bestellung eines Vertreters sowie eines Bevollmächtigten für die höheren Instanzen;

---

[1] Die Präklusionswirkung tritt nur ein, wenn die richterliche Auflage die Punkte konkret benennt, zu denen die Partei Stellung nehmen soll. Eine pauschale Auflage führt nicht zur Präklusion (LAG Köln, Urteil v. 30. 1. 1998 – 4 Sa 930/97 – NZA 1998, 1284).

Neef

zur Beseitigung des Rechtsstreits durch Vergleich, Verzichtsleistung auf den Streit-
gegenstand oder Anerkennung des von dem Gegner geltend gemachten Anspruches sowie zur Empfangnahme des von dem Gegner zu leistenden Geldes, von
Wertsachen und Urkunden sowie der zu erstattenden Kosten.

....., den .....

Unterschrift

II. Untervollmacht

2 Herrn/Frau .....

wird in Sachen ...../.....

Untervollmacht

erteilt.

Unterschrift

III. Terminvollmacht

3 Herrn/Frau .....

wird in Sachen ...../.....

zur Wahrnehmung der Termine

Terminvollmacht

erteilt.

Unterschrift

§ 76. Vertretung vor dem Arbeitsgericht sowie die Prozesskostenhilfe

I. Mandatsübernahme

1. Vorbereitung des Beratungsgespräches

1 *Es kann sich empfehlen, einen Fragebogen zu entwickeln.*[1]

2. Belehrung nach § 12a ArbGG

2 Im Arbeitsgerichtsverfahren des ersten Rechtszuges besteht kein Anspruch der ob-
siegenden Partei auf Entschädigung wegen Zeitversäumnis und auf Erstattung der
Kosten für die Zuziehung eines Prozessbevollmächtigten oder Beistandes. Der
Auftraggeber muss daher auch im Falle des Obsiegens diese Kosten tragen.

Sofern Sie rechtsschutzversichert sind, müssen Sie selbst Ihre Pflichten gegenüber
der Rechtsschutzversicherung wahrnehmen, damit der Versicherungsschutz nicht

---

[1] Vgl. FA 1998, 112; *Neef*, in: Römermann/Hartung, Die Anwaltsstation nach neuem Recht, S. 205.

entfällt. Sie müssen insbesondere klären, ob und in welchem Umfang Versicherungsschutz besteht. Ohne einen besonderen Auftrag, der gesondert vergütungspflichtig ist, wird der Anwalt insoweit nicht tätig.

3. Honorarvereinbarung[2]

Zwischen der   **3**
Anwaltssozietät . . . . .

                                                                          – Sozietät –
und

                                              . . . . .

                                              . . . . .

                                              . . . . .

                                                                          – Mandant –

1.

Der Sozietät ist in Sachen

                                    . . . . . ./. . . . .

Vollmacht erteilt worden. Auf deren Inhalt wird hiermit Bezug genommen.

2.

In Abweichung von der gesetzlichen Regelung (BRAGO) wird die gesamte, im Rahmen der erteilten Vollmacht ausgeübte Tätigkeit der Sozietät – unabhängig von der Tätigkeitsart (beratend, sachbearbeitend oder prozessführend) – auf folgender Basis vergütet:
Für jede Tätigkeitsstunde erhält die Sozietät einen Honorarbetrag in Höhe von . . . . . € zuzüglich der jeweiligen gesetzlichen Mehrwertsteuer. Die Sozietät wird ihren Tätigkeitsumfang in angemessener Weise vermerken. Der so erstellte Nachweis ist auf Verlangen mitzuteilen. Dabei wird die Richtigkeit dieses Nachweises jeweils anwaltlich versichert.

3.

An Reisekosten werden die Kosten einer Bahnfahrt erster Klasse abgerechnet. Sind die tatsächlich entstandenen Reisekosten höher, werden diese nach Aufwand erstattet. Bei der Benutzung eines Pkw werden . . . . . € je gefahrener Kilometer abgerechnet. Im Übrigen gilt für Auslagen und sonstige Nebenkosten die Bundesrechtsanwaltsgebührenordnung.

4.

Das vereinbarte Honorar entspricht mindestens der Höhe, die nach der BRAGO gesetzlich vorgeschrieben ist. Die Begrenzung der Gebühr bei der Erstberatung auf 180 € (§ 20 Abs. 1 Satz 2 BRAGO) gilt nicht. Für den Gegenstandswert ist eine etwaige Abfindung oder ähnliche Leistung zusätzlich in ihrer vollen Höhe zu berücksichtigen, soweit sie Gegenstand der anwaltlichen Tätigkeit war (abweichend von § 12 Abs. 7 ArbGG).

---

[2] § 3 BRAGO.

Neef

5.

Dem Mandanten ist bekannt, dass diese Gebührenvereinbarung von der gesetzlichen Regelung abweicht und dass auch im Falle des Obsiegens die Anwaltskosten nur im Rahmen der gesetzlichen Gebühren erstattet werden, soweit nicht eine Erstattung auf Grund arbeitsrechtlicher Vorschriften ganz oder teilweise ausgeschlossen ist.

6.

Die beauftragte Sozietät weist ausdrücklich darauf hin, dass bei Beratungen über die Frage, ob oder zu welchen Bedingungen eine Einigung mit der Gegenseite im Wege gegenseitigen Nachgebens abgeschlossen werden soll, regelmäßig neben der Beratungsgebühr auch eine Vergleichsgebühr anfällt, wenn die Einigung zustande kommt. Dabei ist es unerheblich, ob der Anwalt bei den Vergleichsverhandlungen unmittelbar mitwirkt oder beim Abschluss der Vereinbarung selbst zugegen ist.

Der Mandant bestätigt, dass er ein von der Sozietät unterzeichnetes Exemplar dieser Honorarvereinbarung erhalten hat.

....., den .....

....

Sozietät   Mandant

4. Mandatsbedingungen

4   Mandatsbedingungen

in der Rechtsangelegenheit

..../. ......

In Verbindung mit der erteilten Vollmacht an die Anwaltssozietät ..... wird Folgendes vereinbart:

1.

Die Haftung der beauftragten Sozietät wird für alle Fälle leichter Fahrlässigkeit auf einen Höchstbetrag von 1 Million € beschränkt. Unberührt bleibt eine weitergehende Haftung der beauftragten Sozietät oder ihrer Erfüllungsgehilfen für Vorsatz und grobe Fahrlässigkeit.

2.

Wenn eine weitergehende Haftung gewünscht wird, so kann auf ausdrückliche Weisung des Mandanten und auf seine Kosten eine Einzelhaftpflichtversicherung zu einer höheren Haftungssumme abgeschlossen werden.

3.

Fernmündliche Auskünfte und Erklärungen der beauftragten Sozietät sind nur bei schriftlicher Bestätigung verbindlich.

4.

Die Kostenerstattungsansprüche und die in dem Verfahren geltend gemachten Ansprüche des Mandanten gegenüber dem Gegner, der Justizkasse oder sonstigen erstattungspflichtigen Dritten werden in Höhe der Kostenansprüche der beauftragten Sozietät an diese abgetreten mit der Ermächtigung, die Abtretung im Namen des Mandanten dem Zahlungspflichtigen mitzuteilen. Von den Beschränkungen des § 181 BGB sind die Bevollmächtigten befreit.

Der Mandant bevollmächtigt die Sozietät, für sie das Kostenausgleichsverfahren bzw. das Kostenfestsetzungsverfahren beim erstinstanzlichen Gericht zu betreiben.

5.

Die beauftragte Sozietät weist ausdrücklich darauf hin, dass in Arbeitsgerichtsverfahren des ersten Rechtszuges kein Anspruch der obsiegenden Partei auf Entschädigung wegen Zeitversäumnis und auf Erstattung der Kosten für die Hinzuziehung eines Prozessbevollmächtigten besteht. Der Mandant muss daher auch im Falle des Obsiegens diese Kosten tragen. Das Gleiche gilt für die Kosten, die durch vorbereitende Tätigkeiten der Sozietät entstanden sind, und zwar auch dann, wenn es nicht zu einem Rechtsstreit kommt.

6.

Das Mandat wird unabhängig von dem Bestehen oder der Eintrittsverpflichtung einer Rechtsschutzversicherung erteilt. Sofern der Mandant rechtsschutzversichert ist, muss er seine Pflichten gegenüber der Rechtsschutzversicherung selbst wahrnehmen, damit der Versicherungsschutz besteht. Ohne einen besonderen schriftlichen Auftrag, der gesondert vergütungspflichtig ist, wird die beauftragte Sozietät insoweit nicht tätig.

7.

Die beauftragte Sozietät weist ausdrücklich darauf hin, dass sie die erste Beratung nicht mit der Begrenzung der Gebühr nach § 20 Abs. 1 Satz 2 BRAGO (bis zu 180,00 €) erteilt.

8.

Die beauftragte Sozietät weist ausdrücklich darauf hin, dass bei Beratungen über die Frage, ob oder zu welchen Bedingungen eine Einigung mit der Gegenseite im Wege gegenseitigen Nachgebens abgeschlossen werden soll, regelmäßig neben der Beratungsgebühr auch eine Vergleichsgebühr anfällt, wenn die Einigung zustande kommt. Dabei ist es unerheblich, ob der Anwalt bei den Vergleichsverhandlungen unmittelbar mitwirkt oder beim Abschluss der Vereinbarung selbst zugegen ist.

....., den .....

....
Sozietät   Mandant

Neef

II. Antrag auf Bestellung eines Vertreters für eine nicht prozessfähige Person[3]

5   An das Arbeitsgericht . . . ., den . . . . .

In Sachen pp. *(volles Rubrum § 57)*

wird beantragt, der nicht prozessfähigen Beklagten,[4] die ohne gesetzlichen Vertreter ist, einen besonderen Vertreter zu bestellen.

Gründe:

Das Arbeitsgericht hat bei Gefahr im Verzuge für eine nicht prozessfähige Person ohne gesetzlichen Vertreter gemäß § 57 ZPO einen besonderen Vertreter zu bestellen. Diese Voraussetzungen sind gegeben. Der Kläger hat gegen die Beklagte am . . . . . Kündigungsschutzklage erhoben. Der Geschäftsführer der Beklagten ist am . . . . . verstorben. Ein neuer Geschäftsführer ist noch nicht bestellt. Zur Vermeidung der Arbeitslosigkeit und des Verlustes des Arbeitsplatzes bedarf es der Bestellung eines vorläufigen Vertreters.

III. Muster zu § 11 a ArbGG[5]

1. Hinweis nach § 11 a ArbGG

6   Sehr geehrte . . . . .!

In der Rechtssache . . . . ./. . . .

werden Sie auf § 11 a ArbGG hingewiesen.

Hiernach hat der Vorsitzende des Arbeitsgerichts einer Partei, die außerstande ist, ohne Beeinträchtigung des für sie und ihre Familie notwendigen Unterhalts die Kosten des Prozesses zu bestreiten, und die nicht durch eine Gewerkschaft oder eine Arbeitgebervereinigung vertreten werden kann, auf ihren Antrag einen Rechtsanwalt beizuordnen, wenn die Gegenseite durch einen Rechtsanwalt vertreten ist. Die Beiordnung kann unterbleiben, wenn sie aus besonderen Gründen nicht erforderlich ist oder wenn die Rechtsverfolgung offensichtlich mutwillig ist.[6]

Es wird Ihnen anheim gestellt, einen entsprechenden schriftlichen Antrag in doppelter Ausfertigung zu stellen. Dem Antrag sind eine Erklärung über Ihre persönlichen und wirtschaftlichen Verhältnisse sowie entspr. Belege beizufügen. Hieraus müssen Ihre Familienverhältnisse, Beruf, Vermögen, Einkommen und Lasten ersichtlich sein. Ein zu verwendendes Formblatt, das Sie ausfüllen mögen, ist beigefügt. Ferner ist eine Erklärung darüber beizufügen, ob Sie Mitglied einer Gewerkschaft/Arbeitgebervereinigung sind und warum Sie sich ggf. von ihr nicht vertreten lassen. Solange eine Beiordnung nicht erfolgt ist, müssen Sie jedoch alle Termine und Prozesshandlungen selbst wahrnehmen.

Mit freundlichen Grüßen

---

[3] Vgl. ArbV-Hdb. § 16 RN 17; Bestellung erfolgt durch unanfechtbare Verfügung des Vorsitzenden der für den Rechtsstreit zuständigen Kammer. Der Beschluss ist formlos mitzuteilen (§ 329 Abs. 2 ZPO). Gegen die Zurückweisung ist die einfache Beschwerde (§ 567 ZPO) möglich. Der Bestellte kann die Bestellung ablehnen; deswegen besteht für ihn aber kein Beschwerderecht.

[4] Die Bestellung für Kläger wäre unzulässig.

[5] Vgl. ArbV-Hdb. § 18 RN 47 ff.; zum Verhältnis zur Prozesskostenhilfe: § 18 RN 5.

[6] Vgl. *Germelmann/Matthes/Prütting/Müller-Glöge,* ArbGG, 4. Aufl. § 11 a RN 6, 58.

2. Antrag auf Beiordnung eines Rechtsanwalts

An das Arbeitsgericht ...., den **7**
In Sachen pp.
wird gemäß § 11 a ArbGG die Beiordnung eines Rechtsanwalts beantragt.

Gründe:

Der Kläger lässt sich durch einen Rechtsanwalt vertreten. Der Beklagte ist nach seinen persönlichen und wirtschaftlichen Verhältnissen außerstande, die Kosten des beabsichtigten Rechtsstreits auch nur zum Teil aufzubringen. Dies ergibt sich aus der anliegenden Erklärung des Antragstellers über seine persönlichen und wirtschaftlichen Verhältnisse (Anlage 1). Der Beklagte kann sich nicht durch ein Mitglied einer Gewerkschaft vertreten lassen. Er gehört einer solchen nicht an/er gehört zwar einer Gewerkschaft an; diese ist jedoch nicht bereit, ihm Rechtsschutz zu gewähren.

3. Beiordnung eines Rechtsanwalts

Beschluss   **8**

In Sachen

..... / .....

wird dem Kläger Rechtsanwalt ..... beigeordnet, da .....

IV. Muster zur Prozesskostenhilfe

1. Antrag auf Bewilligung der Prozesskostenhilfe in 1. Instanz[7]

An das Arbeitsgericht ...., den **9**
In Sachen pp. *(volles Rubrum § 57)*
wird unter Bezugnahme auf die beigefügte Klage[8]/am ..... eingereichte Klage – Az.: ..... –/Klageentgegnung vom ..... beantragt, dem Antragsteller für die erste Instanz Prozesskostenhilfe zu bewilligen und dem Antragsteller zur vorläufig unentgeltlichen Wahrnehmung einen Rechtsanwalt/eine Rechtsanwältin beizuordnen (§ 121 ZPO).

Gründe:

I. Der Antragsteller ist nach seinen persönlichen und wirtschaftlichen Verhältnissen außerstande, die Kosten des beabsichtigten Rechtsstreits/der beabsichtigten

---

[7] Vgl. ArbV-Hdb. § 18 RN 10; *Friedrich,* Wie erhalte ich Prozesskostenhilfe, NJW 1995, 617; *Zöller/Philippi,* ZPO, 23. Aufl. § 114 RN 22 ff.
[8] Vgl. ArbV-Hdb. § 18 RN 31. Der Kläger kann die Klage mit dem Antrag auf Prozesskostenhilfe verbinden; hierbei ist klarzustellen, ob die Klage nur für den Fall der Bewilligung der Prozesskostenhilfe oder unabhängig davon erhoben wird (z. B. durch das Wort „Klageentwurf", vgl. *Thomas/Putzo,* ZPO, 25. Aufl. § 117 RN 3). Zu beachten ist aber, dass mit der Einreichung nur des Gesuches nicht die fristwahrende Wirkung der §§ 270 Abs. 3, 496 ZPO und keine Rechtshängigkeit eintritt. Es werden also etwaige Fristen, insbesondere der Lauf der Fristen in Bestandsschutzstreitigkeiten oder der Verfallfristen, nicht unterbrochen; ob der Ablauf der Verfallfristen gehemmt wird, ist zweifelhaft (vgl. ArbR-Hdb. § 205).

Rechtsverteidigung auch nur zum Teil aufzubringen. Dies ergibt die anliegende Erklärung über die persönlichen und wirtschaftlichen Verhältnisse. Als Beleg wird weiter eine Verdienstbescheinigung des Arbeitgebers vom ..... (Anlage 2) und ein Darlehensvertrag ..... (Anlage 3) usw. beigefügt.

II. Die beabsichtigte Rechtsverfolgung hat hinreichende Aussicht auf Erfolg und ist auch nicht mutwillig .....

2. Antrag auf Bewilligung der Prozesskostenhilfe für die Berufungsinstanz[9]

10   Hinweis:

Aus Kostengründen sollte zunächst nur der Antrag auf Prozesskostenhilfe erfolgen, ohne zugleich das Rechtsmittel selbst einzulegen. Aus der Entscheidung über die PKH lässt sich nämlich die Rechtsauffassung des Rechtsmittelgerichts erkennen, und das summarische Verfahren der PKH enthält nicht das Prozessrisiko der Berufung. Einziger Nachteil: alle sonstigen Fristen sind einzuhalten. Für die Berufungsbegründungsfrist sollte an § 520 Abs. 2 ZPO gedacht werden (Verlängerungsmöglichkeit).

An das Arbeitsgericht ...., den .....

In Sachen pp. *(volles Rubrum, das dem Urteil erster Instanz entnommen werden kann)*

wird beantragt,

1. dem Kläger und Berufungskläger für die Durchführung der Berufung Prozesskostenhilfe zu bewilligen;
2. dem Antragsteller zur vorläufig unentgeltlichen Wahrnehmung Rechtsanwalt ..... beizuordnen;
3. das Urteil des Arbeitsgerichts abzuändern und nach den Schlussanträgen 1. Instanz zu entscheiden.

(Es bedarf der Darlegung der Voraussetzungen. Alsdann ist die Berufung zu begründen.)

3. Beschwerde gegen die Ablehnung der Prozesskostenhilfe

11   An das Arbeitsgericht[10] ...., den .....

Beschwerde

In Sachen pp. *(volles Rubrum § 57)*

wird gegen den Beschluss des Arbeitsgerichts vom ..... Az.....

Beschwerde

mit dem Antrag eingelegt,

dem Kläger für die 1. Instanz rückwirkend Prozesskostenhilfe zu gewähren.

Gründe:

Die Beschwerde ist gemäß § 127 Abs. 2 ZPO zulässig. Das Arbeitsgericht hat erst mit dem die Klage abweisenden Urteil den Antrag auf Gewährung von Prozess-

---

[9] Nach § 119 ZPO erfolgt die Bewilligung der Prozesskostenhilfe für jede Instanz gesondert.
[10] Vgl. § 569 Abs. 1 ZPO, Frist jedoch 1 Monat (§ 127 Abs. 2 Satz 3 ZPO).

Neef

kostenhilfe zurückgewiesen. Da die Entscheidung verzögert worden ist, ist eine rückwirkende Bewilligung zulässig. Die Beschwerde ist auch begründet; das Arbeitsgericht hätte die Erfolgsaussichten nicht verneinen dürfen, denn . . . . .[11]

Hinweis:
Die Beschwerde kann sich empfehlen, um vor Einlegung der Berufung die Meinung des LAG zu erkunden. Gegebenenfalls ist gleichzeitig Prozesskostenhilfe für die Berufung zu beantragen (vgl. RN 10).

4. Verfügung des Gerichts bei Prozesskostenhilfe in 2. Instanz

a) Zweitschrift des Antrags auf PKH an Gegner mit folgendem Zusatz: **12**
Gemäß § 118 Abs. 1 ZPO wird Ihnen Gelegenheit zur Stellungnahme binnen . . . . . Wochen gegeben.
b) Herrn Rechtspfleger mit dem Auftrag, gemäß § 118 Abs. 2 ZPO Erhebungen anzustellen über die Glaubhaftmachung folgender Angaben des Antragstellers: . . . . .
anzufordernde Urkunden: . . . . .
einzuholende Auskünfte bei: . . . . .
c) Vorläufiger Streitwert: . . . . . €.
d) Herrn Rechtspfleger zur Aufstellung des Prozesskostenhilfe-Voranschlages (vgl. § 115 Abs. 3 ZPO).
e) Wv. bei mir unverzüglich nach Erledigung, spätestens am . . . . .

. . . . ., den . . . . .   Kammervorsitzende(r)

Der/m Kammervorsitzenden mit nachfolgendem Prozesskostenvoranschlag vorgelegt:

Gerichtskosten

1. Verfahrensgebühr Nr. 2120 (Anlage 1 zu § 12 ArbGG)		. . . . . €
2. Urteilsgebühr Nr. 2124 (Anlage 1 zu § 12 ArbGG)		. . . . . €[12]
3. Auslagen KV 1900 ff. (beachte § 12 Abs. 5 ArbGG)		. . . . . €

Rechtsanwaltsgebühren

1. $^{13}/_{10}$ Prozessgebühr	. . . . . €
2. $^{13}/_{10}$ Verhandlungsgebühr	. . . . . €
3. $^{13}/_{10}$ Beweisgebühr	. . . . . €[13]
4. Auslagenpauschale (15 v. H. von Nr. 1–3, höchstens 20 €)	. . . . . €
5. Umsatzsteuer (16 v. H. von Nr. 1–4)[14]	. . . . . €
Gesamtkosten:	. . . . . €

. . . . ., den . . . . .

                                            Rechtspfleger

---

[11] Zur rückwirkenden Bewilligung: LAG Nürnberg, Beschluss v. 11. 5. 1988 – 3 Ta 55/88 – LAGE ZPO § 117 Nr. 6.
[12] Vgl. *Hartmann,* Kostengesetze, 33. Aufl., § 12 ArbGG Anlage 1, S. 446 ff.
[13] Vgl. §§ 62 Abs. 2 i. V. m. 11 Abs. 1 Satz 4 BRAGO.
[14] Vgl. *Gerold/Schmidt/v. Eicken/Madert,* BRAGO, 15. Aufl. § 25 RN 5, 9.

Neef

5. Antrag auf Änderung der Ratenzahlungsanordnung

13 An das Landesarbeitsgericht . . . ., den . . . . .

In Sachen pp.

wird beantragt, den Beschluss über die Bewilligung der Prozesskostenhilfe vom . . . . . mit Wirkung vom . . . . . insoweit zu ändern, als dem Kläger die Zahlung monatlicher Raten auferlegt worden ist.

Begründung

Mit dem Beschluss vom . . . . . ist dem Kläger Prozesskostenhilfe unter Zahlung monatlicher Raten von . . . . . € bewilligt worden. Seitdem haben sich die wirtschaftlichen Verhältnisse geändert. Der Kläger ist am . . . . . von seinem Arbeitgeber entlassen worden. Der Kläger bezieht seitdem Arbeitslosengeld, wie sich aus der Fotokopie des Bewilligungsbescheides ergibt. Die Unterhaltspflichten und die sonstigen Belastungen haben sich nicht geändert. Nach der Tabelle braucht er keine Raten mehr zu erbringen.

Soweit ein neues Zeugnis nach § 117 Abs. 2 ZPO beigebracht werden soll, wird um einen richterlichen Hinweis gebeten.

Der Kläger geht davon aus, dass bis zur Entscheidung über den Antrag keine Raten gezahlt zu werden brauchen.

§ 77. Anträge bei Aussetzung oder Unterbrechung des Verfahrens

I. Anträge gegen die Rechtsnachfolger des verstorbenen Beklagten[1]

1 An das Arbeitsgericht . . . ., den . . . . .

In Sachen pp. *(volles Rubrum § 57)*

werden die Erben des verstorbenen Beklagten . . . . .

1. . . . . . wohnhaft in . . . . .

2. . . . . . wohnhaft in . . . . .

aufgefordert, den Rechtsstreit aufzunehmen.

Gründe:

Der Beklagte ist am . . . . . verstorben. Gemäß § 239 ZPO war das Verfahren unterbrochen. Erben des Verstorbenen sind die in dem Antrag näher Bezeichneten. Sie haben die Erbschaft angenommen. Es ist daher Termin festzusetzen und sie sind zu laden (§ 239 ZPO).

---

[1] Im Falle des Todes einer Partei wird der Rechtsstreit kraft Gesetzes unterbrochen (§ 239 ZPO). Etwas anderes gilt dann, wenn die verstorbene Partei durch einen Prozessbevollmächtigten vertreten war. In diesen Fällen wird der Rechtsstreit auf Antrag des Prozessbevollmächtigten des Verstorbenen ausgesetzt (§ 246 ZPO). Ähnlich ist die Rechtslage bei Verlust der Prozessfähigkeit (§ 241 ZPO), Insolvenz (§ 240 ZPO). Die Muster sollen eine Formulierungshilfe in den Fällen der §§ 239 ff. ZPO geben.

II. Antrag der Rechtsnachfolger einer Partei

An das Arbeitsgericht . . . ., den 2
In Sachen pp. *(volles Rubrum § 57)*
nehmen die Erben des Klägers das Verfahren auf und beantragen neuen Termin
anzusetzen, in dem sie den Antrag aus der Klageschrift/dem Schriftsatz vom . . . . .
stellen.
Der vom unterzeichnenden Gewerkschaftssekretär vertretene Kläger ist am . . . . .
verstorben. Auf Antrag ist das Verfahren ausgesetzt worden (§ 246 ZPO). Erben
des Klägers sind . . . . . Sie nehmen das Verfahren hiermit auf (§ 250 ZPO). Es wird
zugleich beantragt, das Rubrum entsprechend zu berichtigen.
Die Klage ist begründet (usw. . . . . .).

III. Antrag auf Aussetzung des Verfahrens

An das Arbeitsgericht . . . ., den 3
In Sachen pp. *(volles Rubrum § 57)*
wird beantragt, das Verfahren auszusetzen.

Gründe:

Der von mir vertretene Kläger ist am . . . . . verstorben. Es muss daher um Aussetzung des Verfahrens gebeten werden (§ 246 ZPO).

§ 78. Beweisverfahren

I. Muster zu Zeugen-, Sachverständigen-, Urkundenbeweis-
antritten sowie dem Antrag auf Parteivernehmung

An das Arbeitsgericht . . . ., den 1
In Sachen pp.
wird zur Begründung der Klage noch Folgendes vorgetragen:
Der Kläger hat sich am . . . . . bei dem Beklagten vorgestellt. Der Beklagte hat erklärt, er könne bei ihm anfangen. Er erhalte einen Stundenlohn von 13,00 €.
Beweis: Zeugnis des *Buchhalters Anton Meyer, Wilhelmstraße 10*, (PLZ) *Kassel;*[1]
       Parteivernehmung des Beklagten.
Am . . . . . ist der Kläger auch pünktlich zur Arbeit erschienen und hat den LKW
mit dem polizeilichen Kennzeichen . . . . . zur Baustelle nach . . . . . gefahren. Er hat
die . . . . . Straße Richtung . . . . . benutzt. An der Einmündung der . . . . . Straße kam

---

[1] Nach § 373 ZPO gehört zum Beweisantritt die Bezeichnung der Tatsachen, über welche der Zeuge
vernommen werden soll. Bei Antritt eines Zeugenbeweises muss die ladungsfähige Anschrift angegeben
werden. Kennt der Beweisführer Namen und Anschrift zunächst nicht, kann er den Zeugen einstweilen
mit NN bezeichnen. Er sollte aber die Gründe der Unkenntnis angeben. Alsdann bestimmt das Gericht
nach § 356 ZPO eine Frist. Kennt nur der Gegner die ladungsfähige Anschrift, ist er gehalten, diese zu
offenbaren, anderenfalls kann das Gericht hieraus nach § 286 ZPO Schlüsse ziehen (BGH, Urteil v.
12. 1. 1960 – VI ZR 220/58 – NJW 1960, 821).

es zu einem Verkehrsunfall. Der Kläger ist mit dem vom Zeugen ..... gelenkten PKW, polizeiliches Kennzeichen ....., zusammengestoßen. Der Unfall ist darauf zurückzuführen, dass der Zeuge ..... dem Kläger die Vorfahrt genommen hat.

Beweis: Zeugnis des *Bertram Müller, Adamstraße 4,* (PLZ) *Kassel.*

Dieser Zeuge hat von dem Unfallhergang eine Skizze gefertigt. Es wird beantragt, diesem Zeugen aufzugeben, die Skizze zum Termin mitzubringen.[2]

An dem LKW des Beklagten entstand nur geringfügiger Sachschaden. Es wurde nur die Stoßstange verbogen. Die Behebung des Unfallschadens wird nicht mehr als ..... € Kosten verursachen. Bislang ist der Schaden noch nicht behoben worden.

Beweis: Einholung eines schriftlichen Sachverständigengutachtens.[3, 4]

Wegen des Unfalls kam es zwischen den Parteien zu Auseinandersetzungen. Die Parteien haben einen Vergleich geschlossen, in dem sich der Beklagte verpflichtet hat, dem Kläger für die Zeit vom ..... bis ..... Vergütung zu zahlen. Über den Vergleich sind zwei Ausfertigungen aufgenommen worden.[5]

Beweis: Kopie einer Ausfertigung des Vergleichs.

Als sich herausgestellt hat, dass der Kläger am ..... noch arbeitsunfähig war, ist dieser Vergleich dahin ergänzt worden, dass sich der Beklagte verpflichtet hat, bis zum ..... Entgeltfortzahlung im Krankheitsfall zu zahlen. Diese Vereinbarung ist nur auf der Vertragsausfertigung des Beklagten vermerkt worden. Zum Beweis wird gemäß § 422 ZPO beantragt,

dem Beklagten innerhalb einer Frist von zwei Wochen aufzugeben, die Vertragsausfertigung vorzulegen. Die Vorlagepflicht ergibt sich aus § 810 BGB.

II. Muster eines Beweisbeschlusses

2   *Beweisbeschluss*

I. Es soll Beweis erhoben werden

   A. über die Behauptung des Beklagten,

       er habe dem Kläger am ..... das Kündigungsschreiben vom selben Tage übergeben;

   B. über die Behauptung des Klägers,

       der Beklagte habe sich am ..... mit der Fortsetzung des Arbeitsverhältnisses über den ..... einverstanden erklärt;

---

[2] Der Zeuge muss sich auf den Termin vorbereiten. Ob er auch verpflichtet ist, Unterlagen mitzubringen, ist zweifelhaft. Handelt es sich bei dem Zeugen um einen Angestellten des Beklagten, kann sich empfehlen, die Vorlage der Geschäftsunterlagen nach § 421 ZPO zu verlangen.

[3] Ein besonderer Antrag ist nicht notwendig, da das Gericht Sachverständige nach §§ 144 Abs. 1, 273 Abs. 2 Nr. 4 ZPO hinzuziehen muss, wenn ihm die erforderliche Sachkunde fehlt.

[4] Soll die Vernehmung des Sachverständigen vor der Kammer erreicht werden: *Nach Zugang des Gutachtens wird beantragt, den Sachverständigen zur Erläuterung und Ergänzung seines Gutachtens zu laden. Gründe: Das Sachverständigengutachten ist unrichtig, soweit ..... Es bedarf der näheren Erläuterung, soweit .....*

[5] Wie ein Urkundenbeweis anzutreten ist, richtet sich danach, wer die Urkunde in Händen hat. Hat der Beweisführer die Urkunde in Händen, wird der Beweis unter Vorlage im Prozess angetreten (§ 420 ZPO). Ist sie im Besitz des Gegners, muss er beantragen, dem Gegner die Vorlage aufzugeben (§ 421 ZPO). Das Gericht kann auch die Vorlage gemäß § 425 ZPO anordnen. Voraussetzung einer entsprechenden Anordnung ist die Vorlagepflicht des Gegners (§ 422 ZPO). Ist die Urkunde im Besitz eines Dritten, gelten §§ 428 ff. ZPO.

durch Vernehmung der Zeugen

1....., wohnhaft in .....

2....., wohnhaft in .....

zu A vom Beklagten beantragt

des Beklagten als Partei zu B vom Kläger beantragt.

II. Termin zur Beweisaufnahme und zur Fortsetzung der mündlichen Verhandlung am .....

III. Zum Termin wird das persönliche Erscheinen des Klägers zu Aufklärungszwecken angeordnet.

III. Antrag auf Änderung und Ergänzung des Beweisbeschlusses (§ 360 ZPO)

An das   3

Arbeitsgericht/Landesarbeitsgericht ...., den .....

In Sachen pp. *(volles Rubrum § 57)*

wird beantragt, den Beweisbeschluss des erkennenden Gerichts vom ..... dahin zu berichtigen, dass ....., und insoweit zu ergänzen, dass .....

Gründe:

Der Kläger hat im Schriftsatz vom ..... zum Beweis seiner Behauptung den Zeugen ..... benannt. Gleichwohl hat das Gericht in seinem Beweisbeschluss vom ..... die Beweiserhebung durch den Zeugen ..... angeordnet. Dieser Beweisbeschluss ist unrichtig. Keiner der Parteien hat sich auf diesen Zeugen berufen.

Dagegen hat das Gericht den Zeugen, der zum Beweis der Behauptung ..... benannt ist, übersehen (Schriftsatz vom ....., Bl. .....). Auch dieser ist zu hören.

IV. Ausführung eines Beweisersuchens ins Ausland

(Vgl. hierzu die Muster unter § 84 RN 1 ff.)   4

§ 79. Zwischenurteile und Beschwerden

I. Antrag auf Zwischenurteil bei Aussageverweigerung

Hinweis: 1
Im Falle der Zeugnisverweigerung kann die beweisführende Partei einen Zwischenstreit über die Zeugnisverweigerung herbeiführen (§ 387 ZPO). Sie kann auch weiter auf Zeugenvernehmung bestehen. Indes muss der Antrag vor rügeloser Verhandlung zur Hauptsache gestellt werden, anderenfalls die Partei das Recht nach § 295 ZPO verlieren kann.

In Sachen pp. *(volles Rubrum § 57)*   2

beantragen wir ein Zwischenurteil gegen

den Zeugen *Steuerberater Michael Maulberg, Untere Baumstraße 197, (PLZ) Braunschweig*

Wir beantragen, festzustellen, dass dem Zeugen *Maulberg* über die wirtschaftliche Situation der Beklagten, insbesondere deren Umsatz und Gewinn, in den Jahren 1999 bis 2002 kein Zeugnisverweigerungsrecht zusteht.

Begründung:

Der Kläger hatte den Zeugen *Maulberg* zum Beweis seiner Behauptung benannt, dass sich Umsatz und Gewinn der Beklagten in den Jahren 1999 bis 2002 außergewöhnlich gut entwickelt hätten und mindestens in jedem Jahr um 10% gestiegen seien, was angesichts der Arbeitsbelastung und der Überstunden der Arbeitnehmer nicht anders möglich sein könne.

Das Arbeitsgericht hat einen entsprechenden Beweisbeschluss erlassen. Der Zeuge hat die Aussage verweigert und dies damit begründet, die Gewinnentwicklung einer Personengesellschaft betreffe unmittelbar den Gewinn jedes einzelnen Gesellschafters. Daher genüge nicht die Entbindung von der Verschwiegenheitspflicht durch die persönlich haftenden Gesellschafter, es sei auch diejenige des Kommanditisten *Ehrlich* erforderlich. Das ist unzutreffend. Denn Gegenstand des Beweisbeschlusses ist lediglich der Gewinn der KG, also der Gesamtgewinn aller Gesellschafter und nicht dessen Verteilung auf die einzelnen Gesellschafter. Die Zustimmung des Kommanditisten ist daher nicht erforderlich.

II. Beschwerde über Zwischenurteil bei Zeugnisverweigerung

3 In dem Rechtsstreit

des *Angestellten Egon Meier, Georgswall 9,* (PLZ) *Hannover*
— Beschwerdeführers und Klägers —

Prozessbevollmächtigter: Rechtsanwalt *Jochen Krug, Tiergartenstraße 27,* (PLZ) *Hannover*

gegen

den Zeugen *Steuerberater Michael Maulberg, Untere Baumstraße 197,* (PLZ) *Braunschweig*
— Beschwerdegegner und Zeugen —

Prozessbevollmächtigte: Rechtsanwälte *Schubert und Partner, Opelstraße 4,* (PLZ) *Braunschweig*[1]

weitere Beteiligte: *Maschinenfabrik Mertens* (volles Rubrum)

In dem Rechtsstreit

Meier . /. Mertens

lege ich gegen den Beschluss des Arbeitsgerichts vom 28. 3. 2003 das Rechtsmittel der sofortigen Beschwerde ein.

Der Zeuge hat sich hinsichtlich der wirtschaftlichen Zahlen der Beklagten für die Jahre 1999 bis 2002 auf sein Zeugnisverweigerungsrecht berufen. Das Arbeitsgericht ist dem gefolgt, weil für die Entbindung von der Verschwiegenheit nicht allein die Zustimmung des Komplementärs der Beklagten ausreiche; auch diejenige der Kommanditisten sei erforderlich. Es ist zwar zutreffend, dass der Gewinn einer

---

[1] Parteien sind die beweisführende Partei (in unserem Beispielsfall der Kläger) und der Zeuge, der ein Zeugnisverweigerungsrecht geltend macht; vgl. *Zöller/Greger,* ZPO, 23. Aufl. § 387 RN 3 (hinsichtlich der Kosten vgl. RN 8).

Kommanditgesellschaft nicht bei der Gesellschaft selbst, sondern bei den Gesellschaftern anfällt und von diesen zu versteuern ist. Gleichwohl wird als Vorstufe der gemeinsame Gewinn festgestellt. Nur hierauf bezieht sich der Beweisantrag. Im Übrigen fügen wir eine Erklärung des Kommanditisten *Ehrlich* bei, in welchem dieser den Zeugen von der Verschwiegenheitspflicht entbindet.

Wir bitten daher, unserer Beschwerde stattzugeben.

Eine Ablichtung des angefochtenen Beschlusses ist zum Verbleib beigefügt.[2]

III. Beschwerde gegen Festsetzung eines Ordnungsgeldes gegen einen Zeugen

An das Arbeitsgericht ...., den **4**

Sofortige Beschwerde

des *Prokuristen Emil Einkauf, Brahmstraße 87*, (PLZ) *Nürnberg*

− Beschwerdeführers −

Prozessbevollmächtigte: Rechtsanwälte *Kurz und Lang, Bahnhofsallee 193*, (PLZ) *Nürnberg*

In dem Rechtsstreit

Meier . /. Mertens

− Az. ..... −

legen wir namens und im Auftrage des Beschwerdeführers gegen den Beschluss des Arbeitsgerichts vom 25. 2. 2003, zugestellt am 28. 2. 2003, das Rechtsmittel der .....

sofortigen Beschwerde

ein.

Wir beantragen,

1. den Beschluss vom 25. 2. 2003 aufzuheben;

2. die Vollstreckung aus dem Beschluss vom 25. 2. 2003 auszusetzen.[3]

Der Beschwerdeführer war zum Termin am 15. 1. 2003 als Zeuge geladen. Diesen Termin hatte er aus Gründen, die er nicht zu vertreten hat, versäumt. Der Termin war um 13.00 Uhr anberaumt. Der Beschwerdeführer hatte sich eine Zugverbindung heraussuchen lassen, nach welcher er um 12.15 Uhr am Hauptbahnhof ankommen sollte. Infolge einer Zugverspätung konnte er zwei Anschlusszüge nicht erreichen, so dass er erst um 14.30 Uhr ankam. Eine Ablichtung der von der Deutschen Bundesbahn aus diesem Anlass erstellten Gutschrift fügen wir als Anlage bei.

Wir beantragen darüber hinaus, den Beschluss des Arbeitsgerichts gemäß § 381 Abs. 1 Satz 3 ZPO nachträglich aufzuheben.[4]

---

[2] Aus Vorsichtsgründen beifügen: Absicherung gegen versehentliche falsche Parteibezeichnung oder versehentlich unvollständige Rechtsmittelschrift.

[3] Die sofortige Beschwerde hat bei Festsetzung von Ordnungsgeld aufschiebende Wirkung (vgl. § 570 Abs. 1 ZPO); der Aussetzungsantrag ist daher nicht notwendig, zwingt das Gericht aber, sich mit dieser Frage zu befassen.

[4] Bis zur ZPO-Reform konnte der Zeuge zunächst nachträgliche Aufhebung gemäß § 381 ZPO beantragen und, falls diese abgelehnt wurde, einfache (unbefristete) Beschwerde gemäß § 380 Abs. 3 ZPO einlegen. Nach der ZPO-Reform des Jahres 2002 ist nur noch die **sofortige** Beschwerde zulässig. Ob die Ablehnung einer nachträglichen Aufhebung gemäß § 381 ZPO mit sofortiger Beschwerde angreifbar ist, ist streitig (dafür: *Baumbach/Lauterbach/Albers/Hartmann*, ZPO, 62. Aufl. § 381 RN 11; dagegen: *Zöller/Greger*, ZPO, 23. Aufl. § 381 RN 5). Daher im Zweifelsfall: stets sofortige Beschwerde.

§ 80. Urteilsformeln

I. Leistungsurteil

1. Zahlungsurteil

1 Der Beklagte wird verurteilt, ... € nebst Zinsen in Höhe von 5% über dem Basiszinssatz[1] seit dem ..... an den Kläger zu zahlen.
Im Übrigen wird die Klage abgewiesen.

2. Herausgabeurteil

2 Der Beklagte wird verurteilt, an den Kläger die Arbeitspapiere, bestehend aus ....., herauszugeben.

3. Vornahme einer Handlung[2]

3 Der Beklagte wird verurteilt, ... *(genaue Beschreibung der vorzunehmenden Handlung z. B.:)* dem Kläger ein Zeugnis zu erteilen, das sich auf Art und Dauer sowie Leistung und Verhalten im Arbeitsverhältnis erstreckt.

4. Urteil auf Abgabe einer Willenserklärung

4 Der Beklagte wird verurteilt, dem Kläger gegenüber zu erklären, dass .....

5. Unterlassungsurteil

5 Dem Beklagten wird bei Vermeidung eines für jeden Fall der Zuwiderhandlung festgesetzten Ordnungsgeldes in unbeschränkter Höhe oder der Ordnungshaft bis zu sechs Monaten verboten, ...

II. Feststellungsurteil

6 **(a)** Es wird festgestellt, dass das Arbeitsverhältnis durch die Kündigung des Beklagten vom ..... nicht aufgelöst worden ist.

7 **(b)** Es wird festgestellt, dass das Arbeitsverhältnis über den ..... fortbesteht.

III. Gestaltungsurteil

1. Kündigungsschutz – Auflösungsurteil

8 I. Es wird festgestellt, dass das Arbeitsverhältnis durch die Kündigung der Beklagten vom ..... nicht aufgelöst worden ist.

---

[1] Zinsen aus Bruttobetrag: BAG GS, Beschluss v. 7. 3. 2001 – GS 1/00 – AP BGB § 288 Nr. 4.
[2] Die Unterscheidung zwischen vertretbaren und unvertretbaren Handlungen ist nur im Rahmen der Vollstreckung von Bedeutung (§§ 887, 888 ZPO).

Neef

II. Auf den Antrag des Klägers/des Beklagten wird das Arbeitsverhältnis gegen Zahlung einer Abfindung in Höhe von ..... € zum ..... aufgelöst.

2. Vollstreckungsgegenklage gemäß § 767 ZPO

Die Zwangsvollstreckung aus dem Urteil des Arbeitsgerichts vom ..... Az.: ..... **9** (aus dem Vergleich vom ..... Az.: .....) wird für unzulässig erklärt.

3. Drittwiderspruchsklage gemäß § 771 ZPO

Die Zwangsvollstreckung in die laut Pfändungsprotokoll des Gerichtsvollzie- **10** hers ..... vom ..... Az.: ..... gepfändeten Gegenstände, nämlich ....., wird für unzulässig erklärt.

IV. Klageabweisende Urteile

(a) Die Klage wird als unzulässig abgewiesen.   **11**
(b) Die Klage wird abgewiesen.   **12**

V. Urteilsformeln bei Versäumnisurteilen[3]

1. Aufrechterhaltung des Versäumnisurteils

Das Versäumnisurteil des erkennenden Gerichts vom ..... wird aufrechterhalten. **13** Der Kläger/Beklagte trägt auch die weiteren Kosten des Rechtsstreits.

2. Abweisung nach Versäumnisurteil

I. Das Versäumnisurteil des erkennenden Gerichts vom ..... wird aufgehoben. **14** Die Klage wird abgewiesen.

II. Der Kläger trägt die Kosten des Rechtsstreits mit Ausnahme der Kosten, die durch die Säumnis des Beklagten erwachsen sind. Diese trägt der Beklagte.

3. Vorausgegangene beiderseitige Säumnis

I. Das Versäumnisurteil des erkennenden Gerichts vom ..... wird aufgehoben. Das **15** Versäumnisurteil des erkennenden Gerichts vom ..... wird aufrechterhalten.

II. Der Kläger/Beklagte trägt auch die weiteren Kosten des Rechtsstreits, indes mit Ausnahme der Kosten, die durch die Säumnis des Klägers/Beklagten vom ..... erwachsen sind. Diese trägt .....

4. Neufassung

Die Versäumnisurteile des erkennenden Gerichts vom ..... werden aufgehoben. **16** Der Urteilsspruch wird wie folgt neu gefasst:

---

[3] Allg. zum VU vgl. *Zöller/Herget,* ZPO, 23. Aufl. Vor § 330.

Neef

Der Beklagte wird verurteilt, ... Im Übrigen wird die Klage abgewiesen.

Auf die Widerklage wird der Kläger verurteilt, ... Im Übrigen wird die Widerklage abgewiesen.

5. Säumnis nach zulässigem Einspruch

17 Der Einspruch gegen das Versäumnisurteil des erkennenden Gerichts vom .....
wird verworfen.

6. Unzulässiger Einspruch

18 Der Einspruch gegen das Versäumnisurteil des erkennenden Gerichts vom .....
wird als unzulässig verworfen.

VI. Urteilsformeln in besonderen Fällen

1. Wahlschuld

19 Der Beklagte wird verurteilt, nach seiner Wahl entweder ..... oder ..... zu leisten.

2. Ersetzungsbefugnis

20 Der Beklagte wird verurteilt, an den Kläger ..... britische Pfund nebst Zinsen in
Höhe von 5% über dem Basiszinssatz zu zahlen. Er ist jedoch berechtigt, sich von
dieser Verpflichtung durch Zahlung in Euro nach dem zurzeit der Zahlung geltenden Umrechnungskurs zu befreien.

3. Verurteilung nach § 61 Abs. 2 ArbGG

21 I. Der Beklagte wird verurteilt, dem Kläger ein Zeugnis zu erteilen, in das nachfolgender Satz aufgenommen wird .....

II. Für den Fall, dass der Beklagte dieser Verpflichtung nicht binnen ..... seit
Rechtskraft des Urteils nachkommt, wird er zur Zahlung einer Entschädigung
in Höhe von ..... verurteilt.

4. Vorbehaltsurteil gemäß § 302 ZPO

22 Der Beklagte wird unter Vorbehalt der Entscheidung über die von ihm lt. Tatbestand erklärte Aufrechnung verurteilt, ... € nebst ..... Zinsen seit dem ..... an
den Kläger zu zahlen.

5. Wiedereinsetzung und Versäumnisurteil

23 Der Wiedereinsetzungsantrag des Beklagten vom ..... und sein Einspruch gegen
das Versäumnisurteil des erkennenden Gerichts vom ..... werden als unzulässig
verworfen.

(falls Einspruch und Wiedereinsetzungsantrag unzulässig)

oder

Der Einspruch des Beklagten gegen das Versäumnisurteil des erkennenden Gerichts vom ..... wird als unzulässig verworfen. *(Wiedereinsetzungsantrag unbegründet, also Einspruch unzulässig)*
oder
Dem Beklagten wird wegen der Versäumung der Einspruchsfrist gegen das Versäumnisurteil des erkennenden Gerichts vom ..... die Wiedereinsetzung in den vorigen Stand gewährt.

6. Zwischenurteile

(a) § 303 ZPO   24
Es wird die Vorlage des im Besitz des Beklagten befindlichen Arbeitsvertrages vom ..... angeordnet.

(b) § 71 ZPO   25
Der Beitritt des ..... ist unzulässig.

(c) §§ 387, 402 ZPO   26
Die vom Zeugen ..... hinsichtlich seiner Zeugnisverweigerung vorgebrachten Gründe werden für unerheblich erklärt.
oder
Die Aussageverweigerung des Zeugen ..... ist rechtmäßig.

§ 81. Kostenentscheidungen im Urteil[1]

I. Kostenentscheidungen nach § 91 ZPO (Grundfall)

Der Kläger/Beklagte hat die Kosten des Rechtsstreits zu tragen.   1
(Verwendet die ZPO den Begriff des Verfahrens, z.B. beim Zeugniszwangsverfahren, so wird zweckmäßig tenoriert:
Der Kläger/Beklagte/Beteiligte trägt die Kosten des Verfahrens).[2]

II. Kostenentscheidung nach § 92 ZPO (bei teilweisem Obsiegen)

Sie kommt in Betracht bei teilweisem Obsiegen und Unterliegen. Ein teilweises Unterliegen 2
ist gegeben, wenn (a) die Klage nur teilweise Erfolg hatte, (b) der Beklagte Zug um Zug verurteilt wurde, (c) dem Beklagten Haftungsbeschränkung nach §§ 305, 780 ZPO vorbehalten wird, (d) bei einer nicht notwendigen Streitgenossenschaft der eine obsiegt, der andere unterliegt, (e) bei Verurteilung nach Kopfteilen statt nach einer beantragten Gesamtschuldnerschaft, (f) Klage und Widerklage abgewiesen werden oder (g) beiden Klagen stattgegeben wird.

Die Kosten des Rechtsstreits werden gegeneinander aufgehoben.[3]   3
oder

---

[1] Vgl. *Baumbach/Lauterbach/Albers/Hartmann,* ZPO, 62. Aufl. § 91 RN 4 ff.
[2] Beide Kostenformulierungen finden sich in der Praxis. Gegen die zweite Formulierung wird eingewandt, ob die Kosten getragen werden, zeige sich erst in der Vollstreckung.
[3] Es macht einen Unterschied, ob die Kosten geteilt oder gegeneinander aufgehoben werden. Werden die Kosten gegeneinander aufgehoben, trägt jede Partei ihre außergerichtlichen Kosten selbst und kann nur ein Kostenerstattungsanspruch wegen der Gerichtskosten erwachsen. Bei Kostenteilung kann auch wegen der außergerichtlichen Kosten ein Kostenerstattungsanspruch entstehen, wenn diese unterschiedlich hoch waren.

Von den Kosten des Rechtsstreits hat der Beklagte $1/3$ und der Kläger $2/3$ zu tragen.

oder

Von den Kosten des Rechtsstreits hat der Kläger 100,00 € und der Beklagte die übrigen Kosten zu tragen.

III. Kostenentscheidung nach § 95 ZPO (Säumnis, Verschulden)[4]

4   Der Kläger hat die Kosten des Rechtsstreits zu tragen mit Ausnahme derjenigen Kosten, die durch die Vertagung vom ..... entstanden sind. Diese hat der Beklagte zu tragen.

IV. Kostenentscheidung nach § 96 ZPO (Erfolglosigkeit eines Beweisantrags usw.)

5   Der Beklagte hat die Kosten des Rechtsstreits zu tragen mit Ausnahme der Kosten, die durch die Beweiserhebung vom ..... verursacht sind. Diese hat der Kläger zu tragen.[5]

V. Kostenentscheidung nach § 100 ZPO (Streitgenossenschaft)

6   **(a)** *In § 100 ZPO ist die Kostenfrage nur im Außenverhältnis, also zum Prozessgegner, geregelt. Die Kostenentscheidung kommt in Betracht bei Streitgenossenschaften im Sinne von §§ 59ff. ZPO, bei streitgenössischer Streithilfe nach § 69 ZPO oder im Falle der Prozessverbindung nach § 147 ZPO.*

7   **(b)** *Unterliegen mehrere, so kann eine Haftung als Gesamtschuldner oder nach Kopfteilen eintreten; welche Haftung eintritt, folgt aus der Verurteilung zur Hauptsache. Sind mehrere Beklagte nach Kopfteilen verurteilt, haften sie auch so für die Kosten. Entsprechendes gilt bei der Verurteilung als Gesamtschuldner. Zureichend ist, wenn sich das Haftungsverhältnis aus den Entscheidungsgründen ergibt.*

Im Übrigen erfolgt die Tenorierung:

Die Beklagten haben die Kosten des Rechtsstreits zu tragen.

Oder besser differenziert:

Die Beklagten haben die Kosten des Rechtsstreits nach Kopfteilen/als Gesamtschuldner zu tragen.

8   **(c) Kostenentscheidung, wenn ein Streitgenosse obsiegt und der andere unterliegt (Baumbach'sche Formel)[6]**

Die Gerichtskosten tragen der Kläger und der Beklagte B je zur Hälfte. Von den außergerichtlichen Kosten hat der Kläger die des Beklagten A voll und $1/2$ seiner eigenen, der Beklagte B die eigenen und $1/2$ der dem Kläger erwachsenen zu tragen.

---

[4] Gegebenenfalls kann auch eine Verzögerungsgebühr nach § 34 GKG in Betracht kommen; z. B.: *Dem Beklagten wird wegen ..... eine Verzögerungsgebühr nach dem Streitwert von ..... auferlegt.*

[5] Eine Kostenquotelung ist möglich, wenn die Beweiskosten vom Gericht ermittelt und ein entsprechender Bruch errechnet werden kann.

[6] Zur Anerkennung derselben: BayVerfGH, Entscheidung vom 22. 9. 2000 – Vf. 102-VI-99 – NJW 2001, 2962f.

(d) Kostenentscheidung, wenn von mehr als von zwei Streitgenossen ein 9
Teil obsiegt und der andere unterliegt (§§ 92, 100 ZPO)

Die Gerichtskosten haben der Kläger zu $1/3$ und die Beklagten zu A und B zu $2/3$ zu tragen. Von den außergerichtlichen Kosten hat der Kläger die des Beklagten zu C voll sowie $1/3$ der eigenen zu tragen. Die Beklagten zu A und B haben ihre eigenen außergerichtlichen Kosten und $2/3$ derjenigen des Klägers zu tragen.

Bei gesamtschuldnerischer Verurteilung von A und B lautet der Tenor:

Die Gerichtskosten haben der Kläger zu $1/3$ und die Beklagten zu A und B gesamtschuldnerisch zu $2/3$ zu tragen. Von den außergerichtlichen Kosten haben zu tragen der Kläger $1/3$ seiner eigenen und die Kosten des C; die Beklagten A und B $2/3$ der Kosten des Klägers als Gesamtschuldner.

(e) Kostenentscheidung bei teilweiser Abweisung der Klage des Klägers 10
und teilweiser Verurteilung von A und B sowie Abweisung gegen C

Von den Gerichtskosten haben zu tragen der Kläger $2/3$ und die Beklagten A und B $1/3$. Von den außergerichtlichen Kosten hat der Kläger die des Beklagten C voll, $2/3$ seiner eigenen und $2/3$ derjenigen der Beklagten A und B zu tragen. Die Beklagten A und B haben $1/3$ ihrer eigenen außergerichtlichen Kosten sowie $1/3$ der Kosten des Klägers zu tragen.

(f) Kostenentscheidung bei verschiedener Beteiligung von Streitgenossen 11
im Rechtsstreit (z.B. ein Beklagter lässt gegen sich Versäumnisurteil
ergehen)

Die bis zum Ausscheiden des Beklagten A angefallenen Kosten haben die Beklagten A und B nach Kopfteilen/als Gesamtschuldner, die übrigen Kosten hat der Beklagte B allein zu tragen.

(g) Kostenentscheidung bei einem besonderen Angriffs- oder Verteidi- 12
gungsmittel eines Streitgenossen (§ 100 Abs. 3 ZPO)

Die durch die Beweisaufnahme gemäß Beweisbeschluss vom ..... verursachten Kosten hat der Beklagte allein zu tragen. Die übrigen Kosten des Rechtsstreits haben die Beklagten nach Kopfteilen/als Gesamtschuldner zu tragen.

VI. Kostenentscheidung im Falle von § 101 ZPO
(Nebenintervention)

Zu unterscheiden sind die Kosten des Rechtsstreits und der Nebenintervention. Zu letz- 13
teren gehören die Kosten des Beitritts und der Zuziehung des Streithelfers sowie die Zustel-
lungs- und Vertretungskosten, nicht dagegen Kosten der Streitverkündung und die eines
Zwischenstreits. Die Kosten der Nebenintervention dürfen nie der unterstützten Partei auf-
erlegt werden.

(a) Unterliegen des Beklagten, dem Streitgehilfe beigetreten 14

Die Kosten des Rechtsstreits hat der Beklagte, die Kosten der Streithilfe der Streitgehilfe zu tragen.

(b) Unterliegen des Klägers bei unterstütztem Beklagten 15

Die Kosten des Rechtsstreits und die der Streithilfe hat der Kläger zu tragen.

(c) Teilweises Unterliegen des unterstützten Beklagten (Bruch jeweils an- 16
passen)

Von den Kosten des Rechtsstreits hat der Beklagte $2/3$, der Kläger $1/3$ zu tragen. Die durch die Streithilfe verursachten Kosten werden dem Streitgehilfen zu $2/3$ und dem Kläger zu $1/3$ auferlegt.

VII. Kostenentscheidung nach § 238 Abs. 4 ZPO
(Wiedereinsetzung)

17 Die Kosten des Rechtsstreits hat der Kläger zu tragen mit Ausnahme der Kosten, die durch die Wiedereinsetzung des Beklagten in den vorigen Stand entstanden sind; diese Kosten hat der Beklagte zu tragen.[7]

Kostenentscheidung bei unbegründetem Widerspruch gegen Wiedereinsetzung

Der Beklagte hat die durch die Wiedereinsetzung in den vorigen Stand verursachten Kosten mit Ausnahme der Kosten zu tragen, die durch die am ..... beschlossene Vertagung der Verhandlung erwachsen sind. Die übrigen Kosten trägt der Kläger.[8]

VIII. Kostenentscheidung bei Verweisung des Rechtsstreits
gemäß §§ 281, 48 ArbGG

18 Der Beklagte trägt die Kosten des Rechtsstreits mit Ausnahme derjenigen Kosten, die durch die Anrufung des unzuständigen Gerichts erwachsen sind. Diese trägt der Kläger.[9]

IX. Kostenentscheidung nach § 344 ZPO (Versäumnis)

19 Die Kosten des Rechtsstreits hat der Beklagte zu tragen mit Ausnahme derjenigen, die durch die Versäumnis des Klägers erwachsen sind. Diese hat der Kläger zu tragen.

X. Kostenentscheidung in besonderen Fällen

1. Kostenentscheidung bei Haupt- und Hilfsantrag

20 *(Maßgebend ist der jeweils höhere Streitwert. In der Regel ist § 92 ZPO anzuwenden.)*

Hauptantrag zuerkannt, Kosten Beklagter. Hauptantrag abgewiesen, Hilfsantrag zugesprochen, Werte zusammenrechnen (vgl. § 19 Abs. 4 GKG) und Kosten für Hauptantrag nach § 92 ZPO für Kläger, sonst Beklagter.[10]

2. Kostenentscheidung bei Klageänderung

21 *Bei Abweisung der Klage hat der Kläger die gesamten Kosten des Rechtsstreits zu tragen. Dasselbe gilt, wenn der Beklagte zur Erhebung der geänderten Klage keine Veranlassung gegeben und diese sofort anerkannt hat.*

Sind durch die Klageänderung keine besonderen Kosten verursacht worden, folgt die Kostenentscheidung der Hauptsache.

Sind dagegen vor der Klageänderung besondere Kosten verursacht worden, kann eine Kostentrennung in Betracht kommen. Es kann nach § 92 ZPO, aber auch nach § 96 ZPO entschieden werden.

---

[7] Hat der Kläger Wiedereinsetzung beantragt, trägt er ohnehin die Kosten.

[8] Kläger unterliegt; er hat der Wiedereinsetzung widersprochen.

[9] Hatte der Kläger z. B. das Landgericht angerufen, sind auch die dort entstandenen Anwaltskosten zu erstatten.

[10] Vgl. *Thomas/Putzo*, ZPO, 25. Aufl. § 92 RN 2.

Neef

3. Kostenentscheidung bei teilweiser Klagerücknahme

Quotenmäßige Teilung im Kostenausspruch des Urteils (§ 269 ZPO).   **22**

4. Kostenentscheidung bei teilweiser Erledigungserklärung

Kostenausspruch im Urteil mit quotenmäßiger Teilung (§§ 91a, 92 ZPO).   **23**

> **Hinweis zu RN 22 und 23:**
> Bei der Quotelung ist darauf abzustellen, inwieweit Kosten verursacht worden sind.

5. Kostenentscheidung bei Stufenklage

Teilweise wird vertreten, dass nach jeder Stufe eine Kostenentscheidung nötig ist (vgl. **24**
§ 308 Abs. 2 ZPO).[11] Ist der Beklagte in der ersten Stufe durch Teilurteil ohne Kostenentscheidung verurteilt worden, ergibt aber die Auskunft, dass ein Anspruch für den Kläger nicht besteht, so werden die Kosten des Rechtsstreits entsprechend dem für jede Stufe gesondert festzusetzenden Streitwert im Maß des Unterliegens bestimmt.[12]

§ 82. Rechtsbehelfe gegen Urteile: Anträge an das erkennende Gericht

I. Antrag auf Berichtigung (§ 319 ZPO)

An das   **1**
Arbeitsgericht/Landesarbeitsgericht . . . ., den . . . . .
In Sachen pp. *(volles Rubrum § 57)*
wird beantragt, den Tenor/Tatbestand/die Entscheidungsgründe des Urteils vom
. . . . . auf Seite . . . . . in Zeile . . . . . wie folgt zu berichtigen . . . . .

Gründe:

Das Urteil ist wegen einer offenbaren Unrichtigkeit gemäß § 319 ZPO zu berichtigen.[1,2] Der Kläger/Beklagte hat in seinem Schriftsatz vom . . . . . vorgetragen, dass . . . . . Dieses Vorbringen ist vom Kläger/Beklagten nicht bestritten/zugestanden

---

[11] Vgl. *Baumbach/Lauterbach/Albers/Hartmann,* ZPO, 62. Aufl. § 254 RN 20; vgl. auch BGH, Beschluss v. 15. 2. 2000 – X ZR 127/99 – NJW 2000, 1724.

[12] Vgl. *Thomas/Putzo,* ZPO, 25. Aufl. § 254 RN 11.

[1] Eine offenbare Unrichtigkeit liegt nur vor, wenn eine Divergenz zwischen der vom Gericht gewollten und der zum Ausdruck gekommenen Entscheidungsfassung besteht, vgl. BGH, Urteil v. 12. 1. 1984 – III ZR 95/82 – NJW 1985, 742. Die Praxis neigt zu einer großzügigen Auslegung. Die durch die fehlerhafte Urteilsfassung begünstigte Partei muss u. U. Rechtsmittel einlegen. Die Rechtsmittelfrist läuft ab Urteilszustellung (BGH, Urteil v. 9. 12. 1983 – V ZR 21/83 – NJW 1984, 1041).

[2] Es hat zu den umstrittensten Fragen gehört, ob eine nicht verkündete Revisionszulassung durch Berichtigungsbeschluss nachgeholt werden kann, jetzt: BGH, Urteil v. 8. 7. 1980 – VI ZR 176/78 – BGHZ 78, 22; vgl. auch BAG, Beschluss v. 11. 12. 1998 – 6 AZB 48/97 – AP ArbGG § 64 Nr. 30.

worden. Demgegenüber stellt das Urteil fest, dass ..... Hierbei handelt es sich um einen Schreibfehler. Die Ausfertigung des Urteils ist beigefügt.[3]

Hinweis:

Rechtsmittel: § 319 Abs. 3 ZPO; Kosten: solche des Rechtsstreits; Gebühren: keine (§ 37 Nr. 6 BRAGO). Rechtsmittelfristen beginnen mit Zustellung der ersten (unberichtigten) Entscheidung und nicht erst ab Berichtigung.[4]

II. Antrag auf Urteilsergänzung (§ 321 ZPO)[5]

2 An das

Arbeitsgericht/Landesarbeitsgericht ...., den .....

In Sachen pp. *(volles Rubrum § 57)*

wird beantragt, das Urteil des erkennenden Gerichts vom ..... zu ergänzen.

Gründe:

Das Urteil ist ein Endurteil. Gleichwohl enthält es keine Kostenentscheidung. Es ist daher um diese zu ergänzen.

oder

Der Kläger hat, wie durch die Sitzungsniederschrift vom ..... beurkundet ist, beantragt, den Beklagten zur Zahlung von ..... € nebst Zinsen zu verurteilen. Gleichwohl ist im Tenor der Zinsantrag übergangen worden. Es bedarf daher entsprechender Ergänzung.

oder

Der Beklagte hat beantragt, die Zwangsvollstreckung aus dem Urteil auszuschließen (§ 62 Abs. 1 Satz 2 ArbGG).

Beweis: Sitzungsniederschrift.

Hierüber hat das Gericht nicht entschieden.

III. Antrag auf Tatbestandsberichtigung (§ 320 ZPO)[6, 7]

3 Antrag wie zu 1[8]

Gründe:

In Sachen pp.

enthält der Tatbestand des Urteils eine Unrichtigkeit. Auf Seite ..... des Urteils ist ausgeführt ..... Tatsächlich hat der Kläger/Beklagte im Schriftsatz vom ..... vor-

---

[3] Zweckmäßigerweise wird die Ausfertigung zurückgereicht, da sie sonst im Falle der Berichtigung angefordert werden muss.

[4] Vgl. BAG, Beschluss v. 15. 8. 2001 – 7 ABR 53/00 – NZA 2002, 112 (Leitsatz).

[5] Frist: zwei Wochen ab Urteilszustellung (§ 321 Abs. 2 ZPO).

[6] Ein Antrag auf Tatbestandsberichtigung ist i. d. R. nur sinnvoll, wenn ein Rechtsmittel oder die Wiederaufnahme des Verfahrens beabsichtigt ist. Insbesondere ist eine Tatbestandsberichtigung notwendig, wenn das Urteil mit der Revision angegriffen werden soll, da das Revisionsgericht an den Tatbestand gebunden ist (§ 561 ZPO) und eine fehlerhafte Beurkundung des Tatbestands nicht mit Revisionsrügen beseitigt werden kann. Ausnahme: Urteil wird später als drei Monate nach Verkündung zugestellt, so dass Tatbestandsberichtigung nicht mehr möglich ist: BAG, Urteil v. 11. 6. 1963 – 4 AZR 180/62 – AP ZPO § 320 Nr. 1.

[7] Frist: zwei Wochen ab Urteilszustellung (§ 320 Abs. 1 ZPO), jedoch maximal drei Monate nach Verkündung.

[8] U. U. muss ein Berichtigungsantrag mit einem solchen auf Urteilsergänzung verbunden werden.

getragen ..... Auf den Schriftsatz hat sich der Kläger/Beklagte laut Sitzungsniederschrift vom ..... bezogen. Das Urteil enthält nur die Darlegung des Beklagten.

Das Urteil ist am ..... verkündet und am ..... in vollständiger Form zugestellt worden. Die Frist des § 320 Abs. 1 Satz 2 ZPO ist mithin eingehalten.

Hinweis:
Entscheidung nach mündlicher Verhandlung ohne Beweisaufnahme. Rechtsmittel: keines, es sei denn ohne Sachprüfung als unzulässig verworfen oder Beschluss beruht auf unzulässigem Verfahren, dann einfache Beschwerde. Kosten und Gebühren wie bei § 319 ZPO.

§ 83. Muster zum Versäumnisverfahren

I. Einspruch[1]

An das Arbeitsgericht ...., den **1**
In Sachen pp. *(volles Rubrum § 57)*
wird gegen das Versäumnisurteil des Arbeitsgerichts vom ..... – ..... Ca ...../.....
–, zugestellt am ..... ,

Einspruch

eingelegt.
Es wird beantragt *(vom Kläger)*, das Versäumnisurteil des erkennenden Gerichts vom ..... aufzuheben und nach dem Antrag der Klageschrift zu erkennen.
Es wird beantragt *(vom Beklagten)*, das Versäumnisurteil des erkennenden Gerichts vom ..... aufzuheben und die Klage abzuweisen.

Hinweis:
Der Einspruch ist auch ohne Begründung zulässig (§ 340 Abs. 3 ZPO). Indes kann verspätetes Vorbringen zurückgewiesen werden. Auf Antrag Verlängerung der Begründungsfrist.

II. Hinweis auf verspäteten Einspruch

Sehr geehrte .....!   **2**
In der Rechtssache .....

ist Ihr Einspruch vom ..... gegen den Vollstreckungsbescheid/das Versäumnisurteil vom ....., zugestellt am ....., bei Gericht am ..... – also nach Ablauf der einwöchigen, bis zum ..... laufenden Einspruchsfrist – eingegangen.
Der Einspruch ist somit verspätet. Er muss deshalb, falls Sie ihn nicht ausdrücklich zurücknehmen, nach § 341 ZPO als unzulässig verworfen werden. Die Entscheidung kann ohne mündliche Verhandlung durch Beschluss oder nach mündlicher Verhandlung durch Urteil ergehen.

---

[1] Frist: eine Woche (§ 59 ArbGG).

Neef

Sollten Sie jedoch ohne Ihr Verschulden an der Wahrung der Einspruchsfrist gehindert worden sein, können Sie einen Antrag auf Wiedereinsetzung in den vorigen Stand stellen. Der Antrag ist aber nur dann zulässig,[2] wenn er innerhalb von zwei Wochen nach Behebung des Hindernisses, das der rechtzeitigen Einlegung des Einspruchs entgegengestanden hat, gestellt wird und Sie die die Wiedereinsetzung begründenden Tatsachen glaubhaft machen können. Die Mittel für die Glaubhaftmachung sind anzugeben bzw. beizufügen (z.B. durch Vorlage einer eidesstattlichen Erklärung).

III. Muster eines Antrags auf Wiedereinsetzung in den vorigen Stand nach Versäumung der Einspruchsfrist

3 An das Arbeitsgericht ...., den .....

In Sachen pp. *(volles Rubrum § 57)*

wird gegen das Versäumnisurteil des Arbeitsgerichts ..... vom ..... – ..... Ca ...../..... –

Einspruch

eingelegt.

Zugleich wird beantragt,

1. das Versäumnisurteil des Arbeitsgerichts vom ..... aufzuheben und die Klage abzuweisen;

2. wegen der Versäumung der Einspruchsfrist die Wiedereinsetzung in den vorigen Stand zu gewähren.

Gründe:

Der Kläger hat am ..... ein Versäumnisurteil gegen den Beklagten erwirkt. Da der Beklagte bei Zustellung der Ladung in seiner Wohnung nicht angetroffen wurde, erfolgte die Zustellung im Wege der Ersatzzustellung durch Einlegen in den Briefkasten (gemäß § 180 ZPO). Hierbei handelt es sich jedoch nicht um den Briefkasten des Beklagten, sondern um den seines im selben Haus wohnenden Vaters, was auf Grund der unterschiedlichen Vornamen auch ersichtlich ist.

Vorsorglich wird wegen Versäumung der Einspruchsfrist die Wiedereinsetzung in den vorigen Stand beantragt.

Der Antrag ist zulässig. Von der Zustellung des Versäumnisurteils hat der Beklagte erstmals am ..... erfahren, als er aus dem Urlaub zurückkam, den Benachrichtigungszettel der Post vorfand und zugleich das Versäumnisurteil von der Post holte. Die Frist für den Antrag ist demgemäß gewahrt (§ 234 ZPO).

Der Antrag ist aber auch begründet. Sowohl die Klageschrift als auch das Versäumnisurteil sind während der Betriebsferien vom ..... bis ..... zugestellt worden. Der Beklagte konnte daher weder Vorsorge für die Terminwahrnehmung treffen, noch sich nach dem Ausgang des Termins erkundigen, noch die Einspruchsfrist wahren (§ 233 ZPO). Die Richtigkeit des Vorbringens ergibt sich aus beigefügter eidesstattlicher Versicherung der .....

In der Sache ist die Klage nicht begründet.

---

[2] Auch bei Versäumung dieser Frist Wiedereinsetzung zulässig. Gegebenenfalls weitere Belehrung; vgl. BAG, Beschluss v. 15. 10. 1973 – 3 AZR 461/73 – AP ZPO § 234 Nr. 9; BAG, Urteil v. 18. 2. 1974 – 3 AZR 173/73 – AP ZPO § 234 Nr. 10.

Neef

Hinweis:
Die Formvorschriften für den Wiedereinsetzungsantrag richten sich nach § 236 ZPO. In jedem Fall sollte darauf Bedacht genommen werden, Gründe für die Nichtwahrnehmung des Termins bei Versäumnisurteilen, die Nichterkundigung nach dem Ausgang sowie die Fristversäumnis anzugeben. Bei Versäumnis von Berufungs- und Revisionsfristen brauchen natürlich nur Gründe für die Fristversäumung angegeben und glaubhaft gemacht zu werden.

IV. Wiedereinsetzungsantrag des Klägers

(Eingang wie vorstehend) **4**
wird beantragt,
1. dem Kläger wegen der Versäumung der Einspruchsfrist die Wiedereinsetzung zu gewähren;
2. das Versäumnisurteil des erkennenden Gerichts aufzuheben und nach dem Klageantrag zu erkennen.

Gründe:

Durch Versäumnisurteil des erkennenden Gerichts vom ..... wurde die Klage abgewiesen. Das Versäumnisurteil wurde dem Kläger am ..... zugestellt. Von der Zustellung hat der Kläger ohne sein Verschulden keine Kenntnis erlangt. Der Kläger ist am ..... wegen eines Verkehrsunfalls ins Krankenhaus eingeliefert worden. Infolgedessen hat er erst am ..... von der Zustellung des Versäumnisurteils erfahren. Dem Kläger ist auch kein Vorwurf daraus zu machen, dass er sich nicht nach dem Ausgang des Termins erkundigt hat. Er ist durch einfache Mitteilung der Terminstunde geladen worden. Die Ladung ist nicht angekommen. Die Richtigkeit des tatsächlichen Vorbringens wird an Eides statt versichert.

V. Entscheidungsmuster zur Wiedereinsetzung

a) Der Wiedereinsetzungsantrag des Beklagten vom ..... und sein Einspruch vom **5**
..... gegen das Versäumnisurteil des erkennenden Gerichts vom ..... werden als unzulässig verworfen.
   oder bei Unbegründetheit des Antrags
b) Der Wiedereinsetzungsantrag des Beklagten vom ..... wird zurückgewiesen und der Einspruch des Beklagten gegen das Versäumnisurteil des erkennenden Gerichts vom ..... als unzulässig verworfen.
   oder nur
c) Der Einspruch des Beklagten gegen das Versäumnisurteil des erkennenden Gerichts vom ..... – ..... Ca ...../..... – wird als unzulässig verworfen.
   Der Beklagte hat die weiteren Kosten des Rechtsstreits zu tragen.
d) Zwischenurteil
   Dem Beklagten wird wegen der Versäumung der für das Versäumnisurteil des erkennenden Gerichts vom ..... betreffenden Einspruchsfrist die Wiedereinsetzung in den vorigen Stand gewährt.

Neef

Hinweis:

Im Zwischenurteil ist kein Raum für eine Kostenentscheidung, da es ein vorweggenommener Teil der Endentscheidung ist. An das Zwischenurteil ist jedoch das Gericht im weiteren Verfahren gebunden (§ 318 ZPO).

§ 84. Muster im Rechtshilfeverkehr mit dem Ausland

Brand, Fehlerhafte Auslandszustellung, IPRax 2001, 173; *Gsell,* Direkte Postzustellung an Adressaten im EU-Ausland nach neuem Zustellungsrecht, EWS 2002, 115.

I. Einleitung

1. Vertrag von Amsterdam

1   *Im Vertrag von Amsterdam wurde die justitielle Zusammenarbeit in Zivilsachen vereinbart. Die **Maßnahmen der Zusammenarbeit** umfassen **(a)** die Verbesserung und Vereinfachung des Systems für die grenzüberschreitende Zustellung gerichtlicher und außergerichtlicher Schriftstücke, **(b)** die Zusammenarbeit bei der Erhebung von Beweismitteln, **(c)** die Anerkennung und Vollstreckung gerichtlicher und außergerichtlicher Entscheidungen (Art. 65 EG). Daneben sind noch weitere Ziele vereinbart. Es folgte die VO (EG) Nr. 1347/2000 des Rates vom 29. 5. 2000 (ABl. EG Nr. L 160/19 vom 30. 6. 2000 = NJW 2001 Beil. zu H. 1), die VO (EG) über die Zustellung gerichtlicher und außergerichtlicher Schriftstücke in Zivil- oder Handelssachen Nr. 1348/2000 vom 29. 5. 2000 (ABl. EG Nr. L 160/37 vom 30. 6. 2000 – NJW 2001 Beil. zu H. 1) und die VO (EG) Nr. 1206/2001 des Rates vom 28. 5. 2001 über die Zusammenarbeit zwischen den Gerichten der Mitgliedstaaten auf dem Gebiet der Beweisaufnahme in Zivil- oder Handelssachen (ABl. EG Nr. L 174/1 vom 27. 6. 2001).*

2. VO (EG) Nr. 1348/2000

2   *a) Die VO gilt in allen Mitgliedstaaten mit Ausnahme von Dänemark. Nach Nr. 12 der Erwägungsgründe hat sie in den Rechtsbeziehungen der Mitgliedstaaten den Vorrang vor bilateralen oder multilateralen Übereinkünften oder Vereinbarungen, insbesondere des Protokolls zum Brüsseler Übereinkommen vom 27. 9. 1968 (ABl. EG Nr. L 299/32 vom 31. 12. 1972 m. spät. Änd.) und des Haager Übereinkommens vom 15. 11. 1965. Die VO 1348/2000 sieht **vier Zustellungswege** vor: **(1)** Die Übermittlung und Zustellung nach Art. 4 zwischen den nach Art. 2 der VO zu benennenden Behörden und Stellen. **(2)** Die Übermittlung auf konsularischem oder diplomatischem Weg (Art. 12, 13). **(3)** Die Zustellung durch die Post (Art. 14) und **(4)** die unmittelbare Zustellung durch Amtspersonen (Art. 15).*

3   *b) Bei der Zustellung nach Art. 4 **(Übermittlung von Schriftstücken)** sind gerichtliche Schriftstücke von den Übermittlungsstellen den Empfangsstellen zu übermitteln. Jeder Mitgliedstaat benennt die Behörden, Amtspersonen oder sonstigen Personen, die für die Übermittlung sowie für die Entgegennahme zuständig sind (Art. 2). Jeder Mitgliedstaat hat die in Art. 2 Abs. 4 aufgelisteten Angaben zu machen. Die Verfahrensbeteiligten werden von der Übermittlungsstelle darauf hingewiesen, dass der Empfänger die Annahme des Schriftstücks verweigern darf, wenn es nicht in einer der in Art. 8 genannten Amtssprachen*

verfasst ist. Dem zu übermittelnden Schriftstück ist ein Antrag beizufügen, der auf einem Formblatt der EG zu erstellen ist. Vgl. § 1069 ZPO.

c) *Bei der* **konsularischen oder diplomatischen Zustellung** *steht es jedem Mitgliedstaat* 4 *in Ausnahmefällen frei, den nach Art. 2, 3 benannten Stellen eines anderen Mitgliedstaates gerichtliche Schriftstücke zum Zwecke der Zustellung auf konsularischem oder diplomatischem Weg zu übermitteln. Nach Art. 13 können auch Schriftstücke durch diplomatische oder konsularische Vertretungen zugestellt werden. Jedoch kann jeder Mitgliedstaat mitteilen, dass er solche Zustellungen in seinem Mitgliedstaat nicht zulässt (Art. 23). Vgl. dazu § 1067 ZPO.*

d) *Bei der* **Zustellung durch die Post** *steht es jedem Mitgliedstaat frei, Personen, die* 5 *ihren Wohnsitz in einem anderen Mitgliedstaat haben, gerichtliche Schriftstücke unmittelbar durch die Post zustellen zu lassen (Art. 14). Jeder Mitgliedstaat kann nach Art. 23 die Bedingungen benennen, unter denen eine Zustellung gerichtlicher Schriftstücke durch die Post zulässig ist. Vgl. § 1068 ZPO.*

e) *Schließlich ist in Art. 15 eine* **unmittelbare Zustellung** *durch Amtspersonen, Beamte* 6 *oder sonstige Amtspersonen des Empfangsstaates vorgesehen.*

3. Handbuch und Glossar

Die Kommission hat in einer Entscheidung vom 25. 9. 2001 die Erstellung eines Hand- 7 *buches über die Empfangsstellen und eines Glossars über die Schriftstücke, die nach Maßgabe der VO (EG) Nr. 1348/2000 des Rates über die Zustellung gerichtlicher und außergerichtlicher Schriftstücke in Zivil- oder Handelssachen zugestellt werden können, erlassen (ABl. EG Nr. L 298/1 vom 15. 11. 2001). Das Handbuch ist im ABl. EG Nr. L 160/37 vom 30. 6. 2000 veröffentlicht. Das Handbuch wird jährlich in aktualisierter Fassung im Internet veröffentlicht.[1]*

4. VO (EG) Nr. 1206/2001

Die VO (EG) Nr. 1206/2001 des Rates vom 28. 5. 2001 über die Zusammenarbeit 8 *zwischen den Gerichten der Mitgliedstaaten auf dem Gebiet des Beweisrechts in Zivil- oder Handelssachen (ABl. EG Nr. L 174/1 vom 27. 6. 2001) regelt die* **Rechtshilfe bei Beweisaufnahmen.**

a) *In Nr. 7 der Erwägungsgründe wird darauf hingewiesen, dass es oft erforderlich ist, in* 9 *einem anhängigen zivil- oder handelsrechtlichen Verfahren in einem anderen Mitgliedsstaat* **Beweis zu erheben.** *Die Tätigkeit der Gemeinschaft dürfe sich nicht auf die in der VO 1348/2000 enthaltene Zustellung beschränken. Nach Art. 1 ist die VO in Zivil- und Handelssachen anzuwenden, wenn das Gericht eines Mitgliedstaates nach seinen innerstaatlichen Rechtsvorschriften* **(a)** *das zuständige Gericht eines anderen Mitgliedstaates um Beweisaufnahme ersucht oder* **(b)** *darum ersucht, in einem anderen Mitgliedstaat unmittelbar Beweis erheben zu dürfen. Ersuchen nach Art. 1 Abs. 1 lit. a sind von dem Gericht, bei dem das Verfahren eingeleitet wurde oder eröffnet werden soll, unmittelbar dem zuständigen Gericht zur Durchführung der Beweisaufnahme zu übersenden (Art. 2). Jeder Mitgliedstaat erstellt eine Liste der zuständigen Gerichte. Das Ersuchen wird unter Verwendung der in der VO enthaltenen Formblätter (A oder gegebenenfalls I) gestellt. In Art. 4 wird vorgeschrieben, welchen Inhalt das Ersuchen haben muss. Das Ersuchen und die aufgrund der VO Nr. 1206/2001 gemachten Mitteilungen sind in der Amtssprache des ersuchten Mitgliedstaates oder, wenn es mehrere Amtssprachen gibt, in der Amtssprache oder einer der Amts-*

---

[1] http://europa.eu.int/comm/justice_home/fsj/civil/documents/fsj_civil_1348_en.htm.

sprachen des Ortes, an dem die beantragte Beweisaufnahme durchgeführt werden soll, oder in einer Amtssprache, die der ersuchte Mitgliedstaat zugelassen hat, abzufassen.

10   **b)** *Das ersuchte zuständige Gericht übersendet dem ersuchenden Gericht innerhalb von sieben Tagen seit Eingang des Ersuchens eine* **Empfangsbestätigung** *unter Verwendung des Formblatts B, das im Anhang der VO abgedruckt ist. In Art. 8 und 9 sind das unvollständige Ersuchen und die Vervollständigung des Ersuchens geregelt.*

11   **c)** *Das ersuchte Gericht* **erledigt** *das Ersuchen unverzüglich, spätestens aber innerhalb von 90 Tagen nach Eingang des Ersuchens nach Maßgabe des Rechts seines Mitgliedstaates. Das ersuchende Gericht kann unter Verwendung des Formblattes A beantragen, dass das Ersuchen nach besonderer Form erledigt wird (Einzelheiten Art. 10). Aus Art. 11 ergeben sich Besonderheiten bei Erledigung in Anwesenheit und unter Beteiligung der Parteien. Art. 12 behandelt die Erledigung in Abwesenheit und unter Beteiligung von Beauftragten des ersuchenden Gerichts.*

12   **d)** *Ein Ersuchen um* **Vernehmung einer Person** *wird nicht erledigt, wenn sich die betreffende Person auf ein Recht zur Aussageverweigerung oder auf ein Aussageverbot beruft, das nach dem Recht des Mitgliedstaates des ersuchten oder des ersuchenden Gerichts besteht (Art. 14 Abs. 1). Im Übrigen wird ein Rechtshilfeersuchen nur aus den in Art. 14 Abs. 2 aufgezählten Gründen abgelehnt.*

5. Deutsches Zivilprozessrecht

13   *Eine Zustellung im Ausland erfolgt nach § 183 ZPO* **(1)** *durch Einschreiben mit Rückschein, soweit aufgrund völkerrechtlicher Vereinbarungen Schriftstücke unmittelbar durch die Post übersandt werden dürfen,* **(2)** *auf Ersuchen des Vorsitzenden des Prozessgerichts durch die Behörden des fremden Staates oder durch die diplomatische oder konsularische Vertretung des Bundes, die in diesem Staat residiert, oder* **(3)** *auf Ersuchen des Vorsitzenden des Prozessgerichts durch das Auswärtige Amt an einen Deutschen, der das Recht der Immunität genießt und zu einer Vertretung der BRD im Ausland gehört. Die Vorschrift hat den Zweck alle Zustellungsmöglichkeiten der VO 1348/2000 zu ermöglichen. Zum Nachweis der Zustellung genügt der Rückschein. Die Zustellung nach Nr. 2 und 3 wird durch ein Zeugnis der ersuchten Behörde nachgewiesen. Die Vorschriften der VO Nr. 1348/2000 haben den Vorrang. Soweit nach Art. 14 VO Nr. 1348/2000 die Übersendung durch die Post möglich ist, hat die Zustellung durch Einschreiben mit Rückschein zu erfolgen.*

14   *In die ZPO ist durch das Gesetz zur Durchführung gemeinschaftsrechtlicher Vorschriften über die grenzüberschreitende Beweisaufnahme in Zivil- oder Handelssachen in den Mitgliedstaaten (EG-Beweisaufnahmegesetz) vom 4. 11. 2003 (BGBl. I 2166) ein zusätzliches Buch eingeführt worden, welches das Europäische Zustellungsrecht und die Beweisaufnahme durch ein Gericht eines EU-Mitgliedstaates regelt (11. Buch, §§ 1067 ff. ZPO).*

6. Außerhalb des EG-Bereiches

15   *Soweit ein Rechtshilfeersuchen außerhalb des EG-Bereiches durchzuführen ist, ergibt sich die Auflistung der maßgeblichen Rechtsgrundlagen aus § 3 der Rechtshilfeordnung für Zivilsachen (ZRHO) vom 19. 10. 1956 nach dem Stand von Oktober 2002.*

7. ZRHO

16   **a)** *Die Rechtshilfeordnung für Zivilsachen* **regelt** *in mehreren Abschnitten die Allgemeinen Vorschriften des Rechtshilfeverkehrs, die Behandlung ausgehender Ersuchen mit allen Besonderheiten, die Kosten der Rechtshilfe sowie die Behandlung eingehender Ersuchen ein-*

schließlich der Kosten. Da eine Vielzahl von Vorschriften über die materielle und formelle Durchführung der Rechtshilfe zu beachten sind, erfolgt nach § 9 ZRHO eine verwaltungsmäßige Prüfung, ob ausgehende Ersuchen um Rechtshilfe zur Weiterleitung geeignet sind und ob bei eingehenden Ersuchen um Rechtshilfe zu entsprechen ist. Die Prüfungsstellen haben den Rechtshilfeverkehr allgemein zu überwachen und insbesondere darauf zu achten, ob eingehende Ersuchen – mit Ausnahme von Zustellungsanträgen – im Inland vollständig und fristgerecht erledigt werden. Prüfungsstellen sind bei Amts- und Landgerichten grundsätzlich der Präsident des Landgerichtes und im Bereich der Arbeitsgerichtsbarkeit der Präsident des Landesarbeitsgerichtes.

b) *Form und Inhalt der Ersuchen* sind in §§ 16 ff. ZRHO detailliert geregelt. **17**

II. Muster der Rechtshilfeersuchen

1. Antrag auf Zustellung von Schriftstücken nach Art. 4 Abs. 3 VO Nr. 1348/2000

Der Antrag ist im Anhang der VO Nr. 1348/2000 (ABl. EG Nr. L 160/37 vom **18** *30. 6. 2000) und in der Beilage zu NJW H. 1/2001 S. 15 abgedruckt. Er kann ferner aus dem Internet geladen werden.*

2. Bei unmittelbarem Verkehr mit ausländischen Behörden[2]

An das .....gericht **19**

in .....

oder

Amtsgericht in .....

oder

die sonst zuständige Behörde

Betreff: *(genaue Angabe des Rechtsstreits)*

Es wird ersucht, die anliegende beglaubigte Abschrift der Klage vom ..... des Beschlusses über die Bestimmung der Einlassungsfrist vom ..... mit Ladung dem in ..... zustellen zu lassen und Zustellungsnachweis zu übersenden.

Siegel   Unterschrift mit Amtsbezeichnung

3. Zustellung durch die deutsche Botschaft oder den deutschen Konsul

An die Botschaft der Bundesrepublik Deutschland **20**

oder

An das Generalkonsulat

in .....

Betreff: .....

Ich ersuche, die Zustellung der beiliegenden Schriftstücke ..... an ..... zu vermitteln und Zustellungsnachweis übermitteln zu wollen. Der Zustellungsempfänger ist

---

[2] Der unmittelbare Verkehr ist teilweise nach allgemeinem Rechtshilferecht wie nach der VO 1206/2001 zulässig. In jedem Fall ist die zuständige Stelle nach dem Handbuch zu bestimmen.

angeblich deutscher Staatsangehöriger/Über die Staatsangehörigkeit des Zustellungsempfängers ist nichts bekannt.[3]

Falls die Annahme der zuzustellenden Schriftstücke verweigert wird, erbitte ich um Herbeiführung der Zwangszustellung. Die Übersetzung der zuzustellenden Schriftstücke ersuche ich zu beschaffen.

Siegel   Unterschrift und Amtsbezeichnung

4. Zustellung durch die Post

21   *Soweit eine Zustellung durch die Post möglich ist, bestehen keine Besonderheiten nach § 283 ZPO.*

5. Terminverfügung bei Ladung im Ausland

22   ..... Ca ...../.....

Vfg.

1. *Folgendes (dreifach) schreiben:*
Arbeitsgericht ...., den .....
3. Kammer
Aktenzeichen: ..... Ca ...../.....
Verfügung
in Sachen pp.
der ..... *(vollständiges Rubrum)*

– Kläger –

gegen
.....

– Beklagten –

1. Gütetermin wird bestimmt auf ..... den ..... Uhr
   Arbeitsgericht ....., Anschrift .....
   Sitzungssaal .....
2. Die Einlassungsfrist wird auf einen Monat festgesetzt *(vgl. § 274 Abs. 3 ZPO).*
   ....., den .....

Der Vorsitzende der ..... Kammer des Arbeitsgerichts
Richter am Arbeitsgericht

Siegel

23   **2.** *Folgendes (dreifach) schreiben:*
Arbeitsgericht ...., den .....
..... Kammer
Aktenzeichen: ..... Ca ...../.....
An
..... *(Genaue Anschrift des Empfängers)*

---

[3] Im EG-Raum ist die Zustellung eingeschränkt (vgl. Einleitung RN 2 ff.).

Schaub

Ladung

In dem Rechtsstreit
(Name und Anschrift des Klägers)

– Klägerin –

gegen
(Name und Anschrift)

– Beklagten –

ist Gütetermin vor dem Arbeitsgericht, ... Kammer, bestimmt worden auf *Mittwoch, den ....., ... Uhr .....*, Sitzungssaal .....

Zu diesem Termin werden Sie hiermit geladen.

Beglaubigte Abschrift der am ..... bei Gericht eingegangenen Klageschrift vom ..... ist beigefügt.

Die Einlassungsfrist ist auf einen Monat festgesetzt worden. Nach § 274 Absatz 3 Satz 1 der Zivilprozessordnung ist die Einlassungsfrist der Zeitraum, der zwischen der Zustellung der Klageschrift und dem Termin zur mündlichen Verhandlung liegen muss.

Gemäß §§ 495, 129, 273 der Zivilprozessordnung, § 46 Absatz 2 Satz 1 des Arbeitsgerichtsgesetzes werden Sie aufgefordert, etwaige gegen den Anspruch der Klägerin vorzubringende Einwendungen und Beweismittel unter genauer Bezeichnung der zu beweisenden Tatsachen unverzüglich dem Gericht in doppelter Ausfertigung mitzuteilen.

Wenn Sie zum Termin nicht erscheinen und sich auch nicht durch eine mit schriftlicher Vollmacht versehene, volljährige Person vertreten lassen, kann auf Antrag ein Versäumnisurteil gegen Sie erlassen werden. Ihre schriftlichen Mitteilungen bleiben in diesem Fall unberücksichtigt.[4]

Unterbleibt die Bestellung eines Prozessbevollmächtigten und machen Sie dem Gericht auch keine im Bezirk des Arbeitsgerichts *Dortmund* wohnhafte Person namhaft, die zum Empfang der für Sie bestimmten Schriftstücke bevollmächtigt ist, so können alle künftigen Zustellungen an Sie durch Aufgabe zur Post bewirkt werden (§ 174 Absatz 2, § 175 Absatz 1, § 208 der Zivilprozessordnung, § 46 Absatz 2 Satz 1 des Arbeitsgerichtsgesetzes).[5]

Siegel

Der Urkundsbeamte der Geschäftsstelle
Unterschrift
gez. ..... Regierungsamtmann

3. *Antrag auf Zustellung in der EG*
Der Antrag ist nach Formblatt der VO 1348/2000 zu stellen.

24

4. *Außerhalb der EG kann der Antrag auf Zustellung nach folgendem Muster gestellt werden:*

25

Folgendes (dreifach) schreiben:

Arbeitsgericht ...., den .....

Antrag auf Zustellung eines gerichtlichen Schriftstücks, das für eine Person in ..... bestimmt ist.

---

[4] In der Berufungsinstanz ist § 11 ArbGG zu beachten und gegebenenfalls entsprechend zu belehren.
[5] Nach § 184 ZPO ist im Unterschied zu §§ 174, 175 ZPO a. F. ein Zustellungsbevollmächtigter nur noch in begrenztem Umfang zu bestellen.

Schaub

Das Arbeitsgericht in ..... *(ersuchendes Gericht)* ersucht den Herrn *Staatsanwalt* die Zustellung des anliegenden Schriftstücks auf folgende Weise bewirken zu lassen

durch einfache Übergabe gemäß Artikel 2 des Haager Übereinkommens über den Zivilprozess und den Nachweis der Zustellung dem ersuchenden Gericht zu übersenden.

Den zuzustellenden Schriftstücken ist eine Übersetzung in die ..... Sprache beigefügt.

gez. Unterschrift
Richter
Name und Amtsbezeichnung

Name und Stellung der Parteien:
..... (Rubrum)
Name und Anschrift der Person, der zugestellt werden soll:
Art der zuzustellenden Schriftstücke:

1. Klageschrift
2. Ladung zum Termin vom .....
3. Terminbestimmung und Festsetzung der Einlassungsfrist

26 **5.** *Folgendes (dreifach) schreiben:*

Arbeitsgericht ...., den .....
..... Kammer
Aktenzeichen: ..... Ca ...../.....
An die
Botschaft der Bundesrepublik Deutschland
.....

In Sachen ..... bittet die ..... Kammer des Arbeitsgerichts in ..... um Zustellung der nachbezeichneten Schriftstücke:

a) Klageschrift
b) Terminbestimmung und Festsetzung der Einlassungsfrist
c) Ladung zum Termin

Es wird um Weiterleitung des anliegenden Ersuchens nebst den zuzustellenden Schriftstücken an die zuständige Behörde gebeten.

27 **6.** Herrn Dolmetscher mit der Bitte um Übersetzung
von Ziff. 1 bis 3 sowie der Klageschrift (alles dreifach) in die ..... Sprache.

28 **7.** Klageschrift beglaubigen.

29 **8.** Auf die beglaubigte Durchschrift der Klageschrift, die Verfügung über die Terminbestimmung und die Einlassungsfrist sowie die Ladung zum Termin ist oben in **roter** Maschinenschrift zu schreiben (deutsch bzw. .....):
Zuzustellen an
.....

30 **9.** U. m. A.
dem Herrn Landesarbeitsgerichtspräsidenten in *Hamm* vorlegen
mit der Bitte um Prüfung

31 **10.** 1 Monat

....., den .....

Der Vorsitzende der ..... Kammer des Arbeitsgerichts

Schaub

6. Zustellung eines Versäumnisurteils ins Ausland[6]

1. VU vom ..... *dreifach schreiben*   32
2. *Folgendes dreifach schreiben:*   33
Arbeitsgericht ...., den .....
..... Kammer
Aktenzeichen: ..... Ca ...../.....

Beschluss

In Sachen
des ..... *(Name des Klägers)*

– Klägers –

gegen
die ..... *(Name des Beklagten)*

– Beklagter –

gesetzlich vertreten durch .....
wird die Einspruchsfrist gegen das Versäumnisurteil des erkennenden Gerichts vom
..... auf einen Monat festgesetzt (§ 46 Absatz 2 Arbeitsgerichtsgesetz, §§ 495, 339
Zivilprozessordnung).

....., den .....

Der Vorsitzende der ..... Kammer des Arbeitsgerichts

Siegel

gez.: .....

Richter am Arbeitsgericht

3. Versäumnisurteile mit Beschlussausfertigung verbinden.   34
4. Nachfolgendes dreifach schreiben: 35

Rechtsmittelbelehrung

Gegen dieses Versäumnisurteil kann Einspruch eingelegt werden. Die Einspruchsfrist ist auf einen Monat festgesetzt worden (§ 46 Absatz 2 Arbeitsgerichtsgesetz, §§ 495 und 339 Zivilprozessordnung). Der Einspruch muss binnen einer Notfrist von einem Monat seit Zustellung des Versäumnisurteils beim hiesigen Arbeitsgericht schriftlich eingegangen sein oder zur Niederschrift der Geschäftsstelle erklärt werden.

In der Einspruchsschrift hat die Partei ihre Angriffs- und Verteidigungsmittel, soweit es nach der Prozesslage einer sorgfältigen und auf Förderung des Verfahrens bedachten Prozessführung entspricht, sowie Rügen, die die Zulässigkeit der Klage betreffen, vorzubringen. Auf Antrag kann der Vorsitzende für die Begründung die Frist verlängern, wenn nach seiner freien Überzeugung der Rechtsstreit durch die Verlängerung nicht verzögert wird oder wenn die Partei erhebliche Gründe darlegt. Verspätete Rügen, die die Zulässigkeit der Klage betreffen und auf die die Beklagte verzichten kann, sind nur zuzulassen, wenn die Beklagte die Verspätung genügend entschuldigt. Angriffs- und Verteidigungsmittel, die erst nach Ablauf der Einspruchsfrist oder der auf Antrag verlängerten Einspruchsbegründungsfrist vorge-

---

[6] In den zuzustellenden Schriftstücken dürfen keine Abkürzungen, Tippfehler oder Radierungen enthalten sein.

Schaub

bracht werden, sind nur zuzulassen, wenn nach der freien Überzeugung des Gerichts ihre Zulassung die Erledigung des Rechtsstreits nicht verzögern würde oder wenn die Partei die Verspätung genügend entschuldigt (§ 340 Absatz 3 Satz 3 Zivilprozessordnung). Der Entschuldigungsgrund ist glaubhaft zu machen (§§ 340 Absatz 3 Satz 3, 296 Absatz 3 Zivilprozessordnung). Unterbleibt im Falle des Einspruchs die Bestellung eines Prozessbevollmächtigten und machen Sie dem Gericht auch keine im Bezirk des Arbeitsgerichts Gelsenkirchen wohnhafte Person namhaft, die zum Empfang der für Sie bestimmten Schriftstücke bevollmächtigt ist, so können alle künftigen Zustellungen an Sie durch Aufgabe zur Post bewirkt werden (§ 174 Absatz 2, § 175 Absatz 1, § 208 Zivilprozessordnung, § 46 Absatz 2 Satz 1 des Arbeitsgerichtsgesetzes).[7]

Siegel   Der Vorsitzende der ..... Kammer

.....

Richter am Arbeitsgericht

36   5. Rechtsmittelbelehrung mit VU verbinden.

37   6. Arbeitsgericht

....., den .....

Antrag auf Zustellung

eines Versäumnisurteils,
(Der Antrag muss in der EG auf Formblatt gestellt werden)

   oder im übrigen Ausland

das für eine bestimmte Person in ..... bestimmt ist.

Das Arbeitsgericht in ..... (ersuchendes Gericht)
ersucht den Herrn ..... bei dem Gericht
erster Instanz
in .....

die Zustellung des anliegenden Schriftstücks auf folgende Weise bewirken zu lassen:
   durch einfache Übergabe gemäß Artikel 2 des Haager Übereinkommens für den Zivilprozess und den Nachweis der Zustellung dem ersuchenden Gericht zu übersenden.

Dem zuzustellenden Versäumnisurteil ist eine Übersetzung in die ..... Sprache beigefügt.

gez. Unterschrift
Name und Amtsbezeichnung

Siegel

Name und Stellung der Parteien
.....

Name und Anschrift der Person, der zugestellt werden soll:
.....

vertreten durch .....

Art des zuzustellenden Schriftstücks:
   Versäumnisurteil vom .....
   nebst Beschluss vom ..... und
   Rechtsmittelbelehrung.

---

[7] Es kann die Notwendigkeit bestehen, den Text anzupassen, weil nach § 184 ZPO die Bestellung von Zustellungsbevollmächtigten eingeschränkt worden ist.

7. *Folgendes (dreifach) schreiben:* **38**

Arbeitsgericht ...., den .....

..... Kammer

Aktenzeichen: ..... Ca ...../.....

An die Botschaft der Bundesrepublik Deutschland

.....

In Sachen ..... bittet die 3. Kammer des Arbeitsgerichts in ..... um Zustellung des Versäumnisurteils nebst Beschluss und Rechtsmittelbelehrung.

Es wird um Weiterleitung des anliegenden Ersuchens nebst den zuzustellenden Schriftstücken an die zuständige Behörde gebeten.

8. Herrn Dolmetscher mit der Bitte um Übersetzung von Ziff. 1, 2, 4 und zwei- **39** sprachige Anfertigung des Antrags auf Zustellung.

9. Auf VU in roter Maschinenschrift zu schreiben (deutsch bzw. .....): **40**
zuzustellen an
..... Anschrift
vertreten durch .....

10. U. m. A. **41**
dem Herrn Präsidenten des Landesarbeitsgerichts
.....
mit der Bitte um Prüfung vorgelegt.

11. Leseschrift z. d. A. **42**

Gelsenkirchen, den .....

Der Vorsitzende der ..... Kammer des Arbeitsgerichts

gez.....

Richter am Arbeitsgericht

7. Rechtshilfeersuchen um Zeugenvernehmung

a) *In der EG ist eines der im Anhang der VO Nr. 1206/2001 aufgelisteten Formulare* **43**
zu verwenden.[8]

b) *Im Bereich außerhalb der EG können folgende Formulare verwandt werden:* **44**
(1) Landesarbeitsgericht
– Az.: ..... –

Rechtshilfeersuchen

des Landesarbeitsgerichts
.....
an den
Herrn .....
bei dem .....
in .....

die Zeugin ..... entsprechend dem beigefügten Beweisbeschluss uneidlich vernehmen zu lassen und sie über mögliche Zeugnisverweigerungsrechte entsprechend dem anliegenden Auszug der Zivilprozessordnung belehren zu lassen.

---

[8] Vgl. § 1072 ZPO.

Schaub

Die Parteien haben auf die Benachrichtigung vom Termin verzichtet.

Es sind beigelegt

– der Beweisbeschluss
– eine Denkschrift
– ein Begleitschreiben

....., ...

Der Vorsitzende der ..... Kammer
Unterschrift
Vorsitzender Richter am Landesarbeitsgericht

Siegel

45 (2) Landesarbeitsgericht .....

....., den .....

Begleitschreiben

zu einem Ersuchen um Rechtshilfe in den .....
Das Landesarbeitsgericht in .....
(ersuchendes Gericht)
ersucht den Herrn ..... bei dem .....
in .....,

das anliegende Rechtshilfeersuchen gemäß Artikel 11 des Haager Übereinkommens über den Zivilprozess erledigen zu lassen und die Erledigungsstücke nebst dem Rechtshilfeersuchen dem ersuchenden Gericht zu übersenden.

Es wird gebeten, dem ersuchenden Gericht die etwa entstehenden Übersetzungskosten sowie den Betrag aller Auslagen mitzuteilen, die bei der Erledigung des Rechtshilfeersuchens entstanden sind.

Siegel

(Name und Amtsbezeichnung)
Vorsitzender Richter am Landesarbeitsgericht

46 (3) Vollständiger, das Ersuchen betreffender Beweisbeschluss und Belehrung: .....

47 (4) Anlage zu dem Rechtshilfeersuchen des Landesarbeitsgerichts ..... vom .....
AZ.: – 00 Sa 000/00 –

in Sachen ...../.....

§ 383 der Zivilprozessordnung (ZPO) – Zeugnisverweigerung –
  (1) Zur Verweigerung des Zeugnisses sind berechtigt:
(folgt der Wortlaut der gesamten Vorschrift)

§ 384 der Zivilprozessordnung (ZPO) – Zeugnisverweigerung –
  Das Zeugnis kann verweigert werden:
(folgt der Wortlaut der Vorschrift)

§ 385 der Zivilprozessordnung (ZPO) – Ausnahmen vom Zeugnisverweigerungsrecht –
  (1) In den Fällen des § 383 Nr. 1 bis 3 und des § 384 Nr. 1 darf der Zeuge das Zeugnis nicht verweigern:
(folgt der Wortlaut der Vorschrift)

48 (5) Denkschrift

Sie enthält das volle Rubrum des Rechtsstreits, ferner eine Schilderung des Sach- und Streitstands, etwa in Form des Tatbestands eines Urteils, sowie eine rechtliche Würdigung, worauf es bei der Vernehmung des Zeugen ankommt.

Schaub

§ 85. Wiederaufnahme des Verfahrens

I. Restitutionsklage (§ 580 ZPO)[1]

An das Landesarbeitsgericht[2] ...., den 1

Restitutionsklage[3]

der *Landmaschinenfabrik Ackerbau GmbH,* vertreten durch ihren Geschäftsführer *Richard Bauer, Waldstraße 87,* (PLZ) *Nienburg*

– Restitutionsklägerin und
Beklagten sowie Berufungsbeklagten des Vorprozesses –

Prozessbevollmächtigte: Rechtsanwälte *Fleiß und Emsig, Blumenallee 85,* (PLZ) *Nienburg*

gegen

den *Maschinenschlosser Eberhard Eisen, Ringstraße 93,* (PLZ) *Nienburg*

– Restitutionsbeklagten und
Kläger sowie Berufungskläger des Vorprozesses –

Prozessbevollmächtigte im Vorprozess: Rechtsanwältin *Sabina Klug, Schlosspark 17,* (PLZ) *Nienburg*

Namens und im Auftrag der Restitutionsklägerin erheben wir Restitutionsklage gegen den Restitutionsbeklagten und beantragen,

1. das rechtskräftige Urteil umgekehrten Rubrums des Landesarbeitsgerichts vom 1. 4. 2001 – Az. 23 Sa 580/00 – aufzuheben;

2. die Berufung des Klägers gegen das Urteil des Arbeitsgerichts ..... vom 15. 9. 2000 – Az. 5 Ca 127/00 – abzuändern und die Klage abzuweisen;

3. die Zwangsvollstreckung aus dem Urteil des Vorprozesses vom 1. 4. 2001 – Az. 23 Sa 580/00 – einstweilig einzustellen.

Begründung:

Der vorliegenden Klage geht ein Vorprozess umgekehrten Rubrums voraus, in welchem festgestellt wurde, dass die Kündigung der Restitutionsklägerin vom 3. 6. 2000 das zwischen den Parteien bestehende Arbeitsverhältnis nicht aufgelöst hat. Ferner ist die Restitutionsklägerin verurteilt worden, den Restitutionsbeklagten zu unveränderten Bedingungen weiterzubeschäftigen. Im Vorprozess hat der Restitutionsbeklagte bestritten, die Kündigung erhalten zu haben. Seine als Zeugin vernommene Nachbarin hatte ausgesagt, sie habe die seinerzeit bei ihr hinterlegte Kündigung nicht weitergeleitet. Im Rahmen eines Nachbarschaftsstreits hat die Ehefrau des Restitutionsbeklagten gehört, wie die Nachbarin gesagt habe, der Restitutionsbeklagte müsse ihr dankbar sein, weil sie die Weitergabe der Kündigung seinerzeit verschwiegen habe. In einem daraufhin gegen die Nachbarin durchgeführten Strafverfahren hat diese nunmehr zugegeben, die Unwahrheit gesagt zu haben. Sie ist rechtskräftig wegen uneidlicher Falschaussage verurteilt worden. Das Urteil erging am ..... Nachbarin und Staatsanwaltschaft haben auf Rechtsmittel

---

[1] Zum Anwendungsbereich vgl. *Zöller/Greger,* ZPO, 23. Aufl. § 580 RN 1.
[2] Zuständig ist das Gericht, dessen Entscheidung angefochten wird (§ 584 ZPO).
[3] Die Klage muss ausdrücklich als Restitutionsklage bezeichnet werden (§ 587 ZPO).

Neef

verzichtet. Hiervon erfuhr die Restitutionsklägerin noch am selben Tage, da sie einen Prozessbeobachter entsandt hatte.

Die Restitutionsklägerin hat innerhalb der gesetzlichen Notfrist von einem Monat (§ 586 ZPO) Restitutionsklage erhoben. Diese Frist beginnt mit Kenntnis des Restitutionsgrunds, jedoch nicht vor Rechtskraft des zugrunde liegenden Urteils. Danach ist diese Klage rechtzeitig erhoben.

Die Restitutionsklage ist auch begründet. Die Klage des Restitutionsbeklagten im Vorprozess ist unbegründet. Die Kündigung ist ihm nachweislich zugegangen. Kündigungsgründe lagen vor. Insoweit nehmen wir Bezug auf unseren Sachvortrag im Vorprozess.

Die Restitutionsklägerin ist auf Grund des Urteils im Vorprozess verpflichtet, den Restitutionsbeklagten zu unveränderten Bedingungen weiterzubeschäftigen. Daher beantragen wir die einstweilige Einstellung der Zwangsvollstreckung gemäß § 707 Abs. 1 ZPO. Zwar ist diese nur zulässig, wenn die Vollstreckung der Restitutionsklägerin einen nicht zu ersetzenden Nachteil bringen würde (§ 62 Abs. 1 ArbGG). Solche Nachteile werden jedoch eintreten *(muss ausgeführt werden)*.

II. Nichtigkeitsklage (§ 579 ZPO)

2 An das Arbeitsgericht ...., den .....

Nichtigkeitsklage[4]

des *Schülers Egon Müller,* gesetzlich vertreten durch seine *Eltern Maria und Walter Müller, Efeuallee 37,* (PLZ) *Celle*
– Nichtigkeitsklägers und Beklagten des Vorprozesses –
Prozessbevollmächtigter: Rechtsanwalt *Max Adam, Bahnhofstraße 38,* (PLZ) *Celle*

gegen

den *Maurermeister Alfons Bau, Buchenhain 37,* (PLZ) *Gifhorn*
– Nichtigkeitsbeklagten und Kläger des Vorprozesses –
Prozessbevollmächtigter im Vorprozess: Rechtsanwalt *Sorge, Ludwigstraße 3,* (PLZ) *Gifhorn*

Namens und im Auftrag des Nichtigkeitsklägers erheben wir Nichtigkeitsklage gegen den Nichtigkeitsbeklagten und beantragen,

1. den Vollstreckungsbescheid des Arbeitsgerichts vom ..... – Az. ..... – aufzuheben;

2. die Klage abzuweisen;

3. den Kläger und Nichtigkeitsbeklagten zu verurteilen, 500,00 € nebst Zinsen in Höhe von 5% über dem Basiszinssatz ab Zustellung der Nichtigkeitsklage an den Nichtigkeitskläger zu zahlen.

Der vorliegenden Klage geht ein Verfahren umgekehrten Rubrums voraus. Der Nichtigkeitsbeklagte hat beim angerufenen Gericht einen Vollstreckungsbescheid über einen Betrag von 500,00 € nebst Zinsen in Höhe von 5% über dem Basiszinssatz erwirkt (– Az. ..... –). Er hat behauptet, der Nichtigkeitskläger habe 500,00 € veruntreut. Diese Behauptung ist unzutreffend. Der Vollstreckungsbescheid wurde dem Nichtigkeitskläger am ..... zugestellt. Er hat ihn aus rechtsge-

---

[4] Die Klage muss ausdrücklich als Nichtigkeitsklage bezeichnet werden (§ 587 ZPO).

schäftlicher Unerfahrenheit nicht an seine Eltern weitergeleitet. Der Nichtigkeitskläger ist am 15. 6. 1989 geboren, mithin 14 Jahre alt und noch minderjährig. Er war im Vorprozess nicht nach den Vorschriften des Gesetzes vertreten. Er war auch nicht ermächtigt, in Dienst oder Arbeit zu treten (§ 113 BGB). Der Nichtigkeitsbeklagte hat vielmehr den Nichtigkeitskläger ohne Zustimmung seiner Eltern gegen Entgelt Zeitungen austragen lassen.

Dem Nichtigkeitsbeklagten steht die geltend gemachte Schadensersatzforderung nicht zu, denn .....

Da der Nichtigkeitskläger die Forderung aus dem Vollstreckungsbescheid (wenn auch ohne Zinsen) heimlich beglichen hat, bedarf es der klageweisen Rückforderung. Der Zinsanspruch ergibt sich aus § 291 ZPO.[5]

III. Klage gemäß § 826 BGB[6]

An das Arbeitsgericht ...., den **3**

Klage

des ..... *(volles Rubrum § 57)*

wegen Schadensersatz

Namens und in Vollmacht des Klägers erhebe ich Klage und werde beantragen,

den Beklagten zu verurteilen,

1. es bei Meidung eines für jeden Fall der Zuwiderhandlung fälligen Ordnungsgeldes bis zu 250 000,00 €, ersatzweise Ordnungshaft bis zu sechs Monaten, zu unterlassen, die Zwangsvollstreckung aus dem Urteil des Arbeitsgerichts ..... vom ..... – Az. ..... – gegen den Kläger zu betreiben;

2. an den Kläger die vollstreckbare Ausfertigung des Versäumnisurteils des Arbeitsgerichts ..... vom ..... – Az. ..... – herauszugeben;

3. an den Kläger ..... € nebst Zinsen in Höhe von 5% über dem Basiszinssatz seit Klagezustellung zu zahlen.

4. Es wird weiter beantragt, die Zwangsvollstreckung aus dem Urteil des Arbeitsgerichts ..... vom ..... – Az. ..... – vorläufig einzustellen.[7]

Gründe:[8]

Der Beklagte hat das im Antrag näher bezeichnete Versäumnisurteil des Arbeitsgerichts ..... arglistig erschlichen. Der Beklagte hat in dem Vorprozess dargelegt, dass

---

[5] Für die Rückforderung bei Wiederaufnahme des Verfahrens wird § 717 Abs. 3 ZPO analog angewandt (vgl. *Zöller/Greger,* ZPO, 23. Aufl. § 591 RN 15), daher nur Prozesszinsen.

[6] Ein Schadensersatzanspruch nach § 826 BGB ist gegeben, wenn eine Partei dadurch Schäden erlitten hat, dass ein anderer gegen sie arglistig durch Irreführung des Gerichts ein rechtskräftiges, unrichtiges Urteil erschlichen hat oder ein nicht erschlichenes, unrichtiges Urteil in sittenwidriger Weise ausnutzt, vgl. *Palandt/Thomas,* 62. Aufl. § 826 RN 46, und BGH, Urteil v. 11. 7. 2002 – IX ZR 326/99 – NJW 2002, 2940 ff. (2943). Sie unterscheidet sich von einer Klage aus § 767 ZPO. Die Zuständigkeit richtet sich nach §§ 12 ff. ZPO, insbesondere § 32 ZPO.

[7] § 769 ZPO findet entspr. Anwendung.

[8] Angesichts der Bedeutung der materiellen Rechtskraft und des Ausnahmecharakters ihrer Durchbrechung im Wege des § 826 BGB müssen Umstände dargetan werden, die die Ausnutzung des rechtskräftigen Titels – seine Unrichtigkeit unterstellt – als vorsätzlich sittenwidrige Schädigung erscheinen lassen, vgl. BGH, Urteil v. 24. 9. 1987 – III ZR 264/86 – NJW 1987, 3259; BGH, Urteil v. 22. 12. 1987 – VI ZR 165/87 – NJW 1988, 971.

der Aufenthaltsort des Klägers unbekannt sei, und die öffentliche Zustellung der Klage erwirkt. Dem Beklagten war jedoch die Anschrift des Klägers bekannt.

Beweis: 1. Auskunft des Einwohnermeldeamts

2. Schreiben des Beklagten vom .....

Die in dem Versäumnisurteil titulierte Forderung besteht nicht. Der Kläger hat sie bezahlt.

Beweis: Vorlage des Quittungsbelegs.

Die Einstellung der Zwangsvollstreckung aus dem Versäumnisurteil ist geboten; der Beklagte betreibt die Zwangsversteigerung eines vom Kläger erworbenen Grundstücks ..... Versteigerungstermin ist festgesetzt auf .....

IV. Abänderungsklage nach § 323 ZPO[9]

4 Es wird beantragt,

1. das Urteil des Arbeitsgerichts ..... vom ..... – Az. ..... – dahin abzuändern, dass der Beklagte ab ..... an die Klägerin eine im Voraus zu entrichtende Rente in Höhe von monatlich ..... € zu zahlen hat;

2. Vollstreckungsschutz.

2. Abschnitt. Verfahren zweiter und dritter Instanz

§ 86. Berufung und Revision

I. Berufung

1. Einlegung der Berufung[1]

1 An das Landesarbeitsgericht ...., den .....

In dem Rechtsstreit

der *Computer Heine GmbH*, gesetzlich vertreten durch den Geschäftsführer *Anton Fuchs, Ruhrorterstraße 10*, (PLZ) *Duisburg*

– Beklagten und Berufungsklägerin –

Prozessbevollmächtigte: Rechtsanwälte *Klug und Willig, Wilhelmstraße 100*, (PLZ) *Duisburg*

gegen

den *Techniker Friedhelm Lustig, Akazienweg 10*, (PLZ) *Duisburg*

– Kläger und Berufungsbeklagten –

Prozessbevollmächtigte 1. Instanz: Rechtsanwälte *Eifrig und Schnell, Königstraße 51*, (PLZ) *Duisburg*

---

[9] Sie kommt im Arbeitsrecht selten vor; daher nur Antrag. Zur Ruhegeldanpassung vgl. § 21 RN 6.

[1] Berufung und Berufungsbegründung müssen nicht in einem Schriftsatz erfolgen, sondern können getrennt voneinander beim LAG eingereicht werden. Dabei gilt für die Einlegung der Berufung eine Frist von einem Monat und für die Begründung derselben eine von zwei Monaten. Beide Fristen beginnen ab Zustellung des Urteils (vgl. § 66 Abs. 1 ArbGG). Für die Zulassung der Berufung sind § 64 Abs. 2 lit. a ArbGG bzw. § 64 Abs. 3 ArbGG zu beachten.

Neef

legen wir namens und im Auftrag der Beklagten und Berufungsklägerin[2] gegen das Urteil des Arbeitsgerichts ..... – Az. ..... – vom ..... – zugestellt am ..... – das Rechtsmittel der

Berufung

ein.

Die Anträge behalten wir der Berufungsbegründungsschrift vor.[3]

Eine Kopie des erstinstanzlichen Urteils ist zum dortigen Verbleib beigefügt.[4]

Ferner bitten wir um

Akteneinsicht

Wir bitten, uns die Gerichtsakte zu treuen Händen in unsere Kanzlei zu übersenden. Kurzfristige Rückgabe wird zugesagt.[5]

Ferner beantragen wir, **die Frist zur Begründung der Berufung um einen Monat zu verlängern.**

Der Unterzeichner, der die Sache bearbeitet, wird in den nächsten vier Wochen zwei Wochen urlaubsabwesend sein. Mit Rücksicht auf andere fristgebundene Angelegenheiten wird es nicht möglich sein, die Berufungsbegründung fristgerecht einzureichen. Wir bitten daher, unserem Antrag stattzugeben.[6]

Unterschrift

2. Berufungsbegründung

Hinweis: 2

Urteile der Arbeitsgerichte werden in der Berufung **abgeändert** (vgl. § 528 Satz 2 ZPO), Urteile der Landesarbeitsgerichte werden im Revisionsverfahren **aufgehoben** (vgl. § 562 Abs. 1 ZPO). Aus Gründen der Klarheit sollten die Berufungsanträge formuliert und nicht auf die erste Instanz Bezug genommen werden (Schlussanträge erster Instanz).

---

[2] Es ist zweckmäßig, noch einmal klarzustellen, für wen das Rechtsmittel eingelegt wird, weil insbesondere bei mehreren Parteien sonst eine Unklarheit bestehen kann.

[3] Es ist zweckmäßig, in der Berufungsschrift noch nicht die Berufungsanträge zu stellen. Wird die Berufung später nur wegen eines Teils durchgeführt, würde darin eine teilweise Berufungsrücknahme (mit Kostenfolgen) liegen. Werden die Anträge erst später formuliert, beschränkt sich die Berufung auf den geltend gemachten Teilbetrag.

[4] Es ist wichtig, das Urteil beizufügen. Sollten sich in der Berufungsschrift Verwechslungen ergeben haben (Kläger statt Beklagter o. Ä.), lässt sich aus dem beigefügten Urteil in aller Regel durch Auslegung ermitteln, was in Wirklichkeit gemeint ist. Es ist auch sinnvoll, das Urteil zum Verbleib zu übersenden. Es ist dann Bestandteil der Gerichtsakte.

[5] Nur notwendig bei Übernahme des Mandats in der zweiten Instanz. Dann aber wichtig, um die von der Partei übergebenen Unterlagen auf Vollständigkeit zu kontrollieren. Je nach Bedeutung des Mandats ist es zweckmäßig, zusätzlich eine Ablichtung der Gerichtsakte zu fertigen, um einzelne Unterlagen nach Seitenzahl der Gerichtsakte zitieren zu können.

[6] Je nach LAG wird eine – wenn auch kurze – Begründung für die Verlängerung der Berufungsbegründungsfrist verlangt. Standardformulierungen sind nicht ohne Risiko. Die Berufungsbegründungsfrist kann nur **einmal** verlängert werden, jedoch auch über längere Zeiträume. Geht es z.B. um die Anpassung von Betriebsrenten und sind noch umfangreiche Feststellungen erforderlich, kann es durchaus sinnvoll sein, die Verlängerung der Berufungsbegründungsfrist um zwei oder drei Monate zu beantragen, um dann in einem einheitlichen Schriftsatz Stellung nehmen zu können.

3 *Der Berufungsantrag des Klägers lautet:*

> das Urteil des Arbeitsgerichts *Duisburg* vom ..... – Az. ..... – aufzuheben und festzustellen, dass das Arbeitsverhältnis durch die Kündigung der Beklagten vom 15. 3. 2003 nicht aufgelöst worden ist.

oder

wenn die erste Instanz der Kündigungsschutzklage stattgegeben, aber den Weiterbeschäftigungsantrag abgewiesen hat:

> das Urteil des Arbeitsgerichts *Duisburg* vom ..... – Az. ..... – abzuändern, soweit es die Klage abgewiesen hat, und die Beklagte zu verurteilen, den Kläger über den ..... hinaus zu unveränderten Bedingungen als *Cheffahrer* weiterzubeschäftigen.

Der Berufungsantrag der Beklagten lautet:

> das Urteil des Arbeitsgerichts *Duisburg* vom ..... – Az. ..... – abzuändern und die Klage abzuweisen.

Bzw., wenn die Klage nur teilweise abgewiesen worden ist,

> das Urteil des Arbeitsgerichts *Duisburg* vom ..... – Az. ..... – abzuändern, soweit es der Klage stattgegeben hat, und die Klage insgesamt abzuweisen.

Berufungsbegründung

In dem Rechtsstreit
Computer Heine GmbH ./. Lustig
– Az. ..... –

begründen wir unsere mit Schriftsatz vom ..... eingelegte und bei Gericht am ..... eingegangene Berufung, nachdem die Frist zur Berufungsbegründung durch Beschluss vom ..... bis zum ..... verlängert worden ist.[7]

Wir beantragen, das Urteil des Arbeitsgerichts *Duisburg* ..... – Az. ..... – abzuändern und die Klage abzuweisen.

Hinweis:

Das zweitinstanzliche Verfahren vor den Arbeitsgerichten ist von der ZPO-Reform weitgehend unberührt geblieben. Von dem seltenen Fall zurückgewiesener Angriffs- und Verteidigungsmittel in der ersten Instanz sind in der zweiten Instanz neue Verteidigungsmittel immer dann zulässig, wenn sie den Rechtsstreit nicht verzögern. Dies wird bei Sachvortrag in der Berufungsbegründung kaum jemals der Fall sein. Es ist nicht unbedingt notwendig, aber zweckmäßig, in der Berufungsinstanz (2. Tatsacheninstanz) den Sachverhalt geschlossen und umfassend darzustellen, soweit er für die zweite Instanz noch von Bedeutung ist. Ein Schriftsatz sollte aus sich selbst heraus verständlich sein. Daher ist folgender Aufbau zu empfehlen:

I. Sachverhalt

Der Kläger war bei der Beklagten ab 1. 1. 1987 beschäftigt. Er ist verheiratet und zwei Kindern unterhaltspflichtig. Sein Verdienst beträgt 4 300,00 € im Monat. Am 27. 8. 2002 stellte der Werksschutz bei einer Torkontrolle fest, dass der Kläger einen bei der Beklagten hergestellten Laptop vom Typ XYZ im Wert von 3 000,00 € in seiner Aktentasche hatte. Der Kläger behauptete, sein Vorgesetzter V

---

[7] Es erweist sich als zweckmäßig, diese Daten in die Berufungsbegründung aufzunehmen. So kann man die routinemäßigen Feststellungen des Berufungsgerichts in der mündlichen Verhandlung problemlos nachvollziehen, ohne in den Akten blättern zu müssen.

habe ihm die Mitnahme des Laptops genehmigt. Er solle ihn bei Gelegenheit bezahlen. Der Vorgesetzte V hat auf Befragen erklärt, ein solches Gespräch habe es nicht gegeben. Die Beklagte hat diesen Sachverhalt dem Betriebsrat mitgeteilt und nach dessen Zustimmung die fristlose Kündigung ausgesprochen. Hiergegen wendet sich der Kläger. Die erste Instanz hat die fristlose Kündigung für unwirksam erachtet.

II. Rechtliche Beurteilung

Der Kläger ist der Auffassung, die Kündigung sei deshalb unwirksam, weil die Beklagte dem Betriebsrat nicht die Sozialdaten des Klägers mitgeteilt habe. In der Tat hat sie weder Alter noch Betriebszugehörigkeit noch Unterhaltspflichten mitgeteilt. Dies ist aber unbeachtlich, weil diese Daten für die Kündigungsentscheidung der Beklagten ohne jeden Belang sind. In diesem Fall müssen sie dem Betriebsrat nicht mitgeteilt werden (vgl. BAG, Urteil v. 15. 11. 1995 – 2 AZR 974/94 – AP BetrVG 1972 § 102 Nr. 73). Die Kündigung scheitert somit nicht an § 102 BetrVG. Der versuchte Diebstahl des Klägers ist in jedem Fall ein ausreichender Grund für eine fristlose Kündigung.

III. Das erstinstanzliche Urteil[8]

Das erstinstanzliche Urteil ist unzutreffend, weil das Arbeitsgericht zu Unrecht davon ausgegangen ist, die ordnungsgemäße Anhörung des Betriebsrats verlange in jedem Fall, dass die Sozialdaten mitgeteilt werden. Dies ist unzutreffend. Der Arbeitgeber muss nur seine Kündigungsgründe mitteilen, also die Tatsachen, die er selbst zur Begründung der Kündigung heranzieht. Wenn die Sozialdaten – wie vorliegend – für den Kündigungsentschluss keine Rolle spielen, müssen sie auch dem Betriebsrat nicht mitgeteilt werden. Die Kündigung ist ungeachtet der Sozialdaten des Klägers in jedem Fall wirksam.

Im Übrigen nehmen wir Bezug auf das gesamte erstinstanzliche Vorbringen der Beklagten einschließlich aller Beweisantritte.

Unterschrift

3. Anschlussberufung

Hinweis: 4

Früher war die Anschlussberufung bis zur letzten mündlichen Verhandlung zulässig. Durch das ZPO-Reformgesetz muss sie bis zum Ablauf eines Monats nach Zustellung der Berufungsbegründung eingelegt werden (§ 524 Abs. 2 ZPO). Wird die Berufung zurückgenommen, verliert die Anschlussberufung ihre Wirkung. Dies gilt auch dann, wenn sie vor Ablauf der eigenen Berufungsfrist eingelegt wird. Die Unterscheidung in selbstständige und unselbstständige Anschlussberufung gibt es nicht mehr.[9] Die Anschlussberufung muss in der Anschlussschrift begründet werden. Eine Verlängerung der Begründungsfrist gibt es nicht. Die Anschlussberufung unterliegt damit eigenen Regeln. Wer im Berufungsverfahren völlige Freiheit haben will, muss – vorsorglich – „normale" Berufung einlegen.

---

[8] § 520 ZPO verlangt eine Auseinandersetzung mit dem erstinstanzlichen Urteil, insbesondere die Bezeichnung der Umstände, aus denen sich die Rechtsverletzung und deren Erheblichkeit ergibt sowie die Bezeichnung konkreter Anhaltspunkte, die Zweifel an der Richtigkeit oder Vollständigkeit der Tatsachenfeststellungen begründen. Meist ergibt sich aus der rechtlichen Beurteilung automatisch, inwieweit das erstinstanzliche Urteil unrichtig ist. Rein vorsorglich und um unnötige Diskussionen über die Zulässigkeit der Berufung zu vermeiden, sollte in einer Berufungsbegründung ein eigener Gliederungspunkt mit einer Auseinandersetzung des erstinstanzlichen Urteils nicht fehlen.

[9] Vgl. *Baumbach/Lauterbach/Albers/Hartmann,* ZPO, 62. Aufl. § 524 RN 20.

5 An das Landesarbeitsgericht ...., den .....

In dem Rechtsstreit

des *Technikers Friedhelm Lustig, Akazienweg 10,* (PLZ) *Duisburg*

– Klägers, Berufungsbeklagten und
Anschlussberufungsklägers –

Prozessbevollmächtigte: Rechtsanwälte *Eifrig und Schnell, Königstraße 51,* (PLZ)
Duisburg

gegen

die *Computer Heine GmbH,* gesetzlich vertreten durch den Geschäftsführer *Anton Fuchs, Ruhrorterstraße 10,* (PLZ) *Duisburg*

– Beklagte, Berufungsklägerin und
Anschlussberufungsbeklagte –

Prozessbevollmächtigte 1. Instanz: Rechtsanwälte *Klug und Willig, Wilhelmstraße 100,* (PLZ) *Duisburg*

legen wir namens und im Auftrag des Klägers gegen das Urteil des Arbeitsgerichts
..... – Az. ..... –

Anschlussberufung

ein.

Es wird beantragt,

1. die Berufung der Beklagten zurückzuweisen;

2. das Urteil des Arbeitsgerichts ..... abzuändern, soweit es die Klage abgewiesen
   hat, und die Beklagte zu verurteilen, den Kläger über den ..... hinaus zu unveränderten Bedingungen weiterzubeschäftigen.

Das Arbeitsgericht hat die fristlose Kündigung der Beklagten für unwirksam erachtet, gleichwohl aber den Antrag des Klägers auf Weiterbeschäftigung zu unveränderten Bedingungen als unbegründet abgewiesen. Die Beklagte hat gegen dieses Urteil am ..... Berufung eingelegt und diese mit Schriftsatz vom ....., uns zugestellt am ....., begründet.

Im Wege der Anschlussberufung wird der Weiterbeschäftigungsanspruch des Klägers, mit dem er in der ersten Instanz unterlegen ist, weiterhin geltend gemacht. Die Anschlussberufung ist fristgerecht innerhalb von einem Monat nach Zustellung der gegnerischen Berufungsbegründung erhoben.

Gründe:

.....

II. Erledigung der Berufung

1. Beschluss bei Rücknahme der Berufung

6 An das Landesarbeitsgericht ...., den .....
– Az. ..... –

Beschluss

In Sachen
..... / .....

Neef

wird der Kläger des Rechtsmittels der Berufung für verlustig erklärt und verurteilt, die im Berufungsverfahren entstandenen Kosten zu tragen (§ 64 Abs. 6 ArbGG; § 516 Abs. 3 ZPO).

....., den .....

Der/Die Vorsitzende der ..... Kammer des Landesarbeitsgerichts

2. Abgekürztes Urteil nach §§ 540, 313 a ZPO

Gründe: **7**

Von der Darstellung des Tatbestands wird gemäß § 540 ZPO abgesehen.

oder

Wegen der Darstellung des Sach- und Streitstands wird auf das erstinstanzliche Urteil verwiesen.

Die Parteien haben ergänzend vorgetragen. *Weiterer unstreitiger Vortrag.*

Der Kläger trägt ergänzend vor.

Die Beklagte trägt ergänzend vor.

Die Berufung ist an sich statthaft (§ 64 ArbGG), form- und fristgerecht eingelegt und begründet worden (§§ 64 Abs. 6 ArbGG, 511 ff. ZPO). Sie ist mithin zulässig.

In der Sache ist sie nicht begründet. Das Berufungsgericht folgt den Gründen der angefochtenen Entscheidung (§ 540 ZPO).

Soweit die Berufungsklägerin rügt, dass ....., ist ihre Rüge nicht gerechtfertigt, denn .....

Die Kostenentscheidung folgt aus § 97 ZPO. Der Streitwert hat sich nicht geändert.

III. Rechtsbeschwerde gem. § 574 ZPO[10]

An das Bundesarbeitsgericht   ....., den **8**
Erfurt

Rechtsbeschwerde

In dem Rechtsstreit

des *Technikers Friedhelm Lustig, Akazienweg 10,* (PLZ) *Duisburg*

– Klägers und Rechtsbeschwerdeführers –

Prozessbevollmächtigte: Rechtsanwälte *Eifrig und Schnell, Königstraße 51,* (PLZ) *Duisburg*

gegen

die *Computer Heine GmbH,* gesetzlich vertreten durch den Geschäftsführer *Anton Fuchs, Ruhrorterstraße 10,* (PLZ) *Duisburg*

– Beklagte und Rechtsbeschwerdegegnerin –

---

[10] Die Rechtsbeschwerde wurde durch das ZPO-Reformgesetz neu eingefügt. Es gelten die §§ 78 ArbGG i. V. m. 574 ZPO. Sinn der Rechtsbeschwerde ist es, im Bereich der Nebenentscheidungen eine höchstrichterliche Entscheidung zu erhalten. Voraussetzung ist allerdings, dass eine grundsätzliche Bedeutung im Beschwerdegrund zu finden ist (vgl. den Verweis auf § 72 Abs. 2 ArbGG in § 78 ArbGG). Beispiele sind: nachträgliche Zulassung von Kündigungsschutzklagen sowie Streitwertfestsetzungen; vgl. im Übrigen *Germelmann/Matthes/Prütting/Müller-Glöge,* ArbGG, 4. Aufl. § 78 RN 14 ff.

Neef

Prozessbevollmächtigte 1. und 2. Instanz: Rechtsanwälte *Klug und Willig, Wilhelmstraße 100,* (PLZ) *Duisburg*

legen wir namens und in Vollmacht des Klägers und Rechtsbeschwerdeführers das Rechtsmittel der

Rechtsbeschwerde

ein.

Wir beantragen, den Beschluss des Landesarbeitsgerichts ..... vom ..... – Az. ..... – aufzuheben.

Gründe:

Der Kläger hat von der Beklagten die Vergütung für die Monate Mai bis Juni 2003 in Höhe von insgesamt 8 600,00 € verlangt. Das Arbeitsgericht hat die Klage abgewiesen. Das Urteil ist dem Kläger am 10. 4. 2003 zugestellt worden. Wir haben mit Schriftsatz vom 5. 5. 2003, bei Gericht eingegangen am 6. 5. 2003, Berufung eingelegt und diese mit einem weiteren Schriftsatz vom 8. 5. 2003, beim Landesarbeitsgericht ..... eingegangen am 11. 5. 2003, begründet. Mit Schriftsatz vom 15. 5. 2003 haben wir Wiedereinsetzung in den vorigen Stand beantragt. Wir haben dies damit begründet, dass die Berufungsbegründung fristgerecht zur Post gegeben wurde und die Verzögerung der Postlaufzeit regelmäßig einen Grund für die Wiedereinsetzung in den vorigen Stand darstellt (vgl. BAG, Urteil v. 13. 12. 2001 – 6 AZR 127/00 – NZA 2002, 816 – Leitsatz). Gleichwohl hat das Landesarbeitsgericht die Wiedereinsetzung nicht gewährt und die Berufung wegen nicht rechtzeitiger Begründung als unzulässig verworfen. Es hat jedoch wegen grundsätzlicher Bedeutung die Rechtsbeschwerde zugelassen.

Der Beschluss des Landesarbeitsgerichts ist unrichtig, weil nach höchstrichterlicher Rechtsprechung Verzögerungen der Briefbeförderung und Zustellung der Deutschen Post einer Partei nicht als Verschulden angerechnet werden dürfen, wenn diese das zu befördernde Schriftstück ordnungsgemäß und so rechtzeitig zur Post gegeben hat, dass es nach den organisatorischen und betrieblichen Vorkehrungen den Empfänger bei normalem Verlauf der Dinge fristgerecht erreichen konnte (vgl. BAG, a. a. O.). Dies war vorliegend der Fall ..... *(wird ausgeführt).*

IV. Nichtzulassungsbeschwerde[11]

1. Nichtzulassungsbeschwerde

9   An das Bundesarbeitsgericht   ....., den .....
    Erfurt

Nichtzulassungsbeschwerde

In dem Rechtsstreit

des *Technikers Friedhelm Lustig, Akazienweg 10,* (PLZ) *Duisburg*
– Klägers, Berufungsklägers und
Beschwerdeführers –

---

[11] Vgl. § 72a Abs. 2 ArbGG; *Zwanziger* FA 1998, 108 ff. (110). Frist: Notfrist von einem Monat nach Zustellung des Urteils. Für die Begründung gilt eine Notfrist von zwei Monaten nach Zustellung des in vollständiger Form abgefassten Urteils.

Neef

Prozessbevollmächtigte: Rechtsanwälte *Eifrig und Schnell, Königstraße 51,* (PLZ) *Duisburg*

gegen

die *Computer Heine GmbH,* gesetzlich vertreten durch den Geschäftsführer *Anton Fuchs, Ruhrorterstraße 10,* (PLZ) *Duisburg*

– Beklagte, Berufungsbeklagte und
Beschwerdegegnerin –

Prozessbevollmächtigte 1. und 2. Instanz: Rechtsanwälte *Klug und Willig, Wilhelmstraße 100,* (PLZ) *Duisburg*

legen wir namens und in Vollmacht des Klägers und Beschwerdeführers *gegen* das Urteil des Landesarbeitsgerichts ..... vom ..... – Az. ..... – das Rechtsmittel der

Nichtzulassungsbeschwerde

ein.

Wir beantragen,

1. die Revision gegen das Urteil des Landesarbeitsgerichts ..... vom ..... – Az. ..... – zuzulassen;

2. Begründung der Nichtzulassungsbeschwerde wegen Divergenz.[12]

In dem Nichtzulassungsverfahren

Lustig ./. Computer Heine GmbH

– Az. ..... –

begründen wir unsere mit Schriftsatz vom ..... eingelegte und bei Gericht am ..... eingegangene Nichtzulassungsbeschwerde.

I. Gegenstand des vorliegenden Rechtsstreits

Die Parteien streiten um die Wirksamkeit einer fristlosen Kündigung. Die Beklagte wirft dem Kläger vor, er habe versucht, einen Laptop im Wert von 3 000,00 € zu entwenden. Dem Kläger war die Mitnahme durch seinen Vorgesetzten gestattet worden. Er hatte auch nicht die Absicht, den Laptop zu entwenden. Der Vorgesetzte des Klägers hat jedoch vor Gericht erklärt, er habe so etwas nie gesagt, der Kläger müsse ihn möglicherweise falsch verstanden haben.

Arbeitsgericht und Landesarbeitsgericht haben die Klage abgewiesen. Das Landesarbeitsgericht hat die Revision nicht zugelassen.

II. Nichtzulassungsbeschwerde

Die Nichtzulassungsbeschwerde wird darauf gestützt, dass das Landesarbeitsgericht von der Rechtsprechung des Bundesarbeitsgerichts abgewichen ist. Im Einzelnen:

1. Abstrakter Rechtssatz des Landesarbeitsgerichts

Das Landesarbeitsgericht stellt in der angefochtenen Entscheidung den Rechtssatz auf:

„Bei Störungen im Vertrauensbereich ist vor einer fristlosen Kündigung eine Abmahnung stets entbehrlich."

2. Abstrakter Rechtssatz des Bundesarbeitsgerichts

Das Bundesarbeitsgericht hat folgenden abstrakten Rechtssatz aufgestellt:

---

[12] Zu den Anforderungen an eine Begründung der Nichtzulassungsbeschwerde wegen Divergenz vgl. BAG, Beschluss v. 12. 12. 1979 – 3 AZN 126/79 – AP ArbGG 1979 § 72 a Divergenz Nr. 1, und aktuell BAG, Beschluss v. 14. 2. 2001 – 9 AZN 878/00 – AP ArbGG 1979 § 72 a Divergenz Nr. 42.

Neef

„Dem Berufungsgericht ist ferner zuzugeben, dass eine Abmahnung auch bei Handlungsweisen, die den so genannten Vertrauensbereich berühren, nicht stets entbehrlich, vielmehr erforderlich ist, wenn ein steuerbares Verhalten des Auszubildenden in Rede steht und es erwartet werden kann, dass das Vertrauen wiederhergestellt wird."
(vgl. BAG, Urteil v. 1. 7. 1999 – 2 AZR 676/98 – AP BBiG § 15 Nr. 11)

Hinweis:
Bitte beachten: Es kommen nur die abstrakten Rechtssätze im Urteil in Betracht, Leitsätze und Orientierungssätze sind unbeachtlich.[13]

3. Divergenz
Der abstrakte Rechtssatz des Landesarbeitsgerichts weicht von dem des Bundesarbeitsgerichts ab. Denn das Landesarbeitsgericht hält eine Abmahnung bei Störungen im Vertrauensbereich **stets** entbehrlich. Das Bundesarbeitsgericht ist der gegenteiligen Auffassung, dass sie nicht stets entbehrlich ist.

4. Kausalität
Das Urteil des Landesarbeitsgerichts beruht auf dieser Abweichung. Hätte das Landesarbeitsgericht die Rechtsprechung des Bundesarbeitsgerichts zugrunde gelegt, hätte es nicht von vornherein von der Entbehrlichkeit einer Abmahnung ausgehen dürfen. Es hätte vielmehr feststellen müssen, ob es sich um ein steuerbares Verhalten des Klägers handelt und deshalb eine Abmahnung erforderlich gewesen wäre. Dies ist vorliegend der Fall. Der Kläger hat mehrfach vorgetragen, er sei guten Glaubens gewesen, den Laptop mitnehmen zu dürfen, so dass bei Klarstellung dieses Irrtums weitere Störungen in Zukunft nicht zu befürchten gewesen wären.

Wir bitten daher, unserer Nichtzulassungsbeschwerde stattzugeben und die Revision zuzulassen.

Unterschrift

2. Nichtzulassungsbeschwerde wegen grundsätzlicher Bedeutung

10 An das Bundesarbeitsgericht   ....., den .....
Erfurt
Nichtzulassungsbeschwerdeschrift und Antrag wie bei Divergenzbeschwerde

Gründe:

I. Der Kläger ist seit dem ..... als *Verwaltungsangestellter* bei der Beklagten beschäftigt. Auf das Arbeitsverhältnis ist kraft beiderseitiger Tarifbindung/kraft vertraglicher Vereinbarung der Bundesangestellten-Tarifvertrag einschl. seiner Ergänzungen anzuwenden.

Seit dem ..... ist der Kläger in der Abteilung ..... des ..... eingesetzt. Für die Zeit vom ..... bis ..... erhielt der Kläger Vergütung nach Vergütungsgruppe ..... der Anlage 1 zum BAT. Mit der Klage hat der Kläger von der Beklagten Vergütung nach Vergütungsgruppe ..... Fallgruppe ..... der Anlage zum BAT verlangt. Das Arbeitsgericht hat die Klage abgewiesen/ihr stattgegeben. Das Landesarbeitsgericht hat die Berufung zurückgewiesen/hat das Urteil des Arbeitsgerichts abgeändert und

---

[13] Vgl. BAG, Beschluss v. 25. 10. 1991 – 9 AZN 303/91 – zitiert nach JURIS.

erkannt ..... Es hat die Revision nicht zugelassen. Mit der Nichtzulassungsbeschwerde wird die Zulassung der Revision angestrebt.

II. Das Landesarbeitsgericht hat die Revision zu Unrecht nicht zugelassen. Nach § 72a Abs. 1 Nr. 2 i. V. m. § 72 Abs. 2 Satz 1 ArbGG ist die Nichtzulassungsbeschwerde an das Bundesarbeitsgericht zulässig, wenn die Rechtssache grundsätzliche Bedeutung hat und die Parteien über die Auslegung eines Tarifvertrags, dessen Geltungsbereich sich über den Bezirk des Landesarbeitsgerichts hinaus erstreckt, streiten. Diese Voraussetzungen liegen vor:

1. Der BAT gilt über den Bezirk des Landesarbeitsgerichts ..... hinaus.
2. Der Kläger ist in die Vergütungsgruppe ..... einzureihen, wenn sie nachfolgende Tatbestandsvoraussetzungen erfüllt.
   Das Landesarbeitsgericht hat das Tatbestandsmerkmal ..... wie folgt definiert ..... Dies ist unrichtig.[14]
3. Die Rechtssache hat grundsätzliche Bedeutung. Das Bundesarbeitsgericht hat dieses Tatbestandsmerkmal in seiner bisherigen Rechtsprechung noch nicht ausgelegt .....[15]
4. Das Tatbestandsmerkmal kann in einer Vielzahl von Rechtsstreitigkeiten von Bedeutung werden. *Dies muss im Einzelnen belegt werden.*[16]

V. Revision

1. Einlegung der Revision[17]

An das Bundesarbeitsgericht   ....., den 11
Erfurt

Revision

In dem Rechtsstreit

der *Computer Heine GmbH,* gesetzlich vertreten durch den Geschäftsführer *Anton Fuchs, Ruhrorterstraße 10,* (PLZ) *Duisburg*

– Beklagten, Berufungsbeklagten und
Revisionsklägerin –

Prozessbevollmächtigte: Rechtsanwälte *Klug und Willig, Wilhelmstraße 100,* (PLZ) *Duisburg*

gegen

den *Techniker Friedhelm Lustig, Akazienweg 10,* (PLZ) *Duisburg*

– Kläger, Berufungskläger und
Revisionsbeklagten –

---

[14] In der Grundsatzbeschwerde muss genau das Tabestandsmerkmal bezeichnet werden, das das LAG fehlerhaft ausgelegt hat. Unzureichend ist, wenn nur dargelegt wird, die Auslegung des Tarifvertrags durch das LAG sei fehlerhaft; vgl. BAG, Beschluss v. 18. 6. 1997 – 4 AZN 78/97 – AP ArbGG 1979 § 72a Grundsatz Nr. 52.

[15] In den Beschlüssen des BAG wird vielfach die Formulierung verwendet, die Sache ist klärungsfähig und klärungsbedürftig.

[16] In missverständlichen Entscheidungen nennt das BAG die Zahl 20 (BAG, Beschluss v. 15. 11. 1995 – 4 AZN 580/95 – AP ArbGG 1979 § 72a Grundsatz Nr. 49).

[17] Das BAG bittet im Allgemeinen, die Schriftsätze achtfach einzureichen. Folgende Fristen gelten auch bei der Revision: Einlegungsfrist: ein Monat; Begründungsfrist: zwei Monate, jeweils ab Zustellung des in vollständiger Form abgefassten Urteils (§ 74 Abs. 1 ArbGG).

Neef

Prozessbevollmächtigte 2. Instanz: Rechtsanwälte *Eifrig und Schnell, Königstraße 51,* (PLZ) *Duisburg*

Az. 1. Instanz ArbG Duisburg: – 35 Ca 4780/99 –

Az. 2. Instanz LAG Köln: – 10 Sa 387/02 –

legen wir namens und im Auftrag der Beklagten, Berufungsbeklagten und Revisionsklägerin gegen das Urteil des Landesarbeitsgerichts Köln – 10 Sa 387/02 – vom ....., zugestellt am ....., das Rechtsmittel der

Revision

ein.

Wir beantragen, **die Frist zur Begründung der Revision um einen Monat zu verlängern.**

Der Unterzeichner und alleinige Sachbearbeiter dieses Verfahrens wird auf Grund einer Vielzahl weiterer fristgebundener Verfahren sowie eines vorgesehenen einwöchigen Kurzurlaubs nicht in der Lage sein, die Revision innerhalb eines Monats zu begründen. Wir bitten daher, die Frist zu verlängern.[18]

Die Anträge behalten wir der Revisionsbegründungsschrift vor.

Eine Kopie des zweitinstanzlichen Urteils ist zum Verbleib beigefügt.

Unterschrift

2. Revisionsbegründung[19]

12 **Hinweis:**
Revisionsanträge: Die Urteile der Landesarbeitsgerichte werden aufgehoben (§ 562 ZPO), die der Arbeitsgerichte werden abgeändert (§ 528 Satz 2 ZPO). Am Beispiel einer Klage zur Zahlung von 5 000,00 € ergeben sich je nach Prozessverlauf folgende Revisionsanträge:

13 *1. Revision des Klägers*

   a) 1. Instanz erfolgreich, 2. Instanz erfolglos: Antrag:
   das Urteil des Landesarbeitsgerichts Köln vom 28. 3. 2003 – 25 Sa 589/01 – aufzuheben und
   die Berufung der Beklagten *gegen* das Urteil des Arbeitsgerichts Duisburg vom 20. 11. 2000 – 27 Ca 850/00 – zurückzuweisen.

   b) Kläger in beiden Vorinstanzen erfolglos: Antrag:
   das Urteil des Landesarbeitsgerichts Köln vom 28. 3. 2003 – 25 Sa 589/01 – aufzuheben,
   das Urteil des Arbeitsgerichts Duisburg vom 20. 11. 2000 – 27 Ca 850/00 – abzuändern und
   die Beklagte zu verurteilen, an den Kläger 5 000,00 € zu zahlen.

   2. Revision der Beklagten

   a) 1. Instanz erfolgreich, 2. Instanz unterlegen: Antrag:
   das Urteil des Landesarbeitsgerichts Köln vom 28. 3. 2003 – 25 Sa 589/01 – aufzuheben und

---

[18] Die Revisionsbegründungsfrist ist nur **einmal** und auch nur um **einen** Monat zu verlängern.

[19] Der Inhalt der Revisionsbegründung bestimmt sich nach §§ 72 Abs. 5 ArbGG i. V. m. 551 ZPO.

Neef

die Berufung des Klägers *gegen* das Urteil des Arbeitsgerichts Köln vom 20. 11. 2000 – 27 Ca 850/00 – zurückzuweisen.

b) Beklagte in beiden Vorinstanzen erfolglos: Antrag:

das Urteil des Landesarbeitsgerichts Köln vom 28. 3. 2003 – 25 Sa 589/01 – aufzuheben,

das Urteil des Arbeitsgerichts Duisburg vom 20. 11. 2000 – 27 Ca 850/00 – abzuändern und

die Klage abzuweisen.

Empfohlener Aufbau:

1. knappe Schilderung des Sachverhalts

2. rechtliche Beurteilung; soweit erforderlich prozessuale Rügen mit einbauen

3. Auseinandersetzung mit dem LAG-Urteil

Im Fall der zugelassenen Nichtzulassungsbeschwerde wegen Divergenz würde sich folgende Revisionsbegründung ergeben:

In dem Rechtsstreit
Lustig ./. Computer Heine GmbH
– Az. . . . . . –

begründen wir unsere mit Schriftsatz vom . . . . . eingelegte und beim Bundesarbeitsgericht am . . . . . eingegangene Revision *gegen* das Urteil des Landesarbeitsgerichts Köln – 25 Sa 589/01 –, nachdem die Frist zur Revisionsbegründung durch Beschluss vom . . . . . bis zum . . . . . verlängert worden ist.

Wir beantragen, das Urteil des Landesarbeitsgerichts Köln vom 28. 3. 2003 – 25 Sa 589/01 – aufzuheben,

das Urteil des Arbeitsgerichts Köln vom 20. 11. 2000 – 27 Ca 850/00 – abzuändern und

festzustellen, dass das Arbeitsverhältnis der Parteien durch die fristlose Kündigung der Beklagten vom . . . . . nicht aufgelöst worden ist.

Die Revision ist zulässig, nachdem das Bundesarbeitsgericht mit Beschluss vom . . . . . die Revision zugelassen hat.

I. Sachverhalt

Der Kläger war bei der Beklagten seit dem . . . . . beschäftigt. Am . . . . . benötigte er den Laptop, um bestimmte Arbeiten zuhause in Ruhe zu erledigen. Er fragte seinen Vorgesetzten, den Abteilungsleiter V, ob die Möglichkeit bestehe, den Laptop mit nach Hause zu nehmen. Dieser gab ihm diese Erlaubnis. Der Kläger wurde am Werkstor vom Werksschutz angehalten. Ihm wurde unterstellt, er habe den Laptop entwenden wollen. Der Vorgesetzte habe erklärt, eine solche Genehmigung niemals erteilt zu haben. Daraufhin hat die Beklagte fristlos gekündigt. Arbeitsgericht und Landesarbeitsgericht sind von einem Diebstahlsversuch des Klägers ausgegangen und waren der Auffassung, eine Abmahnung sei bei Störungen im Vertrauensbereich stets entbehrlich.

II. Rechtliche Beurteilung

Das zweitinstanzliche Urteil ist unzutreffend. Denn der Kläger hatte auch die Genehmigung des Geschäftsführers der Beklagten, den Laptop mit nach Hause zu nehmen. Dies war nicht Gegenstand des Sachverhalts der zweiten Instanz. Wir erheben jedoch **Aufklärungsrüge** (§ 139 ZPO). Die zweitinstanzlichen Prozessbevollmächtigten des Klägers gingen erkennbar davon aus, der Kläger sei für die von seinem Vorgesetzten erteilte Genehmigung beweispflichtig. Jedoch muss der gekündigte Arbeitnehmer nicht etwa seine Rechtfertigungsgründe beweisen; die Beweislast für das Nichtvorliegen solcher Gründe trägt grundsätzlich der Arbeitgeber (vgl. BAG, Urteil v. 6. 8. 1987 – 2 AZR 226/87 – AP BGB § 626 Nr. 97). Hierauf hätte das Landesarbeitsgericht den Kläger hinweisen müssen. In diesem Fall hätte der Kläger vorgetragen:

Bereits einen Tag zuvor hatte er ein Gespräch mit dem Geschäftsführer der Beklagten, in welchem er diesem sein Anliegen vorgetragen hatte, den Laptop über das Wochenende mit nach Hause zu nehmen. Der Geschäftsführer der Beklagten hatte ausdrücklich zugestimmt. Der Kläger hat von diesem Sachvortrag nur deshalb Abstand genommen, weil er das Gespräch seinerseits nicht beweisen konnte. Das Urteil wurde dadurch beeinflusst, weil es Sache der Beklagten gewesen wäre, diese Rechtfertigung des Klägers zu widerlegen.[20]

Aber auch im Übrigen ist das zweitinstanzliche Urteil aufzuheben..... *(wird ausgeführt)*

III. Das LAG-Urteil

Das LAG-Urteil ist aus folgenden Gründen aufzuheben:

Es leidet an einer Verletzung des Verfahrensrechts (Aufklärungsrüge gemäß § 139 ZPO). Ferner hätte das Landesarbeitsgericht Folgendes beachten müssen: ..... *(wird kurz ausgeführt)*[21]

Unterschrift

3. Revisionserwiderung

14 An das Bundesarbeitsgericht   ....., den .....
Erfurt

In dem Rechtsstreit
Computer Heine GmbH ./. Lustig
– Az. ..... –

wird beantragt, die Revision der Beklagten gegen das Urteil des Landesarbeitsgerichts Köln vom ..... – 10 Sa 387/02 – zurückzuweisen.

Gründe:[22]

.....

---

[20] Beachte: Eine Aufklärungsrüge ist innerhalb der Revisionsbegründungsfrist vorzutragen. Es muss dargelegt werden, was auf eine entsprechende Frage des Gerichts vorgetragen worden wäre (substantiiert) und dass dadurch die Entscheidung beeinflusst worden wäre; vgl. BAG, Urteil v. 10. 4. 1994 – 4 AZR 342/93 – AP BGB § 613a Nr. 108.

[21] In dem dritten Gliederungspunkt (LAG-Urteil) enthält die Revisionsbegründung normalerweise nichts Neues, sondern nimmt kurz Bezug auf das, was in der rechtlichen Beurteilung im Einzelnen ausgeführt ist. Dieser Gliederungspunkt vermeidet jedoch die Diskussion, ob sich die Revisionsbegründung konkret genug mit dem LAG-Urteil auseinder gesetzt hat, ist also eher formaler Natur.

[22] Es ist nicht unbedingt notwendig zu erwidern. Verfahrensrügen können noch in der mündlichen Verhandlung angebracht werden. Besteht die Gefahr, dass das Urteil aufgehoben und gegenteilig entschieden wird, empfiehlt sich dringend, zu erwidern.

4. Anschlussrevision[23]

An das Bundesarbeitsgericht   ....., den **15**
Erfurt

Anschlussrevision

In dem Rechtsstreit

der *Computer Heine GmbH,* gesetzlich vertreten durch den Geschäftsführer *Anton Fuchs, Ruhrorterstraße 10,* (PLZ) *Duisburg*
– Beklagten, Berufungsbeklagten, Revisions-
klägerin und Anschlussrevisionsbeklagten –

Prozessbevollmächtigte: Rechtsanwälte *Klug und Willig, Wilhelmstraße 100,* (PLZ) *Duisburg*

gegen

den *Techniker Friedhelm Lustig, Akazienweg 10,* (PLZ) *Duisburg*
– Kläger, Berufungskläger, Revisionsbeklagten
und Anschlussrevisionskläger –

Prozessbevollmächtigte 2. Instanz: Rechtsanwälte *Eifrig und Schnell, Königstraße 51,* (PLZ) *Duisburg*

Az. 1. Instanz ArbG Duisburg: – 35 Ca 4780/99 –
Az. 2. Instanz LAG Köln: – 10 Sa 387/02 –

legen wir namens und im Auftrag des Klägers gegen das Urteil des Landesarbeitsgerichts Köln – 10 Sa 387/02 – vom ....., zugestellt am .....,

Anschlussrevision

ein.

Es wird beantragt,

1. die Revision zurückzuweisen;
2. das Urteil des Landesarbeitsgerichts Köln vom ..... aufzuheben, soweit es die Klage abgewiesen hat, und die Beklagte zu verurteilen, ...

Im Wege der Anschlussrevision wird der Anspruch des Klägers, mit dem er in 2. Instanz unterlegen war, weiterhin geltend gemacht. Die Anschlussrevision ist fristgerecht erhoben worden (§ 554 ZPO: bis zum Ablauf eines Monats nach Zustellung der Revisionsbegründung).[24] .....

3. Abschnitt. Arrest und einstweilige Verfügung

§ 87. Eilverfahren zur vorläufigen Sicherung und Befriedigung

Korinth, Einstweiliger Rechtsschutz im Arbeitsgerichtsverfahren, 1999, Anhang zu §§ 935, 940 ZPO; *Faecks,* Checkliste zur einstweiligen Verfügung im Arbeitsrecht, NZA 1985, 591 ff.; *ders.,* Die einstweilige Verfügung im Arbeitsrecht, NZA 1985, 6 ff.; *Keßler,*

---

[23] Vgl. zunächst unter Anschlussberufung RN 4 f. und *Germelmann/Matthes/Prütting/Müller-Glöge,* ArbGG, 4. Aufl. § 74 RN 59.
[24] Die Anschlussrevision erfolgt nach der ZPO-Reform nur noch als unselbstständige Anschlussrevision.

Neef

Checkliste für die auf Zahlung der Arbeitsvergütung gerichtete einstweilige Verfügung, WiB 1996, 706 ff.; *Lakies,* Praktische Hinweise zur einstweiligen Verfügung, AuA 1994, 383; *Vossenkämper,* Die auf Zahlung der Arbeitsvergütung gerichtete einstweilige Verfügung, RdA 1991, 216.

I. Muster zum Arrest im Urteilsverfahren

1. Antrag auf Erlass des dinglichen Arrests

1   An das Arbeitsgericht ...., den .....

Antrag auf dinglichen Arrest

in dem Arrestverfahren

der *Maschinenfabrik Eisen AG,* vertreten durch den Vorstandsvorsitzenden *Georg Müller, Berliner Straße 38,* (PLZ) *Minden*

– Antragstellerin –

Prozessbevollmächtigte: Rechtsanwälte *Klug und Emsig, Bismarckstraße 380,* (PLZ) *Minden*

gegen

den Angestellten *Karl-Fritz Fechter, Tulpenweg 38,* (PLZ) *Minden*

– Antragsgegner –

Namens und kraft beigefügter Vollmacht beantragen wir gegen den Antragsgegner – wegen der Dringlichkeit ohne mündliche Verhandlung – durch die Vorsitzende/den Vorsitzenden allein den Erlass folgenden Arrestbefehls:

> Zur Sicherung der Zwangsvollstreckung wegen einer der Antragstellerin gegen den Antragsgegner zustehenden Forderung in Höhe von 500 000,00 € nebst 5% Zinsen über dem Basiszinssatz seit 1. 1. 2003 wird der dingliche Arrest in das gesamte bewegliche und unbewegliche Vermögen des Antragsgegners angeordnet.[1]

Hilfsweise beantragen wir, die Vollziehung des Arrests von einer Sicherheitsleistung abhängig zu machen, nämlich:

> Die Vollstreckung des Arrests wird von einer Sicherheitsleistung in Höhe von 500 000,00 € abhängig gemacht, wobei diese auch durch selbstschuldnerische und unwiderrufliche Bürgschaft einer deutschen Großbank erbracht werden kann.[2]

I. Sachverhalt

Der Antragsgegner war im *Einkauf* der Antragstellerin tätig. Er war zuständig für den Einkauf von Maschinen. Die Antragstellerin hat festgestellt, dass der Antragsgegner von einem Lieferanten Gelder und sonstige Zuwendungen im Werte von insgesamt 500 000,00 € erhalten hat. Es handelt sich im Einzelnen um folgende Zahlungen: ..... *(wird ausgeführt).*

Glaubhaftmachung: als Anlage 1 beigefügte eidesstattliche Versicherung des Geschäftsführers der Firma .....

---

[1] Teilweise wird empfohlen, bereits im Arrestantrag eine Forderungspfändung zu beantragen. Dies kann – insbesondere bei mehreren Forderungen – das Arrestverfahren unnötig belasten (Arrestverfahren gehören erfahrungsgemäß nicht zu den Routineangelegenheiten der Arbeitsgerichte). Eine Sicherstellung von Forderungen lässt sich auch durch die so genannte Vorpfändung gemäß § 845 ZPO erreichen.

[2] Die Bestimmung der Art der Sicherheitsleistung durch Bürgschaft ist nach der ZPO-Reform nicht mehr erforderlich (vgl. § 108 n. F.), aber im Eilverfahren zurzeit noch sinnvoll.

Neef

II. Arrestanspruch

Die Antragstellerin hat Anspruch auf Herausgabe von Schmiergeldern. Sondervorteile, die ein Arbeitnehmer vom Geschäftspartner seines Arbeitgebers erhält, hat er in jedem Fall an den Arbeitgeber herauszugeben (§§ 687 Abs. 2, 681 Satz 2, 667 BGB). Dies gilt unabhängig davon, ob die Geschäftsverbindung im Übrigen ordnungsgemäß abgewickelt wurde oder nicht (vgl. BAG, Urteil v. 26. 2. 1971 – 3 AZR 97/70 – AP BGB § 687 Nr. 5; BGH, Urteil v. 19. 5. 1988 – VII ZR 315/86 – NJW-RR 1988, 1104).

Der Anspruch ist auch als Schadensersatzanspruch begründet..... *(wird ausgeführt)*

III. Der Arrestgrund

Wenn ein Arbeitnehmer mit krimineller Energie und durch vorsätzliche Straftaten seinen Arbeitgeber schädigt, besteht grundsätzlich die Gefahr, dass er versuchen wird, seine Beute zu sichern (vgl. LAG Hamm, Urteil v. 9. 7. 1998 – 17 Sa 733/98 – LAGE ZPO § 917 Nr. 1).

(Weitere Ausführungen zum Arrestgrund)

IV. Hilfsantrag

> **Hinweis:**
> Der Arrest kommt im arbeitsrechtlichen Verfahren nicht allzu oft vor. Daher ist es zweckmäßig, auf die Möglichkeit hinzuweisen, die Vollziehung des Arrests von einer Sicherheitsleistung abhängig zu machen.

§ 921 ZPO ermöglicht es dem Gericht, die Anordnung des Arrests von einer Sicherheitsleistung abhängig zu machen, wenn Arrestanspruch oder Arrestgrund nicht glaubhaft gemacht sind. In diesem Fall müsste zunächst in einem Beschluss, welcher dem Antragsgegner nicht zugestellt wird, festgelegt werden, dass der Arrestbefehl erst nach erfolgter Sicherheitsleistung ergehen soll. Es ist jedoch zulässig und in der Praxis üblich, den Arrest sofort anzuordnen und erst die **Vollziehung** von der Leistung der Sicherheit abhängig zu machen (vgl. *Baumbach/Lauterbach/Albers/Hartmann*, ZPO, 62. Aufl. § 921 RN 12 m. w. N.).

2. Arrestbeschluss[3]

In Sachen pp. *(volles Rubrum § 57)*   2

erlässt das Arbeitsgericht ..... in ..... auf den Antrag vom ..... folgenden

Beschluss:

1. Zur Sicherung der Zwangsvollstreckung wegen einer dem Antragsteller gegen den Antragsgegner zustehenden Forderung in Höhe von ..... € nebst 5% Zinsen über dem Basiszinssatz ab ..... sowie eines Kostenanschlags in Höhe von ..... € wird der dingliche Arrest in das bewegliche und unbewegliche Vermögen des Antragsgegners angeordnet.

2. Der Antragsgegner hat die Kosten des Verfahrens zu tragen.

3. Die Vollziehung des Arrests wird von einer Sicherheitsleistung in Höhe von ..... € durch den Antragsteller abhängig gemacht.

---

[3] § 922 ZPO; der Beschluss bedarf keiner Begründung, vgl. *Zöller/Vollkommer,* ZPO, 23. Aufl. § 922 RN 10 m. w. N.; a. A. *Nägele* NJW 1993, 1045.

4. Die Vollziehung des Arrests wird durch Hinterlegung eines Geldbetrags in Höhe von ..... € durch den Antragsgegner gehemmt. Der Antragsgegner ist berechtigt zu verlangen, einen bereits vollzogenen Arrest gegen Hinterlegung des genannten Betrags aufzuheben.[4]

5. Nur wenn beantragt und keine Sicherheitsleistung erforderlich ist:
In Vollziehung des Arrests wird die Forderung des Antragsgegners wegen ..... zugunsten des Arrestanspruchs mit Kostenanschlag in Höhe von ..... € gepfändet. Dem Drittschuldner ..... wird verboten, an den Antragsgegner zu zahlen, dem Antragsgegner dagegen geboten, sich jeder Verfügung über die gepfändete Forderung, insbesondere der Einziehung, zu enthalten.

Gründe:

Der Antragsteller hat glaubhaft gemacht, dass ihm ein Anspruch in Höhe von ..... € gegen den Antragsgegner zusteht .....

Durch sein Vorbringen ist auch die Besorgnis berechtigt, dass ohne Verhängung des dinglichen Arrests die Zwangsvollstreckung gegen den Antragsgegner vereitelt oder wesentlich erschwert würde .....

Dieses Vorbringen ist glaubhaft gemacht (§§ 916, 917, 923, 930 ZPO). Zugleich war die Forderung zu pfänden.

Alternativ:

Dieses Vorbringen ist nicht glaubhaft gemacht, weshalb es notwendig war, die Vollziehung des Arrests von einer Sicherheitsleistung abhängig zu machen (§§ 916, 917, 922, 923 ZPO). Die Forderungspfändung konnte mangels Sicherheitsleistung nicht erfolgen.

Die Kostenentscheidung erfolgt aus § 91 ZPO.

3. Antrag auf Erlass eines persönlichen Arrests[5]

3 An das Arbeitsgericht ...., den .....
In Sachen pp. *(volles Rubrum § 57)*

wird beantragt, zur Sicherung der Zwangsvollstreckung wegen der dem Antragsteller gegen den Antragsgegner zustehenden Forderung in Höhe von ..... € nebst 5% Zinsen über dem Basiszinssatz ab ..... sowie eines Kostenanschlags in Höhe von ..... € den dinglichen Arrest in das bewegliche und unbewegliche Vermögen des Antragsgegners sowie den persönlichen Sicherheitsarrest anzuordnen.

Gründe:

Der Antragsgegner ist türkischer Arbeitnehmer. Er war vom ..... bis ..... für den Antragsteller als *Kraftfahrer* tätig. Aus dem Arbeitsverhältnis schuldet der Antragsgegner dem Antragsteller noch 1 000,00 € Schadensersatz.

(Grund der Schadensersatzforderung darlegen und glaubhaft machen.)

---

[4] Der Arrestbefehl hat nach § 923 ZPO eine Lösungssumme anzugeben, durch deren Hinterlegung dem Gläubiger volle Sicherheit für Arrestforderung und Nebenforderungen gewährt wird (vgl. *Zöller/Vollkommer*, ZPO, 23. Aufl. § 923 RN 1).

[5] Beim persönlichen Arrest bedarf es 1. der Voraussetzungen des dinglichen Arrests sowie 2. der Tatsache, dass gerade die Person des Schuldners erforderlich ist, um die Sicherung der Ansprüche zu erreichen (z. B. Schuldner hat angekündigt, mit seinem Vermögen das Land zu verlassen), vgl. *Zöller/Vollkommer*, ZPO, 23. Aufl. § 918 RN 1. Der persönliche Arrest ist im Arbeitsrecht eher selten zu finden.

Der Antragsgegner beabsichtigt, in seine Heimat zurückzukehren.[6] Er hat einen Kraftwagen erworben und will diesen mit in die Türkei nehmen, um ein Taxiunternehmen zu eröffnen. Kehrt der Antragsgegner zurück, so werden Vollstreckungsversuche erfolglos bleiben. Hinzu kommt, dass im Falle der Anordnung des persönlichen Arrests der Antragsgegner die Forderung begleichen wird, zumal er einige Ersparnisse besitzt.

Das Sachvorbringen wird glaubhaft gemacht durch . . . . .

4. Beschlussformeln zur Anordnung des persönlichen Arrests

In Sachen pp. *(volles Rubrum § 57)*   **4**

1. wird zur Sicherung der Zwangsvollstreckung wegen der dem Antragsteller zustehenden Forderung sowie der zu erwartenden Kosten der dingliche Arrest in das bewegliche und unbewegliche Vermögen des Antragsgegners sowie der persönliche Sicherheitsarrest angeordnet.

2. In Vollziehung des persönlichen Arrests wird gegen den Antragsgegner . . . . . die Haft verhängt und der Antragsteller ermächtigt, die Verhaftung des Antragsgegners durch einen Gerichtsvollzieher durchführen zu lassen. Die Verhaftung hat zu unterbleiben, wenn der Verhaftete dem Gerichtsvollzieher seine Reisepapiere übergibt.[7]

3. Die Vollziehung des persönlichen Arrests wird gehemmt, wenn der Antragsgegner den Geldbetrag in Höhe von . . . . . € oder die selbstschuldnerische Bürgschaft einer deutschen Großbank hinterlegt. Unter den gleichen Voraussetzungen ist der Antragsgegner berechtigt, die Aufhebung eines vollzogenen Arrests zu beantragen.

5. Widerspruch

An das Arbeitsgericht . . . ., den **5**

In Sachen pp. . . . . ./ . . . . .

wird gegen den Arrestbeschluss des Arbeitsgerichts vom . . . . . Widerspruch eingelegt und beantragt,

den Arrestbeschluss aufzuheben und den Antrag zurückzuweisen.

Gründe:

Darlegung, dass entweder Forderung nicht besteht oder erloschen oder dass Arrestgrund nicht besteht oder Glaubhaftmachung unrichtig ist. Darlegung zum fehlenden Arrestgrund ist etwa, dass Waren verkauft werden, aber dass mit dem Erlös aus dem Geschäftsverkauf die Gläubiger bezahlt werden und teilweise bezahlt sind usw.

Über den Widerspruch entscheidet das Gericht. Es kann den Arrest „bestätigen", „aufheben" oder „abändern" und die Entscheidung auch von Sicherheitsleistungen abhängig machen (§ 925 Abs. 2 ZPO).

---

[6] Allein die Tatsache, dass der Schuldner Ausländer ist, ist für einen persönlichen Arrest nicht ausreichend. Es müssen vielmehr konkrete Anhaltspunkte für die Vereitelungsabsicht in der Person gegeben sein (*Germelmann/Matthes/Prütting/Müller-Glöge*, ArbGG, 4. Aufl. § 62 RN 75).

[7] Nach dem Grundsatz der Verhältnismäßigkeit kann in Betracht kommen: Überwachung/Meldepflicht/Reiseverbot/Wegnahme von Ausweispapieren/Haft.

6. Bestimmung der Klagefrist

6   *Nach § 926 ZPO kann der Arrestschuldner beantragen, „dem Arrestgläubiger eine Frist zu bestimmen, binnen derer dieser Klage zur Hauptsache zu erheben hat". Über den Antrag entscheidet der Rechtspfleger des Gerichts (§ 20 Nr. 14 RPflG).*

7. Hinterlegung

7   *Nach § 934 ZPO kann der im Arrest festgestellte Betrag hinterlegt werden und zugleich der Antrag gestellt werden, den Arrestbefehl aufzuheben. Für die Entscheidung zuständig ist gemäß § 20 Nr. 15 RPflG der Rechtspfleger.*

8. Veränderte Umstände

8   *Schließlich kann nach § 927 ZPO wegen veränderter Umstände die Aufhebung des Arrests beantragt werden etwa mit folgender Begründung:*

Das Arbeitsgericht hat den Arrestbeschluss vom ..... bestätigt. Nach Erlass des Urteils sind ..... € an den Antragsteller gezahlt worden. Dieser hat nach Zahlung auf die weitere Vollziehung des Arrests verzichtet.

Beweis: Anliegende Bestätigung.

II. Anträge zu einstweiligen Verfügungen in Urteilssachen[8]

1. Antrag bei Herausgabeansprüchen

9   An das Arbeitsgericht ...., den .....

In Sachen pp. *(volles Rubrum wie im Arrest)*[9]

wird dem Antragsgegner im Wege der einstweiligen Verfügung aufgegeben, die Arbeitspapiere des Antragstellers bestehend aus ..... herauszugeben.[10]

Gründe:

Der Antragsgegner besitzt aus einem früheren Arbeitsverhältnis noch die Arbeitspapiere des Antragstellers und weigert sich zu Unrecht, diese herauszugeben. Er behauptet, er habe an ihnen ein Zurückbehaltungsrecht wegen einer Gegenforderung. Abgesehen davon, dass es an den Arbeitspapieren kein Zurückbehaltungsrecht gibt, steht dem Antragsgegner eine Gegenforderung nicht zu. Ein Verfügungsgrund ist gegeben, weil der Antragsteller eine andere Arbeit gefunden hat. Der neue Arbeitgeber macht die Einstellung und den Arbeitsbeginn von der Aushändigung der Arbeitspapiere abhängig.

---

[8] Die Vorschriften der ZPO zu den Eilverfahren Arrest und Einstweilige Verfügung finden auch im arbeitsgerichtlichen Verfahren Anwendung (*Germelmann/Matthes/Prütting/Müller-Glöge*, ArbGG, 4. Aufl. § 62 RN 65). Voraussetzung ist daher auch hier das Vorliegen eines Verfügungsanspruchs (= ein zu sicherndes, nicht auf Geld gerichtetes subjektives Recht, vgl. *Zöller/Vollkommer*, ZPO, 23. Aufl. § 935 RN 6) und eines Verfügungsgrunds (= Besorgnis, dass durch die Veränderung des bestehenden Zustands die Verwirklichung eines Rechts vereitelt werden könnte, vgl. § 935 ZPO).

[9] Die Parteien heißen zunächst Antragsteller und Antragsgegner. Erst wenn der Antragsgegner Widerspruch gegen die einstweilige Verfügung eingelegt hat, wird der Antragsteller zum Verfügungskläger und der Antragsgegner zum Verfügungsbeklagten.

[10] Vgl. *Germelmann/Matthes/Prütting/Müller-Glöge*, ArbGG, 4. Aufl. § 62 RN 90.

Beweis: Anliegende Bescheinigung. Im Übrigen werden zum Zwecke der Glaubhaftmachung (§ 294 ZPO) die tatsächlichen Angaben vom Unterzeichner an Eides statt versichert.

2. Unterlassungsansprüche

An das Arbeitsgericht ...., den **10**

In Sachen pp. *(volles Rubrum wie im Arrest)*

wird dem Antragsgegner im Wege der einstweiligen Verfügung aufgegeben,

1. sich des Wettbewerbs *(genaue Umschreibung der zu unterlassenden Tätigkeit)* zum Nachteil der Antragstellerin zu enthalten;
2. seine Tätigkeit für die Firma ..... einzustellen.
3. Für jeden Fall der Zuwiderhandlung gegen eines der Verbote zu 1) oder 2) wird dem Antragsgegner ein Ordnungsgeld in Höhe von ..... €, ersatzweise ..... Tage Ordnungshaft angedroht.

Gründe:

Die Antragstellerin betreibt ein Unternehmen für die Herstellung und den Vertrieb von ..... Gegenständen. Der Antragsgegner war bei der Antragstellerin als *kaufmännischer Angestellter* beschäftigt. Er ist auf Grund eigener Kündigung am ..... ausgeschieden. Zwischen den Parteien wurde beiliegendes nachvertragliches Wettbewerbsverbot geschlossen, das dem Antragsgegner ausgehändigt worden ist.

> **Hinweis:**
> Dem während der Kündigungsfrist für ein Konkurrenzunternehmen tätigen Arbeitnehmer kann durch einstweilige Verfügung die weitere Tätigkeit gemäß § 60 HGB untersagt werden.[11]

Der Antragsgegner ist in die Dienste der Firma ..... getreten. Zur Glaubhaftmachung (§ 294 ZPO) wird anliegende eidesstattliche Versicherung des Personalleiters ..... überreicht. Diese Firma ist schärfste Konkurrentin der Antragstellerin. Schon aus den Briefköpfen ergibt sich, dass Produktions- und Vertriebsprogramm der Antragstellerin übereinstimmen. Zur Vermeidung von schweren Schäden bedarf es daher der einstweiligen Verfügung.

3. Widerspruch gegen einstweilige Verfügung[12]

An das Arbeitsgericht ...., den **11**

In Sachen pp. *(volles Rubrum)*

zeige ich an, dass ich den Antragsgegner vertrete. In dessen Namen und Auftrag lege ich gegen die vom Arbeitsgericht ..... am ..... – Az. ..... – erlassene einstweilige Verfügung

---

[11] ArbG Darmstadt, Beschluss v. 13. 10. 1988 – 7 Ga 2/88 – NZA 1988, 845.
[12] Der Widerspruch leitet das streitige Verfahren ein. Deswegen wird der Antragsteller zum Verfügungskläger.

Widerspruch

ein.

Es wird beantragt,

1. die einstweilige Verfügung des Arbeitsgerichts ..... vom ..... – Az. ..... – aufzuheben;

2. die Vollstreckung aus der einstweiligen Verfügung einzustellen (§§ 924 Abs. 3, 707 ZPO).

Gründe:

.....

III. Einstweilige Verfügung zur Durchsetzung des Weiterbeschäftigungsanspruchs

1. Antrag auf Erlass einer einstweiligen Verfügung[13]

12 An das Arbeitsgericht ...., den .....

In Sachen pp. *(volles Rubrum)*

wird beantragt, den gesetzlichen Vertretern der Antragsgegnerin aufzugeben, bei Meidung eines vom Gericht festzusetzenden Zwangsgeldes gegen die Antragsgegnerin bzw. der Zwangshaft gegen die gesetzlichen Vertreter den Antragsteller bis zum rechtskräftigen Abschluss des Kündigungsschutzverfahrens weiterzubeschäftigen.

Gründe:

Der Antragsteller wurde am ..... von der Antragsgegnerin als ..... eingestellt. Der Arbeitsvertrag ist in Fotokopie beigefügt. Der Antragsteller ist ledig/verheiratet und hat ..... unterhaltsberechtigte Kinder. Sein letzter Arbeitsverdienst betrug ..... € monatlich.

Die Antragsgegnerin hat das Arbeitsverhältnis am ..... mit ordentlicher Frist zum ..... gekündigt. Der Betriebsrat hat gegen die Kündigung Widerspruch eingelegt. Kündigung und Widerspruchsschreiben sind beigefügt.

Der Antragsteller hat am ..... bei dem dortigen Gericht Kündigungsschutzklage erhoben. Diese hat das Aktenzeichen – ..... –/das Aktenzeichen ist noch nicht bekannt. Die Antragsgegnerin weigert sich zu Unrecht, den Antragsteller weiterzubeschäftigen.

Da der Ablauf der Kündigungsfrist unmittelbar bevorsteht, bedarf es des Erlasses einer einstweiligen Verfügung, um die Antragsgegnerin anzuhalten, dem sich aus § 102 Abs. 3 BetrVG ergebenden Weiterbeschäftigungsanspruch nachzukommen.

Zur Glaubhaftmachung .....

---

[13] Kommt in Betracht, wenn der Arbeitgeber die Voraussetzungen des Weiterbeschäftigungsanspruchs in Abrede stellt, vgl. LAG Nürnberg, Urteil v. 27. 10. 1992 – 6 Sa 496/92 – LAGE BetrVG 1972 § 102 Beschäftigungspflicht Nr. 11; das LAG Hamburg hält einen Verfügungsgrund für entbehrlich: Urteil v. 14. 9. 1992 – 2 Sa 50/92 – LAGE BetrVG 1972 § 102 Beschäftigungspflicht Nr. 10.

2. Entgegnung auf Erhebung des Weiterbeschäftigungsanspruchs

Hinweis: 13
Außer in ganz eindeutigen Fällen immer den Antrag auf Entbindung von der Weiterbeschäftigungspflicht stellen (s. nächstes Muster).

An das Arbeitsgericht ...., den   14
In Sachen pp. *(volles Rubrum)*
wird beantragt, den Antrag zurückzuweisen.

Gründe:

Es ist richtig, dass der Antragsteller seit dem ..... in den Diensten der Antragsgegnerin steht und am ..... mit ordentlicher Frist zum ..... gekündigt worden ist und dass er diese Kündigung mit der Kündigungsschutzklage angegriffen hat. Gleichwohl steht dem Antragsteller ein Weiterbeschäftigungsanspruch nach § 102 Abs. 3 BetrVG nicht zu. Der vom Betriebsrat gegen die Kündigung eingelegte Widerspruch ist nämlich nichtig. Der Betriebsrat hat den Widerspruch nicht form- und fristgemäß erhoben .....[14]/Der Widerspruch ist nichtig, weil .....

3. Antrag auf Entbindung von der Weiterbeschäftigungspflicht[15]

Hinweis: 15
1. Liegt ein wirksamer Widerspruch des Betriebsrats nicht vor, ist gleichwohl einem Entbindungsantrag des Arbeitgebers stattzugeben, weil nur dieser Rechtssicherheit schafft.[16]
2. Wird der Antrag nicht gestellt, führt der Weiterbeschäftigungsanspruch des Arbeitnehmers gemäß § 102 Abs. 5 BetrVG, auch wenn der Arbeitnehmer ihn nicht durchsetzt, zum Entstehen von Verzugslohn gemäß § 615 BGB.[17]

An das Arbeitsgericht ...., den   16
In Sachen pp. *(volles Rubrum)*
wird beantragt, die Antragstellerin im Wege der einstweiligen Verfügung von der Verpflichtung zur Weiterbeschäftigung des Antragsgegners zu entbinden.[18]

Gründe:

Die Antragstellerin hat den am ..... als ..... eingestellten Antragsgegner, der verheiratet ist und ..... Kinder hat, am ..... zum ..... ordentlich gekündigt. Die Kündigung war notwendig, weil *(Darlegung betriebsbedingter Gründe)*.

---

[14] Vgl. ArbR-Hdb. § 123 RN 129 ff.
[15] § 102 Abs. 5 Satz 2 BetrVG. Nach h. M. wird der Antrag im Urteils- und nicht im Beschlussverfahren gestellt (*Germelmann/Matthes/Prütting/Müller-Glöge,* ArbGG, 4. Aufl. § 62 RN 89).
[16] Vgl. LAG München, Urteil v. 5. 10. 1994 – 5 Sa 698/94 – LAGE BetrVG § 102 Beschäftigungspflicht Nr. 19; ArbR-Hdb. § 123 RN 132.
[17] Vgl. BAG, Urteil v. 7. 3. 1996 – 2 AZR 432/95 – AP BetrVG 1972 § 102 Weiterbeschäftigung Nr. 9.
[18] Die einstweilige Verfügung kann auch dann beantragt werden, wenn ein unbeachtlicher Widerspruch des Betriebsrats vorliegt und somit ein Weiterbeschäftigungsanspruch nicht gegeben wäre. In diesen Fällen ist gleichwohl ein Rechtsschutzinteresse gegeben (vgl. LAG Hamm, Urteil v. 31. 1. 1979 – 8 Sa 1578/78 – LAGE BetrVG 1972 § 102 Beschäftigungspflicht Nr. 7).

Neef

Der Betriebsrat der Antragstellerin hat der Kündigung widersprochen. Der Widerspruch ist beigefügt. Der Antragsgegner hat gegen die Kündigung am ..... Kündigungsschutzklage erhoben. Diese wird bei dem dortigen Gericht unter dem Aktenzeichen – ..... – geführt. Es wird darum gebeten, die Akten beizuziehen. Der Antragsgegner hat seine Weiterbeschäftigung verlangt.

Es bedarf der Entbindung der Antragstellerin von der Weiterbeschäftigungspflicht, denn sie hat bei der Auswahl der zu Kündigenden soziale Gesichtspunkte ausreichend berücksichtigt, so dass die Klage keine hinreichende Aussicht auf Erfolg bietet (§ 105 Abs. 5 Satz 2 Nr. 1 BetrVG). Die Antragstellerin beschäftigt in ihrem *Tiefbau-Unternehmen* 4 Schachtmeister. Wie bereits dargelegt, musste einer der Schachtmeister gekündigt werden. Nach seinen sozialen Verhältnissen kam für eine Kündigung nur der Antragsgegner in Betracht.

Der Schachtmeister A ist seit ..... Jahren bei der Antragstellerin beschäftigt. Wegen seiner wesentlich längeren Beschäftigungsdauer genießt er einen größeren Bestandsschutz seines Arbeitsverhältnisses. Hinzu kommt aber, dass er bereits ..... Jahre alt ist und seine Aussichten auf dem Arbeitsmarkt geringer sind als die des Antragsgegners, der noch verhältnismäßig jung ist.

Der Arbeitnehmer B konnte nicht gekündigt werden; er ist zwar erst am ..... eingestellt und damit nicht so lange beschäftigt wie der Antragsgegner. Indes war zugunsten B's zu berücksichtigen, dass der Antragsgegner nur Unterhaltpflichten für ..... Personen hat, während B für ..... Kinder zu sorgen hat. Dabei war insbesondere zu erwägen, dass eines der Kinder körperbehindert ist (usw .....). Aber auch der Arbeitnehmer C genießt einen Vorrang vor dem Antragsgegner. Beide sind etwa gleich alt, gleich lang beschäftigt und beide haben die gleichen Unterhaltsverpflichtungen. Der Antragsgegner ist insoweit besser gestellt als seine Ehefrau noch berufstätig ist .....

oder

Die Weiterbeschäftigung führt zu einer unzumutbaren wirtschaftlichen Belastung der Antragstellerin (§ 102 Abs. 5 S. 2 Nr. 2 BetrVG). *(Einzelheiten darlegen)*

oder

Der Widerspruch des Betriebsrats ist offensichtlich unbegründet (§ 102 Abs. 5 Satz 2 Nr. 3 BetrVG).

IV. Schutzschrift zur Verhinderung des Erlasses einer einstweiligen Verfügung[19]

Muster: RdA 1983, 174; *Leipold,* Die Schutzschrift zur Abwehr einstweiliger Verfügungen gegen Streik, RdA 1983, 164.

---

[19] Die Schutzschrift ist ein im Gesetz nicht geregeltes Rechtsinstitut. Es ist vor allem in Wettbewerbsprozessen entwickelt worden (vgl. *Zöller/Vollkommer,* ZPO, 23. Aufl. § 937 RN 4). Es findet aber auch zunehmend im Arbeitsrecht Anwendung. Muster unter RN 17) ist in Anlehnung an eine Schutzschrift der IG Metall verfasst.

1. Schutzschrift bei Warnstreik

An das Arbeitsgericht .....[20] ....., den **17**

Schutzschrift[21]

In Sachen
NN[22]

– voraussichtlicher Antragsteller –

gegen

die IG Metall für die BRD, zugleich für alle Verwaltungsstellen und Bezirksleitungen der IG Metall, vertreten durch den Vorstand der IG Metall, Wilhelm-Leuschner-Straße 79–85, 60329 Frankfurt/Main, diese vertreten durch die Ortsverwaltung der Verwaltungsstelle ....., diese vertreten durch den 1. Bevollmächtigten

– voraussichtliche Antragsgegnerin –

Prozessbevollmächtigte: .....

Wegen Warnstreiks hinterlegen wir folgende Schutzschrift:

Es wird beantragt:

1. Anträge auf Erlass einstweiliger Verfügungen gegen die Warnstreiks, die von der IG Metall in der Metallindustrie ab dem ..... organisiert werden, zurückzuweisen;
2. über Anträge auf Erlass einstweiliger Verfügungen nicht ohne mündliche Verhandlung zu entscheiden.

Gründe:

I. Die Tarifverträge über Löhne, Gehälter und Ausbildungsvergütungen in der Metallindustrie sind in der BRD zum ..... gekündigt. Über die in den jeweiligen Tarifgebieten von der IG Metall erhobenen Forderungen wird seit dem ..... verhandelt. Verhandlungsergebnisse sind bislang nicht erzielt worden, weil .....

Die Friedenspflicht aus allen Tarifverträgen ist mit Ablauf des ..... gemäß § 3 der Schlichtungs- und Schiedsvereinbarung für die Metallindustrie beendet. Die Schlichtungs- und Schiedsvereinbarung ist in der Anlage 1 beigefügt.

Die IG Metall plant, und hat dies auch wiederholt öffentlich erklärt, die Organisation gewerkschaftlicher Warnstreiks durch ihre Verwaltungsstellen und Bezirksleitungen zur Unterstützung ihrer Verhandlungsposition. Die Arbeitgeber haben demgegenüber durch den Gesamtverband der Metallindustrieellen Arbeitgeberverbände e. V. öffentlich erklärt, dass sie gewerkschaftliche Warnstreiks für unzulässig ansehen. Dies ergibt sich auch aus den Arbeitskampfrichtlinien, die in der Anlage 2 beigefügt sind. Sie haben ferner angekündigt, dass sie gegen von der IG Metall or-

---

[20] Nach § 2 ArbGG sind grundsätzlich die Arbeitsgerichte zuständig. Die Amtsgerichte sind nicht zuständig nach § 942 ZPO, da das Verhältnis von Arbeitsgerichten zu ordentlichen Gerichten eine Frage der Zulässigkeit des Rechtswegs ist.

[21] Die Schutzschrift ist, sofern keine besonderen Weisungen ergangen sind, in das AR-Register einzutragen und mit einem AR-Aktenzeichen zu versehen. Es kann sich empfehlen, einen Vermerk im Register für Verfügungssachen aufzunehmen. Eine Unterrichtung des Antragstellers über die Schutzschrift vor Eingang des Antrags auf Erlass einer einstweiligen Verfügung ist nicht notwendig.

[22] Da nicht abzusehen ist, wer die einstweilige Verfügung beantragt, ist die Bezeichnung mit NN zulässig. Denkbar ist auch: Arbeitgeberverband für ..... voraussichtlicher Antragsteller/.....

Neef

ganisierte Warnstreiks gerichtlich vorgehen werden. Diese Äußerung gibt Anlass zu der vorliegenden Schutzschrift.

II. Rechtsausführungen:

1. Zuständigkeit der Gerichte; keine Zuständigkeit der Amtsgerichte (vgl. § 942 ZPO);

2. Aktiv- und Passivlegitimation;

3. Zulässigkeit von Warnstreiks;

4. Darlegungen zum Verfügungsgrund;

5. Notwendigkeit der mündlichen Verhandlung.

2. Schutzschrift wegen der Einführung von Kurzarbeit

18   An das Arbeitsgericht . . . ., den . . . . .

Schutzschrift

In dem erwarteten einstweiligen Verfügungsverfahren

des Betriebsrats der *Adam GmbH,* vertreten durch den Betriebsratsvorsitzenden *Egon Meier, Efeuweg 3,* (PLZ) *Wolfsburg*

– voraussichtlichen Antragstellers –

gegen

die *Adam GmbH,* vertreten durch den Geschäftsführer *Heinrich Müller, Efeuweg 3,* (PLZ) *Wolfsburg*

– voraussichtliche Antragsgegnerin –

Prozessbevollmächtigte: Rechtsanwälte *Laut und Heise, Dieselstraße 3,* (PLZ) *Wolfsburg*

hinterlegen wir folgende

Schutzschrift

Die voraussichtliche Antragsgegnerin betreibt in Wolfsburg eine Lampenproduktion und beschäftigt rund 55 Arbeitnehmer. Sie hat zurzeit einen Gesamtproduktionsrückstand im Wert von 700 000,00 €, was einer Produktionsdauer von zwei Wochen entspricht.

Glaubhaftmachung: beigefügte eidesstattliche Versicherung des Geschäftsführers *Heinrich Müller.*

Die Produktion findet in der Halle 1 statt.

Daneben gibt es eine Halle 2, die etwa 900 qm groß ist und zurzeit zu etwa 20% als Lager benutzt wird, im Übrigen aber leer steht.

Die voraussichtliche Antragsgegnerin hat mit der Firma *Emsig GmbH* einen Werkvertrag abgeschlossen, wonach diese in der Halle 1 der voraussichtlichen Antragsgegnerin die dort für einen Sonderauftrag gefertigten Leuchten herstellt. Abgerechnet wird nach Stückpreisen.

Der voraussichtliche Antragsteller ist der Auffassung, es handele sich um eine Einstellung gemäß § 99 BetrVG, und hat angekündigt, eine einstweilige Verfügung zu beantragen. Eine solche einstweilige Verfügung ist zurückzuweisen. Es handelt sich um keine Einstellung, sondern vielmehr um einen Werkvertrag. Die voraussichtliche Antragsgegnerin hat keinerlei Einfluss auf Zeit, Art und Umfang des Einsatzes der Mitarbeiter der Firma *Emsig GmbH*.

Glaubhaftmachung: beigefügter Vertrag.

3. Schutzschrift gegen eine Unterlassungsverfügung aus einem Wettbewerbsverbot

An das Arbeitsgericht ...., den **19**

Schutzschrift

In dem erwarteten einstweiligen Verfügungsverfahren

der *Krüger GmbH*, vertreten durch den Geschäftsführer *Hans Schulze, Riekstraße 9,* (PLZ) *Braunschweig*

– voraussichtlichen Antragstellerin –

gegen

den kaufmännischen Angestellten *Thomas Lenk, Taunusstraße 65,* (PLZ) *Braunschweig*

– voraussichtlichen Antragsgegner –

Prozessbevollmächtigte: Rechtsanwälte *Schläger und Wenk, Lutterstraße 5,* (PLZ) *Braunschweig*

wegen Unterlassung von Wettbewerbstätigkeit aus einem Wettbewerbsverbot.

Namens und in Vollmacht des voraussichtlichen Antragsgegners wird beantragt,

den möglichen Antrag der voraussichtlichen Antragstellerin auf Unterlassung von Wettbewerb nach dem Wettbewerbsverbot vom ..... zurückzuweisen.

Gründe:

Der voraussichtliche Antragsgegner war vom ..... bis ..... bei der voraussichtlichen Antragstellerin als ..... beschäftigt. Dem Arbeitsverhältnis lag ein Arbeitsvertrag vom ..... zugrunde. In diesem Arbeitsvertrag war nachfolgendes Wettbewerbsverbot vereinbart ..... Nach Beendigung des Arbeitsverhältnisses ist der voraussichtliche Antragsgegner in die Dienste der Firma ..... getreten. Diese steht in Wettbewerb zur voraussichtlichen Antragstellerin. Der voraussichtliche Antragsgegner war zur Aufnahme einer Wettbewerbstätigkeit berechtigt, denn das Wettbewerbsverbot ist unwirksam, weil .....

Neef

4. Abschnitt.
Ausschließung und Einstellung der Zwangsvollstreckung

§ 88. Vollstreckungsschutzanträge und Klage auf Schadensersatz wegen vorläufiger Vollstreckung

I. Antrag auf Ausschließung der Zwangsvollstreckung im Urteil[1]

1 An das Arbeitsgericht ...., den .....

In Sachen pp. *(volles Rubrum)*

wird beantragt,

1. die Klage abzuweisen;

2. im Unterliegensfall die vorläufige Vollstreckbarkeit aus dem Urteil des Arbeitsgerichts auszuschließen.

Gründe:

Zu 1: *(Sachvortrag, der den Klageabweisungsantrag begründen soll)*

Zu 2: Nach § 62 Abs. 1 Satz 2 ArbGG hat das Arbeitsgericht die vorläufige Vollstreckbarkeit auszuschließen, wenn glaubhaft gemacht wird, dass die Vollstreckung einen nicht zu ersetzenden Nachteil bringen würde. Diese Voraussetzungen sind gegeben. Der Kläger hat geäußert, dass er die Arbeit bei dem Beklagten nicht mehr aufnehmen will und, sobald die Forderung beigetrieben sei, nach Griechenland zurückkehren werde, um von dort aus zu einer Weltumsegelung aufzubrechen. Dies wird glaubhaft gemacht durch eidesstattliche Versicherung des Vorarbeiters *Wichtig,* die diesem Schriftsatz beigefügt ist. Es ist daher zu gewärtigen, dass dann, wenn der Beklagte wider Erwarten unterliegen sollte, gegen ihn vollstreckt wird. Da der Kläger sofort nach Griechenland zurückkehren will, ist die Durchsetzung des Erstattungsanspruchs nicht mehr zu realisieren.[2]

oder

Der Kläger besitzt weder Einnahmen aus Arbeit noch Kapital- oder sonstiges Vermögen. Vielmehr ist er seit vielen Monaten arbeitslos. Bereits die Bewilligung der Prozesskostenhilfe zeigt die Vermögenslosigkeit des Klägers. Angesichts der Höhe der mit der Klage geforderten Beträge könnte der Kläger im Falle ihres Verbrauchs keine Erstattung leisten, wenn das Urteil vorläufig vollstreckt, aber im Berufungsrechtszug aufgehoben wird. Schon die Uneinbringlichkeit einer Erstattungsforderung bedeutet für die Beklagte einen nicht zu ersetzenden Nachteil. Hinzu kommt aber noch, dass die Beklagte zur Aufbringung der Mittel eine Maschine veräußern müsste, deren Wiederbeschaffungswert ein Vielfaches des zu erzielenden Erlöses beträgt.

Beweis: Buchsachverständiger *Krause,* der zum Termin gestellt wird.

Die Bescheidung des Antrags erfolgt im Urteil, wobei die Ausschließung der vorläufigen Vollstreckbarkeit im Tenor erfolgt.

---

[1] Vgl. § 62 Abs. 1 Satz 2 ArbGG; *Germelmann/Matthes/Prütting/Müller-Glöge,* ArbGG, 4. Aufl. § 62 RN 20.

[2] Inwieweit die voraussichtliche Vermögenslosigkeit ausreicht: vgl. ArbV-Hdb. § 42 RN 7; vgl. LAG Bremen, Beschluss v. 25. 10. 1982 – 4 Sa 265/82 – AP ArbGG 1979 § 62 Nr. 2. Ein alleiniges Abstellen auf die Ausländereigenschaft reicht nicht aus und würde gegen Art. 3 GG verstoßen, bei EU-Bürgern gegen Art. 39 EG-Vertrag (LAG Schleswig-Holstein, Beschluss v. 12. 6. 1998 – 3 Sa 213 a/98 – NZA 1998, 1248).

II. Antrag auf Einstellung der Zwangsvollstreckung aus einem Versäumnisurteil

1. Antrag

An das Arbeitsgericht ...., den   2

In Sachen pp. *(volles Rubrum)*

wird beantragt, die Zwangsvollstreckung aus dem Versäumnisurteil des Arbeitsgerichts in ..... vom ..... – Az. ..... – einstweilen einzustellen (§ 62 Abs. 1 Satz 3 ArbGG).

Gründe:

....

....

Hinweis:

Während durch den Antrag zu I erreicht werden soll, dass die Vollstreckung bei Urteilserlass ausgeschlossen wird, war hier der Beklagte säumig und will die Vollstreckung verhindern. Der Antrag kann beim Arbeitsgericht durch die Partei selbst gestellt werden. Einstellungsvoraussetzungen wie bei Antrag zu I. Die Einstellung erfolgt immer ohne Sicherheitsleistung,[3] daher keine Einstellungserleichterung, wenn Sicherheit geboten wird, allerdings vergleichsweise Einstellung gegen Sicherheitsleistung vielfach zu erreichen. Überhaupt regen in zweifelhaften Rechtslagen namentlich die Berufungsrichter vielfach eine einstweilige Einstellung gegen Zahlung der Titelsumme auf Treuhandkonto, Stellung einer Bankbürgschaft usw. an. Rechtsanwälte gehen hierauf zumeist ein.

2. Beschluss des Arbeitsgerichts (Einstellung)

In Sachen pp. *(volles Rubrum)*   3

wird die Zwangsvollstreckung aus dem Versäumnisurteil des erkennenden Gerichts vom ..... – ..... Ca ...../..... – einstweilen eingestellt.

Gründe:

....

....

3. Zurückweisung

Beschluss   4

In dem Rechtsstreit

...../.....

wird der Antrag des Beklagten vom ..... auf Einstellung der Zwangsvollstreckung aus dem Vollstreckungsbescheid/Versäumnisurteil vom ..... auf Kosten des Beklagten zurückgewiesen.

---

[3] Vgl. *Germelmann/Matthes/Prütting/Müller-Glöge*, ArbGG, 4. Aufl. § 62 RN 35.

Gründe:

Nach § 62 Abs. 1 ArbGG ist die Einstellung der Zwangsvollstreckung nur möglich, wenn glaubhaft gemacht wird, dass die Vollstreckung der Partei einen nicht zu ersetzenden Nachteil bringen würde. Das Vorliegen dieser Voraussetzung hat die Beklagte weder vorgetragen noch glaubhaft gemacht *(evtl. näher darzulegen)*.

Die Kostenentscheidung beruht auf § 91 ZPO.

Eine Anfechtung dieses Beschlusses findet nicht statt (§ 707 Abs. 2 ZPO).

....., den .....

Das Arbeitsgericht
Der Vorsitzende der ..... Kammer
Richter am Arbeitsgericht

III. Beschwerde gegen den die Einstellung der Zwangsvollstreckung ablehnenden Beschluss

5   An das Arbeitsgericht[4] ...., den .....

In Sachen pp. *(volles Rubrum)*

wird gegen den Beschluss des Arbeitsgerichts vom ..... – Az. ..... – sofortige Beschwerde (§§ 793, 567 ZPO) eingelegt und beantragt,

> den Beschluss des Arbeitsgerichts aufzuheben und die Zwangsvollstreckung aus dem Versäumnisurteil des Arbeitsgerichts vom ..... einstweilen einzustellen.

Gründe:

Wenngleich gemäß §§ 719, 707 Abs. 2 Satz 2 ZPO Beschlüsse über die Ablehnung der Einstellung der Zwangsvollstreckung grundsätzlich der Anfechtung entzogen sind, findet eine Beschwerde dann statt, wenn der Beschluss auf einer greifbaren Gesetzeswidrigkeit beruht (Thüringer LAG, Beschluss v. 11. 12. 2000 – 9 Ta 137/00 – NZA-RR 2001, 660), insbesondere wenn erkennbar ist, dass das Arbeitsgericht sein Ermessen überhaupt nicht ausgeübt hat (LAG Rheinland-Pfalz, Beschluss v. 26. 11. 1984 – 1 Ta 247/84 – zitiert nach Juris). Ein derartiger Fall ist hier gegeben. Das Arbeitsgericht hat ausgeführt, dass die Zwangsvollstreckung aus Drittschuldnerurteilen grundsätzlich nicht eingestellt werden könne, weil die Forderung zur Sicherung des Unterhalts der Kinder des Schuldners diene. Das Arbeitsgericht hätte jedoch die Interessen des Klägers und der Beklagten abwägen und die unersetzlichen Nachteile der Beklagten berücksichtigen müssen. *(Alsdann Darlegung der nicht zu ersetzenden Nachteile).*

---

[4] Die sofortige Beschwerde kann beim Arbeitsgericht, aber auch gleich beim Landesarbeitsgericht eingelegt werden (§ 569 Abs. 1 ZPO).

IV. Einstellungsantrag an Landesarbeitsgericht

Hinweis: 6
Partei selbst nicht postulationsfähig, also nur durch Verbandsvertreter oder Rechtsanwalt.

1. Antrag

Hinweis: 7
Im Regelfall erfordert ein Erfolg versprechender Vollstreckungsschutzantrag gegen ein erstinstanzliches, vorläufig vollstreckbares Urteil eine **vollständige Berufungsbegründung**. Es ist eine Ermessensentscheidung des Landesarbeitsgerichts, bei der in der Praxis auch die Erfolgsaussichten des Berufungsverfahrens eine Rolle spielen.[5]

An das Landesarbeitsgericht ...., den 8
In Sachen pp. *(volles Rubrum)*
wird beantragt,

1. das Urteil des Arbeitsgerichts ..... vom ..... – Az. ..... – abzuändern und die Klage abzuweisen;
2. die Zwangsvollstreckung aus dem Urteil des Arbeitsgerichts ..... vom ..... vorläufig einzustellen.

Gründe:

(zu 1) *(Begründung insoweit nur notwendig, falls Berufung noch nicht begründet)*
(zu 2) Das Arbeitsgericht hat die von der Beklagten ausgesprochene Kündigung als unwirksam erachtet und die Beklagte zur Weiterbeschäftigung des Klägers verurteilt. Nach der letzten mündlichen Verhandlung des Arbeitsgerichts hat die Beklagte eine weitere Kündigung, nämlich eine fristlose Kündigung, ausgesprochen, weil der Kläger gegenüber einem Kunden der Beklagten erklärt hat, die Beklagte belüge und betrüge ihre Geschäftspartner. Nach Ausspruch einer Kündigung besteht kein Weiterbeschäftigungsanspruch, sofern diese Kündigung **nicht** offensichtlich unwirksam ist. In einem solchen Fall ist die Zwangsvollstreckung gemäß §§ 719 Abs. 1, 707 ZPO i.V.m. § 62 ArbGG vorläufig einzustellen.[6]

2. Einstellung der Zwangsvollstreckung

Einstellungsbeschluss   9
In dem Rechtsstreit
des .....
Prozessbevollmächtigter: .....
gegen
den .....

---

[5] Vgl. LAG Frankfurt, Beschluss v. 8. 1. 1992 – 10 Sa 190/91 – NZA 1992, 427.
[6] Vgl. LAG Berlin, Beschluss v. 14. 7. 1993 – 8 Sa 79/93 – LAGE ArbGG 1979 § 62 Nr. 20; ArbV-Hdb. § 46 RN 19.

Prozessbevollmächtigter: .....

Auf Antrag des ..... wird hierdurch angeordnet:

Die Zwangsvollstreckung aus dem Urteil des Arbeitsgerichts in ..... vom ..... – Az. ..... – ist – bis zum Erlass des Urteils in der Berufungsinstanz – einstweilen einzustellen, – da der ..... glaubhaft gemacht hat, dass die Vollstreckung ihm einen nicht zu ersetzenden Nachteil bringen würde.

3. Zurückweisung des Antrags

10　In dem Rechtsstreit pp. *(volles Rubrum)*

wird der Antrag des Beklagten auf Einstellung der Zwangsvollstreckung aus dem Urteil des Arbeitsgerichts ..... vom ..... – Az. ..... – kostenpflichtig zurückgewiesen.

Gründe:

Gemäß § 62 ArbGG ist im arbeitsgerichtlichen Verfahren die Einstellung der Zwangsvollstreckung nur in dem Ausnahmefall zulässig, dass der Beklagte glaubhaft macht, dass die Vollstreckung ihm einen nicht zu ersetzenden Nachteil bringen würde. Zwar ist die Zwangsvollstreckung im Regelfall einzustellen, wenn der Arbeitgeber nach Verkündung des erstinstanzlichen Urteils eine weitere Kündigung ausspricht. Im vorliegenden Fall gilt jedoch:

Die fristlose Kündigung ist offensichtlich unwirksam, da schon nach dem Vortrag des Beklagten die Zwei-Wochen-Frist des § 626 BGB nicht eingehalten worden ist.

Sofern die außerordentliche Kündigung in eine ordentliche Kündigung umzudeuten sein sollte, würde die Kündigungsfrist von sechs Monaten zum Quartalsende gelten. Eine Aussetzung der Zwangsvollstreckung käme dann frühestens nach Ablauf der Kündigungsfrist in Betracht.

Der Antrag musste daher mit der Kostenfolge aus § 91 ZPO als unbegründet zurückgewiesen werden.

....., den .....

　　　　　　　　　　Der Vorsitzende der ..... Kammer des Landesarbeitsgerichts

V. Klage auf Schadensersatz wegen vorläufiger Vollstreckung (§ 717 Abs. 2 ZPO)

1. Gesonderte Klage[7]

11　An das Arbeitsgericht .....　　　　　　　　　　　　　....., den .....

Klage

(volles Rubrum)

wegen Schadensersatz nach § 717 Abs. 2 ZPO[8]

---

　[7] Vgl. Hinweis RN 12.

　[8] Anspruchsvoraussetzungen von § 717 Abs. 2 ZPO: (1) Aufhebung oder Abänderung des Titels; (2) Vollstreckung aus dem Titel; (3) adäquat verursachter Schaden.

Namens und in Vollmacht der Klägerin erhebe ich Klage und werde beantragen,

den Beklagten zu verurteilen, 5 037,00 € nebst Zinsen in Höhe von 5% über dem Basiszinssatz seit dem 1. 5. 2002 zu zahlen.

Zwischen den Parteien hat ein Rechtsstreit umgekehrten Rubrums vor dem Arbeitsgericht Hannover – Az. ..... – und dem Landesarbeitsgericht Niedersachsen – Az. ..... – geschwebt, in welchem der Beklagte die Klägerin auf Ersatz des Schadens in Anspruch genommen hat, den er an seinem privaten Pkw anlässlich einer Dienstfahrt erlitten hatte. Die Klägerin war in erster Instanz unterlegen. Der Beklagte hat aus dem zu seinen Gunsten ergangenen Urteil des Arbeitsgerichts vom ..... Vollstreckung angedroht, so dass die Klägerin am 30. 4. 2002 den eingeklagten Betrag in Höhe von 5 000,00 € nebst bis dahin aufgelaufener Zinsen in Höhe von 37,00 € gezahlt hat.

In der zweiten Instanz hat die Klägerin obsiegt. Das Urteil ist rechtskräftig. Danach hat der Beklagte den gezahlten Betrag einschließlich ab Zahlungsdatum aufgelaufener Zinsen zurückzuzahlen.

2. Antrag im schwebenden Prozess[9]

> **Hinweis:**   **12**
> Der im laufenden Verfahren gestellte Antrag erhöht den Streitwert nicht.[10] Wird kein Antrag im schwebenden Prozess gestellt, könnte dies zur Haftung des Prozessbevollmächtigten führen, wenn er später eine gesonderte Klage vor dem Arbeitsgericht erheben muss. Denn dies führt zu nicht erstattungsfähigen Kosten.

An das Landesarbeitsgericht ...., den **13**

Schriftsatz und Antrag nach § 717 Abs. 2 Satz 2 ZPO[11]

in Sachen pp. *(volles Rubrum)*

Namens und in Vollmacht des Beklagten wird in Ergänzung des bisherigen Berufungsantrags beantragt,

den Kläger zu verurteilen, an den Beklagten ..... € nebst Zinsen in Höhe von 5% über dem Basiszinssatz seit dem .....[12] auf ..... € zu zahlen.

Gründe:

Der Kläger hat aus dem mit der Berufung angegriffenen Urteil vollstreckt. Er hat den Kraftwagen des Beklagten Marke ..... pfänden und versteigern lassen.

Beweis: Protokoll des Gerichtsvollziehers.

Nach der in der zweiten Instanz durchgeführten Beweisaufnahme ist das Urteil des ersten Rechtszuges abzuändern. Der Kläger ist verpflichtet, dem Beklagten den aus der Vollstreckung des Urteils entstandenen Schaden zu ersetzen. Der Schaden berechnet sich wie folgt .....

---

[9] Der Zwischenantrag kann auch noch in der Revisionsinstanz gestellt werden.

[10] Vgl. LAG Berlin, Urteil v. 14. 12. 1987 – 9 Sa 104/87 – LAGE GKG § 19 Nr. 3; BGH, Urteil v. 2. 2. 1962 – V ZR 70/60 – NJW 1962, 804; *Baumbach/Lauterbach/Albers/Hartmann,* ZPO, 62. Aufl. § 717 RN 14.

[11] Der Zwischenantrag wird geltend gemacht nach §§ 261 Abs. 2, 297 ZPO.

[12] Der Schadensersatzanspruch gilt nach § 717 Abs. 2 Satz 2 ZPO seit Zahlung als rechtshängig, so dass von da ab Prozesszinsen verlangt werden können (§ 291 ZPO).

5. Abschnitt. Mahn- und Vollstreckungsbescheid

§ 89. Muster im Mahnverfahren

I. Hinweis

1   Nach § 46a Abs. 7 ArbGG ist der Bundesminister für Wirtschaft und Arbeit ermächtigt, durch Rechtsverordnung mit Zustimmung des Bundesrats zur Vereinfachung des Mahnverfahrens Vordrucke einzuführen. Hiervon hat er Gebrauch gemacht (VO zur Einführung von Vordrucken für das arbeitsgerichtliche Mahnverfahren v. 15. 12. 1977 (BGBl. I 2625)). Die Vordrucke sind zuletzt durch das EuroEinfG v. 13. 12. 2001 (BGBl. I 3574) geändert worden. Die VO gilt nicht, wenn der Antragsteller das Mahnverfahren maschinell betreibt oder der Mahnbescheid im Ausland oder nach Art. 32 des Zusatzabkommens zum NATO-Truppenstatut v. 3. 8. 1959 (BGBl. II 1961, 1218, zul. geänd. durch Abkommen vom 18. 3. 1993, BGBl. II 1994, 2598) zuzustellen ist. Im Übrigen, also für den Mahn- und Vollstreckungsbescheid wie für den Widerspruch, müssen die Formulare verwandt werden. Im Vollstreckungsbescheid wird beantragt, „den Mahnbescheid für vollstreckbar zu erklären".

II. Aufforderung zur Begründung des Mahnbescheids

2   Sehr geehrte .....!

In der Rechtssache ....../. .....

hat der Schuldner mit anliegendem Schriftsatz gegen den Mahnbescheid/Vollstreckungsbescheid vom .....

Widerspruch/Einspruch eingelegt.

Zur Vorbereitung der mündlichen Verhandlung mögen Sie hierzu konkret Stellung nehmen. Dabei wollen Sie bitte begründen, worauf Sie Ihre Forderung dem Grunde und der Höhe nach stützen. Sie ist genau zu berechnen und zu beziffern. Weiter sind die Vorgänge und Vereinbarungen, auf die Sie sich berufen, in nachprüfungsfähiger Weise darzutun. Die Zeugen sind mit genauer Anschrift zu benennen; die Beweisurkunden (z.B. Arbeitsvertrag, Schriftwechsel, Abrechnungen u.Ä.) sind in Urschrift oder Abschrift bzw. Ablichtung einzureichen.

6. Abschnitt. Das Beschlussverfahren

§ 90. Antrag auf Bestellung eines Wahlvorstands

1   An das Arbeitsgericht ...., den .....

Antrag auf Einleitung eines Beschlussverfahrens

1. des Maschinenschlossers *Egon Müller, Luchsweg 10,* (PLZ) *Herford*
                                                    – Antragstellers zu 1) –

2. der Bürokauffrau *Antje Riebert, Steinstraße 57,* (PLZ) *Herford*
                                                    – Antragstellerin zu 2) –

3. des Verkaufsfahrers *Fritz Schulte, Eichenweg 17,* (PLZ) *Herford*
– Antragstellers zu 3) –

Prozessbevollmächtigte: Rechtsanwälte *Recht und Billig, Leimenweg 1,* (PLZ) *Herford*

gegen

die *Hugo Anton Maschinenfabrik GmbH,* vertreten durch den Geschäftsführer *Hugo Anton, Sutelweg 4,* (PLZ) *Herford*
– Antragsgegnerin –

Namens und im Auftrage der Antragsteller bitten wir um Einleitung eines Beschlussverfahrens und beantragen,

1. den Antragsteller zu 1) als Vorsitzenden und die Antragsteller zu 2) und 3) als Beisitzende eines aus drei Personen bestehenden Wahlvorstands zur Durchführung der Betriebsratswahl zu ernennen.

2. Als Ersatzmitglied für den Vorsitzenden wird die Antragstellerin zu 2), als Ersatzmitglieder für die Beisitzer werden die Arbeitnehmer *Egon Schulze, Lehmkuhle 5,* (PLZ) *Herford,* und *Maria Reinhard, Steinbreite 3,* (PLZ) *Herford,* bestellt.

Die Antragsgegnerin beschäftigt 30 Arbeitnehmer. Sie ist daher gemäß § 1 BetrVG betriebsratspflichtig. Ein Betriebsrat besteht nicht.

Die Antragsteller haben am 15. 5. 2003 zu einer Betriebsversammlung eingeladen.

Beweis: Ablichtung der Einladung, die am Schwarzen Brett bekannt gemacht wurde.

An der Betriebsversammlung nahmen 20 Mitarbeiter der Antragsgegnerin teil. Diese beschlossen mehrheitlich, weder einen Wahlvorstand noch einen Betriebsrat zu wählen.

Daher ist gemäß § 17 Abs. 4 BetrVG der Wahlvorstand durch das Gericht zu bestellen. Die Vorgeschlagenen sind zur Übernahme des Amtes bereit.

Hinweis:

Die Betriebsversammlung ist ohne Rücksicht auf die Anzahl der erschienenen Arbeitnehmer in jedem Fall beschlussfähig. Kommt außer den Einladenden niemand, dann bilden die einladenden Arbeitnehmer die Betriebsversammlung und können beschließen. Dass eine Betriebsversammlung trotz Einladung nicht stattfindet, kann daher eigentlich nur in dem Fall eintreten, dass eine Gewerkschaft einlädt.

---

§ 91. Wahlanfechtung und Ausschluss von Betriebsratsmitgliedern[1]

I. Anfechtungsverfahren

An das Arbeitsgericht ...., den **1**

Antrag[2] *im Beschlussverfahren*

mit den Beteiligten

1. .....

2. .....   *drei Arbeitnehmer, der Arbeitgeber*

    oder

---

[1] Vgl. ArbR-Hdb. § 218, § 219 RN 19 ff.
[2] Die Muster gelten sinngemäß bei der Anfechtung einer Aufsichtsratswahl.

Neef

3. . . . . .   *eine im Betrieb vertretene Gewerkschaft (§ 19 Abs. 2 BetrVG)*

– Antragsteller –

Prozessbevollmächtigte: . . . . .

gegen

4. den Betriebsrat der . . . . . AG, ebenda, vertreten durch den Betriebsratsvorsitzenden . . . . .

– Beteiligten zu 4) –

5. die . . . . . AG, ... vertreten durch den Vorstand *(2 Mitglieder)*

– Beteiligte zu 5) –

6. das Betriebsratsmitglied . . . . .

– Beteiligter zu 6) –

wegen Anfechtung der Betriebsratswahl

Es wird beantragt,

1. festzustellen, dass anstelle des Beteiligten zu 6) der Arbeitnehmervertreter . . . . . in den Betriebsrat gewählt worden ist.

oder

2. die Betriebsratswahl vom . . . . . für unwirksam zu erklären.

Gründe:

Zu Antrag 1: Er kommt in Betracht, wenn der Wahlvorstand die Wahl korrekt durchgeführt hat, aber die Verteilung der Sitze unrichtig erfolgt ist.

Die Antragsteller sind drei im Betrieb der Beteiligten zu 5) beschäftigte Arbeitnehmer.

Am . . . . . haben Betriebsratswahlen stattgefunden. Das Wahlergebnis ist am . . . . . durch den Wahlvorstand bekannt gemacht worden (Beweis: Wahlakten). Die Anfechtungsfrist ist mithin eingehalten (§ 19 Abs. 2 BetrVG).

Die Wahl fand im regulären Wahlverfahren, mithin unter Anwendung des Verhältniswahlrechts, statt.

Der Wahlvorstand hat die Auffassung vertreten, nachfolgende Bewerber seien gewählt worden:

1. . . . . .

2. . . . . .

Diese Ansicht ist rechtsirrig. Bei richtiger Anwendung des d'Hondt-Systems sind folgende Bewerber . . . . . gewählt:

(Zweckmäßig erfolgt Vorrechnung)

Unterschrift

oder

Im Betrieb der Beteiligten zu 5) sind . . . . . weibliche Arbeitnehmer beschäftigt. Dies hätte sich gemäß § 15 Abs. 2 BetrVG in der Sitzverteilung niederschlagen müssen. Gleichwohl hat der Wahlvorstand eine Korrektur des Wahlergebnisses nicht vorgenommen, obwohl der Arbeitnehmerin . . . . . ein Sitz im Betriebsrat zusteht.

Zu Antrag 2:

Die Antragstellerin zu 3) ist eine im Betrieb der Beteiligten zu 5) vertretene Gewerkschaft. Diese beschäftigt rund . . . . . Arbeitnehmer.

Neef

Am ..... haben Betriebsratswahlen stattgefunden. Das Wahlergebnis ist am .....
bekannt gemacht worden.

Bei der Betriebsratswahl ist gegen wesentliche Vorschriften über das Wahlrecht/die
Wählbarkeit/das Wahlverfahren verstoßen worden.

(Darlegung der Verstöße; vgl. ArbR-Hdb. § 218 RN 11ff.)

Durch diese Verstöße kann das Ergebnis der Wahl beeinflusst worden sein, denn
.....

Eine Berichtigung des Wahlergebnisses *(vgl. Antrag 1)* ist nicht möglich, denn .....

II. Antrag auf Auflösung des Betriebsrats oder Ausschluss eines Mitglieds

Hinweis: **2**
Der Ausschluss eines Betriebsratsmitglieds kommt in der Praxis häufig in Verbindung mit
dem Antrag auf Ersetzung der Zustimmung des Betriebsrats zur außerordentlichen Kündigung gemäß § 103 BetrVG in Betracht. Zum Verfahren mit beiden Anträgen vgl.
oben § 93 RN 5ff.

An das Arbeitsgericht ...., den **3**

Antrag auf Einleitung eines Beschlussverfahrens

1. der *Gustav Anton AG,* vertreten durch die Vorstandsmitglieder *Gustav und Eber-*
hard Anton, Simonstraße 10, (PLZ) *Minden*

– Antragstellerin –

Prozessbevollmächtigte: Rechtsanwälte *Heinen und Maurer, Werrastraße 47,*
(PLZ) *Minden*

gegen

2. das Betriebsratsmitglied *Egon Müller, Sandweg 2,* (PLZ) *Minden*

– Antragsgegner –

3. den Betriebsrat der *Gustav Anton AG,* vertreten durch den Betriebsratsvorsitzenden *Ewald Schulte, Simonstraße 10,* (PLZ) *Minden*

– Beteiligten zu 3) –

Namens und in Vollmacht der Antragstellerin bitten wir um Einleitung eines Beschlussverfahrens und beantragen,

das Betriebsratsmitglied *Egon Müller, Sandweg 2,* (PLZ) *Minden,* aus dem Betriebsrat auszuschließen.

Die Antragstellerin ist ein Unternehmen der Metallindustrie. Sie beschäftigt
160 Arbeitnehmer. Der Antragsgegner ist Mitglied des 7-köpfigen Betriebsrats (des
Beteiligten zu 3]). Am 15. 5. 2003 hat der Antragsgegner auf einer Betriebsversammlung gesagt, die derzeitige bedrohliche wirtschaftliche Situation habe ihre
Ursache im Wesentlichen darin, dass der Vorstand in den vergangenen Jahren das
Bilanzergebnis zum Positiven verfälscht habe, um eine entsprechend höhere –
wenn auch ungerechtfertigte – Gewinnbeteiligung zu erhalten.

Dies ist eine grobe Verletzung der dem Betriebsratsmitglied obliegenden Pflicht zur
vertrauensvollen Zusammenarbeit gemäß § 2 BetrVG, im Übrigen aber auch eine
Beleidigung. Das Betriebsratsmitglied ist aus dem Betriebsrat auszuschließen.

Hinweis:
Bei Auflösung des Betriebsrats lautet der Antrag:
den Betriebsrat der Gustav Anton AG aufzulösen.

III. Anträge gegen den Arbeitgeber

4 An das Arbeitsgericht . . . ., den . . . . .

In der Beschlusssache *(volles Rubrum, Betriebsrat ist jetzt Antragsteller)*

zeigen wir an, dass wir den Antragsteller vertreten. Wir beantragen,

> der Antragsgegnerin bei Meidung eines Ordnungsgeldes von bis zu . . . . . € für jeden einzelnen Fall in Bezug auf jeweils einen Arbeitnehmer zu untersagen, Arbeitszeiten entgegen der bestehenden Gleitzeitregelung im Betrieb der Antragsgegnerin anzuordnen.

Im Betrieb der Antragsgegnerin ist die Arbeitszeit durch eine Betriebsvereinbarung über die Gleitarbeitszeit vom . . . . . geregelt. Diese fügen wir als Anlage 1 bei.

Darin ist bestimmt, dass der früheste Beginn der Arbeitszeit um 6.00 Uhr morgens und das späteste Ende der Arbeitszeit um 19.00 Uhr abends ist. Gleichwohl hat die Antragsgegnerin am 1. 4. 2003, am 3. 4. 2003 und am 4. 4. 2003 angeordnet, dass jeweils fünf Mitarbeiter der EDV-Abteilung ihre Arbeit um 16.00 Uhr beginnen und bis 24.00 Uhr arbeiten. Sie hat dies mit angeblichen Engpässen in der EDV-Kapazität begründet.

Der Antragsteller hat die Antragsgegnerin wiederholt, zuletzt am 6. 4. 2003, darauf hingewiesen, dass dies ein grober Verstoß gegen das BetrVG und gegen die Betriebsvereinbarung ist. Gleichwohl hat die Antragstellerin in der Folgezeit, nämlich am 10., 12. und 14. 4. 2003, wiederum angeordnet, dass die fünf Arbeitnehmer der EDV-Abteilung bis 24.00 Uhr arbeiten.

Damit hat die Antragsgegnerin grob gegen ihre betriebsverfassungsrechtlichen Pflichten verstoßen, so dass gemäß § 23 Abs. 3 BetrVG zu entscheiden ist.

IV. Vollstreckungsantrag

5 An das Arbeitsgericht . . . ., den . . . . .

In Sachen[3] *(volles Rubrum, Betriebsrat/Arbeitgeber)*

Es wird beantragt,

> gegen den Arbeitgeber . . . . . ein Ordnungsgeld festzusetzen, dessen Höhe in das Ermessen des Gerichts gestellt wird.

Gründe:

Antragsteller ist der Betriebsrat der . . . . . Antragsgegner ist . . . . . Diesem ist im Wege des Beschlussverfahrens aufgegeben worden . . . . .

Beweis: Beiziehung der Akten . . . . .

Dem Arbeitgeber ist ein Ordnungsgeld angedroht worden . . . . . Der Arbeitgeber hat wiederum der Verpflichtung zuwidergehandelt . . . . .

---

[3] Vgl. *Germelmann/Matthes/Prütting/Müller-Glöge,* ArbGG, 4. Aufl. § 85 RN 27: Hinsichtlich eines Antrags auf Festsetzung eines Ordnungsgeldes ist darauf hinzuweisen, dass diese nicht im Beschlussverfahren, sondern im Zwangsvollstreckungsverfahren (§§ 888, 890 ZPO) zu erfolgen hat.

§ 92. Ersatz von Schulungskosten

I. Schulungsveranstaltung nach § 37 Abs. 6 BetrVG

Hinweis: 1

Der Anspruch auf Kostenerstattung steht dem Betriebsrat zu (§ 40 Abs. 1 BetrVG) und ist im Beschlussverfahren geltend zu machen.[1] Der Anspruch auf Vergütungsfortzahlung ist ein individualrechtlicher Anspruch des einzelnen Betriebsratsmitglieds und im Urteilsverfahren geltend zu machen.[2] Das Muster befasst sich mit der Kostenerstattung. Die Klage auf Fortzahlung der Vergütung ist im Aufbau identisch, jedoch mit dem Unterschied, dass für die Kosten der Betriebsrat, für die Vergütungszahlung das einzelne Betriebsratsmitglied aktivlegitimiert ist.

An das Arbeitsgericht ...., den 2

Antrag auf Einleitung eines Beschlussverfahrens

1. des Betriebsratsmitglieds *Egon Acker, Schlucht 3,* (PLZ) *Hannover*

– Antragstellers –

2. des Betriebsrats der *Max Aller Maschinenfabrik,* vertreten durch den Betriebsratsvorsitzenden *Hugo Neumann, Donauweg 10,* (PLZ) *Hannover*

– Beteiligten zu 2) –

Prozessbevollmächtigte: Rechtsanwälte *Meier und Sand, Saumstraße 4,* (PLZ) *Hannover*

gegen

3. die *Max Aller Maschinenfabrik,* vertreten durch den Geschäftsführer *Erwin Aller, Donauweg 10,* (PLZ) *Hannover*

– Antragsgegnerin –

Namens und im Auftrage des Antragstellers bitten wir um Einleitung eines Beschlussverfahrens. Wir beantragen,

die Antragsgegnerin zu verurteilen, an den Antragsteller 500,00 € nebst Zinsen in Höhe von 5% über dem Basiszinssatz seit dem 15. 5. 2003 zu zahlen.

Hinweis:

Aktivlegitimiert ist der Betriebsrat. Er hat einen Anspruch auf Kostenübernahme und – solange die Schulungskosten nicht beglichen sind – einen Anspruch auf Freistellung sowohl des Betriebsrats als auch des Betriebsratsmitglieds. Hat das Betriebsratsmitglied hingegen bereits gezahlt, hat es einen Zahlungsanspruch.[3]

Der Antragsteller ist Mitglied des bei der Antragsgegnerin bestehenden 9-köpfigen Betriebsrats, des Beteiligten zu 2). Er wurde bei der Betriebsratswahl im Jahr 2002 erstmals gewählt. Der Betriebsrat beschloss am 15. 7. 2002, den Antragsteller zu einem einwöchigen Lehrgang „Grundzüge des Betriebsverfassungsgesetzes", den die IG Metall in *Sprockhövel* durchführte, zu entsenden.

---

[1] Vgl. BAG, Beschluss v. 8. 3. 2000 – 7 ABR 11/98 – AP BetrVG 1972 Nr. 68.
[2] Vgl. BAG, Urteil v. 17. 9. 1974 – 1 AZR 574/73 – AP BetrVG 1972 Nr. 17.
[3] Vgl. hierzu im Einzelnen BAG, Beschluss v. 27. 3. 1979 – 6 ABR 15/77 – AP ArbGG 1953 § 80 Nr. 7.

Beweis: Beiliegende Ablichtung des Betriebsratsbeschlusses als Anlage 1.[4]

Der Schulungsveranstaltung lag folgender Terminplan zugrunde: .....

Der Beschluss des Betriebsrats ist der Antragsgegnerin am 30. 7. 2002 mitgeteilt worden.

In der Zeit vom 1. 9. bis 7. 9. 2002 hat der Antragsteller an dem Lehrgang teilgenommen. Die Kosten in Höhe von 500,00 € hat er aus eigener Tasche beglichen.

Beweis: Beiliegende Rechnung und Überweisung als Anlage 2.

Der Antragsteller verlangt von der Antragsgegnerin die Erstattung dieser Kosten. Diese hält die Teilnahme des Antragstellers an der Schulungsveranstaltung nicht für erforderlich. Diese Auffassung ist unzutreffend. Bei erstmals gewählten Betriebsratsmitgliedern ist die Vermittlung von Grundwissen in jedem Fall erforderlich (BAG, Beschluss v. 7. 6. 1989 – 7 ABR 26/88 – AP BetrVG 1972 § 37 Nr. 67).[5]

Grundsätzlich hat der Betriebsrat, also der Beteiligte zu 2), einen Anspruch auf Kostenerstattung gegenüber dem Arbeitgeber, im vorliegenden Fall einen Anspruch auf Freistellung des Antragstellers von den Schulungskosten. Da der Antragsteller diese bereits beglichen hat, steht ihm jedoch unmittelbar ein Zahlungsanspruch gegenüber der Antragsgegnerin zu.[6]

II. Schulungsveranstaltung nach § 37 Abs. 7 BetrVG

3   *Die Klage kann entsprechend aufgebaut werden. Indes bedarf es nicht der Darlegung der Notwendigkeit der Schulung, sondern nur, dass die Schulungsveranstaltung als geeignet anerkannt worden ist.*

III. Antrag auf Freistellung

4   An das Arbeitsgericht ...., den .....

In der Beschlusssache *(volles Rubrum, Betriebsrat/Arbeitgeber)*

Es wird beantragt zu beschließen,

der Antragsgegnerin aufzugeben, den Beteiligten zu 1) für die Teilnahme an dem Betriebsrätekurs ..... der ..... für die Zeit vom ..... bis ..... von der Arbeit freizustellen.

Gründe:

.....

---

[4] Der Betriebsratsbeschluss muss in jedem Fall **vor** dem Zeitpunkt der Schulungsveranstaltung gefasst sein; vgl. BAG, Beschluss v. 8. 3. 2000 – 7 ABR 11/98 – AP BetrVG 1972 § 40 Nr. 68.

[5] Vgl. hierzu im Übrigen ArbR-Hdb. § 221 RN 33 – hinsichtlich spezieller Schulungsgebiete vgl. z.B. Arbeitsschutz (BAG, Beschluss v. 15. 5. 1986 – 6 ABR 74/83 – AP BetrVG 1972 § 37 Nr. 54), Arbeiten am PC (BAG, Beschluss v. 19. 7. 1995 – 7 ABR 49/94 – AP BetrVG 1972 § 37 Nr. 110), Mobbing (BAG, Beschluss v. 15. 1. 1997 – 7 ABR 14/96 – AP BetrVG 1972 § 37 Nr. 118) sowie unter bes. Voraussetzungen auch Diskussionsführung und Verhandlungstechnik (BAG, Beschluss v. 24. 5. 1995 – 7 ABR 54/94 – AP BetrVG 1972 § 37 Nr. 109).

[6] Vgl. FN 3.

Neef

§ 93. Muster zu Mitwirkungs- und Mitbestimmungsrechten des Betriebsrats

I. Anträge zu Bestehen und Umfang des Mitbestimmungsrechts

An das Arbeitsgericht ...., den **1**

Antrag auf Einleitung eines Beschlussverfahrens

1. der *Müller Technik GmbH, Burgstraße 100,* (PLZ) *Osnabrück*

– Antragstellerin –

Prozessbevollmächtigte: Rechtsanwälte *Schlicht und Neuner, Humboldtstraße 1,* (PLZ) *Osnabrück*

gegen

2. den Betriebsrat der *Müller Technik GmbH* für den Betrieb in *Hannover,* vertreten durch den Betriebsratsvorsitzenden *Horst Naumann, Hermannstraße 5,* (PLZ) *Hannover*

– Antragsgegner –

3. den Gesamtbetriebsrat[1] der *Müller Technik GmbH,* vertreten durch den Gesamtbetriebsratsvorsitzenden *Manfred Meier, Burgstraße 100,* (PLZ) *Osnabrück*

– Beteiligten zu 3) –

Namens und im Auftrage der Antragstellerin beantragen wir die Einleitung eines Beschlussverfahrens und werden folgenden Antrag stellen,

festzustellen, dass dem Antragsgegner ein Mitbestimmungsrecht zur Regelung der betrieblichen Altersversorgung im Unternehmen der Antragstellerin nicht zusteht.

Bei der Antragstellerin wird die betriebliche Altersversorgung durch eine Gesamtbetriebsvereinbarung geregelt (Anlage 1). Diese ist mit dem Gesamtbetriebsrat abgeschlossen worden. Dieser ist hierfür ausschließlich zuständig, da die Altersversorgung alle Betriebe der Antragstellerin einheitlich betrifft *(wird ausgeführt).*[2]

II. Ersetzung der Zustimmung des Betriebsrats zu personellen Maßnahmen

1. Anträge nach §§ 99, 100 BetrVG[3]

An das Arbeitsgericht ...., den **2**

Beschlussverfahren

der *Maschinenfabrik Ferdinand Luchs GmbH,* vertreten durch den Geschäftsführer *Ferdinand Luchs, Neuer Wall 3,* (PLZ) *Hannover*

– Antragstellerin –

---

[1] Da es um die Frage geht, ob Betriebsrat oder Gesamtbetriebsrat zuständig ist, ist der Gesamtbetriebsrat notwendiger Beteiligter (§ 83 Abs. 3 ArbGG).
[2] Vgl. BAG, Beschluss v. 5. 5. 1977 – 3 ABR 24/76 – AP BetrVG 1972 § 50 Nr. 3.
[3] Vgl. ArbR-Hdb. § 241.

Prozessbevollmächtigte: Rechtsanwälte *Klug und Heinrichs, Albrechtstraße 10,* (PLZ) *Hannover*

gegen

den Betriebsrat der *Maschinenfabrik Ferdinand Luchs GmbH,* vertreten durch den Betriebsratsvorsitzenden *Hans Krüger, Neuer Wall 3,* (PLZ) *Hannover*

– Antragsgegner –[4]

Namens und im Auftrag der Antragstellerin beantragen wir die Einleitung eines Beschlussverfahrens. Wir beantragen,

1. die Zustimmung des Antragsgegners zur Einstellung des Arbeitnehmers *Egon Meier* zu ersetzen;

2. die Zustimmung des Antragsgegners zur Eingruppierung in die Lohngruppe 8 des Tarifvertrags ..... zu ersetzen;

3. festzustellen, dass die vorläufige Einstellung aus sachlichen Gründen dringend erforderlich war.[5]

I. Sachverhalt

Die Antragstellerin betreibt eine *Maschinenfabrik* mit 80 Mitarbeitern. Das Arbeitsverhältnis mit dem Leiter des Lagers wurde aus Gründen, die im vorliegenden Rechtsstreit keine Rolle spielen, zum 25. 6. 2003 außerordentlich beendet. Aufgrund einer Anzeige gingen bei der Antragstellerin 25 Bewerbungen ein, die sie dem Antragsgegner am 1. 7. 2003 vorlegte. Zugleich bat sie ihn um Zustimmung der Einstellung des Arbeitnehmers *Egon Meier,* weil dieser sofort verfügbar war. Mit Schreiben vom 4. 7. 2003, der Antragstellerin am selben Tage zugegangen, widersprach der Antragsgegner der Einstellung. Er begründete dies damit, dass die Antragstellerin hiermit eine langjährige Zusage an den Mitarbeiter im Lager, Herrn *Gustav Heinen,* nicht einhalten könne, ihn bei nächster Gelegenheit zum Lagerleiter zu befördern, so dass dieser einen Nachteil gemäß § 99 Abs. 2 Nr. 3 BetrVG erleide. Ferner widersprach der Antragsgegner der Eingruppierung, sie sei zu hoch.

Am 5. 8. 2003 stellte die Antragstellerin den Arbeitnehmer *Meier* ein und teilte zugleich dem Antragsgegner mit, dies sei aus sachlichen Gründen dringend erforderlich. Der Antragsgegner bestritt dies mit Schreiben vom selben Tage. Daher leitete die Antragstellerin innerhalb der 3-Tages-Frist des § 100 Abs. 2 BetrVG das vorliegende Verfahren ein.[6]

---

[4] Nach der Rechtsprechung des BAG ist der betroffene Arbeitnehmer nicht Beteiligter, da Gegenstand des Beschlussverfahrens die kollektivrechtliche Stellung und nicht Individualansprüche seien (BAG, Beschluss v. 27. 5. 1982 – 6 ABR 105/79 – AP ArbGG 1979 § 80 Nr. 3; BAG, Beschluss v. 22. 3. 1983 – 1 ABR 49/81 – AP BetrVG 1972 § 101 Nr. 6).

[5] Einstellung und Eingruppierung sind zwei verschiedene Maßnahmen. Der Widerspruch zur Eingruppierung hindert daher die Einstellung nicht (vgl. BAG, Beschluss v. 20. 12. 1988 – 1 ABR 68/87 – AP BetrVG § 99 Nr. 62); bei fehlerhafter Eingruppierung kann der Betriebsrat nicht gemäß § 101 BetrVG die Aufhebung der Eingruppierung verlangen. Vielmehr kann er vom Arbeitgeber lediglich die Durchführung des Zustimmungsersetzungsverfahrens gemäß § 99 Abs. 4 BetrVG verlangen, und zwar so lange, bis der Arbeitgeber die richtige Lohngruppe getroffen hat (vgl. BAG, Beschluss v. 3. 3. 1994 – 1 ABR 58/93 – AP BetrVG 1972 § 99 Eingruppierung Nr. 2); bei der Ein- bzw. Umgruppierung handelt es sich um keine Maßnahmen, die der Arbeitgeber „vornimmt", sondern um die Feststellung tarifvertraglicher Ansprüche. Daher bedarf es in solchen Fällen keiner vorläufigen personellen Maßnahme gemäß § 100 BetrVG (vgl. BAG, Beschluss v. 27. 1. 1987 – 1 ABR 66/85 – AP BetrVG 1972 § 99 Nr. 42; *Fitting* BetrVG, 21. Aufl. § 100 RN 5).

[6] Die Frist sind drei **Werktage.**

II. Rechtliche Beurteilung

Dem Antrag ist stattzugeben.

1. Der Widerspruch des Antragsgegners ist unbegründet. Es gibt keine Zusage an einen Arbeitnehmer der Antragstellerin auf künftige Beförderung. Allein der Verlust einer Beförderungschance ist kein Nachteil.[7]

2. Die vorgesehene Eingruppierung ist zutreffend (wird ausgeführt).

3. Es war aus sachlichen Gründen dringend erforderlich, den Lagerleiter sofort einzustellen. Denn ohne einwandfrei funktionierendes Lager ist der gesamte Produktionsablauf gefährdet (wird ausgeführt). Hinsichtlich der Eingruppierung ist § 100 BetrVG nicht anwendbar.[8]

2. Verfahren nach § 101 Satz 1 BetrVG

An das Arbeitsgericht . . . ., den **3**

Antrag auf Einleitung eines Beschlussverfahrens

des Betriebsrats der *Anton Meier GmbH,* vertreten durch den Betriebsratsvorsitzenden *Ernst Günter, Kloppweg 10,* (PLZ) *Minden*

– Antragstellers –

Prozessbevollmächtigte: Rechtsanwälte *Dirks und Henning, Schulstraße 67,* (PLZ) *Minden*

gegen

die *Anton Meier GmbH,* vertreten durch den Geschäftsführer *Anton Meier, Kloppweg 10,* (PLZ) *Minden*

– Antragsgegnerin –

Namens und im Auftrage des Antragstellers beantragen wir die Einleitung eines Beschlussverfahrens. Wir werden beantragen,

der Antragsgegnerin aufzugeben, die Versetzung des Mitarbeiters *Ewald Schulze* aufzuheben.

Gründe:

Die Antragsgegnerin hat dem Antragsteller am 15. 6. 2003 mitgeteilt, sie beabsichtige, den Arbeitnehmer *Ewald Schulze* nicht mehr in der Fahrbereitschaft einzusetzen, sondern als Gabelstaplerfahrer, wenn auch ohne Veränderung seiner Vergütung. Der Antragsteller hat dem mit Schreiben vom 17. 6. 2003 widersprochen, weil der Arbeitnehmer besonders erkältungsanfällig ist und dauernder Aufenthalt in den Hallen, deren Tore notwendigerweise häufig offen sein müssen, seiner Gesundheit höchst abträglich sein würde. Die Antragsgegnerin hat den Arbeitnehmer *Schulze* versetzt, jedoch ein Zustimmungsersetzungsverfahren nicht eingeleitet. Daher bedarf es der Durchführung des Verfahrens nach § 101 Satz 1 BetrVG.[9]

---

[7] Vgl. ArbR-Hdb. § 241 RN 48.

[8] Vgl. FN 5.

[9] Im Verfahren gemäß § 101 BetrVG kann der Arbeitgeber sich weder auf das Fehlen eines Zustimmungsverweigerungsgrunds berufen, noch kann er in diesem Verfahren hilfsweise die Ersetzung der Zustimmung des Betriebsrats beantragen (vgl. BAG, Beschluss v. 18. 7. 1978 – 1 ABR 43/75 – AP BetrVG 1972 § 101 Nr. 1).

Neef

3. Vollstreckungsantrag nach § 101 Satz 2 BetrVG

4 An das Arbeitsgericht ...., den .....

In der Beschlusssache *(volles Rubrum)*

wegen Festsetzung eines Zwangsgeldes

Namens und in Vollmacht des Antragstellers wird ein Vollstreckungsverfahren im Beschlussverfahren eingeleitet und beantragt,

> der Antragsgegnerin aufzugeben, den Beteiligten ..... bei Meidung eines Zwangsgeldes, dessen Höhe in das Ermessen des Gerichts gestellt wird, aus dem Betrieb zu entlassen/.....

Gründe:

(Darstellung der Verletzung der Mitwirkungsrechte des Betriebsrats nach § 99 BetrVG; Durchführung eines Verfahrens nach § 101 (oben RN 3)).

Das Arbeitsgericht hat der Antragsgegnerin aufgegeben, den Beteiligten ..... zu entlassen. Der Beschluss ist rechtskräftig.

Beweis: Beiziehung der Akten .....

Die Antragsgegnerin beschäftigt den Beteiligten ..... gleichwohl weiter. Es bedarf daher der Festsetzung eines Zwangsgeldes .....

4. Antrag auf Ersetzung der Zustimmung des Betriebsrats zur außerordentlichen Kündigung eines Betriebsratsmitglieds gemäß § 103 BetrVG

5 **Hinweis:**

Verletzt ein Betriebsratsmitglied seine arbeitsvertraglichen Pflichten, kommt eine Kündigung aus wichtigem Grund in Betracht; verletzt es seine betriebsverfassungsrechtlichen Pflichten, besteht nur die Möglichkeit eines Ausschlusses aus dem Betriebsrat gemäß § 23 Abs. 1 BetrVG.[10] Daher ist es im Zweifel zweckmäßig, beide Anträge zu stellen. Hauptantrag ist der nach § 103 BetrVG (mit Beendigung des Arbeitsverhältnisses endet auch das Betriebsratsamt), Hilfsantrag ist der nach § 23 Abs. 1 BetrVG.[11]

6 **Weiterer Hinweis:**

Erlischt während des Verfahrens das Betriebsratsamt, benötigt der Arbeitgeber keine Zustimmungsersetzung mehr, sondern kann (und muss) ohne erneute Anhörung des Betriebsrats unverzüglich kündigen.[12]

7 An das Arbeitsgericht ...., den 4. 6. 2003

---

[10] Vgl. ArbR-Hdb. § 143 RN 25.

[11] Vgl. BAG, Beschluss v. 21. 2. 1978 – 1 ABR 54/76 – AP BetrVG 1972 § 74 Nr. 1; den Antrag als zusätzlichen Hauptantrag zu stellen, könnte allenfalls damit begründet werden, auch nach Ersetzung der Zustimmung des Betriebsrats zur außerordentlichen Kündigung sei keinesfalls sicher, dass das Arbeitsverhältnis ende. Ob es aus prozesstaktischen Gründen sinnvoll ist, das Rechtsschutzinteresse für einen zweiten Hauptantrag im Einzelnen so begründen zu müssen, ist jedoch zweifelhaft.

[12] Vgl. BAG, Beschluss v. 8. 6. 2000 – 2 AZN 276/00 – AP BetrVG 1972 § 103 Nr. 41.

Neef

Antrag auf Einleitung eines Beschlussverfahrens

der *Felix Müller GmbH*, vertreten durch den Geschäftsführer *Felix Müller, Thiemestraße 3*, (PLZ) *Wolfsburg*

– Antragstellerin –

Prozessbevollmächtigte: Rechtsanwälte *Merk und Sieg, Pferdeturm 15*, (PLZ) *Wolfsburg*

gegen

den Betriebsrat der *Felix Müller GmbH*, vertreten durch den Betriebsratsvorsitzenden *Horst Neumann, Thiemestraße 3*, (PLZ) *Wolfsburg*

– Antragsgegner –

und

das Betriebsratsmitglied *Alfons Meier, Sandweg 23*, (PLZ) *Wolfsburg*

– Beteiligter zu 3) –

Namens und in Vollmacht der Antragstellerin beantragen wir die Einleitung eines Beschlussverfahrens.

Wir beantragen,

1. die Zustimmung des Betriebsrats zur außerordentlichen Kündigung des Beteiligten zu 3), des Betriebsratsmitglieds *Alfons Meier*, zu ersetzen;

hilfsweise,

2. den Beteiligten zu 3), das Betriebsratsmitglied *Alfons Meier*, aus dem Betriebsrat auszuschließen.

Gründe:

Der Beteiligte zu 3), geboren am 25. 10. 1963, ist seit dem 1. 1. 1984 bei der Antragstellerin als Mitarbeiter der Buchhaltung beschäftigt. Er ist verheiratet und hat drei unterhaltspflichtige Kinder. Seit fünf Jahren gehört er dem Betriebsrat an. Er ist von der Arbeit nicht freigestellt. Am Mittwoch, den 21. 5. 2003, meldete er sich bei seinem Vorgesetzten, dem Leiter der Buchhaltung, ab, er müsse einer Betriebsratstätigkeit nachgehen, und erklärte auf Nachfrage, er wolle den Gewerkschaftssekretär *Erich Schulz* der zuständigen Gewerkschaft aufsuchen, um sich in einer Sache, die von einem Mitarbeiter an ihn herangetragen worden sei, beraten zu lassen. Tatsächlich begab sich der Beteiligte zu 3) aber zu einem Autohändler, um dort eine Probefahrt zwecks Erwerbs eines Gebrauchtwagens zu machen. Dies erfuhr der Geschäftsführer der Antragstellerin am folgenden Mittwoch, den 28. 5. 2003 *(Einzelheiten werden ausgeführt)*.

Noch am selben Tag beantragte er bei dem Antragsgegner die Zustimmung zur fristlosen Kündigung des Beteiligten zu 3), da sein Verhalten den Tatbestand des Lohnbetrugs erfülle. Der Antragsgegner teilte am 2. 6. 2003 mit, er stimme der Kündigung nicht zu, weshalb der vorliegende Antrag gestellt werden muss.

Für den Fall, dass das Gericht der Auffassung sein sollte, der Beteiligte zu 3) habe nicht *gegen* seine arbeitsvertraglichen, sondern in erster Linie *gegen* seine betriebsverfassungsrechtlichen Pflichten verstoßen, wird hilfsweise der Antrag zu 2) gestellt. Es kann keinem Zweifel unterliegen, dass in jedem Fall ein grober Pflichtverstoß vorliegt.

Neef

5. Antrag auf Entbindung von der Weiterbeschäftigung eines Jugend- und Auszubildendenvertreters

8 An das Arbeitsgericht ...., den .....

Antrag auf Einleitung eines Beschlussverfahrens

der *Maschinenfabrik Karl Dause GmbH*, vertreten durch den Geschäftsführer *Karl Dause, Brandtstraße 10*, (PLZ) *Hannover*

– Antragstellerin –

Prozessbevollmächtigte: Rechtsanwälte *Simon und Sturm, Friedrichstraße 1*, (PLZ) *Hannover*

gegen

die Auszubildende *Inge Krause, Steinbreite 7*, (PLZ) *Hannover*

– Antragsgegnerin –

den Betriebsrat der *Maschinenfabrik Karl Dause GmbH*, vertreten durch den Betriebsratsvorsitzenden *Joachim Neumann, Brandtstraße 10*, (PLZ) *Hannover*

– Beteiligten zu 3) –

die Jugend- und Auszubildendenvertretung der *Maschinenfabrik Karl Dause GmbH*, vertreten durch die Vorsitzende *Simone Meier, Brandtstraße 10*, (PLZ) *Hannover*

– Beteiligte zu 4) –

Namens und in Vollmacht der Antragstellerin beantragen wir die Einleitung eines Beschlussverfahrens.

Wir beantragen, festzustellen, dass ein Arbeitsverhältnis zwischen der Antragstellerin und der Antragsgegnerin nach Ablauf der Ausbildungszeit am 31. 7. 2003 nicht begründet wird;

das Arbeitsverhältnis mit der Auszubildenden *Inge Krause* aufzulösen.[13]

Gründe:

Die Antragstellerin betreibt eine *Maschinenfabrik*. Die Antragsgegnerin trat am 1. 8. 2000 als Auszubildende im Berufsbild der kaufmännischen Angestellten in die Dienste der Antragstellerin. Der Ausbildungsvertrag ist bis zum 31. 7. 2003 befristet. Am 15. 5. 2003 ist die Auszubildende zur mündlichen Prüfung geladen. Das Ausbildungsverhältnis endet mithin voraussichtlich am 15. 5. 2003.

Die Antragsgegnerin ist Mitglied der Jugend- und Auszubildendenvertretung. Die Antragstellerin hat ihr bereits am 25. 3. 2003 mitgeteilt, dass sie nicht beabsichtigt, mit ihr ein Arbeitsverhältnis einzugehen. Die Antragsgegnerin hat mit Schreiben vom 20. 4. 2003 die Weiterbeschäftigung verlangt. Die Weiterbeschäftigung kann der Antragstellerin jedoch nicht zugemutet werden (§ 78a Abs. 4 BetrVG), denn .....[14]

---

[13] Vor Beendigung des Berufsausbildungsverhältnisses wird der Antrag nach § 78a Abs. 4 Nr. 1 BetrVG, nach seiner Beendigung der nach § 78a Abs. 4 Nr. 2 BetrVG gestellt. Wird der Antrag nach § 78a Abs. 4 Nr. 1 BetrVG gestellt, so braucht später nicht zu dem Antrag nach § 78a Abs. 4 Nr. 2 BetrVG übergegangen werden (BAG, Beschluss v. 29. 11. 1989 – 7 ABR 67/88 – AP BetrVG 1972 § 78a Nr. 20).

[14] Vgl. BAG, Urteil v. 15. 1. 1980 – 6 AZR 361/79 – AP BetrVG 1972 § 78a Nr. 9. Aufgrund der Neugestaltung des Teilzeitrechts (TzBfG) hat der Arbeitgeber stets zu prüfen, ob nicht zumindest ein Teilzeitarbeitsplatz eingerichtet werden kann. Vgl. hierzu ausführlich ArbR-Hdb. § 227 RN 19.

6. Klage des Auszubildenden auf Weiterbeschäftigung[15]

An das Arbeitsgericht ...., den **9**

Klage (volles Rubrum)

Die Beklagte wird verurteilt, den Kläger über die Beendigung des Ausbildungsverhältnisses am ..... weiter zu beschäftigen.

Gründe:[16]

.....

III. Anträge zur wirtschaftlichen Mitbestimmung

1. Feststellung der Unwirksamkeit eines Sozialplans

An das Arbeitsgericht ...., den **10**

Antrag auf Einleitung eines Beschlussverfahrens

der *Maschinenfabrik Kurt Kaiser GmbH*, vertreten durch den Geschäftsführer *Kurt Kaiser, Lauballee 55*, (PLZ) *Braunschweig*

– Antragstellerin –

Prozessbevollmächtigte: Rechtsanwälte *Thomas und Tiedemann, Baumstraße 2,* (PLZ) *Braunschweig*

gegen

den Betriebsrat der *Maschinenfabrik Kurt Kaiser GmbH*, vertreten durch den Betriebsratsvorsitzenden *Klaus Nordmann, Lauballee 55*, (PLZ) *Braunschweig*

– Antragsgegner –

Namens und in Vollmacht der Antragstellerin beantragen wir die Einleitung eines Beschlussverfahrens, in welchem wir folgende Anträge stellen werden:

1. festzustellen, dass der Sozialplan vom 30. 5. 2003 insgesamt unwirksam ist;

hilfsweise,

2. festzustellen, dass § 10 des Sozialplans unwirksam ist.

I. Sachverhalt

Die Antragstellerin betreibt eine *Maschinenfabrik* mit 180 Arbeitnehmern. Aus wirtschaftlichen Gründen ist es erforderlich, den Werkzeugbau, in welchem 40 Arbeitnehmer beschäftigt sind, stillzulegen. Die Antragstellerin und der Antragsgegner konnten sich über Interessenausgleich und Sozialplan nicht einigen. In der Einigungsstellensitzung vom 30. 5. 2003 wurde festgestellt, dass die Verhandlungen über einen Interessenausgleich endgültig gescheitert sind. Ferner hat die Einigungsstelle mit den Stimmen der Vertreter des Antragsgegners einen Sozialplan aufgestellt, welcher als Anlage 1 beigefügt ist.

---

[15] Der Anspruch auf Weiterbeschäftigung ist individualvertraglich. Er wird daher seit BAG, Beschluss v. 9. 12. 1975 – 1 ABR 7/75 – AP BetrVG 1972 § 78 a Nr. 1, im Urteilsverfahren geltend gemacht.
[16] Darlegung des Ausbildungsverhältnisses, Mitgliedschaft in der Jugendvertretung, Verlangen auf Weiterbeschäftigung, Antrag auf Entbindung von Weiterbeschäftigung zurückgewiesen oder nicht gestellt. Vgl. ArbR-Hdb. § 227 RN 19.

II. Rechtliche Beurteilung

1. Der Sozialplan ist von vornherein unwirksam. Gemäß § 112a Abs. 2 BetrVG kann in den ersten vier Jahren nach Gründung eines Unternehmens kein Sozialplan durch eine Einigungsstelle aufgestellt werden. Dies hat auch der Vorsitzende der Einigungsstelle erkannt, jedoch die Auffassung vertreten, die Antragstellerin sei im Zusammenhang mit der rechtlichen Umstrukturierung eines Konzerns entstanden. Dies ist unzutreffend *(wird ausgeführt)*.

2. Die Einigungsstelle hat die Grenzen billigen Ermessens insgesamt überschritten. Die Kosten des Sozialplans betragen das Doppelte des Eigenkapitals der Antragstellerin, führen somit unmittelbar zur Insolvenz der Antragstellerin. Die Einigungsstelle war allerdings der Auffassung, dass die Konzernobergesellschaft für einen Sozialplan eintreten müsse. Dies ist jedoch unzutreffend *(wird ausgeführt)*.

Hinweis für das Insolvenzverfahren:

Die Sozialpläne, die vor Eröffnung des Insolvenzverfahrens, allerdings nicht früher als drei Monate vor dem Eröffnungsantrag abgeschlossen worden sind, unterfallen § 124 InsO. Sie können daher sowohl vom Insolvenzverwalter als auch vom Betriebsrat widerrufen werden. Nach einem Urteil des LAG Köln (v. 2. 3. 2001 – 12 Sa 1467/00 – ZIP 2001, 1070) sind Forderungen aus einem Sozialplan Insolvenzforderungen.

---

3. Die Einigungsstelle hat auch den Mitarbeitern die vollen Abfindungsansprüche zuerkannt, welche von sich aus zu einem Zeitpunkt vor der Stilllegung des Werkzeugbaus kündigen. Hier hat die Einigungsstelle das ihr eingeräumte Ermessen überschritten. Denn die Antragstellerin ist darauf angewiesen, dass der Werkzeugbau bis zur beabsichtigten Schließung (31. 12. 2003) einwandfrei funktioniert. Das vorzeitige Ausscheiden einzelner Mitarbeiter führt zu erheblichen wirtschaftlichen Beeinträchtigungen *(wird ausgeführt)*. Aus diesem Grunde hatte die Antragstellerin vorgeschlagen, bei einem vorzeitigen Ausscheiden nur dann eine Abfindung vorzusehen, wenn keine betrieblichen Gründe gegen ein vorzeitiges Ausscheiden des Arbeitnehmers sprechen. Die Einigungsstelle hat diesen Gesichtspunkt außer Acht gelassen und damit ihr Ermessen überschritten.

2. Feststellung, dass ein Anspruch auf Abschluss eines Sozialplans nicht besteht

11 An das Arbeitsgericht ...., den .....

In Sachen pp. *(volles Rubrum)*

wird im Beschlussverfahren beantragt,

festzustellen, dass der Arbeitgeber nicht verpflichtet ist, wegen der Entlassungen ..... über einen Sozialplan zu verhandeln.

Gründe:

Arbeitgeber ist die Gesellschaft ..... mbH. Diese Gesellschaft wurde durch Gesellschaftsvertrag vom ..... von der X ..... GmbH mit Sitz in München und dem Dipl.-Betriebswirt ....., Berlin, gegründet. Der Geschäftsanteil der X ..... mbH beträgt 50 000,00 € und der des Dipl.-Betriebswirts ..... 25 000,00 €. Am ..... hat die Gesellschaft ..... mbH den Geschäftsbetrieb eingestellt. Die Arbeitnehmer sind entlassen worden. Nach § 112a Abs. 2 BetrVG besteht in den ersten vier Jahren nach der Gründung keine Verpflichtung zum Abschluss von Sozialplänen.[17]

3. Klagen und Beschlussverfahren nach der InsO

ArbR-Hdb. § 244 RN 97; *Neef/Schrader*, Arbeitsrechtliche Neuerungen im Insolvenzfall, RN 162ff.; *Steindorf/Regh*, Arbeitsrecht in der Insolvenz, S. 339ff.

a) Beschlussverfahren bei Widerruf

An das Arbeitsgericht . . . ., den **12**

Beschlussverfahren

des Rechtsanwalts *Hugo Schulze, Landstraße 10,* (PLZ) *Hannover,* als Insolvenzverwalter über das Vermögen der *Rudolf Meier Maschinenfabrik GmbH, Bruchweg 10,* (PLZ) *Hannover*

– Antragstellers –

gegen

den Betriebsrat der *Rudolf Meier Maschinenfabrik GmbH,* vertreten durch den Betriebsratsvorsitzenden *Manfred Kluge, Bruchweg 10,* (PLZ) *Hannover*

– Antragsgegner –

Ich beantrage die Einleitung eines Beschlussverfahrens mit dem Antrag,

festzustellen, dass der Sozialplan vom 31. 3. 2003 unwirksam ist.

Die Schuldnerin, die *Rudolf Meier Maschinenfabrik GmbH,* hatte wegen eines großen Auftragsverlustes beschlossen, den Betrieb zum 31.12. dieses Jahres stillzulegen, und aus diesem Grunde mit dem Antragsgegner einen Interessenausgleich und Sozialplan am 31. 3. 2003 vereinbart. Sie entschloss sich zu einem sehr teuren Sozialplan, um auf diese Weise ein langwieriges Einigungsstellenverfahren und damit eine Hinauszögerung des Zeitpunkts der Betriebsstilllegung zu vermeiden. Es zeigte sich jedoch, dass dieser Interessenausgleich die Finanzkraft der Schuldnerin überstiegen hatte. Daher musste sie am 28. 6. 2003 den Antrag auf Eröffnung des Insolvenzverfahrens stellen. Dieses wurde am 10. 7. 2003 eröffnet und der Antragsteller als Insolvenzverwalter bestellt.

Mit Schreiben vom 30. 7. 2003 hatte der Antragsteller den Sozialplan widerrufen (vgl. Anlage 1). Der Antragsgegner ist der Auffassung, der Widerruf sei unwirksam. Denn der Antragsteller habe in den Verhandlungen zuvor den Sozialplan noch einmal ausdrücklich bestätigt und auf ein Widerrufsrecht verzichtet. Dies ist unzutreffend *(wird ausgeführt).*

Da der Sozialplan innerhalb von drei Monaten vor Beantragung des Insolvenzverfahrens abgeschlossen und rechtzeitig widerrufen wurde, ist er gemäß § 124 InsO unwirksam.

---

[17] In jedem Fall muss ein Interessenausgleich versucht werden. Anderenfalls entsteht ein Anspruch auf Nachteilsausgleich (BAG, Urteil v. 8. 11. 1988 – 1 AZR 687/87 – AP BetrVG 1972 § 113 Nr. 18). Der Betriebsrat wird die Bestellung einer Einigungsstelle beim Arbeitsgericht beantragen. Das Arbeitsgericht wird diesem Antrag in aller Regel stattgeben, da es nur zu prüfen hat, ob die Einigungsstelle offensichtlich unzuständig ist. Daher wird in der Praxis dieser Antrag während eines Verfahrens zur Bestellung einer Einigungsstelle bzw. während des Einigungsstellenverfahrens eingereicht.

b) Beschlussverfahren nach Eröffnung eines Insolvenzverfahrens

13   An das Arbeitsgericht ...., den .....

Beschlussverfahren

des Rechtsanwalts *Hugo Schulze, Landstraße 10,* (PLZ) *Hannover,* als Insolvenzverwalter über das Vermögen der *Rudolf Meier Maschinenfabrik GmbH, Bruchweg 10,* (PLZ) *Hannover*

– Antragstellers –

gegen

den Betriebsrat der *Rudolf Meier Maschinenfabrik GmbH,* vertreten durch den Betriebsratsvorsitzenden *Manfred Kluge, Bruchweg 10,* (PLZ) *Hannover*

– Antragsgegner –

Ich beantrage die Einleitung eines Beschlussverfahrens mit dem Antrag,

festzustellen, dass der Sozialplan unwirksam ist.

Über das Vermögen der Schuldnerin ist am 10. 7. 2003 das Insolvenzverfahren eröffnet und der Antragsteller zum Insolvenzverwalter bestellt worden. Die Schuldnerin beschäftigt 150 Arbeitnehmer. Nachdem eine Einigung über Interessenausgleich und Sozialplan nicht möglich war, hat eine einvernehmlich eingesetzte Einigungsstelle am 10. 8. 2003 einen Sozialplan beschlossen. Dabei hätte sie als Sozialplanvolumen einen Gesamtbetrag von bis zu zweieinhalb Monatsverdiensten der von der Entlassung betroffenen Arbeitnehmer vorsehen dürfen. Sie hat dieses Volumen jedoch überschritten *(wird ausgeführt)*. Damit ist der Sozialplan insgesamt unwirksam.[18]

7. Abschnitt. Verfahren im Zusammenhang mit der Einigungsstelle

§ 94. Einigungsstelle

I. Errichtung der Einigungsstelle

1   **Hinweis:**

Regelmäßig wird die Einigungsstelle durch eine Vereinbarung zwischen dem Arbeitgeber und dem Betriebsrat errichtet. Der Vorsitzende der Einigungsstelle wird telefonisch und schriftlich gebeten, das Amt zu übernehmen.

Beamte und Richter bedürfen für die Übernahme des Amtes einer Genehmigung durch die Dienstaufsichtsbehörde. Die Genehmigung wird erteilt, wenn der Richter dienstlich nicht mit der Sache befasst werden kann.

Durch Gesetze zur Einschränkung der Nebentätigkeit von Richtern und Beamten wird regelmäßig von den Behörden die Angabe des Honorars gefordert.

Durch Tarifvertrag kann bestimmt sein, dass an Stelle der zwischen den Betriebspartnern zu vereinbarenden Einigungsstelle eine tarifliche Schlichtungsstelle tritt (§ 76 Abs. 8 BetrVG). Die Tarifpartner haben i. d. R. auch den unparteiischen Vorsitzenden bestellt.

---

[18] Überschreitung der so genannten absoluten Obergrenze in § 123 Abs. 1 ZPO führt zur Unwirksamkeit des Sozialplans: vgl. *Steindorf/Regh,* Arbeitsrecht in der Insolvenz, § 3 RN 588; *Fitting* BetrVG, 21. Aufl. §§ 112, 112 a RN 272. Wird nur die relative Obergrenze (§ 123 Abs. 2 InsO) überschritten, also mehr als ein Drittel der Masse verwendet, bleibt der Sozialplan wirksam. Die einzelnen Forderungen werden nur anteilig gekürzt.

Für den Fall, dass keine tarifliche Schlichtungsstelle besteht oder eine Einigung nicht erzielt wird, muss der Vorsitzende und/oder die Zahl der Beisitzer durch das Arbeitsgericht bestellt werden.

II. Antrag nach § 76 Abs. 2 Satz 2 und Satz 3 BetrVG; § 98 ArbGG[1]

An das Arbeitsgericht . . . ., den 2

Antrag auf Einsetzung einer Einigungsstelle

der *Maschinenfabrik Roland Meier GmbH*, vertreten durch den Geschäftsführer *Ferdinand Meier, Kaiserstraße 5*, (PLZ) *Hannover*

– Antragstellerin –

Prozessbevollmächtigte: Rechtsanwälte *Klug und Tapfer, Mauerweg 3*, (PLZ) *Hannover*

gegen

den Betriebsrat der *Maschinenfabrik Roland Meier GmbH*, vertreten durch den Betriebsratsvorsitzenden *Eberhard Schulze, Kaiserstraße 5*, (PLZ) *Hannover*

– Antragsgegner –

Namens und im Auftrag der Antragstellerin bitten wir um Einleitung eines Beschlussverfahrens und beantragen,

1. zum Einigungsstellenvorsitzenden über die Verhandlungen über einen Interessenausgleich zur Stilllegung des *Fuhrparks* wird der Vorsitzende Richter am Landesarbeitsgericht . . . . . bestellt;[2]
2. die Zahl der Beisitzer wird auf jeweils zwei festgesetzt.

Gründe:

Die Antragstellerin stellt Spezialmaschinen her . . . . . Sie beschäftigt 100 Arbeitnehmer. Zurzeit werden die Maschinen durch den betriebseigenen Fuhrpark, in welchem zwölf Arbeitnehmer beschäftigt sind, ausgeliefert. Ferner dient der Fuhrpark für Ersatzteillieferungen. Aufgrund der angespannten Kostensituation beabsichtigt die Antragstellerin, den Fuhrpark einzustellen und sich einer ortsansässigen Spedition zu bedienen. Sie hat daher mit dem Antragsgegner Gespräche aufgenommen mit dem Plan, diese Umstellung zum Ende des Jahres zu vollziehen. Sie hat dem Antragsgegner den Entwurf eines Interessenausgleichs übersandt, aus welchem sich eine Stilllegung des Fuhrparks per Ende dieses Jahres ergibt. Dieser ist als Anlage 1 beigefügt. Der Antragsgegner hat im Gegenzug den Entwurf eines Sozialplans vorgelegt, der jedoch die finanziellen Möglichkeiten der Antragstellerin bei weitem übersteigt (Anlage 2). Am 4., 6. und 13. 6. 2003 haben Verhandlungen stattgefunden, die jedoch ergebnislos geblieben sind.

Am 18. 6. 2003 hat die Antragstellerin daher in einem Schreiben an den Betriebsrat die Einigungsstelle angerufen und vorgeschlagen, den Vorsitzenden Richter am

---

[1] Bitte beachten: Das Gericht prüft nur, ob die Einigungsstelle offensichtlich unzuständig ist; Rechtsmittel: Beschwerde innerhalb von zwei Wochen einschließlich Begründung (§ 98 Abs. 2 ArbGG).

[2] Um später keine Zweifel über die Zuständigkeit der Einigungsstelle aufkommen zu lassen, ist es notwendig, den Gegenstand des Einigungsstellenverfahrens möglichst genau zu beschreiben. Der Arbeitgeber kann einen Einigungsstellenvorsitzenden auch zugleich für den Abschluss eines Sozialplans bestellen lassen. Notwendig ist es nicht. Im Zweifel wird dann der Betriebsrat diesen Antrag stellen.

Neef

Landesarbeitsgericht ..... zum Vorsitzenden zu bestellen und die Anzahl der Beisitzer auf jeweils zwei festzusetzen (Anlage 3). Der Antragsgegner hat als Einigungsstellenvorsitzenden den Rechtsanwalt ..... vorgeschlagen und ist der Auffassung, die Zahl der Beisitzer solle auf jeweils fünf festgelegt werden.[3]

Da mit dem Antragsgegner keine Einigung erzielt werden konnte, ist die Einigungsstelle durch das Gericht einzusetzen.

Eine auf uns lautende Vollmacht ist beigefügt.

III. Antrag auf Feststellung der Unwirksamkeit des Spruchs einer Einigungsstelle[4]

3 An das Arbeitsgericht ...., den .....

Antrag auf Einleitung eines Beschlussverfahrens

des Betriebsrats *der Hugo Kühn GmbH,* vertreten durch den Betriebsratsvorsitzenden *Gerhard Timm, Säulenweg 51,* (PLZ) *Wolfsburg*

– Antragstellers –

Prozessbevollmächtigte: Rechtsanwälte *Maurer und Schäfer, Eilenriede 10,* (PLZ) *Wolfsburg*

gegen

die *Hugo Kühn GmbH,* vertreten durch den Geschäftsführer *Dieter Kühn, Säulenweg 51,* (PLZ) *Wolfsburg*

– Antragsgegnerin –

Namens und im Auftrage des Antragstellers beantragen wir die Einleitung eines Beschlussverfahrens und beantragen,

festzustellen, dass der Beschluss der Einigungsstelle vom ..... unwirksam ist.

Gründe:

Die Antragsgegnerin hat im Jahre 1970 eine betriebliche Altersversorgung in Form einer Gesamtzusage eingeführt. Versorgungsleistungen bestehen in einem bestimmten Prozentsatz der Arbeitsvergütung, die die Arbeitnehmer vor Eintritt des Pensionsfalls verdienen.

Wegen wirtschaftlicher Schwierigkeiten beabsichtigte die Antragsgegnerin, diese Versorgungsregelung durch eine Betriebsvereinbarung abzulösen, und rief dieserhalb die Einigungsstelle an. Diese beschloss mit den Stimmen des Vorsitzenden und der Arbeitgeberbeisitzer, dass ab sofort alle Arbeitnehmer nur noch eine Pension von 100,00 € erhalten sollten. Eine Ablichtung des Spruchs ist beigefügt. Der Spruch ist unwirksam.

1. Unzuständigkeit der Einigungsstelle[5]

---

[3] Es ist zweckmäßig, oft auch notwendig, den bisherigen Gang der Verhandlungen genau zu schildern, um nachzuweisen, dass die Verhandlungen sowohl in der Sache selbst als auch hinsichtlich der Einigungsstellenbesetzung tatsächlich geführt und gescheitert sind; ansonsten droht Zeitverlust.

[4] Die Einigungsstelle ist am Beschlussverfahren nicht beteiligt (vgl. BAG, Beschluss v. 22. 1. 1980 – 1 ABR 28/78 – AP BetrVG 1972 § 111 Nr. 7).

[5] Ob die Einigungsstelle zuständig ist, entscheidet sie zunächst selbst (vergleichbar dem Regierungsrat, der zunächst prüft, ob er zuständig ist, bevor er eine Entscheidung trifft). Rechtsverbindlich zwischen den Parteien kann diese Frage aber nur das Arbeitsgericht entscheiden. Soweit sich die Einigungsstelle außerhalb ihrer Zuständigkeit bewegt, ist ihr Spruch generell unwirksam (unabhängig von der zweiwöchigen Anfechtungsfrist gemäß § 76 Abs. 5 Satz 4 BetrVG).

Der Einigungsstelle fehlte die rechtliche Zuständigkeit für ihren Spruch. Eine Gesamtzusage kann durch eine Betriebsvereinbarung nicht abgelöst werden, es sei denn, die Geschäftsgrundlage sei entfallen (vgl. BAG, Beschluss v. 23. 9. 1997 – 3 ABR 85/96 – AP BetrAVG § 1 Ablösung Nr. 26). Dies ist vorliegend nicht der Fall .....

Die auf Grund der Gesamtzusage erdienten Anwartschaften sind als Besitzstand aufrechtzuerhalten. Diesen Besitzstand hat die Einigungsstelle nicht beachtet und damit unzulässigerweise in die Rechte der einzelnen Arbeitnehmer eingegriffen.

In beiden Fällen hat die Einigungsstelle ihre rechtliche Kompetenz überschritten.

2. Ermessensüberschreitung

Hinsichtlich der künftigen Pensionsberechnung gewährt die Einigungsstelle allen Arbeitnehmern unabhängig vom persönlichen Verdienst und auch von der Dauer der Betriebszugehörigkeit eine einheitliche Rente in Höhe von 100,00 €. Sie berücksichtigt damit weder die Dauer der Betriebstreue noch den Versorgungsbedarf und hat damit das ihr eingeräumte Ermessen überschritten .....

3. Verfahrensfehler[6]

Der Antragsteller hat den Vorsitzenden der Einigungsstelle in der Sitzung am ..... wegen Befangenheit abgelehnt. Über diese Ablehnung hat die Einigungsstelle ohne den Vorsitzenden entschieden und ihr nicht entsprochen. Die Einigungsstelle hat weiter getagt und den angefochtenen Spruch gefällt. Über den Ablehnungsantrag ist nunmehr im Anfechtungsverfahren zu entscheiden (vgl. BAG, Beschluss v. 11. 9. 2001 – 1 ABR 5/01 – AP BetrVG 1972 § 76 Nr. 15).

8. Abschnitt. Das Vollstreckungsrecht[1]

§ 95. Vollstreckbare Ausfertigung

I. Erteilung einer vollstreckbaren Ausfertigung (§ 724 ZPO)

An das Arbeitsgericht ...., den 1

In Sachen pp.

a) wird beantragt,
dem Kläger eine vollstreckbare Ausfertigung des Vergleichs vom ...../Urteils vom ..... zu erteilen.[2]

b) wird beantragt,
von dem Vergleich vom ...../Urteil vom ..... eine weitere vollstreckbare Ausfertigung zu erteilen.

---

[6] Ob der Spruch der Einigungsstelle die Grenzen des Ermessens wahrt, wird allein am Ergebnis gemessen. Welche Überlegungen die Einigungsstelle angestellt hat und von welchen Tatsachen sie sich hat leiten lassen, ist unerheblich (vgl. BAG, Beschluss v. 31. 8. 1982 – 1 ABR 27/80 – AP BetrVG 1972 § 87 Arbeitszeit Nr. 8). Allerdings macht ein Verstoß gegen elementare Verfahrensgrundsätze den Spruch unwirksam (vgl. BAG, Beschluss v. 18. 1. 1994 – 1 ABR 43/93 – AP BetrVG 1972 § 76 Nr. 51).

[1] Teilweise sind Muster zum Vollstreckungsrecht im systematischen Zusammenhang des Individualarbeitsrechts abgedruckt (vgl. § 88 RN 1 ff.). Vgl. allg. *Germelmann/Matthes/Prütting/Müller-Glöge*, ArbGG, 4. Aufl. § 62 RN 5 ff.

[2] Nach § 50 ArbGG werden nur Urteile, dagegen nicht Vergleiche von Amts wegen zugestellt. Nach §§ 795, 750 ZPO darf die Vollstreckung nur beginnen, wenn der Vollstreckungstitel zugestellt ist. Die Partei hat daher die Zustellung zu veranlassen (z. B. An die Gerichtsvollzieherverteilungsstelle beim Amtsgericht ..... In Sachen pp. bitte ich, anliegenden Vergleich/Vollstreckungstitel vom ..... dem Beklagten ..... zuzustellen). Vgl. *Germelmann/Matthes/Prütting/Müller-Glöge*, ArbGG, 4. Aufl. § 62 RN 11.

Gründe:

(Zu b:) Die vom Vergleich vom ...../Urteil vom ..... erteilte vollstreckbare Ausfertigung ist verloren gegangen; jedenfalls ist sie nicht mehr auffindbar, was ich in Kenntnis der Bedeutung einer eidesstattlichen Versicherung an Eides statt versichere.

> **Hinweis:**
> Nach § 733 Abs. 1 ZPO kann der Schuldner vor Erteilung einer weiteren vollstreckbaren Ausfertigung gehört werden.[3]

Die Vollstreckungsklausel lautet:

Vorstehende zweite vollstreckbare Ausfertigung wird dem ..... in ..... zum Zwecke der Zwangsvollstreckung erteilt.

II. Vollstreckbare Ausfertigung für und gegen Rechtsnachfolger[4]

1. Gegen Rechtsnachfolger des Beklagten (§§ 727 ff. ZPO)

2   An das Arbeitsgericht ...., den .....

In Sachen pp.

wird beantragt, die Vollstreckungsklausel gegen die Rechtsnachfolger des Beklagten umzuschreiben.

Gründe:

Der Beklagte ist nach Rechtskraft des Urteils am ..... verstorben und von seiner Ehefrau ....., wohnhaft ....., und seinen Kindern ..... beerbt worden.

Beweis: Erbschein vom ...../Nachlassakten des Amtsgerichts .....

Die beiden Kinder sind noch minderjährig und werden durch ihre Mutter vertreten.

Dem Antrag sind beigefügt: Vollstreckbare Ausfertigung des Urteils und Erbschein.

oder

Der Beklagte ..... hat nach Rechtskraft des Urteils das von ihm betriebene Handelsgeschäft mit Aktiven und Passiven auf den Kaufmann ....., wohnhaft ....., übertragen. Dieser führt es unter der bisherigen Firma weiter. Zum Beweis beziehe ich mich auf das Handelsregister ..... Gemäß § 729 ZPO ist die Vollstreckungsklausel auf ..... als Rechtsnachfolger umzuschreiben.

2. Für Rechtsnachfolger des Klägers

3   An das Arbeitsgericht ...., den .....

In Sachen pp.

wird beantragt, die Vollstreckungsklausel für die Rechtsnachfolger des Klägers umzuschreiben.

---

[3] Die Anhörung ist aus Gründen des rechtlichen Gehörs (Art. 103 GG) regelmäßig notwendig, *Thomas/Putzo*, ZPO, 25. Aufl. § 733 RN 2.

[4] Die Vorschrift gilt unmittelbar in den Fällen des § 727 ZPO. Sie wird entsprechend angewandt in den Fällen der §§ 728, 729, 738, 742, 744, 745 Abs. 2, 749 ZPO (vgl. *Thomas/Putzo*, ZPO, 25. Aufl. § 727 RN 3).

Gründe:

Der Kläger hat mir seine Forderung aus dem Urteil des Arbeitsgerichts vom ..... abgetreten. Zum Beweis wird eine notariell beglaubigte Abtretungsurkunde beigefügt *(unzureichend privatschriftliche Urkunde, selbst wenn Schuldner Kenntnis der Abtretung bestätigt)*.

oder

Die Forderung des Klägers aus dem Urteil des Arbeitsgerichts ..... wurde zugunsten meines Anspruchs gegen den Kläger gepfändet und zur Einziehung überwiesen.

Beweis: Anliegender Pfändungs- und Überweisungsbeschluss.

Es bedarf der Umschreibung der Vollstreckungsklausel auf mich, da der Schuldner des Klägers nicht bereit ist, zu zahlen.

III. Klage auf Erteilung der Vollstreckungsklausel (§ 731 ZPO)

1. Klage

An das Arbeitsgericht ...., den **4**

In Sachen pp.

wird beantragt,

dem Kläger als Rechtsnachfolger des ..... eine vollstreckbare Ausfertigung des Urteils vom ..... zu erteilen.

Gründe:

Der Beklagte hatte auf Grund des rechtskräftigen Urteils vom ..... /Vergleichs vom ..... an B ..... einen Betrag von ..... € zu zahlen. B ..... hat auf Grund privatschriftlicher Urkunde seinen Anspruch gegen den Beklagten an den Kläger abgetreten (und auch den Beklagten hiervon verständigt).

Beweis: Vorlage der Abtretungsurkunde.

Am ..... ist B ..... verstorben. Eine öffentlich beglaubigte Urkunde über die Abtretung kann daher nicht mehr vorgelegt werden. Der Beklagte weigert sich, trotz Zahlungsaufforderung zu zahlen. Es bedarf daher gemäß § 731 ZPO der Umschreibung der Vollstreckungsklausel.

2. Erinnerung gegen die Erteilung einer Vollstreckungsklausel

An das Arbeitsgericht ...., den **5**

In Sachen pp.

wird beantragt, die Vollstreckungsklausel aufzuheben und bis zur Entscheidung über den Antrag die Zwangsvollstreckung einstweilen einzustellen.

Gründe:

Der Hilfsarbeiter K. hat gegen den Beklagten ein vorläufig vollstreckbares Urteil über ..... erstritten. Der Urkundsbeamte der Geschäftsstelle hat für Frau K. als Rechtsnachfolgerin des K. eine vollstreckbare Ausfertigung auf Grund einer von der Gewerkschaft beglaubigten Abtretungsurkunde erteilt. Eine Vollstreckungsklausel darf nur auf Grund einer öffentlichen oder öffentlich beglaubigten Urkunde umgeschrieben werden. Die Gewerkschaft ist zur öffentlichen Beglaubigung einer Urkunde nicht befugt. Es ist daher nach dem gestellten Antrag zu erkennen (§ 732 ZPO).

§ 96. Vollstreckungsgegenklage und Drittwiderspruchsklage

I. Vollstreckungsgegenklage, § 767 ZPO

1 An das Arbeitsgericht . . . ., den . . . . .

In Sachen pp.

wird beantragt,

1. die Zwangsvollstreckung aus dem Urteil des Arbeitsgerichts vom . . . . . /– . . . . . Ca . . . . ./. . . . . – (in Höhe von . . . . . €) für unzulässig zu erklären;

2. die Zwangsvollstreckung bis zum Erlass des Urteils einstweilen einzustellen.

Gründe:

Der Beklagte besitzt gegen die Klägerin ein rechtskräftiges Urteil des Arbeitsgerichts . . . . . vom . . . . . über den Betrag von . . . . . €. Aufgrund dieses Urteils hat der Beklagte mehrere Computer, Schreib- und Rechenmaschinen der Klägerin gepfändet. Der Gerichtsvollzieher hat Termin zur Versteigerung der Pfandgegenstände auf den . . . . . anberaumt. Pfandprotokoll und Mitteilung des Gerichtsvollziehers sind in Fotokopie beigefügt. Die Pfändung ist wegen eines Betrages von . . . . . € rechtswidrig. Die Klägerin hat dem Beklagten nach Rechtskraft des Urteils einen Betrag in Höhe von . . . . . € überwiesen. Der Überweisungsabschnitt ist verloren gegangen, so dass der Gerichtsvollzieher die Vollstreckung nicht gemäß § 775 ZPO einstellt. Wegen eines weiteren Betrages in Höhe von . . . . . € hat die Beklagte die Aufrechnung mit einer Schadensersatzforderung erklärt. Die Schadensersatzforderung ist erst nach dem Schluss der mündlichen Verhandlung vom . . . . . entstanden. Der Beklagte hat nämlich nach dem Termin vom . . . . . der Klägerin die Scheiben eingeworfen *(usw.).*

Beweis: Prokurist *Meier,* zu laden bei der Klägerin.

Wegen des alsbald bevorstehenden Versteigerungstermins bedarf es der einstweiligen Einstellung der Zwangsvollstreckung (§§ 769, 767 ZPO).

> **Hinweis:**
> Während die Zwangsvollstreckungsklage gegen Urteile (§ 767 ZPO) nur auf Einwendungen gestützt werden kann, die nach Schluss der mündlichen Verhandlung des Vorprozesses entstanden sind, kann eine solche gegen einen Vergleich auch auf zuvor entstandene Einwände gestützt werden (§§ 795, 767 ZPO). Zuständig ist immer das Prozessgericht des ersten Rechtszuges. Streitwert ist derjenige Betrag, dessen Vollstreckung für unzulässig erklärt werden soll. Nach diesem richten sich Gerichts- und Anwaltsgebühren. Die Zwangsvollstreckungsgegenklage wird dem Prozessbevollmächtigten des Vorprozesses zugestellt (jetzt § 172 ZPO, vormals § 176 ZPO).

II. Drittwiderspruchsklage, § 771 ZPO

An das Amts-/Landgericht ...., den 2

In Sachen pp. *(volles Rubrum)*

wird beantragt,

1. die Zwangsvollstreckung aus dem Urteil des .....gerichts vom .....
   – Az. ..... – in die vom Gerichtsvollzieher des Amtsgerichts ..... am ..... gepfändete ..... *(genaue Bezeichnung der* Gegen*stände)* für unzulässig zu erklären;
2. das Urteil für vorläufig vollstreckbar zu erklären;
3. die Zwangsvollstreckung ohne/gegen Sicherheitsleistung einstweilen einzustellen.

Gründe:

Der Beklagte besitzt gegen den Kaufmann ..... einen vollstreckungsfähigen Titel,
auf Grund dessen er in den Lastzug mit dem polizeilichen Kennzeichen..... vollstreckt.

Beweis: Pfändungsprotokoll des Gerichtsvollziehers.

Der Lastzug wurde der Klägerin am ..... von dem Kaufmann ..... zur Sicherung
eines Betriebsdarlehens in Höhe von ..... € übereignet. Die Urkunde über die Si-
cherungsübereignung ist in Fotokopie beigefügt. Im anzusetzenden Termin wird
der Kraftfahrzeugbrief zur Einsicht vorgelegt. Dem Beklagten wurden die wahren
Eigentumsverhältnisse offen gelegt. Gleichwohl betreibt er in unzulässiger Weise
die Zwangsvollstreckung weiter (§ 771 ZPO). Die Zwangsvollstreckung ist ohne
Sicherheitsleistung einzustellen, da der Beklagte bereits durch Pfändung des Lastzu-
ges eine Übersicherung seiner Forderung erlangt hat.

oder

Der Beklagte besitzt gegen meinen Ehemann ein vorläufig vollstreckbares Urteil
über den Betrag von 1000,00 €. Aufgrund dieses Titels hat der Beklagte meinen
Wohnzimmerschrank gepfändet. Die Versteigerung ist vom Gerichtsvollzieher auf
den ..... angesetzt worden. Die Klägerin lebt mit ihrem Ehemann in gesetzlichem
Güterstand der Zugewinngemeinschaft/in Gütertrennung. Der Wohnzimmerschrank ist von der Klägerin/von den Eltern der Klägerin vor Eingehung der Ehe
gekauft und bezahlt worden, was diese an Eides statt versichert. Ferner wird eine
Fotokopie der auf die Klägerin ausgestellten Rechnung vorgelegt *(usw.).*

§ 97. Vollstreckungsanträge beim Amts- und Arbeitsgericht[1]

I. Vollstreckungsantrag beim Amtsgericht

1. Antrag zur Durchführung der Sachpfändung

An die Gerichtsvollzieherverteilungsstelle bei dem   1
Amtsgericht .....

Anbei erhalten Sie ein vorläufig vollstreckbares Urteil des Arbeitsgerichts vom .....
mit Vollstreckungsklausel. Das Urteil ist von Amts wegen zugestellt. Ich bitte, den

---

[1] Zum Antrag auf Forderungspfändung vgl. oben § 30 RN 1 ff.

titulierten Betrag beizutreiben, da der Schuldner freiwillig nicht zahlt. Den Gebührenvorschuss bitte ich per Nachnahme zu erheben.[2]

2. Antrag auf Bewilligung des freihändigen Verkaufs

2 An das Amtsgericht – Vollstreckungsgericht – .....

In Sachen pp. *(volles Rubrum)*

wird beantragt, die gepfändeten Gegenstände durch den Gerichtsvollzieher freihändig verkaufen zu lassen.

Gründe:

Im Versteigerungstermin vom ..... sind auf die vom Gerichtsvollzieher gepfändeten Gegenstände, nämlich ....., keine Gebote abgegeben worden.

Beweis: Beiliegendes Pfändungsprotokoll und Bestätigung des Gerichtsvollziehers.

Um eine Verwertung der Gegenstände zu erreichen, bedarf es des freihändigen Verkaufs gemäß § 825 ZPO.[3]

3. Antrag auf Zwangsvollstreckung zur Herausgabe von Sachen, § 883 ZPO

3 An die Gerichtsvollzieherverteilungsstelle bei dem
Amtsgericht .....

In Sachen pp.

wegen Zwangsvollstreckung

überreiche ich eine mit der Vollstreckungsklausel versehene vollstreckbare Ausfertigung des Urteils des Arbeitsgerichts ..... vom ..... – ..... Ca ...../..... – und bitte, die im Urteil aufgeführten Sachen

1. Radiogerät Marke Blaupunkt

2. 1 Koffer

der Schuldnerin wegzunehmen und mir zu übergeben.

Gleichzeitig beantrage ich, aus dem anliegenden Kostenfestsetzungsbeschluss den Betrag von 50,00 € beizutreiben und an mich abzuführen.

Rechtsbehelfe: Gegen Verfahren des Gerichtsvollziehers: Erinnerung, § 766 ZPO; für Dritte Klage nach § 771 ZPO; für Gläubiger, wenn die Herausgabe nicht zu verwirklichen ist, § 893 ZPO; Schuldner § 765a ZPO. Zur Durchführung vgl. § 179 Geschäftsordnung Gerichtsvollzieher; Kosten: § 788 ZPO. Gebühren: Nr. 221, 230, 500 KVGv.[4]

Anlagen: Urteilsausfertigung
            Kostenfestsetzungsbeschluss

                                                    Unterschrift

---

[2] Nach § 12 Abs. 4 ArbGG dürfen auch Gerichtsvollzieher im Zwangsvollstreckungsverfahren keine Gebührenvorschüsse erheben.

[3] Als Rechtsbehelf kommt die sofortige Beschwerde (§ 793 ZPO) gegen den Beschluss des Rechtspflegers zur Anwendung (§ 11 Abs. 1 RPflG). Für die Gebühren gelten Nr. 300 und 310 KVGv, § 58 Abs. 3 Nr. 4a BRAGO.

[4] Vgl. *Hartmann*, Kostengesetze, 33. Aufl., S. 1850 ff.

II. Besondere Anträge bei Forderungspfändungen beim Amtsgericht[5]

1. Pfändung einer Lohnsteuererstattungsforderung gegen Finanzamt und Arbeitgeber (§ 46 AO)[6]

An das Amtsgericht – Vollstreckungsgericht – **4**

Antrag auf Erlass eines Pfändungs- und Überweisungsbeschlusses[7] in der Vollstreckungssache .....

Nach dem Urteil des Arbeitsgerichts ..... vom ....., Az. ....., dessen vollstreckbare zugestellte Ausfertigung beigefügt ist, kann der Gläubiger vom Schuldner beanspruchen

1. Hauptforderung

2. .....

Namens und in Vollmacht des Gläubigers beantrage ich zu beschließen:

Wegen dieser Ansprüche sowie der Kosten für den Beschluss und seine Zustellung wird die angebliche Forderung des Schuldners gegen das Finanzamt[8, 9] ....., ... Straße, auf Auszahlung des Erstattungsbetrags, der sich bei Durchführung des Lohnsteuerjahresausgleichs für das Jahr ..... zugunsten des Schuldners ergibt, gepfändet und dem Gläubiger in Höhe des Pfandbetrags zur Einziehung überwiesen. Dem Drittschuldner (Finanzamt) wird verboten, an den Schuldner zu leisten, soweit gepfändet ist.

Dem Schuldner wird verboten, über die Forderung zu verfügen, insbesondere sie einzuziehen, soweit gepfändet ist.

Ich bitte, die Zustellung zu vermitteln *(vgl. § 840 ZPO)*.

2. Pfändungsantrag bei Gehaltskontoguthaben

Einleitung vgl. Muster RN 1   **5**

wird die angebliche Forderung des Schuldners gegen die ..... Bank, Zweigstelle ....., auf das Guthaben aus Kontoverbindung – bei Kontokorrentverhältnis nach Saldoziehung – insbesondere zur Konto-Nr. ..... gepfändet einschließlich des Anspruchs auf alle künftigen Guthaben je nach Saldoziehung und einschließlich aller Ansprüche und Forderungen aus bestehendem Girovertrag, insbesondere des Anspruchs auf Gutschrift aller künftigen Eingänge, auf fortlaufende Auszahlung des Guthabens, auf Durchführung von Überweisungen an Dritte und auf Kündigung des Vertrages.

---

[5] Vollstreckungsgericht ist grundsätzlich das Amtsgericht, *Germelmann/Matthes/Prütting/Müller-Glöge,* ArbGG, 4. Aufl. § 62 RN 64 (außer im Arrestverfahren).

[6] Vgl. *Thomas/Putzo,* ZPO, 25. Aufl. § 829 RN 18.

[7] Zum Pfändungs- und Überweisungsbeschluss vgl. §§ 829, 835 ZPO.

[8] Vgl. ArbR-Hdb. § 92 RN 24.

[9] Führt der Arbeitgeber den Lohnsteuerjahresausgleich durch, so lautet die Formel: *Gepfändet wird die angebliche Forderung des Schuldners gegen seinen Arbeitgeber ..... auf Durchführung des Lohnsteuerjahresausgleichs und auf Auszahlung des Erstattungsbetrags, der sich danach zugunsten des Schuldners für das Jahr ..... und alle folgenden Kalenderjahre ergibt.*

3. Pfändung des Arbeitseinkommens, §§ 850 ff. ZPO[10]

6   *Einleitung vgl. Muster 1 RN 1 (vgl. oben § 30 RN 3)*

wird die angebliche Forderung des Schuldners gegen seinen Arbeitgeber (Firma .....) auf das gesamte pfändbare Arbeitseinkommen[11] einschließlich des Wertes von Sachbezügen gepfändet und dem Gläubiger bis zur Abdeckung seiner Forderung zur Einziehung überwiesen.

Das pfändbare Arbeitseinkommen berechnet sich wie folgt:
(vgl. §§ 850e und 850a ZPO)[12]

Dieses Arbeitseinkommen ist insofern geschützt und damit unpfändbar, wie es sich aus § 850c ZPO ergibt. Diesbezüglich wird auf die Tabelle gemäß § 850c Abs. 3 ZPO Bezug genommen.

Dem Drittschuldner (Arbeitgeber) wird verboten, an den Schuldner zu zahlen, soweit gepfändet ist.

Es wird um Vermittlung der Zustellung gebeten.

4. Antrag des Schuldners gegen Kontopfändung

7   *(vgl. oben § 30 RN 21ff.)*

III. Vollstreckungsanträge beim Arbeitsgericht

1. Antrag auf Zwangsvollstreckung zur Erwirkung einer vertretbaren Handlung (§ 887 ZPO)

8   An das Arbeitsgericht ...., den .....

In Sachen pp. *(volles Rubrum)*

ist der Schuldner durch rechtskräftiges Urteil des Arbeitsgerichts ..... vom ..... verurteilt worden, meinen PKW Marke Opel, amtliches Kennzeichen: ..... reparieren zu lassen.

Der Schuldner ist bislang seinen Verpflichtungen nicht nachgekommen. Ich bitte, mich zu ermächtigen, die Reparatur ausführen zu lassen, und zugleich den Schuldner zur Vorauszahlung der Kosten, die etwa 1 000,00 € ausmachen, zu verurteilen.

Anlage: Vollstreckbare Ausfertigung des Urteils.

Unterschrift

Rechtsbehelfe: Gegen Verfahren des Gerichtsvollziehers (§ 892 ZPO): Erinnerung § 766 ZPO. Gegen Beschluss: § 793 ZPO. Für Erfüllung behauptenden Schuldner: Vollstreckungsgegenklage (§ 767 ZPO). Für Gläubiger u. U. § 893 ZPO. Bei unvollständigem Buchauszug Klage nach § 87c Abs. 4 HGB. Kosten: Entscheidung im Beschluss (§ 788 ZPO). Kostenvorauszahlungsbeschluss wird nach §§ 794 Nr. 3, 803ff. ZPO vollstreckt.

---

[10] Zum Lohnpfändungsschutz vgl. ArbR-Hdb. § 92 RN 45 ff.; *Bengelsdorf* FA 2002, 366 ff.
[11] Begriff nunmehr erläutert in: BAG, Beschluss v. 28. 8. 2001 – 9 AZR 611/99 – AP BUrlG § 7 Abgeltung Nr. 80.
[12] Vgl. *Helwick*, Die Pfändung des Arbeitseinkommens nach der Euroumstellung – Anhebung der Pfändungsfreigrenzen für Arbeitseinkommen, FA 2002, 38 ff.; LAG Berlin, Urteil v. 14. 1. 2000 – 19 Sa 2154/99 – NZA-RR 2000, 657.

2. Antrag auf Festsetzung von Zwangsmitteln zur Erzwingung einer nicht vertretbaren Handlung (§ 888 ZPO)

An das Arbeitsgericht . . . ., den **9**

In Sachen pp. *(volles Rubrum)*

wird beantragt,

gegen den Schuldner ein Zwangsgeld – im Falle der nicht möglichen Beitreibung Zwangshaft – wegen Nichtvornahme folgender Handlungen festzusetzen:[13]

1. Erteilung eines Zeugnisses für den Gläubiger, das sich auf Art und Dauer sowie Leistung und Verhalten im Arbeitsverhältnis erstreckt;
2. Ausfüllen der Arbeitspapiere des Klägers, bestehend aus
   a) Lohnsteuerkarte
   b) Invalidenversicherungskarte
   c) Lohnnachweiskarte
   d) Sozialversicherungsausweis;
3. Erteilung einer Abrechnung über die in der Zeit vom . . . . . bis . . . . . verdienten Provisionen.

Gründe:

Der Schuldner ist durch rechtskräftiges Urteil des erkennenden Arbeitsgerichts . . . . . vom . . . . . zur Erteilung eines qualifizierten Zeugnisses, zur Ausfüllung der im Antrag aufgezählten Arbeitspapiere sowie zur Erteilung einer Abrechnung verurteilt worden. Dieser Verpflichtung ist der Schuldner bislang nicht nachgekommen.

Dem Antrag sind beigefügt die mit der Vollstreckungsklausel versehene vollstreckbare Ausfertigung des Urteils sowie der Nachweis ihrer Zustellung.

Unterschrift

3. Beschluss zu 2. (RN 9)[14]

In Sachen pp. *(volles Rubrum)*   **10**

wird der Schuldner zu einem Zwangsgeld von 500,00 € und im Falle seiner Uneinbringlichkeit für je 50,00 € zu einem Tag Zwangshaft verurteilt. Der Schuldner kann die Vollstreckung der Zwangsmittel durch Aushändigung eines qualifizierten Zeugnisses und Ausfüllung der Arbeitspapiere abwenden.

Der Schuldner trägt die Kosten des Verfahrens.

Gründe:

Es folgt eine Begründung des Beschlusses, wobei regelmäßig unter A) der Sachverhalt und unter B) die rechtliche Würdigung wiedergegeben wird. Zu beachten ist, dass im Arbeitsgerichtsverfahren wegen der fehlenden Prozesskostenvorschusspflicht den Gläubiger auch im Falle der Androhung der Zwangshaft keine Kostenvorschusspflicht trifft.

---

[13] Umfangreiche Beispiele bei *Germelmann/Matthes/Prütting/Müller-Glöge,* ArbGG, 4. Aufl. § 62 RN 48.

[14] Das Zwangsgeld wird durch den Gläubiger zugunsten der Staatskasse beigetrieben. Der Gläubiger kann seine Kosten gegen den Schuldner festsetzen und für sich beitreiben lassen.

Rechtsbehelfe: Gegen Beschluss: § 793 ZPO. Gegen Verfahren des Gerichtsvollziehers und Gerichtskasse: § 766 ZPO; § 6 Abs. 1 Nr. 1 J BeitrO; für Erfüllungseinwand des Schuldners: Vollstreckungsgegenklage § 767 ZPO; für Gläubiger evtl. § 893 ZPO.

Kosten: Kostenentscheidung im Beschluss. Kosten des Gläubigers nach § 788 ZPO. Gebühren: GKG, GVKostG; § 58 Nr. 8 BRAGO. Streitwert: § 3 ZPO.

4. Antrag auf Vollstreckung eines Unterlassungsurteils (§ 890 ZPO)

11 An das Arbeitsgericht ...., den .....

In Sachen pp. *(volles Rubrum)*

ist der Schuldner durch Urteil des erkennenden Gerichts vom ..... – ..... Ca ...../..... – verurteilt worden, sich des Wettbewerbs zum Nachteil des Gläubigers zu enthalten. Der Schuldner ist gleichwohl noch in der Forschungsabteilung der Firma ..... beschäftigt, die mit der Klägerin in Wettbewerb steht.

Eine vollstreckbare Ausfertigung nebst Zustellungsnachweis ist beigefügt.

Es wird beantragt, den Schuldner durch Ordnungsgeld oder Ordnungshaft, deren Höhe in das Ermessen des Gerichts gestellt wird, anzuhalten, den Wettbewerb einzustellen.

                                                                      Unterschrift

Rechtsbehelfe: Sofortige Beschwerde §§ 793, 567 ZPO. Gegen Durchführung der Vollstreckung: § 766; bei Ordnungsgeld § 6 Abs. 1 Nr. 1 JBeitrO. Einwendungen des Schuldners zu Zahlungserleichterungen: Prozessgericht (Art. 7 Abs. 4 EGStGB.) Für drohenden Schaden wegen Verstoßes kann Gläubiger nach §§ 890 Abs. 3, 108 ZPO Sicherheit verlangen. Vollstreckung des Ordnungsgeldes von Amts wegen: Vollstreckungsbehörde: § 2 JBeitrO Vorsitzender des Gerichts; Beitreibung durch Rechtspfleger: § 1 Nr. 3 JBeitrO, § 31 Abs. 3 RPflG. Zahlungserleichterungen Art. 7 EGStGB (§ 31 Abs. 3 RPflG).

IV. Vollstreckung des Beschäftigungsanspruchs

1. Antrag auf Festsetzung eines Zwangsgelds

12 An das Arbeitsgericht ...., den .....

Antrag nach § 888 ZPO[15]

In der Vollstreckungssache pp. *(volles Rubrum)*

wird namens und in Vollmacht des Gläubigers beantragt,

gegen den Schuldner wegen Nichtbeschäftigung des Gläubigers entsprechend dem Urteil/der einstweiligen Verfügung des Arbeitsgerichts ..... vom ..... – ..... Ca ...../..... –[16] ein Zwangsgeld festzusetzen.[17]

---

[15] Nach überwiegender Meinung erfolgt die Vollstreckung des Beschäftigungsanspruchs nach § 888 ZPO, LAG Berlin, Beschluss v. 14. 6. 2001 – 9 Ta 998/01 – LAGE ZPO § 888 Nr. 46. Zuvor: LAG Köln, Beschluss v. 7. 7. 1987 – 9 Ta 128/87 – LAGE ZPO § 888 Nr. 15.

[16] Vielfach wird von den LAG gerügt, dass die Anträge zu unbestimmt seien. Dem ist durch die Verweisung auf die Titel Rechnung getragen (vgl. LAG Frankfurt, Beschluss v. 13. 7. 1987 – 1 Ta 151/87 – LAGE ZPO § 888 Nr. 12).

[17] Es ist unzweckmäßig, eine bestimmte Mindesthöhe des Zwangsgeldes zu beantragen, da das Gericht hinter dem Antrag mit der Folge der Kostenlast zurückbleiben kann. Das Zwangsgeld verfällt ohnehin der Staatskasse. Gelegentlich ist versucht worden, das Zwangsgeld für jeden Tag der Nicht-

Gründe:

Der Schuldner ist durch einen im Antrag bezeichneten Titel, der vorläufig vollstreckbar und mit der Vollstreckungsklausel versehen ist, zur Weiterbeschäftigung über den Ablauf der Kündigungsfrist verurteilt worden. Trotz Aufforderung des Schuldners, den Gläubiger zu beschäftigen, weigert er sich. Es bedarf daher der Androhung eines fühlbaren Zwangsgelds.[18]

2. Festsetzung eines Zwangsgelds

Gegen den Schuldner wird wegen Nichtbeschäftigung des Gläubigers entsprechend **13** dem Urteil/der einstweiligen Verfügung des Arbeitsgerichts ..... vom ..... – ..... Ca ...../..... – ein Zwangsgeld festgesetzt und für den Fall, dass dieses nicht beigetrieben werden kann, Zwangshaft.

Rechtsbehelf: § 793 ZPO. Gegen Durchführung der Zwangsvollstreckung: § 766 ZPO; bei Gerichtskasse § 6 Abs. 1 Nr. 1 JBeitrO; für den Schuldner bei behaupteter Erfüllung: Vollstreckungsgegenklage nach § 767 ZPO oder Rechtsmittel in der Hauptsache. Für den Gläubiger stets § 893 ZPO. Streitwert des Erkenntnisverfahrens zum Beschäftigungsanspruch, dagegen nicht Höhe des Zwangsgelds.[19]

9. Abschnitt. Muster zum Kostenrecht

§ 98. Streitwertfestsetzung für Rechtsanwaltsgebühren

Hartmann, Kostengesetze, 33. Aufl. § 8 BRAGO.

I. Aufforderung zur Stellungnahme

Sehr geehrte ....., **1**

in der Rechtssache .....

ist die Festsetzung des Streitwerts beantragt worden. Nach § 10 Abs. 2 der Bundesgebührenordnung für Rechtsanwälte wird Ihnen Gelegenheit gegeben, binnen einer Woche nach Erhalt dieses Schreibens/zu dem in Durchschrift beiliegenden Antrag Stellung zu nehmen. Es ist beabsichtigt, den Streitwert

für das Verfahren im Allgemeinen auf ..... € und

für die mündliche Verhandlung auf ..... €

---

[18] beschäftigung festsetzen zu lassen. Die Anträge sind i. d. R. wegen mangelnder Bestimmtheit und Eindeutigkeit erfolglos geblieben (vgl. LAG Frankfurt, Beschluss v. 26. 5. 1986 – 12 Ta 132/86 – LAGE ZPO § 888 Nr. 8).

[18] Die Zwangsvollstreckung aus einem Beschäftigungsurteil ist dann unzulässig, sobald dem Arbeitgeber die Beschäftigung des Gläubigers zu den ursprünglichen Arbeitsbedingungen nicht mehr möglich ist (vgl. LAG Hamm, Beschluss v. 29. 8. 1984 – 1 Ta 207/84 – LAGE ZPO § 888 Nr. 2). Von einer solchen Unmöglichkeit kann nur ausgegangen werden, wenn der ursprüngliche Arbeitsplatz endgültig weggefallen ist. Die Ablehnung dritter Personen, mit dem Gläubiger zusammenzuarbeiten, wird nur in wenigen Ausnahmefällen zur Unmöglichkeit führen (vgl. LAG Düsseldorf, Beschluss v. 7. 7. 1992 – 7 Ta 100/92 – LAGE ZPO § 888 Nr. 25).

[19] Vgl. LAG Bremen, Beschluss v. 2. 2. 1988 – 3 Sa 77/85 und 3 Ta 33/85 – LAGE ZPO § 888 Nr. 14.

für das Beweisaufnahmeverfahren auf . . . . . €
für die Erörterung der Sache auf . . . . . €
für den gerichtlichen Vergleich auf . . . . . €
festzusetzen.

II. Verfügung zur Streitwertfestsetzung

2   Hinweis:
Der Beschluss kann in Anlehnung an das Muster I RN 1 gefasst werden; er ist unter den
Voraussetzungen von § 329 Abs. 2 ZPO förmlich zuzustellen und mit einer Rechtsmit-
telbelehrung zu versehen.
Ist Festsetzung aus verfahrensrechtlichen Gründen abgelehnt worden, unbefristete Be-
schwerde. Bei Festsetzung befristete Beschwerde, nicht sofortige, da bisheriges Gericht
abändern können soll. Beschwerdegegenstand: 50,00 €. Keine Beschwerde oder weitere
Beschwerde gegen Entscheidung des LAG.

3   *Rechtsmittelbelehrung für Festsetzungsbeschluss*

Gegen diesen Beschluss kann binnen zwei Wochen nach Zustellung schriftlich
oder zur Niederschrift des Urkundsbeamten der Geschäftsstelle beim hiesigen Arbeitsgericht befristete Beschwerde eingelegt werden, sofern der Beschwerdewert
50,00 € übersteigt (vgl. § 10 BRAGO). Die Beschwerdefrist ist auch gewahrt,
wenn die Beschwerde innerhalb der Frist beim Landesarbeitsgericht in . . . . . eingeht.
Die Beschwerdeschrift soll möglichst dreifach eingereicht werden.

§ 99. Kostenausgleichung

I. Antrag auf Kostenerstattung

1 An das Arbeitsgericht . . . ., den . . . . .
In Sachen pp.
wird beantragt,
    die vom Kläger dem Beklagten zu erstattenden Kosten festzusetzen.

Gründe:

Der Kläger hat mit einer am . . . . . bei dem Arbeitsgericht in . . . . . eingegangenen
Klage Feststellung begehrt, dass die vom Beklagten ausgesprochene Kündigung
rechtsunwirksam ist. Das Arbeitsgericht hat durch Urteil vom . . . . . dem Klageantrag entsprochen. Auf die Berufung des Beklagten wurde die Klage abgewiesen und
der Kläger verurteilt, die Kosten des Rechtsstreits zu tragen.[1]
                    Az.: – . . . . . Ca . . . . ./. . . . . –
Dem Beklagten sind nachfolgende Kosten erwachsen, die der Kläger zu erstatten
hat:

---

[1] Ein Antrag auf Kostenerstattung besteht immer für die obsiegende Partei.

I. Verfahrenskosten 1. Instanz:[2]

   1. Wahrnehmung des Gütetermins
      Fahrkosten von ..... nach ..... km = × 0,..... € = ... €

   2. Wahrnehmung der Kammertermine vom .....
      Fahrkosten von ..... nach ..... km = × 0,..... € = ... €

   3. Porto, Telefon und sonstige Kosten

II. Verfahrenskosten 2. Instanz:

Prozessgebühr (§§ 11, 31 BRAGO)	..... €
Verhandlungsgebühr (§§ 11, 31 BRAGO)	..... €
Beweisgebühr (§§ 11, 31 BRAGO)	..... €
Auslagenpauschale (§ 26 BRAGO)	..... €
Schreibauslagen/Kopien (§ 27 BRAGO)	..... €
Porto und Umsatzsteuer	..... €

III. Vom Beklagten gezahlte Gerichtskosten der 1. Instanz

II. Kostenfestsetzungsbeschluss

Dieser kann entsprechend dem Antrag aufgebaut werden.   2

III. Erinnerung gegen Kostenfestsetzungsbeschluss (§ 104 ZPO)

An das Arbeitsgericht ...., den 3
In Sachen pp.
wird gegen den Kostenfestsetzungsbeschluss vom .....

Erinnerung

eingelegt mit dem Antrag,

   den Beschluss vom ..... abzuändern und den Antrag auf Kostenfestsetzung abzuweisen, soweit der Beklagte Erstattung der Fahrtkosten 1. Instanz beantragt hat.

Gründe:

Der Beklagte hat die Erstattung der Fahrtkosten 1. Instanz verlangt. Der Antrag ist ungerechtfertigt. Richtig ist zwar, dass die Fahrtkosten erstattungsfähig sind. Indes waren die Fahrtkosten in der angegebenen Höhe nicht notwendig. Der Beklagte brauchte sich nicht durch Vertreter seiner Rechtsabteilung seiner Zentralverwaltung vertreten zu lassen. Er unterhält eine Zweigniederlassung in ....., wo auch der Kläger beschäftigt war. Bei sachgemäßer Prozessführung hätte die Vertretung von dort durchgeführt werden können.

---

[2] Keine Erstattung von Anwaltskosten (§ 12 a ArbGG).

IV. Buch.
Muster aus dem Insolvenzrecht

Breuer, Insolvenzrechts-Formularbuch, 2. Aufl., 1999; *Neef/Schrader,* Arbeitsrechtliche Neuerungen im Insolvenzfall, 1998; *Steindorf/Regh,* Arbeitsrecht in der Insolvenz, 2002; *Zwanziger,* Das Arbeitsrecht in der Insolvenz, 2002.

§ 100. Anträge und Klagen zur Insolvenztabelle

I. Anmeldung zur Tabelle[1]

An den Insolvenzverwalter   1
Herrn Rechtsanwalt .....
Zum Insolvenzverfahren über das Vermögen der .....
wird namens und im Auftrag des .....
eine Forderung in Höhe von ..... € zum Insolvenzverfahren angemeldet.[2, 3]

> **Hinweis:**
> Zinsen sind bis zum Tage der Insolvenzeröffnung anmeldefähig (arg. § 39 Abs. 1 Nr. 1 InsO).

1. ..... €
2. ..... €
Kopien der Rechnungen und Lieferscheine sind dieser Anmeldung beigelegt .....

II. Antrag auf Berichtigung der Tabelle

Der Verwalter hat vor der Verteilung ein Verzeichnis der Forderungen aufzu-   2
stellen, die bei der Verteilung zu berücksichtigen sind (§ 188 InsO). Das Verzeich-

---

[1] Nach der InsO sind die Forderungen von unterschiedlicher Durchsetzungskraft. (1) Forderungen auf Entgelt für die letzten drei Monate vor Eröffnung des Insolvenzverfahrens sind durch das Insolvenzgeld gesichert (§§ 183 ff. SGB III). (2) Nach § 55 Abs. 1 Nr. 2 InsO sind die Ansprüche der Arbeitnehmer Masseverbindlichkeiten, wenn die Erfüllung des Vertragsverhältnisses zur Insolvenzmasse erfolgt oder für die Zeit nach der Eröffnung des Insolvenzverfahrens erfolgen soll. Hat der Insolvenzverwalter die Masseunzulänglichkeit geltend gemacht, besteht eine weitere Differenzierung (vgl. § 209 InsO). (3) Persönliche Gläubiger sind diejenigen, die einen zurzeit der Eröffnung des Insolvenzverfahrens begründeten Vermögensanspruch gegen den Schuldner haben (Insolvenzgläubiger). (4) Nachrangige Insolvenzgläubiger sind die in § 39 InsO genannten Personen. Die nachrangigen Insolvenzgläubiger werden nach den Absonderungs- und Aussonderungsberechtigten, den Massegläubigern und den einfachen Insolvenzgläubigern nur befriedigt, wenn die Insolvenzgläubiger befriedigt worden sind.

[2] Nachrangige Insolvenzgläubiger können nur in Ausnahmefällen mit einer Befriedigung rechnen. Sie brauchen nur dann zur Insolvenztabelle angemeldet werden, wenn das Insolvenzgericht zur Anmeldung auffordert (§ 174 Abs. 3 InsO).

[3] Der Insolvenzverwalter hat jede angemeldete Forderung in eine Tabelle einzutragen (§ 175 Abs. 1 InsO).

nis ist auf der Geschäftsstelle niederzulegen. Ein Insolvenzgläubiger, dessen Forderung nicht festgestellt ist und für dessen Forderung ein vollstreckbarer Titel oder ein Endurteil nicht vorliegt, hat spätestens innerhalb einer Ausschlussfrist von zwei Wochen nach der öffentlichen Bekanntmachung dem Insolvenzverwalter nachzuweisen, dass und für welchen Betrag die Feststellungsklage erhoben oder das Verfahren in dem früher anhängigen Rechtsstreit aufgenommen ist (§ 189 InsO). Nach § 193 InsO hat der Insolvenzverwalter die Änderung des Verzeichnisses innerhalb von drei Tagen vorzunehmen.

An das Amtsgericht – Insolvenzgericht – .....

– Az. ..... –

In dem Insolvenzverfahren über das Vermögen der ..... überreiche ich namens der von mir anwaltlich vertretenen Gläubigerin, der ....., das Urteil des Arbeitsgerichts ..... vom ..... nebst Rechtskraftbescheinigung, in dem der zur Insolvenztabelle angemeldete Anspruch der Gläubigerin (eingetragen in Abteilung 2, laufende Nummer .....) festgestellt wurde. Ich beantrage daher die Berichtigung der Tabelle.

III. Klage auf Feststellung zur Insolvenztabelle (§ 179 InsO)

3 An das Arbeitsgericht ....., den .....

In Sachen pp.

gegen

den X als Insolvenzverwalter ..... über das Vermögen der Firma .....

– Beklagten –

wegen Feststellung

*(Ein **Streitwert** kann angegeben werden, obwohl dem Prozessgericht vorbehalten ist, die Schätzung gemäß § 182 InsO vorzunehmen.)*

Es wird beantragt, die angemeldete Forderung in Höhe von ..... € zur Insolvenztabelle festzustellen.

Gründe:

Der Beklagte ist Insolvenzverwalter der Gemeinschuldnerin. Der Kläger war vom ..... bis ..... bei der Gemeinschuldnerin beschäftigt. Das Arbeitsverhältnis hat infolge Kündigung des Insolvenzverwalters zum ..... geendet (§ 113 InsO). Der Kläger hat für die Zeit vom ..... bis ..... Insolvenzgeld (§ 183 SGB III) bezogen.

In der Zeit vom ..... bis ..... hat die Gemeinschuldnerin die Arbeitsvergütung des Klägers nicht mehr in voller Höhe ausgezahlt. Der Kläger war zu einer Monatsvergütung in Höhe von ..... € beschäftigt. Der Kläger kann daher für den Monat ..... abzüglich gezahlter ..... € ..... € verlangen.

Ferner hat die Gemeinschuldnerin am ..... einen Sozialplan mit dem Betriebsrat abgeschlossen. Der Sozialplan ist beigefügt. Nach dem Sozialplan hat der Kläger Anspruch auf Abfindung in Höhe von ..... €.[4] Der Insolvenzverwalter hat sowohl die Restlohnforderung wie auch den Anspruch aus dem Sozialplan im Prüfungstermin bestritten. Er hat die Auffassung vertreten, der Kläger habe ihm die Herabsetzung seines Gehalts bewilligt. Dies ist jedoch unzutreffend. Im Übrigen wäre ein entsprechender Vertrag auch wegen Verstoßes gegen den Tarifvertrag unwirksam,

---

[4] Vgl. §§ 112, 112 a BetrVG und 123 f. InsO.

Neef

denn sowohl der Kläger wie auch die Gemeinschuldnerin waren tarifgebunden. Auch die Auffassung des Beklagten, der Sozialplan sei rechtsunwirksam, ist unzutreffend, denn . . . . .

Ein Auszug aus der Insolvenztabelle ist beigefügt.

IV. Klage eines Massegläubigers bei Unzulänglichkeit der Masse

An das Arbeitsgericht . . . . ., den **4**

Klage

des Arbeitnehmers *Hugo Meier, Ernteweg 3, (PLZ) Hamburg*

– Klägers –

Prozessbevollmächtigte: Rechtsanwälte *Senf und Sturm, Hochstraße 56, (PLZ) Hamburg*

gegen

den Rechtsanwalt *Walter Krug* als Insolvenzverwalter über das Vermögen der *Hans Kluge GmbH, Kreikebaum 11, (PLZ) Hamburg*

– Beklagten –

wegen Restlohn

Namens und mit Vollmacht des Klägers wird Klage erhoben.

Es wird beantragt,

1. festzustellen, dass dem Kläger eine Masseforderung in Höhe von . . . . . € zusteht;
2. den Beklagten zu verurteilen, an den Kläger die auf seinen festgestellten Masseanspruch entfallende Quote zu zahlen.

Gründe:

Der Kläger ist am . . . . . in die Dienste der . . . . . als . . . . . getreten. Am . . . . . wurde über das Vermögen der Insolvenzschuldnerin das Insolvenzverfahren eröffnet. Der Insolvenzverwalter hat von dem Kläger die Erfüllung des Arbeitsvertrages verlangt. In der Zeit vom . . . . . bis . . . . . hat der Kläger gearbeitet. Es ist mithin für ihn eine Masseforderung nach § 55 InsO erwachsen.

Der Insolvenzverwalter hat die Restlohnforderung nicht beglichen. Er hat den Einwand erhoben . . . . . Dies ist jedoch nicht gerechtfertigt.

Außerdem hat sich der Insolvenzverwalter auf die Masseunzulänglichkeit berufen.

Der Insolvenzverwalter hat die Masseverbindlichkeiten nach der Reihenfolge des § 209 InsO zu befriedigen . . . . .

V. Verfahren zum Kündigungsschutz im Insolvenzverfahren

1. Klage eines Arbeitnehmers im Insolvenzverfahren

An das Arbeitsgericht . . . . ., den **5**

Klage

der kaufmännischen Angestellten *Irmgard Müller, Krugallee 3, (PLZ) Hildesheim*

– Klägerin –

Neef

Prozessbevollmächtigter: Rechtsanwalt *Merk, Blumenweg 3,* (PLZ) *Hildesheim*

gegen

den Rechtsanwalt *Horst Neumann* als Insolvenzverwalter über das Vermögen der *Heinrich Schulz GmbH, Alte Straße 3,* (PLZ) *Hildesheim*

– Beklagten –

wegen Kündigung

Namens und mit Vollmacht der Klägerin erhebe ich Klage und beantrage,[5,6]

1. festzustellen, dass das Arbeitsverhältnis durch die Kündigung nicht aufgelöst worden ist;
2. der Beklagte trägt die Kosten des Rechtsstreits.

Gründe:

Die Klägerin trat am ..... in die Dienste der *Heinrich Schulz GmbH* als kaufmännische Angestellte. Das Arbeitsverhältnis richtete sich kraft Organisationszugehörigkeit/einzelvertraglicher Verweisung nach den Tarifverträgen für ..... Die tarifliche Kündigungsfrist beträgt mithin .....[7]

Die *Heinrich Schulz GmbH* ist in wirtschaftliche Schwierigkeiten geraten. Am ..... ist über ihr Vermögen das Insolvenzverfahren eröffnet worden. Zum Insolvenzverwalter ist Rechtsanwalt *Neumann* bestellt worden.

Die Gemeinschuldnerin hat ..... Arbeitnehmer beschäftigt. Bei ihr besteht ein Betriebsrat aus ..... Mitgliedern. Betriebsratsvorsitzender ist .....

Der Beklagte hat allen Belegschaftsangehörigen mit Schreiben vom ..... (außerordentlich) gekündigt. Das Schreiben ist der Klägerin am ..... zugegangen. Zur Begründung hat der Beklagte sich darauf berufen, dass der Betrieb sofort stillgelegt werden müsse. Die Kündigung ist aus mehreren Gründen unwirksam .....

---

[5] Nach § 113 Abs. 1 InsO kann ein Dienstverhältnis, bei dem der Schuldner der Dienstberechtigte ist, vom Insolvenzverwalter und vom anderen Teil ohne Rücksicht auf eine vereinbarte Vertragsdauer oder einen vereinbarten Ausschluss des Rechts zur ordentlichen Kündigung gekündigt werden. Die Kündigungsfrist beträgt drei Monate zum Monatsende, wenn nicht eine kürzere Kündigungsfrist maßgebend ist. Will ein Arbeitnehmer geltend machen, dass die Kündigung seines Arbeitsverhältnisses durch den Insolvenzverwalter unwirksam ist, so muss er auch dann innerhalb von drei Wochen nach Zugang der Kündigung Klage beim Arbeitsgericht erheben, wenn er sich für die Unwirksamkeit der Kündigung auf andere als die in § 1 Abs. 2, 3 KSchG bezeichneten Gründe beruft. Soweit die Kündigung des Insolvenzverwalters der Zustimmung einer Behörde bedarf, läuft die Frist zur Anrufung des Arbeitsgerichts erst von der Bekanntgabe der Entscheidung an den Arbeitnehmer ab. § 113 Abs. 2 InsO dient der beschleunigten Klärung von Streitigkeiten um die Wirksamkeit der Kündigung. Der Kläger muss mithin innerhalb der Drei-Wochen-Frist auch Fehler bei der Anhörung des Betriebsrats oder Verstöße gegen § 613a BGB geltend machen. Insbesondere muss der Arbeitnehmer aber auch bei bestehendem Sonderkündigungsschutz die Drei-Wochen-Frist einhalten. Das gilt sowohl für schwerbehinderte Menschen wie für dem Mutterschutz unterliegende Frauen.

[6] Wird die Klagefrist versäumt, so ist eine nachträgliche Zulassung der Klage vorgesehen. Insoweit wird auf § 5 KSchG verwiesen. Das Verfahren gilt insoweit entsprechend.

[7] Es gilt die vereinbarte bzw. gesetzliche oder tarifliche Kündigungsfrist, maximal jedoch drei Monate zum Monatsende (§ 113 Abs. 1 InsO). Diese Vorschrift verdrängt längere tarifliche Kündigungsfristen (BAG, Urteil v. 19. 1. 2000 – 4 AZR 70/99 – AP InsO § 113 Nr. 5).

2. Gerichtliche Zustimmung zur Durchführung einer Betriebs-änderung

An das Arbeitsgericht ....., den **6**

Antrag im Beschlussverfahren

des Insolvenzverwalters *Egon Meier, Atlasweg 17,* (PLZ) *Hannover*

– Antragstellers –

Prozessbevollmächtigte: Rechtsanwälte *Alt und Neu, Werrastraße 10,* (PLZ) *Hannover*

gegen

den Betriebsrat der *Hugo Altmann GmbH,* vertreten durch den Betriebsratsvorsitzenden *Ernst Lauge, Tiergarten 50,* (PLZ) *Hannover*

– Antragsgegner –

wegen Zustimmung zur Betriebsänderung[8]

Namens und mit Vollmacht des Antragstellers beantrage ich, im Beschlussverfahren[9] zu erkennen:

Es wird festgestellt, dass die durch den Antragsteller geplante Stilllegung (oder Einschränkung) des Betriebs der Schuldnerin zum ..... durchgeführt werden kann, ohne dass das Verfahren nach § 112 Abs. 2 BetrVG vorangegangen ist.[10, 11]

Gründe:

Die *Hugo Altmann GmbH* hat sich mit der Herstellung von ..... befasst. Sie hat im Durchschnitt ..... Arbeitnehmer beschäftigt. Antragsgegner ist der Betriebsrat, Betriebsratsvorsitzender ist *Ernst Lauge.*

Am ..... ist über das Vermögen der *Hugo Altmann GmbH* das Insolvenzverfahren eröffnet worden. Zum Insolvenzverwalter ist der Antragsteller bestellt worden.

---

[8] Nach § 122 Abs. 1 Satz 1 InsO ist ein Antrag auf Zustimmung zur Betriebsänderung dann zulässig, wenn der Insolvenzverwalter den Betriebsrat rechtzeitig und umfassend unterrichtet und innerhalb einer Frist von drei Wochen nach Verhandlungsbeginn oder schriftlicher Aufforderung zur Aufnahme von Verhandlungen kein Interessenausgleich zustande kommt. Liegen diese Voraussetzungen nicht vor, ist der Antrag unzulässig. Es muss die Unterrichtung vor Verfahrenseinleitung erfolgen. Ausreichend ist aber auch, wenn die Unterrichtung durch die Antragsschrift erfolgt, sofern die mündliche Verhandlung erst nach dem Ablauf der Frist geschlossen wird. Streitigkeiten wird es insbesondere darüber geben, ob die Unterrichtung hinreichend war. Sind die Zulässigkeitsvoraussetzungen nicht gegeben, bewendet es bei § 113 Abs. 3 BetrVG.
[9] Die Entscheidung ergeht im Beschlussverfahren. Beteiligte sind der Insolvenzverwalter und der Betriebsrat, nicht dagegen die entlassenen Arbeitnehmer (§ 122 Abs. 2 Satz 2 InsO). Der Antrag ist nach Maßgabe des § 61a Abs. 3 bis 6 ArbGG vorrangig zu erledigen. Bei Verletzung des Beschleunigungsgrundsatzes sind aber keine prozessrechtlichen Folgen normiert.
[10] Zur Antragsformulierung vgl. ArbG Lingen, Beschluss v. 9. 7. 1999 – 2 BV 4/99 – ZIP 1999, 1892.
[11] Im Interesse der Verfahrensbeschleunigung ist der Rechtsmittelzug geändert. Gegen den Beschluss des Arbeitsgerichts findet die Beschwerde an das Landesarbeitsgericht nicht statt. Dies gilt unabhängig davon, ob dem Antrag stattgegeben oder er abgewiesen worden ist. Gegen den Beschluss des Arbeitsgerichts findet die Rechtsbeschwerde an das BAG statt, wenn sie in dem Beschluss zugelassen worden ist. Für die Zulassung gelten die Grundsätze von § 72 Abs. 2 und 3 ArbGG (§ 122 Abs. 3 InsO). Wird die Rechtsbeschwerde nicht zugelassen, ist eine Nichtzulassungsbeschwerde nicht vorgesehen. Die Rechtsbeschwerde ist innerhalb eines Monats nach Zustellung der in vollständiger Form abgefassten Entscheidung des Arbeitsgerichts beim BAG einzulegen und zu begründen (§ 122 Abs. 3 Satz 3 InsO; vgl. *Zwanziger,* Das Arbeitsrecht in der Insolvenz, § 122 InsO RN 26).

Neef

Es ist folgende Betriebsänderung geplant . . . . ./Es ist geplant, den Betrieb stillzulegen, weil . . . . .

Der Antragsteller hat den Betriebsrat umfassend unterrichtet. . . . . Er hat ihn am . . . . . zum Abschluss eines Interessenausgleichs aufgefordert. Ein Interessenausgleich ist innerhalb einer Frist von drei Wochen seit Aufnahme der Verhandlungen nicht zustande gekommen./Ein Interessenausgleich ist innerhalb von drei Wochen seit schriftlicher Aufforderung zu Verhandlungen nicht zustande gekommen. Es bedarf daher der Zustimmung des Arbeitsgerichts zur Durchführung der Betriebsänderung.[12]

Der Antrag auf Zustimmung ist begründet, weil die wirtschaftliche Lage des Unternehmens auch unter Berücksichtigung der sozialen Belange der Arbeitnehmer erfordert, dass die Betriebsänderung ohne vorheriges Verfahren nach § 112 Abs. 2 BetrVG durchgeführt wird . . . . .[13, 14]

3. Beschlussverfahren zum Kündigungsschutz[15]

7 An das Arbeitsgericht . . . . ., den . . . . .

Antrag im Beschlussverfahren

des Insolvenzverwalters . . . . .

– Antragstellers –

Prozessbevollmächtigter: Rechtsanwalt . . . . .

gegen

den Betriebsrat der Firma . . . . ., vertreten durch den Betriebsratsvorsitzenden . . . . .

– Antragsgegner –

---

[12] Der dem Antrag des Insolvenzverwalters stattgebende Beschluss gestattet es dem Insolvenzverwalter, die Betriebsänderung durchzuführen, ohne die Einigungsstelle anzurufen. Damit entfällt der Anspruch auf Nachteilsausgleich nach § 113 BetrVG. Gleichfalls ist der Unterlassungsanspruch des Betriebsrats ausgeschlossen, wenn er überhaupt bestanden hat. Vor Ablauf der Drei-Wochen-Frist darf der Insolvenzverwalter eine Betriebsänderung nur nach Abschluss eines Interessenausgleichs durchführen. Er hat zur Vermeidung des Anspruchs auf Nachteilsausgleich das Verfahren nach § 112 BetrVG einzuhalten. Umstritten ist, ob dem Betriebsrat in dieser Frist ein Unterlassungsanspruch zusteht (vgl. LAG Niedersachsen, Beschluss v. 27. 3. 1997 – 16 a TaBV 18/97 – ZIP 1997, 1201). Die ergehende Entscheidung hat Gestaltungswirkung. Diese wird dann eintreten, wenn der Beschluss rechtskräftig wird. Damit stellt sich die Frage, wann die Rechtskraft eintritt (Verkündung oder Ablauf der Rechtsmittelfrist). Die h. M. nimmt an, dass sie erst nach Ablauf der Rechtsmittelfrist bzw. der Verwerfung des unzulässigen Rechtsmittels eintritt (*Stein/Jonas/Münzberg*, ZPO, 21. Aufl. § 705 RN 3 b). Damit könnte der vom Gesetzgeber gewollte Beschleunigungseffekt wieder zunichte gemacht werden (vgl. *Steindorf/Regh*, Arbeitsrecht in der Insolvenz, § 3 RN 496).

[13] Der Antrag des Insolvenzverwalters ist nur begründet, wenn die wirtschaftliche Lage des Unternehmens auch unter Berücksichtigung der sozialen Belange der Arbeitnehmer erfordert, dass die Betriebsänderung ohne vorheriges Verfahren nach § 112 Abs. 2 BetrVG durchgeführt wird. Insoweit bedarf es eines umfassenden Vortrags. Fehlt es insoweit an einem Vortrag und weist das Arbeitsgericht den Antrag als unbegründet ab, kann es zu erheblichen Verzögerungen kommen. Zweckmäßig wird daher das Verfahren nach § 122 InsO und § 112 BetrVG nebeneinander betrieben.

[14] Zweifelhaft ist, ob der Insolvenzverwalter das Verfahren nach § 122 InsO auch im Wege der einstweiligen Verfügung betreiben kann. Im Beschlussverfahren sind zwar einstweilige Verfügungen zulässig (§ 85 Abs. 2 ArbGG). Da die Entscheidung des Arbeitsgerichts aber Gestaltungswirkung hat, würde damit auch eine Befriedigungswirkung eintreten. Eine einstweilige Verfügung auf Befriedigung ist nach allgemeinem Prozessrecht nur in Ausnahmefällen zulässig, vgl. allg. *Zwanziger*, Das Arbeitsrecht in der Insolvenz, § 122 InsO RN 39.

[15] Ist eine Betriebsänderung geplant und kommt zwischen Insolvenzverwalter und Betriebsrat ein Interessenausgleich zustande, in dem die Arbeitnehmer, die gekündigt werden sollen, namentlich bezeichnet sind, so erwachsen mehrere Vermutungen. Es wird vermutet, dass die Kündigung aus dringenden

weitere Beteiligte[16]
Arbeitnehmer 1   – Beteiligter zu 3 –
Arbeitnehmer 2   – Beteiligter zu 4 –
Arbeitnehmer 3   – Beteiligter zu 5 –
.....

Namens und in Vollmacht des Antragstellers beantrage ich im Beschlussverfahren festzustellen, dass die Kündigung nachfolgender Arbeitnehmer[17]
Arbeitnehmer 1
Arbeitnehmer 2
Arbeitnehmer 3
.....

durch dringende betriebliche Erfordernisse bedingt und sozial gerechtfertigt ist.

Gründe:[18, 19]

Die Firma ..... hat sich mit dem Vertrieb von ..... befasst. Sie beschäftigt ..... Arbeitnehmer. Antragsgegner ist der Betriebsrat. Betriebsratsvorsitzender ist .....

---

betrieblichen Gründen erfolgt ist. Zum anderen kann die soziale Auswahl nur begrenzt überprüft werden. Der Interessenausgleich ersetzt die Stellungnahme des Betriebsrats nach § 17 Abs. 3 Satz 2 KSchG. Besteht kein Betriebsrat oder kommt aus anderen Gründen innerhalb von drei Wochen seit Verhandlungsbeginn oder schriftlicher Aufforderung zur Aufnahme von Verhandlungen ein Interessenausgleich nach § 125 InsO nicht zustande, obwohl der Insolvenzverwalter den Betriebsrat rechtzeitig und umfassend unterrichtet hat, so kann der Insolvenzverwalter beim Arbeitsgericht beantragen festzustellen, dass die Kündigung bestimmter, im Antrag bezeichneter Arbeitnehmer durch dringende betriebliche Erfordernisse bedingt und sozial gerechtfertigt ist. Das Sammelverfahren zum Kündigungsschutz ist zulässig in (1) Kleinbetrieben mit maximal 20 Arbeitnehmern, (2) wenn überhaupt kein Interessenausgleich abgeschlossen worden ist, (3) nur ein teilweiser Interessenausgleich abgeschlossen worden ist (Insolvenzverwalter meint, 50 Arbeitnehmer müssten entlassen werden, Betriebsrat hält 30 für ausreichend), (4) sonst keine Einigung über die soziale Auswahl erzielt wird oder (5) ein Interessenausgleich wegen Veränderung der Umstände gegenstandslos geworden ist.

[16] Verfahrensbeteiligte sind der Insolvenzverwalter, der Betriebsrat und die im Antrag bezeichneten Arbeitnehmer. Zweifelhaft ist, ob sonstige Arbeitnehmer beteiligt sein können. Macht ein im Antrag bezeichneter Arbeitnehmer geltend, dass an seiner Stelle ein nicht bezeichneter Arbeitnehmer gekündigt werden müsste, so muss diesem rechtliches Gehör gewährt werden. Gegenüber den nicht beteiligten Arbeitnehmern erwächst der Beschluss nicht in Rechtskraft. Allerdings kann ein im Antrag nicht bezeichneter Arbeitnehmer dem Insolvenzverwalter als Streithelfer beitreten. Nicht beteiligt sind solche Arbeitnehmer, die mit der Kündigung einverstanden sind.

[17] In dem Antrag müssen die Arbeitnehmer bezeichnet werden. Die Bezeichnung muss namentlich erfolgen, wenngleich dieses Wort im Unterschied zu § 125 InsO fehlt. Der Antrag muss aber hinreichend bestimmt sein.

[18] Die Entscheidung ergeht im Beschlussverfahren. Der Antrag ist nach Maßgabe des § 61 a Abs. 3 bis 6 ArbGG vorrangig zu erledigen (§ 126 Abs. 2 Satz 2 InsO). In dem Verfahren haben die Beteiligten dieselben Dispositionsbefugnisse wie auch sonst im Beschlussverfahren. Der Insolvenzverwalter kann den Antrag ganz oder teilweise zurücknehmen (§ 81 Abs. 2 ArbGG), den Antrag ändern, indem er Arbeitnehmer austauscht (§ 81 Abs. 3 ArbGG), oder einen Vergleich schließen. Widerspricht ein Arbeitnehmer dem Vergleichsabschluss, so ändert das nichts an der Verfahrensbeendigung mit dem Betriebsrat, da der Arbeitnehmer auch an dem Interessenausgleich nach § 125 InsO nicht beteiligt ist. Der Vergleich entfaltet nur keine Bindungswirkung gegenüber dem Arbeitnehmer.

[19] Die Entscheidung ergeht durch Beschluss. Wegen der Sozialauswahl besteht ein eingeschränkter Prüfungsmaßstab (§ 126 Abs. 1 Satz 2 InsO). Gegen den Beschluss findet die Beschwerde an das Landesarbeitsgericht nicht statt (§ 126 Abs. 2 Satz 2 i. V. m. § 122 Abs. 3 InsO). Die Rechtsbeschwerde an das Bundesarbeitsgericht findet statt, wenn sie vom Arbeitsgericht zugelassen ist. Für die Zulassung gelten die Grundsätze von § 72 Abs. 2, 3 ArbGG. Eine Nichtzulassungsbeschwerde ist nicht vorgesehen. Eine besondere Ausgestaltung hat die Kostenerstattung in § 126 Abs. 3 InsO erfahren. Im ersten Rechtszug besteht kein Anspruch auf Kostenerstattung. Beim BAG richtet er sich nach der ZPO.

Neef

Über das Vermögen der Firma ..... ist das Insolvenzverfahren eröffnet worden. Zum Insolvenzverwalter ist Rechtsanwalt ....., der Antragsteller, bestellt.

Der Antragsteller plant, die Betriebsabteilung ..... stillzulegen. Er hat den Betriebsrat am ..... aufgefordert, in Verhandlungen über den Abschluss eines Sozialplans einzutreten. Der Antragsteller hat den Betriebsrat rechtzeitig und umfassend unterrichtet .....

Gleichwohl ist ein Interessenausgleich nicht zustande gekommen .....

Es bedarf daher der Einleitung eines Sammelverfahrens zum Kündigungsschutz. Die im Antrag namentlich bezeichneten Arbeitnehmer sind am ..... gekündigt worden. Sie haben Kündigungsschutzklage erhoben. Ihre Kündigung ist aus betriebsbedingten Gründen gerechtfertigt.....

Die Kündigung ist auch sozial gerechtfertigt .....

Folgende Kündigungsschutzverfahren sind auszusetzen .....[20, 21, 22]

§ 101. Muster einer Anfechtungsklage nach dem Anfechtungsgesetz[1]

1 An das Amts-/Landgericht ....., den .....

In Sachen pp.

wird beantragt, die Beklagte zu verurteilen, wegen der vollstreckbaren Forderung des Klägers in Höhe von ..... € nebst Zinsen in Höhe von 5% über dem Basiszinssatz seit dem ..... und der Kosten bisheriger Vollstreckung in Höhe von ..... € die Zwangsvollstreckung in ..... zu dulden.[2]

Gründe:

Dem Kläger steht auf Grund rechtskräftigen Urteils des Arbeitsgerichts ..... vom ..... – Az.: ..... – gegen den..... eine Forderung in Höhe von ..... € nebst Zinsen seit dem ..... zu.

An bisherigen Vollstreckungskosten sind erwachsen ..... €.

Beweis: 1 Fotokopie der vollstreckbaren Ausfertigung des Arbeitsgerichts
    2 Kostenrechnungen.

---

[20] Kündigt der Insolvenzverwalter einem namentlich bezeichneten Arbeitnehmer, so ist die Entscheidung im Beschlussverfahren bindend (§ 127 Abs. 1 InsO). Dies gilt nicht, wenn sich die Verhältnisse geändert haben. Die Bindungswirkung führt dazu, dass der Arbeitnehmer nicht damit gehört wird, das Beschlussverfahren sei falsch entschieden. Der Arbeitnehmer verliert eine Tatsacheninstanz. Hat der Arbeitnehmer schon vor Rechtskraft der Entscheidung im Sammelverfahren Kündigungsschutzklage erhoben, so ist das Verfahren auszusetzen (§ 127 InsO).

[21] Die Verfahren nach §§ 125, 126 InsO sind eingeführt worden, um die Abwicklung von Massenentlassungen im Insolvenzverfahren zu beschleunigen und größere Rechtssicherheit herbeizuführen. Gleichwohl sind sie nicht ganz unproblematisch. Sie führen zu einer erheblichen Belastung des Betriebsrats, in größeren Betrieben kann es wegen der Vielzahl der Beteiligten zu unübersichtlichen Verfahren kommen mit entsprechenden Verzögerungen und namentlich im Insolvenzverfahren kommt es zu ständigen Änderungen in der Notwendigkeit, Personalentscheidungen zu treffen. Der Insolvenzverwalter wird daher reiflich überlegen müssen, ob er von den Verfahren nach §§ 125, 126 InsO Gebrauch macht oder ob er es bei normalen Kündigungsschutzprozessen belässt.

[22] Besonderheiten beim Betriebsübergang nach § 613 a BGB trägt § 128 InsO Rechnung.

[1] Die Anfechtung nach dem AnfG 1999 ist strikt von der nach der InsO (§§ 129–147) zu unterscheiden. Das Anfechtungsgesetz beschreibt Anfechtungen außerhalb des Insolvenzverfahrens; vgl. *Hess/Weis*, Das neue Anfechtungsrecht, Teil 4.

[2] Zum Klageantrag vgl. *Hess/Weis*, Das neue Anfechtungsrecht, § 13 AnfG 1999 RN 1054.

Der Schuldner und die Beklagte sind Eheleute. Der Schuldner hat am ..... seinen LKW der Beklagten geschenkt und zugleich übereignet.

Nach §§ 16–18 AnfG ist die Beklagte daher zur Duldung der Zwangsvollstreckung verpflichtet.

Die Zwangsvollstreckung in das Vermögen des Schuldners hat zu einer vollständigen Befriedigung nicht geführt, denn .....

Beweis: .....

V. Buch.
Muster zum Verfassungs- und Europarecht

Beck'sches Prozessformularbuch, 9. Aufl., 2003 Form. VI von *Zuck*.

§ 102. Muster einer Verfassungsbeschwerde

An das Bundesverfassungsgericht   1

Verfassungsbeschwerde

des/der .....
– Beschwerdeführers –
Verfahrensbevollmächtigter: Rechtsanwalt[1]
wegen: Urteil des Landesarbeitsgerichts ..... vom ..... SA ...../..... – (Fotokopie Anlage 1)
Der/Die Beschwerdeführer/in) hat mir Vollmacht erteilt (Anlage 2) und mich mit der Wahrnehmung seiner/ihrer Interessen beauftragt.[2]
Namens und im Auftrag des/der Beschwerdeführers(in) erhebe ich

Verfassungsbeschwerde

gegen die Entscheidung
des Landesarbeitsgerichts ..... vom ..... SA ...../..... [3]
Fotokopien der angegriffenen Entscheidung sind beigefügt.
Gerügt wird die Verletzung des[4] .....

I. Sachverhalt   2

Der/Die Beschwerdeführer(in) war vom ..... bis ..... bei der ..... beschäftigt. Am ..... hat der/die Klänger(in) bei der ..... angerufen. Die ..... hat das Telefongespräch in das Lohnbüro durchgestellt und die Lautsprecher des Telefonapparats eingestellt, so dass das ganze Büro mithören konnte. Außerdem ist das Telefongespräch auf Tonband aufgezeichnet worden. Der/Die Beschwerdeführer(in) hat von alledem nichts gewusst. Die ..... hat das Telefongespräch zum Anlass genommen, dem/der Beschwerdeführer(in) fristlos zu kündigen. Sie hat behauptet, ... Diese Behauptungen sind unwahr. Der/Die Beschwerdeführer(in) hat die Kündigung mit

---

[1] Es besteht kein Anwaltszwang für die Einlegung, wohl für die mündliche Verhandlung.

[2] Im Verfassungsbeschwerdeverfahren gibt es nur Beteiligte.

[3] Die angegriffenen Entscheidungen sind in Fotokopie beizufügen. Die Verfassungsbeschwerde sollte dreifach für jedes Mitglied der Kammer vorgelegt werden. Der Vorsitzende entscheidet, ob noch Kopien nachgereicht werden sollen (§ 23 Abs. 3 BVerfGG).

[4] Die Verfassungsbeschwerde ist gegen alle Entscheidungen zu richten, durch die der Beschwerdeführer belastet wird. Es muss eine förmliche Grundrechtsrüge erhoben werden. §§ 23, 92 schreiben eine Begründung vor. Diese Begründung muss innerhalb der Fristen des § 93 BVerfGG vorliegen. Die Verfassungsbeschwerde kann nachträglich in tatsächlicher und rechtlicher Sicht ergänzt werden. Es kann aber kein neuer Sachverhalt zum Gegenstand der Verfassungsbeschwerde gemacht werden (BVerfGE 18, 85, 89; Beck'sches Prozessformularbuch VI 1 RN 7).

Schaub

der Kündigungsschutzklage angegriffen. Das Arbeitsgericht hat der Klage stattgegeben.[5] Das Landesarbeitsgericht hat über die Behauptungen Beweis erhoben. Im Rahmen der Beweisaufnahme hat es die heimlichen Tonbandaufnahmen abgespielt und die Büroangestellten vernommen. Mit dem angefochtenen Urteil hat es die Klage abgewiesen.

II. Rechtsausführungen

3 1. Zulässigkeit

a) Fristberechnung für die Erhebung der Verfassungsbeschwerde (vgl. § 93 BVerfGG)
Die Verfassungsbeschwerde ist mithin fristgerecht eingelegt worden.

b) Erschöpfung des Rechtswegs
Grundsätzlich ist die Verfassungsbeschwerde subsidiär. Der Rechtsweg muss erschöpft sein. Eine Ausnahme besteht nach § 90 BVerfGG.
Der Rechtsweg ist erschöpft. Das Landesarbeitsgericht hat die Revision nicht zugelassen. Eine Nichtzulassungsbeschwerde ist nicht möglich, weil . . . . .[6]

4 2. Prüfungsumfang bei Gerichtsentscheidungen

a) „Das BVerfG ist nicht befugt, seine eigene Wertung des Einzelfalls nach Art eines Rechtsmittelgerichts an die Stelle derjenigen des zuständigen Richters zu setzen. Es kann vielmehr in derartigen Fällen eine Verletzung des Grundrechts der unterlegenen Partei nur feststellen, wenn der zuständige Richter entweder nicht erkannt hat, dass es sich um eine Abwägung widerstreitender Grundrechtsbereiche handelt, oder wenn seine Entscheidung auf einer grundsätzlich unrichtigen Anschauung von der Bedeutung des einen oder anderen der Grundrechte, insbesondere vom Umfang ihrer Schutzbereiche, beruht".[7]

b) „Wie die richtige Lösung einer bürgerlich-rechtlichen Streitigkeit konkret auszusehen hat, ist im Grundgesetz nicht vorgeschrieben . . . . . Die Grenzen der Eingriffsmöglichkeiten des Gerichts hängen von der Intensität der Grundrechtsbeeinträchtigung ab. Je nachhaltiger . . . . . ein zivilgerichtliches Urteil im Ergebnis die Grundrechtssphäre des Unterlegenen betrifft, desto strengere Anforderungen sind an die Begründung dieses Eingriffs zu stellen und desto weitreichender sind folglich die Nachprüfungsmöglichkeiten des Bundesverfassungsgerichts; in Fällen höchster Eingriffsintensität . . . . . ist es durchaus befugt, die von den Zivilgerichten vorgenommene Wertung durch seine eigene zu ersetzen".[8]

5 3. Begründetheit der Verfassungsbeschwerde

Gerügt wird die Verletzung von Art. 1 Abs. 1, 2, 10 GG[9] . . . . .

---

5 Es muss eine förmliche Grundrechtsrüge erhoben werden, § 92 BVerfGG. Das BVerfG kann aber auch nicht gerügte Grundrechtsverletzungen in seine Entscheidung einbeziehen.
6 Es müssen Ausführungen zur Grundsatzbeschwerde und zur Divergenzbeschwerde gemacht werden.
7 BVerfG, Beschluss v. 10. 6. 1964 – 1 BvR 37/63 – AP BVerfGG § 90 Nr. 1; BVerfG, Beschluss v. 24. 2. 1971 NJW 1971, 1645; 15. 1. 2002 – 1 BvR 1783/99 – NJW 2002, 663.
8 BVerfG, Urteil v. 11. 5. 1976 BVerfGE 42, 143 ff., 148.
9 Vgl. BVerfG, Beschluss v. 19. 12. 1991 – 1 BvR 382/85 – AP BGB § 611 Persönlichkeitrecht Nr. 24; BVerfG, Beschluss v. 9. 1. 2002 – 1 BvR 1611/96, 1 BvR 805/98 – AP BGB § 611 Persönlichkeitsrecht Nr. 34.

4. Annahmevoraussetzungen 6

Die Voraussetzungen für die Annahme der Verfassungsbeschwerde zur Entscheidung sind gegeben (§ 93a BVerfGG).

a) Der Verfassungsbeschwerde kommt grundsätzliche Bedeutung zu. Diese ist nur gegeben, wenn die Verfassungsbeschwerde eine verfassungsrechtliche Frage aufwirft, die sich nicht ohne weiteres aus dem Grundgesetz beantworten lässt und noch nicht durch die verfassungsgerichtliche Rechtsprechung gelöst oder die durch die veränderten Verhältnisse erneut klärungsbedürftig geworden ist.[10] Diese Voraussetzungen sind gegeben .....[11]

b) Unabhängig von den unter a) aufgezeigten Voraussetzungen ist die Annahme der Verfassungsbeschwerde zur Durchsetzung des hier verletzten Grundrechts angezeigt (§ 93a Abs. 2b BVerfGG). Das ist der Fall, wenn die geltend gemachte Verletzung von Grundrechten oder grundrechtsgleichen Rechten besonderes Gewicht hat oder den Beschwerdeführer in existentieller Weise betrifft.

§ 103. Richtervorlage an das BVerfG

Beschluss[1] 1

In dem Rechtsstreit[2]

der/s .....

– Klägerin/s –

Prozessbevollmächtigte/r: Rechtsanwältin/walt: .....

gegen

die ..... AG

– Beklagte –

Prozessbevollmächtigte/r

wegen Abfindung

Der Rechtsstreit wird ausgesetzt.

Es soll eine Entscheidung des BVerfG eingeholt werden, ob § 113 InsO mit Art. 9 Abs. 3 GG vereinbar ist.[3, 4, 5]

---

[10] Über die verfassungsrechtliche Frage müssen ernsthafte Zweifel bestehen.

[11] BVerfG, Beschluss v. 8. 2. 1994 – 1 BvR 1693/92 – NJW 1994, 993; BVerfG, Beschluss v. 7. 11. 2001 – 1 BvR 325/94 – NJW 2002, 2091. Die Voraussetzungen werden nach einer mehr als 40-jährigen Rechtsprechung kaum vorliegen.

[1] Der Beschluss muss durch die Kammer unter Hinzuziehung der ehrenamtlichen Richter ergehen (vgl. BVerfG, Beschluss v. 23. 7. 1963 – 1 BvL 6/61 – AP GG Art. 100 Nr. 4).

[2] Ergeht ein Vorlagebeschluss, so können sich die Beteiligten des Ausgangsverfahrens nach § 82 Abs. 3 BVerfGG vor dem BVerfG äußern (Äußerungsbeteiligte). Sie werden nicht Beteiligte des Normenkontrollverfahrens. Anwaltsgebühren: § 113 BRAGO.

[3] Das BVerfG hat das Monopol für die Verwerfungskompetenz für formelle, nachkonstitutionelle Gesetze. Alle Gerichte sind verpflichtet, wenn sie die Verfassungsmäßigkeit eines nachkonstitutionellen formellen Gesetzes verneinen wollen, die Entscheidung des BVerfG einzuholen. Keine Vorlagepflicht besteht bei vorkonstitutionellem Recht (BVerfG, Beschluss v. 14. 6. 1983 – 2 BvL 11/82 – AP GewO § 124b Nr. 3).

[4] Die Parteien können die Aussetzung und Vorlage anregen (§ 80 Abs. 3 BVerfGG). Der Antrag kann wie der Tenor des Beschlusses gefasst werden.

[5] Der Rechtsstreit ist auszusetzen (Art. 100 Abs. 1 Satz 1 GG). Der Aussetzungsbeschluss ist je nach den prozessualen Vorschriften des Ausgangsverfahrens zu verkünden, den Beteiligten zuzustellen oder formlos mitzuteilen.

Gründe:

2 I. Sachverhalt[6]

Die/der Kläger/in ist seit dem ..... bei der Beklagten als ..... beschäftigt gewesen. Das Arbeitsverhältnis unterlag nach seinem Geltungsbereich dem RTV ..... Beide Parteien sind tarifgebunden. In dem RTV ist die Kündigung geregelt. § ..... lautet:

Über das Vermögen der Beklagten ist am ..... das Insolvenzverfahren eröffnet worden. Zum Insolvenzverwalter ist Rechtsanwalt Dr. ..... bestellt worden. Dieser hat das Arbeitsverhältnis mit der verkürzten Frist des § 113 InsO gekündigt. Er hat nicht die für die Parteien geltenden Fristen des RTV eingehalten.

3 II. Rechtsausführungen[7]

1. Entscheidungserheblichkeit[8]

---

[6] Eine Vorlage ist in der Regel unzulässig, wenn die für die Prüfung der Verfassungsmäßigkeit einer Norm erforderlichen Umstände nicht hinreichend aufgeklärt sind (BVerfG, Beschluss v. 10. 11. 1964 – 1 BvL 12/60 und 1 BvL 9/61 – AP GG Art. 100 Nr. 6).

[7] Das BVerfG hat die Voraussetzungen einer Richtervorlage noch einmal zusammengefasst (BVerfG, Beschluss v. 8. 2. 1999 –1 BvL 25/97 – AP InsO § 113 Nr. 2; BVerfG v. 21. 5. 1999 – 1 BvL 22/98 – AP InsO § 113 Nr. 4). Der Leitsatz der Entscheidung vom 8. 2. 1999 lautet:

„1. Zu den Anforderungen an die Begründung eines Vorlagebeschlusses gem. GG Art. 100 Abs. 1 i. V. m. BVerfGG § 80 Abs. 2 Satz 1 insbesondere im Hinblick auf die Darlegung, weshalb das Gericht von der Unmöglichkeit einer verfassungskonformen Auslegung überzeugt ist, vgl. BVerfG 1994-03-09 E 90, 145 (170); st. Rspr.

2. Die Begründung der Überzeugung von der Verfassungswidrigkeit der vorgelegten Norm erfordert eine Auseinandersetzung mit naheliegenden tatsächlichen und rechtlichen Gesichtspunkten (vgl. BVerfG 1993-12-14, E 89, 329 (337)) sowie die Berücksichtigung der Entstehungsgeschichte der Norm (vgl. BVerfG 1987-11-03 E 77, 259 (262)).

3. Zum Gebot einer verfassungsrechtlichen Auslegung vgl. BVerfG, 1993-03-30 E 88, 145 (166) und zu ihren Grenzen vgl. BVerfG, 1985-10-22 E 71, 81 (105).

4. Hier:

Unzulässige Richtervorlage mangels hinreichender Auseinandersetzung mit der Möglichkeit einer verfassungskonformen Auslegung und unzureichender Darlegung der Überzeugung von der Verfassungswidrigkeit der vorgelegten Norm, hier WFArbRG Art. 6 i. V. m. InsO § 113 Abs. 1 Satz 1, wonach ein Arbeitsverhältnis im Konkurs durch den Konkursverwalter trotz tarifvertraglichen Ausschlusses des ordentlichen Kündigungsrechts gekündigt werden kann.

4 a. Das ArbG geht selbst davon aus, dass der Wortlaut des InsO § 113 Abs. 1 Satz 1 nicht eindeutig sei, ohne hinreichend zu prüfen, ob trotz offenen Wortlauts der Bestimmung, deren Sinn und Zweck, Entstehungsgeschichte oder Systematik in unüberbrückbarem Widerspruch zu einer den verfassungsrechtlichen Bedenken des Arbeitsgerichtes Rechnung tragenden Auslegung von InsO § 113 Abs. 1 Satz 1 stehen.

4 b. Das ArbG ist auch nicht auf die naheliegende Frage eingegangen, ob der Eingriff in die Tarifautonomie durch das vom Gesetzgeber mit InsO § 113 verfolgte Ziel gerechtfertigt sein könnte, eine nicht vertretbare Schlechterstellung der Insolvenzgläubiger zu verhindern, die entstünde, wenn nicht mehr benötigte Arbeitnehmer noch längere Zeit aus der Insolvenzmasse das volle Arbeitsentgelt erhalten müssten.

Zudem hat das ArbG weder bei seiner Erörterung der Verhältnismäßigkeit eines Eingriffs in die Tarifautonomie den in InsO § 113 Abs. 1 Satz 3 vorgesehenen Schadensersatzanspruch berücksichtigt noch hat es seine Auffassung begründet, der Ausschluss tarifvertraglicher Kündigungsverbote belaste die tarifvertraglich kündigungsgeschützten Arbeitnehmer bei Stilllegung des Betriebes besonders schwer."

[8] „Gemäß Art. 100 Abs. 1 Satz 1 GG i. V. m. § 80 Abs. 2 Satz 1 BVerfGG muss ein Vorlagebeschluss mit hinreichender Deutlichkeit erkennen lassen, dass das vorlegende Gericht im Falle der Gültigkeit der zur Prüfung gestellten Vorschrift zu einem anderen Ergebnis kommen würde als im Falle ihrer Ungültigkeit, und wie das Gericht dieses Ergebnis begründen würde (vgl. BVerfG 25. 6. 1974 – 37, 328, 334 m. weit. Nachw.). Für die Beurteilung der Entscheidungserheblichkeit der vorgelegten Frage ist die Rechtsauffassung des vorlegenden Gerichts maßgebend, sofern sie nicht offensichtlich unhaltbar oder nicht nachvollziehbar ist (vgl. st. Rspr. z. B. BVerfG 13. 12. 1988 E 79, 245, 249; 82, 198, 205). Vor

2. Prüfungsmaßstab[9]

3. Verfassungskonforme Auslegung

§ 104. Vorlage an den EuGH

Beck'sches Prozessformularbuch, 9. Aufl., 2003. Der EuGH hat Hinweise zum Vorabentscheidungsverfahren herausgegeben. Ein Abdruck befindet sich im ArbV-Hdb. § 107 RN 40, Muster und Formulare des EuGH können auch aus dem Internet abgerufen werden (http://avia.eu.int/de).

Anrufung des BVerfG ist es auch erforderlich zu prüfen, ob ein verfassungswidriges Ergebnis auf andere Weise, etwa durch verfassungskonforme Auslegung der in Frage stehenden Vorschrift, vermieden werden kann (vgl. BVerfG 12. 5. 1992 E 86, 71, 77). Denn ein konkretes Normenkontrollverfahren ist nur zulässig, wenn dies zur Entscheidung eines anhängigen gerichtlichen Verfahrens unerlässlich ist (vgl. BVerfG 9. 3. 1994 E 90 145, 170). Deshalb hat das Gericht darzulegen, weshalb es von der Unmöglichkeit einer verfassungskonformen Auslegung und damit von der Verfassungswidrigkeit der vorgelegten Norm überzeugt ist. Ist dagegen eine nach anerkannten Auslegungsgrundsätzen zulässige und mit der Verfassung zu vereinbarende Auslegung der Norm möglich, so bleibt für die Vorlage mangels Entscheidungserheblichkeit kein Raum (vgl. BVerfG 9. 3. 1994 E 90, 145, 170)." (Siehe auch BVerfG, Beschluss v. 7. 4. 1997 – 1 BvL 11/96 – AP GG Art. 100 Nr. 11, zu II 1).

[9] Vgl. BVerfG Urteil 16. 10. 1991 – 1 BvR 1486/90 – NVwZ 1992, 55.

1   **– Beschluss**[1, 2, 3]

Der Fünfte Senat des BAG hat dem Europäischen Gerichtshof folgende Fragen zur Vorabentscheidung vorgelegt:[4, 5, 6]

---

[1] Vorabentscheidungsverfahren sind geregelt in Art. 234 EG i.d.F. des Vertrages von Nizza (BGBl. 2001 II, 1667 ff.). Zweck des Vorabentscheidungsverfahrens ist die Regelung der Zusammenarbeit zwischen den mitgliedschaftlichen Gerichten und dem EuGH. Durch die Rspr. des EuGH soll gewährleistet sein, dass das Gemeinschaftsrecht in allen Mitgliedstaaten einheitlich ausgelegt und angewandt wird.

Mit Beschluss 88/591/EWG vom 24. 10. 1988 (ABl. EG 1988 Nr. L 319/1; ber. ABl. EG 1989 Nr. L 241/4) hat der Rat auf Antrag des EuGH ein Gericht erster Instanz der EG errichtet (Art. 225 EG). Der Gerichtshof erster Instanz ist für die Bescheidung von Vorabentscheidungsverfahren nicht zuständig. Hierfür ist die Zuständigkeit des EuGH gegeben.

Das Verfahrensrecht des EuGH ergibt sich aus der Satzung des Gerichtshofes und der zusätzlichen Verfahrensordnung des Gerichtshofes der Europäischen Gemeinschaft vom 19. 6. 1991 (ABl. EG Nr. L 176/7, geänd. am 11. 3. 1997, ABl. EG Nr. L 103/4 und am 16. 5. 2000, ABl. EG Nr. L 122/43). Die Vorabentscheidungssachen gehören grundsätzlich vor das Plenum des EuGH (Art. 221 EG). Sie können jedoch nach Art. 95 VerfO EuGH vor die Kammer verwiesen werden. Hiervon hat der EuGH in der jüngsten Zeit in etwa 50% der Fälle Gebrauch gemacht.

[2] Der EuGH entscheidet nach Art. 234 EG im Wege der Vorabentscheidung (a) über die Auslegung des EG, (b) über die Gültigkeit und die Auslegung der Handlungen der Organe der Gemeinschaft, (c) über die Auslegung der Satzungen der durch den Rat geschaffenen Einrichtungen, soweit die Satzungen dies vorsehen. Gegenstand des Vorabentscheidungsverfahrens ist das gesamte primäre Gemeinschaftsrecht, also der EGV selbst, die in ihm genannten Anhänge und Protokolle, die nach Art. 311 EG Bestandteil des Vertrages sind, sowie die Änderungs- und Ergänzungsverträge. Im Vorabentscheidungsverfahren über die Gültigkeit und Auslegung der Handlungen der Organe der Gemeinschaft werden die in Art. 249 EG genannten Akte überprüft, also die Verordnungen, Richtlinien, Entscheidungen und Empfehlungen. Hierzu zählt das gesamte sekundäre Gemeinschaftsrecht. Die Auslegung der vom Rat geschaffenen Einrichtungen hat für das Arbeitsrecht noch keine Bedeutung erlangt. Das Vorabentscheidungsverfahren ist auf die Normen des Gemeinschaftsrechts beschränkt. Der EuGH ist nicht berechtigt, nationales Recht auszulegen oder anzuwenden. Hierzu heißt es *„(1) Der Gerichtshof ist im Vorabentscheidungsverfahren nicht befugt, die Rechtsvorschriften eines Mitgliedsstaates an Bestimmungen des Gemeinschaftsrechtes zu messen; dies ist Sache der staatlichen Gerichte, welche das Gemeinschaftsrecht auf den bei ihnen anhängigen Rechtsstreit anzuwenden haben. (2) Der Gerichtshof kann nicht über die Zuständigkeit der staatlichen Gerichte und die Zulässigkeit der bei ihnen erhobenen Klagen entscheiden. Der Gerichtshof ist wirksam angerufen und zur Entscheidung verpflichtet, wenn ein staatliches Gericht ihm eine in Art. 177 (jetzt Art. 234 EG) des Vertrages genannte Frage zur Vorabentscheidung vorlegt und eine Entscheidung über diese Frage zum Erlass seines Urteils für erforderlich hält (EuGH, Urteil v. 19. 12. 1968 – RS 19/68 Cicco u. a./LVA Schwaben – EuGHE 1968, 707)“.* Er kann demnach nicht angerufen werden mit der Fragestellung, ob nationales Recht mit dem Gemeinschaftsrecht vereinbar ist. Der EuGH ist im Vorabentscheidungsverfahren nicht befugt, die Rechtsvorschriften eines Mitgliedsstaates an Bestimmungen des Gemeinschaftsrechtes zu messen; dies ist Sache der staatlichen Gerichte, die das Gemeinschaftsrecht auf den bei ihnen anhängigen Rechtsstreit anzuwenden haben. Der EuGH ist wirksam angerufen und zur Entscheidung verpflichtet, wenn ein staatliches Gericht ihm eine der in Art. 234 EG des Vertrages genannten Fragen zur Vorabentscheidung vorlegt und eine Entscheidung über diese Frage zum Erlass seines Urteils für erforderlich hält (EuGHE 1968, S. 707 – Cicco u. a./LVA Schwaben –).

[3] Vorlageberechtigt sind alle Gerichte der Gemeinschaft. Gerichte, deren Entscheidungen noch mit Rechtsmitteln angefochten werden können, sind zur Vorlage berechtigt, nicht verpflichtet (Art. 234 S. 2 EG; BVerwG, Beschluss v. 2. 10. 1985 – 3 B 1284 – AP EWG-Vertrag Art. 177 Nr. 15). Vorlagepflichtig sind alle Gerichte, deren Entscheidungen selbst nicht mehr mit Rechtsmitteln angegriffen werden können. Zur Auslegung, welche Gerichte vorlagepflichtig sind, werden die abstrakte und die konkrete Theorie vertreten (vgl. dazu EuGH, Urteil v. 6. 7. 2000 – Rs. C 407/98 (Abrahamson) – AP EWG-Richtlinie Nr. 76/207 Nr. 22; EuGH, Urteil v. 30. 11. 2000 – Rs. C 195/98 (Österreichischer Gewerkschaftsbund) – AP EG Art. 39 Nr. 10). Nach der abstrakten Theorie sind nur die obersten Gerichtshöfe des Bundes und das BVerfG vorlagepflichtig. Nach der konkreten Theorie sind dagegen alle Gerichte vorlagepflichtig, gegen deren Entscheidung im Einzelfall kein Rechtsmittel mehr gegeben ist. Umstr. ist, ob die Nichtzulassungsbeschwerde ein Rechtsmittel ist. Diese Frage ist nach richtiger Auffassung zu verneinen, weil sie nur in begrenztem Umfang die 3. Instanz eröffnet.

Von der Vorlagepflicht können Ausnahmen bestehen. Der EuGH hat angenommen, dass die Vorlagepflicht nur für das Hauptverfahren gilt, dagegen noch nicht für ein Verfahren der einstweiligen Verfü-

1. Entfällt die Anwendbarkeit der Verordnung (EWG) Nr. 1408/71 für die Lohnfortzahlung durch den Arbeitgeber gemäß Art. 22 Abs. 1 im Hinblick auf das
Erfordernis der Unverzüglichkeit der Leistungsgewährung dann, wenn die Leis-

gung (vgl. EuGH, Urteil v. 24. 5. 1977 – Rs. 107/76 (Hoffmann – La Roche/Centrafarm) – EuGH
1977, 957, 972 ff.; EuGH, Urteil v. 19. 6. 1990 – Rs. C 213/89 (The Queen/Secretary of State for
Transport) – NJW 1991, 2271; ständig). Nach h. M. entfällt die Vorlagepflicht, wenn ein vernünftiger
Zweifel an der Gültigkeit oder der Auslegung des Gemeinschaftsrechts nicht möglich ist. Zu berücksichtigen ist aber, dass das Gemeinschaftsrecht in mehreren Sprachen abgefasst ist. Es bedarf daher des
Vergleichs der verschiedenen Formulierungen. Außerdem brauchen die Rechtsinstitute nicht mit dem
nationalen Recht eines Mitgliedsstaates übereinstimmen. In keinem Fall kann mehr von einem acte clair
gesprochen werden, wenn die Auslegungsfrage in der Rspr. und im Schrifttum umstr. ist oder wenn
mehrere Auslegungen möglich sind (EuGH, Urteil v. 6. 10. 1982 – Rs. 283/81 – AP EWG-Vertrag
Art. 177 Nr. 11). Schließlich entfällt die Vorlagepflicht, wenn sich der EuGH selbst bereits in einem
früheren Verfahren zu der gleichen Frage geäußert hat und neue Umstände, die Veranlassung zu einer
neuen Auslegung geben könnten, nicht hervorgetreten sind (vgl. EuGH, Urteil v. 27. 3. 1963 – Rs. 28–
30/62 – Da Costa en Schaake – EuGH 63, 63, 81 ff.; ständig).

Verletzt ein zur Vorlage verpflichtetes Gericht seine Verpflichtungen aus Art. 234 EG, so stellt dies
eine Vertragsverletzung dar, die zu einem Vertragsverletzungsverfahren gegen den Mitgliedsstaat des
vorlagepflichtigen Gerichtes führen kann (Art. 226 EG). Vertragsverletzungsverfahren finden sich insoweit nur selten. Das BVerfG hat dagegen in dem Solange-Beschluss II angenommen (BVerfG, Beschluss
v. 22. 10. 1996 – 2 BvR 197/83 – NJW 1987, 577; vgl. auch BVerfG, Beschluss v. 31. 5. 1990 – 2 BvL
12/88, 2 BvL 13/88, BvR 1436/87 – NJW 1991, 830; BVerfG, Beschluss v. 27. 8. 1991 –2 BvR
276/90 – NJW 1992, 678; BVerfG, Beschluss v. 29. 3. 1993 – 1 BvR 129/83 – NJW 1993, 2864), dass
der EuGH gesetzlicher Richter i. S. des Art. 101 Abs. 1 Satz 2 GG ist. Allerdings geht es davon aus, dass
die Vorlage willkürlich unterblieben ist. Damit bleibt bei Nichtvorlage die Verfassungsbeschwerde.

Die einzelne Partei kann die Vorlage bei dem EuGH nur anregen, aber nicht erzwingen. Eine Ausnahme besteht bei Verstoß gegen den gesetzlichen Richter.

⁴ Nach Art. 234 EG entscheidet das nationale Gericht über die Erforderlichkeit der Vorlage. Im Unterschied zum BVerfG überprüft der EuGH nicht die Entscheidungserheblichkeit (EuGH, Urteil v. 6. 6.
2000 – Rs. C 281/98 (Angonese) – AP Art. 39 Nr. 3). Ein Vorabentscheidungsverfahren ist zulässig,
wenn es sich um einen Rechtsstreit handelt, auf den Gemeinschaftsrecht anwendbar ist, und wenn es
sich um einen echten Rechtsstreit handelt, der nicht um einen konstruierten Fall geführt wird. Unzulässig ist die Vorlage, wenn das Vorlageverfahren zweckentfremdet wird und der EuGH in Wirklichkeit
veranlasst werden soll, auf Grund eines fiktiven Rechtsstreits zu entscheiden, oder offensichtlich ist, dass
die Gemeinschaftsbestimmung nicht anwendbar sein kann (EuGH, Urteil v. 5. 2. 2002 – Rs. C 277/99
(Doris Kaske/Landesgeschäftsstelle des Arbeitsmarktservice Wien) – NZA-RR 2002, 651; Arb-Hdb.
§ 3 RN 31 ff.). Stellt das vorlegende Gericht nicht fest, dass die Erledigung des Rechtsstreits von der
Vorlagefrage abhängig ist, ist die Vorlage unzulässig (EuGH, Urteil v. 15. 6. 1995 – verb. Rs. C 422/93,
C 423/93 u. C. 424/93 – NJW 1996, 447). Unzulässig wird das Vorabentscheidungsverfahren, wenn
nicht nach der Auslegung des Gemeinschaftsrechts, sondern nach der Vereinbarkeit nationalen Rechts
mit dem Gemeinschaftsrecht gefragt wird. Das erkennende Gericht muss mithin darlegen, dass es das
Gemeinschaftsrecht für auslegungsbedürftig hält oder berechtigte Zweifel an der Rechtmäßigkeit einer
Bestimmung des Gemeinschaftsrechts hat.

Es muss eine Vorlagefrage gestellt werden. Die Vorlagefrage kann die Auslegung des Gemeinschaftsrechts betreffen. Auslegung ist die Ermittlung des Inhalts und der Tragweite des Gemeinschaftsrechts.
Zur Auslegung gehört aber auch die Lückenschließung, Rechtsfortbildung und Ergänzung. Die Vorlagefrage nach der Gültigkeit des Gemeinschaftsrechts bezieht sich auf dessen Rechtmäßigkeit. Die
Rechtmäßigkeitskontrolle erfolgt nicht anhand des nationalen Rechts, sondern höherrangigen Gemeinschaftsrechtes. Im Rahmen der Normenhierarchie hat das primäre Gemeinschaftsrecht den höchsten
Rang sowie die in der Gemeinschaftsordnung angenommenen allgemeinen Rechtsgrundsätze. Es folgen
die völkerrechtlichen Verträge, an die die Gemeinschaft gebunden ist, sowie das sekundäre Gemeinschaftsrecht. Die Vorlagefrage muss abstrakt gestellt werden. Verfehlt sind Fragestellungen, ob der Ausschluss der Teilzeitbeschäftigten von der betrieblichen Altersversorgung mit dem Gemeinschaftsrecht
vereinbar ist.

Der EuGH vermeidet, fehlerhafte Auslegungsfragen als unzulässig abzuweisen. Er darf sie zwar nicht
in ihrem Wesensgehalt verändern. Er legt sie aber aus (vgl. EuGH, Urteil v. 6. 4. 1962 – Rs. 13/61
(Bosch-Prozess) – EuGHE 1962, 97 ff. 110 ff.; EuGH, Urteil v. 15. 7. 1964 – Rs. 6/64 (Costa/Enel) –
EuGHE 1964, 1268). Der EuGH legt das Gemeinschaftsrecht aus, um das vorlegende Gericht in den
Stand zu versetzen, daraus die Folgerungen für die Anwendbarkeit des nationalen Rechts zu ziehen.
Wird der EuGH wiederholt angegangen, entscheidet er zur Sache, weist aber auf seine früheren Ent-
scheidungen hin.

tung nach dem anzuwendenden deutschen Recht erst längere Zeit (drei Wochen) nach Eintritt der Arbeitsunfähigkeit fällig ist?

2. Bedeutet die vom EuGH in der Rechtssache – C-45/90 – im Urteil vom 3. Juni 1992 vorgenommene Auslegung von Art. 18 Absätze 1 bis 4 und 5 der Verordnung (EWG) Nr. 574/72 des Rates vom 21. März 1972, dass es dem Arbeitgeber verwehrt ist, einen Missbrauchstatbestand zu beweisen, aus dem mit Sicherheit oder hinreichender Wahrscheinlichkeit zu schließen ist, dass Arbeitsunfähigkeit nicht vorgelegen hat?

3. Falls die Frage zu 2. bejaht wird, verstößt Art. 18 der Verordnung (EWG) Nr. 574/72 des Rates vom 21. März 1972 dann gegen den Grundsatz der Verhältnismäßigkeit (Art. 5 EG)?

Gründe:

A. Sachbericht

B. Die Entscheidung des Rechtsstreits hängt ab .....[7, 8]

---

[5] Soll ein Vorabentscheidungsverfahren durchgeführt werden, so hat das nationale Gericht sein Verfahren nach § 46 Abs. 2 ArbGG, § 148 ZPO auszusetzen (vgl. ArbV-Hdb. § 31). Daneben wird der Tenor des Vorlagebeschlusses in die Sitzungsniederschrift aufgenommen. Der Vorlagebeschluss selbst enthält im Tenor die Fragen zur Auslegung oder zur Wirksamkeit des Gemeinschaftsrechts (vgl. oben Anm. 1–4). Alsdann folgen die Gründe, die aus einem Sachbericht (A) und der Begründung (B) bestehen. Als Muster einer Anfrage ist die Paletta-Entscheidung (BAG, Beschluss v. 27. 4. 1994 – 5 AZR 747/93 (A) – AP LohnFG § 1 Nr. 100) gewählt. Der Sachbericht soll dem EuGH den Tatbestand der Rechtssache vermitteln. Die Entscheidungsgründe müssen die wesentlichen Erwägungen wiedergeben. Es kann aber nicht fehlerhaft sein, wenn auf die Bedeutung der Sache für das nationale Recht hingewiesen wird. Die Anwendung des Ergebnisses der Auslegung des EuGH oder der Beurteilung der Wirksamkeit des Gemeinschaftsrechts obliegt dagegen wieder dem nationalen Gericht.

Umstr. ist, ob der Aussetzungsbeschluss mit der Beschwerde angefochten werden kann. Für einen Aussetzungsbeschluss gilt § 252 ZPO. Das aus Art. 234 EG resultierende Vorlagerecht kann jedoch nicht eingeschränkt werden. Hierdurch würde zudem in die gerichtliche Unabhängigkeit bei der Entscheidung eingegriffen. Der EuGH hat entschieden, dass er durch eine Beschwerde gegen den Vorlagebeschluss nicht an der Entscheidung gehindert sei (EuGH, Urteil v. 6. 4. 1962 – Rs. 13/61 – EuGHE 1962, 97, 109). Er verfolgt jedoch die Praxis, dass er Verfahren aussetzt, wenn ihm die Rechtsmitteleinlegung mitgeteilt wird oder das Vorlagegericht darum bittet (EuGH, Urteil v. 3. 6. 1969 und 16. 6. 1970 EuGHE 1970, 403 f., 404 f.).

[6] Für die Verfahrensabwicklung vor dem EuGH bestehen keine besonderen Vorschriften. Der Verkehr mit dem EuGH erfolgt von Geschäftsstelle zu Geschäftsstelle, also nicht auf dem Dienstweg oder über diplomatische Instanzen. Form: Bundesarbeitsgericht Der Vorsitzende des ..... Senats. An den Gerichtshof der Europäischen Gemeinschaft, Palais de la Cour de Justice, Plateau du Kirchberg, L 2925 Luxembourg. In dem Rechtsstreit X ./. Y werden 13 beglaubigte Abschriften des Beschlusses des BAG vom ..... Az. ..... vorgelegt. Die Akten des BAG und die vorinstanzlichen Prozessakten sind mit der Bitte um Rückgabe beigefügt. Der Vorsitzende des ..... Senats Anlagen: 13 beglaubigte Abschriften des Beschlusses vom ..... Ein Band Akten ..... zwei Bände Akten (Vorinstanzen) ..... LAG ...../ArbG ..... Der Vorlagebeschluss wird vom Kanzler des EuGH den Mitgliedsstaaten in der Originalfassung zusammen mit einer Übersetzung in der Amtssprache des Empfängerstaates übermittelt.

[7] Das Verfahren vor dem EuGH richtet sich nach der VerfO-EuGH v. 19. 6. 1991 m. spät. Änd. (oben FN 1). Besonderheiten ergeben sich aus Art. 103, 104 VerfO EuGH. Hinsichtlich der Vertretung und des persönlichen Erscheinens der Parteien des Ausgangsverfahrens in den Vorabentscheidungsverfahren trägt der Gerichtshof den vor den nationalen Gerichten, die ihn angerufen haben, geltenden Verfahrensvorschriften Rechnung. Die Unternehmen und alle natürlichen und juristischen Personen müssen sich des Beistands eines Anwalts bedienen, der zur Anwaltschaft in einem Mitgliedsstaat zugelassen ist. Universitätsprofessoren, die Angehörige von Mitgliedsstaaten sind, deren Gesetze ihnen ein Recht zum Plädieren gibt, genießen beim Gerichtshof die den Anwälten in diesem Art. zuerkannten Rechte (Art. 19 EuGH Satzung).

Stimmt eine zur Vorabentscheidung vorgelegte Frage offensichtlich mit einer Frage überein, über die der Gerichtshof bereits entschieden hat, so kann der Gerichtshof nach Unterrichtung des vorlegenden Gerichtes und nachdem er den in Art. 35 EU und Art. 103 § 3 dieser Verfahrensordnung bezeichneten Beteiligten Gelegenheit zur Äußerung gegeben hat, sowie nach Anhörung des Generalanwalts durch

Schaub

Beschluss entscheiden, der mit Gründen zu versehen ist und auf das frühere Urteil verweist (Art. 104 § 3 VerfO EuGH). Die Entscheidung über die Kosten des Vorabentscheidungsverfahrens ist Sache des nationalen Gerichtes. In besonderen Fällen kann der Gerichtshof im Rahmen der Prozesshilfe eine Beihilfe bewilligen, um es einer Partei zu erleichtern, sich vertreten zu lassen oder persönlich zu erscheinen.

⁸ Die Urteile des EuGH werden mit dem Tag ihrer Verkündung rechtskräftig (Art. 65 VerfO EuGH). Änderungen und Ergänzungen sind nur in engen Grenzen zulässig (Berichtigung von Schreibfehlern: Art. 66 VerfO EuGH; Korrektur versehentlich unterbliebener Behandlung von Anträgen: Art. 67 VerfO EuGH, unterbliebene Kostenentscheidung: Art. 67 VerfO EuGH). In Rechtskraft erwachsen Tenor und tragende Gründe. Die Rechtskraft beschränkt sich grundsätzlich auf die am Prozess unmittelbar Beteiligten. Die Rechtskraft kann durch Wiederaufnahme des Verfahrens (Art. 98 VerfO EuGH), Wiedereinsetzung in den vorigen Stand (Art. 42 Abs. 2 Satzung EWG) und Drittwiderspruchsklage (Art. 39 Satzung EWG) beseitigt werden. Der EuGH ist in den Folgeverfahren an seine frühere Entscheidung nicht gebunden (vgl. EuGH, Urteil v. 12. 2. 1974 – Rs. 146/73 (Differenztheorie) – EuGHE 1974, 139, 148). Von der Rechtskraft zu unterscheiden ist die Bindung.

Das erkennende Gericht und alle ihn im Instanzenzug vorgesetzten Gerichte sind an den Tenor der Entscheidung des EuGH gebunden. Der Urteilsausspruch ist in der Auslegung der Entscheidungsgründe zu bestimmen. Bei Unklarheiten kann das Gericht den EuGH erneut anrufen (EuGH, Urteil v. 27. 3. 1963 – Rs. 28–30/62 (Da Costa en Schaake) – EuGHE 1963, 63, 81 f.; EuGH, Urteil v. 13. 5. 1981 – Rs. 66/80 – EuGHE 1981, 1191 = NJW 1982, 1205). Stellt der EuGH fest, dass ein Gemeinschaftsakt ungültig ist, stellt sich die Frage, ob die Ungültigkeitserklärung Rückwirkung entfaltet oder erst mit Erlass des Urteils eintritt. Der EuGH bezeichnet in entsprechender Anwendung von Art. 231 EG die Wirkungen des Rechtsaktes, die als fortgeltendes Recht zu betrachten sind. Die Entscheidung des EuGH hat nur Bindungswirkung für das Ausgangsverfahren. Grundsätzlich kann in einem anderen Rechtsstreit die Vorschrift des Gemeinschaftsrechts anders ausgelegt werden. Insoweit greift aber wiederum Art. 234 EG ein, weil erneut ein Vorabentscheidungsverfahren durchgeführt werden muss. Insoweit haben die Entscheidungen präjudizielle Wirkung. Der EuGH kann alsdann von seiner früheren Entscheidung abweichen.

Stichwortverzeichnis

Die fetten Ziffern bezeichnen die Paragraphen des Werkes,
die mageren Ziffern die jeweiligen Randnummern